LES MONUMENS
DE
LA MONARCHIE
FRANÇOISE,
QUI COMPRENNENT
L'HISTOIRE DE FRANCE.

TOME SECOND.

DE
LA MONARCHIE
FRANÇOISE,
QUI COMPRENNENT

L'HISTOIRE DE FRANCE.

AVEC LES FIGURES DE CHAQUE REGNE
QUE L'INJURE DES TEMS A EPARGNÉES.

TOME SECOND.

La Conquête de l'Angleterre par GUILLAUME, Duc de Normandie, dit le Bâtard, tirée d'un Monument du tems. Et la suite des Rois, depuis LOUIS VI. dit le Gros, jusqu'à JEAN II. inclusivement.

Par le R. P. Dom
Religieux Benedictin de la Congregation de Saint Maur.

A PARIS,

Chez { .... Quai de Conti, aux trois Vertus :
ET
.... ruë S. Jacques, à Sainte Therese.

AVEC PRIVILEGE DU ROI.

Fautes à corriger.

PAge 10. ligne 13. Raoul, *lisez* Rual.
P. 36. l. 6. *lisez*, & mit Hugues en prison à Château-Landon.
P. 49. l. 3. *lisez* d'Henri.
P. 161. l. 15. *lisez* 1250. *comme dans le latin*.
P. 162. l. penult. *lisez* de Champaigne.
P. 250. l. antepenult. le Comte de Hainaut. *lisez* Jean de Hainaut ; *& dans le latin*, Joannes Hannonienfis.
P. 260. l. 5. *lisez* qui ont fait le plus d'honneur.
P. 315. l. 15. à la marge, *lisez* le Roi Edouard, *au lieu de* le Roi de Navarre.

LES MONUMENS
DE
LA MONARCHIE
FRANÇOISE,
QUI COMPRENNENT L'HISTOIRE DE FRANCE:

AVEC LES FIGURES DE CHAQUE REGNE,
que l'injure des tems a épargnées.

La Conquête de l'Angleterre par Guillaume le Bâtard, Duc de Normandie, dit le Conquerant.

'HISTOIRE de cette conquête ne peut être mieux placée qu'à la tête de ce Tome. La derniere Planche du Tome précedent represente le Roi Guillaume, sa femme, ses enfans, & son competiteur Harold. On passe de là fort naturellement à cette Histoire, & au Monument sur lequel nous la décrivons, où Guillaume & Harold sont les principaux personnages. Ce Monument me parut si interessant, que dès que j'en eus la premiere partie, trouvée parmi les Manuscrits de feu Monsieur Foucaut, & gravée à la fin du premier Tome de cet Ouvrage, je fis toutes les diligences possibles pour décou-

---

MONUMENTA FRANCICÆ MONARCHIÆ
QUÆ FRANCIÆ HISTORIAM COMPLECTUNTUR:
cum iis cujusque Regni figuris quibus injuria temporum pepercit.

WILLELMUS NOTHUS DUX NORMANNIÆ,
Angliam armis sibi subigit.

OPPORTUNE hanc historiam secundi hujusce tomi initio locamus: in postrema enim præcedentis tomi incisa tabula exhibetur Rex Willelmus cum uxore & filiis atque Haroldo ejus competitore: quam tabulam historiæ illius congruenter, nulla re interposita, sequitur, necnon monumentum illud insigne, quo præcipue usi sumus pro belli Willelmum inter & Haroldum suborti, atque ad exitum deducti, enarratione. Tanti precii visum est hoc monumentum, ut postquam primam partem inscriniis D. Foucaut τὰ παράπιτα repertam, & jam versus tomi primi finem ditatam, nactus

vrir le reste. Je vis d'abord que cette partie ne pouvoit être que le commencement d'une longue Histoire. Je m'informai de mes confreres Benedictins de S. Etienne de Caen & de S. Vigor de Bayeux, s'ils connoissoient quelque Monument semblable chez eux ou dans leur voisinage. Sur la description que je fis de ce Fragment que j'avois reçû, ceux de S. Vigor comprirent que c'étoit une vieille & longue bande de tapisserie, qu'on exposoit en certains jours de l'année dans l'Eglise Cathedrale de Bayeux. Le R. P. Dom Mathurin l'Archer, alors Prieur de S. Vigor copia toutes les Inscriptions qui s'y trouvoient, & me les envoia. Je vis d'abord que c'étoit le Monument entier, dont je n'avois qu'une petite partie. Le tout a 212. pieds de long, & ce fragment n'en a qu'environ 30. la largeur n'est que d'un peu moins de deux pieds.

Cette bande de tapisserie n'a jamais été mise en sa perfection. Les hommes, les chevaux, les châteaux, les villes, & tout le reste s'y trouve tissu & peint en couleurs ; mais les espaces qu'on voit entre les faits representez, ne sont qu'un simple cannevas, qui n'a point été rempli. Ce défaut n'ôte rien de la suite de l'histoire. Ceux qui entreprirent de faire cette tapisserie n'eurent pas le tems de l'achever. L'opinion commune à Bayeux est, que ce fut la Reine Mathilde femme de Guillaume le Conquerant, qui la fit faire. Cette opinion qui passe pour une tradition dans le pays, n'a rien que de fort vraisemblable. Mathilde vertueuse Princesse, qui s'interessoit fort à la gloire du Roi son mari, aura voulu laisser à la posterité ce Monument d'une des plus grandes & des plus heureuses expeditions qui furent jamais. Ce qui est certain, c'est que le Monument est incontestablement de ce tems-là. Le goût, la forme des armes, & tout ce qui s'observe dans cette peinture, ne laissent aucun lieu d'en douter.

J'envoiai à Bayeux pour le dessiner M. Antoine Benoît un des plus habiles Dessinateurs de ce tems, avec ordre de réduire les images à une certaine grandeur, & de ne rien changer dans le goût de la peinture de ces tems-là ; goût des plus grossiers & des plus barbares, mais auquel il ne faut rien changer, la décadence ou le rétablissement des arts faisant à mon avis un point considerable de l'Histoire. On apprend ici bien des usages de ce tems-là, sur les armes, sur la guerre, sur la marine, & sur beaucoup d'autres sujets. L'Histoire representée dans la peinture & dans les inscriptions de la tapisserie est parfaite-

---

sum, omnem lapidem moverim, ut totum perquirerem ac reperirem. A Sodalibus Benedictinis Cadomensibus & Baiocensibus expetii, num quid simile nossent vel in locis ipsis vel in vicinia, addita etiam accepti fragmenti accurata descriptione : cujus ope Baiocenses Sodales compererunt picturam esse aulæi longissimi & angusti, quod stato anni tempore in Ecclesia Cathedrali Baiocensi exponi solitum est. Tum D. Mathurinus l'Archer, S. Vigoris Prior, inscriptiones omnes in aulæo passim positas exscriptas mihi transmisit. Statimque percepi monumentum illud totum esse, cujus partem tantum pridem acceperam. Aulæi totius longitudo est 212. pedum. Fragmentum vero quod primum acceperam, triginta solum circiter pedum est. Latitudo totius ne ad duos quidem pedes pertingit.

Hoc porro aulæum nunquam omnibus suis partibus & numeris perfectum fuit : viri, equi, castella, urbes, & cætera intexta & suis coloribus depicta sunt. Verum spatia inter res gestas relicta, mera tela sunt, nullis decorata ornatibus. Hinc tamen nihil ex historia decerpitur. Qui hoc aulæum adomandum suscepere, tempore deficiente, totum perficere non potuerunt. Est omnium opinio Bajocis, Mathildem Reginam Willelmi Nothi uxorem, hoc opus concinnavisse ; quæ opinio istic inter veterum traditiones censetur, nihilque habet non verisimile. Probis instructa moribus Regina, quæ conjugis celebrare gloriam in animo habuit, hoc posteris monumentum transmiserit, quo depicta exhibetur expeditio inter maximas & felicissimas quæ unquam fuere computanda. Certum utique videtur hoc monumentum isto ævo peractum fuisse. Picturæ namque ratio, armorum forma, cæteraque omnia, quæ passim observantur, ad istam ætatem hoc monumentum pertinere omnino suadent.

Bajocas porro misi Antonium *Benoit* in delineandi peritia nulli secundum, cui edixi, ut res omnes depictas ad statam magnitudinem delinearet, nec rudem rerum omnium formam in aulæo expressam, elegantiorem in formam reduceret. Artium quippe vel florentium vel labentium ratio, meo quidem judicio, inter præcipuas historiæ partes censenda est. Multa hic edisci possunt circa armorum genera omnia, circa bella & rem nauticam, plurimaque alia. Historia porro quæ in hoc aulæo vel depingitur, vel ins-

PAR GUILLAUME DUC DE NORMANDIE.

ment conforme aux meilleurs Historiens de ce tems-là, & nous apprend bien des faits qu'ils avoient passé sous silence.

Il ne faut point douter, qu'il ne se soit perdu dans la suite du tems une bonne partie de cette bande de tapisserie. Ce qui en reste ne va que jusqu'à la défaite & la mort d'Harold, & à la victoire de Guillaume. La peinture devoit aller au moins jusqu'à son couronnement qui ne s'y trouve pas. La derniere partie de ce Monument est si gâtée, qu'il ne faut pas s'étonner si ce qui suivoit est entierement perdu. Cette peinture & les inscriptions qui l'accompagnent sont les principaux materiaux de l'Histoire qui suit. Elle s'accorde presque par tout comme nous venons de dire, avec les meilleurs Historiens, les redresse quelquefois, & rapporte bien des choses, qu'ils avoient passées. La conquête de l'Angleterre fait au reste une partie considerable de l'Histoire de France, non seulement parce que Guillaume étoit Duc d'une de ses meilleures Provinces & vassal du Roi de France ; mais aussi parce que sa grande armée fut levée, & dans la Normandie & dans la plûpart des Provinces du Roiaume.

Il faut rappeller ici ce que nous avons dit au Tome précedent, en expliquant la premiere partie de cette peinture. Edouard Roi d'Angleterre se voiant près de sa fin & n'aiant point de fils, jetta les yeux sur Guillaume Duc de Normandie son parent, pour lui succeder à la Couronne. Il fit son testament en sa faveur : & envoia Robert Archevêque de Canterburi lui en porter la nouvelle. Après celui-ci il y envoia encore Harold, que les Historiens appellent aussi Harald ou Herald, le plus grand Seigneur de l'Angleterre après le Roi. C'est là que commence l'Histoire dans la tapisserie de Bayeux. Le Roi Edouard assis sur son Trône donne ses ordres à Harold, qui part ensuite à cheval avec sa compagnie pour aller monter sur mer & executer sa commission. Il fait sa priere devant une Eglise, & monte sur un vaisseau avec ses gens. Les vents contraires le jettent sur la côte du Ponthieu, où il est saisi avec ses gens par le Comte Gui, qui selon toutes les apparences vouloit le mettre à rançon. Guillaume Duc de Normandie averti qu'Harold, député par le Roi Edouard pour venir lui confirmer ce que l'Archevêque de Canterburi lui avoit déja annoncé, avoit été arrêté prisonnier par Gui Comte de Ponthieu, envoia le prier de rendre la liberté à Harold & à ses gens ; sur le refus qu'il fit de le lâcher, il envoia une seconde fois

---

criptionibus profertur, cum optimis illius ævi historiæ Scriptoribus consonat, multaque ab illis prætermissa recenset.

Nec dubitandum est in decursu temporis non pauca ex aulæo amissa fuisse ; historia quippe quæ superest, ad cladem & necem Haroldi solum pertinet, atque ad Willelmi victoriam. Depicta vero historia ad usque illud tempus saltem producta fuit, quo Willelmus in Regem Angliæ electus & coronatus fuit : quod tamen hic non comparet. Ultima porro hujus aulæi pars, quæ superest, ita labefactata & detrita est, ut nihil mirum si illud quod sequebatur omnino perierit. Hæc vero pictura & adjunctæ inscriptiones præcipue adhibentur in historia mox texenda. Hoc monumentum vero, ut modo dicebamus, cum optimis historiæ scriptoribus ut plurimum consentit ; aliquando ipsos emendat, multaque recenset ab illis prætermissa. Cæterum Anglia a Willelmo Duce Normanniæ subacta historiæ Franciæ partem complet, non modo quia Willelmus Dux erat provinciæ inter Franciæ optimas computandæ, & Regi Franciæ subditus ; sed quia etiam ingens exercitus ejus & ex Normannia & ex majori parte provinciarum regui eductus est.

Hic iñ mentem revocanda sunt ea quæ in præcedenti tomo protulimus, dum priorem hujusce monumenti partem explicaremus. Eduardus Rex Angliæ, cum corporeas vires quotidie deficere cerneret, nec filium haberet, Willelmum Normanniæ Ducem cognatum suum in successorem sibi destinavit, testamentoque suo ipsi Angliæ regni coronam detulit, misitque Robertum Cantuariæ Archiepiscopum, qui rem ipsi nunciaret ; posteaque Haroldum, quem Scriptores Haraldum etiam vel Heraldum vocant, ad rem eamdem misit. Hic incipit historia in aulæo Baiocensi. Rex Eduardus in solio suo Haroldum alloquitur, ac proficisci jubet. Migrat ille eques cum cœtu suo ut ad mare se conferat, jussaque exsequatur. Preces fundit ante Ecclesiam quamdam, & in navim cum suis conscendit. Adverso reflante vento ad oram Pontivi tractus depellitur, ubi a Widone Pontivi Comite capitur cum cœtu suo, qui Wido, ut videtur, redemtionis precium ab illo exspectabat. Comperit Willelmus Dux Normanniæ Haroldum ab Rege missum, ut quæ Robertus Cantuariensis ipsi nunciarat, confirmaret, a Widone Pontivi Comite comprehensum fuisse, misit rogatum, ut Haroldum & socios dimitteret. Illo negante, alios misit nuncios, qui minis adhibitis edice-

Tome II.   A ij

CONQUESTE DE L'ANGLETERRE,

menaçant Gui, que s'il ne rendoit pas Harold, il viendroit lui-même à main armée pour le délivrer. Ici finit la premiere partie du Monument donnée dans le premier Tome de cet Ouvrage, avec les explications nécessaires. Ce n'est que comme un préambule à la grande Histoire qui suit, & que nous allons décrire d'après ce Monument, & d'après les meilleurs Historiens. Mais comme dans cette tapisserie on a mis sur presque tous les points d'Histoire representez, des Inscriptions qui expliquent les faits historiques, on a jugé à propos de mettre ici ensemble toutes ces Inscriptions, qui font une suite d'Histoire.

REX......RD
HAROLD DVX ANGLORVM ET SVI MILITES
EQVITANT AD BOSHAM.
ECCLESIA.
HIC HAROLD MARE NAVIGAVIT, ET VELIS VENTO PLENIS VENIT IN TERRA WIDONIS COMITIS
HAROLD.
HIC APPREHENDIT VVIDO HAROLDV̄ ET DVXIT EVM AD BELREM, ET IBI EVM TENVIT : VBI HAROLD ET VVIDO PARABOLANT.
VBI NVNTII VVILLELMI DVCIS VENERVNT AD VVIDONEM
TVROLD.
NVNTII VVILLEMI DVCIS
HIC VENIT NVNTIVS AD WILGELMVM (sic) DVCEM
HIC WIDO ADDVXIT HAROLDVM AD VVILGELMVM NORMANNORVM DVCEM.
HIC VVILGELMVS CVM HAROLDO VENIT AD PALATIVM SVVM.
VBI VNVS CLERICVS ET ÆLFGYVA
HIC VVILLEM (sic) DVX ET EXERCITVS EJVS VENERVNT AD MONTEM MICHAELIS, ET HIC TRANSIERVNT FLVMEN COSNONIS
HIC HAROLD DVX TRAHEBAT EOS DE ARENA ET VENERVNT AD DOL ET CONAN FVGA VERTIT REDNES

---

rent ipsi, nisi Haroldum sibi redderet, venturum se cum armata manu ad illum liberandum. Huc vero definit prima pars monumenti hujusce, quæ in tomo primo data & explicata fuit. Est vero quasi prævia particula eximiæ illius historiæ, quam ex hoc monumento & ex accurationibus Scriptoribus adornabimus. Verum quia in aulæo ad omnia fere gesta inscriptiones habentur res historicas explicantes, Inscriptiones illas quæ historiæ seriem efferunt, hic simul ponere visum est.

REX . . . . . . RD.
HAROLD DVX ANGLORVM ET SVI MILITES
EQVITANT AD BOSHAM.
ECCLESIA.
HIC HAROLD MARE NAVIGAVIT, ET VELIS VENTO PLENIS VENIT IN TERRA VVIDONIS COMITIS
HAROLD.
HIC APPREHENDIT VVIDO HAROLDV̄ ET DVXIT EVM AD BELREM, ET IBI EVM TENVIT VBI HAROLD ET VVIDO PARABOLANT.
VBI NVNCII VVILLELMI DVCIS VENERVNT AD VVIDONEM
TVROLD.
NVNTII VVILLELMI DVCIS
HIC VENIT NVNTIVS AD WILGELMVM (sic) DVCEM
HIC WIDO ADDVXIT HAROLDVM AD VVILGELMVM NORMANNORVM DVCEM.
HIC VVILGELMVS CVM HAROLDO VENIT AD PALATIVM SVVM
VBI VNVS CLERICVS ET ÆLFGYVA
HIC VVILLEM (sic) DVX ET EXERCITVS EJVS VENERVNT AD MONTEM MICHAELIS, ET HIC TRANSIERVNT FLVMEN COSNONIS
HIC HAROLD DVX TRAHEBAT EOS DE ARENA
ET VENERVNT AD DOL ET CONAN FVGA VERTIT REDNES

PAR GUILLAUME DUC DE NORMANDIE.

HIC MILITES VVILLELMI DVCIS PVGNANT CONTRA DINANTES: ET CVNAN CLAVES PORREXIT.
HIC DEDIT ARMA VVILLELM. HAROLDO.
HIC VVILLELM. VENIT BAGIAS : VBI HAROLD SACRAMENTVM FECIT VVILLELMO DVCI
HIC HAROLD DVX REVERSVS EST AD ANGLICAM TERRAM : ET VENIT AD EDWARDVM REGEM
HIC PORTATVR CORPVS EADWARDI (sic) REGIS AD ECCLESIAM PETRI APLI
ADWARDVS REX IN LECTO ALLOQVITVR FIDELES : ET HIC DEFVNCTVS EST.
HIC DEDERVNT HAROLDO CORONAM REGIS
HIC RESIDET HAROLD REX ANGLORVM
STIGANT ARCHIEPS.
ISTI MIRANTVR STELLAM
HAROLD.
HIC NAVIS ANGLICA VENIT IN TERRAM WILLELMI DVCIS
HIC WILLELMVS DVX JVSSIT NAVES ÆDIFICARE
HIC TRAHVNT NAVES AD MARE
ISTI PORTANT ARMAS AD NAVES : ET HIC TRAHVNT CARRVM CVM VINO ET ARMIS
HIC VVILLELM. DVX IN MAGNO NAVIGIO TRANSIVIT ET VENIT AD PEVENESÆ
HIC EXEVNT CABALLI DE NAVIBVS : ET HIC MILITES FESTINAVERVNT HESTINGA VT CIBVM RAPERENTVR
HIC EST VVADARDVS
HIC COQVITVR CARO ET HIC MINISTRAVERVNT MINISTRI
HIC FECERVNT PRANDIVM ET HIC EPISCOPVS CIBVM ET POTVM BENEDICIT.
ODO EPS. WILLELM : ROBERT. ISTE JVSSIT VT FODERETVR CASTELLVM AT (sic) HESTENGA.
CEASTRA (sic)
HIC NVNTIATVM EST VVILLELM. DE HAROLDO

HIC MILITES VVILLELMI DVCIS PVGNANT CONTRA DINANTES: ET CVNAN CLAVES PORREXIT.
HIC DEDIT ARMA VVILLELM. HAROLDO.
HIC VVILLELM VENIT BAGIAS ; VBI HAROLD SACRAMENTVM FECIT VVILLELMO DVCI.
HIC HAROLD DVX REVERSVS EST AD ANGLICAM TERRAM, ET VENIT AD EDWARDVM REGEM
HIC PORTATVR CORPVS EADWARDI (sic) REGIS AD ECCLESIAM PETRI APLI.
ADWARDVS IN LECTO ALLOQVITVR FIDELES : ET HIC DEFVNCTVS EST.
HIC DEDERVNT HAROLDO CORONAM REGIS :
HIC RESIDET HAROLD REX ANGLORVM
STIGANT ARCHIEPS
ISTI MIRANTVR STELLAM
HAROLD.
HIC NAVIS ANGLICA VENIT IN TERRAM WILLELMI DVCIS
HIC VILLELMVS DVX JVSSIT NAVES ÆDIFICARE
HIC TRAHVNT NAVES AD MARE
ISTI PORTANT ARMAS AD NAVES, ET HIC TRAHVNT CARRVM CVM VINO ET ARMIS
HIC VILLELM. DVX IN MAGNO NAVIGIO TRANSIVIT ET VENIT AD PEVENESÆ
HIC EXEVNT CABALLI DE NAVIBVS : ET HIC MILITES FESTINAVERVNT HESTINGA VT CIBVM RAPERENTVR
HIC EST VVADARDVS
HIC COQVITVR CARO : ET HIC MINISTRAVERVNT MINISTRI
HIC FECERVNT PRANDIVM, ET HIC EPISCOPVS CIBVM ET POTVM BENEDICIT.
ODO EPS. WILLELM : ROTBERT. ISTE JVSSIT VT FODERETVR CASTELLVM AT (sic) HESTENGA
CEASTRA (sic)
HIC NVNTIATVM EST VVILLELM. DE HAROLDO

CONQUÊSTE DE L'ANGLETERRE,
HIC DOMVS INCENDITVR
HIC MILITES EXIERVNT DE HESTENGA : ET VENERVNT AD PRÆLIVM CONTRA HAROLDVM REGEM
HIC VVILLELMVS INTERROGAT VITALEM SI VIDISSET HAROLDI EXERCITVM
ISTE NVNTIAT HAROLDVM DE EXERCITV VVILLELMI DVCIS
HIC WILLELMVS DVX ALOQVITVR (fic) SVIS MILITIBVS VT PRÆPARENT SE VIRILITER ET SAPIENTER AD PRÆLIVM CONTRA ANGLORVM EXERCITVM
HIC CECIDERVNT LEWINE ET GVRD FRATRES HAROLDI REGIS
HIC CECIDERVNT SIMVL ANGLI ET FRANCI IN PRELIO
HIC ODO EPS BACVLVM TENENS CONFORTAT.....
HIC EST VVILEL DVX
HIC FRANCI PUGNANT, ET CECIDERVNT QVI ERANT CVM HAROLDO
HIC HAROLDVS REX INTERFECTVS EST...............

J'ai averti dans le tome précédent p. 374. que ces Inscriptions ont dans l'original après chaque mot trois points, ou perpendiculaires, ou mis en triangle & quelquefois deux points seulement ; nous nous sommes dispensez de les mettre ici. Il suffit qu'ils soient marquez dans les Planches, où ces Inscriptions se trouvent. L'usage de mettre trois points après chaque mot, se trouve dans une Inscription Greque d'Athenes, faite quatre cent cinquante ans avant l'Incarnation, en l'année de la mort de Cimon fameux Capitaine Athenien, dont l'Original en marbre blanc se trouve aujourd'hui au Louvre, à un Cabinet de l'Academie des belles Lettres. Je n'ai jamais vû d'exemple de ces trois points après chaque mot, dans les anciennes Inscriptions Romaines. Mais on en trouve souvent en France depuis près de mille ans, & peut être en d'autres païs, ponctuées en cette maniere.

PLANCHE I. Gui Comte de Ponthieu craignant de s'attirer un aussi formidable adversaire que Guillaume Duc de Normandie, promit de lui remettre Harold : les Envoiez en apporterent la nouvelle au Duc Guillaume. C'est ici que commence la partie de l'histoire peinte dans la tapisserie, dont nous donnons à present le

---

HIC DOMVS INCENDITVR
HIC MILITES EXIERVNT DE HESTENGA : ET VENERVNT AD PRELIVM CONTRA HAROLDVM REGEM
HIC WILLELMVS INTERROGAT VITALEM SI VIDISSET HAROLDI EXERCITVM
ISTE NVNTIAT HAROLDVM DE EXERCITV VVILLELMI DVCIS
HIC WILLELMVS DVX ALOQVITVR (fic) SVIS MILITIBVS VT PRÆPARENT SE VIRILITER ET SAPIENTER AD PRELIVM CONTRA ANGLORVM EXERCITVM.
HIC CECIDERVNT LEWINE ET GVRD FRATRES HAROLDI REGIS.
HIC CECIDERVNT SIMVL ANGLI ET FRANCI IN PRELIO
HIC ODO EPS BACVLVM TENENS CONFORTAT.........
HIC EST VVILLEL DVX
HIC FRANCI PVGNANT, ET CECIDERVNT QVI ERANT CVM HAROLDO
HIC HAROLDVS REX INTERFECTVS EST......

In tomo primo monui, p. 374. inscriptiones hasce in aulæo post singulas voces tria puncta in perpendiculum posita habere ; aliquando etiam tria puncta in triangulum adornata, nec raro duo solum puncta : quæ puncta in hac inscriptionum collectione non posuimus. Satis quippe est si in incisis tabulis reperiantur cum inscriptionibus. Tria puncta post singula verba reperiuntur in inscriptione quadam Græca Atheniensi 450. annis ante ortum Christi posita, quo anno Cimon Dux Atheniensis strenuus obiit. Quæ inscriptio in albo marmore incisa hodie in Lupareis regiis ædibus habetur in conclavi quodam ad Academiam Literatorum deputato. Hujusmodi tria puncta post singulas voces nunquam vidi in antiquis inscriptionibus : sed hujusmodi exempla sæpe videre est ab annis mille in inscriptionibus Galliæ, & aliarum fortasse regionum.

Wido Pontivi Comes ne Willelmum formidandum sibi Principem exasperaret, pollicitus est se Haroldum dimissurum esse. Missi nuncii id Willelmo Duci significarunt. Hic autem incipit historiæ pars illa major quam nunc damus. Dux in solio sedens pumi-

PAR GUILLAUME DUC DE NORMANDIE.

deſſein. Le Duc aſſis ſur une eſpece de Trône, donne audiance à ſon Envoié qui eſt un fort petit homme, & pourroit bien être ce nain Turold, qui étoit en la compagnie des deux premiers Envoiez de Guillaume. Il en eſt parlé à la p. 378. du premier tome. Le Duc Guillaume eſt aſſis auprès de ſon Palais ou de ſon Château, qui ſe voit peint ici. Il y a une eſpece de donjon, à chaque côté duquel eſt un garde armé d'une lance. Il y a apparence que le château a été fait de la pure imagination du Peintre, comme la plûpart des autres châteaux & bâtimens qui ſe voient dans la tapiſſerie. L'Inſcription eſt ici, HIC VENIT NVNCIVS AD VVILGELMVM DVCEM, *l'Envoié vint ici trouver le Duc Guillaume*. *Wilgelmus* ſe lit ainſi quelquefois dans la ſuite. Le premier mot *Hic* ne ſe voit pas ici: il eſt à l'extrémité de la derniere Planche au tome précedent, n. XLIX.

Il pourroit bien ſe faire que ceux qui paroiſſent ici devant le Duc Guillaume, ſont les premiers qu'il envoia. Ils avoient en leur compagnie Turold, qui par la petiteſſe de ſa taille, & une force de corps extraordinaire dans un nain, devoit être fort connu dans la Cour du Duc de Normandie. Voiez ce que nous en avons dit à la page 374. du premier tome. Ces premiers Envoiez & Turold lui rapporterent que le Comte Gui refuſoit de mettre Harold en liberté. Il en envoia de ſeconds qui menacerent de ſa part le Comte Gui, & Guillaume ſe mit en marche lui-même bien accompagné, pour aller l'obliger par force de lui remettre Harold.

Ce qui ſemble confirmer ma conjecture eſt, que Guillaume de Poitiers le plus exact de ceux qui ont écrit l'hiſtoire de Guillaume le Conquerant, dit que le Comte Gui vint lui remettre ſon priſonnier à la ville d'Eu, *ad Aucenſe Caſtrum ſibi præſentavit*, c'étoit l'extrémité de la Normandie de ce côté-là, ce qui fait juger que le Duc s'étoit mis en chemin pour aller délivrer Harold. L'Inſcription qui eſt au deſſus eſt en ces termes: HIC WIDO ADDVXIT HAROLDVM AD WILGELMVM NORMANNORVM DVCEM. *Gui amena Harold à Guillaume Duc de Normandie*. Guillaume de Malmeſburi, dit qu'il l'amena en Normandie; *ab ipſo Guidone Normanniam ductus eſt*: ce qui s'accorde avec ce que dit Guillaume de Poitiers, qu'il le mena en la ville d'Eu, quelques autres moins exacts diſent, qu'il ſe contenta de le lui renvoier.

L'Image nous montre Gui à cheval avec toute ſa troupe, & Guillaume auſſi à cheval avec la ſienne. Gui preſente Harold au Duc de Normandie & le lui

---

lionem ſe alloquentem audit, eſtque fortaſſe Turoldus ille, qui cum primis duobus nunciis miſſus eſt, de quo agitur, p. 378. tomi primi. Dux Willelmus propter ædes ſuas ſedet, quæ caſtellum referunt. In medio ejus turris ceu arx erigitur, in cujus lateribus utrinque armati lancea viri ſinguli conſpiciuntur. Forma vero caſtelli ex pictoris arbitrio prodiit, ut & alia fere omnia caſtella & ædificia, quæ in hoc aulæo comparent. Inſcriptio eſt: HIC VENIT NVNCIVS AD VVILGELMVM DVCEM. *Wilgelmus* ſic etiam aliquoties legitur in decurſu. Prima vox *hic* non comparet in tabula; ſed in præcedenti tomo, in ultima hujus hiſtoriæ tabula n. XLIX. legitur.

Veriſimiliter dici poſſit, duos illos qui ante Willelmum Ducem ſtantes viſuntur, primos illos eſſe nuncios a Willelmo miſſos. Cum illis erat Turoldus, qui a ſtaturæ brevitate & robore corporis non vulgari in pumilione, in aula Ducis Normanniæ notiſſimus fuiſſe videtur. Conſule ea quæ de illo diximus, pag. 374. tomi primi. Duo priores illi nuncii & Turoldus Comitis pertinaciam, qui nollet Haroldum dimittere, Duci retulerunt. Tum alios ille Comiti nuncios miſit, qui minis intentatis idipſum a Comite exigerent: ipſeque Willelmus cum armatorum manu profectus eſt, ut Haroldum vi reciperet.

Conjecturam meam confirmare videtur Guillelmus Pictavienſis, eorum qui Willelmi Nothi hiſtoriam ſcripſerunt accuratiſſimus, cum dicit Widonem Comitem captivum ſuum Willelmo reddidiſſe in Augi oppido ſeu caſtro: *Ad Aucenſe caſtrum ſibi præſentavit*, qui extremus erat Normanniæ limes verſus Pontivum: unde probatur Ducem jam iter ſuſcepiſſe, ut Haroldum liberaret. Inſcriptio aulæi ſic habet: HIC VVIDO COMES ADDVXIT HAROLDVM AD VVILGELMVM NORMANNORVM DUCEM. Willelmus autem Malmeſburienſis ſic habet: *Ab ipſo Guidone Normanniam ductus eſt*: conſonatque cum Guillelmo Pictavienſi, qui ad Augi caſtrum ſeu oppidum illum duxiſſe narrat. Aliqui minus accurati Scriptores Haroldum a Widone miſſum non ductum fuiſſe dicunt.

In depicta imagine viſitur Wido eques cum aliis equitibus; itemque Willelmus Dux eques cum ſuis. Wido Haroldum Normanniæ Duci offert. Manu ſiniſ-

Guillelm. Pictav.

Willelm. Malmesb.

remet. Il porte sur sa main gauche un oiseau, marque d'une grande qualité en ce tems-là. Harold qui le suit porte aussi son oiseau de même ; mais le bec en avant & non pas tourné vers lui, comme à la Pl. XLV. du premier tome, où l'oiseau tourné vers sa poitrine, en sorte qu'il ne pouvoit s'essorer, marquoit que le maître étoit dans un état humilié. Guillaume, Gui & Harold portent des manteaux attachez à l'épaule droite, ou des chlamydes fort courtes. Ce qu'on remarque ici est que tous les chevaux ont un poitrail & point de croupiere, ce qu'on observe par tout ailleurs dans cette peinture. Des branches d'arbre qui s'élevent après les cavaliers de la suite de Guillaume, marquent que cette scene est finie, & qu'une autre va commencer. Cet usage de mettre des arbres à la fin de chaque action est fort ancien. On l'observe sur les colonnes de Trajan & d'Antonin ; cela a été continué jusqu'à des tems fort bas. Quand après une action il se trouve un château, une maison, ou une tour, ils ne mettoient point d'arbre : ces hauts bâtimens faisoient la séparation.

Harold vient à Rouen.

Le Duc amena Harold à son Palais, comme marque l'Inscription HIC DVX VVILGELM. CVM HAROLDO VENIT AD PALATIVM SVVM. Elle ne dit pas expressément qu'il soit venu à Roüen ; mais Guillaume de Poitiers l'assure ; c'étoit la ville capitale où étoit son Palais. Après cette marche on arrive à une espece de tour, où est la grande porte du Palais. On en remarque quelques-unes de même dans cette peinture. On voit ensuite une salle où est assis le Duc Guillaume, aiant un garde auprès de lui. Harold debout lui parle, & lui dit apparemment le sujet de sa venue. Derriere lui sont quatre hommes armez de sa suite. Dans les conferences qu'ils eurent ensemble, Harold lui promit, qu'il lui seroit toujours dévoué. Nous verrons plus bas qu'il lui prêta fort solennellement le serment de fidelité. Guillaume de son côté promit de lui donner en mariage sa fille Adele ou Adelize, que d'autres appellent Agathe.

M. Lancelot qui a donné de ce Monument une explication aussi savante que judicieuse, croit que c'est à ce futur mariage que se rapporte la Figure & l'Inscription suivante. Nous voions dans cette image, une femme ou fille entre deux colonnes, qui font une espece de porte, & un homme à côté qui lui met la main sur la tête. L'Inscription est VBI VNVS CLERICVS ET ÆLFGYVA *où l'on voit un clerc & Ælfgyve.* Il semble que cette cérémonie ne peut se rapporter qu'à la promesse que venoit de faire Guillaume à Harold de lui donner sa

---

tra avem sustinet, quod tunc insigne nobilitatis erat. Widonem sequens Haroldus avem & ipse sustinet, sed averso rostro, nec sibi adverso, ut in Tab. XLV. tomi primi, ubi avolare non poterat, quæ res Haroldum in dejectiore esse conditione significabat. Willelmus, Wido, & Haroldus, palliola gestant ad humerum dextrum annexa, sive chlamydes breviores. Observandum autem hic est equos omnes antilenam, nullum postilenam habere, id quod in aulæo toto sic deprehenditur. Rami arborum erecti & præalti post equites Willelmi locati, significant hanc finitam scenam esse. Mos hic, arbores ponendi in fine cujuslibet actionis vel rei gestæ, antiquissimus est. In columnis enim Trajana & Antonina observatur, & ad usque infima sæcula deductus est. Si vero post rem gestam, aut castellum, aut domus, aut turris occurrat, tunc arborem non apponunt. Illa quippe altiora ædificia, a posterioribus priora separant.

Willelmus Haroldum duxit ad Palatium suum, ut in inscriptione fertur: HIC DVX VVILGELM CVM HAROLDO VENIT AD PALATIVM SVVM: non dicit Rotomagum venisse ; sed id narrat Guillelmus Pictaviensis ; erat quippe Rotomagus caput ur-

bium Normanniæ & Ducis sedes. Post emensum iter, turris visitur, in qua majus ostium Palatii erat: cujusmodi turres etiam alibi in hoc monumento observantur. Deinde aula conspicitur ubi sedet Dux Willelmus, adstante satellite. Stans Haroldus Ducem alloquitur, & profectionis suæ causam, ut creditur, recenset. Pone illum quatuor armati viri sunt illius socii. In privatis colloquiis Duci pollicitus est Haroldus se ipsi addictum semper fore. Postea vero sacramentum fidei ipsi solemniter præstitit, ut infra videbitur. Willelmus vero se ipsi in sponsam daturum esse promisit filiam suam Adelam, sive Adelisiam, quam alii Agatham vocant.

Guillelm. Pictav.

Putat V. Cl. Lancelotius, qui hoc monumentum docte & sagaciter interpretatus est, imaginem atque inscriptionem sequentes hoc futurum connubium spectare. In hac imagine mulierem seu virginem videmus inter duas columnas, quæ quamdam ceu portam efficiunt, & a latere virum capiti ejus manum imponentem. Inscriptio est: VBI CLERICVS VNVS ET ÆLFGYVA. Hæc vero pictura & agendi ratio non videtur ad aliud pertinere posse, quam ad promissionem Willelmi Haroldo factam de connubio cum filia sua. Puellæ

fille

fille en mariage. Le nom de la Princesse ne convient pas à la vérité avec ceux que les Historiens lui donnent : mais ils varient entre eux, & cette variété pourroit faire soupçonner que ce ne sont que des corruptions du nom Ælfgyva fort commun parmi les Anglosaxons, mais très-rare chez les autres nations. Il est à remarquer que ce nom se trouve écrit un peu différemment dans les Auteurs. La seconde femme de Charles le simple fille d'un Roi d'Angleterre, appellée *Ogiva* dans les Historiens, est nommée *Æthgiva* dans son Epitaphe, qu'on voit à S. Médard de Soissons. Il y a apparence que c'est le même nom écrit avec quelque petite diversité, ce qui étoit fort ordinaire en ces tems-là. Ce nom est aussi appellatif, dit-on, & signifie, une Dame, une Demoiselle & une Princesse, ce qui leveroit toute la difficulté. Ce Clerc ou Officier met la main sur la tête de la Princesse. C'étoit apparemment un usage de ces tems, & dans ces sortes de fonctions.

La guerre de Bretagne survint alors. Conan Comte de Bretagne avoit armé contre le Duc Guillaume, & lui déclarant la guerre, il lui avoit indiqué un jour où il devoit entrer dans la Normandie. Il avoit attiré à son parti le Comte d'Anjou, qui devoit lui fournir des troupes. Mais Guillaume étoit trop prompt à la main pour attendre que son adversaire vint ainsi l'insulter dans son païs. Il s'arma & il fit armer ses gens. Sachant qu'Harold étoit homme de guerre & fort brave, il l'invita lui & les siens à être de la partie. Harold s'arma volontiers pour se trouver à cette expedition. Ils prirent la route du Mont S. Michel, comme il est porté dans l'Inscription. HIC VVILLEM. (sic) DVX ET EXERCITVS EJVS VENERVNT AD MONTEM MICHAELIS. *Le Duc Guillaume & son armée vinrent au Mont S. Michel.* Le Mont S. Michel est ici representé avec un petit château sur la croupe. Le Duc & ses gens à cheval marchent du côté de ce Mont, revêtus d'une espece de mailles de fer plates comme des écailles, ce qui s'appelloit anciennement *squamata vestis*; au lieu que les autres cottes d'armes, composées de crochets de fer entrelacez, s'appelloient *hamata vestis*. On en voit quelquefois de ces dernieres dans cette tapisserie.

Arrivez au Mont S. Michel, ils passerent la riviere de Coesnon que les fréquentes marées remplissent d'un sable mouvant, où l'on s'enfonce, & dont on a assez de peine à se tirer. Les voiageurs perissent-là quelquefois, quand la marée

Guerre de Bretagne.

nomen ut a plurimis scriptoribus varie referatur, cum Ælfgyva non convenit; sed illi in isto nomine referendo tantopere variant, ut hinc fortasse suspicio oriatur, sic corruptum fuisse nomen Ælfgyva, apud Anglosaxones frequentissimum, sed apud cæteros populos rarissimum. Annotandum porro est hoc nomen varie scriptum occurrere apud Scriptores. Secunda uxor Caroli Simplicis Regis Angliæ filia Ogiva a Scriptoribus appellatur; sed in epitaphio suo quod visitur in Ecclesia S. Medardi Suessionensis Æthgiva nominatur: videturque hoc ipsum, quode agimus esse nomen, cum aliqua scripturæ varietate; quæ varietas istis temporibus frequentissima erat. Dicitur etiam nomen appellativum esse, quo significatur *Principissa*, Domina. Id vero omnem levaret difficultatem. Clericus seu Minister hic nobilissimæ puellæ capiti manum imponit, quæ ceremoniæ ratio in usu videtur fuisse istis temporibus.

Tunc bellum in Britannia movetur. Conanus Britanniæ Comes contra Willelmum Ducem arma sumserat, ipsique diem dixerat, quo cum exercitu in Normanniam ingressurus erat. Andegavensem vero Comitem sibi adjunxerat, qui copias ipsi subministraturus erat. At Willelmus bello suscipiendo paratior erat, quam ut expectaret donec hostis fines suos invaderet. Arma ergo sumsit, & exercitum collegit. Cum comperisset autem Haroldum virum esse strenuum, illum cum sociis ad belli societatem concitavit: ad illam vero expeditionem libens Haroldus arma suscepit. Ad montem S. Michaelis iter direxerunt, ut in inscriptione fertur. HIC VVILLEM DVX ET EXERCITVS EJVS VENERVNT AD MONTEM MICHAELIS. Mons autem S. Michaelis hic cum parvo in summitate castello repræsentatur. Dux & equites ipsius versus montem illum tendunt thorace & tegmine quodam induti ex squamis ferreis concinnato; quæ vestis squamata olim vocitabatur; aliæ vero loricæ ex quibusdam ceu uncinis ferreis adornatæ, *hamata vestis* appellabantur, cujus etiam generis quædam observantur in hoc aulæo.

Ad montem S. Michaelis cum pervenissent Cosnonem fluvium trajecerunt, quem supervenientes maris æstus quotidiani arena molli complent; ita ut qui iter agunt pedem figere non valentes aliquando pe-

revient avant qu'ils soient dégagez. Le Duc avec ses troupes passa cette riviere. On en voit ici à cheval qui haussent leurs cuisses & leurs jambes, de peur que leurs pieds n'entrent dans l'eau. Plusieurs s'enfoncerent dans le sable & ne pouvoient s'en tirer. Harold qui étoit de grande taille & fort puissant en retira plusieurs, qui auroient eu peine à se dégager. C'est ce que nous apprend la peinture & l'Inscription qui est au dessus. ET HIC TRANSIERVNT FLVMEN COSNONIS. HIC HAROLDVS DVX TRAHEBAT EOS DE ARENA. *Ils passerent la riviere de Coesnon, & Harold les tiroit du sable.*

L'armée continua sa route & marcha du côté de Dol. Le Seigneur de la ville nommé Rual étoit en guerre avec Conan, qui venoit contre lui avec des troupes; mais qui s'enfuit, quand il sût l'arrivée du Duc de Normandie. Après avoir défié le Duc, & lui avoir fait dire qu'il entreroit un tel jour à main armée dans la Normandie, il n'eut pas seulement le courage de l'attendre. Raoul fit dire au Duc qu'il lui étoit fort redevable de ce qu'il avoit obligé son ennemi de prendre la fuite, mais que si ses gens ravageoient ses campagnes & enlevoient ses moissons, ses affaires n'en iroient pas mieux, & qu'il lui importoit fort peu que ce fussent les Normans ou les Bretons qui fissent du dégât dans ses terres. Le Duc défendit qu'on touchât à rien. Dol est ici représenté par une tour, où l'on voit un homme qui descend par une corde, on ne sait ni pourquoi, ni à quelle occasion. L'Inscription porte ici: ET VENERVNT AD DOL, ET CONAN FVGA VERTIT. *Ils vinrent à Dol, & Conan prit la fuite.* On le voit ici fuiant avec ses gens à cheval. La ville où il s'enfuit est représentée par une espece de petit château, c'est Rennes. L'Inscription a REDNES, ou peut être REDONES. On voit Conan qui arrive à cette ville accompagné de quelques cavaliers. Ils vont tous au galop.

L'action qui se passe ensuite est plus remarquable. Les troupes de Guillaume vont attaquer Dinant, ceux de la ville se défendent. On les voit sur leurs remparts & derriere leurs palissades faisant tête à l'ennemi. La ville est située ici sur une éminence. Deux hommes armez viennent par le bas pour mettre le feu à leurs palissades, & l'y mettent effectivement. Je ne trouve cette expedition mémorable dans aucun Auteur Normand ni Anglois: & ce monument en dit trop peu pour nous apprendre tout le dénouement de cette guerre. Il nous donne

---

reant, cum æstus maris immersos intercipit. Dux cum copiis suis fluvium trajecit. Hic videas equitem, qui femur & tibiam sursum retrahit, ut ne pedes in aquam immittantur. Plurimi in mollem & aquis imbutam arenam immerguntur, neque exsilire possunt. Haroldus vero qui proceræ staturæ erat, & corporeis viribus valebat, multos ex arena extrahit, qui vix potuissent emergere. Illud ex pictura discimus & ex inscriptione, quæ sic habet: ET HIC TRANSIERVNT FLVMEN COSNONIS. HIC HAROLDVS DVX TRAHEBAT EOS DE ARENA.

Pergit exercitus & Dolam contendit. Is ad quem urbs pertinebat Ruallus nomine, hostili animo erat in Conanum, qui tunc cum militum manu accessit, Ruallum bello impetiturus; sed cum comperisset advenisse Normanniæ Ducem, fugam capessivit. Sic qui Ducem provocarat, & jactabundus illi edixerat se tali die Normanniam invasurum esse, ne exspectare quidem illum ausus est. Ruallus Duci nuncios misit, qui gratias referrent quod hostem suum fugasset; adderentque, non melius tamen rem sibi cessuram esse, si Ducis copiæ agros suos devastarent, ac messes auferrent: sibique parum interesse utri in terris suis prædas agerent, an Normanni an Britones. Tunc vetuit Dux ne quid quispiam auferret vel labefactaret. Dola hic turris forma exhibetur, ubi vir repræsentatur, qui per funem sensim delabens foras exit; cur vel qua occasione ignoratur. Inscriptio sic habet; ET VENERVNT AD DOL: ET CONAN FVGA VERTIT. Is cum suis fugiens conspicitur. Urbs in quam receptum habet, hic ceu castellum depingitur; estque Rhedonum urbs. Inscriptio sic habet REDNES, vel fortasse REDONES. Hic Conanus cum aliis equitibus visitur, qui omnes concitato cursu urbem petunt.

Res notatu dignior postea geritur. Willelmi Ducis milites Dinantium adoriuntur. Oppidani hostem propulsant, supra muros & pone vallum armati visuntur hostibus adversi. In edito loco hic urbs repræsentatur. Duo viri facibus instructi ex infima parte sepibus vallum tuentibus, ignem injiciunt. Hanc expeditionem in nullo Scriptore vel Normanno vel Anglo reperi, in hoc autem monumento longe pauciora sunt, quam ut possint belli exitum clare docere: indicat vero

PAR GUILLAUME DUC DE NORMANDIE.

feulement à entendre qu'elle finit ici. Sur l'attaque de Dinant il dit : HIC MILITES VVILLELMI DVCIS PVGNANT CONTRA DINANTES. *Les gens du Duc Guillaume combattent contre ceux de Dinant*, & il ajoute : ET CVNAN CLAVES PORREXIT : *& Conan rendit les clefs de la ville*. On voit en effet un homme d'armes de la place, peut être Conan lui-même, qui presente ces clefs mises au bout d'une lance, & un homme à cheval du côté du Duc, & peut être le Duc lui-même, qui les reçoit & les enleve avec le bout de sa lance à laquelle étoit attachée une banniere. C'est la premiere fois que je vois cette cérémonie pour rendre les clefs d'une ville. L'Inscription & la peinture n'en disent pas davantage, & nous laissent à penser comment cela s'est fait, & comment cette guerre a fini. Voici la maniere d'expliquer tout ceci, qui me paroit la plus naturelle.

Conan qui à l'arrivée du Duc de Normandie devant Dol, s'étoit retiré à Rennes, voiant qu'il venoit assieger Dinant place considerable, & qu'il lui importoit beaucoup de conserver ; s'y rendit d'abord, poussé du desir de faire sa paix avec cet ennemi redoutable. Après que ceux de la ville eurent fait quelque défense, il parlementa avec lui : car ces clefs ne furent assurément presentées qu'après les conventions faites. Le Duc qui avoit à soutenir une autre affaire plus importante & plus difficile, se trouva tout disposé à faire la paix à des conditions raisonnables. Ces conditions furent sans doute que Conan mettroit bas les armes, qu'il rendroit à Guillaume l'hommage dû pour la Bretagne, & qu'il lui presenteroit les clefs de Dinant. Guillaume de Poitiers dit seulement que le Duc mit en fuite Conan avec ses troupes & celles de ses alliez, & n'explique point comment finit cette guerre. Mais ce monument qui dit que Conan lui presenta les clefs de la ville, donne clairement à entendre, qu'il y eut quelque Traité entre eux ; & ce Traité semble ne pouvoir être autre que celui que nous venons de dire. Il y a apparence que ces clefs de Dinant presentées au Duc Guillaume au bout d'une lance, ne furent qu'un acte de soumission, que Guillaume exigea pour son honneur, & que par le Traité la ville demeura en la puissance de Conan. Nous voyons dans la peinture qu'aucun Normand n'entre dans la ville, & qu'aucun Breton n'en sort, non pas même pour presenter au Duc les clefs de la ville. Si elle avoit été rendue au Duc, il en paroîtroit quelque marque ou

---

tantum huc bellum definere. De Dinantii oppugnatione hoc solum dicit : HIC MILITES VVILLELMI DVCIS PVGNANT CONTRA DINANTES ; additque : ET CVNAN CLAVES PORREXIT, visiturque vir armatus in urbis muro, fortasse Conanus ipse, qui claves illas in extrema lancea sua appensas porrigit ; & ex Ducis parte eques, imo ipse forte Dux, qui illas cum extrema item lancea, cui vexillum hæret, recipit & aufert. Hac prima vice sic claves urbis reddi vidi. Non plura efferunt inscriptio & imago, & divinandum relinquunt, quis fuerit belli totius exitus. Hoc autem modo, mea quidem sententia, res explicati posse videtur.

Conanus, qui adveniente Normannorum Duce apud Rhedonas receptum habuerat, ubi illum Dinantium obsessum venire didicit, quam servare urbem cordi erat, statim istuc se contulit, cum tam formidando hoste pacem facere cogitans. Postquam oppidani aliquandiu hostem propulsaverant, cum Duce de concilianda pace per se vel per suos colloquia habuit. Claves quippe nonnisi post pactam conditionem relatæ

fuere. Dux autem cui res alia gravior tractanda & perficienda imminebat, pacem æquis conditionibus facere non dedignabatur. Conditiones autem tales prorsus fuisse videntur ; ut Conanus arma poneret, ut hominium pro Britannia Duci præstaret, ut Dinantii claves ipsi porrigeret. Guillelmus Pictaviensis hoc solum narrat : Conanum cum suis & fœderatorum copiis a Duce profligatum fuisse, nec dicit quis fuerit postremus belli exitus. At hoc monumentum in quo fertur Conanum Duci urbis claves porrexisse, aliquid inter illos pactum fuisse subindicat : quod pactum non aliud fuisse videtur, quam id quod diximus. Verisimile quoque est claves in extrema lanceæ parte Willelmo Duci porrectas, obsequentiæ solummodo signum fuisse, id exigente Willelmo honoris causa ; tamenque illa conditione ut urbs sub Conani potestate maneret. Videmus sane in urbem Normannum nullum intrare, ex eaque nullum Britonem ingredi, ne quidem ad claves Duci porrigendas. Si urbs Normanniæ Duci cederet, aliquod ejus rei signum esset, vel in depicta

Guillelm. Pictav.

dans la peinture, ou dans l'Inscription. Je m'en rapporte au jugement du lecteur habile. Je suis persuadé au reste que c'est Guillaume lui-même, qui reçoit les clefs de la ville au bout de sa lance, où tient une banniere. On le voit plusieurs fois dans cette peinture avec une banniere. Lui & ceux qui l'accompagnent ont leurs boucliers marquez en differentes manieres : c'étoient des figures arbitraires, ce que nous appellons blason n'étoit point encore en usage en ce tems-là.

La guerre de Bretagne étant ainsi finie, Guillaume à qui Harold avoit donné des preuves de sa valeur & de son courage, tâcha de le gagner, & de le mettre entierement dans son parti. Il le fit d'abord Chevalier, & l'arma lui-même. La cérémonie en est marquée dans la peinture & dans l'inscription, qui porte : HIC DEDIT VVILLELMVS ARMA HAROLDO. *Guillaume donne des armes à Harold.* Guillaume armé de pied en cap, & dont l'habit militaire est tout couvert d'écailles de fer, met un casque à la tête d'Harold. Ce casque, comme tous les autres qu'on voit dans cette histoire peinte, est de fer & se termine en haut presqu'en cone. Il laisse le visage tout à découvert. Il a seulement une avance qui garentit le nez, & que nos Auteurs appellent *Nasal.* Harold est debout pendant la cérémonie & tient de la main gauche une banniere appuiée contre terre, c'étoit l'usage en ce tems-là de faire Chevaliers ceux qui s'étoient signalez dans les combats. Aux siécles suivans on faisoit aussi des Chevaliers avant les combats, pour les animer à bien faire.

Harold prête serment de fidelité à Guillaume. Guillaume & Harold viennent ensuite à Bayeux, comme porte l'inscription. HIC VVILLELMVS VENIT BAGIAS. Ce fut en cette ville, dont Eudes frere uterin du Duc Guillaume étoit Evêque, qu'Harold prêta serment de fidelité à ce même Duc. On remarque ici une grande varieté dans les Auteurs touchant le lieu où Harold prêta ce serment. Il pourroit bien se faire que le même serment a été repeté en plusieurs endroits. Mais cet acte fut fait avec toute la solennité possible à Bayeux, comme le prouve fort bien M. Lancelot, dans une Dissertation qu'il a faite sur cette peinture & qu'il m'a communiquée. Le témoignage de l'Auteur de cette peinture est préférable à tout autre, & est encore confirmé par ce passage du Roman de Rou :

imagine, vel in inscriptione. Rem prudentis Lectoris arbitrio permitto. Existimo autem eum qui claves urbis in extrema lancea, cui hæret vexillum, accipit, Willelmum Ducem esse, qui in hoc aulæo vexillum tenens sæpe visitur. Ipse autem & equites sui clypeos gestant, figuris variis distinctos, ex arbitrio positos. Nam insignia gentilitia nondum in usu erant.

Finito Britannico bello, Willelmus, qui Haroldum strenuum esse bellatorem experimento compererat, illum sibi devincire statuit. Equitem illum solito ritu fecit, armaque dedit ipsi. Illud vero depictum hic exhibetur, & inscriptio sic habet : HIC DEDIT VVILLELMVS ARMA HAROLDO. Willelmus a capite ad calcem armatus & squamis opertus, galeam Haroldi capiti imponit. Galea isthæc, ut & aliæ omnes, quæ in hac depicta historia cernuntur, ferrea est, & superne in conum fere desinit. Vultum nudum relinquit : laminamque tamen demittit, quæ nasum obtegat. Illa vero a Scriptoribus *Nasale* vocatur. Stat Haroldus dum Eques creatur, & sinistra manu vexillum tenet. In usu erat tum temporis equites creare illos qui in prœliis claruerant. Sequentibus vero sæculis etiam ante pugnam equites creabantur, ut hoc perciti honore fortiter pugnarent.

Willelmus & Haroldus deinde Baiocas pergunt, ut inscriptio habet : HIC VVILLELMVS VENIT BAGIAS. In hac urbe, cujus Odo frater uterinus Willelmi Ducis, Episcopus erat, Haroldus sacramentum fidei Willelmo Duci præstitit. Hic admodum variant Scriptores circa locum in quo præstitum fuit sacramentum. Fortasse vero idem sacramentum pluribus in locis repetitum fuerit. At solemniter omnino Baiocis res acta fuit, ut optime probat Lancelotius, in Dissertatione circa depictum hoc monumentum, quam mecum communicavit. Desumtum ex hac pictura testimonium cæteris anteponendum est, atque etiam confirmatur ex libro cui titulus *le Roman de Rou*, versibus Gallico vulgati idiomate, loci autem illius hic sensus

SUITE DE L'HISTOIRE DE GUILLAUME LE CONQUÉRANT.

PAR GUILLAUME DUC DE NORMANDIE.

A Baiex ceu souloient dire
Fist assembler un grant Concile
Tous les corz sainz fist demander
Et en un lieu tous assembler

Cela s'accorde fort bien avec l'inscription & la peinture de notre monument. Les termes de l'inscription sont : HIC WILLELMVS VENIT BAGIAS : VBI HAROLDVS SACRAMENTVM FECIT WILLELMO DVCI. *Guillaume vint à Bayeux, où Harold lui prêta serment de fidelité.* Cela se fait ici avec solemnité. Harold entre deux grandes chasses de reliques, étend la main droite sur l'une & la gauche sur l'autre chasse, & prononce en même tems son serment, par lequel il reconnoît Guillaume nommé par Edouard son successeur au Roiaume d'Angleterre, & promet de lui être fidele. Guillaume assis sur une espece de Trône est present à l'action. Il tient de la main droite une épée, & tend la gauche vers Harold. Celui-ci est revêtu d'une tunique qui lui descend au dessus du genou. Il porte dessus cette tunique un manteau plus long attaché sur le devant. Il importoit beaucoup au Duc Guillaume de gagner ce Seigneur, le plus puissant de l'Angleterre après le Roi. Avant son départ il le chargea de presens, dit Guillaume de Poitiers, & donna la liberté au frere d'Harold, d'autres disent à son neveu, qu'il tenoit en ôtage, de s'en retourner avec lui en Angleterre. Mais tout cela ne servit de rien ; Harold malgré les sermens faits & les presens reçûs, ne pût tenir contre la tentation d'acquerir un Roiaume, comme nous verrons bien-tôt.

Son départ pour l'Angleterre est exprimé dans la peinture & dans l'inscription. Il passe dans un vaisseau, & aborde à une place ou une ville dont le nom n'est pas marqué. Il monte à cheval pour se rendre au Palais du Roi Edouard, où il met pied à terre & se presente au Roi, aiant derriere lui un homme qui porte une hache d'armes. Tout ceci se voit dans la peinture & dans l'inscription qui est telle : HIC HAROLDVS DVX REVERSVS EST AD ANGLICAM TERRAM ET VENIT AD EDWARDVM REGEM. *Il retourne en Angleterre & se presente au Roi Edouard*, qui est assis sur son Trône portant une Couronne ornée de tréfles. Il a tout l'air d'un homme dont la santé est fort alterée. Harold lui rend compte du voiage qu'il avoit entrepris par son ordre.

P L.
I I I.

---

est : *Baiocis, ut narratur, magnum convocavit coetum, reliquias Sanctorum experiit, & uno in loco poni jussit.* Quæ verba cum inscriptione & pictura nostra consonant. Inscriptionis verba sunt : HIC VVILLELMVS VENIT BAGIAS : VBI HAROLDVS SACRAMENTVM FECIT VVILLELMO DVCI. Id solemni ritu peragitur. Haroldus inter duas majores reliquiarum capsas, manum dexteram ad unam, sinistram vero ad alteram extendit, & sacramentum suum pronunciat, quo declarat Willelmum ab Eduardo Rege successorem sibi in Angliæ regnum declaratum fuisse, fidemque ipsi suam pollicetur : Adest Willelmus in solio sedens, manu dextera gladium tenet, sinistram vero ad Haroldum tendit. Haroldus tunica induitur ad genua fere defluente ; palliumque gestat longius, cujus latera supra pectus annexa sunt. Magni intererat Willelmo Duci Haroldum ad suas partes allicere, qui post Eduardum Regem in Anglia primas tenebat. Antequam proficisceretur, muneribus ipsum oneravit, inquit Guillelmus Pictaviensis, & fratri ejus, sive, ut alii dicunt, fratris filio, quem obsidem tenebat, libertatem dedit, ut in Angliam migraret. Hæc porro nihil profuere Willelmo ; Haroldus enim posthabitis sacramento & muneribus, regni adipiscendi occasionem arripuit, ut mox dicetur.

Profectio ejus in Angliam depicta in aulæo, inscriptione etiam gauder. In navi trajicit & appulit ad oppidum sive castrum, cujus nomen non annotatur. Inde eques ad Eduardi Regis Palatium migrat, Regemque adit, sequente alio qui securim tenet. Hæc testificantur tum imago depicta, tum inscriptio, quæ sic habet : HIC HAROLDVS DVX REVERSVS EST AD ANGLICAM TERRAM ET VENIT AD EDWARDVM REGEM, qui in solio sedet, coronam regiam gestans trifoliis ornatam : ex vultu & aspectu ægritudine laborare deprehenditur. Haroldus suscepti itineris rationem & res ab se jussu regio gestas comme, morat.

Guillelm. Pictav.

B iij

Après ceci il y a dans la tapisserie une transposition arrivée par je ne sçai quel accident. L'enterrement du Roi Edouard est mis avant sa derniere maladie & sa mort. Je mets ici les choses dans leur ordre naturel. Le Roi Edouard devint malade à l'extrémité, & se voiant au lit de la mort, il fit appeller ceux de sa Cour ausquels il avoit le plus de confiance, & leur déclara ses dernieres volontez. L'inscription porte : ADWARDVS REX IN LECTO ALLOQUITVR FIDELES. On lit ici ADWARDVS pour EDWARDVS, mais les variations dans les noms étoient si fréquentes en ces tems-là dans toutes sortes d'écritures, qu'on ne s'y arrête pas. Quelques Auteurs Anglois, & entre autres Hoveden, disent qu'avant que de mourir, il déclara Harold son successeur. Mais les autres assurent qu'il s'en tint à ses premieres dispositions en faveur de Guillaume. Il y a apparence qu'Harold, qui pouvoit tout à la Cour, eut soin de répandre qu'Edouard l'avoit déclaré son successeur avant que de mourir. Lui & ses Partisans publierent cela par tout, & ce fut sur cette prétendue déclaration d'Edouard qu'ils le couronnerent Roi d'Angleterre.

<small>Mort de Saint Edouard Roi d'Angleterre.</small>

Le saint Roi mourut. On voit son corps étendu, & quelques personnes qui semblent le pleurer. Un Prêtre est-là qui paroit lui donner la bénediction : l'inscription se lit ainsi : ET HIC DEFVNCTVS EST. Dès le lendemain de sa mort le jour de l'Epiphanie 1066. son corps fut apporté à l'Eglise de S. Pierre de Vestminster, qu'Edouard avoit restaurée. Huit porteurs soutiennent la biere, qui paroit fort riche & fort ornée. A côté de cette biere sont deux garçons avec une sonnete à chaque main, à la maniere de nos crieurs d'aujourd'hui. Une quantité de peuple suit la biere, arrivée à la porte de l'Eglise : au dessus de la même Eglise on voit une main, qui descend du ciel, & qui semble donner la bénediction. L'inscription est en ces termes : HIC PORTATVR CORPVS EADWARDI REGIS AD ECCLESIAM S. PETRI APOSTOLI. *On porte le corps du Roi Edouard à l'Eglise de S. Pierre Apôtre.*

Après la mort d'Edouard Harold ne manqua pas de faire agir les gens de son parti. Il y avoit trois Princes sur les rangs qui aspiroient à la Couronne d'Angleterre, & qui avoient leurs Partisans. Edgar Adelin jeune Prince de la race du Roi Edouard, Harold & Guillaume Duc de Normandie. Le parti d'Harold se trouva le plus puissant. Le même jour qu'Edouard fut enterré, on lui presenta

---

<small>Roger. ab Houed.</small>

In aulæo deinde transpositio deprehenditur, cujus causa ignoratur. Funus Eduardi Regis ante mortem ejus locatur. In decursu tamen historiæ res secundum ordinem restituo. Eduardus Rex extrema laborans ægritudine, instare obitum cernens, *fideles* suos advocati jussit, ut supremam voluntatem declararet. Inscriptio sic habet: ADWARDVS REX IN LECTO ALLOQVITVR FIDELES. *Adwardus* hic pro Edvvardus legitur. Verum illæ varietates isto ævo ita frequentes erant, ut nihil hinc moræ pariatur. Scriptores quidam Angli, speciatimque Rogerius ab Hoveden, narrant Eduardum antequam moreretur, Haroldum sibi successorem declaravisse. Alii vero dicunt ipsum semper pro Willelmo stetisse. Verum Haroldus qui in Regia primas tenebat, Regem se ab Edvvardo nominatum fuisse sparsit, sequacesque Haroldi hoc ubique publicari curavère: ideoque ipsi coronam detulêre.

Rex Sanctus obiit. Corpus ejus extensum supinum visitur, & quidam circum stantes qui lugere videntur. Presbyter quidam defuncto benedictionem impertire videtur. Inscriptio sic habet : ET HIC DEFVNCTVS EST. Insequente die, quæ erat Epiphania anno 1066. corpus ejus defertur ad Ecclesiam Sancti Petri Vest-Monasteriensis, quam Eduardus restauraverat. Octo viri feretrum gestant, quod videtur pretiosis ornamentis decoratum; pueri duo utraque manu tintinnabula movent, ut nostrates funerei precones. Turba populi feretrum sequitur, quod ad Ecclesiæ ostium pervenit. Supra Ecclesiam manus quædam quasi de cælo descendens visitur, quæ benedictionem dare videtur. Inscriptio sic legitur : HIC PORTATVR CORPVS EADWARDI REGIS AD ECCLESIAM S. PETRI APOSTOLI.

Post Eduardi obitum, Haroldus sequaces suos ad rem gerendam concitavit. Tres erant Principes, qui coronam ad se pertinere dicebant, & ex Anglis alii aliis hærebant. Edgarus Adelinus juvenis, ex stirpe Eduardi Regis; Haroldus & Willelmus Dux Normanniæ. Verum Haroldiana factio prævaluit: eodem quippe, quo Eduardus sepultus est, die, corona ipsi Angliæ

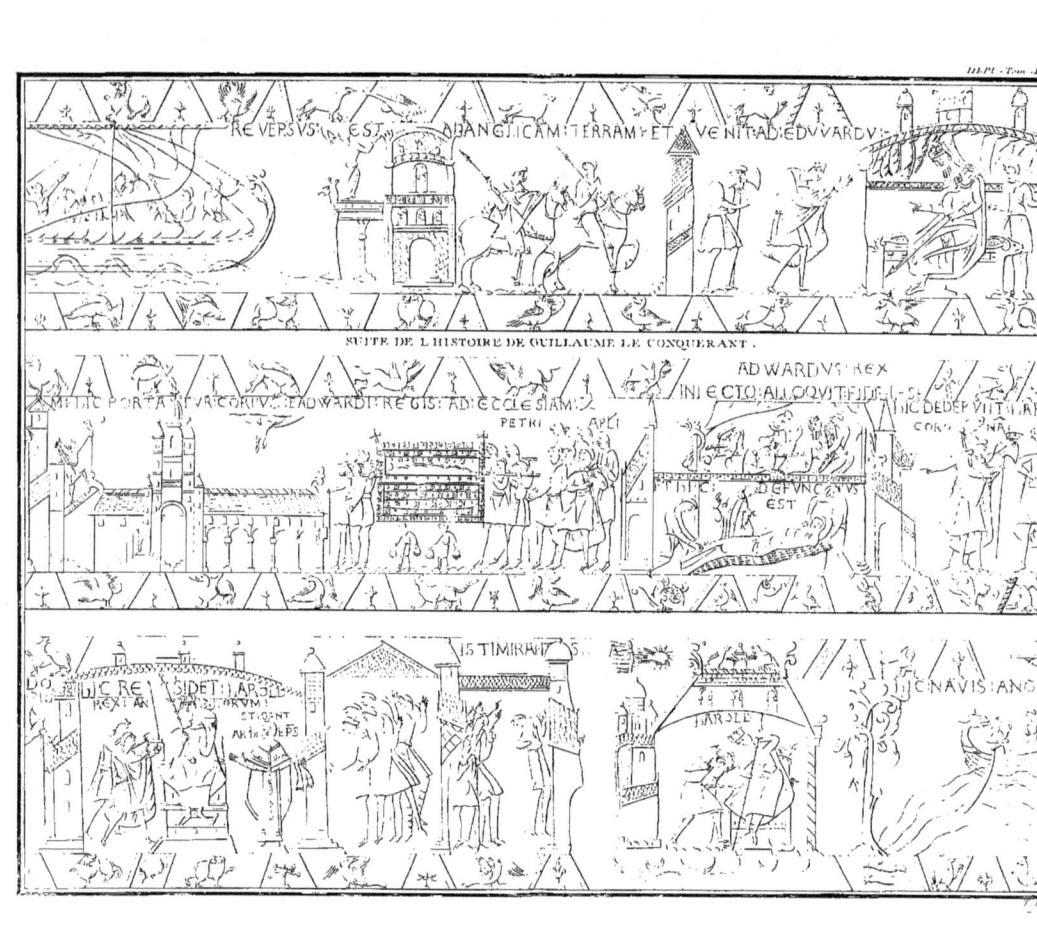

SUITE DE L'HISTOIRE DE GUILLAUME LE CONQUÉRANT.

PAR GUILLAUME DUC DE NORMANDIE.

la Couronne d'Angleterre. On le voit debout tenant sa hache de la main gauche. L'inscription porte : HIC DEDERVNT HAROLDO CORONAM REGIS. *Ils donnerent à Harold la Couronne Roiale.* Il fut donc déclaré & reconnu Roi : & on le voit dans l'image suivante assis sur son Trône, tenant le Sceptre de la main droite, & un globe chargé d'une croix de la gauche. Deux Officiers sont à sa droite, dont l'un tient une épée la pointe en haut ; c'est apparemment son Ecuier. A son côté gauche est Stigant Archevêque de Canterburi, qui le couronna, quoiqu'il fut interdit par le Pape. Il fut depuis déposé à la sollicitation du Roi Guillaume. L'inscription en haut est : HIC RESIDET HAROLDVS REX ANGLORVM, & sur la tête de l'Archevêque STIGANT ARCHIEPISCOPVS. Il est ici revêtu de ses habits Pontificaux, tels qu'il les portoit au couronnement d'Harold. Quelques Auteurs Anglois disent qu'il fut couronné par Aldrede Archevêque d'York. Mais il faut s'en tenir à notre peinture & à l'inscription, dont le témoignage est confirmé par Guillaume de Poitiers, le plus exact des historiens de la vie & des actions du Roi Guillaume.

Harold se fait couronner Roi d'Angleterre.

A l'autre côté sont plusieurs Anglois qui reconnoissent Harold pour leur Roi, & parmi ceux-là il y en a qui regardent une étoile ou comete qui paroit, & qui jette des raions. Cette Comete fut selon l'opinion du tems un présage de la grande révolution qui arriva depuis en Angleterre. La plûpart des historiens en font mention, & rapportent ces deux vers qui furent faits au même tems à l'occasion de cette Comete.

Anno milleno sexageno quoque seno
Anglorum metæ flammas sensere Cometæ.

L'inscription qui regarde la Comete est telle : ISTI MIRANTVR STELLAM. Harold est encore représenté ensuite sur son Trône. Un homme vient lui parler, & à ce qu'il paroit par la situation du Roi & de cet homme, il lui apprend quelque nouvelle importante. M. Lancelot soupçonne, qu'on l'avertit de l'invasion que les Norvegiens venoient de faire au Nord de l'Angleterre. L'inscription n'a que ce mot HAROLD.

La nouvelle du couronnement d'Harold fut bien-tôt apportée à Guillaume Duc de Normandie. Un vaisseau partit exprès de ce payis-là, on vint lui ap-

PL. IV.

---

defertur. Stans autem visitur, sinistra securim tenens. Inscriptio est: HIC DEDERVNT HAROLDO CORONAM REGIS. Rex ergo promulgatus est. In sequenti depicta imagine in solio sedens visitur; dextera sceptrum tenens, sinistra globum, cui crux imposita est. Ad dexteram ejus stant duo viri, quorum alter gladium tenet, cujus cuspis sursum posita est: is est, ut videtur, Scutifer ejus. Ad sinistram ejus stat Stigantius Cantuariensis Archiepiscopus, qui ipsi coronam imposuit, etsi per Summum Pontificem à sacris remotus esset. Postea vero, curante Willelmo, depositus fuit. Inscriptio superne posita est : HIC RESIDET HAROLDVS REX ANGLORVM, & supra caput Archiepiscopi: STIGANT ARCHIEPISCOPVS. Pontificali veste induitur, qualis erat cum Haroldum coronaret. Quidam Angli Scriptores narrant coronatum fuisse ab Aldredo Archiepiscopo Eboracensi ; sed huic monumento & inscriptioni standum, cui suffragatur Guillelmus Pictaviensis accuratissimus Scriptorum qui vitæ & gestorum Willelmi Regis historiam texuere.

Guill. Pictav.

Ad alterum latus stant Angli plurimi, qui Haroldum in Regem suum excipiunt, quorum quidam stellam seu cometam respiciunt, radios emittentem. Hic porro Cometes illo ævo futuram in Anglia rerum mutationem portendere creditus est. Maxima pars Scriptorum Cometem illum memorant ; atque hosce versus ejus occasione editos referunt :

Anno milleno sexageno quoque seno
Anglorum metæ flammas sensere Cometæ.

Inscriptio talis est : ISTI MIRANTUR STELLAM. Haroldus secundo exhibetur in solio sedens : vir quidam ipsum adit & alloquitur ; atque ut ex situ & gestu argui videtur, novi quidpiam Regi indicat. Suspicatur Lancelotius, Haroldo nunciari Norvegos versus septentrionales oras Angliam invasisse. Inscriptio hanc unicam vocem habet, HAROLD.

In Regem coronatum fuisse Haroldum, quamprimùm nunciatum fuit Willelmo Normanniæ Duci. Navis ad eam rem deputata in Normanniam appulit ;

prendre tout ce qui s'étoit passé après la mort du Roi Edouard, les soins qu'avoit eu Harold de se faire promtement déclarer & couronner Roi. L'inscription est en ces termes : HIC NAVIS ANGLICA VENIT IN TERRAM WILLELMI DVCIS. *Un navire Anglois aborde au payis du Duc Guillaume.* Il n'est pas dit pourquoi. Mais ce qui précede & ce qui suit fait juger que ce ne peut être pour autre chose. Guillaume vit que toutes les démarches qu'il avoit faites pour gagner cet homme ambitieux, étoient inutiles ; qu'Harold aiant trouvé l'occasion de se faire déclarer Roi, n'avoit pas eu plus de scrupule de violer ses sermens que ses promesses. Le Duc de Normandie n'étoit pas d'humeur de le laisser jouir tranquillement de son usurpation. Il songea aux moiens de porter la guerre en Angleterre pour le détrôner. Il envoia des Ambassadeurs au Pape Alexandre II. pour lui exposer le droit qu'il avoit sur la Couronne d'Angleterre, & lui communiquer son dessein de porter la guerre en ce payis-là. Le Pape prit son parti, & lui envoia une banniere dont il se servit dans cette expedition.

Tostic frere aîné d'Harold, & malgré l'union du sang son ennemi mortel, fit son possible, selon Orderic Vital, pour engager le Duc de Normandie à passer avec une armée en Angleterre, pour faire la guerre à Harold. L'entreprise paroissoit difficile, il assembla plusieurs fois son Conseil. Quelques-uns des plus sages lui dirent, que la Normandie ne pourroit fournir ni les troupes, ni l'argent nécessaire pour une telle expedition. Cela ne rebuta point Guillaume. Il invita ses alliez de venir l'aider à conquerir un Roiaume qui lui appartenoit. Il en trouva grande quantité, tant en Flandre qu'en plusieurs Provinces de la France, qui s'offrirent de marcher avec lui contre Harold, & qui vinrent en si grand nombre, que joints avec les troupes Normandes, cela faisoit une des plus grandes armées qu'on eût encore vû. Les Auteurs ne s'énoncent pas clairement sur le nombre.. Orderic Vital, dit qu'il y avoit dans cette armée cinquante mille hommes de guerre, sans compter les piétons, *Quinquaginta millia militum cum copia peditum.* Guillaume de Poitiers assure qu'il y avoit cinquante mille hommes à la solde de Guillaume, sans s'expliquer davantage. Pour transporter en Angleterre tant de gens, & un nombre prodigieux de chevaux & de provisions, il falloit une flote des plus nombreuses.

Préparatifs de Guillaume pour la guerre d'Angleterre.

---

edidicit Dux illa omnia quæ post Eduardi obitum gesta fuerant, ac quam celeriter Haroldus se in Regem coronari curavisset. Inscriptio sic habet : HIC NAVIS ANGLICA VENIT IN TERRAM WILLELMI DVCIS. Ad quam rem venerit, non dicitur. Verum ex præcedentibus & subsequentibus judicatur ea de causa venisse. Vidit Willelmus quæ fecerat omnia ut ambitiosum hominem sibi deviniret, inutilia fuisse : & Haroldum nactum occasionem regni adipiscendi, non magis curavisse sacramenta, quam promissa. Non is erat Dux Normanniæ qui libenter sineret Haroldum usurpato regno frui. In mente versabat quo pacto in Angliam bellum inferret, ut illum ex solio regio deuceret. Misit autem Oratores ad Alexandrum II. Papam ; qui exponerent ipsi, quo pacto Anglicana corona ad se jure pertineret, & indicarent in animo sibi esse bellum in Angliam inferre. Summus Pontifex, ejus partes amplexus, vexillum ipsi misit, quo in ista expeditione Willelmus usus est.

Tosticus frater Haroldi major, ipsique tamen inimicissimus, nihil non egit, ait Ordericus Vitalis, ut Ducem Normanniæ ad bellum Haroldo in Anglia inferendum concitaret. Res admodum ardua videbatur. Sæpe consilium habuit cum suis. Ex sagacioribus quidam dicebant non posse Normanniam tantam armatorum copiam suppeditare, nec tantum pecuniæ suppeditare, quantum esset ad talem expeditionem satis. Neque ideo Willelmus a sententia dimotus est. Fœderatos suos monuit, ut opem ferrent ad regnum adipiscendum, quod ad se de jure pertineret. Multos ad eam rem promptos, paratosque invenit in Flandria, inque multis Franciæ provinciis, qui tanto numero accessêre, ut cum Normannis militibus conjuncti, exercitum efficerent, quo vix major unquam visus fuerat. Numerum autem non clare enunciant Scriptores. Ordericus Vitalis ait, in illo exercitu quinquaginta mille milites fuisse, non annumeratis peditibus, *quinquaginta millia militum cum copia peditum.* Guillelmus Pictaviensis ait : *stipendio ipsius millia militum quinquaginta alebantur.* Ut tantus exercitus cum equis innumeris, & ingenti commeatu in Angliam transferrentur, classe opus erat, qua vix major unquam visa fuisset.

Orderic. Vital.

SUITE DE L'HISTOIRE DE GUILLAUME LE CONQUERANT.

PAR GUILLAUME DUC DE NORMANDIE.

Le Duc Guillaume y fait travailler en diligence. On le voit dans cette peinture donnant ses ordres pour cela. Assis sur son Trône dans son Palais & les mains sur les flancs, il commande qu'on mette la main à l'œuvre. Ceux qui sont auprès de lui paroissent en grand mouvement. L'inscription qui est au dessus est un peu gâtée, ensorte pourtant qu'on peut encore la lire. La voici. HIC WILLELMVS DVX JVSSIT NAVES ÆDIFICARE. *Il commanda qu'on travaillât à construire des vaisseaux.* On execute promtement ses ordres. Les uns coupent des arbres, les autres applanissent des planches. Ces materiaux étant préparez, d'autres construisent des vaisseaux. Tout se fait en grande diligence. Après que les vaisseaux sont faits, on les tire avec des cordes pour les mettre en mer, c'est ce que dit l'inscription : HIC TRAHVNT NAVES AD MARE. Ils n'avoient pas l'art de les lancer dans l'eau, comme on fait aujourd'hui. Guillaume de Poitiers & Guillaume de Jumiege, disent que cette flote étoit composée de trois mille vaisseaux, & l'Auteur du Roman de Rou, cité par M. Lancelot, assure avoir appris de son pere, qui avoit été à cette expedition, que sept cens moins quatre, tant nefs, que bâteaux & esquifs, étoient destinez pour porter seulement les armes & les harnois : cela confirme ce que les Auteurs disent de ce nombre prodigieux de vaisseaux qui composoient la flote.

La peinture nous montre ensuite des gens qui portent à ces vaisseaux des munitions de guerre & de bouche. Plusieurs sont chargez de ces armures ou cottes d'armes qui étoient en usage en ce tems-là, couvertes de mailles de fer, qui ont la forme d'écailles : les autres portent des épées ou des haches, des barils de vin. Un grand char qui va devant tiré par deux hommes est chargé d'une fort grosse & longue piece de vin. Le dessus est tout hérissé de lances, & bordé de casques de la forme de ce tems-là, dont nous avons déja parlé. : L'inscription au dessus est telle : ISTI PORTANT ARMAS AD NAVES, ET HIC TRAHVNT CARRVM CVM VINO ET ARMIS. *Ceux-ci portent des armes aux navires, & menent un char qui est chargé de vin & d'armes.* Armas pour arma se trouve ailleurs dans la basse latinité. Il est surprenant qu'un Duc de Normandie ait pû fournir aux frais de construire, armer & équiper une des plus grandes flotes, dont l'histoire fasse mention. Plusieurs de ces vaisseaux ont à l'extrémité de la poupe une espece de bouclier, que nous avons déja remarqué sur les vaisseaux qui transporterent Harold de l'Angleterre dans le Ponthieu.

Guillelm. Pictav. Guill. Gem. Willelmus hujuscemodi classem apparari diligenter curat. In depicto aulæo conspicitur his advigilans. In solio sedens in ædibus suis, manus ad latera applicans, ut manus operi admoveantur imperat. Qui circa Ducem sunt, perinde concitantur. Inscriptio superne posita labefactata fuit, ita tamen ut adhuc legatur : HIC VILLELMVS DVX JVSSIT NAVES ÆDIFICARE Jussa celeriter complentur. Alii arbores succidunt, alii tabulas complanant. His vero peractis, alii naves construunt : omnia diligenter ac celeriter perficiuntur. Constructæ naves funibus ad mare trahuntur, ut fert inscriptio ; HIC TRAHVNT NAVES AD MARE. In aquam naves illa arte 'ducere nesciebant, qua hodie ducuntur. Guillelmus Pictaviensis, & Guill. Gemmeticensis, ter mille navium fuisse classem dicunt : & jam laudatus Auctor, qui versibus Gallico vulgari idiomate historiam edidit ; narrat se a patre suo, qui in illa expeditione fuerat, edidicisse, septuagintas, demtis quatuor, naves aut naviculas & scaphas, ad arma & militaria quæque gestanda deputatas fuisse : unde confirmatur id quod Scriptores de tam numerosa classe referunt.

Deinde in aulæo depicto visuntur ii qui in naves arma & commearum deferunt. Quidam loricis illis & armatura squamata onusti sunt : alii gladiis, securibus, cadis vini. Carrus grandis a duobus pertractus peramplum & oblongum dolium vini plenum gestat, & superne erectis lanceis tegitur, cum galeis circum, quarum formam jam descripsimus. Inscriptio superne talis est : ISTI PORTANT ARMAS AD NAVES, ET HIC TRAHVNT CARRVM CVM VINO ET ARMIS. *Armas* pro arma apud Scriptores infimæ latinitatis alibi occurrit. Mirum certe Ducem Normanniæ tam stupendam classem parare, armis & commeatu instruere potuisse, cui classi vix parem in historia reperias. Aliquot ex navibus in extrema puppi quemdam ceu clypeum habent, quod jam perspeximus in navibus Haroldum in Pontivum ducentibus.

Tome II.

Les vents contraires empêcherent la flote de partir de l'embouchure de la Dive, & depuis du port de S. Valeri. Plus d'un mois se passa dans l'attente d'un vent favorable. Nous voions sur la tapisserie plusieurs Seigneurs à cheval, l'un desquels est sans doute le Duc Guillaume. Je ne doute point que ce ne soit celui qui va à la tête des autres portant la banniere. Après quoi la peinture nous represente une grande flote chargée d'hommes & de chevaux, qui paroissent ici rangez sur les bords. Le vaisseau sur lequel est le Duc Guillaume, est apparemment celui qui a sur le mât une banniere, sur laquelle est une croix bien formée. M. Lancelot croit qu'on a voulu désigner ici la banniere que le Pape Alexandre II. lui avoit envoiée comme une marque qu'il approuvoit son entreprise. Ce vaisseau est aussi le plus grand de tous. C'est, si je ne me trompe, ce même Duc qui est assis près de la proue, & donne des ordres. Ce vaisseau est encore distingué des autres par cette marque: on voit sur le haut de la proue la figure d'un homme qui tient une banniere, & joue de la trompete. L'inscription marque où il alla aborder : HIC WILLELMVS DVX IN MAGNO NAVIGIO MARE TRANSIVIT ET VENIT AD PEVENESÆ. *Le Duc Guillaume avec une grande flote passa la mer, & vint à Pevenese.* Je crois que *navigium* s'entend ici de la flote. Tous les Auteurs conviennent avec cette inscription que Guillaume aborda à Pevenese, c'est Pevincée ou Pemsey, dans le Comté de Sussex.

Guillaume en sortant de son vaisseau broncha & tomba à terre, ce que ceux qui l'accompagnoient prirent pour un bon augure, disant que c'étoit comme une prise de possession de cette terre, où il venoit de descendre. Toute cette grande armée sortit des vaisseaux, mais la peinture ne represente ici que le débarquement des chevaux, que l'inscription exprime en ces termes : HIC EXEUNT CABALLI DE NAVIBVS. *Les chevaux sortent des navires.* La grandeur de cette entreprise n'effraia jamais le Duc Guillaume. Mais plusieurs Normans de sa compagnie, considerant la valeur & le courage d'Harold, le grand nombre de ses troupes, l'or & l'argent qu'il avoit en abondance, craignoient fort pour le succès de cette expedition. Ils ne cachoient point leurs sentimens. Le Duc s'apperçut de leur émotion, il les encouragea plus encore par son intrépidité, que par tout ce qu'il pût leur dire pour leur inspirer de la confiance. Après son arrivée il alla lui-même reconnoître le payis & le voisinage, accompagné seulement de vingt-quatre hommes.

Guil. Pict. Adverso reflante vento, classis ex ostio Divæ fluminis, & postea ex portu S. Valarici proficisci non potuit. Plus uno mense exspectatum est. Hic depictos videmus proceres plurimos equites. Ille vero qui prior vexillum tenens progreditur, Willelmus Dux omnino videtur esse. Hinc magnam conspicimus classem, viros gestantem & equos, quorum capita ad oras navium cernuntur. Navis quæ Willelmum gestat in malo vexillum habet cruce insignitum : putat Lancelotius designari vexillum ab Alexandro II. Papa Willelmo missum, quo significabat se expeditionem istam approbare, estque navis isthæc omnium maxima. Is ipse Dux, ut quidem existimo, ad proram sedet, & imperantis gestum exhibet. Hoc etiam peculiare in ista navi deprehenditur : in puppis culmine stat vir, vexillum tenens, & tuba canens. Inscriptio docet ad quem locum classis appulerit: HIC VILLELMVS DVX IN MAGNO NAVIGIO MARE TRANSIVIT, ET VENIT AD PEVENESÆ. Hic puto *navigium* pro classe accipi. Scriptores omnes cum hac inscriptione consonant, dicuntque Willelmum Pevenesam appulisse, diciturque *Pevincée* vel *Pemsey* in Comitatu Sussexiæ.

VVillelmus ex navi exsiliens, in terram collapsus est : idque pro bono omine habuerunt qui circum erant, dicentes ipsius terræ illius, in quam exscensum fecerat, possessionem accepisse. Exscensum similiter fecit grandis ille exercitus ; verum in pictura solum repræsentantur equi ex navibus exeuntes, id quod inscriptio sic exprimit : HIC EXEVNT CABALLI DE NAVIBVS. Expeditionis tantæ difficultates Willelmum Ducem nunquam exterruere. At multi ex Normannis sociis, perpendentes quam strenuus, quam audax Haroldus esset, quanto copiarum numero esset instructus, quam polleret opibus, auro atque argento, de expeditionis exitu timebant : nec quid ea de re sentirent tacebant. Commotos sentiens Dux, animos fecit metuentibus, ipsosque intrepido animo suo magis confirmavit, quam sermone. Pevenesam ubi pervenit, ipse cum equitibus viginti quatuor, agros circum exploratum ivit.

PAR GUILLAUME DUC DE NORMANDIE.

Dès qu'on eût pris terre, il crut qu'un grand repas, où le vin seroit distribué abondamment, pourroit être un moien efficace pour calmer la tristesse, où la crainte d'une malheureuse issue avoit jetté la plûpart de ses gens. Les historiens parlent de ce repas; mais quelques-uns le mettent avant son départ, & la tapisserie nous montre en peinture & les préparatifs & le repas même. Guillaume donna ses ordres pour qu'on allât à Hasting enlever des troupeaux & des bœufs pour ce grand festin. L'inscription est en ces termes : ET HIC MILITES FESTINAVERVNT HESTINGA VT CIBVM RAPERENTVR. *Les soldats allerent promtement à Hasting, pour y chercher des vivres.* Le Latin n'est guere châtié. On voit-là des gens qui vont à cheval, d'autres qui courent à bride abbatue à la picorée, d'autres tuent des moutons ou des bœufs, d'autres en portent sur leurs épaules. Trois petites cases qu'on voit ici, sont à mon avis pour marquer, qu'il y avoit des lieux couverts pour s'y mettre, en cas que le mauvais tems ou la pluie ne permît pas que tous les préparatifs se fissent en plein air. Mais le Peintre a mis tout dehors, afin qu'il soit exposé à la vûe.

Entre les bouchers & les cuisiniers qui suivent, est un homme à cheval revêtu de son armure de fer. Il a sur la tête un chaperon de mailles; nous en verrons plusieurs de même dans la suite de ce tome. Il porte à son bras gauche un bouclier long & pointu, & tient de la droite un bâton. Devant lui est un homme à pied, qui tient un cheval par la bride & porte une hache sur l'épaule. Il falloit que ce cavalier fut fort connu, puisqu'on a mis son nom en cette maniere : HIC EST VVADARDVS ; s'il faut juger de son emploi par sa situation, il semble qu'il étoit-là pour maintenir le bon ordre parmi les Officiers de cuisine, & veiller sur tout ce qui regardoit la table. C'étoit autrefois l'office du Grand Queux. Ces cuisiniers apprêtent les viandes à leur maniere; les serviteurs de table font d'autres fonctions, qu'il n'est pas aisé de distinguer, tant nos manieres sont differentes de celles de ces tems-là. L'inscription est en ces termes. HIC COQVITVR CARO ET HIC MINISTRAVERVNT MINISTRI. *On cuit ici des viandes & les serviteurs de table font leurs fonctions.*

Après cela viennent deux tables. La premiere, qui paroit ronde, est chargée de plats & de viandes; mais le tout representé si imparfaitement, qu'on a peine d'y rien distinguer. Tous ceux qui sont autour de cette table se tiennent debout; ce qui fait juger que ce sont des Officiers qui font l'essai des viandes & des vins.

P L.
V I.

Post exscensum vero factum, in mente habuit convivium magnum, in quo vinum copiose funderetur, ad mœrorem partum ex metu infausti exitus mitigandum, vim magnam habiturum esse. Convivium illud memorant Historici, licet quidam ante profectionem illud commemorent. In aulæo depingitur & convivium & apparatus ad illud instruendum. Willelmus misit Hastingam qui pecora & boves adducerent ad prandium. Inscriptio sic habet : ET HIC MILITES FESTINAVERVNT HESTINGA VT CIBVM RAPERENTVR, rudiore Latine loquendi genere. Hic visuntur equites, quorum aliqui concitato cursu properant, obvia abrepturi. Alii oves aut boves mactant, alii oves humeris gestant. Casæ tres modicæ, quæ hic conspiciuntur, annotant, meo judicio, aliquot tecta loca fuisse, ut possent coqui vel pluvia vel aeris injuria ingruente, tecti ferculapara- re, sed pictor omnia foras exposuit ut oculis paterent.

Inter lanios & coquos, eques videtur armatus & ferro tectus, cujus caput tegitur hamato caputio, quæ caputia hamata non pauca visuntur in sequentibus. Brachio sinistro clypeum gestat oblongum & in acumen desinentem, dexteraque baculum tenet. Ante illum pedes equum ducens visitur, securim humero nixam gestans. Eques vero ille admodum notus fuisse videtur, quandoquidem nomen ejus ita scriptum est : HIC EST VVADARDVS. Si ex situ ejus officium dignoscendum sit, istic positus erat, ut rei coquinariæ advigilaret, & convivii rebus prospiceret; quod erat olim officium magni Coqui. Coqui suo more carnes apparant, & ministri mensæ officia alia exercent, quæ non facile distinguantur; ita nempe in ritu & modo ab ævo nostro diversa sunt. Inscriptio sic habet : HIC COQVITVR CARO : ET HIC MINISTRAVERVNT MINISTRI.

Duæ postea mensæ comparent. Prima quæ rotunda videtur, onusta ferculis est; sed tam rudi modo exhibitis, ut vix quidpiam distinguas. Stant omnes qui circa mensam istam sunt, unde arguas esse ministros; qui fercula & vina præguftant. Unus cornu

Tome II.   C ij

Un d'entr'eux boit dans une corne, sorte de gobelet fort en usage dans les plus anciens tems, & dont on se servoit encore en ce tems-là, comme nous avons déja vû au premier voiage d'Harold, lorsqu'il étoit sur le point de s'embarquer pour passer en Normannie, & aller voir Guillaume de la part du Roi Edouard.

La table suivante est celle du Prince. Elle a la forme d'un croissant de lune. J'ai été fort surpris de voir ici cette sorte de table d'un fort ancien usage, qui s'étoit maintenu jusqu'au tems de Guillaume le Conquerant. On l'appelloit *sigma* à Rome, parce qu'elle avoit la forme du sigma Grec; non pas de l'ancien sigma dont la forme est telle Σ; mais du sigma tel qu'il fut introduit du tems des premiers Empereurs, sous la forme d'un C. Latin. Martial dit que le sigma admet sept personnes, & point davantage.

Septem sigma capit.

Et Lampride dans la vie d'Heliogabale, où il fait plusieurs fois mention du sigma, dit aussi que dans le sigma il n'y avoit place que pour sept personnes. Il raconte que cet Empereur en invita une fois huit, afin que n'y aiant point de place pour le huitième, cela apprêtât à rire à la compagnie. L'usage du sigma se maintint encore longtems après. Les Auteurs de la vie de S. Martin disent que l'Empereur Maxime l'invita à un repas, où la table avoit la forme du sigma. Et dans un tems plus bas Sidoine Apollinaire parle d'un festin donné par l'Empereur Majorien, où les convives eurent sur le sigma les places qu'il a eu soin de marquer. Le sigma se trouve aussi dans un Manuscrit de l'Empereur du cinquième ou sixième siécle, où le Roi Pharaon donne un repas tel que nous l'avons représenté dans l'Antiquité expliquée, tome 3. p. 112.

Il est à remarquer que ce sigma étoit le triclinion, ou une espece de lit, où se couchoient à demi les convives, & ceux qui prenoient leur repas. La table n'étoit souvent qu'un banc, ou quelque autre meuble de peu d'apparence. C'étoit le triclinion ou le sigma qui faisoit la principale figure dans les repas & les festins. L'usage des triclinions avoit sans doute fini du tems de Guillaume le Conquerant. On ne se couchoit plus pour manger, on s'asseioit autour d'une table. On ne sait pas quand cet usage cessa, ni qui fut le premier qui en introduisit un nouveau, ou pour mieux dire, qui en rappella un plus ancien.

---

pro poculo adhibet, quod priscis temporibus in usu erat, qui usus ad hæc usque infima sæcula deveneratt, ut jam vidimus in prima Haroldi profectione, cum navim conscensurus esset, ut in Normanniam ad Willelmum Ducem, jussu Eduardi Regis trajiceret.

Mensa sequens ad quam Willelmus Dux sedet, crescentis lunæ forma concinnata est. Non sine quodam stupore vidi, mensæ figuram illam antiquissimi usus, ad usque tempora Willelmi Nothi devenisse. Romæ *Sigma* vocabatur, quia hujusce literæ græcæ forma concinnabatur. Non antiquum sigma referebat, quod sic exaratur Σ; sed quale inductum est primorum ævo Imperatorum, formâ literæ latinæ C.

Martial. l. Ait Martialis sigma septem solummodo convivas ad-
10. cp. 48. mittere:

Septem sigma capit.

Lamprid. Lampridius vero in vita Heliogabali, ubi sæpius
s. 29. sigma commemorat, narrat in sigmate nonnisi pro conviviis septem locum esse, aitque Imperatorem illum octo aliquando convivas invitavisse, ut cum locus nullus esset octavo, hinc risus pararetur. Sigmatis usus diu post ævum illud adhibitus reperitur. Vitæ S. Martini Scriptores narrant, Maximum Imperatorem, sanctum virum ad mensam suam invitavisse, quæ mensa sigmatis more adornata erat. Ac diu postea Sidonius Apollinaris convivium memorat a Majoriano Imperatore datum, ubi convivæ loca occupavére, quæ singulatim ille recenset. Sigma etiam occurrit in manuscripto codice Imperatoris, quintum vel sextum sæculum referente, ubi Rex Pharao convivium parari jussit, exhibitum in Antiquitate explanata, Tomo 3. p. 112.

Notandum est prisco ævo sigma triclinium, seu lectum quemdam fuisse, in quo convivæ accumbebant. Mensa vero ut plurimum, nonnisi scamnum erat, vel aliud quippiam levissimi apparatus. Triclinium autem, seu sigma maxime observabatur in conviviis, prandiis, cœnis. Tricliniorum usus jamdiu, ut videtur, abrogatus fuerat ævo Willelmi Nothi. Non tunc accumbebatur ad cibum sumendum; sed circa mensam sedebatur. Ignoratur porro quandonam usus ille cessaverit, & quis novum hodiernum induxerit; imo potius quis priscum & anti-

Car du tems d'Homere on s'asseioit autour d'une table comme aujourd'hui.

C'est sur cette table qui a la forme du sigma, que le Duc Guillaume avec les principaux de son armée prennent leur repas. Quoique le festin fut fort grand, tout est representé ici succintement à l'ordinaire. Un Evêque, qui s'y trouve, benit la table, comme porte l'inscription : HIC FECERVNT PRANDIVM ET HIC EPISCOPVS CIBVM ET POTVM BENEDICIT. *C'est ici que se fit le repas, où un Evêque benit les viandes & la boisson.* Ce Prélat est Eude Evêque de Baieux, frere uterin de Guillaume, qu'il accompagna dans cette expedition.

Jusqu'ici Guillaume ne trouva point d'obstacle. Harold, qui avoit été couronné Roi comme nous avons vû, & qui savoit bien que le Duc Guillaume ne manqueroit pas de venir soutenir son droit sur la Couronne d'Angleterre avec une puissante armée, avoit d'abord muni Pevincé & Hasting, où il croioit que Guillaume viendroit aborder avec sa flote. Mais apprenant qu'un autre ennemi avoit fait descente en Angleterre a dessein de le combattre & de le détrôner, il fut obligé de marcher de ce côté-là & abandonna Pevincé & Hasting. Tostic son frere aîné, qui lui suscitoit autant d'ennemis qu'il pouvoit, avoit engagé Harold Roi de Norvege, d'équiper une flote, & de venir faire descente en Angleterre pour faire la guerre à Harold son frere. Il y vint & prit terre auprès d'York ; là conjointement avec Tostic, il prit & saccagea la ville d'York. Harold couronné Roi d'Angleterre, ramassa autant de troupes qu'il pût, marcha contre eux, & leur donna bataille, qui fut longtems disputée. Il y périt un grand nombre d'Anglois & de Norvegiens ; mais enfin Harold Roi de Norvege & Tostic aiant été tuez, toute leur armée fut défaite & taillée en pieces. Un Norvegien qui gardoit un pont, soutint pendant longtems lui seul l'effort des Anglois, en tua quarante de sa hache & fut enfin tué lui-même.

Victoire d'Harold sur le Roi de Norvege.

Après cette victoire Harold vint à Londres. Il apprit que le Duc Guillaume avoit fait descente en Angleterre avec une puissante armée, & étoit à Hasting. Un historien dit que le Duc Guillaume à la nouvelle qu'il s'étoit fait déclarer Roi d'Angleterre, lui envoia faire des reproches de ce qu'il avoit violé son serment, qu'il avoit fait si solennellement, & lui fit en même tems des proposi-

---

quissimum repetierit. Nam Homeri tempore circa mensam sedebatur ut hodie.

Ad mensam istam sigmatis more concinnatam, Willelmus Dux & primores exercitus convivantur. Etsi magnum esset convivium, omnia in hac pictura brevem apparatum olent. Episcopus quidam, ex convivis haud dubie unus, mensam benedicit, ut fert inscriptio : HIC FECERVNT PRANDIVM ET HIC EPISCOPVS CIBVM ET POTVM BENEDICIT. Hic porro est Odo Episcopus Baiocensis frater uterinus Willelmi Ducis, qui huic expeditioni interfuit.

Hactenus Willelmus obicem non habuit, hostem nullum vidit. Haroldus, qui Rex coronatus fuerat, ut narravimus, fquique non nesciebat Willelmum cum numeroso exercitu ad Angliæ coronam sibi vendicandam esse venturum, Pervenesam statim & Hastingam munierat, quo appulsurum cum classe putabat Willelmum. At ubi comperit hostem alium imminere, qui in Angliam excensum fecerat, ut ipsum expugnaret, atque ex solio si posset decuteret: alio evocatus, Pevenesam & Hastingam deserere coactus est. Tosticus frater ipsius major, qui quotquot poterat hostes in fratrem concitabat, Haroldum Norvegiæ Regem fratris cognominem, eo induxerat, ut classem appararet, & in Angliam appelleret, ut Haroldo fratri bellum inferret. Movit ille, trajecit, ac prope Eboracum appulit cum exercitu. Ubi Tostico junctus Eboracum cepit & expilavit. Haroldus vero Rex Angliæ coronatus, quantas potuit copias collegit, contra hostes movit, prælium commisit, ubi diu fortiter utrinque pugnatum est : ibi multi Angli & Nortvegi perierunt : sed cum tandem Haroldus Rex Norvegiæ & Tosticus occisi fuissent, exercitus Nortvegorum totus fusus atque deletus est. Nortvegus porro quidam qui pontem custodiebat, diu solus Anglorum impetum sustinuit ; ex iis quadraginta securi utens interfecit, ipseque tandem peremtus est.

Henric. Huntin.

Victor Haroldus Londinum se contulit, ubi edicit Willelmum Ducem cum numeroso exercitu Angliam invasisse, & Hastingæ castra posuisse. Ait Scriptor quidam Willelmum Ducem cum comperisset Haroldum se Regem Angliæ coronari curavisse, misisse qui exprobrarent ei violatum sacramentum, & tamen conditiones quasdam Competitori obtulisse,

Guil. Gem.

tions d'accommodement fort avantageufes. Plufieurs de fes parens & amis, & entre autres fa mere & fon frere le Comte de Word, qui est appellé Gurd dans une infcription plus bas, lui confeilloient de ne point violer fa foi & fon ferment, & lui reprefentoient qu'un parjure pourroit bien caufer fa perte; & parce qu'il paroiffoit obftiné, Word lui offrit d'aller lui-même à la tête de l'armée combattre Guillaume, ce qu'il pouvoit faire en honneur & en confcience, n'aiant pris aucun engagement avec le Duc de Normandie. Mais que pour lui qui lui avoit juré fa foi, il devoit bien fe garder d'aller l'attaquer à main armée. Harold fier de la victoire qu'il venoit de remporter, ne tint aucun compte de ce difcours, & indigné contre fa mere, qui l'exhortoit toujours à ne point fe parjurer, il lui donna un coup de pied, affembla une armée la plus grande qu'il pût, & marcha contre fon competiteur.

Harold envoia des efpions au camp du Duc de Normandie, pour être informé du nombre de fes troupes, & du lieu où il étoit pofté. Ces efpions furent pris & amenez à Guillaume, qui les fit mener par tout fon camp pour y obferver tout ce qu'ils voudroient, leur fit donner à manger & les renvoia à leur Prince, qui leur demanda s'ils n'avoient rien remarqué au camp des ennemis. Ils fe louerent beaucoup de l'humanité de Guillaume, & ajouterent que fon armée fembloit être compofée de Prêtres; car pas un n'a, difoient-ils, ni barbe ni mouftache. On infere de là que du tems de Philippe I. on ne portoit en France ni barbe, ni mouftache, & qu'en Angleterre tous hors les Prêtres avoient une mouftache. Nous voions effectivement qu'Harold eft ici fouvent reprefenté avec une mouftache; & fi quelquefois il ne l'a pas, cela peut venir ou de la négligence du peintre, ou de ce que les traits dans la tapifferie font, ou affoiblis, ou effacez.

Le Duc Guillaume après le repas fomptueux qu'il venoit de donner, tint confeil fur ce qu'il y avoit à faire dans la conjoncture prefente. Harold marchoit contre lui, il falloit prendre des expediens promts fur la maniere de combattre un ennemi, qui après une grande victoire venoit plein de confiance donner une feconde bataille. Le confeil fe tient fous un couvert foutenu fur des colonnes; c'eft apparemment un caprice du peintre. Ils ne font que trois dont les

---

queis multa concedebat, quæ Haroldo gratiffima effe poterant. Ex cognatis vero & amicis multi; imo & mater ipfius, & frater Wordius Comes, qui Gurd infra appellatur in infcriptione quadam, auctores ipfi erant, ut ne fidem ipfe fuam violaret, & metuendum dicebant, ne ex perjurio ipfi pernicies inferretur. Quia vero flecti nequibat, Wordius fefe ipfi ducem obtulit, ac cum exercitu contra Willelmum fe pugnare poffe dixit, iturumque fe, fi vellet, quia cum Duce Normanniæ nullo facramento, nulla pollicitatione irretitus, id tuta confcientia poterat: at ipfum Haroldum tot facramentis devinctum, a bello Duci inferendo abftinere omnino debere. Haroldus ob reportatam victoriam ferocior effectus, hæc monita fprevit ac refpuit, atque adverfus matrem quæ inftabat femper, & a perjurio abftineret edicebat, indignatus, ipfam pedis ictu repulit. Tunc quantum potuit exercitum collegit, & contra competitorem movit.

VVillelm. Malmesb.

Exploratores Haroldus mifit ad caftra Normanniæ Ducis, ut & copiarum numerum, ex caftrorum locum & modum cognofceret. Ipfi vero capti & ad Willelmum adducti funt, qui illos in caftra intromitti juffit, ut quæcunque vellent explorarent, ad menfam excipi juffit, & ad Haroldum remifit, qui fcifcitatus eft num quid in caftris hoftium obfervaffent. Illi vero humanitatem Willelmi laudibus extulerunt, adjeceruntque in ejus exercitu milites omnes Prefbyteros effe videri; nullum enim aut barbam aut myftacem habere. Inde inferendum eft, Philippi I. tempore in Francia nec barbam nec myftacem in ufu fuiffe. In Anglia vero, exceptis Prefbyteris, myftacem habebant omnes. Certe videmus Haroldum hic fæpe cum myftace comparere, & fi quandoque illo careat, id acciderit vel ex pictoris negligentia, vel quod multa in aulæo aut detrita aut penitus deleta fint.

Willelmus Dux poft lautum illud convivium, confilium cum fuis habuit, ut rem præfentem tractaret. Haroldus veniebat cum exercitu, excipiendi hoftis ratio exploranda erat; ille namque poft magnam reportatam victoriam fiducia plenus accedebat, ut fecundo belli fortunam tentaret. Habetur confilium in tecto loco columnis fulto, ad arbitrium pictoris, ut videtur, facto. Tres tantum funt, quo-

PAR GUILLAUME DUC DE NORMANDIE.

noms sont écrits sur leurs têtes. ODO EPS. WILLELM: ROTBERT. Guillaume tient le milieu & a l'épée à la main : à sa droite est Eudes son frere uterin ; & à sa gauche Robert Comte de Mortain autre frere uterin, homme d'un grand mérite. On ne sait rien de ce qui fut proposé & délibéré. Il y a apparence que le résultat fut qu'on se camperoit à Hasting, & qu'on fortifieroit le camp : il semble même qu'on n'en puisse pas douter, puisqu'un des trois qui tinrent conseil, va d'abord après donner des ordres pour cela. Ce monument nous apprend bien des particularitez qui ne se trouvent dans aucun historien.

Le Comte Robert fut donc chargé de faire travailler à ces retranchemens ; c'est ce que marque l'inscription, qui est immediatement après le nom de Robert. ISTE JVSSIT VT FODERETVR CASTELLVM AT HESTENGA; *at* est là mis pour *ad*. *Celui-ci ordonna qu'on feroit un château à Hasting*. C'est ce que semble dire l'inscription latine ; mais je croi que le vrai sens est, qu'il ordonna, qu'on feroit un camp fortifié pour l'armée, & un fossé tout autour, ce qui est signifié par *foderetur*; que ce camp feroit bien fortifié & bien palissadé, & nous voions en effet qu'il l'est dans la peinture : *ut foderetur castellum*, est une expression si extraordinaire, qu'il faut nécessairement chercher dans la peinture le moien de la bien expliquer. C'est apparemment Robert lui-même qui donne ses ordres à des ouvriers qui travaillent : leurs instrumens sont fort differens de ceux d'aujourd'hui : le même Robert est encore represente plus avant tenant sa bannière. Il veille sur les travailleurs qui bêchent la terre pour faire des fossez autour du camp. Ce camp posé sur une éminence est déja palissadé avec l'inscription CEASTRA au lieu de *Castra*. Il y a apparence que ce travail ne fut pas achevé. La nouvelle qu'Harold approchoit avec son armée, interrompit tout. Le dessein d'Harold étoit, disent les historiens, de surprendre la nuit le camp de Guillaume, sept cent vaisseaux qu'il avoit tout prêts devoient venir en même tems donner sur la flote. Mais le Duc Guillaume sachant qu'il venoit à lui, ne jugea point à propos de l'attendre, il fit marcher son armée & alla à sa rencontre, comme nous verrons.

Guillaume de Poitiers raconte qu'Harold envoia un Moine au Duc Guillaume lui dire, que mal à propos venoit-il le troubler dans son Roiaume, qu'il possedoit légitimement : qu'à la vérité le Roi Edouard avoit déclaré le Duc

---

rum nomina superne scripta leguntur. ODO EPS. WILLELM : ROTBERT. In medio sedet Willelmus gladium tenens ; ad dexteram habens Odonem uterinum fratrem ; ad sinistram vero Robertum item uterinum fratrem Mortanii Comitem, præstantissimum virum. De rebus in consilio propositis nihil scimus. Verisimile autem est statum fuisse, ut castra Hastingæ ponerentur ac munirentur, neque dubia res esse videtur, quandoquidem ex tribus qui consilium inierunt, unus statim illa ipsa fieri imperat. Multa speciatim recenset hoc monumentum, quæ in nullo Scriptorum reperiuntur.

Comiti itaque Roberto mandatur, ut vallum & munimina adornari curet ; id indicat inscriptio, quæ statim post Roberti nomen posita sic habet : ISTE JVSSIT V,T FODERETVR CASTELLVM AT HESTENGA. At hic pro *ad* positum est. Inscriptionis vero Latinæ hunc esse sensum existimo. Jussit Robertus castra pro exercitu assignata vallo & fossa muniri : idque significat illud *foderetur*; itemque defixis paxillis circumdari, ut videmus in aulæo depicto. Illud, *ut foderetur castellum*, loquendi genus est, ita singulare, ut necesse sit in depicta imagine quid significet quærere. Robertus ergo, ut videtur, operas jubet agere. Alios alia facientes cernimus. Instrumenta eorum ab hodiernis longe differunt. Idem Robertus postea iterum repræsentatur : vexillum tenens ; advigilat operi. Fodientes hic quosdam cernimus, ut circum castra fossam parent. Hæc vero castra in loco edito posita defixos circum palos exhibent cum inscriptione CEASTRA, mendose pro *castra*. Verisimile est non perfectum opus fuisse. Cum enim e vicino Haroldum esse, & ad concertandum pergere annunciatum fuisset, hæc imperfecta relicta sunt. Meditabatur Haroldus, inquiunt Scriptores, Willelmi castra noctu invadere, septingentæ naves quas paratas habebat, in classem Willelmi eodem tempore irrumpere jussæ fuerant. Verum Dux Willelmus, gnarus accedere Haroldum, noluit expectare venientem ; sed ei obviam ivit, ut videbimus.

Narrat Guillelmus Pictaviensis ab Haroldo ad Willelmum Ducem missum fuisse Monachum, qui diceret illi, non æquum ipsum suscepisse expeditionem, ut legitime regnantem turbaret. Nam verum quidem

Guill. Pict.

24 CONQUESTE DE L'ANGLETERRE,

Guillaume son successeur, & que lui-même Harold avoit été lui en porter la nouvelle, qu'il lui avoit prêté serment de fidelité sur la parole du Roi Edouard; mais que ce Prince aiant avant que de mourir déclaré Harold son successeur, sa derniere volonté devoit être executée, & qu'elle l'avoit délié du serment qu'il n'avoit prêté qu'en conséquence de sa premiere déclaration : que celle-là aiant été revoquée, le serment étoit devenu nul. Le Duc Guillaume lui envoia à son tour un Moine de Fécan lui dire qu'il savoit fort bien que le Roi Edouard avoit toujours persisté dans sa premiere volonté de le déclarer son successeur, ce qu'il n'avoit fait que du consentement des principaux de son Roiaume. Qu'il s'en rapporteroit volontiers au jugement de personnes équitables, ou que si Harold vouloit, il étoit prêt de décider la querele avec lui par un combat de seul contre seul.

Tous ces messages n'étoient que des amusemens. Harold avançoit toujours. On vint dire au Duc Guillaume qu'il étoit fort près de lui, & marchoit pour donner bataille. Le Prince assis apprend cela d'un homme qui tient une pique. L'inscription porte : HIC NVNTIATVM EST VVILLELM. DE HAROLDO. *Guillaume reçût ici nouvelle d'Harold.* Le Duc tient une banniere marquée d'une croix. L'image que la tapisserie nous montre ici fait juger que le Prince fit brûler Hastings. On met le feu à une maison, & l'inscription est telle : HIC DOMVS INCENDITVR. On a peine à croire, qu'il n'ait fait brûler qu'une maison ; il y a plus d'apparence, qu'il aura fait mettre le feu à la petite ville d'Hastings. Une femme sort de cette maison qu'on brûle, tenant son petit fils par la main. Le Roman de Rou cité par M. Lancelot dit que le Duc Guillaume, fit tirer les vaisseaux à terre, qu'il les fit desemparer, pour donner à entendre à ses gens qu'il falloit nécessairement ou vaincre ou mourir, quelques-uns ont dit aussi qu'il les fit brûler. Le Roman de Rou, raconte la chose ainsi:

> *Donc fit à tous dire & crier*
> *Et as marineaux commander*
> *Que les nefs fussent dépechiez*
> *A terre traites & perclues*
> *Que li couars li revertissent*
> *Ne par elles ne s'enfuissent*

---

esse Eduardum Regem successorem suum declaravisse Willelmum Ducem, & Haroldum ipsum rem illi nunciasse, ipsique sacramentum fidei præstitisse, nixum Eduardi dicto & voluntate. Sed cum Eduardus moriturus Haroldum sibi successorem declaravisset, hanc supremam voluntatem exsequi oportere, qua etiam Haroldus a sacramento fidei absolutus erat ; quod nonnisi secundum primam declarationem præstiterat: qua revocata, sacramentum nullum erat. Ipse quoque Willelmus Dux Haroldo misit Monachum Fiscaniensem, qui diceret ipsi, se probe scire, Eduardum in pristina semper voluntate perstitisse, qua Willelmum sibi successorem declaraverat ; quod etiam ex consensu Procerum Angliæ fecerat. Se judicio & sententiæ proborum hominum stare velle, si Haroldo luberet ; aut si mallet ad litem singulari certamine dirimendam paratum esse.

Hi utrinque missi Nuncii nihil efficiebant. Haroldus semper versus exercitum Willelmi properabat pugnaturus. Willelmo nunciatur e vicino esse hostem, & ad pugnam paratum. Sedens Willelmus id ediscit a viro hastam tenente. Inscriptio sic habet : HIC NVNTIATVM EST VVILLELM. DE HAROLDO. Dux vexillum tenet cruce insignitum. Ex proposita in aulæo imagine existimatur ejus jussu incensam fuisse Hestingam. Domus incenditur : inscriptio id significat : HIC DOMVS INCEN-DITVR. Vix credatur illum domum unam tantum incendisse, veroque similius est ipsum Hastingæ oppidulum incendi jussisse. Mulier ex domo illa egreditur, puerum filium manu ducens. Liber ille dictus, *le Roman de Rou*, a Lancelotio allatus, ait Willelmum jussisse naves ad terram trahi, & nauticis instrumentis nudari ; ut intelligeretur aut vincere, aut mori oportere. Quidam etiam dixerunt ipsum naves incendi jussisse. Memoratus vero liber narrat, alta voce Willelmum mandasse, ut naves ad terram traherentur, & inutiles redderentur ; ut si qui formidolosi essent,

Le Roman de Rou.

Mais

SUITE DE L'HISTOIRE DE GUILLAUME LE CONQUÉRANT.

PAR GUILLAUME DUC DE NORMANDIE.

Mais les meilleurs Auteurs n'en parlent point, & il n'y a pas la moindre trace d'un fait si mémorable dans cette peinture. D'ailleurs quelle nécessité de brûler une flote pour cela, ne pouvoit-il pas la faire retirer sur les côtes de la Normandie ? Cette retraite auroit sans doute fait la même impression sur ses gens, que l'incendie de tant de vaisseaux.

Guillaume, qui comme nous venons de dire, ne vouloit point qu'Harold vint l'attaquer dans son camp, entendit la Messe & communia ce jour-là ; il mit sur soi une partie des reliques sur lesquelles Harold lui avoit prêté serment de fidelité, après quoi il marcha avec son armée. On le voit d'abord à pied armé, portant le casque de la forme décrite ci-dessus. Il est maillé depuis la tête jusqu'aux pieds. Il tient une lance, au bout de laquelle est une banniere, peut être celle que lui envoia le Pape Alexandre II. qui prit son parti dans cette affaire contre Harold son competiteur. Un homme qui l'aborde tient un cheval par la bride, apparemment celui que Guillaume doit monter. Dans l'image d'après Guillaume va à cheval à la tête d'une nombreuse cavalerie. Il est armé comme ci-devant, & tient de la main droite une massue. Cette arme étoit en usage dans ce tems-ci, & dans les siécles suivans ; encore plus du tems de S. Louis qui avoit des gardes de corps armez de massues, & qui se servoit lui-même fort adroitement de la massue dans les combats, comme il fit à la bataille de la Massoure. Le cavalier suivant, qui pourroit bien être le Comte Robert frere uterin du Duc Guillaume, tient aussi une massue plus grosse par le bout. Elle approche un peu de la forme d'une main de Justice ; mais la peinture sur une tapisserie de plus de six siécles, aura souffert bien des changemens dans la forme des choses. Le cavalier suivant tient une lance, & celui d'après en tient aussi une, qui a au dessous du fer pointu qui est au bout, un demi cercle hérissé de pointes, dont il se servoit apparemment dans les combats pour frapper l'ennemi. Je ne comprens pas bien de quel usage pouvoit être une telle arme. L'inscription est telle : HIC MILITES EXIERVNT DE HESTENGA ET VENERVNT AD PRÆLIVM CONTRA HAROLDVM REGEM. *Les soldats sortirent d'Hasting, & vinrent combattre contre le Roi Harold.*

Guillaume qui, comme nous avons dit, étoit à la tête de la troupe, inter-

PL. VII.

nullum istic refugium habere possent. At accuratiores historiæ Scriptores & hoc monumentum nihil simile memorant. Aliunde vero, quæ necessitas illa de causa classem incendere : annon poterat illam ad Normanniæ oras mittere ? quæ res in parem conditionem suos reduxisset, nec enim magis sic abactis quam exustis uti potuisset.

Willelmus, qui, uti diximus, nolebat Haroldi exercitum in castris exspectare, illo die Eucharistiam accepit, & partem reliquiarum, quas tangens Haroldus sacramentum fidei præstiterat, secum assumsit. Postea vero cum exercitu movit. Visitur autem stans, armatus, galeam gestans qualem descripsimus, hamis seu squamis opertus est a capite ad usque pedes. Lanceam tenet, in cujus suprema parte hæret vexillum, illud fortasse, quod acceperat ab Alexandro II. qui ejus partes sectabatur contra Haroldum competitorem. Vir quidam illum adiens, equi habenas tenet, qui equum, ut verisimile est, conscensurus erat Willelmus. In imagine sequenti Willelmus in fronte numerosi equitatus incedit, armatus ut antea, manu dextera clavam tenens. Hoc armorum genus in usu erat ævo isto & sequentibus sæculis, præsertim S. Ludovici tempore. Illi namque satellites erant clavis armati ; ipseque Sanctus in præliis clava peritissime utebatur, ut in Massurensi pugna. Eques qui sequitur, est, ut videtur, Robertus uterinus frater Roberti Ducis. Clavam & ipse tenet in summitate densiorem, ad manus justitiæ formam tantillum accedentem ; sed in aulæo isto in decursu annorum plusquam sexcentorum, forma rerum detrita, & aliquando non parum mutata fuit. Eques sequens lanceam tenet, & qui post illum venit lanceam & ipse gestat, quæ post acumen ferreum in summitate positum, semi-circulum habet : unde erumpunt aculei, queis, ut credere est, utebatur in prælio. Cui usui esse posset hoc genus armorum non satis capio. Inscriptio est : HIC MILITES EXIERVNT DE HESTENGA : ET VENERVNT AD PRÆLIVM CONTRA HAROLDVM REGEM.

Willelmus, qui uti diximus, in fronte equitatus

Tome II.   D

roge un cavalier, qu'il avoit apparemment envoié à la découverte, & qui revint au galop, s'il a vû l'armée d'Harold. Ce cavalier lui répond, & lui montre de la main que cette armée est tout auprès de là. Ce même cavalier est nommé Vital dans l'inscription, ce qui fait juger que c'étoit un homme connu & de distinction ; cependant aucun des historiens n'en a parlé. Voici les termes de l'inscription : HIC WILLELMVS INTERROGAT VITAL. SI VIDISSET EXERCITVM HAROLDI. *Le Duc Guillaume interroge Vital, s'il avoit vu l'armée d'Harold.* Après cela marchent deux cavaliers, dont l'un au lieu du casque pointu, porte un chaperon de mailles, fort en usage en ce tems-là.

Harold de son côté envoioit aussi à la découverte, pour savoir où étoit l'armée de Guillaume. Un pieton vient lui rendre compte de ce qu'il avoit observé, il lui apprend que l'ennemi est proche, & qu'il est tems de se disposer au combat. Harold & les siens sont armez & revêtus comme les gens du Duc Guillaume. Un casque pointu avec un nasal, qui leur défigure le visage, déja assez défiguré par la mal-habileté du peintre. Le corps tout maillé, & couvert de larges pieces de fer, qui avoient la forme d'une écaille. Ce qu'on appelloit *squamata vestis.* L'inscription se lit ainsi : ISTE NVNTIAT HAROLDVM DE EXERCITV VVILLELMI DUCIS. *Celui-ci dit à Harold où est l'armée du Duc Guillaume.*

Enfin les armées se trouverent en presence l'une de l'autre. Le peintre n'étoit pas assez habile pour representer deux armées rangées en bataille. Il passe tout d'un coup à la harangue que fit le Duc Guillaume à son armée. L'inscription seule nous l'apprend : HIC WILLELMVS DVX ALLOQVITVR SVIS MILITIBVS VT PREPARENT SE VIRILITER ET SAPIENTER AD PRÆLIVM CONTRA ANGLORVM EXERCITVM. *Le Duc Guillaume harangue ses gens. Il les exhorte de joindre la sagesse à la valeur pour combattre contre l'armée des Anglois.* C'est ce que dit l'inscription. Mais la peinture n'exprime rien de tout cela. On voit bien par le geste du Duc Guillaume qu'il dit quelque chose, mais tous les cavaliers lui tournent le dos & vont à la file : il n'y en a qu'un, qui en marchant comme les autres tourne un peu la tête vers le Prince. Henri de Huntindon historien Anglois, rapporte ici une longue harangue, que Guillaume fit à la tête de ses

---

incedebat, ab equite, quem forte miserat ad hostium exercitum explorandum, & qui concitato cursu venit, sciscitatur an viderit exercitum Haroldi. Respondet eques, & tensa manu monstrat exercitum illum e vicino esse. Eques autem ille in inscriptione Vitalis appellatur, quo innuitur fuisse virum notum & insignem, neque tamen a quopiam Scriptorum memoratur. En inscriptionem : HIC WILLELMVS DVX INTERROGAT VITAL. SI VIDISSET EXERCITVM HAROLDI. Hinc sequuntur equites duo, quorum unus galeæ loco caputium hamatum habet, quod tunc in usu frequenti erat.

Haroldus quoque exploratores mittebat, ut sciret ubinam esset Willelmi exercitus. Accedit pedes quispiam, prope esse hostem nunciat, & jam tempus esse se ad pugnam apparandi. Haroldus & milites sui iisdem armis teguntur, queis Willelmus & alii sive Normanni sive Franci. Galeam gestant acutam cum nasali, quod deformes reddit jam sat deformatos ex pictoris imperitia, hamis & ipsi, atque squamis operti sunt. Inscriptio est : ISTE NVNTIAT HAROLDVM DE EXERCITV VVILLELMI DVCIS.

Ambo tandem exercitus præsentes ex adverso steterunt. Non sat peritus pictor erat ut duos exercitus coram positos delinearet. Transit ille statim ad orationem, quam exercitui mox pugnaturo habuit Willelmus Dux : id nos brevi docet inscriptio : HIC WILLELMVS DVX ALLOQVITVR SVIS MILITIBVS VT PRÆPARENT SE VIRILITER ET SAPIENTER AD PRELIVM CONTRA ANGLORVM EXERCITVM. Sic inscriptio : at imago depicta nihil fere horum exprimit. Willelmus quidem ex gestu loqui videtur : verum equites omnes ipsum a tergo relinquentes ad ulteriora pergunt : unus tantum incedendo caput tantillum versus loquentem Principem convertit. Henricus de Huntindonio Scriptor Anglus hic longam orationem refert, quam dicit Willelmum habuisse

Henric.l Huntind.

SUITE DE L'HISTOIRE DE GUILLAUME LE CONQUÉRANT.

PAR GUILLAUME DUC DE NORMANDIE.

troupes, où il parle fort à la gloire des Normans, & au mépris des Anglois. Ceux qu'il alloit combattre venoient pourtant de remporter une grande victoire contre les Norvegiens. Guillaume de Poitiers rapporte aussi le précis de cette harangue, faite peut être après coup comme tant d'autres.

Après cette harangue la bataille commence. Les gens de cheval levent leurs lances prêts à frapper. Les archers qui vont à pied devant eux ont leurs arcs tendus. On voit ensuite voler une grêle de flèches, de dards & de javelots. Plusieurs tombent morts sur la place, le carnage est grand. La bordure d'en bas, où étoient peints ci-devant des oiseaux, des animaux, des monstres & des grotesques, qui n'étoient-là que pour l'ornement, est presentement jonchée de corps morts. Harold avoit ramassé le plus de monde qu'il avoit pû, il avoit aussi appellé à son secours les Danois, qui lui avoient envoié un renfort considerable. Cependant comme il croioit avoir en la personne du Duc Guillaume un plus redoutable ennemi que n'étoit le Roi de Norvege qu'il venoit de vaincre, il se posta sur un lieu éminent, pierreux & de difficile accès, où la cavalerie auroit peine à aborder. C'est ce que la peinture a representé quoiqu'imparfaitement. A l'endroit où Harold reçoit nouvelle de l'armée du Duc Guillaume, il y a une éminence, & la terre est couverte de pierres, qui paroissent toujours au bas des images pendant une grande partie du combat. C'étoit un lieu où la cavalerie ne pouvoit combattre que difficilement. Il mit là ses pietons & serra les rangs & les bataillons. Un Auteur dit que les Anglois armez de haches à deux tranchans, & serrez les uns près les autres, firent de leurs boucliers une tortuë à la maniere des anciens Romains, & que ce corps d'infanterie étoit impenetrable. Ils envoioient sur les Normans une grêle de traits, de flèches & de pierres, qu'ils jettoient avec des machines de bois.

Le Duc Guillaume opposa à ce corps ainsi rangé son infanterie. Le combat fut rude & fort disputé, on se battit quelque tems à coup de flèches; après quoi les deux partis s'approcherent l'épée à la main. Il y eut là une sanglante mêlée. Les Anglois firent merveilles : ils se battirent en desesperez, en sorte même qu'après un long combat les François & les Normans plioient, & commençoient de prendre la fuite. Le Duc Guillaume vint, les encouragea & rétablit le combat. Il montroit l'exemple aux autres en se jettant des premiers dans la

---

Guillelm. Pictav. ante pugnam, ubi Normannos laudibus extollit & Anglos deprimit. Et tamen Angli isti victoriam magnam de Norvegis modo reportaverant. Orationis hujusce compendium refert etiam Guillelmus Pictaviensis : quæ fortassis post rem gestam de industria concinnata fuit, ut tot aliæ.

Guillelm. Pictav. Post orationem illam pugna incipit : Equites lanceas suas vibrant, sagittarii qui ante illos pedibus gradiuntur, arcus tensos habent. Deindeque in aëre volare cernuntur sagittæ, jacula, tela. Multi cadunt, strages magna visitur. Ora inferior in qua depicta antea erant animalia, aves, monstra & alia id genus ad ornatum posita, jam cæsorum cadaveribus plena est. Haroldus quantas potuerat copias collegerat, Danosque in opem evocaverat, qui magno numero venerant. Attamen cum Willelmum formidabiliorem hostem putaret, quam Norvegiæ Regem, quem nuper vicerat, castra posuit in edito loco, aspero, petroso, aditu difficili, ubi equites vix pugnare poterant. Id in depicta imagine, licet non ita perite delineata, animadvertimus. In eo loco ubi Haroldus, milite nuncio, de exercitu Willelmi Ducis certior factus est; præruptus quidam locus visitur, ac terra lapidibus strata est, qui lapides per longum spatium in inferiore imaginis parte cernuntur : ubi, ut dictum est, equitatus vix pugnare poterat. Ibi ille pedites suos denso agmine constituit. Narrat quidam Scriptor, Anglos bipennibus instructos, densis cuneis, cum scutis suis testudinem effecisse, veterum Romanorum more, quod agmen peditum, inquit, perrumpi non poterat. In Normannos autem ceu grandinem emittebant telorum, sagittarum & petrarum, quas cum ligneis machinis confertim jaciebant.

VVillem. Malmesb. Dux Willelmus pedites suos contra pedites Anglos constituit. Aspera & diuturna pugna fuit. Aliquandiu eminus sagittarum jactu concertatum est : deinde cominus pugnatur cum gladiis. Cruentum prœlium fuit : Angli fortiter ac strenue concertant ; ita ut post diuturnam pugnam Franci & Normanni jam terga dare inciperent. At Willelmus Dux suis animos facit, pu-

Tome II.

mêlée, & tuant plusieurs des ennemis de sa propre main : trois chevaux furent tuez sous lui. Il est certain qu'il contribua beaucoup au gain de la bataille.

Les Anglois se défendoient toujours, ils se tenoient serrez, ils ne branloient point, ils ne reculoient point. Le Duc Guillaume s'avisa d'un stratagême, voiant la difficulté qu'il y avoit de les rompre dans ce poste avantageux, il dit aux Normans de faire semblant de s'enfuir pour revenir après cela sur eux, quand ils se feroient ébranlez pour les poursuivre. Ils le firent, & cela leur réussit. Les Anglois sortirent de leur poste, donnerent sur ces fuiards, qui après qu'ils les eurent attirez où ils vouloient, revinrent sur eux & les poussèrent si vivement, qu'ils les mirent en déroute. Là furent tuez Leuvin & Gurd freres d'Harold, comme il est marqué dans l'inscription : HIC CECIDERVNT LEWINE ET GVRD FRATRES HAROLDI REGIS. Orderic Vital dit, qu'ils furent tuez après la mort de leur frere le Roi Harold ; mais il vaut mieux s'en tenir à ce monument, fait certainement peu de tems après la victoire du Duc Guillaume.

Les François & les Normans poursuivant toujours les Anglois, allerent imprudemment se culbuter dans un fossé. Il étoit déja tard, de grandes herbes & des terres nouvellement remuées empêcherent qu'ils ne vissent ce fossé, où ils tomboient l'un sur l'autre. Les Anglois voiant cela, revinrent sur eux & les chargerent. Quelques Auteurs disent qu'il y eut là près de quinze mille hommes tuez. La tapisserie nous represente ceci, quoique grossierement. On voit des gens qui tombent, qui se précipitent ; d'autres qui se battent. L'inscription dit : HIC CECIDERVNT SIMVL ANGLI ET FRANCI. *Ici périssent en même tems plusieurs Anglois & François.* Cet accident ébranla les troupes du Duc de Normandie. Il y a apparence que plusieurs alloient prendre la fuite. Ce qui le persuade est que l'Evêque Eude se voit ici à cheval, armé & maillé comme les autres cavaliers, tenant un bâton levé. Il ranime les François, & les fait revenir au combat. Il semble qu'il arrête un cavalier, qui alloit s'enfuir. L'inscription est ici : HIC ODO EPS BACVLVM TENENS CONFOR..... L'extrémité est effacée, il y avoit vraisemblablement : CONFORTAT FRANCOS, ou quelque chose d'équivalent, ce qui veut dire, *Eude tenant un bâton encourage les François.*

---

gnam restituit, inter primos concertat, plurimos manu sua perimens, tres autem equos pugnando vulneribus cæsos amisit, ipseque præcipua victoriæ causa fuit.

Angli denso semper agmine pugnabant imperterriti, neque loco movebantur. Tum Willelmus Dux cernens vix posse hostem loco moveri, Normannis auctor fuit ut fugam simularent, ut insequentes Angli ipsi cuneum suum perrumperent, & sic turbatis ordinibus expugnari possent. Hoc sequuti consilium sunt Normanni, & res cessit ex voto. Fugam illi simularunt : Angli fugientes insequuntur, ordinesque turbant suos. Tum Normanni pugnam redintegrant, Anglosque tam strenue adoriuntur, ut in fugam vertant. Tunc cæsi sunt Leuvinus & Gurdus fratres Haroldi, ut inscriptio docet : HIC CECIDERVNT LEWINE ET GVRD FRATRES HAROLDI REGIS. Narrat Ordericus Vitalis cæsos fuisse post mortem fratris sui Haroldi Regis ; sed præstat huic monumento fidem habere, utpote non diu post victoriam adornato.

Orderic. Vital.

Dum Franci & Normanni Anglos insequerentur, in fossam quamdam imprudenter proruperunt. Jam nox appetebat, herbæ quoque grandes, & terra recens mota prohibebant quominus fossam viderent, in quam confertim cadebant. His conspectis Angli pugnam redintegrant. Narrant Scriptores quidam ibi cecidisse virorum pene quindecim millia. Hæc in aulæo nostro, etsi rudi penicillo exprimuntur. Hic visuntur alii præcipites acti, alii pugnantes. Inscriptio sic habet : HIC CECIDERVNT SIMVL ANGLI ET FRANCI. Hoc inopinato casu perterritos Francos & Normannos ad fugam capessendam paratos fuisse verisimile est : Odo enim Episcopus hic eques comparet armatus, ut alii, baculum tenens erectum, animosque Francorum ad pugnam redintegrandam concitat, videturque equitem fugam parantem retinere. Inscriptio talis est HIC ODO EPS BACVLVM TENENS CONFOR.... Postremæ literæ deletæ sunt : legebatur haud dubie, CONFORTAT FRANCOS, vel quid simile.

SUITE DE L'HISTOIRE DE GUILLAUME LE CONQUÉRANT

PAR GUILLAUME DUC DE NORMANDIE.

Le Duc Guillaume est aussi là pour les ranimer, quoiqu'il fut blessé & qu'il eût eu trois chevaux tuez sous lui. C'est l'inscription qui nous l'apprend : HIC EST WILELMVS DVX. Eustache Comte de Boulogne étoit alors sur le point de se retirer, craignant que les choses ne tournassent mal pour les François. Le Duc Guillaume, l'appellant par son nom, l'exhorta à tenir ferme. Eustache s'approcha du Duc & lui dit à l'oreille qu'il lui conseilloit de se retirer, s'il ne vouloit périr. Au même tems qu'il disoit cela, il fut percé d'un trait & tomba mort sur la place. Le Duc fut si peu étonné de ceci, qu'il marcha fierement contre l'ennemi. Cela anima tellement les François, qu'ils revinrent au combat plus vigoureusement que jamais, & mirent les Anglois en déroute. L'inscription le marque ainsi : HIC FRANCI PUGNANT, ET CECIDERVNT QVI ERANT CVM HAROLDO. *Les François combattent, & l'armée d'Harold est taillée en pieces.* Harold fut tué lui-même; on le voit tombé de cheval & étendu à terre. L'inscription marque que c'est lui : HIC HAROLD. REX INTERFECTVS EST. Il mourut, dit un Auteur, après avoir regné neuf mois & neuf jours. Il fit dans cette bataille tout ce qu'on pouvoit attendre du plus brave homme. Mathieu Paris & un autre Auteur Anglois disent, qu'il mourut d'un coup de fléche, & qu'un homme d'armes du Duc Guillaume lui coupa la cuisse. Cela est autorisé par notre peinture. Un cavalier sans descendre de cheval coupe la cuisse à Harold : ce qui déplut tellement au Duc Guillaume, qu'il dégrada ce cavalier de la milice.

Ce qui reste de la tapisserie est si gâté qu'on n'y connoit presque plus rien, l'écriture y est absolument effacée. On y voit seulement en quelques endroits moins gâtez des François qui poursuivant leur victoire, tuent les Anglois qu'ils rencontrent. Cette bataille fut des plus longues & des plus disputées, dont l'histoire fasse mention. La tapisserie comme elle est à présent, ne vient que jusque-là. Il ne faut pas douter qu'elle n'allât au moins jusqu'au couronnement du Roi Guillaume. Mais toute cette fin aura péri, & j'admire même que ce qui reste ait pû se conserver l'espace de six cens cinquante ans. Pour ne pas laisser cette histoire imparfaite, je vais la poursuivre jusqu'au couronnement de Guillaume.

Dux quoque hic comparet, suis animos faciens, etsi saucius, tres etiam equos amiserat : adesse illum inscriptio docet sic habens : HIC EST VVILLELMVS DVX. Eustachius vero Comes Boloniæ fugam meditabatur, Francis infaustum futurum exitum metuens. Tum Willelmus Dux fugam parantem hortatur, ut fortiter pugnare perseveret. Tum Eustachius Ducem adit, ipsique ad aurem dicit, suadere se illi ut receptui canat, nisi perire velit. Dum hæc vero diceret, telo confossus occubuit. Quæ res tamen usque adeo Ducem non exterruit, ut ferocius in hostem irrueret. Ducis exemplo concitati Franci, pugnam audacius quam antea restituunt, Angli in fugam vertuntur, & confertim cadunt : Inscriptio sic habet : HIC FRANCI PVGNANT, ET CECIDERVNT QVI ERANT CVM HAROLDO. Haroldus ipse cecidit : visitur autem ex equo delapsus & mortuus. Inscriptio id docet: HIC HAROLD REX INTERFECTVS EST..... Mortuus est, inquit Scriptor quidam postquam novem menses & novem dies regnaverat. In hac vero pugna quidquid a strenuissimo Duce exspectandum erat præstitit. Matthæus Paris aliusque Scriptor Anglus narrant ipsum ictu sagittæ enectum fuisse, & militem quempiam Ducis Willelmi femur ejus excidisse, id quod ex imagine depicta nostra confirmatur. Eques enim in equo suo considens femur Haroldi gladio amputat. Id vero Willelmo Duci ita displicuit, ut equitem ex militiæ gradu dejiceret.

Quæ supersunt in aulæo ita labefactata & erasa sunt, ut vix quidpiam percipi possit. Inscriptiones penitus deletæ sunt. In quibusdam tamen locis sanioribus Franci visuntur Anglos insequentes & cædentes. Hæc pugna inter diuturniores, & asperiores quæ in historiis narrentur, annumeranda. Aulæum ut jam Baiocis visitur eo usque tantum pervenit. Nec dubitandum olim pervenisse saltem usque ad inaugurationem Willelmi in Angliæ Regem, Verum hæc extrema pars perierit. Miror certe quomodo ea quæ supersunt, sexcentorum quinquaginta annorum spatio asservari potuerint. Ne vero historia isthæc imperfecta relinquatur, cætera persequar ad usque inaugurationem Willelmi.

Après cette grande victoire, ce Prince fit enterrer le corps d'Harold, qu'on put à peine reconnoître parmi les morts, tant il étoit défiguré. La mere d'Harold lui envoia demander ce corps, offrant de lui donner son pesant d'or. Il le refusa, non par un mouvement de vengeance ; mais parce qu'il croioit qu'un parjure étoit enterré assez honorablement à l'endroit où il l'avoit mis. Il punit ensuite les habitans du lieu nommé Romaner, parce qu'un de ses vaisseaux s'étant égaré de la flote, & aiant pris terre à ce lieu, les habitans étoient venus les attaquer, & qu'il y avoit eu beaucoup de gens tuez de part & d'autre.

Il se rendit de là à Douvre, qui passoit pour une place imprenable, & où un grand nombre d'Anglois s'étoient retirez, comme à un lieu de sûreté. Mais dès qu'ils virent le Duc Guillaume ils perdirent courage, & se voulurent rendre à composition. Les François qui vouloient piller la ville, y mirent le feu, & elle fut toute brûlée. Le Duc, à qui il importoit beaucoup de se concilier l'affection des Anglois, dédommagea tous les particuliers des pertes qu'ils avoient faites par l'incendie. Il auroit puni les incendiaires, mais ils étoient en trop grand nombre. Il laissa-là bonne garnison, & s'avança dans le pays pour s'en rendre le maître. Ceux de Canterburi vinrent au devant de lui, & après lui avoir prêté serment de fidelité, ils lui donnerent des ôtages. Il continua sa marche & vint en un lieu appellé la Tour ruinée, où il tomba fort malade : il n'y fit pourtant pas un long séjour, de peur que sa grande armée ne fut trop à charge à la contrée. Sa maladie ne fut pas de longue durée : il fut bien-tôt en état de poursuivre sa pointe.

Cependant l'Archevêque de Canterburi nommé Stigand, qui étoit à Londres, & qui par sa dignité & ses richesses s'étoit acquis beaucoup d'autorité parmi les Anglois, se joignit à plusieurs autres Seigneurs, qui vouloient un Roi de de leur nation, & élut en la place d'Harold, un jeune Prince de la race du Roi Edouard, nommé Edgar Adelin. Un si grand nombre d'Anglois vint en armes à Londres pour soutenir le nouveau Roi, que la ville, quoique fort grande, avoit peine à les contenir. Guillaume averti de tout, marcha vers Londres, & détacha cinq cent chevaux Normans, qui s'avancerent jusqu'auprès des portes de la ville, un grand nombre de gens armez sortirent contre eux, mais ils furent

Guill. Pictav.

Post illam tantam victoriam, Haroldi corpus Willelmus sepeliri jussit, vixque potuit inter cæsos dignosci, ita nempe immutatum & deforme erat. Mater Haroldi a Willelmo corpus filii sui expetiit tantumdem auri pondo offerens. Abnuit autem Willelmus, non ulciscendi animo permotus, sed quod putaret perjurum honorabiliorem sepulturam non mereri. Tum in oppidanos loci, cui nomen Romanerium sæviit, quoniam cum navis quædam, ex classe errore quodam separata, illo appulisset, loci incolæ in vectores irruperant ; ita ut plurimi utrinque cæderentur.

Inde vero Dubrin concessit, quæ urbs tunc inexpugnabilis habebatur. Illo confugerant Angli pene innumeri, majoris securitatis causa. At ubi accedentem Willelmum Ducem viderunt, animo fracti, deditionem pactis conditionibus facere voluerunt. Franci vero qui urbem diripere cupiebant, in illam ignem conjecerunt, ita ut flammis tota consumta fuerit. Dux autem qui Anglorum animos sibi conciliare e re sua fore putabat, singulorum damna per incendium allata sarsit. Incendii auctores pœna affecisset, at nimius illorum erat numerus. Oppido probe munito, in regionem ingreditur ut illam sibi subigeret. Cantuarienses ipsi obviam venerunt, & fidei sacramento præstito, obsides dederunt. Movit inde venitque in locum, cui nomen Turris fracta, ubi in gravissimum morbum incidit. Nec tamen diu ibi mansit ne agri circum a tanto exercitu devastarentur. Non diuturnus morbus fuit, & ipse ad ulteriora perrexit.

Interea vero Stigandus Archiepiscopus Cantuariensis, qui Londini erat, & a dignitate atque opibus apud Anglos multum poterat, cum aliis proceribus, qui Regem congenerem natione Anglum sibi constituere volebant, junctus est, atque in Haroldi locum juvenem principem ex stirpe Eduardi Regis elegit, Edgarum Adelinum. Londinum vero tot Angli armati se contulerunt, pro novo Rege pugnaturi, ut quamvis amplissima urbs esset, vix posset eos capere. His compertis Willelmus Londinum movit, ac quingentos Normannos equites misit ad usque pene portas urbis. Angli magno numero adversus illos egressi, par-

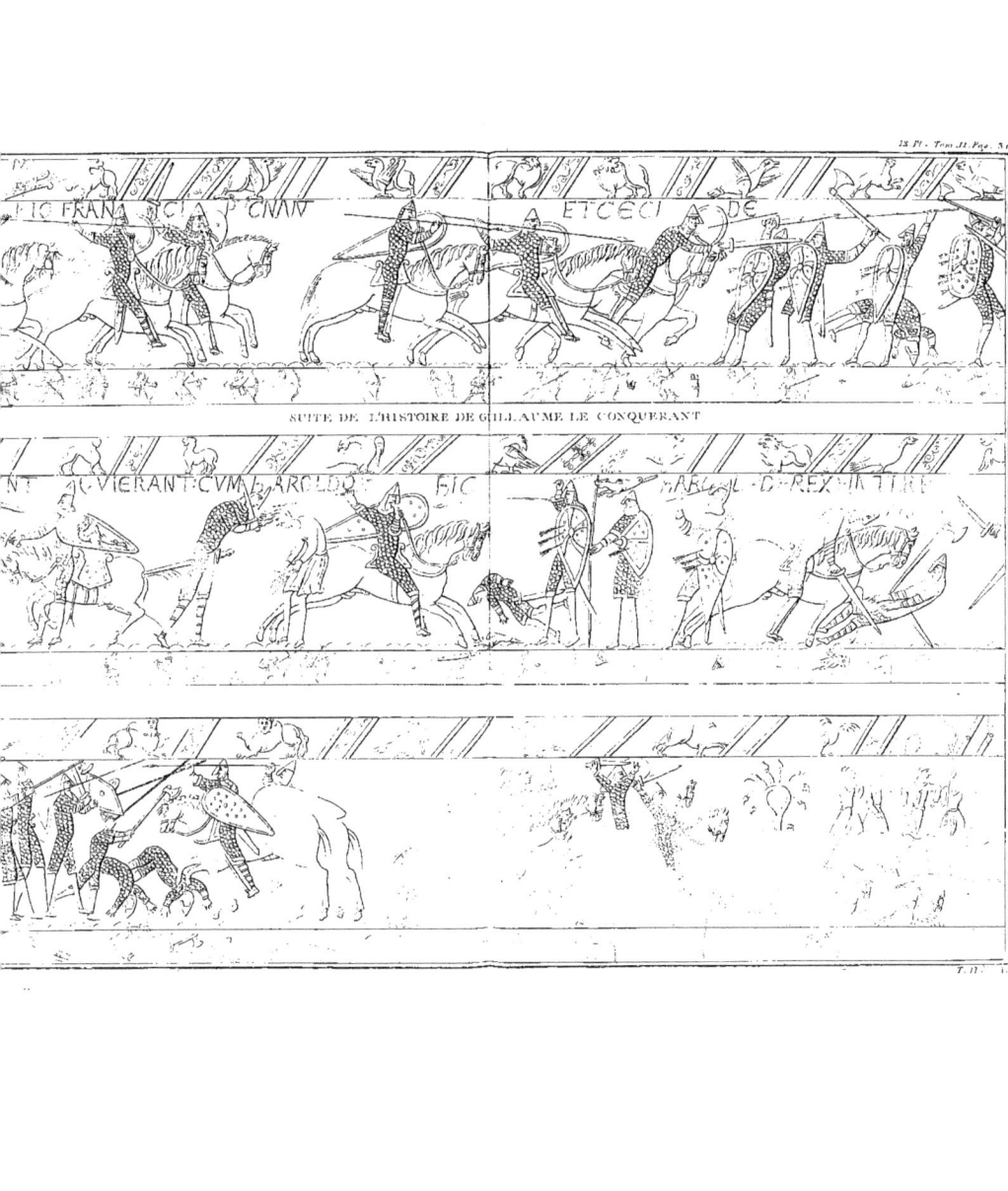

SUITE DE L'HISTOIRE DE GUILLAUME LE CONQUÉRANT

vivement repoussez, & laissèrent beaucoup des leurs sur la place. Pour jetter une plus grande terreur dans la ville, on mit le feu à toutes les maisons & aux autres édifices, qui étoient aux environs.

Stigand & ceux de sa faction ne se jugeant pas en état de soutenir un tel adversaire, prirent le parti de se tourner du côté du vainqueur, & d'abandonner le nouveau Roi. Stigand vint lui-même trouver le Duc Guillaume, & lui prêta serment de fidelité, les Seigneurs Anglois & les principaux de la ville vinrent aussi & le reconnurent pour leur Seigneur & leur Maître. Il demanda des ôtages, qui lui furent accordez : & il entra dans Londres. On le pressa d'abord de se faire couronner Roi : il vouloit attendre sa femme Mathilde pour y être couronnée en même tems que lui. Il ceda enfin aux instances des Seigneurs Anglois, & se fit couronner par les mains de l'Archevêque d'York, Prélat recommandable par sa vertu & son mérite. C'étoit Stigand Archevêque de Canterburi, qui devoit faire cette fonction : mais comme il avoit été excommunié par le Pape, il en fut exclus.

Guillaume couronné Roi d'Angleterre.

Avant que d'être couronné, il voulut que l'Archevêque d'York demandât au peuple assemblé à Londres s'il vouloit bien le reconnoître pour son Roi. Le peuple témoigna par ses acclamations qu'il ne souhaitoit rien tant que de le voir regner en la place du Roi Edouard son parent. Il y a apparence que ces acclamations ne furent pas sinceres dans tous les Anglois qui se trouverent à Londres. Mais il fallut ceder à la nécessité ; d'ailleurs il n'y avoit point d'autre moien de mettre fin à cette guerre meurtriere, qui avoit tant fait périr de gens. Ceux qui ne goûtoient point le gouvernement d'Harold homme violent & avare, esperoient de trouver en la personne de Guillaume un Prince, qui se distingueroit par des vertus toutes contraires.

Il fut sacré & couronné dans l'Eglise de S. Pierre, où le Roi Edouard étoit enterré, en presence d'un grand nombre de Prélats, d'Abbez & de Seigneurs au jour de Noel de l'an 1066. Dès que la céremonie fut faite, il s'appliqua sérieusement aux affaires de l'Etat. Un de ses premiers soins fut de distribuer largement les grands trésors qu'Harold avoit ramassez. Il en donna d'abord une partie à ceux qui l'avoient aidé à entreprendre & finir glorieusement cette guerre. Il fit de grandes aumônes aux pauvres & aux nécessiteux. Il enrichit

---

tim cæsi, partim pedem referre coacti sunt. Ut major in urbem terror injiceretur, ædes omnes & ædificia extra portas sita combusta sunt.

Stigandus & qui suæ factionis erant, animadvertentes se non posse tantum hostem ferre vel depellere, ad victoris partes concedere, novumque Regem deserere decreverunt. Stigandus ipse Willelmum Ducem adiit, ipsique sacramentum fidei præstitit. Tum proceres omnes Angli & primores civitatis, ad Willelmum accessere, ipsumque ut dominum suum exceperunt. Obsides ille petiit, qui statim sunt adducti, & Londinum ingressus est. In Regem quam primum coronari Willelmum cupiebant illi : at Dux Mathilde uxorem, ut secum coronaretur exspectare in animo habebat. Cessit tandem rogantibus Anglorum primoribus, coronatusque est manibus Archiepiscopi Eboracensis, virtute cæterisque dotibus conspicui. Id officii ad Stigandum Archiepiscopum Cantuariensem pertinebat, sed quia ille censuris Romani Pontificis irretitus erat, a tali munere exclusus fuit.

Antequam coronaretur, ab Eboracensi Archiepiscopo expetiit, ut a populo Londini coacto sciscitaretur, num vellent Willelmum sibi in Regem constitui, ipsiusque imperio subditi esse. Tum populus acclamando testificatus est nihil sibi magis in voto esse, quam Willelmum videre cognati sui Eduardi solium occupantem. Verisimile tamen est, non Anglos omnes qui tunc Londini versabantur, pari erga Willelmum affectu fuisse. At parendum necessitati fuit. Alioquin vero nulla alia poterat via terminari bellum, quo tot jam millia hominum perierant. Qui autem Haroldo, utpote homini violento & avaro infensi fuerant, Willelmum sperabant contrariis & ex diametro oppositis virtutibus præditum fore.

In regem ergo inauguratus coronatusque fuit in Ecclesia S. Petri, ubi Eduardus Rex sepultus jacebat, præsentibus multis Archiepiscopis, Episcopis, Abbatibus, Primoribus, in die Natalis Domini anno 1066. Peracta celebritate tanta, negotiis regni administrandis omni studio incubuit. Hoc autem illi primum curæ fuit, ut ingentes ab Haroldo coactas opes largiter spargeret. Et primo quidem illis partem non modicam distribuit, qui sibi ad tantam suscipiendam expeditionem opem tulerant. Egenis stipem liberali-

plusieurs Eglises, surtout l'Eglise Métropolitaine de Canterburi. Les Eglises de Normandie & de plusieurs Provinces de la France, comme aussi les Monasteres se ressentirent de ses liberalitez. Il témoigna sa reconnoissance envers le Pape Alexandre II. qui l'avoit favorisé & soutenu dans cette guerre. Il lui envoia, dit l'historien, une quantité incroiable d'or & d'argent, pour l'Eglise de S. Pierre, & des riches presens de toute espece, entre autres une banniere toute tissue d'or, où étoit representé Harold armé de pied en cap. Le Roi Guillaume se signala toujours depuis par sa valeur & par sa conduite, en sorte qu'il est comparable aux plus grands Princes de tous les siécles. Les Anglois lui ont cette obligation, que depuis que Guillaume & les Rois Normans ses successeurs ont occupé le Trône, leur Etat a incomparablement plus brillé qu'auparavant.

Orderic. Vital.

ter admodum erogavit; Ecclesiis immensa dona contulit, præsertimque Metropolitanæ Ecclesiæ Cantuariensi, neque Anglicis modo Ecclesiis, sed etiam Normannicis & Francicis atque Monasteriis per provincias multis dona pene innumerabilia contulit. Gratum quoque suum erga Alexandrum II. Papam animum exhibuit, cui pro Ecclesia Sancti Petri *pecuniam in auro atque argento majorem quam dictu credibile sit, misit*, inquit Scriptor noster, multaque alia munera, in quorum numero vexillum erat auro intertextum, ubi Haroldus a capite ad calcem armatus conspiciebatur. Rex porro Willelmus semper & fortitudine, & rerum gerendarum solertia claruit; ita ut cum optimis cujusvis ævi Principibus conferri valeat. Anglicanam vero rem tum ille, tum ejus successores Normanni Reges ita auxere, ut a Willelmi tempore longe magis floruerit Anglia, quam in præcedenti quolibet ævo.

LOUIS VI.

LOUIS VI. dit le Gros.

Louis après avoir rendu les derniers devoirs à son pere, sachant qu'il y avoit un puissant parti pour l'exclure de la roiauté, de l'avis d'Yves Evêque de Chartres, Prelat fort sage & bien intentionné, se fit promtement sacrer à Orleans par Daimbert Archevêque de Sens accompagné de quelques autres Evêques. Raoul Archevêque de Rheims, alors en different avec Louis, s'en formalisa, prétendant qu'il n'appartenoit qu'à lui seul de sacrer les Rois; il mit opposition à ce sacre, & envoia de ses gens pour empêcher qu'il ne se fît dans une autre ville; mais ils n'arriverent que quand l'affaire fut faite.

1108
Sacre de Louis VI.

Gui le Rouge de Rochefort grand ennemi de Louis, & Hugues de Creci son fils, brave de sa personne, mais accoutumé à piller & à brûler, attiroient à leur parti contre le Roi le plus de gens qu'ils pouvoient. Eude Comte de Corbeil frere d'Hugues, aiant refusé de se joindre à lui contre son Prince, il le surprit un jour qu'il étoit à la chasse, le chargea de chaînes, & le mit en prison dans un Château appellé la Ferté-Baudouin. Les Habitans de Corbeil vinrent s'en plaindre au Roi. Ils avoient quelque intelligence dans le lieu, moiennant laquelle le Roi esperant de surprendre la place, s'avança la nuit avec peu de monde; & son Senefchal Anseau de Garlande s'étant saisi d'une porte avec quarante hommes qu'il menoit, les habitans & la garnison s'éveillerent au bruit, fondirent sur lui, chasserent ses gens, blefserent & prirent Anseau, qu'ils mirent en prison avec Eudes de Corbeil. Louis assiegea le Bourg & le Château, & le serra de près. Hugues tenta inutilement d'y jetter du secours, les assiegez furent enfin obligez de se rendre. Le Roi délivra ainsi les deux prisonniers, & pour punir ces rebelles, il dépouilla les uns de leurs biens, & mit les autres en prison, où ils demeurerent long-tems.

1109.
Guerre contre quelques Seigneurs autour de Paris.

Une autre guerre plus difficile succeda à celle-ci. En voici le sujet. La riviere d'Epte servoit comme de borne & de limite entre la Normandie & les Etats du Roi, & la forteresse de Gisors en deça de la riviere étoit alors gardée par un nommé Paien. Henri Roi d'Angleterre & Duc de Normandie fit tant par prieres & par menaces qu'il l'engagea à la lui remettre. Cette place

1110.
Guerre contre HenriRoi d'Angleterre.

LUDOVICUS VI.
Cognomine Crassus, sive Grossus.

Suger. in vita Lud. Grossi. c. 13.

Postquam paterna funera cohonestarat Ludovicus, gnarus non paucos esse, qui se a regno suscipiendo deturbare pararent; suadente viro probo, sibique fidissimo Ivone Carnotensi, sese continuo Aureliani inaugurari & in Regem sacrari curavit, manu Daimberti Senonensis Archiepiscopi, præsentibus aliis Episcopis. Rodulphus vero Rhemensis Archiepiscopus, Ludovico infestus, rem indigne tulit, id officii sibi uni competere dictitans. Ne vero quivis alius Ludovicum regiis sacris initiare auderet; viros misit qui obsisterent, si quis alius Principem regio oleo perfundere vellet; sed antequam adessent illi, res peracta fuit.

c. 14.

Wido Rubeus de Ruperforti, & Hugo Creciacensis filius ejus; vir quidem strenuus, sed qui igni ferroque omnes circum agros populari solebat: hi ambo, inquam, Ludovico regi infesti, quotquot poterant ad partes alliciebant suas. Cum autem Hugo fratrem suum Odonem Corbolienfem Comitem ad arma contra Regem suum capessenda frustra hortatus esset, venantem ipsum intercepit, ac vinculis onustum in carcerem conjecit in castro cui nomen Firmitas-Balduini. Oppidani vero Corbolienses Regem supplices adeunt, & ut Comiti suo ferat opem precantur, quo annuente, cum nonnullis sibi notis in castro illo versantibus, id agunt, ut regii quidam milites clam & noctu intromittantur. Accedit Rex caute, & Ansellum de Garlanda Dapiferum mittit, qui cum quadraginta militibus unam portarum occupat. Verum expergefacti oppidani, regios invadunt & fugant, Ansellumque cæsum & captum cum Odone carceri mancipant. Rex autem castrum obsedit, ac frustra obnitente & opem ferre curante Hugone, oppidanos ad deditionem compulit. Captos ambos e vinculis solvit: ex militibus vero alios mulctavit bonis, alios diuturno carceri mancipavit.

c. 15.

Huic aliud longe difficilius bellum successit. Epta fluvius ceu limes erat Normannorum inter & Francorum terras: Gisortiumque castrum ad Francicam oram situm a Pagano quopiam servabatur, a quo illud Henricus Angliæ rex tum blanditiis, tum minis

Tome II.   E

donnoit moien aux Anglois d'entrer dans les terres de France quand ils voudroient, & bridoit les François qui auroient voulu faire des incursions dans la Normandie. Le roi Louis regardant cela comme une infraction de la paix, fit demander au Roi d'Angleterre ou qu'il rendît la forteresse, ou qu'il la fît raser. Henri ne voulut entendre à aucun accommodement. Il fallut en venir aux armes. Louis assembla une armée, & appella au secours les Princes ses feudataires. Robert Comte de Flandres, qui s'étoit si fort signalé dans la premiere Croisade, lui amena quatre mille hommes, le Comte de Champagne, le Comte de Nevers, le Duc de Bourgogne, plusieurs Archevêques & Evêques joignirent aussi le Roi avec leurs troupes. L'armée donna d'abord sur les terres du Comte de Meulan, qui étoit du parti du Roi d'Angleterre, pillant, brûlant & ravageant tout. Les armées étant en presence, on parlementa : il fut proposé de la part des François de terminer la querelle par un duel de deux Barons contre autant du parti ennemi. On rejetta la proposition. Le Roi lui-même offrit de se battre en duel contre Henri, qui tourna cela en raillerie. Les François indignez coururent aux armes, & marcherent contre les Anglois. Ils ne purent rien faire cette premiere journée, les Normans se tenant en des lieux où ils ne pouvoient les aborder, & ils se retirerent à Chaumont. Mais le lendemain ils fondirent sur ces Normans, les mirent en fuite, & les obligerent de se retirer à Gisors, étant, dit l'Auteur,

1112.

plus exercez dans l'art militaire qu'eux. Cette guerre dura près de deux ans, plus à charge au Roi Henri qu'à son ennemi, parce qu'il falloit tirer de la seule Normandie des vivres pour une grande armée ; au lieu que le Roi de France, dont les troupes étoient nourries dans plusieurs Provinces, avoit encore l'avantage de tirer des vivres par des courses sur les terres de ceux qui lui refusoient obéissance. L'affaire se termina enfin par cette convention, que Guillaume fils d'Henri feroit hommage au Roi de France, qui lui laisseroit la possession de Gisors.

Horrible forfait d'un Normand, puni.

Un forfait horrible attira toute l'attention des François. La Rocheguion sur Seine étoit une forteresse que la nature plus que l'art avoit renduë comme imprenable. Un nommé Gui la gardoit alors, c'étoit un grand homme de bien & fort attaché aux devoirs du Christianisme. Comme les gens de ce caractere sont ordinairement plus aisez à surprendre que les autres, Guillaume son beau-pere, Normand de Nation, complotta de le massacrer, de

extorsit. Quo ex loco Angli in Francorum agris excursionibus prædas agere valebant ; nec poterant Franci par pari referre, isto munimento præpediti. Hinc violatam pacem jure putans rex Ludovicus, ab Henrico petiit, castrum vel redderet, vel solo æquaret. Neutrum admisit Henricus. Quapropter Ludovicus evocatis Principibus illis, qui sibi dicto audientes erant, exercitum collegit. Adduxit milites quatuor mille Robertus Flandrensis ille Comes, qui in Jerosolymitano bello ex fortiter gestis clarus evaserat. Adfuere etiam cum copiis Comes Campaniæ, Comes Nivernensis, Dux Burgundiæ, itemque Archiepiscopi & Episcopi non pauci. Hi omnes Mullantensis Comitis, qui Anglis favebat, agros depopulantur. Cum autem ambo exercitus in conspectum venerunt, de componenda lite actum est : propositumque fuit ut ex utraque parte duo ex nobilioribus pugnarent, & Gisortium victrici parti cederet. Non assensit Henricus. Rex quoque Ludovicus cum Henrico in conspectu exercituum armis contendere voluit, ut ex eventu pugnæ lis dirimeretur; quam conditionem Henricus ridens explosit. Ea re indignati Franci ad arma cucurrere, & Normannos aggredi tentarunt ; sed illo die, quod Normanni in locis inaccessis starent, manus conserere non valuerunt, remearuntque ad Calvum-montem. Insequenti vero die Normannos adorti, in fugam verterunt, & Gisortium sese recipere coegerunt. Præstabant enim Franci, inquit Sugerius, *multo marte exercitati longa pace soluti*. Bellum porro ad annos fere duos extractum est cum majore Henrici quam Ludovici onere. Ille namque ex una Normannia commeatum parare poterat ; cum contra Ludovico tum ex omnibus circum Provinciis, tum ex incursionibus in eos qui dicto audientes non essent, ad victum necessaria supeterent. Res tandem ea conditione composita fuit, ut Guillelmo Henrici filio Gisortium cederet, dum is Ludovico regi *hominium præstaret*.

Horrendum facinus Francis tunc spectaculo fuit. Rupes-Guidonis castrum erat ad Sequanam, plus natura quam arte munitum, quod tunc tenebat vir quidam probus Christianisque officiis addictus, Guidone nomine. Cum autem hujusmodi homines ut plurimum insidiis magis pateant, quam cæteri, Guillelmus socer ipsius, natione Normannus, genero ne-

Suger. c. 16.

LOUIS VI. dit le Gros.

se saisir de la place & de se rendre par là formidable & aux Normans & aux François. Il lui fut aisé de faire son coup, il le tua traitreusement, s'empara de la place ; & n'aiant pas assez de gens pour la garder, il invita les voisins à venir à son secours, leur promettant tous les avantages possibles : pas un n'y voulut entendre, & la renommée de cet assassinat aiant volé dans le voisinage, ceux du Vexin s'y rendirent, assiegerent le fort & en donnerent avis au Roi, qui y envoia des troupes. La forteresse fut prise avec Guillaume & le petit nombre de gens qu'il avoit. On les fit tous mourir par les plus cruels supplices. On arracha le cœur au scelerat Guillaume, & on le ficha à un pieu pour l'exposer à la vûe du Public. Tous les cadavres de ces Normans furent mis sur une barque, qu'on laissa aller au courant de l'eau, afin qu'elle portât aux Normans, jusqu'à Rouen, cet exemple de la punition de leurs indignes compatriotes.

Louis avoit toujours des ennemis, & fort près de sa capitale : il eut le déplaisir de voir que son frere Philippe fils de Bertrade se tourna contre lui. Il se sentoit appuyé de sa mere, d'Amauri de Montfort son oncle, & de Foulques Comte d'Anjou son frere uterin, qui fut depuis Roi de Jerusalem. Il avoit à lui deux places Montleheri & Mante, d'où il faisoit des courses, ruinoit les pauvres gens, opprimoit les Ecclesiastiques, & faisoit d'autres vexations. Le Roi après l'avoir fait souvent avertir, marcha contre lui, attaqua Mante avec beaucoup de vigueur & l'emporta. Alors Philippe & Amauri de Monfort commencerent à craindre pour Montleheri, & pour le garantir ils le mirent entre les mains d'Hugues de Creci plus en état de le défendre qu'eux. Amauri lui donna aussi sa fille en mariage. Ils esperoient de mettre ainsi à couvert Châtres qui étoit de leur dépendance. Le Roi plus diligent qu'Hugues, se saisit de Châtres, & remit Montleheri à Milon fils du grand Milon, qui vint se jetter aux genoux du Roi, le suppliant de lui rendre une place qui lui appartenoit par droit d'heritage.

Philippe frere de Louis le Gros se tourne contre lui. 1113.

Un autre petit tyran lui donna plus d'exercice que les précedens, ce fut Hugues Seigneur du Puiset en Beauce, le plus grand pillard qu'on eût encore vû en ces contrées, il ravageoit toutes les campagnes, sans épargner ni Eglises ni Monasteres. Il s'étoit fort enrichi de ces dépouilles, & continuoit toujours ses brigandages. Il ruina tout le payis Chartrain. Thibaud Comte de Chartres, qui n'avoit pû avec toutes ses forces réduire ce bandit, vint prier le Roi de châ-

Prise du Château du Puiset.

---

c. 17.

cem inferre, & castrum occupare decrevit, ut illo potitus, & Normannis & Francis formidandus esset. Inopinantem ergo generum obtruncavit, occupatoque castro, cum pauci sibi viri ad loci tutelam, & incursiones faciendas suppeterent ; finitimos in auxilium evocavit, multa pollicitus ; sed nemo tam sceleftum homicidam adire voluit. Quinimmo Velocasses tanti facinoris fama permoti, castrum obsederunt, Regique rem nunciarunt, qui copias misit in opem. Expugnatum ergo fuit castrum, capti sunt Guillelmus & socii, qui in cruciatibus perierunt : cor Guillelmi palo infigitur ad spectaculum. Omnium cadavera navi imponuntur, quæ Rhotomagum usque in Sequana ad undarum libitum fluitet, ut contribulium exemplo Normanni erudiantur.

Non deerant Ludovico hostes, etiam urbi regiæ viciniores, quibus sese adjunxit frater ipsius Philippus Bertradæ filius. Huic favebant mater adhuc superstes, Amalricus de Monteforti avunculus, Fulco Andegavensis Comes Philippi ex matre frater, qui postea Rex fuit Jerosolymorum. Tenebat autem Philippus Montemleherium & Meduntam, indeque vicinos agros, Ecclesiasque populabatur. Hæc indigne ferens Ludovicus, sæpe fratrem submonuit, sed in cassum : quamobrem coactis copiis primo Meduntam adortus vi cepit. Tum Philippus & Amalricus Monti-leherio timentes, castrum Hugoni Creciacensi viro strenuo contulerunt, cui etiam filiam suam Amalricus in uxorem dedit. Hujus ope & etiam Castra servaturum sperabat Amalricus. Verum Rex Hugone diligentior, Castra occupavit & Montem-leherium Miloni, magni Milonis filio tradidit, qui ex jure hereditario castrum illud genibus flexis a Ludovico expetiit.

In tyrannum postea cæteris sæviorem arma convertit & diuturnius bellum gessit Ludovicus. Is erat Hugo Puteolensis, qui præ cæteris omnibus agros devastabat, nec Ecclesiis parcens, nec Monasteriis. Hoc ille modo, magnas opes collegerat & prædas agere non desistebat ; Carnotensemque agrum depopulabatur. Theobaldus vero Carnotensis Comes, qui cum copiis suis tantum prædonem abigere nequibat, Regem

Suger. c. 18.

tier Hugues & de lui ôter son Château du Puiset, bâti par la Reine Constance, bisaieule de Louis le Gros, qu'Hugues avoit usurpé. Le Roi marcha de ce côté-là, & somma Hugues de lui rendre le Château. Hugues le refusa. Louis assiegea la place, & l'attaqua vivement. Hugues après s'être bien défendu quelque tems, fut enfin pris avec son Château, que le Roi fit brûler & ruiner, & mis en prison à Château-Landon.

Thibaud en faveur duquel le Roi avoit entrepris cette guerre, lui en suscita une autre plus fâcheuse & plus difficile. Il vouloit bâtir un Château auprès de celui du Puiset. Le Roi ne le voulut jamais permettre. Le Comte demanda qu'on décidât l'affaire par un duel, & offrit pour champion André de Baudement son Procureur. Le Roi, qui n'avoit jamais admis de duel semblable, nomma de son côté Anseau de Garlande. Mais il ne se trouva point *de Cour qui voulût autoriser ce duel.* Thibaud qui vouloit à toute force l'emporter, & obtenir ce qu'il demandoit, voiant le Roi inflexible, demanda secours à Henri Roi d'Angleterre, & fit une puissante ligue, où entrerent plusieurs Seigneurs.

Le Latin de Suger est embarrassé, & peut-être corrompu.

Le Roi peu étonné de cette grande levée de bouclier, appella à son secours Robert Comte de Flandres, & les autres Seigneurs de son parti. Il y eut quelques combats, le premier à un pont sur la Marne auprès de Meaux, où le Roi fut repoussé par les ennemis, & où périt ce brave Robert Comte de Flandres, qui dans la foule tomba de cheval, & fut écrasé sous les pieds des chevaux qui passerent sur lui. Dans un autre combat donné aussi à un pont auprès de Lagni, le Roi poussa si vigoureusement les ennemis, qu'il les mit en fuite. Un grand nombre furent tuez, les autres se jetterent dans la Marne: après quoi les troupes du Roi firent un grand dégât dans la Brie & dans le pays Chartrain.

1113. Guerre contre Thibaud Comte de Chartres. Robert Comte de Flandres tué.

Le Comte craignant que l'issue de cette guerre ne lui fût pas favorable, fit son possible pour attirer à son parti plusieurs autres Barons: par presens, par promesses, il gagna Lancelin de Dammartin, Payen de Mont-Geai, Raoul de Beaugenci, Milon de Montleheri, Hugues de Creci, & Gui de Rochefort. Ces Seigneurs joints à Thibaud, qui avoit lui seul beaucoup de terres, interrompoient le commerce autour de Paris, dans la Brie & dans la Beauce. Henri Roi d'Angleterre fournissoit abondamment à Thibaud des troupes & de l'argent. Tout cela n'ébranla point le Roi Louis, qui parut toujours intrépide dans les plus grands périls.

Intrepidité de Louis le Gros.

Suger. p. 301.

supplex adit, rogans Puteoli castrum a proavia sua Constantia regina structum, & ab Hugone usurpatum, armis auferret. Admotis copiis Ludovicus castrum obsedit; fortiter obstitit Hugo, & cum castro tandem captus est. Castrum Rex incendio cremavit & diruit: Hugonem vero in turri Castri-Landulfi inclusit.

Ingratus Theobaldus, in cujus gratiam Ludovicus arma sumserat, longe gravius ipsi bellum suscitavit. Castrum prope Puteolum struere peroptabat: id Rex omnino recusabat. Comes pactum hoc offerebat per *Andream de Baldamento terræ suæ procuratorem ratiocinare*, Rex vero ratione & lege duelli nunquam se pepigisse, *per Anselum Dapiferum suum ubicumque secure vellent defendere. Qui viri strenui multas huic prælio postulantes curias, nullam invenerunt.* Theobaldus qui rem totis viribus obtinere nitebatur, ut vidit a Rege nihil impetrari posse, ab rege Henrico auxilium petiit, aliisque regni primoribus junctus est, qui copias subministrarunt. Ludovicus tanto belli apparatu minime perterritus, Robertum Flandrensem Comi-

tem aliosque sibi fidos Optimates evocavit. Pugnæ aliquot commissæ: in quarum prima ad pontem supra Matronam prope Meldas Ludovicus rex depulsus, Robertus vero Flandrensis Comes, ex equo lapsus est, equorumque pedibus calcatus & attritus interiit. In altero autem prælio ad pontem prope Latiniacum, Rex hostem tam strenue adortus est, ut in fugam verteret. Ibi plurimi cæsi sunt; cæteri in Matronam sese immisere. Deinde vero regiæ copiæ Briam & Carnotensem Comitatum expilarunt.

Orderi. Vital. l. 11 p. 817. Suger. p. 302.

Theobaldus exitum belli timens, tum muneribus, tum pollicitationibus, Optimatum multos ad se pertraxit, Lancelinum Domni-Martini dominum, Paganum de Monte-Gaio, Radulfum de Balgentiaco, Milonem de Monte-leherii, Hugonem Creciacensem, & Guidonem de Ruperforti. Hi Theobaldo juncti, qui solus latam regionem occupabat, commercia disturbabant circa Parisios, in Bria atque in Belsia. Henricus autem Angliæ Rex Theobaldo pecuniam & copias suppeditabat. His omnibus minime exterritus fuit Ludovicus, ad pericula subeunda semper paratus.

LOUIS VI. dit le Gros.

Eude Comte de Corbeil étant venu à mourir, Thibaud & ses confederez firent leur possible pour se rendre maîtres de Corbeil, alors place importante. Elle devoit venir par succession à Hugues du Puiset. Le Roi qui le tenoit prisonnier, traita avec lui. Hugues lui ceda cette place, & obtint ainsi sa liberté. Echappé des liens, il se joignit d'abord à Thibaud jadis son grand ennemi, & ils se mirent ensemble à rétablir le Puiset, prenant pour cela le tems où l'on disoit que le Roi devoit faire un voiage en Flandres. Mais ils furent bien surpris de le voir venir à eux à la tête de ses troupes, dans le tems qu'ils travailloient à rebâtir leur forteresse. Loüis les attaqua vivement, les poussa & les culbuta ; mais lorsqu'il fut arrivé à un fossé, où les ennemis avoient mis des troupes, le combat se renouvella, les gens du Roi plierent & se débanderent. Le Roi, qui ne s'éfraia jamais, rétablit le combat, rappella les fuiards & fit une vigoureuse résistance. Mais voiant arriver au secours du Comte cinq cens Normans tous frais, il se retira en bon ordre avec ses troupes, à Touri, où il passa la nuit, & mit ses gens en état de revenir à la charge.

Combat contre Thibaud.

Cependant le Comte & ses confederez mirent le Château du Puiset en défense. Louis, qui ne vouloit pas en avoir le démenti, l'alla de nouveau assieger ; fit ses préparatifs pour attaquer vivement la place, se saisit d'Yonville situé à demie-lieue du Puiset. Dès le commencement du siege le Comte Thibaud arrive avec une armée trois fois plus forte que celle du Roi. Le combat fut rude, une partie des gens du Roi sont poussez jusqu'à Yonville. Louis fit là des prodiges de valeur, aiant avec lui Raoul de Vermandois, & Drogon ou Dreux de Mouchi. La victoire sembloit pancher du côté de Thibaud, quand Raoul lui porta un coup, & le blessa grievement : cela fit tourner la chance, les troupes du Roi reprirent courage, & pousserent si vivement le Comte & sa troupe, qu'ils l'obligerent de s'enfuir dans sa forteresse du Puiset. Thibaud fort blessé, ne trouvant pas apparemment dans ce fort les secours necessaires, envoia prier le Roi de lui donner un sauf-conduit pour se transporter à Chartres. Contre l'avis de ses gens le Roi le lui permit. Le Comte en partant laissa en la puissance du Roi le Puiset & Hugues qui fut desherité par le Roi, & le fort du Puiset rasé. Ce rebelle étant depuis rentré en grace avec le Roi, se révolta de nouveau, & fut encore assiegé par le Roi, pris & desherité une autre fois. Aiant

Défaite de Thibaud.

S. ger. c. 19. 20.

Odone Corboliensi Comite defuncto, Theobaldus & socii Corbolium sibi opportunum præsidium occupare totis nitebantur viribus. Ad Hugonem vero Puteolensem successionis jure pertinebat, quem in carcere tunc degentem, eo deduxit Rex ut libertatis obtinendæ causa, Corbolium sibi concederet. Elapsus Hugo statim Theobaldum nuper sibi inimicum adiit, junctisque animis Puteolum denuo excitare & construere unà cœperunt, se tempus opportunum nactos esse putantes, quo Rex in Flandriam iturus dicebatur. At dum operi manum admoverent, Rex copiis instructus illos adortus est, & de ipsius adventu stupefactos, turbavit, ordinesque miscuit. Sed cum ad fossam pervenisset, armatis hostibus plenam : ibi redintegratur pugna ; regii milites pleríque fugam faciunt, & adiversa loca tendunt. Ludovicus vero cujus animi fortitudo in periculis micare solebat, fugaces evocat, pugnam restituit, strenueque dimicat. Ubi autem videt quingentos Normannos ab Henrico rege missos adventantes ad opem Theobaldo ferendam, receptui canit, & Tauriacum sine ulla ordinum perturbatione se recipit, ubi totam egit noctem, & copias suas ad pugnam repetendam apparavit.

Interim Theobaldus & socii Puteolum castrum munierunt. Rex autem, cui cœptam rem perficere & castrum diruere in animo erat, denuo obsidionem parat, ad castrum quatiendum machinas omnes disponit, Yonis-villam occupat Puteolo vicinam. Sub initium obsidionis supervenit Theobaldus cum triplo majore copiarum numero, quam Rex haberet. Acre certamen initur, pars exercitus Regis depulsa ad Yonis-villam se recipit. Rex strenue pro more pugnat, adstantibus Radulfo Viromanduensi, & Drogone Montiacensi. Victoria tamen penes Theobaldum futura videbatur, quando ille a Radulfo gravi ictu confossus est. Tunc mutata rerum facie, resumpsis animis Regii impetum fecere, & Theobaldum cum suis ad castrum Puteolum confugere compulerunt. Ibi Theobaldus ex vulnere decumbens, neque opportuna nactus remedia, ab Rege petiit sibi ut liceret Carnotum se conferre : id quod invitis suis Ludovicus concessit. Comes igitur abscessit *relicto tam castro Puteolo, quam Hugone arbitrio Regis*, qui exhæredavit Hugonem, & Puteolum solo æquavit. Hugo autem cum postea in Regis gratiam rediisset, sub hæc denuo rebellis, tertio captus & exhæredatus est. Cum-

Suger. c. 20.

E iij

38 LOUIS VI. dit le Gros.

depuis tué Anſeau de Garlande, il fit le voiage de Jeruſalem, où il mourut.

1115.
Thomas Sire de Couci, petit tyrã domté par Louis.

Entre ces petits tyrans qui déſoloient les contrées voiſines, il n'y en avoit pas de plus pernicieux que Thomas de Marne ou de Marle Sire de Couci. Pendant que le Roi étoit occupé aux guerres precedentes, il ravageoit les campagnes de Lân & de Rheims, il n'épargnoit pas plus les Eccleſiaſtiques que les autres; il envahit les terres d'un Monaſtere de Religieuſes de Lân. Il ſe ſaiſit des Châteaux de Creci & de Nogent, les fortifia, & portoit de là le fer & le feu dans les payis voiſins. Il fut excommunié dans un Concile tenu à Beauvais, où l'on ordonna qu'on lui ôteroit le baudrier militaire, & qu'on le dégraderoit de tous honneurs comme un ſcelerat, un infâme ennemi du nom Chretien. Le Concile perſuadé qu'un homme de ce caractere ne craignoit guéres les foudres de l'Egliſe, pria le Roi de punir ce brigand, & de le mettre hors d'état de continuer ſes pilleries. Louis marcha vers Creci, emporta d'abord le Château, prit avec la même facilité une forte tour qui y étoit, & punit de mort tous ceux qui gardoient la place. On vint l'avertir que ceux de Nogent faiſoient encore plus de ravage, qu'ils avoient fait beaucoup de mal à la ville de Lân, brûlé une Egliſe de Notre-Dame & pluſieurs autres, tué l'Evêque Galderic, dont ils avoient expoſé le corps tout nud au milieu de la place, pour y être mangé des bêtes & des oiſeaux, après lui avoir coupé le doigt pour avoir ſa bague. Le Roi s'y rendit, prit la forrereſſe, & punit grievement tous ceux qui avoient eu part à ces violences. Il s'en alla enſuite à Amiens. Il aſſiegea là une tour dont un nommé Adam s'étoit emparé, & d'où il faiſoit des courſes pillant les Egliſes & le voiſinage; la tour ne ſe rendit qu'au bout de deux ans, & Louis la fit raſer juſqu'aux fondemens.

Louis range Haimon à ſon devoir.

Non moins attentif à ranger au devoir ceux qui violoient les loix de la juſtice, que les brigands & les voleurs, il marcha contre Haimon ſurnommé Vairevache, frere d'Archambaud de Bourbon défunt, qui au préjudice de ſon neveu fils d'Archambaud s'étoit ſaiſi de la Seigneurie. Louis après avoir fait appeller en Juſtice Haimon, à ſon refus il l'aſſiegea dans ſon Château de Germigni. Haimon voiant qu'il ne pouvoit lui échapper, ſe vint jetter à ſes pieds, lui remit le Château, & ſe rangea à ſon devoir.

Il y avoit toujours une ſecrete jalouſie entre Louis Roi de France & Henri Roi d'Angleterre. Le premier regardoit l'autre comme ſon feudataire. L'Anglois

---

Suger.
c. 21.

que Anſellum de Garlanda occidiſſet, Jeroſolymam profectus, in via defunctus eſt.

Inter prædones illos qui regiones vicinas depopulabantur, nullus perniciosior erat Thoma de Marna Cuciacenſi Toparcha. Dum enim Rex ſupra memoratis bellis diſtineretur, agros ille Laudunenſes & Rhemenſes devaſtabat, nec magis Eccleſiæ Miniſtris quam cæteris parcebat. Is Sanctimonialium Laudunenſium terras invaſit, Creciacum & Novigentum caſtra occupavit ac munivit, indeque vicinas regiones ferro & igni depopulabatur. In Concilio autem Bellovacenſi ex Chriſtianorum ſocietate ejectus eſt, præceptumque fuit ut illi militaris baltheus auferetur, atque ceu infamis & ſcelestus Chriſtiani nominis hoſtis, omni honoris gradu dejectus eſt. Quia vero non neſciebant Epiſcopi in Synodo collecti, talem hominem Eccleſiæ fulmina nihil curare, Regem rogant prædonem illum plectat & coerceat. Ludovicus ergo Creciacum ſe contulit, caſtrum cepit & turrim, cuſtodeſque omnes morte mulctavit. Cumque didiciſſet, eos qui Novigentum cuſtodiebant immanius graſſari, damnaque plurima Lauduno civitati intuliſſe, Eccleſiam beatæ Virginis incendiſſe, Epiſcopum ab ſe occiſum in media platea nudum expoſuiſſe, ut à beſtiis & avibus devoraretur, digitumque illi abſcidiſſe extrahendi annuli cauſa; eo ſe contulit, caſtrum cepit, graviterque noxios ultus eſt. Deinde Ambianum petiit, turrimque obſedit, quam invaſerat quiſpiam Adamus nomine, qui vicinas Eccleſias deſolabatur. Turris vero poſt biennii obſidionem capta & ſolo æquata fuit.

Nec minus eos coercebat, qui à juſtitiæ legibus recedebant, quam prædones raptoreſque. Haimo quidam cognomine Varia-vacca frater Eichembaldi Borbonii defuncti, excluſo fratris filio, hereditatem invaſerat. Ludovicus vero Haimonem in jus vocavit, quo non comparente, ipſum in caſtro ſuo Germiniaco obſedit, qui ſe elabi non poſſe cernens, egreſſus ad Regis pedes procubuit, & caſtrum Regi, hereditatem fratris filio reſtituit.

Aliquid ſemper invidiæ ſuberat regem inter Ludovicum, & Henricum Angliæ Regem. Prior Henricum quaſi *hominem* ſuum, ſibique inferiorem habebat; Anglus vero ſe potentia & opibus prævalentem,

Sug
p. 30

se voiant & plus puissant & plus riche, souffroit impatiemment d'être d'un degré inferieur. Ci-devant il avoit donné secours à Thibaud Comte de Chartres son neveu, lorsqu'il faisoit la guerre au Roi. Ils s'unirent enfin ensemble pour l'attaquer plus puissamment. Thibaud envoia dans la Brie son frere Etienne Comte de Mortagne, craignant que tandis qu'il étoit occupé ailleurs, Louis ne fît attaquer ce payis qui lui appartenoit. Le Roi de France étoit également à portée de se jetter sur les terres de l'un & de l'autre Prince; & voulant alors faire une entreprise sur la Normandie, il envoia secretement un petit corps de troupes pour se saisir d'un lieu appellé le Gué de Nicaise. Les Habitans firent grand' résistance, mais le Roi étant survenu, se rendit maître du lieu. Il apprit que le Roi d'Angleterre étoit auprès de là avec une puissante armée. Il appella à son secours les Seigneurs de son parti, qui vinrent d'abord. Baudouin Comte de Flandres, Foulques Comte d'Anjou, & un grand nombre d'autres Seigneurs furent de la partie. Ils entrerent dans la Normandie, payis qu'une longue paix avoit mis dans l'abondance de toutes choses. Ils pillerent & ravagerent tout. Cela étoit fort nouveau au Roi d'Angleterre, qui n'avoit point encore vû d'ennemi dans son payis. Pour y mettre ordre, il bâtit un Château, qu'il garnit de bonnes troupes. Mais le Roi Louis assembla son armée, alla attaquer ce Château, & l'emporta de force.

Fait la guerre à Henri I. Roi d'Angleterre.

Le Roi Henri se vit alors dans une fâcheuse situation. Le Roi de France le poussoit de son côté, le Comte de Flandres entroit dans la Normandie par le Ponthieu, & le Comte d'Anjou par un autre côté. Outre ces ennemis, il en avoit encore dans son payis. Hugues de Gournai, le Comte d'Eu, le Comte d'Aumale, & plusieurs autres qui soutenoient Guillaume Cliton son neveu fils de Robert Courtcheuse, & vouloient l'établir Duc de Normandie, aidez par le Roi de France & par Baudouin Comte de Flandres. Henri devint soupçonneux, il changeoit souvent de lit, & se méfioit de ses Valets de chambre. Il ne dormoit point qu'il n'eût toujours auprès de lui un bouclier & une épée. Il découvrit qu'un de ses Domestiques avoit conspiré contre lui. Il se contenta de lui faire perdre la vûë & de le rendre Eunuque, quoiqu'il eût merité une plus grande punition. Pour surcroît de malheur, un nommé Enguerrand de Chaumont, brave & courageux, se saisit du Château d'Andeli, & tenoit par là en sujetion une assez grande étenduë de payis. Foulques aiant attaqué le Château d'Alençon, le Roi Henri aidé du Comte Thibaud y voulurent faire

Henri fort mal mené. 1118.

---

inferiorem esse ægre ferebat. Pridem ille opem tulerat Theobaldo sororis filio Comiti Carnotensi contra Francorum Regem. Tandem ambo copias junxere, ut Ludovicum bello impeterent. Theobaldus Stephanum fratrem suum Moritaniæ Comitem in Briam misit, metuens ne dum ille alio bellum inferret, Ludovicus Briæ agros invaderet: commode certe poterat Rex utriusque Principis regionem impetere. Cumque in Normanniam irrumpere vellet, clam manum militum misit, quæ Vadum-Nigasii occuparet. Fortiter obstiterunt incolæ: verum supervenien te Rege captus locus fuit. Audivit porro Ludovicus Angliæ Regem e vicino esse cum exercitu grandi: quapropter in opem evocavit Balduinum Comitem Flandrensem, Fulconem Comitem Andegavensem, aliosque Optimates copiis instructos. In Normanniam porro illi irrupere: quæ regio ex diuturna pace, rerum annonæque copia affluebat: prædas illi undique egerant. Insolens prorsus res Henrico regi erat, qui nondum hostem in finibus suis viderat. Præsidii porro & tutelæ causa castrum excitavit, & militum manu munivit. Verum collecto exercitu Ludovicus castrum aggressus, vi cepit.

Tunc in angusto res Henrici fuere: irrumpebat in Normanniam Rex Francorum ex uno latere, ex Pontivo Flandrensis Comes, ex oppositis finibus Andegavensis eamdem invadebat provinciam. Ad hæc vero intra fines regionis non pauci erant qui bellum Henrico inferre parerent, Hugo nempe Gornacensis, Comites Oensis & Albemarlensis, plurimique alii, qui partes Guillelmi Clitonis filii Roberti tuebantur, tentabantque ipsum Henrici regis loco Ducem Normanniæ constituere, faventibus Ludovico rege & Balduino Flandrensi. Inde vero Henricus nemini mortalium fidere cœpit, famulosque omnes æque suspectos habere. Noctu formidine captus a lecto ad lectum alium pergebat, semper clipeo munitus & gladio. Inter hæc famulum adversus se conspirantem deprehendit, quem & oculis & virilibus partibus mulctavisse satis habuit. Præter supra memoratos Henrici hostes, Engerannus de Calvomonte Andeliacum castellum occupavit, indeque vicinos devastabat agros. Fulco Alenciacum castrum obsedit: opem obsessis ferre frustra

p. 308.

Orderic. Pitalis, p. 843.

40 LOUIS VI. dit le Gros.

entrer du secours ; mais leurs troupes furent battues & le Château fut pris.

Il fallut un coup du ciel, dit l'Historien, pour le tirer d'un si fâcheux état. Il étoit pieux & grand aumônier, & Dieu après l'avoir châtié, poursuit-il, se tourna tout d'un coup en sa faveur. Baudouin Comte de Flandres, voulant prendre le Château d'Eu, fut blessé au visage d'un coup de lance, & aiant négligé cette plaie, il en mourut. Enguerrand de Chaumont, qui ruinoit les terres de l'Archevêché de Rouen, tomba malade & mourut aussi. Foulques Comte d'Anjou, si attaché ci-devant au Roi Louis, sans le consulter donna sa fille en mariage au Prince Guillaume fils du Roi Henri, & par cette alliance il se détacha du parti qu'il avoit d'abord pris. Cependant Louis continuoit toujours à ravager impunément la Normandie. Cela se faisoit avec peu de précaution, ce qui donna lieu au Roi Henri de venir un jour après avoir assemblé son armée, attaquer en bon ordre celle de France. Le Roi Louis dès qu'il vit l'armée ennemie en mouvement, vint d'abord fondre dessus avec plus de hardiesse que de prudence. Ceux du Vexin, qui conduits par Bouchard de Montmorenci & Gui de Clermont, faisoient l'avantgarde, donnerent avec tant de vigueur sur les Normans, qu'ils les culbuterent. Mais ceux qui venoient après eux pour les soutenir, le firent avec si peu d'ordre, qu'ils furent bien-tôt mis en déroute. Louis que jamais rien n'épouvanta, fit tout ce qu'il put pour ranimer ses gens & rétablir le combat, mais sans succès ; il fut obligé de se retirer promtement à Andeli avec plus de désordre que de perte. Là ce Prince, le plus intrépide qui fut jamais, rassemble son armée, fait venir de nouvelles troupes, & va chercher le Roi d'Angleterre pour lui livrer une seconde bataille. Henri ne paroissant point ; pour l'attirer, il attaque Yvri, place alors très-forte, l'emporte d'assaut, y met le feu, & s'avança jusqu'à Breteuil, brûlant de desir d'avoir sa revanche. Orderic Vital raconte ceci differemment, & plus à l'avantage des Normans.

Le Roi Louis voiant qu'Henri ne vouloit point tenter le sort d'une seconde bataille, se tourna contre le Comte Thibaud, & voulut faire brûler Chartres. Le Clergé & le peuple de la ville se voiant en péril, mirent dehors la Chemise de la sainte Vierge, & envoierent prier le Roi d'épargner leur Ville en consideration de cette sainte Relique. Alors ce Prince non moins religieux que brave,

Louis poussé par les troupes d'Henri, obligé de se retirer.

Revient pour lui donner bataille. Henri se retire.

Suger. p. 308.

tentarunt Henricus & Theobaldus, captumque fuit castrum.

Ope cælesti, inquit Sugerius, tandem recreatus Henricus est, pius namque erat, stipem inopibus largiter erogabat : post hæc infortunia, in ejus gratiam mutata rerum facies est. Balduinus enim Flandrensis, cum Oensse sive Augense castrum impugnaret, lancea ictus in vultu, cum vulnus neglexisset, interiit. Engerannus, qui Archiepiscopatus Rotomagensis agros depopulabatur, morbo consumtus obiit. Fulco Ludovici antehac partibus addictus, ipso inconsulto filiam suam Guillelmo Henrici filio sponsam dedit ; tumque recessit a Ludovico. Nihilo tamen minus Ludovicus Normanniæ agros villasque devastabat ; nec ita caute rem agens, ansam dedit Henrico accedendi cum exercitu, ut cum Francis confligeret. Re comperta Ludovicus cum majori audacia quam prudentia manus conserere paravit. Vellocasses ducibus Burchardo Montemorenciacensi, & Guidone Claromontensi primam Normannorum aciem ita fortiter aggressi sunt, ut eam terga dare cogerent. Sed qui sequebantur Franci incondito agmine progressi, in fugam vertuntur. Ludovicus vero, quem nullus unquam adversus casus perterruerat, suos ad redintegrandam pugnam hortatur, nihilque non agit, ut rem labentem restituat ; sed irrito conatu, ita ut non multis suorum amissis, sed perturbatis ordinibus, Andeliacum se recipere coactus sit. Ibi Princeps ille

Quo fortior alter
Non fuit in Francis

agmina restaurat, novam militum manum evocat, & animosior Regem Angliæ denuo pugnaturus adit, qui non ultra comparuit. Lacessendi ergo causa Ludovicus Ivriacum munitissimum castrum obsidet, & vi captum incendit, atque Bretolium usque pertexit, manus denuo conserendi desiderio captus. Rem secus narrat Ordericus Vitalis, qui Normannis favet.

Cernens ergo Ludovicus Henricum nolle ulterius belli fortunam tentare, in Theobaldum Comitem arma convertit, & Carnutum incendere paravit. At Clerus populusque periculum cernentes, *Camisiam beatæ Dei Genitricis* eduxerunt, Regemque miserunt rogatum, in gratiam tam preciosi cimelii parceret civitati. Tunc Ludovicus non minus pius quam strenvoia

Orderic. Vitalis, p. 874.

Suger p. 309.

Orderic. Vital.

LOUIS VI. dit le Gros.

envoia dire à Charles Comte de Flandres, qui commandoit là, de ne point poursuivre l'entreprise.

En cette année arriva ce funeste accident où perirent Guillaume & Richard fils du Roi Henri, & trois cens hommes de la premiere noblesse de sa cour, qui s'embarquoient pour l'Angleterre. Les Matelots en partant demanderent au Prince de quoi faire rejouissance. Le Prince Guillaume leur donna imprudemment trois muids de vin. Ils s'enyvrerent tous, & ne sachant plus ce qu'ils faisoient, ils allerent se briser contre un rocher. Il n'y eut que deux hommes de la troupe qui se sauverent.

1120. Les deux fils d'Henri submergez en passant en Angleterre.

Le different de l'Empereur Henri V. avec le Pape pour les investitures faisoit alors grand bruit dans la Chrétienté. Paschal II. étant mort, Gelase II. fut mis en sa place sans le consentement de l'Empereur, qui fit élire aussi de son côté Maurice Burdin; ce qui causa un schisme dans l'Eglise. Gelase persecuté en Italie vint en France, où il fut bien reçu & reconnu de tout le Roiaume. Il mourut peu de tems après. Son successeur fut Gui Archevêque de Vienne, qui prit le nom de Callixte II. Ce Pape envoya des Legats à l'Empereur Henri V. pour le porter à la paix & à le reconnoître, mais sans nul effet. Il assembla un Concile à Rheims où il excommunia Henri V.

1121.

L'Empereur irrité contre le Roi Louis de ce que ce Concile, où il avoit été frappé d'anathéme, s'étoit tenu dans son Roiaume, assembla une très-puissante armée de Lorrains, d'Alemans, de Bavarois, de Sueves & de Saxons, & se disposoit d'entrer en France, & de donner sur la Ville de Rheims, où il prétendoit avoir été deshonoré. Henri Roi d'Angleterre son beaupere le poussoit aussi à cette entreprise, lui promettant de faire diversion de son côté. Louis averti de cela, alla à S. Denis prendre l'Oriflamme, marcha vers Rheims, & invita les Seigneurs & les villes à venir défendre le Roiaume. Tous prirent l'affaire si à cœur, qu'en peu de tems on vit arriver à Rheims une quantité extraordinaire de troupes. Rheims, Châlon & les païs voisins fournirent plus de soixante mille hommes tant à pied qu'à cheval ; ce fut le premier corps d'armée. Le second d'un pareil nombre fut celui de Lân & de Soissons ; ceux d'Orleans, d'Etampes & de Paris le troisiéme. Le Comte Thibaud malgré les differens qu'il avoit avec le Roi, s'agissant d'une cause commune, y vint aussi avec son oncle Hugues

1124. L'Empereur Henri V. vient avec une grande armée porter la guerre en France.

Orderic. Vitalis, p. 858.

nuus, Carolo Flandrensi agminis ductori mandat ne procedat ultra.

Anno 1120. infausta admodum Henrico res accidit. Guillelmus & Ricardus ejus filii, necnon trecenti ex prima nobilitate perierunt, qui in Angliam transmeaturi navem conscenderant. Cum enim ante profectum nautæ a Guillelmo Principe munus potandi causa postulassent, imprudenter ille tres vini modios petentibus concessit. Tanto exhausto mero ebrii nautæ, nec ultra mentis compotes, navim in rupem compulere, qua confracta submersi omnes sunt, duobus tantum exceptis.

In motu res tunc erant Henricum V. imperatorem inter & Romanum Pontificem circa Beneficiorum collationem seu *investituram*. Mortuo Paschali II. in ejus locum substitutus fuerat Gelasius II. sine Imperatoris consensu. Qui alium deligi Papam curavit Mauritium Burdinum, qui Gregorii nomen assumpsit. Hæc causa dissensionis & schismatis fuit. Gelasius in Italia consistere non valens, in Galliam se contulit, ubi ab omnibus perhumaniter & ut legitimus Pontifex exceptus fuit. Is non multum postea obiit, in ejusque locum subrogatus fuit Guido Archiepiscopus Viennensis Cal-

listi II. nomine. Delectus porro nuncios mittit ad Henricum V. hortans uti se pro vero Pontifice habeat. At Legati re infecta reversi sunt. Tunc coacto Rhemis concilio Callistus Henricum anathemate percussit.

Rem indigne ferens Henricus, quia concilium illud in Regno Ludovici celebratum fuerat, bellum ipsi inferre ravit, collectoque grandi exercitu Lotharingorum, Alamannorum, Bavarorum, Suevorum, Saxonum, in Franciam intraturum, & Rhemos oppugnaturum se minitabatur, quia in ista urbe dehonestatum se dicebat. Ad hoc suscipiendum bellum hortabatur ipsum Henricus Angliæ rex, pollicitus se ex altera parte fines Francorum invasurum. Ludovicus rex instare bellum cernens, in S. Dionysii Ecclesia vexillum pro more suscepit, Remosque petens, primores Regni & urbes ad regnum tuendum invitavit. Remi, Catalaunum & circumvicinæ regiones sexaginta millia virorum equitum peditumve duxerunt ; secundum agmen Laudunensium, Suessionumque ac finitimorum pari numero accessit ; tertium Aurelianensium, Stampensium & Parisiorum fuit; quartum duxit Theobaldus comes, pridem Regi infestus, sed cum res communis ageretur, cum Hugone Trecensi comite patruo venit.

Suger. p. 312.

LOUIS VI. dit le Gros.

Comte de Troye, & fit le quatriéme corps, & le Duc de Bourgogne avec le Comte de Nevers le cinquiéme. Le vaillant Comte de Vermandois Raoul avec les troupes de S. Quentin & de ses autres terres devoit faire l'aîle droite ; & ceux de Ponthieu, d'Amiens & de Beauvais l'aîle gauche. Le Comte de Flandres devoit aussi amener dix mille hommes de troupes choisies. Tout cela faisoit plus de deux cens mille hommes, sans compter ceux que devoient fournir les puissans Princes plus éloignez, qui ne purent venir avec les autres, le Duc d'Aquitaine, le Comte de Bretagne, & le Comte d'Anjou, qui souhaitoient fort d'être de la partie, & faisoient leurs diligences pour cela.

Préparatifs de Louis contre l'Empereur, qui se retire.

L'Empereur effrayé de ce nombre prodigieux de troupes, se désista de son entreprise. Les François assemblez vouloient à toute force entrer dans le païs ennemi, y faire le dégât, & combattre l'Empereur s'il paroissoit encore. Les Archevêques, Evêques & Religieux qui voulurent les en détourner, eurent bien de la peine à les contenir. Le Roi d'Angleterre, pendant que ce grand nombre de troupes étoit d'un autre côté, voulut faire diversion, selon son projet ; mais Amauri Comte de Montfort, qu'on avoit laissé avec les troupes du Vexin pour observer ses démarches, se défendit si bien, qu'il ne fit presque aucun dommage.

1126.
Louis domte le Comte d'Auvergne,

L'Evêque de Clermont étant venu se plaindre au Roi que Robert Comte d'Auvergne exerçoit contre son Eglise une grande tyrannie, & envahissoit ses biens & ses droits, le Roi lui fit écrire d'abord, l'exhortant à satisfaire l'Evêque, & à reparer les dommages qu'il avoit faits. Voyant qu'il n'en tenoit point de compte, il marcha de ce côté-là avec une armée. Il arriva à Bourges, où Foulques Comte d'Anjou, Conan Comte de Bretagne, le Comte de Nevers & plusieurs autres Seigneurs, le vinrent joindre avec leurs troupes. L'armée étant entrée en Auvergne ravagea le païs autour de Clermont, & s'approcha de la ville. Les Auvergnats qui gardoient des châteaux aux environs de Clermont, les abandonnerent pour venir défendre la ville, qui étoit très-forte. L'armée alla d'abord attaquer un de ces châteaux des plus forts, qu'ils gardoient encore, nommé Pont, situé sur l'Allier, & l'emporta de force : ce qui étonna si fort ceux qui gardoient la ville, qu'ils s'enfuirent, & la laisserent sans défenseurs. Le Roi y entra, rendit à chacun ce qui lui appartenoit, & fit la paix entre l'Evêque & le Comte.

1131.

Cette paix ne dura que cinq ans, au bout desquels le Comte recommença à exercer ses violences sur l'Evêque & sur le Clergé. Le Roi averti de tout, marcha

---

Suger.
p. 313.

Quintum dux Burgundiæ cum Nivernensi comite. Dextram alam strenuus ille Radulfus comes Viromanduensis ducturus erat fultus armatis viris ex S. Quintino cæterisque terris ipsius : sinistram constituturi erant Pontivi populi, Ambianenses, Bellovacenses. Adfuturus quoque erat comes Flandrensis cum decem millibus selectis viris. Hi omnes ducentorum millium numerum superabant, non annumeratis iis, qui quod procul positi essent, non tam cito accesserant, sed se ad bellum apparabant, quales erant dux Aquitaniæ, comes Britanniæ, comesque Andegavensis.

De tanto belli pondere perterritus Henricus receptui cecinit. Una collecti Franci, urgebant, instabant, & hostium agros invadere gestiebant, cum Imperatoreque pugnare, si adhuc collecto exercitu compareret. Vixque potuerunt Archiepiscopi, Episcopi, & Monachi, illos a tali consilio avertere, & mitigare. Rex Angliæ ita distractis Francorum viribus, finitimam sibi regionem invadere tentavit ; at Amalricus de Monteforti, illi sic obstitit, ut parum damni intulerit.

p. 314.

Adiit Regem Episcopus Claromontanus, querens Robertum Arvernorum comitem Ecclesiæ suæ prædia juraque invasisse, & sibi attribuisse. Literis primo Rex virum moneri curavit, ut rapta restitueret, & damna sarciret. Monita ille nihili fecit, quapropter Ludovicus collecto exercitu, versus illam Regionem movit. Bituricas cum pervenisset, Fulconem Andegavensem, Conanum Britanniæ, Nivernensem quoque comitem & alios cum copiis accedentes excepit, & in Arvernorum agros ingressus, omnia circum Claromontem devastavit. Arverni dimissis castellis circum positis in Clarum-montem civitatem munitam se contulerunt. Regii autem exercitus primo castellum quoddam munitissimum Pontem nomine aggrediuntur, ad Elaverem situm, quod vi occupant. Hinc terrore perculsi ii qui urbem custodiebant, statim aufugerunt, & vacuam defensoribus urbem reliquerunt. Illo Rex ingressus, cuique suum restituit, pacemque Episcopum inter & comitem conciliavit.

Verum haud diuturna pax fuit ; elapsis enim quinque annis Comes Episcopum & Clerum denuo exagitare cœpit. Quo comperto Ludovicus, cum majori exer-

LOUIS VI. dit le Gros.

de nouveau avec une armée plus grande & plus forte que la premiere fois. Quoique appesanti par la taille, l'âge & les fatigues continuelles, il ne laissoit pas de monter à cheval, & de supporter la chaleur à son ordinaire. Les mêmes Seigneurs qui l'avoient accompagné à sa premiere expedition, vinrent le joindre avec leurs troupes. Arrivé auprès de la ville, il assiegea d'abord Montferrand. Les assiegez voiant une si puissante armée, se retirerent dans une tour, qui étoit comme le dongeon de la ville, où ils se défendirent quelque tems. Amauri de Monfort prit par adresse quelques-uns des assiegez, fit couper à chacun une main, & les renvoia portant de l'autre main cette main coupée à leurs camarades; ce qui effraia toute la garnison, qui n'osa plus faire des sorties. Cependant Guillaume Duc d'Aquitaine beaupere du Comte arriva avec une armée. Mais voiant celle du Roi de beaucoup plus forte & plus aguerrie, il vint se soumettre; les assiegez suivirent son exemple. Le Roi aiant pacifié tout & pris des ôtages, s'en retourna à Paris. *& le Duc d'Aquitaine qui venoit à son secours.*

Le Prevôt de Bruges & quelques autres de sa sequele, tous gens dont l'origine étoit de la lie du peuple, mais qui étoient riches & opulens, aiant cruellement massacré Charles surnommé le Bon, Comte de Flandres, lorsqu'il faisoit sa priere dans l'Eglise; les Barons du Payis vinrent s'en plaindre au Roi Louis, & lui en demander justice. Il se rendit en Flandres, y établit Comte Guillaume fils de ce brave Robert, qui s'étoit si fort signalé dans la premiere Croisade; après quoi il vint à Bruges, où ces scelerats s'étoient retranchez & fortifiez dans une Eglise & dans une tour voisine. Le Roi les assiegea là. Ils quitterent l'Eglise, se retirerent dans la tour, & furent tous pris. Burchard l'un des principaux, fut attaché à une roüe. On lui arracha les yeux, on lui déchira le visage, on éleva la roüe en l'air, & il fut là percé de coups de traits & de lances. Son corps fut enfin jetté dans un cloaque. Bertold autre chef fut mis à une potence avec un chien attaché à sa tête, qui toutes les fois qu'on le battoit, lui mordoit & déchiroit le visage. Il mourut comme cela miserablement. Tous les autres furent jettez de la tour en bas. Le Roi marcha ensuite contre Guillaume bâtard qui avoit eu part au meurtre, & qui osa se presenter avec trois cens hommes devant les troupes du Roi. Ses gens furent défaits, & il s'enfuit hors de la Flandre. *1127. Il punit ceux de Bruges qui avoient assassiné leur Comte Charles le Bon.*

Thomas de Marle Sire de Couci, dont on a déja parlé ci-devant, continuoit à exercer toujours ses violences, à faire des extorsions aux Eglises de Lân.

---

citu movit. Etsi vero ætate, laborum diuturnitate, pinguedineque corporis, debilior effectus, equitare tamen æstumque tolerare non desistebat. Iidem porro qui ad primam expeditionem se contulerant, copias cum Rege junxerunt. Movit autem Claromontem, & primo Montem Ferrandum obsedit. Tantum cernentes exercitum oppidani, in turrim se receperunt, quæ arcis more posita erat, ibique obsidentibus fortiter obsistebant. Amalricus vero de Monte-forti astu quosdam ex obsessis cepit, queis alteram manum amputari jussit, ipsosque in turrim remisit, abscissam manum altera manu gestantes. Hoc spectaculo perterriti ii qui turrim custodiebant, non ausi sunt ultra incursiones facere. Interea vero Guillelmus Aquitaniæ dux socer Comitis cum exercitu advenit. Ut vero vidit Regium exercitum & numerosiorem & in rebellica magis expertum, Regem supplex adiit, ejusque exemplo oppidani sese dedidere. Sic post factam pacem Ludovicus, obsidibus acceptis, reditum paravit. *Suger. p. 315.*

Brugensis Præpositus & alii quidam, ex infima plebe omnes, sed opulenti, Carolum cognomine Bonum comitem Flandrensem precantem in Ecclesia immaniter trucidarunt. Optimates seu *Barones* vicini, rem gestam indignè ferentes, Regem adierunt justitiam rogantes. Nec mora ille in Flandriam movet, & Guillelmum filium Roberti illius, qui in Palæstina fortiter pugnaverat, comitem constituit, subindeque Brugas venit, ubi scelesti illi in Ecclesia quadam & in turri sese muniebant. Rex ipsos obsidione cinxit. Illi relicta Ecclesia in turrim se recipiunt, ibique capti omnes fuere. Burchardus ex præcipuis unus ad rotam vinctus est, oculi ipsius avulsi, vultus laniatus est. Tum rota in sublimi posita, scelestus jaculis & lanceis confossus fuit, corpusque ejus in cloacam conjectum est. Bertoldus alius in patibulo positus est, alligato ad caput ejus cane, qui quoties verberabatur, vultum ejus mordebat & discerpebat, sicque ille misere periit. Cæteri vero omnes ex turri præcipitati sunt. Movit postea Ludovicus contra Guillelmum nothum, qui conscius patricidii fuerat. Is cum trecentis armatis viris obviam ire Regi ausus est: sed fuso fugatoque agmine suo aufugit & ille, atque Flandriam reliquit.

Thomas de Marna Cuciacensis, cujus supra mentio fuit, Laudunensibus semper Ecclesiis infestus, ipsa- *Suger. p. 316.*

Tome II. F ij

LOUIS VI. dit le Gros.

Défaite & mort de Thomas Sire de Couci.

On vint s'en plaindre au Roi, qui par le conseil de Raoul Comte de Vermandois alla assieger le château de Couci, place qui passoit alors pour imprenable. Cependant Thomas qui étoit hors du château, dressa à l'armée du Roi une embuscade; mais elle fut découverte par Raoul, qui blessa Thomas à mort. Il fut presenté en cet état au Roi, qui le fit porter à Lân, où il mourut de ses blessures. Le Roi obligea sa femme & ses enfans à reparer les dommages que Thomas avoit faits.

1129. Louis fait declarer Roi Philippe son fils aîné.

Le Roi Louis sentant qu'il vieillissoit plus par les fatigues continuelles, que par le nombre des années, selon l'usage de ses prédecesseurs, déclara son fils aîné Philippe Roi, & le fit couronner comme tel. La ceremonie fut faite à Rheims le jour de Pâques par l'Archevêque Rainaud, en presence du Roi d'Angleterre & de plusieurs Seigneurs, selon quelques Historiens.

1130. Domte Etienne de Garlande.

Un mécontentement d'Etienne de Garlande causa une guerre. Il possedoit deux charges; celle de Grand Seneschal, la premiere de la Cour, & celle de Chancelier. S'étant brouillé avec la Reine, on croit qu'elle porta le Roi à le dépouiller de la premiere charge, qui d'ailleurs ne convenoit point à un Ecclesiastique tel qu'étoit Etienne. Lui voiant qu'il ne pouvoit plus la posseder, & la regardant comme un heritage, voulut s'en démettre en faveur d'Amauri de Montfort, qui avoit épousé sa niéce. Le Roi n'agréant point cette démission, il poussa si loin son ingratitude, que conjointement avec Amauri il se ligua contre le Roi avec le Roi d'Angleterre, & Thibaud Comte de Chartres. Ces revoltez avoient fait fortifier le château de Livri. Le Roi va l'attaquer avec son fidelle Raoul Comte de Vermandois, & emporta le château. Raoul y perdit un œil, & le Roi lui-même fut blessé à la cuisse. Les revoltez se déporterent enfin de leurs prétentions sur la charge de Grand Senechal, qui fut donnée à Raoul, & Etienne de Garlande garda celle de Chancelier.

Schisme d'Anaclet.

Le Pape Honoré II. étant mort, la plus saine partie des Cardinaux, pour prevenir les factions & le tumulte, élurent le Cardinal Gregoire sous le nom d'Innocent II. Les autres Cardinaux, qui n'avoient point été appellez, soutenus de la plus grande partie de la noblesse Romaine, élurent aussi de leur côté Pierre fils de Leon sous le nom d'Anaclet. Voilà un schisme dans l'Eglise. Anaclet se trouvant le plus fort dans Rome, Innocent fut obligé de se retirer. Il vint en France, le refuge ordinaire des Papes persecutez. Il y fut fort bien reçu: mais comme il y avoit quelque difficulté sur son élection, le Roi fit à Etampes une

---

Aimoini Continuator.

rum bona diripiebat. Hinc ad Regem querimoniæ perpetuæ deferebantur. Suadente igitur Radulfo comite Viromanduensi Cuciacum castrum Ludovicus obsedit, quod tunc inexpugnabile habebatur. Thomas vero insidias exercitui paravit Regio. At detectis insidiis Radulfus, Thomam lethali vulnere sauciavit. In extremis agens Thomas ad Regem defertur: hinc Laudunum exportatur, ubi diem clausit. Ludovicus vero jussit Thomæ uxorem damna a viro suo illata resarcire.

Suger. p. 317.

Sentiens autem Rex se laborum assiduitate plusquam senio deficere, decessorum suorum exemplo, Philippum primogenitum suum Regem declarari atque coronari præcepit. Id Remis peractum fuit a Rainaldo Archiepiscopo, præsente Henrico Angliæ Rege, adstantibusque aliis Regni primoribus, ut fert quorumdam opinio.

Nova belli occasio fuit Stephani Garlandensis pertinacia. Duobus ille præcipuis Officiis in Regia instructus erat, Dapiferi simul & Cancellarii munere gaudens. Ex quadam, ut putabatur, cum Regina simultate subortum dissidium fuit: illa quippe suadente Rex præcepit ut Stephanus *dapiferatum* deponeret, non decere putans Ecclesiasticum tale munus exercere. Ille vero officium hujusmodi ad ceu hereditatem pertinere ducens, Amalrico de Monte-forti, qui neptem suam duxerat, *dapiferatum* tradere voluit. Abnuente autem Rege, ingratus Stephanus, una cum Amalrico, ad partes Angliæ regis & Theobaldi comitis transiit. Rebelles porro illi castrum Livriacum munierant. Rex autem cum fidissimo sibi Radulfo Viromanduensi castrum obsedit & cepit. Verum in illa obsidione Radulfus oculum amisit, Rexque ipse in femore sauciatus est. Cessere tandem rebelles; Dapiferatus Radulfo cessit, & Stephanus Garlandensis Cancellarius mansit.

Suger. p. 317.

Honorio II. defuncto, Cardinalium pars sanior, ut factionum tumultuumque damna præverterent, Cardinalem Gregorium delegerunt nomine Innocentii II. Cæteri vero Cardinales qui accersiti non fuerant, favente omni pene Romana nobilitate, delegere Petrum Leonis, qui Anacleti nomine insignitus est. Schisma igitur in Ecclesia fuit. Cum porro Anacletus Romæ longe viribus prævaleret, Innocentius abscedere coactus, in Franciam pulsorum Pontificum asylum, se recepit. Honorifice quidem ille exceptus est: sed quia in ejus electione aliquid dubii & difficultatis inesse putabatur; jussit Rex conventum Stampis haberi Episcopo-

LOUIS VI. dit le Gros.

assemblée d'Evêques, d'Abbez & d'Ecclesiastiques pour décider auquel des deux Papes élus il falloit adherer. L'Assemblée s'en raporta au sentiment de S. Bernard, qui prononça en faveur d'Innocent. Il fut ainsi reconnu en France : le Roi d'Angleterre & l'Empereur Lothaire le reconnurent de même. Cela affoiblit fort le parti d'Anaclet, qui ne finit pourtant qu'à sa mort.

Un accident terrible mit en deuil le Roi, la Cour & tout le Royaume. Philippe déclaré Roi, jeune Prince de grande esperance, allant à cheval dans un fauxbourg de Paris, un porc qui se jetta entre les jambes du cheval le culbuta, & fit tomber le cheval sur le Prince, qui fut écrasé. On l'emporta dans la maison la plus voisine, & il mourut la nuit suivante. Quand la douleur d'un cas si inopiné fut passée, l'Abbé Suger & les autres Seigneurs de la Cour qui voioient le Roi de plus près, lui conseillerent de faire couronner son fils Louis, l'aîné de ceux qui lui restoient, Prince qui promettoit beaucoup. Le Roi, qui y étoit assez porté de lui-même, le mena à Rheims, où le Pape Innocent tenoit alors un Concile. Le jeune Louis fut là sacré & couronné à l'ordinaire.

1131. Mort déplorable de Philippe déclaré Roi.

Louis le Jeune déclaré Roi du vivant de son pere.

Le Roi s'appesantissoit tous les jours, & sentoit que ses forces diminuoient. La grosseur de son corps l'empêchoit d'agir autant qu'il le jugeoit à propos pour le bon état de son Roiaume. Il gemissoit souvent sur la condition humaine. QUAND ON A LES FORCES, disoit-il, LA PRUDENCE MANQUE, ET QUAND LES FORCES S'EN VONT, LA PRUDENCE VIENT. Malgré ses infirmitez il ne laissoit pas d'agir ou de faire agir quand il étoit nécessaire. Thibaud aidé du Roi d'Angleterre faisant souvent des entreprises contre le Roi & l'Etat, ce Prince fit brûler Bonneval que le Comte avoit fortifié, donnant ordre qu'on épargnât les lieux reguliers. Il fit aussi détruire Château-Renard, autre place du même Comte.

Louis le Gros continuë à domter les tyrans.

La derniere expedition qu'il fit en personne, fut sur la Loire. Le Seigneur de S. Brisson, château situé sur cette riviere, troubloit le commerce, voloit les marchands qui passoient, & faisoit d'autres violences. Louis s'y rendit, brûla le château, prit la tour & le Seigneur qui s'y étoit refugié, & remit le bon ordre dans le payis. En s'en retournant, il tomba malade d'une diarrhée : & le mal augmentant tous les jours, il crut que sa fin étoit proche, & souhaitoit beaucoup d'être transporté à S. Denis pour y prendre l'habit de S. Benoît, dévotion ordinaire en ces tems-là. Mais n'esperant point de pouvoir s'y rendre, il se disposa à

1135.

Tombe malade.

Dubène f. 4. p. 323. rum, Abbatum & Ecclesiasticorum, ut cui ex electis hærendum esset statueretur. Conventus porro totus S. Bernardi judicio standum censuit. Ille autem pro Innocentio sententiam dixit; sicque ille in Francia pro vero Pontifice habitus est. Rex item Angliæ & Lotharius Imperator Innocentio hæserunt. Quo factum ut Anacleti partes admodum minuerentur, sed nonnisi illo mortuo penitus defecere.

Suger. p. 318. Luctum grandem & Regi & regno attulit infaustus admodum casus. Philippus jam Rex promulgatus, magnæ spei juvenis, dum equo vectus in suburbio Parisiaco incederet, repentino casu periit. Inter equi pedes illapsus porcus effecit ut eques *in silice* caderet, & equus mole corporis sui juvenem contereret. In vicinam autem domum allatus Philippus infrequenti nocte obiit. Postquam vero inopinati casus dolor luctusque desierat, Sugerius Abbas, cæterique Regiæ primores, Regi auctores fuerunt, ut Ludovicum alterum filium, cæteris majorem & magnæ spei juvenem, coronari curaret. Ad eam rem jam propensus pater, filium cognominem Remos adduxit, ubi Innocentius Papa tunc concilium celebrabat. Ibi Ludovicus junior more solito inunctus coronatusque fuit.

Ætate jam, multoque magis laborum assiduitate & corporis mole Rex Ludovicus, ne pro consuetudine sua ageret, neve regni negotiis componendis uti cupiebat advigilaret, præpediebatur. Ingemebat autem frequenter, & conditionem humanam deplorans dicebat : *Cum vires adsunt, abest prudentia, & adveniente prudentia vires deficiunt.* Neque tamen desistebat, infirmus licet, ab expeditionibus vel per se vel per alios suscipiendis. Cum enim Theobaldus Anglorum fultus auxilio, multa moveret ac susciperet, jussit Rex Bonam-vallem, quem locum Theobaldus munierat, incendi, intactis tamen locis Regularibus ; Castrum Renardi, etiam ad ipsum comitem pertinens dirui curavit.

Suger. p. 319.

Ultima quam ipse suscepit expeditio, contra S. Brictionis toparcham fuit, qui castrum tenebat ad Ligerim, prædas agebat, negotiatores disturbans, mercatorum sarcinas diripiebat. Movit illo Ludovicus, castrum incendit, turrim cum prædone cepit, omniaque composuit. Verum in reditu gravi diarrhea pressus, finem instare vitæ putavit. Tunc ad S. Dionysii in Francia Monasterium se transferri peroptabat, ut ibi Monastica S. Benedicti veste, pro more illius ævi, indueretur. Verum hoc se iter suscipere non posse putans, ad transi-

la mort de la maniere la plus touchante & la plus édifiante. Il fit assembler les Evêques, Abbez & autres Ecclesiastiques. Il se démit de son Roiaume entre les mains de son fils Louis, à qui il donna son anneau Roial, & fit de grands presens aux Eglises & aux pauvres. Il demanda le S. Viatique, & se mit à genoux pour le recevoir. Il fit auparavant sa profession de foi : après quoi s'étant confessé, il reçut le corps de notre Seigneur Jesus-Christ si dévotement, que tous les assistans en furent attendris.

1136.

Il se trouva d'abord si soulagé de son mal, que peu de jours après il se fit porter à Melun; & de là continuant sa route, il arriva à Bestisi, où il reçut une ambassade de Guillaume Duc d'Aquitaine, qui lui apprenoit qu'avant que de partir pour son pelerinage de S. Jacques, il avoit laissé tous ses Etats en mariage à sa fille Alienor, offrant de la donner au jeune Roi Louis. Le Roi reçut volontiers l'Ambassade, proposa l'affaire à son Conseil, qui la jugea fort avantageuse. Il envoia en Aquitaine son fils Louis en bel équipage, accompagné de cinq cens Gentilshommes, conduits par le Comte Thibaud, Raoul de Vermandois, & d'autres Seigneurs. Il partit donc, & passant par le Limosin, il se rendit à Bourdeaux, où il épousa Alienor, & la fit couronner Reine. Il revint par Saintes, par Poitiers & par Bourges, & apprit en chemin la mort de son pere.

Louis le Jeune épouse Alienor d'Aquitaine.

C'étoit au plus fort de l'été que Louis le Jeune entreprit ce voiage. Les grandes chaleurs augmenterent la maladie de son pere, qui étoit alors à Paris. La dyssenterie devint plus violente, & le reduisit à l'extremité. Il fit appeller l'Evêque de Paris & l'Abbé de Saint Victor Gilduin, se confessa de nouveau & reçut le S. Viatique. Il souhaitoit fort d'être transporté à S. Denis; mais le mal ne le permettant pas, il fit étendre un tapis à terre, où il fit mettre de la cendre en forme de croix, se fit coucher sur cette cendre, & faisant le signe de la croix, il expira le premier jour d'Août, l'an trentiéme de son Regne, à commencer du tems qu'il fut déclaré Roi par son pere, en la soixantiéme de sa vie. Il laissa cinq fils & une fille.

Mort de Louis le Gros.

Suger. p. 320.

tum ex hac vita sese apparavit, pietatemque ac religionem summam exhibuit: Episcopos, Abbates, aliosque Ecclesiæ ministros convocari jussit, Regnum deposuit, & Ludovico filio tradidit, ipsique annulum Regium dedit. Ecclesiis atque pauperibus multa elargitus est. Sacrum viaticum expetiit, genuaque flexit. Antequam vero reciperet, fidei professionem emisit, postaque peccata confessus, corpus Domini recepit cum tanto animi affectu, ut præsentes omnes ad lacrymas usque commoveret.

Suger. p. 321.

A morbo statim recreatus, Milodunum se transferri jussit, indeque Bessiacum, quo ipsum adiere Nuncii Guillelmi Ducis Aquitaniæ. Legationis vero causa isthæc erat: Antequam Guillelmus ad sanctum Jacobum peregrinandi & precandi causa proficisceretur, omnes ditionis suæ terras Alienori filiæ reliquerat, ut illas ceu dotem futuro sponso afferret, & quidem Ludovico filio, si Regi placeret. Grata res fuit Ludovico patri, qui inito consilio, Ludovicum filium cum magnifico famulatu in Aquitaniam misit, stipatum quingentis nobilibus viris, quorum duces erant Theobaldus, Radulphus Viromanduensis comites aliique primores. Profectus per Lemovicinam regionem transiens Burdegalam venit, ubi Alienorem duxit, & Reginam coronavit. Inde vero per Santonas, Pictavos & Bituriges rediit, inque via patris mortem edidicit.

Æstate media Ludovicus junior istud iter suscepit: æstus vero nimius patris tunc Lutetiæ degentis ægritudinem adauxit; dysenteria vehementior illum ad extrema deduxit. Episcopum Parisiensem & Gilduinum S. Victoris Abbatem evocavit: denuo peccata confessus, viaticum accepit; ad sanctum Dionysium transportari cupiebat; sed cum id morbi violentia non permitteret, tapetem sterni jussit, ac cinere in modum crucis conspergi, ibique se sterni præcepit; factoque signo crucis exspiravit prima Augusti die, anno regni trigesimo, initium sumendo a tempore quo rex a patre designatus fuit, ætatis sexagesimo. Filios quinque & filiam unam reliquit.

MONUMENS DU REGNE
DE LOUIS VI. dit LE GROS.

LA statuë de ce Prince, & celle de son fils Philippe qu'il fit couronner Roi de son vivant, & qui mourut avant son pere, n'ont été faites que du tems de S. Louis, selon l'opinion commune. Louis le Gros a de la ¹ barbe ici comme dans ses seaux representez sur la même planche. Il n'y a rien que d'ordinaire dans son habit. Son manteau est ouvert par le devant. Sa couronne & celle de son fils aîné Philippe sont ornées de fleurons, comme la plûpart des couronnes de la troisiéme race, jusqu'à des tems fort bas. Ce fils ² qui mourut fort jeune & d'une maniere extraordinaire, comme nous avons dit, porte ici non pas un manteau ouvert sur le devant comme son pere, mais une chlamyde.

Le ³ premier des seaux de Louis le Gros est tiré d'une charte qu'il donna du vivant de son pere, lorsqu'il gouvernoit tout, quoiqu'il ne fût pas couronné, mais seulement désigné Roi. Le seau s'accorde avec l'Historien, *Sigillum Lodovici designati Regis.* Il est ici appellé *Lodovicus*, & dans les autres seaux *Ludovicus*. Il est representé à cheval tenant la banniere; ce qui marque les expeditions militaires, qu'il faisoit perpetuellement en ce tems-là, comme on peut voir ci-devant à la fin du Regne de Philippe I. Le seau ⁴ suivant est remarquable par une espece de fleur qu'il tient de la main droite. De la gauche il porte un long sceptre terminé en haut par une fleur de lis. Les lions qui soutiennent son thrône, ont chacun un globe sur la tête. Le ⁵ troisiéme seau ne differe qu'un peu du second, dans la forme de la couronne, du bâton qu'il tient de la main droite, & des lions qui soutiennent le thrône.

Le portrait suivant est de Charles dit *le Bon* Comte de Flandres, fils de S. Kanut Roi de Danemarc. Il succeda à Baudouin VII. Comte de Flandres, mort en 1119. qui étoit son cousin germain. Ce Prince qui étoit fort pieux, & digne fils de Saint Kanut, fut massacré dans une Eglise par le Prevôt de Bruges & ceux de sa faction, comme nous avons rapporté en l'an 1127. Ce portrait a été copié par ordre de M. de Gagnieres, sur l'original qui se trouvoit alors chez M. le President Richardot. Les Flamans ont été fort curieux depuis long-tems de tirer

PL.
X.
1.

2.

3.

4.

5.

PL.
XI.

MONUMENTA REGNI LUDOVICI VI.
qui GROSSUS cognominatur.

REgis hujusce statua, necnon altera filii ejus Philippi, qui patre vivente coronatus fuerat, quique ante patrem obiit, S. Ludovici tempore factæ sunt, ut plurimorum fert sententia. Ludovicus vero Grossus hic barbatus est, ut in sigillis suis, quæ eadem in tabula comparent. In veste nihil nisi consuetum observatur. Pallium anterius apertum est. Coronæ Ludovici, & Philippi ejus filii, iisdem floribus ornantur, queis sæpissimè aliæ Regum tertiæ stirpis coronæ ad infima usque sæcula. Philippus vero, qui junior & inexspectato modo periit, ut narravimus supra, non pallium ut pater, sed chlamydem gestat.

Primum Ludovici sigillum, ex literis desumtum est, quas vivente patre dedit, cum omnia ipse administraret, etsi designatus tantum, non vero coronatus Rex esset. Sigilli enim inscriptio cum historia consonat: *Sigillum Lodovici designati Regis.* Hic Lodovicus, in aliis vero sigillis Ludovicus appellatur. Eques hic exhibetur vexillum tenens, quo significantur expeditiones illæ militares, quas quotidie fere suscipiebat, ut supra videre est sub finem Regni Philippi I. In sequenti sigillo observandus flos ille, quem dextera tenet. Læva porro longum sceptrum habet, lilio superne terminatum. Leones solium fulcientes singuli globum capite gestant. Tertium sigillum a secundo parum discrepat. In coronæ forma differt & in baculo, quem manu dextera tenet, inque leonum, qui solium fulciunt, figura.

Imago sequens est Karoli cognomine *Boni*, S. Kanuti Daniæ Regis filii. Nam Balduino VII. Comiti Flandrensi, qui anno 1119. defunctus est, Karolus Danus consobrinus successit. Licet pono piissimus princeps esset, ac Sancti Kanuti patris vestigiis insisteret, in Ecclesia quadam a præposito Brugensi ejusque sequacibus obtruncatus est, ut narravimus ad annum 1127. Hæc autem imago V. C. Gagnerii opera & sumtu ex autographo, tunc apud D. Præsidem Richardotium reperto, desumta fuit. Flandri vero Prin-

& conserver les portraits de leurs Princes. Celui-ci paroît avoir été tiré d'après nature. L'habit, les boutons & le bonnet qui est d'une forme extraordinaire, sont rouges : le chapelet qu'il porte au cou est de couleur brune. On dit que ce fut Pierre l'Ermite, fameux dans la premiere Croisade, qui inventa l'usage du chapelet. L'inscription porte qu'il fut fait Comte de Flandres l'an 1119. qu'il mourut l'an 1127. après avoir tenu le Comté huit ans. Les Historiens disent qu'il avoit neuf pieds de haut ; & l'on assure que ses os, que l'on conserve à Bruges, font foi qu'il étoit de cette taille.

LOUIS VII. dit LE JEUNE.

1136.

LOUIS VII. fut appellé le Jeune pour le distinguer de Louis le Gros, qui depuis qu'il eut fait couronner son fils, fut nommé le Vieux. Il apprit la mort de son pere étant encore en Aquitaine. Après avoir muni les places de cette Province, pour les mettre en défense contre les brigands, & autres gens qui troubloient le commerce, il se rendit à Orleans, où il reprima la violence de la Commune, qui sous prétexte des privileges accordez aux villes, pour se défendre de plusieurs Seigneurs, faisoit des entreprises contre l'autorité Roiale. Il vint ensuite à Paris, & y fut reçu avec joie & applaudissement de tout le peuple, qui esperoit que ce jeune Prince leur apporteroit la paix, & rétabliroit le bon ordre dans son Royaume.

Les conjonctures étoient favorables. L'Empire & l'Angleterre étoient alors divisez par de puissantes factions, & par consequent hors d'état de troubler la France. Le nouveau Roi, qui selon un Auteur du tems, n'avoit alors que quatorze ou quinze ans, ne laissoit pas de veiller au gouvernement de son Roiaume, & de faire même des actions de vigueur. La pernicieuse coutume des Seigneurs de se servir de leurs châteaux & forteresses pour infester les terres voisines, n'étoit pas encore abolie, malgré les soins qu'avoit eu Louis le Gros d'abbattre ces petits tyrans. Gaucher de Montgeai étoit de ce nombre. Il faisoit des incursions sur les terres du Roi, & ravageoit le payis des environs. Louis ramassa promtement des troupes, marcha contre lui, prit son château, le mit rés pié rés terre, hors la grande tour qui fut conservée ; & réduisit Gaucher à la raison.

Louis le Jeune domte Gaucher de Montgeai.

---

cipum suorum nativas imagines cum accuratione depictas servavere semper. Hæc porro ad exemplar viventis Comitis facta videtur. Vestis, globuli, & pileus, qui singularis est figuræ, rubei coloris sunt. Globulorum illa series e collo dependens fusci coloris est. Narratur vero usum sacrum globulorum hujusmodi a Petro Eremita ; qui in prima ad Terram sanctam expeditionem claruit, adinventum. Inscriptio imagini supposita est, *Karolus Bonus XIII. Com. Fland. anno Domini inauguratur 1119, obit 1127. Imperii anno 8.* Narrant Scriptores staturam ejus novem pedum fuisse, affirmantque Brugenses hodierni, ossa ejus, quæ hactenus asservantur, ad talem staturam quadrare.

LUDOVICUS VII.

JUNIOR dictus.

Duchêne t. 4. p. 390.

LUDOVICUS VII. junior dictus est, ut distingueretur a patre, qui postquam filium coronari jusserat, Ludovicus senior appellari cœpit. Dum in Aquitania adhuc esset, patris mortem edidicit. Postquam vero provinciæ istius urbes & castra præsidiis munierat, ut prædonibus obsistere possent, Aurelianum venit, ubi Oppidanorum violentiam repressit, qui obtentu privilegiorum, quæ ipsis concessa fuerant ut sese a primoribus vicinis tutari possent, auctoritatem regiam impetebant. Inde Lutetiam venit, ubi plaudente populo exceptus est. Sperabatur enim novi Principis operâ & pacem & tranquilla omnia in regno fore.

Id tunc sperare suadebat rerum conditio : Imperium & Anglia dissensionibus scindebantur, neque poterant in Francorum regno turbas dare. Rex etsi quatuordecim tantum annos natus, rebus tamen componendis diligenter advigilabat, & turbulentos vi compescere nitebatur. Mos ille perniciosus invaluerat, ut primores Regni ex castellis & munitionibus suis vicinos agros depopularentur ; multos in ordinem redegerat Ludovicus senior ; sed nondum res perfecta erat. Gaucherius de Monte-Gaio prædonem agebat, Regiis agris, aliisque finitimis infestus. Ludovicus vero selectis copiis, castrum ejus obsedit, cepit & solo æquavit, excepta majori turri, Gaucheriumque ab incursionibus abstistere coegit.

Duchêne t. 4. p. 413.

Charles le Bon Comte de Flandres.

KAROLVS BONVS. XIII COM: FLAND.
AN: DNI INAVG: 1119. OBIT: 1127. IMP: 8
AVTOGRAP EX MVS.O
D. PRÆS. RICHARDOTI.

LOUIS VII. dit le Jeune. 49

Il y avoit alors une grande dispute entre Etienne Comte de Boulogne, neveu de feu Roi Henri I. Roi d'Angleterre; & Gefroi Plantegenest Comte d'Anjou, qui avoit épousé Mathilde fille de Henri, & prétendoit que ses fils, alors en bas âge, devoient succeder à leur grand-pere. Etienne s'étoit déja fait couronner Roi d'Angleterre, & y étoit reconnu pour tel. Gefroi & son fils Henri lui disputoient la succession. Ils tâcherent de s'emparer de la Normandie, & implorerent l'assistance du Roi Louis, dont elle relevoit. Le Roi les prit sous sa protection, marcha avec une armée pour faire reconnoître Henri, mit la Normandie sous sa puissance, & lui donna l'investiture du Duché en recevant son hommage. En reconnoissance Henri lui ceda le Vexin Norman. Selon Orderic Vital, Louis le Gros, avant que de mourir, avoit déja donné l'investiture de la Normandie à Etienne. Louis le Jeune qui l'avoit d'abord donnée à Henri, changeant depuis de parti, la donna à Etienne lorsqu'il maria sa sœur Constance à Eustache fils du même Etienne.

Ce Prince aiant repassé en son Roiaume d'Angleterre, trouva un grand parti contre lui. Robert bâtard d'Henri I. & frere de Mathilde, avoit ramassé une puissante armée pour déthrôner Etienne, qui en assembla une autre des gens de son parti, & donna bataille à Robert. Etienne fit là des prodiges de valeur; mais n'étant pas secondé des siens, il fut pris & renfermé dans Lincoln. Voilà son parti à bas, & on alloit voir en Angleterre une révolution. Il fallut un coup aussi inesperé qu'extraordinaire pour remettre les choses au même état. Guillaume d'Ypre qui tenoit le parti d'Etienne, vint attaquer Robert, & le fit prisonnier. On fit un échange de Robert & du Roi Etienne, qui se trouva ainsi libre, & continua de faire la guerre au parti de Mathilde de Gefroi & d'Henri leur fils.

Cependant la France à la faveur de ces troubles d'Angleterre étoit en paix. Dans ces tems l'affaire d'Abaillard exerça les Evêques & le Clergé de France. Ce Breton Philosophe de l'Université de Paris, avoit beaucoup d'esprit; mais un esprit subtil, qui se perdoit souvent dans ses idées. On prétendit qu'il renouvelloit les héresies de Pelage, d'Arius & de Nestorius, & qu'il disoit que le S. Esprit étoit l'ame du monde : ce qui pourroit pourtant s'expliquer en un bon sens. Cela fit grand bruit dans le Roiaume. On l'obligea de venir rendre raison de sa doctrine au Concile de Sens. Il y vint, & S. Bernard prié par l'Archevêque de Sens

1138.
Dispute pour la succession au Roiaume d'Angleterre & au Duché de Normandie.

1139.
Guerre en Angleterre.

1140.
Affaire d'Abaillard.

Duchêne l. 4. p. 414.

Magna tunc dissensio erat Stephanum inter Boloniensem comitem, qui sororis Henrici I. Angliæ Regis filius erat, & Gaufridum Andegavensem comitem, qui Mathildem Henrici filiam duxerat, ex illaque filios susceperat, quos adhuc juniores avi sui successores esse debere contendebat. At Stephanus celerior id egit ut in Anglia Rex coronaretur, & Regnum totum obtineret. Gaufridus & Henricus filius ejus cum Stephano de successione semper contendebant, Normanniamque ocupare festinantes, opem Ludovici Regis qui supremus erat Dominus imploraverunt. Rex illos patrocinio suo fovit, movitque cum exercitu in Normanniam, ut Henricum Ducem constitueret; id quod etiam perfecit, & hominium ab eo accepit. In beneficii gratiam Henricus Vellocasses Normannorum Ludovico Regi concessit. Narrat Ordericus Vitalis, Ludovicum Crassum antequam obiret, Normanniam Stephano concessisse. Ludovicus vero junior, qui statim illam Henrico dederat, ut diximus, mutato subinde consilio eamdem Stephano concessit, quando Constantiam sororem cum Eustachio Stephani filio connubio junxit.

Orderic. Vital. ad ann. 1137.

Stephanus in Angliam regressus, factionem grandem contra se insurgentem offendit. Robertus Henrici I. fi-

Chron. Norman.

lius nothus & Mathildis frater, numerosum exercitum collegerat contra Stephanum, qui & ipse ex sibi faventibus alium paravit exercitum. Commissa pugna fuit, in qua fortissime decertans Stephanus, suorum ope destitutus, captus est, & apud Lincolnium in carcere positus. Mox a sequacibus suis deserendus erat, & magna rerum vicissitudo in Anglia instabat, quando singulari quodam & inexspectato casu res in integrum restituta est. Guillelmus Yprensis, qui pro Stephano stabat, Robertum aggressus, ipsum cepit. Hinc commutatione facta, uterque libertatem est adeptus: Stephanusque bellum redintegravit adversus Mathildem, Gaufridum & Henricum.

ann. 1139. & 1140.

Dum hæc bella circum gererentur, in pace Franci agebant, interimque Abailardi causa Episcopos & Clerum distinebat. Brito ille Philosophus in Universitate Parisiensi, ingenio multum valebat, sed meditandi sublimitate, incertus sæpe vagabatur. Accusatus vero fuit, quod errores Pelagii, Arii & Nestorii renovaret, quodque diceret, Spiritum sanctum esse animam mundi, quæ tamen sententia posset recte intelligi & interpretari. Hinc rumor magnus in Galliis. Jussus est Abailardus in Concilium Senonense venire, doctrinæ suæ rationem redditurus. Adfuit quoque S. Bernardus ro-

S. Bern. Epist. 91.

s'y trouva aussi. Ce formidable adversaire s'étoit déja déclaré contre sa doctrine. Abaillard apprehendant apparemment une dispute contre un homme aussi éclairé & aussi accredité, sans entrer en lice en appella au Pape, & prit le chemin de Rome : mais craignant que le succès de cette affaire, ne lui fût pas favorable, sans poursuivre sa route, il se retira à l'Abbayie de Cluni, où il vécut saintement le reste de ses jours. Il s'est trouvé des gens qui ont prétendu que les sentimens d'Abaillard étoient orthodoxes ; mais ils ne sçauroient nier qu'il n'ait hazardé des termes & des choses même nouvelles ; ce qui est toujours du moins dangereux dans des matieres si délicates. Quoiqu'il en soit, Pierre Abaillard, qui a tant fait parler de lui, s'est encore rendu fameux par ses amours avec Heloïse.

1141.
Affaire de Bourges.

Une autre affaire s'éleva vers le même tems, qui dans ses commencemens ne paroissoit pas être de si grande consequence ; mais qui eut de fâcheuses suites. L'Archevêché de Bourges étant venu à vaquer, le Clergé élut sans le consentement du Roi, Pierre de la Chastre, recommandable par sa pieté & par sa doctrine. Le Roi qui apparemment pour quelque raison inconnuë ne goutoit pas Pierre, fort indigné de cette élection, refusa son consentement, & empêcha qu'il ne fût installé. Innocent II. prit vivement le parti de Pierre, & malgré tout cela le Roi s'opposant toujours à sa prise de possession, & lui défendant même

Le Roi Louis excommunié.

d'approcher de son Archevêché, le Pape l'excommunia, & jetta l'interdit sur le Roiaume. Le Roi indigné de tout ceci, tourna sa colere contre Thibaud Comte de Chartres & de Champagne, le regardant comme le protecteur de Pierre, & croiant qu'il le traversoit en d'autres affaires. Il se mit donc à ravager ses terres. D'autres Seigneurs qui ne l'aimoient pas, ou qui vouloient faire plaisir au Roi, se mirent aussi à faire le dégât dans son payis.

C'étoit ce même Thibaud qui avoit fait tant de peine à Louis le Gros, & qui n'avoit plus alors les secours d'Angleterre. Il s'étoit mis dans la dévotion, & faisoit largement des aumônes, frequentoit les Religieux & les personnes pieuses. Voilà pourquoi ses ennemis se moquant de lui disoient : *Ses arbaletriers sont les Moines & les dévots, qui ne peuvent le defendre.* Voiant donc ses terres exposées au pillage, il s'emploia auprès du Pape pour faire lever l'excommunication, & elle fut levée en effet. Mais Innocent II. continuant toujours à soutenir Pierre de la Châtre, & le Roi s'obstinant à le persecuter, le Pape l'excommunia de nouveau.

1143. Alors Louis qui regardoit le Comte comme la cause de tout ceci, fit le dégât

---

Chronicon Mauriniacense.

gatu Archiepiscopi Senonensis. Formidandus ille adversarius, contra Abailardi doctrinam jam sententiam dixerat. Abailardus non ausus, ut putatur, cum tanto tamque celebri viro disputare, ad summum Pontificem appellavit, & Romam iter suscepit. At exitum negotii metuens, ad Cluniacense cœnobium se contulit, ibique in laudabili & sancto proposito ad finem usque vitæ perseveravit. Non desunt qui Abailardi doctrinam orthodoxam esse contendant. At negare nequeunt ipsum nova quædam protulisse dicta, id quod in rebus ita sublimibus, periculosum saltem habetur. Ut ut res est, Petrus Abailardus, cujus fama ubique terrarum vagatur, ex ipsius cum Heloïsa amoribus satis superque notus est.

Negotium aliud, cujus initia non usque adeo insignia fuere, turbas deinde multas excitavit. Cum Bituricensis sedes vacaret, sine Regis consensu Cletus Petrum de Castro delegit, virum pietate & doctrina conspicuum. Rex qui erga Petrum propensus non erat, qua vero de causa ignoratur, rem indigne tulit, & ne sedem occuparet prohibuit. Innocentius II. Papa pro Petro stabat. Cumque nihilominus Rex insisteret Petrumque coerceret, ita ut ne quidem Bituricas accedere posset, summus Pontifex & Regem & Regnum religionis sacris interdixit. Iratus Rex in Theobaldum Carnotensem & Campaniensem Comitem, quem Petro favere, & sibi infestum esse putabat, arma convertit, agros terrasque illius devastavit ; cæterique Primores Regni, Theobaldo infensi, ut Regi placerent, agros ejus depopulati sunt.

Duchêne t. 4. p. 422.

Is ipse Theobaldus erat qui Ludovico Crasso bellum intulerat, quique tunc Anglorum ope non fruebatur. Ad pietatis ille demum officia se contulerat, inopibus sua largiter erogabat, atque Monachos piosque viros frequentans, hoc dicterio ab inimicis irridebatur : *Ejus balistarii,* inquiebant, *sunt Monachi & conversi, qui non possunt illum tueri.* Ut vidit ergo suas devastari regiones, ab Innocentio impetravit ut fulmina sua averteret. Sed ut Petro favere non cessabat Innocentius, ita illum à sede sua abigere non desistebat Ludovicus. Quapropter summus Pontifex fulmina sua denuo intentat. Ludovicus in Theobaldum rursus sævit ut mali aucto-

LOUIS VII. dit le Jeune.

dans ses terres avec plus de violence qu'auparavant. Ses troupes prirent Vitri, & mirent le feu à l'Eglise, qui fut toute brûlée. Il perit là plus de treize cent personnes. Le Roi qui malgré son indignation contre Thibaud, avoit toujours la conscience tendre, fut si vivement touché de ce malheur, qu'il en pleura. Il ne s'opposa plus à la reception de Pierre de la Châtre. Il fit sa paix avec le Comte, & pensa serieusement à expier le crime de ce massacre, dont il ne pouvoit se consoler.

1144.

Il avoit déja fait vœu de faire un voiage en la Terre-sainte. Esperant donc d'obtenir par cette bonne œuvre la remission de ses pechez, & sur tout du massacre de Vitri, il résolut de se croiser. Les nouvelles du mauvais état des affaires des Chrétiens en ces païs-là furent encore un aiguillon pour accelerer la croisade. Sanguin Soudan d'Assyrie avoit pris la ville d'Edesse, qui étoit alors comme un rampart du Roiaume de Jerusalem. Après sa mort les Chrétiens l'avoient reprise, mais ils en avoient été chassez par Noradin, le plus brave Prince qu'on eût encore vû parmi ces infidéles, qui menaçoit ce Roiaume d'une entiere désolation. A ces nouvelles on consulta S. Bernard, l'oracle de son tems. Il ne voulut rien décider là-dessus, qu'on n'eût eu l'avis du Pape Eugene III. qui lui donna ordre de prêcher cette croisade.

1145.

Affaires de la Terre-sainte.

Il se fit pour cela une grande assemblée à Vezelai, & le bourg ne suffisant pas pour contenir le grand nombre de gens qui s'y trouva, on fut obligé de la tenir à la campagne. S. Bernard avec son éloquence & sa vivacité ordinaire exhorta toute l'assemblée à prendre la croix pour aller défendre la Terre-sainte & la cause de Dieu. Il anima tellement tous les assistans, que chacun voulut être de la partie. Le Roi Louis prit la croix, & sa femme Alienor aussi. Il fut suivi d'un très-grand nombre de Seigneurs. Plusieurs Evêques & Abbez la prirent de même. En ces tems-là les Ecclesiastiques ne faisoient point difficulté de prendre les armes contre les Infidéles.

Assemblée du Vezelai.

Le Roi Louis se croise pour la guerre sainte.

Tandis qu'on faisoit en France ces préparatifs, l'Empereur Conrad animé du même zele, tint une assemblée à Spire, pour porter les Allemans à aller secourir les Chrétiens. Il eut le même succès que le Roi Louis, fit une puissante armée de cent mille hommes, & se mit en marche pour Constantinople. Le Roi Louis fut obligé de retarder un peu son voiage pour recevoir Eugene III. qui aiant été chassé par les Romains, se refugioit en France, asyle ordinaire des Papes. Après lui

L'Empereur Conrad aussi.

1147.

Gesta Ludov. VII. p. 392. Vulcin. Tyr. III.

rem, agros & villas devastat, acrius Comitem impetit, copiæ ejus Vitriacum capiunt, Ecclesiam incendunt, ubi puberes, impuberes ad mille trecentos perierunt. Rex vero, etsi Comiti infensus, ut erat ad clementiam pietatemque pronus, de hujusmodi excidio, ita animo fractus est, ut in lachrymas erumperet. Non ultra Petro de Castro obstitit, quominus ille sedem suam occuparet: pacem cum Theobaldo fecit: ac deinceps in expiando cæsorum pro hominum scelere totus incubuit, neque aliam consolandi sui viam admittebat.

Jam sese voto obstrinxerat ad expeditionem in terram sanctam suscipiendam. Stimulos addebant peccata cætera, præcipuèque Vitriaca cædes; quæ omnia ut abluerer, crucem pro more accipere decrevit. Res Christianorum in regione illa labefactata erat; qua re profectio urgebatur. Sanguinus Assyriæ Sultanus Edessam ceperat: quæ urbs ceu munimentum erat Regni Jerosolymitani. Sanguino mortuo Christiani urbem recuperaverant. Verum inde postea expulsi fuerant à Noradino strenuissimo omnium qui hactenus fuerant infidelium Principum, qui Regno Jerosolymitano extremam perniciem minitari videbatur. Consulitur S. Bernardus, qui oraculum illius ævi habebatur. Nihil ille inconsulto Eugenio III. Papa decernere voluit. Eugenius vero jubet Bernardum ad expeditionem illam Christianos concitare.

Ea de causa conventus ingens Vezeliaci celebratur. Quia vero non poterat locus ille tantum capere cœtum, in aperto campo deliberatum. Bernardus ad expeditionem hujusmodi & crucem assumendam omnes concitat; animosque singulorum ita incendit, ut universi crucem accipere vellent. Princeps assumendi fuit ipse Rex Ludovicus cum Alienore uxore. Sequuti sunt innumeri Principes, Primores, Episcopi, Abbates. Illo quippe tempore Ecclesiastici omnes arma contra infideles gestare solebant.

Idem.

Dum in Gallia tantus ille apparatus fieret, Imperator Conradus eodem incensus studio Spiræ cœtum habuit, ut Germanos ad opem Christianis ferendam concitaret. Eodem quo Ludovicus exitu suos ad hoc suscipiendum bellum incendit, & collectis centum mille armatis viris versus Constantinopolin movit. Ludovicus vero Rex profectionem differre coactus est, adveniente in Gallias Eugenio III. Papa, qui à Romanis pulsus ad Francos, pro more Romanorum Pontificum

Tome II.   G ij

avoir rendu ses devoirs, il laissa la Regence du Roiaume à Suger Abbé de S. Denys, Ministre sage & fidéle, qui devoit être assisté par Raoul de Vermandois, un des principaux Officiers de la Couronne, qui s'étoit signalé dans les guerres precedentes ; & après avoir entendu la Messe à S. Denis la seconde semaine après la Pentecôte, il prit le bâton de pelerin & l'oriflamme, & se mit en marche par l'Allemagne.

L'Empereur Conrad avoit pris les devans avec son armée, non-seulement parcequ'il se trouva plûtôt prêt, mais aussi de concert avec le Roi Louis. Ces deux Princes ne jugerent point à propos que leurs armées allassent ensemble, de peur que les deux nations, dont l'humeur & les manieres étoient fort differentes, ne prissent querelle entr'elles, & qu'il ne se trouvât pas assez de vivres & de fourages pour tant de gens. L'armée du Roi Louis étoit de beaucoup plus nombreuse que celle de Conrad. Il avoit presque autant de cavalerie que lui ; mais son infanterie, dit l'Historien, *couvroit la face de la terre*. Conrad arriva à Constantinople, & fut bien reçu en apparence par l'Empereur Manuel, qui cependant prenoit des mesures pour le faire perir avec son armée. Conrad lui demanda des guides pour le conduire par des païs où il pût trouver des vivres & des fourages. Ces guides instruits par Manuel, le menerent dans des détroits & des défilez, où les Turcs pouvoient aisément défaire son armée & la tailler en pieces. Quand ils les eurent engagez dans ces mauvais pas, ils s'enfuirent la nuit. Se trouvant ainsi sans guide & sans nulle connoissance du païs, ils ne savoient s'ils devoient avancer, ou retourner sur leurs pas. Sur ces entrefaites les Turcs les vinrent attaquer montez sur des chevaux frais, & armez à la legere ; ils leur tiroient des fleches, & puis ils faisoient volte face à la maniere des Parthes. La cavalerie Allemande armée pesamment les poursuivoit : les chevaux dessechez de la faim pouvoient à peine aller ; & quand ils faisoient retraite, les Turcs fondoient sur ces pauvres cavaliers, les perçoient de leurs épées, ou les assommoient à coups de massues. Ils continuerent long-tems cet exercice sans presque aucune perte de leur part, & firent un grand carnage ; ensorte que de cette grande armée à peine s'en sauva-t-il la dixiéme partie, qui se retira avec l'Empereur Conrad du côté de Nicée.

1148. Le Roi Louis passa par la Hongrie, où le Roi Geila le reçut avec toute l'humanité possible, & lui fournit abondamment des vivres pour son armée. Il arriva

---

Gesta Ludov. VII. c. 4. confugit. Quem postquam cum debito exceperat honore Ludovicus, Regnum Sugerio S. Dionysii Abbati gubernandum reliquit, ministro fidissimo ac prudenti : cui adjunxit Radulfum Viromanduensem, inter ministros Regios principem, in bellis præcedentibus clarum. Postquam vero secunda post Pentecosten hebdomada in Ecclesia sancti Dionysii sacris interfuerat, *baculum peregrinationis* deinde vexillum suscepit, in Germaniamque movit.

Conradus Imperator jam profectus cum exercitu erat ; non modo quia promptior ad expeditionem paratus fuerat ; sed etiam ex amborum Principum consilio, ne inter nationes & genio ac moribus diversas coorirentur dissidia, neve binis tam numerosis una coactis exercitibus annona & pabula deficerent. Ludovici porro exercitus longe numerosior erat exercitu Conradi. Equitatus utriusque pene par numero erat ; sed Ludovici pedites *superficiem terræ tegere videbantur.* Conradus Constantinopolim pervenit, & ab Imperatore Manuele honorifice & cum simulato amicitiæ affectu susceptus est, dum clam illi perniciem pararet. Duces itineris ab illo Conradus petiit & impetravit, qui se suumque exercitum per regiones & loca ducerent ubi ciborum & pabuli copia esset. Duces porro illi, Manuele jubente, in angusta & devia loca Germanos duxerunt, ubi facile poterant a Turcis deleri : tuncque illi noctu aufugere. Germani ducibus destituti, an ulterius procedendum, an recedendum esset ignorabant. Hoc in statu positos Turci adorti sunt, equis vecti vegetis, nec defatigatis, ac levi armatura instructi. Hi illos telis & sagittis impetebant, & more Parthorum terga dantes fugiebant. Germanorum vero equi armis & sessoribus onusti, & ex assidua fame macilenti, vix insequi poterant, & cum ad suos revertebantur, a Turcis velocius insequentibus perimebantur equites gladiis & clavis. Hoc diuturno exercitio Turci cum nullo fere suorum interitu magnam stragem fecerunt ; ita ut ex tanto illo exercitu vix decima pars evaserit. Qui vero superstites fuerunt cum Conrado Imperatore versus Nicæam receptum habuerunt.

Rex vero Ludovicus per Hungariam iter agens a Geila Rege perhumaniter est exceptus, qui annonam *Gesta Ludov. VII.*

LOUIS VII. dit le Jeune. 53

heureusement à Constantinople, où Manuel le reçut avec de grandes démonstrations d'amitié. La plûpart des Seigneurs instruits des fourberies des Grecs, ne s'y fioient gueres. Plusieurs, & entr'autres l'Evêque de Langres, étoient d'avis qu'on s'établît dans la Thrace, & qu'on assiegeât Constantinople. Ils disoient qu'il falloit que le Roi se liguât avec Roger Roi de Sicile, qui étoit en guerre avec l'Empereur des Grecs, & qui ne manqueroit pas de venir avec une flote assieger Constantinople par mer, tandis qu'il l'assiegeroit par terre. Mais le Roi avoit la conscience trop tendre pour faire ainsi la guerre à des Chrétiens. Il passa donc le Bosphore, & s'arrêta en Bithynie du côté de Nicée. Il souhaitoit d'avoir des nouvelles de l'Empereur Conrad. Ces perfides Grecs qui l'avoient trahi, & avoient fait perir presque toute son armée, voulant jouer le même tour à Louis, lui vinrent dire que l'armée des Alemans étoit arrivée à Iconium, avoit battu les Turcs, & s'étoit enrichie de leurs dépouilles : mais on fut bien-tôt détrompé. Un bruit courut que l'armée Imperiale avoit été défaite par les Turcs ; & Frederic Duc de Suabe, neveu de l'Empereur, qui arriva peu après, leur apprit tout le détail de cette malheureuse expedition. L'Empereur & le Roi s'entrevirent & s'entr'embrasserent cordialement ; après quoi Conrad s'en alla à Constantinople.

Le Roi de l'avis des Seigneurs qui l'accompagnoient, partit avec son armée, laissant à gauche le chemin qu'avoit tenu l'armée de Conrad. Ils arriverent au fleuve de Meandre, & se camperent dans une belle plaine. Les Turcs campez à l'autre bord du fleuve, tiroient des fleches aux François quand ils venoient ou prendre de l'eau, ou abbreuver leurs chevaux. Les troupes des Croisez qui souhaitoient fort d'en venir aux mains avec ces Infidelles, chercherent un gué, & en trouverent enfin un, dit l'Historien, car les gens du païs ne le connoissoient pas. Malgré une grêle de fleches que les Turcs tiroient sur cette nombreuse cavalerie qui traversoit la riviere, elle atteignit enfin le bord opposé. Toute l'armée passa, & attaqua les Turcs, qui se défendirent d'abord très-bien, mais enfin ils plierent & prirent la fuite. Le plus grand nombre fut taillé en pieces, d'autres furent pris & emmenez captifs : il ne s'en sauva que fort peu. Leur camp fut pillé ; on y trouva bien de l'or, de l'argent & de riches dépoüilles.

Louis défait les Turcs.

Après cette victoire ils continuerent leur route, & par l'imprudence de Geofroi de Rancon, ils reçurent un grand échec. Il conduisoit ce jour l'avant-garde, &

Son arriere-garde taillée en pieces.

---

l. 395. & l. 59.

ipsi ubertim suppeditavit. Pari felicitate Constantinopolin pervenit, ubi a Manuele mira benignitatis specie exceptus est. Optimatum vero Francorum pars maxima, quibus notus erat Græcorum fallax animus, dictis ejus non fidendum esse censebant. Plurimi cum Episcopo Lingonensi in Thracia consistendum & Constantinopolin obsidendam esse dicebant, Regique auctores erant, ut cum Rogerio Siciliæ Rege, qui tum bellum gerebat contra Manuelem, armorum societatem iniret, atque cum illo id ageret ut cum classe Constantinopolin adventaret, & in mari cingeret urbem, dum exercitus Ludovici illam undique obsideret. Verum Rex pius eo adduci non potuit ut Christianis bellum inferret. Trajecto itaque Bosphoro, in Bithynia prope Nicæam castrametatus est. Quid Conrado & exercitui ejus accidisset, ediscere summopere cupiebat. Perfidi autem Græci iidem qui Conradum prodiderant, & Germanis perniciem intulerant, idipsum officii Ludovico præstare cupientes, nunciatum venerunt, exercitum Germanorum Iconium advenisse, Turcos devicisse, ingentique præda & opibus potitum esse. Verum cito detecta fallacia fuit ; rumor enim erat exercitum Imperatoris a Turcis cæsum fuisse. Fredericus vero Suaviæ Dux, fratris Conradi filius, redux infelicis expeditionis exitum edocuit. Imperator deinde & Rex convenere, mutuisque sese amplexibus salutavere. Conradus postea Constantinopolin concessit.

Ludovicus, suadentibus Principibus exercitum, movit, ad lævam relinquens viam, quam tenuerat Conradus, & ad Mæandrum fluvium pervenit, in planitieque castra posuit. Turci vero ad alteram ripam positi, sagittis & telis cruce-signatos a fluvio abigebant, si quando aquatum venirent. Franci vero manus cum illis conserere summopere cupientes, vadum tandem reperere, ipsis incolis, ut narratur, ignotum. Ingressi in fluvium equites, Turcis sagittarum & telorum grandinem emittentibus, ad alteram tandem ripam pervenerunt ; totusque exercitus transiit, & Turcos est aggressus, qui initio fortiter steterunt ; tandemque in fugam versi sunt, eorum maxima pars aut cæsi aut capti sunt, pauciqué evaserunt : castra direpta fuere, ubi multum auri, argenti & prædæ magna victoribus cessit.

Ibidem.

Post hujusmodi victoriam dum pergerent, & ad ulteriora tenderent, imprudentia Gauffridi de Ranconio magnam cladem acceperunt. Primam ille aciem duce-

Ibidem.

G iij

avoit ordre de s'arrêter au haut d'une montagne, où le corps de bataille & l'arriere-garde devoient venir le joindre pour y camper & y passer la nuit. L'avant-garde étant arrivée là, on apperçut une plaine agréable un peu éloignée, où l'armée pourroit camper plus commodément. Ceux qui conduisoient le corps de bataille persuaderent à Rancon d'avancer jusques-là ; ce qu'il fit sans faire avertir l'arriere-garde, où étoit le Roi, de ce changement d'ordre. Cette arriere-garde qui croioit devoir s'arrêter à l'endroit marqué, alla plus lentement, & se trouva enfin fort éloignée des deux autres corps. Les Turcs qui côtoioient toujours l'armée, & observoient tous ses mouvemens, profitant de l'occasion enveloperent cette arriere-garde, ensorte qu'elle ne pouvoit plus joindre les deux autres corps sans se faire jour au travers de leurs escadrons. Il y avoit dans ce dernier corps beaucoup de Vivandiers, de Voituriers & d'autres, qui empêchoient ceux qui étoient en état de combattre ; cependant ceux-ci se défendirent vaillamment, & firent même un grand carnage des Turcs ; mais comme les ennemis avoient toujours des troupes fraîches qui relevoient les autres, après un fort long combat, les nôtres furent enfin accablez. Les Turcs en tuerent une grande partie, & firent les autres prisonniers.

Louis sauvé de la mêleé.

Par bonheur sur la fin de ce malheureux combat, quelques-uns des plus braves voiant que le Roi alloit être pris ou tué comme les autres, prirent son cheval par la bride, & le conduisirent hors de la troupe sur le haut de la montagne. Cependant la nuit arriva, & le Roi voiant les feux du reste de l'armée, se rendit au camp. D'autres disent que le Roi fut investi par les Turcs qui ne le connoissoient pas, qu'il se défendit vaillamment, qu'il monta sur un arbre ; & que les Turcs s'étant enfin retirez, il rejoignit son armée. Après cette malheureuse affaire, quelques-uns qui à la faveur de la nuit s'étoient sauvez par les bois, par les rochers ou dans des cavernes, vinrent joindre l'armée, qui se trouvant sans vivres, sans fourrages, & n'aiant point de guide pour la conduire, se mit en marche au hazard, ne sachant quelle route prendre : elle avança toujours, arriva enfin dans la Pamphylie, & se rendit à Attalie, ville située sur le bord de la mer.

1149.

Se rend par mer à Antioche.

Le Roi Louis voiant les difficultez qu'il y avoit de continuer son voyage par terre, prit le parti de s'embarquer à Attalie pour Antioche. Il auroit bien voulu faire monter sur mer toute l'armée ; mais ne se trouvant pas assez de vaisseaux pour cela, il prit

bat, jussumque ipsi fuerat in montis cacumine consistere, ibique castra ponere, ut medium & extremum agmen una jungerentur, ibique totus exercitus noctem transigeret. Cum autem prima illa acies ad summitatem montis devenisset, ulterior visa planities fuit, grata atque jucunda, ubi commodius castrametari poterat exercitus. Qui vero medium agmen ducebant Ranconio suasere, ut ad planitiem illam pergeret. Assensit Ranconius & illò perrexit, nec monuit postremum agmen, ubi Rex erat, se ulteriorem petere locum ad castra ponenda. Postremum porro illud agmen cum se in vicino & conspicuo monte noctem transacturum esse putaret, lentiore gradu incedebat, quo factum, ut priora duo agmina a postremo illo separata, longe ulterius procederent ad remotiorem illum castrorum locum. Turci qui exercitum Christianorum observabant, occasionem rei bene gerendæ captantes, ubi viderunt postremam aciem a duabus cæteris longe dissitam, ipsam undique cinxerunt ; ita ut nonnisi in equitatum suum vi penetrando possent cætera agmina procul posita adire. In hoc autem postremo agmine multi calones inermesque homines armatis impedimento erant : hi tamen strenue hostem propulsabant, & magnam Turcorum stragem ediderunt. Verum quia novi recentesque semper accedebant, post diuturnam pugnam Franci tandem cæsi captive sunt.

Ibidem Vol. Tyr. t. 1

Feliciter accidit ut in fine prælii quidam viri fortissimi videntes futurum esse, ut Rex ipse vel caperetur vel occideretur, ipsum equo vectum per medios hostes ad montis cacumen adducerent. Deindeque adveniente nocte, cum videret Ludovicus ignes in Francorum castris accensos, illo tandem se contulit. Narrant alii Regem a Turcis cinctum, strenue pugnavisse, neque a Turcis agnitum fuisse : deindeque in arborem conscendisse, cumque Turci recessissent, exercitum suum petiisse. Post illam cladem, non pauci qui favente nocte vel in silvas, vel in rupes aut cavernas se receperant, ad exercitum venerunt. Tunc vero Franci annona, pabulo & duce carentes, quo fors ferebat iter susceperunt, & progressi in Pamphyliam venerunt, & Attaliam tandem maritimam urbem se contulerunt.

Cernens Ludovicus quanti periculi, quantæ difficultatis esset terrestri itinere Antiochiam pervenire, conductis navibus sese mari commisit. Exercitum vero totum secum abducere summe cupiebat. Sed cum non tantus esset navium numerus, ut totam gentem capere

LOUIS VII. dit le Jeune.

avec lui les Barons, les Nobles & l'élite de son armée, & fit voile vers Antioche. Les troupes qu'il laissa là perirent presque toutes par divers accidens & en differentes rencontres. Raimond Prince d'Antioche, frere de Guillaume Duc d'Aquitaine, & oncle de la Reine Alienor, à la nouvelle de la venuë du Roi Louis, fut rempli de joye : il esperoit qu'avec l'aide de ce Prince, il pourroit conquerir Alep, Césarée & d'autres places. Il le reçut avec tout l'accueil imaginable & lui & ses Barons. Il leur fit à tous des presens, & tâchoit de les gagner par toutes sortes de voyes. Il en fit enfin la proposition au Roi, qui du conseil de ses Barons lui répondit, qu'aiant fait vœu d'aller à Jerusalem pour la défendre, & qu'aiant perdu dans sa route beaucoup de gens, il étoit bien juste qu'il employât le peu qu'il lui restoit de troupes pour accomplir son vœu. Raimond indigné de cette réponse, & déchu de ses esperances, machina contre le Roi, & chercha autant à lui nuire, qu'il cherchoit ci-devant à lui faire plaisir. Il inspira à Alienor sa niéce du mépris pour le Roi son mari, & la porta à le quitter. Elle qui étoit d'ailleurs soupçonnée de galanterie & d'infidelité, suivit les mauvaises impressions que lui donna son oncle. Le Roi averti de tout ceci, partit de nuit d'Antioche avec tous ses gens & Alienor sa femme : d'autres disent qu'il la fit conduire à Jerusalem avant son départ d'Antioche. Louis avec ses troupes prit donc le chemin de Jerusalem, où étoit déja arrivé l'Empereur Conrad avec les restes de son armée, conduit à la Terre-sainte de Constantinople sur les navires de l'Empereur Manuel. Alfonse Comte de Toulouse s'étoit aussi croisé pour cette guerre sainte, & avoit debarqué à S. Jean d'Acre ; mais s'étant mis en chemin pour Jerusalem, il fut empoisonné par on ne sçait qui, & mourut au grand regret du Roi Baudouin.

Louis arriva ensuite à la sainte Cité. Le Roi Baudouin envoia au devant de lui le Patriarche Foucher, & le reçut avec toutes les démonstrations possibles d'amitié. Tant de gens rassemblez faisoient une armée considerable, & capable de quelque grande entreprise. On délibera sur ce qu'il y avoit à faire, & la résolution fut prise d'assieger Damas. La ville étoit alors occupée par les Turcs, & une des plus considerables de la Syrie, située, comme on sait, au delà du Mont Liban par raport à Jerusalem. Les Princes convinrent entr'eux qu'on marcheroit en cet ordre : Baudouin & ses troupes, qui connoissoient mieux le payis, faisoient l'avant-garde ; le Roi Louis avec les François, le corps

Arrivé à Jerusalem.

Iidem n.

posset, principes tantum, nobiles & selectos secum assumsit, & Antiochiam petiit. Quæ relictæ Attaliæ sunt copiæ fere omnes variis casibus periere. Raimundus Antiochiæ Princeps, frater Guillelmi Aquitaniæ Ducis, & Alienoris Reginæ patruus, ut comperit advenire Ludovicum Regem, lætus & gaudio plenus ipsi obviam venit, & magnifice Regem Primoresque excepit, munera multa contulit, illorum gratiam captans. Sperabat enim Regis & Francorum opera, posse se Alepiam, Cæsaream aliasque urbes capere. Rem vero tandem Regi proposuit, qui de consilio Primorum respondit, se ad Jerosolymam ab Infidelibus defendendam voto obstrictum esse, & cum majorem partem exercitus in via amisisset, æquum esse ut cum iis, qui sibi supererant, votum suum impleret.

Repulsam indigne tulit Raimundus, speque lapsus, contra Regem Ludovicum, cujus gratiam prius captabat, machinari cœpit. Alienorem Reginam fratris sui filiam eo suasione sua deduxit, ut Regem conjugem despiceret. Illa cujus jam pudicitia gravi suspicione laborabat, patruo libenter autem præbuit. His compertis Rex cum agmine toto & Alienore uxore Antiochia profectus est. Narrant alii ipsum ante profectum suum Alienorem Antiochiam misisse. Cum copiis ergo suis Ludovicus Jerosolymam profectus est, quo jam pervenerat Conradus Imperator cum exercitus sui reliquiis, illò Constantinopoli navibus Manuelis advectus. Alfonsus etiam Comes Tolosanus pro sacro bello crucem acceperat, & cum ad sanctum Joannem Acconensem appulisset, dum Jerosolymam iter ageret, ab nescio quo improbo veneno sublatus est, nec sine magno Balduini Regis dolore.

Ludovico Jerosolymam advenienti obviam misit Balduinus Fulcherium Patriarcham, Regemque cum grandi lætitiæ amicitiæque significatione recepit. Tot una coactæ gentes grandem constituebant exercitum. De quadam expeditione suscipienda deliberatum est ; & cum ad Damasci, ultra Libanum sitæ urbis, obsidionem omnes inclinarent, ex Principum consilio hoc ordine movit exercitus. Balduinus Rex & sui, utpote locorum peritiores, primum agmen constituebant ; Ludovicus & Franci mediam aciem ;

Iidem.

LOUIS VII. dit le Jeune.

de bataille ; l'Empereur Conrad & les Allemans, l'arriere-garde.

Les Croisez assiegent Damas.

Arrivez devant Damas, ils délibererent de quel côté ils attaqueroient la place. Il fut résolu que ce seroit du côté des jardins. Ce côté étoit pourtant le plus difficile : ces jardins entourez de murailles défenduës d'un grand nombre de tours bien munies, & gardées par les Turcs, pouvoient retenir long-tems l'armée ; mais aussi ces tours étant une fois prises, la place qui n'avoit pas d'autres fortifications de ce côté-là, ne pouvoit plus tenir. Les Turcs se défendirent d'abord si vaillamment dans ces tours, que la plûpart des Princes se repentoient d'avoir fait l'attaque de ce côté-là. Ce que voiant le Roi Baudouin, il fit donner l'assaut à une partie de ces murs & de ces tours, en emporta quelques-unes, fit passer au fil de l'épée une partie des Turcs, qui s'y trouverent, & les autres furent mis dans les liens. Cela étonna tellement ces Infidelles, qu'ils abandonnerent une bonne partie des jardins & des tours. Les Croisez s'en saisirent, & serroient ensuite la place de plus près.

Cette difficulté étant levée, il y en eut une autre. Les Turcs avoient placé leurs meilleures troupes sur le bord du fleuve, où les Croisez venoient abbreuver leurs chevaux, & prendre de l'eau pour leur usage. Le Roi Baudouin les attaqua : le combat fut rude ; les Turcs se défendoient bien : alors l'Empereur Conrad avec sa troupe s'avança contre les Turcs, donna sur eux avec vigueur ; & déchargea un si furieux coup de sabre sur un d'entr'eux, qu'il lui coupa la tête & l'épaule droite, qui tomberent à terre : ce qui effraia tellement les autres, qu'ils prirent la fuite.

Sont trahis par les Barons Syriens.

Les choses étoient en bon train, on avoit lieu d'esperer un succès favorable ; il fallut que la trahison s'en mêlât pour faire échouer l'entreprise. Les Turcs voiant que la place alloit être prise, si l'on continuoit l'attaque du côté des jardins & du fleuve, firent tenter sous main quelques Barons Syriens, en leur promettant de grosses sommes d'or & d'argent, s'ils pouvoient persuader aux Princes Chrétiens d'abandonner leur attaque du côté des jardins & de la riviere, & d'aller battre la place du côté de l'orient & du midi. Ils les trouverent disposez à tout faire pour de l'argent, & leur inspirerent de representer à Baudouin l'impossibilité de prendre la ville par le côté des jardins & de la riviere, où les Turcs avoient fait des préparatifs pour la défense, qui paroissoient insurmontables. Cependant les Turcs étoient si pressez de ce côté-là, qu'ils se préparoient déja & faisoient leurs paquets pour s'enfuir de la ville avec leurs femmes & leurs enfans :

Idem.

Conradus cum Germanis postremum agmen.
Cum ad urbis conspectum perventum esset, consilium initum est, qua ex parte mœnia & propugnacula impetenda essent ; unoque omnium consensu, illud urbis latus machinis, telis & armis oppugnatur, in quo horti & pomaria muris conjuncta erant ; quod tamen latus aditu difficilius videbatur : singuli namque horti muris, fossis & turribus cincti erant, Turcishortos singulos magno numero propugnantibus, Attamen, illis expugnatis hortis, nulla supererant in hoc urbis latere munimenta, queis posset ulteriorem ferre obsidionem. Turci vero sub initium fortissime propugnabant hortos atque turres ; ita ut multos jam ex Principibus pœniteret cœptæ hoc in latere oppugnationis. Id advertens Balduinus, muros turresque hujusmodi validius impugnari jussit, aliquot turres cœpit. Turcos ibi comprehensos partim cædi, partim vinciri jussit. Qua re perterriti Barbari a maxima turrium hortorumque parte recessere, quam occupavit Christianus exercitus, ac deinde urbem arctius obsedit.

Ibid.

Hoc superato obice, aliud supererat. Ad oram alteram fluminis Turcorum fortissimi stabant, qui telis & sagittis Christianos aquatum venientes abigerent. Illos adortus est Balduinus, strenue pugnabant Barbati. Tuncque Conradus Imperator & Germani ex postrema acie in primam erumpentes, Turcos aggressi sunt : ipseque Conradus unum tam valide gladio impetiit, ut uno ictu caput ipsi & humerum amputaret : qua re perterriti cæteri terga dedere.

Felicissime obsidio pergebat ; sperandumque erat ut brevi urbs in Christianorum potestatem caderet. Proditione opus fuit ut bene cœpta labefactarentur. Turci cum cernerent mox capiendam urbem esse, si ex hortorum latere obsidio continuaretur, aliquot Syros *Barones*, oblata auri argentique vi magna, ad officia sibi præstanda allexerunt. Hi Turcis instigantibus, Balduino suaserunt, non posse urbem ex parte hortorum illa capi, ubi Barbari propugnacula multa apparuerant ; meliusque processuram esse obsidionem, si a meridionali orientalique parte urbs impeteretur. Et tamen Turci ex priore illa parte oppugnati eo necessitatis devenerant ut fugam pararent cum uxoribus, parvulis &

LOUIS VII. dit le Jeune.

car Damas dont l'enceinte étoit fort grande, n'étoit investi que d'un côté. Les traîtres ne manquerent pas d'aller faire cette proposition aux Princes qui donnerent dans le panneau, changerent leur attaque, abandonnerent les jardins & les tours qui les défendoient, & allerent se poster du côté de l'orient & du midi. Cependant les Turcs se saisirent des jardins, repareront les tours & les fortifications, & les mirent en meilleur état qu'avant le siege.

Dès que les Princes furent postez du côté de l'orient, ils s'apperçurent bientôt de la fraude. C'étoit un terrain sec & sterile, où il n'y avoit point de fourrages pour les chevaux. Ils s'étoient éloignez de la riviere, & ne pouvoient abreuver leurs chevaux comme auparavant; les vivres ne venoient dans le camp qu'avec grande difficulté, de sorte que la famine y fut bien-tôt; d'ailleurs la place étoit plus forte de ce côté-là que de celui qu'ils avoient quitté. Ils ne pouvoient plus revenir à leur premier poste, les Turcs aiant mieux fortifié leurs jardins, qu'ils n'étoient lorsqu'ils eurent tant de peine à s'en rendre maîtres. Il fallut donc lever honteusement le siege, tant par la trahison de ces Barons, que par la malhabileté des Princes, & sur tout de Baudouin, si mal instruit du fort & du foible d'une place qui étoit à la frontiere de son Roiaume. Pour réparer cette honte on proposa d'aller assieger Ascalon: quelques-uns étoient de ce sentiment; mais la plûpart dirent qu'il n'étoit pas de la prudence d'aller s'exposer une seconde fois à être trahis par ceux-là même pour l'avantage desquels on combattoit.

Leventle siege.

L'Empereur Conrad & le Roi Louis prirent donc le parti de s'en retourner. Ce dernier en faisant voile rencontra la flote des Grecs, qui vouloient le prendre & l'amener à l'Empereur Manuel. Mais la flote du Roi de Sicile, commandée par le General Gregoire, arriva fort à propos. Le Roi s'en revint en France: ainsi finit cette malheureuse expedition.

Retour de Louis en France.

Louis à son retour trouva les affaires de la Normandie en une situation qui ne lui fit pas plaisir. Il avoit donné l'investiture du Duché de Normandie à Eustache fils d'Etienne Roi d'Angleterre. Henri fils de Gefroi Duc d'Anjou, & de Mathilde, prétendant que ce Duché lui appartenoit, y étoit entré avec une grande armée pour le revendiquer. Le Roi marcha avec ses troupes & celles d'Eustache, & s'avança jusques à Arques. Le jeune Henri vint à sa rencontre avec une armée de Normans, d'Angevins & de Bretons, tout disposé à lui donner bataille; mais les plus sages de son Conseil l'en détournerent. Sur ces entre-

1150. *Guerre en Normandie.*

Iidem.

sarcinis; Damasci quippe moenia tanta erant amplitudine, ut ab una tantum parte obsiderentur, neque urbem totam cingerent Cruce-signati. Proditores igitur Principibus mutandæ obsidionis auctores fuere. Imprudenterque illi dimissis hortis & turribus, ad meridionales orientalesque partes concesserunt. Turci vero hortos recuperarunt, turres restauravere, fossasque & omnia accuratius muniere.

Cum Principes orientalem illam partem occupassent, fraudem cito senserunt. Aridum sterileque solum nihil pabuli suppeditare poterat. Procul erat flumen, nec commode ad potum duci equi valebant: annona castra adire vix poterat. Brevi itaque Cruce-signatos fames invasit. Illa pars murorum firmior erat quam altera: prisca castra repetere ne cogitare quidem licebat: Turci enim munitiores hortos fecerant, quam pridem erant cum a Cruce-signatis cum tanto labore occupati fuere. Turpiter ergo obsidio soluta est, tam proditione Baronum, quam Principum imprudentia, præsertimque Balduini, qui finitimæ sibi urbis situm & statum usque adeo ignorabat. Quidam, ut tot fortium hominum pudori consulerent, Ascalonem obsideri volebant. Alii autem numero plures dixere, non prudentium esse secundo fraudem experiri eorum, pro quibus pugnabatur.

Conradus itaque profectionem paravit. Ludovicus, conscensa navi, in Græcorum classem incidit. Qui classi præerant, Regem comprehendere, & captivum Imperatori Manueli adducere in animo habebant. Verum opportunissime Regis Siciliæ classis duce Gregorio advenit, Ludovicumque liberavit, qui in Franciam rediit. Hic finis fuit infelicissimæ expeditionis.

Duchêne l. 4. p. 439.

Redux Ludovicus ingratum spectaculum in Normannia habuit. Eustachium Stephani Regis Angliæ filium, Ducem Normanniæ constitutum ad *hominium* ipse admiserat. Henricus vero Goffridi Andegavensis & Mathildis filius, Ducatum illum ad se pertinere contendebat, & cum grandi exercitu Normanniam invaserat. Movit Rex cum suis & Eustachii copiis, & ad Archas usque pervenit. Occurrit ipsi Henricus cum exercitu Normannorum, Andegavensium & Britonum, pugnam commissurus; sed qui prudentiores in cœtu consilii sui erant, ipsum a tali proposito avertunt. Interea vero Rex in ægritudinem incidit: tunc

Chronic. Norman. ad ann. 1150.

LOUIS VII. dit le Jeune.

faites le Roi étant tombé malade, on s'entremit de côté & d'autre pour faire premierement des treves, & ensuite un accommodement, selon lequel le Roi reçut hommage du jeune Henri pour le Duché de Normandie. Henri en reconnoissance ceda au Roi le Vexin Norman, qui comprenoit Gisors & quelques autres petites villes. Les Historiens ne sont pas tout-à-fait d'accord ni pour le tems ni pour les faits. Cette année moururent l'Abbé Suger, & Gefroi Comte d'Anjou, qui laissa trois fils, Henri Duc de Normandie, Gefroi & Guillaume. L'année suivante fut remarquable par le décès de Thibaud Comte de Champagne, qui avoit causé tant de mouvemens dans le Roiaume sous Louis le Gros.

1151.

Louis repudie Alienor, qui épouse Henri.

Le Roi Louis étoit toujours en dissension avec Alienor sa femme; il croioit d'ailleurs ce mariage illegitime à raison de parenté. Il fit donc une assemblée d'Evêques à Beaugenci, où le mariage fut declaré nul, & la séparation fut faite. Alienor fut fort recherchée, mais elle se détermina en faveur d'Henri Duc de Normandie qui l'épousa. Le Roi fut très-fâché de ce mariage: il voioit par-là deux filles, qu'il avoit eues d'Alienor, exclues de la succession de l'Aquitaine; & un Prince qui lui étoit déja formidable, aggrandi par l'acquisition d'une grande Province. Il assembla donc ses troupes, les joignit à celles d'Eustache fils d'Etienne Roi d'Angleterre, de Robert Comte du Perche, & de Gefroi frere de Henri, fort mécontent de son aîné: Gefroi marcha vers l'Anjou pour le reduire sous sa puissance. Le Roi avec son armée entra en Normandie, & alla assieger Neuf-marché. Henri étoit alors à Barfleu sur le point de passer en Angleterre. A la nouvelle de ce siege il revint sur ses pas, ramassa une bonne armée, & vint pour secourir Neuf-marché. Avant qu'il arrivât, la place s'étoit renduë. Comme les affaires d'Angleterre & d'Anjou lui tenoient au cœur, il demanda treves au Roi, qui les lui accorda. Jamais treves ne furent données plus mal-à-propos; c'étoit donner du tems à son ennemi de se tirer d'embarras, pour venir ensuite lui faire la guerre avec plus d'avantage. Après ces treves le Roi prit Vernon, qui soutint un siege de quinze jours.

Guerre en Normandie.

1152.

La mort d'Eustache fils d'Etienne Roi d'Angleterre apporta un grand changement dans les affaires. Etienne n'avoit point d'autre fils pour lui succeder. Henri Duc de Normandie étoit son proche parent. Il s'accorda avec lui qu'il le laisseroit jouir du Roiaume d'Angleterre pendant sa vie, & il le déclara son successeur; après quoi Henri fit sa paix avec le Roi Louis, qui lui rendit Neuf-marché

1153.

Gesta Ludov. VII. c. 28.

que de induciis, posteaque de pace actum est. Rex ab Henrico pro Normannia hominium accepit. Henricus grati animi causa Vellocasses Normannorum & Gisortium ipsi concessit. Scriptores vero circa tempora & res ipsas non omnino consentiunt. Hoc anno obiere Sugerius Abbas, & Goffridus Andegavensis Comes, qui tres filios reliquit, Henricum Normanniæ Ducem, Goffridum & Guillelmum. Anno sequenti vitam clausit Theobaldus Campaniæ Comes, qui Ludovico Crasso regnante tot motus in Regno Francorum concitaverat.

Chronica Norm.

Regem inter & Alienorem uxorem gravis semper dissensio erat. Aliunde vero ipse connubium consanguinitatis causa illegitimum esse putabat. Quapropter Baugentiacum Episcopos congregari jussit, ubi matrimonium nullum esse declaratur, & separantur conjuges. Alienor a multis exquisita est, atque Henrico Normanniæ Duci nupsit: quæ res Ludovico Regi admodum displicuit. Videbat enim filias duas, quas ex Alienore susceperat, ex Aquitaniæ successione excidere: atque Henricum, qui jam sibi a nimia potentia formidolosus erat, Aquitaniæ viribus auctum. Exercitum ergo collegit, copiasque Eustachii Stephani Regis filii, Roberti Perti-

censis Comitis, & Goffridi Henrici fratris, sed ipsi admodum infensi, cum suis junxit. Goffridus vero ad Andegavenses profectus est, ut illos sibi subjiceret. Rex cum exercitu in Normanniam ingressus Novum-Mercatum obsedit. Henricus tunc Barbefluvii erat, & in Angliam profectionem parabat. His vero auditis regressus, exercitum collegit ut Novo-Mercato opem ferret. Sed antequam adveniret, obsessi deditionem fecerant. Cum autem Angliæ & Andegavensium negotiis distineretur Henricus, inducias petiit & impetravit: quæ induciæ inconsulto factæ videntur; tempus namque dabatur hosti, ut alia simul ingruentia negotia componeret, & liber postea hostem unicum aggrederetur. Post hasce inducias Rex Vernonem cepit, quod oppidum per quindecim dies obsederat.

Chronic. Norm.

Eustachii filii Stephani Regis Angliæ obitus rerum faciem omnino mutavit. Non alius Stephano supererat filius, qui sibi succederet. Henricus Dux Normanniæ cognatus ipsi erat; quapropter conventum inter illos est, ut Stephanus dum viveret regnum teneret, & sibi successorem declararet Henricum, qui postea pacem cum Ludovico Rege fecit, ea conditione, quod Rex ipsi

& Vernon, à condition qu'Henri lui donneroit pour les frais faits à prendre ces places, deux mille marcs d'argent. Ce qui fut executé.

Cette même année le Roi Louis épousa Constance fille d'Alfonse VII. Roi de Castille. Ce mariage fut fait à Orleans, où elle fut sacrée par les mains d'Hugues Archevêque de Sens. Vers ce même tems Gefroi Comte de Gien, insulté souvent par le Comte de Nevers, ne se sentant pas assez fort pour lui résister, voulut engager Etienne de Sancerre à le défendre en lui donnant sa fille en mariage, & le Comté de Gien en dot, malgré l'opposition que son fils Hervé y mettoit. Hervé alla se plaindre au Roi Louis, qui ne pouvant souffrir cette injustice, marcha avec une armée, alla assieger le château de Gien, où Etienne de Sancerre avoit mis garnison, le prit & le rendit à Hervé. {1154. Louis épouse Constance de Castille.}

Le Roi Louis qui avoit eu ci-devant de grands démêlez avec Henri, pensa à traiter avec lui depuis qu'après la mort d'Etienne il eut été reconnu Roi d'Angleterre. Il s'avança jusqu'à l'Epte pour faire la paix; & pour la rendre plus ferme, il donna en mariage à Henri fils aîné du même Roi sa fille Marguerite, qu'il avoit eue de la Reine Constance; après quoi le Roi Henri vint à Paris, & fut reçu du Roi & de la Reine avec toute la magnificence possible. On remarqua qu'il ne voulut jamais souffrir qu'on vînt en procession au devant de lui, quand il entroit dans l'Eglise, quoique le Roi & la Reine l'en priassent. Le Roi étant allé en pelerinage au Mont S. Michel, Henri vint au devant de lui, & le défraya pendant tout le tems qu'il fut dans la Normandie. Vers ce tems-ci commença la grande brouillerie entre le Pape Adrien IV. & l'Empereur Frederic Barberousse, qui dégenera enfin en un grand schisme, comme nous verrons plus bas. {1157. Mariage du fils d'Henri avec la fille de Louis.}

Le Roi Henri toujours attentif à s'aggrandir, pour faire valoir ses prétentions sur la ville de Toulouse, qu'il croioit appartenir à sa femme Alienor, fit alliance avec Raimond Comte de Barcelonne, & assembla une grande armée, où se trouva Malcolme Roi d'Ecosse. Il s'avança vers Toulouse pour en faire le siege. Cela allarma le Roi Louis, doublement interessé à défendre Raimond Comte de Toulouse, tant parce qu'il avoit épousé sa sœur Constance, veuve du Comte Eustache fils d'Etienne Roi d'Angleterre, que parce qu'il lui importoit beaucoup d'empêcher qu'Henri déja trop puissant, ne s'aggrandît encore. Voiant donc que son rival avoit déja pris Cahors & une partie du Comté de Toulouse, {1158. Henri veut se rendre maître de Toulouse, Louis l'en empêche.}

Hist. Ludov. l'II. p. 415.

Novum-Mercatum & Vernonem restitueret, ipseque Ludovico bis mille *marchas* argenti daret ad expensas obsidionum farciendas.

Hoc ipso anno Ludovicus uxorem duxit Constantiam Alfonsi VII. Castellæ Regis filiam. Nuptiæ Aureliani celebratæ sunt, ubi Constantia Hugonis Senonensis Archiepiscopi manu Regina sacrata fuit. Eodem circiter tempore Goffridus de Giemago a comite Nivernensi sæpe impetitus, cum non ita viribus valeret, ut eum repellere posset, quo Stephanum *de Sancero* sibi adsciceret, ipsi filiam suam in uxorem dedit, cui dotem adscripsit Comitatum de Giemago, repugnante ac contradicente Herveo filio ipsius, qui ea de re apud Regem Ludovicum conquestus est. Rex injuriam ut vindicaret, cum exercitu movit, Giemagum castrum obsedit, ubi Stephanus de Sancero præsidium posuerat, captumque illud Herveo restituit.

Chron. Nom.

Ludovicus qui pridem bella gesserat cum Henrico, pacem cum illo firmare voluit, postquam, mortuo Stephano, Rex Angliæ promulgatus fuerat. Ad Eptum vero movit ut cum illo pacisceretur; utque firmior pax foret, Margaritam filiam ex Constantia susceptam, Henrico Henrici filio nuptui dedit. Posteaque Henricus Rex Lutetiam venit, & magnifice a Rege Reginaque susceptus est. Observatum porro fuit, ipsum nunquam *in Ecclesia cum processione suscipi voluisse*, rogantibus licet Rege atque Regina. Cum porro Ludovicus Rex religionis ergo, uti solebat, ad montem sancti Michaelis peregrinatus esset, Henricus obviam ipsi venit, & ad sumtum necessaria suppeditavit, quamdiu in Normannia fuit. Tunc temporis cœpit ingens illa inter Adrianum IV. Papam & Federicum Ænobarbum Imperatorem discordia, quæ in perniciosum schisma degeneravit, ut paulo postea narrabitur.

Henricus Rex, dilatandis finibus suis semper intentus, cum putaret urbem Tolosam ad conjugem suam Alienorem pertinere, cum Raimundo Barcinonensi Comite societate junctus est, exercitumque magnum collegit; aderat etiam Malcolmus Scotiæ Rex Henrico hærens: qui Tolosam movit, ut illam obsideret. Quo comperto Ludovicus, vehementer commotus est, tum quia Raimundus Tolosanus Comes Constantiam sororem suam, post Eustachii mortem, duxerat, tum quia metuebat ne Henricus jam potentissimus, nimium viribus augeretur. Cum audivisset ergo jam Cadurcum ab ipso captum fuisse, & partem Tolosani co- *Chron. Norm.*

il se rendit en cette ville, la munit, & y demeura lui-même pour la défendre. Par respect pour le Roi de France, dit un Auteur Norman, le Roi Henri ne voulut pas poursuivre sa pointe. Il paroît en effet que malgré les differens que ces deux Princes eurent souvent ensemble, Henri eut toujours beaucoup de respect pour le Roi Louis. Tandis que le Roi d'Angleterre étoit occupé de ce côtélà, Henri Evêque de Beauvais & Robert Comte de Dreux, freres du Roi Louis, firent des courses dans la Normandie, & les Normans tâcherent de leur rendre la pareille.

1159.

L'Empereur Frederic Barberousse, jeune Prince, fier, fougueux & entreprenant, & Louis Roi de France, étant en défiance l'un de l'autre, les amis communs moienneront une entrevue, qui se devoit faire vers la Sône. Mais le Roi craignant qu'on ne lui jouât quelque tour, ne voulut pas s'y rendre, & Frederic fort mécontent, s'en retourna en Allemagne. En cette même année mourut en couche la Reine Constance, qui fut fort regretée ; & peu de tems après le Roi pour se concilier la maison de Champagne, qui suivoit depuis long-tems le parti du Roi d'Angleterre, épousa en troisiémes nôces Alix, que les Historiens appellent Adele ou Adelaïde, fille du Comte Thibaud, dont il est si souvent fait mention dans cette Histoire.

Mort de la Reine Constance, Louis épouse Alix de Champagne.

Le Pape Adrien IV. étant mort, les Cardinaux élurent un de leur corps appellé Roland, qui fut appellé Alexandre III. Il n'y en eut que deux, qui se joignant au peuple Romain, firent un autre Pape, sous le nom de Victor. Voilà un schisme dans l'Eglise. Le Roi Louis s'en rapporta au jugement de l'Eglise Gallicane, qui prononça en faveur d'Alexandre III. Il fut ainsi reçu en France, & tous les Etats de la Chrétienté le reconnurent, hors l'Empereur, qui soutint toujours Victor. Le Pape Alexandre, qui ne pouvoit en sûreté demeurer à Rome, vint en France, où il fut tres-bien reçu par les Rois Louis & Henri. L'Empereur qui vouloit, ou faisoit semblant de vouloir terminer cette affaire, demanda un pourparler avec le Roi Louis, qui s'avança jusqu'à Dijon ; mais se méfiant des Allemans, il s'en revint sans rien faire. Les Historiens different beaucoup entre eux sur ce fait. Ce qui est certain, c'est que cette affaire dura encore quelques années : que Victor étant mort, Frederic fit élire un autre Pape, & continua le schisme ; & qu'il fut enfin

Nouveau schisme dans l'Eglise.

1160. & 1161.

Chron. Norm.

mitatus, Tolosam ipse venit, urbem munivit, ibique mansit ut oppugnantem repelleret. Henricus vero urbem obsidere noluit, *deferens honorem Francorum Regi*, inquit Normannus Scriptor. Et vero licet sæpe Henricus Ludovicum bello impetierit, ipsum tamen magna semper reverentia prosequutus deprehenditur. Dum Rex Angliæ istis in partibus ageret, Henricus Episcopus Bellovacensis, & Robertus Comes Drocensis, Ludovici Regis fratres, incursiones in Normanniam fecerunt, & Normanni par pari retulere.

Fredericus Ænobarbus Imperator adhuc juvenis, ferox, ad nova suscipienda promtus, & Ludovicus Rex Francorum, qui in procinctu discordiæ erant, a communibus amicis eo deducti sunt, ut una convenirent & de concordia agerent ad Ararim fluvium. Dies indictus fuit : verum Ludovicus aliquid sinistri metuens, locum illum petere noluit ; Fredericus vero indignatus recessit. Eodem circiter anno Constantia Regina enixa filiam interiit, & magnum sui desiderium reliquit. Nec multo postea Rex Ludovicus, ut sibi Campaniæ Comitum familiam conciliaret, quæ a multo jam tempore partibus Anglicanis hærebat, Adelam sive Adelaïdem, Theobaldi Comitis filiam, tertiam duxit uxorem: cujus Theobaldi crebra mentio superius fuit.

Adriano IV. defuncto, ex cœtu suo Cardinales Rolandum delegerunt, qui Alexander III. appellatus est. Duo autem ex Cardinalibus, favente Romano populo, Victorem ad pontificiam dignitatem evexerunt. Schisma ergo in Ecclesia fuit, Ludovicus, uter admittendus esset, Ecclesiæ Gallicanæ judicandum remisit, quæ Alexandrum III. rite electum fuisse declaravit. Sic in Gallia tota admissus, a cæteris quoque Principibus pro vero Pontifice habitus est, uno excepto Imperatore, qui Urbano semper hæsit. Alexander vero, cum non posset Romæ consistere, in Franciam venit, & a Regibus Ludovico & Henrico honorifice exceptus fuit. Imperator negotium componere volens, vel se velle simulans, Ludovicum convenire & alloqui voluit. Ludovicus Divionem usque perrexit ; verum Germanorum insidias metuens, re infecta rediit. Circa res gestas Scriptores inter se non consentiunt. Certum autem est negotium hoc per aliquot annos protractum fuisse : Victore namque defuncto, Fredericus alium deligi Papam curavit, & schisma per aliquod tempus perstitit;

Gesta l. dov. VII p. 416.

Gesta l. dov. VII p. 426.

LOUIS VII. dit le Jeune.

obligé de venir demander pardon au Pape Alexandre III. & de s'humilier profondément devant lui.

Le Roi Louis toujours attentif à reprimer l'injustice & les violences, que plusieurs Seigneurs exerçoient dans leur voisinage, apprit que le Comte de Clermont, son neveu le Comte du Puy, & le Vicomte de Polignac ravageoient les païs voisins de leurs Terres, pilloient les Eglises, détroussoient les voiageurs, opprimoient les pauvres. Les Evêques du Pui & de Clermont en vinrent porter leurs plaintes au Prince, qui marcha d'abord avec une armée. Il défit leurs troupes, prit leurs châteaux, se saisit de ces Seigneurs, les retint long-tems prisonniers, & ne les lâcha qu'en leur faisant promettre de ne plus exercer ces violences.

1162. & 1163.
Louis reprime la violence de quelques Seigneurs.

Le Comte de Châlon sur Sône autre tyran, avoit une bande de Brigans, qu'on appelloit les Brabançons, dont il se servoit pour piller & ravager les terres de l'Abbayie de Cluni. Il envoia un jour toute cette troupe de scelerats pour piller l'Eglise de Cluni. Les Moines portant les Reliques, avec un grand nombre de peuple, vinrent au devant d'eux en procession pour tâcher de les appaiser. Les Brabançons se jetterent sur ces Moines & les dépoüillerent, donnerent sur la troupe, & tuerent plus de cinq cens personnes. La renommée d'une action si barbare vola de tous côtez, & parvint jusqu'aux oreilles du Roi, qui marcha d'abord avec une armée, assiegea & prit Châlon, le Mont S. Vincent, & tout le Comté, l'ôta à l'indigne Comte qui la tenoit auparavant, & en donna une moitié au Duc de Bourgogne, & l'autre au Comte de Nevers, fit pendre tous les Brabançons qu'il put attrapper. Un qui offroit une grosse somme d'argent pour se garentir du supplice, fut pendu comme les autres.

La Commune de Vezelay soutenuë & incitée par le Comte de Nevers, refusoit à l'Abbé de le reconnoître pour son Seigneur; & non contente de cela, elle vint à main armée assieger l'Abbé & les Moines dans leur Monastere. Ces mutins les accabloient d'une nuée de fleches, & continuant le siege, ils vouloient les obliger par famine de se rendre. L'Abbé trouva moien d'en porter sa plainte au Roi, qui envoia l'Evêque de Langres au Comte pour lui ordonner de faire cesser ce tumulte, de reprimer cette bourgeoisie, & de remettre les choses au premier état. Le Comte ne faisant pas grand cas de cet ordre, le Roi marcha contre lui avec une armée. Alors voiant que l'affaire étoit serieuse, il pria l'Evêque d'Au-

La Commune de Vezelai punie.

Hist. Ludov. VII. p. 417.

demumque coactus Fredericus Alexandrum supplex adiit, veniamque ab illo petiit.

Ludovicus cui summa cura erat, ne populi a primoribus opprimerentur, cum didicisset Comites Claromontanum & Podiensem ac Vicecomitem de Poliniaco, in vicinis agris præadas agere, Ecclesias devastare, viatores spoliare, inopes opprimere; accedentibus etiam ad opem implorandam Podiensi & Claromontano Episcopis, cum exercitu movit, eorum copias profligavit, castra cepit; Primores etiam illos comprehendit, & sub custodia diu tenuit, nec dimisit donec pollicerentur, se nunquam quidpiam simile admissuros esse.

Cabilonensis vero Comes, tyrannus alius, prædonum manum collegerat, qui Brabanciones appellabantur, eorumque opera Cluniacensis Abbatiæ terras depopulabatur. Aliquando autem sceleftorum turmam misit, ut Cluniacensem Ecclesiam diriperent. Monachi vero assumtis Reliquiis, cum multitudine populi obviam ipsis venere, processionum more incedentes, ut sic illos mitigarent. At Brabanciones in Monachos irrupere, ipsosque spoliarunt; in populi turbam item impetum fecerunt, & plus quam quingentos occiderunt. Tantæ immanitatis fama ad Regem usque volavit, qui statim cum exercitu movit, Cabilonem obsedit & cepit, montemque S. Vincentii & totum comitatum occupavit, atque indignum illum Comitem prædonem spoliavit; dimidiam vero Comitatûs partem Burgundiæ Duci, alteramque Nivernensi Comiti dedit. Brabanciones qui capti fuere, omnes in patibulis suspendi jussit. Ex ipsis quidam pro vita impetranda magnam argenti summam offerebat: at suspendio periit ut cæteri.

Vizeliacenses oppidani concitante Nivernensi Comite nolebant Abbatem ut dominum suum agnoscere; imo etiam Abbatem & Monachos in Monasterio obsidentes, sagittarum nubem in illos immittebant, obsidioneque diuturna illos ad deditionem fame compellere satagebant. Amicorum opera Abbas Regis justitiam imploravit, qui Lingonensem Episcopum ad Comitem misit, præcipiens ut tumultum sedaret, oppidanos reprimeret, remque in pristinum statum restitueret. Cum vero Comes Regis jussa nihil curaret, movit Rex cum exercitu, Comitem in ordinem redacturus. Qui videns sibi periculum imminere, Antisiodorensem Episcopum rogavit, Regi diceret se jussa exsequi paratum,

Hist. Ludov. VII. p. 418.

xerre de lui dire qu'il executeroit ses ordres, & qu'il appaiseroit ces bourgeois. On les fit venir eux-mêmes, ils jurerent qu'ils seroient à l'avenir sujets à l'Abbé, & on les obligea de lui payer quarante mille sous pour la peine de leur rebellion. Le Comte depuis ce temps-là inquieta de nouveau l'Abbé & les Religieux; mais le Roi le força de les laisser vivre en paix.

1164.
Thomas Arch. de Canterburi persecuté.

En ce temps-ci commença la grande affaire entre le Roi Henri & Thomas Archevêque de Canterburi. Il avoit été son Chancelier avant que d'être Archevêque, & le Roi l'avoit toujours honoré de sa confiance, le regardant comme un homme droit & sincere, tel qu'il étoit en effet. Dès qu'il fut Archevêque, il perdit bien-tôt ses bonnes graces. Sa fermeté à soutenir ses droits, & à s'opposer aux volontez du Prince qui vouloit suivre les constitutions d'Henri I. contraires aux libertez & privileges de l'Eglise; cette fermeté, dis-je, lui attira l'indignation du Roi, qui le bannit de l'Angleterre, & persecuta ses parens à outrance. Il se refugia en France, où le Roi le reçut avec toute sorte d'humanité, malgré les reproches que lui en faisoit Henri, disant qu'il protegeoit son ennemi. Thomas se presenta aussi au Pape, qui le reçut avec beaucoup d'affection, & l'envoia à l'Abbaye de Pontigni, le recommandant à l'Abbé du lieu.

1165.
Naissance de Philippe, dit Auguste.

Toute la France fut dans la joie à la naissance de Philippe, qui fut appellé Dieu-donné. La Reine Alix accoucha de ce Prince la nuit du samedi dans l'octave de l'Assomtion de Notre-Dame l'an 1165. Le Messager envoié pour en porter la nouvelle à S. Germain des Prez, y arriva lorsqu'on chantoit ce premier verset du Cantique : *Beni soit le Seigneur Dieu d'Israel, qui a visité & racheté son peuple;* ce qui convenoit parfaitement à la naissance de cet enfant si long-tems desiré. Le lendemain le Roi le fit baptiser dans l'Eglise de S. Michel. Maurice Evêque de Paris fit la ceremonie en habit pontifical. Hugues Abbé de Saint Germain le tint sur les Fonts; l'Abbé de S. Victor & l'ancien Abbé de sainte Genevieve furent aussi ses parrains. Constance sœur du Roi Louis, femme de Raimond Comte de Toulouse, & deux veuves de Paris furent ses marraines. On lui donna le nom de Philippe.

L'affaire de Thomas Archevêque de Canterburi duroit toujours, & mit la division entre les Rois Louis & Henri. Celui-ci le poursuivoit à toute outrance, & le Roi de France lui donnoit sa protection & l'honoroit beaucoup. Il y eut sou-

---

oppidanos repressurum esse. Illi porro accedere jussi, coacti sunt Abbatem dominum esse suum profiteri, atque obsequium illi promittere, in rebellionisque pœnam quadraginta millia solidorum ipsi numerare. Comes autem denuo Abbati & Monachis infestus esse cœpit, sed Regis opera repressus fuit.

Vita sancti Thomæ Arch. Cant.

Hoc circiter tempus cœpit magnum illud negotium Henricum Regem inter & Thomam Archiepiscopum Cantuariensem. Is antequam Archiepiscopus esset, Cancellarius ejus fuerat, ipsique admodum placebat ob fidem & probitatem, quam semper exhibuerat. Ubi vero ad archiepiscopalem sedem evectus est, Regis gratiam amisit, quod jura Ecclesiæ suæ firmiter tueretur, atque Henrici voluntati obsisteret, qui constitutiones Henrici primi libertati & privilegiis Ecclesiæ suæ contrarias, sequi volebat. Hac ille constantia & firmitate Regis animum exasperavit, qui ipsum ab Anglia exsulare coegit; & in cognatos ipsius debacchatus est. Fugit Thomas in Franciam, ubi a Rege perhumaniter exceptus fuit, obmurmurante & querente Henrico Rege, qui dicebat inimicum suum ab Ludovico protegi. Summum etiam Pontificem Thomas adiit, qui ipsum cum magna benevolentiæ significatione exceptum, ad Monasterium Pontiniacense misit, & Abbati commendavit.

Ingenti Francorum lætitia natus est Philippus, diu exspectatus Princeps, ideoque Adeodatus appellatus fuit. Peperit autem illum Adelaïs Regina sabbato in octava Assumtionis B. Mariæ Virginis anno 1165. Nuncius statim mittitur ad Monasterium S. Germani a Pratis, qui illò pervenit dum cantaretur primus ille versiculus Cantici : *Benedictus Dominus Deus Israel, quia visitavit & fecit redemtionem plebis suæ,* id quod divino nutu factum videbatur. Postridie illum Rex baptizari jussit in Ecclesia S. Michaelis. Mauritius Parisiensis Episcopus ipsum Pontificali veste indutus aquis tinxit. *Hugo etiam Abbas S. Germani Parisiensis patrinus puerum super fontem baptismatis in ulnis suis tenuit. Herveus quoque Abbas S. Victoris, & Odo quondam Abbas sanctæ Genovefæ, patrini exstiterunt. Constantia soror Regis Ludovici uxor Raimundi Comitis S. Eligii, & duæ viduæ Parisienses, matrinæ exstiterunt,* vocatusque fuit Philippus.

Hist. Lud. nov. VII. p. 459.

Occasione Thomæ Archiepiscopi Cantuariensis, dissensio fuit Ludovicum inter & Henricum Reges. Acerbe illum exagitabat Henricus, Ludovicus honore affi-

LOUIS VII. dit le Jeune.

vent des pourparlers, des négociations de paix, des projets d'accommodement tant du côté du Pape que du coté du Roi d'Angleterre, des intrigues, des menaces dont le détail feroit une fort longue hiſtoire. Une autre affaire qui ſurvint, cauſa la guerre entre les deux Rois. Guillaume ancien Comte d'Auvergne avoit dépoſſedé ſon neveu. Celui-ci eut recours au Roi d'Angleterre qui prit ſon parti, & preſſoit l'oncle de rendre ce Comté. Guillaume s'adreſſa au Roi de France comme ſon Seigneur. Un autre ſujet de diſſenſion ſurvint dans le même tems. On envoioit tous les ans une ſomme d'argent à Jeruſalem, levée ſur les provinces, les villes & les villages. La ſomme aiant été levée ſur la ville de Tours, le Roi Henri diſoit qu'elle devoit être envoiée par ſes gens, ſoutenant que cette ville lui appartenoit. Le Roi de France ſuſcité par l'Archevêque, prétendoit qu'elle étoit de ſon domaine. Cela cauſa une ſi grande brouillerie, que la ville de Tours avec l'Egliſe principale en fut toute brûlée, à ce que raconte le Croniqueur de Normandie, ſans dire par qui ni comment.

Diſſenſion entre Louis & Henri.

1166.

Les deux Princes ſe préparerent à la guerre de part & d'autre, & leverent de grandes armées. Henri ſouhaitoit pourtant la paix, & le Roi Louis n'en étoit pas éloigné : mais les Seigneurs François le pouſſerent à pourſuivre ſa pointe. Il entra dans la Normandie, & fit le dégât entre Mante & Paci. Henri de ſon côté prit le château de Chaumont, où le Roi avoit ramaſſé des vivres pour l'armée, & brûla pluſieurs villages à l'entour. Le Roi de France animé par ces hoſtilitez, ſaccagea & brûla dans le Vexin le lieu appellé le Gué Nicaiſe, & pluſieurs autres villages. Il prit encore Andeli lieu conſiderable. Au mois d'Août ſuivant les deux Rois firent tréves enſemble, qui furent encore renouvellées juſqu'à la S. Jean de l'année ſuivante, & Henri alla faire la guerre en Bretagne.

Guerre en Normandie.

1167.

Pendant l'octave de S. Jean on s'aſſembla à la Ferté-Bernard pour traiter de la paix entre les deux Rois ; mais il n'y fut rien conclu. Les Bretons & les Poitevins vinrent à la traverſe pour obliger le Roi de France à continuer la guerre. Ils lui donnerent des ôtages pour l'aſſurer de leur fidelité, & il leur promit de ne point faire la paix avec le Roi d'Angleterre ſans les y appeller, & ſans les y comprendre. Le Roi Henri engagea auſſi par promeſſes & par preſens Matthieu Comte de Boulogne, à prendre les armes pour lui. Le Comte de Ponthieu ne voulut pas le laiſſer paſſer ſur ſes terres : il fut obligé de ſe rendre par mer en Norman-

---

Chron. Norm. ann. 1166.

ciebat, protegebatque. Sæpe de re componenda actum eſt, utrinque conciliandæ pacis viæ tentatæ, occultæ artes & minæ ſunt adhibitæ : quorum omnium recenſio longior foret. Jam exaſperatos animos ad bellum ſuſcipiendum negotium aliud excitavit. Willelmus ſenior Comes Arverneníis, fratris filium exheredaverat : hic ad Regem Angliæ confugit, qui cauſam illius ſuſcepit, & patruum ejus ut Comitatum ipſi reſtitueret urgebat. Willelmus Francorum Regem ut ſupremum Dominum adiit. Alia item diſcordiæ cauſa eodem ipſo tempore ſuborta eſt : ſingulis annis pecuniæ ſumma Jeroſolymam mittebatur, collecta ex provinciis, urbibus & pagis. A Turonum civitate præſtitam ſummam volebat Henricus à nunciis ſuis mitti, quod illam ad ſe pertinere urbem contenderet. Rex Francorum concitante Archiepiſcopo, urbem dominii ſui aſſerebat. Hinc tanta exorta diſſenſio eſt, ut urbs tota Eccleſiaque præcipua igne combuſta fuerint : rem ita narrat Normannus Chronographus, nec dicit à quo vel qua ratione ignis ſuppoſitus fuerit.

Ibid.

Utrinque magnus ad bellum apparatus, utrinque exercitus numeroſi collecti ſunt. Henricus tamen pacem peroptabat, neque abnuebat Ludovicus. Verum Primores Franci inferendi belli fomites erant. In Normanniam ingreſſus exercitus villas Meduntam inter & Paccium devaſtavit. Henricus vero Calvum-montem caſtrum cepit, ubi annonam Ludovicus collegerat, & villas circum incendit. Indignatus Rex Francorum apud Vellocaſſes *Vadum*-Nigaſii multaſque villas incendit, & Andeliacum *burgum optimum* cepit. Menſe Auguſto ſequenti ambo Reges inducias fecere, quæ poſtea ad uſque feſtum S. Joannis Baptiſtæ anni ſequentis renovatæ ſunt. Rex autem Henricus in Britanniam Armoricam bellum intulit.

In octava S. Joannis Baptiſtæ in locum cui nomen Feritas-Bernardi pro tractanda pace conventum eſt, & re infecta diſceſſum : Britones namque & Pictavi ut ad bellum proſequendum Ludovicum inducerent, obſides ipſi dederunt, fidemque polliciti ſunt. Ipſe quoque Rex viciſſim promiſit ſe nunquam cum Rege Angliæ pacem facturum, niſi & ipſi pacis ejuſdem conſortes eſſent. Rex item Henricus promiſſis & muneribus, Matthæum Comitem Bononienſem ad arma in ſui gratiam ſumenda pellexit. Cumque Pontivi Comes nollet eum per ditionis ſuæ terras cum copiis ſuis tranſire, conſcenſis navibus in Normanniam Matthæus appulit,

Ibid.

die, où il joignit le Roi Henri. Ce Prince indigné contre le Comte de Ponthieu, alla avec des troupes ravager ses terres. Le Roi de France entra en Normandie, brûla un lieu nommé Tesnebruc. Il prit aussi le château de Brueroles, & y mit le feu. Il ravagea encore la plus grande partie du Perche. Il sembloit que ces deux Rois évitoient à dessein d'en venir à une action generale.

C'étoit le commencement de l'an 1169. selon la maniere de compter d'aujourd'hui.

L'an * 1168. au jour de l'Epiphanie les deux Rois firent la paix ensemble. Henri fils du Roi d'Angleterre fit hommage au Roi de France pour les Comtez d'Anjou & du Maine. Louis reçut l'hommage du Duché de Bretagne : il l'avoit déja reçu de celui de Normandie. Il donna aussi au jeune Henri la Charge de Senechal de France qui appartenoit aux Comtes d'Anjou, & en cette qualité de Senechal, il servit le Roi de France à table le jour de la Purification. Il fit encore hommage à Philippe fils de Louis Roi de France. Richard fils d'Henri fit aussi hommage au Roi pour le Duché d'Aquitaine.

1170.

Cependant le Roi de France travailloit à reconcilier Thomas Archevêque de Canterburi avec le Roi d'Angleterre, & les choses étoient déja bien avancées. Un nouveau sujet de brouillerie gâta tout, & fut même la cause que cette affaire se termina désagréablement. Le Roi d'Angleterre fit couronner son fils Henri par l'Archevêque d'Yorc : ce qui appartenoit de droit à l'Archevêque de Canterburi. Thomas s'en plaignit au Pape, qui suspendit de leurs fonctions l'Archevêque d'Yorc & l'Evêque de Londres. L'accommodement se fit pourtant ; Thomas repassa en Angleterre, & fut remis dans son Archevêché. Il publia alors la sentence du Pape portant suspension de l'Archevêque d'Yorc & de l'Evêque de Londres. Le Roi Henri, qui n'étoit pas patient, entra en fureur & se plaignit hautement de ce qu'aiant tant de serviteurs, il ne s'en trouvoit pas un qui le délivrât de la tyrannie d'un Prêtre. Quelques-uns de sa Cour, croiant faire plaisir à leur Prince, passerent en Angleterre, & allerent massacrer le saint Prelat au pied des Autels.

Martyre de S. Thomas de Canterburi.

1171. & 1172.

A la nouvelle de cet horrible assassinat, le Roi Henri protesta & jura, qu'il n'avoit nulle part à ce meurtre. Cependant comme ses paroles mal entenduës pouvoient y avoir donné occasion, il subit volontiers toutes les penitences que les Legats du Pape voulurent lui imposer. Thomas fut canonisé comme Martyr

---

& Regem Angliæ cum copiis adiit, qui Rex in Pontivi Comitem indignatus movit, & agros villasque ejus depopulatus est. Ludovicus vero in Normanniam ingressus, Tesnebrucum incendit, Bruerolas item castellum cepit & igném summisit, partemque majorem Perticensis comitatus devastavit. Sic ambo Reges a conflictu exercituum declinare videbantur.

Ibid.

Anno 1168. die Epiphaniæ inter ambos Reges pax facta est. Henricus Regis Angliæ filius *hominium* Regi Francorum præstitit pro Comitatibus Andegavensi & Cenomanensi. *Hominium* item Ludovicus accepit pro Britanniæ Ducatu; pro Normannia enim jam acceperat. Henrico etiam juniori dedit officium Senescalli Franciæ, *quod pertinebat ad feudum Andegavensium Comitum : in Purificatione B. Mariæ Henricus, Parisius servivit Regi Francorum ad mensam, ut Senescallus Franciæ. Hominium* quoque præstitit Philippo Ludovici Regis filio. Ricardus etiam Henrici filius de Aquitania *hominium* fecit.

Vita sancti Thomæ Cant. Chron. Norm.

Interea Ludovicus Thomam Cantuariensem Archiepiscopum cum Henrico reconciliare satagebat; resque prospere cessura videbatur. Verum negotii quidpiam intervenit, quo res turbata est, indeque etiam factum ut res infelicissimum haberet exitum. Rex Angliæ filium suum Henricum ab Archiepiscopo Eboracensi coronari curavit : quod coronandi munus ad Archiepiscopum Cantuariensem pertinebat. Thomas apud summum Pontificem questus est, qui Archiepiscopum Eboracensem & Episcopum Londinensem ab Episcopali exercitio suspendit. Composita tamen lis fuit. Thomas in Angliam regressus in sedem suam restitutus est. Tunc ille sententiam summi Pontificis, Archiepiscopum Eboracensem & Londinensem Episcopum ab exercitio omni suspendentis, publicavit. Res ad Henricum Regem perlata, in furorem ipsum concitavit : quare sui impotens alta voce questus est, se multos quidem habere famulos, at ne unum quidem ex illis esse qui se a Presbyteri unius tyrannide liberaret. Quidam vero ex aula Regia profecti, se rem Henrico gratam agere putantes, in Angliam trajecerunt, & ad aras ipsas sanctum Antistitem trucidarunt.

Horrendæ cædis fama ad Henricum Regem perlata est, qui se nec conscium nec auctorem tanti sceleris esse sacramento affirmavit. Quia tamen ex verbis suis male intellectis huic tanto facinori occasio nata esse poterat, libenter pœnas omnes subiit, quas imposuere Legati summi Pontificis. Anno sequenti Thomas ut

l'année

LOUIS VII. dit le Jeune.

l'année d'après, & l'on raconte plusieurs miracles faits à son tombeau, & par son intercession.

Le Roi Henri aiant passé en Angleterre, revint en Normandie avec son fils aîné Henri, & trouva à Cân les Legats du Pape, par la médiation desquels il fit sa paix avec le Roi Louis. Une des conditions fut qu'il feroit couronner son fils Henri Roi d'Angleterre, & que sa femme Marguerite fille de Louis seroit aussi couronnée. Ils passerent pour cela en Angleterre, & la ceremonie fut faite à Vinton, après quoi ils repasserent en Normandie. Le Roi Louis conseilla à son beau-fils Henri d'exiger de son pere, qu'il lui fît cession ou du Roiaume d'Angleterre, ou du Duché de Normandie, pour s'y établir. Ce conseil plut au jeune Roi ; il demanda ou l'un ou l'autre à son pere, qui rejetta cette proposition. A son refus il se retira auprès de son beau-pere, comme ils en étoient convenus.

Le Roi tint alors à Paris une grande assemblée de Seigneurs, où se trouva le jeune Henri. Ils délibererent ensemble de faire la guerre au Roi Henri le pere pour l'obliger de donner satisfaction à son fils. La résolution en fut prise, & le jeune Roi jura qu'il ne feroit point la paix avec son pere que du consentement du Roi Louis & des Princes liguez. Il promit aussi au Comte de Flandres, au Comte de Boulogne, & à Thibaud Comte de Blois, qui étoient les principaux des Seigneurs assemblez, de leur donner des Terres & des Seigneuries specifiées dans le Traité.

1173.
Louis fait la guerre à Henri.

Après Pâque de la même année commencerent les hostilitez. Philippe Comte de Flandres, & Matthieu Comte de Boulogne son frere entrerent en Normandie, & assiegerent Aumale, qui fut pris ; après cela ils allerent assieger le château de Drincourt. A ce siege fut tué Matthieu de Boulogne frere de Philippe ; après quoi le château se rendit. Le Roi de France de son côté accompagné du jeune Roi Henri, alla assieger Verneuil, qui fut vaillamment défendu par Hugues de Lasci & Hugues de Beauchamp. Verneuil avoit un château & trois bourgs separez l'un de l'autre & fermez de murailles. Le Roi fit dresser ses batteries devant celui qui s'appelloit le Grand bourg. Il fut un mois devant ce grand bourg, qui ne demanda à capituler que quand les vivres lui manquerent. Les conditions de la capitulation furent qu'ils auroient permission d'aller avertir le Roi d'Angleterre de l'état où ils se trouvoient, & que si au bout de trois jours ils n'étoient secourus, ils se rendroient. Le Roi Henri partit avec son armée, &

Annal. Hoveden. Duchene l. 4. p. 430.

Martyr in Sanctorum numerum relatus est, miraculaque multa ad sepulcrum ejus facta narrantur.

Henricus qui in Angliam trajecerat, in Normanniam rediit cum Henrico filio, & Cadomi Legatos summi Pontificis reperit, quorum opera & studio pacem cum Ludovico Rege fecit. Inter conditiones pacis hæ fuere, quod filium suum Henricum in Angliæ Regem cum Margarita uxore ejus, Ludovici filia, coronari curaturus esset. Ea de causa in Angliam transfretarunt, & ambo conjuges Vintonii coronati sunt. Postea vero in Normanniam rediere. Auctor fuit Ludovicus Henrico genero suo ut a patre suo exigeret, vel Regnum Angliæ, vel Normanniæ Ducatum. Libens ille socero paruit, & a patre alterutrum postulavit. Neutrum ille concedere voluit ; quapropter apud Ludovicum se recepit, ut ambo convenerant.

Rex tunc Lutetiæ versans magnum cœtum Primorum Regni convocavit, cui interfuit etiam Henricus Regis gener. Ibi de bello Henrico patri inferendo deliberatum est, ut cogeretur Henrico filio postulata concedere. Decretum itaque bellum fuit : juravit autem Henricus filius se nonnisi de consensu Ludovici soceri & Principum cum patre pacem esse facturum. Pollicitus etiam est Comitibus Flandrensi, Bononiensi & Blesensi, qui inter præcipuos numerabantur, se singulis terras quasdam esse daturum.

Idem.

Post Pascha ejusdem anni hostiliter agere cœperunt Philippus Flandrensis Comes & Matthæus Comes Bononiæ frater ejus, inque Normanniam intrantes Albamarlam obsederunt atque ceperunt ; posteaque Drincurtium castrum oppugnarunt, ubi occisus fuit Matthæus Bononiensis, castrumque sese dedidit. Rex vero Francorum, cum Henrico juniore profectus, Vernolium obsedit : obsessi vero strenue pugnavere, ducibus Hugone de Lasci & Hugone de Bello-campo. Vernolium castellum habebat tresque *burgos* separatos murisque clausos. Rex machinas adhiberi jussit contra *burgum* majorem. Mensem autem ibi transegit, nec nisi consumtis cibis omnibus burgus Regi sese dedidit, hac conditione, quod Henrico Regi quo in statu res essent nunciare sibi liceret ; & nisi intra triduum auxilium sibi daretur, burgus Ludovico cederet. Henricus

Tome II.

LOUIS VII. dit le Jeune.

arriva auprès de Verneuil le jour que le bourg devoit se rendre. Le Roi de France s'avisa alors d'un tour d'adresse : il envoia faire proposer au Roi d'Angleterre une entrevuë pour le lendemain, où l'on traiteroit de la paix. Henri donna dans le panneau, & le lendemain matin le terme étant passé, le bourg se rendit. Louis, selon l'Auteur Anglois, ne tint point la convention : il brûla ce bourg, emmena avec lui les habitans prisonniers. Henri le chargea en queuë, tua plusieurs de ses gens, & fit quelques prisonniers. L'année d'après les deux Rois firent treves jusqu'après Pâques.

1174.

Louis apprit que le Roi Henri avoit passé la mer pour se rendre en Angleterre, & que Guillaume Roi d'Ecosse son allié avoit perdu une bataille contre les Lieutenans du Roi Henri, & avoit été pris ; ce qui l'affligea beaucoup. Profitant de l'absence de son ennemi, il alla assieger Rouen accompagné du jeune Henri & de Robert Comte de Flandres. Il fut un mois devant la place, & n'avança guéres. Le Roi Henri eut le tems de venir à son secours ; & la ville n'étant point investie de tous côtez, il y entra par une porte qui étoit libre. Louis voiant qu'il étoit impossible de continuer le siege, fit retirer la partie de son armée qui étoit la plus foible, puis il fit faire des propositions de paix à Henri, qui les écouta volontiers, & le laissa retirer librement avec le reste de son armée.

Levée du siege de Rouen.

La paix fut traitée cette fois-ci à bon escient ; mais comme Richard second fils du Roi d'Angleterre & Comte de Poitou, y devoit être compris, le traité fut differé. Il avoit aussi pris les armes contre son pere, qui marcha en Poitou avec son armée. Richard après s'être enfui d'un lieu à un autre, vint enfin se prosterner aux pieds de son pere, qui le reçut en sa bonne grace. L'année 1177. fut remarquable par la paix établie & confirmée entre Louis Roi de France & Henri Roi d'Angleterre. L'acte s'en est conservé jusqu'à nos jours. Nous allons en extraire quelques-uns des principaux articles.

1175. & 1176. Paix faite entre les deux Rois.

1177.

L'acte commence par l'engagement que les deux Rois avoient pris avec serment de se croiser ensemble pour aller porter secours à la Terre-sainte. Ils promettent de s'entresecourir l'un l'autre, comme bons amis, & que s'il arrive quelque malheur à l'un, l'autre fera son possible pour le reparer. Il est à remarquer que Henri parlant de Louis, l'appelle toujours son Seigneur ; & Louis parlant de Henri l'appelle son homme & son fidele. Que si quelqu'un des deux vient

Conditions de la paix.

---

vero cum exercitu profectus ante Vernolium advenit, qua die burgus Regi tradendus erat. Tunc Rex Ludovicus astu est usus: Regi Angliæ assignari curavit diem sequentem, ut una ambo convenirent, & de pace agerent. Delusus Henricus, nihil illo die aggressus est, & insequenti die cum concessus dies tertius præteriisset, burgus sese Ludovico dedidit : ille vero, inquit scriptor Anglus, contra pactum initum burgum incendit, oppidanosque secum captivos abduxit. Henricus vero extrema agmina aggressus, quosdam occidit, alios cepit.

Idem.

Ludovicus ubi didicit Henricum in Angliam transfretasse, & Guillelmum Scotiæ Regem sibi fœdere junctum ab Henrici Ducibus victum captumque fuisse, ægerrime rem tulit. Absente autem hoste Rothomagum obsedit, socios habens Henricum generum & Robertum Flandrensem comitem. Henricus ad opem urbi præstandam celeriter advenit : & cum urbs non undique ab exercitu Regio cingeretur, in illam ingressus est. Ludovicus videns non posse obsidionem continuari, partem exercitus debiliorem receptum habere jussit ; postquam de pace cum Henrico egit, qui ejus tractandæ cupidine ductus, abscedenti Regi nihil obicis attulit.

De pace tunc serio actum est. Verum quia Ricardus secundus Henrici filius, Comes Pictaviensis, in ejus conditionibus locum habere debuit, hinc moræ factæ sunt : Ricardus enim arma contra patrem sumserat, qui cum exercitu movit, & ad Pictavos venit. Ricardus primum ab alio ad alium locum fugit, demumque patrem supplex adiit ; ad ejusque pedes provolutus veniam impetravit. Annus 1177. insignis fuit ex pace illa facta firmataque Ludovicum inter Francorum Regem & Henricum Regem Angliæ, cujus acta ad nostram usque ætatem pervenerunt. Quasdam hic ex præcipuis conditionibus referimus.

Annal. Hoveden. Duc. : l. 4. p. 4.

Incipitur a voto ab utroque Rege suscepto, & de cruce agitur quam acceperant ad bellum sacrum suscipiendum. Mutuum sibi auxilium hac in re pollicentur, ita ut si quid adversi alterutri accidat, alter opem ferre debeat. Notandum porro est Henricum, ubi de Ludovico loquitur, ipsum semper Dominum suum vocare, & Ludovicum de Henrico loquentem hominem & fidelem suum dicere. Si quis vero ex duobus,

LOUIS VII. dit le Jeune.

à mourir dans le voiage, ses gens obéïront à celui qui lui survivra comme à leur maître, & que celui-ci se servira de son or & de son argent pour les besoins de cette sainte expedition. Que si par quelque accident l'un partoit devant l'autre, celui qui restera aura soin de maintenir & défendre les Terres de son ami absent comme les siennes propres, jusqu'à ce qu'il soit en état de partir lui-même. Ce voiage de la Terre-sainte ne se fit pourtant pas. Louis étoit trop cassé pour l'entreprendre, & Henri avoit trop d'affaires dans tant de differens états pour s'absenter si long-tems.

Il y est dit aussi que pour les difficultez qu'ils avoient entr'eux pour la possession & le partage de plusieurs terres, ils s'en rapporteroient à ce que des Arbitres de part & d'autre statueroient. Ces Arbitres de la part du Roi Louis étoient trois Evêques & trois Barons; sçavoir les Evêques de Clermont, de Nevers & de Troyes; les Barons étoient, le Comte Thibaud & deux freres du Roi, Robert & Pierre de Courtenai. De la part du Roi Henri, les Evêques du Mans, de Perigueux & de Nantes; & les trois Barons, Maurice de Craon, Guillaume Maingot & Pierre de Mont-Rabel. Qu'ils s'en tiendroient tous deux à ce que ces Arbitres auroient établi.

Que si par accident quelqu'un des Arbitres ne se trouvoit pas à l'assemblée, ils s'en tiendroient tous deux à ce que les autres auroient décidé, & si quelqu'un des nommez venoit à mourir, il seroit d'abord remplacé par un autre. Qu'aucun des deux ne feroit de la peine aux Arbitres, ni ne les persecuteroit à raison de l'avis qu'ils auroient donné quand il le croiroit même désavantageux.

Cette paix fut ferme & stable. Les deux Rois s'entr'aimerent depuis comme freres. En cette même année Audebert Comte de la Marche aiant perdu son fils unique, vendit son Comté au Roi Henri pour quinze mille livres monnoie d'Anjou, vingt mulets & vingt chevaux. L'année suivante le Roi Henri voulant passer en Angleterre, demanda à Louis alors son bon ami, des lettres où il declaroit qu'il défendroit & protegeroit ses Etats de deça la mer pendant son absence; ce qu'il ne manqua pas de faire.

1178.

Un reste d'Ariens, ou plûtôt de Manichéens, faisoient encore du bruit à Toulouse. Les deux Rois y envoierent un Cardinal & des Evêques pour les ramener à la Foi Catholique, & ordonnerent au Comte de Toulouse, au Vicomte de Turenne, à Raimond de Chateauneuf, & à plusieurs autres de les soutenir

Ariens à Toulouse contraints d'abjurer.

---

pergunt illi, in itinere obeat, illius copiæ superstiti ut domino suo obsequantur: ipseque auro & argento illius utetur ad hanc sacram expeditionem. Si vero casu quopiam accidat, ut alteruter ante alterum proficiscatur, qui manebit, terras absentis amici sui quasi sibi propias tuebitur ac defendet, usquedum ipse proficiscatur. Neuter vero expeditionem illam transmarinam suscepit, quia Ludovicus fractus viribus corporis erat. Henricus vero qui tot terras & ditiones separatas haberet, tam diuturnam peregrinationem suscipere non valebat.

Quantum autem ad difficultates, quæ accidere poterant ob tot terrarum divisiones, statutum fuit ut per arbitrorum ex utraque parte sententiam hæc omnia dirimerentur. Arbitri ex parte Regis Ludovici erant Episcopi Claromontensis, Nivernensis & Trecensis, tresque Barones, Theobaldus Comes, ac Robertus & Petrus de Cuteniaco Regis fratres. Ex parte Henrici Regis Episcopi Cenomanensis, Patragoricensis & Namnetensis, *Barones* vero Mauritius de Craon, Guillelmus Maingot, & Petrus de Mont-Rabel.

Si vero casu quopiam aliquis ex arbitris ad condictum non veniret, reliquorum arbitrio ambo adstipularentur. Si quis vero ex arbitris obiret, alius statim in ejus locum substitueretur. Statutum item fuit, neutrum Regem cuipiam ex arbitris infestum fore, etiamsi non ad placitum suum sententiam dixisset.

Pax isthæc firma fuit: ambo Reges postea sese mutuo amore complexi sunt. Eodem ipso anno Aldebertus sive Albertus Comes Marchiæ, cum filium unicum amisisset, Comitatum suum Henrico Regi vendidit *pro quindecim millibus librarum monetæ Andegavensis & pro viginti mulis & viginti palefridis.* Anno sequenti Henricus cum transfretare vellet in Angliam, a Ludovico Rege sibi amico literas postulavit, queis pollicebatur absente Henrico, *se terras ejus omnes* quas in Francia possidebat defensurum esse; id quod etiam bona fide præstitit.

Arianorum vel potius Manichæorum quædam reliquiæ Tolosæ turbas dabant. Ambo autem Reges illò Cardinalem cum copiis miserunt, qui lucifugas illos ad sanam fidem reducerent. Jussi sunt autem Raimundus Comes Tolosanus, Vicecomes Turenæ, Raimundus de Castro-novo & alii, Cardinalem prædicantem

Duchêne p. 435.

Hoveden ad ann. 1178. & Duchêne t. 4. p. 435.

Tome II.

I ij

LOUIS VII. dit le Jeune.

dans leur prédication. Ils trouverent à Toulouse un richard, qui avoit un château dans la ville & un autre hors des murs, & qui faisoit profession de l'heresie avant l'arrivée du Cardinal : mais quand il le vit dans la ville, il se disoit Catholique. Le Cardinal le fit venir & l'interrogea sur sa foi : sa confession étant tout-à-fait heretique, il fut declaré tel. On prononça sentence contre lui, que ses biens seroient confisquez & ses châteaux démolis. Il se jetta alors aux pieds du Cardinal & des Prelats, qui lui ordonnerent pour pénitence d'être mené tout nud & foueté par la ville ; ce qui fut fait. Il jura ensuite qu'il iroit à Jerusalem, & qu'il y passeroit trois ans au service de Dieu, après quoi on lui rendroit ses biens, mais que l'on mettroit à bas ses châteaux, & qu'il seroit obligé de donner au Comte de Toulouse cinq cens livres d'argent. Les autres heretiques, de peur d'être traitez de même, vinrent trouver secretement le Cardinal & les Prelats, confesserent leur erreur, & en obtinrent le pardon.

1179.
Agnés fille de Louis mariée à Constantinople.

Le Roi Louis envoia sa fille Agnés à Constantinople pour y épouser Alexis Comnene fils de l'Empereur Manuel. Le tyran Andronic tuteur d'Alexis fit tuer ce jeune Prince, & épousa Agnés ; & ce tyran aiant été tué l'an 1185. elle se maria avec un Seigneur nommé Theodore Branas.

Louis passe en Angleterre.

Peu de tems après le départ d'Agnés & en la même année, Philippe son frere tomba malade à l'extremité. Le Roi Louis dans l'apprehension de perdre ce fils unique, averti en songe, dit l'Historien, passa en Angleterre, & alla faire ses dévotions au tombeau de S. Thomas de Canterburi, accompagné de plusieurs Princes & Seigneurs. Le Roi Henri vint au devant de lui, le traita splendidement, & le défraia lui & toute sa suite pendant tout le tems de son sejour en Angleterre. Le lendemain de son arrivée le Roi Louis alla à Canterburi, se rendit au tombeau du Saint, & fit sa priere. Il mit sur la tombe du Saint une grande coupe d'or, & fit une donation aux Religieux de cette Eglise de cent muids de vin paiables tous les ans à perpetuité, & par dessus cela il leur donna une exemption de tous droits & peages pour ce qu'ils acheteroient en France. A son retour il trouva Philippe en pleine santé, & le fit sacrer & couronner à Rheims le premier jour de Novembre. Le jeune Roi Henri se trouva à ce couronnement, & en qualité de Duc de Normandie il porta la couronne d'or

---

tueri. Erat Tolosæ homo quidam præpotens & dives, qui castrum in urbe tenebat, aliudque castrum extra muros urbis, quique ante Cardinalis adventum hæresin palam profitebatur. Sed ubi illum in urbe vidit explorantem, se Catholicum esse dicebat. Adduci sibi hominem jussit Cardinalis, & circa fidem interrogavit. Ille in omnibus responsis hæreticus deprehensus est, & ut talis damnatus. Hinc bona ejus fisco adjudicantur ; castra sive turres ejus solo æquari jubentur. Tunc ad pedes Cardinalis & Episcoporum provolutus ille veniam postulat. Illi vero pœnam indicunt supplici, ut nudus per urbem ductus flagellis cædatur ; id quod etiam factum est. Se Jerosolymam iturum jussu cum juramento promisit, ibique per triennium mansurum divino famulatui addictum, posteaque bona sua recepturum esse, dirutis tamen castellis. Jussus etiam est quingentas auri libras Tolosano Comiti solvere. Cæteri porro hæretici exemplo ejus perterriti, Cardinalem & Episcopos clam adierunt, erroremque confessi, veniam petierunt & impetrarunt.

Ludovicus Rex Agnetem filiam Constantinopolin misit connubio jungendam Alexio Comneno filio Imperatoris Manuelis. Andronicus vero tyrannus Alexii tunc junioris tutor, ipsum occidi curavit, & Agnetem duxit. Cum autem Andronicus peremtus fuisset anno 1185. nupsit illa Theodoro Branæ viro præpotenti.

Paulo post Agnetis profectum eodemque anno Philippus frater ejus in periculosissimum morbum incidit. Ludovicus autem unico filio timens, & *in somnis* monitus, si Scriptori credatur, in Angliam trajecit, & S. Thomæ Cantuariensis tumulum, Principum multis comitantibus, supplex adiit. Ipsi obviam venit Henricus Angliæ Rex, splendideque illum excepit, & quanto tempore ille in Anglia cum amicis suis mansit, omnia magnifice suppeditavit. Postridie quam advenerat Ludovicus, Cantuariam se contulit, & ad divi Thomæ sepulcrum preces fudit, craterem ingentem aureum dono obtulit & sepulcro imposuit. Centum vini modios quotannis in perpetuum solvendos Monachis dedit ; & si quid ex Regno suo emtum exportari curarent, ab omni vectigalium genere liberos reddidit. Redux Ludovicus Philippum filium incolumem, integra valetudine fruentem reperit, ipsumque Novembris prima die Remis sacrari & coronari Regem jussit. Juvenis Henricus Rex ceremoniæ adfuit, & ut Normanniæ Dux auream coronam qua coronandus

Hoveden.
& Diceto
l. 4. p. 636.

LOUIS VII. dit le Jeune.

dont Philippe devoit être couronné ; les autres Princes & Seigneurs y firent chacun leur fonction. Son pere étoit alors si malade, qu'il ne put pas assister à cette ceremonie.

Ce Prince après son retour d'Angleterre fut frappé de paralysie ; depuis cela il ne fit plus que languir ; & pendant ce tems le jeune Roi Philippe, Prince de grande esperance, fit quelques actions de vigueur. Aiant appris que Hebon de Charanton dans le Berri faisoit des exactions sur les Ecclesiastiques, il s'y rendit avec des troupes, & se mit à ravager ses terres. Hebon voiant que Philippe lui alloit faire un mauvais parti, vint se jetter à ses pieds & lui demander pardon, promettant avec serment qu'il repareroit le mal qu'il avoit fait jusqu'alors, & qu'il s'abstiendroit à l'avenir de pareilles violences. Il domta de même Imbert de Beaulieu & le Comte de Châlon sur Sône qui tyrannisoient les Eglises : il marcha lui-même contr'eux avec un corps d'armée, fit le dégât dans leurs terres, & les obligea de rendre aux Eglises ce qu'ils leur avoient pris. Il alla aussi avec un plus grand corps de troupes contre quelques Seigneurs, qui méprisant apparemment sa jeunesse, faisoient des courses sur les terres du Roi. Il les châtia si bien, qu'ils se rangerent à leur devoir, & n'oserent plus irriter un Prince aussi vigilant & aussi actif que l'étoit déja Philippe dans un âge si tendre.

1180. Maladie de Louis.

Philippe Auguste reprime les violences de quelques Seigneurs.

Le premier jour de Juin de la même année, qui étoit le jour de l'Ascension, il épousa dans l'Eglise de S. Denis en France, Elisabeth, ou Isabelle fille de Baudouin Comte de Hainaut, & niéce de Philippe Comte de Flandres, qui s'y trouva, & porta l'épée devant le Roi à l'ordinaire. Ce fut Gui Archevêque de Sens qui fit la ceremonie des nôces. Le Roi Philippe y fut couronné de nouveau ; & la Reine sa femme y fut sacrée. Il arriva là un accident assez comique qui fut pris pour un bon augure. Un Gentilhomme levant sa baguette pour écarter la foule, cassa trois lampes qui brûloient devant le grand Autel : toute l'huile tomba sur la tête des deux époux. Cela fut regardé alors comme une espece de miracle, & comme un présage, dit l'Auteur, que le nom de Philippe se répandroit comme l'huile des Cantiques : *Oleum effusum nomen tuum.* Ce jeune Prince témoignoit beaucoup de pieté, & avoit en horreur ceux qui blasphemoient ou juroient le nom de Dieu. Quand quelqu'un de ses gens, Gentilhomme ou autre, tomboit dans cette faute, il le faisoit d'abord jetter dans l'eau.

1180. Il épouse Isabelle de Hainaut.

Le Roi Louis son pere mourut à Paris le 18 Septembre âgé d'environ soixante

Mort de Louis le Jeune.

Rigord.

Philippus erat gestavit : cæteri quoque Principes quique suo functi sunt officio. Pater enim morbo quasi obrutus, celebritati interesse nequivit.

Post suum enim ex Anglia reditum Ludovicus paralysi percussus, adversa deinceps valetudine laboravit. Interimque Philippus etsi juvenis magnæ spei Princeps, fortiter se gerebat. Cum comperisset Hebonem de Carantonio apud Bituriges Ecclesias & Clerum vexare, cum copiis movit, & agros ejus devastavit. Pejora metuens Hebo supplex & ad pedes ejus provolutus, veniam postulavit, pollicitus se damna reparaturum, neque ultra pati violentiæ usurum esse. Domuit quoque Imbertum de Bello-loco & Comitem Cabilonensem qui in Ecclesias tyrannidem exercebant. Movit enim ipse cum exercitu, terras eorum depopulatus est, & ad ea restituenda, quæ rapuerant, compulit. Cum majori autem copiarum numero quosdam Primores adortus est, qui juventutem ejus despectui habentes, regios agros depopulabantur, quos tam fortiter repressit, ut in ordinem redigeret : neque ultra quidpiam aggredi sunt ausi, ita strenuum & vigilem nacti Principem etsi in juvenili ætate versantem.

Primo Junii die anni 1180. quo celebratur Ascensio Domini nostri, in Ecclesia sancti Dionysii in Francia Elizabetam seu Isabellam duxit filiam Balduini Comitis Hanoniæ, neptemque Philippi Flandrensis Comitis, qui gladium ante Regem tulit pro solito more. Nuptias autem illas celebravit Guido Archiepiscopus Senonensis. Philippus denuo coronatus est, uxorque ejus sacra unctione perfusa. Res porro accidit quæ pro fausto auspicio habita est. Cum vir quidam nobilis virga sua vellet turbam amovere, tres lucernas vitreas ante aram ardentes confregit, oleumque totum in capita sponsorum effusum est. Hoc porro tunc quasi miraculum habitum est, & quasi bonum omen, quod Philippi Regis nomen quasi oleum effusum futurum esset, inquit Rigordus. In adolescentia sua Philippus magna pietatis & religionis specimina dabat : blasphemantes & nomen Dei jurando compellantes horrebat : si quis ex suis in hoc peccatum incideret, statim ipsius jussu in aquam conjiciebatur.

Ludovicus Rex Lutetiæ obiit 18 Novembris anno-

Rigord.

ans, dans la quarante-quatriéme année de son regne, selon la plus commune opinion; car il y a quelque difficulté sur le tems où il a commencé de regner. Ce fut un des plus pieux Princes que la France ait eu. Quelques-uns lui donnent aussi le surnom de Pieux. Un Auteur l'accuse de trop de simplicité; & c'est à cette simplicité qu'il attribuë quelques actions de sa vie, qui ne paroissent pas exemtes de blâme, comme d'avoir porté les enfans d'Henri Roi d'Angleterre à faire la guerre à leur pere. Plusieurs Historiens le blâment aussi d'avoir fait divorce avec Alienor, & perdu ainsi le Duché d'Aquitaine.

MONUMENS DU REGNE
DE LOUIS VII. dit LE JEUNE.

PL. XII.
1.

LA [1] premiere figure de Louis le Jeune, qui est sur son tombeau, au milieu du Sanctuaire de l'Eglise de Barbeau, paroît être originale. Sa couronne est à fleurons à l'ordinaire. Son sceptre est terminé par le haut d'une touffe de feuilles, qui approche de la forme d'une pomme de pin, tel que celui de Louis le Debonnaire Pl. xxv. du premier tome.

2.

[2] Le suivant m'a été envoié par le R. P. Louis de Venoise Prieur de S. Pierre de Chartres, tiré des vitres de cette Eglise. On croit dans l'Abbayie que c'est le Roi Louis le Jeune qui y est representé: mais il y a deux difficultez contre cette opinion; la premiere est qu'il a le nimbe ou le cercle lumineux, qu'on ne mettoit qu'aux Rois qui étoient reconnus pour Saints. La seconde est que sa tunique est chargée de fleurs de lis, mises dans des losanges; ce qui se trouve ailleurs, mais dans des tems plus bas: car quoique selon la plus commune opinion l'usage du blason & des armoiries qui ont passé successivement dans les familles, ait commencé à s'établir sous le Regne de Louis le Jeune, je ne sai si la mode d'aller revêtu de son blason, & de mettre ainsi les pieces qui le composent dans des losanges s'est introduite si-tôt: je croirois plus volontiers qu'on a voulu mettre ici S. Louis, & que la vitre aura été faite après sa canonisation; ou que si on a voulu representer Louis le Jeune, il aura été fait dans des siecles posterieurs, & que ce nimbe & ce blason seront des caprices de l'ouvrier

---

Guillel. Neubrig. ad ann. 1180.

rum circiter sexaginta, & ut fert vulgatior sententia, anno quadragesimo quarto regni sui, circa initium enim regni ejus aliquid subest difficultatis. Inter piissimos autem Francorum Reges numerandus est; ideoque ab aliquibus Pius cognominatur. Scriptor quispiam illum nimiæ simplicitatis accusat: cui etiam simplicitati gesta quædam ejus non certe laudanda adscribit, quod verbi causa Henrici Angliæ Regis filios ad arma contra patrem sumenda concitaverit. A multis quoque reprehenditur, quod Alienorem repudiaverit, sicque Aquitaniam amiserit.

MONUMENTA
LUDOVICI VII. REGIS,
cognomento *JUNIORIS*,
ET QUÆDAM ALIA ISTIUS ÆVI.

PRIMUM Ludovici Junioris schema in medio Chori Ecclesiæ *de Barbellis*, ut vocant, in sepulcro positum, illo ipso ævo factum fuisse videtur. Corona solitis ornatur floribus. Sceptrum addensatis foliis superne terminatur strobili formam referentibus, quale est Ludovici Pii sceptrum tabula XXV. tomi primi.

Sequens a D. Ludovico de Venosia S. Petri Carnotensis priore mihi transmissus, putatur esse Ludovicus Junior, in vitreis fenestris Ecclesiæ istius depictus. At contra hanc opinionem duæ exsurgunt difficultates. Prior est quod caput ejus nimbo exornetur; quod ornamentum nonnisi Regibus qui ut sancti colebantur, adscribi, & apponi solebat. Altera est, quod tunica ejus sit liliis, in rhombo positis, conspersa, quod utique alibi observabitur, sed in sæculo posteriori. Etsi enim, ut peritorum fert opinio, usus insignium Gentilitiorum, qui in Nobiliis familiis ad posteros transmittitur, tempore Ludovici Junioris inductus sit; nescio an illo jam tempore insignia in vestibus appingi, & in rhombo locari cœperint. Libentius crederem hic S. Ludovicum repræsentari, vitreamque fenestram, postquam ipse in Sanctorum catalogo adscriptus fuerat, concinnatam fuisse. Vel si omnino hic Ludovicus Junior exhibeatur, sæculis certe posterioribus sic depictus fuerit, exque mero pictoris arbitrio nim-

MONUMENS DU REGNE DE LOUIS VII. &c. 71

aussi-bien que la couronne & le sceptre, qui sont d'une maniere extraordinaire.

3. Constance de Castille, seconde femme de Louis le Jeune, se trouve aussi sur son tombeau en la même Eglise de Barbeau de la maniere qu'on la represente ici. Sa couronne est d'une forme assez remarquable. Ses habits n'ont rien que d'ordinaire. Elle mourut l'an 1160.

4. Le seau pendant de Louis le Jeune, represente d'un côté le Roi assis sur son trône à l'ordinaire, qui tient de la main droite une fleur de lis sur un globe au bout d'un court bâton, & de l'autre un sceptre qui se termine en haut par une espece de losange dans lequel est une petite fleur de lis. L'inscription autour est, *Ludovicus Dei gratia Francorum Rex* : elle est continuée ainsi à l'autre côté, *& Dux Aquitanorum*. On le voit encore ici à cheval armé en guerre & tenant l'épée nuë. L'acte où est le seau fut donné l'an 1167. dans un tems où il étoit en guerre avec Henri Roi d'Angleterre. Il prenoit encore le nom de Duc d'Aquitaine long-tems après qu'il eut repudié Alienor ; ce qui fut fait en l'an 1151.

Agnés de Baudement qui suit, Dame de Braine, fut troisiéme femme de Robert de France Comte de Dreux, cinquiéme fils de Louis le Gros, qu'elle épousa en secondes nôces. Cette premiere 5 figure a été tirée par M. de Gagnieres de son seau attaché à une donation qu'elle & son mari firent en 1158. à l'Abbayie de S. Yved de Braine. 6 La figure suivante de la même Agnés est tirée de son tombeau qu'on voit au milieu du Chœur de l'Eglise de S. Yved de Braine dans l'Abbayie des Premontrez. Il reste sur son tombeau quelques traces de peinture bleuë ou d'azur. Elle mourut long-tems après son mari, & vivoit encore en 1202. L'espece de couronne qu'elle porte est assez singuliere. Nous verrons dans la suite plusieurs autres Dames couronnées, mais avec tant de varieté, qu'on ne peut rien établir sur la figure des couronnes des Duchesses, Comtesses ou autres. Elle a une * escarcelle attachée à sa ceinture ; ce qu'on voit souvent dans la suite jusqu'au tems de François I. & au-delà.

* C'étoit le nom qu'on donnoit à ces sortes de bourses.

7. La figure 7 suivante est des plus singulieres : elle represente Geoffroi le Bel Comte du Maine, fils de Foulques Comte d'Anjou & du Maine. Ce Geoffroi mourut le 7 Septembre de l'an 1150. On l'a copiée d'après une table de cuivre émaillé dans la nef de l'Eglise Cathedrale de S. Julien du Mans, à gauche contre

---

bus & insignia posita fuerint, ut etiam corona & sceptrum quæ inusitatæ formæ sunt.

Constantia Regis Castellæ filia, Ludovici VII. secunda uxor, in eadem Ecclesia de Barbellis sepulta, in tumulo suo exhibetur, qualis hic depingitur. Corona ejus non vulgaris est formæ, vestes non insolito more concinnatæ sunt. Obiit autem anno 1160.

Sigillum Ludovici Junioris in altera facie Regem exhibet in solio sedentem, qui dextera florem lilii baculo parvo superpositum tenet, altera vero sceptrum qui rhombo superne terminatur, in quo flos lilii exiguus est. Inscriptio circum posita sic legitur, *Ludovicus Dei gratia Francorum Rex*, in altera vero facie sic absolvitur, *& Dux Aquitanorum*. In hac item aversa facie eques repræsentatur armatus, strictum gladium manu tenens. Instrumentum in quo sigillum habetur scriptum fuit anno 1167. quo tempore bellum gerebat contra Henricum II. Angliæ Regem. Adhuc vero sese Ducem Aquitaniæ dicebat, diu postquam Alienoram repudiaverat ; id quod factum fuerat anno 1151.

Agnes de Baldementro, quæ sequitur Domina Brennaci, tertia uxor fuit Roberti, qui Ludovici sexti quintus filius erat, cui post defunctum priorem virum nupsit. Primum ejus schema eductum fuit ex sigillo instrumenti, ubi cum conjuge suo Abbatiæ S. Evodii Brennacensis donum quodpiam tribuit, quam Abbatiam ipsa fundaverat. Schema vero sequens ex ejus tumulo in medio chori ejusdem Ecclesiæ posito desumtum est, in quo tumulo picturæ cæruleis coloris, reliquiæ quædam visuntur. Obiit autem Agnes diu post decessum viri sui, superstes enim erat anno 1202. illa ceu corona quam gestat admodum singularis videtur. Multas in sequentibus nobiles matronas videbimus ; sed cum tanta coronarum varietate, nihil ut possit de forma coronarum certo statui, sive Ducissarum, sive Comitissarum, sive aliarum nobilium feminarum. Ad zonam autem marsupium alligatum habet, quod sæpe in sequentibus sæculis observatur ad usque tempus Francisci I. & ultra.

Schema sequens, inter singularissima computandum. Goffridum exhibet cognomine Pulchrum Cenomanensem Comitem, filium Fulconis Comitis Andegavensium & Cenomanensium. Hic vero Goffridus obiit 7 Septembris anno 1150. Exsumtum autem fuit ex ænea tabula encausto depicta, ad pilam apposita prope chorum Ecclesiæ cath. S. Juliani Cenomanensis.

72   PHILIPPE II. dit Dieu-donné & Auguste.

le second pilier proche le jubé. Tout est extraordinaire dans cette figure. Le casque a la forme d'un bonnet Phrygien : la pointe qui le termine en haut est recourbée sur le devant. Son bouclier le plus grand qui se voie dans tous ces monumens, est fort creux ; il lui couvre les épaules, & descend en pointe jusqu'aux pieds. Il est chargé d'azur aux lionceaux rampans d'or, lampassez de gueules, & a une grosse pointe sur le milieu. Quoiqu'il tienne l'épée nuë de la main droite, tout le reste de l'habit n'a rien du militaire. On voit d'abord une tunique qui lui descend jusqu'aux pieds chaussez d'une espece de pantoufles, qui ne lui couvrent par dessus que le bout des pieds. Sur la tunique il porte une veste, qui lui descend jusqu'au dessous du genou : sur la veste est une assez large ceinture ; & par dessus cette veste il porte un grand manteau, & sur le manteau une bande en écharpe, de la même forme que sa ceinture. Sur la tête du Comte il y a deux vers latins qui marquent que son épée en chassant les Brigans, donnoit la paix aux Eglises.

PHILIPPE II. dit DIEU-DONNE' & AUGUSTE.

MEZERAI qui dit que c'est Paul Emile, Auteur de la fin du quinziéme siécle, qui a le premier donné le nom d'Auguste à Philippe II. fait voir par là qu'il n'a pas seulement jetté les yeux sur Rigord, le principal Historien de ce regne, qui vivoit du tems de Philippe même, & qui l'accompagnoit dans ses expeditions militaires. Il l'appelle perpetuellement *Philippus Augustus*, & rend raison dans son prologue, pourquoi il lui a donné ce surnom. *Augustus*, dit-il, vient du verbe *augeo*, *augere*, qui veut dire augmenter : c'est donc à juste titre, poursuit-il, qu'on lui donne ce surnom, puisqu'il a augmenté son Roiaume par la prise du Vermandois, perdu depuis long-tems, & par tant d'autres conquêtes.

1181.
Philippe Auguste chasse les Juifs du Roiaume.

Après la mort de Louis, Philippe qui se trouva seul maître, signala le commencement de son Regne par l'expulsion des Juifs, dont les richesses s'étoient prodigieusement accruës. Rigord dit que ceux de cette nation qui étoient à Paris, sacrifioient tous les ans un Chrétien en opprobre de la Religion. Ils crucifierent

---

Hic omnia pene præter morem solitum sunt. Galea tiaram Phrygiam refert, cujus acumen antrorsum reflectitur. Scutum omnium eorum qui in hisce monimentis comparent maximum, admodum concavum est. Humeros tegit, & ad usque pedes attingit in acumen inferne desinens. Est porro cærulei coloris, leunculos exhibens erectos aureos, rubrâ linguâ. Ex medio scuto acumen emittitur. Etsi porro strictum gladium manu dextera teneat, nihil omnino militare in vestibus ejus comparet. Tunica ad pedes usque defluit. Calcei superne fere totum pedem nudum relinquunt, nec nisi ungulas tegunt. Supra tunicam, vestem aliam gestat, quæ sub genua defluit. Vesti lata zona cingitur, & supra vestem pallium magnum gestat, cui superponitur alia zona, præcedenti similis, quæ ab humeris demittitur. Supra figuram Comitis hi duo versus leguntur :

Ense tuo Princeps prædonum turba fugatur,
Ecclesiisque quies pace vigente datur.

PHILIPPUS II.

AUGUSTUS cognominatus.

MEZERÆUS cum dicit Paulum Æmilium, qui vertente sæculo decimo quinto scribebat, primum Philippo II. Augusti nomen dedisse, hinc testificatur se ne vidisse quidem historiam regni ipsius a Rigondo scriptam, qui Rigordus ævo ejusdem Philippi vixit, illumque in militaribus expeditionibus sequutus est. Hic passim illum Philippum Augustum appellat, causamque affert in prologo cur hoc cognomine donarit. *Augustus*, inquit, *vocare consueverunt Scriptores, Cæsares qui Rempublicam augmentabant, ab augeo, auges, dictos. Unde iste merito dictus est Augustus ab aucta republica*. Adjecit enim Regno suo totam Viromanduam, quam Prædecessores sui multo tempore amiserunt, multasque alias terras.

Post Ludovici obitum Philippus, penes quem tunc summa rerum erat, Judæorum expulsione regni sui principia insignivit. Hi divitiis supra modum aucti erant : & Rigordo teste, qui Lutetiæ versabantur, singulis annis Christianum hominem in Religionis opprobrium immolabant : cruci etiam affixerunt virum

PHILIPPE II. dit Dieu-donné & Auguste.

un nommé Richard, dont Dieu manifesta la sainteté par des miracles. Ils étoient répandus en très-grand nombre dans toutes les provinces & les villes du Roiaume, mais principalement à Paris, où ils étoient en possession de la moitié de la ville. Ils avoient pour serviteurs & servantes des Chrétiens & des Chrétiennes, dont plusieurs judaïsoient avec leurs maîtres. Ils prêtoient à grosse usure aux Bourgeois & aux Payisans, qui ne pouvant paier de si gros interets, étoient obligez de leur céder une partie de leurs biens. Ils tenoient chez eux d'autres débiteurs comme prisonniers & captifs. Ce qui étoit encore plus damnable, les Ecclesiastiques qui avoient besoin d'argent, leur donnoient en gage des crucifix & des calices d'or & d'argent, & les Juifs se servoient de ces calices pour y mettre de la boulie & pour boire. Cela fit grand bruit, on crioit de tous côtez contr'eux. Le Roi souhaitant d'y apporter remede, alla consulter Bernard Ermite du bois de Vincennes, qui étoit alors en grande reputation de sainteté; par le conseil duquel le Roi déchargea tous ses sujets des dettes qu'ils avoient contractées avec les Juifs, en s'en reservant pour lui la cinquiéme partie; ce qui apporta une grosse somme à son tresor.

Un cas extraordinaire qui arriva alors accelera la sentence contre cette nation reprouvée. Un Juif craignant que les Officiers du Roi ne vinssent faire la recherche dans sa maison, cacha au fond des lieux une croix d'or couverte de pierreries, & un livre des Evangiles orné aussi d'or & de pierres precieuses. Cela fut découvert. Le Roi les fit rendre à ceux qui les avoient mis en gage, en se reservant la cinquiéme partie de la dette. Après quoi il fit au mois d'Avril un Edit par lequel il ordonnoit à tous les Juifs de sortir de son Roiaume, ne leur donnant pour terme que jusqu'à la S. Jean de la même année. Il leur permit de vendre leurs meubles, & leur laissa le prix de la vente. Quant aux immeubles, maisons, champs, vignes, granges, pressoirs, & choses semblables, tout fut confisqué au profit du Roi & de ses successeurs. Les Juifs consternez d'une si prompte expulsion prirent differens partis: les uns se firent Chrétiens; les autres gagnerent par argent les Princes, les grands Seigneurs & les Evêques, qui allerent prier le Roi de revoquer son ordre; mais ce Prince demeurant inflexible, ils sortirent du Roiaume dans le mois de Juillet. Philippe ordonna que leurs Synagogues seroient changées en Eglises.

1182.

Ce Prince aiant chassé cette maudite engeance des Juifs, qui faisoient tant de mal à son Roiaume, s'appliqua à augmenter & orner Paris. Il fit faire au mar-

Il augmente & orne Paris.

---

nomine Richardum, cujus sanctitatem Deus miraculis illustravit. Magno autem numero per omnes Regni provincias & urbes disperfi erant; maxime vero Lutetiæ, ubi dimidiam urbem possidebant. Famuli ipsis & famulæ erant Christiani & Christianæ, quorum plerique *judaizabant*. Cum fœnore magno civibus & rusticis pecuniam commodabant, qui cum tantam annuam summam solvere non possent, partem bonorum ipsis concedere cogebantur. Debitores alios in domibus suis detinebant, quasi captivos & servos. Quodque damnabilius erat, Ecclesiastici quidam pecunia egentes, crucifixos ipsis & calices aureos argenteosque dabant, queis Judæi utebantur ad jusculca & potum. Hinc clamores adversus illos emissi. Rex tanto ut malo remedium afferret, Bernardum in silva Vincennarum Eremitam, tunc sanctitatis fama fulgentem, adiit, cujus consilio subditos suos omnes a talibus debitis liberos declaravit, quinta sibi retenta parte; id quod ingentem summam in ærarium Regium inexit.

Res singularissima, quæ tunc accidit, Judæorum damnationem & ejectionem acceleravit. Judæus quidam metuens ne Regii Ministri domum suam accuratius scrutarentur, crucem auream gemmis ornatam, & librum Evangeliorum auro & lapullis decoratum in latrinis occultavit. Re detecta, Philippus jussit reddi iis qui in fœnus illa deposuerant, reservata sibi quinta debiti parte. Sub hæc mense Aprili edicto præcipit, ut Judæi omnes ex regno suo excederent ante diem sancti Joannis Baptistæ ejusdem anni, concessit que illis ut supellectilem omnem venderent preciumque sibi servarent, reservatis sibi & successoribus Regibus, domibus, agris, vineis, villis, torcularibus, & immobilibus. Judæi hoc eu fulmine perterriti, alii Christiani sunt effecti; alii pecuniæ aditu, Principes, Primores & Episcopos allexêre ut Regem adirent, & edicti abrogationem impetrarent. Sed Philippo proposito non mutante, intra mensem Julium ex regno abscesserunt. Rex vero Synagogas in Ecclesias mutari jussit.

Hac indigna gente Christianis perniciosa ex regno eliminata, Philippus ornandæ & augendæ Lutetiæ urbi operam dedit. In foro *Campellis* dicto duas magnas do-

Rigord. *Hist. de Pa- ris.* Felibien.

ché nommé Champeaux, des Halles pour la commodité des Marchands, & le fit entourer de murailles, afin qu'on pût le fermer la nuit. C'est lui qui fit le premier paver les ruës de Paris. Il fit aussi clorre de bonnes murailles la forêt de Vincennes, qui jusques-là avoit été ouverte à tout le monde. Il en vouloit faire un parc aux bêtes fauves. Henri le vieux Roi d'Angleterre, eut la courtoisie de faire ramasser dans l'Aquitaine & la Normandie quantité de cerfs, de daims & de chevreuils, & les lui envoia pour en garnir sa forêt. Etienne Comte de Chatillon-sur-Loire aiant bâti un château qu'il prétendoit être imprenable, & par lequel il vouloit se rendre comme indépendant, Philippe l'assiegea, le prit & le rasa. Etienne vint le trouver, s'humilia devant lui, & ils se reconcilierent ensemble.

Mort du jeune Henri. En cette même année mourut dans le Querci le jeune Henri Roi d'Angleterre, fort repentant d'avoir fait long-tems la guerre au Roi Henri son pere. Il y avoit des troupes de brigans & de voleurs qui couroient par le Roiaume, & marchoient en corps & en nombre considerable. On les appelloit les Brabançons & les Cottereaux. Ces derniers faisoient des maux incroiables dans le Berri : ils ravageoient les campagnes, emmenoient les hommes avec leurs femmes, dont ils jouissoient en presence de leurs maris. Ils mettoient le feu aux Eglises, emmenoient les Prêtres & les Religieux, se moquoient du chant de l'Eglise, battoient les Ecclesiastiques jusqu'à les faire mourir, en mettoient d'autres dans les fers *Les Cottereaux impies taillez en pieces.* pour les rançonner. En pillant les Eglises, ils emportoient les vases sacrez, jettoient à terre le corps de notre Seigneur, le fouloient aux pieds, & profanoient les choses saintes en d'autres manieres. Ceux du Berri en firent leur plainte au Roi. Il leur envoia des troupes, qui jointes à celles du payis donnerent sur ces Cottereaux impies, & en tuerent plus de sept mille.

1184. *Guerre contre le Comte de Flandres.* Ensuite vint la guerre contre le Comte de Flandres à l'occasion du Vermandois, que lui avoit cedé le feu Roi Louis, mais pour un tems seulement. Le Roi Philippe le redemandoit au Comte, celui-ci le refusoit. Il y eut là-dessus plusieurs conferences, qui ne conclurent rien. Il fallut en venir aux armes. Le Comte leve dans son payis une grande armée, & fier de l'esperance d'un bon succès, vient assieger Corbie. Il prit d'abord le premier retranchement & le fauxbourg. Ceux de dedans rompirent les ponts, se retirerent dans le corps de la place, & se mirent en état de défense. Un secours envoié par le Roi, qui entra dans la place, releva le courage des assiegez. Après plusieurs jours de siege le Comte desespe-

Philippi-dos 1.

Rigord.

mos, *quas vulgus Halas vocat, edificari jussit*, & muris ambiri ; ut noctu claudi possent; vicos etiam Parisiacos lapidibus stravit. Muris etiam cingi jussit nemus Vicenarum, hactenus omnibus patens. Rex autem Henricus senior per Normanniam & Aquitaniam feras colligi curavit, cervos, damas & capras sylvestres, quas misit Philippo, ut in clausum nemus immitteret. Eodem tempore Stephanus Comes Castellionis ad Ligerim castrum excitavit quod inexpugnabile esse putabat, ita se existimans a Regia potestate eximi. At movit Philippus, castrum obsedit, cepit & solo æquavit. Stephanus vero illum adiit, veniam impetravit, & obsequentia sua ejus amicitiam sibi conciliavit.

Eodem anno in Cadurcensi provincia obiit Henricus junior, pœnitentiæque veræ signa dedit, quod diuturno tempore contra patrem arma tulisset. Erant tunc temporis prædonum quædam manus numerosissimæ, quæ per regnum discurrebant, vocabanturque Brabanciones & Cottarelli. Isti præcipue Cottarelli mala vix credibilia designabant apud Bituriges, agros depopulabantur, viros & mulieres adducebant, uxores violabant ante conjuges suos, Ecclesias incendebant : Presbyteros &

Monachos secum abigebant, cantum Ecclesiæ irridentes, Ecclesiasticos verberantes ad necem usque. Alios vero in vincula conjiciebant, ut aurum extorquerent. Ecclesias dum expilarent, sacra vasa abripiebant : quodque horrendum dictu est, corpus Domini nostri in terram abjiciebant pedibusque calcabant, aliisque modis profana perpetrabant, Bituriges vero apud Regem conquesti sunt, qui manum militum misit : iique cum Biturigibus juncti, Cottarellos sunt adorti, eorumque plus quam septem millia occiderunt.

Rig. Philip. l. 2. Hinc sequitur bellum contra Flandrensem Comitem occasione Viromanduensis regionis, quam ipsi concesserat Ludovicus, sed ad tempus quoddam tantum. Repetebat vero Philippus : restituere nolebat Comes. De illa sæpe est colloquuti ambo, re infecta discesserant. Ad arma tandem ventum est. Comes in Flandria grandem colligit exercitum, & Corbeiam obsidet. Suburbium statim cum primo vallo capit. Oppidani pontes dirumpunt, intra urbem se recipiunt, & ad repellendum hostem se comparant. Manus armatorum ab Rege missa & in urbem ingressa, animos fecit obsessis. Post aliquot obsidionis dies Comes abscessi-

PHILIPPE II. dit Dieu-donné & Auguste. 75

rant de prendre la place, décampa, passa l'Oise, ravageant & brûlant tout dans le payis où il passoit. Il arriva à Senlis, & trouva la place si bien munie, qu'il n'en osa tenter le siege. Il continua toujours de faire le dégât au payis des environs, surprit le château de Dampmartin, & ne se proposoit pas moins que de venir jusqu'à Paris. Les Seigneurs de sa troupe l'en dissuaderent. Il alla assieger Bestisi, petite place alors bien fortifiée. Cependant le Roi qui avoit assemblé une armée, marcha contre lui. Le Comte n'osant l'attendre se retira par la forêt de Cuise, & tenta en chemin faisant de prendre Choisi, alors place forte : mais le Roi le talonnant toujours de près, il s'enfuit en Flandres.

Philippe voiant que le Comte à qui il vouloit donner bataille, lui étoit échappé, s'avança vers Amiens, dans le dessein d'assieger la ville, qui étoit alors entre les mains de son ennemi. Pour investir la place il falloit prendre quelques châteaux bâtis tout autour, qui en défendoient les approches. Il attaqua d'abord celui de Boves : l'attaque fut vive, on fit bréche, & la garnison se retira dans le donjon. On pousse les travaux pour y faire bréche, & on l'auroit emporté bientôt, quand voici arriver le Comte avec son armée, qui presenta la bataille au Roi. Il étoit tard lorsqu'il arriva, & l'Auteur donne à entendre, que ce n'étoit qu'une feinte pour obliger le Roi de lever le siege de Boves. Ce Prince vouloit aller le combattre sur le champ, mais il fut arrêté par l'Archevêque de Rheims & par le Comte Thibaud, qui lui perfuaderent d'attendre au lendemain. Cependant le Comte qui ne vouloit rien moins qu'une bataille, se servit de l'obscurité de la nuit pour repasser la Somme, & se campa loin de l'armée du Roi. Il emploia quelques Entremetteurs, qui lui demanderent tréve pour huit jours. Le Roi l'accorda, & pendant ce tems-là le Comte vint faire sa soumission, lui rendit tout le Vermandois, lui demandant pourtant Saint-Quentin & Peronne pour sa vie seulement ; ce qu'il obtint. Quelques Auteurs remarquent ici une chose fort singuliere, qu'ils regardent comme un miracle ; c'est que le terrain où le Roi étoit campé devant Boves, ces champs foulez par les pieds des chevaux, par les charrettes, & par une infinité de gens, qui devoient selon toutes les apparences ne rien produire cette année, rendirent une plus belle recolte qu'aux années précedentes, au lieu qu'il ne vint rien au terrain qu'avoit foulé l'armée du Comte de Flandres. Cela a tout l'air d'une vision, ou pourroit être arrivé par quelque cause naturelle.

---

fit, Isaram trajecit, ferro & igni omnia devastans, Silvanectumque venit : quam urbem ita munitam reperit, ut obsidionem tentare ausus non sit. Agros autem devastare pergens, Domni-martini castrum ex improviso cepit, & Lutetiam usque pergere parabat ; at suorum consilio Bestisiacum oppidum parvum, sed munitum obsedit. Interea Rex collecto exercitu adversus illum movit : quem exspectare non audens Comes, per Cotiam silvam receptum habuit, & Chosiacum munitum castrum raptim capere conatus est. Verum insequente semper Rege, in Flandriam fugit.

Videns Philippus Comitem, quicum manus conserere cupiebat, in Flandriam se recepisse, Ambianum venit, ejus obsidendi animo. Urbs enim illa tunc temporis ab hoste suo tenebatur. Ad illam obsidendam capienda primum erant castella quædam circum structa; quæ a mœniis urbis exercitum arcebant. Bobas castrum statim obsedit Philippus, admoventur machinæ, muri dejiciuntur, obsessique in arcem confugiunt. Arcis muri impetuntur, quæ mox a Rege capienda erat, quando Comes cum exercitu advenit quasi pugnam commissurus : verum innuit Scriptor Comitem non vere pugnam inire voluisse, sed astu accessisse, ut ab obsidione Regem averteret. Philippus vero statim in exercitum Comitis irrumpere voluit ; sed ipsi Archiepiscopus Rhemensis & Theobaldus Comes auctores fuerunt, ut in crastinum pugnam differret. Comes vero qui non pugnandi animo accesserat, favente nocte Somonam trajecit, & procul ab exercitu Regio castrametatus est. Tunc quorumdam opera octo dierum inducias a Rege petiit. Postulatum Rex concessit, & Comes illo dierum spatio Philippum adiit, Viromandiam ipsi reddidit ; rogavit tamen, per totam vitam suam S. Quintinum & Peronam tantum sibi retinere liceret; id quod ab Rege impetravit. Hic quidam rem notant singularem, quam prodigii loco haberi volunt. Solum illud, inquiunt, quod Regis exercitus ante Bobas occupabat, ab equis, carris, & innumera hominum multitudine tritum & calcatum, quod nullam segetem isto anno emissurum vero-simile erat, messem protulit abundantiorem quam annis superioribus ; cum contra nihil frugis in agris quos Flandrensis comitis exercitus calcaverat, emissum sit. Verum illud vel ex imaginatione Scriptorum prodiisse videtur, vel ex aliqua naturali causa accidit.

Rigordus.

Tome II. K ij

76 PHILIPPE II. dit Dieu-donné & Auguste.

1187.
Philippe fait la guerre à Henri Roi d'Angleterre.

A peine cette guerre étoit-elle finie, qu'il en survint une autre, dont voici le sujet. Le jeune Roi Henri étant mort sans enfans, le Vexin Normand qui lui avoit été donné en dot de sa femme Marguerite sœur du Roi Philippe, lui devoit être rendu. Il le redemandoit, & exigeoit encore que Richard fils du vieux Roi Henri, qui avoit succédé à son frere, lui fît hommage des terres qu'il avoit en France. On lui refusa l'un & l'autre. Sur ce refus Philippe assembla une armée, & se rendit dans le Berri: il prit Issoudun, Grazai & plusieurs autres lieux, & alla assieger Château-Raoul, place très-forte & bien munie, qui se défendit fort bien contre les vives attaques des assiegeans. On dressa des batteries; on en vint un jour à l'escalade avec perte considerable des assaillans. Sur ces entrefaites le Roi Henri & son fils Richard approcherent avec une grande armée, & envoierent défier Philippe, qui ne demandant pas mieux que d'en venir à une bataille, rangea son armée. Tout étoit disposé pour le combat, les armées étoient en presence, lorsque Henri & Richard vinrent demander la paix au Roi, qui la leur accorda, & leur rendit les places qu'il avoit prises, hors Issoudun qu'il garda.

Naissance de Louis dit le Lion.

Saladin prend Jerusalem.

En cette même année toute la France fut en joie de la naissance de Louis fils aîné de Philippe & d'Isabelle de Hainaut sa femme; mais en même tems des tristes nouvelles vinrent de la Terre-sainte, qui portoient que Saladin avoit défait & taillé en pieces l'armée des Chrétiens, pris Jerusalem & plusieurs autres villes, & qu'il étoit à craindre, qu'il ne s'emparât de même de tout ce que les Chrétiens avoient en ce païs-là. Il n'est pas possible d'exprimer la douleur que causa cette nouvelle dans toute la Chrétienté; on n'y entendoit que des cris & des gemissemens. Le Roi Philippe que ce malheur toucha sensiblement, souhaitant d'aller secourir les Chrétiens de ce païs-là, & de faire ses dévotions au sepulcre de notre Seigneur, prit la croix. Le Roi d'Angleterre & son fils Richard la prirent de même. A leur exemple un grand nombre de Ducs, Comtes & Seigneurs se croiserent aussi. Ce fut en ce tems-là que Philippe établit la dixme, qu'on appella Saladine, destinée pour la guerre sainte. Ce subside fut à charge à bien des gens.

Dixme Saladine.

1188.
Philippe fait la guerre à Richard Cœur-de-lion,

Tout sembloit disposé à cette sainte expedition; mais après ce premier feu la dissension qui se ralluma entre Richard fils du Roi d'Angleterre & le Roi Philippe, obligea de differer ce voiage à un autre tems. Ce Prince bouillant & impetueux s'avisa de faire la guerre à Raimond Comte de Toulouse, fondé sur quelques

Philippidos l. 2.

Hoc vix terminatum bellum aliud excepit, cujus hæc occasio fuit. Henricus junior Rex cum sine liberis obiisset, Vellocassium Normannorum regio quæ Margaritæ sorori Philippi, & Henrici uxori in dotem data fuerat, Philippo Regi restituenda erat. Repetebat autem illam Philippus, exigebat insuper ut Ricardus Henrici senioris filius, qui fratri successerat, *hominium* sibi de terris, quas in Francia possidebat, præstaret. Petenti vero utrumque denegatum est; quamobrem Philippus collecto exercitu, movit in Bituriges, ubi Uxellodunum cepit & Crasaium, castrumque Radulfi munitissimum obsedit. Obsessi vero Regii exercitus impetum strenue propulsarunt. Admoventur machinæ, scalæ muris applicantur, sed cum gravi obsidentium pernicie. Interea Henricus Rex & Ricardus ejus filius cum exercitu magno accesserunt, ac Philippum ad arma provocaverunt, qui ardens animo exercitum suum ad pugnam apparat, ordinesque disponit. In procinctu utriusque exercitus erant, cum Henricus & Ricardus pacem postulatum venerunt. Res tum compositæ fuerunt, captas urbes Philippus reddidit, uno excepto Uxelloduno.

Hic ipse annus lætitiam ingentem Francis attulit, nato Ludovico Philippi Regis & Elisabetæ conjugis primogenito. Verum eodem tempore ex Palæstina tristia nunciata fuerunt. Saladinus Christianorum exercitum fuderat & conciderat, Jerosolymam aliaque oppida ceperat, metuendumque erat, ne ex cæteris locis omnibus, quæ Christianis supererant, ipsos expelleret. Hinc dolor & luctus Christianis omnibus. Hac re vehementer commotus Philippus, ut auxilium oppressis afferret, & sepulcrum Domini venerabundus adiret, crucem accepit: accepere quoque Henricus Rex Angliæ & Ricardus filius; eorumque exemplo multi Duces, Comites aliique. Tunc Philippus decimas illas pro bello sacro colligendas edixit, quæ ideo decimæ Saladinæ vocatæ sunt. Hoc vectigalis genus oneri plerisque fuit.

Philidos l. 3

Rigo p. 25.

Omnia ad illam sacram expeditionem parata videbantur. Verum sedato illo prius concepto fervore, dissensio Ricardum inter & Philippum Regem coorta, iter Jerosolymitanum aliud in tempus differre coegit. Princeps enim ille fervens ac turbulentus Raimundo Comiti Tolosano bellum intulit, Tolosam contendens

Philidos l. 3

PHILIPPE II. dit Dieu-donné & Auguste.

prétentions que les Ducs d'Aquitaine avoient sur cette ville. On en a déja parlé sous Louis le Jeune. Le Comte Raimond eut recours au Roi de France son Seigneur. Philippe tâcha d'abord de détourner Richard de cette entreprise ; mais voiant qu'il ne gagneroit rien que par la force, il passa la Loire avec son armée, & attaqua Château-Raoul, qu'il emporta dans fort peu de tems. Il prit ensuite Buzançai, Argenton & Levroux. Il ne vint pas si facilement à bout de Montrichard, place forte & bien munie, qui l'arrêta assez long-tems, mais il s'en rendit enfin le maître, fit toute la garnison prisonniere, & ruina ce lieu ; de là il marcha vers Mont-Luçon, & se rendit le maître de toute l'Auvergne.

Le Roi d'Angleterre aiant pris la route de la Normandie, Philippe le poursuivit, & l'auroit atteint si Vendôme n'avoit refusé de lui ouvrir les portes. Il s'arrêta là, & obligea enfin la ville à se rendre. Sachant qu'Henri s'étoit rendu à Gisors, il y alla en diligence. Le Roi d'Angleterre lui fit demander une tréve pour trois jours, qui lui fut accordée. Pendant ce tems-là on traitoit de la paix, qui ne put être concluë. L'Auteur de la Philippide met ici une particularité qui mérite d'être rapportée. Il y avoit devant la ville de Gisors un orme dont le pied étoit d'une grosseur si démesurée, que huit hommes pouvoient à peine l'embrasser. Ses branches s'étendoient si loin, que l'art aiant aidé la nature, elles couvroient l'espace de plusieurs arpens. Des milliers de gens sous cet arbre touffu se garentissoient également du soleil & de la pluie ; & regardé de loin, cet arbre seul paroissoit une forêt. Le tems étoit alors fort chaud. Tandis qu'à la faveur de la tréve on traitoit de la paix de part & d'autre, le Roi Philippe & les François se tenoient au soleil, alors fort ardent, & souffroient beaucoup de la chaleur ; & le Roi Henri avec un grand nombre d'Anglois étoient au frais sous cet orme. Ces Anglois se moquoient des François ainsi brûlez par les ardeurs du soleil, & rioient à gorge déploiée. Dès que les trois jours de tréve furent expirez sans rien conclure ; les François indignez de cette insulte donnerent sur eux. Les Anglois se défendirent quelque tems ; mais enfin ils plierent & prirent la fuite vers la ville. La presse fut grande à la porte, où plusieurs furent étouffez par la grande foule ; d'autres voulant se sauver du côté de la riviere, furent tuez par les nôtres qui les talonnoient, ou se noierent voulant passer à l'autre rivage. Alors les François pour se venger des railleries des Anglois, couperent par le pied cet orme : ce qui déplut extrémement au Roi Henri, qui en faisoit ses délices.

&à Henri Roi d'Angleterre.

Orme prodigieux.

Défaite des Anglois.

---

ad Ducem Aquitaniæ pertinere ; qua de re sub Ludovico VII. jam actum fuerat, Raimundus Comes Philippi supremi domini opem imploravit, qui statim Ricardum verbis a proposito abducere conatus est. Sed cum videret nonnisi vi rem perfici posse, cum exercitu Ligerim trajecit, castrum Radulfi statim vi cepit, hincque Buzancaium, Argentonium & Lebrosum. Non pari facilitate Montis-Tricardi sibi subdidit oppidum munitissimum ; sed post multum temporis & oppidum & custodes cepit, totumque diruit. Inde Montem-Luzonis venit, totamque Arvernorum regionem sibi subdidit.

Cum porro Henricus Angliæ Rex versus Normanniam iter haberet, illum Philippus insequutus attigisset, nisi ipsi Vindocinum portas clausisset. Ibi gradum sistere coactus, urbem tandem ad deditionem compulit. Cum comperisset autem Henricum venisse Gisortium, festino gradu illo se contulit. Inducias trium dierum petiit Henricus, quibus concessis, de pace actum fuit, quæ iniri non potuit. Rem hic narrat auctor Philippidos plane singularem. Ante Gisortium urbem ulmus erat annosa, cujus stipes tantæ densitatis erat, ut vix octo viri extensis brachiis totum complecti valerent : rami vero usque adeo protensi erant, ut jugera plurima umbra ejus obtegeret :

Millibus ut multis solatia mille ministret.

& procul conspecta arbor silva esse videretur. Tunc ingens erat æstus : cumque per inducias de pace agetur, Philippus & Franci ardore solis æstuabant ; Henricus vero & Angli multi fruebantur arboris tantæ. Hi Francos æstuantes irridebant, & cachinnis insectabantur. Postquam triduanæ induciæ completæ sunt, Franci ob dicteria indignati, Anglos adorti sunt. Hi post aliquantum certaminis in fugam versi, Gisortium petunt : ad portam vero tam densa turba fuit, ut multi oppressi interirent ; alii ad fluvium currentes, vel a Francis insequentibus occiderentur, vel in aquas se præcipites darent & submergerentur. Post pugnam Franci ut ludibria illa ulciscerentur, ulmum a stipite exciderunt, quod Henrico Regi admodum displicuit.

78 PHILIPPE II. dit Dieu-donné & Auguste.

Après cet exploit le Roi Philippe s'en alla à Chaumont & le Roi Henri à Vernon, & de là à Pacy ; d'où suivant le conseil de Richard son fils il alla assieger Mante, & fit un dégât extraordinaire aux environs, ravageant & brûlant un grand nombre de bourgs & de villages ; mais apprenant que le Roi Philippe arrivoit pour secourir la place, il se retira. Il y eut là un combat entre Richard fils du Roi d'Angleterre & Guillaume des Barres, deux des plus braves hommes du siécle, d'où Richard eut assez de peine de se tirer.

Cependant ceux qui s'étoient croisez pour la Terre-sainte, & qui vouloient accomplir leur vœu, l'Archevêque de Rheims, les Comtes de Flandres & de Champagne, le Duc de Bourgogne & les autres Seigneurs s'étoient retirez avec leurs troupes. Ainsi le Roi Philippe n'étoit guére en état d'avoir des armées con-

1188. siderables. Il avoit alors à son service une espece de milice qu'on appelloit les Ribauds ; c'étoient des fantassins armez fort legerement, dont on se servoit pour les expeditions promtes, & qui donnoient les premiers dans les combats. En ce

Richard se joint à Philippe contre son pere Henri. même tems son armée se trouva renforcée par une revolte qui diminua d'autant celle des ennemis. Richard Cœur-de-lion devoit épouser Alix sœur du Roi ; mais le Roi son pere la tenoit enfermée dans une tour. Richard la demande, Henri la lui refuse, & s'obstine à la tenir toujours sous sûre garde : ce qui sembloit confirmer l'opinion où l'on étoit qu'il s'en servoit comme de sa femme.

Richard indigné de ce refus quitte son pere, & va joindre le Roi Philippe, qui partit de Nogent en Perche avec son armée, & prit d'abord la Ferté-Bernard & Montfort, & s'en alla assieger le Mans. Henri qui y étoit alors avec son armée, ne l'attendit pas : il se retira à Alençon. Le Mans fut bien-tôt pris, après quoi Philippe attaqua la forteresse qui fut aussi emportée dans peu de tems. Il

Prise de Tours. alla ensuite assieger la ville de Tours. La garnison & les habitans le voiant arriver, rompirent le pont. Il fallut chercher un gué pour passer la riviere. Le Roi alla lui-même sonder avec sa lance, & en trouva un où toute l'armée passa. Philippe alla ensuite reconnoître le fort & le foible de la place, & ses Ribauds, dont dont nous venons de parler, donnerent l'escalade, & entrerent dans la ville, & toute l'armée après eux.

1190. Mort d'Henri II. Roi d'Angleterre. Le Roi Henri accablé de douleur de tant de pertes & de malheurs, s'étoit retiré à Chinon. Il fut obligé de venir demander la paix au vainqueur, aiant déja la fiévre. Il en passa par tout ce que Philippe voulut, & s'en retourna à Chinon

---

Philippidos l. 3. Post illam expeditionem Philippus ad Calvum-Montem se contulit. Henricus vero Vernonem & Paciacum petiit. Hinc concitante Ricardo Meduntam obsidet, ac vicinos agros & villas igni & ferro depopulatur. Sed ut audivit accedere Philippum opem laturum, receptui cecinit. Hic pugna fuit Ricardum inter Henrici Regis filium, & Guillelmum de Barris, qui duo inter strenuissimos istius ævi computandi ; Ricardus vero vix salvus evasit.

Philippidos l. 3. Interea qui ad bellum sacrum crucem acceperant, Archiepiscopus Rhemensis, Comites Flandriæ & Campaniæ, Dux Burgundiæ, cæterique Primores cum copiis suis recesserant. Rex ergo Philippus grandes colligere exercitus vix poterat. Genus vero quoddam militiæ penes se habebat ; hi Ribaldi vocabantur, peditesque erant levis armaturæ, ad expeditiones promtas subitaneasque in usu, qui velitum instar primi in præliis hostem lacessebant. Eodem tempore ejus exercitus auctus, & hostis ipsius eadem opera imminutus fuit. Ricardus, cui cognomen Cor leonis, Adelam Philippi Regis sororem ducturus erat. Sed pater ejus Henricus illam in turri clausam tene-

bat. Petit illam Ricardus, negat pater.

*Se super incestus suspectum crimine reddens,
Corrupisse nurum fama vulgante notatus.*

Repulsam non ferens Ricardus, patrem deseruit, & cum Philippo junctus est ; qui Novigento in Persica profectus, Feritatem-Bernardi cepit, & Cenomanorum urbem obsedit. Illum Henricus, qui apud Cenomanos erat, non exspectavit, sed Alenconium se recepit. Cenomanensem urbem brevi cepit Philippus, posteaque arcem pari facilitate suam fecit. Inde Turonum urbem obsessum venit. Accedente illo oppidani cum militibus pontem diruperunt. Vadum ipse Rex quæsivit & immersa lancea reperit, sicque flumen trajecit exercitus : posteaque cum observasset qua parte debilior, qua munitior urbs esset, Ribaldi scalas applicuerunt, & in urbem ingressos totus sequutus est exercitus.

Rex Henricus tam improsperæ gestæ rei dolore obrutus, Chinonem se receperat. Pacem autem a victore postulavit, & quas Philippus voluit conditiones admisit, Chinonemque reversus æger in lecto decu- *Roger ab Hoveden.*

PHILIPPE II. dit Dieu-donné & Auguste.

où il se mit au lit de la mort ; & aiant appris que Jean son fils avoit suivi Richard dans sa revolte, il leur donna sa malédiction, qu'il ne voulut jamais revoquer, quoique pour le reste il témoigna beaucoup de repentance de ses pechez. Il mourut donc, & fut enterré à Fontevrauld, où l'on voit encore aujourd'hui son tombeau.

En la même année mourut le 15 de Mai la Reine Isabelle ou Elisabet de Hainaut, premiere femme du Roi Philippe, qui étant alors de bon accord avec le Roi Richard Cœur-de-lion, devoit faire en sa compagnie l'expédition de la Terre-sainte. Il alla avant son départ, le jour de S. Jean-Baptiste, à l'Eglise de S. Denis prendre l'oriflamme, le bourdon & l'escarcelle ou la bourse. Il se rendit ensuite à Vezelai avec le Roi Richard : de là ces deux Princes allerent s'embarquer pour le Levant, Philippe à Gennes, & Richard à Marseille.

1190. Mort de la Reine Isabelle.

Philippe laissa en partant le gouvernement de son Roiaume à la Reine Alix sa mere & à l'Archevêque de Rheims. Il donna ordre qu'on bâtit des murs autour de la ville de Paris du coté du septentrion avec des tours d'espace en espace ; ce qui fut executé dès qu'il fut parti. Il laissa aussi le même ordre pour les autres villes. Richard arriva au Roiaume de Naples sans aucun accident fâcheux. Philippe souffrit beaucoup dans la route ; il fut agité de la tempête : ceux qui l'accompagnoient perdirent une bonne partie de leurs effets ; mais il eut soin de les dédommager, quand ils furent arrivez à Messine. Le Roi Tancrede lui fit un grand accueil, lui fournit abondamment des vivres & à tous ses gens, & lui offroit une grosse somme d'or, s'il vouloit épouser une de ses filles, ou s'il vouloit la donner en mariage à son fils Louis. Mais le Roi qui avoit des ménagemens à garder avec l'Empereur Henri, à qui ce mariage n'auroit pas plu, s'en excusa du mieux qu'il put. Richard eut de grands démêlez avec Tancrede à l'occasion de Jeanne sa sœur ; il y eut même quelques actes d'hostilité. Mais selon nos Auteurs François, le Roi Philippe pacifia tout, en obligeant Tancrede de paier quarante mille onces d'or, dont les deux tiers furent pour Richard, & le tiers pour lui.

Philippe part pour la guerre sainte.

Philippe eut un grand démêlé avec Richard au sujet de sa sœur Alix, que Richard fiancé avec elle ne vouloit plus épouser. L'Anglois avoit même déja fait rechercher Berengere de Navarre, le mariage étoit conclu, & selon Guillaume le Breton, il étoit déja consommé. Philippe le pressoit de dire les raisons

Son démêlé avec Richard.

---

buit, atque morti vicinus edidicit Joannem filium cum Ricardo rebelli junctum esse. Ambobus autem maledixit : neque maledictum unquam revocare voluit, etsi de reliquo magnam de admissis ab se peccatis pœnitentiam exhibuerit. Obiit igitur, & apud Fontem-Evraldum sepultus est, ubi ejus hodieque sepulcrum visitur.

Rigord.

Eodem anno 1190. 15. Maii, obiit Elisabeta de Hannovia uxor Philippi Francorum Regis, qui pacem habens cum Ricardo, illo ipso comitante expeditionem in terram sanctam facturus, antequam iter susciperet, die S. Joannis Baptistæ in Ecclesia sancti Dionysii vexillum, baculum & sportam accepit, indeque Vezeliacum venit cum Ricardo. Deinde ambo profecti sunt, & naves conscenderunt, Philippus Genuæ, & Ricardus Massiliæ.

Rigord.

Ante profectionem suam Philippus Regni sui administrationem dedit Adelæ matri & Archiepiscopo Rhemensi. Jussit etiam circum Lutetiam ædificari muros cum turribus hinc & inde, & cingi septentrionalem urbis partem ; idque statim susceptum perfectumque fuit. In aliis quoque urbibus idiplum peragi præcepit.

Ricardus feliciter in Neapolitanum regnum advectus est. Philippus vero multa perpessus & a tempestate agitatus fuit ; ita ut comites ejus ex suis multa amiserint, quibus ille amissorum precia Messanæ reddidit. Tancredus Rex magnifice excepit illum, annonam largiter & ipsi & suis suppeditavit ; ingentemque auri vim offerebat Philippo, si ex filiabus suis aliquam ducere, vel si in uxorem Ludovico filio suo dare vellet. Verum Rex ne Henrico Imperatori amico suo tale connubium displiceret, quam urbanissime potuit rem negavit. Magna porro dissensio fuit Ricardum inter & Tancredum occasione Joannæ sororis ; etiamque ad hostilia ventum est. Verum narrantibus Francis Scriptoribus, Rex Philippus pacem fecit ea conditione ut Tancredus quadraginta millia unciarum auri solveret ; quarum duæ tertiæ partes Ricardo, tertia pars quæ supererat Philippo cederet.

Guillelmus Armoricus.

Philippus etiam cum Ricardo multum litigavit occasione Adelæ sororis suæ ; quam sibi desponsatam ducere Ricardus nolebat. Imo jam Berengariam Navarræ Regis filiam expetierat, ut vero ait Guillelmus Brito jam consummatum matrimonium erat. Cum instanter quæreret

Rogerius Hoveden in Ricardo.

80 PHILIPPE II. dit Dieu-donné & Auguste.

pourquoi il ne vouloit plus d'Alix ; il lui répondit que sa conscience ne le lui permettroit plus, aiant appris que son pere qui l'avoit gardée long-tems, en avoit eu un fils ; ce qu'il prouva par le témoignage de plusieurs personnes dignes de foi. Il lui dit de plus qu'il lui donneroit pendant l'espace de cinq ans deux mille marcs sterlins chaque année, & qu'après son retour, il lui rendroit Gisors & le Vexin Norman. Le Roi Philippe, quoique peu content de Richard, dissimula son chagrin. Quand il fut tems de partir, le Roi avertit Richard qu'il falloit accomplir le vœu qu'ils avoient fait. Richard lui dit qu'il ne partiroit qu'au mois d'Août suivant. Il le fit sommer une seconde fois comme son vassal, Richard fit la même réponse. Alors le Roi fit dire aux autres Seigneurs de l'armée de Richard, qu'ils eussent à partir avec lui. Il n'y en eut que deux qui le suivirent, le Seigneur de Rancon & le Vicomte de Châteaudun. Cela déplut fort au Roi Richard, qui leur en fit bien porter la peine depuis. Le Roi de France fit donc voile, & aiant les vents favorables, il arriva en peu de tems à Acre, où il fut reçu par l'armée des Chrétiens avec toute la joie imaginable. Ils assiegeoient Acre depuis long-tems. Les assiegez se défendoient vaillamment, & Saladin avec son armée n'étoit pas loin : toujours attentif à jetter du secours dans la place, & à faire lever le siege s'il pouvoit. Le Roi de France prit ses quartiers devant la ville, & fit dresser ses machines pour faire bréche, & quand elle fut faite, il attendit le Roi Richard pour donner l'assaut. Ils étoient convenus ensemble, qu'ils ne le donneroient pas l'un sans l'autre. Cependant le Roi d'Angleterre s'étant arrêté en l'isle de Cypre, fit la guerre à Isaac Comnene qui la possedoit alors, & contre lequel il avoit des sujets de plainte : il prit toute l'isle en peu de tems, & fit prisonniers Isaac Comnene & sa femme, qu'il chargea de liens ; après quoi il se rendit à Acre. A peine y fut-il arrivé, que la division se mit entre les deux Rois. Un levain d'aigreur qui restoit encore depuis les affaires de Sicile, les rendoit promts à prendre feu l'un contre l'autre. L'humeur altiere de Richard, propre à soutenir des querelles & à en faire naître de nouvelles, brouilloit tout, & empêchoit qu'on ne finît. Des Entremetteurs les accorderent enfin pour un tems. Richard fit aussi de son côté une grande bréche ; & lorsque tout étoit disposé pour un assaut general, les assiegez parlerent de capituler. On fut long-tems à convenir des articles. Les conditions que les Princes croisez proposoient, ne pouvant être reçuës sans le consentement de Saladin, il falloit donner

1191.

Prise d'Acre par les Chrétiens.

Rigord.

Philippus, cur Adelam ultra nollet ; respondit ille, id sibi non licere, cum sciret patrem suum, qui illam diu apud se retinuerat ; ex ea filium suscepisse, quod etiam multorum fide dignorum hominum testimonio probavit. Promisit etiam se daturum ipsi per spatium quinque annorum duo mille marcas sterlinas singulis annis, & post reditum, ipsi redditurum Gisortium & Vilcassinum Normannicum. Rex Philippus, etsi Ricardi gesta non probabat, dissimulavit tamen : ac cum tempus esset proficiscendi, Ricardum monuit, & votum implendum esse dixit. Respondit Ricardus se nonnisi Augusto mense iter esse susceptum. Secunda vice illum quasi hominem suum moneri curavit, idipsumque Ricardus respondit. Tunc Philippus Primoribus qui in exercitu Ricardi erant, edixit ut secum proficiscerentur. Duo tantum ex ipsis obsequuti sunt, D. de Ranconio & Vicecomes de Castelloduno ; id quod Ricardo displicuit, ut illos postreditum acriter ultus fit. Solvit ergo Rex Philippus, & secundo vento brevi postea tempore Acconem appulit, ubi a Christianorum exercitu cum ingenti gaudio exceptus est.

Rigordus. A diuturno jam tempore Christiani Acconem obsi-

debant, fortiter obsistebant Barbari. Saladinus vero non procul erat, observans si quo modo posset auxilia urbi mittere, obsidionemque solvere. Rex porro Francorum ante urbem castra posuit, obsidionales machinas adhibuit, partemque murorum decussit, ita ut jam posset extrema oppugnatio fieri. Verum ambo Reges pepigerant, ne alterutri altero non præsente id aggrederetur. Interea Rex Angliæ Ricardus, in Cypro insula detentus, bellum moverat contra Isaacum Insulæ Regem, qui sibi infestus fuerat, brevique insulam totam cepit, Isaacum & uxorem captos vinculisque onustos detinuit: posteaque Acconem se contulit. Statim atque illo pervenit, dissensio Philippum inter & Ricardum suborta est. Jam in Sicilia exasperati animi utrinque fuerant, omniaque miscebat Ricardi ferocitas & arrogantia. Res tandem quorumdam interventu composita inter ambos fuit. Ricardus adhibitis machinis aliam murorum partem decussit ; ita ut jam essent omnia ad extremam oppugnationem parata. Tum obsessi de urbe Christianis reddenda pacisci postularunt ; circa deditionis conditiones diu disceptatum est : cumque inconsulto Saladino non possent obsessi oblatas conditiones admittere, ipsum adeundi Barbaris liber-

Philipp. II.

PHILIPPE II. dit Dieu-donné & Auguste.

la liberté aux assiegez de les lui proposer. On convint enfin à ces conditions, que Saladin rendroit la Croix de notre Seigneur, que la garnison & les Mahometans d'Acre demeureroient prisonniers de guerre, & qu'on feroit un échange d'eux avec les Chrétiens que Saladin tenoit en captivité.

La ville d'Acre fut donc renduë: on fit le partage entre les deux Rois, de la ville, des prisonniers & du butin. Saladin ne voulut pas tenir la capitulation; il disoit que la Croix de notre Seigneur ne se trouvoit plus, & qu'il ne rendroit jamais les prisonniers Chrétiens. Richard fit alors inhumainement massacrer tout ce qu'il avoit de prisonniers, jusqu'à sept mille hommes, d'autres en mettent trois, d'autres cinq mille. Il y a une si grande varieté entre les Autheurs, sur tout entre les François & les Anglois, qu'on ne sait souvent à quoi s'en tenir. Il mourut à ce siége, soit par le fer, soit de maladie, un grand nombre de Seigneurs François; Thibaud Comte de Blois, grand Senechal de France, le Comte du Perche, le Comte de Clermont, le Comte de Flandres & plusieurs autres. Le Roi Philippe lui-même tomba fort malade; quelques-uns disoient que c'étoit de poison. Ce mal extraordinaire lui fit tomber les ongles des pieds; presque tout son corps changea de peau. Environ le même tems Louis son fils fut attaqué à Paris d'une dysenterie qui le mit à l'extremité, ensorte qu'on désesperoit de sa vie. On fit des prieres publiques & des processions, on lui appliqua les plus saintes Reliques, & il revint en santé.

Maladie du Roi Philippe & son retour en France.
1192.

Philippe hors d'état de poursuivre la guerre dans la Terre-sainte, & en danger d'y perir de ce mal qui ne le quittoit pas, fut conseillé de s'en retourner en France. Avant que de partir, il laissa ses ordres à Hugues Duc de Bourgogne, & lui donna le commandement de ses troupes, qui resterent là au nombre de dix mille, sans y comprendre les Gentilshommes, qui montoient à cinq ou six cens. Avant que de partir, il promit avec serment au Roi Richard de ne faire aucune entreprise sur ses terres, que quarante jours après qu'il seroit arrivé de son voiage de la Terre-sainte. Il partit ensuite avec ses gens sur trois galeres de Gennes, & vint aborder sur les côtes de la Pouille. Il se rendit de là par terre à Rome, où il fut très-bien reçu par le Pape Celestin III. son parent; & après y avoir fait ses devotions sur le tombeau des Apôtres, il revint par terre en France.

Richard demeura donc seul pour soutenir cette guerre sainte, prit Ascalon,

---

tas data est. Tandem cum Saladino pactum fuit, quod ipse Christianis Crucem Domini nostri redditurus esset, quodque Muhammedani omnes urbis custodes in manibus Principum Christianorum captivi mansuri essent, donec cum Christianis, apud Saladinum captivis, commutarentur.

Sic Accon urbs capta fuit, interque se ambo Reges partiti sunt urbem, captivos & prædam. Cum porro Saladinus nollet conditionibus stare, affirmaretque Crucem Domini non ultra reperiri posse, neque se unquam Christianos captivos redditurum esse, Ricardus captivos omnes Muhammedanos qui sibi cesserant immaniter trucidari curavit: alii septem, alii quinque, nonnulli tria tantum millia cæsa fuisse dicunt. Tanta est inter Scriptores, præsertim inter Francos & Anglos varietas, vix ut sciatur quid credendum, quid rejiciendum sit. Multi Francorum Principum & nobilium in hac obsidione seu ferro seu morbo periere: Theobaldus Blesensis Comes magnus Franciæ senescallus, Comites item Claromontanus, Perticensis & Flandrensis, multique alii. Rex quoque Philippus in gravem morbum incidit: quidam veneno partam ægritudinem dicebant. Ex pedibus ungues deciderunt omnes, cutis tota corporis mutata fuit. Eodemque tempore Ludovicus filius ejus Lutetiæ versans dysenteria captus, in extremum deductus est periculum, ita ut vix elapsurus speraretur. Tunc publicæ preces factæ & processiones, ægro admotæ sacræ reliquiæ sunt, Princepsque a morbo recreatus, incolumis evasit.

Cum non posset Philippus æger bellum sacrum peragere, instaretque mortis periculum, suorum consilio in Galliam reditum paravit. Ante profectionem Hugoni Burgundiæ Duci omnia commendavit, ipsumque copiarum suarum ducem constituit, quæ ad decem millia hominum pertingebant, non annumeratis nobilibus qui circiter sexcenti erant. Cum sacramento autem pollicitus est Ricardo Regi, se nihil contra regiones terrasque ejus susceptum esse, nisi post elapsos quadraginta dies a reditu ipsius Ricardi in Gallias. Tum Philippus conscensis tribus navibus Januensibus solvit, & ad Apuliæ oram appulit. Inde Romam se contulit, ubi a Cælestino III. Papa cognato suo perhumaniter exceptus est. Postquam autem ad Apostolorum sepulcra preces emiserat, in Galliam pedestri itinere remeavit.

Ricardus igitur solus bellum sacrum fortiter gessit,

Philippidos l. 4.

Exploits de Richard Cœur de lion & sa valeur. Gaza, Joppé, & fit des prodiges de valeur en bien des occasions. Il se signala dans plusieurs combats; la victoire le suivoit par tout. Dans une rencontre il se trouva tête à tête contre Saladin, & d'un coup de lance il le jetta à terre lui & son cheval, ensorte que ses gens eurent bien de la peine à le sauver. Il perça une fois avec une poignée de gens l'armée des Infidéles qui assiegeoit Joppé, mit tout en déroute, & secourut la place. On disoit qu'il vouloit se faire un puissant état en ce payis : il y avoit tout lieu de le croire, puisque après avoir conquis le Roiaume de Cypre, il l'échangea avec Gui de Lusignan pour son Roiaume de Jerusalem, dont il n'avoit que le titre. La terreur de son nom avoit tellement frappé ces peuples Orientaux, qu'à peine osoient-ils paroître devant lui. Jerusalem seroit infailliblement tombée sous sa puissance, si Hugues Duc de Bourgogne avoit voulu se joindre à lui avec les troupes de France; mais il le refusa tout net. Peut-être avoit-il des ordres du Roi; cela vient d'abord dans la pensée. Mais quelle apparence y a-t-il que Philippe qui connoissoit bien ses interêts, ait voulu empêcher la prise d'une ville, qui auroit donné moien à Richard de s'établir Roi dans ce payis-là, & qui auroit infailliblement éloigné de la France, du moins pour plusieurs années, un si formidable adversaire.

Après ce refus Hugues mourut; & le Roi Richard qui croioit sa presence nécessaire dans ses Etats, partit promtement. N'osant passer par la France, il alla prendre terre du côté d'Aquilée, & se travestit pour passer par l'Allemagne. Il **Richard prisonnier.** fut reconnu, pris & amené à Leopold Duc d'Autriche, qui s'étant trouvé au siege d'Acre, avoit été fort maltraité par Richard. Le Duc se vengea de cet affront de la maniere la plus dure & la plus inhumaine. L'Empereur Henri indigné contre Richard de ce qu'il avoit soutenu son ennemi Tancrede en Sicile, souhaitoit de l'avoir entre ses mains. Le Duc d'Autriche le lui livra pour une somme d'argent. Ce changement de prison n'apporta aucun soulagement à son malheur : il y fut aussi maltraité qu'auparavant. Les Historiens Anglois disent, que le Roi Philippe agit auprès de l'Empereur, pour empêcher qu'il ne lâchât son ennemi. Enfin après un an & demi de prison, il donna pour sa rançon une si grosse somme d'argent à l'Empereur, qu'il le mit en liberté.

Malgré les sermens donnez par Philippe, qu'il ne feroit la guerre à Richard

---

Ascalonem, Gazam & Joppen cepit; atque ita strenue pugnavit, ut inter insigniores qui unquam fuere bellatores censeri mereatur Hunc victoria ubique comitabatur. Cum aliquando Saladinum offendisset, lancea impetitum & equum & equitem in terram decussit, ut vix cum sui a cæde eriperent. Cum paucis militibus exercitum infidelium Joppen obsidentium aggressus, in medios hostes penetravit, obvios omnes fugavit, & urbi auxilium tulit. Narratur ipsum in animo habuisse Regnum sibi maximum in transmarinis regionibus parare; idque admodum probabile videbatur, quandoquidem Regnum Cypri, quod nuper acquisierat, Guidoni de Lusiniano in commutationem tradidit pro Regno Jerosolymitano, cujus ne particulam quidem tunc tenebat Guido. Terror nominis Ricardi gentes illas orientales ita perculerat, ut vix ante illum consistere auderent. Jerosolymam vero haud dubie cepisset, si Hugo Burgundiæ Dux Francorum exercitum cum Ricardi copiis jungere voluisset. Rogantem Ricardum repulit Hugo, jussus fortasse a Philippo Rege, uti statim in mentem venit. Verum re accuratius perpensa, an verisimile fuerit Philippum, ne Jerosolyma a Ricardo caperetur impedire voluisse, qua capta Ricardus regnum in illis partibus sibi paravisset, id quod ad multos saltem annos in illa regione & procul a Galliis tam formidabilem adversarium detinuisset?

Post datam repulsam hujusmodi Hugo mortuus est. Ricardus vero ex re sua esse existimans, ut ad ditionis suæ terras se conferret, continuo profectus est : cumque per Franciam transire non auderet, prope Aquileiam appulit, mutataque veste ut per Germaniam transiret, agnitus tamen & captus fuit, atque ad Leopoldum Austriæ Ducem adductus, cui Ricardus in Acconensi obsidione acriter insultarat : quamobrem ipse a Leopoldo immaniter exceptus fuit. Henricus Imperator Ricardo infensus, quod Tancredum inimicum suum in Sicilia juvisset, illum in potestate habere peroptabat. Dux vero Austriæ pro pecuniæ summa illum Henrico tradidit; atque ita Ricardus ex carcere in carcerem alium translatus est, nec huminiorem Leopoldo expertus est Henricum. Narrant scriptores Angli Philippum Regem Imperatori suasisse ne inimicum sibi Ricardum dimitteret. Tandem vero postquam per annum & dimidium in carcere detentus fuerat, tantam pro libertate pecuniæ vim obtulit, ut illam impetiarit.

Juratus licet Philippus se non bellum illaturum Ri-

PHILIPPE II. dit Dieu-donné & Auguste.

que quarante jours après son arrivée en ses Etats, il trouva l'occasion si belle de se faire justice des torts que ce Prince lui avoit faits, qu'il prit les armes pour porter la guerre dans ses terres. Nos Historiens François disent que Philippe découvrit que Richard avoit gagné le vieil de la Montagne ou le Prince des Assassins pour envoier de ses gens tuer le Roi de France. Quoiqu'il en soit, Philippe alla prendre Gisors, & se rendit maître de tout le Vexin Normand, de Paci, d'Yvri, de Beaumont. Il porta Jean à prendre les armes contre son frere Richard, & lui persuada de se saisir du Roiaume d'Angleterre.

Philippe prend le Vexin.

L'an 1193. il demanda à Canut Roi de Danemarc sa sœur Isemburge ou Ingeburge en mariage. Elle lui fut accordée. Le mariage se fit à Amiens, Rigord dit à Arras ; mais il est certain que ce fut à Amiens, comme le disent Guillaume Breton & Hoveden. M. Maillard m'a fait voir encore une lettre de cette Princesse, qui prouve que ce fut à Amiens. C'étoit une belle Princesse & d'excellentes mœurs. Le Roi l'épousa, & la fit couronner Reine : mais il se dégoûta d'abord d'elle pour quelque cause secrete, & demanda la dissolution du mariage pour raison de parenté. Il le fit effectivement déclarer nul : mais cette affaire revint sur le tapis, & il fut obligé de la reprendre, comme nous verrons plus bas.

1193. Se marie avec Ingeburge.

Au mois de Février de l'an 1193. le Roi avoit pris Evreux, & pour se concilier davantage l'amitié de Jean frere de Richard, il lui donna cette ville, en se reservant seulement le château. Il lui donna de plus mille marcs d'argent. Mais ce perfide aiant appris que Richard étoit sorti de prison, & voiant bien qu'il ne pourroit soutenir sa rebellion contre un si puissant ennemi, invita à dîner tous les François qui étoient dans la ville. Ils vinrent ne se doutant de rien, & quitterent leurs armes pour se mettre à table. Jean avoit fait cacher des Anglois qui se jetterent sur eux, & les égorgerent ; après quoi Jean fit exposer leurs têtes autour de la ville, & alla trouver son frere Richard, qui improuva fort cette trahison ; mais il ne fut pas fâché de voir que son frere avoit changé de parti.

1193.

Trahison de Jean frere de Richard.

Philippe assiegeoit Verneuil lorsque cette sanglante scêne se passa. Dès qu'il en apprit la nouvelle, il part promtement pour en tirer vengeance, entre dans la ville, & la fait réduire en cendres. Il ravagea ensuite tout le païs des environs, & obligea Richard qui avoit assiegé Arques, de lever le siege ; après quoi

1194.

---

gord. uilelm. our. lippi. IV.
cardo esse, nisi post elapsos a reditu ipsius quadraginta dies, occasionem opportunam nactus ulciscendi injurias ab eo sibi illatas, in agros regionesque illius arma intulit. Narrant scriptores Franci Ricardum apud senem Montis, sive Principem *Assassinorum* id egisse, ut suos mitteret occisum Regem Francorum. Ut ut res est, Philippus Gisortium obsedit & cepit, Vilcassinumque totum Normannicum in potestatem suam redegit, itemque Paciacum, Ybriacum & Bellummontem. Joanni vero Ricardi fratri auctor fuit ut in fratrem arma sumeret ; regnumque Angliæ sibi subigeret.

gord. orden.
Anno 1193. a Canuto Daniæ Rege Ingeburgem seu Isemburgem sororem ipsius petiit in uxorem. Rem concessit Canutus. Ingeburgem Philippus Ambiani duxit. Atrebati dicit Rigordus. At certum est Ambiani celebratum connubium fuisse, ut narrant Guilielmus Armoricus & Rogerius ab Hoveden. D. Maillart literas Ingeburgis ostendit mihi, queis asseritur Ambiani celebratum matrimonium fuisse. Eratque illa formosissima & morum probitate insignis. Rex illam duxit, ac Reginam coronari curavit ; sed statim illam ignota de causa ita fastidivit, ut cognationis causa

connubii solutionem postularet. Solutum revera matrimonium fuit ; nec tamen hic negotii finis fuit. Illam enim denuo in conjugem recipere coactus est, ut suo loco narrabitur.

Mense Februario anni 1193. Philippus Ebroïcas ceperat, utque Joannis sibi affectum magis conciliaret, urbem dederat illi, reservata sibi arce tantum ; insuperque plus quam mille marcas argenti ipsi obtulit. At perfidus ille cum didicisset Ricardum ex carcere egressum esse, videns se non posse contra tantum hostem bella gerere, Francos omnes qui in urbe erant ad convivium vocavit, qui accedentes arma posuerunt ut ad mensam sederent. Joannes in latebris Anglos posuerat, qui inermes aggressi jugularunt. Cæsorum capita Joannes supra muros exponi jussit. Fratrem postea Ricardum adiit, qui proditionem quidem illam non probavit ; sed fratrem ad suas reversum partes non illibenter vidit.

Philippidos IV.

Vernolium Philippus obsidebat cum cædes illa peracta est. Qua re audita Ebroïcas venit, urbem incendit in cinéresque redegit : regionem circum devastavit, & Ricardum qui Arcas obsidebat, obsidionem solvere coegit. Sub hæc in silva quadam pugna commissa est,

Philippidos IV.

Tome II.   L ij

84   PHILIPPE II. dit Dieu-donné & Auguste.

Guerre contre Richard.

il y eut un combat dans une forêt, où fut pris Jean de Leicester, un des vaillans hommes d'Angleterre. Il prit ensuite Dieppe, ville riche & marchande, où ses troupes s'enrichirent du pillage : mais comme les François se retiroient, Richard donna sur la queuë, fit plusieurs prisonniers, reprit une partie du butin, & avec sa celerité ordinaire il emporta Beaumont. Il prit aussi cette même année la ville de Loches dans la Touraine.

Le Roi d'Angleterre après ces exploits s'achemina vers le Berri. Philippe le suivit ; ce qui donna lieu à Richard de lui dresser une embuscade entre Freteval & Blois. Il se cacha avec ses troupes dans des bois & des taillis, où Philippe avec son armée devoit nécessairement passer. Le Roi de France s'étant arrêté là pour dîner, Richard donna sur son bagage & sur sa caisse militaire, enleva tous les vases, l'or & l'argent, & qui plus est tous les titres & les papiers de la Couronne, qui étoient portez à la suite du Roi. Philippe & ses gens prirent les armes, coururent après les pillards : mais le Roi d'Angleterre qui avoit bien pris ses mesures, s'étoit déja retiré avec ses gens & sa proie, en des lieux où il étoit difficile de les trouver. Le Roi Philippe désespérant de les pouvoir atteindre, ordonna au nommé Gautier fort habile sur le fait des chartres, des titres, & des livres de cens & de tribut, de ramasser tout ce qu'il en pourroit trouver. Il y travailla avec tant de soin & de diligence, qu'il rétablit la meilleure partie de ce qu'on avoit perdu. Le Roi ordonna qu'on eût plus de soin de les garder à l'avenir.

En ce tems-là Richard eut l'adresse d'attirer à son parti par presens ou autrement un grand nombre de grands Seigneurs, les Comtes de Dampmartin, de Champagne, de Hainaut, de Flandres. Il voulut encore gagner le brave Guillaume des Barres, mais il n'y put réussir.

1195.

Défaite de Jean.

Tandis que le Roi Philippe étoit en Berri, Jean frere de Richard, le Comte d'Yorc & plusieurs autres assemblerent des troupes, & allerent assieger Vaudreuil, où le Roi de France avoit mis bonne garnison. A cette nouvelle Philippe partit avec l'élite de ses troupes, marcha nuit & jour, & fit une telle diligence, qu'il arriva en trois jours à Vaudreuil, donna d'abord sur le camp des ennemis. Tout s'enfuit : la cavalerie gagna les bois, la plûpart des pietons furent pris. Le Roi s'en étant retourné dans le Berri, Jean voulut faire une entreprise sur le lieu nommé Brueroles : mais les seuls habitans du lieu qui sortirent sur lui, le mirent en fuite.

---

ubi captus fuit Joannes de Leicestria inter Anglos strenuissimus. Deinde Dieppam Rex cepit, unde prædam ingentem retulere Franci. Sed cum receptum haberent, extremum agmen Ricardus aggressus, partem prædæ abstulit, multos cepit, ac mira, uti solebat, celeritate Bellum-montem expugnavit. Eodemque anno Lochas oppidum apud Turones cepit.

Ibid.

His peractis Ricardus, Bituricas iter facit, insequitur Philippus. Ricardus vero insidias parat venienti, in silva & saltibus cum copiis latet, qua Philippus transiturus erat inter Fractam-vallem & Blesas. Cum Rex Francorum pransurus e vicino resideret, Ricardus sarcinas & militarem capsam, vasa omnia, aurum argentumque abstulit, insuperque acta omnia, instrumenta & chartas cepit regias, quæ post Regem vehebantur. Philippus & sui arreptis armis post prædones currunt. Verum Rex Angliæ jam cum suis recesserat, & in tuta loca pervenerat. Rex vero Gualterium virum in re diplomatica peritissimum, jussit amissa omnia alibi perquirere, qui cum tanta industria & sagacitate jussa exsequutus est, ut maximam amissorum partem recuperaret, jussitque Rex illa in posterum diligentius custodiri.

Illo tempore Ricardus multos ad partes suas amplectendas variis artibus & muneribus allexit, Comites nempe Domni-Martini, Campaniæ, Hannoniæ, & Flandriæ. Guillelmum etiam de Barris, strenuissimum virum, sibi devincire tentavit, sed irrito conatu.

Dum in Bituricis degeret Philippus, Joannes Ricardi frater, cum Comite Eboracensi aliisque multis, collecta militum manu Vallem-Rodolii obsedit, quem locum probe munierat Philippus ; qui re comperta, cum delectu militum suorum tanta celeritate iter carpsit, ut intra triduum illo pervenerit,

Philippus dux L.

In triduo, mirum, complens iter octo dierum.

aggressusque hostes in fugam vertit : equites fugientes in silvis se receperunt, peditum vero pars maxima capta fuit. Rege ad Bituricas reverso, Joannes Bruerolas aggressus est ; sed oppidani soli ipsum in fugam verterunt.

PHILIPPE II. dit Dieu-donné & Auguste.

Philippe & Richard étoient dans le Berri en préfence l'un de l'autre; tout fembloit ne refpirer qu'une cruelle guerre, quand Richard vint offrir la paix à Philippe, lui jura foi & hommage. Il fembloit que cette paix, que Richard avoit fouhaitée & propofée, dût être de durée : elle fut confirmée en préfence des Archevêques & Evêques. Peu de tems après Richard fit bâtir une fortereffe dans une ifle de la Seine. Philippe regarda cela comme une infraction de la paix. Il avertit Richard, qui n'en tenant compte, continua fon édifice. Philippe prit pourtant patience. Mais Richard continuant de remuer, entreprit le Seigneur de Vierzon, qui relevoit du Roi de France ; & tandis qu'il alloit porter fes plaintes au Roi, Richard ruina & pilla Vierzon, & le réduifit en cendres.

1196.

Philippe alla affieger Dangut, place dont Richard s'étoit emparé. Richard vint pour la fecourir, & ne pouvant ni y jetter du fecours, ni faire lever le fiege, il prit un château du Roi par la trahifon de celui qui le gardoit : mais le Roi après s'être rendu maître de Dangut, reprit le château avec tous ceux qui le défendoient, & les mit liez & garrotez dans une tour de Mante, fous la garde de Gafcelin, homme brave & genereux, recommandable par fa probité & par fon humanité, qui avoit grand foin qu'il ne manquât rien à fes prifonniers, & les faifoit quelquefois manger à fa table. Ces fcelerats fe fervirent d'une certaine liberté qu'il leur donnoit pour le maffacrer : après quoi ils cherchoient à s'enfuir ; mais ils furent pris par les habitans, qui les firent tous pendre hors de la ville.

Richard alla porter la guerre en Bretagne, & fit de grands ravages dans cette Province, brûla, pilla, tua & exerça de grandes cruautez pour obliger ces peuples à lui livrer Artur fon neveu. Il ne put alors les y obliger. Cependant le Roi Philippe affiegea Aumale. Richard traverfa la Normandie pour lui faire lever le fiege qui duroit depuis fix femaines. Il fe donna là un combat, qui fut longtems difputé, où Richard fut bleffé, & fes gens mis en fuite. Les François les pourfuivirent, en tuerent plufieurs, & firent quelques prifonniers de marque. Après une longue réfiftance Aumale fut pris ; & Richard étant allé attaquer le château de Gaillon, y fut bleffé au genou, & fut un mois entier à guérir de fa bleffure.

Richard battu.

L'année d'après Richard prit S. Valeri, ruina le fort, & remporta bien des dépoüilles. Il envoia enfuite attaquer le château de Milli dans le Beauvoifis.

1197.

Philippus & Ricardus apud Biturigas armati erant: omniaque inexpiabile bellum comminari videbantur, cum Ricardus Philippum adiit, pacem illi obtulit, fidem hominiumque præftitit. Videbaturque pax tali ratione parta, firma fore : coram Archiepifcopis enim atque Epifcopis inita illa fuerat. Sed brevi poftea Ricardus in Sequanæ infula caftrum ædificavit. Philippus, hinc fractam pacem putans, Ricardum monuit, qui nihilominus opus perficere perrexit. Pacis vero fervandæ caufa Philippus rem patienter tulit. Verum Ricardus nova femper moliens, Virzonis toparcham, qui Regi Francorum parebat, aggreffus eft ; dumque ille ad Regem fuum confugit, Ricardus Virzonem devaftavit & incendit.

Philippus Dangutum obfedit, caftrum quod occupaverat Ricardus, qui acceffit ut vel manum militum in caftrum intromitteret, vel obfidionem folvere cogeret : cumque neutrum poffet, aliud caftrum Regis cepit per cuftodis proditionem. Verum Rex Danguto capto, caftrum illud cum cuftodibus occupavit, quos vinculis onuftos Medunta in turri quadam includi juffit fub cuftodia Gafcelini viri ftrenui, ac probitate humanitateque infignis, qui captivos omni officio fovebat, & aliquando ad menfam fuam invitabat, libertatem quamdam concedens ipfis, qua abufi fcelefti homines, virum trucidarunt ; & cum aufugere conarentur, ab oppidanis capti, & extra urbem ducti, fufpendio perierunt.

Ricardus in Britanniam Armoricam bellum intulit, & provinciam illam depopulatus eft, igni ferroque omnia devaftans, immaniaque perpetrans, ut Britonas induceret ad reddendum fibi Arturum fratris filium, id quod confequi non potuit. Interea Philippus Albemarlam obfedit. Ricardus vero ut ab obfidione illum removeret, quæ jam ante fex hebdomadas cœpta fuerat, Normanniam trajecit. Commiffa pugna fuit, ubi utrinque diu dimicatum eft. Ricardus vulnere læfus eft, & cohortes ejus in fugam verfæ funt. Diu Franci illos infequuti, aliquot ex nobilibus ceperunt ; tandemque Albemarla in victoris poteftatem venit. Ricardus vero Gallionem caftrum obfedit, qua in obfidione vulnus in genu accepit, ac per menfem integrum ex vulnere decubuit.

Anno fequenti Ricardus fanctum Valaricum cepit, munitiones diruit, prædamque multam abftulit. Pofteaque Milliacum caftrum in Bellovacenfi agro obfi-

PHILIPPE II. dit Dieu-donné & Auguste.

Philippe Evêque de Beauvais, proche parent du Roi Philippe, armé de casque & de cuirasse à son ordinaire, marcha avec ses gens. Il eut le malheur d'être battu & fait prisonnier. Il étoit grand ennemi de Richard, qui le fit charger de liens, & mettre sous sure garde. Il trouva moien de s'en plaindre au Pape, qui fit dire à Richard qu'il maltraitoit trop son très-cher fils l'Evêque de Beauvais. Richard lui envoia la cuirasse de l'Evêque toute ensanglantée, en lui disant: *Voilà la tunique de votre très-cher fils.* Alors le Pape avoua qu'un Prelat qui faisoit lui-même la guerre en cet équipage, méritoit ce traitement.

Affaire de Flandres. Baudouin Comte de Flandres se plaignant que le Roi Philippe avoit occupé plusieurs places qui lui appartenoient, alla assieger & prendre Douai. Il mit ensuite le siege devant Arras. Le Comte de Namur son frere fut pris en ce tems-là par les troupes du Roi de France, avec quelques Seigneurs qui l'accompagnoient. Baudouin son frere continuoit le siege d'Arras. Le Roi Philippe marcha avec une armée pour lui faire lever le siege, & s'étant approché, il s'engagea dans des lieux marécageux, & Baudouin aiant fait lâcher des écluses, Philippe ne pouvoit plus ni avancer, ni reculer, ni recevoir des vivres d'aucun côté. Pour se tirer de ce mauvais pas il fut obligé d'entrer en composition avec Baudouin, & de lui promettre avec serment, qu'il rendroit au Comte & au Roi Richard toutes les places qu'il avoit prises sur eux, & assigna un jour pour cela. Il eut ainsi la liberté de se retirer. Il vint à Paris, & proposa l'affaire à son Conseil, qui jugea qu'il ne devoit pas tenir une parole qu'on avoit extorquée de lui par force. Nous ne tenons ceci que de quelques Auteurs Anglois; les Historiens François n'en disent pas un mot.

Le Roi Philippe imposa de grosses taxes, principalement sur les Ecclesiastiques: cela causa beaucoup de murmures. Il rappella aussi les Juifs à Paris, apparemment pour profiter de leurs dépouilles, comme la premiere fois. C'étoient comme des sangsues à qui l'on faisoit rendre gorge, après qu'ils s'étoient enrichis aux dépens du pauvre peuple; & tout cela venoit au Tresor Roial. Rigord qui s'étend par tout ailleurs sur les éloges de Philippe Auguste, le blâme fort ici sur ces exactions, & croit que ce fut là la cause du mauvais succès de ses armes dans le Vexin. En cette même année le Comte de Flandres prit S. Omer.

Philippe eut encore alors un échec considerable. Richard sachant qu'il avoit

---

Vuilelm. Neubrig. l. 5. c. 30.

deri curavit. Philippus Bellovacensis Episcopus Philippi Regis cognatus, casside & lorica pro more suo tectus, cum armatis multis advenit. Pulsis vero fugatisque suis captus est. Erat autem Ricardo inimicus, qui illum vinculis onustum in custodia detinuit. Suorum autem opera Episcopus apud summum Pontificem conquestus est, qui Ricardum objurgavit quod dilectum filium suum tam aspere ageret; Ricardus vero Episcopi loricam sanguine tinctam ad summum Pontificem misit dicendo, *En tunica dilecti filii tui.* Tunc Papa fatetur Episcopum qui cum tali cultu bellum gereret, talia utique mereri.

Philippidos l. V. Matth. Parif. ad annum 1197.

Flandrensis Comes questus Philippum multas ad se pertinentes urbes occupavisse, Duacum obsedit & cepit. Deinde Atrebatum se contulit, urbemque obsidione cinxit. Comes Namurcensis ejus frater hoc circiter tempus captus fuit cum sociis a Francorum armatorum manu. Balduino in Atrebati obsidione persistente, Philippus cum exercitu movit ut illum a cœpto dimoveret; cumque in difficilia & palustria loca venisset, Comes *ante & post eum pontes & aquæductus aperuit*; ita ut nec procedere, nec redire, nec annonam accipere posset. In angustias ergo redactus, & ad Comitis lubitum pacisci coactus, cum sacramento pollicitus est, se castella aliaque omnia quæ tum Comiti tum Ricardo Regi abstulerat, redditurum ipsis esse, die quodam ad eam rem constituto. Sic autem elapsus, Lutetiam venit, consiliumque cum suis habuit, qui uno ore dixere, promissis tanta vi extortis standum non esse. Hæc ita narrant Anglici quidam scriptores; Franci vero historici hac de re ne verbum quidem habent.

Rig. Vectigalia multa Philippus imposuit, quæ Clero præsertim oneri fuere. Ea de re vehementer obmurmuratum fuit. Judæos etiam initio regni sui pulsos, Lutetiam revocavit, ut inde lucrum decerperet, ut antea fecerat. Erant enim Judæi quasi sanguisugæ, quæ postquam populi opes exhauserant, ad vomitum compellebantur, ut ærarium Regium augeret. Rigordus qui ubique Philippum laudibus celebrat, hic ea de re Principem admodum vituperat; & illam fuisse causam ait, quod apud Vellocasses infausto exitu pugnaverit. Eodem anno Comes Flandrensis S. Audomarum cepit.

Infausta altera Philippi expeditio fuit. Ut audivit

PHILIPPE II. dit Dieu-donné & Auguste. 87

laissé son armée à Mante, & qu'il alloit à Gisors, accompagné seulement de cent soixante chevaux, & de cent autres gens d'élite, l'attendit du côté de Vergi, aiant une armée composée de mille cinq cent chevaux, & d'une très-nombreuse infanterie. Philippe s'étant avancé auprès de cette armée, & voulant passer au travers des ennemis, le Seigneur de Mauvoisin l'arrêta par la bride, lui representa le peril évident où il s'exposoit, & lui conseilla ou de se retirer promtement avec sa troupe, ou de s'en retourner lui seul, & de les laisser combattre. Le Roi répondit, qu'il falloit donner sur les ennemis pour se faire un passage, & qu'il ne convenoit pas qu'on pût reprocher à un Roi de France, qu'il avoit fui devant son ennemi. Le Roi donna avec ses gens au travers des escadrons de Richard, les perça, & malgré leur résistance gagna la plaine par où l'on alloit à Gisors. Cette cavalerie que les François avoient écartée pour se faire un passage, les chargea en queuë, & les poursuivit vivement. Quand ils furent arrivez au pont de Gisors, la foule fut si grande, que ce pont fondit sous eux. Le Roi & plusieurs autres tomberent dans la riviere; mais monté sur un bon cheval il gagna l'autre bord, & entra dans Gisors. Là furent pris Matthieu de Marli, Philippe de Nanteuil, Gautier de la Porte, & plusieurs autres Seigneurs au nombre de 92. L'action fut des plus vigoureuses. On ne peut pas disconvenir qu'elle ne fût téméraire du côté du Roi de France. Les Historiens Anglois la racontent differemment. Ils disent que le Roi tombé dans la riviere fut sauvé par les plus braves de ses gens; qu'il y eut cent Seigneurs pris, deux cens autres chevaux, & bon nombre de gens de pied.

Combat de Gisors où Philippe pensa perir.

Le Pape sollicité par le Roi Philippe, envoia Légat en France le Cardinal Pierre de Capouë, pour faire la paix entre les deux Rois. Il n'y put réussir; il fit seulement une tréve pour cinq ans. Richard eut de la peine à s'y résoudre. Outre ses forces & ses nombreuses armées, il avoit un puissant parti dans le Roiaume. Il ne voulut jamais donner des ôtages; & il est à croire que s'il eût vécu, cette tréve établie pour cinq ans auroit été bien-tôt rompuë.

1199.

Les Auteurs Anglois ne conviennent pas tout-à-fait avec les François touchant la mort du Roi Richard. Voici le fait. Un paysan en labourant la terre auprès de Limoges trouva un trésor considerable. C'étoit une piéce d'or d'un grand poids, où étoit representé un Empereur à table avec sa femme & ses enfans. Richard

Mort de Richard Cœur de lion.

Ricardus Regem Francorum relicto Meduntæ exercitu suo, comitantibus centum sexaginta equitibus, centumque aliis selectis viris Gisortium petere, illum circa *Vergica rura*, qua transiturus erat, exspectavit, cum exercitu magno mille quingentorum equitum, peditumque innumerabili pene multitudine. Accedente Philippo, hostiumque agmina trajicere, atque armis & ferro viam sibi parare cupiente, Malc-vicinus vir nobilis, arreptis equi illius habenis, ne ulterius procederet rogabat; sed vel cum toto agmine recederet, vel solus abiret, & agmini soli periculum subire liceret. Tum Philippus viam armis parandam esse dixit, nec decere Regem Francorum conspecto hoste fugere. In turmas ergo Ricardi irrupit Philippus, denso agmine trajecit, viamque sibi paravit, atque inter fortiter pugnantes progressus, in planitiem venit qua itur Gisortium. Verum iidem ipsi equites, qui hinc & inde pulsi viam transeuntibus reliquerant, pergentium dorso institerunt, qui concitato cursu ad Gisortii pontem pervenere; tum multitudo angusto limite compressa, cum tumultu oram adversam petere conatur, ita ut præ pondere calcantium equorum pons ipse subrueret, Rexque cum multis aliis in fluvium caderet. Verum strenuus Philippi equus ipsum in alteram na-

tando deduxit oram, ita ut incolumis Gisortium intraret. Istic capti fuere Matthæus de Marliaco, Philippus de Nantolio, Galterus de Porta, & pleríque alii viri nobiles numero 92. Fortiter utique, sed temere a Rege Philippo & a Francis hic pugnatum est. Angli scriptores rem diverse narrant. Regem dicunt in aquam lapsum, a fortibus viris susceptum & servatum fuisse, centum ex nobilioribus captos fuisse, ducentos alios equites, peditesque non paucos.

Hoveden fol. 444.

Summus Pontifex, instigante Philippo, Legatum in Franciam misit Cardinalem Petrum de Capua, qui pacem inter ambos Reges conciliaret. Neque pacem, sed solum inducias ad annos quinque impetravit, repugnante admodum Ricardo, qui viribus & copiis pollebat multis, insuperque plurimis Francorum Principibus fœdere junctus erat. Obsides autem dare noluit. Verisimile est quinquennes illas inducias non ad terminum usque servandas fuisse, nisi fato præoccupatus fuisset Ricardus.

Rigord.

Non sibi consentiunt Angli & Franci scriptores circa mortem Ricardi. Sic vero narratur. Rusticus quispiam, cum prope Lemovicas araret, thesaurum repetit, nempe aureum cimelium, ubi Imperator cum uxore & liberis ad mensam sedens repræsentabatur.

Philippidos l. V.

en eut avis: il demanda le trésor comme premier Seigneur : sur le refus qu'on lui fit il alla assieger le château de Chalus. Il fut blessé dans ce siege, & mourut de cette blessure. L'Auteur de la Philippide dit que la blessure étoit legere, & qu'elle devint mortelle par l'incontinence de Richard. Selon les autres ce fut par la malhabileté des Chirurgiens.

La mort de Richard changea la face des affaires. Philippe délivré d'un redoutable ennemi, assiegea Evreux & le prit. Il ravagea ensuite toute la Normandie jusqu'au Maine. Jean frere de Richard se fit couronner Roi d'Angleterre. Artur son neveu se saisit du Comté d'Anjou, & vint au Mans en faire hommage au Roi. A lui appartenoit de droit la couronne d'Angleterre & le Duché de Normandie, mais Jean son oncle s'en empara.

Nous avons dit ci-devant que Philippe Comte de Namur, frere du Comte de Flandres, avec d'autres gens de qualité qui l'accompagnoient, avoit été pris par les François: avec lui fut pris Pierre de Corbeil nommé à l'Evêché de Cambrai, qui avoit été Précepteur du Pape Innocent III. Le Legat du Pape demanda sa liberté; mais Philippe qui savoit que ce prisonnier avoit machiné bien des choses contre lui, ne voulut pas le rendre. Sur ce refus le Légat du Pape jetta l'interdit sur le Roiaume; & Philippe craignant que cette affaire n'eût de fâcheuses suites, le lâcha enfin. Cette même année le Roi étant à Tours, la Reine Alienor vint lui faire hommage du Comté de Poitou, qu'elle possedoit par droit d'heritage. Philippe s'en retournant mena avec lui à Paris Artur Duc de Bretagne. Au mois d'Octobre suivant il fit tréve avec le Roi Jean & le Comte de Flandres jusqu'à la S. Jean suivant.

Au mois de Decembre de la même année le Cardinal Legat assembla à Dijon un Concile de tous les Evêques, Abbez & Prieurs du Roiaume, pour obliger le Roi sous peine d'excommunication & d'interdit de reprendre sa femme Ingeburge. Le Roi refusant de la reprendre, & en appellant au S. Siége; le Légat ne laissa pas de passer outre, & jetta l'interdit sur tout le Roiaume, qui ne devoit avoir son effet que vingt jours après Noël. Ce tems étant expiré, tout le Roiaume se trouva interdit. Le Roi entra en fureur, chassa de leurs sieges tous les Evêques qui avoient prononcé contre lui dans ce Concile, les Chanoines & les Clercs de

---

Re comperta Ricardus, thesaurum utpote dominus, repetit. Negantibus iis qui cimelium tenebant, ille Calacem castrum obsedit. Ex vulnere autem in obsidione accepto interiit. Ait Philippidos scriptor :

Nec lethalis erat percussio, sed medicorum
Rex & amicorum monitus audire salubres
Aufugit : unde mala veneris dum gaudia sano
Præfert consilio, mortem sibi nescius adscit.

Alii narrant illum ex chirurgorum imperitia obiisse.

Ricardi obitus rerum faciem mutavit. Philippus metu formidandi adversarii liber, Ebroicas obsedit & cepit ; deindeque Normanniam ad Cenomanenses usque depopulatus est. Joannes Ricardi frater Anglici Regni coronam imponi sibi curavit. Arturus vero fratris filius Andegavensem Comitatum occupavit, & Cenomanum venit, hominium Philippo Regi præstiturus. Ad Arturum pertinebant quoque Regnum Angliæ, & Ducatus Normanniæ, sed utrumque Joannes invasit.

Diximus supra Namurcensem Comitem Flandrensis Comitis fratrem & nobiles alios a Francis captos fuisse. Ex captorum numero erat Petrus de Corbolio, qui nominatus fuerat Episcopus Cameracensis, &

Præceptor fuerat Innocentii III. Papæ. Legatus Pontificis emitti e carcere virum postulavit ; Philippus vero gnarus illum contra se multa machinatum esse, emittere noluit. Legatus autem interdictum in Regnum Franciæ conjecit. Tunc Rex tristiora metuens, illum emisit. Eodem anno cum Rex apud Turones degeret, Alienor Regina *hominium* ipsi præstitit pro Pictavensi Comitatu, quem hereditario jure possidebat. Philippus Lutetiam rediens, Arturum Britanniæ Ducem secum duxit. Mense autem Octobri sequenti inducias cum Joanne Rege fecit ad usque diem S. Joannis Baptistæ anni 1200.

Mense Decembri ejusdem anni Cardinalis Legatus Synodum Divione congregavit omnium Episcoporum, Abbatum & Priorum Regni, ut ad resumendam Ingeburgem conjugem, fulminibus Ecclesiæ si opus esset adhibitis, Regem cogeret Philippum. Ille autem recipere noluit, & ad sanctam Sedem appellavit. Legatus *interdictum* in Regnum totum conjecit ; quod die tantum Natali Domini inciperet. Elapso temporis interstitio, Regnum totum sub interdicto fuit. Qua de re furens Philippus, Episcopos omnes, qui contra se in Concilio sententiam dixerant, ex sedibus expulit ; Canonicos & Clericos ex Capitulis,

leurs

PHILIPPE II. dit Dieu-donné & Auguste. 89

leurs Chapitres, & les Curez de leurs Cures; fit mettre en prison dans le château d'Etampes la Reine Ingeburge, sainte Princesse, qui passoit toute sa vie dans des exercices de pieté. Il obligea les Gentilshommes à lui donner le tiers de leurs revenus, & mit des tailles & des levées insupportables sur le peuple.

L'an 1200. le jour de l'Ascension, la paix fut faite auprès de Vernon entre le Roi de France & le Roi d'Angleterre. Le lendemain Louis fils du Roi épousa Blanche fille d'Alfonse Roi de Castille, & niéce de Jean Roi d'Angleterre, qui ceda aux nouveaux mariez tout ce que le Roi Philippe avoit pris de ses Etats. Il leur donna aussi tout ce qu'il avoit d'états & de terres en France, supposé qu'il vînt à mourir sans enfans.

L'affaire d'Ingeburge revenoit souvent sur le tapis. Octavien Cardinal Legat du Pape vint en France, s'aboucha avec le Roi, & lui persuada de la reprendre. Il la reprit en effet, mais il la renvoia bientôt après: ce que voiant le Legat, il assembla un Concile à Soissons, où l'affaire fut fort examinée & discutée. Le Roi Philippe s'ennuiant de ces longueurs, alla prendre Ingeburge, & envoia dire aux Prelats qu'ils n'avoient plus que faire de s'assembler, qu'il avoit repris sa femme. Ainsi finit cette longue affaire. Marie-Agnés de Meranie, que Philippe avoit épousée, mourut peu de tems après, & laissa au Roi, un fils nommé Philippe, & une fille appellée Jeanne. A la priere du Roi Philippe le Pape declara l'un & l'autre legitimes; ce qui déplut à bien des gens.

Thibaud Comte de Troie & de Champagne mourut la même année, & laissa une fille & sa femme enceinte. Elle enfanta un garçon qui fut appellé Thibaud. C'est ce fameux Thibaud dont il sera parlé souvent dans la suite de cette Histoire.

Jean Roi d'Angleterre vint à Paris voir le Roi Philippe, qui le reçut magnifiquement, & lui fit toutes les démonstrations possibles d'amitié. Il lui fit de grands presens d'or, d'argent, & lui donna aussi des vétemens précieux, des chevaux d'Espagne, des palefrois & autres choses; après quoi Jean se retira fort content. Cette amitié ne dura guére. Peu de tems après le Roi Philippe lui envoia signifier, qu'il eût à venir à Paris lui rendre hommage des Comtez de Poitiers & d'Anjou, & du Duché d'Aquitaine, lui assignant pour terme quinze jours après Pâques. Le Roi d'Angleterre n'y vint point, & n'envoia même personne de sa part pour cette prestation de serment de fidélité. Philippe assembla les Princes &

marginalia: 1200. | 1201. Philippe obligé de reprendre Ingeburge.

Parochos ex Parochiis. Ingeburgem Reginam in Stamparum castro carceri mancipavit; eratque Ingeburgis, sanctitate vitæ conspicua, & pietatis exercitiis addicta. Philippus insuper a nobilibus tertiam reditum suorum partem exegit; atque vix ferendis vectigalibus populum oppressit.

Anno 1200. in die Ascensionis Domini pax facta est Reges inter Franciæ & Angliæ, & insequenti die Ludovicus Philippi filius Blancham Alfonsi Castellæ Regis filiam uxorem duxit. Erat illa neptis Joannis Angliæ Regis, qui conjugatis concessit illa omnia ad se pertinentia, quæ Philippus Rex invaserat; itemque omnia, quæ in Francia possidebat, si quidem sine liberis obiret.

Ingeburgis Reginæ causa sæpe sæpius agitabatur. Octavianus Cardinalis Legatus in Franciam venit, Regem invisit, suasitque illi ut ipsam resumeret; sed resumtam brevi expulit. Tunc Legatus Concilium apud Suessionas congregat, ubi res discussa fuit. Philippus autem tam diuturnæ negotiationis tædio fractus, Ingeburgem adivit secumque adduxit, Episcoposque edici jussit, illa resumta rem esse finitam. Maria Agnes de Merania, quam duxerat Philippus haud diu postea obiit, filiumque reliquit Philippum & filiam Joannam. Hos rogatu Philippi Regis summus Pontifex legitimos declaravit; quæ res multis displicuit.

Theobaldus Comes Trecarum & Campaniæ eodem obiit anno, filiamque reliquit & uxorem prægnantem, quæ peperit filium patris nomine Theobaldum dictum, celebrem illum Comitem, cujus frequens erit mentio in hac historia.

Joannes Angliæ Rex Lutetiam venit, atque a Philippo magnifice exceptus est, qui ipsi multa amicitiæ pignora & dona retulit, aurum, argentum, preciosas vestes, equos Hispanicos, aliaque plurima. Lætus abscessit Joannes. Verum non diuturna fuit amicitia; haud diu namque postea misit Philippus nuncios qui Joannem evocarent Lutetiam ad *hominium* sibi præstandum pro Comitatibus Andegavensi & Pictavensi, & pro Ducatu Aquitaniæ, terminum ponens ad usque decimam quintam diem post Pascha. Rex Angliæ nec venit, nec quempiam misit ad obsequium præstandum. Tunc Philippus Principes & *Barones* advocat ad delibe-

marginalia: Rigord. Rigord.

Tome II.   M

PHILIPPE II. dit Dieu-donné & Auguste.

Guerre contre Jean Roi d'Angleterre.

les Barons pour délibérer sur cette affaire, & de leur conseil il entra avec une armée en Normandie, où il ruina un petit fort qu'on appelloit Boutavant, prit Argueil, Mortemer & Gournai. Il fit Chevalier le jeune Artur, & lui donna le Comté de Bretagne avec le Poitou & Angers ; & pour l'aider à conquerir ces païs deux cens Gentilshommes & une grosse somme d'argent. Artur lui fit hommage de ces Etats. Ce jeune Prince, qui n'avoit point d'experience, sans se donner le tems d'assembler son armée, entra dans les terres du Roi Jean, qui vint le surprendre avec un grand corps de troupes, & le fit prisonnier avec plusieurs Seigneurs & une partie de ses gens. Le Roi Philippe qui étoit allé assieger Arques, apprit là cette nouvelle, leva d'abord le siege, se mit en marche avec son armée, arriva à Tours, prit la ville & y mit le feu. S'étant ensuite retiré, le Roi Jean s'y rendit, & acheva de détruire la ville & la forteresse. Ce Prince après avoir repudié sa femme, avoit enlevé Isabelle épouse d'Hugues le Brun Vicomte de Touars. Cette violence & plusieurs autres qu'il avoit commises, le rendirent si odieux, que plusieurs Seigneurs du Poitou & des environs se donnerent au Roi de France. Jean Roi d'Angleterre, pour se délivrer d'un competiteur, fit mourir depuis Artur son neveu, qu'il tenoit prisonnier.

La Croisade qui prit Constantinople.

En ce tems-là partirent pour une nouvelle Croisade Baudouin Comte de Flandres, Louis Comte de Blois, Etienne Comte du Perche, le Marquis de Montferrat & plusieurs autres Seigneurs. Ils s'en allerent à Venise, prierent le Senat de leur fournir une flotte pour passer dans la Terre-sainte ; ce que le Sénat fit volontiers à la persuasion d'Henri Dandole Doge, à condition que ces Seigneurs compteroient à la République une grosse somme d'argent. S'étant ensuite divisez, & une partie d'entr'eux aiant pris une autre route, ceux qui resterent ne se trouvoient plus en état de paier toute la somme ; mais par l'entremise d'Henri Dandole le Sénat résolut de leur fournir la flotte, pourvû qu'ils allassent les aider à prendre Zara, ville de la Dalmatie qui s'étoit revoltée, moiennant quoi ils leur donneroient terme pour s'acquitter de leur dette jusqu'après leur retour de la Croisade. La condition fut acceptée. Ils se rendirent à Zara, & la ville fut bien-tôt prise. La résolution des Croisez étoit de passer de là en Egypte pour tâcher de s'en rendre maîtres. Mais le jeune Alexis fils de l'Empereur Isaac l'Ange, qui avoit été détrôné & aveuglé par son frere Alexis, étant venu leur demander secours pour rétablir son pere & chasser le tyran,

---

randum, ipsisque suadentibus in Normanniam cum exercitu ingressus, munitiunculam quamdam Botavam dictam diruit, Argellum cepit, Mortuum-mare, & Gornacum. Arturum Equitem declaravit, cui Britanniæ Comitatum dedit, itemque Comitatus Andegavorum & Pictavorum, quos exquisiturus erat, ducentos illi nobiles viros ad auxilium tradidit, addita pecuniæ summa grandi. Arturus *hominium* ipsi præstitit ; juniorque cum esset ac consilii expers, nondum collecto exercitu, in ditionem Joannis patrui ingressus est, qui cum exercitu venit, illumque cepit cum plurimis aliis nobilibus, & copiarum parte. Rex Philippus, qui Arcas tunc obsessurus erat, hac re percepta, obsidionem solvit, & ad Turones movit, urbemque cepit & incendit. Illo regresso venit Joannes, & urbem arcemque diruit. Cum vero uxorem repudiasset, Elisabetham duxit uxorem Hugonis *Bruni* Thoarcensis Vicecomitis : quod gestum cæteraque violenter acta, odium illi peperunt ; ita ut multi Primorum ex Pictavis & vicinis, qui ejus *homines ligii* erant, Philippo Regi sese dediderint. Joannes vero Rex Angliæ competitorem Arturum, quem in vinculis tenebat, interfici curavit.

Villedouin

Illo tempore crucem acceperant Balduinus Flandrensis Ludovicus Blesensis, & Stephanus Perticensis Comites, itemque Marchio Montis-Ferrati, plurimique alii ex primoribus. Venetias autem se contulere, & a Senatu naves petierunt, queis in Palæstinam appellerent ; idque Senatus libenter concessit, suadente Henrico Dandulo Duce, ea tamen conditione, ut magnam pecuniæ summam solverent. Cum porro magna pars illorum iter aliud suscepisset, qui remanserant, summam totam solvere non ultra valebant. Verum curante Henrico Dandulo, Senatus nihilominus classem se illis paraturum pollicitus est, dum antea illi Zaram in Dalmatia expugnatum irent, quæ urbs tunc Senatui rebellis erat, quo peracto officio, debitum nonnisi post eorum ex bello sacro reditum, exigendum ab ipsis erat. Accepta illi conditione, Zaram se contulerunt, quæ brevi expugnata fuit. Decreverant Cruce-signati in Ægyptum proficisci, ut illam sibi subigerent. Verum Alexius filius Isaaci Angeli Imperatoris, qui ex imperio dejectus & oculis orbatus fuerat a fratre suo Alexio, auxilium petitum venit, ut tyrannum abigeret, & patrem in solium resti-

PHILIPPE II. dit Dieu-donné & Auguste.

Après plusieurs délibérations les Croisez & Dandole prirent ce parti. Ils partirent donc pour Constantinople, ils y aborderent, attaquerent la ville, & le tyran Alexis s'enfuit. Ils rétablirent Isaac & son fils; & ceux-ci aiant été détrônez & massacrez par Alexis Murt-zuphle autre tyran, les Croisez lui firent la guerre, le battirent, prirent la ville de Constantinople, firent perir Murt-zuphle, & élurent pour Empereur de Constantinople Baudouin Comte de Flandres. Voilà en peu de mots l'effet de cette croisade, qui eut la gloire de former un Empire, mais de peu de durée.

Philippe dans le dessein de chasser le Roi d'Angleterre de tous les Etats qu'il avoit en France, indigné de ce qu'il avoit fait cruellement mourir Artur son propre neveu, alla avec son armée en Aquitaine, où les Bretons & les Poitevins se joignirent à lui, & il prit plusieurs places. Le Comte d'Alençon s'étant donné à lui avec toute sa Comté, cela l'obligea de marcher vers la Normandie, où il prit Conches, l'Isle d'Andeli & Vaudreuil. Le Pape cependant faisoit ses efforts pour ménager la paix entre les deux Rois. Mais Philippe n'étoit pas d'humeur de s'arrêter en si beau chemin. Il assiegea donc Redepont place forte, fit faire des tours roulantes pour l'assaillir de plus près, & emploia aussi d'autres machines. Il prit la place au bout de quinze jours avec la garnison, composée de vingt Chevaliers, cent Soldats, & trente Arbalêtriers.

1201.

Après cette prise il entreprit le siege de Château-Gaillard place très-forte sur la Seine; le Roi Richard avoit emploié tout son art pour la rendre comme imprenable. Le Château-Gaillard étoit sur une roche vis-à-vis de l'isle d'Andeli. Il y avoit dans l'Isle même d'autres fortifications qu'il falloit prendre. Le Roi après plusieurs tentatives fit faire un grand pont de bois muni de tours, sur lequel il fit passer au delà de la riviere une bonne partie de son armée, & fit investir si bien la place de tous côtez, que rien n'y pouvoit entrer. Il la fit battre avec toute sorte de machines; tout cela faisoit peu d'effet. Le Roi Jean qui n'étoit pas loin de là, & à qui il importoit de conserver cette place, avoit assemblé une armée: mais n'osant attaquer en plein jour celle de France, il envoia la nuit ses Cottereaux & ses Routiers, sorte de milice dont nous avons déja parlé, accompagnez d'un petit nombre de Chevaliers, pour attaquer non pas le camp du Roi, mais celui qui étoit de l'autre côté de la riviere, composé de Ribauds, de Vivandiers, de

Philippe assiege Château-Gaillard.

---

tueretur. Hac de re Cruce-signati cum Dandulo deliberarunt, remque propositam suscipere decreverunt. Constantinopolin igitur petierunt, & postquam illo appulerant, urbem oppugnarunt. Aufugit tyrannus Alexius; & Cruce-signati Isaaco & filio Imperium restituere. Verum his ab Alexio Murt-Zuphlo peremtis, qui Imperium occupavit, Cruce-signati Principes bellum ipsi intulere, illoque victo fugatoque Constantinopolin cepere. Murt-Zuphlus interemtus fuit: tuncque Cruce-signati Balduinum Flandrensem delegerunt Imperatorem. En paucis belli hujus sacri exitum: Cruce-signati sic novum Imperium erexere, sed non diuturnum.

Philippi animus erat Regem Angliæ ex Francia prorsus pellere, indignati quod Arturum fratris ipsius filium immaniter occidisset. Cum exercitu autem in Aquitaniam movit, & a Britonibus Pictavisque junctus, multa oppida & castra cepit. Cum autem Alenconius Comes cum Comitatu suo ad partes ipsius Philippi accessisset, in Normanniam se contulit, & Concas, Aureliacum & Vallem-Rodolii cepit. Papa vero interim nihil non agebat ut inter ambos Reges pacem conciliaret. Verum Philippus prospere rem agens, ulterius semper procedebat. Radipontem munitissimum locum obsedit, *erectis in circuitu turribus ligneis ambulatoriis, aliisque tormentis quamplurimis*, & quindecim dierum spatio viriliter impugnavit ac cepit. *In quo castro cepit viginti milites strenuos defensores, centum servientes, & triginta balistarios.*

Deinde vero Castrum-Gaillardum expugnandum suscepit Rex, ad Sequanam situm. Nihil non egerat Ricardus ut locum redderet inexpugnabilem. Castrum-Gaillardum in rupe structum erat e regione insulæ Andeliacensis, in qua munitiones erant captu difficiles. Postquam plurima tentaverat Rex, jussit strui pontem magnum ligneum turribus munitum. Quo facto maximam exercitus partem in alteram fluminis oram traduxit, locumque totum ita cinxit, ut ingredi nihil posset. Omne genus machinarum ad muros decutiendos adhibuit, sed irrito fere conatu. Joannes vero Rex qui non procul erat, cujusque plurimum intererat tam munitum servare locum, exercitum collegerat. Verum non ausus interdiu cum exercitu Francorum congredi, noctu misit *Cotarellos* suos & *Ruptarios*, de quo militiæ genere jam actum fuit, cum modica equitum turma, non ut castra Regis, sed ut illos invaderent qui in altera fluminis ripa degebant, *Ribaldos* nempe, Calones & eos

Guillelmus Armoricus.

Rigordus.

Voituriers & d'autres gens qui étoient là pour le service de l'armée. Ils les surprirent de nuit, lorsqu'ils étoient endormis, & en tuerent plus de deux cens. Cela mit l'allarme dans le camp, & ces gens ainsi surpris, s'enfuirent sur le pont en si grand nombre, qu'ils le rompirent, & ne pouvoient passer de l'autre côté, ni être secourus de ceux-là même qui étoient sur le pont. Mais les Chevaliers qui ne prirent point l'épouvante, du nombre desquels étoit le brave Guillaume des Barres, vinrent armez & arrêterent les fuiards, donnerent sur les ennemis, les mirent en fuite, en tuerent beaucoup, & firent grand nombre de prisonniers.

Après cette premiere action, on vit arriver sur la pointe du jour des batteaux pleins de gens armez : mais comme on avoit déja pris l'allarme, tout le monde étoit en garde, & on les vit venir de loin. On borda de bataillons l'un & l'autre rivage, & le pont qui avoit été reparé. Des Arbalêtriers furent placez pour tirer dans les batteaux. Ceux qui bordoient la riviere des deux côtez ne purent empêcher que les bateaux ne passassent ; mais ceux qui étoient sur les tours du pont, firent une telle décharge sur ces bateaux à coups d'arbalête, d'autres machines & à coups de main, qu'ils les obligerent de reculer.

Les assiegez avoient fait dans l'eau une espece de palissade qui alloit d'un bord de l'Isle au bord opposé, & qui empêchoit que les batteaux des François ne pussent descendre. On envoia là un certain Gaubert de Mante qui savoit très-bien nager, accompagné d'autres bons nageurs pour défaire cette palissade : ils la rompirent en differens endroits, & allerent encore mettre le feu à une autre palissade, qui entouroit la forteresse de l'Isle. Ceux qui la défendoient se voiant privez de ce rempart, & leurs murailles en plusieurs endroits fracassées & abbattuës par les machines, se rendirent à discretion. Toutes les fortifications de l'Isle étant prises, le Roi y mit bonne garnison pour empêcher que ceux de Château-Gaillard ne s'échappassent par-là. Ils faisoient souvent des sorties, où ils tuoient bien des gens, & en perdoient aussi des leurs.

Le Roi s'absenta pour quelque tems, & revint lorsqu'on faisoit les vendanges. Voiant que la place étoit imprenable par la force, il résolut de la prendre par la famine. Il fit faire tout autour deux grands fossez ; chaque fossé étoit muni de sept châteaux de bois posez de distance en distance. Chaque château étoit bien muni & avoit sa garnison. Entre les fossez qui avoient leurs ponts étoient

---

Guillelmus Armoricus.

qui annonam curabant, quos somno & vino oppressos adorti sunt, & plus quam ducentos occiderunt. Hinc clamor in castris exoritur : qui ex somno surrexerant, ad pontem fugiunt tanto numero, ut pontem ipsum dirumperent, ita ut non possent ad alteram fluminis oram pervenire, nec juvari ab iis, qui pontem custodiebant. At equites illi & strenui viri, qui a tanto tumultu perterriti non fuere, ex quorum numero erat Guillelmus de Barris, armis assumtis fugacem turbam coercuere, & hostem adorti, in fugam verterunt, multos occidere, pluresque cepere.

Post pugnam illam, insequente prima luce, naves armatis viris plenæ secundo fluvio accesserunt. Sed quia jam inexpectata pugna Franci omnes cautiores & pervigiles erant, naves illæ procul conspectæ sunt. Utraque fluminis ora cuneis pugnantium munita fuit, ponsque similiter, qui restauratus fuerat. Balistarii adducti sunt qui missilia in naves mitterent : qui autem erant in fluminis oris locati, non potuere cohibere naves ab accessu. Sed qui pontis turres occupabant, tantam cum missilibus, balistis & machinis operam præstitere, ut hostem retrocedere cogerent.

Obsessi vero in aqua vallum quodpiam infixorum stipitum fecerant, quod ab insula ad oram fluminis pertingebat, ita ut Francorum naviculæ descendere non possent. Illo missus est quidam Gaubertus Medunteensis nandi peritia insignis, cum aliis natare solitis, qui hoc vallum distingerent. Hi vero multis in locis palos diruperunt, inque insula vallum aliud combussere, quo castrum cingebatur. Obsessi se vallo nudatos videntes, murosque multis in locis dejectos a machinis, victoris arbitrio sese dediderunt. Sic captis insulæ totius munitionibus, præsidia ibi Rex posuit, ne qui in Castro-Gaillardo obsidebantur, istac elabi possent. Erumpebant autem illi sæpe in exercitum Regium, nec paucis suorum amissis Regiorum multos occidebant. *Guillel. Armori.*

Philippus alio vocantibus se negotiis a castris aliquamdiu abfuit, vindemiæque tempore ad exercitum rediit ; vidensque castrum fere inexpugnabile esse, fame obsessos ad deditionem compellere decrevit. Vallum parari jussit undique, cum fossis grandibus, & castellis ligneis munitissimis hinc & inde positis. Inter fossas

postez des gens qui gardoient toutes les avenuës, ensorte que personne ne pouvoit sortir de la place. Roger qui commandoit dans le château, craignant que la quantité de bouches inutiles ne l'affamât bien-tôt, fit sortir à deux fois bien des gens qui ne servoient de rien à la défense. Le Roi de peur que cela ne prolongeât le siege, défendit qu'on en laissât passer davantage. Après cela Roger en fit encore mettre dehors plus de quatre cens ; mais ceux qui gardoient les châteaux & les fossez ne voulant pas les laisser passer, ils mouroient de faim entre le château & l'armée. Le Roi passant un jour par là, & voiant ces malheureux qui perissoient, fut touché de compassion, & ordonna qu'on les laissât passer : après qu'ils furent sortis, ils mangerent avec tant d'avidité, que presque tous moururent.

L'armée resta là tout l'hyver jusqu'au mois de Mars, & alors le Roi voiant qu'il seroit trop long de prendre la place par famine, fit faire un chemin couvert depuis le fossé jusqu'au haut du château, où sous des poutres & des herses on montoit sans être vû. Au bout de ce chemin il fit bâtir un grand château de bois, à la faveur duquel on mina une grosse tour du château, & on la fit sauter. L'armée prit alors la premiere enceinte du château. Il restoit encore deux enceintes à prendre. On se saisit adroitement d'une chapelle, par laquelle on se rendit maître de la seconde ; après quoi les mineurs de l'armée du Roi firent une bréche à la troisiéme, par où l'armée emporta la place, & prit toute la garnison qui montoit à quarante Chevaliers, six vingts Soldats, & plusieurs autres personnes. Ainsi finit ce long siege.

1203.
Prise de Château-Gaillard.

Après l'octave de Pâque le Roi Philippe alla à Falaise, place inexpugnable ; mais au bout de sept jours de siege, les Bourgeois & la garnison n'esperant point de secours, se rendirent. Domfront, Cân, Baieux & toutes les autres places des environs, suivirent son exemple. Au même tems Gui de Thouars qui commandoit en Bretagne, s'avança avec quatre cens Chevaliers & une grande armée de Bretons, & observant le tems que la marée étoit basse, il prit & brûla le Mont S. Michel ; après quoi il prit Avranches, pillant & brûlant les bourgs & villages, ravageant les campagnes jusqu'à Cân où le Roi l'attendoit. Philippe joignit à cette armée le Comte de Boulogne & Guillaume des Barres avec un bon corps de troupes Françoises & de Routiers, qui s'étoient donnez au Comte de Thouars à Falaise, & les envoia au Pont-Orson & à Mortaigne. Avec le reste

Conquête de la Normandie.

---

illas pontibus instructas, custodes erant qui observarent ne quispiam ex castro egrederetur. Rogerius vero obsessorum dux, ne fame citius ad deditionem compelleretur, inermes & imbelles extra castrum emitti jussit. Rex autem vetuit ne in posterum sic emissis transitus concederetur. Iterum Rogerius plus quadringentis emisit, qui inter castrum & vallum obsidentium ne ulterius procederent prohibiti, inedia peribant. Quos ubi semel vidit Rex misericordia motus, a transitu non ultra arceri jussit. Hi cum libere transissent, tam avide cibos devorarunt, ut pene omnes exstincti sint.

Exercitus porro Regius sic hiemem transegit ad mensem usque Martium. Tum animadvertens Philippus diuturniorem fore obsidionem, si ex famis necessitate deditio exspectaretur, viam parari jussit superne tectam, qua a vallo ad castrum ascendebatur. In suprema autem viæ parte castellum ligneum structum est, cujus ope magna turris castri cuniculis admotis subruit, & primum castri vallum cum muris tunc Franci occupavere. Restabant adhuc duo murorum ambitus, quorum secundus, capellâ quadam arte captâ, Francis cessit. Tertium murorum ambitum musculis aggressi sunt Regii, & murorum parte dejecta, castrum captum fuit cum custodibus ; erant autem *milites quadraginta, satellites centum viginti, & alii multi*. Hic exitus fuit tam diuturnæ obsidionis.

Post octavam Paschæ Philippus Rex Falesiam movit munitissimam urbem, illamque obsedit. Elapsis vero diebus septem, oppidani & *satellites* nullum sperantes auxilium, se dedidere Philippo ; istiusque exemplo Domnofrons, Cadomum, Baiocæ multaque alia circum oppida Regi portas aperuerunt. Eodem tempore Guido de Toarcia, qui tunc Britanniam regebat, *cum quadringentis militibus & immenso Britonum exercitu* movit, & observato maris recessu, Montem sancti Michaelis cepit & incendit ; posteaque Abrincas occupavit, totamque regionem depopulatus est Cadomum usque ; ubi Philippum Regem junxit. Toarciæ vero Comitem Philippus cum Comite Bononiensi & Guillelmo de Barris, misit ad Pontem-Ursonis & Moritaniam, adjunctis Francorum copiis, & *Ruptariis*, qui sese Falesiæ Comiti Toarciæ dediderant. Cum reliquo

de l'armée, il s'en alla assieger Rouen, & prit d'abord la Barbacane, fortification qui couvroit le pont. La ville ne se défendit que foiblement, demanda quelque tréve pour avertir le Roi Jean de la venir secourir; & le secours ne venant point, elle se rendit après quarante jours de siege.

Ainsi fut reprise toute la Normandie, près de trois cens ans après que Charles le Simple l'eût cedée par force à Rollon & aux Normans. Elle revint pourtant depuis sous la puissance des Anglois, & donna bien de la peine à quelques Rois de France, comme nous verrons dans la suite. En ce même tems la ville d'Angers fut réduite sous l'obéïssance du Roi.

Vers la fête de S. Laurent le Roi entra avec son armée dans l'Aquitaine, assiegea & prit Poitiers, & se saisit de toutes les villes & villages des environs. Il ne restoit plus à prendre aux environs que la Rochelle, Chinon & Loches. Il fit assieger ces deux dernieres villes, & comme la saison étoit fort avancée, il se retira, & laissa continuer le siege par ses troupes.

1204.
Philippe fait la guerre en Aquitaine.

Après Pâque de l'année suivante Philippe assembla les Seigneurs qui devoient l'accompagner dans son expedition, une nombreuse armée abondamment pourvûë de toute sorte de munitions de guerre & de bouche, & alla poursuivre le siege de Loches. La place fut bien-tôt prise, & il la donna sous serment de fidélité à Dreux ou Drogon de Merlot. De là il alla assieger Chinon, qui ne tint pas long-tems. La garnison resta prisonniere, & il l'envoia à Compiegne. Cette place lui paroissant importante, il la fit fortifier, & y mit bonne garnison.

1205.
Le Roi reçut l'année d'après plusieurs reliques tirées de la Chapelle Impériale de Constantinople, que lui envoia l'Empereur Baudouin: il les fit mettre dans l'Eglise de S. Denis.

1206.
L'an 1206. la Reine Alix mere de Philippe Auguste mourut à Paris, & fut enterrée à Pontigni auprès de son pere Thibaud Comte de Troie & de Blois. Le Roi Philippe après lui avoir rendu ses devoirs, marcha avec une armée vers le Poitou. Son fils Louis tomba malade à Orleans, & revint bien-tôt en santé. Le Roi Jean avoit levé une puissante armée, & avoit abordé à la Rochelle. Philippe moins fort que lui, munit bien les places de ce payis-là, & mit de fortes garnisons à Poitiers, à Loudun & à Mirebeau; après quoi il s'en retourna à Paris. Le Roi d'Angleterre alla prendre Angers, & ruina cette ville de fond en comble. Alors le Vicomte de Thouars, qui avoit ci-devant suivi le parti du Roi

Guillelmus Armoricus. Rigordus.

autem exercitu Rex Rotomagum obsessum venit, statimque Barbam-canam cepit, quod genus munitionis pontem tuebatur. Cives autem non ita fortiter oppugnantibus obstitere; impetratisque induciis, ut Regem Joannem rogarent ad sui defensionem accederet; nemine opem ferente, quadraginta elapsis diebus post positam obsidionem, sese Regi cum urbe dediderunt.

Sic Normannia tota in potestatem Regis Francorum redacta est, annis fere trecentis postquam Carolus Simplex illam Rolloni & Normannis invitus concesserat. Postea tamen Anglis iterum cessit, & quibusdam Francorum Regibus multum molestiæ intulit, ut infra videbitur. Eodem tempore Andegavum Regi Philippo sese obtulit.

Circa festum S. Laurentii Philippus in Aquitaniam ingressus, Pictavorum urbem cepit, oppidaque & vicos circum occupavit. Hæ solæ cum supercessent capiendæ urbes, Rupella, Chinonium & Lochæ, duas postremas Rex obsideri jussit, ingruenteque hieme, copias reliquit quæ ipsas circumcingerent.

Anno sequenti post Pascha, Philippus Principes & Primores qui expeditionem secum suscepturi erant, convocavit, numerosumque exercitum collegit cum armis & annona competentibus. Deinde Locharum oppugnationem peregit, locum cepit, & Drogoni de Merloto post præstitum fidei sacramentum dedit ac munivit. Deinde Chinonium post paucos obsidionis dies expugnavit. *Milites autem, balistarios & pedites defensores* Compendium misit & carceri mancipavit; castrum vero reparavit ac munivit, positis custodibus ac præsidio. Anno sequenti Philippus reliquias multas Constantinopoli a Balduino Imperatore missas accepit, & in Ecclesia S. Dionysii posuit.

Anno 1206. obiit Adela Philippi Regis mater, & Pontiniaci sepulta fuit prope Theobaldum patrem suum Comitem Trecensem & Blesensem. Rex Philippus matris exequiis celebratis, cum exercitu ad Pictavos movit. Ludovicus vero filius ejus Aurelianiægrotavit, ac brevi convaluit. Joannes Angliæ Rex exercitum maximum collegerat, & Rupellam appulerat. Philippus tunc impar viribus, urbes & castra omnia munivit, maxime apud Pictavorum urbem: Laudunum & Mirabellam præsidia auxit, ac deinde Lutetiam venit. Rex Angliæ Andegavum occupavit, urbemque totam diruit, Tunc Vicecomes Toarciæ,

PHILIPPE II. dit Dieu-donné & Auguste.

Philippe, se rangea du côté du Roi d'Angleterre. A ces nouvelles le Roi de France assembla une grande armée, & marcha vers le Poitou. Le Roi Jean se tint toûjours à Thoüars, & n'osa point donner sur Philippe qui ravageoit les terres du Vicomte. A la Toussaint de la même année les deux Rois firent une tréve pour deux ans. Au mois de Decembre il y eut une si grande abondance de pluies, que les fleuves déborderent plus qu'ils n'avoient fait de memoire d'homme. La Seine emporta trois arches du Petit-pont de Paris, & un grand nombre de maisons, & fit d'autres grands dommages.

Malgré la tréve Philippe entra l'année suivante avec une armée en Aquitaine, & fit le dégât dans les terres du Vicomte de Thoüars, prit Parthenai & plusieurs autres châteaux & forteresses, qu'il laissa à la garde du Maréchal & de Guillaume des Roches. Ce même Maréchal aiant ramassé trois cens Chevaliers, marcha contre le Vicomte de Thoüars & Savari de Mauleon, qui aiant assemblé beaucoup de troupes, faisoient le dégât sur les terres du Roi. Il fondit sur eux à l'improviste, les mit en déroute, prit quarante Chevaliers, du nombre desquels étoient Hugues de Thoüars frere du Vicomte, Aimeri de Lusignan, & plusieurs autres. Après cela on fit tréve : le Vicomte n'étoit pas apparemment compris dans la tréve accordée au Roi Jean.

1207.

1208.

Le Roi se trouva bien-tôt après engagé en de plus grandes guerres, qui firent bien du bruit dans la Chrétienté. Avant qu'elles éclatassent, il arriva une affaire qui mérite d'être rapportée. Quelques Bretons avoient muni un château bâti sur une roche dans la côte septentrionale de la Bretagne nommé Guarplic, d'où ils faisoient de grandes courses dans les payis voisins, & recevoient quelquefois des Anglois dans leurs troupes pour exercer ce brigandage. Juchel Seigneur de Mayenne dont ils ravageoient les terres, se vint plaindre au Roi, qui convoqua ses Barons & les Evêques à Mante : ils eurent ordre d'amener leurs troupes : on en forma un corps d'armée, qui marcha sous la conduite du Comte de S. Paul & de Juchel. Le Comte se rendit avec ses troupes sur cette côte, & prit le château qu'il donna à Juchel après y avoir mis bonne garnison. Les Evêques d'Orleans & d'Auxerre qui avoient amené comme les autres leurs troupes à Mante, se retirerent ensuite chez eux, & les congedierent, disant qu'ils ne marchoient à ces expéditions que quand le Roi y alloit en personne. Philippe s'en formalisa, & les condamna à l'amende. Eux refusans de la paier, le Roi ordonna qu'on

1208.
1209.

Philippe punit quelques Evêques.

---

qui Philippo junctus fuerat, ad partes Joannis Angliæ Regis declinavit. His auditis Philippus, collecto exercitu grandi, ad Pictavos movit. Joannes in Toarciæ castro manebat, non ausus Philippum adoriri, qui Vicecomitis agros devastabat. In festo omnium Sanctorum ejusdem anni ambo Reges inducias ad biennium fecere. Mense Decembri tanta aquarum & fluminum inundatio fuit, quantam nemo viderat. Sequana tres arcus parvi pontis Parisiaci fregit, & quamplures domos evertit, infinitaque damna multis in locis intulit.

gestus.

Anno Domini 1207. non curans inducias Philippus cum exercitu in Aquitaniam movit, Vicecomitis Toarciæ terras deprædatus est, Partenacum cepit, aliasque munitiones & castra, quæ sub custodia Marescalli & Guillelmi de Rupibus reliquit. Idem ipse Marescallus collectis trecentis circiter militibus, Toarciæ Vicecomitem & Savaricum de Maloleone, qui cum copiis multis terras Regias depopulabantur, adortus est ex improviso, in fugam vertit & quadraginta milites seu viros nobiles cepit, ex quorum numero erant Hugo Toarcensis frater Vicecomitis, Aimericus de Lusiniano multique alii. Sub hæc induciæ factæ sunt. Videtur

gardu.

autem Vicecomitem illum induciarum Joanni Angliæ Regi concessarum consortem non fuisse.

Majora sub hæc bella Philippum invasere quæ magnos in Europa motus excitarunt. Verum antequam illa palam erumperent, res accidit, quæ hic merito locum habeat. Britones quidam in rupe excelsa in ora septentrionali castrum exstruxerant nomine Guarplicum, unde in vicinas terras incursiones faciebant, Anglosque etiam in cœtu suo admittebant; quibuscum agebant prædas. Juchellus vero de Mediana, cujus illi terras depopulabantur, apud Regem Philippum questus est, qui *Barones* suos & Episcopos Meduntam convocavit, & copias suas adducere jussit. In unum coactæ copiæ sunt, ducibus Comite de sancto Paulo & Juchello. Comes ad illam maritimam oram pervenit, castrumque cepit; quod præsidio munitum Juchello tradidit. Episcopi vero Aurelianensis & Antisiodorensis, qui cum copiis suis Meduntam venerant, dimissis statim militibus domum rediere, dicentes se non debere copias ducere, nisi Rex ipse expeditionem aliquam susciperet. Rem indigne ferens Philippus, petiit ut hoc emendarent. Illis reluctantibus, *Rex eorum regalia confiscavit, scilicet ea quæ ab eo feoda-*

Idem.

faisît leurs terres feigneuriales, & qu'on ne touchât point aux décimes. Ils allerent eux-mêmes à Rome, & en appellerent au Pape Innocent III. qui ne jugeant pas à propos de s'interesser pour eux dans cette affaire, ils furent obligez de paier l'amende, & après deux ans de faifie, on leur restitua leurs biens & leurs terres.

1210.
Othon couronné Empereur à Rome.

Le Pape Innocent III. contre le fentiment de plufieurs Romains & d'un grand nombre de Princes de l'Empire, couronna Empereur Othon Duc de Saxe. C'étoit un ennemi déclaré de Philippe Roi de France, lié d'interêt avec Jean Roi d'Angleterre. Le S. Pere avant que de le couronner éxigea de lui un ferment qu'il ne prétendroit rien fur le Patrimoine de S. Pierre, ni fur les terres que les Papes poffédoient. Le traité en fut paffé & figné par l'Empereur : mais, dit un Auteur, ce jour-là même après fon couronnement, il déclara au Pape qu'il ne pouvoit pas le laiffer en poffeffion de plufieurs terres, que les Empereurs fes prédeceffeurs avoient poffedées. Cela caufa une diffenfion dans la ville. Les Romains demandoient auffi avec raifon, qu'Othon paiât ce qu'il avoit pris à credit à Rome. Les Bourgeois Romains fe plaignoient encore des mauvais traitemens qu'ils avoient reçu des Allemans de fa fuite. Voilà un grand tumulte. On en vint aux mains ; il y eut bien des gens tuez de part & d'autre : & de l'aveu même d'Othon il y perdit onze cent chevaux & beaucoup de fes gens. Il fortit la ville, & fe faifit d'abord des châteaux & villes poffedées par les Papes, de Radicofani, de Montefiafcone, de S. Quirico, d'Aquapendente, & d'autres lieux. Il paffa de là dans la Poüille, fit la guerre à Frederic fils de l'Empereur Henri, & prit en revenant les autres places du Patrimoine de S. Pierre. Le Pape l'envoia fommer de rendre ce qu'il avoit pris. Il n'en voulut rien faire, & empêchoit même les Pelerins qui venoient à Rome par dévotion, de continuer leur voyage. Alors Innocent III. l'excommunia ; & après cela voyant qu'il continuoit ces actes d'hoftilité, il délia fes fujets du ferment de fidelité, & défendit fous peine d'anathême qu'on le nommât Empereur.

1211.
Frederic élu Empereur.

Plufieurs Princes & Prélats d'Allemagne l'abandonnerent alors, & par l'intrigue de Philippe Augufte ils s'affemblerent en grand nombre, & élurent pour Empereur Frederic fils de l'Empereur Henri VI. Ils prierent le Pape de confirmer l'élection : le S. Pere, quoiqu'il ne fût pas fâché qu'on eût fait un nouvel Empereur, ne fe preffa pourtant pas de le confirmer, craignant qu'il ne marchât fur

Rigordus.

liter tenebant, decimas & alia fpiritualia eis in pace dimittens. Illi vero Romam conceffeerunt, & ad Innocentium III. Papam appellaverunt, qui non putavit hæc ad fe pertinere negotia. Quamobrem juffa Regi folvere coacti funt, & poft biennium bona terrafque fuas receperunt.

Innocentius Papa III. repugnantibus pro maxima parte Romanis, contradicentibus etiam Imperii Principibus & Optimatibus, Othonem Saxoniæ Ducem Imperatorem coronavit, qui Regi Francorum Philippo inimicus, & Joanni Angliæ Regi fœdere junctus erat. Antequam vero ipfum coronaret, facramentum ab eo exegit, quod nihil ex patrimonio S. Petri, exque terris quas Papæ poffidebant repetiturus effet. Ea de re *inftrumentum* factum eft, cui Otho fubfcripfit. Sed eadem ipfa die, inquit Scriptor quifpiam, cum coronam accepiffet, fummo Pontifici contra juramentum edixit, fe non poffe terras quas Imperatores poffederant, ipfi dimittere. Hinc diffenfio in urbe fuit. Jure petebant Romani, ut ea Otho folveret, quæ non dato precio acceperat. Cives autem Romani querebantur fe a Germanis Othonis fequacibus afpere habitos fuiffe. Hinc tumultus oritur, ad arma curritur, multi utrinque cæduntur : fatente ipfo Othone, mille & centum equos amifit ipfe, multofque Germanorum. Ex urbe egreffus, ftatim caftra & oppida Romanorum Pontificum occupavit, Radicofanum, Aquam-pendentem, S. Quiricum, Montem Flafconis, aliaque multa loca. Inde in Apuliam tranfiit, Frederico Imperatoris Henrici filio bellum intulit, & redeundo oppida cætera patrimonii S. Petri cepit. Indixit illi Papa ut omnia quæ ceperat redderet ; id quod non modo non fecit, fed etiam peregrinos qui religionis ergo Romam petebant, ne ulterius procederent coercuit. Tunc Innocentius illum a facrorum communione removit ; pofteaque videns illum hoftiliter nihilominus agere, fubditos ejus a facramento fidei abfolvit, & ne Imperator vocaretur fub anathematis pœna prohibuit.

Tunc ab illo receffere Principes multi & Epifcopi Germani ; qui inftigante Philippo Augufto, magno numero coacti, Fridericum Henrici VI. filium Imperatorem delegere ; fummumque Pontificem rogarunt electionem illam confirmaret. Etfi vero non ægre ferret Innocentius, quod novus creatus effet Imperator, non ftatim tamen affenfus eft, metuens ne Fredericus Henri-

PHILIPPE II. dit Dieu-donné & Auguste.

les traces de son pere Henri, qui lui avoit fait tant de peine. Frederic par le conseil du Roi Philippe passa en Allemagne, & se rendit à Constance. Othon devoit venir ce jour à la même ville : Frederic le devança de trois heures seulement, après quoi on ferma les portes à son compétiteur. Cette même année Frederic se rendit à Vaucouleur pour conferer avec le Roi Philippe, qui ne pouvant s'y rendre, y envoia son fils Louis accompagné d'un grand nombre de Seigneurs. Les deux Princes renouvellerent amitié, & firent un nouveau traité ensemble.

Le Roi Philippe fit faire de nouvelles enceintes de murs à Paris, qu'il aggrandit beaucoup, y renfermant bien des champs & des vignes, de l'un & de l'autre côté de la riviere : il obligea les possesseurs de ces champs & vignes d'y bâtir des maisons pour les louer. Il fit encore enfermer les autres villes de murs & de tours; & de peur que cela ne fût à charge à ses sujets, il contribua beaucoup à la dépense.

Reginald ou Renaud de Dammartin Comte de Boulogne, esprit remuant & entreprenant, ruina une forteresse qu'avoit bâtie Philippe Evêque de Beauvais, proche parent du Roi, qui faisoit ombrage à la Comtesse de Clermont sa cousine. L'Evêque par represailles ruina une autre forteresse que ce Comte avoit bâtie en la forêt d'Halmes. Le Roi à qui ce Comte étoit déja fort suspect, tant à cause de la forteresse de Mortagne qu'il occupoit, située entre la Bretagne & la Normandie, qui passoit pour imprenable; que par ses liaisons avec l'Empereur Othon & le Roi d'Angleterre, lui demanda cette place. Il n'avoit garde de la lui remettre. Sur son refus Philippe marcha avec un corps d'armée pour l'assieger, & contre toute sorte d'attente, il la prit au quatriéme jour de siege, & y mit bonne garnison. Le Comte voiant que ses affaires tournoient mal, dit Rigord, remit Boulogne & tous ses châteaux à Louis fils aîné du Roi, de qui il les tenoit en fief. Philippe se saisit aussi de toutes les Seigneuries de Renaud, qui étoient en grand nombre; de Dammartin, d'Aumale, de l'Isle-bonne, de Domfront. Le Comte dépouillé de tous ses biens se retira auprès du Comte de Bar son parent, & alla ensuite en Flandres, où il gagna le Comte Ferdinand ou Ferrand fils de Sanche Roi de Portugal, & le porta à se tourner contre le Roi Philippe. Il passa de là en Angleterre, & sollicita le Roi Jean de faire un puissant

Guerre contre le Comte de Boulogne.

98　PHILIPPE II. dit Dieu-donné & Auguste.

armement pour revenir en France, & reprendre les Etats qu'il y avoit perdus.

Presque toute la Chrétienté étoit alors en mouvement. Les deux Empereurs élus avoient chacun ses partisans. Les Albigeois soutenus par Raimond Comte de Toulouse, & sous main par le Roi d'Aragon, faisoient de si grands progrès dans le Languedoc & dans la Gascogne, qu'on fut obligé de faire une croisade pour les reprimer, comme nous dirons bien-tôt. Les troubles de l'Angleterre étoient venus à un point, qu'il falloit nécessairement que l'affaire se terminât enfin en quelque maniere extraordinaire & désagréable pour quelqu'un des partis. Jean mécontent des Evêques & du Clergé, les avoit chassez de l'Angleterre. L'Archevêque de Canterburi s'étant refugié en France, il s'étoit saisi des biens des Ecclesiastiques & des Abbayies. Le Pape jetta l'interdit sur l'Angleterre; & le Roi s'obstinant toujours à persecuter le Clergé, le saint Pere l'excommunia, délia ses sujets du serment de fidélité, leur défendit d'avoir aucun commerce avec lui, & donna ses Roiaumes au Roi de France & à ses descendans, exhortant tous les fidéles de lui donner secours pour les conquerir.

Le Roi Jean excommunié, & ses Etats donnez à Philippe.

1212.　Philippe profitant de l'occasion, fit une assemblée générale de ses Barons & des Prelats de son Roiaume, leur proposa son dessein de passer avec une grande armée en Angleterre, pour se saisir des Etats que le Pape venoit de lui donner à l'exclusion de Jean. Il les pria de l'aider de leurs troupes & de leurs personnes. Cette entreprise fut applaudie de toute l'assemblée; chacun promit d'y contribuer. Il n'y eut que Ferrand Comte de Flandres, qui ne voulut pas y donner les mains. Il se plaignoit de ce que Louis fils ainé du Roi tenoit deux de ses places, Saint Omer & Aire. Le Roi offrit de lui donner un contre-échange. Le Comte n'en voulut point & se retira, étant déja ligué avec le Roi Jean par l'entremise du Comte de Boulogne.

1213.　Philippe rappella la Reine Ingeburge qu'il avoit repudiée depuis plus de seize ans, & ensuite reprise pour éviter les censures, & chassée de nouveau quand cette crainte fut passée. Ce rappel fit bien du plaisir aux François qui portoient compassion à cette Princesse, dont la vertu étoit à l'épreuve de tant de disgraces; après quoi il assembla une des plus grandes armées qu'on eût encore vûë, & une flote de mil sept cent voiles pour passer en Angleterre. Il se rendit à Boulogne, où il attendit plusieurs jours cette flote; & de là à Gravelines où la flote se rendit

Grande flote de Philippe.

---

gna classe & exercitu in Franciam trajiceret, & quæ amiserat omnia recuperaret.

Omnes fere Principes Christiani tunc in motu erant. Bini Imperatores electi fuerant: multos singuli ad suas partes allexerant. Albigenses, favente Raimundo Comite Tolosano, & clam quoque Rege Aragonensi, tot in dies occupabant loca & oppida in Septimania & in Vasconia, ut Cruce-signatorum exercitu ad comprimendam gentem opus fuerit, ut paulo post narrabitur. In Anglia tot tumultus erant tantaque rerum perturbatio; ut necesse prorsus videretur; alterutram contendentium partem cum infausto exitu eliminatum iri. Joannes Episcopis & Clero infensus, ipsos ex Anglia ejecerat. Archiepiscopus Cantuariensis in Franciam confugerat, Rexque Joannes Ecclesiastica bona invaserat & Monasteria. Papa Angliam à sacris interdixit, Regeque semper Clerum aspere agente, summus Pontifex illum à communione privavit, subditosque ejus à sacramento fidei absolvit; ne cum illo aliquid negotii haberent prohibuit; Regnaque ejus Regi Franciæ ejusque successoribus dedit, fideles omnes adhortatus ut ad illa subjicienda opem Philippo ferrent.

Rigord.

Philippus occasionem hujusmodi nactus, conventum generalem habuit, ubi adfuere Principes, *Barones* & Episcopi Regni, quibus ille indicavit, se in Angliam cum exercitu magno trajectum cogitare, ut quæ regna summus Pontifex, excluso Joanne, sibi concesserat, acquireret, cœtumque rogavit, opem sibi ferret. Cum plausu Regi omnes obsequuntur. Quisque operam pollicetur suam, uno excepto Ferdinando Flandrensi Comite; qui dictis non assensit. Querebatur autem Ludovicum Regis primogenitum duas ex urbibus suis occupare, Sanctum Audomarum & Ariam. Rex ipsi non eadem, sed omnino paria reddere voluit. Negavit Comes & abiit, jam fœdere junctus cum Joanne, hortatu, ut diximus, Bononiensis Comitis.

Philippus vero Ingeburgem Reginam ad se revocavit, quam ab annis plus sexdecim repudiaverat, deindeque resumpserat, ut Ecclesiæ censuras declinaret, iterumque pulso metu ejecerat. Revocatam cum gaudio magno videre Franci, qui commiseratione ducebantur erga Reginam, cujus virtutem non potuissent tot calamitates frangere. Sub hæc autem exercitum collegit Rex maximum, classemque paravit navium mille septingentarum; ut in Angliam transfretaret. Bononiam autem venit, ubi aliquot diebus classem expectat; indeque Gravelingam se confert, quo appulit

PHILIPPE II. dit Dieu-donné & Auguste.

aussi. Il cita Ferrand pour comparoître devant l'assemblée des Barons. Le Comte lié d'interêt avec tous les ennemis du Roi n'avoit garde de s'y rendre. Pour le châtier de sa désobéïssance Philippe differa son expedition d'Angleterre, entra dans la Flandre, prit Cassel, Ypre & Bruges, & fit venir sa flote au port de Dam, qui est à deux milles de Bruges. Il alla ensuite assieger Gand, laissant fort peu de monde à la garde de sa flote.

Cependant le Roi Jean se voiant sur le point d'être écrasé par les foudres du Vatican, s'étoit rendu à la merci du Pape, s'étant démis entre les mains du Légat Pandulfe de ses Roiaumes pour les remettre au Pape, & les recevoir ensuite de lui comme son vassal, en s'obligeant de lui paier tous les ans mille marcs d'argent. Le Légat du Pape après avoir réduit ainsi le Roi d'Angleterre, voulut persuader à Philippe de se désister de son entreprise : mais aiant déja fait trop d'avances, de l'avis de ses Barons il poursuivit son premier dessein. Le Roi Jean sollicité par le Comte de Boulogne, fit un puissant armement sur mer. Les commandans étoient le même Comte de Boulogne, Guillaume Comte de Salisberi, dit à la Longue-épée, Hugues de Boves & plusieurs autres. Ils allerent contre la flote du Roi Philippe qui étoit au port de Dam, saisirent trois cent vaisseaux dégarnis d'hommes, mais chargez d'armes & de munitions que le port n'avoit pu contenir, en coulerent à fond cent autres, & assiegerent le port. Le Comte Ferrand averti de leur arrivée étoit venu les joindre avec ses troupes. A ces nouvelles le Roi Philippe quittant le siege de Gand, vint pour délivrer sa flote, mit en déroute tout ce qu'il trouva sur terre, en tua environ deux mille, & fit beaucoup de prisonniers. Le Comte de Boulogne y fut pris aussi ; mais ses amis de l'armée du Roi, craignant qu'il ne lui fit couper la tête, le firent évader. Après quoi Philippe vint à Dam, brûla tout le pays des environs ; & voiant son entreprise d'Angleterre échouée, il fit vuider tous ses vaisseaux chargez de vivres & d'armes, y fit mettre le feu, & brûla aussi la ville de Dam.

Il revint ensuite à Gand, qui fut bien-tôt pris. Oudenarde & Courtrai se rendirent. L'Isle ne tint que trois jours, & il y bâtit une forteresse. Il prit ensuite Douai, où il mit garnison. L'Isle s'étant revolté peu de tems après pour se donner à Ferrand, le Roi y revint, brûla la ville, & bien des gens perirent par l'incendie. Le Comte de S. Paul prit Tournai pour le Roi Philippe. Ce Prince s'étant

Le Roi Jean se racommode avec le Pape.

---

etiam classis Regia. Ferdinandum Comitem jussit accedere, ut in cœtu *Baronum* compareret. Comes qui cum omnibus Regis hostibus fœdere junctus erat, ne cogitavit quidem jussis parere. In pœnam rebellionis Philippus, missa aliud in tempus Anglica expeditione, in Flandriam intravit, cepitque Castellum, Ypram & Brugas, classemque ad Dami portum duabus leucis a Brugis distantem evocavit ; posteaque Gandavum obsessum venit, minima exercitus parte ad classis custodiam relicta.

Interea Joannes se Vaticanis fulminibus pene obrutum videns, Pontificis veniam imploraverat, in manusque Pandulfi Legati, Regna sua deposuerat, summo Pontifici tradenda, illaque rursum accepturus, quasi subjectus, cum vectigali annuo summo Pontifici solvendo mille *marcarum* argenti. Legatus porro ad hujusmodi censum redacto Angliæ Rege, Philippo suadere voluit, ut a suscepta expeditione desisteret. Sed cum jam multa parasset ingenti sumtu, de consilio Procerum in suscepta re perstitit. Joannes Rex a Bononiæ Comite concitatus, ingentem paravit classem, cujus duces fuere idem Bononiensis Comes, Guillelmus Comes Salisberiensis, *Longa spatha* dictus, Hugo *de Boves*, & alii multi, qui versus classem Philippi, quæ tunc Dami erat, vela dantes, trecentas naves viris destitutas, sed armis & munitionibus onustas, quas portus continere non potuerat, ceperunt, centum alias submerserunt portumque obsederunt. Junxerat illos Ferrandus, seu Ferdinandus Comes cum copiis suis. Hac re comperta Philippus, relicto Gandavo, classem suam liberatum venit, terrestres omnes copias fudit, bis millibus cæsis, multosque cepit. Comes quoque Bononiæ captus fuit : verum ejus amici, qui in exercitu Regis erant, ne capite truncaretur Comes, aufugiendi modum ipsi præbuere. Postea vero Philippus Damum venit, agros circum incendit ; vidensque de Anglica expeditione ne cogitandum quidem esse, ex navibus exportari jussit arma & annonam, illasque omnes, & Damum oppidum flammis tradi præcepit.

Indeque Gandavum reversus, urbem cito cepit. Audenarda & Cortractum victoris legibus cessere. Insulæ trium tantum dierum obsidionem tulerunt. Duacum deinde captum præsidio munitum fuit. Cum autem Insulani Regi rebelles, Ferdinando se dedidissent, reversus Philippus urbem flammis tradidit, ac multi incendio periere. Comes vero S. Pauli Tornacum cepit Philippo Regi. Cum autem receptum habuisset Phi-

Guillelmus Brito.

retiré, les Comtes de Boulogne & de Flandre firent le dégât dans le Comté de Guines, prirent & brûlerent la ville d'Aire, se saisirent du château de Lens, & firent de grands ravages aux environs.

La France se vit alors puissamment attaquée de deux côtez. Le Roi Jean passa de l'Angleterre avec une grande armée, & vint descendre à la Rochelle, tandis qu'Othon du côté de Flandre en assembloit une des plus nombreuses qu'on eût jamais vû sur nos frontieres. Cela se faisoit de concert, par ces deux Princes, qui croioient que Philippe obligé de partager ses forces, ne pourroit soutenir deux si grands ennemis à la fois. Jean entra dans le Poitou, attira à son parti le Comte de la Marche, Geoffroi de Lusignan & plusieurs autres Seigneurs de l'Aquitaine, qui étoient auparavant liez au Roi Philippe. Aiant joint leurs troupes à son armée, il marcha vers Angers, prit cette ville & plusieurs petites places tout autour. De là il envoia ravager le territoire de Nantes. Robert fils aîné du Comte de Dreux sortit contr'eux ; ils l'attirerent dans une embuscade, où il fut pris avec quatorze Chevaliers François. Le Roi Philippe envoia son fils Louis pour s'opposer au Roi d'Angleterre. Pierre de Dreux Duc de Bretagne leva un nombre considerable de troupes dans son Duché, & vint joindre l'armée de Louis, qui s'étoit rendu à Chinon pour observer les mouvemens de l'armée du Roi d'Angleterre. Ce Prince après avoir rétabli les murs de la ville d'Angers, pensa à étendre ses conquêtes, & alla attaquer un fort appellé la Roche-du-Moine. Il dressa ses machines & ses batteries pour l'emporter. Louis qui étoit à Chinon, vint avec son armée pour secourir la place. Jean apprenant sa venuë ne l'attendit pas, il se retira avec précipitation. Son armée passa la Loire partie à gué, partie dans des batteaux : plusieurs de ses gens furent submergez dans les eaux, & d'autres qui fuioient furent tuez. Jean ne s'arrêta qu'après avoir fui l'espace de dix-huit lieuës dans un jour, & laissa le champ libre à Louis, qui reprit toutes les places occupées par son ennemi, rasa le château de Beaufort, ravagea le Comté de Thouars, détruisit le château de Moncontour, & abbatit les murs d'Angers que Jean avoit rebâtis.

Au même tems que ceci se passoit vers l'Aquitaine, Othon se préparoit à donner bataille au Roi Philippe. Il assembla ses troupes à Valenciennes, accompagné des Comtes de Bologne & de Salisberi, qui marchoient aux frais & aux ordres du Roi Jean. Le Comte Ferrand, les Ducs de Brabant & de Limbourg joigni-

---

Rigord.

lippus, Comites Bononiensis & Flandrensis in Guinæ Comitatu prædas egerunt, Ariam captam incenderunt, Lentium item castrum occuparunt, & terram circum depopulati sunt.

Tunc Francia ex oppositis partibus bello fortiter impetita fuit. Joannes Rex cum grandi exercitu Rupellam appulit, quo tempore Otho versus Flandriam copias aggregabat, quantæ in confinio Regni nunquam visæ fuerant. Id eo consilio fecere ambo Principes, ut Philippus contra tantos hostes copias dividere coactus, succumberet. In Pictavos ingressus Joannes ad suas partes Comitem Marchiæ, Godefridum de Lusiniano & plurimos alios allexit Aquitaniæ Primores, qui ante cum Philippo juncti erant. Illorum auctus copiis, Andegavum venit, urbemque cepit, cum aliis circum munitionibus. Inde misit qui Namnetensem agrum devastarent. Robertus vero Drocensis Comitis primogenitus, in illos irrumpens, & in insidias actus, cum quatuordecim Francis militibus captus est. Rex autem Philippus Ludovicum filium misit, qui Joanni Angliæ Regi obsisteret. Petrus vero Drocensis Britanniæ Dux, multis collectis in regione sua copiis, Ludovici exercitum junxit, qui Chinonium venit, ut Angliæ Regis exercitum observaret. Hic vero postquam Andegavi mœnia restauraverat, spe benè agendæ rei sultus, castrum Rupem-Monachi dictum obsedit, machinasque erexit ut muros decuteret. Ludovicus, qui Chinonii tunc erat, cum exercitu opem castro laturus venit. Joannes vero accedentem non exspectavit, sed festinanter terga vertit. Ejus exercitus partim vadis partim navigiis Ligerim trajecit, multi in aquis submersi sunt, alii fugientes peremti. Octodecim milliaria Joannes fugiendo una die peregit, liberumque fuit Ludovico omnia pro arbitrio facere, qui loca omnia ab hoste capta, castrumque de Bello-forti recuperavit, Thoarcensem Comitatum depopulatus est, Monconturium castrum diruit, murosque Andegavenses à Joanne restauratos dejecit.

Quo tempore hæc in Aquitania gerebantur, Otho contra Philippum Regem certamen inire parabat; copiasque suas Valentianis collegit. Aderat Comes Bononiæ, itemque Salisberiensis, ab Rege Joanne missi, & ad ejus stipendia militantes. Comes quoque Ferdinandus Ducesque Brabantiæ & Limburgi cum militari-

PHILIPPE II. dit Dieu-donné & Auguste.

rent aussi leurs troupes aux Imperiales. Le tout joint ensemble montoit à 150000. hommes. Le Roi de France, avec la moitié moins de gens que son ennemi, partit de Peronne, & entra dans la Flandre, ravageant & brûlant le païs par où il passoit, & se rendit à Tournai, où il tenoit garnison. Othon de son côté s'avança à Mortagne à six petites lieuës de Tournai. C'étoit vers la fin de Juillet. Le Roi Philippe avoit envie d'aller attaquer l'armée Imperiale ; mais aiant tenu conseil avec ses Barons, l'affaire fut jugée trop difficile, parce qu'on ne pouvoit aller à eux que par des défilez. Il partit de là, & se rendit à l'Isle. L'Empereur Othon fit aussi un mouvement. On envoia de l'armée du Roi le Vicomte de Melun à la découverte, accompagné de l'Elu de Senlis. Ils observerent la marche des ennemis qui passerent un ruisseau. Plusieurs crurent qu'ils vouloient se retirer vers Tournai ; mais l'Elu de Senlis soutint toujours qu'ils venoient à notre armée, & qu'il falloit nécessairement combattre. L'armée de France arriva au pont de Bouvines : une partie passa le pont. Le Roi qui ne croioit pas qu'on fût si près d'en venir aux mains, étant fort fatigué, se dépouilla de ses armes, & se mit au frais sous un arbre. On vint l'avertir que l'ennemi avoit déja commencé l'attaque, & que le Vicomte avec ses arbalêtriers & la cavalerie legere avoit bien de la peine à soutenir le premier choc. Philippe entra alors dans une Eglise voisine, où il fit une courte priere, après quoi il s'arma & monta à cheval, aussi gai, dit l'Auteur, que s'il étoit allé à des nôces. On cria alors aux armes : ceux qui avoient passé le pont le repasserent. L'armée se mit en bataille, & se disposa à en venir aux coups.

Les ennemis qui ne croioient pas trouver l'armée du Roi en si bon ordre, firent un mouvement sur la droite. Le Roi en fit aussi un pour s'étendre du même côté. Il avoit auprès de lui le brave Guillaume des Barres, Barthelemi de Roie, & un grand nombre d'autres vaillans hommes. Othon étoit vis-à-vis de lui dans un escadron choisi. Philippe fit alors une courte harangue à ses gens, & donna le signal de la bataille. Les trompettes sonnerent, & l'on fondit sur l'ennemi. Le combat fut rude, on se battit bien de part & d'autre. Cependant la bataille ne commença point au côté où étoit le Roi. On étoit déja venu aux mains contre Ferrand Comte de Flandres. Les Flamans se battirent bien, premierement contre de l'infanterie qui les attaqua vigoureusement, après cela contre de la cavalerie. Ils tinrent toujours ferme jusqu'à ce que Ferrand leur Comte qui se battoit en

Bataille de Bouvines.

---

bus turmis suis exercitum Imperialem junxere. Totus certe exercitus ad centum quinquaginta millia hominum pertingebat. Rex vero cum exercitu dimidia parte minori, Peronia profectus in Flandriam intravit, atque omnia igni ferroque depopulatus, Tornacum venit, ubi præsidium habebat. Otho Moretaniam venit sex milliaribus a Tornaco distantem, circa finem Julii mensis. Cupiebat Philippus Imperialem exercitum adoriri : verum habito cum *Baronibus* suis consilio, res admodum difficilis visa fuit, quia arctus erat ad hostem aditus. Inde profectus Philippus Insulas petiit. Imperator quoque Otho movit ; missique sunt ex Regio exercitu, ad observandum hostem, Meleduni Vicecomes & Electus Silvanectensis, videruntque hostem cum rivum quemdam trajiceret. Putavere autem quidam ipsos Tornacum versus secedere. Electus vero Silvanectensis certum habebat accedere Imperialem exercitum, ac necessario pugnandum esse. Exercitus Francorum ad Bovinensem pontem pervenit, pars copiarum pontem trajecit. Non putans Rex adesse hostem, fatigatus arma deposuit, & sub arboris umbra quievit. Nunciatur illi jam hostem manus conserere cœpisse, Vicecomitemque cum balistariis &

levis armaturæ equitibus, vix eorum impetum sustinere posse. Philippus in Ecclesiam vicinam ingressus, brevem emittit precationem, tuncque arma induit, equum conscendit, *alacri vultu, nec minori latitia, quam si ad nuptias vocaretur*. Tum ad arma conclamatur. Qui pontem transierant regressi sunt : ordinatur acies atque ad pugnam apparatur.

Hostes porro qui exercitum Regium non ita apparatum & expeditum putabant, ad dexteram sese extenderunt. Rex quoque eadem ratione aciem ipsis opponit ne cingi posset. Penes se autem habebat strenuum illum Guillelmum de Barris, Bartholomæum de Roia, aliosque fortissimos viros. E regione illius erat Otho cum equitum turma selecta. Tunc Philippus suis brevem orationem habuit, signum pugnæ dedit ; & clangentibus tubis inimicos Regii sunt adorti. Acriter utrinque pugnatum ; neque tamen a Regio agmine certamen initum est. Jam Regii alii Ferdinandum Flandriæ Comitem aggressi fuerant. Strenue Flandri pugnavere, primo contra pedites acriter bellantes, secundo contra equitatum, neque recedebant, donec Ferdinandus fortiter decertans, multis confossus, ex

Rigordus.

N iij

brave, & avoit reçu plusieurs blessures, eût été jetté à bas de son cheval, & fait prisonnier. Ils prirent alors la fuite.

Les bataillons des communes de Corbie, d'Amiens & d'autres villes, voiant l'étendart *chargé de fleurs de lis*, vinrent se mettre devant le Roi Philippe, le croiant apparemment trop exposé & trop près de l'ennemi ; mais l'escadron d'Othon tout composé de gens choisis, les fit bien-tôt plier, & penetra presque jusqu'au Roi ; c'étoit lui qu'Othon & ses Allemans cherchoient : mais les braves qui défendoient sa personne Roiale l'obligerent de se tenir derriere eux, & quoiqu'en petit nombre, ils repousserent les ennemis, qui cependant firent glisser quelques pietons qui entourerent le Roi, & le mirent à bas de son cheval. Jean Tristan y accourt, donne son cheval au Roi qui y monta dessus. Ces pietons furent taillez en pieces, & le combat recommença contre l'escadron d'Othon, qui fut enfin défait & mis en fuite. Pierre de Mauvoisin, plus brave que sage, dit l'Auteur, s'avança jusqu'à Othon, prit son cheval par la bride, & l'auroit emmené prisonnier, si la trop grande foule ne l'avoit empêché de passer avec sa capture. Un autre vint la dague à la main contre Othon, lui porta un coup, qui glissa sur ses armes, & vint après donner dans un œil de son cheval. Othon qui avoit déja pensé deux fois être pris par Guillaume des Barres, prit alors la fuite, & son cheval étant tombé sous lui, on lui en fournit un autre avec lequel il s'échappa, & l'aigle Imperiale fut prise. La troupe d'élite qui défendoit Othon combattit encore quelque tems vaillamment après sa fuite ; mais elle fut enfin défaite, & les principaux furent pris. Guillaume des Barres fit des prodiges de valeur. Son cheval aiant été tué, il se défendit assez long-tems contre une troupe qui l'environnoit : il auroit enfin cedé au nombre, si Thomas de S. Valeri qui menoit un corps de cinquante chevaux & deux mille hommes de pied, ne l'avoit délivré.

Victoire de Philippe Auguste.

Othon, le Comte Ferrand, & le Comte de Boulogne, contre le sentiment duquel la bataille fut donnée, avoient résolu de faire leurs efforts pour prendre ou tuer le Roi Philippe. Ce Comte de Boulogne se défendit fort vaillamment, & fut pris quoiqu'avec peine. Après tant de déroutes & de prises, les Brabançons tenoient encore, mais par ordre du Roi ils furent chargez & défaits par Thomas de S. Valeri, qui menoit, comme nous avons dit, cinquante chevaux & deux mille hommes de pied. Ce qui est fort singulier, c'est que lorsqu'il fit la revûë

Idem.

equo dejectus & captus est : tunc enim illi terga verterunt. Agmina oppidanorum, Corbeiensium, Ambianorum, aliarumque civitatum, cum viderent *vexillum floribus lilii distinctum*, ante Regem, quem fortasse hostibus quam par esset viciniorem putabant, aciem suam direxerunt. At Othonis turma selecta illos cito repulit, & ad Regem usque fere penetravit. Illum quærebat Otho, illum Germani insequebantur. At viri illi fortissimi qui juxta Philippum erant, illumque pone se posuerant, etsi pauci numero essent, hostes repulere. Quidam tamen pedites raptim transeuntes, Regem cinxerunt, atque ex equo dejecere. Accurrit Joannes Tristanus, equum suum Regi offert, qui illum conscendit, peditesque illi omnes ad unum cæsi sunt : tuncque contra Othonis agmen acriter pugnatum est, Germaniæque cæsi fugatique sunt. Petrus Malevicinus, *plus armis, quam prudentia pollens*, inquit Rigordus, ad Othonem usque pervenit, equum habensi apprehendit & abduxisset, nisi a nimia turba cohibitus fuisset. Ab alio autem Otho cultello impetitus fuit, sed *armorum densitate*, repulsus cultellus, in oculum equi deflexit. Jam bis pene captus fuerat Otho a Guillelmo de Barris, tuncque fugam ille arripuit, atque equo ejus delapso, alius ipsi equus substitutus fuit, quicum evasit. Aquila vero Imperialis capta est. Turma tamen Othonis selecta, fugiente illo, fortiter aliquantum tempore dimicavit ; at cessit demum, nobilioresque capti sunt. Guillelmus de Barris mira fortitudinis speeimina dedit. Cum equus illius peremptus esset, pedes solus contra multos circum positos pugnavit, tandemque a numero obrutus fuisset, nisi Thomas de sancto Valerio qui equites quinquaginta & bis mille pedites ducebat, illum eruisset.

Otho, Comes Ferdinandus, & Bononiensis Comes, contra cujus sententiam initum certamen fuit, una decreverant, nihil non agendum esse, ut Rex Philippus vel caperetur, vel occideretur. Comes vero ille Bononiensis fortissime pugnans, vix tandem captus est. Post tot clades acceptas, Brabancionibus adhuc pugnabant : verum jubente Rege a Thoma de S. Valerio fusi fugatique. Hic, uti jam diximus, quinquaginta equites & bis mille pedites ducebat. Quodque singularissimum est, post tantam pugnam enumeratis agminis

PHILIPPE II. dit Dieu-donné & Auguste.

de sa troupe, il ne s'en trouva qu'un de manque, qui percé de coups étoit tombé parmi les morts : on le retira, on le pensa, & il revint en santé.

La perte des ennemis fut grande. Le Comte de Bologne fut mis en prison à Peronne chargé de chaînes. Le Comte Ferrand fut amené à Paris comme en triomphe, & mis dans une tour du Louvre. La joie de cette victoire fut inconcevable. Philippe en memoire de ce grand bienfait, qu'il regardoit comme venu du Ciel, fit bâtir le Monastere de notre-Dame de la Victoire près de Senlis.

Une autre guerre qui s'éleva dans le même tems, mit le Christianisme en peril ; ce fut celle des Albigeois. C'étoit une branche de ces anciens Manichéens, qui admettoient deux Dieux, l'un bon, l'autre mauvais, qui rejettoient le vieux Testament, comme fait par le mauvais Dieu, & ajoutoient à ces erreurs beaucoup d'autres non moins pernicieuses. Cette hérésie n'avoit pas fait d'abord un grand éclat dans sa naissance comme d'autres, par exemple l'Arianisme ; mais elle se glissa & se répandit dans toute la Chrétienté, & se maintint en bien des endroits comme un feu caché sous la cendre, où elle excitoit des troubles en differens tems & en differens payis. De là vinrent les Priscillianistes en Espagne qui firent grand bruit au quatriéme siécle, ces Manichéens qui se révolterent contre les Empereurs de Constantinople, & ne furent réduits que par la force des armes, les Bogomiles de la Bulgarie, enfin les Paterins de l'Italie, & presque en même tems nos Albigeois.

Guerre des Albigeois.

Ils s'étoient déja fait connoître en France du tems du Roi Robert : le mal fut arrêté ou du moins assoupi dès le commencement. Ils firent encore quelque tumulte à Toulouse du tems de Louis le Jeune ; mais cela n'étoit rien en comparaison du grand trouble qu'ils exciterent au commencement du treiziéme siécle.

On les appella Albigeois, parce que ce fut principalement dans l'Albigeois qu'ils s'accrurent. Outre les erreurs principales des Manichéens, du Dieu bon & du Dieu mauvais, ils disoient & soutenoient d'autres blasphêmes horribles ; que Jesus-Christ né en Béthlehem étoit un méchant homme, qui étoit en mauvais commerce avec Marie-Magdelene ; que ce n'étoit pas le veritable Christ. Ils disoient que le Dieu bon s'étoit marié, avoit pris deux femmes dont il avoit eu des garçons & des filles. Il seroit trop long de rapporter les autres points de doctrine sur lesquels ils ne s'accordoient pas entr'eux ; mais ils convenoient tous dans une haine mortelle contre le Pape, les Evêques & tout le Clergé. Leurs mœurs

---

sui viris, unus tantum defuit, qui multis acceptis vulneribus inter mortuos repertus est, & exportatus, curatusque valetudinem recuperavit.

Magna cædes hostium fuit ; Comes Bononiensis catenis onustus, Peronam adductus & in carcerem conjectus fuit. Ferdinandus vero Comes Lutetiam quasi in triumphum adductus est, in Luparæa turri clausus fuit. Ingens fuit tantæ victoriæ lætitia. In beneficii a Deo concessi memoriam Philippus Beatæ Mariæ de Victoria Monasterium prope Silvanectum fundavit.

Bellum aliud eodem gesto tempore rem Christianam in periculum conjecit : ab Albigensibus autem excitatum est. Erat autem hæc hæresis quasi ramus veterum Manichæorum, qui deos admittebant duos, alterum bonum alterumque malum : vetus testamentum, quasi a malo deo datum rejiciebant, hisque erroribus alios non minus perniciosos adjiciebant. Istæc hæresis non tantas a principio turbas excitaverat, quantas aliæ, exempli causa Arianismus ; verum sensim per totum orbem Christianum irrepsit, multisque in locis pene latebat, turbasque identidem dabat variis in regionibus. Inde orti erant Priscillianistæ in Hispania, qui quarto sæculo surrexere : Manichæi illi qui contra Imperatores Constantinopolitanos arma sumserunt, belloque domiti sunt ; Bogomili in Bulgaria, tandemque Paterini in Italia, ac eodem ferme tempore Albigenses nostri.

Jam Roberti Regis tempore quidam surrexerant ; sed malum statim exstinctum vel saltem sopitum fuit. Tumultum quoque Tolosæ excitarunt regnante Ludovico VII. at illa pro nihilo pene habenda, si comparentur cum grandi illo tumultu ac bello quod cœpit initio sæculi decimi-tertii.

Albigenses porro vocati sunt, quia in Albigensi tractu maxime incrementa cepere. Præter errores illos Manichæorum præcipuos circa deum bonum & deum malum, horrenda alia proferebant : Jesum Christum in Bethleem natum, improbum fuisse hominem, qui cum Maria Magdalene carnaliter misceretur, neque illum verum esse Christum : aiebant item bonum deum duas duxisse uxores, ex quibus filios & filias suscepterat. Longius ingratiusque foret cætera proferre, in quibus non inter se consentiebant. In hoc autem una omnes convenerant, quod summum Pontificem, Episcopos & Clerum immani odio prosequerentur ; nec

Hist. Albigensium, Duchêne t. 5.

n'étoient pas moins corrompuës que leur doctrine. Ils s'abandonnoient à toute sorte de crimes. Les Vaudois ou les Pauvres de Lion s'unirent à eux, quoiqu'assez differens dans leurs sentimens, & moins mauvais que ces Manichéens. Dès l'an 1206. l'heresie avoit fait de grands progrès dans tout ce que nous appellons aujourd'hui Languedoc. La plûpart des villes en étoient infectées. Raimond Comte de Toulouse, imbu de ces erreurs, étoit le principal soutien de ces Albigeois. On envoia pour ramener ces hérétiques au giron de l'Eglise, des Légats Apostoliques, l'Evêque d'Osme Prelat d'une grande sainteté, & deux Moines de Cîteaux. Ils prêcherent dans cette Province la saine doctrine avec peu de fruit.

Un de ces Légats nommé Pierre de Chateauneuf, de l'Ordre de Cîteaux, aiant été assassiné par ordre, ou du consentement, comme il y avoit lieu de croire, du Comte de Toulouse, qui se portoit toujours manifestement comme le chef & le soutien de ces hérétiques, le Pape Innocent III. fulmina une Bulle d'excommunication contre lui, où il délioit ses sujets du serment de fidélité, & donnoit permission à qui voudroit d'envahir ses terres, & de le dépouiller de ses Etats. Il publia de plus une croisade generale contre ce Comte. Un nombre infini de gens prirent la croix, & se préparerent à marcher contre lui.

Raimond Comte de Toulouse s'humilie. Raimond effraié de la tempête qui alloit fondre sur lui, fit déclarer au Pape, qu'il le prioit de lui envoier quelqu'un de sa part, s'offrant de subir telle pénitence qu'on voudroit, & de se soumettre en tout aux volontez de sa Sainteté. Le Pape envoia un nommé Milon, & Theodise de Gennes, homme recommandable par sa probité. Milon ordonna au Comte de se rendre à Valence; il s'y rendit: il lui demanda sept de ses châteaux pour la sureté de sa parole, il les remit d'abord sans difficulté. On fit après cela la ceremonie la plus humiliante pour le Comte. Le Légat vint au lieu nommé S. Gilles, & obligea le Comte de se tenir nu à la porte de l'Eglise, où il jura en présence des Prélats, qu'il obéïroit en tout à la sainte Eglise Romaine. Alors le Légat lui mit une étole au cou, & le mena ainsi dans l'Eglise, tenant les bouts de l'étole, tandis qu'on le fouettoit sur ses épaules nuës.

1209. Le Comte que la crainte du peril éminent forçoit à donner de fausses marques de repentance, prit aussi la croix contre les Albigeois, & alla en cet état au devant de l'armée presque innombrable de Croisez qui portoient la croix sur la poitrine. Les principaux étoient l'Archevêque de Sens, les

---

minus moribus quam doctrina corrupti, scelera quæque perpetrabant. Valdenses seu Pauperes Lugdunenses, etsi non doctrina similes, neque adeo corruptis moribus, societatem cum illis inierunt. Jam anno 1206. hæresis admodum in Septimania grassabatur: urbium pars maxima erroribus hujusmodi labefactata erat. Favebat Hæreticis illisque hærebat & patrocinabatur Raimundus Comes Tolosanus. Missi sunt qui Hæreticos illos in Ecclesiæ sinum reducerent, Episcopus Oxamensis sanctitate conspicuus, duoque Cistercienses Monachi, qui Apostolici Legati sanam doctrinam per totam illam sparsere Provinciam, sed cum modico fructu.

Cum autem ex Legatis quidam nomine Petrus de Castro-novo Cisterciensis interemtus fuisset, & quidem, ut suspicio erat, jubente vel consentiente Comite Tolosano, qui non obscure se patronum & ducem Hæreticorum profitebatur; Innocentius III. Papa, vibrato fulmine illum a communione fidelium segregavit, subditos ejus a sacramento fidei absolvit; facultatem cuivis dedit ejus urbes & terras invadendi; insuperque Cruce-signatorum expeditionem generalem publicavit. Innumeri porro crucem acceperunt, bellumque apparavere contra Comitem Tolosanum. *Hist. c. 10.*

Perterritus Raimundus, tanto imminente periculo, summum Pontificem rogari curavit, sibi quempiam mitteret, se paratum esse professus ad pœnitentiam quantamlibet subeundum. Misit Pontifex Milonem & Theodisium Genuensem probitate insignem. Jussit Milo Comitem Valentiam se conferre. Valentiam venit Raimundus, a quo Milo castella septem petiit ad fidei præstitæ securitatem. Illa sponte tradidit Comes. Hinc extremæ abjectionis fuit id quod Comiti imperatum est. Legatus ad sancti Ægidii locum, sic nuncupatum, se contulit, jussitque Comitem nudum stare ad portam Ecclesiæ, ubi cum sacramento pollicitus est se in omnibus sanctæ Ecclesiæ Romanæ obsequuturum esse. Tunc Legatus stolam collo ejus apposuit, illumque per Ecclesiam duxit, extremas stolæ partes manibus tenens, dum supra nudos humeros Comes flagellis cæderetur.

Comes qui imminente periculo hæc falsa pœnitentiæ signa dare compulsus est, crucem etiam contra Albigenses accepit, & sic Cruce-signatorum exercitui pene innumero occurrit. Hi vero crucem in pectore gestabant. Horum Principes erant Archiepiscopus Senonensis, Evêques

PHILIPPE II. dit Dieu-donné & Auguste. 105

Evêques d'Autun, de Clermont & de Nevers, Eude Duc de Bourgogne, les Comtes de Nevers, de S. Paul, de Montfort, de Bar-sur-Seine, Guichard de Beaupré; Guillaume des Roches, le Senéchal d'Anjou, Gaucher de Joigni, Gui de Levis, Lambert de Turey & un grand nombre d'autres Seigneurs. Raimond Comte de Toulouse se joignit à eux, & offrit même de donner son fils en ôtage.

Toute cette grande armée alla assieger Besiers, dont les habitans obstinez hérétiques, étoient les plus mauvais de tous les Albigeois : la ville fut prise, & tout y fut passé au fil de l'épée jusqu'au nombre de sept mille hommes, Rigord dit dix mille, d'autres davantage. Ils allerent de là assieger Carcassonne qui se défendit quelque tems, & se rendit enfin à condition que les habitans sortiroient nuds de la ville, & que le Vicomte qui étoit dans la place, demeureroit prisonnier. Après cela les Croisez élurent le Comte Simon de Montfort pour leur chef. Le Comte de Nevers avec ses troupes quitta l'armée, & le Comte de Montfort accompagné du Duc de Bourgogne, alla prendre Fanjaus. Il prit ensuite Castres, & tenta inutilement de forcer le château de Cabaret. Le Duc de Bourgogne s'étant depuis retiré avec ses troupes, le Comte Simon malgré le petit nombre de gens qui lui restoient, prit encore Pamiers, Saverdun & Mirepoix, & se saisit ensuite d'Albi & de Lombés ; revenant d'un autre côté, il fortifia Limoux, qui s'étoit rendu après la prise de Carcassonne.

Progrès de l'armée des Croisez contre les Albigeois.

L'armée des Croisez étant réduite en fort petit nombre, Castres & Lombés se retirerent de la domination du Comte de Montfort. Le Comte de Foix l'abandonna. Pour couper court, après plusieurs négociations du Comte de Toulouse auprès du Roi d'Arragon, qui étoit Seigneur de Carcassonne & d'autres lieux ; ce Comte ne voulant point s'en tenir aux conditions imposées par le Légat, prit les armes, se joignit au Comte de Foix, & se mit en état de se bien défendre. Simon de Montfort aidé du Comte de Bar & de ses troupes, alla assieger Toulouse, où s'étoient renfermez les Comtes de Toulouse, de Foix & de Comminges, avec un bien plus grand nombre de troupes que n'en avoient les assiegeans. Simon voiant l'impossibilité de prendre la place avec si peu de gens, leva le siege. Il fut alors abandonné par le Comte de Bar, & se trouva avec un fort petit nombre de Croisez. Le Comte de Toulouse vint l'assieger à Castel-

---

nonensis; Episcopi, Augustodunensis, Claromontanus & Nivernensis, Odo Burgundiæ Dux, Comites Nivernensis. de S. Paulo, de Monteforti, itemque Comes Barri ad Sequanam, Guiscardus de Bello-prato, Guillelmus de Rupibus, Gaucherius de Juniaco, Guido de Levis, multique alii ex Primoribus. Raimundus vero Comes Tolosanus iis sese adjunxit ; imo etiam filium suum in obsidem dedit.

Albig.
ord.

Numerosissimus ille exercitus Biterras obsessum se contulit, cujus urbis cives obstinati hæretici erant, cæteris Albigensibus petulantiores & nequiores. Capta urbs fuit, & oppidani omnes gladio cæsi sunt septem mille numero, decem mille dicit Rigordus, numerum augent alii. Inde vero Carcassonam se contulerunt, urbemque obsederunt. Oppidani aliquandiu pugnavere, indeque ad deditionem compulsi, his conditionibus egressi sunt, ut nudi abirent, & Vicecomes in carcere detineretur. Postea Cruce-signati Comitem Simonem de Monte-forti in ducem delegerunt. Comes Nivernensis cum copiis suis abscessit, Comesque de Monteforti cum Duce Burgundiæ Fanum-jovis cepit, urbemque Castra dictam dediticiam habuit. Cabaretum oppugnare & capere frustra tentavit. Recedente autem Burgun-

diæ Duce, cum modica militum manu mansit Simon Comes, & tamen Apamias, Saverdunum & Mirapicum cepit, deindeque Albigam & Lombariam occupavit, ad aliamque partem Provinciæ reversus, Limosium munivit, quod oppidum post captam Carcassonam sese dediderat.

Cum porro Cruce-signatorum exercitus quotidie minueretur, Castra & Lombaria ab illo defecerunt, uti etiam Fuxensis Comes. Ut paucis res asseratur, cum plurima tentavisset Comes Tolosanus apud Regem Aragonum, qui Carcassonæ aliorumque locorum supremus dominus erat; cum nollet idem Comes stare conditionibus a Legato impositis, arma sumsit, & cum Comite Fuxensi copias junxit, ut causam suam armis propugnaret. Simon vero de Monte-forti cum Barensi Comite junctis copiis Tolosam obsedit, in quam urbem ingressi erant Comites Tolosanus, Fuxensis & Convenarum, cum majore armatorum numero, quam haberent ii, qui tantam urbem obsidebant. Simon autem videns non posse urbem cum tam modica militum manu expugnari, obsidionem solvit. Tunc porro abscedente cum suis Barensi Comite, cum paucissima Simon pugnatorum manu mansit, & ad Castrum-novum se

Tome II. O

naudarri : mais le Comte de Foix aiant été défait à un combat ; Raimond craignant que les vainqueurs ne vinssent fondre sur lui, leva le siége.

Ce Prince se voiant depuis fort mal mené par le Comte Simon, eut recours à Pierre Roi d'Arragon, qui prit sa défense, & s'adressa d'abord au Concile qui se tenoit alors à Lavaur, pour demander qu'il fît rendre au Comte de Toulouse les villes & les places qu'on lui avoit ôtées, & qu'il fît remettre dans leurs terres les Comtes de Cominges, de Foix & de Bearn ; mais n'aiant pu rien obtenir, il assembla une grande armée, & vint joindre les Comtes de Toulouse, de Cominges & de Foix. Ils allerent ensemble assieger Muret, place bien munie. Leur armée, dit-on, montoit à près de cent mille hommes. A ces nouvelles le Comte Simon, qui avoit fort à cœur de conserver cette place, s'y rendit avec ce qu'il put ramasser de troupes. Le siége étant formé, le Comte un jour après avoir entendu la Messe sortit avec douze cens hommes d'armes sur cette grande armée, l'attaqua vigoureusement, & la mit en déroute. Le Roi d'Arragon fut tué dans l'action, & toutes ses troupes dissipées. Cela paroît incroiable : peut-être que la disparité des forces n'étoit pas si grande qu'on l'a faite.

1213.

Bataille de Muret & victoire de Simon de Montfort.

Ce fut un coup de massuë pour le Comte de Toulouse & pour les habitans de sa ville, qui se rendirent à la merci du Légat. Cependant le Prince Louis fils de Philippe Roi de France, s'étoit croisé contre les Albigeois ; ce qui ne plut guére à son pere ; on n'en dit pas la cause. Il vint donc en 1215. accompagné d'un grand nombre de Seigneurs, d'Evêques & de gens de guerre. Il passa par Lion, Vienne & Valence, se rendit à Montpellier, & visita les autres villes de cette Province. Il n'y eut point d'occasion de faire preuve de sa valeur. Il fit ensuite du consentement du Légat, abbattre les murailles de Narbonne & de Toulouse, & ses affaires l'appellant ailleurs, il ne demeura pas long-tems en ce payis-là.

1215.

En cette même année se tint à Rome le Concile de Latran. Le Comte Raimond & son fils s'y trouverent pour demander que leurs terres leur fussent restituées : mais malgré leurs instances, on donna le Comté de Toulouse à Simon Comte de Montfort. Le Pape réserva pourtant ce que le Comte de Toulouse avoit en Provence pour son fils, supposé qu'il se comportât bien, & qu'il fût

---

Hist. Albig.

contulit. Movit autem cum Fuxensi Comes Tolosanus, & Castrum-novum unaque Simonem Comitem obsedit : sed cum Fuxensis Comes a Simone pulsus fugatus fuisset, metuens Raimundus ne in se suosque victor erumperet, obsidionem solvit.

A Simone Comite oppugnatus Raimundus, cum male sibi res succederent, ad Petrum Aragonensem Regem confugit, qui ipsum amice recepit, ejusque causam propugnare cœpit ; statimque ad Concilium Vaurense, quod tunc celebrabatur, nuncios misit, qui peterent ut Comiti Tolosano restituerentur urbes & castra ipsi sublata, similiter Comitibus Convenarum, Fuxi, & Benearniæ ditionès redderentur. At cum nihil impetrasset, magnum collegit exercitum, veniensque copias Comitum Tolosani, Fuxi & Convenarum sibi adjunxit, unaque omnes Murellum obsederunt munitissimum castrum. Exercitus porro illorum, ut narratur, ad centum millia virorum pertingebat. Hac re audita Simon Comes, cui maxime cordi erat castrum istud servare ac defendere, collectis copiis omnibus, illo se contulit. Obsidione jam facta, quodam die Comes post auditum Missæ sacrificium, cum militibus mille ducentis exercitum tantum adortus est, in fugamque convertit, Aragonum Rex occisus est, ejusque copiæ hinc & inde dispersæ. Res incredibilis videatur ; fortasseque Comes, non tam impar viribus erat, quam referunt Scriptores.

Tanta clade obrutus Raimundus, perterriti Tolosani sese Legati clementiæ dediderunt. Interea vero Ludovicus Philippi Augusti Regis filius contra Albigenses crucem acceperat. Id Philippo patri non admodum placuit, ut quidem narratur, neque causa affertur. Venit igitur anno 1215. cum multis Primoribus, Episcopis atque militibus. Lugduno, Vienna, Valentia transiit, & in Montem-pessulanum se contulit ; cæteras postea Septimaniæ urbes invisit. Nullam probandæ fortitudinis occasionem habuit : deinde consentiente Legato, Tolosæ & Narbonæ mœnia diruit, ac negotiis alio vocantibus, non diu in ista regione commoratus est.

Hist.

Hoc eodem anno Romæ celebratum est Concilium Lateranense. Illo se contulere Raimundus Comes Tolosanus ejusque filius, rogantes ditionis suæ terras sibi restitui. Illud impetrare frustra nisi sunt : sed Pontifex Tolosanum Comitatum Simoni de Monteforti dedit. Reservavit tamen Raimundi filio terras illas quas in Gallo-provincia possidebat, dummodo

attaché à la Religion Catholique. Le Comte de Montfort alla trouver le Roi Philippe pour recevoir de lui en fief ce Comté : ce que ce Prince lui accorda volontiers.

Le Comte Raimond se voiant ainsi destitué, passa en Catalogne & en Arragon, & ramassa tout ce qu'il put de troupes pour venir se rétablir dans Touloufe. Les dispositions des habitans lui étoient tout-à-fait favorables : ils ne cherchoient qu'à se révolter contre leur nouveau Seigneur. Raimond eut assez de peine à rentrer dans sa ville. Il s'y rendit enfin, & se mit conjointement avec les habitans à reparer ses murailles. Le Comte de Montfort vint assieger une seconde fois cette ville, qui se trouvant bien munie & de gens & d'armes, fit une grande résistance. Il fut là neuf mois sans beaucoup avancer; au bout de ce tems-là, le lendemain de S. Jean-Baptiste, les Toulousains firent une sortie si furieuse, qu'ils mirent en fuite tous les assiegeans qui étoient les plus près du fossé. On alla avertir le Comte qui entendoit la Messe. Il voulut attendre que la Messe fût finie, & alors il se rendit au lieu du combat. Sa présence ranima ses gens, qui repousserent les Toulousains jusqu'au fossé. Cependant ceux-ci avec leurs machines envoioient une grêle de pierres sur les assaillans. Le Comte de Montfort fut là frappé d'une grosse pierre à la tête, & en même tems blessé de cinq fléches qui le firent tomber mort sur la place. Cette mort changea la face des affaires, comme on verra bien-tôt. Nous avons mis ici l'affaire des Albigeois tout de suite, & nous allons reprendre le fil de notre histoire.

L'Angleterre étoit en trouble. Le Roi Jean voulant établir des coutumes, qui étoient fort à charge aux Barons & au peuple, s'étoit attiré leur indignation. La perte qu'il avoit faite de tant de Provinces dans la France, le rendoit d'ailleurs fort méprisable. Tout étoit disposé à une revolte. Le Roi Jean se croisa alors pour le voiage d'outremer. Ce n'est pas qu'il eût aucune envie de l'entreprendre; mais comme le privilege des Croisez étoit de suspendre toute sorte d'affaires, & de les mettre à couvert de la poursuite de leurs parties & de leurs adversaires, il prit cet expedient pour se tirer d'embarras. Cependant les Barons & le peuple de la ville de Londres, déja portez à déclarer Roi Louis fils de Philippe, & à chasser Jean qu'ils haïssoient à mort, envoierent solliciter ce jeune Prince de venir avec des troupes pour être couronné Roi d'Angleterre : ils l'assuroient de leur foi & de leur fidélité par des sermens & des ôtages. Ce Prince, contre l'avis de son

Simon de Montfort assiege Touloufe.

1216.

1217.

1215. *Troubles de l'Angleterre.*

---

probis esset moribus, & Catholicæ Religioni hæreret, Comes autem de Monte-forti Regem Philippum adiit, ut ab illo Comitatum Tolosanum *in feudum* impetraret, quod libenter illi concessum est.

Raimundus vero Comes se destitutum omnibus cernens, in Cataláuniam & Aragoniam profectus est, & quantas potuit armatorum copias collegit, ut Tolosam recuperaret. Ipsi favebant Tolosani cives, novumque Comitem depellere cupiebant. Non sine labore multo Raimundus intrare potuit, ingressusque cum civibus mœnia restaurare cœpit. Comes vero de Monte-forti iterum urbem obsessum venit, quæ cum munitissima esset, fortiter obstitit. Per novem menses obsidio protracta est, nec multum profecit Simon. Hoc peracto tempore, die S. Joannis Baptistæ festum subsequente, erupere cum tanto impetu Tolosani, ut hostes omnes qui prope urbis fossam erant, profligarent. Res ad Simonem tunc Missam audientem adfertur; nec movit ille donec finiretur Missa. Tunc pugnæ locum petit, præsentiaque sua obsidentibus animos fecit, qui Tolosates ad fossam usque muri repulerunt. Obsessi tamen machinis suis petrarum grandinem in hostes emittebant. Comes vero de Monte-forti ictu lapidis in capite percussus, & quinque confossus sagittis, mortuus cecidit. Extincto autem Duce rerum facies mutata fuit, ut in historiæ decursu narrabitur. Hic Albigensium tumultum ac bellum una serie recensuimus, nunc intermissam historiam repetamus.

Anglia tunc tota tumultu motibusque agitabatur. Joannes Rex, cum onera insolita nobilibus & plebeiis imponere vellet, in omnium indignationem odiumque incurrerat : cumque tot regiones in Gallia amississet, subditis despectui erat omnibus. Omnia ad rebellionem inclinabant. Tunc ille ad transmarinam expeditionem crucem accepit : non quod eo pergere vellet; sed cum hæc esset Cruce-signatorum prærogativa, ut negotia omnia in illorum gratiam suspenderentur, nec possent sacratæ partes aliquid contra Cruce-signatos vel suscipere vel perficere, hoc ille modo rebus suis cavere curavit. Intereaque Primores Regni plebsque Londinensis, quorum jam studia ad Ludovicum Philippi Francorum Regis filium deflexerant, illum concitabant ut cum copiis accederet, Joannem populo perosum eliminaret, & Rex Angliæ coronaretur: fidem vero suam sacramentis & obsidibus confirmabant. Ludovicus autem, abnuente licet patre, qui summi Pon-

Guillelmus Armoric.

Tome II.   O ij

PHILIPPE II. dit Dieu-donné & Auguste.

Louis fils de Philippe établi Roi d'Angleterre. 1216.

pere, qui craignoit l'indignation du Pape, accepta l'offre, & leur envoia du secours, leur promettant de se rendre en Angleterre, dès qu'il le pourroit commodément.

A ces nouvelles le Pape, dont le Roi Jean s'étoit déclaré vassal, prit fait & cause pour lui, envoia un Légat, pour empêcher que Louis ne passât en Angleterre. Cependant Louis se rendit à Londres, & y fut couronné Roi avec les acclamations du peuple. Le Légat excommunia alors Louis & tous ses adherans : le Pape confirma l'excommunication ; & malgré les protestations que Philippe Auguste faisoit, qu'il ne donneroit ni ne donneroit point de secours à son fils, il envoia ordre à l'Archevêque de Sens d'excommunier le Roi, & de jetter l'interdit sur le Roiaume : mais il fut résolu dans une assemblée tenuë à Melun, qu'on ne publieroit point cette excommunication, qu'on n'eût sû plus particulierement les intentions de sa Sainteté. Sur ces entrefaites le Pape Innocent III. mourut. Le Cardinal Cenci fut élu en sa place, & prit le nom d'Honoré III.

1217.

Les commencemens du Regne de Louis en Angleterre furent assez heureux. Il prit plusieurs places, reçut l'hommage du Roi d'Ecosse. Tout tournoit bien, lorsque le Roi Jean Sans-terre, Prince des plus malheureux qui fut jamais, vint à mourir. Cela changea toute la face des affaires. Le Légat aiant fait élire Roi, Henri l'aîné des enfans de Jean Sans-terre, les Anglois que la haine de Jean avoit attachez au parti de Louis, commencerent d'abord à défiler, pour suivre celui du jeune Roi. Louis voiant ce changement, prit conseil de ses amis, & passa en France pour demander du secours au Roi son pere, qui ne voulut pas même le voir, tant il craignoit l'excommunication. Il ramassa le plus qu'il put de troupes, & repassa en Angleterre : mais son armée aiant été défaite par le Comte de Pembrok, il fut obligé de ceder la partie. Ce fut un bonheur pour Louis que les partisans d'Henri III. qui pouvoient facilement l'accabler, voulussent traiter avec lui. Il fut donc établi d'un commun consentement, que Louis sortiroit d'Angleterre avec ses gens, qu'il porteroit son pere à rendre à Henri toutes les terres que Jean avoit perduës en France, ou qu'il les rendroit lui-même quand il seroit Roi de France. Reciproquement on promit de rétablir dans leurs droits & privileges tous les Barons Anglois, qui avoient suivi le parti de Louis. Le nouveau Roi Henri lui donna de plus quinze mille marcs

Louis est obligé de quitter l'Angleterre.

Guillelmus Armoricus.

tificis indignationem metuebat, oblatam coronam admisit, auxilia præstitit, pollicitusque est in Angliam se quam celerrime posset iturum.

His auditis Papa, cui se subditum Joannes declaraverat, ejus causam suscepit, misitque Legatum, qui Ludovicum cohiberet, ne in Angliam transmearet. Ludovicus interim Londinum trajecit, ubi Rex cum acclamatione populi coronatus est. Legatus vero Ludovicum & conscios sacrorum communione privavit, sententiam vero ejus confirmavit summus Pontifex. Etsi vero rex Philippus testificaretur se opem nullam filio præstitisse vel præstiturum esse, Archiepiscopo Senonensi præcepit, ut Regem a communione excluderet, & *interdictum* in Regnum totum conjiceret. Verum in conventu quodam Milodunensi decretum fuit non publicandam esse sententiam, donec Pontificis mens & voluntas notior esset. Interea vero Innocentius Papa III. obiit, in ejusque locum Cencius Cardinalis electus fuit, qui Honorius III. appellari voluit.

Ibid. Ludovici Regis Angliæ initia non infausta fuere. Castra cepit oppidaque multa, *hominium*que a Rege Scotiæ accepit. Omnia feliciter procedebant, cum Joannes Rex omnium infelicissimus obiit. Deinde versa omnia sunt. Cum Legatus deligi Regem curasset Henricum Joannis primogenitum, Angli etiam illi qui, Joanne depulso, Ludovicum sibi Regem statuerant, ad partes Junioris Regis sensim defluxere. Hoc conspecto Ludovicus de consilio amicorum in Franciam trajecit, ut opem a patre postularet, qui ne videre quidem ipsum voluit, tantum Romana fulmina metuebat. Copias quantas potuit collegit, & in Angliam rursus trajecit. Sed cum exercitus ejus a Comite Pembroci profligatus fuisset, de reditu in Franciam cogitare cœpit. Feliciter accidit, ut qui Henrici partes amplexi erant, quique ipsum opprimere facile poterant, de pacis conditionibus agere vellent. Ex pacto igitur utrinque inito statutum fuit, ut Ludovicus cum copiis suis ex Anglia discederet, & a patre impetraret restitui Henrico terras & urbes quas Joannes in Francia amiserat ; vel, si id obtinere nequiret, ipse saltem post patris obitum redderet. Ex altera vero parte promissum fuit, restituendos in pristinum statum esse Primores Anglos, qui ad Ludovici partes deflexerant. Insuper Rex Henricus numeravit ipsi quindecim mille marcas argenti,

PHILIPPE II. dit Dieu-donné & Auguste.

d'argent pour s'en retourner, & se chargea d'obtenir pour lui & pour les siens l'absolution du Pape.

Après son retour il fut envoié par son pere Philippe pour donner secours à Amauri de Montfort, qui avoit assez de peine à se soutenir contre Raimond. Il s'y rendit accompagné de Pierre Duc de Bretagne, des Evêques de Noion, de Senlis, de Tournai, de plusieurs autres Prelats, & d'un grand nombre de Comtes & de Barons, avec une bonne armée qui vint à Marmande assiegée alors par Amauri. La ville fut prise, & l'on tailla en pieces tout ce qui s'y trouva, jusques aux femmes & aux petits enfans. Ce Prince alla ensuite assieger Toulouse. La ville fut foiblement attaquée & bien défenduë; & Louis fut enfin obligé de lever le siege pour aller pacifier quelques troubles dans la Bretagne. *[1218. 1219.]*

La France jouit de la paix pendant trois ou quatre ans, & l'an 1222. on vit une grande comete; cela fut pris depuis pour un presage de la maladie & de la mort du Roi Philippe Auguste. On étoit en ces tems-là fort attentif aux pronostiques & aux prédictions de Merlin : nos Historiens en sont tous pleins. Ce Prince tomba malade peu de tems après d'une fiévre, qui le mina & le consuma peu à peu pendant une année. On tint en 1223. un Concile à Paris pour remedier aux affaires de Jerusalem, & à l'heresie des Albigeois. Le Roi qui étoit pour lors à Pacy sur Epte, voulant y assister, partit pour Paris; mais il se trouva si mal à Mante, qu'il fut obligé de s'y arrêter, & y mourut peu de jours après. Son corps fut apporté à S. Denis, où il fut enterré. *[1220. 1221. 1222. 1223.]*

Mort de Philippe Auguste.

Philippe fut un des plus grands Rois que la France ait eus; sage, avisé, brave de sa personne, & entreprenant. Il chassa les Anglois de la Normandie, de l'Anjou, du Maine & de la plus grande partie de l'Aquitaine, & étendit par là les limites de son Roiaume. La fortune eut beaucoup de part à ses conquêtes; car si Richard Cœur de lion n'étoit pas mort jeune, il y a apparence que de peur de choquer un si rude adversaire, il auroit mis fin à ses entreprises. Les Historiens l'accusent d'avoir été dur à son peuple. Il regna quarante-quatre ans, à commencer du tems qu'il fut déclaré Roi par son pere.

---

ad reditus sui expensam, promisitque impetraturum se esse, ut ipse & sequaces ejus absolverentur a summo Pontifice.

Post reditum, a patre missus est Ludovicus ut opem ferret Amalrico de Monte-forti, qui vix poterat contra Raimundum stare. Illo autem movit cum Petro Britanniæ Duce, atque Episcopis Noviodunensi, Silvanectensi & Tornacensi, multisque aliis Episcopis, Comitibus, nobilibusque, atque numeroso exercitu; venitque Miromandam tunc obsessam ab Amalrico. Urbs capta fuit, cæsique sunt omnes oppidani, ne quidem exceptis mulieribus & infantibus. Deinde Tolosam obsessum se contulit Ludovicus. Strenue hostem propulsarunt Tolosates, neque ita viriliter urbem aggressi sunt ii qui obsidebant. Demum, obsidione soluta, Ludovicus in Britanniam movit, ut ibi motus quosdam compesceret.

Pacem habuere Franci per annos tres vel quatuor. Anno autem 1222. cometes magnus visus est, qui post eventum, mortem Philippi Francorum Regis portendisse putatus fuit. Illo namque ævo prognosticis multum attendebatur, imo etiam prædictionibus Merlini, quæ passim apud Scriptores memorantur. Rex ergo non multum postea in febrim incidit, qua paulatim per annum consumtus est. Anno 1223. pro rebus Jerosolymitanis, & contra hæresim Albigensium Lutetiæ celebratum Concilium fuit. Philippus vero Augustus, qui tunc Paciaci ad Eptam erat, cum Concilio adesse cuperet, profectus Lutetiam est: sed morbo pressus Meduntæ decubuit, paucisque postea diebus 14. Julii obiit. Corpus ejus ad S. Dionysium deportatum, ibique sepultum est.

Philippus inter maximos Francorum Reges computandus est. Prudentia ille & ad res gerendas dexteritate plurimum valebat. In re bellica strenuus, Anglos ex Normannia, ex Andegavensi & Cenomanensi tractibus, exque majore Aquitaniæ parte exegit. Fatendum tamen tam prosperos exitus fortuna duce partos esse: nam si Ricardus Cor-leonis appellatus non fato præoccupatus in juvenili ætate fuisset, tam formidandum hostem, ut credere est, lacessere Philippus non attentavisset. Populis in vectigalium ratione onerosum Philippum fuisse tradunt Scriptores. Regnavit annos 44. si initium ducatur a tempore, quo patre jubente inauguratus fuit.

MONUMENS DU REGNE
DE PHILIPPE II. dit AUGUSTE.

P L.
XIII.
1.

¹ Nous ne trouvons la figure de ce Prince, un des plus grands Rois de la Monarchie, que dans des feaux, quoiqu'il ait regné quarante-trois ans. ¹ Celui qu'on donne ici qui est grand, le represente à l'ordinaire assis sur son thrône, tenant une fleur de lis de la main droite, & de la gauche son sceptre, terminé comme celui de son pere, par un losange qui renferme une fleur de lis. La charte où tient le seau, fut donnée en la dix-huitiéme année de son Regne, & il est représenté sans barbe; & celle de Louis le Gros son grand-pere donnée l'an 1113. lorsqu'il avoit le même âge, nous le montre barbu; cela pourroit faire croire que c'est Philippe Auguste qui a introduit parmi nos Rois la coutume de ne point porter de barbe. Louis VIII. son fils dans une charte donnée au mois de Février de l'an 1224. où il avoit 36. ou 37. ans n'a point de barbe non plus. Il faudroit d'autres preuves pour assurer qu'ils n'en ont point porté. Ce qui est certain, c'est que ni S. Louis ni ses successeurs jusqu'à François Premier, n'ont point porté de barbe. S'il y a quelque exemple contraire, il ne doit point tirer à consequence, comme nous verrons. Selon le P. Mabillon, Philippe Auguste est le premier qui s'est servi de contre-scel. Le seau de son pere, qui marque des deux côtez, & qui le represente d'un côté comme Roi de France & de l'autre comme Duc d'Aquitaine, ne doit pas passer, dit-il, pour avoir un contre-scel. Ce sont deux seaux d'égale grandeur, qui regardent deux Etats, & imprimez sur la même cire. Le contre-scel de Philippe Auguste est ici une fleur de lis.

2.

² Ingeburge, que d'autres appellent Isemburge, fille de Waldemare I. du nom Roi de Danemarc, fut la seconde femme de Philippe Auguste. Il l'épousa à Amiens la veille de l'Assomtion de la Vierge l'an 1193. & la repudia peu de tems après sous prétexte de parenté. La crainte des foudres de l'Eglise l'obligea à la reprendre l'an 1201. mais il la renvoia bien-tôt. Cette belle & vertueuse

---

MONUMENTA
PHILIPPUM SECUNDUM,
cognomine AUGUSTUM,
EJUSQUE ÆVUM SPECTANTIA.

¹ Philippi Augusti imaginem nonnisi in sigillis ipsius reperimus, etsi ille inter magis conspicuos Francorum Reges numeretur, & quadraginta tribus annis regnaverit. Hic magnum ejus sigillum apponimus, ubi pro more in solio sedens exhibetur, florem lilii dextera, sceptrum sinistra tenens, quod superne rhombo florem lilii complectente terminatur. Charta ex qua sigillum dependet anno decimo octavo regni ipsius data fuit, & tamen imberbis ille repræsentatur. In charta vero Ludovici VI. avi ipsius anno 1113. data, quo tempore ille tot vitæ annos, quot Philippus cum hanc chartam emisit, emensus erat, cum promissa barba Ludovicus repræsentatur. Hinc forte suadeatur Philippum Augustum apud Reges Francorum barbam deponendi morem induxisse. Ludovicus enim VIII. ejus filius, in charta mense Januario anni 1224. data, quo tempore ille 36. vel 37. annorum erat, imberbis & ipse est. Sed alia exempla desiderari videntur, ut probetur illos barbam omnino deposuisse. Illud vero certum exploratumque videtur, nec S. Ludovicum, nec successores ejus Reges, ad usque Franciscum Primum, barbam gestavisse. Si quod exemplum contrarium occurrat, suo explanabitur loco. Dicit Mabillonius noster Philippum Augustum primum *contra-sigillo* usum fuisse. Sigillum vero Ludovici VII. patris ipsius, ex utraque parte impressum, & in altera illum Regem Francorum, in altera eumdem Ducem Aquitanorum exhibens, non *contra-sigillatum* censeri debet. Sunt enim duo sigilla paris magnitudinis in eadem cera impressa: contra-sigillum vero Philippi Augusti flos lilii est.

Ingeburgis, quam alii Isemburgem vocant, filia Valdemari I. Daniæ Regis, secunda uxor fuit Philippi Augusti. Illam vero duxit Ambiani in vigilia Assumtionis B. Mariæ Virginis anno 1193. & illam paulo postea cognationis causa repudiavit. Imminentibus porro Ecclesiæ fulminibus, ipsam reduxit anno 1201. sed eamdem haud diu postea rejecit. Tantam calamitatem formosa & bene morata Regina ut Christianam

MONUMENS DU REGNE DE PHILIPPE AUGUSTE. *Planche XIII. Second Tome.*

1

Ingeburge Reine.   *Robert comte de Dreux.*

2   3

T. II. N.

STATUE DU ROI PHILIPPE AUGUSTE.

Le dessein de cette statue qui est dans l'Église de l'Abbaye de la Victoire près de Senlis ne m'est venu que lors de l'impression de ce second tome. Elle fut apparemment faite lorsque ce Prince après la Victoire de Bouvines fonda cette Abbaye et lui donna le nom de Victoire.

Princesse supporta tant de disgraces en veritable Chrétienne. Philippe la reprit enfin l'an 1213. & la garda jusqu'à sa mort. Elle deceda l'an 1236. âgée de près de 60. ans. Sa figure est gravée telle que nous la donnons ici sur sa tombe de cuivre au milieu du Chœur du Prieuré de S. Jean de l'Isle près de Corbeil.

3 Robert II. du nom Comte de Dreux, de Braine, de Nevers &c. fit le voiage d'outremer avec le Roi Philippe Auguste, accompagna ce Prince en d'autres expeditions, mena un grand secours à Simon de Montfort contre les Albigeois, accompagné des Evêques de Chartres, de Beauvais & du Comte de Ponthieu. Il mourut l'an 1218. le 28. Decembre. Il est representé en relief sur sa tombe de cuivre au milieu du Chœur de l'Abbayie de S. Ived de Braine, aux pieds d'Agnés de Baudement sa mere, femme de Robert I. Comte de Dreux, fils de Louis le Gros. Il tient une fleur de lis à la main droite.

3.

Barthelemi Sire de Roye, qui commence la planche suivante, fut fait Chambrier de France vers l'an 1210. Il combattit à la bataille de Bouvines l'an 1214. ¹ Il est gravé sur sa tombe dans le Chœur de l'Abbayie de Joyenval près de S. Germain en Laye. Il avoit fondé cette Abbayie l'an 1221. comme il est porté dans son épitaphe, où il est appellé Chambrier de France. Il est representé revêtu d'une tunique & d'un long manteau. Il porte un petit bonnet pointu, & a l'escarcelle à la ceinture. Cet usage de porter ainsi l'escarcelle est ancien. Je ne saurois dire quand il a commencé en France. On voit des gens portant l'escarcelle ou la gibbeciere sur la colonne de Theodose, comme j'ai remarqué au quatriéme tome de l'Antiquité. Ce même usage a duré jusqu'à des tems fort bas. On s'en servoit comme on se sert aujourd'hui de poches. Brantome dit, parlant du Maréchal de Mâtignon : *Il portoit ordinairement par l'avis de son Medecin dans sa gibbeciere, une petite burette d'eau-de-vie, afin que quand ce mal le saisiroit, il eût aussi-tôt recours à en boire; mais il en fut si soudain surpris, qu'il n'eut pas le loisir de mettre la main à l'escarcelle.*

PL. XIV. 1.

Les armes de Barthelemi sont, échiqueté d'argent & de gueules, au chef d'argent freté de sable. Ces mêmes armes se voient sur l'écu de Pierre de Roye Chevalier ² representé dans la même Eglise sur sa tombe. Celui-ci est armé & maillé depuis la tête jusqu'à la pointe des pieds d'une maniere toute extraordinaire. Les mailles font d'abord une espece de chaperon rabatu sur les

2.

---

decebat toleravit. Illam tandem denuo reduxit Philippus Augustus anno 1213. & ad usque mortem suam retinuit. Obiit autem illa anno 1236. annorum circiter sexaginta. Ejus schema ut hic exhibetur, in tumulo ejus æneo incisum est in choro Ecclesiæ sancti Joannis de Insula prope Corbolium.

Robertus II. Comes Drocensis, Brennacensis, Nivernensis &c. transmarinum iter suscepit cum Philippo Rege, in aliisque expeditionibus illum comitatus est. Manum armatorum grandem duxit in opem Simoni de Monte-forti contra Albigenses, comitantibus Episcopis Carnotensi & Bellovacensi, & Comite Pontivi. Obiit autem anno 1218. Decembris vigesimo octavo die. In tumulo æneo repræsentatur in medio chori Ecclesiæ S. Evodii Brennacensis, ad pedes matris suæ Agnetis de Baldemento, uxoris Roberti I. Comitis Drocensis filii Regis Ludovici VI. Manu dextera Robertus florem lilii tenet.

Bartholomæus D. de Rodio, sive de Roia, qui in tabula primus est, Franciæ Camerarius factus est anno 1210. In pugna Boviniacensi pugnavit anno 1214. In tumulo suo sculptus est in choro Abbatiæ Gaudivallis prope S. Germanum in Laia. Istam ille Abbatiam fundaverat anno 1221. ut in epitaphio ipsius fertur, ubi vocatur Franciæ Camerarius. Vestes ejus sunt tunica, oblongumque pallium. Pileo acuminato caput tegitur, & marsupium ad zonam appensum habet: qui marsupii gerendi modus vetus est, nec possim quando apud Francos cœperit indicare. Viri marsupium sic gestantes visuntur in columna Theodosiana, ut in quarto Antiquitatis explanatæ tomo annotavi. Usus iste ad infima usque tempora invaluit. Marsupiis hujusmodi utebantur, ut sacculis hodiernis. Brantomius de Marescallo de Matinione loquens ait : *Ex medici consilio phialam aquæ vitæ, seu stillati vini in marsupio suo gestabat, ut ægritudine superveniente ex illa biberet; at tam repentino casu abreptus est, ut ne quidem attingendi marsupii spatium ipsi concessum fit.*

Insignia Bartholomæi gentilitia sunt, campus tessellatus argento & rubro colore, cum capite argenteo nigris rhombis instructo. Hæc ipsa insignia visuntur in scuto Petri de Roia equitis, qui in eadem Ecclesia tumulatur. Hic porro armis instructus est, ac modo singulari a capite ad extremos usque pedes hamatus. Hami vero quodam ceu caputium texunt ad hume-

112 MONUMENS DU REGNE DE PHILIPPE II. &c.

épaules, qu'il mettoit fur la tête dans les combats. Sa cotte de mailles lui defcend jufqu'au deffous du genou : mais comme il a par deffus les mailles une tunique d'étoffe, on ne voit cette cotte que par une fente qui eft fur le devant de la tunique. Les bras font tout maillez, & les mains de même, enforte que les doits font renfermez dans les mailles. Il porte au bras gauche fon écu blafonné, dont la couleur & le métal font marquez comme ici dans les Manufcrits de M. de Gaignieres, qui font aujourd'hui à la Bibliotheque du Roi.

3. Philippe Comte de Boulogne, qui vient après, devoit être le premier de cette planche ; il a été dérangé par accident. 3 Il étoit fils du Roi Philippe Augufte & d'Agnès de Meranie fa troifiéme femme. Il étoit Comte de Clermont en Beauvoifis, de Mortain, d'Aumale, & par fa femme, de Bologne & de Dammartin. Il eft appellé fur la vitre de Notre-Dame de Chartres, d'où il eft tiré, *Ph. Conté de Bolone.* Les Hiftoriens l'appellent auffi fouvent Comte de Boulogne. Il nâquit en 1200. fut prefent au facre de S. Louis fon neveu, & mourut à un tournoi qui fe fit à Corbie en 1233. Il prie Dieu à genoux, *revêtu de fon blafon*, felon l'expreffion des Auteurs du vieux tems. Sa tunique de couleur d'azur eft chargée de fleurs de lis fans nombre, au lambel de gueules à trois pendans ; mais je crois qu'il en faut fuppofer deux derriere, tant ici que dans la figure de fa femme qui fuit. Il eft certain qu'il y en avoit cinq, comme le prouvent les deux écus que nous voions fur cette planche.

4. 4 Ce même Prince fe voit encore ici à cheval, armé de pied en cap, portant l'écu de France au lambel à cinq pendans. Le haut du cafque eft tout plat, comme étoient tous les cafques du fiecle de S. Louis. Il étoit maillé depuis le cafque jufqu'à la plante des pieds.

5. 5 Mahaut Comteffe de Bologne & de Dammartin, fille unique de Renaut Comte de Dammartin & d'Ide Comteffe de Bologne, fut mariée en 1216. à Philippe Comte de Clermont. Elle fit hommage au Roi en 1233. du Comté de Bologne, & fe remaria l'an 1235. avec Alfonfe depuis Roi de Portugal III. du nom, qui la repudia. Elle eft revêtuë du blafon de fon mari, & porte une couronne affez particuliere.

6. 6 Jeanne de Bologne Comteffe de Clermont & d'Aumale, fille de Philippe & de Mahaut, eft tirée des mêmes vitres de Notre-Dame de Chartres. Elle fut accordée en Decembre 1236. à Gaucher de Chatillon Seigneur de Monjay, mariée l'an 1245. & mourut fans enfans. Elle porte auffi une efpece de couronne.

ros demiffum, quod in pugna fuprà caput reducebatur : hamata veftis infra genua defluit. Sed quia altera tunica hami operiuntur, nonnifi per fiffuram quamdam exterioris tunicæ vifuntur. Hami brachia manufque obtegunt, ita ut ipfi digiti iis operiantur. In finiftro brachio infertum fcutum habet, gentilitio infigni ornatum, cujus colores in cod. manufcripto D. de Gaignieres, qui jam in Bibliotheca Regia eft, vifuntur.

Philippus Bononiæ Comes filius erat Philippi Augufti & Agnetis de Merania tertiæ uxoris ejus; eratque Comes Clari-montis in Bellovacenfi tractu, Moritaniæ & Albæmalæ, & ex uxoris jure Comes Bononiæ & Domni-Martini. In vitrea feneftra B. Mariæ Carnotenfis, unde hoc fchema exfumtum fuit, vocatus *Ph. Comes Bononiæ* ; quo cognomine illum Scriptores fæpe vocant. Natus eft autem anno 1200. ac confecrationi inaugurationique S. Ludovici fratris filii adfuit, & in ludicra equeftri pugna Corbeiæ obiit anno 1233. Hic genibus flexis Deum precatur, infignibus fuæ induttus cæruleo colore cum liliis fine definito numero, cum transverfo limbo tæniis quinque pendentibus inftructo. Tres tantum tæniæ hic comparent ; fed puto duas in pofteriori vefte fupponendas effe, in Philippi & in uxoris ejus fchemate fequenti; nam certum eft quinque fuiffe, ut ex fcutis duobus in eadem tabula pofitis probatur. Is ipfe Comes in eadem tabula eques confpicitur armatus a capite ad calcem, fcutum geftans cum limbo quinque tæniarum pendentium. Suprema galeæ fuperficies plana eft, quæ forma galearum erat ævo S. Ludovici. Hamatus autem eft a capite ufque ad pedum foleam.

Mathildis Bononiæ & Domni Martini Comitiffa, unica filia Rainaldi Comitis Domni-Martini & Idæ Comitiffæ Bononiæ, Philippo Claromontenfi nupfit anno 1216. pro Comitatu Bononiæ *hominium* Regi præftitit anno 1233. & anno 1235. ab Aldefonfo, qui poftea Rex Lufitaniæ tertius nomine fuit, in uxorem ducta eft, fed poftea repudiata. Infignibus Comitis induta eft, & non vulgarem geftat coronam.

Joanna Comitiffa Clari-montis & Albæmalæ, filia Philippi & Mathildis, ex iifdem Carnotenfibus vitreis feneftris exfumta eft. Defponfata fuit anno 1236. menfe Decembri Gaucherio de Caftilione Domino de Montegaio, a quo ducta in uxorem anno 1245. fine liberis obiit. Ipfa quoque quamdam ceu coronam

Sa

MONUMENS DU REGNE DE PHILIPPE II. &c.

Sa robe est rougeâtre. Derriere elle est l'écu de France, brisé du lambel à cinq pendans.

⁷ Raoul de Beaumont fondateur de l'Abbayie d'Estival en 1210. se voioit ainsi dans une chapelle de la même Abbayie, abbattuë depuis peu, dit M. de Gagnieres, qui a fait dessiner cette figure. Raoul est armé singulierement. Son casque ressemble à un chauderon renversé, plat sur le haut à la maniere de ce tems-là. Une piece de fer qui descend depuis le casque jusqu'au menton, est là sans doute pour parer les coups de sabre & d'épée, qui venoient contre le visage. Il est maillé depuis le casque jusqu'à la plante des piés, & jusqu'au bout des doigts des mains. Il porte son épée d'une maniere extraordinaire. Son écu est chevronné d'or & de gueules de huit pieces.

7.

Dans l'Abbayie de Fontevraud fondée par Henri II. Roi d'Angleterre, Duc de Normandie & Comte d'Anjou, est son tombeau dans le chœur des Religieuses, avec celui de sa femme, de Richard son fils, & d'Elisabet de la Marche femme de Jean Sans-terre son troisiéme fils. Sur ces tombeaux les figures du Roi Henri & des autres sont peintes de differentes couleurs, & dorées en quelques endroits. Nous y ajoutons trois autres figures, d'Henri fils aîné d'Henri II. de Richard Cœur de lion, & de Berengere sa femme, tirées de differens lieux.

P L.
X V.

¹ Henri II. mourut à Chinon l'an 1188. & fut enterré à Fontevraud. Sa couronne est dorée. L'espece de manteau qu'il porte est d'un azur foncé, & sa tunique est rouge. Je ne sai que signifient les deux marques rondes qu'il a sur les deux mains. Il n'a point de barbe.

1.

² Alienor Duchesse de Guienne, Comtesse de Poitou, épousa en premieres nôces Louis VII, dit le Jeune, Roi de France : mais aiant été repudiée, elle se maria avec Henri II. Roi d'Angleterre, Duc de Normandie & Comte d'Anjou. Elle mourut le 31. Mars 1202. Son manteau est d'un azur foncé, semé de fleurs d'or. Sa tunique est blanche, semée de fleurs rouges & d'azur.

2.

Henri le jeune ³ fils d'Henri II. & d'Alienor, fut declaré Roi du vivant de son pere, & prit depuis les armes contre lui. Il mourut jeune en 1183. & fut enterré à main gauche du grand autel de Nôtre-Dame de Rouen. Il est representé en relief sur son tombeau, comme on le voit ici. Il porte une large ceinture, dont le bout pend jusqu'au bas de sa tunique. Sa couronne est ornée de fleurons, un coup d'œil suppleera à la description de tout le reste.

3.

gestat. Vestis ejus subrubra est. Pone illam sunt insignia Francica, cum limbo quinque pendentibus tæniis instructo.

Radulphus de Bello-monte, qui Abbatiam Æstivalis fundavit anno 1210. hac forma visebatur in capella quadam ejusdem Abbatiæ, quæ non ita pridem diruta est, teste D. Gagnerio, qui hoc schema delineari curavit. Singulari modo hic armatus Radulphus conspicitur. Galea inversum lebetem refert, superneque plana est pro more ævi istius. Ferrea lamina a casside usque ad mentum producta, ne cæsim gladio facies lædatur adhibita haud dubie est. Hamis opertus Radulphus est a casside ad usque pedis plantas, & ad extremos etiam manus digitos. Gladium singulari prorsus ratione gestat. Scutum angularibus canteriis octo alternatim aureis & rubris insignitum est.

In Abbatia Fontis-Ebraldi ab Henrico II. Angliæ Rege, Normanniæ Duce, & Andegavensi Comite fundata, sepulcrum ejus visitur in medio choro Monialium, cum sepulcro uxoris Alienoris, Richardi filii, & Elisabetæ de Marchia uxoris Joannis *Sine terra* tertii ejusdem filii. Hæc porro sepulcra & schemata Principum superposita, variis coloribus depicta, & quibusdam in locis deaurata sunt. His tria alia adjicimus schemata, Henrici primogeniti Regis Henrici II. Ricardi *Cor leonis* cognominati, & Berengariæ uxoris ejus, quæ variis ex locis desumta prodeunt.

Henricus II. mortuus est Cainone anno 1188. & in Ecclesia Fontis-Ebraldi sepultus fuit. Corona ejus deaurata est : pallium ejus cæruleum est & tunica rubri coloris. Quid significent duæ illæ rotundæ figuræ manibus superpositæ ignoro. Barbam nullam habet.

Alienor Aquitaniæ Ducissa, Pictavorum Comitissa, primo nupsit Ludovico VII. juniori, Regi Francorum ; sed cum repudiata fuisset, ab Henrico II. Rege Angliæ ducta fuit. Obiit autem 31. Martii, anno 1202. Pallium ejus cæruleum est, floribus ornatum ; tunica alba floribus rubris & cæruleis decorata.

Henricus junior filius Henrici II. & Alienoræ, Rex declaratus fuit vivente patre, & contra illum postea arma sumsit. Juvenis adhuc obiit anno 1183. & ad lævam aræ majoris B. Mariæ Rotomagensis sepultus est. In sepulcro autem suo sculptus repræsentatur qualis hic exhibetur. Latam zonam gestat, cujus extrema pars ad imam tunicam defluit. Corona ejus floribus ornatur. Oculis cætera facile percipiuntur.

Tome II. P

114 MONUMENS DU REGNE DE PHILIPPE II. &c.

4. ⁴ Richard dit Cœur de lion, Roi d'Angleterre & Duc de Normandie, mourut l'an 1199. & fut enterré à Fontevraud, d'où est tirée la figure suivante. Son manteau est rouge & bordé de jaune ou d'or ; sa tunique d'un azur foncé. Il a une marque ronde sur chaque main comme son pere. Il paroît impossible de donner raison pourquoi les deux Rois qui sont à Fontevraud ont cette marque sur la main, & pourquoi les deux Reines ne l'ont point. Le Roi Richard a un peu de barbe ici.

5. La figure ⁵ suivante du même Roi Richard est tirée de son tombeau de l'Eglise cathedrale de Rouen où son cœur est enterré. Il y est representé sans barbe. La couronne qu'il porte est fort differente de celle qu'il a à Fontevraud.

6. ⁶ La Reine qui suit est Berengere femme de Richard I. dit Cœur de lion, Roi d'Angleterre, fille de Sanche Roi de Navarre & d'Aragon. Elle vêcut long-tems après la mort de son mari, dont elle n'eut point d'enfans, & fonda l'an 1230. l'Abbayie de l'Espan près du Mans, où elle est representée sur son tombeau au milieu du Chœur, telle que nous la donnons ici.

7. Elisabet ⁷ de la Marche Reine d'Angleterre, troisiéme femme de Jean Sansterre, fut enterrée à Fontevraud, où elle est representée sur son tombeau, comme on la voit ici. Sa tunique est d'un azur foncé semée de fleurs jaunes. Son manteau blanc est semé de fleurs rouges.

PL. XVI.
1. La planche suivante nous montre d'abord ¹ Thibaud VI. Comte de Blois, de Chartres & de Clermont, qui mourut sans enfans vers l'an 1218. Il est ainsi representé sur les vitres de la cathedrale de Chartres, d'où M. de Gaignieres l'a fait tirer. Sa tunique est rouge. Son écu de sinople, semé de croix fleuronnées d'or, à la cotice d'or chargée d'une autre cotice d'argent, brochant sur le bout.

2. M. de Gaignieres a tiré son seau ² qui suit d'une charte de l'Abbayie de S. Pere de Chartres, donnée en 1212. Il y est representé à cheval l'épée à la main, tenant son écu du bras gauche.

3. ³ L'autre figure à cheval du même est tirée des mêmes vitres de la cathedrale de Chartres. Le haut de son casque est plat ; c'est la figure de tous les casques du siecle de S. Louis, comme nous verrons. Il est *revêtu de son blason*, selon la maniere ancienne de parler. La couleur de l'habit est de sinople ; c'est aussi celle du champ. Les croix fleuronnées d'or s'y voient de même ; mais la cotice est tournée de la gauche à la droite, au lieu que dans les

---

Ricardus Cor leonis dictus, Rex Angliæ & Dux Normanniæ obiit anno 1199. & ad Fontem-Ebraldum sepultus est, in suoque tumulo sculptus exhibetur, ut in hac tabula. Pallium ejus rubrum est, aureoque limbo terminatur. Tunica ejus cærulei coloris est. Manus ejus utraque rotunda figura signatur, id quod etiam in patris ipsius manibus observamus. Nec videtur posse ratione percipi, cur ambo Reges hac nota in manibus insigniantur, Reginæ vero non item. Rex Ricardus hic cum exigua barba exhibetur.

Schema sequens ejusdem Ricardi ex ejus tumulo in cathedrali Ecclesia Rotomagensi posito eductum est, ubi cor ipsius sepultum fuit. Hic autem barba nulla comparet : corona vero quam gestat, Fontebraldensi multum absimilis est.

Regina sequens Berengaria est, uxor Ricardi I. Angliæ Regis, filia vero Sancii Regis Navarræ & Aragoniæ. Diu illa post viri mortem superstes fuit, nullis susceptis liberis ; atque anno 1230. Abbatiam de Spanno prope Cenomanorum urbem fundavit, ubi in medio choro sepulta, illo modo sculpta visitur, quo hic exhibetur.

Elisabeta de Marchia Angliæ Regina, tertia uxor Joannis *Sine-terra* Regis, & apud Fontem-Ebraldi sepulta, sic ibidem sculpta & depicta visitur. Tunica ejus cærulei coloris est, floribus aureis decorata. Pallium vero album rubris floribus exornatur.

Tabula sequens primo Theobaldum VI. exhibet Comitem Blesensem, Carnotensem & Claromontanum, qui sine liberis obiit anno circiter 1218. Sic autem exhibetur in vitrea quadam fenestra cathedralis Carnotensis, unde a D. de Gagneriis exsumtus est. Tunica ejus rubei coloris est. Scutum ejus prasinum crucibus aureis liliatis refertum est, cum fascia aurea diagonali superne omnia permeante, cui insidet altera fascia argentea. Idem vero D. de Gagnieriis sigillum ejus sequens eduxit ex diplomate S. Petri Carnotensis anni 1212. in quo Theobaldus eques exhibetur stricto gladium dextera tenens, & sinistro brachio clypeum. Aliud schema ubi etiam eques visitur, ex vitrea fenestra cathedralis Carnotensis eductum est. Suprema galea plana est, quales sunt omnes istius ævi galeæ ; ut videbimus. Insignibus gentilitiis indutus est pro more. Vestis color prasinus est, qui est scuti sive campi, ut vulgo dicunt, color : cruces aureæ liliatæ hic similiter comparent : at fascia diagonalis a sinistra

Rois et Reines d'Angleterre.

SEIGNEURS DE LA MAISON DE BLOIS.

LOUIS VIII. dit le Lion.

écus ci-devant elle est de la droite à la gauche; ce qui s'observe encore ailleurs. La banniere qu'il porte est chargée du même blason, & la cotice y est comme sur l'habit.

Louis Comte de Sancerre 4 qui suit, est tiré des mêmes vitres de la cathedrale de Chartres. Il étoit cousin issu de germain de Thibaud VI. Comte de Blois, & il épousa avant l'an 1220. Blanche de Courtenai, fille de Robert de Courtenai, Bouteiller de France, de laquelle il eut posterité. Il porte une tunique de sinople : c'est la couleur du champ de son écu, qui est le même que les precedens.

4.

Après cette figure on voit sur les mêmes vitres l'écu d'Etienne de Sancerre, Seigneur de S. Briçon, frere de Louis Comte de Sancerre, dont nous venons de parler. La figure d'Etienne y étoit autrefois, mais il n'en reste plus que le bas, & au dessous on voit l'écu tout-à-fait different de celui de Louis Comte de Sancerre. Le champ est de sinople semé de losanges d'or; a la cotice d'or chargée d'une autre cotice d'argent, au lambel de gueules de cinq pendans. Etienne de Sancerre étoit Bouteiller de France. en 1248.

LOUIS VIII. dit Le Lion.

Louis succeda à son pere Philippe mort le 14. Juillet. Il fut couronné à Rheims avec la Reine Blanche le 6. Août de la même année par les mains de Guillaume Archevêque de la même ville. Jean Roi de Jerusalem assista à la ceremonie avec les Princes & grands Seigneurs du Roiaume. Henri Roi d'Angleterre l'envoia sommer de lui rendre la Normandie & les autres terres que son pere & lui avoient prises sur les Anglois, comme il avoit promis par serment avant que de partir de l'Angleterre. Louis répondit que ces terres lui appartenoient selon le droit & la justice, comme il étoit prêt de lui prouver en presence de sa Cour, s'il vouloit s'y rendre. Il ajouta que les sermens faits de part & d'autre en Angleterre, avoient été violez par Henri lui-même, lorsqu'il avoit fait payer de grosses rançons aux prisonniers, & que les libertez du Roiaume d'Angleterre pour lesquelles la guerre avoit été entreprise, & qui par leur traité

1223.
Louis couronné Roi.

ad dexteram procedit, quæ in præcedenti scuto a dextera ad sinistram tendebat ; id quod etiam alibi observatur. Vexillum ejus iisdem insignibus ornatur, & fascia diagonalis eodem, quo in veste, situ est.

Ludovicus Comes Sacri Cereris, sive Sancerræ, ut vulgo dicitur, ex vitrea fenestra ejusdem Carnotensis Ecclesiæ eductus est. Erat ille sobrinus Theobaldi VI. Comitis Blesensis, & ante annum 1220. Blancam de Curtenæo, filiam Roberti de Curtenæo, Franciæ Buticularii, uxorem duxit, ex eaque liberos suscepit. Prasinam gestat tunicam, qui color est scuti ejus præcedenti omnino similis.

Post hanc imaginem in iisdem vitreis fenestris conspicitur scutum Stephani Sancerrensis Dom. S. Brictionis, fratris Ludovici Comitis Sancerrensis, de quo jam diximus. Stephani schema hic integrum olim comparebat; sed nescio quo casu pene totum sublatum fuit. Subpedibus autem ejus visitur scutum, cujus insignia omnino diversa sunt ab iis quæ Ludovicus Comes Sancerrensis exhibet. Campus nempe prasinus est, rhombis aureis conspersus, cum fascia diagonali aurea, cui insidet altera fascia argentea, & cum limbo rubeo ex quo pendent quinque tæniæ. Stephanus porro Sancerrensis, Buticularius Franciæ erat anno 1248.

LUDOVICUS VIII.

LEO dictus.

PHILIPPO patri 14. Julii defuncto successit Ludovicus filius. Remis autem ipse & uxor ejus Blancha coronati sunt sexta Augusti ejusdem anni 1223. manu Guillelmi ejusdem urbis Archiepiscopi. Adfuit celebritati Joannes Rex Jerosolymorum cum Principibus & Optimatibus Regni. Henricus Angliæ Rex expetitum misit a Ludovico, ut Normanniam cæterasque terras, quas pater ejus & ipse Anglis abripuerant, sibi restitueret, ut sacramento suo pollicitus fuerat, antequam ex Anglia in Franciam rediret. Respondit Ludovicus, terras illas ad se ex jure & justitia pertinere, ut ostendere paratus erat, si vellet Henricus ad *Curiam suam* se conferre ; adjectique sacramenta ibidem præstita, ab Henrico ipso violata fuisse, quando ex captivis Francis summam pecuniæ grandem exegit, ut libertatem illis daret ; libertatesque Anglicas propter quas bellum fuerat susceptum, quæque ex pacto restitui

De gestis Ludovic. Duchêne, t. 5. p. 284.

Matth. Paris. ann. 1223.

avoient été rétablies, se trouvoient alors plus lesées qu'avant la guerre. Les Ambassadeurs s'en retournerent avec cette réponse.

Amauri de Montfort ne pouvant plus se soutenir dans le Comté de Toulouse acquis par le Comte Simon son pere, vint remettre au Roi la ville de Carcassonne place très-forte, & quelques châteaux qui lui restoient dans ce payis-là.

<small>1224. Guerre de Louis en Poitou.</small>

A la S. Jean de l'année suivante le Roi après avoir tenu une assemblée d'Evêques & de Seigneurs partit avec une grande armée, & se rendit à Tours, & de là à Montreuil. Il confirma la tréve avec Aimeri Vicomte de Touars, ménageant apparemment ce Seigneur, de peur qu'il ne se rangeât du côté des Anglois dans la guerre qu'il alloit leur faire, pour les chasser entierement de la France : après quoi il assiegea Niort, & battit si rudement la place, que Savari de Mauleon fut obligé de capituler. Un des articles de la capitulation fut que la garnison ne pourroit se retirer qu'à la Rochelle, ni se rendre à quelque autre place que ce fût jusqu'à la Toussaint prochaine. De là après avoir bien muni le château de Niort, il marcha vers S. Jean d'Angeli, qui se rendit sans aucune résistance. Au mois d'Août suivant il forma le siege de la Rochelle. Savari de Mauleon gardoit la place avec trois cens Chevaliers, & grand nombre de fantassins qui se défendirent en braves, jusqu'à ce que Savari voulant tirer de l'argent des coffres envoiez d'Angleterre par le Roi Henri III. pour la subsistance des troupes, n'y trouva que des pierres & du son. Cela mit la division entre les Anglois & les soldats du payis, & fut cause que la place se rendit deux jours après la fête de S. Pierre aux liens. Après cette prise le Limosin & le Perigord se rendirent à Louis : les autres Seigneurs de la Guienne suivirent leur exemple : il n'y eut plus que les Gascons de delà la Garonne, qui demeurerent attachez aux Anglois.

<small>Concile de Montpellier.</small>

Au mois d'Août de la même année par ordre du Pape Honoré III. on tint un Concile à Montpellier en faveur de Raimond Comte de Toulouse, qui vouloit se reconcilier à l'Eglise avec plusieurs autres Barons. L'Archevêque de Narbonne y présida : il s'y trouva aussi plusieurs autres Evêques & Abbez. Le Comte & les autres Seigneurs promirent avec serment, qu'ils seroient soumis à l'Eglise Romaine, qu'ils rendroient aux Ecclesiastiques les biens qu'ils leur avoient ravis, & leur donneroient pour dédommagement dans l'espace de trois ans quinze mille marcs d'argent, qu'ils puniroient les heretiques convaincus, & feroient leur possible pour exterminer l'heresie.

<small>Gest. Lud.</small>

debuerant, nunc violatas magis esse quam ante bellum. Cum hujusmodi responso rediere Oratores.

Amalricus de Monte-forti, cum non posset ultra in Comitatu Tolosano consistere, quem pater ipsius Simon Comes acquisierat, Regi Carcasonem urbem munitissimam, aliaque castra reddidit.

Adveniente S. Joannis die anni sequentis, Rex postquam Episcoporum & Procerum coetum collegerat, cum exercitu in Turonum urbem se contulit, indeque Mosteriolum, ubi inducias cum Aimerico Vicecomite Toarcii confirmavit, mitius, ut videtur, cum illo se gerens, ne ad Anglos declinaret, quos, ex Galliis prorsus ejiceret, bello impetiturus Ludovicus erat. Posteaque Niordum obsedit, atque ita fortiter oppugnavit, ut Savaricum de Maloleone ad deditionem compulerit, illa conditione, ut praesidium nonnisi ad Rupellam concedere posset, neque inde munitionem aliam petere ad usque festum omnium Sanctorum. Hinc postquam Niordi castrum probe munierat, ad sanctum Joannem Angeriacensem movit : oppidani vero statim Regem honorifice susceperunt. Mense Augusto sequenti Rupellam obsidione cinxit. Urbem Savaricus tuebatur cum trecentis equitibus, & grandi peditum numero, qui omnes strenue pugnarunt. At cum pecuniam ex arcis ab Anglia missis ad annonam excipere vellet, lapides solum & furfurem invenit; quae res dissensionem creavit Anglos inter & armatos indigenas, urbemque ad deditionem compulit biduo post festum S. Petri ad vincula. Post captam Rupellam, Lemovicenses & Pettragoricenses, horumque exemplo caeteri Aquitaniae Principes Ludovico manus dedere.

Augusto mense ejusdem anni in Montepessulano urbe Concilium jussu Honorii III. celebratum est in gratiam Raimundi Tolosani Comitis, qui cum multis aliis Optimatibus sese Ecclesiae subdere cupiebat. Praefuit Archiepiscopus Narbonensis, adfuere alii Episcopi cum Abbatibus. Comes & alii cum sacramento polliciti sunt, se Ecclesiae Romanae obsequuturos esse, rapta Ecclesiis bona reddituros, & ut damna sarcirent, intra triennii spatium quindecim mille *marcas* argenti soluturos, seseque ad haereticos plectendos, haeresimque, si fieri posset, extinguendam, operam daturos promiserunt.

LOUIS VIII. dit le Lion.

Il y eut au mois de Novembre de la même année à Vaucouleur une entrevûë de Louis Roi de France avec Henri Roi d'Alemagne, fils de l'Empereur Frederic, touchant quelques affaires qui regardoient les deux Roiaumes, & que l'Historien ne specifie point : il dit seulement que cette conference eut peu de succès.

Les Anglois qui après avoir rendu la Rochelle s'étoient embarquez pour retourner en Angleterre, étant entrez en défiance de Savari de Mauleon, voulurent se saisir de lui. Il en eut le vent, s'échappa de leurs mains, revint en France, se reconcilia avec le Roi Louis, & lui fit hommage de ses terres. Le Roi d'Angleterre fit alors une assemblée des Prelats & des Grands de son Roiaume, & leur demanda du secours pour reprendre l'Aquitaine. Ils se cottiferent au quinziéme de leurs biens immeubles pour l'aider à cette expedition. Il arma une flote de trois cens vaisseaux, chargée d'un grand nombre de troupes, & donna le commandement de cette armée à son frere Richard, qui s'étant rendu à Bourdeaux, alla assieger S. Macaire qu'il prit, & ravagea le payis des environs. Il alla ensuite assieger la ville de la Reole : il trouva là des gens braves & aguerris qui firent une grande résistance. Il donna plusieurs assauts à la place, mais inutilement. Le Roi Louis y envoia son Maréchal avec une armée. Richard leva alors le siege, & l'armée de France assiegea & prit Limeil, & réduisit sous l'obéissance du Roi le Seigneur de Bergerac. Richard voiant que les affaires ne tournoient pas bien pour les Anglois, se retira en Angleterre.

Un spectacle attira alors l'attention de tous les Flamans & des François. Un homme qui vint en Flandres, dit qu'il étoit le Comte Baudouin depuis Empereur, qui aiant été pris par le Roi des Bulgares, après avoir resté long-tems en prison, s'étoit échappé comme par miracle. Il ressembloit apparemment beaucoup à ce Comte; & il sçavoit d'ailleurs si bien les actions de Baudouin, & les particularitez de sa vie, répondant à tout pertinemment, & donnant toutes les marques qu'on pouvoit souhaiter, que la plûpart des Flamans le reconnurent pour leur Prince. La Princesse fille de Baudouin & femme du Comte Ferrand, se voiant sur le point de perdre son Comté, alla trouver le Roi Louis, & lui demanda sa protection, pour chasser cet homme qu'elle prétendoit être un imposteur. Le Roi se rendit à Peronne, & manda cet homme, lui donnant un sauf-conduit. Il y vint. On l'interrogea sur plusieurs choses, & il ne voulut jamais rien répondre. Le Roi le

1225.

Richard d'Angleterre fait la guerre en France.

Il se retire.

Un homme se dit être Baudouin Comte de Flandres.

Mense Novembri Ludovicus Rex Francorum & Henricus Rex Germaniæ filius Frederici Imperatoris apud Vallem-coloris una convenerant, ibique de utriusque Regni negotiis actum est, neque speciatim narratur colloquii argumentum, solummodo dicitur, cum parvo fructu hinc & inde recessum esse.

Angli qui post amissam Rupellam naves conscenderant ut Angliam repeterent, Savaricum de Maloleone suspectum sibi comprehendere voluere. Rei gnarus Savaricus dilapsus est, in Franciamque venit, & cum Ludovico reconciliatus, *hominium* ipsi pro ditionis suæ terris præstitit. Rex autem Angliæ tunc Episcopos & Primores Regni convocavit, opemque postulavit ad Aquitaniam recuperandam: qui immobilium bonorum partem decimam quintam ad id operis exsequendum obtulerunt. Classem vero paravit Henricus trecentarum navium, copiis multis onustam, duce Ricardo fratre. Is Burdegalam cum venisset S. Macarii castrum cepit, agrosque circum devastavit. Regulam postea oppugnavit; at oppidani strenue fortiterque hostem propulsarunt, sæpeque muros aggressum depulerunt. Tunc Rex Ludovicus Marescallum cum exercitu misit. Ricardus autem obsidionem solvit. Exercitus vero Francorum Limolium obsedit & cepit, Dominumque de Bergeraco ad obsequium Regi Ludovico præstandum coegit. Ricardus demum res non prospere cedere videns, in Angliam transfretavit.

Spectaculum singulare Flandris Francisque fuit, cum vir quidam in Flandriam venit, se dicens esse Comitem Balduinum, qui postea Imperator fuerat, & a Rege Bulgarorum captum ; postquam diu in carcere detentus fuerat, quasi per miraculum evasisse. Gesta Balduini apprime callebat, ita ut ad quæsita omnino accurate responderet, signaque omnia proferret. Flandrorum ergo maxima pars illum pro Principe suo habuerunt receperuntque. Balduini vero filia Ferdinandi uxor, videns se brevi ex Comitatu pellendam fore, Regem Ludovicum adiit, ejusque opem postulavit, ut vir ille, quem ipsa deceptorem dicebat, eliminaretur. Rex Peronam se confert, hominem accersit, securitatem scripto pollicitus. Venit ille, & interrogatus respondere noluit. Rex ut falla-

P iij

118 LOUIS VIII. dit le Lion.

regardant comme un fourbe, lui ordonna de sortir dans trois jours de ses Etats. Il s'en retourna à Valenciennes. Il fut d'abord abandonné de ceux qui l'avoient ci-devant reconnu. Il se déguisa alors en marchand, & s'enfuit par la Bourgogne, où il fut pris & envoié à la Comtesse. Après qu'on lui eut fait souffrir bien des tourmens, il fut pendu.

Le Roi s'étant rendu à Chinon vers la fin de Juin, le Legat du Pape l'y vint trouver. Louis donna terme au Vicomte de Touars jusqu'au jour de sainte Magdelaine pour se ranger à son devoir, & s'en retourna à Paris. Le Vicomte ne manqua point de venir au tems marqué rendre hommage au Roi.

1226.

Le Roi Louis assiege & prend Avignon.

Au mois de Février suivant, le Roi, les Princes & grands Seigneurs, les Archevêques & Evêques prirent la croix de la main du Cardinal Légat pour aller faire la guerre aux Albigeois. Ils s'assemblerent ensuite à Bourges, marcherent à Nevers, & de là à Lion, & allerent assieger Avignon, place très-forte & presque imprenable. Cette ville où l'heresie regnoit plus qu'en toute autre, étoit excommuniée depuis sept ans. Louis avoit fait traiter avec eux avant que d'y arriver; ils avoient promis de le laisser entrer dans leur ville; mais quand ils le virent dans leur pays, ils lui fermerent les portes. Le Roi assiegea alors la ville, divisa son armée en trois corps, & fit dresser toute sorte de machines pour la battre. Mais les assiegez se défendirent vaillamment, & le siege tira en longueur. La maladie se mit dans l'armée. A la fête de l'Assomption le nombre des morts montoit à deux mille tant tuez qu'emportez par la contagion. Le brave Comte de S. Paul y fut tué d'un coup de pierre. Le Comte de Champagne voiant qu'il n'y faisoit pas bon, s'en alla sans demander permission ni au Roi ni au Légat : le bruit courut même qu'avant que de partir il donna le boucon au Roi Louis, craignant qu'après son retour il ne se ressentît de sa retraite. Malgré tout cela Louis continua vigoureusement le siege. Les assiegez voiant que le Roi étoit résolu de ne point decamper qu'il n'eût emporté la place, demanderent à capituler, & donnerent pour ôtages deux cent des principaux de la ville. On combla les fossez, on abbattit les murailles, & trois cent maisons de la ville fortifiées de tours furent mises à bas. C'étoit en ce tems un usage établi, que les principaux des villes avoient des petites tours à leurs maisons. Les habitans abjurerent l'heresie, & se réunirent à l'Eglise Catholique. Le Légat leva alors l'excommunication.

---

cem habens, hominem jussit intra triduum ex terris suis excedere. Valencianas autem se contulit, statimque ab iis qui illum primo receperant depulsus est. Tandem mercatoris assumta specie dum per Burgundiam fugeret, a milite captus, & ad Comitissam missus, post cruciatus multos in patibulo suspensus fuit.

Chinonium cum venisset Rex vertente Junio, ipsum Legatus Papæ adiit. Tunc vero Thoarcensem Comitem jussit Rex obsequium sibi præstare, dato temporis spatio usque ad festum S. Magdalenæ, & Lutetiam reversus est. Vicecomes autem ad condictum tempus venit, Regique *hominium* præstitit.

Gest. Lud. Regis.

Mense Februario sequenti Rex, Principes, Archiepiscopi & Episcopi crucem acceperunt de manu Cardinalis Legati, ut bellum inferrent Albigensibus; posteaque apud Bituricas coacti, Nivernum petierunt, indeque Lugdunum, & postea Avenionem obsessum venerunt, urbem munitissimam, fereque inexpugnabilem, quæ hæresi plus quam cæteræ omnes infecta erat, & a septem annis a communione Ecclesiæ privata. Ludovicus antequam eo adventaret, cives de pace facienda convenire curaverat, pollicitique erant se illum in urbem suam recepturos esse. At ubi Rex advenit, portas ipsi clausere. Urbem obsedit Ludovicus, in tresque partes exercitum divisit : omne machinarum genus adhibuit ut muros quateret. Obsessi fortiter pugnarunt, diuturnaque fuit obsidio. Lue in exercitum grassante, in Assumtionis festo jam bis mille obierant tum morbo consumti, tum cæsi. Comes S. Pauli vir strenuus lapide percussus occubuit. Comes vero Campaniensis, ut incolumitati suæ consuleret, sine licentia vel Regis vel Legati discessit. Rumor autem fuit illum, antequam abiret, venenum Regi in potum dedisse, ne reversus de recessu cum ipso expostularet His non fractus animo malis Ludovicus, urbem fortiter oppugnare pergebat. Animadvertentes oppidani non recessurum esse Regem antequam urbem expugnavisset, pro deditione pacta iniere, & obsides dedere ducentos ex præcipuis civibus. Cumulatæ fossæ sunt, muri dejecti, trecentæque domus urbis turribus munitæ, solo æquatæ fuerunt. Mos enim tunc invaluerat, ut præcipui cives ædes turribus instructas haberent. Oppidani hæresin abjuravere, & Ecclesiæ Catholicæ sese adjunxere. Legatus vero ipsos ad communionem recepit.

LOUIS VIII. dit le Lion.

Après la prise d'Avignon le Roi aiant passé le Rhône, s'avança jusqu'à quatre lieues de Toulouse. Toutes les villes & forteresses qu'il trouva sur sa route se rendirent à lui. Il laissa dans le païs Humbert de Beaujeu pour le gouverner, & se mit en chemin pour s'en retourner. Dans sa route il fut attaqué d'une grande maladie, qui l'obligea de s'arrêter en Auvergne au château de Montpensier. Un Historien dit, qu'Archambaud de Bourbon, qui accompagnoit le Roi, aiant oui dire que le mal du Roi ne pouvoit se guerir que par le commerce charnel avec une femme, fit entrer une fille dans la chambre du Roi; mais que Louis renvoia la fille, disant qu'il aimoit mieux mourir que de commettre un peché mortel. Dans ces sentimens il passa en l'autre vie dans l'octave de la Toussaint.

Sa mort.

MONUMENS DU REGNE
DE LOUIS VIII. dit Le Lion.

Nous n'avons point d'autre figure de Louis VIII. que celle de son seau. Il y est assis sur son trône à l'ordinaire, tenant de la main droite une fleur de lis, & de la gauche son sceptre terminé en haut par un losange, dans lequel est une fleur de lis. Le contre-scel est l'écu de France.

Pl. XVII.
1.

Blanche ² de Castille, fille d'Alfonse IX. Roi de Castille, & femme du Roi Louis VIII. se trouve deux fois dans un manuscrit de M. de Gaignieres. La premiere figure est tirée des vitres de l'Eglise de Maubuisson. Il ne dit pas d'où il a pris la seconde figure ³, mais il ne l'a pas imaginée, & l'on peut s'en fier à lui. Elle ne differe presque en rien de la premiere quant à l'habit. Cette seconde tient de la main droite une fleur de lis. Blanche paroît dans les deux images de belle taille. Elle porte une tunique, qui lui descend jusqu'aux pieds, & par dessus un manteau de même longueur, qui est doublé de vair renversé; doublure que nous verrons souvent dans la suite.

2.
3.

Post captam Avenionem Rex trajecto Rhodano versus Tolosam progressus est usque ad quartum ab urbe milliarium. Urbes omnes & castra quæ occurrebant, Regi sese dediderunt. In regione autem illa Præfectum reliquit Humbertum de Bello-joco, posteaque reditum paravit. Cum iter ageret, in gravissimum morbum incidit, & gradum sistere coactus, in castro Montis-penserii in Arvernia decumbere coactus est. Narrat Scriptor quidam Arcimbaldum de Borbonio, qui tum penes Regem Ludovicum erat, cum a quopiam audivisset, non posse Regem a morbo convalescere, nisi cum muliere coiret, puellam in cubiculum regium intromisisse ; sed Ludovicum repulisse puellam, dixisseque, mori se velle potius quam gravi peccato commaculari. Obiit autem intra octavam omnium Sanctorum.

Guillelm. de Nangio Laurentii.

MONUMENTA
AD REGNUM LUDOVICI VIII.
cognomento Leonis pertinentia.

Non alia adest Ludovici VIII. imago quam hæc, ex sigillo ejus educta, ubi in solio sedens pro more exhibetur. Manu dextera florem lilii tenet, sinistra vero sceptrum, rhombo superne terminatum, in quo flos lilii. Contrasigillum vero est Franciæ scutum.

Blancha Aldefonsi IX. Regis Castellæ filia, Ludovici VIII. uxor, bis in manuscripto quodam Domini de Gagneriis occurrit. Primum schema ex vitreis fenestris Ecclesiæ Mali-dumi seu Madibuxonii prodit. Unde secundum schema eduxerit, non dicit Gagnerius; at certum est ab illo non confictum vel excogitatum fuisse. A prima vero imagine parum differt ea, quæ secunda offertur, quæquedextera lilium tenet. In duobus porro schematibus Blanch ajustæ staturæ exhibetur. Tunicam vero gestat ad pedes usque defluentem, & pallium talare, cumassuto subtus vario panno, in palliis nobilium feminarum frequentis usus, ut infra videbitur.

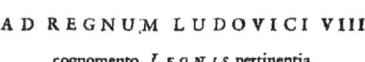

4. La figure 4 de Bouchard de Marli est mise ici pour ne pas séparer les enfans de Louis VIII. qui occupent les deux planches suivantes. Bouchard de Marli cadet de la Maison de Montmorenci se voit ainsi peint à genoux dans les vitres de Notre-Dame de Chartres. Il a derriere lui son écu dont le blason est d'or, a la croix de gueules cantonaée de quatre aiglettes ou allerions d'azur. Dans le

5. Chartrier de la même Eglise on trouve un acte 5 entre Bouchard & Matthieu, tous deux de Marli, dont nous donnons les deux seaux. Il est à remarquer que Bouchard est appellé *Burcardus* dans l'acte, & *Bucardus* dans le seau. On y lit *Burchardus dominus Malliaci*, & *Matthæus de Malliaco*, & dans le seau il y a *de Marliaco*. C'est la remarque qu'a fait M. de Gagnieres. Mais rien de plus commun en ces tems-là que ces varietez. On voit souvent un homme écrire differemment son nom dans le même acte.

PL. XVIII. La planche suivante nous montre Philippe & Jean de France, fils de Louis VIII. & de Blanche de Castille, comme marque l'inscription tout au tour, en quatre très-mauvais vers Latins. Ils moururent tous deux fort jeunes. Leurs corps gisent sous la même tombe de cuivre au milieu du chœur de Notre-Dame de Poissi. Ils ont chacun une espece de petite couronne, & un sceptre qu'ils portent de la main droite, & qui se termine en haut par une fleur de lis. Celui qui est à la droite, tient de la main gauche un gand. C'est le gand de la main qui soutenoit l'oiseau que les grands Seigneurs, les Princes & les Rois mêmes se faisoient un honneur de porter. C'est Philippe qui le tient, & qui comme aîné de Jean, paroît avoir cette prérogative sur lui.

PL. XIX.
1. On n'a pas la figure d'Alfonse autre frere de S. Louis, mais voici celle de Jeanne sa femme, représentée ainsi sur son tombeau de pierre au milieu du chœur de l'Abbayie de Gerci en Brie, où l'on voit cette inscription. *Ici gist le corps de haute & puissante Dame Jehanne Comtesse de Tolose & de Poitiers, espouse de très haut & puissant Prince Monseigneur Alfonse frere du Roy S. Loys, fondateurs de ceans, laquelle deceda l'an 1261. le jour de l'Assomption de notre-Dame. Priez Dieu pour son ame. Amen.* Elle étoit fille de Raimond Comte de Toulouse & de Sancie d'Aragon. Elle porte une couronne qui approche fort de celle des Reines de France.

2. La figure suivante représente 2 Charles I. du nom Roi de Naples, de Sicile & de Jerusalem, Duc de la Pouille, Comte d'Anjou, du Maine, de Provence &

Hic Burchardi de Marliaco imaginem apponimus, ne Ludovici VIII. filios, qui duas sequentes tabulas occupant separemus. Burchardus ergo ille, ex stirpe Montemorenciaca originem ducens, ut hic exhibetur in vitrea fenestra Ecclesiæ cathedralis Carnotenæ genuflexus conspicitur. Pone illum est scutum ipsius his insignibus instructum: in campo aureo crux rubra, in quatuor angulis totidem minores aquilas cæruleas exhibens. In chartulario ejusdem Ecclesiæ instrumentum habetur pacti Burcardum inter & Matthæum, qui ambo Marliacenses erant, initi, quorum sigilla damus. Observandum porro est, Burchardum in diplomate sic *Burchardum* appellari, & in sigillo *Bucardum*. In ipso diplomate legitur, *Burcardus Dominus Malliaci*, & *Matthæus de Malliaco*; in sigillo autem, *de Marliaco* habetur. Hæc annotavit D. de Gagneriis. Frequentissime vero istis temporibus hæc varietas occurrit: sæpe vir idem in eodem instrumento nomen suum varie describit.

In tabula sequenti visuntur Philippus & Joannes, filii Ludovici VIII. & Blanchæ, ut notat inscriptio circum, quatuor inelegantissimis versibus constans. Ambo admodum juvenes mortui sunt, eorumque corpora jacent sub eadem tabula ænea in medio choro B. Mariæ Pissiacensis. Singuli coronam exiguam habent, sceptrumque, quod manu dextera gestant, flore lilii cumulatum. Is qui dexteram occupat manicam seu chirothecam manu sinistra tenet. Chirotheca autem illa manui accipitrem sustinenti deputabatur, quem Proceres, Principes, Regesque ipsi manu gestare, honori sibi ducebant. Chirothecam tenet Philippus, qui ut ætate major, hanc obtinere videtur prærogativam.

Aldefonsi S. Ludovici fratris schema nullum reperimus; sed uxoris ejus Joannæ imaginem nacti sumus ex sepulcro ejus eductam, quod habetur in medio choro Abbatiæ Gerciacensis in Bria, ubi hæc inscriptio legitur: *Hic jacet celsissima potentissimaque Domina Joanna Comitissa Tolosæ & Pictavorum, uxor celsissimi potentissimique Principis Domini Aldefonsi fratris sancti Ludovici Regis, qui hanc Ecclesiam fundavere, quæ obiit anno 1261. die Assumtionis B. Mariæ. Deum precamini pro anima ejus. Amen.* Erat autem filia Raimundi Comitis & Sanciæ Aragonensis Regis filiæ. Coronam illa gestat Reginarum coronæ sat similem.

Sequitur Carolus I. Rex Neapoliæ, Siciliæ, Jerosolymæ, Dux Apuliæ, Comes Andegavensium, Ceno-

PHILIPPE ET JEAN FILS DE LOUIS VIII.

MONUMENS DU REGNE DE LOUIS VIII. &c.

de Forcalquier, septiéme fils de Louis VIII. Roi de France, & de Blanche de Castille, & frere de S. Louis. Ce Prince si celebre dans l'Histoire, mourut dans la Pouille le 7 Janvier 1285, & fut enterré dans la grande Eglise de Naples. Son cœur fut apporté en France, & mis aux Jacobins de Paris, où sur un tombeau de marbre noir le Roi Charles est representé en relief de marbre blanc, tel que nous le donnons ici. Il porte la couronne Roiale ornée de fleurons. En habit de guerre il est revêtu d'une cotte de mailles, & par dessus d'une tunique, qui laisse voir ses bras tout maillez jusqu'au poignet. A cette cotte de mailles tient une espece de chapperon aussi de mailles rabattu sur les épaules & sur le dos, que nous avons déja vû ci-devant, & qu'on faisoit monter sur la tête au tems du combat pour servir de casque. Ses pieds sont aussi maillez. Son bouclier est l'écu de France chargé d'un lambel à quatre pendans : on n'en met ordinairement que trois dans Anjou-Sicile.

Isabel [3] de France qui suit, étoit aussi fille de Louis VIII. & de Blanche de Castille, & sœur de S. Louis. Elle fonda l'Abbayie de Longchamp, où elle prit l'habit de Religieuse. Elle remplit fort saintement les devoirs de sa profession, & mourut l'an 1269. On la voit representée à Longchamp sous la petite grille du chœur des Religieuses, telle que nous la donnons ici. Elle porte l'habit de Saint François, aiant une corde pour ceinture. Son manteau est doublé d'hermines.

Pour remplir la planche nous ajoutons ici les fonts [4] baptismaux, où fut baptisé S. Louis, qu'on conserve dans l'Eglise de Notre-Dame de Poissi. Le saint Roi avoit une veneration si grande pour ce lieu où il avoit été regeneré en Jesus-Christ, que taisant quelquefois sa qualité de Roi dans les lettres qu'il écrivoit à ses plus familiers, il signoit *Louis de Poissi*, ou *Louis Seigneur de Poissi*, dit Nangis. Plusieurs Auteurs des plus bas tems ont écrit qu'il étoit né à Poissi, trompez apparemment par le passage de Nangis : mais M. Maillard Avocat, dans sa Dissertation manuscrite, qu'il m'a communiquée, fait voir qu'aucun Auteur du tems n'a dit qu'il soit né à Poissi, & rapporte trois Chartres ; deux de Louis XI. l'une de 1468. & l'autre de 1475. & une troisiéme d'Henri IV. 1601. où ces Princes donnent exemtion de tailles & impôts pour quelque tems aux habitans de la Neufville en Hez dans le Beauvoisis, en consideration de ce que

---

manorum, itemque Provinciæ & Forcalquerii, septimus filius Ludovici VIII. Regis Francorum, & Blanchæ uxoris ejus, frater S. Ludovici. Hic Princeps in historia celeberrimus in Apulia obiit 7 Januarii anni 1285. & in majori Ecclesia Neapolitana sepultus est. Cor ejus in Franciam allatum in Ecclesia Dominicanorum depositum est; ubi in sepulcro ex marmore nigro sternitur statua Caroli Regis in marmore candido sculpta, qualem hic repræsentamus. Coronam ille Regiam gestat floribus ornatam. Armatus, hamis concinnata lorica induitur, quam superposita obtegit tunica. Brachia ejus ad pugnum usque hamis operiuntur. Loricæ attexitur quoddam ceu caputium ex hamis quoque confectum, & in humeros dejectum. Hujusmodi jam quædam observavimus. Hoc caputium pugnæ tempore supra caput reducebatur, ut galeæ loco esset. Pedes quoque ejus hamis sunt obtecti. Scutum ejus insignia Regis Francorum præfert, cum limbo & quatuor tæniis pendentibus : tres tamen solum præferunt tæniis insignia Principum Andegavensium Siculorum.

Elisabeta in hac tabula posita, Ludovici VIII. & Blanchæ filia erat, sororque S. Ludovici. Ipsa vero Longicampi Abbatiam fundavit, ubi monasticam vestem suscepit ; omniaque religionis officia cum diligenter exsequuta esset, obiit anno 1269. In Longicampi choro, sub clathris sepulta & repræsentata visitur, ut hic illam proferimus. Vestem S. Francisci gestat, fune succincta. Pallio ejus muris Pontici pellis assuta est ; *Herminas* vulgo appellant.

In vacuo tabulæ spatio visum est apponere vas seu baptismalem fontem, in quo baptisatus est S. Ludovicus, qui hodieque servatur in Ecclesia B. Mariæ Pissiacensis. Sanctus vero Rex, locum, in quo secundo in Christo natales acceperat, usque adeo venerabatur, ut ad familiares scribens, *Ludovicus Pissiacensis*, vel *Ludovicus Pissiaci Dominus*, subscriberet, inquit Nangius. Complures ævi nostri scriptores, Pissiaci natum dixerunt, hoc fortasse Nangii loco decepti. At vir clarissimus Malliardus in Dissertatione quadam sua, nondum in lucem emissa, quam mihi legendam obtulit, asserit nullum auctorem, qui ævo S. Ludovici scripserit, Pissiacum ipsi natalium locum assignavisse : triaque Regia acta affert ; bina Ludovici XI. quorum alterum anni 1468. alterum 1475. tertiumque Henrici IV. anni 1601. in queis Reges illi Novævillæ in Hetio incolas, qui vicus in Bellovacensi tractu est, a tributis & vectigalibus omnibus ad aliquot an-

Nangius.

S. Louis étoit né dans ce lieu, en la même maniere, difent-ils, que les Predeceſſeurs de ces habitans avoient joui de la même exemtion ; ce qui ſemble ne laiſſer aucun doute qu'il ne ſoit né en ce lieu.

SAINT LOUIS IX. du nom.

1226.

LA France ſe trouva dans une fâcheuſe ſituation après la mort de Louis VIII. Son fils aîné Louis n'avoit qu'onze ans & quelques mois. Quoiqu'avant ſon trépas il eût déclaré la Reine Blanche ſa femme, Regente du Roiaume, un grand nombre de puiſſans Seigneurs ne vouloient point admettre à cette Regence une femme, encore moins une étrangere. Les principaux étoient Pierre Duc de Bretagne, que les Auteurs appellent indifferemment Duc ou Comte, Hugue Comte de la Marche, Thibaud Comte de Champagne, Philippe Comte de Boulogne, Enguerrand de Couci & d'autres. Cependant la Reine, en habile femme alla promptement faire couronner ſon fils à Rheims. Le ſiege étant alors vacant, ce fut Jacques de Baſoches Evêque de Soiſſons qui fit la ceremonie. Le nombre des Seigneurs qui y aſſiſterent, ne fut pas ſi grand qu'il auroit dû être. Ceux qui conſpiroient contre le gouvernement, qui étoient en grand nombre, n'eurent garde de s'y trouver. Le Comte Thibaud vouloit s'y rendre ; mais on l'envoia prier de n'y pas venir.

Sacre de S. Louis.

A ſon retour du ſacre la Reine Blanche délivra de ſa longue priſon le Comte Ferrand, à deſſein de ſe concilier ce parent, qui en effet lui demeura depuis fort attaché. Le jeune Roi par le conſeil de ſa mere leva une puiſſante armée pour marcher contre les confederez : alors le Comte de Champagne, qui ſe trouvant le plus voiſin auroit été le premier accablé, ſe rangea du côté du Roi & de la Reine. Pluſieurs diſent qu'il étoit amoureux de cette Princeſſe, & que ce ne fut que par feinte qu'il ſe mit d'abord avec les mécontens, pour découvrir leurs ſecrets, & les reveler à Blanche qui gouvernoit tout. Par ſon conſeil le Roi cita le Duc de Bretagne, le Comte de la Marche & les autres à un Parlement qu'il devoit tenir vers la Loire. Ils demanderent d'abord Chinon pour le lieu de l'aſſemblée, &

1227.

---

norum ſpatium eximunt, eo quod ibi natus eſſet S. Ludovicus, eodem, inquiunt, modo, quo majores ipſorum exemti fuerant ; unde clare comprobari videtur eodem in loco natum ſanctum Ludovicum fuiſſe.

SANCTUS LUDOVICUS
HUJUS NOMINIS IX.

Guillelmus Nangius. Maier ad ann. 1227.

POſt mortem Regis Ludovici VIII. magna in Regno perturbatio fuit, exque rerum ſtatu triſtia portendebantur. Ludovicus primogenitus defuncti Regis 11 annorum & aliquot menſium erat. Etſi vero Ludovicus VIII. antequam obiret, omnium regimen uxori dediſſet, Principes multi nolebant mulierem, longeque minus alienigenam, omnia moderantem videre. Horum præcipui erant Petrus Britanniæ Dux, quemmodo Ducis, modo Comitis cognomine inſigniunt Scriptores, Hugo Marchiæ Comes, Theobaldus Comes Campaniæ, Philippus Comes Bononiæ, Inghirannus de Cuciaco & alii. Interea vero Blancha prudenter & ſine mora filium Remos adduxit, ubi, defuncto Remenſi Archiepiſcopo ſedeque vacante, Ludovicus a Jacobo de Baſociis Epiſcopo Sueſſionenſi inunctus & coronatus eſt. Non tantus fuit in hac cerimonia præſentium Principum numerus, quantus eſſe debuiſſet. Qui contra regimen conſpiraverant non adfuere. Theobaldus Comes qui ad tantam celebritatem ſe conferre parabat, abnuente Blancha & aliis, non acceſſit.

Spicil. 9. p. 655.

Reverſa Lutetiam Blancha Ferdinandum Flandriæ Comitem a diuturna carceris cuſtodia eripuit, ut ſic cognati ſui affectum ſibi conciliaret, qui poſtea ſemper Reginæ grati animi ſigna dedit. Rex vero inſtigante matre numeroſum exercitum collegit, ut fœderatos in ordinem redigeret. Tunc Campaniæ Comes, qui viciniorem habens ditionem, exercitus Regii irruptionibus patebat, ad partes Regis Reginæque deflexit. Narrant quidam ipſum amore Blanchæ Reginæ ductum, ſimulare tantum cum fœderatis ſocietate junctum antea fuiſſe, ut illorum ſecreta conſilia Blanchæ revelaret, penes quam tunc ſumma rerum erat. Ejus autem conſilio Rex Ducem Britanniæ, Comitem Marchiæ & alios fœderatos ad conventum evocavit, quem circa Ligerim coacturus erat. Petierunt illi primo, ut Chinonii conventus ille haberetur,

Nangius

depuis Tours: il fut enfin conclu qu'elle se tiendroit à Vendôme, où ils se rendirent en posture de supplians. Tout y fut pacifié selon les apparences; mais ces mécontens gardoient encore un levain d'aigreur dans l'ame, qu'ils firent éclater peu de tems après, lorsque le Roi étant sorti peu accompagné pour se rendre à Châtres, ils lui tendirent des embûches pour se saisir de sa personne, & gouverner ensuite l'Etat à leur fantaisie. Le Roi & la Reine avertis du complot, se rendirent à Mont-lehéri, où ils firent venir des troupes de Paris, & se retirerent dans cette capitale sans que personne osât leur disputer le passage. Les Auteurs ne sont pas d'accord sur cette retraite du Roi. Plusieurs disent, que ce fut le Comte de Champagne qui donna avis à la Reine de ce complot, & qu'il vint lui-même avec trois cent Chevaliers pour lui aider à regagner Paris. Cette partie de l'histoire de S. Louis est rapportée si diversement par differens Auteurs, qu'on ne sçait souvent comment les concilier.

Conspiration de quelques Seigneurs pour se saisir du Roi.

Quelques-uns de ces mécontens, indignez de ce que Thibaud les avoit abandonnez, se mirent à ravager ses terres, & allerent assieger Chaourse, lieu entre Troie & Bar-sur-Seine. Le Comte s'en plaignit au Roi, qui envoia ordre à ces Barons de mettre fin à ces actes d'hostilité. Sur le refus qu'ils en firent, le Roi marcha contr'eux avec une armée, qu'ils n'eurent garde d'attendre. Toute la troupe se dissipa. Les Auteurs ne conviennent pas sur le tems où ceci se passa.

1228.

Le Duc de Bretagne qui ne cessoit de remuer, avec d'autres Barons de son parti, entra dans les terres du Roi pour y faire des actes d'hostilité. Il appella à son secours Henri Roi d'Angleterre. Le Roi Louis marcha contre lui avec une armée de troupes choisies, & alla assieger Bellesme, place que Louis son pere avoit donnée à garder au Duc de Bretagne, qui la retenoit comme lui appartenant en propre. Quoique la ville fût bien munie, le Roi l'attaqua si vigoureusement, qu'elle fut bien-tôt obligée de se rendre; ce que voiant le Roi d'Angleterre, il ne pensa plus à secourir le Duc.

En cette même année Raimond Comte de Toulouse, qui s'étoit rétabli dans ses Etats, fut si vivement pressé par Imbert de Beaujeu, que Louis VIII. avoit laissé avec des troupes en ce païs-là, qu'il fut obligé de se rendre à la merci du Roi. Il vint à Paris, où il en passa par toutes les conditions que le Roi voulut, quoique très-dures pour la plûpart. Ce traité porte, qu'il resteroit toujours attaché à l'Eglise Romaine, seroit fidéle & soumis au Roi, qu'il extermineroit tous

Traité avec Raimond Comte de Toulouse.

---

deinde apud Turones voluere; demumque Vindocini habitus fuit. Eo illi supplicantium more venerunt. Res ibi compositæ fuere, sed specie tantum, non re-ipsa, ut eventu probatum fuit. Cum enim Rex, paucis comitibus, Castra oppidum peteret, insidias illi appararunt, ut comprehenderent ipsum, ac pro lubito suo omnia sub Regia auctoritate moderarentur. Re comperta Ludovicus & Blancha Montem-Lehericum petiere, quo evocatis Lutetia copiis, ad urbem reversi sunt, nullo obsistere auso. Hac vero de re non una consentiunt Scriptores: alii namque dicunt Campaniæ Comitem Reginæ conspirationem aperuisse, ipsumque cum trecentis equis venisse ut Regem Lutetiam redeuntem comitaretur. Hæc historiæ pars tam diverse narratur a Scriptoribus, ut nescias vel cui credas, vel quomodo illos inter se concilies.

Idem.

Quidam ex fœderatis in Theobaldum Comitem indignati, quod ab ipsis defecisset ad Regem, agros villasque ejus depopulati sunt, & Chaursum obsederunt, situm inter Barrensem villam super Sequanam, & urbem Trecensem. Comes vero Regis opem imploravit, qui *Barones* illos jussit arma ponere. Illis vero non obsequentibus, collecto exercitu movit. Illi non exspectato Rege, ad sua sunt reversi. Quo autem anno id acciderit, non ita constat apud Auctores.

Dux Britanniæ, qui cum aliis Primoribus in motu semper erat, in Regios tractus arma intulit, Henrici-que Angliæ Regis opem imploravit. Ludovicus vero cum selectarum phalangum copia contra illum movit, ac Bellesmum castrum, quod Ludovicus Regis pater Duci Britanniæ custodiendum reliquerat, quodque ut suum ipse detinebat, obsidione cinxit. Etsi vero munitissimum esset, ita fortiter ipsum Ludovicus oppugnavit, ut ad deditionem compelleret. His conspectis Angliæ Rex Duci opem ferre desiit.

Nangius.

Eodem anno Raimundus Tolosanus Comes, qui ditionis suæ terras recuperaverat, infestante Imberto de Bello-joco, quem Ludovicus VIII. cum copiis istic reliquerat, ad tantas redactus angustias est, ut ad Regis clementiam confugere coactus sit. Lutetiam venit, ubi conditiones omnes a Rege propositas, etsi ut plurimum acerbas, admisit. Initi pacti hæc præcipua capita fuere, ut Comes Ecclesiæ Romanæ in posterum semper hæreret, Regi subditus esset, Hæreticos omnes

Guillelm. de Podio Laurentii c. 35.

les hérétiques dans les payis & villes de sa domination, qu'il restitueroit les biens d'Eglise dont il s'étoit emparé, donneroit des sommes d'argent à plusieurs Abbayies & aux Ecclesiastiques pour reparer les dommages faits ci-devant ; ce qui est ici specifié fort en détail : qu'il établiroit à ses dépens à Toulouse des Maîtres de Theologie & d'autres Professeurs ; qu'en pénitence de ses péchez il se croiseroit contre les Sarasins. Moiennant cela on remettoit Raimond en possession de la meilleure partie de ses terres, à condition qu'il donneroit sa fille Jeanne en mariage à un des freres du Roi, qui après la mort de Raimond se mettroit en possession de ses biens & de ses terres ; & que si sa fille venoit à mourir sans enfans, ses terres seroient réunies à la Couronne. Que cependant Raimond abbattroit les murs de Toulouse & de trente autres villes. Voilà les principaux articles de ce traité fait à Paris au mois d'Avril de l'an 1228. après quoi le Comte fit une rigoureuse pénitence publique. Il fut mené les pieds nuds, n'aiant sur le corps qu'une chemise & *des brayes*, depuis la porte de l'Eglise jusqu'à l'autel, & fut ensuite absous par le Légat. Ainsi finit pour un tems cette grande affaire.

1229.
Guerre en Bretagne.

Malgré le traité fait l'année de devant, le Duc de Bretagne se mit de nouveau à ravager les terres du Roi, qui fut obligé de marcher contre lui avec une armée. Il alla d'abord assieger le château d'Oudon sur la Loire, qu'il emporta en fort peu de tems. Il attaqua ensuite Chantoçai. Ceux qui défendoient la place n'attendirent pas qu'on dressât les machines ; ils apporterent les clefs au Roi. Alors le Duc de Bretagne voiant ces promts succès, vint demander grace. Après tant de levées de bouclier il méritoit que le Roi le traitât à la rigueur ; mais les conjonctures du tems demandoient de certains ménagemens, qu'on n'auroit peut-être pas gardez, si le gouvernement present & l'autorité de Blanche avoient été moins enviez qu'ils n'étoient.

Le Roi d'Angleterre vient en France avec une armée, & se retire.

Le Duc de Bretagne fit bien-tôt voir que ce n'étoit que la crainte qui l'avoit obligé de se réduire sous l'obéïssance du Roi, & de lui faire sa soumission. Il sollicitoit le Roi d'Angleterre d'armer puissamment pour faire une descente en France, & reprendre les payis qu'il avoit perdus. Henri leva en effet une grande armée. Il passa en Bretagne, où le Duc, qui lui avoit fait hommage de ses terres, le joignit avec ses troupes. Plusieurs Seigneurs de Bretagne, mécontens de leur Duc, se tournerent du côté du Roi de France. Louis convoqua les Seigneurs, & malgré le mécontentement de plusieurs particuliers, il les engagea à

---

ex terris & urbibus suis eliminaret, ablata bona Ecclesiis restitueret, summas pecuniæ Abbatiis & Ecclesiasticis solveret ad damnorum reparationem, id quod apud Scriptorem minutatim recensetur ; ut Tolosæ Doctores & Theologiæ Professores institueret ; ut etiam in peccatorum pœnam crucem acciperet contra Saracenos. His conditionibus Raimundo ditionum suarum pars maxima restituebatur, dummodo filiam suam Joannam in sponsam daret alicui ex fratribus Ludovici Regis, qui post Raimundi obitum, Raimundi bona, terras, urbes possideret ; si vero filia ejus sine liberis obiret, ditiones omnes ejus Regi accederent; interimque Comes, & Tolosæ, & triginta urbium mœnia dirueret. Hæc præcipua fuere capita pacti Lutetiæ initi mense Aprili anno 1228. Sub hæc autem Raimundus pœnitentiam egit publicam eamque asperrimam : nam à *porta Ecclesiæ* ad aram usque ductus est *nudus in camisia & braccis & nudis pedibus*: posteaque a Legato absolutus est. Hic tantæ rei finis fuit, sed ad tempus solummodo.

Nangius.

Contra pacta anno proximo inita Dux Britanniæ Regios agros devastare iterum cœpit. Ludovicus vero cum exercitu advenire, statimque castrum Audonis ad Ligerim oppugnavit, brevique cepit. Hinc Cantocium adortus est : oppidani vero obsidionis apparatum videntes, claves Regi attulere. Conspecta Dux Britanniæ tam prospera expeditione, veniam postulatum venit, qui post tanta infidi animi signa, asperiora certe merebatur ; sed temporum conditio rem mitius peragere suasit, nam Blanchæ regimen invisum adhuc multis erat.

Britanniæ vero Comes se ex metu tantum, qui non diuturni est magister officii, cum Ludovico pepigisse comprobavit ; Regem enim Angliæ concitavit, ut in Gallias cum grandi exercitu trajiceret, & ablatas sibi terras recuperaret. Henricus cum ingenti armatorum manu in Britanniam minorem trajecit, ubi Dux *hominium* ipsi præstitit, & copias suas cum ejus exercitu junxit. Multi vero ex Primoribus Britanniæ Duci suo infensi, Francorum Regi adjuncti sunt. Ludovicus Principes & Primores convocavit, ipsosque cum copiis una ad bellum properare curavit, etiam eos qui

Matth. Paris Edit. Lond. p. 363.

amener leurs troupes, forma une puissante armée, & marcha vers la Loire. Cependant Henri étoit à Nantes dans l'inaction, vivant à son aise, & se donnant du plaisir. Les Anglois à son imitation ne pensoient qu'à se divertir. Ils s'épuiserent en frais & en dépenses. Louis alla assieger Oudon, cette petite place qu'il avoit prise l'année précedente, & où le Roi d'Angleterre avoit mis depuis garnison. Il l'emporta & il passa la Loire, s'avança dans le Poitou, y reçut des hommages, & pacifia tout, tandis que cette grande armée d'Henri demeuroit dans l'inaction vers Nantes, & se consumoit par les maladies. A son retour Louis vouloit aller la combattre ; mais par le sage conseil de sa mere, qui prévoioit qu'elle alloit se dissiper sans rien faire, il abandonna ce dessein. Henri se mit enfin en campagne, passa jusqu'en Gascogne. Il reçut quelques hommages, qui n'étoient guére stables, & qui se donnoient au premier venu, quand il étoit armé. A son retour il prit Mirebeau, & ensuite s'embarqua pour retourner en Angleterre.

Louis après avoir terminé heureusement ces guerres, où malgré sa grande jeunesse il étoit toujours des premiers à affronter le peril, jouit pendant quelques années d'une profonde paix, & s'appliqua pendant ce tems-là à terminer les querelles & les divisions qui étoient entre les Seigneurs de son Roiaume. Ces brouilleries duroient depuis long-tems. Il n'eut pas peu de peine à démêler tant d'interêts qui les causoient, & à pacifier des differents dont la longue durée sembloit rendre les parties irréconciliables. Il fit aussi des Edits contre les Juifs, qui aiant été chassez du Roiaume par Philippe Auguste, comme on a vû ci-devant, y avoient été rappellez depuis par le même Prince. Ils exerçoient l'usure à leur ordinaire, & étoient fort à charge au peuple, qu'ils ruinoient par leurs extorsions. Le Roi y mit ordre, en les obligeant de se contenter du capital payé en plusieurs termes. Les Barons avoient part au gain de ces sangsuës ; & comme ces Juifs trouvoient quelquefois mieux leur compte avec un de ces Seigneurs qu'avec un autre, ils quittoient souvent les terres d'un Baron pour passer chez celui qui les accommodoit le mieux ; ce qui causoit de la division entr'eux. Le Roi Louis tâcha de remedier à ce mal, en défendant aux Barons de recevoir chez eux ces Juifs qui s'enfuioient des terres d'un autre. Il semble par là que ce saint Roi regardoit cette liaison d'interêt des Barons avec les Juifs comme licite ; car il en avoit lui-même dans ses terres, & son Ordonnance regarde ceux-là

1230.

Bon ordre mis par S. Louis dans son Roiaume.

---

infensi sibi fuerant, & cum grandi exercitu ad Ligerim contendit. Interea Henricus apud Namnetes in otio ac deliciis agebat: Angli quoque ejus exemplo in voluptate versabantur, & sumtibus assiduis pecunias effundebant suas: interimque Ludovicus Audonis castrum obsedit, quod anno præterito ceperat, & postea Henricus ab se occupatum munierat. Locum cepit Rex Francorum, & trajecto Ligeri, multorum *hominium* recepit, pacemque in illa regione conciliavit, dum Henricus in Namnetum urbe exercitum in otio adjunctis morbis consumeret. In reditu Ludovicus illum adire & adoriri parabat: verum suadente matre, quæ exercitum Henrici sine hoste periturum esse putabat, a consilio destitit. Henricus vero tandem movit, atque ad Vasconiam usque pervenit. Aliquot *hominia* accepit Nobilium, qui admodum instabiles primo occurrenti armato *hominia* præstabant. In reditu Mirabellam cepit, & conscensis navibus in Angliam transfretavit.

Nang. us.

Postquam felici exitu hæc bella confecerat Ludovicus, ubi, junior licet, in periculis subeundis semper inter primos claruerat, per aliquot annos profunda pace gaudens, jurgiis & dissensionibus, subortis inter Regni Principes, sedandis operam dabat. Neque parum studii insumsit in tam variis componendis rebus, odiisque mitigandis a multo jam tempore conceptis. Leges etiam protulit contra Judæos, qui a Regno pulsi per Philippum Augustum, uti sæpe supra narratum fuit ; ab eodem revocati fuerant. Usuram pro more suo exercebant, populoque gravissimi erant, ipsisque bona corruquebant omnia. Rem ita temperavit Ludovicus, ut summam tantum mutuo datam, diversis temporibus solvere privati quique cogerentur. Primores etiam Regni cum sanguisugis istis fœnora partiebantur. Quia vero Judæi plus lucri sortiebantur cum aliquo ex Principibus quam cum altero, ab alio ad alium transeuntes sæpe loca mutabant ; hincque dissensio inter Barones oriebatur. Ludovicus autem Rex hoc malum ut averteret, Baronibus edixit, ne Judæos ab alterius Baronis terris fugientes, ipsi reciperent. Hinc videtur sanctum Regem hoc Judæorum cum Baronibus commercium, ut licitum habuisse ; nam &

Constitutiones S. Lud. Duchêne p. 441.

comme les autres. On ne fait pas en quoi consistoit ce commerce des Barons avec les Juifs ; ce qui est certain, c'est que S. Louis le regardoit comme legitime.

1231.
1232.
1233.
Sa pieté.

Ses principales occupations furent toujours les exercices d'une solide pieté : jamais Roi ne porta plus loin que lui ses attentions à remplir tous les devoirs du Christianisme. Egalement penetré de ces devoirs dans toutes les parties de sa vie, il s'appliqua dès qu'il eut l'usage de raison, à la priere, au jeûne & à l'aumône. L'humilité, le fondement de toutes les vertus, si difficile à allier avec la grandeur temporelle, occupoit tellement le fond de cette ame, qu'il se regardoit comme le plus vil de tous les hommes : il étoit simple dans ses habits, dans sa table, se plaisoit fort à laver les pieds des pauvres. On dit communément que la gloire fuit ceux qui la cherchent, & suit ceux qui la fuient : ce proverbe s'accomplit en la personne de Louis : sa reputation vola par tout le monde ; il s'attira par sa pieté les respects de tous ceux qui faisoient profession de Christianisme.

1231.

Toujours appliqué à des œuvres pieuses, il fonda le Monastere de Mont-Roïal Diocése de Beauvais pour des Religieux de Cîteaux, & l'an 1231. il fit reparer l'Eglise de S. Denis. Cette même année aiant appris que Thibaud Comte de Champagne alloit se marier avec la fille du Duc de Bretagne, il lui écrivit vigoureusement, le menaçant de saisir tous les Etats qu'il avoit en France s'il alloit s'allier avec son plus grand ennemi ; ce qui effraia tellement ce Comte, qu'il n'osa finir cette affaire. Ce saint Prince, quoique naturellement bon, se porta avec la même fermeté dans d'autres affaires qui survinrent, comme dans celle de Milon Evêque de Beauvais, & dans plusieurs autres qu'il seroit trop long de rapporter. En cette même année moururent Ferrand Comte de Flandres, le Comte de Dreux, & Philippe Comte de Boulogne fils de Philippe Auguste & oncle du Roi. Vers le même tems Thibaud Comte de Champagne, fut fait Roi de Navarre après la mort du Roi Sanche son oncle.

Sa fermeté.

1232.
1233.

1234.

Louis aiant dix-neuf ans étoit en âge de se marier. Il jetta les yeux sur Marguerite fille de Raimond Comte de Provence, Princesse qui joignoit à une grande beauté toutes les vertus chrétiennes, en un mot telle qu'il la falloit à un des plus saints Rois qui fut jamais. Il la fit demander à son pere, qui s'estimant fort honoré d'une telle alliance, y consentit volontiers. Louis envoïa Gautier

ipse Judæos in ditione sua habebat ut & alii. Quodnam illud esset *Baronum* cum Judæis commercium ignoratur ; sed certum videtur S. Ludovicum illud pro legitimo habuisse.

Duch. vita S. Lud.

Veræ pietatis exercitia plus quam cætera omnia frequentabat. Nullus unquam Rex cum majori accuratione Christianæ Religionis munia implevit. A teneris autem ad usque vitæ exitum pari studio precationem, jejunium, & pauperum curam exhibuit. Humilitas virtutum omnium fundamentum, quæ tam difficile cum temporali potentia copulatur, in Ludovici animo ita residebat, ut se mortalium vilissimum existimaret : veste mensaque tenui utebatur : libentissime pauperum pedibus abluendis manum & operam adhibebat. Vulgo dicitur gloriam se fugientes sequi, a sequentibus se fugere. Hujus adagii veritas in Ludovico maxime enituit : ejus quippe fama per totum volavit orbem ; omnibusque, qui Christianam Religionem profitebantur, summæ venerationi Rex sanctus fuit.

Nangius.
Joinville.

Piis semper operibus addictus Monasterium Cisterciensium Montis-Regalis in Diœcesi Bellovacensi fundavit ; annoque 1231. Ecclesiam S. Dionysii restau-rari curavit. Eodemque anno cum didicisset Theobaldum Campaniæ Comitem Britanniæ Ducis filiam esse ducturum, literas ipsi misit, minis & objurgatione plenissimas, queis edicebat ille, se omnes ditionis ipsius terras occupaturum, si cum viro omnium sibi inimicissimo affinitatem contraheret : qua re perterritus Comes à cœpto destitit. Etsi natura sua mitis esset, in aliis quoque negotiis parem exhibuit firmitatem, ut erga Milonem Bellovacensem Episcopum aliosque multos, quos longum esset recensere. Eodem ipso anno mortui sunt Ferdinandus Comes Flandrensis, Comes Drocensis, & Philippus Comes Boniæ Philippi Augusti filius, Regique Ludovici patruus. Idem circiter tempus Theobaldus Campaniæ Comes, defuncto Sancio Navarræ Rege avunculo suo, Regnum ejus excepit.

Ludovicus novemdecim annorum cum esset, jam procreandæ proli maturus, Margaritam Raimundi Gallo-provinciæ Comitis filiam expetiit, quæ & forma & morum probitate insignis erat, qualem decebat esse Regis omnium sanctissimi conjugem. Raimundus affinitatem hujusmodi magno sibi honori ducens, filiam libentissime Regi concessit. Misit vero Rex Gal-

SAINT LOUIS IX. du nom.

Archevêque de Sens & Jean de Nesle pour lui amener cette Princesse. Après son arrivée, il l'alla épouser à Sens, où ce même Prelat fit la ceremonie, & couronna la nouvelle Reine. On avoit auparavant obtenu dispense pour quelque degré de parenté qui étoit entre les deux époux.

La treve faite avec le Roi d'Angleterre & le Duc de Bretagne étant expirée, sur l'avis que le Roi eut que ce dernier avoit déja fait des actes d'hostilité, il leva une puissante armée, & marcha vers la Bretagne, divisa son armée en trois corps, & entra dans cette Province où il prit quelques places. Le Duc se voiant sur le point d'être dépouillé de ses Etats, passa promtement en Angleterre pour demander du secours au Roi Henri III. mais ne le trouvant pas dans des dispositions favorables à son égard, il repassa en Bretagne, & alla se rendre à la merci du Roi, en passa par tout ce qu'il voulut, lui livra trois places pour la sureté de sa parole, & s'engagea de passer en Orient dès que son fils aîné seroit majeur. *Guerre en Bretagne.*

Il y avoit alors de grandes plaintes contre les Prelats, qui à la faveur des interdits & des excommunications attiroient à eux toutes les causes même civiles, & prétendoient annuller tout ce que le Tribunal seculier établissoit. Le Roi reprima de tout son pouvoir les Evêques qui portoient leur autorité jusqu'à troubler l'Etat; & le mal continuant toujours, il assembla ses Barons, & de leur avis il établit, que si les Juges Ecclesiastiques excommunioient les Juges seculiers pour avoir prononcé sur des matieres civiles, on saisiroit leur temporel, & que les Clercs seroient obligez de comparoître devant les Juges seculiers pour des affaires temporelles. Le Pape Gregoire IX. s'en formalisa, mais il ne paroît pas qu'on lui ait donné satisfaction sur cet article. *Louis reprime les Evêques.*

Thibaud avoit promis de ne point marier sa fille Blanche sans le consentement du Roi, & il la maria avec Jean fils du Duc de Bretagne, grand ennemi de Louis, qui lui envoia demander les trois places de Champagne, qu'il s'étoit engagé de donner, supposé qu'il manquât à sa parole. Loin de donner satisfaction au Roi, Thibaud se prépara à lui faire la guerre. Louis toujours fort diligent dans ses expeditions, assembla beaucoup de troupes au bois de Vincennes, & marcha vers la Champagne. Thibaud qui ne s'attendoit pas de le voir si promtement en son païs, & qui vit bien qu'il seroit ruiné avant que ceux qu'il avoit sollicité contre le Roi le pussent joindre, fit demander grace à Louis, & vint lui-même, s'offrant de lui livrer Brai-sur-Seine & Montereau-faut-Yonne. *1235. & Thibaud Comte de Champagne.*

Matth. Paris. terium Archiepiscopum Senonensem, & Joannem de Nigella, qui sibi illam adducerent. Illam vero apud Senonas duxit, eodem Archiepiscopo cerimoniam persolvente Reginamque coronante; dispensatione prius habita pro quodam cognationis gradu.

Duch. t. 5. p. 691. Induciarum cum Rege Angliæ & Britanniæ Duce absoluto spatio, cum didicisset Britanniæ Ducem hostilia perpetravisse, in Britanniam movit cum grandi exercitu, quem tres in partes divisit, & castra quædam cepit. Metuens Dux ne prorsus e Britannia pelleretur, ad Regem Angliæ confugit atque Henrici III. imploravit opem; sed cum nihil impetrasset, in Britanniam regressus ab Rege Francorum veniam petiit: quas Ludovicus voluit conditiones admisit; tria ipsi oppida tradidit in pignus & securitatem; & in Orientem se transiturum promisit, cum primum filius suus adolevisset.

Girardus Ramadensis. Magnæ tunc querelæ jactabantur contra Episcopos, qui per interdicta & excommunicationes, causas omnes, etiamque civiles, ad se pertrahebant, atque sic omnia quæ a sæcularibus curiis proferebantur, abrogabant. Rex autem pro virili Episcopos cohibuit ne tantum in negotiis asserent perturbationem. Cum porro malum in dies ingravesceret, Barones suos convocavit, ex eorumque consilio statuit, ut si judices Ecclesiastici sæculares judices *excommunicarent*, eo quod circa civiles causas sententiam pronunciassent; illorum occupanda essent bona temporalia. Statutum etiam fuit ut Clerici pro rebus temporalibus ante sæculares judices comparere tenerentur. Displicuit res Gregorio IX. Papæ; at non videtur ea in re aliquid mutatum fuisse.

Nangius. Theobaldus qui pollicitus Regi fuerat se sine consensu ipsius non nuptui collocaturum esse filiam suam cum Joanne filio Ducis Britanniæ, cum ipso inconsulto id fecisset, Ludovicus ab eo expetiit oppida tria, quæ ex pacto daturus erat, si promissis non staret. Theobaldus vero bellum contra Regem paravit, nedum traderet oppida. Ludovicus in expeditionibus promtus, statim collegit exercitum *ad nemus Vicinianum*, & in Campaniam movit. Theobaldus qui tam celeriter irrupturum esse Regem non putabat, quique se opprimendum fore videbat antequam ii quos ad opem evocarat accederent, ad clementiam Regis confugit, obtulitque ipsi Brayum ad Sequanam, & Monasteriolum ad Icaunam. Cum vero Rex Comitis mobilita-

L'humeur remuante de ce Prince fit que le Roi consentit avec peine à lui accorder la paix à cette condition.

1236.
Le Prince des Assassins veut faire tuer S. Louis.

La renommée du zele de Louis pour la Religion Chrétienne volant par tout, & jusqu'en Orient, le Vieux de la Montagne, autrement dit le Prince des Assassins, craignant qu'il ne vînt un jour porter la guerre dans son païs, envoia deux de ces Assassins pour s'en défaire. C'étoient des jeunes gens qu'il faisoit élever dès leur tendre enfance : on leur inspiroit une extrême veneration pour leur Prince ; un dévouement à ses volontez si grand, que ni la mort, ni les plus cruels supplices ne les pouvoient détourner de se sacrifier pour executer ses ordres : on leur promettoit après leur mort toute sorte de félicité. Pour pouvoir les envoier par tout le monde connu, on leur faisoit apprendre differentes langues, & on les exerçoit à manier les armes, & sur tout le poignard pour assassiner ou en secret, ou sans bruit, les Rois & les Princes, dont ce Vieux de la Montagne vouloit se défaire : c'est de là qu'est venu ce mot d'*Assassin*. Les deux meurtriers partirent donc pour la France, & s'embarquerent pour venir aborder à Marseille. Il arriva que ce Prince des Assassins aiant découvert son dessein, on lui parla si avantageusement du Roi de France, qu'il se repentit de l'ordre donné. Il dépêcha promtement deux autres de ses gens, leur recommandant de faire grande diligence pour aller donner avis au Roi de se donner de garde de ces deux hommes inconnus qui devoient l'aborder pour le tuer. Par une protection toute particuliere du Ciel ces deux derniers arriverent devant les autres, & donnerent cet avis au Roi. Il ajouta à ses gardes des hommes armez de masses de cuivre, qui devoient observer ceux qui l'abordoient. Après cet avis donné ces deux envoiez allerent chercher les deux Assassins, les trouverent enfin, & les amenerent au Roi qui leur fit un bon accueil, & les renvoia chargez de presens tant pour eux que pour le Prince par l'ordre duquel ils étoient venus.

1237.
1238.

Louis maria vers ce tems-ci son frere Robert avec Mathilde fille du Duc de Brabant ; & peu de tems après ce mariage il le fit Chevalier à Compiegne. C'étoit un usage en ces tems-là dont nous trouvons bien des exemples : il lui donna là même à perpetuité pour lui & pour ses descendans le Comté d'Artois. Cela se fit en si grande ceremonie, qu'on n'en a guére vû de pareille en France. Il y avoit deux mille Chevaliers assemblez de toutes les parties du Roiaume, & un nombre infini de gens de pied. L'Empereur Frederic fit dire au Roi qu'il

souhaitoit

Nangius.

tem animi probe nosset, vix illa conditione precantem admisit.

Ludovici ob studium Christianæ Religionis fama ad usque Orientem volante, Vetulus de Montanis, Princeps *Assassinorum* altero nomine dictus, metuens ne tandem in regionem suam bellum illaturus accederet, *Assassinos* duos misit qui illum nec opinantem interficerent. Erant autem illi *Assassini*, sicarii, quos a teneris senex ille instituebat. Institutionis vero caput erat ; ut Senem seu Principem summa veneratione colerent ; jussisque ejus sine ulla vel periculi vel supplicii formidine parerent. Post mortem autem omnimoda ipsis felicitas promittebatur. Ut possent per omnes mitti regiones, cujusque gentis linguam docebantur, in armisque exercebantur : maxime vero pugionis usum ediscebant, ut facile possent clam & sine tumultu Reges & Principes confodere, quoscumque Senex ille de medio tollere optaret : inde vero *Assassinorum* nomen ortum est. Sicarii autem duo illi conscensa navi versus Massiliam iter habuere. Cum porro Princeps Assassinorum rem quibusdam aperuisset, illi Regem Francorum tot laudibus celebrarunt, ut Principem pœniteret datæ jussionis. Misit porro duos alios, qui quam diligentissime possent Regem Francorum adirent, monerentque ut sibi caveret a duobus ignotis viris, qui ipsum interficiendi animo venturi erant. Divina autem providentia factum ut hi postremo missi ante alios Regem adirent, Regique hæc monita darent, qui statim custodibus suis addidit *viros massas cupreas assidue deportantes*, qui homines quosque Regem adeuntes observarent. Sub hæc autem duo illi postremo missi, in alios ad Regem confodiendum missos iverunt, & Ludovico adduxerunt, qui benigne illos excepit, & muneribus onustos misit, quorum partem Principi suo darent.

Hoc circiter tempus Rex Ludovicus Robertum fratrem cum Mathilde Brabantiæ Ducis filia connubio junxit ; pauloque postea ipsum Compendii Equitem creavit ; quod in usu erat illo ævo, ut exemplis comprobatur. Dedit etiam illi & successoribus in perpetuum. Artesiæ Comitatum. Id ita solenni ritu factum est, ut vix quidpiam simile in Francia visum fuerit. Equites bis mille ex omnibus Regni partibus coacti in unum erant, peditesque innumeri. Fredericus vero

Nang.

souhaitoit une entrevûë à Vaucouleur, où il devoit se rendre en personne. Comme Louis ne se fioit apparemment guére à ce Prince fort décrié par ses perfidies, il voulut bien s'y rendre au jour marqué, mais avec toute cette compagnie qui faisoit une grande armée. L'Empereur effraié d'un si grand nombre de gens, ne voulut plus se rendre en un lieu, où il ne seroit pas le maître, il fit dire à Louis, que ses affaires ne lui permettoient pas de venir au lieu marqué. Bien des gens crurent qu'il avoit quelque mauvais dessein, & qu'il vouloit se saisir du Roi de France. Quoiqu'il en soit, il ne fut plus parlé d'entrevûë.

Un spectacle fort singulier & tout nouveau surprit en ce tems-ci toute la Chrétienté. Les Tartares aiant fait une irruption dans l'Asie, la Syrie & la Palestine, desoloient tous les payis par où ils passoient. La seule terreur de leur nom faisoit fuir les Sarrasins, rien ne leur résistoit. Non contens d'avoir ravagé l'Asie, ils passerent en Europe, & firent des courses jusqu'aux frontieres de l'Autriche & de la Bohême. Les Sarrasins malmenez par ces Barbares envoierent demander secours, qui le croiroit, aux Chrétiens de l'Europe? Le Vieux de la Montagne joignit ses Envoiez aux leurs. Ils s'adresserent premierement au Roi de France dont le nom étoit plus connu dans ce payis-là. Il ne faut pas demander si Louis fit une réponse favorable à ces grands ennemis des Chrétiens, dont il souhaitoit la destruction entiere. Ils passerent ensuite en Angleterre, où ils eurent un même succès.

Irruption des Tartares.

En ce même tems Baudouin Empereur de Constantinople, cherchoit du secours pour se soutenir dans son Empire, qui tomboit en ruine. Il fit present à S. Louis de la couronne d'épines, & il reçut de ce pieux Prince tous les secours qu'il pouvoit esperer en argent, en troupes, & en toute autre maniere. On ne pouvoit faire de present plus agréable à ce saint Roi, qui fit porter cette Relique en procession & comme en triomphe depuis le bois de Vincennes jusqu'à l'Eglise de Notre-Dame de Paris. Il reçut aussi une partie de la vraie Croix & le fer de la lance qui perça le côté de notre Seigneur.

1239.

Une grande croisade se fit vers le même tems pour la Palestine. Elle avoit été indiquée quatre ans auparavant, mais elle fut retardée par mille incidens que causerent divers interêts des Princes; ce qui sembloit déja pronostiquer un mauvais succès. Le chef étoit Thibaud Roi de Navarre; après lui venoient le Duc de Bourgogne, le Duc de Bretagne, le Comte de Bar, Amauri de Mont-

Croisade.

Imperator Ludovicum rogavit se conveniret ad Vallem-coloris, cum ipso colloquium habiturum. Cum porro, ut credere est, Frederico Ludovicus non multum fideret, utpote perfidia sua famosum, cum grandi illo exercitu eo profectus est. Imperator vero tot copiis instructum videns, noluit eo se conferre, ubi se viribus potentior adfuturus erat. Ludovico autem nunciari curavit, se alio evocatum a negotiis fuisse. Multi credidere ipsum malo animo talem conventum postulavisse, & Regem apprehendere voluisse: ut ut res est, nullum habitum fuit colloquium.

Matth. Paris Hist. mai. p. 471.

Spectaculum singulare prorsusque novum, Christianis omnibus datum est. Tartari in Asiam, Syriam & Palæstinam irrumpentes, omnia depopulabantur: terrore nominis sui Saracenos in fugam vertebant, nemine obsistere audente. Post devastatam Asiam in Europam trajecere, & ad usque confinia Austriæ & Bohemiæ incursiones fecere. Saraceni vero infestantibus Barbaris, auxilium postularunt, quis unquam crederet? a Christianis Europæis, quibus etiam adjuncti sunt nuncii Vetuli de Montanis. Primo Regem Francorum adiere, cujus nomen illis in regionibus notius erat; nec quærendum an Ludovicus opem pollicitus sit Christiani nominis hostibus, quos exterminari optabat. In Angliam quoque illi trajecerunt, unde non majora mutuati sunt auxilia.

Eodem tempore Balduinus Imperator Constantinopolitanus undique auxilium quærebat, ut labens Imperium erigeret, misitque Ludovico Regi coronam Domini spineam; ab illoque pecuniam quantam sperare poterat accepit, copias quoque & alia quæ suppetebant adjumenta. Nullum munus sancto Regi gratius esse poterat, qui coronam illam quasi in triumphum cum processione gestari jussit a nemore Vincennarum ad usque Ecclesiam B. Mariæ Parisiensis: partem etiam veræ Crucis accepit, & ferrum lanceæ quo latus Domini perforatum fuit.

Nangius.

Cruce-signatorum exercitus magnus illo tempore profectus est in Palæstinam. Indicta expeditio fuerat ante quatuor annos, sed varia Principum negotia, ne citius susciperetur obstitere; id quod non faustum exitum portendere videbatur. Dux præcipuus erat Theobaldus Rex Navarræ; post illum vero Dux Burgundiæ, Dux Britanniæ, Comes Bari, Amalricus de

Nangius. Matth. Paris.

Tome II.   R

fort, & plusieurs autres avec un grand nombre de Noblesse. Une partie de la troupe s'embarqua à Marseille, & l'autre à Brindes dans la Pouille. Ils arriverent heureusement à Acre. D'abord après le débarquement la mésintelligence parut. Le Duc de Bretagne, sans prendre avis des autres, alla faire une course, & revint chargé de dépouilles. Cela donna envie à ceux qui restoient d'en faire de même. Amauri de Montfort, le Comte de Bar, Richard de Chaumont & les autres voulurent aller aussi tenter fortune. Ils marcherent toute la nuit, & se rendirent du côté de Gaza si fatiguez qu'ils n'en pouvoient plus. En cet'état ils furent attaquez par les Infidéles; & quoiqu'ils se défendissent autant que leur lassitude le pouvoit permettre, ils furent presque tous tuez ou faits prisonniers. Après cette malheureuse expedition, le Roi de Navarre & le Duc de Bretagne s'en retournerent en porter les nouvelles. Richard frere du Roi d'Angleterre, qui vint après à la Terre-sainte, raccommoda un peu les choses: il fit une tréve, moiennant laquelle les prisonniers furent délivrez, & procura aux Chrétiens un sauf-conduit pour aller visiter les lieux saints.

1240.
Le Comte de Touloufe reprimé.

Vers ce même tems il y eut des troubles dans le Languedoc & dans la Provence. Raimond Comte de Toulouse soutenu par l'Empereur Frederic, tâchoit de se rendre maître de plusieurs places de la Provence. Le Comte pere de la Reine hors d'état de résister à cet ennemi, implora l'assistance du Roi son beau-fils. Le Roi de concert avec l'Empereur, arrêta le Comte de Toulouse, qui se retira. Louis avoit déja levé des troupes pour reprimer ce Comte; mais les hostilitez étant cessées de ce côté, il les envoia contre Trincavel Vicomte de Besiers, qui aiant pris les armes, tâchoit de s'emparer de Carcassonne, & tenoit d'autres places du Languedoc. Il donna le commandement de ce corps de troupes à Jean de Beaumont, qui prit Montreal & d'autres châteaux, & reduisit ainsi ce rebelle.

1241.
Dissension entre Gregoire IX. & l'Empereur Frederic.

Cependant la dissension entre Gregoire IX. & l'Empereur Frederic croissoit tous les jours: le Pape qui l'avoit excommunié indiqua un Concile à Rome dans le dessein d'agir contre Frederic, & de lui ôter l'Empire. Celui-ci maître de presque toute l'Italie, gardoit tous les passages par où les Prelats se devoient rendre à Rome, & avoit une flote sur mer pour les empêcher d'y aborder. Ceux de France se mirent en chemin pour se rendre à Rome. Plusieurs d'entr'eux qui virent qu'ils s'exposoient de tomber entre les mains de Frederic, s'en retourne-

---

Matth. Paris.

Monte-forti & multi alii, cum nobilibus innumeris. Pars exercitus Massiliæ, pars Brundusii in Apulia naves conscenderunt, Acconem vero feliciter appulere. Postquam exscensum fecerant, quam parum concordes essent statim deprehensum est. Dux Britanniæ inconsultis aliis incursionem fecit, ac manubiis onustus reversus est. Allecti cæteri, prædas & ipsi agere voluerunt. Amalricus de Monte-forti, Comes Barensis & Ricardus de Calvo-monte profecti, totaque nocte iter emensi, prope Gazam venere, ita defessi, vix ut consistere possent. Nec mora Saracenis invadentibus, quantum præ lassitudine poterant obstitere, sed omnes fere vel cæsi vel capti sunt. Post tam infelicem pugnam Rex Navarræ & Dux Britanniæ reversi in patriam sunt. Ricardus vero Regis Angliæ frater, qui postea in Terram-sanctam venit, labefactatam rem quodammodo reparavit, inducias impetravit, & *captivos liberari sagaciter procuravit*, effecitque ut cum *securo-conductu* Christiani loca sancta & sepulcrum Domini invisere possent.

Hoc tempore tumultus magnus fuit in Septimania & in Provincia. Raimundus Comes Tolosanus favente Frederico Imperatore multa in Gallo-provincia oppida occupare tentabat. Comes vero Reginæ pater, cum non valeret Raimundo obsistere, Regis generi sui opem imploravit. Rex vero Ludovicus una cum Frederico Imperatore, Raimundum ad id compulerunt, ut nihil ultra tentaret, ac receptui caneret. Jam copias collegerat Ludovicus ut Comitem reprimeret: verum postquam hostilia utrinque cessaverant, jussit eas contra Trincavellum Vicecomitem Biterrensem procedere, qui armatus Carcassonam aliaque oppida in Septimania occupare tentabat. Hisce porro copiis præfecit Joannem de Bello-monte, qui Montem-Regalem aliaque oppida cepit, & sic Trincavellum repressit.

Interea vero dissensio Gregorium inter Papam IX. & Imperatorem Fridericum crescebat in dies. Summus Pontifex qui illum ab Ecclesiæ communione privaverat, Concilium indixit Romæ, ut contra Fridericum ageret, illumque ab Imperio extruderet. Fridericus vero, qui totam pene tenebat Italiam, omnes aditus observabat, ne quis posset Episcopus Romam se conferre, & classem habebat, qua impediret ne eo navibus appelleretur. Galliæ Episcopi iter Romanum suscepere. Ex iis vero plerique videntes periculum esse ne in Friderici manus inciderent, regressi sunt.

Matt. Par.in, R. gius Ot Raind.

rent chez eux. Les autres qui se rendirent à Gennes s'embarquerent sur une flote que le Pape avoit fait armer. Elle fut attaquée par celle de l'Empereur, & malgré toute sa résistance elle fut défaite. Les Prelats de France & les autres furent pris & mis en prison. Le Roi Louis demanda à l'Empereur qu'il mît en liberté ceux de son Roiaume. L'Empereur fit d'abord beaucoup de difficulté ; mais de peur de s'attirer un si puissant ennemi, qui les redemandoit avec instance, il les lâcha enfin, & ils s'en retournerent chez eux.

Le Pape de plus en plus indigné contre Frederic, lui cherchoit un successeur, résolu de le destituer absolument. Il fit offrir l'Empire successivement à plusieurs Princes, qui ne se sentant point assez puissans pour soutenir la guerre contre un tel ennemi, le remercierent. Il s'adressa enfin au Roi de France, & lui marqua que de l'avis des Cardinaux, il étoit en dessein de destituer Frederic, & de mettre en sa place Robert Comte d'Artois son frere. Cette proposition fut rejettée en France comme ailleurs. Il seroit trop long de décrire les raisons qu'on apporta pour ne pas accepter l'offre de sa Sainteté. Environ ce tems le Pape Gregoire IX. vint à mourir ; ce qui changea pour un tems la face des affaires. Celestin IV. qui lui succeda, mourut le dix-septiéme jour après son élection. Le S. Siege vaqua pendant un an huit mois, & l'on élut Innocent IV.

Cette même année Louis tint une assemblée generale des Seigneurs de son Roiaume à Saumur, où il fit Chevalier à la maniere de ces tems-là son frere Alfonse, & lui donna les Comtez d'Auvergne & de Poitiers. Il fit là une grande fête des plus splendides qu'on eût encore vûë, où se trouverent presque tous les Chevaliers du Roiaume. La magnificence en a été décrite assez amplement par le Sire de Joinville qui s'y trouva, & qui l'appelle *la Nompareille*. Après la fête le Roi se rendit à Poitiers pour faire rendre à Alfonse son frere par ses vassaux les hommages qu'ils lui devoient. Nangis dit qu'Hugues Comte de la Marche, qui s'étoit trouvé à la fête, refusa de le rendre. D'autres disent qu'il le rendit, & qu'animé par sa femme veuve du Roi Jean Sans-terre, il se retira d'abord, arma contre le Roi, & vint à Lusignan. Il y eut une entrevûë entre le Roi & le Comte dont on ne sait point le resultat. Louis s'exposa beaucoup en allant voir avec peu de monde son sujet armé contre lui. Cependant soit qu'il n'osât rien entreprendre contre son maître, soit par quelque autre raison, il ne se servit pas de cet avantage.

Alii autem qui Genuam petiere, in Genuensem classem conscendere quam Pontifex paraverat ; sed illa ab Imperatoris classe oppugnata profligataque fuit ; Episcopi Galli & alii capti in carceremque conjecti sunt. Regni sui Episcopos Ludovicus ab Imperatore expetiit. Denegabat ille initio ; sed instante Rege, ne sibi ille tantum pararet hostem, dimisit illos, qui in patriam sunt regressi.

Idem. Summus vero Pontifex majori contra Fridericum indignatione commotus, successorem ipsi quærebat, postquam ipsum destituere decrevit. Multis itaque Principibus Imperium obtulit ; alio quippe negante, alteri tantum munus offerebat ; sed nemo cum tali decertare hoste ausus est. Tandem vero Francorum Regi nunciari curavit, se de consilio Cardinalium Fridericum abrogaturum esse, & in ejus loco substituturum Robertum Artesiæ Comitem Regis fratrem. Oblatum munus non admisit Regia Francorum aula. Quibus vero de causis rejectum fuerit, longius esset recensere. Idem circiter tempus obiit Gregorius IX. id quod rerum conditionem ad tempus saltem mutavit. Cælestinus vero quartus, qui ipsi successit, decima-septima post electionem die mortuus est. Sedes vacavit per annum & octo menses, electusque est Innocentius IV.

Eodem anno Ludovicus conventum generalem habuit Salmurii, ubi equitem seu *novum militem* fecit Alfonsum fratrem suum, cui Comitatus Arvernorum & Pictavorum dedit. Celebritas ibi fuit quanta nusquam visa fuerat, cui omnes fere Regni milites adfuere. Hujus magnificentia pluribus descripta fuit a D. de Joanvilla, qui adfuit, vocatque illam *incomparabilem*. Post hujusmodi festum Rex ad Pictavos se contulit, ut Alfonso *hominia* ab *hominibus* suis reddi curaret. Ait Nangius Hugonem Marchiæ Comitem, qui celebritati interfuerat, *hominum* Alfonso negavisse. Alii vero reddidisse aiunt, sed ab uxore sua, quæ conjux olim fuerat Regis Joannis *Sine-terra* dicti, concitatum, statim recessisse, & armatum contra Regem Lusinianum venisse. Cum Rege autem colloquutus est, neque scitur colloquii exitus. Ludovicus vero multum periculi subiit, quando subditum suum armatum cum paucis comitibus adivit. Attamen Hugo, sive quod nihil contra Regem suum ausus fuerit, sive alia de causa, nihil tentavit.

Nangius.

Joinville 20.

132 SAINT LOUIS IX. du nom.

Guerre contre le Comte de la Marche & le Roi d'Angleterre.

1241.

Depuis ce tems à la follicitation de fa femme il fongea à faire une puiffante ligue contre le Roi. Le Roi d'Angleterre fils de fa femme y entra ; un grand nombre d'autres fe mirent de la partie, comme le Duc de Bretagne, le Comte de Touloufe ; & tous ceux que ce Comte put engager. Le Roi voiant l'orage qui fe préparoit à fondre fur lui, affembla fon Parlement, où la guerre contre le Comte de la Marche fut réfoluë. Il affembla enfuite une très-puiffante armée, fe rendit fur les terres du Comte, affiegea d'abord Montreuil en Gâtine, qui fit peu de réfiftance : enfuite la tour ou la fortereffe de Beruge qui l'arrêta plus long-tems, mais elle fut enfin emportée & rafée. Il attaqua Fontenai. Cette place, qui étoit forte & à double enceinte, fe défendit mieux. Le Roi fut obligé d'employer des machines pour la battre, des tours de bois & des mangonneaux. Les affiegez réfiftoient toujours en braves : Alfonfe frere du Roi y fut grievement bleffé au pied. Cela anima le Roi ; les attaques furent redoublées & la place emportée. La Comteffe de la Marche enragée de voir que cette guerre entreprife à fa follicitation tournoit fi mal, voulut faire empoifonner le Roi : elle envoia des gens pour cela ; mais aiant été découverts, ils furent envoyez au fupplice, & le Roi fut mieux gardé depuis.

Tandis que Louis étoit occupé à prendre ces places, le Roi d'Angleterre qui avoit abordé à Roian avec une armée confiderable d'Anglois, fut joint par un grand nombre de Gafcons, & fe rendit à Saintes. Louis vouloit aller à fa rencontre & lui donner bataille. Il falloit paffer la Charente, & il voulut d'abord faire des ponts du côté d'un marais ; mais s'appercevant qu'il feroit trop difficile de paffer là en prefence de l'ennemi, il tourna vers Taillebourg, où il fe rendit. Les François pleins d'ardeur & de courage pafferent en grand nombre fur des batteaux pour gagner l'autre bord, & en même tems d'autres attaquerent un petit pont que les Anglois gardoient. Ils y trouverent grande réfiftance; mais ils forcerent enfin la garde, & gagnerent le pont. Les Anglois revinrent plus furieufement fur eux, les obligerent de repaffer, & fe rendirent de nouveau les maîtres du même pont. Le Roi voiant l'affaire trop avancée, fe mit à la tête avec un petit nombre des plus braves, & donna à tête baiffée fur ceux qui gardoient ce pont, les obligea à le repaffer, s'en rendit le maître, & continua à pouffer les Anglois, qui combattirent vaillamment, & vintrent fur lui en fi grand nombre, qu'il eut d'abord affez de peine à les foutenir, fes gens ne pou-

---

Nangius.

Hinc ftimulante conjuge magna contra Regem molitur. Rex Angliæ Henricus Hugonis privignus, ex numero fœderatorum fuit, ut & alii bene multi ; nempe Dux Britanniæ, Comes Tolofæ, & quotquot potuit Comes fibi adfcifcere. Videns Rex tantum imminere bellum, conventum pro more habuit, ubi arma contra Marchiæ Comitem capeffenda effe indictum fuit. Exercitum ad Ludovicus coegit, & contra illum movit. Mofteriolum in Gaftina obfedit, facileque cepit : indeque ad Berugiæ munitionem profectus, in oppugnatione ejus diutius detentus eft ; fed illam tandem expugnavit, & folo æquavit. Inde Fontenacum eft adortus ; quod oppidum munitiffimum, & duplici muro inftructum, diutius obftitit. Machinas Rex & *Mangonellos* erexit quibus impeterentur muri. Obfeffi fortiter pugnarunt. Aldefonfus Regis frater in pede fauciatus graviter eft. Hinc refumtis animis Rex validius inftitit, & oppidum expugnavit. Comitiffa Marchiæ videns bellum fe fomite fufceptum infeliciter cedere, in furorem acta, veneno Regem de medio tollere molita eft ; fed ii qui illa de caufa miffi erant deprehenfi fupplicio

Matth. Parif.

funt addicti. Circa Regem autem deinceps major cautela adhibita fuit.

Dum Ludovicus expugnandis oppidis operam navabat, Rex Angliæ qui cum numerofo Anglorum exercitu Roianum appulerat, Vafconum adjunctis copiis, ad Santonas movit. Ludovicus autem illum adoriri cupiens, ut manus confereret, Carantonum five Charantam fluvium tranfmeare paravit, ftatimque verfus paludem quampiam pontes ftrui juffit ad tranfitum. Cernens poftea difficile effe hofte præfente tranfire, ad Talleburgum fe convertit, illoque fe contulit. Franci tamen ardenti animo, ftructis pontibus verfus paludem trajecere flumen, dum alii pontem parvum, quem Angli cuftodiebant funt adorti. Fortiter Angli obftiterunt, fed irruentibus Francis cefferunt ; nec deterriti Angli, pontem recuperaturi, ardentius aggreffi Francos repulerunt, pontemque denuo cepere. Tunc Rex cum felectis & fortiffimis Francorum in pontis cuftodes irrupit, & ftrenue cum fuis dimicans pontem iterum cepit, atque Anglos femper pugnantes infequutus eft : fed quia nonnifi pauci fimul pontem trajicere poterant, cum modica

Nangius Joinville.

SAINT LOUIS IX. du nom. 133

vant passer qu'en défilant sur ce petit pont pour grossir sa troupe : mais ceux qui avoient passé la riviere d'un autre côté, l'étant venus joindre, & le nombre des François augmentant toujours, ces Anglois furent mis en fuite ; & tombant sur le reste de l'armée qui les soutenoit, ils la mirent en désordre. Tout étoit disposé à une déroute générale, où le Roi Henri auroit couru grand risque d'être tué ou pris : alors Richard son frere qui s'étoit acquis l'estime des François dans la Terre-sainte, s'avança seul, & demanda à parler à Robert Comte d'Artois, qui le mena au Roi Louis son frere. Richard lui demanda tréve pour le reste du jour & pour le lendemain. Le Roi trop bon l'accorde. Une tréve accordée à l'ennemi qui prend la fuite, est un fait si singulier, que je ne sai si l'histoire en pourroit fournir un semblable.

Victoire de Saint Louis.

A la faveur de cette tréve le Roi Henri qui avoit déja pris le chemin de Saintes, fut suivi de toute l'armée Angloise, & fit de sanglans reproches à son beau-pere le Comte de la Marche, qui l'avoit engagé dans cette malheureuse affaire. La tréve expirée, l'armée Françoise marcha vers Saintes. Les fourrageurs, qui alloient devant, s'avancerent jusqu'aux portes de la ville. Le Comte de la Marche piqué des reproches du Roi Henri, donna avec un corps d'Anglois & de Gascons sur ces fourrageurs, qui se défendirent en braves; mais comme il venoit continuellement des troupes Angloises, les fourrageurs auroient été accablez, si l'avant-garde de l'armée de France n'avoit doublé le pas pour les dégager. La troupe grossissant ainsi des deux côtez, il se donna là une sanglante bataille, qui fut long-tems disputée ; mais les Anglois cederent enfin. Le Roi Henri fut des premiers à prendre la fuite, après quoi la déroute fut générale. Il fut fait un grand carnage, & un grand nombre de prisonniers. Quelques François poursuivirent si chaudement les Anglois, qu'ils entrerent avec eux pêle-mêle dans Saintes. Le Roi fit alors arrêter ses gens, qui couroient en trop grand désordre après l'ennemi.

Anglois défaits.

Henri sur l'avis qu'il eut que le Roi de France devoit venir l'assieger dans Saintes, monta à cheval, & prit la fuite pour se rendre à Blaie. Tout ce qui restoit de son armée le suivit en désordre, craignant toujours que les François ne se missent à leurs trousses. Le lendemain du départ du Roi d'Angleterre, Louis vint à Saintes, & y fut reçu des Magistrats avec beaucoup de joie. Le Comte

---

manu suorum Rex vix Anglorum multitudinem sustinere poterat. Verum iis qui versus paludem transierant advenientibus, Franciscque continuo flumen transmeantibus, demum Angli in fugam versi sunt. Prima vero acies fugiens, in secundamque incidens, illam totam miscuit. Itaque in Anglorum exercitu perturbata & confusa omnia sunt, ingensque clades sequutura erat, ubi periculum erat ne Rex Henricus vel occideretur vel caperetur. Tum Ricardus Regis frater, qui in Palæstina Francorum amicitiam existimationemque sibi conciliarat, solus venit, ac Robertum Atresiæ Comitem adiit, qui illum ad Ludovicum Regem deduxit. Ricardus inducias postulat pro illo & pro insequenti die. Ludovicus vero mira & nimia benignitate rem postulatam concedit. Induciæ hosti terga vertenti & fugienti datæ tam singulares sunt, ut nesciam an quid simile in omnium gentium historia usquam occurrat.

Idem.

Faventibus induciis Henricus qui versus Santonas cursum dirigebat, cum toto Anglorum exercitu illo contendit, vitricumque suum Marchiæ Comitem aspere objurgavit, qui ipsum ad tantas redegisset angustias. Induciis cessantibus, Francorum exercitus versus Santonas iter habuit. Pabulatores vero Franci ad usque portas urbis accesserunt. Comes autem Marchiæ objurgatus ab Henrico, indignatusque, cum Anglorum & Vasconum manu pabulatores illos invasit, qui fortiter pugnarunt. At Anglorum turmis perpetuo advenientibus, obruti tandem pabulatores fuissent, nisi prima Francorum acies citato cursu supervenisset. Cum utrinque copiæ confluerent atrox prælium fuit, tandemque cedentibus Anglis, Rex Henricus primus fugam versit, Anglisque omnibus in fugam versis, magna strages fuit, innumerique capti sunt. Quidam vero Franci fugientium dorsis usque adeo institerunt, ut cum illis in Santonum urbem ingressi sint. Rex vero suos sistere gradum jussit, ne major confusio oriretur.

Ut audivit Henricus Regem Francorum Santonum urbem obsessurum esse, conscenso equo statim Blaiam versus fugam capessivit. Qui ex acie Anglorum superant perturbatis ordinibus Regem sequuti sunt, semper metuentes ne Franci fugacem turbam invaderent. Postridie autem quam Rex Angliæ discesserat, Ludovicus in Santonum urbem venit, & ab urbis Magistratu cum gaudio exceptus fuit, Comes vero Marchiæ post

R iij

de la Marche se voiant absolument ruiné après cette défaite, & n'aiant point d'autre ressource, pensa à faire sa paix avec le Roi. C'étoit l'auteur de tout le mal, & il n'avoit pas tenu à lui que la France ne fût ruinée. Il falloit un Prince aussi bon que Louis pour le recevoir en grace jusqu'au point que de lui rendre son Comté. Il le fit donc, lui en laissa la jouissance. Hugues en fut quitte pour rendre ce qu'il avoit injustement acquis.

Le Roi s'étant avancé jusqu'auprès de Blaie, la maladie se mit dans son armée. Il tomba lui-même malade, mais le mal ne dura guére. Il fit alors une tréve pour cinq ans avec le Roi d'Angleterre, qui s'étoit retiré à Bourdeaux, & qui s'embarqua peu de tems après pour s'en retourner après une si malheureuse expedition. Le Comte de Toulouse, qui avoit pris les armes contre le Roi, vint aussi demander la paix, qui lui fut accordée.

1243.

Election du Pape Innocent IV.

Le saint Siége étoit vacant depuis plus d'un an & demi; Louis, tous les Princes, & l'Empereur même, qui passoit pour l'auteur du retardement, sollicitoient vivement les Cardinaux d'élire un Pape, si long-tems attendu. Ils élurent enfin tout d'une voix Sinibalde Fiesque Gennois, qui prit le nom d'Innocent IV. On crut d'abord qu'il termineroit les differends de Gregoire IX. avec l'Empereur, si souvent excommunié; mais on vit bien-tôt qu'il alloit marcher sur les traces de son prédecesseur. Cependant Louis travailloit efficacement à maintenir la paix dans son Roiaume. La naissance de son premier fils, qui arriva le jour de Saint Matthias, fut un grand sujet de joie pour tout le Roiaume. L'Abbé de S. Denis le tint sur les fonts, & l'Evêque de Paris fit la cérémonie. Il fut appellé Louis.

1244.

Le Pape qui étoit déja fort brouillé avec Frederic, ne se croiant point en sureté à Rome, en sortit de nuit pour se rendre à Gennes. Il fit prier le Roi par les Religieux de Cisteaux d'agréer qu'il se refugiât en France. Louis y étoit tout porté; mais avant que d'y consentir, il voulut proposer cette affaire aux Barons du Roiaume, qui s'y opposerent unanimement, jugeant que la résidence d'un Pape dans le Roiaume leur seroit fort à charge. Le Pape se rendit à Lion, dont l'Archevêque étoit alors Seigneur temporel, dans le dessein d'y tenir un Concile général.

Maladie de Saint Louis.

Peu auparavant que sa Sainteté arrivât en cette ville, Louis tomba grievement malade à Pontoise au mois de Decembre, d'une dysenterie. Le mal allant

---

tantam cladem res suas omnes labefactatas cernens, nec aliam sarciendi damni rationem esse advertens, de pace cum Rege facienda cogitavit. Ille princeps mali auctor erat, & in Francorum perniciem nihil non molitus erat. Principe opus fuit miti ac benigno qualis Ludovicus erat, ut illum in gratiam suam restitueret, cum Comitatu terrisque suis. Id utique fecit Rex pius, exegitque solum ab illo, ut injuste rapta redderet.

Cum Ludovicus Blaiam usque pervenisset, lues exercitum ejus invasit, ipseque in morbum incidit, sed non diuturnum. Tunc porro quinque annorum inducias pepigit cum Henrico qui Burdegalam se receperat, ac post infelicissimam expeditionem in Angliam demum transfretavit. Comes quoque Tolosanus, qui in Regem arma assumpserat, pacem petiit & impetravit.

Sancta Sedes vacabat plusquam ab anno & dimido. Ludovicus vero Rex, Principes omnes, imo etiam Imperator qui morarum auctor habebatur, apud Cardinales sollicite instabant, ut tamdiu exspectatum Papam eligerent. Electus tandem fuit Sinibaldus Fliscus Genuensis, qui Innocentius IV. vocatus est. Putabatur autem ipsum dissidiorum finem statim esse facturum,

quæ Gregorium IX. inter & Fridericum fuerant: nam Fridericus anathemate frequenter percussus fuerat. At non multum postea compertum fuit ipsum vestigiis decessoris sui insiturum esse. Interea Ludovicus paci semper pro more suo studebat. Ingens porro Francorum lætitia fuit, cum natus est primogenitus ejus Ludovicus, quem S. Dionysii Abbas ex sacro fonte suscepit; Episcopus vero Parisiensis Baptismi cerimoniam egit.

Summus Pontifex cujus cum Friderico discordia in dies augebatur, non se tuto Romæ degere putans, noctu profectus Genuam est. Per Cistercienses Monachos Ludovicum Regem rogavit, sibi liceret in Franciam confugere. Pronus Regis ad eam rem animus erat; sed rem voluit Primoribus Regni probari, qui una voce aditum Pontifici negandum esse dixerunt, sibi oneri fore si Pontifex in Regno degeret. Quapropter Innocentius Lugdunum, ubi Archiepiscopus tunc temporalis dominus erat, se contulit, ut ibi generale Concilium celebraret.

Paulo antequam summus Pontifex Lugdunum perveniret, Ludovicus in gravem dysenteriæ morbum Pontisaræ incidit mense Decembri; cumque augere-

toujours en augmentant, il fut à l'extremité. La nouvelle s'en répandit dans tout le Roiaume. Tous ses sujets grands & petits qui s'interessoient vivement à sa conservation, firent d'ardentes prieres pour le rétablissement de sa santé. Cependant le mal continuant dans sa force, il reçut les derniers Sacremens, & pourvut à quelques affaires les plus pressantes. Il tomba ensuite dans une espece de léthargie : on le tint pour mort, la nouvelle vola par tout le Roiaume, & vint même jusqu'aux oreilles du Pape Innocent qui étoit alors à Lion. Il revint un peu & demanda à se croiser pour le voiage de la Terre-sainte. On eut beau lui representer qu'il falloit attendre pour cela le recouvrement de sa santé, il se fit mettre la croix sur l'épaule. Il guérit enfin de sa maladie ; & se trouvant parfaitement rétabli, il fit des préparatifs pour son expedition d'outremer. L'année suivante le 30. d'Avril, il lui nâquit un second fils qui fut appellé Philippe, & qui regna après lui.

Il prend la croix pour la guerre sainte. 1245.

Cependant le Pape tint son Concile général à Lion, où il excommunia l'Empereur Frederic, délia tous ses sujets du serment de fidélité, frappa d'anathême tous ceux qui lui obéïroient à l'avenir, & ordonna aux Electeurs de proceder à l'élection d'un autre Empereur. Louis s'emploia souvent à raccommoder le Pape avec l'Empereur. Etant allé voir sa Sainteté à Cluni au sujet de la croisade qu'il alloit entreprendre, il ne manqua pas de le porter à faire sa paix avec Frederic : il fit encore depuis plusieurs tentatives pour cela, mais toujours inutilement. Le même zéle qui le portoit à aller délivrer les lieux saints des mains des Infidéles, lui faisoit désirer la réunion de tous les Princes Chrétiens, persuadé que les troubles, qui regnoient alors en Europe, nuisoient beaucoup à ces entreprises Orientales. Sur ces entrefaites le Comte de Provence étant venu à mourir, Charles Comte d'Anjou épousa Beatrix sa fille, & devint par là Comte de Provence.

1246.

Un grand nombre de Princes & de Seigneurs prirent la croix avec le Roi. Robert, Alfonse & Charles ses freres, Guillaume Comte de Flandres, le Duc de Bretagne, le Comte de la Marche, Archambaut de Bourbon, Hugues de Châtillon, & plusieurs autres qu'il seroit trop long de rapporter. Des Evêques furent aussi de la partie : en ce tems-là les Prélats ne faisoient point de scrupule de manier les armes contre les Infidéles. La Reine Blanche mere du Roi fit ce qu'elle pût pour le détourner de cette entreprise, mais cela ne l'ébranla point. Les engagemens qu'il avoit pris étoient trop grands, pour que rien pût lui faire chan-

1247. *Seigneurs qui se croiserent avec Saint Louis.*

---

tur ægritudo, in extremum mortis periculum venit. Rei fama per Regnum totum volante, subditi ejus omnes cujusvis conditionis, qui conservari sibi sanctum Regem peroptabant, pro ejus valetudine vota precesque fundebant. Perseverante morbo ad extrema deductus, Sacramenta ultima percepit, & urgentiora quædam negotia disposuit. In lethargiam demum incidens, pro mortuo habitus est; nec minus fama percrebuit ad usque aures Innocentii Papæ. A tam profundo demum sopore emergens, crucem accipere voluit, ut in Terram-sanctam proficisceretur. Qui aderant expectandam valetudinem esse ad pium hujusmodi opus suscipiendum, frustra dicebant. Sibi ille crucem humero apponi jussit; demumque a morbo omnino recreatus, ad ultra-marinam expeditionem sese apparavit. Anno autem sequenti die 30 Aprilis, natus est ipsi filius, qui Philippus appellatus, post patrem regnavit.

Idem. Interim vero Innocentius Papa Concilium generale Lugduni celebrabat, ubi Fredericum anathemate percussit, subditos ejus a sacramento fidei absolvit, dirisque devovit eos qui ipsi in posterum obsequerentur. Electores jussit Imperatorem alium creare, Ludovicus vero semper Papam cum Imperatore reconciliare conatus, cum Cluniacum visendi Pontificis causa venisset, ut de transmarina suscipienda expeditione cum illo ageret, pacem cum Frederico conciliandam proposuit, sæpeque postea, sed incassum, institit. Studium suscipiendæ contra infideles expeditionis, desiderium pariebat pacis inter Principes Christianos faciendæ, non nescius tumultus & turbas illas Europæas, Christianis in Palæstina bellantibus admodum nocere. Interea Comite Gallo-provinciæ defuncto, Carolus Comes Andegavensis Ludovici frater Beatricem filiam ejus uxorem duxit, & sic Provinciæ Comes effectus est.

Nangius.

Multi Principes & nobilissimi viri Regis exemplo cruce signati sunt; Robertus, Aldefonsus & Carolus fratres ejus, Guillelmus Flandrensis Comes, Dux Britanniæ, Comes Marchiæ, Archembaldus Comes Borbonii, Hugo de Castilione, multique alii, quos longum esset enumerare. Plurimi quoque Episcopi crucem accepere : nam illo ævo Præsules Ecclesiæ sine scrupulo arma tractabant contra Infideles. Nihil non egit Blancha Regina, ut filium a tali suscipienda expeditione averteret; sed frustra cessit conatus. Post tantum enim belli apparatum, post patefactum omnibus

136 SAINT LOUIS IX. du nom.

1248. ger de résolution. Il laissa à sa mere le gouvernement du Roiaume pendant son absence.

S. Louis arrive en Chypre.

Il alla donc s'embarquer à Aiguemortes pour se rendre de là en l'Isle de Chypre, où il avoit fait passer une quantité extraordinaire de provisions : ce qui vint fort à propos ; car ce prodigieux nombre de gens que la Croisade y amena, & qui y séjourna si long-tems, auroit affamé toute l'Isle & le voisinage. Le Roi & l'armée passerent là tout l'hyver. Ce long séjour ne fut pas approuvé de plusieurs personnes sensées : on donnoit par là le tems au Sultan d'Egypte, où l'on devoit faire descente, de faire tous les préparatifs nécessaires pour la défense : de plus les troupes qui vivoient dans l'abondance dans une Isle où l'air est mal sain, eurent des maladies, qui emporterent un bon nombre de gens. Il reçut en cette Isle une ambassade des Princes Tartares, qui témoignoient de grandes dispositions pour embrasser le Christianisme. L'Ambassadeur disoit même qu'un de ces Princes s'étoit fait baptiser, & ajoutoit bien d'autres choses, qui avoient tout l'air d'une fable. Louis à qui son zéle pour la Religion Chrétienne rendoit tout cela vrai-semblable, reçut bien l'ambassade, envoia des présens au grand Kan, & en la compagnie de ces Ambassadeurs deux Dominiquains, qui devoient faire la fonction d'Ambassadeurs, & porter la Foi dans ces payis-là.

1249. Descente en Egypte & prise de Damiete.

Le printems étant arrivé, Louis fit monter son armée sur une grande quantité de vaisseaux. Cette flote souffrit beaucoup des vents contraires. Elle arriva enfin auprès de Damiete. Toute la côte se vit couverte d'un nombre prodigieux de Sarrasins rangez en bataille, cavalerie & infanterie, tout disposez à empêcher la descente. Cela effraia l'armée. Le Roi aiant rassuré ses gens, sauta le premier dans l'eau auprès de la côte où l'on pouvoit aller à gué, & marcha droit à l'ennemi ; ce qui anima tellement tous les autres, que chacun à l'envi se jettoit hors des batteaux plats, qui servoient à l'abordage. Les Sarrasins commandez par Facardin se défendirent long-tems ; mais ils furent enfin obligez de prendre la fuite ; il en fut fait un grand carnage : & ce qui paroît surprenant, les morts du côté des François monterent à peine à cinq ou six, y compris trois qui se noierent. Le Comte de la Marche mourut de ses blessures.

Cette défaite jetta une telle terreur dans Damiete, qu'on ne pensa plus qu'à l'abandonner. Les gens de guerre s'en allerent, la populace les suivit, chacun

---

Joinville. Nangius.

belli sacri gerendi propositum, nihil poterat Ludovicum a pristino consilio removere. Matri vero, se absente, regimen Francici Regni commisit.

Ad Aquas ergo Mortuas se contulit Rex, ibique naves conscendit ut in Cyprum navigaret. Jam annonam præmiserat ingentem, quod utique commodissimum accidit : nam grandis ille Cruce-signatorum numerus qui in Cyprum appulit, & diuturnas ibi moras traxit, famem in insulam & vicinas terras attulisset. In Cypro Rex cum toto exercitu hiemem transegit ; quæ moræ a prudentioribus non probatæ fuere : nam Sultano Ægypti, in quam regionem appellendum erat, spatium temporis dabatur, ut sese ad defensionem appararet. Ad hæc vero militum copiæ, quæ in rerum omnium abundantia degebant, in illa insula, ubi aeris temperies non ita salubris est, in morbos inciderunt, queis magnus Cruce-signatorum periit numerus. In hac quoque insula nuncios accepit Principum Tartarorum, qui ad Christianam amplectendam Religionem se pronos esse testificabantur. Dicebant nuncii, unum ex Principibus jam Baptismum suscepisse, multis adjectis, quæ fabulam sapiebant. Ludovicus vero, qui Religionis studio incensus, hæc omnia verosimilia esse putabat, nuncios excepit perhumaniter, magno Kano munera misit, & cum nunciis Dominicanos duos, qui Oratorum simul & Prædicatorum munere functuri erant.

Idem.

Appetente vere Ludovicus exercitum innumeras conscendere naves jussit. Classis vero agitata a ventis admodum fuit, tandemque ante Damietam pervenit. Totum littus ingentem Saracenorum equitum peditumque numerum efferebat, qui ad pugnam parati, Christianorum exscensum exspectabant. Id vero Francorum exercitui terrorem incussit. At Rex cum suis animum indidisset, in aquam primus prope littus insiliit, ubi vadum reperiebatur, hostemque sine metu petiit. Regis exemplo cæteri omnes certatim ex naviculis exsiliebant. Saraceni duce Facardino diu pugnavere, tandemque in fugam versi sunt, magnaque eorum strages facta est : quodque vix credatur, ex Francis quinque sexve tantum perierunt, ex quibus tres in aquis sunt demersi. Marchiæ Comes ex acceptis vulneribus interiit.

Tantum clades isthæc terrorem Damietæ urbi intulit, ut de fuga omnes statim cogitarent ; armati viri discesserunt, plebs illos sequuta est, suis onusta sar-

emportant

emporrant avec lui ce qu'il pouvoit. L'armée Chrétienne qui avoit passé la nuit sous des tentes fut agréablement surprise le lendemain de trouver vuide cette place, qu'elle comptoit ne pouvoir prendre qu'avec bien du tems & du sang repandu. Le butin qui s'y trouva fut partagé, & le Roi y aiant mis bonne garnison, fit camper l'armée hors de la ville, résolu d'attendre là jusqu'à ce que l'été trop rude en ce payis-là, & le débordement du Nil seroient passez. Ce long séjour fut fatal à l'armée; les Seigneurs s'épuiserent en festins & en magnificence: les soldats passoient leur tems à manger, à boire & à ivrogner. Ces désordres en entraînoient encore de plus grands. Quelque diligence que le saint Roi pût faire pour y remedier, il ne put arrêter la dissolution qui regnoit dans toute l'armée.

Quand le tems marqué pour entrer en campagne fut arrivé, on délibera laquelle des deux grandes villes qui restoient à prendre on iroit assieger, ou le Caire ou Alexandrie. Le vieux Duc de Bretagne, qui avoit plus d'experience, étoit pour la derniere entreprise, & c'étoit le meilleur parti. Le Comte d'Artois frere du Roi opina pour le siege du Caire: tous les jeunes gens furent de cet avis, qui fut suivi. La Reine & les Comtesses d'Artois & de Poitiers furent laissées à Damiete; & l'armée se mit en marche le vingtiéme Novembre vers la Massoure, ville presque à mi-chemin entre Damiete & le Caire. Le Comte de Salisberi vint joindre l'armée avec deux cens Chevaliers Anglois; mais les humeurs si differentes des deux nations ne pouvant compatir ensemble, il s'en alla, & se retira à S. Jean d'Acre. L'Historien Anglois dit qu'il avoit reçu des mauvais traitemens du Comte d'Artois. Peut-être que la faute fut des deux côtez. Le Comte de Salisberi revint pourtant à l'armée, à la priere du Roi, de l'honnêteté duquel il s'étoit toujours fort loué.

Le Soudan au bruit de la marche de l'armée Françoise, craignant que le bonheur qu'ils avoient eu d'abord ne les accompagnât, envoia offrir au Roi de lui remettre Jerusalem & tout le Roiaume tel qu'il avoit été sous les Rois précédens, en y ajoutant même quelque chose, à condition qu'on lui rendroit Damiete & tous les prisonniers Sarrasins. La proposition, quoique avantageuse, fut rejettée par le Légat Apostolique, qui étoit à l'armée, & le Roi lui-même ne voulut pas l'accepter: peut-être n'osa-t-il point faire de traité avec ce Prince qui étoit alors à l'extremité; & qui mourut peu de jours après: ç'auroit été à

Offres du Sultan à S. Louis.

Idem.

cinis. Exercitus Christianorum, qui sub tentoriis noctem transegerat, non minus gratam quam mirabilem rem perspexit, ubi vacuam urbem reperit; quam nonnisi multo temporis spatio, & cum magna pugnatorum strage expugnare se posse sperabat. Manubiæ inter omnes distributæ sunt. Rex in urbe relicto præsidio grandi, extra muros castrametatus est; decrevitque eo loci manere donec æstas, in illis partibus incommoda, & inundatio Nili, præteriissent. Hæ vero moræ exercitui noxiæ fuere. Primores expensis atque conviviis facultates consumsere; pedites vero ingluviei & ebrietati dabant operam, longeque pejora admittebant. Quantamcumque diligentiam Rex pius emendandæ luxuriæ adhibuerit, non potuit intemperantiam per exercitum grassantem comprimere.

Ubi tempus educendi exercitus advenit, deliberatum fuit utra ex duabus magnis urbibus quæ capiendæ superarent, oppugnanda esset, an Cairum, an Alexandria. Dux Britanniæ senior, usu belli exercitus, Alexandriam volebat obsideri, quæ sententia opportunior haud dubie erat. Comes vero Artesiæ juniores-que Principes pro Cairi obsidione fuere, cui opinioni Rex assensit. Regina vero & Comitissæ Artesiæ & Pictavorum, Damietæ relictæ sunt; exercitusque movit vigesima Novembris versus Massuram, quæ urbs dimidio fere spatio inter Cairum & Damietam sita erat. Comes Salisberiensis cum ducentis equitibus Anglis exercitum junxit; sed cum ex diversis nationum moribus ac genio dissidia orirentur, discessit Comes ille cum Anglis, & ad sanctum Joannem Acconensem se contulit. Narrat Anglus historicus Salisberiensem ab Artesiæ Comite male acceptum fuisse; forte amborum opera orta lis fuit. Comes tamen Salisberiensis ad exercitum rediit, rogante Rege, cujus urbanitatem admodum semper commendavit.

Matth. Paris.

Sultanus cum comperisset exercitum Francorum iter Cairum suscepisse, metuens, ne pari felicitate cætera perficeret, Regi obtulit se Regnum Jerosolymitanum ipsi daturum esse, quale prius fuerat, quibusdam etiam additis, dum Damietam captivosque omnes Saracenos sibi redderet. Conditio, etsi optima videretur, a Legato Apostolico rejecta fuit: neque Rex illam admisit; fortasseque ausus non est cum illo Principe pacisci, qui tunc morbo oppressus, paucis postea

recommencer avec le Soudan son succeſſeur. Après quelques jours de marche les Sarraſins vinrent eſcarmoucher, & inſultoient ſouvent les Chrétiens, ſur tout ceux qui s'écartoient. Cependant l'armée arriva vis-à-vis de la Maſſoure. Il falloit paſſer le canal, ou le bras du Nil qui étoit entre deux.

Le Roi voiant que le paſſage feroit difficile, tant à cauſe de la qualité du terrain, que par la réſiſtance que feroient les Sarraſins à l'autre bord, ordonna qu'on fît un foſſé autour du camp pour mettre l'armée à couvert des inſultes des Sarraſins; & voulant faire un pont pour paſſer de l'autre côté, il fit faire d'abord une digue, & enſuite deux grandes tours de bois qu'on remplit d'arbalêtriers & de machines à jetter des pierres. Mais tous ces travaux ne ſervirent de rien. Les Sarraſins avec leurs feux d'artifice qu'ils lançoient ſouvent, brûlerent les tours. Louis n'aiant plus d'eſperance de paſſer le fleuve, étoit ſur le point de reprendre le chemin de Damiete.

1250.

Un de ces Arabes, qu'on appelloit Beduins, vint alors dire au Connétable de Beaujeu, que s'il vouloit lui donner une ſomme d'argent, il lui montreroit un gué où l'armée pourroit paſſer. On accepta l'offre & la condition : il conduit l'armée à ce gué. Le Roi marche avec ſes trois freres, & laiſſe la garde du camp au Duc de Bourgogne. Le Comte d'Artois commandoit l'avant-garde où étoient les Chevaliers du Temple & de l'Hopital. Il fut joint par le Comte de Saliſberi & ſes Anglois. Le Roi qui connoiſſoit l'humeur impetueuſe de ſon frere, lui recommanda fort de ne pas ſe laiſſer emporter par ſa trop grande ardeur, mais d'attendre le reſte de l'armée quand il ſeroit paſſé. Dès qu'il fut paſſé de l'autre côté, rien ne pouvant arrêter ſa fougue, il courut vers le camp des Sarraſins, qui ne s'attendoient pas à cette attaque. Ceux qui gardoient le camp furent taillez en pieces; les autres prirent la fuite, & Facardin fut tué.

Priſe de la Maſſoure.

Après un ſuccès ſi grand & ſi inopiné, le Grand-Maître du Temple étoit d'avis qu'on attendît le reſte de l'armée; mais le Comte d'Artois rejetta avec mépris ce ſage conſeil. Il court vers la Maſſoure, toute la troupe le ſuit, & trouvant les portes de la ville ouvertes, tant la terreur y étoit grande, ils y entrerent tous ſans réſiſtance. Juſqu'ici le bonheur avoit accompagné nos gens; mais dès qu'ils furent entrez dans la ville, ils ſe mirent à piller, & ſe diſperſerent de côté & d'autre. Les Sarraſins qui reſtoient encore dans la ville voiant cela, ſe rallierent, donnerent ſur eux, en tuerent autant qu'ils en purent at-

---

Joinville.

diebus obiit, ita ut res denuo tractanda fuiſſet cum Sultano ſucceſſore. Poſt peractum aliquot dierum iter, Saraceni velitari cœperunt adverſus eos maxime, qui ab agmine ſejuncti vagabantur. Exercitus tamen e regione Maſſuræ conceſſit; ſed Nili canalis trajiciendus erat, ut ad urbem perveniretur.

Difficilem trajectum eſſe cernens Ludovicus, tum ob terræ & ſoli naturam, tum quod Saraceni in oppoſita ora Francos propulſaturi adeſſent. Juſſit foſſam circa caſtra parari, ut tuti Franci eſſent ab incurſionibus hoſtium. Cumque pontem ſtruere vellet, aggerem erigi curavit cum duabus magnis turribus ligneis, in queis baliſtarii poſiti ſunt & petrariæ machinæ. Verum hæc omnia inutilia fuere; Saraceni namque igneis miſſilibus cum artificio paratis turres combuſſere. Cum porro non ultra ſperaret Ludovicus poſſe ſe canalem trajicere, de reditu Damietam cogitare cœpit.

Quidam ex Arabibus illis, qui Beduini appellabantur, Conſtabularium de Bello-joco adiit, & ſe vadum illi indicare poſſe dixit, quo exercitus trajicere poſſet, ſi quidem ſummam pecuniæ ſibi promitteret. Re & conditione accepta, Beduinus exercitum ad vadum adducit. Rex cum fratribus tribus illo ſe confert, & caſtra Duci Burgundiæ cuſtodienda relinquit. Primæ aciei imperabat Comes Arteſiæ, ac cum eo erant Equites Templi & Hoſpitalarii; ipſi adjuncti ſunt Angli duce Comite Saliſberienſi. Rex cui fratris animum noverat ardentem & impetu ferri ſolitum, monuit ipſum, ne feſtino nimis gradu curreret; ſed ubi canalem trajeciſſet, ſequentem exercitum exſpectaret. Verum fruſtra ceſſere monita; nam trajecto canali, fervens Arteſius ad Saracenorum caſtra cucurrit, quos nec opinantes invaſit, caſtrorum cuſtodes alios peremit, alios in fugam vertit : ibi Facardinus occiſus eſt.

Poſt rem tam proſpere geſtam Templariorum Magiſter auctor erat Comiti, ut exercitus exſpectaretur. At ille tam ſalubri ſpreto conſilio, verſus Maſſuram currit, agmen totum ſequitur : patent urbis portæ, tantus nempe terror Saracenos invaſerat. Ingrediuntur omnes nemine prohibente: hactenus omnia feliciter acciderant; verum in urbem ingreſſi, omnes prædas agere cœperunt, atque hinc & inde ſparſi ſunt. Saraceni vero qui adhuc in urbe erant, diſtractos & nullum ordinem ſervantes ubi viderunt, in unum collecti ſegregatos adorti ſunt, & occiderunt : hinc in

Idem.

SAINT LOUIS IX. du nom. 139

traper. Ils tomberent auſſi ſur les Comtes d'Artois & de Saliſberi & ſur les autres en petit nombre, qui ſe défendirent vaillamment juſqu'au dernier ſoupir; il n'y eut que le Grand-Maître qui ſe ſauva comme par miracle, chargé de bleſſures.

Le Roi aiant paſſé la riviere avec l'armée, apprit que le Comte d'Artois étoit enfermé dans la Maſſoure. Il voulut aller le ſecourir; mais il fut vivement attaqué par un grand nombre de Sarraſins commandez par Bondocdar. Le combat fut fort rude. Le Roi qui avoit l'œil à tout, couroit à ceux de ſes gens qui avoient le plus de peine à ſoutenir le choc. Il ſe trouva ſeul au milieu de ſix Sarraſins; mais il les chargea ſi vaillamment de l'épée ou de la maſſue, qu'ils furent tous ou tuez ou mis hors de combat. En un autre endroit le Duc de Bretagne qui étoit auſſi allé pour ſecourir le Comte d'Artois, fut percé de coups, & eut peine à ſe ſauver. *Valeur de S. Louis.*

Le Roi Louis qui voioit par la contenance des Sarraſins qu'ils ne manqueroient pas de venir l'attaquer le lendemain, diſpoſa ſon armée, aſſigna à chaque corps ſon poſte, & les attendit de pied ferme. Aiant perdu la plûpart de ſes chevaux au combat précedent, il falloit néceſſairement qu'il ſe tînt ſur la défenſive. Les Sarraſins ne manquerent pas d'y venir, & d'attaquer l'armée en differens endroits. Ils enfoncerent le corps que commandoit Charles Comte d'Anjou frere du Roi, l'enveloperent lui-même; Louis le voiant en peril, y accourut, perça juſqu'au lieu où Charles étoit, & aiant ranimé ſes gens, il repouſſa les Sarraſins, & les mit en fuite. Ils firent encore plier les Templiers, qui ſe trouvant en trop petit nombre, ne purent ſoutenir les gros eſcadrons qui les attaquoient. Ils trouverent par tout ailleurs une ſi grande réſiſtance, qu'ils ne purent rien entamer. La troupe du Comte de Poitiers fut miſe en déroute, & le Comte fut pris & emmené comme en triomphe; mais les vivandiers & les goujats, indignez de voir leur maître entre les mains des Infidéles, ſe jetterent ſur eux, leur arracherent Alfonſe frere du Roi, & les firent fuir bien loin du camp. Enfin les Sarraſins furent repouſſez avec perte.

Cependant l'armée des François ſe trouva en un triſte état. Ils ne pouvoient attaquer les ennemis, n'aiant plus de cavalerie, & n'étant, pour ainſi dire, qu'une poignée de gens, en comparaiſon des Sarraſins, dont le nombre augmentoit tous les jours. La quantité d'hommes & de chevaux bleſſez, ne permettoit pas aux François de quitter ſi-tôt leurs poſtes pour ſe retirer. De plus la maladie *Mauvais état de l'armée des Chrétiens.*

Idem.

Comites Arteſienſem & Saliſberienſem ſocioſque paucos irrupere, qui ad extremum uſque halitum fortiſſime pugnarunt. Unus Templariorum Magiſter vulneribus confoſſus, evaſit tamen; alii perempti ſunt.

Cum canalem exercitus trajeciſſet, in uibe Maſſura incluſum Arteſiæ Comitem Ludovicus edidicit; & cum opem ferre pararet, a denſo & numeroſo Saracenorum agmine, duce Bondocdaro impetitus eſt, acerrimum prælium fuit. Suos autem inſpectans Ludovicus, quos impetum Saracenorum vix ferre poſſe videbat, curſu uſus veloci juvare conabatur. Solus autem a ſex Saracenis cinctus, illos ita ſtrenue & gladio & clava repulit, ut omnes vel cæſi, vel a pugna cohibiti fuerint. Britanniæ Dux qui Comiti Arteſiæ opem ferre voluit, vulneribus ſauciatus vix evaſit.

Rang.us. Jouinville.

Ludovicus qui æſtimabat Saracenos die ſequenti ad pugnam venturos eſſe, exercitus ordines ſingulos diſpoſuit, cuique agmini locum ſuum aſſignavit. Cum autem in pugna ſuperiore maximam equorum partem amiſiſſet, jam non adoriri illos, ſed aggredientes depellere poterat. Advenere utique Saraceni, & exercitum Francorum variis ex partibus aggreſſi ſunt. In aciem vero Caroli Andegavenſis Comitis penetrarunt, ipſumque cinxere. Hoc conſpecto Ludovicus accurrit, per medioſque hoſtes tranſiens, ad fratris agmen pervenit, & perculſis Francis animos fecit, hoſteſque terga dare compulſi ſunt. Templarios etiam, qui pauci numero erant repulere Saraceni. Comitis vero Pictavienſis Aldefonſi agmen profligavere, Comeſque ipſe captus, & quaſi in triumphum adductus eſt. Verum annonæ curatores & calones indignati, quod Principem ſuum Infideles ſic abducerent, in illos irruerunt, Aldefonſum eripuere, barbaroſque in fugam vertere. Aliæ vero exercitus partes ita fortiter obſtitere Saracenis, ut nihil ipſis damni inferre potuerint. Sic hoſtes multis ſuorum amiſſis repulſi ſunt.

Joinville.

Exercitus tamen Francorum in anguſtias redactus eſt. Hoſtem Franci invadere nequibant equis deſtituti, pauciſque numero, comparati cum Saracenorum multitudine, quæ creſcebat in dies. Tantus erat ſauciorum hominum equorumque numerus, ut non poſſet exercitus ſeſe loco movere. Lues inſuper Francos in-

Tome II. S ij

se mit dans le camp : un air empesté produisit le scorbut qui fit perir un grand nombre de gens : le Roi lui-même, qui prenoit un soin extraordinaire des malades, fut attaqué du même mal. Un autre fleau, qui survint dans le même tems, acheva de tout perdre : les Sarrasins aiant fait construire de grands vaisseaux, empêcherent que les convois de vivres qui venoient par eau au camp des François ne pussent plus passer.

Le Roi voiant ses affaires en si pitoiable état, envoia faire des propositions de tréve ou de paix ; mais cela n'aiant pas réussi, il prit résolution de reprendre le chemin de Damiete. Il fit repasser les bagages & puis l'armée sur un pont : ce ne fut pas sans beaucoup de peine & de perte. L'armée marcha quelque tems en se défendant vaillamment contre les attaques des Sarrasins ; mais enfin la troupe extenuée par la maladie, la misere & la faim, ne pouvant plus se soutenir contre un si grand nombre d'ennemis, on parla encore d'une tréve. Les Sarrasins qui voiant la résistance que les Chrétiens avoient faite jusqu'alors, ne les croioient pas en si mauvais état qu'ils étoient effectivement, en écouterent volontiers la proposition, & l'on étoit convenu des conditions, lorsqu'un Huissier du Roi, soit épris de fraieur, soit par quelque autre motif s'écria, que le Roi ordonnoit à tout le monde de se rendre, si on ne vouloit le faire tuer. A ces paroles tous se rendirent, & de ceux qui étoient plus éloignez, la plûpart furent tuez ou pris. Le Roi & ses deux freres Alfonse & Charles tomberent entre les mains des Sarrasins.

S. Louis pris.

La Reine Marguerite qui étoit à Damiete fut accablée de douleur à cette nouvelle : elle accoucha trois jours après d'un fils, qu'elle fit nommer Jean Tristan, parce qu'il étoit né dans un tems de tristesse. Elle apprit dans le même tems que les Genois & les Pisans vouloient se retirer, & que le menu peuple vouloit aussi abandonner la ville ; ce qui auroit tout perdu. Elle fit si bien par sa prudence qu'elle les arrêta tous. Elle avoit pour compagnes de sa douleur la Comtesse de Poitiers dont le mari étoit prisonnier avec le Roi, & la Comtesse d'Artois qui avoit perdu le sien.

Le Roi Louis dans sa prison ne perdit rien de sa constance & de sa fermeté. Soumis aux ordres de la Providence divine, il reçut cette disgrace en vrai Chrétien. Il ne parut jamais de foiblesse en lui : cet acquiescement à la volonté du Seigneur faisoit qu'il avoit toujours un air tranquille ; ce qui lui attira le respect des

---

vasit, multique periere morbo afflicti. Rex ipse qui ægros admodum curabat, in eamdem ægritudinem incidit. Aliud ingruens malum rem nostrorum pessumdedit ; Saraceni, magnis structis navibus, ne ulterius annona ad castra Christianorum per fluvium adveheretur, cohibuere.

Idem.

In tam afflicto & tam misero rerum statu Rex induciarum vel pacis conditiones Saracenis offerri curavit ; iisque rejectis, decrevit Ludovicus Damietam iter suscipere, sarcinas primum, deindeque exercitum per pontem fluvium trajicere curavit ; nec sine labore & multorum pernicie perfecta res est. Franci aliquantum progressi Saracenos invadentes ut poterant repellebant, demumque fame, tabe & morbo pene consumti, & hostium numero obruti, vix consistere poterant. De induciis iterum actum fuit. Saraceni, qui Francos ita fortiter pugnantes hactenus viderant, in tantas redactos angustias non putantes, libentissime de induciis egerunt, jamque propositas conditiones admiserant, cum ostiarius Regius quispiam, seu metu perculsus, seu alia de causa, in hanc vocem erupit : *Præcipit Rex ut omnes sese hosti dedant*,

nisi fortasse velint ipsum Regem interfici. Hac audita voce omnes deditionem fecere : qui vero procul erant cæsi omnes vel capti sunt. Rex & fratres ejus Aldefonsus & Carolus in Saracenorum manus inciderunt.

Margarita Regina quæ Damietæ erat his auditis, tantæ calamitatis dolorem vix ferens, tertio postea die filium enixa est, quem, ceu præsentis tristitiæ monimentum, Joannem Tristanum vocavit : nunciatumque illi fuit Genuenses & Pisanos reditum parare, plebem quoque ab urbe discessuram esse, unde extrema omnia sequutura erant. Verum prudentia & arte usa Regina, id consequuta est, ut nullus abiret. Aderant ipsi doloris consortes, Pictavensis Comitissa, cujus conjux captivus erat, & Artesiæ Comitissa, quæ virum amiserat.

Idem.

Ludovicus vero in carcere positus, nihil de constantia vel de firmitate remisit. Divinæ providentiæ omnia committens, calamitatem illam ut Christianum decebat subiit : nullum in illo dejecti animi signum fuit ; cumque divino Numini pareret in omnibus, tranquillitatem animi vultus ipse indicabat ; quem ita affectum cernentes, infideles ipsi custodes

Nang. Joinv.

Infidéles mêmes qui le gardoient. Malgré sa maladie il ne discontinua point ses jeûnes. Il prioit souvent Dieu, recitoit le Psautier. On le laissa au commencement avec fort peu de gens, mal servi, mal vêtu ; mais le Sultan quelques jours après, craignant que la mort ne lui enlevât bien-tôt ce prisonnier, dont il esperoit tirer une grosse rançon, le fit mieux traiter, & lui envoia des Médecins qui l'eurent bien-tôt guéri de son mal. Il fit ensuite proposer aux principaux prisonniers de se racheter à prix d'argent : mais Louis avec autant de prudence que de charité, craignant que les grands Seigneurs aiant paié de grosses sommes, on n'exigeât des autres plus qu'ils ne pouvoient payer, & que le plus grand nombre ne demeurât en captivité, dit qu'il vouloit payer pour tous, & empêcha qu'aucun des grands Seigneurs ne traitât.

Traité fait par S. Louis pour sa délivrance.

On lui fit d'abord des propositions extraordinaires, qu'il rejetta avec fermeté ; & malgré les ménaces il ne voulut jamais rien passer que ce que la raison dictoit. Le Sultan lui dit qu'il fît des propositions pour la rançon tant de lui que de ses gens. Louis lui répondit que c'étoit à lui à les faire. Le Sultan lui dit qu'il rendroit Damiete, & qu'il donneroit un million de besans d'or tant pour sa rançon que pour celle des autres captifs. Louis répondit, qu'un Roi de France ne se rachetoit point à prix d'argent, & qu'il donneroit volontiers Damiete pour lui, & le million de besans pour les autres captifs. Le Sultan Moadan se piquant alors de generosité, dit qu'il retrancheroit volontiers du million deux cens mille besans.

Les choses étoient alors en ces termes, lorsqu'une révolution subite changea toute la face des affaires. Il y avoit un puissant parti contre le Sultan Moadan, qui conspira sa perte, & il fut assassiné. Après cela les principaux s'assemblerent pour élire un nouveau Sultan. Ces Infidéles avoient conçu une si haute idée du Roi Louis, de sa valeur, de sa vertu, de son équité, de sa constance, qu'il fut du nombre des proposez pour succeder à Moadan : il n'y eut que son attachement pour la Religion Chrétienne, qui empêcha qu'il ne fût élu. Les voix tomberent enfin sur la Sultane, qui regnoit auparavant, à laquelle on donna une espece de Regent qui gouvernoit sous son nom. Dans ce commencement de regne le Roi & les autres captifs eurent beaucoup à souffrir : ils se virent à la veille d'être massacrez : mais enfin il fut résolu qu'on s'en tiendroit au traité fait, suivant lequel Louis rendit Damiete, & d'abord une partie de l'argent

---

venerabantur. Etsi ægritudine detentus, jejunia non omittebat. Deum frequenter precabatur, Psalterium recitabat. Initio cum comitibus paucis, nullo pene famulatu, vilibusque indutus vestibus jacebat. Verum postea Sultanus metuens ne captivus talis interiret, à quo ingens redemtionis precium exspectabat, majorem ejus curam haberi jussit, medicosque misit, quorum opera Ludovicus cito convaluit. A captivis postea Principibus redemtionis suæ precium postulavit. Verum Ludovicus timens ne si Principes illi ac Primores pecuniæ summas grandes exsolverent, ab aliis plus exigeretur, quam numerare possent, sicque longe plures in captivitate manerent, quam liberarentur, se pro omnibus soluturum esse dixit, & ne quis Principum pacisceretur cohibuit.

Joinville.
Conditiones illi statim oblatæ sunt tam onerosæ, ut illas firmiter rejiceret, nec minarum formidine à proposito dimoveretur. Sultanus dixit, redemtionis precium ipse Ludovicus offerret. Respondit ille, à Sultano proponendas esse conditiones. Tum Sultanus, Damietam restitui postulat, & in redemtionem Regis cæterorumque dari decies centena millia aureorum.

Reponit Ludovicus, Regem Francorum non auro redimi, seque in sui redemtionem Damietam esse daturum, & decies centena millia aureorum pro captivis cæteris. Sultanus vero Moadanus, ut sese liberalem exhiberet, ex decies centenis millibus duo centena millia libenter demere se dixit.

In hoc statu negotium erat, cum rerum subito facta conversio est. Factio contra Moadanum Sultanum magna in ejus perniciem conspiravit, ipseque peremtus fuit. Tum Primores coacti de novo deligendo Sultano deliberarunt. Tanta porro vel apud Infideles erat Ludovici Regis existimatio, à fortitudine, virtute, æquitate, constantia, ut inter eos qui Moadano substitui poterant, propositus ipse fuerit, solaque Christiana Religio, cui addictissimus ille erat, impedimento fuit quominus deligeretur. In Sultanam autem quæ antea regnaverat, vota confluxerunt, cui adjunctus vir quidam est, qui sub illa gubernaret. Hoc porro novi imperii initium Ludovico cæterisque captivis damnum intulit, parumque abfuit quin omnes trucidarentur. At confirmatum tandem fuit pactum jam initum. Damietam Ludovicus reddidit, & partem

Idem.

comme ils étoient convenus : il fut mis en liberté, & se retira avec la Reine à S. Jean d'Acre.

La nouvelle de la prise du Roi & de son armée ne vint en Europe qu'après sa délivrance. On ne peut exprimer la douleur qu'en eut la Reine Blanche, contre le sentiment de laquelle ce voiage avoit été entrepris. La consternation fut générale dans tout le Roiaume. Le Pape en parut inconsolable. Il écrivit de tous côtez, portant les Prélats & les peuples à concourir pour sa délivrance.

Louis arrivé à S. Jean d'Acre se trouva bien empêché. Les Princes ses freres & presque tous ceux qui l'accompagnoient vouloient s'en retourner en France. Il fit une assemblée pour déliberer là-dessus. Ses deux freres, Mauvoisin & presque tous les autres vouloient qu'on partît pour le retour. Joinville & un bien petit nombre d'autres croioient qu'il falloit rester encore quelque tems dans la Terre sainte. Louis fut du même avis. Deux raisons principales l'obligerent à prendre absolument ce parti. L'une étoit, que s'il abandonnoit ainsi la Terre-sainte, presque tous ceux qui s'y trouvoient alors pour la défendre, la quitte-roient aussi pour le suivre, & qu'ainsi les Chrétiens seroient en danger de perdre tout ce qu'ils avoient en ce payis. L'autre raison étoit que ce grand nombre de prisonniers qui étoient encore en Egypte couroient risque d'être massacrez, ou d'être obligez de changer de Religion, si l'on ne les rachetoit promtement. Il donna pourtant à ceux qui voudroient la liberté de s'en retourner. Ses deux freres Alfonse & Charles partirent, & emmenerent avec eux la plûpart de la noblesse.

Il mit ses plus grands soins à racheter les captifs de l'Egypte : il envoia quatre cens mille besans d'or de ce qui restoit à payer, & eut encore bien de la peine à les délivrer. Ils ne revinrent pas tous à la fois ; il fallut envoier bien des fois pour les ramener tous, tant ceux qui avoient été pris avec le Roi, que les autres qui étoient dans les fers depuis un fort long-tems. Il s'appliqua aussi à reparer S. Jean d'Acre, la principale place que les Chrétiens eussent alors dans la Palestine, & fortifia encore d'autres châteaux des environs. Les Chrétiens étoient dans le calme par la division survenuë entre les Sarrasins de l'Egypte & de la Syrie, qui se faisoient la guerre à outrance. Il se donna une bataille où il y eut un grand carnage. Chacun des deux partis avoit tâché d'attirer à lui le Roi Louis ; mais il fut le spectateur de cette sanglante tragedie si favorable aux

---

pecuniæ ; libertatemque Rex adeptus, cum Regina ad sanctum Joannem Acconensem se contulit.

Captum fuisse Regem cum exercitu suo, nonnisi postquam libertatem adeptus erat in Europa nunciatum fuit. Quanto hinc dolore affecta fuerit Blancha Regina, contra cujus consilium expeditio illa susceptâ fuerat, vix exprimi possit. Hinc gemitus & luctus in toto Francorum Regno. Summus item Pontifex vix consolabilem suscepit dolorem ; litterasque ad Episcopos & Christianos misit, queis hortabatur, ut pro Regis libertate obtinenda quædam conferrent.

Joinville. Ludovicus ad sanctum Joannem Acconensem cum pervenisset, non modicam expertus est difficultatem. Fratres ipsius, omnesque pene alii, in Franciam redire cupiebant. Conventum autem habuit ut ea de re deliberaretur. Ambo fratres, Malevicinus, omnesque fere alii pro reditu erant. Joanvillanus autem cum paucis aliis manendum adhuc in Terra-sancta esse censebat. Huic assensit opinioni Ludovicus, duabus maxime de causis. Altera erat, quia si a Terra-sancta proficisceretur, omnes fere qui ad ejus defensionem istis in locis erant, illam deserturi erant, unde timendum erat ne Christiani omnia, quæ in Palæstina possidebant, amitterent. Altera vero erat, quod periculum esset ne captivi illi, magno numero, qui adhuc in Ægypto erant, vel occiderentur, vel Religionem Christianam abnegarent, nisi cito redimerentur. Illis tamen qui vellent, redeundi licentiam dedit. Ambo igitur fratres ejus Aldefonsus & Carolus profecti sunt, & nobilitatis partem maximam secum abduxerunt.

Ludovicus redimendis captivis, qui in Ægypto erant, & operam & pecuniam contulit ; quadringenta aureorum millia, ex iis quæ solvenda superarant misit ; nec nisi cum labore multo libertatem omnibus restituit. Non omnes simul rediere : sæpe missi nuncii sunt qui illos reducerent, tam eos qui cum Rege capti fuerant, quam alios qui a diuturniori tempore in vinculis erant. Urbem etiam Acconensem, quæ tunc præcipua Christianorum in Palæstina erat, restaurandam suscepit, & alia quoque circumposita castra munivit. Bellum inter Saracenos Ægypti & Syriæ ortum Christianis tunc pacem conciliabat. Inter illos pugna ingens fuit cum strage magna. Pars utraque bellantium Ludovicum ad sui opem evocare studuerat ; sed ille spectator fuit certa-

SAINT LOUIS IX. du nom. 143

Chrétiens. Il visitoit tranquillement les lieux saints. Il alla cette année passer la fête de l'Annonciation à Nazaret, & se rendit de là à Césarée, où il demeura long-tems, & en fit relever les murailles. Les Ambassadeurs qu'il avoit envoiez de Chypre au grand Kan des Tartares, revinrent le trouver là, & lui porterent des nouvelles de ce payis-là.

Il fit dans la même ville un traité avec les Sarrasins & les Mammelus de l'Egypte, qui portoit que le Roi les aideroit de ses troupes contre Nazer autre chef des Sarrasins, moienant quoi ils le tiendroient quitte du reste de sa rançon, & remettroient aux Chrétiens avec Jerusalem tout ce qui étoit en deçà du Jourdain, hors Gaza & quelques châteaux. Le traité fut passé, mais il n'eut point son effet. Le Roi se rendit comme il leur avoit promis à Jaffa, où ils devoient venir le joindre ; mais les Egyptiens n'oserent s'exposer à y venir, parce que Nazer étoit entre deux : ils lui envoierent seulement les Chrétiens, comme ils en étoient convenus, & aussi des enfans Chrétiens qu'ils élevoient au Mahometisme, & lui firent encore present d'un éléphant, que le Roi fit depuis transporter en France. Nazer cependant tâchoit de l'attirer à son parti, & lui fit dire que s'il vouloit aller à Jerusalem, il lui procureroit toute sureté pour cela. On ne jugea point à propos qu'un Roi de France allât ainsi faire ses dévotions à la sainte cité pour la laisser ensuite entre les mains des Infidéles.

1251.

Cependant ces ménagemens que les deux partis gardoient avec Louis, lui donnerent moien de rebâtir la ville de Jaffa & de la fortifier. Là vinrent le trouver quelques Seigneurs qui firent le voiage de la Terre-sainte. Boemond Prince d'Antioche y vint aussi avec sa mere ; & comme ils avoient quelque démêlé ensemble, Louis les raccommoda.

Vers ce même tems un Hongrois nommé Jacob, fanatique ou charlatan, se mit à prêcher en France au menu peuple, lui disant qu'il étoit envoié de Dieu pour le porter à s'assembler ; & aller à la Terre-sainte délivrer le Roi, & chasser les Infidéles. Il ramassa en peu de tems une foule de gens dans les campagnes, & grand nombre de bergers ; ce qui fit qu'on leur donna le nom de Pastoureaux. La Reine Blanche & les Magistrats soupçonnant qu'il pouvoit y avoir quelque chose de divin dans ce nouveau Prédicateur, le laisserent faire. La troupe augmenta merveilleusement. Les bandits, les scelerats & les coupe-

Assemblée des Pastoureaux dissipée.

Joinville. Matth. l. u.

minum, quorum opera quiescebant Christiani. Loca sancta Rex pius invisebat. Hoc anno Annunciationem B. M. Virginis in Nazareta oppido celebravit ; indeque Cæsaream migravit, ubi diu mansit, murosque restauravit urbis. Nuncii vero quos ex Cypro ad magnum Tartarorum Kanum miserat, tandem istuc venere, & quæ in illa regione gerebantur narravere.

In eadem urbe pactum iniit cum Saracenis & Mammelucis Ægypti, quibus se auxilium daturum esse pollicebatur contra Nazerum alium Saracenorum Ducem, illa conditione, ut ipsi reliquam summæ partem pro redemptione solvendam dimitterent ; atque Christianis Jerosolymam redderent cum tota regione quæ citra Jordanem est, Gaza & quibusdam castellis exceptis. Initum quidem pactum, verum non perfecta res fuit. Rex, ut pollicitus erat, Joppen venit, quo & illi venturi erant : at non ausi sunt, viam occupante Nazero : capita solum Christianorum ipsi miserunt ut polliciti fuerant, & Christianos pueros quos ad Mahummedanam religionem educabant. Elephantum quoque dedere, quem Rex postea in Franciam transferri jussit. Nazerus interea Ludovicum ad suas pertrahere partes satagebat, nunciarique illi jussit, si Jerosolymam ire vellet, se ipsi plenam securitatem daturum esse ; at judicatum fuit non decere Franciæ Regem ad sanctam civitatem concedere, posteaque illam in manibus Infidelium relinquere.

Hæc partium Saracenicarum studia, quæ Ludovicum ad se pertrahere satagebant, id illi commodi pepererunt, ut Joppen urbem restaurare posset ac munire. Illo venerunt quidam primatii viri, qui iter in Terram-sanctam susceperant. Boemundus quoque Princeps Antiochenus Joppen venit cum matre sua, dissensionemque quamdam matrem inter & filium subortam Ludovicus composuit.

Joinville.

Eodem circiter tempore Hungarus quidam nomine Jacob, aut fanaticus, aut veterator, in Francia prædicare cœpit, plebique dicebat, se a Deo missum esse, qui populum una congregaret, ut in Terramsanctam se turmatim conferrent, Regem ex carcere educerent, & Infideles pellerent. Brevi autem turbam ingentem in agris collegit, Pastoresque multos, unde *Pastorellorum* nomen illi omnes sortiti sunt. Blancha Regina & Magistratus initio opinantes divini quidpiam inesse posse in hujusmodi Prædicatore, non illum reprimendum putarunt. Mirum in modum crevit confluentium multitudo. At sicarii, prædones, & scelesti quique homines in Pastorellorum cœtum ad-

Matth. Paris. Nangius.

jarrets se joignirent aux Pastoureaux, & ils commencerent à piller & ravager les campagnes. On ouvrit enfin les yeux ; on courut sus à ces Pastoureaux, qui s'étant divisez en plusieurs bandes, se répandirent dans les Provinces. Leur chef fut tué auprès de Bourges, & toute cette canaille fut bien-tôt dissipée.

1253. Mort de la Reine Blanche.

Peu de tems après la Reine Blanche vint à mourir. La nouvelle en fut apportée à Louis, qui aimoit tendrement cette mere, & fut extremement touché de sa mort. Ce fut en ce tems-ci qu'il fit une Ordonnance de chasser les Juifs de son Roiaume, tant pour en bannir l'usure qu'ils y exerçoient, & par laquelle seule ils se soutenoient, que parce qu'on les soupçonnoit d'avoir suscité les Pastoureaux dont nous venons de parler.

Nazer aiant fait sa paix avec les Egyptiens, il y eut quelques escarmouches de ses troupes avec celles du Roi Louis, qui avoit fort avancé les fortifications de Jaffa. L'ouvrage étant fini, il envoia des gens pour fortifier de même la ville de Sidon, avec une troupe d'archers pour les défendre. Les Turcomans qui tenoient la campagne vinrent fondre sur cette troupe, en tuerent une bonne partie : ceux qui purent se sauverent dans un château. Le Roi marcha après ces Turcomans, les mit en fuite, prit une ville où ils s'étoient refugiez. Il y avoit encore un château ; & voiant qu'il seroit trop difficile de le prendre, il s'en revint à Sidon qu'il fit fortifier comme Jaffa.

Cependant il recevoit incessamment des lettres qui marquoient combien sa présence étoit nécessaire dans son Roiaume, sur tout depuis la mort de sa mere. Il prit donc résolution de s'en retourner après une si longue absence, & se mit en mer après Pâques de l'an 1254. Il courut quelque risque dans sa navigation, & fut agité d'une tempête ; mais il aborda enfin heureusement aux Isles d'Hieres avec la Reine sa femme qui l'avoit toujours accompagné, & se rendit à Paris, où il fut reçu avec la joie qu'on peut imaginer.

1254. Retour de Saint Louis en France.

Il pensa d'abord à corriger quelques abus qui s'étoient glissez pendant son absence. Il fit des Ordonnances contre la venalité des charges, & des reglemens pour les Juges, leur défendant d'exiger & même de recevoir des presens des parties. Tandis qu'il étoit occupé à cet exercice, le Roi d'Angleterre, qui venoit de faire la guerre en Gascogne contre le Roi d'Arragon, voulut avant que de repasser en Angleterre, traverser la France, & venir à Paris. Il en obtint aisément la permission du Roi, qui lui fit tout le bon accueil imaginable. Henri alla loger

---

missi sunt ; tuncque prædas agere & agros devastare cœperunt. Reque comperta, contra Pastorellos arma sumuntur, qui in multas divisi turmas, sese per provincias disperserunt : dux & auctor fallaciæ prope Bituricas interfectus est, & sedatus tandem tumultus fuit.

Nanglus.

Haud multum postea Blancha Regina obiit. Res Ludovico nunciatur, qui matris amantissimus cum esset, defunctam admodum luxit. Eodemque ferme tempore edixit, ut Judæi omnes ex Regno suo pellerentur, tum ut usuram de medio tolleret, quam exercebant illi, ab illis suscitatos fuisse.

Nanglus. Joinville.

Cum porro Nazerus pacem cum Ægyptiis fecisset, aliquot velitationes fuere inter Saracenos & Francos. Ludovicus vero postquam Joppen munierat, misit ex suis quosdam, qui Sidonem similiter munirent ac restaurarent, cum balistariorum manu, quæ illos tegeret atque defenderet. Turcomanni, qui tum vicinos agros occupabant, hoc adorti sunt agmen, multosque occiderunt. Reliqui vero in castellum quoddam se recepere. Rex Turcomannos illos insequitur, & in fugam vertit, oppidum cepit, in quod confugerant. Castellum quoque supererat capiendum ; sed cum videret diuturna obsidione opus fore, Sidonem reversus est, quam ut Joppen restaurari & muniri curavit.

Inter hæc sæpe per literas monebatur, quam necesse esset ut in Regnum suum transfretaret, maxime vero postquam mater defuncta erat. Reditum tandem paravit, navemque conscendit post Pascha anno 1254. Nonnihil periculi subiit a tempestate agitatus. Verum feliciter tandem ad Insulam Olbiam appulit cum Regina uxore & tanti itineris comite, Lutetiamque se contulit, ubi cum gaudio & plausu omnium exceptus fuit.

Matt. Paris.

Statim vero vitia quædam, quæ absente ipso irrepserant, emendare conatus est. Edicta emisit contra Magistratuum nundinationem, & statuta Judices spectantia, queis prohibebantur munera exigere, imo etiam recipere. Dum hæc ageret, Rex Angliæ qui contra Regem Aragoniæ bellum modo gesserat, antequam in Angliam transfretaret, per Galliam, annuente Ludovico, iter habuit, & Lutetiam venit. Rex vero Francorum perhumaniter illum excepit. Henricus in Templo se-

SAINT LOUIS IX. du nom. 145

au Temple, où il prépara un festin au Roi Louis, le plus grand, dit l'Auteur Anglois, qu'on eut jamais vû. Il y avoit des tables chargées de toute sorte de mets dans toutes les salles, dans les chambres & dans les cours même : toutes les portes étoient ouvertes, & y pouvoit venir manger qui vouloit, sans crainte que rien manquât, tant l'abondance étoit grande, quoique ce fût un jour maigre. La salle où les deux Rois, les Princes & Seigneurs devoient manger, étoit ornée de boucliers. A ce festin se trouverent vingt-cinq Ducs, douze Evêques, & plusieurs autres Seigneurs. Les Princesses & Comtesses s'y rendirent aussi au nombre de dix-huit. Henri obligea Louis de se mettre au milieu, entre lui & le Roi de Navarre, lui disant que cette place lui convenoit comme à son Seigneur & son Roi. Après le repas Henri fit des presens à tous les Seigneurs François. Il se rendit ensuite à Boulogne, & repassa en Angleterre. L'année d'après le Roi Louis lui fit present d'un éléphant, le premier, dit Matthieu Paris, qui eût jamais été vû en Angleterre.

Henri III. Roi d'Angleterre, fait un festin superbe à Paris.

Le Roi Louis maria sa fille Isabelle avec le jeune Thibaud Roi de Navarre, fils du fameux Thibaud, dont il a été parlé si souvent dans cette histoire. Avant ce mariage il le raccommoda avec la Comtesse de Bretagne sa sœur.

L'année suivante il reprima les violences qu'un nommé Anseric exerçoit dans la Bourgogne, & alla ensuite faire la visite de son Roiaume, pour mettre ordre aux abus, terminer les differens, & faire exercer la justice. Il se rendit à Tours, & de là il revint à Melun. En cette même année il fit avec le Roi d'Angleterre une prolongation de tréve pour trois ans. Il conclut le mariage de son fils aîné Louis avec Berengere fille du Roi de Castille, après quoi il visita l'Artois, la Flandre & la Champagne. Il établit des bureaux par toute la France pour examiner, si l'on y avoit pris quelque chose pour lui & pour son pere, & sur tout pour son grand-pere Philippe, qui l'obligeât à restitution. Il fit rendre exactement tout ce qu'on avoit pris au delà de ce qu'on pouvoit raisonnablement exiger.

Soins du Roi Louis pour faire exercer la justice.

Il fit faire une Bibliotheque à la sainte Chapelle, composée des Livres de l'Ecriture sainte, des saints Peres & des bons Auteurs, où chacun pouvoit aller étudier. Toujours appliqué aux devoirs du Christianisme, il tâchoit de les remplir, & c'étoit le principal de ses soins. Mais croiant qu'un entier détachement de toutes choses, étoit un moien plus sûr pour arriver à la perfection,

Sa pieté.

---

dem habuit, ubi convivium Ludovico Regi apparavit, quo majus & nobilius non fuit unquam, inquit Anglicus scriptor. Mensæ erant omni ferculorum genere onustæ in aulis omnibus & cubiculis, inque atriis. Portæ omnes apertæ erant ; quivis poterat accumbere, tanta erat ferculorum copia, etsi pisculenti dies essent. Aula in qua ambo Reges accubuere cum Principibus & Primoribus, clipeis ornata erat. Ad convivium federunt viginti quinque Duces, duodecim Episcopi ; plurimique alii insignis nobilitatis. Principissæ & Comitissæ octodecim numero erant. Henricus Ludovicum in medio sedere voluit : ad ejusque latus alterum Rex Angliæ, ad alterum vero Rex Navarræ sedit ; dixitque Henricus Ludovico hanc sedem competere, utpote domino suo. Post convivium Henicus Francorum Principibus omnibus munera obtulit ; deindeque Bononiam petiit, & in Angliam trajecit. Anno autem sequenti Ludovicus Henrico elephantum dedit ; quod bellue genus, inquit Matth. Paris, tunc primum in Anglia visum.

Deindeque Elisabetam filiam suam nuptui dedit Ludovicus Theobaldo Navarræ Regi, filio Theobaldi, cujus tam frequens mentio in hac historia fuit, postquam litem, quæ Theobaldum inter & sororem ejus Britanniæ Comitissam suborta erat, composuerat.

Anno sequenti, cum tyrannidem, quam Ansericus quidam in Burgundia exercebat, repressisset, Regni sui partes varias invisit, ut damna sarciret, lites componeret, justitiam exerceri curaret. Turones autem petiit, indeque Melodunum venit. Hoc eodem anno inducias cum Angliæ Rege ad tres annos prorogavit. Connubium primogeniti sui Ludovici cum Berengaria Castellæ Regis filia conclusit. Artesiam invisit, Flandriam & Campaniam. Per totum Regnum tribunalia instituit, in queis examinaretur, num quid pro se, pro patre, proque avo maxime, præter debitum exactum fuisset, ac restitui curabat quidquid ultra quam par erat, exceptum fuerat.

Bibliothecam paravit in sacra Capella, librorum sacræ Scripturæ, SS. Patrum, probatorumque Scriptorum, in quam liber quibuslibet aditus erat. Christianis semper addictus officiis erat, hac præcipua detentus cura. Verum existimans certiorem securioremque ad salutem viam fore, si sæcularibus omnibus valediceret,

Joinville.

Matth. Paris. Duchêne.

Du Chêne.

Tome II.   T

il eut la pensée & l'envie même de se faire Religieux. Ils ne s'en ouvrit à personne : mais enfin ne pouvant executer ce dessein que du consentement de la Reine Marguerite sa femme, il lui en parla. Elle lui apporta de si puissantes raisons pour l'en détourner, qu'il n'y pensa plus.

1256.

Guillaume Comte d'Hollande & Roi des Romains aiant été tué par les Frisons, les Electeurs de l'Empire disposez à vendre au plus offrant la couronne Imperiale, furent partagez : ceux qui avoient touché l'argent d'Alfonse Roi d'Espagne, l'élurent Empereur ; les autres gagnez par Richard Comte de Cornouaille & frere du Roi d'Angleterre, lui donnerent leurs voix, & quelque tems après le couronnerent à Aix-la-Chapelle. Guillaume Roi des Romains avoit donné au Comte de Savoie la ville de Turin : les habitans peu contens de ce nouveau Seigneur, se saisirent de lui. L'Eglise Romaine prenant fait & cause pour le Comte, les excommunia, & pria S. Louis de faire saisir les effets que ceux de Turin & d'Ast avoient dans son Roiaume. Il le fit ; & ce n'est pas la seule fois que nos Rois ont sévi contre ces Lombards, qui ont long-tems exercé l'usure en France.

Il fonde des Hopitaux.

Dans un voiage que Louis fit en Normandie, il travailla à mettre le bon ordre en cette Province, & rétablit l'Hôtel-Dieu de Vernon qui étoit presque tombé en ruine. Un de ses principaux soins fut toujours de fonder des Hopitaux. Il s'appliqua cette année à terminer la guerre de Flandres entre d'Avênes & Dampierre. L'affaire étoit épineuse & difficile ; il vint pourtant à bout de la finir heureusement, quoiqu'il fût malaisé de démêler les droits & les interêts des uns & des autres, qui seroient trop longs à rapporter ici. Il regardoit toujours comme un des principaux devoirs du Christianisme de pacifier les differens.

Robert Sorbon fonda cette année 1256. le College, qui fut appellé de Sorbonne, pour seize pauvres écoliers, quatre de chaque nation de l'Université. S. Louis lui donna quelques maisons, qui étoient dans la ruë de Coupe-gueule vis-à-vis du Palais des Thermes, en contr'échange de quelques autres maisons que Robert Sorbon lui ceda pour les Religieux de Sainte-Croix de la Bretonnerie. Je ne m'étendrai point ici sur les progrès de ce College, qui devint depuis le plus celebre de toute la Chrétienté.

En cette même année fut jugée en Cour de Rome l'affaire suscitée par des

---

Nanglus.

Monachi statum amplecti voluit. Nemini propositum suum aperuit ; sed cum nonnisi conscientiæ conjuge rem exsequi posset, Reginæ Margaritæ illam indicavit ; quæ validissimis argumentis & rationibus illum a tali consilio abduxit.

Guillelmus Comes Hollandiæ & Rex Romanorum a Frisonibus interfectus est. Tunc, proh pudor ! Electores Imperii coronam auri precio obtulere, in duasque factiones sunt divisi. Qui pactione pecuniæ ad Aldefonsi Hispaniæ Regis partes deflexerant, ipsum delegerunt ; alii qui ad Ricardum Cornubiæ Comitem, Regis Angliæ fratrem, aurum offerentem concesserant, Imperatorem ipsum promulgavere, nec diu postea Aquisgrani coronarunt. Guillelmus Romanorum Rex Comiti Sabaudiæ Taurinum dederat, qui Taurinensibus invisus, ab ipsis comprehenditur. Ecclesia vero Romana Taurinenses ideo a sacris interdixit, Regemque Ludovicum rogavit, res Taurinensium & Astensium, quæ in Francia tunc erant, occuparet. Id ille exsequitur : neque hac sola vice Reges Francorum in fœneratores Longobardos sævierunt.

Iter agens Ludovicus per Normanniam, omnia ibi in ordinem redegit. Vernonii nosocomium penè lapsum restauravit. Fundandis vero xenodochiis præcipuam adhibebat curam. Eo ipso anno inter Proceres Avennensem & Dampetræum subortam litem composuit, etsi admodum difficilis res esset ; id quod minutatim afferre & explicare longius esset quam instituti nostri ratio ferat : inter præcipua enim Christiani viri munia hoc censebat esse, ut lites componeret, & dissensiones sedaret. *Joinville.*

Hoc anno 1256. Robertus Sorbonius collegium, *Hist. Univ.* cui Sorbona nomen fuit, fundavit pro sexdecim pueris inopibus, qui literis operam darent, delectis quatuor ex qualibet Universitatis natione discipulis. Roberto Ludovicus Rex aliquot ædes in vico Gulæ-sectorum dicto, ante Palatium Thermarum sitas tradidit, qui vicissim Regi dedit ædes alias Monachis S. Crucis Britannicæ concedendas. De Collegii hujusce progressu, quod cæteris omnibus per Europam antecelluit, non plura dicam.

Hoc ipso anno, Mendicantibus Religiosis instanti- *Nanglus.*

SAINT LOUIS IX. du nom.

Religieux Mendians contre Guillaume de S. Amour, à l'occasion de son Livre intitulé *de mundi periculis*. Ce Livre fut condamné par le Pape Alexandre IV. & puis brûlé. Il n'y avoit, disoit-on, point d'heresie ; mais ces Religieux y étoient fort mal-traitez.

Louis se donna de grands soins pour faire cesser des guerres que les Seigneurs particuliers s'entrefaisoient dans les campagnes, où ils se liguoient souvent plusieurs ensemble contre d'autres, d'où s'ensuivoient des meurtres, des incendies, & d'autres désordres, qui empêchoient le commerce & la culture des terres. Il commença par faire une Ordonnance où il défendoit à ceux qui se croioient offensez, sous peine d'être punis comme traîtres, d'attaquer les parens de leurs ennemis, qu'au bout de quarante jours, donnant cet espace de tems pour travailler à quelque accommodement. Il fit encore depuis d'autres Ordonnances, où il défendoit aux particuliers de porter les armes. Mais quelque soin qu'il prît pour abolir cette coutume, il ne put en venir à bout, & ces petites guerres durerent long-tems après lui.

1257.
Il tâche de terminer les guerres entre les Seigneurs.

Louis fit l'année suivante un traité fort important, dont voici le sujet. Les Comtez de Roussillon, de Cerdagne & de Barcelonne relevoient de la Couronne de France, & faisoient partie du Roiaume, comme on peut voir dans plusieurs actes & dans un en particulier, que j'ai donné, où ces Comtes disent que l'acte a été fait sous le Regne du Roi Louis l'an 1114. c'étoit Louis le Gros. On n'avoit pas eu soin en France de se maintenir dans ces droits. D'un autre côté le Roi d'Aragon avoit des prétentions, qui ne paroissoient pas mal fondées sur plusieurs villes & places de Languedoc, de Provence, de Rouergue & de Querci. Il se fit un traité par lequel Louis cedoit tout ce qu'il avoit de droits en ce païs-là, & le Roi d'Aragon ceda aussi beaucoup de choses au Roi de France.

1258.
Traité avec le Roi d'Aragon.

Le saint Roi fit en la même année un autre traité avec l'Angleterre. La tréve alloit expirer, & le Roi Henri demandoit qu'on lui restituât la Normandie, le Maine, l'Anjou, la Touraine, le Poitou, le Berri, la Saintonge, le Querci, le Perigord & le Limosin ; l'hommage de la Bretagne, de la Marche, de l'Auvergne & de l'Angoumois. Malgré l'avis des Pairs & des Seigneurs les deux parties s'accommoderent, & Louis ceda le Perigord, le Limosin, le Querci, la Saintonge & l'Agenois. Le traité de paix se fit à ces conditions ; traité qui ne plut ni

Autre traité avec le Roi d'Angleterre.

---

bus, & querelis suis Romanam curiam compellantibus, Guillelmi a sancto Amore liber *de mundi periculis* damnatus ab Alexandro IV. Papa, & postea combustus fuit. Nullam, ut vulgo dicitur, hæresim præ se ferebat liber ; sed Guillelmus in Mendicantes Monachos grassabatur.

Joinville.
Nihil non egit Ludovicus, ut rixas & bella inter Nobiles terrarum dominos in provinciis oriri solita de medio tolleret. Sæpe plures una juncti alios invadebant. Hinc cædes, incendia, aliaque multa damna, quæ & commercio & agrorum culturæ noxia erant. Edictum primo publicavit, quo sub pœna proditoribus debita prohibebat, ne ii qui læsos putarent, inimicorum suorum cognatos invaderent, nisi post elapsos quadraginta dies ; hoc spatium temporis assignans, ut interea de rebus componendis ageretur. Alia quoque jussa protulit, queis prohibebat arma gestare. Sed quantacunque adhibita cura, pravam hanc consuetudinem auferre non potuit, atque bella istæc inter Nobiles usque ad posteriora longe sæcula perseverarunt.

Marium duc. p. 2.
Anno sequenti opportune pactum iniit, cujus hæc causa fuit. Hi Comitatus, Ruscinonensis, Ceritaniæ

& Barcinonis a Francorum Regibus pendebant, Regnique partem constituebant, ut in plurimis instrumentis asseritur, atque ex uno præcipue quod protuli in Diario Italico, ubi Comites isti dicunt rem actam esse Ludovico regnante anno 1114. sub Ludovico nempe Crasso. Ex incuria vero hæc Regni Francorum jura obsoleverant : ex altera vero parte Aragoniæ Reges jura proferebant non levia in urbes & oppida quædam Septimaniæ, Provinciæ, Ruthenorum & Cadurcensium. Ex pacto autem inito Ludovicus, illa omnia Aragoniæ Regi dimittebat : & vicissim Rex Aragoniæ multa concessit.

Catel. p. 21. & seqq.

Aliud eodem anno cum Rege Angliæ pactum initum est. Proximus induciarum finis erat ; petebatque Rex Angliæ restitui sibi Normanniam, Cenomanensem, Andegavensemque Comitatus, Turonas, Pictavos, Bituriges, Santonas, Cadurcenses, Petragoricenses, Lemovicinos ; hominia Britanniæ, Marchiæ, Arvernorum, Engolismensium. Contradicentibus Regni Paribus atque Primoribus ambo Reges pactum iniere. Concessit Ludovicus Henrico Petragoricenses, Lemovicinos, Cadurcenses, Santonas & Aginnates. Sic conciliata pax fuit ; quæ pax neque Anglis neque

Matth. Paris. Joinville. Nangius.

Tome II.　　　　　　　　　　　　　　　　　　　　　　　　T ij

aux Anglois, ni aux François, chaque nation prétendant que son Prince avoit trop cédé à sa partie.

1259.
Affaire du Sire de Couci.

L'affaire d'Enguerrand de Couci fait horreur à raconter. Trois jeunes Gentilshommes Flamans, que leurs peres avoient envoiez au Monastere de S. Nicolas-aux-bois, étant allez en la forêt de Couci avec des arcs & des fléches sans chiens, & courant après des lapins, furent pris par les gardeforêts, & menez à Enguerrand, qui les fit d'abord pendre. Louis indigné d'une telle inhumanité, fit enfermer Enguerrand dans la tour du Louvre, bien résolu de le punir de mort: mais les parens du coupable, qui étoient des premiers de sa cour, intercederent si vivement pour lui, que Louis se laissa enfin flechir, & le condamna à douze mille cinq cens livres d'amende, à trois ans de service à la guerre de la Terre-sainte avec un certain nombre de Chevaliers, à faire enterrer honorablement les trois jeunes Gentilshommes, à fonder pour eux trois chapelles & deux Messes par jour dans l'Abbayie de S. Nicolas, à perdre dans toutes ses terres le droit de condamner à mort, & d'emprisonner, & même toute haute justice & le droit de garenne.

1260.

Vers la fin de cette année Henri Roi d'Angleterre, qui avoit des affaires fâcheuses dans son Roiaume, vint à Paris, où après avoir ratifié le traité de paix, il prêta serment de fidelité à Louis. Peu de jours après Louis fils aîné du Roi de France, vint à mourir à l'âge de seize ans. C'étoit un Prince de grande esperance. Le Roi & la Reine le regretterent infiniment: non seulement la cour, mais aussi tout le Roiaume fut en deuil. On avoit tout lieu de croire qu'il marcheroit sur les traces de son pere, qui signala encore cette année sa pieté en fondant le Monastere de Longchamp pour sa sœur Isabelle, & augmenta le revenu de plusieurs Hopitaux, de ceux de Vernon & de Compiegne, & de l'Hôtel-Dieu de Paris, dont il avoit étendu les bâtimens jusqu'au petit-pont. Il fonda aussi l'Hopital des Quinze-vingts pour les aveugles, qui s'y trouverent au nombre d'environ trois cens, & c'est de là qu'ils prirent le nom de Quinze-vingts. La commune opinion du vulgaire est qu'il fut fondé pour trois cens Gentilshommes aveuglez par les Sarrasins; mais cela ne se trouve dans aucun Auteur du tems.

Hopital des Quinze-vingts.

Duels défendus.

Entre plusieurs autres beaux Reglemens qu'il fit, son Ordonnance contre les duels fut des plus remarquables. C'étoit une coutume inveterée, qu'un homme

---

Francis placuit, utraque génte suum Principem plus quam par erat concessisse putante.

Ingilramni Cuciacensis facinus enarrare horret animus. Tres nobiles adolescentes ex Flandria, quos parentes sui in Monasterium S. Nicolai de Silvis educandos miserant, in Cuciacensem silvam cum arcubus & sagittis sine canibus venerunt: ac dum post cuniculos currerent, a silvæ custodibus capti, ad Ingilramnum ducti sunt, qui statim illos in patibulis suspendi jussit. Inhorruit his auditis Ludovicus, & Ingilramnum in Luparæam turrim conjici jussit, atque extremo supplicio plectendum esse decrevit. Intervenere Comitis cognati, qui inter Primores aulæ Regiæ censebantur; tandemque Ludovicus exoratus, hanc in scelestum illum sententiam tulit. Duodecim millium quingentarum librarum ipsi mulctam irrogavit: edixit ut in Terram sanctam cum stato equitum numero per annos tres bellum gereret, ut tres nobiles adolescentes honorifice tumularet curaret, tres capellas & duas quotidie Missas in Ecclesia S. Nicolai fundaret, ut in omnibus ditionis suæ terris jus ad necem damnandi, in carcerem conjiciendi, itemque *altam justitiam & jus garennæ* prorsus amitteret.

Hoc anno vertente Henricus Angliæ Rex, in Regno suo multis exagitatus negotiis, Lutetiam venit, ubi pacem initam confirmavit, & Ludovico Regi Sacramentum fidei præstitit. Paucis postea diebus Ludovicus, Regis primogenitus, sexdecim emensus annos obiit: magnæ spei adolescens, quem Rex & Regina ingenti luctu sunt prosecuti: neque modo Regiam, sed etiam Regnum totum amissi Principis dolor invasit, quem vestigia patris sequuturum sperabant. Ludovicus pia semper opera frequentans, hoc anno Monasterium Longi-campi sorori suæ Elisabetæ fundavit, Nosocomiorum reditus adauxit, Vernonensis nempe, Compendiensis, & *Hospitalis-Dei* Parisiensis, cujus ædificia ad parvum usque pontem produxerat. Nosocomium etiam *Quindecim-vigesimorum* struxit cæcis recipiendis deputatum, qui tum ad trecentos usque reperti sunt, indeque *Quindecim-vigesimorum* nomen sortitum est Nosocomium. Vulgi opinio fuit fundatum fuisse pro trecentis nobilibus, qui a Saracenis excæcati fuerant. Sed hæc opinio a nullo istius ævi Scriptore confirmatur.

Inter alia quæ pius Rex probe statuit, emicat edictum contra duella. In More positum erat, ut is qui de

Matth. Paris.
Nangiu Du thens

accusé de quelque crime, se purgeoit par le duel, s'il tuoit son adversaire ; ou étoit regardé comme coupable, s'il étoit ou tué ou vaincu. C'étoit tenter Dieu que d'en venir à ces épreuves ; & cette prévention que l'accusé qui tuoit son adversaire étoit innocent, étoit une erreur que l'usage sembloit avoir autorisée. Les duels ne furent pas pourtant entierement abolis. Ils revinrent en usage, & durerent encore long-tems, comme on verra dans la suite de cette Histoire.

En Italie les choses ne tournoient pas bien pour le Pape Alexandre IV. Malgré ses foudres & ses censures, Mainfroi s'étoit rendu maître de la Sicile, & fraudant son neveu Conradin de la succession de son pere & de son aieul, il s'en fit couronner Roi. Alexandre étant venu à mourir, son successeur Urbain IV. entra dans les mêmes dispositions que son Prédecesseur contre Mainfroi. Pour lui susciter un puissant adversaire, il offrit la couronne de Sicile au Roi Louis, qui par scrupule de conscience ne voulut point l'accepter. Il l'offrit ensuite à Charles Comte d'Anjou, qui sans s'effraier de la grande guerre qu'il falloit entreprendre pour s'établir dans ce Roiaume, y donna les mains. Cependant Louis toujours appliqué aux devoirs d'un Souverain, à reformer les abus, à faire exercer la justice, à soulager tous ceux qui étoient dans l'indigence, emploioit tout le reste de son tems aux exercices de pieté ; à la lecture, à la priere. Quelques-uns lui dirent un jour, qu'il emploioit trop de tems à ces pieuses occupations. *Si j'emploiois*, répondit-il, *le double de ce tems à la chasse, ou à jouer aux dés, personne n'y trouveroit à redire.* Il avoit une attention particuliere à délivrer ses sujets de l'oppression. Quand des gens plus puissans qu'eux envahissoient ou leurs biens, ou leurs droits, & qu'ils étoient hors d'état de se faire faire raison, il n'épargnoit ni les grands, ni ses parens, ni ses propres freres. Charles Comte d'Anjou l'éprouva plus d'une fois ; s'étant saisi de choses qui ne lui appartenoient pas, il le traita avec plus de rigueur que les autres. Cet amour de la justice l'occupoit tellement, qu'il entroit dans un détail prodigieux, se faisant rapporter jusqu'aux plus petites affaires.

Un de ses principaux soins étoit de bannir les usures, les monopoles, les faux poids & les fausses monnoies, d'entretenir en bon état les grands chemins & les rivieres navigables, de veiller à la liberté du commerce. La France recueillit de son tems les fruits de sa vigilance. Il ne mettoit d'impôts sur le peuple que dans l'extrême nécessité. Sa maxime étoit que CE QUI EST A CHARGE AU

1261.
Affaires d'Italie.

1262.

Soins de S. Louis pour faire exercer la justice.

Odoric. Rainald.

scelere quopiam accusaretur, duello sese purgaret ; & si adversarium occideret, crimine liber esset, sin occideretur, vel vinceretur, sceleris labem incurreret. Ad hanc probationem venire, hoc erat Deum tentare ; & tamen tam alte in hominum animis hæc insederat opinio, accusatum qui occideret accusantem, innoxium esse, ut usu firmatus error videretur. Duella tamen non tunc omnino cessavere ; sed in usum revocata, diu frequentata sunt, ut in hujus historiæ serie narrabitur.

In Italia non ad nutum Alexandri Papæ res gerebantur. Fulmina conjecerat in Manfredum Conradini patruum, qui Siciliam occupaverat, & Conradini hereditatem invadens, coronam sibi imponi curaverat. Alexandro autem defuncto, ejus successor Urbanus IV. decessoris sui vestigia sequens, Manfredo adversarium quærit, & Ludovico Francorum Regi Siciliæ Regnum offert, qui repugnante conscientia oblatum Regnum non admisit. Oblatum vero sibi libenter accepit Ludovici frater Carolus Comes Andegavensis, tanti belli suscipiendi formidine non deterritus. Interea Ludovicus suis exsequendis officiis intentus, ut depravata reformarentur, justitia exerceretur, inopes cujusvis generis foverentur satagebat. Quidquid vero temporis supererat, lectioni & precationi impendebat. Obmurmurantibus quibusdam de piorum exercitiorum diuturnitate, respondit ille : *Si duplo plus temporis impenderem in venatu aut alea, nemo reprehensurus esset.* Hoc maxime curabat ne minoris facultatis homines a potentioribus opprimerentur. Tunc autem nemini parcebat ille, non optimati, non cognato, ne fratribus quidem. Id expertus non semel est Carolus Andegavensis Comes, qui quod res alienas occupavisset, asperius a Rege fratre mulctatus est, quam cæteri. Amore justitiæ usque adeo detinebatur, ut minutatim omnia perquireret, & innumera vel minima negotia ipse examinaret.

Usuram maxime eliminare studebat ; monopolia item, falsa pondera, vitiatamque monetam. Vias publicas reparari, flumina navigiis apta permeabilia reddi curabat. Commercii libertati advigilabat assidue ; cujus vigilantiæ fructus ipso Ludovici ævo Francia suscepit. Nonnisi urgente necessitate populo vectigalia imponebat, hoc ceu adagio utens : QUOD

Duchêne p. 454.

Joinville.

T iij

150 SAINT LOUIS IX. du nom.

PEUPLE, NE SAUROIT ETRE AVANTAGEUX AU PRINCE. Cette liberté de commerce fit un grand bien au Roiaume, & par là, dit Joinville, les revenus du Roi augmentoient tous les ans de moitié.

1163.
Les Anglois le prennent pour arbitre de leurs differens.

Lorsque la France jouissoit d'une pleine tranquillité, l'Angleterre étoit divisée. Le parti des mécontens se fortifioit tous les jours, & augmenta tellement que le parti du Roi Henri se trouva le plus foible. Les particularitez de ce grand different feroient un long détail, qui n'est pas de notre sujet. Les parties convinrent enfin qu'on prendroit le Roi Louis pour arbitre & médiateur des differens entre le Roi & les Seigneurs revoltez. Louis se rendit à Amiens, lieu indiqué pour tenir les conferences. Après avoir entendu les parties, il donna gain de cause au Roi, & les Seigneurs du parti opposé s'en retournerent si mécontens, qu'ils firent la guerre à Henri, lui donnerent bataille, où il fut défait & demeura prisonnier. Son parti se soutenant toujours malgré ce mauvais succès, on vint à une seconde bataille, où le Duc de Leicestre chef des revoltez fut tué, & son parti ruiné.

1164.
Ordonnance contre les Blasphemateurs.

L'année suivante le Roi maria son troisiéme fils Pierre avec Jeanne de Châtillon, & peu de tems après il fit éclater son zele contre les Blasphemateurs, qui se trouvoient en grand nombre dans son Roiaume. Après avoir fait dans une assemblée une Ordonnance contr'eux, un Bourgeois de Paris aiant blasphemé publiquement contre Dieu, le Roi lui fit marquer les lévres d'un fer chaud. Quelques-uns trouverent cet exemple de severité trop rude; & Louis répondit, qu'il en souffriroit volontiers autant pour abolir le blasphême dans son Roiaume.

1265.
1266.
Charles d'Anjou défait Mainfroi.

Cependant Charles Comte d'Anjou après avoir été couronné à Rome Roi de Naples & de Sicile, reçut quelques secours de France, & marcha contre Mainfroi, dont l'armée étoit composée d'Allemans, d'Italiens & de Sarrasins, bien plus nombreuse que celle de Charles, qui s'avança vers le Roiaume de Naples, prit d'abord quelques places, & alla chercher Mainfroi, qui étoit à Benevent. Là se donna une bataille, qui fut assez long-tems disputée. Mainfroi fut enfin défait & tué. Charles se trouva maître du Roiaume de Naples; mais il eut bientôt après une autre affaire à terminer plus difficile que celle-ci.

1267.

Les nouvelles venuës de la Palestine portoient que les affaires des Chrétiens alloient fort mal, & qu'on s'attendoit que les Infidéles emporteroient bien-tôt

---

Matth. Paris. Continuat.

ONERI EST POPULO, NUNQUAM UTILE PRINCIPI. Commercii vero libertas bona ingentia Regno Francorum peperit, Regiique reditus singulis annis duplo auctiores evadebant.

Dum in Francia tranquilla omnia erant, Anglia factionibus agitabatur. Qui contra Regem erant quotidie crescebant numero, ita ut Henrici sequacibus tandem prævalerent. Hæc contra omnia minutatim recensere, nostri non est instituti. Ambæ tandem partes arbitrum judicemque delegere Ludovicum Francorum Regem. Ambianum autem omnes convenere, ubi Ludovicus excussis omnium querelis, sententiam dixit pro Henrico Rege; id quod adeo displicuit Primoribus Henrico adversantibus, ut reversi Henrico bellum inferrent, commissoque prælio victum caperent, & in custodia detinerent. Post infaustum tamen exitum qui Regis partes tuebantur perstitere bellantes. Secunda commissa pugna est, ubi Leicestrio rebellium duce occiso, cæteri compressi sunt.

Duchêne p. 459.

Anno sequenti Rex Petro tertio filio uxorem dedit Joannam de Castilione; posteaque contra *blasphemantes*, qui tunc magno numero erant, studia sua convertit. In conventu autem edictum adversus illos emisit. Civem Parisiensem qui jurando contra Deum verba publice profuderat, *canterizari præcepit in labiis ferro candenti*. Cum vero quidam hoc severitatis exemplum nimium esse dicerent, respondit Ludovicus, se libentissime talem subiturum esse pœnam, si hoc modo posset deterrimam consuetudinem de medio tollere.

Interea Carolus Comes Andegavensis, postquam Rex Neapolis & Siciliæ coronatus fuerat, aliquid auxilii a Francia nactus, contra Manfredum movit; cujus exercitus Germanorum, Italorum & Saracenorum, longe numerosior erat exercitu Caroli. Hic vero in Neapolitanum ingressus regnum, statim aliquot oppida cepit; ac contra Manfredum, qui Beneventi erat, iter suscepit. Ibi commissa pugna fuit, ac fortiter statim utrinque certatum fuit. At victo demum cæsoque Manfredo, Neapolitano Regno Carolus potitus est. At non diu postea alium formidabiliorem hostem propulsandum habuit.

Pub. t. 316. &c. 343.

Res Christianorum in Palæstina adeo labefactatæ erant, ut timeretur ne brevi ex illis oris Europæi ex-

Duchêne p. 383, & 405.

SAINT LOUIS IX. du nom.

tout ce qui reſtoit aux Chrétiens dans ce payis. Louis s'intereſſoit vivement à tout ce qui regardoit la Terre-ſainte, & conſervoit toujours dans ſon ame un deſir d'y retourner. Ces dernieres nouvelles l'aiant déterminé à executer ce deſſein, il tint une aſſemblée générale à Paris le 25. Mars de cette année, où après avoir repreſenté les malheurs arrivez en la Terre-ſainte, il déclara qu'il vouloit ſe croiſer pour aller la ſecourir, & exhorta les autres à prendre la croix comme lui. Il la prit en effet ; ſes trois fils, Philippe, Jean & Pierre ſuivirent ſon exemple. Thibaud Roi de Navarre fut de la partie. Les Comtes de Bretagne & d'Eu ſe croiſerent auſſi avec un grand nombre de Seigneurs. Le Pape permit à Louis de faire de grandes levées de deniers ſur le Clergé: ce ne fut pas ſans difficulté, le Clergé ſe plaignant qu'on l'avoit épuiſé par les croiſades précedentes, qui avoient ſi mal réüſſi. Il fit auſſi des levées ſur le peuple pour cette pieuſe expedition. En cette année nâquit Philippe fils de Philippe le Hardi, qui regna après ſon pere ſous le nom de Philippe le Bel.

Charles Roi de Naples, après la défaite & la mort de Mainfroi, eut un autre concurrent redoutable : c'étoit le jeune Conradin, fils de Conrad, petit-fils de l'Empereur Frederic II. Conradin avoit un grand parti en Italie, & étoit ſoutenu par Henri de Caſtille & Frederic d'Autriche. Il forma une puiſſante armée d'Allemans, d'Eſpagnols & d'Italiens, & entra au Roiaume de Naples. Charles marcha contre lui inferieur en troupes de plus de la moitié. La bataille ſe donna, & fut long-tems diſputée. Les François plierent au commencement ; mais Charles, qui ſuivant le conſeil d'Erard de Valeri, s'étoit tenu à part avec un corps de réſerve, rétablit le combat, l'armée ennemie fut miſe en déroute, Conradin, Frederic & Henri furent pris. Charles bien éloigné de la clemence & de la moderation de ſon frere Louis, fit couper la tête à Conradin & à Frederic, & fit enfermer Henri dans une cage de fer. Cette cruelle action déplut à toute la Chrétienté, & aux François mêmes, ternit la gloire de Charles, & fut peut-être une des cauſes des mauvais ſuccès qu'il eut depuis.

Cependant Louis ſe diſpoſoit à ſa grande expedition. Il accomplit cette année le mariage de ſa fille Blanche avec Fernand de Caſtille, & de Marguerite avec Jean de Brabant. Il engagea Edouard fils du Roi d'Angleterre à l'accompagner à la guerre ſainte qu'il alloit entreprendre. Il fit des Ordonnances contre les uſu-

Guerre d'outremer réſoluë.

1268.

Défaite & mort de Conradin.

1269.

1270.

pellerentur. Qua re comperta Ludovicus, cui cordi erat tranſmarinas illas urbes Chriſtianis aſſerere, quique illo revertendi deſiderium ſemper animo ſervabat, conventum generalem Lutetiæ habuit vigeſima quinta Martii anni 1267. ubi poſtquam miſeram illis in partibus Chriſtianorum conditionem repræſentaverat, ſe velle dixit crucem accipere ut opem ferret illis, aliosque ad idipſum præſtandum hortatus eſt. Crucem itaque accepit ; tres ipſius filii, Philippus, Joannes & Petrus, ejus exemplum ſunt ſequuti. Theobaldus quoque Rex Navarræ, Comites item Britanniæ & Augæ, multique alii nobilioribus crucis ſignum ſumſere. Summo Pontifice concedente Rex a Clero Galliæ grandem exegit pecuniæ ſummam, nec ſine Eccleſiaſticorum querimonia, qui dicebant, jam ſe exhauſtos fuiſſe ad alias expeditiones, quæ tam infeliciter ceſſerant. A populo etiam pro ſacro bello vectigalia expetiit. Hoc anno natus eſt Philippus Philippi Audacis filius, qui, cognomento Pulcher, poſt patrem regnavit.

Carolus Rex Neapolis poſt fugatum cæſumque Manfredum, competitorem alium habuit longe formidabiliorem, Conradinum Conradi filium, Friderici ſecundi Imperatoris nepotem, qui multis Italorum faventibus, opemque ferentibus Henrico Caſtellæ Rege & Friderico Auſtriæ Duce, numeroſiſſimum exercitum Germanorum, Hiſpanorum & Italorum collegit, inque Neapolitanum Regnum ingreſſus eſt. Carolus vero movit in hoſtem, cum exercitu plus quam duplo minore numero. Commiſſa pugna, diuturnuſque conflictus fuit, initio Franci ceſſerunt. Verum Carolus, qui Valerii cujuſdam conſilio ſeceſſerat cum valida manu, eventum prœlii exſpectans, pugnam renovavit, hoſtiumque exercitum fudit. Conradinus, Fridericus & Henricus capti ſunt. Carolus vero a clementia & moderatione Ludovici fratris longe alienus, Conradini & Friderici capita præcidi juſſit, & Henricum in cavea ferrea includi præcepit : quæ immanitas Chriſtianis omnibus etiamquel Francis diſplicuit, ipſiuſque gloriam obſcuravit ; atque in cauſa fortaſſe fuit, ut poſtea rem infelicius gereret.

Interea Ludovicus ad magnam expeditionem ſeſe apparabat, filiamque ſuam Blancham Ferdinando Caſtellæ Principi, Margaritam vero Joanni Brabantiæ Duci nuptui dedit. Cum Eduardo Regis Angliæ filio id egit, ut ſecum bellum ſacrum tranſmarinum ſuſciperet. Contra uſuram, circa Beneficio-

Continuat. Matth. Paris.

riers, pour la collation des Benefices & pour les dixmes. Il fit aussi son testament, & ensuite un acte par lequel il laissoit le gouvernement de son Roiaume en son absence à Matthieu de Vendôme Abbé de S. Denis, & à Simon Sire de Nesle; après quoi il prit son chemin vers Aigues-mortes, où se devoit faire l'embarquement ; mais n'y trouvant point les navires de Gennes, qui devoient lui servir pour le passage, il fut obligé d'attendre là deux mois ; & pour éviter le mauvais air d'Aigues-mortes, il se tint à S. Gilles. Il reçut là les Ambassadeurs de Michel Paleologue, qui vinrent le prier de la part de leur maître d'interposer sa médiation auprès du Pape pour la réunion des deux Eglises. Ce n'est pas que ni lui ni les Grecs se souciassent beaucoup de cette réunion ; mais il craignoit que restant séparé de l'Eglise Romaine, Charles frere du Roi, qui aspiroit à l'Empire de Constantinople, n'allât pour tâcher de s'en rendre le maître, ou que le Pape n'envoiât là quelque Prince pour le détrôner, comme il avoit fait auparavant. Entre les presens qu'il lui fit, il y avoit un beau manuscrit Grec, qui comprend tout le nouveau Testament, où on lit ces notes en Latin, écrites dans le tems même, que nous traduisons ici en François : *Eltham Alahu Empereur des Tartares. Son fils Elcham Apagan, qui épousa la fille de Michel, fut baptisé avec plusieurs autres.*

Il reçoit les Ambassadeurs de Michel Paleologue.

Au feuillet suivant on lit au haut de la page, où l'écriture est du tems même, *Jean Porastre*. C'est le nom de celui qui a écrit la note, qui est telle : *Pendant l'été de l'an 1269. (ces Ambassadeurs) vinrent trouver le Roi, & l'hyver suivant il reçut un autre Ambassadeur du même Michel.* Après cela de la même main, *Michel en Jesus-Christ Dieu, fidéle Empereur & Moderateur des Romains, surnommé, Ducas, Ange, Comnene, Paleologue, nouveau Constantin, toujours Auguste, au serenissime Seigneur Louis très-illustre Roi des François, salut & accroissement.* A la page suivante est l'image de S. Matthieu qui écrit, & aux deux côtez de l'image, de la main du même Empereur *Michel en Jesus-Christ Dieu, fidéle Empereur & Moderateur des Romains, Ducas, Ange, Comnene & Paleologue.*

Ce manuscrit passa depuis en differentes mains, & dans des tems plus bas il fut à M. D. Prez Savigni, & depuis aux RR. PP. Jesuites de Cân, comme marque la note faite là même en l'an 1640. M. le Chancelier Seguier ramassoit de tous côtez des manuscrits Grecs ; les RR. PP. lui firent present de celui-ci.

Le retardement des Gennois, qui n'amenerent les vaisseaux que deux mois

---

rum collationem & circa decimas edicta emisit. Testamentum etiam suum edidit, & scripto declaravit se regimen Regni sui relinquere Matthæo Vindocinensi Abbati S. Dionysii, & Simoni Domino Nigellæ. Postea ad Aquas-Mortuas profectus est ; sed cum Genuenses naves, in quas conscensurus erat, non advenissent, duos exspectare menses coactus est. Quia vero in illa maris ora non salubri fruebatur aere, in S. Ægidii oppido commoratus est. Istic vero Michaelis Palæologi nuncios recepit, qui rogabant a summo Pontifice impetraret, ut Ecclesia Romana & Græca una coirent & jungerentur : non quod vel Michael vel Græci conjunctionem illam curarent ; sed quia metuebat Michael ne cum segregatus a Romana Ecclesia esset, Carolus Regis frater, qui Imperium Constantinopolitanum affectabat, ipsum invaderet ; neve Princeps alius quispiam a Papa missus se ab Imperio deturbare conaretur, ut antea contigerat. Inter munera quæ Regi Imperator obtulit, novum Testamentum elegans Græce scriptum erat, in cujus initio hæ notæ Latinæ habentur eo ipso tempore scriptæ : *Eltham Alahu Imperator Tartarorum. Ejus filius Elcham Apagan, qui duxit filiam Mikaïllis & baptizatus est, &*

Biblioth. Coislin. p. 250.

multi alii. In summa pagina sequenti habetur nomen ejus qui hæc scripsit, *Joannes Porastrus.* Infra vero : *Cum Romana* (Sic) *Anno Domini 1269. Itaque in æstate istius anni fuerunt ad Dominum Regem. Et in hieme sequente venit alius nuncius ab eodem Mikaële ad eumdem Regem.* In ima pagina ; *Michaël in Christo Deo fidelis Imperator & moderator Romeorum, Ducas, Angelus, Comninus, Palæologus & novus Constantinus semper Angustus, Serenissimo Domino Ludovico illustrissimo Regi Franciæ salutem... & augmentum.* Hic Rex Franciæ recepit..... Pagina sequenti est imago S. Matthæi scribentis, & ad utraque imaginis latera hæc manu Imperatoris scripta sunt Μιχαὴλ ἐν Χριστῷ τῷ Θεῷ πιστὸς βασιλεὺς αὐτοκράτωρ τῶν Ῥωμαίων Δούκας, Ἄγγελος, Κομνηνὸς ὁ Παλαιολόγος.

Hic vero codex in diversas transiit manus, ut ibidem legitur sub imagine : *Ex Bibliotheca Patrum Cadomensium Societatis Jesu* 1640. & fol. 3. in supremo margine, *M. D. Prez Savigny.* Quia vero D. Seguerius Cancellarius Græcos codices manuscriptos ornandæ Bibliothecæ suæ undique colligebat, RR. PP. Societatis Jesu hunc ipsi dono obtulerunt.

Genuensium moræ, qui duobus post indictum tempus

SAINT LOUIS IX. du nom.

après le tems marqué, fut une des causes du mauvais succès de cette expedition. Les croisez se trouverent en campagne dans l'Afrique au plus fort de l'été, & de là vinrent les maladies. On s'embarqua enfin. La flote fut agitée da la tempête ; & le calme étant revenu, on délibera sur la route qu'on devoit prendre. Le Roi étoit d'avis d'aller aborder en Egypte, mais le sentiment de ceux qui vouloient qu'on allât à Tunis, l'emporta. L'armée fit descente auprès de Carthage : il y eut peu de résistance du côté des ennemis, & l'on assiegea cette ville qui fut prise avec la même facilité. L'armée s'avança vers Tunis, dont le Roi ne voulut pas faire le siege avant l'arrivée de son frere Charles Roi de Sicile. On se tint là donc, & l'on fit de grands fossez autour du camp, pour arrêter les courses que les Sarrasins faisoient perpetuellement sur l'armée des Chrétiens. L'extrême chaleur qu'il faisoit, la disette d'eau douce, & mille autres incommoditez causerent bien-tôt la maladie & puis la peste dans le camp. Un grand nombre de gens mouroient tous les jours, plusieurs grands Seigneurs y perirent, & enfin le Roi lui-même tomba malade d'une dysenterie. Il ne laissa pas de donner ses ordres comme auparavant, & il reçut même en cet état la seconde ambassade de Michel Paleologue. Mais le mal empirant tous les jours, il sentit enfin que sa derniere heure approchoit. Il fit appeller Philippe son fils, & lui fit cette belle instruction, que les Auteurs nous ont conservée jusqu'à ce jour. Les avis qu'il lui donna, n'étoient autre chose que ce qu'il avoit pratiqué lui-même toute sa vie. Quand le moment de son trépas fut arrivé, il leva les yeux au Ciel ; & en prononçant ces mots : *J'entrerai, Seigneur, dans votre maison ; je vous adorerai dans votre saint temple, & je confesserai votre nom*, il rendit son ame à Dieu le 25. Août, à la même heure que Jesus-Christ expira sur la croix. Ce Prince fut universellement regretté tant dans son armée, que dans son Roiaume, où cette nouvelle fut bien-tôt apportée.

Son frere Charles qui venoit d'aborder avec sa flote, arriva au camp dans le tems qu'il expiroit. Ses os séparez de la chair furent mis dans une riche châsse pour les porter en France. Sa chair & ses entrailles furent données à son frere Charles, qui les fit déposer dans l'Eglise de Montreal en Sicile.

Jamais Prince n'a été plus penetré des devoirs du Christianisme que l'étoit Louis. Uniquement appliqué aux exercices d'une solide pieté, il marcha toujours d'un pas égal dans la voie du Seigneur, sans jamais se démentir durant quarante-quatre ans de Regne. C'étoit un des plus braves Rois que la France

Guerre de Tunis.

Mort de S. Louis.

Son éloge.

Duchêne p. 462.

pus mensibus naves ad Aquas-Mortuas duxere, inter infelicis exitus causas numerantur. Cruce-signati enim æstate summa in Africa castrametati sunt, bellumque gesserunt ; hinc porro ægritudines ortæ. Conscensis navibus classis primum a tempestate jactatur. Ubi vero tranquillum mare fuit, quonam appellendum esset deliberatum est. Rex in Ægyptum transfretare cupiebat, sed invaluit illorum opinio, qui Tunetem ire volebant. Exscensus prope Carthaginem factus est, parum obsistentibus Africanis. Urbs ipsa obsidetur, & brevi capitur. Tunetem movit exercitus, quam urbem ante Caroli fratris Siciliæ Regis adventum Rex obsidere noluit. Fossæ circum castra parantur, queis cohibeantur Saracenorum incursiones. Æstus vero nimius, aquæ potabilis penuria, milleque alia incommoda, morbos, deinde pestilentiam induxerunt in castra. Multi quotidie interibant, exque Primoribus non pauci. Rex tandem ipse in dysenteriam incidit. Hac pressus ægritudine rem tamen pro more administrabat, & nuncios secundò a Michaele Palæologo missos audivit. Verum invalescente in dies morbo, ubi sensit instare obitum, Philippum filium advocari jussit, cui

egregia illa monita dedit, quæ ad nostram usque ætatem pervenerunt. Illa vero quæ filio præscripsit nihil aliud erant, quam quæ ipse Ludovicus per totam vitam exercuerat. Instante mortis hora, sublatis in cælum oculis, hæc postrema protulit verba : *Introibo in domum tuam : adorabo ad templum sanctum tuum, & confitebor nomini tuo, Domine* ; & hæc dicens exspiravit 25. Augusti, eadem hora qua Christus in cruce mortuus est. Nullus unquam Princeps majus sui desiderium reliquit, tam in exercitu quam in Regno suo, ubi res paucis post diebus nunciata est.

Frater ejus Carolus qui cum classe appulerat, in castra pervenit, quo tempore Rex extremum emittebat halitum. Ossa illius a carnibus sejuncta in preciosa capsa deposita sunt in Franciam transferenda. Caro & intestina fratri Carolo data, in Ecclesiam Montis-Regalis in Sicilia missa sunt.

Ex Principibus & Regibus nemo unquam plus Christianis officiis & religionibus addictus fuit, quam Ludovicus. Quam semel susceperat pietatis viam pari semper gradu & sine offendiculo emensus, annos Regni peregit quadraginta quatuor. Inter fortissimos

ait eus. Il affrontoit le peril dans les batailles, & fut un des plus rudes combattans de son siécle, comme il parut à Taillebourg, à Damiete & à la Massoure. Plusieurs, même de son tems, n'approuverent pas ses expeditions d'outremer, où il étoit difficile de faire des conquêtes, & encore plus difficile de s'y maintenir long-tems contre tant de nations infidéles : mais Louis animé du zéle d'étendre la Foi Chrétienne, & de délivrer les lieux Saints des mains des Infidéles, ne suivoit pas toujours ce que la prudence humaine pouvoit dicter sur ces sortes d'entreprises. C'étoit d'ailleurs le goût de ce tems-là : & ce ne fut que long-tems depuis qu'on s'apperçut enfin qu'il n'y avoit rien de plus ruineux que ces expeditions d'outremer, où un nombre infini de Chrétiens avoient peri sans aucune utilité.

MONUMENS DU REGNE
DE SAINT LOUIS IX. de ce nom.

PL. XX.

LE sacre de S. Louis est representé tel que nous le donnons ici dans la vitre d'une chapelle de la sainte Vierge, derriere le chœur de l'Eglise de S. Louis de Poissi. Elle a été faite long-tems après la mort de S. Louis, & comme je croi, bien avant dans le quatorziéme siécle. L'inscription qui est sur la vitre même est telle : *L'an de grace mil deux cens vingt-six, fut oingt & sacré Monseigneur sainct Loys dans l'Eglise de Notre-Dame de Reims, par très-reverend Pere en Dieu Messire Jaques de Basoches Evesque de Soissons, le premier Dimanche des Advents en presence du Roy d'Angleterre & des Princes freres du Roy nostre Sire, dont moult fut grand joye.*

L'Auteur de l'inscription s'est mépris, en disant que le Roi d'Angleterre y fut present. Il n'étoit point en France en ce tems-là, & aucun Historien n'a dit qu'il soit venu à ce sacre. On voit dans la foule la tête d'un Roi couronné que le Peintre a mis ici pour le Roi d'Angleterre, conformément à l'inscription.

quosque Reges Francorum computandus. Pericula intrepidus adibat, & manu propria decertans strenuissimos quosque superabat, ut videre erat Talleburgi, Damietæ, & in Massurensi pugna. Expeditiones vero illius ultramarinæ, non omnibus etiam ævo ipsius, probatæ fuere : nam certe difficile admodum erat in tam procul positis oris urbes & regiones expugnare, longeque difficilius expugnatas contra tot barbaras nationes, veræ infensas Religioni, tueri. At Ludovicus illius propagandæ, & sacra loca recuperandi studio incensus, humanæ prudentiæ ratione & consilio non usque adeo movebatur. Ad hæc vero sacri belli studium, isto ævo, omnium pene animos & religiones concitabat. Necnisi diu postea animadversum fuit, perniciosa admodum esse transmarina hujusmodi bella, ubi infinitus pene Christianorum numerus nullo fructu perierat.

MONUMENTA
AD SANCTUM LUDOVICUM
EJUSQUE REGNUM SPECTANTIA.

SANCTI LUDOVICI inauguratio, sive in Regem unctio, depicta visitur in vitrea fenestra capellæ B. Virginis pone chorum Ecclesiæ sancti Ludovici Pissiacensis. Pictura vero diu post obitum ipsius concinnata fuit ; atque, ut mea fert opinio, cum sæculi decimi-quarti magna pars jam effluxisset. Inscriptio in ipsa vitrea fenestra hujusmodi legitur Gallico vulgari idiomate : *Anno gratiæ millesimo ducentesimo vigesimo sexto inunctus & sacratus fuit Dominus sanctus Ludovicus in Ecclesia Beatæ Mariæ Rhemensi, à reverendissimo patre Domino Jacobo de Basociis Episcopo Suessionensi, Dominica prima Adventus, præsentibus Rege Angliæ & Principibus Domini Regis nostri fratribus ; unde ingens exorta lætitia fuit.*

Errat is qui inscriptionem hujusmodi posuit, cum dicit adfuisse Angliæ Regem. Is tunc in Gallia non erat ; nullusque Scriptorum dixit ipsum ad hujusmodi inaugurationem se contulisse. In adstantium turba caput Regis coronati conspicitur, quem quasi Regem Angliæ pictor apposuit, ut fert inscriptio. Hic Pares

LE SACRE DE SAINT LOUIS.

L'an de grace, mil deux cens vingt six fut oingt et sacré monseigneur sainct Loys, dans leglise N. Dame de Reims, par tres reuerend pere en dieu messire Jacques de Basoches Euesque de Soissons, le premier dimanche des aduents en presence du Roy dangleterre, et des princes freres du roy nrestre, dont moult fut grand joye.

MONUMENS DU REGNE DE SAINT LOUIS, &c. 155

Les Pairs de France ne paroissent pas ici faisant leurs fonctions comme dans d'autres sacres.

Le jeune Roi assis porte une couronne à fleurons. Il tient de chaque main un sceptre d'or. Son manteau de couleur d'azur est chargé de fleurs de lis d'or à l'ordinaire. L'Evêque qui est à sa droite, & qui lui donne la benediction, porte une chappe de couleur de pourpre. L'autre Evêque qui est à sa gauche tient la sainte Ampoule. Il porte une chasuble de même couleur, & selon la forme antique. Elle descendoit également de tous les côtez & tout autour, & on la relevoit avec les bras ; ce qui se comprend aisément sur l'image.

Le portrait de S. Louis qui commence la planche suivante, est tiré d'un tableau, [1] qu'on garde à la sainte Chapelle de Paris, fait l'an 1226. lorsqu'il n'avoit encore que treize ans. On ne sait s'il fut peint ainsi avant ou après son sacre qui fut fait en la même année, comme nous venons de voir. Le portrait a été fait d'après nature. Louis a les cheveux courts, & porte un bonnet de velours rouge. Il tient l'oiseau sur la main gauche à la maniere des Princes & des Seigneurs de ces tems-là, & de la main droite il porte une petite baguette pour retenir cet oiseau. Il est revêtu d'une tunique, & par dessus d'un autre habit, qui paroît fourré d'une peau veluë, à larges manches fenduës : il passe les bras par la fente. Cet habit est brun semé de fleurs rouges.

PL. XXI. 1.

Le portrait suivant [2] de ce saint Roi est si ressemblant au précedent, qu'on pourroit d'abord croire que l'un a été copié sur l'autre ; mais quand on y regarde de près, on voit que celui-ci represente S. Louis homme fait, & qu'il y a beaucoup d'autres petites differences. Il est ici representé tout entier debout ; au lieu que le tableau précedent ne montre que son buste. Il tient ici l'oiseau sur la main. Son habit est de la même forme & couleur : ses bas sont rouges & ses souliers noirs. Cette figure se trouve dans les portefeuilles de M. de Gagnieres parmi les portraits de S. Louis. Il a oublié de marquer d'où il l'avoit tirée ; mais il est certain qu'elle n'a pas été faite de pure imagination.

2.

On le voit après [3] armé à cheval, tenant le bouclier du bras gauche ; c'est l'écu de France ; & la lance où tient la banniere, de la droite. Son casque est tout plat par le haut. Le reste du corps couvert de mailles jusqu'à la plante des

3.

Franciæ suo fungentes munere non comparent, quales in aliis sacris unctionibus visuntur.

Sedet Rex juvenis admodum : corona ejus, non liliis vulgaribus ornatur, sed aliis floribus. Ambæ manus sceptro suo aureo singulæ munitæ sunt. Pallium ejus cæruleum pro more, liliis aureis ornatur. Episcopus ad Regis dexteram stans, & *benedictionem* ipsi impertiens, cappam gestat purpurei coloris, Alter Episcopus ad lævam, sacram phialam tenet : gestat vero casulam item purpuream, veteri forma concinnatam, quæ undique ad pedes usque defluebat, & brachiis relevebatur ; id quod ex depicta imagine facile intelligitur.

S. Ludovici imago, quæ prima in tabula insculpta sequenti visitur, ex veteri tabula, quæ in sancta Capella Parisiensi asservatur, exsumta fuit : anno autem 1226. cum ipse tredecim emensus annos esset, depicta fuit : utrum autem ante vel post inaugurationem ejus ignoratur ; quæ inauguratio anno 1226. facta est, ut narravimus. Ad nativam imaginem delineata hæc figura fuit. Breviorem Ludovicus & attonsam habet comam. Pileum gestat ex villoso serico rubro ; avemque accipitri sinistra tenet manu, more Principum & Procerum istius ævi ; dextera vero virgam tenet regendo accipitri. Tunica indutus, exteriore quoque veste contegitur, cui assutus videtur pelliceus pannus villosus : huic hærent amplæ manicæ pendentes ac diffissæ : per fissuram vero brachia extrahuntur. Vestis fusci coloris, rubris floribus ornatur.

Imago sequens præcedenti ita similis est, ut ex illa exsumta fuisse statim videatur : sed rem accuratius attentiusque consideranti, in secunda imagine deprehenditur Ludovicum juvenilem ætatem prætergressus, aliaque observantur minora discrimina. Hic totus & stans exhibetur. In altera vero tabula dimidiam solummodo staturam conspicis. Hic etiam avem gestat manu. Vestis ejusdem formæ colorisque est, tibialia rubra, calcei nigri. Hoc porro schema in codicibus D. Gagnerii habetur, inter imagines sancti Ludovici. Neque annotavit, ut solet, undenam exceperit : at certum est illud nec confictum, nec ex mera imaginatione concinnatum fuisse.

In tabula sequenti Ludovicus Rex eques armatus repræsentatur, clypeum, Regum Francorum insignibus onustum, in læva insertum habens, & dextera lanceam tenens, cui hæret vexillum iisdem insignibus ornatum. Galea ejus superne plana est : reliquum cor-

Tome II.   V ij

pieds, ensorte que les mailles enferment indistinctement tous les doigts de la main. Par dessus ces mailles il porte une veste de couleur d'azur. S. Louis est monté sur un cheval blanc, parce que le cheval blanc étoit une marque de souveraineté, comme nous verrons dans la suite. Cette figure est tirée des vitres de Notre-Dame de Chartres.

4. Le voici en habit Roial, tel qu'il est representé dans l'Eglise des Religieuses de Poissi au dessus du jubé. La couronne est à fleurons comme la plûpart des couronnes des Rois de la troisiéme race jusqu'au quinziéme siécle. Le manteau Roial ou la chlamyde d'azur est semée de fleurs de lis d'or à l'ordinaire, & doublée d'hermines. S. Louis a les cheveux courts dans toutes ses images. On remarque que presque toutes les figures d'homme & de femme faites en ce siecle-là en statuë ou relief, ont la mine riante. C'est dans le treiziéme siecle que la statuaire commença à se relever un peu. On trouve quelques statuës de ces tems-là d'un dessein assez passable.

5. Dans l'image suivante tirée des vitres de Notre-Dame de Chartres, S. Louis un genou en terre offre un reliquaire, sans doute à l'Eglise de Chartres. L'écu de France se voit derriere lui, apparemment pour faire reconnoître ce Prince.

Aux vitres de la sacristie de l'Abbayie de S. Denis on voit des peintures au nombre de huit, qui regardent la vie, la mort & les miracles de ce saint Roi. A chaque peinture il y a un vers, qui explique le sujet representé. Les caracteres dont sont écrits les vers, semblent marquer que les vitres ont été faites au quatorziéme siecle, avant que ce siecle fût fort avancé, & dans un tems où il pouvoit y avoir encore des vieillards, qui se souvenoient de S. Louis. Il y en aura peut-être qui soutiendront que ces peintures ont été faites dans un tems plus bas, fondez sur ce que dans une de ces peintures on voit sur la tête des fils de S. Louis l'écu de France chargé seulement de trois fleurs de lis. Or suivant l'opinion ci-devant reçue, l'écu de France, qui étoit au commencement chargé de fleurs de lis sans nombre, ne fut reduit à trois fleurs de lis que du tems de Charles VI. mais l'on a découvert & l'on découvre tous les jours des écus bien plus anciens reduits à ce nombre de trois fleurs. On en a trouvé de Charles V. du Roi Jean, de Philippe de Valois, & peut-être en trouve-t-on d'autres de tems plus reculez. Ce qui me feroit croire que ces vitres ont été peintes avant l'an 1350. c'est que

pus hamis opertum ad extremos usque digitos; ita ut etiam hami manum totam cum digitis indiscriminatim complectantur. Supra hamatam illam vestem alteram cæruleam gestat. Equo albi coloris vehitur Ludovicus, quia equi hujusmodi supremum dominium significabant. Hoc schema ex vitrea fenestra Ecclesiæ B. Mariæ Carnotensis exsumtum fuit.

Regiis indutus vestibus conspicitur, qualem hic referimus, in Ecclesia Monialium Pissiacensium ante chorum. Corona, non liliis, ut vocant, sed aliis floribus ornatur, quod etiam in plerisque aliis Regum coronis observatur ad usque sæculum decimum-quintum. Pallium Regium, seu chlamys cærulea, liliis aureis pro more consperla est, cui assutæ sunt murium Ponticorum pelles. Breve capillitium gestat Ludovicus. Observatur porro viros mulieresque in statuis & anaglyphis, isto ævo factis, subridentes exhiberi. Et tamen isto sæculo decimo-tertio cœpit ars statuaria a prisca barbarie emergere. Aliquot occurrunt istius ævi statuæ non ineleganter factæ.

In sequenti schemate ex vitrea fenestra B. Mariæ Carnotensis educto, flexo genu Ludovicus thecam Reliquiarum offert, Ecclesiæ, ut videtur, Carnotensi.

Pone illum visitur scutum insignibus Franciscis onustum, ut hinc agnosci Rex possit.

In magna vitrea fenestra sacristiæ S. Dionysii in Francia, depictæ historiæ visuntur, quæ ad vitam, obitum & miracula sanctissimi Regis pertinent. Ad singulas historias singula sunt hexametra, rem de qua agitur significantia. Ex literarum forma comprobari videtur, has vitreas fenestras factas fuisse decimoquarto sæculo nec vertente, cum adhuc superesse possent senes, qui sanctum Ludovicum viderant. Non deerunt fortasse, qui in ævum inferius hæc remitti debere contendant, quia nempe in quadam vitreæ fenestræ parte scutum Francicum, sancti Ludovici filiorum capitibus imminens, cum tribus tantum liliis conspicitur: atqui secundum opinionem non ita pridem in Francia receptam, scutum Francicum, initio floribus lilii sine definito numero onustum, tempore solum Caroli VI. ad tria tantum lilia reductum fuit. Verum jam deprehensa sunt & in dies deprehenduntur scuta priorum Regum cum tribus tantum liliis; Caroli nempe V. Joannis, & Philippi Valesii, & fortassis anteriorum temporum reperientur. Hinc eo adducor ut credam has vitreas fenestras ante annum

MONUMENS DU REGNE DE SAINT LOUIS, &c. 157

je vois dans ces vers des lettres dont l'usage avoit cessé avant ce tems-là. Je m'en rapporte au jugement des habiles.

La planche qui suit represente S. Louis allant sur mer. C'étoit à sa premiere expedition ¹ pour la Terre-sainte. Cette peinture est d'un goût fort grossier. Il va sur mer dans un vaisseau où l'on ne voit en sa compagnie que deux Dominicains qu'on reconnoît à leur couronne, & un rameur. S. Louis regarde le Ciel, & tient les mains jointes. Il porte la couronne d'une forme assez particuliere, & qui est toujours la même dans les images suivantes. Sa tête y est entourée du nimbe qui renferme une espece de coquille, telle à peu près qu'on la voit dans les figures de Pepin & de Carloman à la Planche xx. du premier tome. Il porte le nimbe, parce qu'il avoit été canonisé avant que la peinture fût faite, & qu'il étoit honoré comme Saint. Le vers d'enhaut dit, que c'est la premiere fois que S. Louis passe la mer pour l'amour de Jesus-Christ.

PL. XXII. 1.

Transit primo mare Christi Ludovicus amore.

Il y a quelquefois dans ces vers des lettres brouillées, & d'autres qui ne marquent pas ; mais on lit tout facilement à la faveur du metre & de la rime des vers leonins. On voit ici ce que nous avons remarqué ci-devant, trois points après chaque mot ; usage des plus anciens, comme nous avons fait voir.

S. Louis qui étoit parti d'Aigues-mortes, se rendit avec son armée en Chypre, de là il passa en Egypte, prit Damiette, & gagna quelques victoires sur les Sarrasins ; mais après que tous les chevaux eurent peri, la maladie s'étant mise dans son armée, il fut fait prisonnier avec les restes de ses troupes. Le voici en prison, ² tenant les mains jointes, & la tête tournée vers le Ciel. Un Ange qui lui apparoît, tient une épée à la main. Son Confesseur Dominicain vient le visiter avec son Compagnon. Il tient un livre à la main sur lequel est écrite deux fois cette lettre X. X. ce qui semble signifier *Christus* ; c'est apparemment le livre des Evangiles. Le vers d'enhaut marque seulement que S. Louis est en prison.

2.

Est istic sanctus Ludovicus carcere clausus.

Le saint Roi instruit ses fils, qui sont à genoux devant lui : ¹ les préceptes qu'il leur donne sont renfermez dans ces mots écrits sur un rouleau, qu'il tient déployé, *Diligite justitiam*, aimez la justice. Au dessus des trois fils de S. Louis, est un écu de France à trois fleurs de lis dont nous avons parlé ci-devant, qui mar-

PL. XXIII. 1.

1350. factas esse, quod in versibus ibidem scriptis literarum formas videam quarum usus illo tempore cessaverat. Rem vero peritorum judicio permitto.

Tabula sequens navigantem Ludovicum exhibet ; quo tempore scilicet bellum sacrum primo suscepit. Rudi admodum more depingitur hic Ludovicus, marinum iter agens in navi, ubi duo tantum Dominicani, & remex unus cum Rege visuntur. Cælum autem junctis manibus respicit. Caput ejus nimbo ornatur, in quo cochlea includitur, similis iis quæ visuntur in nimbis Pipini & Carlomanni in tabula XX. tomi primi. Nimbum autem gestat, quia jam in Sanctorum albo descriptus fuerat ante, quam hæc pictura adornaretur, & ut sanctus colebatur. In versu superne descripto dicitur Ludovicum nunc primo mare pro amore Christi trajicere.

Transit primo mare Christi Ludovicus amore.

In his porro versibus literæ quandoque occurrunt confusæ & aliæ pene deletæ ; sed ex metri, & aliquando rythmi ope leguntur. Hic etiam observatur id quod alibi sæpe deprehendimus, tria videlicet puncta post singula verba ; qui mos antiquissimus est, ut alias ostendimus.

Sanctus Ludovicus qui ad Aquas-mortuas navem conscenderat, in Cyprum cum exercitu se contulit, indeque Ægyptum petiit, Damietam cepit, deque Saracenis postea aliquot victorias reportavit. Sed postquam omnes fere equi perierant, lues exercitum invasit ; ipseque cum residuis Francorum copiis captus & in carcerem conjectus est. En illum in carcere detentum, junctis manibus, caput & oculos in cælum attollentem. Adstat illi Angelus, strictum tenens gladium. Dominicanus apud quem peccata exonerare solebat cum socio adest ; librumque manu tenet, in cujus extima facie hæc litera repetita compareat XX. quo significatur, ut puto, *Christus*. Est fortassis liber Evangeliorum. Superpositus versus carcerem solummodo indicat.

Duchêne p. 476. & seqq.

Est istic sanctus Ludovicus carcere clausus.

Præcepta dat sanctus Rex filiis, qui flexis genibus patrem audiunt ; quæ præcepta omnia duobus verbis in revoluta charta exaratis includuntur : *Diligite justitiam*. Supra caput trium sancti Ludovici filiorum visitur scutum Francicum, tribus tantum liliis instructum, de quo supra paucis disseruimus : significat au-

V iij

que que ce sont des enfans de France, & les fils de S. Louis, comme dit ce vers:

Advocat hic natos Ludovicus, & instruit ipsos.

2. Le devot Prince ² se fait donner la discipline ; c'est son Confesseur Dominicain qui le fouette. Le Compagnon du Confesseur tient un livre marqué de deux X. comme ci-devant. S. Louis a les épaules nuës, un genou à terre, & les mains jointes. L'action est marquée par ce vers :

Castigat sanctus Ludovicus verbere corpus.

Il se confessoit tous les vendredis, dit un Auteur, & après la confession il se faisoit toujours donner la discipline.

PL. XXIV. 1. Je ne sai pas bien à quoi se rapporte l'histoire suivante. S. Louis ¹ ramasse des os & des têtes de mort, apparemment pour les faire ensevelir. Les deux Religieux qui sont en sa compagnie se bouchent le nez, tant l'odeur étoit mauvaise ; cela me fait croire que ce ne sont point des reliques : le vers qui est en haut ne le dit pas :

Istic truncata Ludovicus colligit ossa.

2. Dans l'image suivante ³ S. Louis donne avec une cuillier quelque chose à manger à un lepreux. Les Auteurs de sa vie disent qu'il en guerissoit plusieurs. Celui à qui il donne à manger est un Religieux couché dans son lit, tout couvert de lepre. Quelques autres sont presens à l'action, exprimée par ce vers :

Multum leprosis datur hic cibus a Ludovico.

Je ne sai s'il y a *leproso* ou *leprosis*.

PL. XXV. 1. S. Louis aiant entrepris une seconde croisade, prit terre avec son armée en Afrique, se rendit maître de Carthage, & alla mettre le siege à Tunis. La maladie & puis la peste se mit dans son armée. Il en fut atteint lui-même, & mourut. Il est ici representé venant de mourir, & tenant les mains jointes. ¹ Son Confesseur & deux autres personnes, qui sont auprès de son lit, pleurent. Son ame sous la forme d'un jeune homme nud, est representée à genoux les mains jointes, soutenuë dans un drap par deux Anges. Le vers Latin dit que Louis meurt pour aller jouir de la paix céleste :

Cæli, dum moritur, Ludovicus pace potitur.

Le saint Roi délivré des liens de cette vie, & reçu dans le Ciel, fut canonisé

---

tem illos esse Regios filios, id quod hoc versu exprimitur ;

Advocat hic natos Ludovicus, & instruit ipsos.

Verberibus etiam corpus castigari suum curat Rex pius. Dominicanus autem apud quem peccata deponere solebat, verberandi officio fungitur. Socius illius interim librum illum tenet duplici X. notatum. Genu alterum flectit Ludovicus, nudosque humeros exhibet, junctis manibus. Rem sic exprimit hic versus:

Castigat sanctus Ludovicus verbere corpus.

Gesta S. Lud. Duchêne p. 367.

Quælibet sexta feria, inquit Scriptor quidam, peccata confitebatur, & post confessionem se verberibus cædi curabat.

Haud certo dicere possim quæ res in sequenti delineata tabula significetur. S. Ludovicus ossa & crania mortuorum colligit, ut fortassis sepeliri curet. Duo adstantes Monachi nares manu obturant, ne tetro afficiantur odore. Hinc suadetur mihi has non esse sacras reliquias; neque vero id dicitur in superposito versu:

Istic truncata Ludovicus colligit ossa.

In imagine sequenti Ludovicus cum cochleari aliquid sorbendum leproso offert. Multos ipsum mundavisse leprosos narrant vitæ illius Scriptores. Is cui cibum offert ad medelam Monachus est decumbens, lepra undique contectus: alii spectatores adstant. Res hoc versu significatur :

Multum leprosis datur hic cibus a Ludovico.

Nescio an *leproso* an *leprosis* legendum sit.

S. Ludovicus secundo crucem pro bello sacro accepit, & classe in Africam appulit : ex censu facto Carthaginem cepit, & postea Tunetum obsedit. Morbus & postea lues exercitum invasit, ipseque ægritudine affectus obiit. Hic post extremum emissum halitum repræsentatur junctis manibus. Adest Dominicanus apud quem peccata confiteri solebat. Adsunt etiam alii duo, lacrymas fundentes. Anima sancti Ludovici, nudi juvenis specie, exhibetur genibus flexis, junctis manibus, & a duobus Angelis in linteo sustentatur, sicque cælestem pacem consequitur, ut hic versus indicat :

Cæli dum moritur Ludovicus pace potitur.

Rex sanctus terrenæ vitæ vinculis ereptus, & in cælos translatus, a Bonifacio Papa VIII. Sanctorum nu-

Les vitraux de la Sacristie de St Denis.

MONUMENS DU REGNE DE SAINT LOUIS, &c.

par le Pape Boniface VIII. Il fut mis sur les Autels, & se signala alors par un grand nombre de miracles, rapportez au long dans sa vie. Sa statuë est ici élevée au dessus d'un autel. Il tient une double croix de la main droite, & les trois cloux de la croix de la gauche. Bien des gens viennent y faire des vœux pour obtenir la guérison de leurs maladies. Ils apportent des presens qui paroissent être des rouleaux de bougie. Un des deux qui sont à genoux oûvre une grande bouche. Il y a apparence que c'est un démoniaque, ou se croiant tel : ce qui le persuade, est qu'auprès de sa bouche ouverte est une espece de dragon ou de monstre, qui ne peut être qu'un diable. Ces hommes qui sont devant l'autel ont des capuchons ou des chaperons : ce ne sont pourtant pas des Religieux, car ils n'ont point de couronne ; & du tems de S. Louis il y avoit bien des gens qui n'étoient pas Moines, qui portoient le chaperon en forme de capuchon. Au haut de l'image il y a des vœux attachez & suspendus, comme on voit encore aujourd'hui dans plusieurs Eglises. Ces vœux sont des boucliers, des épées, une figure humaine, & d'autres choses. On avoit recours à S. Louis pour toutes sortes de maux. Il guerissoit tous ceux qu'il vouloit favoriser de ses prieres, comme porte le vers au haut de l'image :

Omnis abest morbus pro quo petit hic Ludovicus.

La couronne d'or de S. Louis qui commence la planche suivante est conservée comme une Relique dans le tresor des RR. PP. Dominicains de Liege. Le dessein m'en a été envoié par M. le Baron de Crassier, qui a un grand goût pour tout ce qui regarde les Monumens anciens de toute espece. Cette couronne n'a aucune des marques des couronnes des Rois de France. Je ne doute pas que S. Louis n'en ait fait present aux Dominicains, ausquels il a été fort attaché pendant toute sa vie ; mais je croirois volontiers qu'il l'avoit fait faire pour quelque statuë de Saint ; les Anges qu'on y voit tout autour semblent le persuader.

Marguerite de Provence, que S. Louis âgé de dix-neuf ans épousa à Sens en 1234. est ici representée en Reine, la couronne sur la tête ornée de fleurons avec le manteau Roial de France chargé de son blason. Elle est ainsi en statuë dans l'Eglise des Religieuses de Poissi. Sa tunique est rouge ornée de fleurs. Auprès de sa tête on voit les armes de France & celles de Provence, qui sont d'or aux trois pals de gueules, d'autres y mettent quatre pals ; mais elles sont ici souvent repetées avec trois pals seulement. Elle a la mine riante, comme son mari

PL. XXVI.
1.

2.

Dubbini 476. &c.

mero adscriptus est. In aris tunc collocatus, miraculorum complurium splendore fulsit, quæ in vita ejus longa serie recensentur. Super aram hic ejus statua erigitur. Duplicem crucem manu dextera tenet, & tres crucifixi clavos sinistra. Multi veniunt rogatum a morbis convalescant, muneraque deferunt, &, ut videtur, cereos in circulum convolutos. Ex duobus qui flexis genibus sunt, unus hianti est ore, videturque a malo dæmone vexari, vel forte se ab illo cruciari putat ; idque suaderi videtur ex dracone vel monstro, quod prope os ipsius visitur ; dæmon malus haud dubie pingitur. Qui ante aram sunt, caputiis sunt instructi, neque tamen sunt Monachi, corona quippe capillitia carent ; tempore namque S. Ludovici multi caputia gestabant. In superna imagine vota seu dona appensa visuntur, qualia hodieque in Ecclesiis cernere est : sunt porro scuta, gladii, humanum corpus nudum, & alia. Ludovici auxilium implorabatur in morbis cujusvis generis. Quos volebat ille, precibus ad bonam valetudinem revocabat, ut hoc versu super posito exprimitur :

Omnis abest morbus pro quo petit hic Ludovicus.

Corona S. Ludovici aurea, quæ prima in tabula sequenti visitur, inter Reliquias asservatur a Dominicanis Leodiensibus, mihique depicta a D. Barone de Crasserio Leodiensi, Antiquariæ rei studioso transmissa fuit. In hac corona nihil prorsus ad Francorum Regum coronas pertinens observatur. Nihil dubito quin S. Ludovicus illam Dominicanis, quibus semper addictus fuerat, dederit : at libenter crederem illam pro sancti cujuspiam statua factam fuisse ; id vero suadere videntur Angeli in illa frequenter exhibiti.

Margarita Comitis Provinciæ filia, quam duxit uxorem Ludovicus, novemdecim annos natus, anno 1234. Hic Regina repræsentatur cum corona, qua floribus aliis, non liliis, ornatur, & pallio Regio cum Franciæ insignibus. Tunica ejus rubra est floribus consperfa. Prope caput ipsius in Pissiacensi Ecclesia visuntur insignia Franciæ, itemque Provinciæ, quorum campus aureus est cum tribus palis rubris : alii quatuor palos apponunt : at hic tres pali visuntur in scutis sæpius repetitis. Hic subridens Margarita exhibetur eadem de

160 MONUMENS DU REGNE DE SAINT LOUIS, &c.

ci-dessus. Le plus grand éloge qu'on peut faire de sa vertu, c'est de dire qu'elle étoit digne épouse d'un des plus saints Rois qui fut jamais. La figure [3] suivante de la même Reine est tirée d'un Armorial manuscrit de M. de Gagnieres, qui n'a guére plus de trois cens ans d'antiquité. Sa coëffure fort extraordinaire a tout l'air de n'être qu'un caprice du Peintre. Elle porte le manteau Roial de France d'azur chargé de fleurs de lis d'or. Sa tunique qui a des manches brunes, est rouge, traîne à terre, & ne laisse voir que l'extremité de ses souliers, dont la pointe est fort longue & menuë. La Reine Marguerite mourut l'an 1295. vingt-cinq ans après le decès du Roi son mari. Elle fut enterrée à S. Denis au milieu du chœur. [4] Sa figure est gravée sur sa tombe de cuivre, telle que nous la donnons ici.

3.

4.

Pl. XXVII.

La planche suivante contient les fils de S. Louis, hors Philippe le Hardi qui lui succeda, & qui est reservé pour la premiere planche de son Regne. Le premier est Louis qui nâquit le 21. Septembre 1243. & mourut à Paris l'an 1260. Il fut extremement regretté. Nous le donnons [1] d'abord comme il est representé à Poissi, portant une robe de couleur d'azur semée de fleurs de lis. Au haut de la robe est une espece de chaperon rabattu sur les épaules du Prince : l'inscription au bas est *Loys fils aisné de saint Loys*. On le voit de [2] même sur son tombeau dans l'Abbayie de Royaumont sans presque aucune difference. Il est aussi sur les vitres de Notre-Dame de Chartres, priant Dieu à genoux. Son habit est rouge-brun. Ses longues manches pendantes sont percées en haut pour y passer les bras, comme sont ci-dessus celles de S. Louis, qui tient l'oiseau sur le poing. Il a derriere lui l'écu de France.

1.

2.

3.

4.

Jean [4] autre fils de S. Louis & de Marguerite de Provence, ne peut être né avant l'an 1246. puisque son aîné Philippe nâquit au mois de Mai de l'an 1245. Le même Jean mourut l'an 1247. le 10. de Mars : c'étoit l'an 1248. selon notre maniere de compter d'aujourd'hui. Voici les termes de son épitaphe écrite autour de son tombeau, qui est à Poissi avec la figure que nous donnons ici.

Hic jacet Joannes excellentissimi Ludovici junioris Regis Francorum filius, qui in ætate infantiæ migravit ad Christum, anno gratiæ millesimo ducentesimo quadragesimo septimo, sexto Idus Maii.

Il est donc mort dans la plus tendre enfance, & cependant le voici representé

---

causa, qua supra Ludovicus. Nulla potest hæc Regina majori laude celebrari, quam si dicatur dignam uxorem fuisse Regis inter sanctissimos computandi. Schema sequens ejusdem Reginæ exsumtum fuit ex manuscripto insignium gentilitiorum Domini de Gagneriis, annis abhinc non multo plus trecentis exarato ac depicto. Ornatus capitis prorsus singularis, ex mero pictoris arbitrio profectus videtur. Regale pallium Francicum gestat cæruleum, liliis aureis ab altera parte consperum. Tunica ejus rubra est, sed manicæ fuscæ coloris. Tunica terram contingit, ita ut extrema calceorum tantum compareant : qui calcei admodum acuti & longi sunt. Obiit Margarita Regina anno 1295. viginti quinque annis post obitum Regis conjugis, & in Ecclesia sancti Dionysii sepulta est, ubi in tabula ænea sculpta repræsentatur illa forma, quam vides in tabula nostra.

In sequenti tabula visuntur filii S. Ludovici, uno excepto Philippo Audace, ejus successore, qui in Regni sui tabulis appingitur. Primus est Ludovicus, natus anno 1243. qui obiit Lutetiæ anno 1260. magnumque sui desiderium reliquit. Sic primo proferetur, ut visitur in Ecclesia Pissiacensi, cum veste cærulea liliis consperta. In suprema veste quoddam ceu caputium est in humeros demissum. Inscriptio inferne denotat ipsum primogenitum esse sancti Ludovici. Repræsentatur quoque in sepulcro suo in Abbatia Regalis-Montis, priori omnino similis. Visitur etiam in vitrea fenestra B. Mariæ Carnotensis, ubi genuflexus precatur. Vestis ejus subrubra & fusca est. Oblongæ manicæ perforantur, ut possint brachia emitti, quales sunt supra manicæ vestis sancti Ludovici accipitrem pugno gestantis. Pone se scutum Francicis omustum insignibus habet.

Joannes alter filius sancti Ludovici & Margaritæ uxoris ejus, nasci non potuit ante annum 1246. quandoquidem major ipso Philippus natus est anno 1245. mense Maio. Idem ipse Joannes obiit anno 1247. Martii decimo die. Erat ille annus 1248. secundum hodiernum computandi morem. En inscriptionem sepulcralem circa tumulum ejus exaratam Pissiaci, ubi etiam ejus schema conspicitur.

Hic jacet Joannes excellentissimi Ludovici junioris Regis Francorum filius, qui in ætate infantiæ migravit ad Christum, anno gratiæ millesimo ducentesimo quadragesimo septimo, sexto idus Maii.

In tenerrima ergo infantia mortuus est, & tamen en

Couronne de St Louis.

Figures de la Reine Marguerite.

MONUMENS DU REGNE DE SAINT LOUIS, &c. 161

en grand jeune homme : mais cela n'est pas nouveau; nous en avons déja vû, & nous en verrons d'autres exemples. Il est ainsi gravé sur une tombe de cuivre émaillé, tenant ses deux pieds sur un lion. Il tient un sceptre terminé en haut par une fleur de lis. Son habit est tout marqué de lozanges, qui contiennent alternativement la fleur de lis de France & les armes de Castille en l'honneur de sa grand'-mere Blanche.

Autour de sa figure on voit un grand nombre d'écussons. Celui de France y est cinq fois ; celui de Castille cinq fois. De France parti de Castille une fois. Aragon s'y voit aussi d'or à cinq pals de gueules. On n'y met ordinairement que quatre pals.

Le même Prince ⁵ se voit encore gravé sur une plaque de cuivre relevée contre la muraille dans le chœur de l'Abbayie de Royaumont, à main gauche du grand autel. Sa robe est blasonnée de France. Il tient de la main gauche un oiseau, & de la droite un gand.

Jean ⁶ autre fils de S. Louis nâquit à Damiete l'an 1240. Il fut appellé Tristan, parce qu'il vint au monde lorsque sa mere étoit dans la tristesse, son mari S. Louis aiant été pris par les Sarrasins. On l'appella aussi Jean de Damiete. Il mourut sans enfans l'an 1270. L'inscription est, *Jehan Comte de Nevers*. Sa figure qui est dans l'Eglise de S. Louis de Poissi, est toute semblable pour l'habit & pour la situation à celle de ses freres qu'on voit sur la même planche.

Pierre ⁷ Comte d'Alençon, autre fils de S. Louis, vient ensuite. Sa figure se trouve à l'Eglise de S. Louis de Poissi tout-à-fait de la même parure que les autres qu'on voit dans la même planche. Il mourut à Salerne en 1283. d'autres mettent 1284.

Ce même ⁸ Prince se trouve comme le précedent dans les Manuscrits de M. de Gagnieres pris sur un vieux pastel, qui ne le montre qu'à moitié. Il a un bonnet sur la tête, revêtu d'une veste fort simple. Il tient de ses deux mains une épée, qu'il va tirer du fourreau. Il ressemble assez de visage à l'image précedente.

Robert ⁹ Comte de Clermont, tige de la Roiale Maison de Bourbon, nâquit en 1256. & mourut au mois de Février 1317. Il est representé avec ses freres dans l'Eglise de S. Louis de Poissi. Il a un bonnet sur la tête ; tient de la main gauche un gand ; c'est pour soutenir l'oiseau de sa main, comme

---

magnæ staturæ adolescens hic repræsentatur. At non nova res est, cujus exempla jam vidimus & postea videbimus. Sic porro sculptus exhibetur in sepulcrali tabula ænea encausto obducta. Supra dorsum leonis stat erectus. Vestis tota rhombis distinguitur, insignia Franciæ & Castellæ alternatim referentibus ; Castellæ nimirum in aviæ suæ Blanchæ honorem.

Circum autem imaginem Principis scuta multa insignibus ornata sunt. Franciæ scutum quinquies comparet, Castellæ totidem vicibus, Franciæ & Castellæ simul juncta insignia semel. Scutum item Aragoniæ cum campo aureo & quinque palis rubris. Quatuor tantum pali solent hodie apponi.

Idem ipse Princeps in tabula ænea sculptus visitur contra murum exposita in choro Abbatiæ Regalis-Montis, ad lævam aræ majoris. Vestis insignibus Franciæ decoratur. Sinistra manu accipitrem tenet, dextera manicam sive chirothecam, qua de re sæpe actum est.

Joannes alius S. Ludovici filius, Damietæ anno 1250. natus est, Tristanusque cognominatus, quia mater ejus, capto a Saracenis Ludovico Rege, in tristitia degebat. Joannes quoque de Damieta appellatus fuit. Sine liberis mortuus est anno 1270. Hic vero vocatur Joannes Comes Nivernensis. Ejus schema, quod in Ecclesia S. Ludovici Pissiacensis comparet, quantum ad vestem & situm omnino simile est fratrum imaginibus in eadem tabula positis.

Petrus Comes Alenconiensis alius S. Ludovici filius sequitur, ut in Ecclesia S. Ludovici Pissiacensis exstat, cultu fratribus suis prorsus similis, ut in tabula videre est. Obiit Salerni anno 1283. vel ut alii narrant 1284.

Alteram Principis hujus figuram ex MSS. Dom. de Gagneriis, ut & præcedentem eduximus, quam ipse ex veteri *Pastillo*, ut vocant, exsumserat. Pileum capite gestat, simplicique veste contectus, utraque manu gladium tenet, quem e vagina educere videtur. Præcedenti schemati vultu sat similis est.

Robertus Comes Claromontanus, Regalis familiæ Borboniæ stirps, natus est anno 1256. obiitque anno 1317. mense Februario. Cum fratribus autem in Ecclesia S. Ludovici Pissiacensis exhibetur. Caput pileo tegitur : sinistra manu chirothecam gestat, qua accipitrem sustentaret, ut sæpe diximus. Baculus quem

Tome II. X

162 MONUMENS DU REGNE DE SAINT LOUIS, &c.

nous avons souvent dit. Le bâton qu'il tient à la main fait la brisure de son écu.

10. Le même [10] est représenté sur son tombeau dans l'Eglise des Jacobins de Paris, dans la chapelle de S. Thomas d'Aquin. Il porte une petite couronne, maillé depuis la tête jusqu'à la plante des pieds : il est revêtu d'une tunique qui couvre les mailles, & ne laisse voir que les bras, les jambes, & l'espece de chaperon de mailles rabattu sur les épaules, qu'on relevoit sur la tête au tems du combat. Il porte l'écu de France avec la brisure du bâton.

11. La figure [11] suivante du même Prince est tirée d'un Armorial manuscrit d'Auvergne de M. de Gagnieres d'environ trois cens ans. Il porte un bonnet extraordinaire, qui approche de la forme d'un chapeau. Il est revêtu de son blason selon l'ordinaire de ces tems. La grande robe qu'il porte, se termine en bas par une longue frange.

PL. XXVIII.

1. Blanche [1] fille de S. Louis née en 1240. qui mourut dans sa plus tendre enfance en 1243. le 29. Avril, a ici la taille d'une grande fille. Cela est si ordinaire, qu'on ne s'y arrête plus. Elle est gravée sur sa tombe de cuivre, & peinte au dessus contre la muraille, à main gauche du grand autel dans le chœur de l'Abbaye de Royaumont. Elle est revêtue de son blason, & tient de la main droite une fleur de lis.

2. Isabeau [2] de France fille de S. Louis née en 1241. fut mariée à Thibaud II. Roi de Navarre, & mourut l'an 1271. Elle est revêtue d'une robe d'azur semée de fleurs de lis ; robe d'une si extraordinaire longueur, qu'elle n'auroit pû marcher qu'en la relevant de tous côtez.

3. Blanche [3] qui suit, fille de S. Louis & de la Reine Marguerite, vint au monde plusieurs années après la mort de sa sœur de même nom. Elle nâquit en Syrie en 1252. & fut mariée à Ferdinand Infant de Castille. Après la mort de son mari elle revint en France, comme nous verrons sous Philippe le Hardi. L'image que nous donnons ici de cette Princesse après M. de Gagnieres, est prise d'un pastel. Sa coëffure & sa robe sont chargées de perles, & pourroient bien être à l'Espagnole de ces tems-là.

4. Beatrix [4] de Bourgogne Dame de Bourbon, & femme de Robert Comte de Clermont fils de S. Louis, est représentée ici comme on la voit sur son tombeau au milieu du chœur des Cordeliers de Champaigne. Elle porte une couronne qui approche fort de celle des Reines. [5] L'autre image de la même qui

5.

---

manu tenet, fortassis ad insignia distinguenda hic appositus fuit.

Is ipse Robertus in sepulcro suo repræsentatur in Ecclesia Dominicanorum Jacobæi vici Lutetiæ. Coronam parvam capite gestat, hamisque totus opertus est a capite ad extremos usque pedes. Tunica induitur hamos obtegente, exceptis brachiis, cruribus & caputio ad humeros dejecto, quod pugnæ tempore ut caput tegeret erigebat. Scutum Francicis insignibus ornatum gestat, cum baculo distinguente.

Schema sequens ejusdem, ex libro insignium Arvernorum ab annis circiter trecentis exarato a D. de Gagneriis eductum est. Singularem petasum gestat ad formam hodiernorum accedentem. Insignibus suis induitur pro more istius ævi, quam gestat vestis oblongis inferne ornatur fimbriis.

Blancha S. Ludovici filia nata anno 1240. quæ in tenerrima ætate obiit anno 1243. vigesimo nono die Aprilis, hic grandis & maturæ viro puellæ staturam refert, quæ res tam frequenter occurrit, ut monitu non sit opus. In sepulcrali vero tabula insculpta est in choro Regalis-Montis ad lævam aræ majoris. Insignibus Regiis Franciscis induta, manu dextera lilium tenet.

Elisabeta filia S. Ludovici nata anno 1241. in uxorem ducta fuit a Theobaldo II. Rege Navarræ, obiitque anno 1271. Cærulea veste liliis conspersa induitur tantæ longitudinis, ut nonnisi sublata, & in altum reducta infima ora, pedes movere posset.

Blancha altera priori cognominis, filia S. Ludovici, multis post Blanchæ sororis obitum annis nata est in Syria anno videlicet 1252. nupsitque Ferdinando Regis Castellæ filio. Post viri sui mortem in Franciam reversa est, ut sub Philippo Audace narrabitur. Schema ejus ex codice D. de Gagneriis exsumtum, ex *Pastillo* quodam eductum fuit. Vestis ejus & capitis cultus, frequentiumque margaritarum ornatus, Hispanicum fortasse istius ævi usum referat.

Beatrix de Burgundia Domina Borbonii, uxor Roberti Comitis Claromontani filii sancti Ludovici, hic exhibetur, ut visitur in sepulcro suo in medio chori Franciscanorum de Campago. Coronam gestat Reginarum Franciæ coronis similem. Aliud ejusdem schema

MONUMENS DU REGNE DE SAINT LOUIS, &c. 163

suit, est prise sur un Armorial de 300 ans de M. de Gagnieres. Sur le bas de sa robe sont les armes de France Bourbon, parti de l'ancien Bourbon d'or au lion de gueules, à l'orle de huit coquilles d'azur. Sa couronne & sa coëffure sont extraordinaires : ses souliers finissent en une fort longue pointe.

Robert III. Comte de Dreux Prince du sang commence la [1] planche suivante. Il étoit fils de Robert II. fils de Robert I. un des fils de Louis le Gros. Ce Robert III. Comte de Dreux & de Braine mourut l'an 1233. Nous le donnons ici tel qu'il est gravé sur sa tombe de pierre dans le chœur de l'Abbayie de S. Yved de Braine. Il a sa main gauche dans un gand, & tient l'autre gand plié dans la droite.

PL. XXIX. 1.

Ferdinand III. Roi [2] de Castille & de Leon, representé sur les vitres de Notre-Dame de Chartres, aura place ici comme cousin germain de S. Louis. Il étoit fils d'Alphonse IX. Roi de Leon & de Berengere de Castille sœur de Blanche de Castille, mere de S. Louis. Ce Prince se signala par ses conquêtes sur les Mores. Il prit Cordouë le 29. Juin 1236. & puis Seville le 22. Decembre 1248. après un siege de seize mois. Il mourut en vrai Chrétien le 30. Mai 1252. Ferdinand est à cheval armé. Le haut de son casque est tout plat à la maniere du tems. Il est maillé depuis le casque jusqu'à la plante des pieds. La tunique qui couvre une partie des mailles, laisse voir le bras droit qui en est tout couvert. La main y est enfermée, ensorte qu'on ne voit aucune distinction des doigts. Le bouclier qu'il tient est chargé des armes de Castille de gueules au château sommé de trois tours d'or. Ce blason est repeté dans la banniere qu'il tient de la main droite. Ces armes s'y voient une autre fois en grand, & occupent presque une vitre entiere, avec cette particularité que l'ouverture de la porte est de sinople.

2.

Robert [3] de Suzane vient après. C'étoit un Roi d'armes, dont l'office étoit de commander aux Herauts, de présider à leurs assemblées, de marcher lui-même pour les affaires importantes ; ce qui est exprimé par ce vers de son épitaphe :

3.

Par tout fu mouſtrer ſes eſcus.

C'étoit autrefois une charge considerable, occupée par des gens de qualité. La maison de Suzane étoit une des plus anciennes de Picardie. Sa tombe qui est

---

sequens ex MSS. insignium gentilitiorum D. de Gaigneriis trecentorum annorum, de quo sæpius actum est supra, eductum fuit. In ima veste comparent insignia Franciæ Borbonica, juncta insignibus veterum Borboniorum, in aureo campo, cum leone rubro, circum positis octo conchis cæruleis. Corona ejus & capitis cultus singulares sunt. Calcei admodum longi & acutissimi.

Robertus hoc nomine tertius Comes Drocensis, Regia ex stirpe ortus, in sequenti tabula primus, filius erat Roberti II. hic autem filius Roberti I. qui patrem habuit Regem Ludovicum VI. Hic vero tertius III. Comes Drocensis & Brennacensis, obiit anno 1233. Ejus hic schema proferimus, quale visitur in sepulcro lapideo in choro Abbatiæ S. Evodii Brennacensis. Manum sinistram in chirotheca inclusam habet.

Ferdinandus III. Rex Castellæ & Legionis, in vitreis fenestris B. Mariæ Carnotensis exhibitur, ut sancti Ludovici consobrinus hic exhibetur. Filius erat Alfonsi IX. Legionis Regis & Berengariæ Castellæ Regis filiæ, sororis Blanchæ matris S. Ludovici. Hic Maurorum domitor, Cordubam cepit 29. Junii anno 1236. Hispalimque post sexdecim mensium obsidionem 22. Decembris anno 1248. sancteque obiit anno 1252.

Ferdinandus eques armis instructus est. Galeam gestat superne planam pro more istius ævi. Uno excepto capite corpus totum ad usque extremos pedes hamis opertum est. Tunica, quæ hamorum partem operit, brachia non contegit, visiturque dextrum brachium hamis obductum ad extremam usque manum ; ita ut digitorum nulla distinctio compareat. Scutum ejus Castellæ insignibus ornatur. In campo rubro castellum aureum est tribus munitum turribus. Hæc insignia repetuntur in vexillo, quod manu dextera tenet. Longe ampliora repetuntur insignia in altera vitrea fenestra, cujus partem maximam occupant ; & hoc singulare habent, quod portæ apertæ spatium viride sit.

Robertus de Suzana qui sequitur, Rex armorum erat, sive Præfectus Fecialium vel Caduceatorum, cujus officium erat Fecialibus seu Caduceatoribus imperare, eorum cœtibus & conventibus præesse, atque etiam ad res majoris momenti tractandas proficisci ; id quod in ejus epitaphio exprimitur :

Ubique scuta sua monstravit.

Erat olim munus præcipuum, quod exercebant viri nobilitate insignes. Suzanorum familia inter vetustissimas Picardiæ numerabatur. Ejus sepulcralis lapis in

Tome II.

164 MONUMENS DU REGNE DE SAINT LOUIS, &c.

dans une chapelle de l'Abbayie du Mont S. Quentin, est d'une pierre noire. Robert de Suzane mort l'an 1260. y est gravé dessus en habit militaire, tel qu'il le portoit dans l'exercice de sa charge. Il est maillé depuis la tête jusqu'à la plante des pieds. Ces mailles, que nous avons souvent vûës rabatuës sur les épaules des Princes en forme de chaperon, couvrent ici sa tête comme un casque. Il porte à l'ordinaire une tunique sans manches, qui couvre une partie des mailles. Son écu est chargé de trois chevrons doublez : c'étoient ses armes. Outre celui-ci on en voit auprès de lui six autres, dont deux sont sans blason. Je ne sai que signifient ces deux pieces en quarré long qui couvrent ses deux épaules.

Voici son épitaphe.

    † *Chi gist de Suzane Fauviaus,*
    Rois d'armes, fors, preus, & loiaus,
    Plains des meurs de chevalerie,
    Esperanche de se lingnie.
    Vainquierres su, & nient vaincus,
    Par tout fu moustrer ses escus.
    Robers fu apelés par non
    Li vrais Dix li sache pardon
    M. et CC. et LX. ans
    Mourut dont mains bons fu dolans.

Dessus la tête de Robert de Suzane on lit encore cette inscription :

    † *Vous qui passes dans me lame*
    Proiés Diu qait merchi de mame.

Il entend par sa lame sa tombe qui fait partie du pavé de la chapelle.

PL. XXX. 1.
La Planche qui vient après montre d'abord Pierre de Dreux, dit Mauclerc, Duc de Bretagne, Comte de Richemont, second fils de Robert II. du nom Comte de Dreux. Il se signala beaucoup dans les armes. Au commencement du Regne de S. Louis il se tourna contre la Reine Blanche Regente du Roiaume. Aiant depuis fait sa paix, il alla avec Thibaud Roi de Navarre à l'expedition qu'il fit en la Terre-sainte contre les Infidéles l'an 1239. Il accompagna encore S. Louis en son voiage d'Egypte, l'assista de ses conseils, se trouva à la bataille de la Massoure, & mourut sur mer au retour le 22. Juin 1250. Son corps fut enterré en l'Eglise de S. Yved de Braine, où il est representé en bosse sur sa

---

capella quadam Abbatiæ Montis S. Quintini prope Peronam, niger est. Robertus de Suzana mortuus anno 1260. sculptus ibi est cum veste militari, qualem gestabat cum munus suum exsequeretur. Hamis opertus est a capite ad usque plantam pedis. Hamos autem quos caputii in humeros Principum dejectos sæpe vidimus, hic caput ipsius operientes conspicimus. Pro more tunicam sine manicis gestat, quæ hamorum partem magnam operit. Scutum ejus tribus cantheriis duplicibus notatur; quæ erant insignia ejus gentilitia. Præter hoc scutum sex alia circa ipsum visuntur, quorum duo insignibus vacua sunt : quid vero significent duo illa quadrata oblonga, quæ humeros operiunt, prorsus ignoro.

En epitaphium illius :

† *Hic jacet de Suzana Fauvellus, Rex armorum fortis, strenuus, fidelis, moribus nobilitatem exornans, spes posteritatis suæ. Victor fuit, nunquam victus, ubique scuta sua monstravit. Robertus nomine dictus est ; verus Deus illi parcat. Anno* MCCLX. *obiit, & apud multos magnum sui desiderium reliquit.*

Supra caput Roberti de Suzana hæc quoque legitur inscriptio:

    Qui per laminam meam transitis
    Precamini Deum, ut veniam tribuat animæ meæ.

Laminam suam vocat tabulam sepulcralem suam, quæ in capella pavimenti partem efficit.

In tabula sequenti primus exhibetur Petrus Drocensis, cujus cognomen Malus-clericus, Dux Britanniæ, Comes Ricomontis seu Divitis montis, secundus filius Roberti II. Comitis Drocensis. Hic in armis strenuus fuit. Initio Regni S. Ludovici contra Blancham Regentem matrem arma sumsit. Conciliata deinde pace, cum Theobaldo Rege Navarræ in tetram-sanctam expeditionem suscepit contra infideles anno 1239. Sanctum etiam Ludovicum, idem bellum suscipientem, comitatus est, consiliis juvit, & in Massurensi prælio decertavit, ac cum rediret in navi mortuus est 22. Junii anno 1250. Corpus ejus sepultum fuit in Ecclesia sancti Evodii Brennacensis. In sepulcro autem suo prominente corpore visitur, hamatus totus

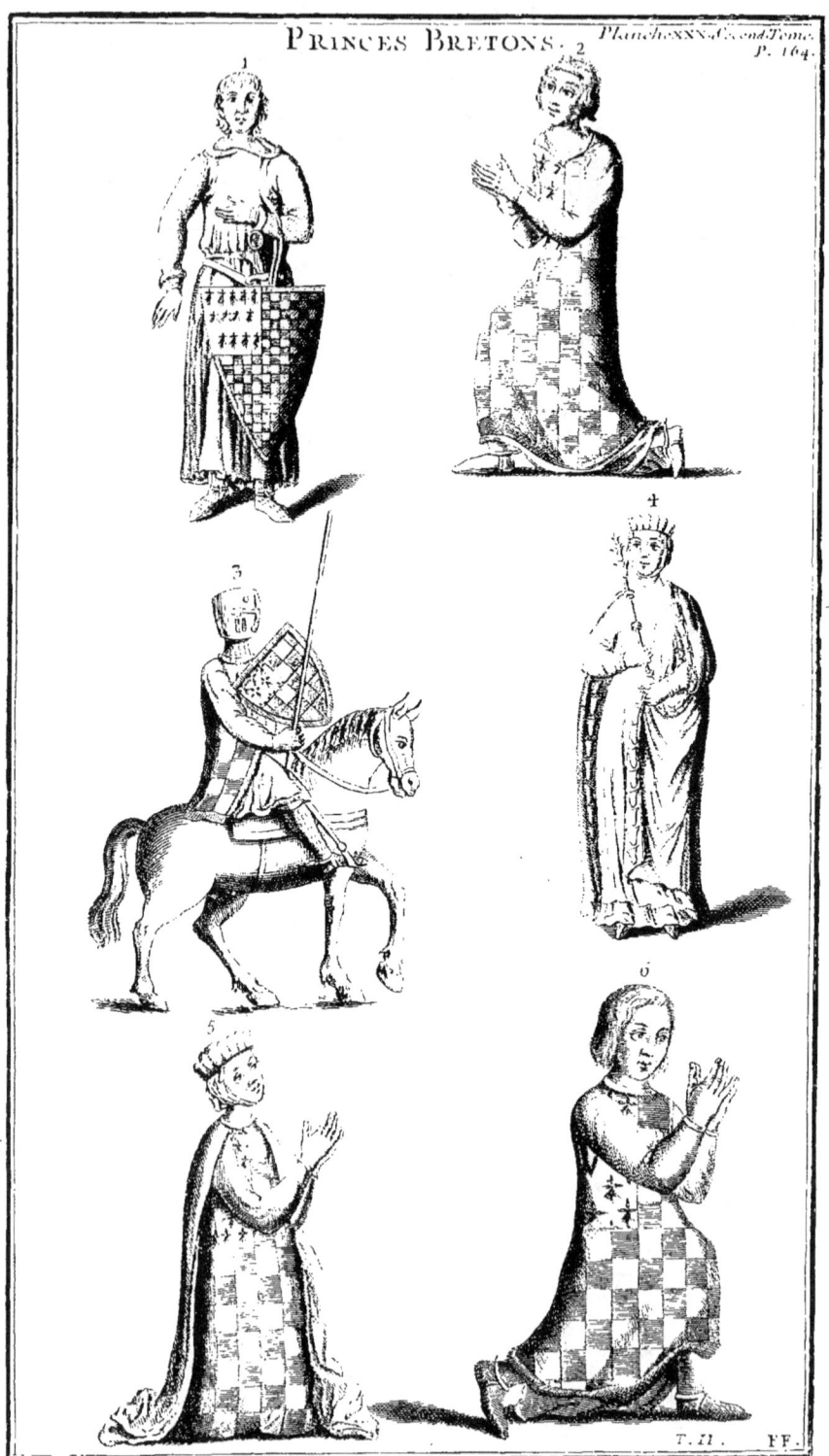

MONUMENS DU REGNE DE SAINT LOUIS, &c. 165

tombe de cuivre, maillé à l'ordinaire avec un chaperon de mailles. Il porte son écu au côté gauche sur son épée. Il est revêtu d'une tunique qui descend jusqu'au bas des jambes.

L'autre figure du même est tirée des vitres de Notre-Dame de Chartres. Il a un genou à terre & fait sa priere revêtu de son blason échiqueté d'or & d'azur au canton d'hermines, à la bordure de gueules en haut & en bas de l'habit. On le voit ensuite à cheval tiré des mêmes vitres. Il est armé le casque plat, & le corps maillé à la maniere de ces tems-là. Ce qu'il y a à remarquer ici, c'est qu'il porte trois fois les mêmes armes, sur son habit, sur son écu & sur sa banniere qui a la forme d'un des vitraux de la fenêtre.

2.

3.

Alix de Bretagne fille aînée & heritiere de Gui de Thouars, Comté de Bretagne à cause de Constance sa femme, épousa Pierre de Dreux, dit Mauclerc, l'an 1213. & mourut le 11. d'Août 1221. Elle fut enterrée dans l'Abbaye de Villeneuve près de Nantes. Elle a une espece de couronne singuliere, qui se voit la même dans la figure suivante. Elle est representée en relief sur un magnifique tombeau de cuivre émaillé. Sur sa robe elle porte un manteau doublé de vair, & tient un sceptre de la main droite. Elle laissa deux fils, Jean & Artus, & une fille nommée Yoland. On la voit aussi sur les vitres de Chartres à genoux les mains jointes, portant une couronne semblable à la précedente. Elle est revêtue de son blason, & porte un manteau par dessus sa tunique.

4.

5.

Le second fils de Pierre Mauclerc & d'Alix, nommé Artus, se voit ensuite tiré des mêmes vitres priant Dieu, revêtu de son blason comme ci-devant. Il vint au monde l'an 1220. fut accordé à l'âge de trois ans avec Jeanne de Craon fille unique d'Amaury Sire de Craon, & mourut peu de tems après.

6.

Je ne sai si la bourse que nous donnons ici est la même chose que la *Sporta peregrinationis*, que Philippe Auguste prit à S. Denis, avec l'oriflamme & le bourdon, lorsqu'il partit pour aller à la guerre sainte. Voici ce qu'en dit M. de Gagnieres, qui l'a fait tirer d'après l'original : *Bourse dans laquelle les Princes & Seigneurs ont apporté des Reliques d'outremer. Ils faisoient broder leurs armes dessus : celle-ci est prise sur une, qui étoit à S. Yved de Braine. Les Princes de la branche de Dreux & de Bretagne ont eu beaucoup de devotion pour cette Eglise.*

PL. XXXI.

La bourse est dorée & divisée en lozanges, dont les angles sont chargez d'autres lozanges plus petits, ornez de figures. Les armes de plusieurs Princes & Chevaliers y

---

cum caputio ex hamis concinnato, tunica indutus non manicata, quæ ad imas tibias defluit.

Alterum ejus schema eductum fuit ex vitrea fenestra Ecclesiæ B. Mariæ Carnotenæ. Genu flectit ille precans, insignibus suis indutus, quorum campus tessellatus auro & cæruleo colore, cum quadrato angulari ex muris Pontici pelle, ac limbo rubro. In iisdem vitris fenestris eques exhibetur. Galeam gestat superne planam, & hamis opertus est more illius ævi : quodque notandum, ter insignia gestat, in veste nempe, in scuto & in vexillo, quod ad vitrorum formam hic concinnatum est.

Adelaïs Comitissa Britanniæ filia primogenita erat Guidonis de Thuartio, qui ex jure Constantiæ uxoris, Britanniæ Comes fuit. Nupsit autem Petro Droceni anno 1213, obiitque 11. Augusti 1221. & in Ecclesia Abbatiæ de Villanova prope Namnetes sepulta est. Coronam gestat singularem, quæ eadem prorsus est in imagine sequenti. Visitur autem in magnifico sepulcro æneo, ubi schema ipsius prominens encausto & coloribus decoratur. Supra tunicam pallium gestat, cui assutum est vellus varium, sceptrumque manu dextera tenet. Filios duos reliquit, Joannem & Arturum ;

& filiam Iolandam. Visitur etiam Adelais in vitris fenestris Carnotensibus, ubi genibus flexis, manibusque junctis precatur ; coronamque gestat præmissæ similem. Insignibus illa suis amicitur, & supra tunicam pallio etiam induitur.

Secundus filius Petri Mali-clerici & Adelaïdis, Arturus nomine, in iisdem vitris fenestris visitur, qualis hic exhibetur precans, insignibus gentilitiis vestitus. Natus est anno 1220. Triennis desponsatus fuit Joannæ filiæ Amalrici Credonensis Domini, & paulo post obiit.

Nescio utrum marsupium, quod hic proferimus, idipsum sit quod *Sporta peregrinationis*, quam Philippus Augustus apud S. Dionysium accepit. De hujusmodi marsupio hæc habet D. de Gaigneriis, qui illud secundum exemplar expressit. *Marsupium in quo Principes & Proceres Reliquias ex ultramarinis partibus deportarunt, insignia sua in superficie concinnari curabant. Hoc autem exsumtum est ex simili, quod in Ecclesia S. Evodii Brennacensis servatur. Principes desponsenses Britannici istam Ecclesiam pio cultu sunt prosequuti.*

Marsupium deauratum est, & in rhombos majores minoresque distinctum, minores figuris ornantur. Hic

Rigord.

X iij

font souvent repetées. On y voit celles des Ducs de Bretagne de la maison de Dreux, 1. échiqueté d'or & d'azur au canton senestre d'hermines, à la bordure de gueules ; 2. celles de Dreux, échiqueté d'or & d'azur à la bordure de gueules ; 3. celles de Flandres, d'or au lion de sable ; 4. celles de quelque bâtard de Flandres, d'or au lion de sable, à la barre de gueules ; 5. celles de Nesle-Offemont, de gueules aux deux barbeaux addossez d'or, accompagnez de neuf trefles de même, trois, trois, & trois, & plusieurs autres que je ne connois pas ; savoir, 6. burelé d'argent & d'azur, à la barre de gueules ; 7. burelé d'argent & d'azur ; 8. d'azur au sautoir dentelé d'or ; 9. d'azur à sept besans d'or, trois, trois & un, au chef d'or chargé d'un lion naissant de gueules ; 10. de gueules aux deux fasces d'or ; 11. de gueules aux deux fasces d'or, au lambel d'azur de cinq pendans ; 12. barré d'or & d'azur à la bordure de gueules. 13. d'or à la barre de gueules, chargée d'une autre barre componée d'argent & d'azur ; 14. d'azur aux sept besans d'or, trois, trois & un, au chef du second ; 15. barré d'or d'azur, à la bordure de gueules.

Il y a quelques bourses semblables à l'Abbayie de Corbie : elles pouvoient être emploiées à quelque autre usage, mais je n'oserois rien hazarder là-dessus. Ce qui paroît certain, est qu'elles servoient à plusieurs Princes & Seigneurs en même tems. Celle-ci paroît avoir servi à Pierre de Dreux dit Mauclerc Duc de Bretagne, qui est enterré au même lieu où l'on garde la bourse, & dont les armes se trouvent plus souvent ici que celles d'aucun autre. Je remarque pourtant que le canton d'hermines est toujours senestre dans la bourse, & dextre dans les figures données ci-devant ; mais il me semble qu'en ces tems-là on n'y regardoit pas de si près. Jean de Bretagne qui suit le porte aussi du côté senestre.

PL. XXXII.

1.

Après la mort de Pierre Mauclerc, Jean son fils lui succeda. Il étoit né l'an 1217. S. Louis le fit Chevalier à Melun, où Jean lui rendit hommage-lige du Duché de Bretagne au mois de Mars de l'an 1239. Il accompagna S. Louis en son voiage d'Afrique, se trouva au siege de Tunis l'an 1270. & mourut en 1286. ¹ Cette figure est prise des vitres de Notre-Dame de Chartres. Jean est

---

visuntur insignia Principum & Procerum sæpius repetita ; videlicet 1°. Ducum Britanniæ Drocensium, quorum campus tessellatus auro & cæruleo colore, cum quadrato angulari ex vellere muris pontici, & limbo circum rubro. 2°. Drocensium Comitum, campus est auro & cæruleo colore tessellatus cum limbo rubro. 3°. Flandrensium Comitum, aureus campus cum leone nigro. 4°. Cujusdam forte nothi Comitum Flandrensium, aureus campus cum leone nigro & tænia diagonali rubra. 5°. Nigellæ Offemontii scutum, campus ruber cum duobus barbis aversis aureis, novemque trifoliis item aureis. Alia sunt insignia non nota mihi. 6°. Campus fasciis minutis argenteis cæruleisque distinctus, cum tænia diagonali rubra. 7°. Campus minutis fasciis argenteis cæruleisque distinctus. 8°. Campus cæruleus cum decussi denticulata aurea. 9°. Campus cæruleus cum septem byzantiis aureis, & superiore fascia aurea nascentem leonem rubrum exhibente. 10°. Campus ruber cum duabus fasciis aureis. 11°. Campus ruber cum duabus fasciis aureis & limbo cæruleo cum quinque pendentibus tæniis. 12°. Campus tæniis diagonalibus aureis cæruleisque distinctus cum limbo rubro. 13°. Campus aureus cum tænia diagonali rubra, cui superponitur alia ex argenteo & cæruleo colore composita. 14°. Campus cæruleus cum septem byzantiis aureis, cum superna fascia aurea. 15°. Campus aureus cæruleisque vittis distinctus, cum superna fascia rubra.

Aliquot huic similia marsupia habentur in Abbatia Corbeiensi, poterantque fortassis ad alios adhiberi usus, verum hac de re nihil sine auctore proferre ausim. Certum autem est illa multis simul Principibus & Primoribus inserviisse. Hoc porro videtur fuisse Petri Mali-clerici Britanniæ Ducis, qui eodem in loco jacet ubi marsupium asservatur, & cujus insignia hic frequentius apponuntur, quam alterius cujuslibet. Observo tamen quadratum angulare ex vellere muris pontici, hic in sinistro angulo semper poni, in præcedentibus vero schematibus in dextro. Verum illo ævo, ut videtur, hæc non ita stricte servabantur ; nam Joannes Dux Britanniæ sequens quadratum illud angulare in sinistro angulo habet.

Defuncto Petro Malo-clerico successit Joannes filius, qui natus erat anno 1217. Illum S. Ludovicus equitem creavit Meloduni, ubi Joannes ipsi *hominium ligium* pro Ducatu Britanniæ præstitit mense Martio anni 1239. Cum S. Ludovico in Africam transfretavit, Tunetis obsidioni interfuit anno 1270. obiit autem anno 1286. Hoc porro schema eductum est ex vitreis fenestris B. Mariæ Carnotensis. Joannes stat pre-

BOURSE POUR LES CROISADES.

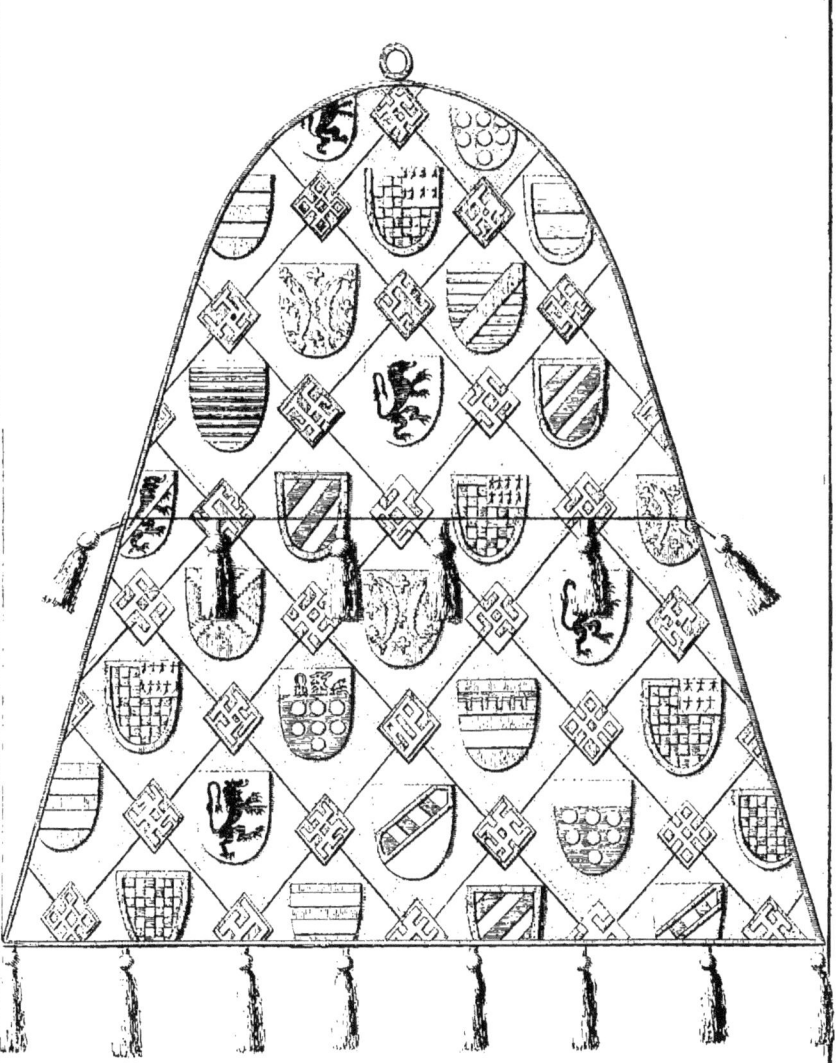

MONUMENS DU REGNE DE SAINT LOUIS, &c.

debout les mains jointes revêtu de son blason, échiqueté d'or & d'azur, au canton fenestre de gueules, comme nous venons de dire.

Yoland de Bretagne fille de Pierre Mauclerc, fut promise à Richard d'Angleterre Comte de Cornouaille, & depuis à Jean de France Comte d'Anjou en 1227. Jean étant mort jeune, elle fut mariée en 1238. avec Hugues XI. dit le Brun, Sire de Luzignan, Comte de la Marche & d'Angoulême. ³ Sa figure est prise des vitres de Notre-Dame de Chartres, où elle est debout les mains jointes, revêtuë de son blason échiqueté d'or & d'azur au canton dextre d'hermines. Elle mourut à Bouteville le 10. Octobre 1272. & fut enterrée dans le sanctuaire de l'Abbayie de Villeneuve près de Nantes, auprès de sa mere : ³ elle y est representée sur un tombeau de cuivre émaillé, telle que nous la donnons ici.

Celui qui suit dans la même planche est ⁴ Pierre de Courtenai Seigneur de Conches, Mehun-sur-Yevre, Selles & Château-Renard. Il étoit fils de Robert de Courtenai Seigneur de Champinelles, Bouteiller de France, second fils de Pierre de France Seigneur de Courtenai, dernier fils de Louis le Gros. Pierre fils de Robert fit hommage à S. Louis dans la ville de Mante de la Seigneurie de Conches au mois de Juin 1238. le suivit au voiage de la Terre-sainte en 1249. & mourut en Egypte après la bataille de la Massoure donnée le 8. Février 1250. Sa figure est prise sur les vitres de Notre-Dame de Chartres. Il est à genoux armé le casque en tête avec des brassards & des gantelets. Son écu porte d'or à trois tourteaux de gueules, au lambel d'azur à trois pendans.

Ce Pierre ⁵ de Courtenai est aussi peint sur les mêmes vitres à cheval armé le casque plat en tête. Il est couvert de son écu d'or à trois tourteaux de gueules au lambel d'azur à cinq pendans. Il n'y en a que trois dans le précedent ; mais il y en a encore cinq dans un grand écu, qui est auprès de Raoul de Courtenai qui suit.

Ce Raoul ⁶ tiré des mêmes vitres de Notre-Dame de Chartres, étoit Seigneur d'Illiers & de Neuvy, frere de Pierre de Courtenai qui précede. Il vendit Illiers à Robert de Courtenai son frere Doyen de l'Eglise de Chartres l'an 1247. Ce Robert fut depuis Evêque d'Orleans. Raoul accompagna Charles de France Comte d'Anjou à la conquête du Roiaume de Naples, & Charles lui donna le Comté de Chieti. Raoul de Courtenai mourut l'an 1271. & ne laissa qu'une

---

cans junctis manibus, insignibus suis indutus, ut modo dicebamus.

Yolanda filia Petri Mali-clerici Britanniæ Ducis desponsata fuit Ricardo Angliæ Principi Comiti Curiosolitarum, posteaque Joanni Comiti Andegavensi anno 1227. Cum autem Joannes juvenis obiisset, nupta fuit anno 1238. Hugoni XI. cognomine Bruno, Domino Lusiniani, Marchiæ & Engolismi. Ex iisdem ipsis vitreis Carnotensis educta est, ubi stat manibus junctis, insignibus induta suis, quæ superius repetita sunt. Butevillæ autem obiit decima Octobris anno 1272. & sepulta fuit in choro Abbatiæ Villæ-novæ prope Namnetes juxta matrem suam, ibique exhibetur in sepulcro quod encausto & pictura obducitur, quæ figura hic repræsentatur.

Qui in tabula sequitur est Petrus de Curtenaco, Dominus Conchæ, Magduni ad Avoram, Cellæ & Castri-Rainaldi, filiusque erat Roberti de Curtenaco Domini de Campinellis, Buticularii Franciæ, secundi filii Petri de Curtenaco, qui postremus erat filius Ludovici VI. Regis. Petrus autem hic Roberti filius, Medunæ anno 1238. hominium S. Ludovico præstitit pro terra sua Concha dicta, ipsumque in transmarina expeditione comitatus est, atque in Ægypto obiit post Massiuensem pugnam commissam 8. Februarii anno 1250. Imago ejus ex vitrea fenestra B. Mariæ Carnotensis eruta est. Genuflexus galeam capite gestat, manicasque habet bellicas. Scutum aureum gestat cum tribus *tortis* rubris & limbo cæruleo ex quo pendent tres tæniæ.

Is ipse in iisdem fenestris eques visitur armatus cum galea superne plana, & scuto eodem, cum hoc tamen discrimine, quod limbus cæruleus, quinque pendentes tænias habeat, in præcedenti vero tres tantum tæniæ comparent. Verum in scuto Radulphi de Curtenaco sequentis quinque tæniæ ut hic habentur.

Radulfus de Curtenaco ex iisdem vitreis fenestris Carnotensibus exsumtus, Dominus erat Isleræ & Noviduni, frater Petri de Curtenaco præcedentis, Isleram autem vendidit Roberto fratri Decano Ecclesiæ Carnotensis anno 1247. qui Robertus postea Episcopus Aurelianensis fuit. Radulfus Carolum Andegavensem Comitem ad Neapolitanum Regnum occupandum proficiscentem comitatus est ; quo acquisito Regno Carolus Comitatum Teatensem dedit illi. Radulfus de Curtenaco obiit anno 1271. & filiam uni-

fille. Il est ici representé à genoux les mains jointes, revêtu d'une tunique & d'un manteau.

PL. XXXIII.
1. Amauri VI. Comte de Montfort, Connétable de France sous le Roi S. Louis en 1231. continua la guerre contre les Albigeois après la mort du fameux Comte Simon de Montfort son pere. Il ¹ est pris sur les vitres de Notre-Dame de Chartres, où il est à cheval. Son casque est plat, & le corps tout maillé à l'ordinaire. Le même Amauri en 1234. confirma une donation faite au Chapitre de l'Eglise cathe-
2. drale de Chartres. Le titre est dans le Chartrier de cette Eglise ² scellé & contre-scellé comme il est ici. Ses armes sont de gueules au lion d'argent. Amauri representé dans son seau les montre trois fois, sur son écu, sur le cou du cheval & sur la croupe. Le contre-scel represente sa banniere avec l'inscription *Veritas*.

Simon de Montfort Comte de Leicestre, frere du Connétable, est aussi tiré
3. des mêmes vitres. ³ Il est armé à cheval, & porte la même banniere que son frere. Ce qu'il a de particulier, c'est qu'il a ôté la visiere, & que sous son casque plat au dessus à l'ordinaire, il montre son visage.

Henri Seigneur de Mez, Maréchal de France du tems de S. Louis, est repre-
4. senté ⁴ dans les vitres de Notre-Dame de Chartres recevant l'oriflamme de la main de S. Denis, dont le nom est écrit au dessous *S. Dionisius*. Cette oriflamme est une banniere rouge au haut d'une pique. La banniere est divisée au milieu en plusieurs longues pointes, qui flottent dans l'air. Le Maréchal est maillé depuis la tête jusqu'à la plante des pieds. Il a son chaperon de mailles rabatu sur les épaules, pour le mettre sur sa tête dans les combats. Ses bras & ses mains sont aussi maillez; ensorte pourtant que les doigts y sont distinguez l'un de l'autre comme dans un gand; au lieu qu'en plusieurs autres endroits nous voions les doigts mis ensemble sans séparation comme dans un sac. Au dessus des mailles le Maréchal porte une tunique sans manches, qui represente son blason, d'azur à la croix ancrée d'argent traversée d'un bâton de gueules. Dans une charte de l'Abbayie de S. Denis datée du mois de Février 1263. il est appellé, *Herris Ma-*
5. *richaut de France Sires d'Argenton & de Mez Chevalier*. Le ⁵ seau de cette charte est representé ici, mais imparfait. Le Maréchal s'y voit à cheval l'épée à la main. Par le reste de l'inscription il paroit qu'on y lisoit, *Henrici Marescalli Franciæ*. Le contre-scel n'a que ses armes.

La planche suivante montre d'abord deux jeunes freres, qui ne sont connus

cam reliquit. Hic genuflexus, junctis manibus, tunicam gestat & pallium.

Amalricus VI. Comes Montis-fortis Constabularius Franciæ regnante S. Ludovico anno 1231. Albigensibus bellum intulit post patris Simonis de Monte-forti cædem. Ex vitreis autem fenestris B. Mariæ Carnotensis eductus est. Eques galeam gestat superne planam, totumque corpus hamis obtegitur. Idem Amalricus anno 1234. donum Capitulo Ecclesiæ cathedralis Carnotensis factum confirmavit. Instrumentum vero donationis sigillo & contra-sigillo munitum est, ut hic exhibetur. Insignia ejus sunt, in campo rubro leo argenteus, ter exhibita in sigillo. In contra-sigillo autem exprimitur vexillum ejus cum hac inscriptione VERITAS.

Simon de Monte-forti Comes Leicestriæ, Constabularii frater, ex iisdem fenestris eductus est. Eques & armatus conspicitur cum vexillo eodem quo frater. Sublato autem conspicilio vultus ejus comparet in casside superne plana.

Henricus Dom. de Mezo, S. Ludovico regnante Marescallus Franciæ, in iisdem vitreis fenestris exhibetur, vexillum seu Auriflammam accipiens ex manibus S. Dionysii cujus nomen infra scriptum est. Est autem vexillum rubrum in suprema hasta positum, & a medio divisum in particulas fluitantes. Marescallus porro hamis opertus est a capite ad usque plantas pedum. Ex hamis vero caputium habet in humeros dejectum, pugnæ tempore supra caput reducendum; & brachia & manus hamis tecta sunt, cum distinctione digitorum. Tunicam autem non manicatam hamos operientem gestat, ubi ejus insignia comparent: in campo cæruleo crux argentea ancorata: superposito diagonali baculo a dextra ad lævam. In diplomate Sandionysiano anni 1263. mense Februario dicitur *Henricus Marescallus Franciæ Dominus Argentonii & Mezi eques*. Istius diplomatis sigillum hic exhibetur, sed lacerum. Marescallus ibi eques stricto gladio repræsentatur. Contra-sigillum insignia tantum ejus habet.

Tabula sequens fratres duos admodum juvenes refert, qui ab infelici tantum vitæ exitu noti sunt,

dans

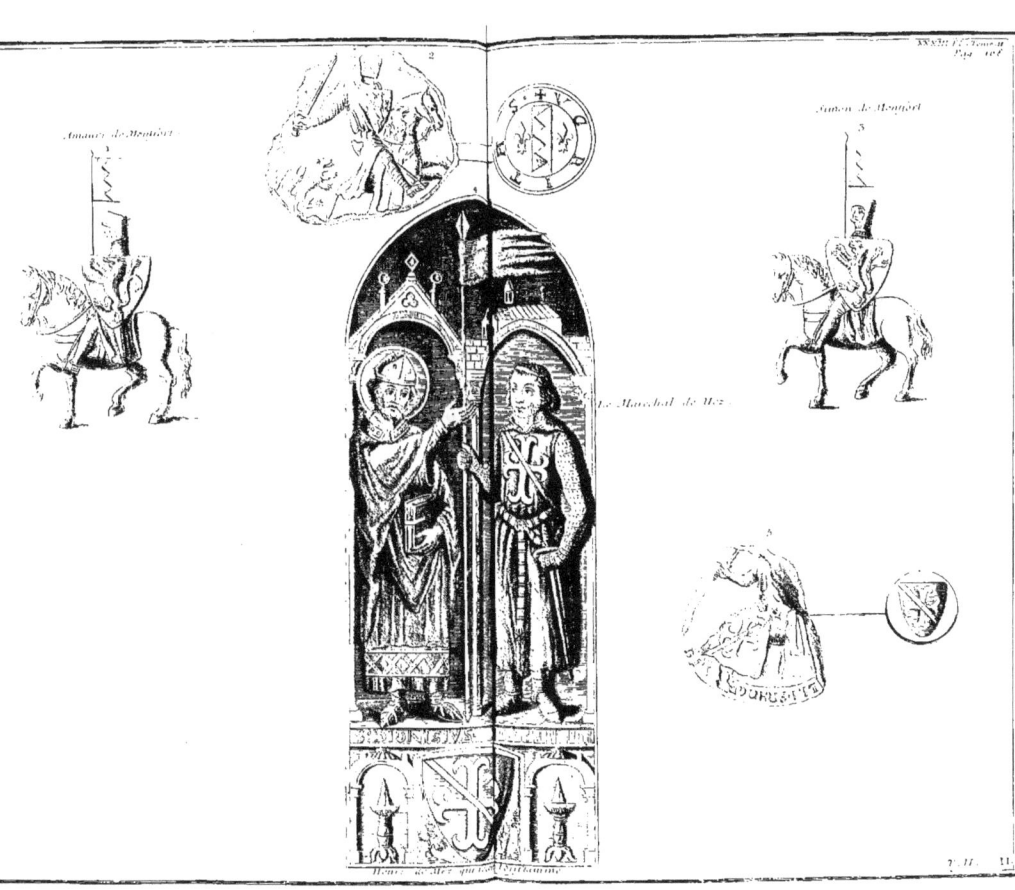

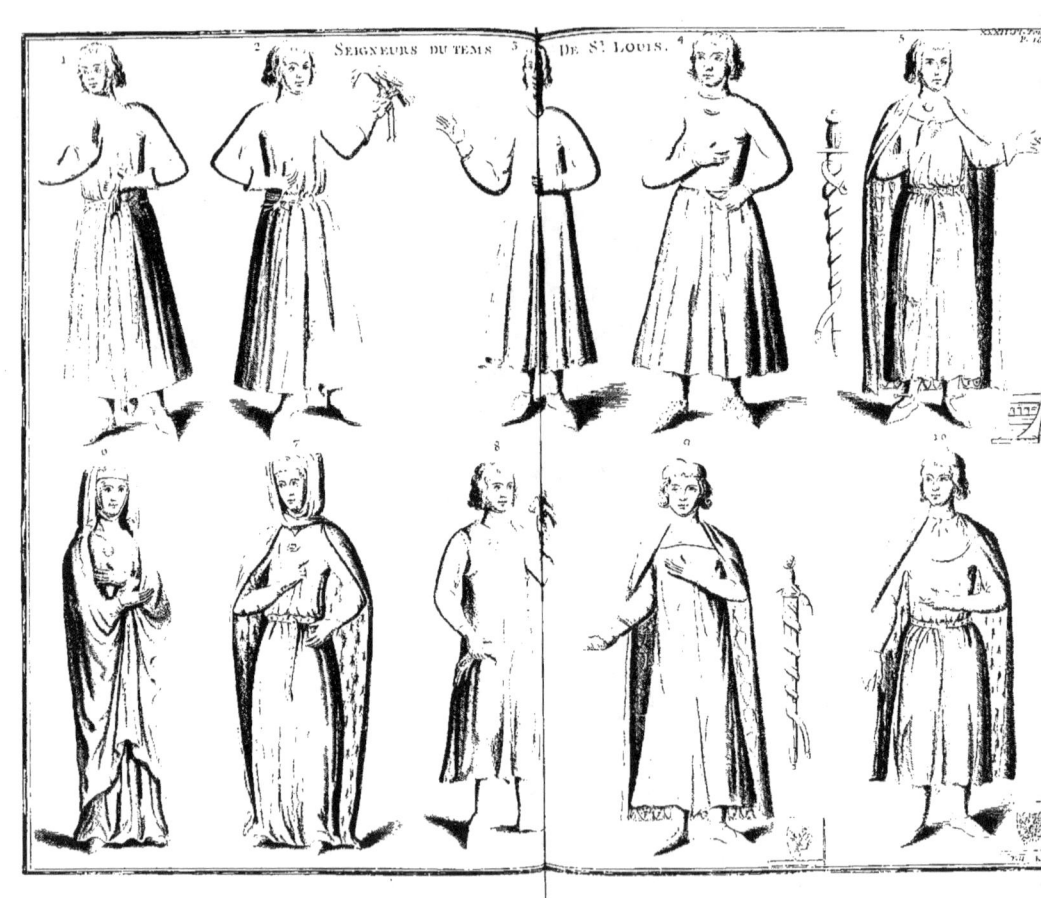
SEIGNEURS DU TEMS DE St. LOUIS.

MONUMENS DU REGNE DE SAINT LOUIS, &c. 169

dans l'histoire que par leur triste fin, Thibaud & Jean de Sancerre fils d'Etienne de Sancerre, qui étoit Bouteiller de France en 1248. Ces deux Seigneurs se noierent près de Melun, & furent enterrez dans le Chapitre de l'Abbayie de Barbeau. Ils y sont gravez sur leurs tombes, & c'est de là qu'on a tiré leur figure. Thibaud revêtu d'une tunique a la main gauche dans un gand, & tient de cette main le gand de la droite, qu'il éleve. Jean son frere vêtu de même, a ses deux mains dans les gands, & tient de la gauche un oiseau, & de la droite le pied coupé d'un autre oiseau. C'est ce que je n'ai point encore vû dans ces Monumens.

Pl. XXXIV.

1.
2.

Adam dit *Chambellan*, fils d'Adam Seigneur de Villebeon Chambellan de France, mourut l'an 1264. au mois de Septembre. Il fut enterré dans l'Eglise de l'Abbayie du Jard prés de Melun, où il est gravé sur sa tombe tel que nous le representons ici.

3.

Thibaud de Montmorenci est ainsi gravé sur sa tombe dans le cloître de l'Abbayie du Val. Le tems de sa mort n'y est pas marqué. Duchesne dans l'Histoire de la Maison de Montmorenci p. 159. dit que dans une charte de l'Abbayie de S. Denis du mois d'Avril de l'an 1267. il est qualifié Clerc & frere de Matthieu Seigneur de Montmorenci, & le Calendrier de l'Abbayie du Val marque sa mort au 29. Decembre. Thibaud est ici revêtu d'une tunique, & a sur la poitrine un ornement rond, qui a la forme d'un œil humain. Je me suis avisé trop tard que je pouvois mettre ici Matthieu le Grand Sire de Montmorenci, Connétable de France, tel que l'a donné Duchesne p. 144. quoique la figure qu'il en a donnée ait été faite dans un siecle beaucoup plus bas que S. Louis : mais elle pourra venir en quelque autre endroit.

4.

Erard de Trainel Seigneur de Foissy est enterré dans le chapitre de l'Abbayie de Vauluisant, où il est gravé sur sa tombe tel que nous le representons ici. Son épitaphe ne marque pas le tems de sa mort; mais il vivoit en 1236. au mois de Juin, où il vendit à l'Abbé & au Couvent de Vauluisant quarante arpens de bois, comme il paroît dans un titre de ce Monastere. Il porte un ornement rond sur la poitrine, que nous avons déja vû.

5.

Agnès de la Queue premiere femme d'Erard de Trainel, est gravée sur sa tombe dans le chapitre de l'Abbayie de Vauluisant, comme nous la donnons

6.

Theobaldum nempe & Joannem de Sancerra filios Stephani de Sancerra, qui Buticularius Franciæ erat anno 1248. Hi nobilissimi adolescentes aquis submersi sunt prope Melodunum, & in capitulo Abbatiæ de Barbellis sepulti fuere. In tumulis suis insculpti sunt, ut hic exhibentur, Theobaldus tunica indutus, sinistra manu in chirothecam immissa, eadem manu chirothecam dexteræ tenet, dexteramque erigit. Joannes frater ejus ambas manus in chirothecis inclusas habens sinistra accipitrem sustinet, & dextera accipitris alterius pedem excisum tenet, id quod in hisce monumentis nondum videram.

Adam Cambellanus dictus, filius Adami Domini de Villabeonis Cambellani Franciæ, obiit mense Septembri anno 1264. sepultusque est in Abbatia Jardi prope Melodunum, & in sepulcro suo insculptus visitur, ut hic proferimus.

Theobaldus de Montemorenciaco hac forma insculptus est in tabula sua sepulcrali in claustro Abbatiæ de Valle. Mortis tempus ibi non notatur : sed Duchesnius in historia familiæ de Montemorenciaco p. 159. notat in quodam diplomate Monasterii sancti Dionysii anno 1267. mense Aprili dato, ipsum Clericum dici, & fratrem Matthæi Domini de Montemorenciaco. In Kalendario autem Abbatiæ de Valle, mortuus dicitur 29. Decembris. Theobaldus hic tunica induitur; atque in pectore nescio quid gestat, quod ad formam humani oculi accedit. Sero venit in mentem hic apponi potuisse Matthæum de Montemorenciaco, Magnum dictum, Franciæ Constabularium, ut dedit Duchesnius p. 144. etsi schema illud diu post sancti Ludovici sæculum factum videatur. At alium in locum induci poterit.

Erardus de Trainello, sive ut quidam volunt, de Triangulo, Dominus de Fossiaco, sepultus est in capitulo Abbatiæ de Valle-lucenti. Ejus imago, ut hic exhibetur, in sepulcro ipsius insculpta est. Inscriptio sepulcralis tempus mortis ipsius non indicat; sed in vivis erat anno 1236. mense Junio, quo tempore in diplomate quodam dicitur vendidisse Abbati & Conventui Vallis-lucentis quadraginta silvæ jugera. In summo pectore ornatum quemdam gestat, quem jam vidimus.

Agnes de Cauda, prior uxor Erardi de Trainello, in tumulo suo insculpta est in capitulo Abbatiæ Vallis-lucentis, qualem hic proferimus. Annus mortis

170 MONUMENS DU REGNE DE SAINT LOUIS, &c.

ici. L'année de sa mort n'y est pas ; mais elle vivoit en 1236. au mois de Juin, comme il est porté par un titre de cette Abbayie, où elle confirme une vente faite à ce Monastere par son mari. Il est scellé de son seau, & elle y est representée avec un oiseau sur le poing.

7. Yoland de Montaigu [7] seconde femme d'Erard de Trainel, est aussi gravée sur sa tombe, telle qu'on la voit ici. Elle est auprès d'Agnès premiere femme d'Erard dans la même Abbaye de Trainel.

8. Jean de Trainel [8] fils d'Erard Sire de Foissi, est de même gravé sur sa tombe, tenant sur sa main gauche munie d'un gand un oiseau auquel il donne à manger, & de la droite l'autre gand plié.

9. Dreux Sire de Trainel [9] en Champagne est gravé sur sa tombe dans le même Chapitre de l'Abbayie de Vauluisant. Le tems de sa mort n'y est pas marqué, mais il vivoit en 1259. Un titre de cette Abbaye du mois de Février de cette année en fait foi. Il est scellé du seau de Dreux de Trainel & de Beatrix sa femme, qui vendent des bois à l'Abbé & au Couvent de S. Pierre-le-Vif de Sens.

10. Anseau de Trainel [10] Sire de Voisines Connétable de Champagne, est gravé sur sa tombe dans le Chapitre de l'Abbayie de Vauluisant. L'année de sa mort n'y est pas, mais il vivoit en 1262. Dans un titre de cette Abbayie datté du mois d'Octobre de cette année, lui & sa femme donnent un bois à ce Monastere. Ces Seigneurs de Trainel n'étoient pas conformes dans leurs armoiries, comme on observe sur cette planche.

PHILIPPE III. dit LE HARDI.

1270. DÈS le 27. Août, deux jours après la mort de Louis, Philippe reçut hommage des Princes & des Seigneurs de l'armée, & se mit à executer les dernieres volontez de son pere. Il envoia d'abord en France donner avis de ce qui s'étoit passé, & de la mort du saint Roi. Il déclara qu'il ne changeoit rien de ce que son pere avoit établi tant pour sa Maison Roiale que pour tout le Roiaume. Il avoit trois fils, Louis l'aîné, qui mourut peu d'années après, Philippe qui lui succeda, & Charles Comte de Valois ; & comme ils étoient encore enfans, il ordonna que s'il venoit à mourir, le Comte d'A-

---

non ibi notatur ; sed superstes erat anno 1236. mense Junio, ut in diplomate hujus Abbatiæ dicitur, ubi venditionem quamdam a viro suo factam confirmat. Ejus sigillo munitum diploma est, ubi illa avem pugno gestans exhibetur.

Yolanda de Monte-acuto secunda uxor Erardi Domini Fossiacensis, in sepulcro suo prope Agnetis sepulcrum posito insculpta est, ut hic exhibetur.

Joannes de Trainello Erardi Fossiacensis domini filius, in lapide sepulcrali suo insculptus est. Manu sinistra, quæ chirotheca munita est, accipitrem tenet, cui cibum præbet, & dextera alteram chirothecam plicatam.

Drogo Trainelli in Campania dominus, in lapide sepulcrali insculptus visitur in capitulo Abbatiæ Vallis-lucentis. Non notatur annus mortis, sed in vivis erat mense Februario anni 1259. ut in diplomate fertur, quo ipse & uxor ejus nemora vendunt Abbati & Conventui S. Petri Vivi Senonensis cum sigillis utriusque conjugis.

Ansellus de Trainello dominus de Vicinis, Constabularius Campaniæ, in lapide sepulcrali insculptus est in capitulo Abbatiæ Vallis-lucentis, sine nota anni mortis; sed superstes erat anno 1262. ut ex diplomate Abbatiæ istius mense Octobri dato asseritur, ubi Ansellus & uxor silvam dant Monasterio. Proceres illi de Trainello variis utebantur insignibus, ut in hac tabula observatur.

PHILIPPUS III.
AUDAX dictus.

AUGUSTI die 27. biduo postquam S. Ludovicus obierat, Philippus sacramenta fidei accepit a Principibus & Primoribus exercitus, atque postrema patris sui placita exequi cœpit. In Franciam primum viros misit, qui & res gestas & patris mortem nunciarent. Se nihil mutaturum esse significavit in iis quæ pater circa Regiam, Regnumque totum statuerat. Tres ipse filios habebat Ludovicum primogenitum, qui paucis post annis obiit, Philippum qui Rex post illum fuit, & Carolum Valesiæ Comitem. Cum autem illi adhuc pueruli essent, præcepit ut si ipse obiret, Comes Alenconius Regni administrationem haberet,

PHILIPPE III. dit le Hardi.

lençon gouverneroit pendant la minorité, qu'il fixa à l'âge de quatorze ans.

L'arrivée du Roi de Sicile aiant remis les affaires des Croisez sur un meilleur pied, ils donnerent trois combats aux Sarrasins, les mirent en déroute, & en tuerent un grand nombre. Ils se préparerent à battre la ville de Tunis, & disposoient leurs machines pour y faire breche; mais la contagion étoit toujours dans l'armée, & il y avoit à craindre que le mal n'empirât; ce qui fit qu'on écouta volontiers les propositions de paix que fit le Roi de Tunis. Les sentimens furent d'abord partagez; mais on conclut enfin une tréve pour dix ans, dont les articles furent que les prisonniers seroient rendus de part & d'autre; qu'il y auroit liberté à Tunis pour les Marchands Chrétiens & pour les habitans de la même Religion; que ceux de Tunis continueroient à payer au Roi de Sicile le tribut établi; que le Roi de Tunis donneroit au Roi de France & à ses Barons deux cens mille onces d'or pour les frais de la guerre, la moitié comptant, & le reste dans deux ans. *Guerre de Tunis terminée.*

A peine la tréve étoit-elle faite, que le Prince Edouard d'Angleterre avec une grande troupe qui faisoit une armée, arriva au camp. Il y fut très-bien reçu; & ne voulant point s'en retourner si-tôt, il alla passer l'hyver en Sicile, & se rendit de là à S. Jean d'Acre, où il ne fit pas de grands exploits.

Toute l'armée Françoise s'embarqua pour s'en retourner. Philippe pressé par les Regens de revenir dans son Roiaume, où sa présence étoit nécessaire, se rendit à Trapani, où mourut Thibaud Roi de Navarre, qui fut regretté universellement. Son corps fut embaumé & apporté en France, où il fut enterré dans l'Eglise des Cordeliers de Provins en Brie. De là le Roi vint à Palerme, & puis à Messine, où passant le Phare il prit terre pour traverser la Calabre. Sa femme la Reine Isabelle passant une riviere à cheval, tomba, & fit depuis une fausse couche à Cosence. Elle mourut le 28. Janvier, & fut infiniment regrettée & du Roi & de tous les François qui honoroient sa vertu. Il alla ensuite à petites journées à Rome, & de là à Viterbe, où les Cardinaux étoient assemblez pour élire un Pape, qu'on attendoit depuis long-tems. Il les exhorta de donner bien-tôt cette satisfaction à la Chretienté; & continuant sa route, il se rendit à Paris le 21. Mai. Le Roi fit conduire à Notre-Dame les corps de son pere, de sa femme, & de Jean Comte de Nevers son frere. Ils furent portez le lendemain matin à S. Denis. *1271.* *Mort de la Reine Isabelle.*

---

quamdiu primogenitus suus *minor* esset, id est, ad usque quartum-decimum ejus ætatis annum.

Cum Regis Siciliæ adventus Christianorum exercitum restaurasset, tribus commissis præliis Saracenos semper illi fugarunt, eorumque magnam stragem fecerunt, seseque ad oppugnandam urbem & ad mœnia machinis quatienda apparabant. Verum lue in exercitu semper grassante, quia periculum erat ne malum in dies augeretur, ideo Tunetis Regi pacis conditiones offerenti assensere tandem Principes, postquam diversæ prius sententiæ in unum coierant. Induciæ ad decem annos pactæ fuere his conditionibus, ut captivi utrinque redderentur, liberumque foret Tuneti Christianis mercatoribus commercium, eademque libertas Christianis Tunetum incolentibus concederetur; ut solitum vectigal Tunetes Regi Siciliæ solverent; ut Rex Tunetis Regi Franciæ & Primoribus exercitus ducenta millia unciarum auri solveret, quarum pars dimidia tunc, pars altera post biennium numeraretur.

Vix pactæ fuerant induciæ, cum Eduardus Princeps Anglus, cum grandi armatorum manu ad castra pervenit, ubi perhumaniter exceptus, regredi noluit; sed post exactam in Sicilia hiemem, ad S. Joannem Acconensem se contulit, nec cum fausto expeditionis exitu.

Francorum exercitus totus naves conscendit in patriam reversurus. Philippus vero Rex urgentibus Regni administratoribus ut profectum maturaret, Drepanum venit, ubi obiit Theobaldus Rex Navarræ, nec sine grandi Christianorum luctu; corpusque ejus in Franciam translatum, apud Franciscanos Provinienses sepultum est. Inde Rex Panormum se contulit, & postea Messanam, transactoque freto per Calabriam iter fecit. Ibi Elisabeta conjux Philippi ex equo delapsa est, & postea Cosentiæ abortum fecit, & 28. Januarii obiit, atque ob virtutem morumque probitatem luctum ingentem & Regi & Francis omnibus attulit. Inde lento gradu Philippus Romam perrexit, posteaque Viterbium, ubi Cardinales ad summum Pontificem diu exspectatum deligendum coacti erant; quos Rex hortatus ut quamprimum Christianorum desiderio facerent satis, longamque emensus viam, Lutetiam advenit vigesima prima Maii: patris uxorisque corpora necnon Joannis Nivernensis Comitis fratris sui in Ecclesiam B. M. Parisiensis intulit; insequente vero die, in Ecclesiam S. Dionysii translata sunt; narraturque

Duchêne p. 522. 524. & 543.

Nangius.

PHILIPPE III. dit le Hardi.

On dit que le Roi prêta lui-même les épaules à porter le corps de son pere en se reposant de tems en tems, & qu'aux endroits où il se reposa, on a bâti ces especes de pyramides qui sont encore aujourd'hui sur pied. Vers ce même tems mourut en Toscane Alphonse Comte de Poitiers & de Toulouse frere de S. Louis, en revenant de l'expedition de Tunis.

Sacre de Philippe le Hardi.
En la fête de l'Assomtion de la même année, selon Nangis, le Roi fut couronné & sacré à Rheims par les mains de l'Evêque de Soissons, le siege étant vacant. Ce fut Robert Comte d'Artois qui tint l'épée de Charlemagne pendant la ceremonie du sacre. A la priere du même Comte il se rendit à Arras, où il fut reçu avec magnificence. Dès le commencement de son Regne on le vit marcher sur les traces de son pere. Matthieu de Vendôme, homme sage, pieux & habile, des conseils duquel le Roi défunt s'étoit servi utilement, fut son principal Conseiller. Ce Prince étoit aussi fort adonné aux exercices de pieté. Il portoit le cilice, jeunoit souvent, & vivoit toujours avec une grande frugalité. Il étoit doux, affable, modeste & éloigné du faste. On remarquoit en lui toutes les vertus chrétiennes.

Sa pieté.

1272.
Il avoit pourtant de la fermeté quand il falloit reprimer la violence, comme il le fit voir dans une occasion qui se presenta alors. Girard de Casaubon Seigneur de Hautpui, eut quelque different avec le Comte d'Armagnac sur l'hommage de la Baronnie de Casaubon, que le Comte prétendoit relever de lui. Girard soutenoit au contraire, qu'elle relevoit immediatement du Duc de Guienne. La dispute s'échauffa tellement qu'il y eut un combat entre Girard & Arnaud-Bernard d'Armagnac frere du Comte, où celui-ci fut tué avec quelques cavaliers. Casaubon pour se mettre à couvert de la vengeance du Comte d'Armagnac, se rendit dans les prisons du Sénéchal de Toulouse, remit sa terre entre les mains du Roi, offrant de se purger du meurtre d'Arnaud-Bernard s'il en étoit accusé, & consentant que le Roi confisquât la terre à son profit, s'il ne se justifioit pas. Le Comte d'Armagnac suscita contre Casaubon le Comte de Foix son parent, qui vint attaquer le château de Hautpui, quoiqu'il fût sous la sauve-garde du Roi. Il le prit, passa au fil de l'épée tout ce qu'il y rencontra, & démolit le château. Le Roi étoit alors en chemin pour se mettre en possession des Comtez de Toulouse & de Poitiers, qui lui étoient échus par la mort d'Alphonse. Il assembla une armée, vint assieger le Comte dans son château de Foix, où il

Il punit le Comte de Foix.

Nangius.

Nanglus. De Marca Hist. de

Regem ipsum humeros supposuisse paterno feretro, atque in locis ubi parum quieverat, pyramides illas excitavisse, quæ hodieque supersunt. Eodem ferme tempore defunctus est in Tuscia Aldefonsus Comes Pictavensis & Tolosanus S. Ludovici frater, cum ex Tunetica expeditione rediret.

In festo Assumtionis ejusdem anni, inquit Nangius, Philippus Remis coronatur & inungitur manu Episcopi Suessionensis, sede nempe vacante. Ibi gladium Caroli Magni Robertus Artesiæ Comes tenuit; qui postea Philippum rogavit, Atrebatum se conferret, ubi magnifice exceptus fuit. A regni sui initio patris vestigia sequutus, a consiliis habuit Matthæum Vindocinensem; prudentem piumque virum, qui Ludovico patri admodum utilis, rem sapienter administrarat. Patris exemplo Philippus pietatis exercitiis operam dabat: cilicio indutus, jejuniis addictus, frugali semper utebatur mensa: eratque mitis, affabilis, modestus, a fastu alienus, christianisque virtutibus ornatus.

Tamenque cum opus erat procacitatem violentiamque repressisse narratur, ut hoc comprobatur exemplo. Girardus de Casaubono, dominus de Altopodio, exigente Arminiacensi Comite, uti sibi hominium præstaret pro *Baronia* Casaubonensi, contendebat non ipsi, sed Duci Aquitaniæ *hominium* hujusmodi deberi. Effervescente dissidio, in quadam pugna Girardum inter & Arnaldum Bernardum Arminiacensis Comitis fratrem, hic cum aliquot equitibus occisus est. Girardus vero ut Arminiacensis Comitis furori se proriperet, in Senescalli Tolosani carcerem se contulit, terramque suam in Regis manus deposuit, ac si de cæde Arnaldi Bernardi accusaretur, ad sui purgationem paratum se esse dixit, illa conditione, ut nisi culpam ab se removeret, terram illam Rex sibi retineret. Comes vero Arminiacensis Fluxensem Comitem cognatum suum contra Casaubonum concitavit, qui Alti-podii castrum oppugnavit & cepit. Omnes qui intus erant gladio peremit, castrumque solo æquavit. Tunc iter susceperat Rex ut Comitatus Pictavensem & Tolosanum, mortuo Aldefonso fratre, hereditario jure, ditionibus suis adjungeret. Exercitum vero collegit, & Fluxensem, qui in castrum suum Fluxense receptum habuerat, obsidit. Castrum vero

Bears, l. 26.

PHILIPPE III. dit le Hardi.

s'étoit refugié, regardant la place comme imprenable. Elle étoit effectivement de difficile accès ; mais le Roi faisant reflexion combien il lui étoit important au commencement de son Regne de châtier ce rebelle, fit diligemment tracer un chemin dans la montagne pour attaquer le château de plus près. Le Comte voiant que ce travail avançoit, & craignant l'issuë, prit le parti d'aller s'humilier aux pieds du Roi, & d'implorer sa misericorde. Philippe le fit mettre en prison, & emmena sa femme qu'il traita honorablement. Le Comte fut un an prisonnier : après cela, dit Nangis, le Roi le mit en liberté ; & ce Comte gagna tellement ses bonnes graces, qu'il le fit Chevalier, le préposa sur tous les maîtres qui apprenoient à faire des armes, & lui rendit enfin son Comté.

Gregoire X. qui après un long interregne venoit d'être fait Pape, tint un Concile general à Lion, où il fut traité de la procession du S. Esprit, de la réunion de l'Eglise Grecque à la Romaine, & des moiens de secourir la Terre-sainte. Le Roi Philippe alla le voir, & traita avec lui de plusieurs affaires importantes. Il épousa la même année Marie fille du feu Duc de Brabant, qui fut couronnée fort solennellement l'année d'après. 1273. 1274.

L'affaire de Castille, qui survint alors, fut cause d'un different entre Philippe & Alfonse Roi de Castille. Ferdinand fils aîné de celui-ci vint à mourir. Il laissa de Blanche fille de S. Louis sa femme deux fils en bas âge, Alfonse & Ferdinand, à qui selon le droit la couronne devoit appartenir ; car outre qu'ils étoient fils de l'aîné Ferdinand, ils l'étoient aussi de Blanche fille de S. Louis, qui aiant droit sur la couronne de Castille, fit pour le bien de la paix ce mariage, en tirant promesse que les enfans qui en naîtroient succederoient à leur pere & à leur grand-pere Alfonse ; cependant Alfonse, suivant le conseil des Grands de Castille, décida que Sanche son second fils succederoit, & qui pis est, il refusa à Blanche de lui rendre sa dot qu'elle demandoit. Philippe prenant l'interêt de ses neveux, envoia à Alfonse des Ambassadeurs, dont le chef étoit Jean d'Acre, Bouteiller de France, fils de Jean de Brienne Roi de Jerusalem. Ces Ambassadeurs avoient ordre de sommer le Roi de Castille de faire justice aux deux fils de Ferdinand & de Blanche, de leur rendre leur droit de succeder à la couronne, ou du moins d'agréer qu'ils emmenassent en France la mere avec ses deux enfans, en lui rendant sa dot. Ils firent ces propositions au Roi de Castille, qui les rejetta : il ne voulut ni rétablir ses deux petits-fils dans leur droit 1275. Affaires de Castille.

---

inexpugnabile habebatur ; eratque revera accessu admodum difficile. Sed cogitans Philippus quantum interesset sibi initio Regni sui rebellem hujusmodi comprimere, excavari viam in monte curavit, ut castrum adiri & expugnari posset. Rem celeriter perfici videns Comes, ac de exitu timens, Regis clementiam imploravit. Illum Philippus in carcerem conjecit, uxoremque illius secum abduxit, honorificeque excepit. Comes annum integrum in carcerem transegit. Eductus deinde, inquit Nangius, Regis gratiam ita captavit, *ut ipsum novum militem faceret, & magistros ac custodes in armis traderet ad tyrocinia exercenda*, Comitatumque suum ipsi tandem reddidit.

Gregorius X. qui postquam diu sedes vacaverat, jam Pontifex creatus fuerat Concilium generale Lugduni habuit, ubi de processione Spiritus Sancti actum est, de reconciliatione Ecclesiæ Græcæ cum Romana, deque modis auxilia ferendi in terram sanctam. Illum adiit Rex Philippus, ac cum illo de rebus tractavit gravissimis ; eodemque anno filiam defuncti Brabantiæ Ducis Mariam duxit uxorem, quæ solemni ritu anno proximo coronata fuit.

In Castellæ Regno res tunc agitari cœpit, quæ dissidii causa fuit Philippum inter & Aldefonsum Castellæ Regem. Ferdinandus Aldefonsi primogenitus obiit, exque Blancha uxore S. Ludovici filia puerulos duos reliquit, Aldefonsum & Ferdinandum, quibus ex jure corona debebatur, tum quia ex Ferdinando primogenito filio nati, tum quia Blanchæ filii erant, filiæ Ludovici Regis ; qui cum in Castellæ coronam jus haberet, ad pacem conciliandam filiam suam Ferdinando dedit, ea conditione ut filii ex hoc connubio nati patri & avo Aldefonso succederent ; tamenque de consilio Optimatum definitum fuit Sancium minorem filium esse successurum ; quodque iniquius erat, Blanchæ dotem suam reddere Aldefonsus noluit. Philippus vero sororis suæ filiorum causam suscipiens, Aldefonso nuncios misit, quorum princeps erat Joannes Acconensis Franciæ Buticularius, filius Joannis Jerosolymorum Regis. Jussi vero sunt nuncii ab Rege Castellæ expetere, ut filiis Ferdinandi & Blanchæ jus succedendi restitueret, vel saltem matrem cum filiis traderet nunciis, ut in Franciam ducerentur, matrique dotem suam restitueret. Abnuit Rex Castellæ ; Blancham *Nangius.*

PHILIPPE III. dit le Hardi.

de succession, ni les remettre aux Ambassadeurs pour les amener en France : il consentit seulement que leur mere Blanche partît avec eux pour s'en retourner en son païs. Les Ambassadeurs choquez de ce refus, lui parlerent d'une maniere fort aigre. Alfonse leur répondit sur le même ton, & donna ordre sous main qu'on les arrêtât à un certain passage. Jean d'Acre, qui en eut le vent, partit d'abord, & fit une telle diligence avec Blanche & ses compagnons, qu'il prévint les ordres du Prince, & amena en France la Princesse, qui fut très-bien reçûë, & fut traitée honorablement le reste de sa vie, qu'elle passa sans se remarier.

Plusieurs Seigneurs Castillans, qui regardoient comme injuste ce qu'on venoit de faire en faveur de Sanche, refuserent de lui rendre hommage. Un d'entr'eux, qui soutenoit apparemment avec plus de chaleur la cause des pupilles, en fut puni par Alfonse, qui confisqua toutes ses terres. Il s'appelloit Jean Nugnez. Ce brave Chevalier se voiant dépouillé de tous ses biens, se refugia auprès du Roi Philippe, qui lui donna de quoi subsister fort honorablement.

1176. Faux soupçons contre la Reine Marie.

La mort de Louis fils aîné de Philippe, qui arriva en cette année, mit toute la Cour en trouble. Pierre de la Brosse Chambellan voulut persuader au Roi qu'il avoit été empoisonné, & jettoit secretement tout le soupçon sur la Reine Marie, prétendant qu'elle feroit mourir de même les autres fils du Roi du premier lit, afin que la couronne passât à ses enfans. Il y avoit trois personnes, qui par une feinte dévotion s'étoient attiré l'estime du monde, le Vidame de Laon, un Moine vagabond, & une Beguine de Nivelle en Flandre, que l'on consultoit comme un oracle, & que l'on regardoit comme inspirée de Dieu. A la persuasion de Pierre de la Brosse, le Roi envoia consulter la Beguine par l'Evêque de Bayeux allié du même la Brosse, & par l'Abbé de S. Denis. L'Evêque prit le devant, & parla à la Beguine. L'Abbé vint après, & elle ne voulut lui rien dire. Le Roi qui esperoit de découvrir par leur rapport la verité du fait, voulut savoir des Députez ce que la Beguine avoit dit. L'Evêque répondit qu'il ne savoit rien d'elle que sous le secret de la confession ; & l'Abbé dit qu'il n'en avoit pu rien tirer. Philippe en envoia d'autres : ceux-ci lui rapporterent, que la Beguine assuroit que la Reine n'avoit nulle part à la mort de son fils. Le Roi fut alors persuadé qu'il avoit auprès de lui des gens qui excitoient ces troubles ; mais la recherche en fut renvoiée à un autre tems.

---

solum concessit cum nunciis reverti in Franciam. Ob repulsam indignati nuncii, asperis illum verbis infectantur : acerbioribus respondet Aldefonsus, clamque jubet illos redeuntes in angustis quibusdam locis apprehendi ac detineri. Submonitus Joannes Acconensis, statim profectus est, & incredibili celeritate usus, Aldefonsi jussa elusit, atque in Franciam Blancham deduxit, quæ honorifice suscepta, & per totum vitæ curriculum culta fuit, viduaque mansit.

Nangius.

Ex Castellanis vero Primores quidam, injustam putantes sententiam in gratiam Sancii latam, sacramentum fidei ipsi præstare noluerunt. Ex iis quidam Joannes Nunnius dictus, qui fortassis ardentius quam cæteri pupillorum causam tuebatur, ab Aldefonso plexus est, qui terras ejus omnes fisco addixit. Ille autem vir strenuus, se spoliatum cernens, in Franciam confugit ad Philippum Regem, qui largiter illi omnia ad victum & cultum necessaria subministravit.

Nangius.

Ludovici primogeniti filii Regis mors, in Regia turbas maximas dedit. Petrus de Brocia Cambellanus clam Regi suggerebat ipsum veneno fuisse sublatum, & Mariæ Reginæ opera id factum fuisse, quæ alios etiam Regis filios sublatura esset, ut corona ad natos suos transferretur. Tunc porro tres erant, qui ementita pietatis specie famam sibi conciliaverant, Vicedominus Laudunensis, Erro quidam Monachus & *Beguina* Nivellensis in Flandria, qui quasi afflatu numinis loquentes, & oracula fundentes, adiri solebant. Petro de Brocia suadente Rex misit ad Beguinam Episcopum Baiocensem Petro de Brocia affinem: misit quoque & Abbatem S. Dionysii, qui dicta ejus exciperent. Episcopus prior Beguinam est alloquutus; postea eamdem convenit S. Dionysii Abbas, cui nihil ipsa respondere voluit. Rex qui iisdem referentibus se rei veritatem comperturum putabat, quid illa divisset expetiit. Episcopus vero dixit se nihil ab illa, nisi sub secreto confessionis accepisse ; Abbas vero dixit, nihil illam sibi respondisse. Alios misit, qui dixisse Beguinam retulerunt nihil operæ contulisse Reginam ad Ludovici filii obitum. Tunc Rex suspicatus est quosdam in Regia sua esse qui turbas moverent ; quod inquirendum in aliud tempus missum est.

PHILIPPE III. dit le Hardi.

Il avoit toujours fort à cœur l'affaire de Castille, & pensoit à faire rendre justice à ses neveux. Il envoia encore une fois des Ambassadeurs à Alfonse pour le même sujet, avec ordre de le *défier*, ou de lui declarer la guerre, s'il ne vouloit pas lui donner satisfaction. Sur le refus qu'en fit le Roi de Castille, Philippe leva dans toutes les Provinces du Roiaume, & même dans quelques Etats voisins, une armée des plus grandes qu'on eut encore vû. Il alla prendre l'oriflamme à S. Denis, & marcha vers l'Espagne. Il reçut en chemin une ambassade du Roi Alfonse. Après avoir fait quelque difficulté de donner audiance aux Ambassadeurs, il la leur accorda enfin. Ils lui parlerent avec beaucoup d'arrogance, & d'un ton menaçant & plein de rodomontades, ils lui déclarerent la guerre. Le Roi les écouta sans s'émouvoir, & continua sa route. Arrivé aux frontieres de l'Espagne, il s'arrêta au lieu nommé Sauveterre. Son armée étoit assez grande pour conquerir toute l'Espagne ; mais il y eut si peu de prévoiance pour le succès d'une si grande entreprise, que les fourrages & les vivres manquerent dans peu, & l'hiver approchant, il fut obligé de congedier son armée. L'Historien dit qu'il fut trahi, & effectivement il y avoit de ses gens qui étoient d'intelligence avec le Roi de Castille. Il est cependant difficile de l'excuser : il faut qu'il y ait eu de son côté manque d'attention & de diligence, pour être obligé de s'en retourner sans rien faire après une si grande levée de bouclier.

Préparatifs pour la guerre de Castille sans effet.

Avant cette retraite du Roi, l'affaire de Navarre avoit commencé à cette occasion. Après la mort d'Henri le Gras Roi de Navarre, Blanche d'Artois sa femme avoit été obligée par les factions qui s'élevoient contr'elle, de se refugier en France avec sa fille Jeanne, qui n'avoit que trois ans. Le Roi Philippe envoia Eustache de Beaumarchais avec des troupes pour reduire les Navarrois à l'obéissance. Eustache s'acquitta fort bien de sa commission ; mais lorsqu'il travailloit à mettre le bon ordre dans Pampelune, les Rois de Castille & d'Arragon, qui ne voioient pas volontiers que les François s'établissent dans ce païs, susciterent les Navarrois & ceux de Pampelune, qui prirent les armes, & assiegerent Eustache & les François dans un château qui tenoit à la ville. La nouvelle en vint au Roi lorsqu'il alloit à Sauveterre, & il envoia Robert Comte d'Artois & Imbert de Beaujeu Connétable, avec ordre de ramasser les troupes du Languedoc & du Perigord, de les joindre à celles du Comte de Bearn & de Foix, & d'entrer avec ce corps d'armée dans la Navarre pour domter les rebelles. Robert executa diligemment les ordres du Roi, entra quoiqu'avec beaucoup

Guerre de Navarre.

Cordi erat Philippo Regi Castellanum negotium, & filiorum sororis causam suscipere meditabatur. Nuncios igitur iterum misit ad Aldefonsum, qui jussi sunt ipsi bellum denunciare, nisi quod ex jure debebatur illis restitueret. Negante Aldefonso, Philippus ingentem exercitum collegit in Francia inque vicinis regionibus, & vexillo apud S. Dionysium assumto, in Hispaniam movit. Iter agenti autem occurrunt Aldefonsi nuncii. Ægre illos Philippus admisit ; sed ipso tandem annuente, nuncii arroganter, minisque adhibitis bellum ipsi indixere. Rex illis moderate auditis, pergensque ad Hispaniæ limites advenit, & in loco, cui Salvaterra nomen, stativa habuit. Tantus erat exercitus ut ad totam Hispaniam acquirendam satis esse videretur : sed cum tanta incuria res agebatur ut pabula & annona statim defecerint, & ingruente hieme Rex exercitum solvere coactus fit. Narrat historiæ scriptor proditum Regem fuisse, & revera in Regia erant qui cum Rege Castellæ consentirent, resque clam agitarent. Vix tamen excusari potest Philippus : nam grandis negligentia & oscitantia ejus fuerit necesse est, qui tanto collecto exercitu re non infecta modo, sed ne tentata quidem, redire coactus sit.

Antequam Philippus reditum pararet, in Navarra motus quidam cœperant hac occasione. Mortuo Henrico Crasso Navarræ Rege, Blancha Artesiæ uxor ejus, urgentibus factionibus quibusdam, in Franciam cum filia Joanna hieme confugere coacta fuerat. Rex vero Philippus Eustachium de Bello-marchesio cum copiis miserat, qui Navarros in ordinem redigeret. Bene rem gessit Eustachius : sed dum Pompelonensibus componendis rebus operam daret, Reges Castellæ & Aragoniæ, qui ægre ferebant quod Franci in regione illa sedes ponerent, oppidanos concitarunt, qui arma sumentes Eustachium & Francos obsederunt in castro, quod urbi hærebat. Res perlata Philippo fuit cum Salvam-terram iret ; misitque ille Robertum Artesiæ Comitem, & Imbertum de Bello-joco Constabularium, jussos ex Septimania & ex Petragoricis copias colligere, & cum Bearnensibus & Fluxensibus junctas in Navarram adducere, ut rebelles domarent.

Robertus jussa Regis diligenter exsequutus, in Na-

Nangius.

de difficultez dans la Navarre avec une armée de vingt mille hommes, & alla assieger Pampelune. Il dressa ses machines de guerre, & commença de battre la place aux premiers jours du mois de Septembre de cette année. Les pierriers, les mangonneaux, & les autres instrumens de batterie jouerent, & mirent la fraieur dans la ville. Les chefs de la revolte trouverent le moien de s'enfuir. Le Roi de Castille, qui étoit proche de là avec quelques troupes, envoia des Catalans pour secourir la ville ; mais ceux-ci aiant appris que l'armée de France avoit formé le siege & battoit la place, n'oserent avancer. Les Bourgeois abandonnez de leurs chefs demanderent à capituler. Le Comte d'Artois envoia le Connétable pour traiter avec eux ; mais dans le tems qu'on parlementoit, les troupes des Comtes de Bearn & de Foix grimperent par dessus les murailles, qu'ils trouverent sans défense, se mirent à piller & saccager la ville, massacrerent hommes & femmes & tout ce qu'ils purent rencontrer. Le Comte d'Artois qui vouloit qu'on traitât humainement cette bourgeoisie, arrêta quoiqu'avec peine ce désordre, rétablit les Ecclesiastiques & les Bourgeois dans leurs biens & dans leurs privileges, & leur fit rendre, autant que cela se pouvoit faire, ce que ces pillards leur avoient enlevé ; après quoi il prit les autres villes & forteresses de la Navarre, excepté sept châteaux, dont la prise étoit plus difficile.

Le Roi de Castille envoia prier instamment le Comte d'Artois son cousin de venir le voir pour conferer avec lui sur les affaires presentes. Le Comte croiant que cette entrevûë ne se pouvoit faire sans le consentement du Roi, qui étoit encore à Sauveterre, lui en donna avis. Philippe y donna les mains, & le Comte d'Artois alla trouver Alfonse, qui après lui avoir fait un grand accueil, le pria de moienner la paix entre le Roi de France & lui. Dans le tems qu'ils conferoient ensemble, la nouvelle arriva au Roi de Castille, que le Roi de France s'étoit retiré, & avoit congedié son armée. Il l'apprit au Comte d'Artois, qui s'apperçut que le Roi de Castille étoit informé de ce qui se passoit dans la Cour de France ; ce qui lui fit juger qu'il étoit d'intelligence avec quelqu'un du conseil du Roi, & il en soupçonna d'abord le Chambellan Pierre de la Brosse. Robert d'Artois de retour à Pampelune, laissa une partie de ses troupes à Eustache de Beaumarchais, & revint en France.

Cette année fut remarquable par la mort inopinée du Pape Adrien V. Il avoit fait bâtir une nouvelle chambre dans son palais de Viterbe : cette chambre

---

varram nec sine difficultate ingressus est cum armatis viginti mille, & Pompelonem obsedit. Machinas erexit, urbemque impetere cœpit ineunte Septembri. Petrariæ, mangonelli, cæteraque instrumenta bellica terrorem in urbem conjecerunt. Factionis principes clam aufugerunt. Rex Castellæ qui prope cum armatis non multis erat, Catalaunos misit, qui urbi opem ferrent. Hi cum didicissent urbem obsessam machinasque erectas fuisse, non ausi sunt ultra procedere. Cives autem ducibus destituti, deditionem facere postulabant. Misit vero Comes Artesiæ Constabularium, qui de conditionibus ageret cum illis. Dum vero res tractaretur, Bearnenses & Fluxenses in muros conscenderunt incustoditos, & in urbem ingressi, prædas agere, obvios quosque viros, mulieres atque parvulos trucidare cœperunt. Comes vero Artesiæ qui cives humaniter excipere peroptabat ; prædones illos cohibuit, nec sine labore tumultum sedavit. Ecclesiasticis & civibus bona sua atque privilegia restituit, exque prædonibus rapta, quantum potuit, recepit ut redderet ; posteaque cætera Navarræ oppida castraque expugnavit, septem exceptis quæ munitiora erant.

Rex Castellæ Artesiæ Comitem cognatum suum rogavit se adiret, ut una de negotiis instantibus ambo agerent ; qui non se putans posse sine nutu Regio id suscipere, rem Philippo nunciavit. Consentiente illo Robertus Aldefonsum adiit, qui benignissime illum excepit, & ad pacem cum Rege Francorum conciliandam ipsius opem postulavit. Dum una colloquerentur, nuncio quodam referente Aldefonsus edidicit, Philippum soluto exercitu regressum esse, qua re Robertum certiorem fecit. Intellexit autem Robertus, ipsum Aldefonsum cum aliquo ex Primoribus Regiæ Francorum clam commercia literarum habere, quem suspicabatur esse Petrum de Brocia Cambellanum. Pompelonem reversus Artesius, Eustachio de Bello-marchesio partem copiarum reliquit, & in Franciam remeavit.

Hic annus insignis fuit ex inopinato obitu Adriani V. Papæ. Cubiculum ille novum in ædibus suis Viterbiensibus apparari & strui jusserat. Subruit cubifondit

PHILIPPE III. dit le Hardi.

fondit fous lui. On le trouva entre les bois & les pierres, tout fracaſſé de ſa chute. Il mourut ſix jours après, & on élut en ſa place le Pape Jean XXI. qui ne tint le ſiege que huit mois. Après lui fut fait Pape le Cardinal Cajetan de la maiſon des Urſins, ſous le nom de Nicolas III. auquel ſucceda peu après Martin IV.

Charles Roi de Naples, dont l'ambition n'avoit point de bornes, acheta de la Princeſſe Marie, fille du Prince d'Antioche, le Roiaume de Jeruſalem ſur lequel elle avoit droit, lui donnant quatre mille livres de rente annuelle pendant ſa vie à prendre ſur ſon Comté d'Anjou.

Les ſoupçons contre Pierre de la Broſſe étoient déja fort violens; un accident découvrit toute l'intrigue. Il arriva qu'un Meſſager s'étant arrêté dans une Abbayie, y mourut. Avant que d'expirer, il pria les Moines qui l'aſſiſtoient de ne donner une boëte où étoient pluſieurs lettres qu'au Roi Philippe. Un de ces Moines alla trouver le Roi, qui étoit alors à Melun. Le Roi aſſembla ſon Conſeil, & ouvrit la boëte, où l'on trouva des lettres ſcellées du ſceau de Pierre de la Broſſe. L'affaire fut depuis tenuë ſi ſecrete, qu'on ne ſut point ce qui étoit contenu dans ces lettres. L'évenement fit juger qu'on y avoit trouvé des preuves de ſa trahiſon. La Broſſe fut pris au bois de Vincennes, & mené à Paris, où il fut mis en priſon. On le mena de là à Janville dans la Beauce, où il fut enfermé dans une tour. L'Evêque de Bayeux ſon allié craignant d'être envelopé dans ſa diſgrace, s'enfuit à Rome, où il demeura long-tems ſous la protection du Pape. La Broſſe fut ramené à Paris, où il fut condamné à être pendu. L'execution fut faite en préſence des Princes. Comme ſon crime étoit inconnu, pluſieurs en murmurerent.

L'an 1279. Charles Prince de Salerne, fils de Charles Roi de Naples & de Sicile, vint en France, où il fut reçû avec beaucoup de joie & de magnificence. On fit des joûtes & des tournois en ſigne de réjouiſſance, & l'on n'oublia rien de ce qui pouvoit exprimer le plaiſir qu'on avoit eu de ſon arrivée. Cependant le Roi Philippe étoit toujours en mouvement pour faire rendre juſtice aux deux Princes fils de Blanche ſa ſœur. Il alla en Gaſcogne pour traiter avec Alphonſe & Sanche ſon fils; il fit differentes propoſitions qui furent toutes rejettées. Il étoit enfin ſur le point de porter la guerre en Eſpagne; mais le Pape Nicolas, peut-être gagné par le Roi de Caſtille, défendit à l'un & à l'autre de décider de cette ſucceſſion par les armes. Il eut auſſi à Touloufe ſur cette même

1277.

1278.

La Broſſe traître executé.

1279.

1280.

---

culum, & Adrianus inter ligna & lapides attritus repertus, poſt diem ſextum obiit. In ejus locum electus fuit Joan. XXI. qui octo tantum menſibus ſedit. Hunc excepit Cardinalis Cajetanus ex Urſinorum familia, nomine Nicolai III. cui paulopoſt ſucceſſit Martinus IV.

Carolus Neapolitanus Rex, imperia regnaque ſemper appetens, ex Maria Antiocheni Principis filia, quæ Regnum ſibi Jeroſolymitanum competere dicebat, jus illud adeptus eſt, atque in precium dedit ipſi quater mille libras annuas, per vitam ſuam ex Comitatus Andegavenſis proventu accipiendas.

Suſpiciones illæ memoratæ contra Petrum de Brocia multum accreverant: caſu vero tandem occultiora ejus conſilia detecta fuere. Cum nuncius quidam iter agens ad vicinum Monaſterium divertiſſet, in morbum incidit; inſtanteque obitu Monachos rogavit pyxidem epiſtolis plenam uni Regi traderent. Illo defuncto Monachus quidam Regem tunc Meloduni verſantem adiit, qui familiaribus convocatis pyxidem aperuit, in qua epiſtolæ erant ſigillo Petri de Brocia munitæ. Arcana admodum res fuit, nec niſi ex eventu exiſtimatum fuit literas illas proditionis argumenta

præ ſe tuliſſe. In Vicennarum ſilva captus Petrus, & Lutetiam adductus, in carcerem conjectus eſt. Deindeque Janvillam in Belſia adductus, in turri collocatur. Tunc Epiſcopus Baiocenſis, Petro de Brocia affinis, ſibi metuens Romam aufugit, ubi annuente ſummo Pontifice diu manſit. Petrus autem de Brocia Lutetiam reductus, damnatuſque ad patibulum præſentibus Principibus ſuſpenſus eſt, nec ſine murmuratione plebis, cauſam ſupplicii ignorantis.

Anno 1279. Carolus Princeps Salernitanus, Caroli Neapolis & Siciliæ Regis filius, in Franciam venit; ubi magnifice exceptus eſt: *deditque licentiam Philippus Rex in ludis tyrociniorum milites exercendi*; nihilque prætermiſſum eſt, quo partum ex adventu illius gaudium exprimi poſſet. Interea Rex Philippus in motu ſemper erat, ut filiis ſororis ſuæ Blanchæ ſua reſtitui curaret. In Vaſconiam ſe contulit, ut cum Aldefonſo & Sancio ſe componeret. Conditiones multas obtulit, ſed cum repulſa ſemper. Proximum autem erat ut bellum in Hiſpaniam inferret; ſed Nicolaus Papa, fortaſſis clam movente Caſtellæ Rege, utrumque vetuit hujuſmodi ſucceſſione armis decernere. Toloſæ etiam

Mariana, Nangius.

affaire avec Pierre Roi d'Aragon une conference, qui n'aboutit à rien.

Cette année la Seine déborda de telle maniere, qu'elle emporta deux arches du grand pont & une arche du petit pont. La campagne étoit tellement inondée, que du côté de S. Denis on ne pouvoit venir à Paris que par bateau, & de l'autre côté de la riviere les bateaux alloient par toute la place Maubert.

1281.

Pierre Roi d'Aragon après avoir negocié avec le Roi Philippe sur l'affaire de Castille, alla tramer en Sicile une conspiration contre Charles Roi de Sicile, qui eut des suites fâcheuses pour ce dernier. Pierre de concert avec sa femme Constance, qui comme fille de Mainfroi Roi de Sicile prétendoit avoir droit sur cette couronne, suscita dans cette Isle tous les ennemis des François. Quoique ces menées fussent fort secretes, bien des gens en donnerent avis à Charles, qui tout occupé du dessein chimerique qu'il avoit de se rendre Empereur de Constantinople, ne se mit guére en peine de prevenir la conjuration. Les Siciliens donc suscitez sous main par le Roi d'Aragon & par plusieurs autres, s'étant donné le mot par toute l'Isle, avec un secret entre tant de personnes éloignées les unes des autres, le plus surprenant qu'on ait jamais vû dans les histoires, se jetterent sur les François, qui ne se doutoient de rien, les massacrerent, sans épargner ni les femmes ni les petits enfans. Leurs femmes enceintes, quoique Siciliennes, furent éventrées. Tout cela se fit par toute l'Isle le jour de Pâques à l'heure de Vêpres : de là ce massacre prit le nom de *Vêpres Siciliennes*. Le nombre des morts monta à huit mille.

1282.
Vêpres Siciliennes.

A cette terrible nouvelle Charles envoia le Prince de Salerne son fils en France pour lever des troupes, & assemblant d'abord une armée, il passa le détroit, & alla assieger Messine. Il l'auroit emportée en peu de tems, tant les Messinois furent surpris d'une si prompte venuë ; mais le Cardinal Légat lui persuada de tâcher de gagner les habitans par la douceur, de temporiser & de traiter avec eux ; & cependant ils se fortifierent & se munirent si bien, que lorsqu'il commença ses attaques il vit qu'il auroit bien de la peine à s'en rendre maître, & le siege tirant en longueur, il fut obligé de repasser dans la Calabre & dans la Pouille pour contenir les peuples, fort disposez à la revolte. Cependant Pierre Roi d'Aragon, qui avoit assemblé une puissante flote, vint aborder à Palerme, & se fit couronner Roi de Sicile.

eadem de causa cum Petro Aragoniæ Rege colloquutus est, sed nullo fructu.

Ineunte Januario anni 1281. Sequana exundans pontis magni arcas duas & unam parvi Lutetiæ decussit. Qui ex S. Dionysii oppido veniebant, nonnisi naviculis in urbem ingredi poterant : in altera vero fluminis ora scaphæ per totam Malberti plateam undis ferebantur.

Villani l. 7. t. 61. Nangius.

Petrus Aragoniæ Rex cum Philippo Rege Castellæ Regis negotio colloquutus, ut dictum est, in Siciliam veniens, clam Carolinæ gentis perniciem molitus est. Cum Constantia igitur uxore, quæ cum Manfredi filia esset, Siciliæ Regnum ad se pertinere contendebat, dira machinatur. In insula Caroli inimicos clam concitat, conspirationem contra illum orditur. Etsi secreto res ageretur, nunciatur tamen a multis Carolo Regi, qui Constantinopolitanum Imperium animo versans, illud occupaturum se frustra sperabat, & de Sicula conjuratione nihil curare videbatur. Movente igitur Aragonensi Rege Siculi per insulam quasi uno animo, ne sentientibus quidem vel dubitantibus Francis, quod mirum & inauditum est, cum tot tamque dissiti conjurati essent, ad condictam horam in Francos imparatos irruunt, omnes interficiunt ; nec mulieribus nec parvulis parcunt ; prægnantes Siculas Francorum uxores una perimunt cum fœtibus suis. Hæc porro gesta per totam insulam sunt hora Vesperarum, unde internecio illa Vesperarum Sicularum nomen sortita est. Octo millium cæsorum numerus fuit.

Nn

Re tam tristi comperta Carolus Principem Salernitanum in Franciam misit copias collecturum ; ipseque coacto exercitu in Siciliam trajecit, Messanamque obsedit. Urbem vero perterritis civibus statim capturus erat ; verum Cardinalis Legatus Carolo suasit, ut mansueto tractandi modo Messanensium affectum sibi conciliaret, tempus concederet, ac cum illis rem lentius ageret. Spatium temporis nacti Messanenses urbem ita munierunt, ut cum oppugnare urbem cœpit Carolus, adverterit diuturnam fore obsidionem : quamobrem cum extraberetur oppugnatio, Carolus in Calabriam trajecit, posteaque in Apuliam venit, quod illarum regionum populi ad rebellandum proni essent. Inter hæc Petrus Aragoniæ Rex, qui classem magnam paraverat, Panormum appulit, & Rex Siciliæ coronatus est.

PHILIPPE III. dit le Hardi.

Le Pape Martin IV. qui regardoit l'affaire de Sicile comme sa cause propre, lança ses foudres sur la tête de Pierre Roi d'Aragon ; le priva non-seulement du Roiaume de Sicile, mais aussi de celui d'Aragon, qu'il donna à Charles II. fils de Philippe ; défendit sous peine d'excommunication aux Aragonois de prêter secours ni obéïssance au Prince anathematisé & dégradé. Il publia aussi une croisade contre le Roi d'Aragon. Vers ce même tems arriva au Roi Charles un puissant secours de France, qui le rendit fort superieur en troupes à Pierre Roi d'Aragon ; ensorte que celui-ci se sentant trop foible, & hors d'état de tenir la campagne contre son adversaire, s'avisa d'une supercherie des plus extraordinaires qu'on eut encore imaginées. Il fit proposer à Charles de se battre eux deux avec cent hommes contre cent autres, que chacun choisiroit parmi ses troupes. Il assigna le champ dans la plaine de Bourdeaux pour le premier jour de Juin suivant, sous condition que le vaincu cederoit la Sicile au vainqueur. Charles donna dans le panneau, sans considerer que laissant là des troupes fraîches, qui pouvoient le mettre au dessus de ses affaires, il ralentissoit leur ardeur ; qu'il étoit à craindre que l'armée étant dans un climat si chaud & dans l'inaction, la maladie ne s'y mît avant qu'elle eût rien entrepris ; que l'assignation du champ à un lieu si éloigné ne pouvoit se faire qu'à dessein de le tromper. Sans faire, dis-je, aucune de ces reflexions, il accepta le défi ; & malgré le conseil du Pape & des Cardinaux, qui voulurent l'en détourner, il se rendit au camp le jour marqué. Le Roi Philippe s'y trouva aussi. Pour ce qui est de Pierre, il n'eut garde d'y paroître. Quelques-uns disoient, qu'il y vint la nuit de devant avec deux de ses gens seulement ; que se presentant en secret au Senechal de Bourdeaux, il lui dit qu'il ne se rendroit point le lendemain au camp marqué, parce qu'il craignoit le Roi de France qui devoit s'y trouver.

Le Roi Philippe indigné contre Pierre qui avoit manqué à sa parole, envoia Jean Nugnez qui s'étoit donné à lui, avec une armée, & lui donna ordre d'entrer en Aragon par la Navarre. Il y entra en effet, ravagea les campagnes, prit quelques places, & se retira ensuite. Pierre qui ne s'attendoit pas à cette guerre dans son payis, se trouva hors d'état de lui résister ; & l'on disoit que si Nugnez avoit poursuivi sa pointe, il se seroit rendu maître de l'Aragon.

Le Roi Philippe s'étant croisé pour la guerre d'Aragon, Charles son oncle après avoir passé près d'une année en France, se rendit à Marseille, où il prépara

Supercherie de Pierre Roi d'Aragon.
1283.

1284.

Nangius. Martinus IV. Papa, qui rem Siculam ut suam habebat, Vaticanis fulminibus Petrum Aragoniæ Regem impetiit, ipsumque non Siciliâ tantum, sed etiam Aragoniæ Regno spoliavit, deditque Carolo Regis Philippi secundo filio; communione Ecclesiæ privavit Aragonenses, qui Petro vel obsequerentur, vel opem ferrent: crucem item contra illum ut Ecclesiæ hostem assumendam esse indixit. Eodem tempore Carolus Francorum manu validissima recepta, longe superior Petro videbatur esse; qui cum tanto exercitui se obsistere non posse cerneret, consilio usus est vaferrimo simul & singularissimo. Carolo hanc conditionem obtulit, ut ipsi ambo cum centum viris selectis singuli pugnarent. Campum vero assignavit in Burdegalensi planitie, pacto inito ut qui victus esset, Siciliam victori concederet. Falsa specie delusus est Carolus, nec cogitavit copias illas ingentes, quas modo receperat, non otiosas esse relinquendas. Hinc primum fervorem minui, periculumque esse ne exercitus in æstuosa regione otiosus, a morbis vel a lue invaderetur; non secum reputabat campum nonnisi fallendi animo tam procul fuisse assignatum. Hæc non animadvertens ille rem propositam admisit, & frustra suadentibus summo Pontifice & Cardinalibus, ne pactum admitteret, illo se contulit. Philippus quoque Rex ad condictum diem venit. Petrus vero non comparuit. Nonnulli tamen dicunt illum clam venisse; & præcedenti nocte cum duobus suorum Senescallum Burdigalensem adiisse, significasseque illi se die sequenti in campum venturum non esse, quod timeret a Philippo Rege, qui adfuturus erat.

Indignatus Philippus, quod Petrus oblatæ ab se pactioni non stetisset, Joannem Nunnium, qui ad se confugerat, cum exercitu misit, quem jussit per Navarram in Aragoniam irrumpere. Ingressus ille agros depopulatus est, oppida & castra aliquot cepit. Petrus inexspectato bello obsistere non valebat, putabaturque Nunnium si cœpta prosequutus fuisset, Aragoniam totam occupare potuisse.

Nangius. Postquam Philippus ad bellum Aragonicum gerendum crucem acceperat, Carolus patruus ejus anno ferme in Francia transacto, Massiliam venit, classem-

une grande flote pour passer à Naples. Il envoia ordre au Prince de Salerne son fils de retenir ses vaisseaux dans le port, & de ne point donner combat aux Siciliens, mais d'attendre qu'il fût arrivé avec sa grande flote : mais par malheur ses messagers furent pris par les Siciliens, qui lurent ces lettres. Profitant de la conjoncture, ils allerent avec vingt-sept galeres défier ce jeune Prince à venir se battre contr'eux. Il n'en fallut pas davantage pour l'attirer : il monta lui-même sur des vaisseaux, & fit monter des François peu experts dans la marine. Le combat se donna, la flote Françoise fut battuë, & Charles Prince de Salerne demeura prisonnier. Il fut amené à la Reine Constance, qui ordonna d'abord qu'on le ramenât devant Naples, & qu'on envoiât dire à sa femme que si elle ne lâchoit la sœur de Constance que Charles tenoit prisonniere, on couperoit la tête au Prince de Salerne, & qu'on jetteroit son corps dans la mer. La Princesse de Salerne renvoia d'abord cette sœur, comptant qu'en échange on lui rendroit son mari ; mais il fut ramené en Sicile & retenu prisonnier. Quatre jours après arriva le Roi Charles, qui trouva les Napolitains revoltez. Il les rangea bien vîte à leur devoir. Il vouloit aller assieger Messine ; mais la saison étant trop avancée, il differa cette entreprise. Il tomba ensuite malade, & mourut dans la Pouille, qui se seroit infailliblement revoltée & la Calabre aussi ; mais le Comte d'Artois qui s'y trouva avec les troupes de France, les contint dans leur devoir.

Ainsi finit le Roi Charles, un des braves Princes qui soient sortis du sang de France. Le Villani dit qu'il n'y en avoit point eu de pareil depuis Charlemagne. Il éprouva de grands revers de fortune sur la fin de sa vie. On s'apperçoit aisément que ce fut quelquefois par sa faute, & peut-être par une punition divine de la cruelle mort des deux jeunes Princes, Conradin & Frederic. Le Pape Martin IV. qui s'interessoit fort à conserver le Roiaume de Naples à Charles le Boiteux alors prisonnier, envoia au même Comte d'Artois une grosse somme d'artent pour payer ses troupes.

Charles Prince de Salerne & les prisonniers François qui étoient avec lui, furent amenez à Messine. On les mit en prison, & le Prince fut mis en un autre lieu sous sure garde. Les Messinois coururent à la prison pour tuer les François prisonniers, qui se mirent en défense ; alors les Messinois mirent le feu à la prison, & la brûlerent avec les François qui étoient dedans. Ils voulurent encore

Prise de Charles le Boiteux.

1285.
Mort de Charles Roi de Naples.

Villanus.

que magnam paravit ut Neapolim trajiceret, nunciumque misit ad Principem Salernitanum filium, quo monebat ut naves suas in portu contineret, nec cum Siculis confligeret, seque cum classi magna advenientem exspectaret. Verum forte accidit ut a Siculis Nuncius caperetur, qui literas illas legerunt. Arrepta illi occasione cum viginti septem navibus, quas *Galeas* vocant, ante portum Neapolitanorum Principem ad pugnam provocant. Ille juvenis admodum & animo fervens, naves conscendit cum Francis rei navalis imperitis. Pugna committitur, Francorum classis profligatur, Carolusque Princeps Salernitanus capitur, & ad Constantiam Reginam adducitur, quæ statim præcepit reduci Carolum ante Neapolim, & uxori ejus nunciari, nisi ipsa Constantiæ sororem, quam Carolus captivam tenebat dimitteret, caput Principis Salernitani statim amputarum, & corpus in mare projectum iri. Salernitani Principis uxor statim sororem ejus remisit, fore sperans ut conjux suus sibi remitteretur ; sed in Siciliam reductus, & in custodia detentus fuit. Quatriduo postea advenit Rex Carolus, ac Neapolitanos, qui defecerant, statim in ordinem redegit. Messanam obsessum ire volebat ; verum instante hieme rem distulit. In Apulia autem in morbum incidit ac defunctus est. Apulia vero & Calabria haud dubie rebellassent, nisi adfuisset Robertus Artesiæ Comes cum Francorum copiis, quæ ausus illorum comprimerent.

Hic exitus fuit Caroli Regis inter strenuissimos Francorum Principes computandi. Ait Villanus a Carolo Magno nullum ipsi parem fuisse. Circa finem vitæ contrarios fortunæ casus expertus est. Facile autem advertitur ita quandoque, ipso secus res moderante accidisse ; vel fortassis ita numen immaniter cæsos juniores Principes Conradinum & Fridericum ulcisci voluit. Martinus vero Papa, qui Neapolitanum Regnum Carolo Claudo defuncti filio tunc in carcere degenti servare volebat, Artesiæ Comiti magnam pecuniæ summam misit in armatorum subsidium.

Carolus Salernitanus Princeps & captivi Franci Messanam adducti sunt, & in carcerem conjecti ; sed Carolus a cæteris segregatus in tuta custodia positus est. Messanenses porro in carcerem Francos peremturi accurrerunt. Illi sanguinariam turbam propulsare. Quapropter furens oppidanorum cœtus ignem in carcerem conjecit, ipsumque cum Francis flammis tradidit & combussit. Eodem impetu petulans turba in

Villan.

PHILIPPE III. dit le Hardi.

aller couper la tête à Charles Prince de Salerne ; mais la Reine Constance leur dit que cela ne se pouvoit sans le consentement du Roi Pierre, qui étoit absent. Elle arrêta ainsi leur fureur.

En la même année le lendemain de l'Assomtion de Notre-Dame, Philippe dit le Bel, fils aîné du Roi de France, épousa Jeanne fille & heritiere d'Henri le Gras Roi de Navarre & Comte de Champagne. La Princesse étant sa parente, il fallut dispense du Pape pour ce mariage. Au mois de Novembre, la veille de sainte Catherine, il fit un vent si furieux dans tout le Roiaume, qu'un grand nombre de maisons & de clochers furent mis à bas : les plus grands arbres furent abbattus en divers lieux.

Le Roi Philippe qui s'étoit croisé contre le Roi d'Aragon, marcha vers la Pentecôte avec un nombre incroiable de troupes, dit Nangis, rassemblées de tout son Roiaume, accompagné du Cardinal Légat, appellé Jean Cholet, & de ses deux fils Philippe & Charles. Il entra dans le Roussillon, où il fut reçu fort honorablement par Jacques Roi de Majorque, qui se joignit à Philippe contre son frere Pierre Roi d'Aragon. Celui-ci dès qu'il apprit que le Roi de France puissamment armé alloit entrer dans son Roiaume, quitta la Sicile pour venir mettre la Catalogne & l'Aragon en état de défense. Les Siciliens s'étoient saisis de Charles fils du Roi de Naples, & l'avoient transferé de Messine, où il étoit gardé, à un autre château de la Sicile, dans le dessein, disoit-on, de se raccommoder avec lui, & de le remettre sur le thrône, tant ils étoient changeans, & peu fermes dans leurs résolutions. Pierre se doutant de leur dessein, trouva moien de s'en rendre le maître, & le transporta en Aragon, où il le mit sous sûre garde.

Guerre de Philippe contre le Roi d'Aragon.

Philippe s'étant rendu à Perpignan, s'en alla assieger Elne, ville qui devoit appartenir au Roi de Majorque, mais qui s'étoit donnée au Roi d'Aragon. Il fit d'abord attaquer la place. Les assiegez se défendirent bien le premier jour, mais avec perte. Le lendemain lorsqu'on se disposoit à revenir à l'assaut, ils demanderent quelque tems pour déliberer sur les conditions qu'ils devoient proposer pour rendre la place : cela leur fut accordé ; mais on s'apperçut d'abord qu'ils ne demandoient tréve que pour avertir le Roi d'Aragon, qui n'étoit pas loin de là, de l'état où ils se trouvoient, & pour cet effet ils allumerent un grand feu sur le plus haut clocher de la grande Eglise. Le Roi voiant cela fit disposer

---

Carolum Salernitanum Principem irrumpere voluit, ut illum capite truncaret : at Constantia Regina, non posse rem tantam perfici dicens inconsulto Petro Rege tunc absente, furibundam plebem compescuit.

angius.

Eodem anno die Assumtionem B. Mariæ insequente, Philippus Pulcher dictus Regis Franciæ primogenitus, Joannam Henrici Crassi Navarræ Regis & Campaniæ Comitis filiam & hæredem, duxit uxorem ; & quia cognata sua erat, cum dispensatione summi Pontificis connubium factum est. Eodem anno mense Novembri in vigilia B. Catharinæ tanta fuit in toto Regno ventorum vehementia, ut multæ domus & campanariæ turres deciderint, arboresque magnæ sint avulsæ.

Philippus Rex qui contra Aragoniæ Regem crucem acceperat, circa Pentecosten movit cum ingenti copiarum ex toto Regno collectarum numero, comitante Joanne Cardinali Choleto, duobusque filiis Philippo & Carolo. In Ruscinonem vero tractum intravit, ubi a Jacobo Majoricarum Rege magnifice exceptus fuit, qui sese Regi Francorum adjunxit contra fratrem suum Petrum Aragoniæ Regem. Hic autem ut audivit Francorum

angius.

Regem cum tanto exercitu in Regnum suum irrupturum esse, ex Sicilia profectus est ut Catalauniam & Aragoniam defensum veniret. Siculi Carolum Claudum apprehensum Messana in alterum Siciliæ castrum transtulerant, eo animo, narrabant quidam, ut pace cum illo facta, Regem ipsum constituerent, tanta erat incertæ plebis animi mobilitas. Re comperta Petrus arte captivum cepit, & in Aragoniam transtulit.

Philippus vero cum Perpinianum venisset, Elnam obsedit, quæ ad Regem Majoricarum cum pertineret, Regi Aragoniæ sese dediderat. Illam subito Rex oppugnari jussit. Primo die oppidani strenue pugnarunt, ex suisque multos amisere. Insequenti vero die cum ad pugnam redirent Franci, aliquid temporis obsessi postularunt, ut de pacis & urbis reddendæ conditionibus deliberarent. Concessum id fuit ; at statim animadversum est inducias illos postulavisse, ut Regi Aragoniæ, qui non procul erat, indicarent quo in statu tunc ipsi essent, ideoque in altiore turri campanaria majoris Ecclesiæ ignem magnam emittentem flammam accenderunt : quo conspecto Rex, urbem

Marca Hispanica.

Nangius. Villanus.

l'assaut. Le Légat dit qu'il ne falloit faire aucun quartier à ces excommuniez qui méprisoient les loix de l'Eglise. On vient à l'attaque, on rompt les portes de la ville. Le soldat n'épargna ni âge ni sexe ; on tua jusqu'aux plus petits enfans, sans faire quartier même à ceux qui s'étoient refugiez dans l'Eglise. On ne donna la vie qu'au nommé le Bâtard de Roussillon, qui servit depuis de guide dans les lieux les plus difficiles des Pyrenées. La ville fut ruinée de fond en comble.

Après cet exploit, on s'avança vers les montagnes, dont les passages, assez difficiles d'eux-mêmes, l'étoient devenus davantage par les travaux qu'y avoient faits les Aragonois, qui les gardoient. Le Roi Pierre y étoit lui-même en personne : mais le Bâtard de Roussillon montra au Roi un passage négligé par les Aragonnois, qui voiant l'armée passée, abandonnerent leurs tentes & pavillons, & prirent la fuite. Leur camp fut pillé par les François, qui prirent Pierrelate. Philippe le Bel fils aîné du Roi força la ville de Figuieres ; & plusieurs autres places aiant été prises, Philippe assiegea la ville de Gironne, qui étoit très-forte & bien munie. Les assiegez commandez par Raimond de Cardonne se défendirent vaillamment. Le Roi aiant fait dresser une grande machine pour battre les murailles, ils la brûlerent, & tuerent l'Ingenieur. L'armée souffroit d'ailleurs beaucoup de la chaleur & de certaines mouches d'été extremement incommodes. La difficulté des vivres étoit encore un obstacle. Une grande flote les conduisoit à Roses ; mais il y avoit quatre lieuës de là à l'armée, & le Roi d'Aragon étoit toujours aux aguers pour empêcher les convois, & il y réussissoit souvent. Il dressa un jour une embuscade pour saisir un grand convoi, qui devoit venir de Roses à l'armée de France : c'étoit la veille de l'Assomtion. Par malheur il fut découvert. Le Connetable de Nesle & le Maréchal d'Harcourt prirent cent cinquante-six chevaux. Le Villani en met trois cent, & dit qu'ils allerent en si petit nombre, de peur que le Roi d'Aragon n'évitât le combat, si la troupe des François eût été plus nombreuse. L'Aragonnois qui avoit cinq cens chevaux & deux mille hommes de pied, croiant qu'il viendroit facilement à bout d'une si petite troupe, vint au devant d'eux pour les charger ; mais les François donnerent si vigoureusement sur ces Aragonois, qu'ils en jetterent d'abord cent sur le carreau ; les autres prirent la fuite. Les François les talonnerent de près, en blesserent & en tuerent un grand nombre. Le Roi Pierre lui-même fut grievement blessé au visage d'un coup de lance ; après quoi il fut pris par les rênes de son cheval,

Siege de Gironne.

Mort de Pierre Roi d'Aragon.

Idem.

oppugnari præcepit. Legatus vero ab Ecclesiæ societate abicissis & Ecclesiasticas leges despicientibus nullo modo parcendum esse dixit. Tunc oppidum magna vi impetitur, portæ franguntur. Franci nec ætati nec sexui pepercerunt, etiamque parvuli sunt interemti cum aliis, ne exceptis quidem illis qui ad Ecclesiam confugerant. Uni notho de Ruscinone vita concessa fuit ; qui postea in Pyræneorum arduis locis ducem se præbuit. Oppidum autem solo æquatum fuit.

Hoc peracto ad montes itur, quorum semitæ per se arduæ ac præruptæ, Aragonensium munimentis, ipso Rege Petro duce, difficiliores evaserant. At nothus de Ruscinone iter ab Aragonensibus neglectum Regi ostendit. Illi vero ubi exercitum montes superasse viderunt, tentoriis papilionibusque relictis, fugam fecerunt, ipsorumque castra direpta sunt a Francis, qui Petramlatam ceperunt. Philippus Pulcher Regis filius Figueriam oppidum expugnavit, multaque alia capta sunt loca. Tunc Rex Gerundam obsedit urbem munitissimam. Oppidani & custodes urbis, duce Raimundo de Cardona, fortiter pugnavere. Cum grandem machinam Rex struxisset ad muros oppugnandos, illam Aragonenses missis ignibus combusserunt,

& machinæ structorem occidere. Laborabat autem multum exercitus ab æstu grandi, & æstivæ muscæ multum incommodi pariebant. Difficilis quoque commeatus erat. Annona classe Rhodam vehebatur ; sed Rhoda ad exercitum usque quatuor leucæ erant, Rexque Aragoniæ commeatum observabat ut interciperet, ac felici sæpe conatu. Cum aliquando commeatus ingens accederet, in vigilia Assumtionis B. Mariæ Aragonius Rex cum selectis quingentis equitibus & bis mille peditibus in insidiis locatus annonam subripere parabat, sed infausto exitu ; nam re comperta Constabularius de Nigella & Harecurtius Marescallus cum selectis centum quinquaginta sex equitibus; trecentos numerat Villanus ; certamen inituri accessere ; adductæ Villanus tam paucos delectos equites fuisse, ne pugnam vitaret Petrus, si major fuisset armatorum numerus. Petrus ergo sperans se tam parvam manum facile profligaturum esse, movet, & Francos adoritur ; at fortiter obsistentes Franci, centum statim equites occiderunt, totam turmam profligarunt ; fugientiumque dorso insistentes multos occiderunt. Petrus quoque Rex gravi lanceæ ictu in vultu saucius, & pene captus fuit, nam habenas equi Franci jam tenebant, du-

PHILIPPE III. dit le Hardi.

& on l'amenoit prisonnier ; mais il coupa les rênes d'un coup d'épée, & s'enfuit à Villefranche. Il fut mal pansé de sa playe, & mourut quelque tems après. Les François ne perdirent dans ce combat que deux hommes. Après cela Gironne se rendit. Le Roi munit cette place, y laissa bonne garnison ; & voiant que l'hyver approchoit, il reprit le chemin de France.

Il fut encore forcé de se retirer, parce qu'aiant congedié une grande partie de sa flote qui étoit à Roses, la flote ennemie commandée par l'Oria vint fondre sur le reste, le défit, prit le chef, & dissipa tous les vaisseaux. Le Roi Philippe dont la santé étoit déja fort alterée, tomba malade en se retirant par les montagnes, se fit apporter en litiere à Perpignan où il mourut. Sa chair & ses entrailles furent enterrées dans la Cathedrale de Narbonne, & le reste de son corps fut apporté à S. Denis. Peu de tems après les Aragonois reprirent tout ce que les François avoient conquis. Gironne se rendit à composition.

Mort de Philippe le Hardi.

Le Villani remarque que dans la même année 1285. moururent quatre puissans Princes ; le Pape Martin IV. Charles Roi de Naples, Pierre Roi d'Aragon, & Philippe Roi de France.

MONUMENS DU REGNE
DE PHILIPPE III. dit LE HARDI.

PHILIPPE dit le Hardi [1] est representé fort jeune à Royaumont. Les manches de sa tunique interieure sont rouges. La robe de dessus est bleuë ou de couleur d'azur ornée de fleurs, & brodée d'or. Ses souliers sont noirs & aussi brodez d'or.   PL. XXXV. 1.

La figure suivante [2] qui est à Poissi, est la seconde des six enfans de S. Louis, qui sont en relief hors du chœur des Religieuses de Poissi. L'inscription qui est au bas, *Philippe depuis Roi de France*, a été mise depuis la mort de S. Louis. Il n'est pas même certain que ces figures aient été faites de son vivant. Ses souliers sont noirs comme dans l'autre image. Il est revêtu de son blason, d'azur aux fleurs de lis d'or.   2.

---

cebantque Regem : verum ille habenas gladio præcidit, & ad Villam-francam aufugit : at imperito usus medico, non diu postea obiit. Ex Francis vero duo tantum in hac pugna cæsi sunt. Posteaque Gerunda sese dedidit. Urbem Rex munivit, & grandi istic præsidio relicto, ingruente jam hieme, reditum in Franciam paravit.

Ut autem receptui caneret necesse erat, quia cum classis ejus, quæ in portu Rhodensi erat, magnam partem distraxisset, & alio misisset, in reliquas naves, hostium classis duce Oria irrupit, navesque alias cum duce cepit, alias dispersit. Rex autem Philippus jam ægritudine laborans, dum montes superaret, in gravem morbum incidit, ac lectica Perpinianum deportatus obiit. Caro & viscera ejus in Ecclesia cathedrali Narbonensi sepulta sunt, reliquum corpus in Ecclesiam S. Dionysii translatum est. Aragonenses recuperarunt oppida & castra quæ Franci occupaverant. Gerunda vero deditionem fecit.

Observat Villanus hoc anno 1285. quatuor potentissimos Principes obiisse ; summum Pontificem Martinum IV. Regesque Carolum Neapolitanum, Petrum Aragonensem, & Philippum Francorum Regem.

MONUMENTA
AD PHILIPPUM TERTIUM,
cognomento *AUDACEM*,
EJUSQUE REGNUM SPECTANTIA.

PHILIPPUS Audax dictus in Abbatia Regalismontis junior exhibetur : manicæ interioris tunicæ rubræ sunt, superior vestis cærulea floribus ornata & auro intertexta. Calcei nigri sunt, & auro circumornati.

Schema sequens in Pissiacensi cœnobio visitur, estque secunda imago sex liberorum S. Ludovici extra chorum Monialium posita. Inscriptio infra scripta sic habet : *Philippus qui postea Rex Franciæ fuit*. Posita haud dubie post mortem S. Ludovici ; neque certo dici potest hasce imagines ipso vivente factas fuisse. Calcei nigri sunt, ut in præcedenti schemate. Insignibus suis induitur. Vestis cærulea est, conspersa liliis aureis.

784 MONUMENS DU REGNE DE PHILIPPE III. &c.

3. Dans l'image 3 d'après on le voit tel qu'il est représenté en relief sur son tombeau dans l'Abbayie de S. Denis. Sa tunique & son manteau n'ont rien que ce que l'on voit le plus ordinairement dans ces figures sepulcrales. La couronne est ornée de fleurons.

4. Le buste suivant 4 est tiré de son tombeau qui est dans le chœur de l'Eglise Métropolitaine de Narbonne. Le dessein m'en a été envoié par M. d'Aigrefeuille pere, Président en la Cour des Comptes de Montpellier. Ses entrailles y furent enterrées, & son corps embaumé fut apporté à S. Denis. Sa couronne est ornée de fleurs de lis. Il a de la barbe, contre l'usage de ces tems-là. Peut-être a-t-il laissé croître sa barbe & ses cheveux qui sont ici fort longs, sur la fin de sa campagne, lorsque ses convois étant coupez & manquant de tout, il fut obligé de repasser les Pyrenées, ou peut-être est-ce un caprice du sculpteur. L'inscription sepulcrale porte que Philippe Roi de France fils de S. Louis, attaqué d'une fiévre ardente mourut à Perpignan le 7. Octobre de l'an 1285. On ne convient pas du jour de sa mort ; & l'on prétend que Philippe le Hardi n'étoit pas encore mort le 7. Octobre. Ces termes de l'inscription, *filii B. Ludovici*, semblent marquer que l'épitaphe a été mise depuis la canonisation de S. Louis.

5. Isabel d'Aragon 5 premiere femme de Philippe le Hardi, qu'il épousa le 28. Mai l'an 1262. accompagna son mari en son voiage d'Afrique, & mourut à Cosence dans la Calabre d'une chute de cheval le 28. Janvier 1271. Elle est représentée ainsi en relief de marbre blanc sur un tombeau de marbre noir à main droite dans le chœur de l'Abbayie de S. Denis.

PL. XXXVI.
1. Celle qui commence la planche suivante est Marie de Clermont 1 ou de Bourbon, fille de Robert Comte de Clermont fils de S. Louis. Elle est représentée sur sa tombe dans l'Eglise de S. Louis de Poissi. Elle fut Prieure & Religieuse de ce Monastere, & vécut 73. ans depuis qu'elle eut pris l'habit. Elle mourut l'an 1372. le 17. Mai âgée de 87. ans.

2. L'autre Marie de Bourbon 2 qui suit étoit troisiéme fille d'Archambaud VIII. du nom Sire de Bourbon, mariée en 1240. à Jean I. du nom Comte de Dreux & de Braine. Elle mourut la vigile de la S. Barthelemi l'an 1274. & fut enterrée dans l'Eglise de S. Yved de Braine, où elle est représentée en relief sur son tombeau de cuivre au côté droit du chœur de cette Abbayie.

Imago sequens ex ejus sepulcro Sandionysiano exsumta fuit. Tunica & pallium nihil nisi obvium præ se ferunt. Corona non liliis, sed aliis ornatur floribus.

Protome sequens ex ejus sepulcro educta fuit, quod habetur in choro Ecclesiæ Metropolitanæ Narbonensis, ac mihi depicta transmissa fuit a D. de Agrifolio in curia Computorum Montepessulanensi Præside. Istic viscera ejus sepulta sunt ; corpus vero aromatibus conditum, in Ecclesiam S. Dionysii translatum, ibidem tumulatum fuit. Corona liliis ornatur. Barbatus vero est contra usum & morem istius ævi. Fortasse cum interceptis commeatibus exercitus annonæ & rerum omnium inopia laboraret, & post expeditionem illam Pyrenæos montes & saltus superare cogeretur, barbam & comam, quæ hic longior est, crescere siverit, vel forsan ex mero sculptoris arbitrio sic concinnatus fuit. Inscriptio sepulcralis sic habet : *Sepultura bonæ memoriæ Philippi quondam Francorum Regis filii B. Ludovici, qui Perpiniani calida febri ab hac luce migravit* III. *nonas Octobris, anno Domini* MCCLXXXV. Neque tamen de die mortis ejus concors est scriptorum opinio, putaturque Philippum Audacem post illam diem obiisse. Hæc inscriptionis verba, *filii Beati Ludovici*, indicare videntur positam illam fuisse postquam Ludovicus IX. in Sanctorum numerum relatus fuerat.

Elisabetha Aragoniæ, prima uxor Regis Philippi Audacis, quam ille duxit 28. Maii anno 1262. Virum suum in expeditione Africana comitata est ; atque ex equo delapsa & attrita, Cosentiæ in Calabria defuncta est 28. Januarii anno 1271. Schema ejus ex marmore albo prominens repræsentatur supra sepulcrum ex marmore nigro confectum in choro Ecclesiæ sancti Dionysii.

Quæ prima est in tabula sequenti, Maria Claromontana seu Borbonia, filia Roberti Comitis Clarimontis filii S. Ludovici, in lapide sepulcrali exhibetur in Ecclesia S. Ludovici Pissiacensis, ubi Monialis & Præfecta Monialium fuit. A quo tempore monasticam vestem accepit annis 73. vixit. Obiit autem anno 1372. 17. Maii annos nata 87.

Maria Borbonia sequens, tertia filia erat Arcimbaldi Dom. Borbonii. Nupsit autem anno 1240. Joanni I. Comiti Drocensi & Brennacensi ; obiitque in vigilia S. Bartholomæi anno 1274. Sepulta est in Ecclesia S. Evodii Brennacensis, ubi schema ejus prominet in sepulcro æneo, in choro Abbatiæ istius ad dexteram.

Jean

MONUMENS DU REGNE DE PHILIPPE III, &c.

Jean de Dreux ³ Chevalier de l'Ordre des Templiers second fils de Jean I. Comte de Dreux & de Braine, & de Marie de Bourbon, vivoit en 1275. on ne sait pas l'année de sa mort. Il est en cette forme auprès de sa mere dans l'Eglise de S. Yved de Braine. La croix qu'on voit sur son manteau, est la marque de son Ordre.   3.

Yolande ⁴ femme du Seigneur d'Aubigné en Anjou mourut l'an 1272. Elle est gravée, comme on la voit ici sur sa tombe dans la Chapelle d'Aubigné contre le mur dans l'Abbayie de Villeneuve près de Nantes en Bretagne.   4.

Hugues ⁵ Vidame de Châlon en Champagne mourut le jour de la Conversion de S. Paul l'an 1279. Il est gravé sur sa tombe dans le Sanctuaire à gauche dans l'Eglise de l'Abbayie de Châlon en Champagne. Il est armé & maillé jusqu'au bout des doigts & jusqu'à la plante des pieds. Son casque, qui est plat en haut, a sur le devant une croix fleuronnée. Il tient une pique, & porte sur les mailles qui le couvrent, une tunique chargée de son blason.   5.

PHILIPPE IV. dit LE BEL.

PHILIPPE après son retour de Catalogne alla se faire sacrer & couronner à Rheims au jour de l'Epiphanie par les mains de l'Archevêque. Jeanne de Navarre sa femme y fut aussi couronnée. Vers le même tems Alfonse fils aîné de Pierre qui venoit d'être tué devant Gironne, se fit couronner Roi d'Aragon. Jaques son frere puisné se rendit en Sicile. Le Villani dit que Pierre avant que de mourir déclara Alfonse son aîné Roi d'Aragon, & son puisné Jaques Roi de Sicile. Jaques aidé de sa mere Constance, s'y fit couronner Roi. Le Pape Honoré IV. renouvella sur les deux fils & sur la mere la Sentence d'excommunication que son prédecesseur avoit prononcée contre Pierre.   1286.

Edouard Roi d'Angleterre passa la mer, se rendit à Amiens & de là à Paris, où il fut reçû avec magnificence. Il fit hommage au Roi, de l'Aquitaine & des autres terres qu'il avoit en France. Il s'en alla ensuite à Bourdeaux, où il reçût les Ambassades de Castille, d'Aragon & de Sicile. Ce qui donna quelque soup-   1287.

Joannes Drocensis eques ordinis Templariorum, secundus filius Joannis I. Comitis Drocensis & Brennacensis & Mariæ Borboniæ, in vivis erat anno 1275. Mortis annus ignoratur. Hac forma visitur prope matrem suam in Ecclesia S. Evodii Brennacensis. Crux in pallio depicta signum Ordinis sui est.

Yolanda uxor Domini Albiniacensis apud Andegavos obiit anno 1272. sic exhibetur in lapide sepulcrali in Capella Albiniacensi Abbatiæ-villæ Novæ prope Namnetes.

Hugo Vicedominus Catalaunensis in Campania obiit die Conversionis S. Pauli anno 1279. Supra tumulum suum insculptus visitur in choro Ecclesiæ Abbatialis Catalaunensis. Hamis opertus munitusque est ac usque extremos manus digitos, & ad usque pedum soleam. Galea ejus superne plana, in anteriori parte crucem refert floribus terminatam. Hastam tenet, atque supra hamatam vestem gestat tunicam insignibus suis ornatam.

PHILIPPUS IV.

PULCHER dictus.

EX Cataluania redux Philippus, Remos petiit, ubi in die Epiphaniæ ab Archiepiscopo inunctus coronatusque fuit: Joanna quoque uxor ejus coronatur: eodemque tempore Aldefonsus Petri, qui prope Gerundam cæsus fuerat, filius, Rex Aragoniæ coronatus est. Ejus frater minor Jacobus Siciliam petiit. Narrat Villanus Petrum antequam moreretur, Aldefonsum majorem filium Regem Aragoniæ declaravisse, & minorem Jacobum, regem Siciliæ. Jacobus, juvante Constantia matre, rex coronatus fuit. Honorius vero IV. Papa, ut in patrem, sic & in filios ambos fulmina Vaticana vibravit.   *Nangius.*

Eduardus Rex Angliæ trajecto mari Ambianum, indeque Lutetiam venit, ubi honorifice exceptus fuit. Hominium vero Regi pro Aquitania præstitit, proque aliis terris, quas in Francia possidebat. Inde vero Burdegalam concessit, ubi nuncios accepit ex Castella, Aragonia atque Sicilia. Inde suspicio in Francica Re-   *Idem.*

çon à la Cour de France qu'il ne tramât quelque chose contre l'Etat. Ce fut cependant par son entremise que Charles le Boiteux Roi de Naples, prisonnier en Aragon, fut délivré de prison & revint dans son Roiaume.

Affaires d'Aragon. Alfonse Roi d'Aragon & Jaques Roi de Sicile son frere envoierent des Ambassadeurs au Pape pour le prier de lever la Sentence d'excommunication prononcée contre leur pere, par laquelle déclarant ses sujets d'Aragon déliez du serment de fidelité, il donnoit ce Roiaume à Charles de Valois frere du Roi de France. Le Pape rejetta l'Ambassade, & déclara qu'Alfonse ne devoit point esperer de grace, qu'il n'eût mis en liberté Charles Roi de Naples, qu'il tenoit prisonnier, & qu'il ne fût venu lui-même après cela défendre sa cause à Rome. Alfonse craignant que Charles de Valois ne vînt avec une armée pour tâcher de se saisir du Roiaume que le Pape lui avoit donné, & qu'il ne se trouvât par là engagé dans une guerre, dont le succès pouvoit être douteux, souhaitoit de détourner cet orage, qui grondoit sur sa tête. La victoire navale remportée par la flote de son frere Jaques Roi de Sicile fut un acheminement à faire la paix: voici comment cette affaire se passa.

Guerre de Sicile. 1288. Robert d'Artois Regent du Roiaume de Naples, fit faire une descente en Sicile par Rainaut d'Avelle, qui prit Agousta. Le Roi Jaques assembla des troupes, assiegea Rainaut qui se défendit bien: comme il manquoit de vivres & de munitions, le Comte d'Artois fit équiper une flote pour y porter du secours. Cette flote fut entierement défaite par l'Amiral de l'Oria fameux Capitaine de mer, & Agousta fut reprise. Edouard Roi d'Angleterre se servit de cette conjoncture, où les deux parties se trouvoient en souffrance, l'une par la crainte d'une perilleuse guerre, l'autre par la nouvelle de cette défaite, pour moienner une paix. Il porta le Roi d'Aragon à mettre en liberté Charles le Boiteux: ce qu'il fit à ces conditions; qu'il cederoit à Jaques la Sicile & toutes ses appartenances, qu'il feroit son possible pour faire renoncer Charles de Valois au Roiaume d'Aragon, & pour porter le Pape à consentir à ce renoncement. Il le fit jurer que si dans l'espace de trois ans il ne pouvoit accomplir sa promesse, il viendroit se remettre en prison. Pour la sûreté de sa parole, il l'obligea de lui remettre en ôtage ses trois fils Robert, Raimond & Jean, avec cinquante Gentilshommes de Provence. Il lui fit outre cela donner pour son rachat trente mille marcs d'or. Il sortit ainsi de prison au mois de Novembre

---

Idem.
gia fuit, ne contra regnum quidpiam moliretur. Et tamen ejus interventu Carolus Claudus Rex Neapolis in Aragonia detentus, libertatem & regnum adeptus est.

Aldefonsus vero Aragoniæ Rex & Jacobus Rex Siciliæ fratres, nuncios ad Papam miserunt, rogantes sententiam contra patrem suum latam revocaret, qua subditos ejus Aragonenses a Sacramento fidei solverat, regnumque dabat Carolo Valesio, Regis Franciæ fratri. Summus vero Pontifex nuncios repulit, dixitque nullam gratiam Aldefonso speranda esse, nisi Carolo Regi, quem in custodia detinebat, libertatem daret, & nisi ipse Aldefonsus se purgatum Romam veniret. Aldefonsus vero metuens ne Carolus Valesius cum exercitu veniret, ut Regnum a summo Pontifice sibi concessum occuparet, atque hinc bellum sibi immineret, cujus exitus dubius foret, hoc malum avertere peroptabat. Navalis vero victoria a classe Jacobi fratris sui Siciliæ Regis reportata, ad conciliandam pacem viam paravit. Res sic gesta fuit.

Nangius Dacherii.
Robertus Artesius, qui Neapolitanum regnum administrabat, in Siciliam exscensum fieri jussit duce Reginaldo de Avella, qui Augustam cepit. Rex vero Jacobus collectis copiis Augustam obsedit & Reginaldum, qui oppugnanti se fortiter obstitit. Cum autem obsessis annona non suppeteret, Robertus classem paravit quæ ipsis opem ferret; quæ classis ab Oria eximio duce profligata est, & Augusta capta fuit. Rex autem Eduardus occasionem nactus, cum partes utrinque laborarent, altera quod periculosum bellum formidaret, altera quod classem amisisset, paci conciliandæ operam dedit. Ab rege Aragoniæ impetravit ut Carolum Claudum liberum dimitteret, illa conditione, ut Regnum Siciliæ totum ipsi concederet, & apud Carolum Valesium id ageret, ut Regno Aragoniæ renunciaret; & apud Papam ut renunciationem ratam haberet; sacramentumque a Claudo exegit, ut si trium annorum spatio promissa perficere non posset, in carcere ponendus rediret. Ad securitatem Carolus tres filios suos obsides dedit, *Robertum, Raimundum & Joannem, & quinquaginta nobiles Provinciales: præterea triginta mille marchas auri exegit. Sic ex custodia liber

Villanus.

* Sic Villanus; alii d'cunt, Ludovicum, Robertum, & Raimundum-Berengarium.

PHILIPPE IV. dit le Bel. 187

de cette année, dit Villani ; mais Nangis l'en fait sortir vers la Purification de l'année suivante. Charles étant en pleine liberté ne se crût pas obligé de rien tenir de ce qu'il avoit ainsi promis par force. Il se rendit à la Cour de France, où il fut un tems considerable. Après quoi il passa en Italie & arriva à Florence le second jour de Mai de l'an 1289. Les Florentins le reçurent avec tout l'accueil imaginable, lui firent de grands presens, le retinrent trois jours, & le firent accompagner à son départ par un grand nombre de gens de pied & de cheval. Ils lui demanderent un des Seigneurs de sa suite pour être leur Commandant. Il leur donna Americ de Narbonne Chevalier fort brave & des plus sages, de la conduite duquel les Florentins furent fort contens. Charles se rendit à Rome, où il fut honorablement reçû du Pape Nicolas IV. & des Cardinaux, & fut couronné le jour de la Pentecôte Roi de Sicile & de Poüille : on lui fit de grands presens d'or, d'argent & de joyaux, & il s'en alla reprendre possession de son Roiaume.

1289.

Au mois de Juin de la même année il y eut un combat, qui interessa une bonne partie de la Chrétienté. Le Duc de Brabant & le Comte de Luxembourg étoient en different sur le Duché de Limbourg, que chacun d'eux croioit lui appartenir. Ils convinrent entr'eux que l'affaire seroit décidée par un combat de quinze cent Chevaliers de chaque côté. Le Comte de Luxembourg rassembla les plus excellens Chevaliers qu'il pût trouver sur le Rhin & dans l'Allemagne. Le Duc de Brabant ramassa tout ce qu'il y avoit de bons Chevaliers dans le Brabant, dans la Flandre, mais les meilleurs lui vinrent de France. Le Connétable & le Maréchal furent de la partie & un grand nombre de Barons, qui à la priere de la Reine Marie de Brabant veuve de Philippe le Hardi, allerent se ranger du parti du Duc de Brabant. Le combat qui se donna entre la Meuse & le Rhin fut furieux & dura fort longtems à differentes reprises. Le Duc de Brabant fut enfin victorieux, & ce fut aux Chevaliers François, dit le Villani, qu'il fut redevable de la victoire. Cinq cent des meilleurs Chevaliers de part & d'autre resterent morts sur la place, dont la plus grande partie étoit de la troupe du Comte de Luxembourg, qui y fut tué lui-même avec trois de ses freres, & un grand nombre de braves Seigneurs & Barons Allemans : il y eut aussi beaucoup de prisonniers de leur côté ; car on remarqua que malgré le mauvais succès du combat, peu de Chevaliers Allemans prirent la fuite. Le Duc de Brabant resta victorieux & possesseur du Duché de Limbourg. Il se racommoda depuis avec

Combat fameux.

---

exiit mense Novembri hujus anni, inquit, Villanus ; at Nangius circa Purificationem anni sequentis dicit. Carolus ita solutus nulli ex conditionibus vi extortis se obstrictum putans, Regiam Francorum adiit, ibique diu commoratus, in Italiam transiit & Florentiam venit secunda Maii anni 1289. Quanto Florentinorum gaudio & cum quanta magnificentia exceptus sit, vix exprimi possit. Muneribus enim illum cumularunt ac per triduum detinuerunt : exeunti vero comitatum dederunt equitum peditumque multorum, ab illoque petierunt, ut aliquem sibi ex primoribus clientelæ suæ ducem concederet : deditque illis Americum de Narbona prudentem ac strenuum virum, cujus gesta Florentinis admodum placuere. Carolus Romam se contulit, ubi honorifice exceptus a Papa Nicolao IV. fuit, necnon a Cardinalibus ; atque in die Pentecostes Rex Siciliæ & Apuliæ coronatus fuit, muneribusque auri, argenti, gemmarum onustus, regnum suum adiit & occupavit.

Mense Junio ejusdem anni certamen fuit in Europa celeberrimum. Dux Brabantiæ & Comes Luxemburgi circa Limburgensem Ducatum admodum dissentiebant, quem ambo contendebant ad se pertinere. Inter utrumque convenit solvendam litem esse eventu certaminis inter mille quingentos ex utraque parte equites. Comes Luxemburgensis selectos ex Rheno & ex Germania equites convocavit. Dux vero Brabantiæ Brabantinos & Flandrenses equites quos meliores potuit, collegit ; sed selectiores ex Francia venerunt, inter quos fuere Comes Stabuli & Marescallus, *Baronesque* multi, qui rogante Maria Brabantina defuncti Philippi Regis uxore, illò pro duce Brabantiæ pugnaturi se contulere. Certamen porro illud Mosam inter & Rhenum commissum, diuturnum fuit, sæpeque resumptum est. Victoria penes Ducem Brabantiæ fuit, quam, inquit Villanus, equitibus Francis debuit. Quingenti ex optimis equitibus ex ambabus partibus cecidere, quorum maxima pars ex turma Comitis Luxemburgensis erant, qui cum fratribus tribus occisus est, multisque nobilibus & optimatibus Germanis ; multi etiam ex illis capti fuere. Observatum quippe fuit, etsi male pugna Germanis cederet, paucos tamen ex illis fugam fecisse. Dux Brabantiæ victor Limburgensem Ducatum obtinuit. Posteaque cum Henri-

Tome II. Aa ij

188 PHILIPPE IV. dit le Bel.

le jeune Henri Comte de Luxembourg, à qui il donna sa fille en mariage. Ce fut depuis l'Empereur Henri VII. si fameux par sa guerre d'Italie.

Guerre de Naples.

Au même tems que ceci se passoit, Robert Comte d'Artois étoit occupé dans la Calabre à assieger le Château de Catarzano, qui s'étoit révolté & s'étoit donné à Jaques d'Aragon. Jaques vint avec une flote de cinquante Galeres & d'autres vaisseaux, accompagné de Roger de l'Oria, qui mit pied à terre avec six cens chevaux Catalans, & donna sur la cavalerie Françoise. Mais ces Catalans ne tinrent point contre les François. Il y en eut deux cent tuez ou pris. Jaques voiant qu'il n'y faisoit pas bon pour lui, remonta sur mer, & pour faire diversion il s'en alla assieger Gaiete. Le Roi Charles assembla des gens de guerre de tous côtez, & Robert d'Artois laissant ce qu'il falloit de gens pour continuer le Siege, vint joindre Charles avec sa cavalerie. Jaques se voiant hors d'état de résister à cette puissante armée, demanda une treve: le Roi Charles contre toute apparence de raison l'accorda pour deux ans. Robert d'Artois fort indigné de cette treve, s'en retourna en France. Le Villani dit que la treve fut fort utile au Roiaume de Naples, extrêmement foulé d'une si longue guerre.

1290.

L'année d'après Charles Roi de Naples dont les fils étoient encore détenus prisonniers par le Roi d'Aragon, fit des efforts pour les ravoir. Alfonse ne vouloit pas les rendre à moins que Charles Comte de Valois ne renonçât à ses prétentions sur le Roiaume d'Aragon. Il y renonça enfin par un Traité qu'il fit avec le Roi de Naples, qui lui donna sa fille en mariage & en dot les Comtez d'Anjou & du Maine; ce qui valoit bien mieux que des prétentions qui n'auroient apparemment jamais eu d'effet. Alfonse donna alors la liberté aux trois Princes, qu'il avoit longtems détenus prisonniers.

Accord avec le Roi de Castille.

En cette même année le Roi Philippe & Sanche Roi de Castille s'entrevirent à Baionne. Il sembloit difficile dans la conjoncture du tems d'établir une bonne paix entre les deux Couronnes. Les interêts des enfans de Blanche de France auroient paru un obstacle invincible à cette paix. Mais le Roi Philippe étoit si mécontent de ce qu'ils s'étoient mis sous la protection du Roi d'Aragon son grand ennemi, qu'il n'eut pas de peine à faire sa paix avec Sanche, en lui cédant même, dit Mariana, les droits *que des flateurs & des ennemis de la paix*, lui avoient fait croire qu'il avoit sur la Castille.

1291.

L'an 1291. la nuit qui precedoit le premier jour de Mai, le Roi Philippe fit

---

co Juniore Comite Luxemburgensi pacem fecit, cui etiam filiam suam nuptui dedit. Hic postea fuit Henricus VII. Imperator, ob bellum in Italiam illatum clarus.

Villanus.
Dum hæc gererentur, Robertus Artesiæ Comes castrum Catarzanum in Calabria obsidebat, quod ad Jacobum Aragonensem defecerat. Venit Jacobus cum classe quinquaginta navium, duce Rogerio de Oria, qui sexcentos equites Catalaunos ex navibus emisit: hi vero equitatum Francorum adorti sunt. At Catalauni Francorum impetum non tulerunt. Ducenti ex illis vel cæsi, vel capti sunt: quo conspecto Jacobus in naves conscendit, & ut Robertum amoveret ab obsidione Gaietam obsessum venit. Tunc Rex Carolus copias undique collegit. Robertus quoque relicta suorum parte, ad cingendum oppidum, cum equitatu suo Carolum junxit. Jacobus cum non valeret tanto exercitui obsistere, inducias petiit; Carolus inconsultis suis ad biennium concessit, & ut Robertum amoveret ab obsidione in Franciam reversus est. Ait tamen Villanus inducias istas Regno Neapolitano perutiles fuisse, tam diuturni belli sumtibus exhausto.

Nangius.
Anno sequenti Carolus Rex Neapolis, cujus filii adhuc ab Aldefonso Rege detinebantur, ipsorum obtinere libertatem nititur. Aldefonsus vero illa tantum conditione ipsos reddere paratus erat, ut Carolus Valesius Aragonensi Regno renunciaret. Pacto autem cum Valesio inito Neapolitanus Rex illi filiam suam in uxorem dedit, & in dotem Comitatus Andegavensem & Cenomanensem assignavit. Ipse vero Carolus jura sua in regnum Aragonensem deposuit: certaque & præsentia incertis & nunquam forte futuris antetulit. Sicque Aldefonsus tribus Neapolitanis principibus, qui diu captivi detenti fuerant, libertatem dedit.

Hoc ipso anno Philippus Rex & Sancius Rex Castellæ Baionam convenerunt. Difficile videbatur in tali rerum conditione pacem inter ambos conciliare. Blanchæ filiorum jura nullam paciscendi rationem relinquere videbantur. Verum Rex Philippus indignatus, quod cognati sui principes ad Regis Aragoniæ, sibi inimicissimi, patrocinium confugissent, non ægre ad pacem cum Sancio faciendam deductus est; cessitque ipsi, inquit Mariana, jura, quæ in Castellæ regnum *adulatores quidam & pacis inimici* ipsum Philippum habere dicebant. *Mariana*

Anno 1291. nocte primam Maii diem præcedente *Villanus*

faisit tous les Banquiers Italiens qui à la trop grande charge du pauvre peuple, exerçoient depuis longtems & impunément l'ûfure. Le mal fut qu'on arrêta indifféremment tous les négocians, même ceux qui faifoient un commerce licite & utile à l'Etat. On tira des uns & des autres de groffes fommes. Le Villani croit que cette injuftice fut la caufe des malheurs qui arriverent depuis à la France. C'étoient ordinairement les Lombards & les Caourfins qui exerçoient l'ufure en France. On les chaffa fouvent du Roiaume, & dans ces occafions, il étoit fort difficile de ne pas envelopper quelquefois l'innocent avec le coupable.

Les Auteurs ne font pas bien d'accord fur l'origine de la guerre qui furvint en ce tems-ci entre la France & l'Angleterre. Ils conviennent pourtant que la querelle commença entre des Marchands Gafcons & Normands. Nangis dit qu'Edouard faifant femblant de fe préparer à aller fecourir la Terre-Sainte, fit un grand appareil de guerre, & fufcita fous main ceux de Baionne & fes autres fujets Gafcons pour courir fus aux Normands & à ceux qui étoient fous la domination du Roi de France. Ils firent le dégât autour de la Rochelle. On vit de part & d'autre des actes d'hoftilité. Les fujets du Roi étant venus fe plaindre à la Cour des injures & des infultes que leur faifoient tous les jours ces Gafcons, il fomma le Roi d'Angleterre & fes Lieutenans en Gafcogne, d'envoier à Perigueux les principaux auteurs du trouble, pour y être punis felon les Loix de la Juftice. Edouard refufant de le faire, il le cita lui-même pour venir lui rendre hommage de la Gafcogne & du Ponthieu. Edouard regardant cette fujetion d'aller prêter hommage comme au deffous de lui, envoia fon frere Edmond pour faire cette fonction en fa place. Le Roi ne voulut pas le recevoir, prétendant qu'Edouard devoit y venir en perfonne, & le regardant comme contumace, il le fit déclarer par la Cour des Pairs déchu de toutes les terres qu'il avoit en France. Il envoia le Connétable Raoul de Nefle qui prit Bourdeaux, Baionne & d'autres places. On fe prépara à la guerre de part & d'autre.

1292. Guerre de Guienne contre les Anglois.

Il fallut faire des lévées extraordinaires de deniers pour la foutenir. Le peuple fut foulé plus qu'à l'ordinaire. La populace de Roüen fe mutina contre cette *maltote*, ainfi l'appelloit-on deflors. Ils forcerent la maifon du Collecteur, enleverent les deniers qu'ils jetterent dans les places publiques; affiegerent les Maîtres de l'Echiquier dans le Château. Mais le Maire & les Bourgeois s'étant

Rex Philippus nummularios omnes Italos apprehendi juffit, qui ufuram exercentes, infimæ plebi oneri admodum erant. Sed Philippo non fuit fatis fœneratores illos iniquos impetiiffe; indifcriminatim enim mercatores omnes etiam eos, qui legitimo commercio operam dabant, ad ingentes pecuniæ fummas numerandas adegit. Putatque Villanus hanc violentiam caufam fuiffe malorum, quæ poftea Franciam invaferunt. Langobardi & Caorcini, ut plurimum, ufuram in Galliis exercebant. Sæpe expulfi fuere. In hujufmodi autem perquifitionibus difficile erat fontes ab infontibus diftinguere.

Quæ caufa fuerit belli Francos inter & Anglos suborti, non confentiunt inter fe fcriptores. Hac in re inter fe conveniunt, quod diffenfio illa primum Vafcones inter & Normannos mercatores nata fit. Ait Nangius Eduardum expeditionem facram fimulantem, magnum apparatum belli feciffe, ac Baionenfes aliofque Vafconos fubditos fuos fufcitaffe, ut in Normannos aliofque Regis Franciæ fubditos incurfiones facerent, Vafcones autem, inquit, circa Rupellam prædas egerunt, & utrinque hoftiliter actum eft: cumque Regem Francorum adiiffent fubditi fui, de Vafconum injuriis quotidianis querentes: ipfe Angliæ Regi & præfectis ejus edixit, ut præcipuos turbarum auctores Petrocoram mitterent, quo fecundum juftitiæ legem plecti poffent. Id negante Eduardo, ipfum Philippus evocavit, ut fibi pro Vafconia & Pontivo hominium redderet. Eduardus tam humile officium fe indignum putans, Edmundum fratrem fuum mifit qui fui loco facramentum præftaret. Philippus Edmundum non admifit, uni Eduardo id competere contendens. Coactifque Franciæ Paribus, ipfum ex terrarum, quas in Francia tenebat poffeffione excidiffe declaravit. Conftabularium vero Radulfum de Nigella mifit, qui Burdegalam, Baionam aliaque oppida cepit. Tunc ad bellum apparatus utrinque facti funt.

Pecunia ad bellum expetita fuit, nec fine magno populi onere. Tunc plebs Rotomagenfis contra *maltotam* hujufmodi, (fic vocabant) concitata eft. Seditiofi collectoris ædes invaferunt, oblatafque pecunias in plateas publicas conjecere: Magiftrofque *Scacarii* in

assemblez, ils appaiserent la sédition. Plusieurs des plus mutins furent pendus, d'autres furent mis dans les prisons.

1293. Jean Comte de Hainaut faisoit des courses sur les terres du Roi & molestoit les Eglises. On s'en plaignit à lui, on l'avertit de s'abstenir de ces violences, & il n'en tint compte. Charles Comte de Valois assembla à S. Quentin une armée considerable pour marcher contre lui. Jean ne se voiant pas en état de résister à une si grande puissance, se rendit à Paris sans armes & obtint la paix en reparant tous les dommages qu'il avoit faits.

1293. Le Comte d'Armagnac aiant pris querelle contre Raimond-Bernard Comte de Foix qu'il accusa de trahison, fut appellé par lui en Duel. Le lieu du combat fut Gisors, où ils devoient se battre devant le Roi & ses Barons. Mais Robert d'Artois, qui s'interessoit pour cette affaire, obtint du Roi qu'on les séparât dès le commencement du combat, & se chargea de les accommoder ensemble.

1294. Edoüard Roi d'Angleterre équipa une grande flote, qu'il envoia vers la Gascogne. Elle fit descente dans l'Isle de Ré & y fit de grands ravages. Elle alla ensuite du côté de Bourdeaux. Les Anglois attaquerent & prirent Blaye & trois autres villes, où les Gascons tuerent une partie des soldats François qui les gardoient & chasserent les autres. Ils se presenterent aussi devant Bourdeaux; mais sçachant que le Connétable étoit dedans en état de bien défendre la ville, ils marcherent promtement vers Baionne. Les habitans leur livrerent d'abord la ville, & les François se retirerent dans la forteresse, où ils se défendirent longtems; mais ils furent enfin obligez de rendre la place.

Cependant Philippe armoit puissamment par mer & par terre. Il envoia sa flote pour faire descente en Angleterre; elle s'en revint sans avoir fait autre dommage aux ennemis, que d'avoir pillé & brûlé les environs de Douvre. Edoüard faisoit son possible pour attirer bien des Princes à son parti. Il gagna à force d'argent l'Empereur Adolphe de Nassau, qui envoia défier le Roi de France. Philippe ne tint pas grand compte de ses menaces: & Adolfe ne fit aucun mouvement pour secourir son allié. Edoüard gagna aussi sous main Gui Comte de Flandres: qui croiant ses menées fort secretes vint peu de tems après à Paris avec sa fille qu'il avoit fiancée au Roi d'Angleterre. Il fut saisi au corps avec cette Princesse & mis en prison. Il fut relâché peu de tems après; mais on

---

Nangius.

arce obsederunt. At Major urbis & cives præcipui una collecti plebem sedarunt: & ex seditiosis plurimi suspensi, alii in carcerem conjecti sunt.

Joannes Hanoniæ Comes, Regias ditiones & Ecclesias incursionibus devastabat; ac sæpe monitus, monitaque nihil curans, in cœpto perseverabat. Tunc Carolus Valesiæ Comes collecto ad Sanctum Quintinum exercitu, contra illum movit. Joannes se viribus imparem videns, Lutetiam inermis petiit, pacemque illa conditione impetravit, ut illata damna sarciret.

Comes Armeniacensis cum Raimundum Bernardum Fluxensem Comitem de proditione accusaret, eo ventum est, ut Fluxensis Comes illum ad singulare certamen provocaret, ante Regem & Barones committendum. Locus pugnæ Gisortium erat; jamque pugnaturi ambo stabant & arma movebant. At Robertus Artesius ab Rege impetravit ut a concertando desisterent, & litem componere sategit.

Idem.

Eduardus classem magnam apparavit, quam in Vasconiam misit. Exscensum vero fecere Angli in insulam Ream, agrosque devastarunt. Posteaque classis versus Burdegalam movit, Angli Blaiam triaque alia oppida ceperunt, Francos custodes partim occiderunt, partim fugavere. Ante Burdegalam etiam venere. Sed cum Constabularius in urbe esset numeroso instructus præsidio, Burdegala relicta, Baionam contenderunt. Oppidani portas illis aperuerunt, Franci vero in arcem confugere, ubi diu fortiterque pugnavere, demumque deditionem facere coacti sunt.

Interea Philippus grandem exercitum colligebat, classemque parabat. Quæ classis in Angliam missa, exscensu facto agros circum Dubrin depopulata est, hocque tantum intulit insulæ damnum. Eduardus nihil non agebat ut principes quotquot posset ad suas partes alliceret. Imperatorem Adolphum auro sibi conciliavit, qui Regi Francorum bellum indixit. Philippus minas hujusmodi nihil curavit; & revera non movit Adolfus ut fœderato suo ferret opem. Eduardus Vidonem quoque Flandriæ Comitem sibi clam sociavit. Vido rem admodum arcanam esse putans Lutetiam venit cum filia sua, quam Angliæ Regi desponderat. Apprehensus autem in carcerem conjectus est, ejus vero filia in Regiam familiam inducta est, ut ibi

garda sa fille pour l'élever dans la famille Roiale. Le Villani dit que le Comte s'échappa & s'enfuit en Flandres, & que sa fille mourut peu de tems après, non sans soupçon de poison.

Charles Comte de Valois frere du Roi marcha vers la Gascogne avec une puissante armée. Il alla assieger Rions place très-forte que les Gascons avoient livrée aux Anglois. La garnison Angloise étoit composée de gens d'élite. Le Connétable de Nesle vint avec un corps de troupes pour joindre le Comte, & assiegea en chemin faisant le Fort de Podensac. Il étoit gardé par des Anglois & des Gascons: au bout de huit jours, c'étoit la fête de Pâque, les Anglois capitulerent pour eux seulement, & obtinrent par composition qu'ils se retireroient la vie sauve. Les Gascons furent pris au nombre de soixante & envoiez au Comte de Valois, qui les fit tous pendre devant Rions. Les habitans de Rions qui sçurent que les Anglois avoient fait leur capitulation sans y comprendre les Gascons, en furent si indignez qu'ils étoient sur le point de se jetter sur ceux de cette nation qui gardoient la ville avec eux. Ces Anglois ne se croiant point en sûreté parmi ce peuple mutiné, s'enfuirent la nuit pour aller gagner leurs vaisseaux, qui étoient loin de là. Les Gascons indignez contre ces Anglois, qu'ils regardoient comme des traîtres, coururent après eux, & en tuerent plusieurs. Peu de tems après les François donnerent un assaut à Rions, emporterent la place & tuerent beaucoup de Gascons.

Prise de plusieurs places en Guienne.
1295.

Quoique le Pape Boniface s'entremît pour faire la paix entre les deux Rois, la guerre ne laissa pas de continuer encore. Charles de Valois alla assieger S. Sever: le siege dura presque tout l'été, & la Ville soutint plusieurs assauts. Elle se rendit enfin: & le Comte s'en étant retourné en France, elle se remit bientôt du parti des Anglois. La Reine Marguerite femme de S. Louis mourut cette année, vingt-cinq ans après la mort de son Mari, auprès duquel elle fut enterrée à S. Denis.

Il falloit faire en France des levées extraordinaires pour soutenir cette guerre; la maltote, ainsi l'appelloit-on, qu'on levoit sur les Marchands, ne suffisant pas, on obligea tant les Clercs que les Laïques à paier le centiéme, puis le cinquantiéme de leurs biens. Le Pape Boniface fit alors un Decret, par lequel il excommunioit les Rois, les Princes & les Barons, qui feroient de ces levées sur le Clergé sans la permission du S. Siege, de laquelle excommunication ils ne pouvoient être absous que par le Pape, hors à l'article de la mort. En cette même année il

1296.
Commencement de brouillerie avec Boniface VIII.

---

educaretur. Villanus vero refert Comitem ex carcere evasisse & aufugisse, ipsius vero filiam haud diu postea obiisse, haud sine veneni suspicione.

Idem. Carolus Comes Valesiæ frater Regis cum exercitu magno in Vasconiam movit. Rionsium oppidum munitissimum obsedit, quod Vascones Anglis tradiderant. Anglicum præsidium ex selectis viris constitutum erat. Constabularius de Nigella, cum manu militum venit, ut Comitem jungeret, atque iter agens Pondenciacum Castrum obsedit, quod Angli & Vascones custodiebant. Post octo obsidionis dies in festo Paschatis, Angli pro deditione pepigerunt, ipsi tantum, & incolumes abierunt. Vascones vero sexaginta numero capti sunt, & ad Valesium Comitem missi, qui ipsos suspendi jussit ante Rionsium. Tum oppidani gnari Anglos insciis Vasconibus deditionem fecisse, usque adeo indignati sunt, ut parum abfuerit quin irruerint in illos. Angli vero, cum fuerent oppidani, saluti suæ consulentes, noctu aufugerunt ut naves suas procul positas peterent. Multi porro Vascones indignati in Anglos, quos proditores habebant, illos concitato cursu insequuti, multos occiderunt. Paulo post Franci oppidum validius oppugnarunt atque ceperunt: multique Vascones peremti sunt.

Etsi vero Bonifacius Papa pro pace ambos inter Reges concilianda nihil non agebat, bellum tamen adhuc perseveravit. Carolus Valesius sancti Severi oppidum obsedit, per totam fere æstatem protracta obsidione est, oppidumque sæpe vi oppugnatum fuit: deditionemque demum fecit. Verum Comite in Franciam reverso, oppidani sese quam primum Anglis dedideruntt.

Nangius.

Ad belli tanti sumtus vectigalia ingentia exigenda erant. Nec satis erat *mala-tolta*, sic dicta, quod a mercatoribus male tolleretur & exigeretur. Ecclesiasticis vero simul & Laïcis centesima primum, deinde quinquagesima pars bonorum ablata. Bonifacius autem Papa tunc decretum edidit, quo Reges, principes & *Barones*, qui sine Sanctæ Sedis licentia a Clero aliquid exigerent, ab Ecclesiæ societate segregavit: nec poterant illi absolvi ab alio quam a summo Pontifice, nisi in articulo mortis. Eo ipso anno Bonifacius

Idem. 1

érigea en Evêché l'Abbayie de Saint Antonin de Pamiers, & y mit pour Evêque l'Abbé du lieu, nommé Bernard Saiffet, ce qui fâcha fort le Roi Philippe, à qui ce nouvel Evêque ne plaifoit pas. Ce fut le commencement des brouilleries avec la Cour de Rome.

Charles de Valois étant revenu de Gafcogne, le Roi envoia en fa place Robert d'Artois. Edmond frere du Roi d'Angleterre, qui commandoit pour lui, vint à mourir à Baionne. Les Officiers Anglois ne fe croiant pas affez forts pour tenir la campagne contre l'armée de France, formerent un corps de fept cent chevaux & de cinq mille hommes de pied pour ravitailler les places & fortifier les garnifons. Le Comte d'Artois fondit fur ce corps le mit en déroute, en coucha cinq cent fur la place, fit cent prifonniers parmi lefquels étoient les principaux d'entre les Anglois; & fi la nuit n'étoit furvenuë, il s'en feroit peu fauvé de toute cette troupe. Depuis ce tems les François furent maîtres de la campagne en ce payis-là. Au mois de Décembre de cette année la Seine déborda d'une telle maniere, qu'on n'avoit jamais rien vû ni ouï dire de femblable. On ne pouvoit aborder d'aucun côté à Paris que par bâteau; on alloit de même par bâteau dans prefque toutes les ruës, deux ponts de pierre avec les moulins & les maifons qui étoient deffus furent emportez & le petit Châtelet ruiné, pendant huit jours entiers on n'apporta des vivres à la ville que par bateau.

Les Anglois défaits en Gafcogne.

1297. Henri Comte de Bar qui avoit époufé la fille du Roi d'Angleterre, s'étant mis du parti de fon beau-pere, fe jetta fur la Champagne & y fit le dégât, tuant, brûlant & faccageant tout. Le Roi envoia contre lui Gautier de Créci Seigneur de Châtillon, qui ramaffant les milices de Champagne entra dans le Comté de Bar, & y fit un fi grand dégât que le Comte fut obligé de fe retirer pour défendre fon payis.

Guerre de Flandres.

Cependant Philippe fe difpofoit à porter la guerre en Flandre, où devoit être le plus grand effort. Il affembla une grande armée à Compiegne, où il fit Chevaliers fon jeune frere Louis Comte d'Evreux, un autre Louis fils de Robert Comte de Clermont, & fix-vingt autres jeunes gens de qualité. Le Roi alla d'abord affieger l'Ifle, & inveftit la place la veille de S. Jean-Baptifte. Il fit ravager tout le payis à quatre lieuës aux environs. Il y avoit à Comines un corps de troupes des ennemis: Gui Comte de S. Paul, le Connétable de Nefle & le Maréchal fon frere allerent les attaquer, les mirent en deroute, en tuerent un grand nombre

Nanglus.

S. Antonini Apamienfis in Abbatiam Epifcopatum erexit, & Epifcopum conftituit Bernardum Saifletum; idque Philippo Regi, qui Bernardo infenfus erat, admodum difplicuit. Et hæc primordia fuere diffidii Philippum inter & Bonifacium.

Cum e Vafconia Carolus Valefius rediiffet, in ejus vicem mifit Rex Robertum Artefium in exercitus ducem. Edmundus vero Regis Angliæ frater, qui Anglis in Vafconia imperabat, Baionæ mortuus eft. Tum Angli proceres qui copiis præerant, animadvertentes non poffe fe contra Francorum exercitum in aperta planicie ftare, congregatis equitibus feptingentis, peditibus quinque millibus, oppida & caftra annona & validiore præfidio munire ftudebant. Artefius vero coactam illam armatorum manum invafit & profligavit, Anglos plus quam quingentos occidit, centum captivos detinuit, inter quos primores Anglici exercitus erant, & nifi nox fuperveniffet, pauci ex turma illa tota evafiffent. Poftea vero Franci in aperto campo nullum adverfarium habuere, Anglique in præfidiis conftituti non aufi poftea funt extra munitiones difcurrere. Menfe Decembri ejufdem anni ufque adeo Sequana exundavit, ut nunquam quid fimile vifum fuerit:

nonnifi naviculis adiri Lutetia poterat. In vicis pene omnibus per eundi modus obfervabatur, lapidei pontes duo cum domibus & molendinis fublati funt, minufque Caftellum dirutum fuit. Per octo dies nonnifi navibus annona in urbem advecta eft.

Henricus Comes Barenfis, qui Regis Angliæ filiam duxerat, foceri partibus adjunctus, Campaniam devaftare cœpit, igni ferroque omnia depopulans. Mifit adverfus illum Rex Galterum de Creciaco Caftellionis Dominum, qui in agros Barenfes tantam attulit vaftitatem, ut Comes receptui canere & fua defendere coactus fit.

Inter hæc Philippus bellum contra Flandros apparabat, ubi armorum contentio major futura erat. Grandem vero exercitum Compendii collegit, ubi equites creavit Ludovicum Comitem Ebroicenfem fratrem fuum, Ludovicum item filium Roberti Comitis Claromontenfis, centumque viginti alios nobiles ex junioribus. Indeque ftatim Infulam obfeffum ivit, urbemque cinxit in vigilia S. Joannis Baptiftæ. Agros vero circum ad quatuor leucarum fpatium devaftari juffit. Cominis porro manus hoftium erat, quam Guido Comes de S. Paulo, & Conftabularius de Nigella funt adorti & in fugam verterunt, multos occiderunt,

&

PHILIPPE IV. dit le Bel.

& firent beaucoup de prisonniers, parmi lesquels étoient plusieurs Chevaliers Allemans, qui étoient venus servir le Comte de Flandres. Robert d'Artois qui commandoit l'armée du Roi en Gascogne, laissant le commandement à d'autres, vint à sa Comté d'Artois, & se rendit à S. Omer, où conjointement avec son fils Philippe, il ramassa une grande quantité de Noblesse & de troupes, & entra dans la Flandre. Le Comte Gui marcha contre lui & vint l'attaquer avec une armée considerable. La bataille se donna à Furnes, & fut assez longtems disputée; mais enfin la victoire se déclara pour le Comte d'Artois, une partie de ces Flamans fut taillée en pieces, il y eut bien trois mille hommes tuez, ou faits prisonniers, entre lesquels étoient Guillaume de Juliers & le Comte Henri de Blamont, qui furent amenez à Paris. Philippe fils du Comte d'Artois fut fort blessé à cette bataille, & mourut l'année d'après. Robert d'Artois prit ensuite Furnes & Cassel avec le pays des environs. L'Isle se rendit à composition : & Robert fils du Comte de Flandres, qui y commandoit, se retira avec peu de gens à Bruges. Il y trouva Edouard Roi d'Angleterre, qui étoit venu avec une quantité médiocre de troupes au secours du Comte de Flandres, esperant que l'Empereur Adolphe s'y trouveroit aussi avec une nombreuse armée, comme il le lui avoit promis. Une grosse somme d'argent qu'il avoit donnée à Adolphe pour l'engager à cette guerre, lui faisoit regarder ce secours comme infaillible. Cependant il n'y vint point, gagné, disoient quelques-uns, par une autre grosse somme d'argent, que le Roi Philippe lui avoit donnée pour le détourner de se mettre en campagne. D'autres disoient avec plus de vraisemblance que Philippe l'empêcha d'y venir, en lui suscitant habilement un puissant ennemi l'Archiduc d'Autriche. La guerre qu'il eut avec ce Prince donne lieu de croire, qu'il n'en falloit point chercher d'autre cause.

Après la prise de l'Isle, Philippe s'avança vers Courtrai qui se rendit d'abord. Il marcha ensuite vers Bruges: le Roi d'Angleterre & le Comte de Flandres, voiant cette ville sans murs ni fortifications, & le peuple tout disposé à se donner au Roi de France, se retirerent à Gand. Le Roi Philippe vint à Bruges, qui se rendit d'abord : après quoi il marcha avec son armée pour assieger Edouard & le Comte dans la ville de Gand. Le Roi d'Angleterre hors d'état d'en sortir pour donner bataille à Philippe, & craignant le succès de ce siége, envoia demander une tréve. Il sembloit que dans une conjoncture pareille le Roi Philippe n'accorderoit

Bataille de Furnes gagnée.

Guerre de Flandres.

Villanus.

aliofque magno numero ceperunt, inter quos plurimi Germani erant, qui Comiti Flandrensi auxiliatum venerant. Robertus vero Artesius, qui in Vasconia imperabat, misso aliis imperio, in Artesiæ Comitatum suum se contulit, & ad S. Audomarum venit : ibique cum Philippo filio, magnum nobilium armatorumque numerum collegit, & in Flandriam ingressus est. Contra illum cum exercitu movit Guido Comes. Furnisque commissa pugna fuit : strenue utrinque diu pugnatum est ; sed victoria tandem penes Artesium fuit, Flandrorum pars magna cecidit ; ad tria millia vel cæsi, vel capti sunt, inter quos erant Guillelmus Juliacensis Comes & Henricus Comes Albi-montis, qui Lutetiam adducti sunt. Philippus Artesii Comitis filius, in pugna admodum sauciatus, anno sequente interiit. Artesius vero postea Furnas & Cassellum cum vicinis castris cepit. Insulæ sese Regi dediderunt : Robertus vero Comitis Flandrensis filius qui urbem defenderat, cum paucis Brugas se recepit : ubi tunc Eduardus erat, qui cum mediocri pugnatorum manu opem laturus Comiti Flandrensi venerat, sperans venturum

Nangius. Villanus.

cum numeroso exercitu Adolfum Imperatorem, ut Comiti auxilium præstaret. Cum enim grandem pecuniæ summam ad eam rem Adolfo numerasset, adfuturum illum esse sperabat. Tamenque ille non venit, auro corruptus a Philippo, ne præberet opem hosti suo, ut quidam narrant. Verosimilius dicebant alii, Philippum alio modo obtinuisse, ne Adolfus accederet, suscitando illi hostem Ducem Austriæ ; id certe ex bello inter ambos orto longe credibilius videtur.

Post captas Insulas Philippus Cortracum venit, quod oppidum statim se dedidit. Inde Brugas versus tendidit. Rex autem Angliæ & Flandrensis Comes, cum adverterent sine muris urbem esse, civesque ad sese dedendum Regi Franciæ pronos, Gandavum se contulere. Philippus vero Brugas venit & ab oppidanis receptus, Gandavum movit ut Regem Angliæ & Comitem Flandriæ una cum urbe obsideret. Eduardus vero non par viribus ut cum Francorum exercitu pugnaret, cum metueret obsidionis exitum, inducias a Philippo petiit. Verisimile utique non videbatur inducias concessurum esse Philippum hostium principibus, quos

Iidem.

Tome II.   Bb

Tréve.

point de tréve aux Chefs de ses ennemis renfermez dans une place, qu'il alloit assieger ; cependant aiant appris que Charles Roi de Sicile venoit de la part du Pape lui demander cette tréve, il l'accorda pour deux ans ; d'autres disent pour moins de tems, à condition que Bruges, l'Isle, Courtrai & les autres villes qu'il avoit conquises en Flandres lui resteroient pendant ce tems-là. En cette même année le Pape canonisa le Roi Louis IX. dit depuis Saint Louis, & l'année d'après son corps fut levé de terre, & exposé en cette qualité à la véneration publique.

Bulle de Boniface VIII.

Boniface VIII. avoit donné une Bulle par laquelle il défendoit à tous Ecclesiastiques de quelque Ordre, grade & dignité qu'ils fussent, de rien contribuer, ni paier aux Rois & Princes quels qu'ils pussent être, de n'accorder ni dixiéme, ni vingtiéme, ni cinquantiéme, ni centiéme, sans la permission expresse du Saint Siege. Cette Bulle avoit allarmé la Cour de France. On en fit des plaintes au Pape même, qui voiant les fâcheuses consequences que pourroit avoir une telle Bulle, en donna une autre, où expliquant la premiere, il ajoutoit que cette Bulle n'avoit pas lieu dans les nécessitez pressantes de l'Etat, où le Roi & ses Successeurs pouvoient disposer des biens Ecclesiastiques sans consulter le S. Siege. Le Roi montra aux Prélats assemblez à Paris, cette Bulle, où le Pape lui accordoit aussi durant la guerre la joüissance d'une année des Benefices vacans, il en exceptoit pourtant les Archevêchez, Evêchez & Abbayies.

Commencement de discorde entre Boniface VIII. & Philippe le Bel.

Les affaires sembloient raccommodées avec Rome. Mais une nouvelle Bulle donnée par Boniface déplût fort au Roi. Il s'étoit rendu l'arbitre des differens entre le Roi de France & le Roi d'Angleterre, & prenant un ton de maître & de souverain, il commandoit à l'un & à l'autre sous peine d'excommunication d'en passer par les conditions qu'il leur marquoit. Cette Bulle fut apportée par les Evêques d'Albe & de Palestrine Légats du Pape. Philippe informé du contenu de la Bulle, sans leur permettre de la lire, fit ses protestations contre, déclarant que pour le temporel de son Roiaume il ne reconnoissoit point le Pape. Il avoit reçu un autre mécontentement de Boniface, quand sans consulter le Roi il démembra de l'Evêché de Toulouse, Pamiers & ses environs pour en faire un nouvel Evêché, & nomma pour Evêque Bernard Saisset, sujet fort desagréable au Roi. Ces semences de division éclaterent depuis d'une maniere fort extraordinaire.

1298.

Albert Duc d'Autriche aiant attiré à son parti les Princes de l'Empire fit la

---

obsessurus etat : & tamen ille cum didicisset Carolum Siciliæ Regem, rogatu summi Pontificis accedere, inducias illas postulaturum, illas pro biennio concessit, ea conditione, ut Brugæ, Insulæ, Cortracum aliæque urbes quas in Flandria ceperat, sibi toto induciarum tempore manerent. Hoc ipso anno Papa Ludovicum nonum, qui postea S. Ludovicus appellatus est, in Sanctorum numerum retulit. Anno autem sequenti corpus ejus ex terra eductum, venerationi publicæ expositum fuit.

Bulla Bonifacii VIII.

Bonifacius VIII. Bullam emiserat, qua Ecclesiasticis cujusvis ordinis, gradus & dignitatis prohibebat, ne sine expressa Sanctæ Sedis licentia, decimas, vicesimas, quinquagesimas vel centesimas solverent. Hæc porro Bulla Regiæ Francorum admodum displicuit. Hinc querimoniæ ad summum Pontificem allatæ. Metuens vero Bonifacius ne hinc grave quodpiam damnum emergeret, aliam emisit Bullam, in qua priorem explicans hæc adjiciebat : Non intelligi Bullam de necessitatibus publicis, ob quas Rex & Successores ejus poterant inconsulta Sancta Sede, Ecclesiasticis uti bonis. Rex vero Episcopis Bullam illam ostendit,

ubi etiam Papa concedebat ipsi perseverante bello annuum beneficiorum vacantium fructum, exceptis tamen Archiepiscopatibus, Episcopatibus & Abbatiis.

Cum Romana sede res compositæ viderentur : at nova Bulla a Bonifacio data Regi admodum ingrata fuit. Arbitrum se Papa constituerat inter Franciæ & Angliæ Reges, & quasi supremus omnium dominus, utrique sub *excommunicationis* pœna imperabat, ut ab se propositas conditiones acciperent pacemque facerent. Hæc porro Bulla ab Episcopis Albensi & Prenestino Legatis allata est. Cum non nesciret Philippus quid in Bulla contineretur, illam coram se legi non sivit, sed contestando declaravit se in temporalibus potestatem Pontificum nullam agnoscere. Alia querimoniæ causa hinc orta est, quod mortuo Ludovico Episcopo Tolosano, Bonifacius Apamiam vicinasque terras ex Episcopatu illo, Rege inconsulto avulsisset, ut Episcopatum novum constitueret, Episcopumque nominavisset Bernardum Saissetum, cui Philippus infensus erat. Hæc dissensionis initia in discordiam erupere ingentem, ut mox narrabitur.

Albertus Austriæ dux cum multis Imperii principi-

guerre à Adolphe, & lui donna une bataille où Adolphe fut tué en combattant vaillamment. Après quoi Albert fut élû & depuis couronné Empereur. L'année suivante il y eut une entrevûë entre le même Empereur Albert & Philippe Roi de France. Les Auteurs ne conviennent pas sur les affaires qui y furent négotiées de part & d'autre. Les deux Princes conclurent là le mariage de Blanche sœur du Roi avec Rodolphe fils de l'Empereur.

1299.

La tréve avec le Comte de Flandres étant expirée, le Roi envoia son frere Charles Comte de Valois avec une puissante armée pour lui faire la guerre. Il prit d'abord Douai & Bethune : de là il se rendit à Bruges dans le dessein de se rendre maître du Port de Dam. Robert fils du Comte vînt l'attaquer ; les Flamans après quelque combat se voiant mal-menez, se retirerent à Gand. Charles après avoir pris Dam, vint pour assieger la ville. Le Comte croiant qu'il auroit meilleure composition en se rendant alors que s'il attendoit l'extrémité, vint avec ses enfans se remettre à Charles à certaines conditions. Charles les fit conduire à Paris, où ils demanderent pardon au Roi, qui ne jugeant pas à propos de les relâcher si-tôt, sépara les enfans du Pere & les fit mettre sous sûre garde. Le Villani dit que Charles de Valois avoit promis au Comte de Flandres qu'il le remettroit en la bonne grace du Roi, & qu'il lui feroit rendre son Comté ; mais qu'il lui manqua de parole. Charles aprés avoir fini cette guerre, se retira, & laissa en Flandres pour gouverner en sa place Jâques frere du Comte de Saint Paul, qui maltraita fort les Flamans, & les chargea d'impôts extraordinaires.

Guerre en Flandres.

1300.

Le Pape Boniface VIII. commença cette année le Jubilé universel, où il donnoit rémission de tous les péchez à ceux qui viendroient visiter les Eglises de S. Pierre & de S. Paul à Rome. Ce Jubilé se devoit renouveller tous les cent ans, il fut depuis réduit à cinquante, ensuite à trente-trois, & enfin à vingt-cinq.

Jubilé universel.

Le Roi Philippe fit un Edit par lequel il défendoit sous de griéves peines de transporter ni or, ni argent, ni marchandises hors du Roiaume, & mit des gardes à toutes les frontieres pour empêcher qu'on ne contrevînt à son Ordonnance.

1301.

Le Pape Boniface fit appeller Charles de Valois frere du Roi, lui faisant esperer, dit le Villani, qu'il le déclareroit Empereur, n'aiant point encore consenti à l'élection d'Albert. Il se rendit donc à Rome, où Boniface l'établit Vi-

1301.

---

bus junctus, bellum movit contra Adolphum, pugnaque commissa Adolphus fortiter pugnans occisus est. Albertus vero Imperator electus, postea coronatus fuit. Anno sequenti Albertus & Philippus Rex Franciæ una convenerunt. Quid agitatum, quidve gestum hic fuerit non convenit inter scriptores. Connubium vero Blanchæ sororis Philippi Regis cum Rodulpho Imperatoris filio istic constitutum fuit.

Cum induciarum inter Reges Franciæ & Angliæ tempus effluxisset, misit Rex Carolum Valesium fratrem cum exercitu magno ad renovandum bellum. Cepitque statim Duacum & Bethuniam ; deindeque Brugas venit, ut Damum portum occuparet. Flandri vero qui initio obstiterant, ut aspere agi cernentes, Gandavum aufugerunt. Carolus postquam Damum ceperat illam urbem obsedit. Comes vero putans se meliori futurum conditione, si tunc manus daret, quam si post diuturnam obsidionem pacisceretur ; cum filiis suis ad Carolum pacto quodam inito venit. Carolus illos Lutetiam duci curavit, ubi à Rege veniam precati sunt. Qui non statim liberos illos emittendos esse existimans, filios a patre segregavit, eosque sub arcta custodia tenuit. Narrat Villanus Valesium promisisse

Nangius.

Villanus.

Comiti Flandrensi, se ipsi Regis gratiam conciliaturum esse, & id acturum ut Comitatus ipsi restitueretur ; sed promissis non stetisse. Hoc finito bello Carolus reversus est, & in Flandria ad gubernandam provinciam illam Jacobum Comitis S. Pauli fratrem reliquit, qui Flandros aspere egit, ipsisque vectigalia multa imposuit.

Bonifacius Papa octavus anno 1300. Jubilæum universale indixit, quo omnium peccatorum veniam dabat iis omnibus qui Ecclesias sanctorum Petri & Pauli Romæ inviserent. Jubilæum primo singulis centenis annis renovandum statuerat fuerat : deinde vero ad quinquagesimum, post ad trigesimum tertium, demumque ad vigesimum quintum quemque annum deductum est.

Edictum emisit Rex Philippus, quo gravi indicta pœna vetabat *ne aurum, argentum aut qualibet mercaturæ extra regnum Franciæ veherentur : ob hoc magna diligentia introitus omnes & exitus caterosque Regni passus faciens custodiri.*

Continuator Nangii.

Bonifacius Papa Carolum Valesium Regis fratrem evocavit, spemque indidit, se illum Imperatorem declaraturum esse ; nondum enim Alberti electioni consenserat. Romam ergo petiit Carolus, ubi Bonifa-

Villanus.

caire & défenseur du S. Siege, & l'envoia à Florence, accompagné de quelque cavalerie Françoise & d'autres troupes : & il chassa de cette ville les Gibellins, qui y étoient en grand nombre. Ces deux factions des Guelfes & des Gibellins divisoient alors les villes d'Italie & mettoient tout en trouble & en combustion. De là Charles de Valois se rendit à Naples où il monta sur la flote préparée par le Roi Charles, & alla prendre terre en Sicile dans le dessein de la conquerir pour le Roi de Naples. Il prit d'abord la forteresse de Termoli, après quoi Frederic d'Aragon qui n'étoit pas assez fort pour tenir la campagne contre lui, se mit adroitement à lui couper les vivres, en quoi il réussit si bien, que le Comte de Valois ne pouvant avancer, & de surcroit la maladie s'étant mise dans son armée, il fut obligé de faire avec Frederic un traité qui ne lui fit point honneur. La chose est rapportée au long par le Villani & par d'autres Auteurs. Mais des affaires plus importantes au cours de notre histoire nous rappellent en France.

1302.

Different de Bonifa-ce VIII. avec Philippe le Bel.

Boniface avoit publié une Croisade, de laquelle il se déclaroit le Chef, où parlant impérieusement à son ordinaire, il ordonnoit à tous les Princes de s'armer pour la guerre-sainte. Il fit porter cet ordre au Roi par Bernard Saisset Evêque de Pamiers, qui parla à Philippe d'une maniere hautaine, & tint même des discours séditieux, qui indignerent tellement le Prince, qu'il fit arrêter l'Evêque. Le Villani dit qu'il fut pris par ordre du Roi, près de Carcassone, *nel Carcascese.* A ces nouvelles le Pape, qui n'étoit pas patient, envoia au Roi l'Archidiacre de Narbonne, chargé d'une Bulle, où il déclaroit qu'il étoit le Maître du Temporel & du Spirituel des Rois : que le Roi étoit son Sujet en l'un & en l'autre ; déclaroit nulles toutes les collations de Benefices qu'il avoit faites, lui défendoit la jouissance des Benefices vacans, qu'il lui avoit pourtant accordée par une Bulle précedente ; déclaroit heretiques ceux qui croiroient autrement. Le Roi averti de ceci, fit enlever la Bulle à l'Archidiacre, avant qu'il vînt en sa presence. On l'apporta à la Cour; elle y fut luë publiquement, & brûlée devant tout le monde : le Villani dit que ce fut le Comte d'Artois qui la jetta dans le feu.

1301.

Après cela on se porta aux dernieres extremitez de part & d'autre. Le Roi écrivit au Pape une lettre en termes les plus injurieux, où il lui déclaroit que dans le Temporel il ne le reconnoissoit point pour son Superieur ; que les droits de Regale pour la collation des Benefices lui appartenoient, & avoient

---

cius illum Vicarium ac defensorem Sanctæ Sedis constituit, Florentiamque misit ipsum, cum equitatu Francorum aliisque copiis. Ex urbe autem Gibellinos expulit, qui magno istic numero erant. Hæ duæ factiones Guelforum & Gibellinorum Italicas urbes tunc scindebant magnasque turbas concitabant. Inde Carolus Neapolim contendit, ubi classem conscendit a Rege Carolo paratam, inque Siciliam exscensum fecit animo subigendæ Carolo insulæ. Termolum castrum statim cepit. Fridericus vero Aragonius, impar viribus, arte annonam ipsi subtrahere nisus est, & tam felici exitu, ut Carolus commeatu destitutus, cum etiam morbi in exercitu grassarentur, cum Friderico pacisci coactus sit, nec sine suo dedecore. Res pluribus narratur a Villano & ab aliis Scriptoribus; verum series rerum in Francia gestarum nos alio evocat.

Nicol. Gill. Villan. Different de Boniface &c.

Bonifacius bellum sacrum indixerat, cujus se ducem præcipuum declarabat, & imperantis more principes omnes ad hanc sacram expeditionem arma sumere jubebat. Literas hujusmodi Bernardo Saisseto Episcopo Apamiensi tradidit ad Philippum Regem Francorum deferendas. Bernardus vero superbis seditiosisque verbis apud multos usus est. Qua re comperta Rex Philippus indignatus jussit illum apprehendi. Narrat Villanus captum fuisse Bernardum in Carcassonensi tractu. Hæc ut audivit summus Pontifex, iratus misit ad Regem Archidiaconum Narbonensem cum Bulla, qua se dicebat esse Regum dominum temporalem atque spiritualem, ac Regem in utroque sibi subditum esse. Nullas denunciabat esse collationes Beneficiorum, quas ipse fecisset, prohibens ne fructum vacantium Beneficiorum perciperet, quos tamen ipsi pridem concesserat. Hæreticos declarabat quotquot aliter crederent. Hæc cum didicisset Rex, Bullam Archidiacono auferri curavit, antequam ad se perveniret. In Regiam vero allata Bulla fuit, ubi publice lecta, in ignem conjecta fuit. Ait Villanus Artesium Comitem Bullam flammis tradidisse.

Deinde vero extrema quæque admissa utrinque sunt. Rex summo Pontifici literas misit contumeliis plenas, ubi declarabat se in temporalibus non illum superiorem agnoscere, juraque regaliæ pro collatione Beneficiorum ad se pertinere, ut ad Reges decessores suos pertinuerant. Quia vero jusserat Bonifacius Episcopos

PHILIPPE IV. dit le Bel.

toujours appartenu aux Rois de France. Et sur ce que le Pape avoit ordonné à tous les Prelats du Royaume de se rendre à Rome ; le Roi défendit aux mêmes d'y aller, & à tous ses sujets d'y envoyer ni or ni argent. Le Pape de son côté, soutenoit ses premieres démarches : il excommunia Philippe, délia ses sujets du serment de fidelité : se mit à favoriser les Flamans, qui en ce tems-ci se revolterent contre le Roi de France : suscita l'Empereur Albert à porter la guerre en France, & à se saisir du Roiaume, dont il lui offroit la Couronne. Mais Albert ne jugea point à propos de se mêler dans cette querelle. Le Roi convoqua alors une assemblée generale de tous les Prelats & Barons de son Roiaume, qui, après avoir deliberé sur l'affaire presente, appellerent à un Concile General, & resolurent de mettre tout en œuvre pour défendre le Roi & sa Couronne qu'il avoit reçuë de Dieu seul. Nous avons encore aujourd'hui cet acte passé le 15 de Juin 1303. On ne s'en tint pas là ; le Pape Boniface fut encore accusé d'heresie, de simonie, d'homicide & de plusieurs autres crimes énormes & incroiables.

1302.

1303.

Non content de tout ceci, le Roi à la persuasion des Colonnes, que Boniface avoit violemment persecutez, envoia Guillaume de Nogaret, homme hardi & propre à une entreprise semblable, pour se saisir adroitement du Pape, & l'amener en France, s'il se pouvoit. Il partit bien fourni d'argent & de lettres de change, pour attirer autant qu'il pourroit des gens à sa sequelle. Il se joignit à Sciarra Colonne, grand ennemi du Pape : & ils concerterent ensemble sur les moiens de prendre Boniface, qui étoit alors avec sa Cour à Anagni sa patrie. Ils garderent un si grand secret, qu'on n'eut pas le moindre vent de leur dessein. Ils gagnerent aussi plusieurs habitans d'Anagni qui se mirent de leur parti ; & au mois de Septembre accompagnez de trois cens chevaux, & de beaucoup de gens à pied, ils entrerent de grand matin dans Anagni, en criant : *A la mort de Boniface ; Vive le Roi de France!* La populace se joignit d'abord à eux ; & ils allerent droit au Palais du Pape. Au bruit de ce grand tumulte, Boniface se croiant perdu, se fit mettre en habit Pontifical, la Tiare en tête, les Clefs & la Croix à la main ; & s'assit sur son Siege Papal. Les Cardinaux s'enfuirent & s'allerent cacher. Les Conjurez étant entrez, Sciarra Colonne dit beaucoup d'injures au Pape, & l'arrêta lui & sa famille. Le Pape

Nogaret va à Anagni.

---

omnes Franciæ Romam venire, vetuit Philippus ne qusquam eo se conferret, prohibuitque ne quis ex subditis suis aurum vel argentum illo mitteret. Bonifacius cœptis insistens, Philippum Ecclesiæ communione privavit, subditos ejus a sacramento fidei absolvit, Flandros concitavit, qui tunc contra Franciæ Regem arma sumere cœperunt, Albertum Imperatorem commovit ut Franciam invaderet, ipsamque occuparet, oblatamque sibi coronam susciperet. At Albertus huic se immiscere negotio noluit. Philippus vero conventum generalem habuit, cui adfuere omnes Archiepiscopi, Episcopi & Barones regni, qui re secum deliberata, ad Concilium generale appellarunt, & nullam non operam se daturos esse polliciti sunt, ut Regem defenderent, necnon coronam,quam ab uno Deo acceperat ; superest hodieque Rescriptum illud datum anno 1303. 15 Junii. Ad hæc vero Bonifacius accusatus fuit de hæresi, simonia, homicidio, aliisque gravissimis sceleribus, quæ fidem omnem superant.

His non contentus Philippus, hortantibus Columnis, quos Bonifacius asperrime insequutus fuerat, misit Guillelmum Nogaretum virum audacem & hujusmodi expeditioni idoneum, ut arte quadam si posset Papam comprehenderet & in Franciam adduceret. Instructus pecunia grandi & commendatitiis literis ad argentarios, ut quotquot posset auro sibi adjungeret, cum Sciarra Columna, qui Pontifici infensissimus erat, profectus est. Ambo simul deliberarunt quo pacto Bonifacium, qui tum Anagniæ versabatur, apprehenderent. Clam omnino res acta fuit, ita ut ne minima quidem negotii tanti suspicio fuerit. Plurimos etiam ex Anagniensibus oppidanis sibi devinxere, ac mense Septembri cum manu trecentorum equitum peditumque multorum Anagniam primo diluculo sunt ingressi, clamantes : *Moriatur Bonifacius, Vivat Rex Franciæ.* Multitudo plebis iisdem adjungitur, & ad ædes pontificias turmatim accurritur. Audito tumultu Bonifacius, extrema metuens, pontificiam assumit vestem atque tiaram, & utraque manu claves & crucem gestans, in papali solio sedet. Cardinales porro aufugere & latebras quæsiere. Ingressis autem conjuratis, Sciarra Columna Papam contumeliis affectum apprehendit cum toto famulatu. Bonifacius nec

demeura ferme sans s'étonner de ces discours injurieux, ni des menaces de Guillaume de Nogaret, qui lui disoit qu'il alloit l'amener à Lion, où il seroit déposé dans un Concile General. Les Auteurs ne s'accordent pas sur ce qui se passa ici. Il y en a qui disent que Sciarra frappa Boniface : mais Le Villani, qui vivoit alors, assure que personne n'osa le toucher, & que les Conjurez voulant piller ses tresors, lui donnerent une *garde courtoise*, c'est-à-dire, qui ne lui fit aucune violence. Cependant le peuple d'Anagni, qui s'étoit d'abord joint à Nogaret & à sa troupe, s'étant ravisé, commença à s'assembler & à se mutiner, & vouloit lui courir sus, en criant : Vive le Pape : A la mort des Traitres ! Lui craignant d'être pris à son tour, se retira avec ses gens. Le Pape étant ainsi délivré, fut penetré d'une si vive douleur de l'accident qui lui étoit arrivé, qu'il n'en put revenir : il tomba malade, & la maladie, dit le Villani, se tourna en une espece de rage ; en sorte qu'il se mordoit & se déchiroit lui-même. Il mourut le 12 d'Octobre de l'an 1303. Plusieurs Auteurs Italiens ont parlé fort mal de ce Pape : quelques-uns publierent à son sujet cette prophetie faite comme tant d'autres après l'évenement : *Il entrera comme un renard, regnera comme un lion, & mourra comme un chien.*

Mort de Boniface.

1302.
Guerre de Flandres.

La suite de l'affaire de Boniface, que nous n'avons pas crû devoir interrompre, nous a obligez de renvoier ici la revolte & la guerre de Flandres, qui se passoit dans le même tems. Nous avons déja dit que Jacques de Chatillon frere du Comte de S. Paul, que le Roi Philippe avoit laissé Gouverneur en Flandres, accabloit le peuple d'impôts ; & le traitoit si durement, que ceux de Bruges en vinrent porter leurs plaintes au Roi, qui n'y eut aucun égard. Ce peuple en fureur se jetta alors sur les François, & en tua autant qu'il en put trouver. Le Roi y envoia mille Chevaliers, pour réprimer ces Seditieux. Mais ceux de Bruges de complot ensemble, se jetterent sur eux une nuit, & les massacrerent tous. Voiant bien, que Philippe ne manqueroit pas d'envoier une puissante armée en Flandres, pour les punir de leur rebellion & de tant de massacres, ils attirerent à leur parti plusieurs autres villes de Flandres ; augmenterent considerablement le nombre de leurs troupes ; appellerent pour leur commander Robert Comte de Namur, fils du Comte de Flandres, & Guillaume de Juliers brave Chevalier : & se disposerent à se bien défendre. Robert alla assieger Courtrai ; & Guillaume aussi de son côté mit le siege devant Cassel.

Sciarræ contumeliis perterritus est, nec Nogaræti minis, qui dicebat Lugdunum adducendum esse Bonifacium, ubi in Concilio generali deponeretur. Circa illa quæ hic gesta fuere, non consentiunt Scriptores : narrant quidam Bonifacium à Sciarra percussum fuisse. Villanus vero, qui tunc in vivis erat, affirmat neminem fuisse qui Benifacium vel tangere auderet ; sed conjuratos qui thesauros ejus diripere volebant, *custodiam urbanam* ipsi dedisse, quo significatur nullam ipsi vim illatam fuisse. Interea vero Anagniensis populus, qui sese statim Nogareto junxerat, mutato consilio, contra Nogaretianos conversus, in illosque irrumpere paratus, clamavit ; *Vivat Papa, moriantur proditores.* Nogaretus vero sibi timens, cum turma sua receptui cecinit. Sic liberatus Bonifacius, ex illata sibi injuria tanto dolore affectus est, ut in morbum incideret ; ægritudinemque in rabiem versa, inquit Villanus, seipsum morderet ac laceraret. Obiit autem 12. Octobris anno 1303. Plurimi Italici Scriptores in hunc Pontificem debacchantur. Quidam vero hoc de illo vaticinium publicarunt ; vaticinium, inquam, post rem gestam, ut fieri solet, confictum : *Intrabit ut vulpes, regnabit ut leo, morietur ut canis.*

Steph. de Lusi.

Hujus tanti negotii series, quæ non distrahenda videbatur, ut Flandricum bellum, eodem tempore gestum, huc remitteremus suasit. Supra diximus Jacobum de Castilione fratrem Comitis Sancti Pauli, quem Philippus in Flandria præfectum reliquerat, populum vectigalibus atque tributis supra modum oneravisse ; & quidem tam aspere cum illis egit, ut Brugenses ad Regem questum venerint, qui rem nihili fecit. Tunc furens populus Francos adortus est, & quotquot potuit trucidavit. Misit Rex mille equites qui seditiosos cohiberent. At Brugenses in unum coacti, noctu illos invaserunt & ad unum trucidarunt. Gnari vero Philippum grandem exercitum in Flandriam esse missurum, ut rebelles comprimeret plecteretque, multas Flandriæ urbes ad partes suas traxerunt, copias collegere plurimas, duces sibi adsciverunt Robertum Comitem Namurcensem, & Guillelmum Juliacensem strenuum virum : sicque omnia ad defensionem pararunt. Robertus Cortracum, & Guillelmus Cassallum, seu Casselum obsedit. Rex ve-

ra. I illat.

PHILIPPE IV. dit le Bel.

Le Roi envoia le Comte d'Artois contre ces Rebelles avec une armée de dix mille Chevaux, & de quarante mille hommes de pied. A leur arrivée, les Flamans leverent le siege de devant Courtrai & Cassel, & vinrent se camper derriere un fossé profond pratiqué pour l'écoulement des eaux. L'armée de France fut rangée en bataille. Les plus sages Capitaines & le Connétable de Nesle étoient d'avis de laisser combattre l'Infanterie, prévoiant que la Cavalerie, quoique des plus belles qu'on eût encore vuës, ne pourroit franchir ce grand fossé pour aller aux Flamans, sans s'exposer à une déroute : ils disoient que les Flamans n'aiant point ramassé des vivres pour se tenir longtems au même endroit, il falloit les fatiguer par les attaques continuelles de l'Infanterie de France, deux fois plus nombreuse que la leur ; & que quand ou la faim, ou les combats si fréquens les auroient obligez de changer de poste, la Cavalerie pourroit fondre sur eux avec avantage. Le Comte d'Artois méprisa ce sage conseil. Il fit attaquer par sa Cavalerie les Flamans ainsi postez. Cette Cavalerie commença donc la bataille : ceux qui entroient dans le fossé, arrivez avec peine à l'autre bord, étoient repoussez à coups de lances par les Flamans, & retomboient sur ceux qui les suivoient. Une grande poussiere s'éleva, & si épaisse, qu'ils ne voioient plus où ils alloient : & comme ils avançoient toujours, les rangs se trouverent si serrez, qu'ils se pousoient les uns les autres dans le fossé, où ils étoient assommez. Les Flamans voiant ce désordre, passerent le fossé sur les corps morts, tomberent sur la Cavalerie à demi défaite, la mirent en déroute ; ils eurent ensuite bon marché de l'Infanterie fort ébranlée par la premiere défaite : leur victoire fut complette. Là perirent le Comte d'Artois, le Connétable, un grand nombre de Seigneurs & en tout plus de vingt mille hommes. Toutes les villes de Flandres, Gand, Ypre, l'Isle, Douai, se mirent du parti des victorieux.

A ces tristes nouvelles le Roi Philippe fit promtement assembler une puissante armée de près de cent mille hommes, & se rendit aux frontieres de Flandres : mais la saison étant avancée, les grandes pluies gâterent les chemins, en sorte que les convois ne pouvant plus venir qu'avec beaucoup de peine, il se retira & congedia son armée. Quelques-uns disoient qu'il se retira ainsi sans rien faire, parce que sa sœur la Reine d'Angleterrre à la suggestion du Roi son mari, lui donna un faux avis qu'il devoit être trahi. Les grandes dépenses qu'il

1302.

Bataille de Courtrai perduë.

---

ro Robertum Artesium contra rebelles misit cum exercitu equitum decem millium, peditumque quadraginta millium. Tanto superveniente exercitu Flandri obsidionem Curtraci & Casselli solverunt, & pone fossam profundam, ad aquarum effluxum paratam, castra posuerunt. Exercitus vero Francorum ad pugnam instructus fuit. Constabularii de Nigella, & prudentiorum consilium erat ut pedites solum cum Flandris configerent : æstimabant enim equites, etsi ex selectioribus essent, non posse sine magno periculo tantam fossam trajicere ut Flandros adorirentur. Dicebant insuper Flandros nullum annonæ commeatum habentes, non posse diu iisdem in castris consistere ; velitationibusque peditum Francorum, qui duplo majore numero erant, comprimendos esse : & quando vel ex fame, vel ex assiduis præliis ad castra mutanda compulsi forent, tunc immittendum equitatum esse. Hoc prudentissimo spreto consilio Artesius equitatum in Flandrorum castra immisit. Sed qui in fossam sese conjiciebant, ab altera ripa Flandrorum lanceis repulsi, in equites subsequentes recidebant. Pulvis autem ingens aerem obnubilavit, ita ut nihil postea videntes, quo pergerent ignorarent. Quia vero posteriores ordines versus fossam semper incedebant, compulsi priores in fossam cadebant, ubi à Flandris trucidabantur. Tum illi Francorum rem labefactatam videntes, fossam cadaveribus pene complanatam trajecere, perturbatos equites profligavere ; pedites quoque tanto strepitu ac tumultu perterrefactos in fugam verterunt, ita ut victoriam omnino reportaverint. Ibi perierunt Comes Artesius, Constabularius, & primores Franci quamplurimi, cæsorumque numerus ad viginti saltem millia pertigit. Omnes porro Flandriæ urbes, Gandavum, Ypra, Insulæ, Duacum, ad victorum partes transierunt.

Philippus vero post tantam cladem exercitum celeriter collegit maximum, armatorumque pene centum millium, atque in Flandriam movit. Verum imminente jam hieme, supervenientes imbres nimii vias publicas labefactarunt, ita ut nonnisi cum labore multo possent commeatus in exercitum duci. Quapropter exercitum Philippus solvit ac regressus est. Narrant alii, ideo receptui cecinisse Philippum, quia soror ejus Angliæ Regina, instigante viro, fratrem monuit insidias a proditoribus parari ; id quod falsum omnino erat. Cum ingenti sumtu ad tam in-

Villani.

falloit faire pour soutenir une guerre si ruineuse, obligerent Philippe de faire une alteration considerable dans les monnoies. Les Flamans enorgueillis de si heureux succès, firent des courses dans le Hainaut & dans l'Artois; mais y ayant reçu quelques échecs considerables, ils se retirerent chez eux.

1303. Edouard Roi d'Angleterre profita de l'embarras où se trouvoit alors le Roi de France, & fit un Traité de Paix avec lui, par lequel il lui rendoit tout ce qu'il tenoit dans la Gascogne. Philippe apprenant qu'il se tramoit quelque chose contre lui en Languedoc, alla faire un tour en ce païs-là, & s'y montra si affable & si liberal, qu'il y gagna l'affection de tout le monde. Gui Comte de Flandres, qui étoit depuis longtems en prison, obtint du Roi permission d'aller en son païs pour tâcher d'adoucir l'esprit des Flamans devenus trop fiers de leurs bons succès; mais ne pouvant rien gagner sur eux, il revint trouver le Roi, & mourut peu de tems après âgé de plus de 80. ans.

Philippe fils du Comte de Flandres qui étoit dans le Roiaume de Naples, & à qui le Roi Charles avoit donné des terres considerables, quitta tout pour revenir dans son païs, & se mettre à la tête des Flamans, qui fiers de leur victoire, faisoient tous les jours des courses & des entreprises.

1304. L'année suivante Guillaume Comte de Hainaut fondit sur une grosse troupe de Flamans qui ravageoient son païs, en tua un grand nombre & mit en fuite le reste. Ils reçurent encore un bien plus grand échec, lorsqu'étant venus brûler le fauxbourg de Saint Omer, la garnison qui étoit forte, sortit, les attira dans *Flamans* une embuscade & en tua plus de trois mille. Cependant Philippe qui avoit tou*batus.* jours fort à cœur de réduire ce peuple qui paroissoit indomtable, leva deux grosses armées, l'une de mer, l'autre de terre. La flote commandée par Renier Grimaldi Gennois habile homme de mer, alla vers la Zélande, & donna ba*Victoire* taille à Gui de Flandres qui assiegeoit Ziriczée: la flote des Flamans étoit in*sur mer.* comparablement plus forte que celle de Grimaldi; mais il usa d'un stratagême qui lui réussit. Il avoit vingt vaisseaux armez à la maniere de l'Ocean, sur lesquels il ne comptoit pas beaucoup, & seize galeres de Gennois bien armées, pleines d'arbaletriers Gennois, experts aux combats de mer. Les Flamans vinrent avec quatre-vingt vaisseaux. Grimaldi voiant la partie si inégale, se retira à force de rames avec ses seize galeres; & les Flamans donnerent sur les vingt vaisseaux,

---

Continuat.
Nangii.

faustum bellum opus esset, Philippus monetam adulterare coactus est. Flandri vero ex fausto armorum exitu superbi, in Hannoniam & Artesiam incursiones fecerunt; sed sæpe compulsi, amissisque suorum multis, tandem quieverunt.

Idem.

Eduardus Rex Angliæ occasionem nactus Flandricorum motum qui Franciæ Regem totum distinebant, pace cum illo facta, quidquid in Vasconia Philippus occupabat obtinuit. Philippus vero cum didicisset aliquid contra se moveri in Septimania, illo se contulit, atque affabilitate, muneribus, liberalitateque sua plurimos sibi animos conciliavit. Guido Flandrensis, qui a multo jam tempore in custodia detinebatur, permittente Rege in Flandriam concessit, ut feroces Flandrensium animos mitigaret; sed cum nulla ipsos arte flectere potuisset, ad Regem reversus, paulo postea obiit annorum plus octoginta.

Villani.

Philippus Flandriæ Comitis filius, qui tum in Neapolitano regno versabatur, & cui Rex Carolus opimas ditiones concesserat, omnibus dimissis ac rejectis in Flandriam rediit, ut Flandris ex victoria tumentibus se ducem præberet. Illi vero quotidianis incursionibus vicinos agros devastabant.

Anno sequenti Guilelmus Comes Hannoniæ agmen Flandrensium incursantium invasit, ac multis occisis reliquos vertit in fugam. Majorem sunt cladem experti, quando S. Audomari suburbium incensum venerunt. Præsidium namque numerosum insidias illis paravit, & plus quam tria millia occidit. Interea Philippus, cui cordi semper erat bellum Flandricum, ac ferocem populum domare satagebat, classem magnam paravit, & exercitum numerosissimum collegit. Classis duce Reginario Grimaldo Genuensi navalium peritissimo, Zelandiam versus contendit, & cum Guidone Flandrensi, qui Ziriczeam obsidebat, pugnavit.

Longe numerosior Flandrorum classis erat illâ, *Vill* quam ducebat Grimaldus. At ille arte usus singulari, rem felicissime gessit. Viginti naves habebat Oceanico more instructas, queis non admodum fidebat; sexdecimque Genuenses naves longas, quæ remis undas secare solebant, balistariis Genuensibus, navali certamini assuetis, onustas. Flandri vero cum navibus octoginta in Grimaldi classem irruere, qui superiorem numero hostem conspiciens, cum sexdecim illis longis navibus, quas *Galeas* vocabant, longe re-

en

PHILIPPE IV. dit le Bel.

en prirent une partie, & mirent les autres en fuite ; & croiant avoir remporté une pleine victoire, ils ne gardoient plus aucun ordre : Grimaldi vint alors avec ses seize galeres à force de rames ; attaqua d'abord le vaisseau de Gui de Flandres & le prit avec le Chef. Les autres découragez ne firent guere plus de résistance : Grimaldi prit la plûpart de ces vaisseaux, fit lever le siege de Ziriczée, fit beaucoup de prisonniers, qui furent depuis amenez avec Gui à Paris.

L'armée de terre qui étoit de plus de douze mille chevaux & de soixante mille hommes de pied, fut conduite par le Roi lui-même. Les Flamans vinrent hardiment avec une puissante armée présenter la bataille au Roi. Elle se donna à Mons en Puelles. Les Flamans qui avoient un grand nombre de chariots, s'en firent comme un rempart & en entourerent toute leur armée. La bataille dura longtems, & l'armée Flamande fut très-mal-menée par l'infanterie Françoise, dont une partie montoit sur les chariots, en chassoit ceux qu'elle y trouvoit, & accabloit après cela les Flamans à coup de fleches. Le Roi fatigué de la durée de ce combat s'étant retiré dans ses tentes pour se reposer, Guillaume de Juliers détacha de l'armée des Flamans un corps de gens d'élite, poussa jusqu'au pavillon du Roi, qui n'avoit avec lui que peu de gens, dont la plûpart furent tuez. Il devoit être pris ou tué lui-même : ce fut une merveille comme il échappa. Etant monté à cheval il appella ses gens : on y accourut de toutes parts ; le Comte de Valois son frere y vint accompagné d'une grande quantité de Noblesse. La troupe étant ainsi grossie ils fondirent sur l'ennemi, repousserent les Flamans, Guillaume de Juliers fut tué : & les François mirent en déroute l'armée Flamande, qui perdit là vingt-cinq mille hommes. Il perit aussi beaucoup de François dans ce combat qui fut long & sanglant.

Victoire de Mons en Puelles.

Après cette victoire le Roi alla assieger l'Isle ; mais il fut fort surpris peu de jours après de revoir ces Flamans, ces peuples courageux, au nombre de soixante mille qu'ils avoient levez promtement après leur défaite, demandans ou la bataille ou la paix. Philippe assembla son Conseil, qui d'une commune voix opina, qu'il valloit mieux faire la paix que de risquer une autre bataille qui seroit peut-être suivie d'une troisiéme. La paix se fit à ces conditions, que le Roi mettroit en liberté les Princes Flamans qu'il détenoit prisonniers, qu'il maintiendroit le pays dans ses franchises, & qu'il retiendroit toutes les Villes,

Paix avec les Flamans.

Idem.

trocessit. Flandri vero viginti alios adorti, partem ceperunt, partem longe in altum fugere compulerunt. Tum se victoriam omnino reportavisse putantes, nullum ultra ordinem, profligatam hostium classem rati, servabant. Tunc Grimaldus cum sexdecim aliis navibus vi remorum, Flandrorum classem imparatam, & præ victoriæ lætitia de pugna nihil cogitantem aggreditur, & primo Vidonis Flandrensis classis Præfecti navim impetit, ipsamque cum Duce capit. Tum cæteri stupore terroreque perculsi, vix obstitere victori ; navium partem maximam Grimaldus cepit, Ziriczeæ obsidionem solvere compulit, Flandrenses multos cum Duce captos Lutetiam adduxit.

Exercitus autem alius equitum plus duodecim millium, peditumque sexaginta millium Rege duce movit. Flandri cum grandi exercitu audacter contra Regem venerunt. Commissa pugna fuit apud Montem in Pabulis. Flandri carris multis instructi, illis quasi vallo sese circum munierunt. Diuturna pugna fuit, exercitusque Flandrorum a Francis peditibus asperrime actus est, qui in carros conscendentes pulsis inde Flandris, hostes postea sagittarum emissa nube confodiebant. Rex vero ex pugna diuturnitate defes-

sus, in tentoria sese ad modicum tempus recepit. Guillelmus autem Juliacensis cum militum delectu ad Regis usque tentorium advenit, eos qui cum Rege erant numero paucos aut occidit aut fugavit ; mirumque fuit quod Regem non ceperit aut occiderit. At Philippus conscenso equo, suos advocavit. Accurrere undique multi : advenit & Valesius frater cum numerosa Nobilium turma, qui Flandros adorti, ipsos profligarunt. Cæsus ibi fuit Guillelmus Juliacensis, exercitumque Flandrorum Franci in fugam verterunt, quorum 25. millia cæsa sunt. In tam diuturna pugna multi quoque Franci ceciderunt.

Hac parta victoria Rex Insulas obsedit. At paucis elapsis diebus, admodum obstupuit, ubi vidit Flandros sexaginta mille numero armatos post cladem tantam celeriter collectos audacter redire, aut pugnam petentes aut pacem. Consilio habito Philippus, ex omnium sententia pacem maluit, quam secundam tentare pugnam, quam fortassis tertia subsequuta esset. Pax itaque his conditionibus constituta fuit, quod Rex Flandrenses Principes, quos in custodia detinebat, dimissurus esset liberos ; quod Flandrensi populo sua privilegia restitueret ; quod urbes

Villani.

Tome II.

qui étoient au de-çà de la Lis; l'Isle, Douai, Bethune & autres, jusqu'à ce que les Flamans lui auroient payé deux cens mille livres. Ainsi finit cette guerre meurtriere.

Il y eut cette année une grande dissension entre l'Université de Paris & le Grand Prevôt. Celui-ci dans un tumulte qui arriva, fit pendre un Ecolier sans garder aucune formalité de Justice. Toutes les Facultez fermerent leurs Ecoles & demanderent au Roi raison d'une si grande injure. Philippe ordonna au Prevôt de faire satisfaction à l'Université, & d'aller demander au Pape l'absolution d'un si grand crime. Les Ecoles furent ouvertes à la Toussaint d'après. Un autre mal plus pressant affligea cette année la France & sur tout la ville de Paris. La cherté du blé fut si grande, qu'il se vendoit jusqu'à cent sols & même jusqu'à six livres parisis le sêtier, prix fort extraordinaire en ces tems-là. Le Roi croiant y remedier fit un Edit, qui portoit défense de vendre le blé plus haut que quarante sols le sêtier. Cela pensa gâter tout. Les Marchands se baricaderent dans leurs maisons, & la famine alloit être dans Paris. Pour y remedier Philippe revoqua promtement son Edit, & ordonna qu'on visiteroit tous les greniers des riches & des plus aisez, & qu'on les obligeroit de vendre leur blé à juste prix ; par ce moien la cherté cessa peu à peu, & le blé revint à un prix supportable.*

Cherté de vivres.

1305.

Benoît XI. qui avoit été élu Pape après Boniface VIII. ne tint le siege que quelques mois, & mourut empoisonné, selon la plus commune opinion. Après sa mort la vacance dura près d'un an, & l'on élut enfin Bertrand de Gothe, Archevêque de Bourdeaux, sous le nom de Clement V. Il fut sacré à Lion ; le Roi de France, les Princes & toute la Cour se trouverent au Sacre, qui se fit dans l'Eglise de S. Just. Après la céremonie, le Pape monta à cheval revêtu de ses ornemens pontificaux, & alla comme en triomphe par la ville, pour se rendre à son Palais. Le Roi Philippe marchant à pied tenoit par la bride le cheval du Pape ; les Princes l'entouroient. Le peuple couroit en foule, pour voir cette pompe, qui devoit passer devant un grand mur. Tous s'empressoient pour être spectateurs d'un si grand cortege : & le mur se trouva si chargé de gens, qu'il tomba ; cassa la Tiare du Pape, & le désarçonna ; blessa griévement le Duc de Bretagne, qui mourut quelque tems après, &, à ce qu'on crut, du coup qu'il avoit reçu ; blessa de même Charles de Valois frere du Roi : de la populace, il

---

Continuator Nangii.

& oppida omnia citra Legiam sita sibi retineret; Insulas nempe Duacum, Bethuniam & cætera omnia, donec Flandrenses ipsi numerassent librarum millia ducenta. Talis fuit tam asperi belli finis.

Ingens hoc anno dissensio fuit Universitatem inter & Præpositum magnum Parisiensem. Hic suborto tumultu Scholarem, nullo servato juris ordine, suspendio perire jussit. Tum Facultates omnes scholas clausere suas, & ab Rege postularunt, ut tantam illatam sibi injuriam ulcisceretur. Mandat Philippus ut ab Universitate Præpositus veniam supplex impetret, & a tanto scelere per Summum Pontificem se absolvi curet. Sicque Scholæ in festo omnium Sanctorum sequenti apertæ fuere. Longe gravior calamitas Galliam totam, maximeque Lutetiam urbem invasit. Tanta fuit annonæ caritas, ut frumenti sextarius centum solidis imo sex libris Parisiensibus veniret, quod tunc precium ingens erat. Ut malo hujusmodi mederetur Philippus, edicto vetuit ne sextarius frumenti plus quadraginta solidis veniret. Hinc vero pernicies major sequuta est, mercatores quippe, in ædibus conclusi suis nec frumentum emittentes, id unum curabant ne vi traherentur foras ; hincque fames sequutura erat. Quo conspecto Rex edictum revocavit, jussitque invisi & produci horrea divitum, ac frumenta eorum justo precio vendi ; sicque paulatim annonæ precium imminutum est.

Bonifacio VIII. Papa defuncto, Benedictus XI. illi substitutus aliquot tantum mensibus sedit, venenoque sublatus est, ut quidam opinabantur. Sedesque uno pene anno vacavit. Electus tandem fuit Bertrandus de Gotho Archiepiscopus Burdegalensis, qui Clementis V. nomine insignitus est. Is Lugduni consecratus est : quo Rex etiam cum Regiæ suæ Primoribus se contulit, ut tantæ celebritati adesset. In Ecclesia S. Justi consecratus Papa equum conscendit, pontificiis ornatus vestibus, & triumphantis more per urbem vehitur in ædes suas. Rex vero Philippus pedes Proceribus stipatus, habenas equi tenebat. Ardens plebs ad spectaculum accurrebat, edita occupans loca & murum, qui vix imminebat. Murus vero tot hominum pondere onustus subruit, Papæ tiaram fregit, ipsumque ex equo decussit, Ducem Britanniæ graviter vulneravit, quo haud diu postea ex vulnere,

PHILIPPE IV. dit le Bel.

y eut des gens tuez, & un grand nombre de bleſſez : la grande joie de l'exaltation de Clement V. fut ainſi changée en deuil & en triſteſſe.

Le Roi Philippe fit l'année d'après un notable changement dans la monnoie. Celle qu'il avoit fait frapper au commencement de ſon regne, qui étoit foible, fut encore fort affoiblie par l'uſage de près d'onze ans. Il fit faire de la monnoie beaucoup plus forte que la précedente, & décria l'autre. Cela apporta un grand changement dans les baux à ferme, louages de maiſons & autres contrats, & des diſputes parmi les particuliers. Dans ce trouble la populace s'ameuta, & alla aſſieger le Roi, qui étoit alors dans le Temple ; & ſe diviſant par bandes, ils gardoient les avenuës pour empêcher qu'on n'apportât des vivres au Temple ; comme s'ils avoient voulu affamer leur Prince. La même bande alla piller la maiſon d'Etienne Barbette, un des plus riches bourgeois de Paris, ſituée dans le fauxbourg auprès de S. Martin des Champs. Il étoit Prefet de la monnoie ; & l'on croioit que c'étoit par ſon conſeil que s'étoient faits ces changemens. Le Roi qui n'eut pas grande peine d'échaper à la troupe des Mutins, en fit tuer une partie, & fit pendre les Chefs aux principales entrées de la Ville. On accuſa les Templiers d'avoir excité cette ſedition : ce qui fut peut-être une des cauſes qui porterent le Roi Philippe à les exterminer.

En cette même année mourut Edouard I. Roi d'Angleterre : Prince brave & prudent ; qui ſubjuga l'Ecoſſe. Edouard II. ſon fils, qui lui ſucceda, dégenera beaucoup des vertus & des bonnes qualitez de ſon pere, & finit malheureuſement, comme nous verrons.

L'année ſuivante Philippe alla à Poitiers voir le Pape & les Cardinaux. Il fut là traité de pluſieurs affaires importantes ; & en particulier de celle des Templiers, que le Roi vouloit détruire. La ſuite fit voir qu'ils avoient pris là leurs dernieres réſolutions. Peu de tems après le Roi donna des ordres ſecrets dans tout ſon Royaume, de ſaiſir au même jour & à la même heure tous les Templiers, qui ſe trouvoient en France : ils furent tous pris & mis en differentes priſons le 13 Octobre de grand matin. Le Grand-Maître de l'Ordre, qui étoit alors à Paris, fut empriſonné comme les autres. On les accuſoit de crimes abominables : les voici tels qu'ils ſont rapportez dans la Chronique de S. Denis.

1. Ils ne croioient point en Dieu, & faiſoient en ſecret la céremonie de recevoir un nouveau Chevalier.

1306.

Changement ſur les monnoies.

1307.

Affaire des Templiers.

Villani.

ut putabatur, obiit. Carolus item Valeſius ſaucius evaſit. Ex plebe multi perierunt, ſicque lætitia in luctum verſa eſt.

Anno ſequenti Rex in monetam mutationem nimiam invexit. Ea quam initio regni ſui cudi curaverat, levis admodum, undecim annorum uſu detrita valde fuerat. Novam cudi juſſit graviorem, & priſtinam abrogavit. Hinc magna fuit mutatio ac perturbatio in locationibus & contractibus, hinc contentiones & tumultus. Plebs ſimul coacta Regem in Templo verſantem obſedit, aditusque occupavit, ne Regi victualia deferrentur. Eadem turma domum Stephani Barbettæ viri præpotentis ac divitis, in ſuburbio prope S. Martinum de Campis obſedit. Is Præfectus Monetæ erat ; putabaturque ipſius conſilio talem monetæ mutationem factam eſſe. Rex ab inſultu rebellis turmæ facile elapſus, alios cædi, ſeditionis vero principes ad præcipuos urbis aditus in patibulis ſuſpendi curavit. In crimen vocati Templarii fuere, quod ſeditionem tantam excitaviſſent ; quæ

res fortaſſis inter cauſas cur a Rege Philippo ſublati de medio fuerint, cenſeri poteſt.

Hoc anno obiit Eduardus I. Angliæ Rex, Princeps ſtrenuus atque ſagax, qui Scotiam ſubegit. Huic ſucceſſit filius Eduardus II. qui a patris virtute multum degeneravit, miſereque periit, ut narratur infra.

Anno ſequenti Philippus in Pictavorum urbem conceſſit, ubi Papam Cardinaleſque inviſit. De graviſſimis ibi negotiis actum, præcipue de Templariis quos Rex exterminare volebat. Ex iis quæ ſub hæc geſta ſunt palam fuit rem tunc decretam fuiſſe. Nec multum poſtea juſſit Philippus Templarios omnes eodem die eademque hora in toto Regno comprehendi. Capti omnes inque diverſos carceres conjecti ſunt decima-tertia Octobris. Magnus Ordinis Magiſter ſummo mane captus carcerique mancipatus eſt. De exſecrandis vero ſceleribus Templarii accuſabantur, quæ ſic recenſentur in Chronico Sandionyſiano.

1. In Deum non credebant, clamque recipiendi novi Equitis ritum celebrabant.

Cont. Nang.

2. Ce nouveau Chevalier étoit mené dans une chambre, où on lui faisoit renier Dieu, fouler la Croix aux pieds, & cracher dessus.

3. On lui faisoit adorer une vieille Idole, qui avoit en la place des deux yeux, deux escarboucles.

4. On disoit que ce fut par la trahison des Templiers que S. Louis fut pris, & la ville d'Acre fut conquise par les Sarasins.

5. Qu'ils trahissoient les Chrétiens qui passoient au Levant, & les faisoient tomber entre les mains du Soudan de Babylone.

6. Qu'ils avoient donné l'argent du Roi à ses ennemis qui lui faisoient la guerre.

7. On les accusoit aussi du crime détestable, qu'ils commettroient entr'eux.

8. Ils brûloient les corps des Templiers qui mouroient dans l'Idolâtrie, & faisoient avaler la cendre de leurs corps aux jeunes Templiers, pour les rendre plus fermes dans leur créance.

9. Ils portoient une ceinture en laquelle ils avoient grande foi & espérance.

10. Ils s'abstenoient de baptiser autant qu'ils pouvoient, & s'ils entroient dans quelque maison où il y eût une femme qui vînt d'accoucher, ils marchoient à reculons.

11. S'il naissoit quelque enfant d'un Templier & d'une fille, ils le faisoient rôtir & se servoient de la graisse pour oindre leur Idole.

Il ne paroît pas possible que toutes ces abominables maximes soient entrées dans cet Ordre célebre : & encore moins qu'elles y ayent été observées long-tems sécretement parmi tant de gens, & si éloignez les uns des autres. D'un autre côté, on ne peut croire que le Pape, le Roi, & toutes les Puissances tant Ecclesiastiques que Séculieres eussent concouru à la destruction de l'Ordre, & au supplice des particuliers, si le desordre n'y avoit été fort grand.

Les deux accusateurs furent deux Templiers, le Grand Prieur des Templiers de Toulouse, nommé..... de Montfaucon, & un certain Naffodei Florentin, deux scelerats, dont les Historiens nous font une peinture affreuse, & qui périrent enfin tous deux : Naffodei fut pendu, & l'autre mourut misérablement.

Le Grand Maître de l'Ordre aiant été pris, dit l'Historien, confessa d'abord une bonne partie des crimes qu'on objectoit à son Ordre ; mais il nia tout ce qui regardoit le péché de Sodomie ; il nia aussi qu'il eut jamais craché sur la Croix ;

---

2. Novus Eques in cubiculum inducebatur, ubi cogebatur Deum negare, crucem calcare, in illamque spuere.

3. Idolum ipsi adorandum proponebatur, cujus oculi duo carbunculi erant.

4. Dicebatur ex Templariorum proditione S. Ludovicum captum fuisse, & urbem Acconensem a Saracenis postea expugnatam fuisse.

5. Christianos qui in Orientem venirent prodere solebant, curabantque ut in manus Sultani Babyloniæ inciderent.

6. Accusabantur etiam quod pecuniam Regis ipsius inimicis contra ipsum bellantibus dedissent.

7. De crimine pessimo inter ipsos Equites admisso incusabantur.

8. Templariorum corpora, qui idololatræ obirent comburebant, cineresque deglutiendos dabant Templariis junioribus, ut sic illos in fide sua firmiores redderent.

9. Cingulum gestabant, in quo fidem spemque suam locabant.

10. Quantum poterant a baptismate abstinebant, ac si in domum quamdam intrarent, in qua recens puerpera jaceret, retrocedendo ambulabant.

11. Si quis infans ex Templario & ex puella nasceretur, ipsum igni torrefaciebant, ut ex adipe ejus Idolum suum ungerent.

Vix credatur exsecrandos hosce mores atque ritus omnes in hoc celeberrimo ordine admissos fuisse ; crediturque difficilius est multo tempore clam observatos fuisse inter viros tanto terrarum spatio dissitos. Si in aliam vero partem nos convertamus, quis putet summum Pontificem, Regem, ceterosque proceres tam Ecclesiasticos, quam sæculares, ordini destruendo, & tot militibus extremo supplicio afficiendis operam dedisse, nisi ingens fuisset morum perversitas, nisi conspicua flagitia ?

Accusatores fuere Templarii duo..... de Monte-Falconis Magnus Prior Templariorum Tolosæ, & quidam Naffodeius Florentinus, scelesti homines, inquiunt scriptores, qui ambo misere perierunt. Naffodeius enim suspensus fuit ; alter vero, repentino & infausto obitu clausit ultimum. *Villani.*

Magnus Ordinis Magister captus, inquit Nangii Continuator, statim partem scelerum ordini suo oblatorum confessus est. Sed quæ Sodomicum scelus spec- *Contin. Nangii.*

PHILIPPE IV. dit le Bel.

il avoüa feulement qu'il avoit craché contre terre à côté de la Croix, & il confeffa tout le refte. Des autres Templiers, quelques-uns fans y être forcez avoüerent d'abord tous les crimes dont on les accufoit, & en témoignerent une grande repentance ; d'autres ou mis dans des cachots, ou appliquez à la queftion ne confefferent rien que par la violence des tourmens ; quelques-uns nierent toujours ce qu'on leur impofoit. Plufieurs de ceux qui avoient tout avoüé fe rétracterent enfuite, & nierent tout jufqu'au dernier foupir. Ceux-là furent brûlez tous vifs & à petit feu, le Grand Maître Jâques de Molai, Gui frere du Dauphin de Viennois & plufieurs autres gens de qualité furent de ce nombre : ils protefterent jufqu'à l'heure de la mort, qu'ils n'étoient point coupables des crimes qu'on leur avoit impofez. *Executions des Templiers.*

L'horreur d'un tel fupplice & la conftance qu'ils avoient à le fupporter, excita la compaffion de bien des gens : il y en eut qui prirent leur défenfe, & qui les regarderent comme exemts des crimes qu'on leur impofoit. Les Auteurs Italiens, Bocace, le Villani & S. Antonin même dans fa Chronique, regardent cette cruelle execution, comme l'effet ou de la calomnie, ou du deffein qu'on avoit formé de fe faifir des grands biens de cet Ordre du Temple. L'execution dont nous parlons ici, ne fut faite que l'an 1309. & l'an 1310. après que les Templiers eurent été longtems gardez en prifon. Quelques-uns qui témoignoient une fincere repentance furent relâchez, & d'autres mis dans des cachots. Le Grand Maître & le frere du Dauphin ne furent executez que l'an 1313.

En l'année 1307 les nouvelles vinrent à la Cour qu'un Chevalier nommé Fortune, que Louis Roi de Navarre, fils aîné de Philippe, avoit établi Gouverneur de la Navarre, tâchoit de s'en établir Roi, & étoit foutenu de plufieurs Seigneurs. Louis s'y rendit promptement, chaffa Fortune & les fiens, & fe fit couronner Roi dans Pampelune. *1307.*

Edouard II. Roi d'Angleterre vint au mois de Janvier fuivant à Boulogne fur mer, pour y époufer Ifabelle fille unique du Roi, âgée feulement de douze ans. Philippe s'y trouva avec les plus grands Seigneurs de fa Cour ; & Edouard y avoit auffi amené les principaux Barons de l'Angleterre. La Princeffe fut là couronnée Reine avec grande folennité. *1308.*

L'Empereur Albert aiant été tué par un de fes proches, les Electeurs furent *1309.*

---

tabant omnia negavit, & fe contra crucem nunquam confpuiffe teftificatus eft ; fed in terram tantum atque a latere crucis. Ex aliis vero Templariis quidam ftatim, neque torti, facinora omnia funt confeffi, magnaque pœnitentiæ figna dederunt. Alii vel in cryptis inclufi, vel variis torti fuppliciis, quædam confeffi funt ; aliqui omnia femper negarunt. Plurimi ex iis qui omnia in tormentis confeffi fuerant, poftea fupplicio ceffante, ad extremum ufque halitum omnia fubinde negarunt. Hi autem vivi funt combufti, fed leniore idcoque graviore cruciatu. Magnus Ordinis Magifter Jacobus de Molaio, Guido Delphini Viennenfis frater, multique alii nobiles viri ad ufque mortis horam conteftati funt, fe de memoratis fceleribus falfo accufati.

Horror fupplicii tanti, equitumque in eo ferendo conftantia multos ad commiferationem movit. Quidam eorum fufcepere defenfionem, & ut innoxios habuere Scriptores Italici. Bocacius, Villanus & S. Antoninus in Chronico, ex calumnia tortos equites narrant, & ideo deletos ut ipforum bona invadi poffent. Hæc porro fupplicia, de quibus agitur, in annos 1309. & 1310. conferenda funt. Poftquam Templarii cæteri diu in carcere detenti fuerant, alii qui magna pœnitentiæ figna dabant liberi funt dimiffi, alii in cryptis inclufi funt. Magnus Ordinis Magifter & Delphini frater anno tantum 1313. lento & graviffimo fupplicio perierunt.

Anno 1307. in Regia Francorum nunciatum fuit equitem quemdam nomine Fortunium, quem Ludovicus Philippi filius Rex Navarræ, rectorem in ipfam Navarram miferat, regnum fibi parare ftudere, multis procerum fibi faventibus. Tunc Ludovicus illo ftatim fe contulit, Fortunium expulit & fequaces ipfius, atque Pompelonæ Rex coronatus fuit. *Contin. Nang.*

Eduardus II, Rex Angliæ menfe Januario fequenti Bononiam venit, ut Elifabetam duceret filiam Philippi Regis unicam, quæ tunc duodecim annorum erat. Eo fe contulit Philippus cum primoribus Regiæ ; Eduardus quoque proceres regni fui illò duxerat : in celebritate magna ibi Elifabeta coronata eft. *Idem.*

Imperatore Alberto a quodam fuorum interemto, *Villani.*

en dissension, pour lui donner un successeur, Philippe Roi de France, qui pensoit depuis long-tems à faire élire son frere Charles, crut avoir trouvé l'occasion favorable : Il avoit grand pouvoir auprès du Pape Clement V. Il prit conseil de ses plus intimes, & resolut d'aller à Avignon trouver le Pape ; mais bien accompagné, & avec des troupes considerables, pour être en état d'y employer la force, s'il étoit besoin. Son dessein étoit de faire déclarer son frere Empereur par le Pape, malgré les Electeurs mêmes, s'ils s'y opposoient. Pour mieux cacher son jeu, il publia qu'il vouloit se rendre à Avignon, pour terminer l'affaire du feu Pape Boniface : mais quelque soin qu'il prît pour cacher sa veritable intention ; le Pape la découvrit par le moien du Cardinal del Prato, & prit le parti, pour se tirer d'intrigue, d'envoier exhorter les Electeurs d'élire promptement un Empereur, pour des raisons importantes. Ils le firent, & nommerent Henri Comte de Luxembourg que le Pape leur avoit indiqué.

1310. L'année d'après mourut Charles II. dit le Boiteux Roi de Naples. Il fut universellement regreté de ses sujets. Il n'y eut jamais de Prince plus doux, plus affable, plus liberal. Il ne fut pas heureux en guerre. On le blâma, surtout vers la fin de ses jours, d'incontinence. Le Villani dit qu'il s'excusoit en disant qu'il ne pouvoit autrement se conserver en bonne santé. Il laissa un grand nombre d'enfans : Charles dit Martel son fils aîné fut Roi d'Hongrie : Louis le second, méprisant les grandeurs humaines, se fit Religieux de saint François ; fut depuis Evêque de Toulouse, & vécut si saintement, qu'il fut canonisé après sa mort. Robert le troisiéme, fut Roi de Naples après la mort de son pere.

Le Pape Clement V. étant à Avignon fit déclarer, & même afficher que tous ceux qui avoient accusé Boniface VIII. ou qui avoient appellé contre lui, eussent à comparoître dans un certain tems marqué ; faute dequoi ils ne seroient plus entendus : & il leur étoit enjoint de garder le silence. Il ordonna à Guillaume de Nogaret de s'y rendre personnellement au tems assigné. Il y vint ; mais si bien accompagné, qu'on ne pouvoit impunément lui faire insulte. Il se présenta au Pape, renouvella l'appel fait contre Boniface, & les accusations qu'il avoit intentées contre lui ; il demanda qu'on déterrât son corps, comme on déterroit ceux des Heretiques ; & qu'on le brûlât. Quelques Cardinaux &

Electores circa successorem deligendum dissentiebant. Philippus vero Rex Francorum qui jamdiu fratri Carolo hoc dignitatis fastigium obtinere cogitabat , occasionem se nactum esse putavit. Multum poterat apud Papam Clementem V. consilioque cum amicis habito, Avenionem petere decrevit , ut Papam conveniret , sed cum magna armatorum manu , ut extorquendæ rei vim etiam adhiberet, si necesse foret. Illud autem in optatis habebat , ut Papa fratrem suum Imperatorem declararet , invitis etiam Electoribus , si tamen illi obsisterent. Ut propositum suum arcanum esset, ementitus est se ideo Avenionem concedere , ut ortum circa Bonifacium VIII. Papam negotium componeret. Verum quantumvis consilium suum arcanum servare studeret , submonitus Clemens a Cardinali de Prato rem edidicit, ac Philippum prævertens , misit ad Electores nunciatum , ut Imperatorem quam primum deligerent. Illi vero Henricum a Luxemburgo , quem Papa indicaverat , nominavere.

Idem. Anno sequenti obiit Carolus II. claudus cognomine , Rex Neapolis ; magnumque apud Neapolitanos sui desiderium reliquit. Nullus inter Principes usquam fuit mitior ; affabilitate, & liberalitate sui ævi omnes superavit. Bella non ita fausto exitu gessit. Nimia postremis vitæ annis libidine notatum dicit Villanus : ille vero se valetudinis causa puellas frequentare dicebat. Filios reliquit multos : Carolus Martellus primogenitus ejus Rex Hungariæ fuit ; Ludovicus secundus filius despectis sæculi dignitatibus , Franciscanorum vestem & statum induit , & postea Episcopus fuit Tolosanus , adeoque sanctè vixit , ut Sanctorum post mortem catalogo adscriptus sit. Robertus autem tertius filius , post patrem Neapoli regnavit.

Clemens Papa V. Avenione versans *in palatio suo intimationem quamdam appendi fecit* , ut omnes qui Bonifacium VIII. accusaverant , aut contra illum appellaverant assignato quodam tempore accederent , sin minus, non ultra audiendos illos esse declarabatur , ac silentium ipsis imperabatur ; jussit autem Guillelmum Nogaretum comparere. Venit ille , sed cum Comitatu tanto , ut non posset impune lædi. Pontificem autem adiit , appellationem contra Bonifacium factam renovavit , necnon accusationes contra illum oblatas ; postulavitque ex sepulcro educi corpus ejus , ut edu-

plusieurs autres qui s'y trouverent, prirent la défense de Boniface, & accuserent Nogaret de plusieurs crimes énormes. L'affaire fut renvoiée à une plus mûre déliberation.

Marguerite Porrete venuë de Hainaut fit en ce tems-ci un livre plein d'erreurs & de nouveautez. Elle disoit entr'autres choses, qu'une ame qui étoit comme anéantie dans l'amour de Dieu, pouvoit & devoit même s'abandonner à tous les appetits de la nature. Elle fut excommuniée par l'Inquisiteur de la Foi : mais elle persista dans son erreur, & la soutint avec obstination pendant plus d'une année. Aprés quoi elle fut livrée au bras seculier. Le Prevôt la fit brûler en Place de Greve en presence du Clergé & du peuple. Allant au supplice, elle donna de grandes marques de repentance, & abjura son erreur. On l'executa pourtant ; car en ce tems-là on brûloit sans misericorde. On brûla le même jour un Juif qui après s'être converti faisoit de nouveau profession du Judaïsme, & crachoit sur les images de la sainte Vierge qu'il rencontroit. Un autre, nommé Guiard, se disoit être l'Ange de Philadelphie. Il portoit un habit & une ceinture de peau, qu'il ne déposeroit jamais, disoit-il ; quand même le Pape l'ordonneroit. Mais voiant qu'on l'alloit brûler, il abjura son erreur, déposa sa ceinture & son habit, & l'on se contenta de l'enfermer pour le reste de ses jours entre quatre murailles. Malgré la severité de la Justice en ces tems-là, il y avoit beaucoup de fanatiques & de gens qui s'adonnoient aux prestiges & aux malefices.

Les Lionnois qui avoient été ci-devant une portion du Roiaume d'Arles, avoient joui depuis d'une espece de liberté ; n'aiant pour leur Seigneur temporel & spirituel que leur Archevêque. Mais se voiant enfin tombez sous la domination Françoise, ils se révolterent, suscitez par leur Archevêque Pierre de Savoie ; ils pillerent le château de S. Luc, & firent de grands fossez autour de leur ville pour la mettre en état de défense. Le Roi envoia contre eux son fils aîné Louis avec une armée. A son approche les Lionnois perdirent courage, & se rendirent à la merci du Prince. Depuis ce tems là par l'entremise du Comte de Savoie, l'Archevêque s'acommoda avec le Roi, en lui cedant la domination temporelle.

Lion réduit sous l'obéïssance du Roi.

L'affaire de Boniface se traitoit toujours dans la Cour du Pape Clement V. Ceux qui soutenoient la cause du Roi, demandoient qu'on condamnât sa memoire. Le Pape qui n'avoit nulle envie de condamner son Predecesseur, &

Contin. Nangii.

cebantur cadavera hæreticorum, atque comburi. Cardinales quidam & alii complures qui aderant, causam Bonifacii propugnarunt !, & Nogaretum de sceleribus multis accusavere. *Sicque negotium ipsum ad pleniorem super hoc deliberationem fuit positum in suspenso.*

Margarita Porreta ex Hannonia profecta librum edidit erroribus novisque opinionibus refertum. Inter alia vero dicebat, *quod anima adnihilata in amore conditoris, sine reprehensione vel remorsu potest & debet naturæ quidquid appetit & desiderat concedere.* Ab Inquisitore autem fidei a sacris interdicta fuit. Sed perstitit in errore suo, quem pertinaciter plus quam per annum defendit. Demum *seculari Curiæ* tradita est, ac præposito, qui illam in communi platea Graviæ coram clero & populo jussit incendi. Cum ad supplicium pergeret, magna dedit pænitentiæ signa & errorem abjuravit. Sed illo ævo, qui errores hujusmodi professi erant, sæculari justitiæ traditi, sine misericordia cremabantur. Incendio eadem die periit Judæus, qui postquam Christianam fidem amplexus erat, Judaïsmum denuo profitebatur, & in obvias B. Mariæ Virginis imagines conspuebat. Alius nomine Guiardus se Angelum Philadelphiæ esse dicebat. Is vestem & cingulum pelliceum gestabat, quod ne Papa quidem jubente se depositurum dicebat. Verum tandem incendii timore cingulum, vestem & errorem deposuit, *& adjudicatus est perpetua muri inclusione præcingi.* Etsi tam aspere tunc justitia exerceretur, multi tamen erant fanatici, malefici & præstigiatores.

Idem.

Lugdunenses, qui pridem portio fuerant regni Arelatensis, quamdam postea libertatem nacti, uni Archiepiscopo in spiritualibus & temporalibus subditi fuerant. Verum se Regis Francorum imperio parere ægre ferentes, ab Archiepiscopo Petro de Sabaudia concitati, Castrum S. Lucæ diripuerunt, & fossas grandes circa urbem excavarunt, ut oppugnantibus obsistere possent. Misit Rex cum exercitu Ludovicum filium primogenitum. Quo adveniente perterriti Lugdunenses, manus dederunt. Sub hæc opera Comitis Sabaudiæ res composita fuit, Archiepiscopusque temporalem dominatum Regi concessit.

Idem.

In curia Clementis V. Bonifacii negotium semper agitabatur. Qui pro Rege stabant, ejus damnari memoriam postulabant. Repugnabat Pontifex ; ut Regis

qui vouloit pourtant donner quelque satisfaction à Philippe, prit le parti de déclarer le Roi absous de toutes les excommunications prononcées contre lui, comme n'aiant nulle part à l'insulte faite au Pape Boniface, quand il fut pris dans Anagni. Nogaret & ses Complices, qui avoient pris le Pape, & pillé ses tresors, n'étoient point compris dans cette absolution, ce qui ne plaisoit pas à Philippe ; & il fit tant auprès du Pape, qu'il lui donna enfin l'absolution : mais à condition, & non autrement, qu'il iroit à la premiere expedition de la Terresainte ; qu'il y demeureroit toujours, à moins qu'il n'eût permission expresse du S. Siege de s'en revenir ; & qu'en attendant que la guerre-sainte fût indiquée, il feroit plusieurs pelerinages.

1311.
Concile general.

Le Concile General indiqué à Vienne par le Pape Clement V. fut commencé l'an 1311, & finit l'année d'après. Il y fut traité de l'abolition de l'Ordre des Templiers, d'une nouvelle expedition pour la guerre-sainte, & de la réformation du Clergé. Le Roi Philippe accompagné de ses trois fils & des principaux de sa Cour, se trouva à la seconde session, qui se tint le lendemain de la *Quasimodo*. Il étoit assis à la droite du Pape, mais sur un siege un peu plus bas. L'Ordre des Templiers y fut éteint & aboli ; & après plusieurs déliberations, quelques-uns proposerent de fonder un nouvel Ordre, qui possederoit les biens des Chevaliers du Temple : mais il fut enfin conclu qu'on les donneroit aux Chevaliers de l'Hopital de S. Jean de Jerusalem. Quant au second article, qui étoit l'expedition d'outremer, le Roi promit qu'il prendroit la Croix avec ses fils & ses freres, & qu'il se rendroit dans la Terre-sainte, où il feroit la guerre l'espace de six ans ; moiennant quoi les Prelats lui accorderent pendant ces six années la levée des decimes.

1313.
Il y eut l'an 1313 une forte guerre entre le Duc de Lorraine & l'Evêque de Mets, pour un sujet, disoit-on, fort leger, & qui auroit pû se terminer à l'amiable. L'Evêque aidé de son neveu le Comte de Bar, & du Comte de Salmes, ramassa un beaucoup plus grand nombre de troupes, que le Duc n'en avoit. Mais le Duc plus habile, & qui savoit mieux la guerre, usant de stratagême, donna sur l'armée de l'Evêque d'une maniere imprévuë, la mit en déroute, fit prisonniers les deux Comtes de Bar & de Salmes, & ne leur donna la liberté, que moiennant une grosse rançon.

1313.
Le Roi d'Angleterre & sa femme vinrent à Paris, pour se trouver à la

---

tamen Philippi gratiam sibi conciliaret ; ipsum ab omni Ecclesiastica sententia absolutum declaravit, quasi nulla sua opera injuria Bonifacio Anagniæ illata fuisset. Non perinde Nogaretus & socii ejus absoluti sunt, qui Papam Anagniæ ceperant, quæ res Philippo minime placebat. Curante tandem Philippo, Nogaretum Pontifex absolvit, ea conditione, ut in prima ad Terram Sanctam expeditione ipse proficisceretur : ibi semper mansurus, nisi revertendi licentiam a sancta Sede impetraret : interimque donec bellum sacrum indiceretur, multas susciperet peregrinationes.

Contin. Naug.
Concilium generale Viennæ indictum a Papa Clemente V. anno 1311. cœptum est. Actum ibi fuit, de abrogatione Ordinis Templariorum, de nova expeditione ad bellum sacrum, deque Clericorum reformatione. Illo venit Rex Philippus cum filiis tribus, & Regiæ suæ optimatibus postridie Dominicam in Albis. Sedit Rex ad dexteram Pontificis, sed in demissiore sede. Templariorum ordo exstinctus fuit, deinde de bonis ac prædiis ordinis deliberatum est ; alii volebant novum creari ordinem, qui isthæc possideret : decretumque tandem fuit, ut attribuerentur illa equitibus Hospitalis S. Joannis Jerosolymitani. Quod ad expeditionem transmarinam, promisit Rex se crucem accepturum cum filiis fratribusque suis, & ad Terram Sanctam iturum, ibique per annos sex bellum esse gesturum. Cujus rei causa Episcopi per sex annos decimas ipsi concesserunt.

Idem.
Acre tunc bellum erat Lotharingiæ Ducem inter & Episcopum Metensem rei levissimæ causa, ut dicebatur, quæ facile componi potuisset. Episcopus ope Comitis Barensis fratris filii, & Comitis Salmensis, longe majorem armatorum manum collegit quam Dux haberet. Verum Dux in re bellica peritior, imparatos adortus est & profligavit, Comites ambos cepit, qui nonnisi magna numerata pecuniæ summa redemti sunt.

Rex Angliæ & uxor ejus Lutetiam venerunt, ut celebritati novorum creandorum equitum interessent.

grande

PHILIPPE IV. dit le Bel. 109

grande cérémonie de la création de nouveaux Chevaliers que le Roi fit au jour de la Pentecôte. Ces nouveaux Chevaliers furent les trois fils du Roi, le Duc de Bourgogne & plusieurs autres. Le mercredi suivant le Roi, ses trois fils & tous les nouveaux Chevaliers prirent la Croix ; & le Roi Edouard la prit aussi avec plusieurs Seigneurs Anglois. Il fut fait cette année à Courtrai un nouveau Traité avec les Flamans, qui portoit ; que les Flamans paieroient le reste de la somme établie cy-devant : qu'ils démoliroient les fortifications de Bruges & de Gand ; & que pour la sureté de l'execution, ils donneroient pour otage Robert fils du Comte de Flandres, & les Châteaux de Courtrai. En ce même tems le Roi fit des alterations dans la monnoie, qui firent bien du tort aux Marchands, & causerent de grands murmures parmi le peuple. Les taxes excessives susciterent aussi beaucoup de trouble dans le Roiaume : il sembloit que tout fut disposé à une révolte.

L'Empereur Henri VII. peu de tems après son élection passa en Italie, & y porta la terreur. Il réduisit plusieurs Villes sous sa puissance. Toute la faction des Guelphes se réünit contre lui : il favorisoit les Gibellins. Ces deux factions divisoient alors toute l'Italie. Robert Roi de Naples s'unit avec les Florentins pour s'opposer à lui, & l'empêcher même de venir se faire couronner ; mais ils n'y réussirent pas : Il fut couronné à Rome, & marcha contre Florence, qu'il assiegea. Il fut obligé de lever le siége, & prit le chemin du Roiaume de Naples pour détrôner le Roi Robert. Mais étant arrivé à Bonconvento dans le Siennois, il tomba malade & mourut. Plusieurs ont dit qu'il fut empoisonné par un Dominicain, qui le communia avec une hostie où il avoit mis du poison. Mais Jean Villani, qui vivoit en ce tems-là, & qui étoit à Florence, ne parle point de poison, & donne à entendre qu'il mourut de sa mort naturelle. Il commença, dit-il, à se trouver mal à son départ de Pise le 5. d'Août 1313. & s'en alla à Sienne. Etant parti de cette Ville il tomba tout à fait malade, & se mit en chemin pour Machereto, à dessein d'y prendre les bains : de là il se rendit à Bonconvento, où le mal empirant toujours, il mourut enfin le jour de la saint Barthelemi 24. Août. S'il y avoit eu du poison, ou seulement soupçon de poison, cet Historien n'auroit pas manqué de le dire ; comme il fait par tout ailleurs. Ceux qui disent qu'il fut empoisonné, attribuent l'empoisonnement, les uns à Robert Roi de Naples, les autres aux Florentins. Quoiqu'il en soit

1313.
Exploits & mort de l'Empereur Henri VII.

---

tum intercessent. Cerimonia in die Pentecostes facta est. Novi equites fuere tres Regis filii, Dux Burgundiæ & alii plurimi. Sequenti die Mercurii Rex, filii ejus, omnesque novi equites crucem acceperunt : itemque Rex Eduardus cum Anglorum proceribus. Hoc anno Curtraci novum pactum initum est : quo tenebantur Flandri residuum promissæ summæ solvere, Brugarum & Gandavi munitiones demoliri, & in rei firmitatem obsidem dedere Robertum Flandrensis Comitis filium, cum Castellis Curtracensibus. Eodem tempore adulterata iterum moneta fuit, quæ res Mercatoribus nocuit, querelasque multas populares peperit. Vectigalia ingentia imposita motus per regnum conciterunt, videbanturque omnia ad rebellionem parata.

Villani Henricus VII. Imperator, postquam electus fuerat, in Italiam pertransivit ; ibique formidolosus multis fuit. Urbes aliquot sibi subegit. Guelphorum factio tota contra illum sumsit arma : ipse namque Gibellinis favebat. Ambæ autem factiones illæ divortia in Italiam induxerant. Robertus Neapolitanus Rex societatem iniit cum Florentinis & simul adversus illum arma sumsere, ut impedirent quominus ille Romam coronam sumturus accederet. Verum frustra conatus ille cessit. Romam quippe venit, ibique coronatus est ; Florentiam postea movit, urbemque obsedit. Solutâ vero obsidione, Neapolin iter capessivit ut Robertum ex regno decuteret. Sed cum ad Bonum-conventum in Senensi tractu pervenisset, in morbum incidit ac decessit. Plurimi dixere illum toxico sublatum fuisse a Dominicano, qui venenatam ipsi hostiam dedit. At Joannes Villanus, qui tum in vivis & Florentiæ erat, nullam facit oblati veneni mentionem ; mortemque illius refert, quasi naturalem eventum ; in infirmitatem, inquit, primo cecidit, cum Pisis profectus est 5. Augusti 1313. Senasque petiit. Ex qua urbe profectus in gravem incidit morbum, & ad balnea Machereti valetudinis causa profectus est, indeque ad Bonum-conventum, ubi morbo oppressus interiit die 24. Augusti in festo S. Bartholomæi. Si veneno sublatum illum vel suspicio fuisset, Scriptor ille id dicere, ut sæpe sæpius facit, non neglexisset. Qui veneno mortuum referunt ; alii Roberti Regis, alii Florentinorum opera, rem gestam fuisse narrant. Ut ut res est,

Tome II.   Dd

les uns & les autres furent délivrez d'un formidable ennemi.

1314. Au mois d'Avril de l'année suivante mourut Clement V. Les Auteurs Italiens ne sont pas d'accord sur les qualitez de ce Pape. Le Villani en fait une peinture affreuse. C'étoit, dit-il, un homme avare, simoniaque, qui vendoit les Benefices au plus offrant, & laissa des trésors immenses à ses neveux. Il entretenoit un commerce criminel avec la Comtesse de Perigord. Il avoit recours aux Nécromantiens, & découvrit par là qu'un Cardinal son neveu mort avant lui, brûloit dans les Enfers, & qu'il y avoit là même une place préparée pour lui après sa mort, qui arriva peu de tems après. Le Platina dit au contraire, que c'étoit un Pontife prudent & sage, qui remplit le Sacré College de gens de bien : qui eut soin de bannir les sentimens erronez sur la foi, zélé pour la guerre Sainte, qui résista à Philippe le Bel, quand il lui demanda des choses déraisonnables. Il ne lui impute aucun défaut, quoique ce soit celui de tous les les Historiens, qui épargne le moins les Papes. Après sa mort le Saint Siege vaqua deux ans, trois mois, dix-sept jours.

1313. Philippe eut la derniere année de son regne deux affaires fâcheuses. Ses trois
Affaires belles-filles furent premierement soupçonnées & puis accusées d'adultere. La
fâcheuses
de Philip- femme de Louis étoit Marguerite fille du Duc de Bourgogne. Celle de Philip-
pe le Bel. pe, Jeanne fille du Comte de Bourgogne ; celle de Charles, Blanche sœur de Jeanne. On se saisit d'elles & on les mit en prison. Deux freres Philippe & Gautier de Launay pris & convaincus, avoüerent qu'ils avoient commis le crime, le premier avec Marguerite, & le second avec Blanche, & continué trois ans ce commerce : ils furent livrez à la justice, qui les condamna à être écorchez tout vifs. Après quoi on leur coupa la tête, & on les pendit par les épaules à une potence. Le Portier & plusieurs autres qui avoient concouru au crime, ou aidé les criminels, furent punis de divers genres de mort. Les deux Princesses furent enfermées pour le reste de leurs jours. Jeanne femme de Philippe, après avoir demeuré près d'un an en prison, fût reconnuë innocente, & revint joindre son époux.

L'autre affaire qui tourna aussi fort mal, fut la révolte des Flamans, qui chasserent de Courtrai le Bailli du Roi. Philippe leva une puissante armée, qu'il divisa en quatre corps, l'un commandé par Louis son fils ainé se rendit à Douai ; le second conduit par Philippe Comte de Poitiers, alla à S. Omer : le troisiéme qui

---

utrique a formidando hoste sunt erepti.

Aprili mense anni sequentis, obiit Clemens V. cujus mores & gesta scriptores Italici diversè omnino narrant. Villanus illum deterrimis coloribus depingit. Erat, inquit, avarus, Simoniacus, qui beneficia plus offerenti concedebat, & vim auri immensam *nepotibus* reliquit. Cum Comitissa Petragoricorum rem habebat. Ad Necromantes adibat, quorum opera edidicit Cardinalem nepotem suum defunctum, in inferis esse : ibique locum paratum esse Pontifici post mortem, quæ paulo post accidit. Contra vero Platina, Clementem, Pontificem ait fuisse prudentem sapientemque, qui sacrum Collegium probis Cardinalibus repleverit, errores circa fidem eliminarit, cui sacrum bellum cordi fuerit, qui Philippo Pulcro, cum quid præter rationem postularet, obstiterit. Nihil illi labis, nihil vitii adscribit ; etsi scriptorum nullus tam liberè summos Pontifices carpserit. Illo autem defuncto sedes vacavit annis duobus, tribus mensibus, septemdecim diebus.

Cont. Ultimo regni sui anno Philippus gravissimis duo-
Nang. bus negotiis implicatus fuit. Tres filiorum ejus uxores in suspicionem primum adulterii venerunt, deinde-

que ut adulteræ sunt accusatæ. Uxor Ludovici erat Margarita Burgundiæ Ducis filia ; Philippi, Joanna Burgundiæ Comitis filia ; Caroli, Blancha Joannæ soror. Captæ autem illæ sunt & in carcerem trusæ. Duo fratres Philippus & Galterus de Launaio, capti atque convicti, confessi sunt se adulterium admisisse, Philippum nempe cum Margarita, & Galterum cum Blancha ; ac per tres annos in adulterio perseverasse. Judicibus vero traditi in sceleris pœnam, postquam pellis vivis detracta fuerat, capite plexi sunt, corpora vero ab humeris in patibulo suspensa fuere. Ostiarius & alii, qui adulteris famulati erant, variis periere suppliciis. Margarita & Blancha perpetuo carceri mancipatæ sunt. Joanna vero Philippi uxor postquam annum fere unum in carcere transegerat, innoxia deprehensa, conjugi suo restituta fuit.

Negotium aliud, quod male Philippo cessit, rebellio Flandrorum fuit, qui *Balium* Regium ex oppido Curtraco ejecere. Numerosum Philippus exercitum collegit, quem in partes quatuor divisit : unam ducebat Ludovicus primogenitus ejus, qui Duacum petiit ; alteram Philippus Pictaviensis Comes ad S. Audomarum duxit ; tertia duce Carolo Regis tertio filio, *Nang.*

PHILIPPE IV. dit le Bel.

avoit pour Commandant Charles troisiéme fils du Roi, aidé de Charles de Valois, eut ordre d'aller à Tournai: le quatriéme, qui avoit pour Chef Louis Comte d'Evreux, fut envoié à l'Isle. Toute cette grande levée de bouclier ne produisit qu'un accord fait avec le Comte de Flandres & les Flamans à des conditions assez desavantageuses.

On avoit établi pour cette expedition un impôt tout nouveau, & dont on n'avoit jamais entendu parler; tous ceux qui achetoient & vendoient, étoient obligez de donner sur l'achat & la vente six deniers parisis par livre, & plus encore. Cela révolta tout le monde, nobles, roturiers, pauvres & riches; sur tout les Picards, les Champenois & les Normands, qui se joignirent ensemble & jurerent, qu'ils sacrifieroient plutôt leurs vies que de subir un impôt si onereux. Le Roi craignant les suites de cette affaire, abolit cette taxe. On disoit que ce n'étoit pas lui, mais ses Conseillers qui l'avoient imposée. *Impôt extraordinaire.*

Après la mort d'Edouard I. les Ecossois conduits par Robert de Brus, reprirent les terres que ce Prince avoit conquis sur eux. Edouard II. qui avoit succedé à son pere assembla une armée, & marcha contre les Ecossois pour les combattre. L'armée des Anglois étoit de beaucoup plus nombreuse, que celle de leurs ennemis. Cependant les Anglois furent défaits & mis en déroute, le Comte de Glocestre tué, plusieurs autres gens de qualité furent ou tuez ou pris. Les Ecossois tirerent de ces prisonniers une grosse rançon.

Le Roi Philippe tomba malade, d'un mal où les Medecins ne connoissoient rien, & qui tira en longueur. Sentant que ses forces diminuoient tous les jours, il se fit porter à Fontainebleau, où il déclara Charles son plus jeune fils Comte de la Marche. Quand il vit que son heure approchoit, il pensa aux affaires de sa conscience. Il fit cesser les impôts: donna des avis salutaires à son fils aîné Louis, reçût tous ses Sacremens avec beaucoup de devotion, & mourut la veille de S. André. *Mort de Philippe le Bel.*

C'étoit le plus beau Prince de son tems, brave, mais peu heureux en guerre: la plûpart de ses entreprises tournerent mal. Il étoit vindicatif jusqu'à l'excès, dur & impitoiable à ses sujets. Pendant le cours de son regne, il y eut plus d'impôts, de taxes & de maltôtes, que dans tous les regnes precedens.

---

moderante etiam Carolo Valesio Regis fratre, Tornacum ire jussa est; quarta duce Ludovico Ebroicensi Comite, Insulas mittitur. Tantus autem belli apparatus illud solum commodi attulit, ut pax nec tam honorificis Regi conditionibus cum Flandris illorumque Comite statueretur.

Ad hujusmodi expeditionis sumtum vectigal novum ac prorsus insolitum statutum fuerat; ita videlicet ut *emtentes & vendentes quilibet pro rata sua de libra sex denarios Parisienses Regi solvere cogerentur.* Quod omnibus admodum displicuit. *Nobiles*, inquit Scriptor, *& ignobiles, necnon Picardi, Campanici, Normanni, per juramentum ad invicem confœderati pro sua & patriæ libertate ferre nullatenus sustinentes, ad hoc viriliter se opponunt.* Rex tristiora metuens, vectigal hujusmodi abrogavit. Fama autem erat non ab Rege, sed ab iis qui ipsi a consiliis erant, vectigal tale profectum esse.

Post Eduardi I. mortem Scoti, duce Roberto de Brus, terras illas suas occupavere, quas ceperat Eduardus I. Filius autem ejus Eduardus II. qui patri successerat, collecto exercitu movit contra Scotos. Anglorum exercitus duplo major erat: attamen illi profligati devictique sunt. Dux Glocestriæ cecidit, multi alii cæsi, alii capti sunt, magnaque auri summa redemti.

Philippus Rex in morbum incidit, medicis ignotum ac diuturnum; quo ingravescente ac deficientibus quotidie corporis viribus, se *apud Fontem-Blaudi* transferri præcepit, ubi juniorem filium Carolum Marchiæ Comitem declaravit. Ut vidit instare mortis tempus, de purganda conscientia cogitare cœpit: vectigalia imposita abrogavit. Ludovico filio salutaria dedit monita: cum magna pietatis significatione extrema Sacramenta recepit: obiitque in vigilia sancti Andreæ. *Idem.*

Principum omnium sui ævi pulcherrimus Philippus erat, atque in bellis strenuus. At bella non ita feliciter gessit, nec fausto plerumque exitu pugnavit. Ad vindictam plus quam par erat pronus: subditis suis asper & immitis: plura ipse vectigalia imposuit, quam cæteri omnes, qui præcesserant Reges.

MONUMENS DU REGNE
DE PHILIPPE IV. dit Le Bel.

Pl. XXXVII.

1. LA premiere figure de Philippe [1] le Bel Roi de France & de Navarre, est tirée de son Tombeau, qui est dans le Chœur de S. Denis à main droite. Le Tombeau est de marbre noir, & la figure du Roi qui est au-dessus, de marbre blanc. Il n'y a rien que d'ordinaire dans cette figure.

2. La suivante est plus remarquable. [2] Elle est tirée du Tombeau fait pour son cœur, qui est dans l'Eglise de S. Louis de Poissi, au milieu du Chœur des Religieuses. Il tient de la main droite le Sceptre, dont le haut est une espece de fleur qui a presque la forme d'une pomme de Pin; & la main de Justice de la gauche. Cette main de Justice est ici la main droite, de même que celle que tient Hugues Capet dans son seau donné au premier Tome, Planche XXXIII. Je ne trouve la main de Justice dans ces Monumens, que ces deux seules fois : Les deux mains de Justice qu'on voit au trésor de S. Denis, sont aussi la main droite. Ce n'est que par la mal-habileté d'un Dessinateur, que la main de Justice donnée à la Planche III. du premier Tome avec les autres marques de Roiauté, se trouve la main gauche. On n'a pû encore découvrir rien de certain touchant l'origine de cette main de Justice. Ces mains que nous voyons descendre du Ciel sur les têtes de Charlemagne & de Charles le Chauve, pourroient avoir quelque rapport à la main de Justice de nos Rois. Mais on n'oseroit rien établir là-dessus sans d'autres preuves. Aux quatre bouts de la Tombe sont alternativement les Armes de France & de Navarre.

3. Jeanne Reine de Navarre & Comtesse de Champagne [3] dont le buste se voit ensuite, a été tirée d'un vieux Pastel, par M. de Gaignieres. Elle est coeffée d'une maniere assez singuliere, & tient un petit chien entre ses bras. Elle épousa Philippe le Bel l'an 1284. & mourut l'an 1304. âgée de 33. ans.

4. Sa Statue se voit aussi [4] sur la porte du College de Navarre au côté gauche. Elle soutient sur ses mains la figure du College, dont l'inscription la dit Fondatrice. On voit au dessous de la Statue l'Ecu de France, parti de

---

MONUMENTA
AD PHILIPPUM QUARTUM,
cognomine PULCRUM,
ET ILLIUS ÆVI PROCERES SPECTANTIA.

PRIMUM schema Philippi Pulcri Francorum Regis ex sepulcro ejus eductum fuit. Jacet autem in choro Ecclesiæ Sandionysianæ. Sepulcrum ex nigro, figura Regis ex albo marmore facta est. In veste & in corona nihil singulare occurrit.

Imago secunda insignior educta est ex sepulcro alio quod habetur in Ecclesia S. Ludovici Pissiacensis in medio chori Monialium, ubi cor Philippi Pulcri depositum fuit. Manu dextera sceptrum tenet in quemdam ceu florem desinens, qui strobilum pene refert; manum vero justitiæ in sinistra habet. Hæc porro manus justitiæ hic manus dextera est ut & illa, quam tenet Hugo Capetus in sigillo suo, quod visitur in Tabula XXXIII. primi Tomi. In his tantum monumentis duobus manum justitiæ reperi. Ambæ item manus, quæ in thesauro Sandionysiano asservantur, dexteræ sunt. Ex imperitia vero delineatoris cujusdam manus justitiæ, quæ inter regia symbola data fuit, sinistra est. Nihildum certi deprehendimus circa originem manus justitiæ hujuscemodi. Manus illæ quas supra capita Caroli Magni & Caroli Calvi, quasi de cælo descendere videmus, aliquid affinitatis habere posse videntur cum manu justitiæ Regum nostrorum. Sed nihil hac de re statuendum, nisi accedant argumenta nova. Ad quatuor angulos sepulcralis tabulæ, insignia Franciæ & Navarræ alternatim posita habentur in tumulo.

Joanna Navarræ Regina & Campaniæ Comitissa, cujus protome ex veteri pastillo a Dom. de Gagneriis educta fuit, hic cum viro suo profertur : cultum capitis præ se fert singularem & catellum inter brachia sustinet. Philippo Pulcro nupsit anno 1284. & obiit anno 1304. triginta tres annos nata.

Statua ejus visitur etiam supra portam collegii Navarræ ad sinistram. Collegii vero formam ipsa manibus sustentat, & ipsum collegium fundavisse dicitur in inscriptione. Sub statua ejus sculpta sunt insignia

MONUMENS DU REGNE DE PHILIPPE IV. &c.

Navarre & coupé de Champagne. L'inscription marque que Jeanne Reine de France & de Navarre, Comtesse de Champagne & de Brie, a fondé ce College.

Louis de France Comte d'Evreux, d'Estampes &c. fils puisné de Philippe III. du nom dit le Hardi Roi de France, & de Marie de Brabant sa seconde femme, nâquit au mois de Mai 1276. se maria l'an 1300. avec Marguerite d'Artois. Il est representé dans la Chapelle de sainte Anne derriere le Chœur de l'Eglise de Notre-Dame d'Evreux sur une vitre. Il est à genoux maillé de pied en cap, avec son chaperon de mailles, revêtu d'une tunique de couleur d'azur blasonnée des fleurs-de-lis de France, avec le bâton componé d'argent & de gueules. Il porte une espece de diadême qui paroît être d'or. Ses éperons ne sont qu'une pointe. Il tient de ses deux mains une fenêtre d'Eglise vitrée. L'inscription sur la vitre est *Dom. Ludovicus Comes Ebroicensis*.

PL. XXXVIII

.3

.1.

Ce Prince mourut le 19. Mai 1319. & fut enterré au milieu du Chœur des Jacobins de Paris, où ² on le voit en relief de marbre blanc sur un Tombeau de marbre noir armé comme nous le donnons ici.

.2.

Marguerite d'Artois sa femme, qu'il épousa l'an 1300. est representée ³ sur une autre vitre de la même Chapelle : elle y est revêtue du même blason que son mari sans aucune difference ; avec l'inscription *Margarita Comitissa Ebroicensis*. Elle mourut le 23. Avril l'an 1311. & fut enterrée aux Jacobins de Paris, où on la voit auprès de son ⁴ mari. Il n'y a dans son habit rien de fort remarquable qu'une Couronne crenelée qu'elle a sur la tête.

3.

4.

Philippe d'Artois Seigneur de Conches fils de Robert second du nom, Comte d'Artois & d'Amicie de Courtenai, mourut le 11. Septembre 1298. des blessures qu'il reçût à la bataille de Furnes, & fut enterré aux Jacobins de la ruë S. Jaques de Paris, où ⁵ l'on voit son Tombeau de marbre noir, sur lequel il est representé en relief de marbre blanc. Il est revêtu de mailles à l'ordinaire, & porte son bouclier semé de France au lambel de gueules à quatre pendans, dont chacun est chargé de trois Châteaux d'or. Auprès de lui est enterrée sa femme Blanche de Bretagne, fille aînée de Jean II. Duc de Bretagne, & de Beatrix d'Angleterre. Elle mourut le 19. Mars de l'an 1327. Elle ⁶ est aussi en relief de marbre blanc, comme on la voit sur la Planche.

5.

6.

Franciæ, adjunctis Navarræ & subjunctis Campaniæ insignibus. Inscriptio subtus posita sic habet :
Joanna Franciæ & Navarræ Regina, Campaniæ Briæque Comes Palatina, has ædes fundavit 1304.

Ludovicus Comes Ebroicensis, Stampensis &c. filius Philippi III. Audacis Francorum Regis, & Mariæ Brabantiæ secundæ uxoris ejus, natus est mense Maio anni 1276. Uxorem duxit anno 1300. Margaritam Artesiam. Depictus habetur in vitrea fenestra in Capella S. Annæ, quæ est in Ecclesia B. Mariæ Ebroicensis. Genuflexus hamis opertus est a capite ad extremos usque pedes, cum hamato caputio. Tunicam gestat cæruleam liliis aureis conspersam cum baculo seu tæniola ex argento & rubro colore alternatim composita. Quoddam ceu diadema gestat aureum ut videtur. Calcaria ejus aculeum simplicem habent : ambabus manibus tenet fenestram Ecclesiæ vitream. Inscriptio in vitro adest : *Dominus Ludovicus Comes Ebroicensis.*

Obiit autem Ludovicus 19. Maii anno 1319. & sepultus est in medio choro Dominicanorum viæ Jacobææ Lutetiæ in marmoreo nigro sepulcro, cui imponitur schema ejus ex marmore albo : armatus autem est ut hic conspicitur.

Margarita Artesia uxor ejus, quam duxit anno 1300. in altera vitrea fenestra ejusdem capellæ depingitur. Iisdem induta insignibus sine ullo discrimine cum inscriptione, *Margarita Comitissa Ebroicensis.* Obiit autem 23. Aprilis anno 1311. & in eadem qua postea vir suus Dominicanorum Ecclesia sepulta fuit. Nihil in cultu ejus observatur, nisi corona pinnis distincta, quam capite gestat.

Philippus Artesius Conchæ Dominus, filius Roberti secundi Artesiæ Comitis & Amiciæ de Curtenaco, in Furnensi pugna saucius ex vulneribus obiit 11. Septembris anno 1298. sepultusque est apud Dominicanos Jacobæos in quorum Ecclesia sepulcrum ejus ex nigro marmore schema ipsius ex albo sculptum sustinet, quale hic repræsentatur. Hamatus pro more est, & scutum gestat insignibus Franciæ instructum cum limbo rubro & quatuor pendentibus tæniis, quarum singulæ tria Castella aurea referunt. Juxta ipsum sepulta est Blancha uxor ejus, filia major Joannis II. Britanniæ Ducis, & Beatricis filiæ Henrici III. Angliæ Regis. Mortua est Blancha 19. Martii anno 1327. sic autem in marmore albo sculpta est ut eam hic locamus.

Dd iij

214 MONUMENS DU REGNE DE PHILIPPE IV. &c.

7. La figure suivante est de [7] Jakemes Loucart Chevalier du Roi, ainsi est-il appellé, qui fonda la Chappelle de la Madelaine dans l'Eglise de l'Abbayie d'Orcamp. Il est gravé sur une pierre contre la muraille de cette Chapelle. On le voit revêtu de son blason, qui est d'un Lion souvent repeté sur sa tunique. M. de Gaignieres n'a pas marqué le tems où il vivoit; mais sur la forme de son armure je croirois volontiers qu'il est d'un tems posterieur à Philippe le Bel. Marguerite [8] sa femme est aussi gravée auprès de lui.

8.

9. Jeanne de Senlis [9] femme d'Adam Vicomte de Melun, Sire de Montreuil-Bellai, mourut l'an 1306. le 4. Mai. Elle est representée en marbre blanc sur son tombeau à l'Abbayie de S. Antoine des Champs à Paris.

Pierre Outeble d'Ermenonville Ecuier, mourut l'an 1322. au mois de Mai. Il est [10] gravé sur sa tombe à l'Abbayie de Chaalis, à la troisieme Chapelle à droite : c'est apparemment en qualité d'Ecuier qu'il porte son écu representé quatre fois sur son habit.

10.

Pl. XXXIX.
1.
Dreux de Trainel Chevalier, qui mourut au mois d'Avril l'an 1312. est gravé sur sa tombe dans le Chapitre de l'Abbayie de Vauluisant. Il [1] est revêtu de mailles à la maniere de ce tems-là, comme nous avons si souvent vû. Jeanne de [2] S. Verain sa femme, qui mourut au mois d'Août l'an 1297. est gravée auprès de son mari, comme nous la donnons ici.

2.

3. Garnier de Trainel [3] le jeune, Sire de Marigni, est gravé sur sa tombe dans le Chapitre de l'Abbayie de Vauluisant. Le tems de sa mort n'y est pas marqué, mais on apprend par un acte qu'il vivoit en 1355. car au mois de Septembre de la même année il confirme à ce Monastere une donation de dix livres de rente, que défunt Garnier de Trainel Seigneur de Marigni son pere y avoit faite.

4. Les trois qui suivent étoient de bas Officiers du Roi. Le premier est [4] l'Ecuyer Valet du Roi Philippe le Bel, qui mourut l'an 1293. Il est gravé sur sa tombe dans le Cloître de l'Abbayie de Roiaumont. On le voit maillé depuis le sommet de la tête jusqu'à la plante des pieds, & jusqu'à l'extremité des doigts. Il porte par dessus une tunique sans manches, chargée deux fois de son blason, qu'on voit encore à ses pieds sur son écu ; a dix billettes quatre, trois, deux, une ; à l'épée mise en bande brochant sur le tout.

5. Jean l'Archer [5] Valet du Roi, Seigneur du Coudray, mourut l'an 1296.

Imago sequens est Jakemesii seu Jacobi Lucardi equitis Regii, sic enim appellatur. Is S. Magdalenæ Capellam fundavit in Abbatia Ursicampi. Ejus forma insculpta est in lapide contra murum capellæ stante. Insignibus suis gentilitiis induitur, Leone scilicet in veste ipsius sæpius repetito. Quo tempore vixerit non indicavit D. Gagnerius. Sed ex forma armorum & cultu, posterioris ævi esse suspicor. Margarita uxor ejus juxta illum sculpta est.

Joanna Silvanectensis uxor Adami Vicecomitis Melodunensis Domini Monasterii-Berlarii, obiit anno 1306. 4. Maii. In marmore albo prominet ejus imago in Monasterio S. Antonii de Campis Lutetiæ.

Chaalis. Petrus Olteblus de Ermenonvilla Scutifer obiit anno 1322. mense Maio. In lapide sepulcrali sculptus est in tertia Capella ad dexteram Abbatiæ Cariloci. Ut Scutifer scutum suum quater in veste repræsentatum habet.

Drogo de Trainello Eques, qui obiit mense Aprili anno 1312. in sepulcrali lapide suo sculptus est in capitulo Abbatiæ Vallis-Lucentis. Hamis indutus est secundum illius temporis usum jam sæpe notatum. Joanna de Sancto Veranio uxor ejus defuncta est men-se Augusto anni 1297. & prope conjugem sculpta est ut illam proferimus.

Garnerius de Trainello junior, Mariniaci Dominus, in eodem capitulo Abbatiæ Vallis-Lucentis sculptus in sepulcro suo visitur, sine ulla temporis nota. Verum ex diplomate discimus illum anno 1355. in vivis fuisse. Nam mense Septembri ejusdem anni donum decem librarum annuarum a Patre suo Galterio de Trainello Domino Mariniaci, huic Monasterio factum, confirmat.

Tres sequentes viri famuli Regis Philippi erant. Primus cujus nomen primum excidit, erat..... Scutifer Philippi Pulcri Regis famulus, qui mortuus est anno 1293. In lapide sepulcrali sculptus exhibetur in claustro Abbatiæ Regalis-montis. Hamatus est à summo capite ad usque plantam pedum, & extremos manus digitos. Tunicam exteriorem gestat non manicatam, bis insignia sua exhibentem : quæ etiam in supposito scuto notantur : suntque decem schedæ primo quatuor, postea tres, deinde duæ, deinde una, cum transverso gladio omnia supergrediente.

Joannes l'Archer, seu Sagittarius Dominus Coryleti mortuus est anno 1296. In tabula sepulcrali visi-

MONUMENS DU REGNE DE PHILIPPE IV. &c.

Il est gravé sur sa tombe dans l'Eglise du Coudray sur Seine, revêtu d'une simple tunique, comme nous le representons ici.

Celui qui suit est un Veneur du Roi, qui s'appelloit Guillaume Malgeneste. Il mourut au mois de Janvier 1301. On voit sa figure telle qu'on la donne ici, gravée sur sa tombe dans le Cloître de l'Abbayie de Longpont. Il est revêtu d'une tunique, porte son épée à l'ordinaire au côté gauche sur le devant, & son cor de chasse au côté droit; il tient un chien attaché à une corde passée dans son bras.

Le tableau suivant est remarquable. Jean de Mehun continuateur du Roman de la Rose, presente au Roi Philippe le Bel son livre de la Consolation de Boece traduit en François. Le Roi est assis sur son trône, sur lequel s'éleve un dais semé de fleurs de lis. Il porte une couronne ornée de trefles, tient de la main gauche un sceptre terminé par une fleur de lis. Sa robe de couleur d'azur, a un collet & en bas une bordure d'hermines. A ses deux côtez sont trois Seigneurs ou Officiers de sa Cour, deux Massiers, & un qui a l'air d'un Valet, six hommes vêtus les uns de rouge, les autres de verd, ou de brun, ou d'azur. Jean de Mehun qui presente son livre un genou à terre, est vêtu de couleur d'azur, sa ceinture & son bonnet sont rouges, le livre qu'il presente a aussi la couverture rouge, doré sur tranche. Tous ont les souliers noirs, extrêmement longs & pointus. Le dessein de cette Planche est tiré d'une miniature qu'on voit au commencement du Prologue manuscrit de ce Livre.

Jean de Mehun étoit appellé *Clopinel*, parce qu'il étoit boiteux. Il est surnommé *de Meung*, dit Fauchet, *à cause qu'il naquit en cette villette assise sur la riviere de Loire, quatre lieues soubs Orleans*. A l'occasion du livre que Jean de Mehun presente ici au Roi, Fauchet continue au même endroit en ces termes: *Au commencement du livre de la Consolation, fait en Latin par Boece, & par lui mis en François, il dit le tems qu'il a vécu. A la Royale Majesté, tres-noble Prince, par la grace de Dieu Roy des François, Philippes le quart, je Jean de Meung, qui jadis au Romans de la Roze, puisque Jalousie ot mis en prison Belaccueil, enseigné la maniere de Chastel prendre, & de la Roze cueillir: & translaté de Latin en François le livre de Vegece de Chevalerie: & le livre des merveilles de Hirlande, & le livre des Epitres de Pierre Abeillard & Heloïs sa femme, & le livre de Aelred*

---

tur ut hic exhibetur; jacetque in Ecclesia Coryleti (*du Coudray*) ad Sequanam, simplici indutus tunica.

Guillelmus Malgenesta, Venator Regius, obiit mense Januario anni 1301. Ejus schema, ut hic profertur, visitur in sepulcrali ipsius lapide in claustro Abbatiæ Longi-pontis. Tunica indutus gladium pro more gestat in latere sinistro anteriori, & cornu venatorium in dextera. Canem fune ligatum ducit, brachio in funem inserto.

Tabula sequens depicta insignis est. Joannes de Magduno, qui fabulosam narrationem *de Rosa* dictam continuavit, Regi Philippo librum suum de consolatione Boetii offert. Rex in solio sedet, umbella superne tectus, liliis conspersa. Coronam gestat trifoliis ornatam: vestis Regia cærulea, muris Pontici vellere desuper & in ima ora exornatur. A lateribus ejus tres Regii Ministri proceres sunt, duo satellites clavis instructi, & alius qui Regis famulus esse videtur. Hi sex viri, alii rubra, alii viridi, quidam fusca, vel cærulea veste teguntur. Joannes vero Magdunensis, qui genu flectens librum offert, cærulea indutus est veste, zona & pileus rubri coloris sunt. Libri etiam operimentum rubrum est, incisa folia deaurata. Calceis utuntur omnes nigris, oblongis & acutissimis. Educta autem est hæc tabula ex folio, quod initio istius libri depictum fuit.

Joannes de Magduno Clopinellus appellabatur, quia claudicabat. *De Magduno* cognominabatur, inquit Fauchetus, *quia in hoc natus erat oppido, ad Ligerim sito, ab Aureliensi urbe quatuor leucis distante*. Libri hujus occasione, quem hic Joannes de Magduno Philippo Regi offert, ita pergit Fauchetus eodem loco. *Initio libri de Consolatione, quem Latine Boetius edidit, & Joannes in Gallicum idioma convertit, tempus, quo vixit ille refert. Regiæ Majestati nobilissimi principis Dei gratia Regis Francorum Philippi quarti, Ego Joannes Magdunensis, qui olim in fabula de Rosa, cum zelotypia Belle-excipientem in carcerem conjecisset, docui modum expugnandi castri & carpenda rosa, & Vegetii librum in Gallicum idioma converti, necnon librum de mirabilibus Hibernlandiæ: librum item epistolarum Petri Abailardi, & Heloisæ uxoris ejus: librum quoque Aelredi de Spirituali amicitia;*

de spirituelle amitié ; envoie ores Boëce de Consolation, que j'ai translaté en François, jaçoit ce que entendez bien Latin. Il avoit donc bien composé des Ouvrages avant que de venir à cette traduction de Boece. Fauchet poursuit la même histoire de Jean de Mehun, dont plusieurs autres Auteurs ont parlé.

PL. XLI.
J'ai crû devoir mettre ici la planche qui regarde l'histoire de Chalo de S. Mars, ou de S. Mard. Selon l'opinion la plus commune elle devoit être mise dans les Monumens de Philippe I. Mais l'Auteur du grand Convoi de la Reine Anne, dit que les descendans de Chalo ou Chaillou racontoient la chose comme s'étant passée du tems de Philippe le Bel. Sans prendre parti pour l'un ni pour l'autre sentiment, j'en mets ici l'histoire. Elle est assez fameuse. Plusieurs Auteurs en parlent : Pasquier, Loisel, Choppin & d'autres. André de la Roque dans son Traité de la Noblesse, rapporte cette histoire assez au long : en voici un précis :

Philippe I. aiant fait vœu d'aller en pelerinage au S. Sepulcre, Eude le Maire d'Etampes, dit Chalo de S. Mars, s'offrit d'y aller pour lui armé de toutes pieces. Le Roi accepta l'offre, & donna à Chalo un privilege d'exemtion de tous péages, tributs & autres droits pour lui & pour toute sa race de l'un & de l'autre sexe. Eude partit, & laissa sous la protection du Roi, Ansolde son fils, & cinq filles qu'il avoit. Les Lettres Patentes données à Etampes sont rapportées au long par Choppin. Il est parlé de ce privilege dans les Registres de la Chambre des Comptes. Il étoit general pour toute sorte d'impôts & de péages par terre & par eau. Ce même privilege fut confirmé par le Roi Jean en 1360. & encore par d'autres Rois que rapporte Choppin.

Mais le fils de Chalo de S. Mars & ses cinq filles multiplierent extremement cette race. Les filles qui en descendoient, étoient fort recherchées, & même sans dot ; parce qu'elles apportoient la noblesse & ce privilege pour leurs descendans de l'un & de l'autre sexe. Le nombre s'en étant trop multiplié, François I. fit une Ordonnance en 1540. où il déclara que les descendans d'Eude le Maire jouiroient de leur franchise à l'égard de ce qui se leveroit sur leur fonds; mais qu'ils paieroient tous les péages. Henri III. en 1487. donna encore une nouvelle atteinte à ce privilege. Mais Henri IV. en 1601. déclara que tous les descendans de Chalo de S. Mars paieroient la taille & tous les droits que paioient ses autres sujets.

---

nunc Boetium de Consolatione offero, quem in Gallicum idioma transtuli, etsi ipse Latine optime scias. Multa igitur ediderat opera, antequam Boetii interpretationem aggrederetur. Ibidem vero Fauchetus Joannis de Magduno historiam texere pergit, de quo multi alii scriptores tractavere.

Hic apponendam duxi tabulam, quæ respicit historiam Chaloti de sancto Martio, vel de sancto Medardo, ut aliis placet. Secundum vulgarem opinionem, inter monumenta Philippi I. reponi debuit. Sed qui funebre iter Annæ Reginæ descripsit, ait Chaloti posteros rem enarravisse sibi quasi tempore Philippi Pulcri gestam. Neutram propugno opinionem, sed hic historiam appono : sat celebris res est, a plurimisque scriptoribus memoratur, a Pasquerio, Loisello, Choppino & aliis. Andreas de Rupe in libro suo de Nobilitate, historiam hanc recenset, quam compendio referam.

Cum Philippus I. sese ad sepulcrum Domini invisendum voto obstrinxisset, Odo Major Stampensis, seu Chalotus de S. Martio, sese Regi obtulit, ut ipsius loco tantam peregrinationem armatus susciperet. Annuit Rex & Chaloto grati animi significationem non exiguam obtulit : privilegium nempe dedit, quo ipse & posteri ejus utriusque sexus sine discrimine ab omni vectigalium genere eximerentur. Proficiscens Odo filium Ansoldum & quinque filias suas Regi commendavit. Regiæ literæ Stampis concessæ a Choppino afferuntur. In Computorum Regiorum codicibus memoratur hoc privilegium, quo eximuntur Chaloti posteri ab omni tributo, vectigali, portorio cujusvis generis. Hoc ipsum privilegium confirmatum fuit a Joanne Rege anno 1360. & ab aliis quoque Regibus referente Chopino.

Verum Chaloti filius & quinque filiæ progeniem supra modum amplificaverunt, quæ ex posteris nascebantur puellæ, a multis certatim appetebantur in uxores, etiam sine dote : quia non modo nobilitatem progeniei suæ, utriusque sexus, sed etiam immunitatem illam tantam afferebant. Hinc demum prodiit nimius exemtorum numerus. Quare Franciscus I. anno 1540. decretum edidit, quo declarat Odonis Chaloti posteros exemtos tantum fore a vectigali, ratione prædiorum & terrarum exigi solito : cæteraque omnia soluturos esse. Henricus etiam III. hoc privilegium imminuit. Demum Henricus quartus privilegium Chalotianis sustulit ; ipsosque ad omnia, perinde atque cæteros subditos, solvenda adstrinxit.

Les

CHALO DE St MARS.

MONUMENS DU REGNE DE PHILIPPE IV. &c. 217

Les armes de Chalo & de ses descendans sont de Jerusalem, d'argent à la croix potencée d'or accompagnée de quatre croisetes de même, à enquerre, écartelé de sinople à l'écu de gueules chargé d'une feuille de chêne d'argent, à la bordure d'or. Ils prétendoient que Philippe I. leur avoit donné ce quartier de Jerusalem. Erreur manifeste : car en ce tems-là il n'y avoit point d'armoiries, & les Rois ne donnoient point de lettres de noblesse.

Celui qui a fait l'histoire du convoi & des obseques de la Reine Anne, imprimée par Theodore Godefroi in-4°, l'an 1619. & qui se trouve dans un manuscrit de Mgr de Mets, écrit dans le tems même ; celui-là, dis-je, rapporte differemment l'histoire de Chaillou de S. Mars. Voici ses termes, que je copie d'après le manuscrit: Parlant de l'arrivée du convoi à Etampes, & de ceux qui sortirent pour lui faire honneur, il en fait ainsi la description :

» Il y avoit bien huit cens flambeaux, partie aux armes de la Ville, qui sont
» de gueules à ung chateau d'or, maçonné, fenestré & crenelé de sable. Sur
» le tout ung escu escartelé ; le premier de France, le second de gueules à une
» tour d'or, portée, fenestrée & crenelée de sable.

» Et le parsus étoient * six cens habitans vestus en deuil, qui portoient
» chascun ung flambeau blanc armorié d'ung escu escartelé le premier de
» Jerusalem, & le second de sinople a un escu de gueules soustenu d'or sur
» une feuille de chesne d'argent. Je m'enquis pourquoi ils portoient ce quartier
» des armes de Jerusalem : l'on me répondit qu'ils estoient yssus d'un noble
» homme nommé Hue le Maire, Seigneur de Chaillou, lequel estant averty
» que le Roi Philippe le Bel devoit un voiage en Jerusalem à pied armé portant
» ung cierge ; ce que le bon Roi ne peult pour quelque maladie qui lui survint.
» Et entreprint ledit Seigneur de Chaillou le voyage : ce qu'il fist & accomplit.
» Et pour partie de sa remuneration iceluy Roy luy octroya ung quartier des
» armes de Jerusalem. Et franchit & exempta de tous subsides & tailles luy, ses
» successeurs & heritiers & ceulx qui d'eux viendront. Ainsi ils sont peuplés de-
» puis en grand nombre. Pour ce sont-ils tenus de venir au devant du corps des
» Rois & Reynes à leur entrée à Estampes. Et sy ils y reposent morts, sont tenus
» de garder & veiller le corps : ce qu'ils ont fait ce voiage à ladite Raine ; &
» s'appellent la Franchise.

* L'imprimé met 200.

Insignia Chaloti & suorum eadem quæ Jerosolymæ sunt quia Jerosolymam ille profectus est: in campo argenteo crux aurea oblongis oris terminata, additis quatuor exiguis crucibus aureis, contra morem insignium gentilitiorum. Huic adjungitur insigne aliud ; in campo viridi, scutum rubrum, cum querno folio argenteo, & ora aurea. Contendebant autem Chalotiani insigne Jerosolymæ a Philippo I. sibi datum fuisse ; errore manifestissimo. Illo quippe ævo insignia gentilitia non erant, neque nobilitatis literas Reges concedebant.

Is qui exequiarum & funebris itineris Reginæ Annæ defunctæ historiam scripsit, quod opusculum a Theodoro Godefrido anno 1619. prælo datum fuit, & in manuscripto quodam Bibliothecæ Segueraniæ nunc Metensis Episcopi habetur ; eo ipso pene tempore descripto ; is ipse, inquam, historiam Chaloti de S. Martio alio modo refert. En locum ipsum ex manuscripto excerptum, ubi agitur de adventu Stampas funerei cœtus, deque oppidanis, honoris causa obviam egressis, ita loquitur.

» Octingenti saltem occurrerunt cum cereis insignia
» præ se ferentibus ; quæ insignia partim urbis erant,
» hoc ritu : In campo rubro castellum aureum, cum
» junctutis lapidum, fenestris & pinnis nigris. His su-
» perponitur scutum Franciæ Regium, cui adjungitur
» aliud insigne : in campo rubro turris aurea, cum por-
» ta, fenestra & pinnis nigris.

» Cæteri vero oppidani numero * 600. lugubri ves-
» te, prodierunt cum cereis singuli hæc insignia fe-
» rentibus, primo Jerosolymæ, secundo, in campo vi-
» ridi scutum rubrum cum ora aurea, & querno folio
» argenteo. Rogavi cur insignia Jerosolymæ gestarent.
» Dictum mihi fuit ortos illos esse ex viro quodam no-
» bili Odone Majore Chaloti domino : qui cum com-
» perisset Philippum Pulcrum Regem sese voto ad-
» strinxisse ad iter Jerosolymitanum pedibus suscipien-
» dum, cum armis & cereo in manu, nec posse ægri-
» tudinis causa votum implere ; pro Rege ipse iter il-
» lud suscepit ac peregit. Atque in mercedem Rex
» concessit illi, ut Jerosolymæ insignia suis adjungeret :
» insuperque a tributis & vectigalibus omnibus ipsum
» totamque ipsius progeniem exemit, quæ supra mo-
» dum aucta est. Tenentur autem Chalotiani isti cum
» Regum Reginarumve corpora defuncta Stampas af-
» feruntur, obviam prodire, & si ibi pernoctent ; cir-
» cum illa vigiles stare : id quod Reginæ præstiterunt,
» seque exemtorum nomine insigniunt.

* In Edito 200. tantum.

218 MONUMENS DU REGNE DE PHILIPPE IV. &c.

L'exemtion de Chalo de S. Mars & de sa race est donc certaine : mais il n'est pas aisé d'en découvrir l'origine, ni de savoir à qui il faut s'en raporter.. L'affaire est trop peu interessante pour s'y arrêter davantage. La Planche qui suit est tirée d'un tableau fait apparemment par quelqu'un des descendans de Chalo de S. Mars. Il est sur bois, & paroit fait environ le tems de François I. Le Roi est assis. Sa Couronne étoit autrefois fermée par le haut; mais après qu'elle fut faite, on fit reflexion que dans des tems plus reculez les Couronnes de nos Rois étoient ouvertes : on racla le dessus, on l'accommoda de maniere que la trace paroit encore & on la fit ouverte. Le Roi vêtu d'une tunique & d'un manteau d'azur fleurdelizé, tient de la main droite son sceptre, & de la gauche il donne à Chalo de S. Mars des Lettres scellées. Chalo est armé de toutes pieces de la maniere qu'on s'armoit du tems de François I. il porte une longue épée. Sa femme derriere lui tient de la main gauche son fils Ansolde en bas âge. Ses cinq filles sont derriere leur mere, toutes presque de la même taille. Sous la femme de Chalo est un écu de sinople au serpent entortillé d'or, surmonté d'une fleur de lis d'or couronnée de même. Ce sont apparemment les armes de cette femme. On ne sait si l'on a voulu representer ici Philippe I. ou Philippe le Bel.

LOUIS X. dit HUTIN.

1314.   CE Prince fut surnommé Hutin, vieux mot qui signifie noise, querelle, mutinerie; parce qu'il étoit, dit-on, mutin & querelleux dans son enfance. Après la mort de son pere il ôta d'abord la charge de Chancellier à Pierre de Latilli, Evêque de Châlons sur Marne, soupçonné de plusieurs crimes; & la donna à Etienne de Mornai. Il envoia chercher Clemence fille de Charles Martel Roi d'Hongrie, qu'il épousa. La trop longue vacance du S. Siege depuis la mort de Clement V. causoit bien des murmures dans la Chretienté. Louis envoia des Ambassadeurs aux Cardinaux pour presser l'election d'un Pape : mais ils avancerent peu : le S. Siege vaqua longtems, comme nous venons de dire.

Exemtos itaque fuisse Chalotum & posteros certum est, at rei originem assequi, & cui scriptori fides habenda sit decernere, non ita facile : non tanti vero momenti res est, ut nos ultra distineat. Tabula sequens exsumta fuit ex depicta imagine, quam aliquis haud dubie ex Chaloti posteris apparari curavit. In tabella lignea picta historia fuit, & quidem, ut videtur, tempore circiter Francisci I. Rex sedet, corona ejus olim superne clausa fuerat, sed postquam illa depicta fuit, animadversum est praeteritis saeculis coronas Regias apertas fuisse : pars tunc superior abrasa fuit, & corona jam aperta est; sed ita ut clausae olim vestigia compareant. Rex tunicam gestat, & pallium caeruleum liliis aureis conspersum. Dextera sceptrum tenet, sinistra vero sigillatas literas dat Chaloto. Ipse vero Chalotus armis obtectus est, illo scilicet armorum genere, quae in usu erant Francisci primi tempore : oblongumque gladium gestat. Pone Chalotum uxor ejus, sinistra tenet Ansoldum filium infantem. Quinque filiae ejus quae adsunt, ejusdem pene staturae omnes sunt. Sub Chaloti uxore scutum visitur cum his insignibus : in campo viridi serpens obvolutus aureus, supra quem flos lilii aureus coronatus auro. An vero Philippum I. an Philippum Pulcrum exhibere pictor voluerit, incertum.

LUDOVICUS X.
HUTINUS dictus.

HUtinus cognominatus fuit Ludovicus, quod in *Conti* pueritia sua pervicax, & rixis deditus esset. Id *Nangi.* enim significabat olim Hutini nomen. Postquam paterno funeri justa solverat, Cancellarii munus Petro de Latilliaco Episcopo Catalaunensi abstulit, qui in multorum scelerum suspicionem venerat, deditque Stephano Mornacensi : misit vero qui Clementiam Hungariae Regis filiam sibi adducerent, quam etiam duxit uxorem. Cum Romana sedes jamdiu vacaret, a tempore nempe obitus Clementis V. non sine querela Christianorum omnium, Ludovicus oratores misit ad Cardinales, rogans moras omnes rumperent : at non fausto exitu. Sedes enim diu vacavit, ut diximus.

LOUIS X. dit Hutin.

Le Roiaume étoit alors en combuſtion. L'altération trop frequente des monnoies : les extorſions violentes qu'on avoit faites dans toutes les Provinces, avoient mécontenté la Nobleſſe, le Clergé & le Peuple. Tout étoit diſpoſé à une révolte generale. On s'en prenoit à Enguerrand de Marigni, qui ſous le regne précedent avoit toûjours été à la tête des affaires, & à qui le Roi défunt avoit laiſſé l'adminiſtration des finances. Les Auteurs parlent très-différemment de ce Miniſtre. La plûpart ſemblent le juſtifier. Le Continuateur de Nangis dit que c'étoit un homme prudent & ſage; que le Roi étoit pour lui au commencement; mais que l'autorité de ſon oncle Charles Comte de Valois, qui étoit à la tête de ceux qui demandoient la perte d'Enguerrand, l'entraîna de l'autre côté. L'Accuſé, dit cet Auteur, demanda pluſieurs fois avec inſtance d'être entendu pour ſe juſtifier; mais il ne put l'obtenir.

Les grandes chroniques de S. Denis ne s'éloignent pas de cet Hiſtorien, & nous apprennent bien des choſes remarquables. Le tréſor du Roi ſe trouvant vuide, dit le Chroniqueur, le Comte de Valois demanda à Enguerrand, qui avoit été arrêté & mené à la tour du Louvre, qu'étoit devenu ce tréſor. Il répondit qu'il en rendroit bon compte. Rendez-le donc préſentement, répartit le Comte. Volontiers, reprit Enguerrand; je vous en ai déja remis la meilleure partie, & le reſte a ſervi à payer les dettes du Roi votre frere. Charles de Valois lui donna alors un démenti : Enguerrand lui rendit ſon démenti : ce qui mit Charles en ſi grande furie, qu'il l'auroit tué ſur le champ, ſi on ne l'avoit enlevé de devant ſes yeux. Le Comte de Valois ſuſcita alors tous ceux qui avoient des plaintes à faire contre Marigni, & les porta à venir l'accuſer. Il obtint du Roi qu'il ſeroit transferé de la tour du Louvre au Temple. On ſe ſaiſit auſſi des autres Officiers du tréſor Roial. Les uns furent mis à la queſtion, & les autres dans des priſons étroites.

Au commencement, dit le même Auteur, le Roi & ſon Conſeil avoient deſſein de traiter doucement Enguerrand, & de ſe contenter de l'envoier pour un tems en exil en l'Iſle de Chypre : mais Charles de Valois aiant été informé que la femme & la ſœur d'Enguerrand avoient emploié un nommé Jâques de Lor, ſa femme & ſon valet pour faire de petites ſtatues, & *envouter* ainſi, c'eſt-à-dire, enſorceler le Roi & ſon oncle Charles; on ſe ſaiſit de Jâques de Lor, & on le mit en priſon, où il ſe pendit lui-même. Sa fem-

---

In regno tunc omnia permixta & confuſa erant : adulteratio monetarum frequentior, exactiones pecuniarum nimiæ, clerum, nobiles & plebem commoverant, erantque omnes ad rebellionem parati. In crimen vocabatur Ingerannus Marigniacenſis, qui ſub Philippo Rege adminiſter præcipuus fuerat, quemque ille rei ærariæ præfectum reliquerat. De hoc Miniſtro diverſa narrant ſcriptores : magna pars illum a crimine purgat omni. Ait Continuator Nangii fuiſſe illum prudentem, æqui amantem & Ludovicum Regem initio illi hæſiſſe, ſed a Carolo patruo, qui princeps Ingeranni perniciem machinantium erat, abductum eſſe. Ait Nangius accuſatum illum ſæpe ſui purgandi licentiam petiiſſe : verum id impetrare non potuiſſe.

Idem. Magnum Chronicon Sandionyſianum a Nangii Continuatore non diſſentit, verum multa adjicit ſingularia. Cum res æraria exhauſta eſſet, inquit, Carolus Valeſius Ingerannum qui in Luparæa turri incluſus erat, interrogavit, quorſum abiiſſet res æraria. Rationes optime reddam, inquit ille. Redde igitur nunc, inquit Comes. Libenter, reponit Ingerannus : Majorem ejus partem tibi numeravi; reliqua debitis Regiis ſolvendis inſumta ſunt. Mentiri illum dixit Comes : mentiri Comitem repoſuit Ingerannus. Tunc Comes excandeſcens Ingerannum occidiſſet, niſi ſubductus ille fuiſſet. Tum Valeſius omnes concitavit quotquot querelas contra Ingerannum proferendas haberent, ut eum accuſatum accederent : ab Rege etiam impetravit ut a Luparæa turri ad Templum transferretur. Apprehenſi quoque ſunt alii omnes rei ærariæ præpoſiti, quorum aliquitorti ſunt, alii in arcta cuſtodia poſiti.

Initio, inquit idem Scriptor, Rex & ii, qui a conſiliis ipſi erant, mitius cum Ingeranno agere & in exilium ſolum modo virum pellere atque in Cyprum inſulam mittere cogitabant. Sed Carolum Valeſium, cum edidiciſſet uxorem ſororemque Ingeranni ſortilegum quemdam Jacobum de Loro, uxoremque ejus & ſervum adhibuiſſe, ut Regem *ſortilegio involutarent*, necnon patruum ejus ipſum Carolum Valeſium : id egiſſe ut Jacobus de Loro apprehenderetur,

me fut brûlée vive. La femme & les sœurs d'Enguerrand furent emprisonnées : & l'on traita deflors Enguerrand en criminel, quoiqu'il n'eût aucune part à toutes ces choses.

Il fut amené depuis à Vincennes devant le Roi, le Comte de Valois & toute la Cour. Là le nommé Jean Barriere fit une violente invective contre lui. A ce qu'il paroît, il ne fut pas entendu fur faits & articles : & on ne lui donna pas du tems pour fe juftifier. Les énormes dépenfes que le feu Roi avoit faites pour la guerre de Flandres en plufieurs expéditions, étoient fuffifantes pour épuifer les plus grands tréfors. Il falloit du tems pour rendre raifon de tout cela. Mais comme on avoit réfolu de le perdre, on lui ôta le moien de fe juftifier. Il fut donc condamné à être pendu au gibet de Montfaucon ; & y fut amené fur une charrette. Il alla à la mort avec une grande conftance ; difant au peuple : *Bonnes gens priez Dieu pour moi.* Cette execution fut faite le 30 Avril, veille de l'Afcenfion l'an 1315.

Execution de Marigni.

Charles Comte de Valois étant tombé grievement malade au mois de Décembre de la même année, eut un cuifant repentir d'avoir ainfi fait mourir un homme de qualité, qu'il regardoit fans doute comme innocent. Il fit diftribuer des aumones dans Paris, avec ordre aux diftributeurs de dire : *Priez Dieu pour Monfeigneur Enguerrand de Marigni, & pour Monfeigneur Charles de Valois.* Il fit depuis enterrer honorablement fon corps par la permiffion du Roi Philippe le Long fon neveu. La mémoire d'Enguerrand de Marigni fut réhabilitée. Louis XI. donna l'an 1475. des Lettres Patentes, par lefquelles il permettoit au Chapitre des Chanoines d'Efcouis, dans l'Eglife defquels il étoit enterré, de mettre fur fa tombe un épitaphe à fa louange ; pourvû qu'il n'y fût point fait mention de la Sentence de fa condannation.

Sa mémoire rétablie.

Pierre de Latilli Evêque de Châlons, à qui le Roi avoit ôté la Charge de Chancelier, accufé d'avoir empoifonné le feu Roi, fut arrêté & donné en garde à l'Archevêque de Rheims. On affembla un Concile à Senlis, où l'Evêque fe purgea du crime dont on l'accufoit, & fut renvoié abfous.

Raoul de Penars Avocat en Parlement, foupçonné d'empoifonnement, fut mis en prifon à fainte Genevieve. On lui donna la queftion. Il la foutint longtems fans rien avouer ; & il fut mis en liberté. Les empoifonnemens ne furent jamais fi communs qu'ils l'étoient en France en ce tems-ci. Trois femmes

LOUIS X. dit Hutin.

convaincues d'avoir donné du poison, furent brûlées vives dans une petite Isle de la Seine.

Robert Comte de Flandres & les Flamans ses sujets aiant souvent violé le Traité fait avec Philippe le Bel, le Roi avoit fait citer le Comte dès le mois de Février de l'an 1315. de venir rendre raison de sa conduite; voiant qu'il ne comparoissoit point, il ramassa, & non sans grande peine, de l'argent pour lui faire la guerre. Il se fit couronner à Rheims avec sa femme Clemence le 24. Août; & marcha avec son armée vers la Flandre. Il alla d'abord assieger l'Isle: mais les pluies continuelles inondant les campagnes, & n'y aiant aucun moien de faire venir des vivres; après avoir tenu conseil avec ses Barons, il s'en retourna sans rien faire, laissant toujours les choses au même état.

Par un surcroit de malheur, la France foulée & épuisée ci-devant par les extorsions des gens du Roi, & par des levées extraordinaires de deniers; se trouva encore affligée d'une cherté de vivres causée par ces pluies continuelles; & si grande, que le blé se vendoit cinquante sols forts le sestier, l'orge trente, & l'avoine dix-huit. Ces sols forts étoient d'argent: & dans ce tems-là c'étoit un prix fort excessif.

1316.

Louis étant à son Palais de Vincennes fut attaqué d'une grosse fiévre, qui l'emporta après cinq jours de maladie le cinquiéme jour de Juillet. Comme l'usage du poison étoit alors fort commun en France, quelques-uns ont dit qu'il avoit été empoisonné. Il fut enterré à S. Denis : & laissa sa femme Clemence enceinte.

Mort de Louis Hutin.

REGENCE DE PHILIPPE LE LONG.

PHilippe son frere, second fils de Philippe le Bel, se trouva alors à Avignon, où il étoit allé pour presser l'élection d'un Pape, le Siege étant vacant depuis trop longtems. A cette nouvelle il vint promtement à Paris, où il arriva vers la mi-Juillet. Il fit une assemblée du Parlement & des Seigneurs qui se trouverent à la Cour, où il fut établi que, quand même la Reine Clemence acoucheroit d'un fils, Philippe seroit pendant dix-huit ans Regent des Roiaumes de France & de Navarre. Il avoit fort à cœur l'expedition en la Terre

1316.

Idem. Francia fuerat. Tres quoque mulieres, quas venenum obtulisse deprehensum est, in quadam Sequanæ insula vivæ combustæ sunt.

Cum Comes Flandrensis ejusque subditi Flandri pacta cum Philippo Pulcro inita sæpe violassent, Ludovicus Rex postquam Comitem gestorum rationem redditurum advocaverat mense Februario anni 1315. illo nihil curante; cum nec sine difficultate, pecuniam ad bellum ipsis inferendum collegisset, sese primo cum Clementia uxore Rhemis coronari curavit, movitque cum exercitu in Flandriam, Insulasque obsedit. At cum perpetui imbres campos inundassent, nec ullo modo possent commeatus accedere, consilio cum *Baronibus* habito, re infecta reversus est, negotiis in statu pristino manentibus.

Infaustis infausta superaddita sunt, quando Francia vectigalibus ingentibus oppressa, in tantam annonæ caritatem ob imbrium frequentiam nimiam incidit, ut frumenti sextarius quinquaginta fortibus solidis, hordei triginta, avenæ octodecim veniret. Solidus vero fortis moneta erat argentea: taleque venalium precium ingens & inauditum erat.

Ludovicus in Vicenarum Regiis ædibus febri gravissima correptus, quinta & morbi & mensis Julii die obiit. Cum autem illo ævo veneni usus nefarius adhiberi soleret, quidam dixere ipsum veneno sublatum fuisse. Sepultus est autem in Ecclesia S. Dionysii, uxoremque Clementiam prægnantem reliquit.

Idem.

PHILIPPUS LONGUS,
REGNUM MODERATUR.

PHilippus frater ejus, Philippi Pulcri secundus filius, tunc Avenione erat; ut sede jamdiu vacante, Papam tandem eligi curaret. Audita fratris morte, Lutetiam celerrime se contulit circa medium Julii mensis. Collectis autem *Baronibus* & primariis viris, qui tunc in Regia erant, statutum fuit, ut etiamsi Clementia Regina filium pareret, Philippus regna Franciæ & Navarræ administraturus esset. Expeditionem in Terram

Idem.

Sainte, pour laquelle il s'étoit déja croisé du vivant de son pere. Les Comtes de Clermont & de Soissons se croiserent, & Philippe fixa le tems du départ pour la guerre d'outremer à la Pentecôte de l'année suivante. Après une vacance de deux ans & près de quatre mois, les Cardinaux élurent enfin un Pape : ce fut le Cardinal Jâques d'Osla qui fut nommé Jean vingt-deuxiéme de ce nom.

Affaire de Robert d'Artois. Philippe pendant sa Regence fut obligé de se mettre en campagne pour l'affaire du Comté d'Artois. Voici le fait. Robert Comte d'Artois, qui fut tué à la bataille de Courtrai, avoit vû mourir quatre ans auparavant Philippe son fils, qui laissa un fils fort jeune nommé Robert comme son grand-pere. Selon la Coutume d'Artois, qui n'admet point de representation, le Comté devoit revenir à Mathilde ou Mahaut sœur de Philippe. Elle s'en mit en possession. Robert fils de Philippe & neveu de Mathilde étant devenu majeur disputa l'an 1309. le Comté à Mathilde. Philippe le Bel décida en faveur de la Dame ; & Robert quoique peu content de la décision, se tint en repos jusqu'à cette Regence de Philippe le Long. Alors prétendant que ce Comté lui appartenoit, il fit des efforts pour s'en rendre maître. Le Regent qui étoit saisi de cette affaire, dit le Continuateur de Nangis, envoia le Connétable Gaucher de Chatillon pour empêcher les violences. Malgré tout cela Robert ramassa assez de gens de ses amis & autres pour faire un corps considerable. Il se rendit dans l'Artois & prit Arras. S. Omer fit quelque resistance : mais enfin la ville se rendit, selon le même Auteur. Le Regent le cita au Parlement de Paris : il refusa d'y venir. Philippe s'avança jusqu'à Amiens avec une bonne armée. Robert ne se voiant pas en état de se soutenir, entra en composition. On convint de part & d'autre qu'on nommeroit des Commissaires pour accorder Robert avec Mathilde ; & que s'ils ne pouvoient pas y réussir, l'affaire seroit portée à la Cour des Pairs : que malgré le jugement qui en avoit été porté, elle seroit remise au même état qu'elle fut à la mort de Robert II. Comte d'Artois, pere de Mathilde, & grand-pere de Robert : que cependant le Comté seroit mis comme en sequestre, & que Charles Comte de Valois, & Louis Comte d'Evreux son frere en recevroient & garderoient les fruits. Robert accusé d'avoir pris les armes contre le Roi, avoua ce qu'il avoit fait avec le secours de ses amis : mais il s'offrit de prouver qu'il n'avoit rien fait contre la Majesté Roiale, & de se remet-

---

Sanctam tunc moliebatur Philippus, qui vivente patre crucem acceperat, ejusque exemplo Comites Claromontanus & Suessionensis idipsum fecere. Profectionis vero tempus pro bello sacro, ad Pentecosten anni sequentis Philippus remisit. Postquam Romana Sedes per duos annos & quatuor pene menses vacaverat, electus fuit Jacobus de Ossa Cardinalis, qui Joannes XXII. appellatus fuit.

Contin. Nangii. Dum regnum administraret Philippus, pro Artesiana dissensione bellum suscipere coactus est. Sic autem illa coorta est. Robertus Artesius Comes, qui in Cortracensi pugna cecidit, Philippum filium ante quatuor annos amiserat ; qui Philippus filium reliquit juniorem, avi sui nomine Robertum appellatum. Artesianus autem mos erat, a Francico longe diversus, ut Comitatus ille non Roberto Philippi filio, sed Mathildi ejusdem Philippi sorori cederet ; ipsaque Artesiam occupavit. Robertus autem Philippi filius, cum ad virilem ætatem pervenisset, Comitatum repetebat anno 1309. repugnante Mathilde. Philippus Pulcher in amitæ Roberti gratiam protulit sententiam. Robertus vero, etsi rem ita decisam fuisse ægre ferret, quievit tamen ad usque tempus regiminis Philippi Longi. Tunc vero Comitatum ad se pertinere contendebat, utque illum sibi vi acquireret nihil non agebat. Philippus vero regni moderator, qui rem curandam susceperat, inquit Chronographus, Comitem Stabuli, Galterum de Castilione misit, qui vim vi repelleret. At Robertus amicorum ope armatorum manum validam paravit,& in Artesiam ingressus Atrebatum cepit, & Sanctum Audomarum, quæ urbs initio obstitit, sed postea cessit. Mandat Philippus ut rationem redditurus in Curiam Parisinam se conferat : Negat Robertus. Tum Philippus cum exercitu Ambianum usque venit. Robertus autem viribus impar manus dare coactus est ; sicque res composita fuit. Consensere ambo, ut res viris committeretur ; qui Mathildis & Roberti jura & postulata conciliare conarentur ; si vero non possent, negotium in Curia Parium Franciæ tractaretur : interimque nulla habita latæ sententiæ ratione, eodem in statu res maneret, quo fuerat cum Roberto II. Artesiæ Comes Mathildis pater, & Roberti avus, cæsus fuerat ; intereaque Comitatus Artesiæ proventus Carolus Valesius & Ludovicus Ebroicensis fratres perciperent, & quasi sequestres servarent. Robertus vero accusatus, quod contra Regem arma movisset, quod amicorum ope fecerat confessus est, sed contra Regiam Majestatem se nihil egisse

tre en prison jusqu'à ce qu'il l'auroit prouvé. Il fut en effet quelque tems prisonnier au Châtelet, & puis à S. Germain des Prez. Nous verrons plus bas la suite de cette affaire.

PHILIPPE V. dit LE LONG.

LA Reine Clemence malade d'une fievre quarte, accoucha le 15. Octobre d'un fils qui fut appellé Jean, & qui mourut peu de jours après sa naissance. La Couronne devoit venir de droit à Philippe; mais il y avoit bien des gens qui n'étoient pas pour lui; les Comtes de Valois & d'Evreux, & un bon nombre de Seigneurs ne vouloient pas le reconnoître: & Jeanne fille du Roi Louis Hutin mit opposition à son couronnement, prétendant devoir succeder à son pere. Il prit prudemment le parti de s'aller faire sacrer & couronner avec sa femme. Son frere le Comte de la Marche l'accompagna jusqu'à Rheims; mais pour quelque mécontentement il ne voulut point entrer dans la ville, ni assister au couronnement. Philippe de peur que quelqu'un ne vînt troubler la ceremonie fit fermer les portes de Rheims. Il fut sacré & couronné, & fit couronner sa femme.

1317.

Sacre de Philippe le Long.

A son retour Philippe fut reçû à Paris avec de grandes démonstrations de joie; les Princes, les Prelats, les grands & les petits, tous applaudirent à son couronnement. Il fut aussi déclaré que les femmes ne succederoient point à la couronne. Robert neveu de la Comtesse d'Artois sortit de prison, & épousa la fille de Charles Comte de Valois. Peu de tems après Louis fils unique du Roi Philippe mourut.

Les Flamans toujours rebelles ne tenoient aucune des conditions des Traitez précedens. La dissension durant toujours, ils convinrent enfin ensemble qu'ils s'en tiendroient à la décision du Pape. Mais les Flamans fiers de quelques succès précedens ne voulurent accepter aucune des conditions proposées, ils éludoient tous les moiens de paix, & vouloient vivre dans une entiere independance. Dans le tems que tout paroissoit disposé à la guerre, le Duc de Bourgogne qui s'étoit d'abord déclaré contre le Roi, par la médiation de quelques amis communs, entra fort avant dans ses bonnes graces.

1317.

Affaires de Flandres.

---

probaturum esse dixit;& donec probasset se carceri mancipandum consensit, vereque in Castelleto indeque in carcere S. Germani a Pratis, aliquandiu inclusus mansit. Negotii seriem infra videbimus.

PHILIPPUS V.

LONGUS appellatus.

Idem. CLementia Regina quatriduana febri laborans filium peperit decima quinta Octobris, qui Joannes appellatus fuit, & post aliquot dies defunctus est. Philippo corona Regia debebatur. At multi contra illum stabant, Comites Valesius & Ebroicensis, plurimique alii ex primoribus ipsum Regem agnoscere nolebant. Joanna Ludovici Hutini filia Regiam sibi coronam & dignitatem deberi contendebat. Ipse vero prudenter cum uxore Rhemos petiit, ut ibi coronaretur. Comes Marchiæ frater ejus ad usque Rhemos cum illo profectus est, nec in urbem tamen ingressus, qua de causa ignoratur, recessit: neque ceremoniæ interfuit. Philippus autem ne quis in cerimonia ista turbas daret, portas urbis claudi jussit, & cum uxore sua coronatus unctusque fuit.

Idem.

Redux Lutetiam cum plausu & lætitia magna exceptus fuit. Principes, Episcopi, primores, plebeii, omnes denique in partem gaudii venerunt. Tunc porro decretum fuit feminas in successionem regni nunquam admittendas esse. Robertus autem Artesius ex carcere eductus fuit, atque Caroli Valesii filiam duxit uxorem. Sub hæc Ludovicus unicus filius Philippi Regis obiit.

Flandri semper rebelles pacis conditionibus non stabant. Cum autem dissensionis finis nullus esset, inter se tandem consenserunt rem ad summi Pontificis judicium esse referendam. Verum Flandri ex rebus quibusdam bene gestis ferociores effecti, nullam conditionem admittebant, arte omnes conciliandæ pacis modos rejicientes, ut sub nullius dominatu degerent. Cum omnia ad bellum prona viderentur, Dux Burgundiæ qui contra Regem stabat, amicorum opera, gratia apud Regem multum valuit. E re Philippi erat ipsum ad partes suas allicere, quando bellum contra

Idem.

PHILIPPE V. dit le Long.

Philippe avoit d'autant plus d'interêt à le gagner, que la guerre contre les Flamans paroissoit inévitable. Il se fit pourtant une tréve jusqu'à Pâques, qui fut depuis prolongée jusqu'à la Pentecôte. Environ ce même tems, les amis d'Enguerrand de Marigni, par la faveur de Charles de Valois obtinrent du Roi que son corps seroit ôté de la potence. Il fut enterré aux Chartreux, & de là transporté depuis à Escouis comme nous avons dit.

Vers ce tems-là commença cette dispute chimerique qui causa tant de brouilleries dans l'Eglise. La question étoit, si les Religieux mendians avoient la possession, ou seulement l'usage des vivres, des habits & des autres nécessitez de la vie. Un sujet si frivole fut traité avec tant d'animosité, que l'affaire étant devenuë fort sérieuse, les Papes, les Conciles, & les Chefs d'Ordre en firent longtems leur principale occupation.

1318. Les affaires de Flandres loin de se raccommoder, devenoient tous les jours plus difficiles à terminer. Louis Comte de Nevers & de Retel, fils aîné du Comte de Flandres, étoit le plus grand ennemi qu'eût le Roi & le Roiaume de France. Il fomentoit la rebellion des Flamans, & suscitoit à Philippe le plus d'ennemis qu'il pouvoit. Le Roi le cita pour comparoître devant sa Cour, & rendre raison de sa conduite. Louis loin d'obéïr se retira en Flandres. A son refus le Roi se saisit des Comtez de Nevers & de Retel. Le Pape Jean XXII. faisoit tous les jours de nouveaux efforts pour vuider ce different : mais les Flamans éludoient toutes les démarches qui se faisoient pour la paix, ils faisoient semblant de traiter, & ne vouloient rien conclure.

Il y eut en la même année une division entre l'Evêque & les habitans de Verdun. L'Evêque qui avoit ses partisans, chassa une partie des Bourgeois de la ville. Le Comte de Bar se saisit de la conjoncture, & se rendit maître de quelques forts du territoire de Verdun. La ville étoit sous la garde du Roi Philippe. Il y envoia son Connétable, qui pacifia tout, & rappella les Bourgeois chassez.

En cette même année fut décidée l'affaire de Mathilde & de Robert d'Artois. Par un Jugement solemnel le Comté d'Artois fut adjugé à la Comtesse Mathilde ou Mahaut : Robert d'Artois lui-même ratifia ce Jugement par des Lettres. Le Comte de Richemont oncle de Robert, le Comte de Namur son beau-frere, les Princes du Sang, & entr'autres Philippe de Valois s'engagerent de faire observer cette décision & d'agir contre celle des deux parties, qui voudroit l'attaquer.

Flandros mox futurum esse videbatur. Induciæ tamen factæ sunt ad usque Pascha proximum, ac deinde ad Pentecosten usque productæ fuere. Eodem tempore Ingeranni Marigniacensis amici, favente Carolo Valesio, ab Rege impetrarunt ut corpus e patibulo sublatum, in Ecclesia Cartusianorum tumularetur; indeque Scuisium translatum est, ut jam diximus.

Idem. Hoc circiter tempus cœpit illa quæstio insulsa, quæ tot turbas in Ecclesia dedit : an Religiosi Mendicantes, ciborum, vestium aliorumque ad vitam necessariorum possessionem, an usum tantum haberent ? Tam inutilis quæstio usque adeo animos utrinque exasperavit, ut eam quasi rem seriam, summi Pontifices, Concilia, Præfecti Ordinum diu tractaverint.

Res Flandrenses in dies difficiliores evadebant, nec componi posse videbantur. Ludovicus Comes Nivernensis & Retelensis Comitis Flandriæ primogenitus, & Regi & Regno Franciæ inimicissimus, rebelles Flandros, cæterosque quotquot poterat contra Regem Philippum concitabat. Mandat illi Rex ut veniat causam in Curia sua dicturus. Ludovicus in Flandriam recessit, nedum pareret. Illo non obsequente, Philippus Comitatus Nivernensem & Retelensem ipsi abstulit. Joannes vero Papa nihil non agebat, ut pacem conciliaret. Verum Flandri, operam danti semper illudebant, se paci studere simulabant; ita ut nihil unquam perficerent.

Eodem anno dissensio Virduni fuit inter Episcopum & cives. Episcopus suorum fultus auxilio, civium maximam partem ex urbe ejecit. Comes autem Barensis occasionem captans, aliquot Castella Virdunensis agri occupavit. Urbs tum sub custodia erat Philippi Regis, qui illo Constabularium misit. Hic vero omnia composuit, pulsosque cives in urbem reduxit.

Hoc eodem anno in negotium Mathildem inter & Robertum Artesium sententia prolata est. Mathildi Comitatus Artesiæ adjudicatus fuit : ipséque Robertus consensum suum literis consignavit ; Comes Divitis-Montis, Comes Namurcensis, itemque Regiæ familiæ principes cum Philippo Valesio, latam sententiam se propugnaturos polliciti sunt, si quis ex contendentibus illam denuo oppugnaret.

Robert

PHILIPPE V. dit le Long.

Robert Roi de Naples faisoit la guerre en Italie pour le Pape contre la faction des Gibelins, qui y étoit très-puissante. De concert avec Sa Sainteté il appella à son secours Philippe qui fut depuis Roi de France, fils de Charles Comte de Valois. Il partit pour la Lombardie accompagné de Charles son frere & de quantité de Noblesse; & se rendit à Asti. Un grand nombre de troupes devoit le venir joindre de Florence, de Boulogne, de Provence & d'ailleurs; en sorte qu'il auroit pu faire la guerre aux Gibelins avec avantage & esperance d'un bon succés. Mais gagné ou trompé, dit le Villani, par Matthieu Visconti Capitaine de Milan, qui lui fit de grands presens, il s'en revint en France, sans rien faire : ce qui ne lui fit pas honneur. D'autres disent qu'il se retira, parce que son ennemi étoit deux fois plus fort que lui, & que les secours promis ne venoient pas.

Le Comte de Flandres voulant se rendre maître de l'Isle, où il y avoit garnison Françoise, se disposoit à passer la Lis avec une armée, pour aller assieger cette ville. Mais les Gantois las de tant de troubles, dirent qu'ils vouloient garder la tréve pour laquelle ils avoient prêté serment; & toutes les troupes de Gand, qui faisoient une partie considerable de son armée, se retirerent. Le Comte indigné condamna la ville à une grosse amende. Les Gantois refuserent de la paier. Alors le Comte se mit à faire des actes d'hostilité, il fit garder les passages, emprisonna ceux de Gand qu'il pût attraper, & en tua plusieurs. Les Gantois se mirent en défense, & coururent sus à ses gens. Cette nouvelle affaire rendit le Comte plus traitable. Il parlementa avec un Cardinal envoié par le Pape pour faire sa paix avec le Roi de France, & promit d'aller à Paris vers le milieu du Carême pour rendre hommage au Roi. Mais le tems étant venu, il s'en excusa sur des raisons frivoles. Il y vint pourtant l'année d'après, avec le Comte de Nevers son fils, & les Procureurs des Communes de Flandres. Cette ame hautaine & superbe voulut exiger du Roi avant que de lui prêter serment, qu'il lui rendroit l'Isle, Douai & Bethune. Le Roi indigné jura qu'il ne lui rendroit pas une de ces villes, & obligea toute sa Cour de jurer comme lui. Le Comte se retira, & prit sans dire adieu son chemin vers la Flandre. Les Procureurs des Communes coururent après lui, & lui dirent qu'ils ne partiroient point de Paris que la paix ne fut faite, bien certains que s'ils s'en retournoient sans rien faire, ceux qui les avoient envoiez ne manqueroient point de

1320.
Brouillerie en Flandre.

1320.

Contin. Nang. l.

Robertus Rex Neapolitanus in Italia pro summo Pontifice bellum gerebat, contra Gibellinorum factionem, quæ tunc potentissima erat. In opem vero assentiente summo Pontifice, Philippum Valesium, qui postea Rex Franciæ fuit, evocavit. Is Langobardiam cum Carolo fratre & nobilium numero grandi concessit : Astamque se contulit. Ingentem armatorum manum exspectabat ex Italiæ urbibus, Florentia, Bononia, ex Gallo-provincia aliisque locis; quibus junctis copiis Gibellinos debellare facile potuisset. Verum Matthæi Vice-Comitis Mediolensium Ducis vel muneribus delinitus, vel artibus deceptus, inquit Villanus, in Galliam re infecta regressus est. Alii dicunt receptui cecinisse, quia hostium exercitus duplo numerosior erat, & promissa auxilia non comparebant.

Robertus Comes Flandriæ, cum Insulas, ubi Francorum præsidium erat, expugnare cuperet, Legiam trajecit, ut illam obsideret. At Gandavenses perpetuæ discordiæ fastidio permoti, se inducias observare velle dixerunt, pro quibus servandis sacramentum præstiterant, omnesque Gandavenses copiæ, quæ maximam exercitus partem constituebant, discesserunt. Indignatus Comes grandem mulctam Gandavensibus imposuit. Cum illi solvere nollent, Comes incursiones in agros Gandavenses fecit, vias observavit, & quotquot potuit Gandavenses in carcerem conjecit, multosque occidit. Gandavenses vicissim Comitis agmina adorti sunt. Mutata rerum conditione, Robertus ad pacem cum Rege Philippo faciendam propensior, Cardinalem audivit a Summo Pontifice ad eam rem missum, promisitque se in media Quadragesima Lutetiam venturum, & sacramentum fidei Regi præstiturum esse. Non stetit promissis Comes, inaniaque prætendens Regem adire neglexit. Tandemque anno sequenti venit Lutetiam cum filio Nivernensi Comite & Procuratoribus Communiarum Flandriæ. Antequam vero sacramentum fidei Regi præstaret, ab illo superbe exigebat, ut sibi Insulam, Duacum & Bethuniam restitueret. Indignatus Rex cum sacramento edixit se non redditurum esse, & Regiæ suæ primores ad idem sacramentum emittendum induxit. Tum Robertus secreto versus Flandriam iter capessivit : at Procuratores memorati illum insequuti, cum properantem attigissent, non posse se dixerunt re infecta Lutetia proficisci, ne si non conciliata pace redirent, ab iis qui se

Contin. Nangii. Dacherii.

Tome II.   Ff

Le Comte de Flandres forcé de rendre hommage au Roi. leur faire couper la tête. Le Comte craignant que les Communes ne se tournassent contre lui, & qu'il ne vînt à perdre son Comté, revint à Paris, & quoique bien malgré lui il prêta au Roi le serment de fidelité. Le Roi donna à Louis fils aîné du Comte de Nevers une de ses filles en mariage, & lui rendit les Comtez de Nevers & de Retel ; à condition qu'il ne rechercheroit point ceux de ses vassaux de ces Comtez qui s'étoient tournez contre lui.

Les Pâtoureaux. En cette même année s'assembla une grande troupe de Pâtoureaux, comme du tems de saint Louis. Ils disoient qu'ils vouloient faire le voiage d'outremer pour délivrer la Terre Sainte. Ils avoient à leur tête deux scelerats : un Prêtre à qui pour ses crimes on avoit ôté son benefice, & un Moine apostat de l'Ordre de saint Benoît. Les Bergers quittoient leurs troupeaux pour suivre cette bande qui s'accrût merveilleusement. Ils agissoient avec violence, & alloient délivrer de force ceux d'entr'eux qui étoient mis en prison. Ils entrerent au Châtelet de Paris pour en tirer quelques-uns des leurs, & précipiterent par l'escalier le Prevôt qui les vouloit empêcher. Après quoi ils allerent se ranger en bataille au Pré aux Clercs. Personne n'alla contre eux, & on leur laissa la liberté de se retirer. Ils marcherent vers l'Aquitaine, tuant tous les Juifs qu'ils trouvoient, & se saisissant de leurs effets. Arrivez à une Tour où beaucoup de Juifs s'étoient retirez pour s'y défendre & éviter ainsi la mort, ils l'assiegerent ; les Juifs s'y défendirent quelque tems. Les Pâtoureaux mirent le feu à la porte. Les Juifs voiant qu'ils ne pouvoient leur échapper, se firent tous tuer par un des leurs ; qui après cette expedition descendit & demanda le Batême pour lui & pour quelques petits garçons Juifs qui l'accompagnoient, disant qu'il venoit de tuer tous les autres. Les Pâtoureaux le mirent en pieces comme meurtrier de ses Compatriotes, & firent baptiser ces enfans. Arrivez en Languedoc auprès de Carcassonne, ils continuerent à tuer les Juifs : mais celui qui gouvernoit pour le Roi dans le pays, assembla des troupes, donna sur ces canailles, en tua quantité, en prit un grand nombre, les fit pendre par vingtaines & par trentaines, & dissipa en peu de tems toute la troupe.

Le Comte de Nevers fils aîné du Comte de Flandres, fut accusé en cette année d'avoir voulu faire empoisonner son pere. Sur cette accusation on se saisit de lui par ordre du Comte, & en même tems d'un certain Frere Gautier de l'Ordre des Hermites de saint Guillaume, qui étoit toujours auprès du Comte

Idem. miserant, capite plecterentur. Comes autem metuens ne civitatibus contra se converſis, ipſe a Flandriæ Comitatu pelleretur, Lutetiam rediit, ac vel invitus sacramentum fidei Regi præſtitit. Philippus Ludovico filio Comitis Nivernensis ex filiabus unam nuptui dedit, Comitatusque Nivernensem & Retelensem ipſi restituit, illa conditione, ut in Nivernenses & Retelenses, qui Regi faverant, non sæviret.

Eodem anno coiit Pastorellorum turba ut tempore S. Ludovici, qui ſe tranſmarinam expeditionem suscepturos jactitabant, ut Terram Sanctam liberarent. Duces erant scelesti viri duo : quorum alter Sacerdos facinorum causa beneficium suum amiserat ; alter vero Monachus Sancti Benedicti, qui ab Ordine defecerat. Opiliones paſsim relictis gregibus catervam mirum in modum augebant. Violentia utens incondita turba : ſi quos ex ſuis facinorum causa in carcerem trusos videret, impetu facto ex carceribus extrahebat. Sic in *Castelletum* Parisinum ingreſſi Pastorelli, quoſdam ex ſuis eduxerunt, obnitentemque Præpositum, per gradus præcipitarunt. Poſt hæc autem in Prato Clericorum aciem inſtruxerunt, obſiſtente nemine. Profectique versus Aquitaniam, Judæos quoſque obvios trucidabant, eorumque bonis direptis, ad cœpta perficienda properabant. In turrim quandam inciderunt, quo Judæi multi, vitæ ſervandæ causa confugerant : oppugnatur turris, Judæi hoſtem propulſant. Pastorelli ad portam ignem conjiciunt : Judæi ne torti vel combuſti perirent, alicui ex ſuis se jugulandos præbent, qui cum omnes peremiſſet, deſcendit & cum puerulis quibuſdam Judæis baptismum petit, ſe Judæos omnes in turri incluſos occidiſſe dicens. Pastorelli vero iſtum ut contribulium interfectorem trucidant, puerulosque Judæos baptiſari jubent. In Septimaniam cum veniſſent, prope Carcaſſonem Judæos perimere pergebant. At Rector Provinciæ, collecta armatorum manu, sceleſtos illos adortus eſt, multos occidit, alios vicenos & tricenos ſuspendi juſſit, ſicque totum agmen diſſipavit.

Idem Ludovicus Comes Nivernenſis Roberti Comitis Flandrenſis primogenitus, accuſatus quod patri venenum propinare voluiſſet, patre jubente, comprehenſus eſt, & cum illo Frater Galterus ex ordine Eremitarum Sancti Guillelmi, qui Comiti Nivernenſi familiaris, vene-

PHILIPPE V. dit le Long. 227

de Nevers, & qu'on assuroit avoir voulu donner le poison au Prince. On mit ce Frere à la question, où il n'avoüa jamais rien. Le Comte de Nevers fut pourtant toujours gardé en prison, & n'en sortit à la fin qu'à condition que du vivant de son pere il n'entreroit plus en Flandre. On crût que c'étoit son second frere Robert qui lui avoit joüé ce tour, pour se mettre en possession du Comté de Flandre après la mort de son pere. Louis mourut avant Robert son pere, & laissa un fils du même nom que lui.

Philippe qui avant que d'être Roi avoit été Comte de Poitou, aimoit cette Province, la visitoit souvent, & se disposoit, dit-on, à y faire un long sejour. Il y alla dans ce dessein; un bruit se répandit alors que les Lépreux du païs avoient empoisonné les fontaines & les puits; en sorte que ceux qui buvoient de cette eau, ou mouroient bien-tôt, ou devenoient lépreux comme eux. Le Roi en aiant eu avis de plusieurs endroits, se retira bien vîte, & repassa la Loire. Il donna ordre qu'on arrêtât les Lépreux dans tout son Roiaume, & qu'on leur fît leur procès. On disoit que c'étoit le Roi de Grenade Sarazin, qui par l'entremise des Juifs avoit porté les Lépreux à conspirer ensemble pour faire périr les Chrétiens ou les faire devenir lépreux comme eux. On fit brûler dans tout le Roiaume un grand nombre de Lépreux & de Juifs, & quelquefois sans discerner l'innocent du coupable. A Paris on agit avec plus de moderation: on fit brûler ceux qui furent convaincus, & l'on condamna tous les autres à un exil perpetuel. On retint quelque tems les plus riches pour découvrir où étoient leurs biens, qui furent confisquez au Trésor Roial. On disoit que la somme monta fort haut. Il y en eut qui crurent qu'on suscita cette querele aux Lépreux, pour se saisir de leurs biens qui étoient très-considerables. Il est en effet très-difficile de croire, que tous les Lépreux du Roiaume eussent conspiré ensemble pour faire périr tout le reste des hommes, ou les rendre Lépreux comme eux. Cela à tout l'air d'un conte fait à plaisir.

1321.

Execution des Lépreux & des Juifs.

Les Juifs furent accusez, comme nous venons de dire, d'avoir eu part à la conspiration des Lépreux. On en prit quarante à Vitri, & on les mit en prison. Jugeant bien qu'on les meneroit de là au supplice, & qu'ils périroient tous par le feu; ils resolurent de se faire mourir, & prierent le plus ancien & le plus vénerable de la troupe de les tuer tous l'un après l'autre. Il demanda pour l'aider, un jeune homme qui lui fut accordé. Les deux tuerent tous les autres. Après cela ils disputerent entr'eux lequel des deux tueroit l'autre. Le vieux

natum poculum patri oblaturum fuisse dicebant. Tortus Galterus nihil unquam confessus est. Comes vero Nivernensis diu in carcere detentus, tandem illa conditione dimissus est, ut vivente Patre in Flandriam nunquam accederet. Rumor autem fuit fratrem ejus minorem Robertum hanc calumniam commentum fuisse, ut post patris mortem Flandriæ Comitatum invadere posset. Ludovicus vero ante patrem obiit, & filium cognominem reliquit.

Idem.

Philippus, qui antequam Rex esset, Pictavorum Comes fuerat, provinciam illam amabat. Illò sæpe se conferebat, & diuturnum ibi temporis spatium transigere parabat. Cum autem illò pervenisset, rumore nuncio publicatum est, leprosos istius regionis veneno fontes & puteos omnes infecisse, ita ut qui ex aquis istis potum accepissent, aut statim morerentur, aut leprosi evaderent. Quæ res cum ad Philippi aures undique perferretur, celeriter profectus ille Ligerim trajecit, jussitque leprosos omnes per totum regnum apprehendi, ut ei veritas exploraretur. Narrabatur autem Granatensem Regem Saracenum, Judæorum opera, leprosos suscitavisse ut Christianis omnibus perniciem aut lepram inferrent.

Multi in regno leprosi, Judæique plurimi combusti sunt, sæpeque sine discrimine sontes cum insontibus periere. Lutetiæ vero æqui legibus servatis, qui noxii deprehensi sunt, igne consumti; cæteriqueomnes in perpetuum exsilium missi sunt. Qui opulentiores erant, diutius detenti sunt, ut eorum bona omnia dignosci possent, quæ Regi addicta, rem ærariam regiam multum auxere, ut fama ferebat. Quidam vero putarunt confictam querelam fuisse, ut hac simulata specie, leprosorum bona tunc ingentia invaderentur. Vix certe credatur, leprosos omnes per Gallias sparsos, in cæterorum hominum perniciem conspiravisse, ut universos perderent, vel leprosos redderent. Id certe fabulam sapit.

Accusati Judæi fuere, ut supra diximus, quod cum leprosis conspirassent. Quadraginta autem numero Vitriaci comprehensi sunt, & in carcerem conjecti. Cum autem se extremo plectendos supplicio & incendio perituros non ignorarent, seniorem venerabilioremque cœtus sui rogarunt se singulatim & ad unum perimeret. Ille ex junioribus expetiit, qui secum hoc fungeretur officio; quod cum impetrasset, ambo cæteros jugularunt. Tum inter ambos contentio fuit uter

Idem.

Tome II. Ff ij

voulut à toute force être tué par le jeune, & le fut effectivement. Après cela ce jeune ramaſſa tout l'or & l'argent de ſes Compatriotes morts, & chercha le moien de ſe ſauver. Il fit une corde de leurs habits, l'attacha & ſe laiſſa couler tout doucement. La corde ſe trouva trop courte, & comme il étoit fort chargé d'or & d'argent en tombant il ſe caſſa une jambe. Il fut pris & envoié au ſupplice.

Entrepriſe de Philippe le Long. *1321.*

Philippe fit alors une entrepriſe qui auroit cauſé de grands mouvemens, s'il avoit eu le tems de l'executer. Il voulut établir dans tout le Roiaume les mêmes poids, les mêmes meſures & les mêmes monnoies. Il envoia pour cet effet de tous côtez, & ſur tout aux Princes & aux Prélats qui avoient droit de battre monnoie. Et comme il ſuppoſoit que ce changement ne ſe pouvoit faire ſans une grande dépenſe, il vouloit exiger de tous ſes ſujets la cinquiéme partie de leurs biens. La ſeule propoſition d'une levée ſi extraordinaire révolta tout le monde. Les Princes, les Evêques, les Communes des Villes, & tous les particuliers furent effrayez d'un tel projet. Les Princes & les Prélats, qui avoient droit de battre monnoie, s'y oppoſerent. Les Communes & les particuliers étoient ſi diſpoſez à une revolte, qu'on n'y penſa plus. On continua pourtant à faire des extorſions : & pluſieurs crurent que ce fut en punition de cela, que le Roi mourut jeune.

Sa mort. *1322.*

Au commencement d'Août Philippe fut attaqué d'une diſſenterie & d'une fievre quarte, qui le mina peu à peu. Dans le cours de ſa maladie il eut quelque répi, & ſe trouva conſiderablement ſoulagé : mais n'aiant pas gardé le régime convenable, il retomba & mourut le troiſiéme de Janvier. Son corps fut porté à ſaint Denis le jour de l'Epiphanie, & mis dans ſon Tombeau près du grand Autel.

---

alterum occideret ; id demum obtinuit ſenior ut a juniore interficeretur. Hic vero poſtea aurum & argentum contribulium ſuorum collegit , & quo pacto evadere poſſet cogitavit. Ex ſingulorum veſtibus funem apparavit, quo firmiter alligato ſenſim delapſus eſt ; cumque longe brevior funis eſſet, quam ut terram contingeret, ex auri argentique pondere gravius ſubruit, & fracto crure, loco movere non potuit. Captus igitur ad extremum ſupplicium adductus eſt.

Idem.

Rem tunc aggreſſus eſt Philippus, quæ motus ingentes in Regno concitaſſet, ſi perficere illam potuiſſet. In regno toto eadem pondera, eaſdem menſuras monetaſque inducere voluit. Miſit ergo ad Principes & Epiſcopos, qui jus cudendæ monetæ haberent. Cumque ſupponeret mutationem illam nonniſi ſumtibus maximis induci poſſe, a ſubditis omnibus quintam bonorum partem exigere parabat. Ex ſola tanti vectigalis fama omnium animi exaſperati ſunt, Principes, Epiſcopi, civitates & populi perterriti ſunt : hincque finiſtri quidpiam oriturum videbatur. Principes & Epiſcopi qui cudendæ monetæ jure fruebantur, obſtitere : cumque civitates defectionem pararent, a tali propoſito Philippus deſtitit : neque tamen vectigalium onera extincta fuere. Multi ideo putavere ex ultione divina Philippum interiiſſe.

Initio Auguſti Rex in graviſſimum dyſenteriæ & febris quartanæ morbum incidit, ſenſimque defecit. In decurſu morbi quædam recuperandæ valetudinis ſpes affulſit ; ſed cum Philippus non caute & temperate ſe gereret, in graviorem lapſus ægritudinem, tertia Januarii die obiit, corpuſque ejus in Eccleſiam Sancti Dionyſii tranſlatum, prope aram majorem ſepultum fuit.

CHARLES IV. dit LE BEL, Roi de France.

CHARLES Comte de la Marche succeda à son frere sans aucune opposition, & se fit sacrer à Rheims. Il pensa d'abord à faire déclarer nul son mariage avec Blanche d'Artois, qui aiant été convaincuë d'adultere, étoit en prison. La raison de nullité étoit que l'aiant levée des fonts, il avoit contracté avec elle une alliance spirituelle, & qu'il l'avoit épousée sans dispense du Pape. Sa Sainteté commit l'affaire aux Evêques de Paris & de Beauvais, & à Geoffroi du Plessis Protonotaire; sur le rapport desquels il déclara le mariage nul. Charles aiant ainsi répudié Blanche, épousa Marie de Luxembourg fille de l'Empereur Henri VII. qui fut couronnée l'année suivante.

1322.

Dès le commencement de son regne il s'appliqua beaucoup à réformer les monnoies fort alterées dans les Regnes précedens ; *afin que la matiere*, dit-il dans une de ses Ordonnances, *qui est allée hors de notre Roiaume, à grand dommage de nous & de nostre peuple par l'engin & cautelle des subtils & malicieuses gens, puisse revenir arriere en nostre Roiaume.* Il ôta le cours des mauvaises monnoies & en fit frapper de bonnes, qu'il fut depuis obligé d'alterer pour fournir aux frais de la guerre contre les Anglois en Gascogne.

Robert III. Comte de Flandre étant mort, Louis fils de Louis Comte de Nevers, dont nous venons de parler, & Robert second fils de Robert III. se disputerent la succession. Louis Comte de Nevets accusé d'avoir voulu empoisonner son pere, fut banni de la Flandre, & mourut comme nous avons dit ci-devant. Robert qui à ce qu'on croioit avoit suborné les accusateurs, étoit aux aguets pour se mettre en possession du Comté. Après la mort de son pere, il se saisit de quelques places, dans le dessein d'exclure son neveu Louis de la succession. Louis vint à Paris : son droit paroissoit le meilleur, & d'ailleurs les Communes de Flandre avoient déclaré, qu'elles ne vouloient point d'autre Comte que lui. Le Roi Charles reçût donc son hommage, & il fut établi Comte du consentement de tous les Flamans.

Affaires de Flandre.

Cette même année le Roi Charles contre le bien de l'Etat, & suivant le conseil pernicieux de quelques-uns de ses gens, prit résolution d'affoiblir les mon-

---

CAROLUS IV. PULCHER dictus.

Cont. Nang.

CAROLUS Comes Marchiæ fratri nullo obsistente successit, seque Rhemis inungi curavit. Statim vero id assequi conatur ut suum cum Blancha Artesia connubium nullum declaretur ; quæ cum adultera deprehensa fuisset, in carcere detinebatur. Nullum autem esse connubium probabatur, quod ipse Carolus Blancham in fonte baptismatis tenuisset, & *spirituali* affinitate sibi conjunctam sine summi Pontificis dispensatione duxisset uxorem. Examinandam rem Papa commisit Episcopis Parisiensi ac Bellovacensi, atque Goffredo de Plessiaco Protonotario, quibus res ut acta esset referentibus, matrimonium nullum esse Pontifex declaravit. Carolus vero Mariam Luxemburgensem Henrici VII. Imperatoris filiam duxit, quæ anno sequenti coronata fuit.

le Blanc.

Initio regni sui reformandæ monetæ, sub præcedentibus Regibus admodum adulteratæ, operæ plurimum contulit, *ut materia*, inquit, *quæ ingenii nostri & populi damno extra regnum artificio & opera improborum quorumdam exportata fuit, in regnum nostrum redire possit*. Adulteratas monetas de medio sustulit, & novas sincerasque cudi curavit. Sed illas postea adulterare coactus est, ingruente Anglorum in Vasconia bello.

Roberto III. Flandrensi Comite defuncto, Ludovicus, Ludovici Nivernensis Comitis, de quo supra actum fuit, filius cum Roberto patruo, Roberti III. secundo filio de successione contendit. Ludovicus pater hujus Ludovici accusatus quod patrem veneno tollere voluisset, ex Flandria exsulare coactus fuerat, ut diximus. Robertus vero frater, qui testes subornavisse credebatur, occasionem captabat ut Flandriæ Comitatum invaderet. Defuncto patre, aliquot oppida occupavit eo animo, ut Ludovicum a successione excluderet. Ludovicus Lutetiam venit : æqui ratio pro illo pugnare videbatur, & alioquin Flandriæ civitates edixerant, se non alium quam Ludovicum Comitem admissuras esse. Carolus igitur Rex sacramentum fidei ab illo accepit, & ex consensu Flandrorum omnium Comes susceptus est.

Hoc ipso anno Rex Carolus, *quorumdam seductus consilio* postquam monetam reformaverat, ut modo di-

Idem.

CHARLES IV. dit le Bel.

noies, qu'il venoit de mettre en bon état : ce qui fut la source de maux infinis.

1323.
Jourdain de l'Isle scelerat.

Jourdain de l'Isle homme de qualité entre les Gascons, mais qui se deshonoroit par des actions indignes du rang qu'il tenoit, fut accusé & cité devant le Roi. Il y eut dix-huit chefs d'accusation contre lui ; c'étoient autant de crimes dont le moindre méritoit la mort, & de pas un desquels il ne pût se justifier. Mais le Pape Jean XXII. dont il avoit épousé la niéce, interceda pour lui auprès du Roi, & obtint sa grace. Bien loin d'en devenir plus sage ; il ajouta crime sur crime : il violoit les jeunes filles, faisoit souvent des meurtres, nourrissoit des bandes de scelerats & de voleurs. Rebelle à la Justice il tua à coup de bâton un Sergent du Roi revêtu de ses armes. Il fut cité de nouveau, & obligé de se rendre à Paris pour subir le Jugement. Il fut assez mal-habile pour y venir, se confiant en plusieurs Comtes & Barons de l'Aquitaine qui l'accompagnoient & qui soutenoient sa cause; mais il en vint aussi un grand nombre pour l'accuser, dont quelques-uns étoient de la premiere qualité. Sa cause fut examinée, il fut d'abord mis au Châtelet, & par la Sentence des Juges condamné à être traîné à la queue des chevaux & puis pendu en place publique : ce qui fut executé la veille de la Trinité.

Le couronnement de la Reine Marie de Luxembourg fille de l'Empereur Henri VII. se fit avec une grande solemnité. L'Archevêque Electeur de Tréves y assista avec plusieurs autres Princes & grande quantité de Noblesse. L'Archevêque de Sens célebra la Messe dans la Sainte Chapelle, & fit la cérémonie.

Maléfices & prestiges.

Il est incroiable combien on s'adonnoit alors en France aux malefices & aux prestiges, qui donnoient beaucoup d'exercice aux Inquisiteurs de la foi. Voici un fait qui fit un grand bruit, & qui mérite d'être rapporté. Un Abbé de l'Ordre de Cîteaux avoit perdu une grosse somme d'argent. Il traita avec un de ces prestigiateurs, qui lui promit de lui faire retrouver ce qu'il avoit perdu, & de lui découvrir les voleurs. Voici le prestige dont il se servit. Il prit un chat noir, l'enferma dans un coffret, avec la nourriture qu'il lui falloit pendant trois jours. Cette nourriture étoit du pain trempé dans le Saint Chrême & dans l'eau benite. Il fit ensuite une fosse dans un chemin public où il enterra le coffre & le chat, & mit deux tuiaux, qui montoient depuis le coffre jusqu'au dessus du chemin, par où le chat pouvoit respirer jusqu'au troisiéme jour, qu'il devoit venir le déterrer. Des bergers passerent par là : leurs chiens sentirent le chat par

---

Idem.

cebamus, *debilem monetam poni instituit ; unde in populo postea damna innumerabilia sunt sequuta.*

Jordanus de Insula inter Vascones genere nobilis, sed qui indignis facinoribus nobilitati suæ dedecus magnum inferebat, ante Regem accusatus & evocatus est. Octodecim illi crimina oblata sunt: hæc totidəm scelera erant, ex quorum numero quod levius esset mortem merebatur. Ex nullo autem sese purgare potuit. Verum interveniente Papa Joanne XXII. cujus neptem Jordanus duxerat uxorem, venia ipsi ab Rege concessa fuit. Sub hæc vero pejora ille admisit, nedum resipisceret. Puellas enim violabat, homicidia perpetrabat, prædonum scelestorumque hominum turmas fovebat, Regis Servientem regia insignia ferentem baculo interfecit. Denuo autem evocatur Lutetiam judicium subiturus, imprudenterque illò concessit, absque metu quod Comites & Primores Aquitanicos secum haberet causæ suæ defensores : at plurimi quoque venere illum accusaturi, quorum quidam ex prima nobilitate erant. Excussa causa fuit. In *Castelletum* ille detrusus, ex Judicum sententia ad caudam equorum tractus, posteaque in patibulo suspensus fuit, in vigilia S. Trinitatis.

Cum celebritate maxima coronara Regina fuit Maria Luxemburgensis filia Imperatoris Henrici VII. Adfuit solemnitati Archiepiscopus Trevirensis ; adfuere item Principes plurimi ingensque Nobilium cœtus. Archiepiscopus Senonensis in Sacra Capella Missam celebravit, Reginamque coronavit.

Idem.

Vix credatur quanta tum maleficia, quot quantæque præstigiæ in regno Francorum exercerentur, quantamque iis excutiendis rebus Inquisitores fidei operam ponerent. En historiam sane memorandam quæ isto anno contigit. Abbas quidam Cisterciensis magnam pecuniæ summam perdiderat. Præstigiatorem vero quemdam adiit, qui id acturum pollicitus est, ut & pecunia ipsi restitueretur, & detegerentur fures. Hoc autem præstigiarum modo est usus. *Catum nigrum* sumsit, & in quadam *cista sive scrinio* inclusit, *cibum confectum de pane madefacto in chrismate, oleo sancto & aqua benedicta; quod sibi ad triduanum victum posset sufficere in cista* inclusit. Fossam postea in quadrivio paravit in qua scrinium & felem reposuit operuitque, relictis fistulis duabus, quarum ope felis respiraret ad usque tertium diem, quo illum præstigiator educturus erat. Verum istuc transeuntibus cum grege suo opilionibus, canes

CHARLES IV. dit le Bel.

les trous, & se mirent à fouiller & à creuser avec leurs ongles, découvrirent le coffre & ne purent l'arracher. Un berger va trouver le Juge, & lui fait rapport de tout ceci. Le Juge y vient bien accompagné, fait tirer le coffre de terre, & pour découvrir l'auteur du sortilege, il fit venir tous les Menuisiers de Paris : celui qui avoit fait le coffret, lui dit que c'étoit lui qui l'avoit vendu au nommé Jean Prevôt, mais qu'il ne savoit pour quel usage. Jean Prevôt fut pris & mis à la question. Il confessa tout, & dit que le grand maître dans l'art des sortileges & des malefices, étoit le nommé Jean de Persant, & que ses complices étoient, un Moine apostat de Cîteaux son disciple, l'Abbé de Sarconcelles de l'Ordre de Cîteaux, & quelques Chanoines Réguliers, qui furent tous pris & menez devant l'Official de l'Archevêque & les autres Inquisiteurs de la foi. On demanda aux auteurs du prestige ce qu'ils prétendoient faire avec ce chat enfermé. Ils répondirent qu'après trois jours ils l'auroient écorché & divisé sa peau en plusieurs courroies, qui jointes ensemble auroient fait un cercle dans lequel un homme auroit pû se tenir. Que le prestigiateur se seroit mis dans ce cercle aiant à son derriere une partie de la nourriture préparée pour le chat, qu'il auroit invoqué un démon nommé Berich, qui n'auroit pas manqué de venir, & qu'étant interrogé il auroit découvert les voleurs, & tout ce qui étoit à propos de savoir sur l'affaire presente. Après cette confession, Jean de Persant & Jean Prevôt, furent condamnez à être brûlez tout vifs. L'un des deux mourut avant l'execution : le mort & le vivant furent réduits en cendre. L'Abbé & les autres convaincus de sortilege ; ceux aussi qui avoient donné le Saint Chrême à Jean Prevôt, furent dégradez & mis dans des prisons perpetuelles.

En la même année parut un Livre fait par un Moine de Morigny près d'Etampes, qui contenoit plusieurs images de la sainte Vierge. On y voioit un grand nombre de noms inconnus ; c'étoient apparemment les noms d'autant de diables. L'Auteur promettoit à ceux qui feroient copier ce Livre, & qui y feroient peindre les images qui s'y trouvoient, en y mettant leur nom, toute sorte de biens, de richesses & de délices, & tout ce qu'ils pourroient souhaiter. Ce Livre fut condamné comme superstitieux. L'Historien ne dit pas qu'on ait puni l'Auteur.

Le Roi Charles fit cette année un voiage en Languedoc, menant avec lui

---

felem per fistulas odorantur, unguibus terram amovent, & ad scrinium perveniunt; verum illud abstrahere non potuerunt. Tum Pastor quidam Judicem adit, & hæc illi renunciat. Hic *cum plurimis* locum petit, scrinium auferri jubet ; utque præstigiarum auctorem detegeret, fabros omnes lignarios Parisiacos advocari jubet. Qui scrinium concinnaverat, statim dixit se illud vendidisse cuidam Joanni *Præpositi*, nec scire cui usui. Illico Joannes ille comprehenditur, & tormentorum vi pressus, omnia fatetur ; præstigiarum & maleficiorum magistrum dicit esse Joannem de Persant ; conscios autem & consortes esse, Monachum quemdam Cisterciensem ejus discipulum, Abbatem de Sarcuncellis Cisterciensis Ordinis, & aliquot Canonicos Regulares, qui capti omnes & vincti ducti sunt ad Officialem Archiepiscopi. Interrogantur præstigiatores quid cum incluso fele facturi erant. Respondent illi : Post triduum detractam felis pellem in corrigias dividendam fore, quæ corrigiæ simul junctæ circulum efficerent, in quo præstigiator consistere posset, *in posterioribus suis ponens de prædicto cibo cati*. Tum Præstigiatorem in circulo positum invocaturum fuisse dæmonem nomine Berichum, qui haud dubie venisset, & rogatus furum nomina protulisset, & omnia ad præsens negotium pertinentia aperuisset. Post illam confessionem Joannes de Persant, Joannes *Præpositi* ignis supplicio damnantur ; sed altero ante supplicium defuncto, ejus cadaver cum vivente combustum est. Abbas & alii sortilegi deprehensi, tum illi etiam qui sanctum Chrisma Joanni *Præpositi* dederant, gradu dejecti, & in perpetuum carcerem trusi sunt.

Eodem anno editus est liber a quodam Monacho Moriniacensi prope Stampas, plurimas B. Virginis imagines complectens. Multa ibi ignota nomina comparebant, quæ, ut putabatur, dæmonum totidem nomina erant. Iis vero qui librum exscribi, & imagines depingi curarent, suo apposito nomine, pollicebatur Scriptor bona quælibet, divitias, delicias, & quidquid sibi cordi esset. Hic porro liber ut superstitionibus refertus damnatus fuit : nec dicit Scriptor an auctor plexus fuerit.

Hoc anno Carolus iter in Septimaniam suscepit se-

CHARLES IV. dit le Bel.

la Reine Marie qui étoit enceinte. Au retour elle accoucha avant le terme d'un fils, qui mourut dès qu'il eut reçû le Batême. On attribua ces couches précipitées à la fatigue du voiage. Elle mourut peu de jours après, & fut enterrée dans l'Eglise des Dominicaines de Montargis. Quelque tems après Charles épousa avec dispense du Pape Jeanne fille de Louis Comte d'Evreux sa proche parente.

1324,

Guerre en Gascogne.

Le Seigneur de Montpesat en Gascogne fut la cause d'un grand démêlé entre la France & l'Angleterre. Il fit bâtir un fort sur des terres qui appartenoient au Roi de France; mais qu'il soutenoit être sous la domination du Roi d'Angleterre. L'affaire est portée à la Cour de France, où il fut décidé que la terre étoit du Roi, de l'aveu même des Anglois; & qu'ainsi la Forteresse ou la Bastide, terme usité en ce tems-là, lui appartenoit. On s'en saisit donc pour le Roi, & l'on y mit garnison Françoise. Montpesat indigné de cela, ramassa une troupe de soldats Anglois, alla surprendre la Bastide, massacra toute la garnison, fit pendre les Chefs, rasa la Forteresse, & emporta en son Château de Montpesat tous les effets qui s'y trouverent. C'étoit une infraction de paix manifeste; cependant le Roi & sa Cour jugerent à propos de demander au Roi d'Angleterre réparation de l'injure. Le Roi d'Angleterre envoia en France son frere Edmond & d'autres Seigneurs, qui convinrent avec le Roi Charles, qu'on lui livreroit Montpesat, le Sénéchal des Anglois & quelques autres, & qu'on lui remettroit le Château. Ce Traité ne fut que simulé du côté des Anglois: après qu'ils se furent retirez, ils ne tinrent aucune des conditions arrêtées. Le Roi envoia son oncle Charles Comte de Valois, ses deux fils Philippe & Charles, & quantité de troupes pour tirer raison de l'injure. Ils allerent d'abord à Agen, qui se rendit sans coup ferir: de là ils marcherent vers la Réole, qui voulut se mettre en défense; mais les habitans se voiant assiegez dans les formes, se rendirent à condition qu'ils seroient sujets au Roi de France: permis pourtant à à ceux qui aimeroient mieux la domination Angloise de se retirer où ils voudroient. Le Comte de Valois subjugua aussi plusieurs autres places, & fit raser le Château de Montpesat: ensorte qu'il ne resta plus aux Anglois en ce payis-là que Bourdeaux, S. Sever Cap, & Baionne. Edmond frere du Roi Edouard se retira en Angleterre. Les troubles qui agitoient alors toute l'Isle, empêcherent que cette expedition n'eût des suites: on fit treve jusqu'à Pâques de l'année suivante.

cum ducens Mariam Reginam prægnantem. Dum revertetur autem Maria maturius enixa filium est, qui post baptismum statim obiit. Partus ille ante solitum tempus, itineris labori adscriptus est. Regina quoque paulo post defuncta, in Ecclesia Dominicanarum Montis-Argisii sepulta fuit. Haud multum postea Carolus Joannam Ludovici Ebroicensis filiam, cognatam suam cum dispensatione Summi Pontificis ducit uxorem.

Idem.

Dominus de Monte-pesato in Vasconia magnæ inter Franciam & Angliam dissensionis causa fuit. Castellum excitavit in terra quadam, quæ ad Franciæ Regem pertinebat; sed quam contendebat ille Regis Anglorum esse. Re ad Regiam Francorum perlata, judicatum est, ipsis fatentibus Anglis, terram ipsius Francorum Regis esse, Castellumque ad ipsum pertinere. Occupatum itaque fuit a Francis, in eoque Francicum præsidium positum est. Indignatus Monte-pesatius, collectis Anglorum copiis, castellum ex improviso cepit, præsidium totum trucidavit, duces suspendi jussit, castellum solo æquavit, & prædam omnem in castrum suum de Monte-pesato comportari præcepit. Pax sine dubio violata fuerat: attamen Rex, de consilio aulicorum, ab Rege Angliæ petiit resar-

ciri damnum. Eduardus vero Edmundum fratrem cum aliis optimatibus misit, qui cum Carolo Rege pacti sunt, ipsi tradendos esse Montem-pesatium, Anglorum Seneschallum & quosdam alios, castellumque Francis esse reddendum. At hoc pactum ex Anglorum parte simulatum fuit. Postquam profecti sunt, nullam ex conditionibus servarunt. Misit Rex Carolum Valesium patruum, duosque filios ipsius Philippum & Carolum cum exercitu, ut Anglos ulcisceretur. Statim vero Aginnum venerunt, quæ urbs subito capta fuit. Inde vero Regulam petiere, quæ statim defensionem parabat: sed oppidani se obsessos cernentes, se illa conditione dedidere, ut Regi quidem Francorum subditi forent; ita tamen ut iis qui Regis Anglorum dominationi subesse mallent, quo vellent se recipere possent. Alia quoque oppida cepit Comes Valesius & Montis-pesati castrum solo æquavit. Hæ postea urbes tantum in Aquitania Anglis superfuere, Burdegala, S. Severus in capite Vasconiæ & Baiona. Edmundus Regis Angliæ frater in Angliam reversus est. Cum tota insula in motu esset, hinc factum ut hæc expeditione non fuerint ad amissa repetenda concitati. Sed induciæ ad Pascha usque sequens factæ sunt.

L'Angleterre

CHARLES IV. dit le Bel.

L'Angleterre étoit en combuſtion, Hugue Spenſer & ſon fils de même nom que lui, étoient tellement maitres de l'eſprit du Roi Edouard II. qu'il ne faiſoit rien qu'à leur ſuggeſtion. La guerre d'Ecoſſe aiant très-mal réuſſi, on attribua ce mauvais ſuccès aux conſeils des Spenſers. Il ſe forma un grand parti contre eux, à la tête duquel étoit Thomas de Lancaſtre couſin du Roi. Les Spenſers avertis de tout firent entendre au Roi, que ce parti ſe formoit pour le détrôner, ce qui n'étoit pas hors d'apparence. Edouard fit ſaiſir en plein Parlement les principaux de ce parti, & fit couper la tête à vingt-deux : de ce nombre fut Thomas Comte de Lancaſtre, couſin du Roi, Prince d'une grande pieté, & dont la ſainteté, dit Froiſſart, fut manifeſtée par pluſieurs Miracles. Cette action attira aux Spenſers la haine de tous les Anglois, & en particulier de la Reine Iſabeau ſœur de Charles le Bel. Les Spenſers ne manquerent pas de faire entendre au Roi que la Reine étoit du parti de ſes ennemis. Elle craignant qu'on ne lui jouât quelque tour, ſe déroba adroitement de la Cour d'Angleterre, accompagnée de ſon fils Edouard, & d'Edmond Comte de Kent frere du Roi, & s'en vint en France, où elle fut reçûë du Roi Charles ſon frere avec toutes les démonſtrations poſſibles d'amitié & de tendreſſe.

Iſabeau Reine d'Agleterre vient à Paris.

Le Continuateur de Nangis qui a été ſuivi par du Tillet, raconte la choſe fort differemment. Il dit que ce fut Edouard II. lui-même qui envoia la Reine ſa femme en France, pour maintenir la paix entre lui & le Roi Charles, mécontent de ce qu'il n'avoit pas aſſiſté à ſon Sacre comme Pair de France, & de ce qu'il ne venoit pas lui rendre hommage de ſon Duché d'Aquitaine. Quoiqu'il en ſoit, une miniature de l'ancien Manuſcrit de Froiſſart, qui eſt à la Bibliotheque du Roi, nous repreſente l'entrée de la Reine Iſabeau dans Paris. Le Roi ſon frere vient au devant d'elle juſque hors la porte de la ville, ce qui ſemble ne pas s'accorder avec le recit de Froiſſart, qui dit qu'il vint au devant d'elle, lorſqu'elle alloit entrer dans ſa chambre. Le Roi eſt monté ſur un cheval dont la houſſe eſt chargée de fleurs-de-lis, & celui de la Reine Iſabeau porte de France écartelé d'Angleterre. Elle a une coeffure en pain de ſucre d'une hauteur extraordinaire, chargée de denteles, qui flottent en l'air. Cette mode a duré en France près de deux cens ans, comme nous verrons dans la ſuite. Un chien qui va devant le Roi, a un drap attaché au cou, chargé de fleurs-de-lis qui voltige en arriere. On voit ici une petite partie de la ville de Paris ; mais on n'oſeroit décider, ſi elle eſt faite avec exactitude, ou ſi c'eſt un pur caprice du Peintre. On

PL. XLII.

Froiſſard. Ardebat tunc Anglia rixis & contentionibus. Hugo Spenſerus & cognominis ejus filius ita Regis Eduardi II. animum occupaverant, ut nihil niſi inſtigantibus illis ageret. Cum bellum contra Scotos male ceſſiſſet, factio magna contra illos inſurrexit, cujus Princeps erat Thomas Comes Lancaſtrius Regis cognatus. Rei hujuſce gnari Spenſeri, Regi dixere, factionem illam ad ipſum ex ſolio dejiciendum apparari, id quod a veroſimili non abhorrebat. Eduardus in curia *Parlamenti* viginti duos ex conſciis apprehendi, iiſque capita præcidi juſſit, ex quorum numero erat Thomas Lancatrius, Princeps piiſſimus, cujus ſanctitas, inquit Froiſſartius, miraculis illuſtrata fuit. Hæc porro cædes, Anglorum omnium odium in Spenſeros concitavit, præcipueque Eliſabetæ Reginæ Caroli pulcri Regis ſororis. Spenſeri autem Regi nuntiarunt inimicorum ſuorum partibus hærere Reginam. Timens illa ne quid ſiniſtri ſibi accideret, ſecreto ex regiis ædibus ſe ſubduxit una cum filio Eduardo & Edmundo Comite Cantiæ Regis fratre, in Franciamque venit, ubi a Rege Carolo fratre cum affectu magno ſuſcepta eſt.

Cont. Nang. Nangii Continuator, quem Tilletius ſequutus eſt, longe alio modo rem enarrat. Rex Eduardus II. inquit, Reginam in Franciam miſit, ut pacem foveret inter ſe & Regem Carolum, ægre ferentem, quod ſuæ unctioni & coronationi non adfuiſſet, ut Parem Franciæ decebat, & quod ipſi ſacramentum fidei pro Ducatu Aquitaniæ præſtiturus non accederet. Ut ut res eſt, imago ſequens ex veteri Froiſſartii codice, qui in Bibliotheca Regis exſtat, Eliſabetæ Angliæ Reginæ ingreſſum Lutetiam exhibet. Rex Carolus frater ejus obviam ipſi venit, & extra portam urbis egreſſus viſitur: id ad hiſtoriam Froiſſartii quadrare non videtur, qui ait obviam illi veniſſe, cum ad cubiculum regium accederet. Regis equus liliis opertus eſt. Equus autem Eliſabetæ inſignia Angliæ Francicis adjuncta habet. Ornatum capitis geſtat apicem in conum definentem, cujus ſummitati annexæ tæniæ retro fluitant ; quod muliebre genus ornamenti per annos ferme ducentos in uſu fuit apud Francos, ut infra videbitur. Canis ante Regem prodiens pannum collo annexum habet retro volitantem, liliis opertum. Hic pars Lutetiæ urbis conſpicitur ; neque affirmare auſim an accurate ut erat tunc, an ex mero pictoris arbitrio delinea-

laisse au lecteur à remarquer bien des des choses sur les habits & sur les montures.

Isabeau demeura longtems à Paris, & tacha de porter le Roi Charles à lui donner du secours pour retourner en Angleterre & mettre à bas le parti des Spensers. Charles de l'avis de son Conseil ne jugea point à propos de rompre avec l'Angleterre. Il dit seulement à sa sœur qu'il lui donnoit la liberté d'engager autant de gens qu'elle pourroit à son service, pour les mener en Angleterre, & s'en servir contre le parti opposé. Elle le fit aussi secretement qu'elle pût, & trouva bien des gens disposez à la suivre. Les Spensers avertis de tout ceci firent tant auprès du Roi de France par presens ou autrement, qu'il défendit à tous ses sujets de prendre parti avec sa sœur. Le Roi Edouard écrivit au Pape, le priant d'obliger le Roi de France de lui renvoier sa femme, absente depuis longtems. Le Pape lui envoia cet ordre, le menaçant de l'excommunier s'il y manquoit. Le Roi congedia sa sœur, qui se rendit dans le Hainaut, où elle trouva le Comte tout disposé à lui donner secours : Jean de Hainaut frere du Comte s'offrit d'aller accompagner la Reine avec quantité de Seigneurs & grand nombre de Chevaliers. Avec cette troupe elle passa en Angleterre, où les mécontens qui faisoient le plus grand nombre la vinrent joindre. On marcha d'abord contre les Spensers qui étoient à Bristol : on se saisit du pere & du Comte d'Arondel, qui furent executez : on alla assieger ensuite le Château où étoient le Roi & le jeune Spenser. Ce Château étant situé sur le bord de la mer, ils voulurent se sauver sur une barque ; mais ils furent pris. Spenser fut condamné à un cruel supplice & fut executé, & le Roi Edouard second fut renfermé pour le reste de ses jours dans un Château, où sa femme le fit périr. Le jeune Edouard fut reconnu Roi d'Angleterre, & sa mere gouverna avec lui pendant un tems ; mais les choses changerent de face depuis, comme nous verrons plus bas.

Après que la Reine Isabeau fut partie de France, un bruit se répandit que le Roi d'Angleterre avoit fait tuer tous les François qui étoient dans son Roiaume & confisqué tous leurs biens. A cette nouvelle le Roi Charles fit mettre en prison tous les Anglois, pour leur faire le même traitement. On laisse à penser quelle fut la terreur de ces prisonniers. Mais la nouvelle s'étant trouvée fausse, ils furent relâchez. On confisqua pourtant une partie des biens des plus

Isabeau obligée de se retirer.

Froissard. Opem Caroli diu imploravit Elisabeta soror ejus, ut in Angliam cum exercitu trajiceret, Spenserosque debellaret. Carolus vero de consilio suorum contra Anglos arma movere noluit, Sororique dixit, licere ipsi quos posset ad partes suas trahere, ut cum ipsa in Angliam trajicerent, & oppositas ipsi partes oppugnarent. Id illa secreto præstitit, multosque reperit, qui se in Angliam sequi vellent. Hoc comperto Spenseri Regem Francorum tum muneribus, tum alia quavis excogitata ratione eo adduxerunt, ut prohiberet ne subditi sui sororis partes sectarentur. Eduardus vero Rex ad Summum Pontificem literas misit, rogans Regi Francorum præciperet, ut sibi conjugem remitteret, quam diu jam retinuerat. Papa vero edixit Carolo ut sororem viro suo remitteret, minas intentans, ab Ecclesiæ communione privandum Carolum esse nisi obsequeretur. Valedixit ergo Rex sorori, quæ in Hannoniam migravit, ubi Comitem ad opem sibi præstandam paratum invenit. Joannes vero Comitis frater, Reginam in Angliam comitatum iturum se pollicitus est, cum primoribus multis & equitibus magno numero. Cum agmine hujusmodi Regina in Angliam transfretavit. Factio tota, quæ Spenserianos numero superabat, Reginam junxit, movitque exercitus contra Spenseros qui tunc Bristolii erant. Spenserus pater & Arundellianus Comes comprehensi, truncati sunt. Inde vero castrum in quo Rex & Spenserus filius erat, obsessum fuit. Illi autem navicula se subducere tentantes capti sunt. Spenserus immani supplicio periit, Eduardus II. in castello conclusus in perpetuum, conjugis suæ opera interiit. Eduardus filius Rex Angliæ proclamatur, Materque ejus cum illo una imperabat : at rerum facies postea mutata fuit, ut infra videbimus.

Post profectionem Elisabetæ Reginæ ex Francia, rumore nuncio ferebatur, Regem Angliæ Francos omnes qui in regno suo erant, occidi curavisse. Rex vero Carolus vicissim Anglos omnes in carcerem conjecit, ut par pari referret. Quis inclusorum Anglorum terror fuerit, haud difficile est augurari. Sed cum falsa comperta essent ea quæ de Anglorum Rege dicta fuerant, Angli dimissi liberi sunt : opulentiorum tamen bona

ENTRÉE D'ISSABEAU REINE D'ANGLETERRE A PARIS.

CHARLES IV. dit le Bel.

riches ; ce qui déplût extrêmement à tous les gens de bien.

Pendant que ces choses se passoient, la France étoit dans l'attente. La Reine Jeanne étoit enceinte, & les Astronomes, dit un Auteur, pronostiquoient qu'elle auroit un fils ; mais elle accoucha d'une fille.

1326.

La Flandre étoit alors en grand mouvement. Le Comte Louis craignant que son oncle Robert ne lui jouât quelque mauvais tour, voulut le faire tuer à Varneton. Mais Robert en aiant été averti, il évita le coup. La plûpart des Flamans étoient fort mécontens de leur Comte ; une affaire qui arriva vers ce même tems, fit éclater leur ressentiment. Le Comte Louis faisoit lever sur les Communes une somme d'argent, qu'il falloit payer au Roi Charles. Les gens de la ville & de la campagne s'apperçurent qu'on levoit beaucoup au-delà de la somme. Cela causa de la rumeur, on s'en plaignit hautement, les Communes & les payisans se tournerent contre les Collecteurs, qui s'enfuirent à Courtrai ; on courut après eux : pour écarter la troupe ils mirent le feu aux fauxbourgs ; l'incendie gagna aussi la ville & la consuma toute entiere. Les Flamans prirent les armes & allerent saisir leur Comte, qu'ils mirent en prison à Bruges : ils établirent Robert son oncle Gouverneur de tout le Payis. Il n'y eut que les Gantois qui tinssent pour le Comte. Ils prirent les armes contre ceux de Bruges, leur tuerent cinq cens hommes ; cependant le Comte demeura toujours en prison. Le Roi Charles les envoia prier de le mettre en liberté ; mais ils n'en voulurent rien faire ; cela eut de fâcheuses suites, comme nous verrons.

1325. Les Flamans emprisonnent leur Comte.

Le Pape Jean XXII. faisoit une forte guerre aux Gibelins, & sur tout aux Galeasses Seigneurs de Milan, leur plus fort appui. Les troupes qu'il avoit ramassées avec de grands frais, furent défaites & dissipées par les Gibelins. Les Finances se trouvant absolument épuisées, & n'étant plus en état de soutenir cette guerre, qu'il avoit fort à cœur, il crut pouvoir trouver une ressource dans l'Eglise de France. Il demanda des subsides. Le Clergé de France assez chargé d'ailleurs, s'y opposa ; & le Roi Charles refusa d'abord au Pape son consentement, disant qu'il ne vouloit pas introduire cette nouveauté dans son Roiaume. Mais ils convinrent depuis ensemble, que le Pape permettroit au Roi de lever les décimes pendant les deux années suivantes, & que le Roi laisseroit lever au Pape le subside qu'il demandoit. Cela déplut infiniment au Clergé de France :

Subside levé en France par le Pape.

---

quædam fisco addicta fuere ; quæ res probis omnibus admodum displicuit.

Dum hæc gererentur, Francia inter spem & metum fluctuabat. Joanna Regina prægnans erat : Astronomi, ait quidam Scriptor, eam masculum parituram pollicebantur : at illa filiam peperit.

Flandria in motu tunc erat. Ludovicus Comes ne Robertus patruus quidpiam sinistri sibi moliretur, Varnetonii ipsi necem inferre molitus est. Verum monitus Robertus se subduxit. Flandri Comiti suo jam infensi erant : resque tunc accidit, qua in dissensionem maximam eruperunt. Ludovicus Comes vectigal in civitatibus colligi curabat, quo solveretur summa Carolo Regi debita : cives autem urbium & rustici adverterunt longe plus exigi, quam solvendum esset. Hinc rumor, hinc querelæ. Cives autem cum rusticis exactores insequuti sunt, qui Curtracum aufugerunt. Insequentibus aliis, ut turbam amoverent exactores, ignem in suburbia conjecerunt. Incendium autem & suburbia invasit & urbem, quæ tota combusta est. Tum Flandri arma sumsere, & apprehensum Comitem Brugis in carcerem conjecere : Robertum vero patruum ejus Provinciæ Rectorem constituerunt. Gandavenses solum pro Comite suo steterunt, armaque contra Brugenses moverunt, ac quingentos ex ipsis occiderunt. Interim vero Comes semper in carcere erat. Carolus vero precatum misit Brugenses, ut liberum Comitem remitterent. Negarunt illi, resque ingratius postea cecidit, ut videbimus.

Bellum gerebat contra Gibellinos Joannes XXII. Papa, maxime vero contra Galeatios Mediolani Principes, qui Gibellinorum pars magna erant. Verum quas ingenti sumtu Joannes collegerat armatorum manus, eæ a Galeatiis profligatæ dissipatæque sunt. Exhaustis porro pecuniis, cum non ultra bellum, quod præcipue cordi erat, sustinere posset ; ad Gallicanum Clerum, unicum perfugium se convertit, subsidiumque petiit. Abnuit Clerus aliis oneratus subsidiis. Rex quoque Carolus non statim Pontificis petitionem admisit, rem novam in regnum inducere suum nolens. Sed ambo postea hac conditione convenere, ut Papa Regi decimas duobus annis sequentibus solvendas dimitteret, Rexque Papam sineret optatum subsidium exigere. Hæc admodum Clero displicuere. Palam dicebant Ec-

CHARLES IV. dit le Bel.

les Ecclefiaftiques difoient hautement : *Ils fe font accordez tous deux à cette condition, que l'un nous tondra & l'autre nous écorchera.* Le fubfide que le Pape leva fut le revenu d'une année de tous les benefices.

L'Allemagne étoit divifée : il y avoit deux élus Empereurs ; Louis de Baviere & Frederic d'Autriche. Louis faifoit la guerre à Frederic avec avantage ; mais le Pape foutenoit ce dernier : il avoit excommunié Louis, & délié fes fujets du ferment de fidelité. Deux Docteurs de Paris, l'un François nommé Jean de Gandunoin ; l'autre Italien appellé Marfille de Padoue, allerent trouver Louis de Baviere, & lui dirent que le Pape n'avoit point de pouvoir fur l'Empire, qui avoit été fondé avant l'Eglife Chrétienne : & que même il y avoit eu plufieurs Empereurs qui avoient confirmé les Elections des Papes & affemblé des Conciles. Louis propofa cela à fon Confeil, dont l'avis fut qu'il ne devoit pas publier ce que ces deux Docteurs lui avoient fuggeré, & que s'il le faifoit, il rifqueroit fon Empire ; mais qu'il devoit plutôt punir ces Docteurs. Louis fuivit en partie cet avis, il ne publia point ce fentiment des Docteurs ; craignant dit l'Hiftorien, que cela ne le fît paffer pour héretique, & ne ruinât fes affaires. Mais il traita humainement les Docteurs, les retint auprès de lui, & leur affigna une honnête penfion pour leur fubfiftance.

En cette année mourut Charles Comte de Valois oncle du Roi, toujours bourrelé jufqu'à la fin de fa vie des remords de confcience, d'avoir fait fupplicier Enguerrand. Il fit diftribuer avant que d'expirer de grandes aumônes aux pauvres, en leur recommandant de prier *pour le Seigneur Enguerrand & pour le Seigneur Charles.*

Brigands appellez Bâtards.
Une groffe troupe de brigands, qu'on appella *les Bâtards*, parce qu'ils étoient conduits par quelques Bâtards de Seigneurs Gafcons, fe mit à faire des courfes fur les terres de France : plufieurs Anglois fe joignant à eux, pilloient & ravageoient les payis fujets au Roi Charles. Il envoia contre eux Alfonfe de Caftille, dit de la Cerde, qui tomba malade & fut obligé de s'en revenir. Le Roi y envoia d'autres Chefs. Les Bâtards s'avancerent jufqu'à Saintes, qui appartenoit au Roi, quoique le Château eut garnifon Angloife. Les Bâtards furprirent par artifice la ville de Saintes. Mais les troupes du Roi étant venuës contre eux, ils prirent la fuite & furent pourfuivis jufqu'au fond de la Gafcogne. Ils n'oferent plus depuis exercer leurs brigandages.

Idem.
clefiaftici : ambo confenfere hac conditione *ut alter nos tonderet, alter excoriaret.* Subfidium vero a Summo Pontifice expetitum fuit, annuus proventus omnium beneficiorum.

In Germania diffenfio erat : duo electi fuerant Imperatores, Ludovicus Bavariæ, & Fredericus Auftriæ Dux. Ludovicus bellum feliciter contra Fredericum gerebat. Sed Summus Pontifex pro Frederico ftabat, Ludovicumque facris interdixerat, fubditofque ejus a facramento fidei abfolverat. Duo Parifienfes Doctores, quorum alter Francus, Francifcus de Gandunonio, alter Italus, Matthæus de Padua appellabatur, Ludovicum Bavarum adierunt, dixeruntque illi, nihil poteftatis habere Papam in Romanum Imperium, Ecclefia Chriftiana antiquius, a plurimifque Imperatoribus Summos Pontifices confirmatos, & concilia celebrata fuiffe. Ludovicus confilium cum fuis habuit, quorum opinio fuit, non par effe Imperatorem ea quæ Doctores illi dixerant, publicare, ne in periculum amittendi Imperii incideret, fed expedire potius Doctores illos plectere & poenis afficere. Hoc confilium Ludovicus partim fequutus eft, partim rejecit : Doctorum fententiam non publicavit, metuens, ne fi hæc proderet, pro hæretico haberetur, refque fuas labefactaret. Verum Doctores humaniter excepit, pencs fe detinuit, ipfifque juftum ftipendium affignavit.

Idem.
Hoc anno obiit Carolus Valefiæ Comes, Regis patruus, confcientiæ ftimulis femper exagitatus, quod ipfius opera Ingerannus de Marigniaco fufpendio periiffet. Ante obitum enim fuum ftipem largiter inopibus diftribui juffit, quibus accipientibus dicebatur : *Precamini pro Domino Ingeranno, & pro Domino Carolo.*

Ingens turma prædonum : qui *Baftardi* feu Nothi appellabantur, quia agminis duces Nothi erant, filii Optimatum Vafconum, incurfionibus Francorum terras devaftare cœperunt. His adjuncti etiam Angli, agros qui fub dominatu Regis Francorum erant, depopulabantur. Mifit autem Carolus Aldefonfum de Caftella, dictum de Cerda ; qui prædones illos profligaret. At ille in morbum incidit, & retrocedere compulfus eft : aliique miffi duces fuere. Baftardi vero ad ufque Santonas venerunt, quæ urbs Regis Francorum erat, etfi in arce præfidium effet Anglicum. Urbem Santonum arte cepere Baftardi : at regis copiis contra illos moventibus, in fugam verfi, & ad extremam ufque Vafconiam pulfi, non aufi funt poftea prædas agere.

La Reine accoucha cette année d'une autre fille, qui mourut peu après sa naissance. Le Comte de Flandre fut enfin mis hors de prison par ceux de Bruges, après qu'ils lui eurent fait promettre par serment, qu'il les maintiendroit dans leurs droits, leurs libertez & leurs coutumes : qu'il ne se ressentiroit point de ce qu'ils l'avoient mis en prison, ce qu'ils n'avoient fait, assûroient-ils, que pour son propre avantage ; que dans les affaires de consequence il n'agiroit que par leur conseil. Il obtint ainsi sa liberté, & ne tint pas une des conditions, dit l'Historien.

Le Roi Charles envoia sommer le jeune Edouard Roi d'Angleterre de venir lui rendre hommage du Duché d'Aquitaine. Il répondit qu'il ne pouvoit au commencement de son regne s'absenter de son Roiaume sans péril. Charles se contenta de cette excuse, & voulut bien remettre l'hommage à un autre tems.

1327.

Cette année fut remarquable par un Traité de Commerce qui se fit entre les Rois de France, d'Angleterre, d'Espagne, d'Aragon, de Sicile & de Majorque, qui portoit, que les Marchands de chacun de ces Roiaumes, moiennant un sauf-conduit pouvoient passer de l'un à l'autre, pour négotier avec toute liberté. Ce Traité fut proclamé dans tous ces Roiaumes, & publié par tout.

Le Roi Charles tomba malade la nuit de Noel, & la maladie augmentant toujours, il mourut à Vincennes la veille de la Purification ; laissant sa femme enceinte. Il fut enterré dans l'Eglise de S. Denis.

1328.
Mort de Charles le Bel.

MONUMENS DES REGNES

DE LOUIS X. dit Hutin, DE PHILIPPE V. surnommé le Long, & de CHARLES le Bel IV. de ce nom.

IL a peu de Monumens des trois fils de Philippe le Bel, qui n'ont regné tous trois que quatorze ans. Louis X. dit Hutin [1] fut couronné le 24. Août 1315. & mourut le 5. Juin 1316. âgé de 25. ans quelques mois. On le voit dans le chœur de S. Denis en relief de marbre blanc sur son Tombeau de marbre noir ; c'est de là qu'est tirée la figure qu'on donne sur cette Planche.

PL.
XLIII.
1.

Idem.

Regina hoc anno filiam peperit alteram, quæ paulo post obiit. Comes vero Flandrensis ex carcere tandem a Brugensibus eductus fuit, cum sacramento antea pollicitus, se jura, privilegia & consuetudines ipsorum intacta servaturum esse, nec sæviturum in ipsos quod in carcere illum detinuissent, id quod in ipsius Comitis bonum se fecisse profitebantur: seque in gravioribus negotiis nihil nisi de ipsorum consilio acturum esse. Sic libertatem adeptus, ne unam quidem ex conditionibus illis servavit, inquit historiæ Scriptor.

Cont'n. Nangii.

Carolus Eduardo Angliæ Regi juniori mandat, ut sacramentum fidei sibi pro Aquitaniæ Ducatu præstiturus accedat. Respondit Eduardus, non posse se initio regni sui, sine periculo ex Anglia proficisci. Quam excusationem admittens Carolus, in aliud tempus rem distulit.

Rem singularem hic profert Auctor Chronici. *Hoc eodem anno concordatum est inter Regem Franciæ & Regem Angliæ, Hispaniæ, Arragoniæ, Siciliæ & Majoricarum, ut mercatores undecumque terrarum cum securo conductu possent de regno in regnum, tam per terram quam per mare, cum mercimoniis suis incedere, & mercimonia sua deportare : & ut hoc edictum nulli lateret vel latere potuisset, fuit hoc per singula regna proclamatum publice.*

In nocte Natalis Domini Rex Carolus in morbum incidit. Ingravescente autem ægritudine, in vigilia Purificationis B. Mariæ obiit, prægnantem relinquens uxorem ; sepulturque est in Ecclesia S. Dionysii.

Idem.

MONUMENTA

Regum LUDOVICI X. cognomine Hutini,
PHILIPPI V. Longi dicti, & CAROLI IV.
cognomento Pulcri.

PAUCA sunt Monumenta trium Philippi Pulcri filiorum, qui omnes quatuordecim tantum annos Regni sunt emensi. Ludovicus Hutinus coronatus fuit 24. Augusti, anno 1315. obiitque 5. Junii anni 1316. viginti quinque annos & aliquot menses natus. In sepulcro autem suo in choro S. Dionysii in marmoreo tumulo exhibetur, qualis hic profertur.

Gg iij

238 MONUMENS DU REGNE DE LOUIS HUTIN, &c.

2. Sa femme Clemence d'Hongrie mourut l'an 1328. au mois d'Octobre, dans l'Hôtel du Temple de Paris. Elle est représentée telle que nous la donnons ici sur son Tombeau dans le chœur des Dominicains de la ruë S. Jâques à Paris. Sa Couronne & celles de tous les enfans de Philippe le Bel & de leurs femmes, sont ornées de fleurons & non de fleurs-de-lis.

3. Jean Roi de France & de Navarre fils posthume de Louis Hutin, nâquit le quinze Novembre 1316. mourut peu de jours après, & fut enterré à S. Denis auprés de son pere où on le voit en la forme qu'il est ici représenté, qui est d'un assez grand garçon, & non d'un enfant de quatre ou cinq jours. Mais c'étoit la maniére de ces tems-là : nous avons déja vû des enfans de trois ou quatre ans peints comme de grandes personnes. Cela s'observe encore dans de bien plus anciens tems.

4. Philippe V. du nom, dit le Long à cause de sa grande taille, succeda à son neveu le jeune Roi Jean, fut sacré à Rheims le 6. Janvier 1317. & mourut le 2. Janvier 1322. Il est représenté ainsi sur son Tombeau, près du grand Autel de S. Denis.

5. Charles IV. dit le Bel, Roi de France & de Navarre, fut sacré le 21. Février 1322. & mourut la veille de la Purification de l'an 1328. On le voit sur son Tombeau à S. Denis à la droite du grand Autel, tel qu'on le donne ici. Jeanne d'Evreux sa troisiéme femme s'y voit aussi en la même forme que nous la

6. donnons dans cette Planche. Elle fut mariée l'an 1325. & mourut le 4. Mars 1370. Son Tombeau est dans le chœur de l'Eglise de S. Denis avec sa figure telle qu'on la voit sur la même Planche.

Uxor ejus Clementia Caroli Martelli Hungariæ Regis filia obiit anno 1328. mense Octobri in ædibus Templi Lutetiæ. Schema autem illius eductum est ex sepulcro ejus, quod visitur in choro Dominicanorum Jacobæorum Lutetiæ. Corona ejus, & coronæ filiorum Philippi Pulcri, non liliis, sed aliis floribus ornatæ sunt.

Joannes Rex Franciæ & Navarræ filius posthumus Ludovici Hutini, natus quinta die Novembris anno 1316. paucissimis postea diebus obiit, & ad pedes patris sepultus est, ubi ea forma comparet, qua hic exhibetur : sat grandis nempe pueri, non quatuor vel quinque dierum infantis. Sic autem solebant illo tempore : vidimus enim puerulos trium vel quatuor annorum, ut grandis staturæ juvenes repræsentatos ; id quod etiam in priscis temporibus observatur.

Philippus V. Longus cognomine quod proceræ esset staturæ, fratris filio Joanni infanti successit, Rhemisque in Regem inunctus est sexta Januarii die anno 1317. obiitque secunda Januarii die anni 1322. Hac vero forma exhibetur prope aram majorem Sancti Dionysii.

Carolus IV. Pulcher dictus, Franciæ & Navarræ Rex Rhemis inunctus fuit 21. Februarii anni 1322. obiitque in vigilia Purificationis B. Mariæ anno 1328. In sepulcro suo prope aram majorem Sandionysianam visitur, ut hic exhibemus. Uxor quoque ejus tertia Joanna Ebroicensis in eadem Ecclesia jacet, & exhibetur ut hic depingitur. Nupsit autem Regi anno 1325. & obiit 4. Martii anni 1370.

1	2	3
Louis X dit Hutin.	Clemence d'Hongrie sa Femme.	Jean leur Fils.

4	5	6
Philippe V dit le Long.	Charles IV dit le Bel.	Jeanne d'Evreux sa femme.

PHILIPPE VI. dit de VALOIS, & le bien fortuné.

IL y eut une dispute entre les partisans d'Edouard Roi d'Angleterre, & ceux de Philippe Comte de Valois, à qui auroit la Régence du Roiaume. Il paroît que les deux partis convenoient que celui des deux qui avoit droit de succeder à la Couronne, devoit aussi être Régent pendant la grossesse de la Reine. Ils demeuroient d'accord aussi que les femmes ne pouvoient succeder. Mais les partisans d'Edouard soutenoient qu'étant neveu du Roi défunt, il devoit être preferé à Philippe, qui n'étoit que son cousin Germain. Les autres en plus grand nombre, disoient qu'Edouard ne pouvoit avoir aucun droit à la succession que par sa mere, & que sa mere en étant exclue par les loix & usages, le fils n'y pouvoit rien prétendre. Par le Jugement des Barons, Philippe fut déclaré Régent. Froissart dit que Charles le Bel l'avoit déclaré tel avant que de mourir. Le premier jour d'Avril suivant, qui étoit un Vendredi Saint, la Reine Jeanne accoucha d'une fille : & les Etats reconnurent Philippe pour Roi sans aucune opposition.

Dispute sur la succession.

Peu de jours après, c'étoit le 25. Avril, fut faite une execution de Pierre Remi de Montigni, *principal Trésorier du Roi Charles*, dit l'Historien. Il avoit été mis en prison après la mort du Roi, accusé d'avoir détourné du Trésor Roial à son profit plus de douze cent mille livres, somme prodigieuse en ce tems-là : convaincu de ce vol, il fut condamné à être pendu. Etant au pied de la potence il confessa qu'il avoit trahi le Roi dans quelque affaire de Gascogne, que l'Auteur n'indique pas. Après cette confession on le traîna à un plus grand gibet, qu'il avoit fait dresser lui-même, où il fut executé.

Dès le commencement du regne de Philippe, les Prélats, les Barons, & le peuple se plaignirent *que les monnoies étoient si foibles, & couroient pour si grand prix que tous en étoient grevez & endommagez, tant pour toutes marchandises, denrées, vivres, journées d'ouvriers & d'autres choses, qui étoient desordonnement cheres, qu'en d'autres manieres*; & prierent le Roi d'y mettre ordre. Il fit pour cela une assemblée, de Prélats, de Barons & de députez des Villes, & suivant leur conseil, il fit frapper les monnoies selon leur ancien poids, & les remit au même état qu'elles étoient du tems de Saint Louis. Il en fit plus fabriquer d'or qu'aucun de ses

Ordonnance de Philippe de l'an 1328.

PHILIPPUS VI. VALESIUS dictus.

Froissart. De la succ.

CONTENTIO fuit inter eos qui Eduardi Angliæ Regis partes sectabantur, & eos qui pro Philippo Valesio stabant, uter eorum regimen assumturus esset. Ambæ vero partes hac in re consentire videbantur ; eum nempe qui defuncto successurus esset, adhuc prægnante Regina, regnum moderari oportere. Hac etiam in re concordes erant, non posse feminas succedere ; sed qui pro Eduardo erant, contendebant eum qui filius sororis Regis defuncti erat, præferendum Philippo esse, qui patruelis tantum Regis esset. Alii majore numero dicebant Eduardum nonnisi maternum jus habere posse ; cum autem mater ex jure & lege exclusa esset, excludi etiam debere filium. Judicio itaque *Baronum* Philippo regimen datur. Ait vero Froissartius Carolum Pulcrum ipsum *Regentem* declaravisse ante obitum suum. Prima die Aprilis sequentis in Parasceven cadente, Joanna Regina filiam peperit, omnesque regni Ordines uno animo Philippum Regem agnovere.

Paucis elapsis diebus 25. nempe Aprilis, Petrus Remigii de Montigniaco, *principalis Thesaurarius Caroli Regis*, qui statim post mortem ejus in carcerem conjectus fuerat, accusatus quod plusquam duodecies centena millia librarum ex thesauro regio furatus esset, quæ summa illo ævo ingens erat, convictus cum fuisset, ut suspendio vitam finiret, damnatus est : sed ad patibulum adductus confessus est, se Regem in Vasconia prodidisse ; qua vero in re Scriptor non refert. Id confessus, ad majus patibulum, quod ipse erexerat adductus, ibi suspensus fuit.

Continuator Nangii.

Ineunte Philippi regno, Episcopi, proceres & populi conquesti sunt *monetas adeo tenues esse, & tanti tamen precii, ut res in omnium damnum vergeret; hinc enim erat, quod merces, annona, cibi, diurna opera, ingenti precio venirent, multaque alia, inde sequebantur detrimenta*, Regemque rogarunt hæc emendaret. Coetum Philippus collegit Episcoporum, Procerum & Legatorum a civitatibus ; eorumque nutu & consilio monetas cudi jussit prisci ponderis, quales erant Sancti Ludovici ævo. Aureas vero plures emisit, quam decessorum

prédecesseurs : & toutes de bon aloi & bien monnoyées.

Philippe rendit au Comte d'Evreux, nommé Philippe, la Navarre qui lui appartenoit de droit, étant marié avec Jeanne fille de Louis Hutin Roi de France par son pere, & de Navarre par sa mere. Il fit en même tems une échange avec lui des Comtez de Brie & de Champagne, avec le Comté de la Marche & quelques autres terres, après quoi il alla se faire sacrer & couronner à Rheims avec sa femme. La cérémonie se fit le Dimanche de la Trinité de la même année. Ce fut Guillaume de Trie Archevêque de Rheims, qui sacra & couronna le Roi & la Reine, & la solennité, qui dura quinze jours, fut des plus grandes, qu'on eut vû de mémoire d'homme.

L'Italie étoit en grand mouvement au sujet de Louis de Baviere élû Empereur, qui aiant été appellé par la faction des Gibelins, vint à Milan, où il fut couronné de la couronne de fer, dont on couronnoit anciennement les Rois de Lombardie. Il fit ensuite la guerre en Italie, prit la ville de Pise, & fit quelques autres exploits pendant le long séjour qu'il fit en ce payis-là. Il se rendit enfin à Rome, où il fut reçû à la grande joie & aux acclamations du peuple. Il y fut couronné Empereur & Auguste. Le peuple mécontent de ce que le Pape Jean XXII. ne résidoit point à Rome, ville capitale du monde Chrétien, prêta volontiers l'oreille à certains esprits remuans & séditieux, qui sémoient des bruits par toute la ville, que puisque Jean XXII. s'étoit retiré de Rome & ne vouloit plus y revenir, quoiqu'on l'en priât ; on pouvoit regarder le Siege comme vacant, & élire un nouveau Pape. On demanda hautement qu'il fût procédé à une nouvelle élection. Elle fut faite ; les Chanoines de Saint Jean de Latran & de Saint Pierre nommerent un Franciscain appellé Pierre Rainalucci de Corrare, sous le nom de Nicolas V. Le long séjour à Rome de l'Empereur & de l'Antipape, aussi dépourvûs d'argent l'un que l'autre, ne pouvoit être qu'à la grande charge du peuple ; qui murmura d'abord & se mutina enfin : en sorte que Louis & Nicolas voiant qu'il n'y faisoit pas sûr pour eux, se retirerent & gagnerent les champs, poursuivis à grands coups de pierres par cette même populace qui leur avoit tant applaudi au commencement, & qui crioit alors, à l'heretique, à l'excommunié.

L'Empereur Louis & l'Antipape tirerent vers la Lombardie, & indiquerent un

Concile

Anti-Pape élû.

Villani.

quispiam, omnesque sinceras & elegantiores præcedentibus.

Philippus Navarram Ebroicensi Comiti Philippo restituit, quæ ad ipsum ex jure pertinebat, ut conjugem Joannæ filiæ Ludovici Hutini, qui paterno jure Rex Franciæ, materno Rex Navarræ fuerat. Cum illo autem commutavit cum Briæ & Campaniæ Comitatibus, quos Ebroicensis tenebat, Comitatum Marchiæ aliasque terras. Postea vero Rhemos cum uxore concessit, ubi cum eadem ipsa coronatus est in Dominica Trinitatis ejusdem anni. Guillelmus de Tria Archiepiscopus Rhemensis Regem, Reginamque inunxit & coronavit. Celebritas vero ad quindecim dies protracta, tanta fuit, quantam nemo viderat.

Motibus tunc exagitabatur Italia occasione Ludovici de Bavaria, qui Imperator electus fuerat. Is evocante Gibelinorum factione, Mediolanum venit, ubi corona ferrea coronatur more veterum Regum Langobardorum. Hinc in Italia bellum movit, Pisas cepit, & per diuturnam moram, expeditiones aliquot suscepit. Romam tandem venit, ubi cum gaudio & acclamatione populi exceptus, coronatus, atque Augustus & Imperator appellatus fuit. Ægre ferebat Romanus populus, quod Joannes XXII. Papa, Romæ, quæ caput urbium Christianarum erat, non sedem haberet : quapropter, quibusdam petulantibus, seditiosisque hominibus aurem præbuit, qui obviis hæc decantabant : Cum Joannes Papa, inquiebant, ne rogatus quidem Romam redire velit, sedes quasi vacans habenda, novus Pontifex deligendus est. Tunc palam vulgus novam expetit electionem. Alium nominavere Papam Canonici Lateranenses & S. Petri ; scilicet Petrum Rainaluccium de Corrara ex Ordine S. Francisci, qui coronatus, appellatusque fuit Nicolaus V. At cum per diuturnas moras Imperator & Antipapa, pecunia prorsus ambo destituti, populo omnia suppeditanti admodum oneri essent ; hinc murmur primo, deinde seditio coorta est. Ludovicus autem & Nicolaus ubi subortum rumorem augeri senserunt, periculum imminere videntes, receptui cecinere, & ex urbe sunt egressi, insequente plebe, ac lapidibus fugacem turmam impetente ; plebe, inquam, quæ cum tanto plausu illos exceperat, jam vero clamabat : Feri hæreticum, feri damnatum anathemate.

Ludovicus & Nicolaus versus Langobardiam iter habuere, & Concilium Mediolani celebrandum indixe-

Cuili Nangii.

PHILIPPE VI. DE VALOIS.

Concile à Milan, où devoit être déposé solennellement le Pape Jean XXII. Ils faisoient leur possible pour attirer l'Eglise de France à leur parti. Ils écrivoient des Lettres à l'Evêque de Paris & aux Chefs des Ordres, faisoient jetter des Ecrits aux portes des Eglises, où l'on voioit un portrait affreux du Pape Jean, & invitoient tous les Prélats à se rendre au Concile general, qui se devoit tenir, disoient-ils, à Milan. Tout cela ne fit qu'aigrir les esprits des François déja prévenus contre le nouveau Pape. Pour mettre fin à leurs menées & à leurs instances, l'Evêque de Paris accompagné de plusieurs Prélats en habit Pontifical, & d'une bonne partie du Clergé, prononça Sentence d'excommunication contre Louis de Baviere, l'Anti-Pape Nicolas, & Michel de Cesene General des Franciscains, qui s'étoit mis de leur parti.

Philippe après son couronnement se disposa à aller faire la guerre en Flandre. Louis son parent & son vassal Comte de Flandre, vint lui rendre hommages, & l'engagea à le soutenir contre ses sujets révoltez. Les villes de Bruges, d'Ypre, de Cassel & plusieurs autres lui refusoient obéissance: il ne pouvoit se tenir ni même entrer dans aucune de ces villes, il n'y avoit que les Gantois qui le voulussent recevoir chez eux. Le Roi marcha à la tête d'une armée considerable, & se rendit auprès de Cassel.

Les Flamans peu étonnez de ces préparatifs, assemblerent aussi une armée, & mirent bonne garnison à Cassel. Ils se moquoient même des François, & tournant en dérision leurs vains efforts; ainsi les qualifioient-ils; ils éleverent au lieu le plus éminent de Cassel une toile, sur laquelle étoit peint un grand coq avec cette inscription: *Quand ce cocq chanté aura, le Roi Cassel conquestera*. Après quoi ils se diviserent en trois corps de bataille, & partirent sur le tard pour aller surprendre le Roi & son armée. L'un des corps marcha vers les tentes du Roi Philippe; l'autre vers celles du Roi de Boheme; & le troisiéme droit au Comte de Hainaut. Le corps des Flamans qui vint à la tente du Roi, alloit doucement & sans bruit, tous gardoient un profond silence. Peu s'en fallut que Philippe ne fut surpris. Il étoit encore à table, & ne fut averti que lorsque les Flamans étoient tout auprès. Il falloit que son camp fut très-mal gardé. A peine eut-il le tems de s'armer & de monter à cheval; il sortit avec Miles de Noyers, qui portoit l'Oriflame. Ce fut Philippe d'Evreux Roi de Navarre, qui l'empêcha de tomber entre les mains des Flamans. Voici le troisiéme

Bataille de Mont-Cassel & victoire du Roi Philippe.

runt, ubi solemniter deponendus erat Joannes XXII. Nihil non agebant ambo, ut Gallicanam Ecclesiam ad partes suas allicerent. Literas mittunt ad Episcopum Parisiensem, ad Ordinum Præfectos. Schedas & rescripta ad valvas Ecclesiarum conjici curant, queis Joannem Papam tetris coloribus depingunt, Episcoposque omnes compellant, uti ad Concilium generale Mediolani celebrandum itineri se committant. Hæc porro omnia Francorum animos, queis perosus erat novus ille Papa, magis exasperabant. Ut autem finem scribendi & instandi facerent, Parisiensis Episcopus, comitantibus aliis multis Episcopis, pontificali veste, præsentibusque aliis ex Clero bene multis, anathema dixit Ludovico Bavariæ, Nicolao Antipapæ, & Michaeli de Cæsena, Franciscanorum Generali Præfecto, qui sese illis adjunxerat.

Sub hæc autem Philippus ad Flandricum bellum sese apparavit. Ludovicus cognatus ejus Comes Flandrensis, sacramentum fidei ipsi præstitit, ab illoque impetravit ut rebelles subditos in ordinem redigeret. Brugæ, Hypræ, Castellum, plurimaque alia oppida obsequi Comiti nolebant: in nulla earum urbium vel residere, vel intrare poterat; soli Gandavenses illum recipiebant. Rex cum exercitu movit, & prope Castellum castrametatus est.

Flandri tanto belli apparatu non perterriti, exercitum & ipsi collegerunt, præsidio grandi Castellum munierunt. Francos etiam deridebant vana moliri dictitantes, ad ludibrium etiam in Castelli urbis eminentissimo loco telam exposuerunt, ubi depictus erat Gallus magnæ staturæ cum hac inscriptione: *Cum hic Gallus cantabit, Rex Castellum expugnabit*. Postea exercitum suum in tres acies diviserunt; quorum altera ad Regis Philippi tentoria contendit, altera ad Regis Joannis castra, tertia ad Comitem Hanoniensem. Quæ Philippum Regem petebat lente & cum silentio magno procedebat, parumque abfuit quin Rex ipse caperetur. Ad mensam adhuc sedebat, & tunc solum monitus est cum Flandri aderant: tanta nimirum erat in custodiendis castris negligentia. Vix potuit Rex armis assumtis equum conscendere. Egressus autem est cum Milone de Nucheriis Vexillifero. Philippus porro Ebroicensis Rex Navarræ Regem excitavit, ac ne in Flandrorum manus caderet, effecit. Tres jam nume-

Cont. Nang. Froissart.

Tome II.   H h

Roi Philippe, qui pensa être enlevé au milieu de son armée. Philippe Auguste fut ainsi sauvé à la bataille de Bouvine; Philippe le Bel à celle de Mons en Puelles, & Philippe de Valois à Cassel; mais tous trois remporterent la victoire. Miles de Noyers s'étant donc avancé avec l'Oriflamme, les autres voiant l'Etendard du Roi se rangerent autour de lui & donnerent sur ces Flamans, qui furent attaquez vivement par tous les autres qu'ils avoient voulu surprendre. Ils se défendirent vaillamment; mais ils furent enfin défaits, & il en fut fait une horrible boucherie. Selon Froissart les Flamans rangez en trois corps de bataille, se battirent jusqu'au dernier soupir; en sorte qu'il n'y en eut pas un qui reculât, & que tous demeurerent morts sur la place au nombre de seize mille. Leur Chef y fut aussi tué. Le Continuateur de Nangis assûre qu'il a vû la Lettre du Roi Philippe à l'Abbé de saint Denis, où ce Prince disoit, qu'il ne s'en falloit que deux cens que le nombre des Flamans morts à la bataille ne montât à vingt mille.

Cassel se rendit & on y mit le feu. Ypre & Bruges se soumirent implorant la clemence du Roi, qui prit un grand nombre d'ôtages. Le Comte Louis traita les Auteurs de la révolte à la derniere rigueur, & en fit mourir une grande quantité, jusque près de dix mille, dit un Auteur; ce qui le rendit fort odieux à ces peuples, qui depuis ce tems-là chercherent toujours les occasions de remuer. Le Roi Philippe vint rendre graces à Dieu & à la Sainte Vierge de cette grande victoire. Il offrit à l'Eglise de Notre-Dame de Paris sa Statue à cheval telle que nous l'y voions aujourd'hui, & que nous la representerons ci-après. Il envoia l'année suivante Jean de Vienne Evêque d'Evreux bien accompagné, pour raser les fortifications de Bruges, d'Ypre & de Courtrai, & mettre à bas les portes de ces villes; croiant les mettre ainsi hors d'état de se révolter une autre fois. Mais ces précautions ne servirent de rien, comme on le verra dans la suite.

Le Roi Philippe envoia sommer Edouard Roi d'Angleterre, de venir lui rendre hommage du Duché d'Aquitaine. L'Envoié du Roi n'eut point d'Audience, & s'en revint sans aucune réponse. Sur quoi Philippe assembla son conseil; il fut déliberé s'il se saisiroit de l'Aquitaine, & s'il la réuniroit à son domaine. Mais Edouard n'aiant point refusé l'hommage, & differant seulement de le rendre, il fut resolu qu'on se contenteroit de saisir les revenus de l'Aquitaine jusqu'à ce qu'il auroit prêté le serment de fidelité. On prit ce parti & l'on envoia

---

rantur Philippi Reges, qui in mediis castris suis fere capti sunt; Philippus Augustus ad Bovinensem pugnam, Philippus Pulcher Montibus in pabulis, & Philippus hic, qui tres tamen victores exstiterunt. Milo igitur de Nucheriis cum vexillo prodiit. Cæteri vexillum Regis conspicientes, accessere, ut Flandros una adorirentur. Acerrima pugna fuit, cæteræ quoque exercitus partes, quas ex inopinato Flandri invadere voluerunt, ad prœlium paratæ in illos irruperunt. Ipsi vero fortissime pugnarunt, ac victi tandem non fugati sunt, ipsorumque magna strages facta est. Narrat Froissartius, in tres acies divisos Flandros ad extremum usque halitum pugnavisse, ita ut ne unus quidem pedem retro moverit, sed omnes ad sexdecim millia eodem in campo cæsi sint cum belli Duce. Nangii vero Continuator affirmat vidisse se epistolam Philippi Regis ad Abbatem Sandionysianum, ubi dicebat Philippus viginti mille Flandros, ducentis minus, cæsos fuisse.

Castellum sese dedidit & combustum fuit. Brugæ, & Hypræ victoris clementiam implorarunt, qui multos obsides cepit. Ludovicus vero Comes, in rebellionis auctores admodum sæviit, multosque interfecit, & ad usque decies mille, ut quidam narrat, unde magnum sibi peperit odium apud plebem, quæ postea semper occasionem turbas dandi captavit. Rex vero Philippus redux, gratias Deo & B. Virgini de tanta victoria retulit. In Ecclesia autem B. Mariæ Parisiensis statuam equestrem suam obtulit, qualem hodieque conspicimus, ut postea incisam repræsentabimus: mitique anno insequenti Joannem de Vienna Episcopum Ebroicensem cum militum manu, qui Brugarum, Hyprarum & Curtraci mœnia decuterent, portasque auferrent, ratus nullam postea superfuturam rebellionis ansam; at res secus cessit, ut videbimus.

Rex Philippus Eduardo Angliæ Regi edixit, ut sacramentum fidei pro Aquitaniæ Ducatu sibi præstiturus accederet. Regis vero nuncius ne auditus quidem rediit; quapropter Philippus in unum collecto consilio suo deliberavit, an Aquitaniam caperet, & dominio suo attribueret. At cum Eduardus hominium non negaret, sed differret tantum; satis esse videbatur si proventus tantum Aquitaniæ sibi Rex attribueret, donec Eduardus sacramentum fidei præstitisset. In

PHILIPPE VI. DE VALOIS.

des gens en Aquitaine pour saisir tout ce que le Roi d'Angleterre levoit en ce payis-là en qualité de Duc, & le Roi fit passer en même tems des Ambassadeurs en Angleterre pour sommer Edouard de venir rendre cet hommage, faute de quoi on procederoit contre lui comme le cas le requeroit.

Le Roi d'Angleterre vint enfin bien accompagné, & se rendit à Amiens, où Philippe l'attendoit avec sa Cour pour recevoir l'hommage. Edouard avant que de le rendre demandoit qu'on lui restituât ce que le Roi de France avoit pris sur son pere. On lui répondit, que son pere avoit justement perdu ce qu'il redemandoit, ayant manqué à son devoir à l'égard de son Seigneur. On convint enfin qu'il rendroit hommage, & que s'il se croioit lésé, il viendroit soutenir sa cause au Parlement de Paris. Il rendit en effet l'hommage, mais de parole seulement, sans mettre ses deux mains entre les mains du Roi, & sans observer quelques autres formalitez usitées, disant qu'il ne pouvoit aller plus avant jusqu'à ce qu'il auroit lû ses privileges qui étoient en Angleterre, & qu'il auroit appris en quoi consistoient la forme & les termes de cet hommage. Le Roi Philippe se contenta de cela : Edouard de retour en Angleterre aiant pris l'avis de son Conseil, déclara par des Lettres publiques, qu'il reconnoissoit que l'hommage qu'il avoit rendu étoit lige, & qu'il promettoit au Roi de France *foi & loiauté*. Il ajouta qu'il devoit *mettre ses mains entre les mains du Roi de France* : & prescrivit les termes dont il devoit se servir : ce qui fut au gré du Roi Philippe.

1329. Edouard III. Roi d'Angleterre rend hommage au Roi pour l'Aquitaine.

1330.

Quand Edouard alla rendre hommage il venoit d'enfermer sa mere dans un Château pour le reste de ses jours. En voici l'histoire en peu de mots : elle est rapportée diversement par differens Auteurs, qui ne conviennent point aussi sur le tems, quelques-uns la mettant avant, d'autres après l'hommage prêté. Edouard II. aiant été emprisonné pour le reste de ses jours, Edouard III. son fils fut déclaré Roi. Il se gouverna pendant un tems par les conseils de sa mere, du Comte de Kent son oncle & de Roger de Mortemer. La jalousie s'étant mise depuis entre l'oncle & Mortemer, celui-ci appuié de la Reine mere, l'accusa d'avoir formé le dessein d'empoisonner le Roi, pour regner en sa place selon quelques Auteurs, ou selon les autres pour remettre sur le Trône son frere Edouard II. qui vivoit encore alors. Le jeune Roi ajoutant trop facilement foi à cette accusation, fit décoller publiquement le Comte de Kent son oncle. Cela attira à la Reine mere & à Mortemer la haine de tous les Anglois. Un bruit

Affaires d'Angleterre.

Aquitaniam ergo missi sunt, qui reditus omnes Regis Angliæ, qui Dux Aquitaniæ erat, Regi Francorum sequestrarentur ; misitque Philippus nuncios in Angliam, qui Eduardo edicerent, ut hominium præstiturus accederet : alioquin vero ut in tali casu faciendum erat, se facturum esse minabatur.

Venit tandem Rex Angliæ & Ambianum se contulit, ubi ipsum cum Optimatibus regni exspectabat Philippus ut hominium acciperet. Ante vero quam hominium redderet Eduardus, sibi restitui petebat ea quæ Rex Francorum patri suo ademerat. Responsum autem est, patrem suum illa jure amisisse, quod debitum Domino suo Regi officium non præstitisset. De reddendo tandem hominio conventum est : ita ut si se læsum in aliquo putaret Eduardus ; causam dicturus accederet ad Parisinum Senatum. Hominium utique reddidit, sed voce tantùm, nec manus suas intra Philippi manus posuit, nec alios quosdam ritus servavit, se non ultra processurum dicens, donec privilegia sua, quæ in Anglia erant, legisset, didicissetque & formam *hominii* & verba proferenda. Hæc satis Philippo fuere. Eduardus vero in Angliam redux, re cum cœtu consilii sui pertractata, publicis literis declaravit, se jam intelligere *hominium*, seu *homagium*, quod Regi Philippo præstiterat, *ligium* esse, ac se Regi Francorum fidem promittere. Addiditque se manus suas intra manus Regis Francorum ponere debuisse, & quibus verbis sibi utendum fuisset, præscripsit. Id quod Philippo Regi probatum fuit.

Quando Eduardus *hominium* redditurus transfretavit, jam matrem suam in castellum incluserat, ut ibi vitæ suæ residuum transigeret. In paucis historiam, quæ diversè a scriptoribus narratur, qui scriptores etiam de tempore non inter se consentiunt : quidam enim ante, quidam post *hominium* præstitum illam referunt. Postquam Eduardus II. in carcerem conjectus fuerat ; Eduardus III. filius ejus Rex promulgatus fuit. Initio ille consilio matris, Cantiæ Comitis patrui sui & Rogerii de Mortuo-Mari, rem administrabat. Invidia deinde suborta inter patruum & Rogerium ; hic favente Regina matre, Cantiæ Comitem accusavit, quod Regem veneno tollere voluisset, ut ejus loco regnum occuparet : sic narrant aliqui, vel ut fratrem suum Eduardum II. restitueret, ut referunt alii. Rex vero facilius, quam par erat, accusatori fidem habens, Comitem Cantii patruum capite plecti publice curavit : quæ res Anglorum omnium animos, in Reginam matrem & in Rogerium concitavit. Rumor etiam erat,

Tome II. Hh ij

couroit aussi, & trop bien fondé, disoit-on, que Mortemer étoit favori de la Reine, & qu'elle étoit enceinte de son fait. Tout cela vint aux oreilles du Roi, qui fut informé encore que c'étoit par leur cabale & sans cause légitime que le Comte de Kent son oncle avoit été executé. Le jeune Roi fit saisir Mortemer, le fit mourir publiquement d'un cruel supplice, & fit enfermer sa mere dans un Château où elle demeura le reste de ses jours.

Vers ce tems-ci le Roi Philippe fit une assemblée de Prélats pour mettre ordre aux entreprises des Evêques & de leurs Officiaux, dont la Noblesse se plaignoit, & dont il étoit fort parlé dans la Cour du Roi. Cela allarma l'Etat Ecclesiastique, il craignit que le Roi ne voulût lui ôter toute Jurisdiction temporelle. Le Roi s'appercevant de l'émotion des Evêques & de la crainte qui les avoit saisis, leur dit, qu'il les avoit fait assembler non pas pour diminuer les privileges & les graces que ses prédécesseurs avoient fait aux Eglises; mais plutôt pour les augmenter: qu'il vouloit mettre ordre aux excès où se portoient non seulement leurs Officiaux, mais aussi les Officiers Roiaux: il leur fit un détail de ce qui méritoit correction, & les exhorta en les congédiant à y prendre garde.

Affaire de Robert d'Artois. 1330.

L'affaire de Robert d'Artois se renouvella en ce même tems. Il étoit, comme nous avons dit ci-devant, petit fils de Robert II. Comte d'Artois, qui fut tué à la bataille de Courtrai. Philippe qui devoit succeder à son pere Robert II. étoit mort quatre ans avant lui, laissant un fils en bas âge nommé Robert, qui est celui dont nous parlons. Selon la Coutume d'Artois, qui n'admettoit point de représentation, le Comté devoit venir à Mathilde fille de Robert II. & tante du jeune Robert. Elle se mit en possession de l'Artois, & malgré les oppositions de son neveu, elle y fut maintenüe par plusieurs Sentences, la derniere desquelles fut ratifiée par Robert d'Artois lui-même. Mais après que Philippe de Valois fut monté sur le Trône, Robert son beau-frere, qui lui avoit toujours été fort attaché, & qui l'avoit soutenu plus que tout autre contre ceux qui vouloient établir Edouard Roi de France, crut avoir trouvé un tems favorable pour faire revivre ses prétentions; il remit l'affaire sur pied dès le tems que le Roi étoit à Amiens. Il avoit trouvé, disoit-il, certaines Lettres qui prouvoient que le Comté d'Artois lui appartenoit, & faisoit instance pour en obtenir la possession. La Comtesse Mathilde sa tante & sa partie vint à la Cour en 1329. au mois de Novembre pour défendre son droit: mais elle mourut à Paris, empoi-

---

Cont. Nangii.

nec sine grandibus indiciis, Rogerium cum Regina matre familiarius agere, illamque ejus opera prægnantem esse. Hoc comperto Rex, cum didicisset etiam ex ipsorum calumnia Comitem Cantii periisse, Rogerium de Mortuo-Mari patibulo suspendi jussit, & matrem in castellum includi præcepit, ubi reliquam transegit vitam.

Hoc circiter tempus Rex Philippus, conquerentibus Nobilibus, rumoremque in Regia spargentibus, Episcopos congregavit, ut eorum pariter & Officialium vim usurpationesque reprimeret. Id vero Episcopis metum incussit, formidantibus ne Rex illos omni jurisdictione temporali privare vellet. Commotos illos & trepidantes cernens Philippus, dixit se non animo spoliandi illos privilegiis & donis, quæ a decessoribus suis acceperant, ipsos in unum coegisse, qui augere potius illa optaret; sed ut abusus tolleret ministrorum, non modo Ecclesiasticorum, sed etiam Regiorum. Minutatim autem illa retulit, quæ emendatione opus habebant, & monitos iis remedium afferrent remisit.

Roberti Artesii lis hoc rursus tempore discussa fuit. Erat ille, ut jam diximus, nepos Roberti Artesiæ Comitis, qui in Curtracensi pugna cecidit. Philippus qui Roberto Comiti patri suo successurus erat, annis quatuor ante patrem obierat, filiumque tenellum reliquerat Robertum, de quo nunc agitur. Artesiano autem more, quo nulla repræsentatio admittebatur, Artesiæ Comitatus ad Mathildem Roberti illius cæsi filiam, & Roberti, quode agimus, amitam pertinebat. Artesiam ergo illa occupavit, & repugnante licet Roberto fratris filio, per plurimas juridicales sententias Artesia illi adjudicata fuit. Postremam vero latam sententiam ipse Robertus competitor ratam habuit. Verum postquam Philippus ad regale solium evectus est, hic Robertus, qui sororem ejus duxerat, quique ipsi addictus semper fuerat, fortiterque steterat adversus eos qui Eduardum Francorum Regem statuere peroptabant, opportunitatem se nactum putavit, ut Artesiam repeteret. Litem porro movere cœpit, quo tempore Philippus Ambiani erat. Literas quasdam se nactum asseverabat, queis probaretur Artesiam ad se pertinere, institabatque ut impetraret. Mathildis porro amita ipsius, Regiam petiit anno 1329. mense Novembri, ut jura sua propugnaret: verum ipsa Lutetiæ obiit, nec sine

PHILIPPE VI. DE VALOIS

sonnée à ce qu'on disoit, & laissa le Comté à la Reine Jeanne sa fille, veuve de Philippe le Long. Elle mourut aussi un mois après du même genre de mort, selon l'opinion publique ; laissant ses droits à Jeanne de France sa fille, qui avoit épousé le Duc de Bourgogne. Robert continua à poursuivre son affaire, montrant ces lettres, qu'il disoit avoir trouvées comme par miracle. La cause fut portée au Parlement, qui déclara en 1331. les lettres fausses, & prononça sur le Comté d'Artois en faveur du Duc de Bourgogne. On mit d'abord en prison une Demoiselle accusée d'avoir fait ces lettres, on se saisit aussi du Confesseur de Robert d'Artois Dominicain. La Demoiselle avoüa qu'elle les avoit fabriquées, & montra devant le Roi l'art dont elle s'étoit servie pour les faire, à la sollicitation de Robert d'Artois. Atteinte de ce crime & de plusieurs autres malefices, elle fut condamnée à être brulée vive. La Sentence fut executée en la place qu'on appelloit des Cochons.

1331.

Robert d'Artois, dès qu'il vit que l'affaire tournoit si mal, jugea à propos de se retirer, & se refugia auprès du Duc de Brabant son parent. Froissart dit qu'il se retira d'abord à Namur, & de là chez le Duc de Brabant. Son Confesseur fut mené au Palais de l'Evêque, où se trouva Pierre de la Palud Patriarche de Jerusalem, avec plusieurs Maîtres de Theologie, & quelques Secretaires du Roi. On l'interrogea sur ces fausses Lettres : il répondit qu'il n'en savoit rien que sous le seau de la confession : mais que si tous ces Maîtres de Theologie lui assûroient qu'il pouvoit le reveler sans péché, il ne feroit plus difficulté de le dire. Ils conclurent tous qu'il pouvoit sans péché dire ce qu'il en savoit : & il déclara tout. On crût que c'étoit par complaisance pour le Roi qu'ils avoient ainsi décidé. Cela ne fut point approuvé : & ce qui rendit la chose encore plus odieuse, c'est qu'on remit ce Religieux en prison, & qu'on ne sût plus depuis ce qu'il étoit devenu. C'est ce qu'en rapporte le Continuateur de Nangis sur un bruit public. Dans ces occasions on prend volontiers le parti des malheureux. Mais l'Acte porte que ce Confesseur étoit un fourbe, qui par des équivoques indignes déguisoit la vérité. Nous passons bien des formalitez pour abreger une affaire déja trop longue.

Au mois de Février de l'an 1331. c'étoit l'an 1332. à la maniere de compter d'aujourd'hui, le Roi fit assembler au Louvre les Pairs du Roiaume avec plu-

1332.

---

oblati veneni suspicione. Cessit porro Artesia Joannæ filiæ ejus Reginæ, quæ uxor fuerat Philippi Longi Regis. Hæc vero post unum exactum mensem eodem mortis genere sublata est, ut narrabatur, juraque sua reliquit Joannæ filiæ Burgundiæ Ducis uxori. Instabat semper Robertus, literas illas ostentans, ab se mira quadam ratione repertas. Res ad Curiam Parisini Senatus defertur, qui literas illas supposititias esse pronunciavit, & Artesiæ Comitatum adjudicavit Burgundiæ Duci. In carcerem statim conjicitur muliercula, quæ has confinxisse literas accusabatur. Comprehensus item fuit Dominicanus quidam Roberti Artesii *Confessarius*. Fatetur muliercula se literas concinnavisse, atque ipso præsente Rege, qua arte rogante Artesio illas confecisset, ostendit. Cumque muliercula maleficiis multis obnoxia deprehenderetur, ultricibus flammis ex Judicum sententia tradita est in platea illa Parisina, quæ Porcorum appellabatur.

Tunc sinistrum rei exitum metuens Artesius, receptui canendum esse ratus, ad Brabantiæ Ducem cognatum suum aufugit. Namurcum primo, inquit Froissartius, petiit, indeque apud Brabantiæ Ducem se recepit. Ejus porro *Confessarius* ad Episcopales ædes adductus est, ubi aderat Petrus de Palude Patriarcha Jerosolymitanus, cum aliis multis, Scribisque Regiis. Interrogatus vero circa literas illas supposititias, respondit se nihil ea de re scire alio modo, quam sub confessionis sigillo : sed si tot Theologiæ Doctores decernerent posse se fine peccato illa revelare, omnia se dicturum esse. Edixerunt illi posse fine noxa totum detegi, & omnia ille declaravit. Multorum opinio fuit, talem dixisse sententiam Doctores Regi ut placerent, quæ res probata non fuit ; additurque Monachum illum in carcerem conjectum, quorsum abierit ignaratum prorsus fuisse : quæ resodiosa videbatur. Ita rem rumore tantum nuncio narrat Continuator Nangii. In rebus autem hujusmodi ad infelicium partes ignarum vulgus accedit. In rei hujusce authentico instrumento narratur, Confessarium illum versipellem hominem fuisse, qui veritatem indignis modis detorquebat. Multa consulto prætermittimus brevitatis causa.

Mense Februario anni 1331. is erat annus 1332. secundum hodiernum computandi morem, jussu Regis ad Luparæas ædes convenire Franciæ Pares cum

Contin. Nangii.

fieurs Seigneurs, & d'autres gens pour délibérer & prononcer fur l'affaire de Robert, qui avoit été ajourné trois fois. Il n'eut garde de s'y rendre lui-même ; mais il y envoia un Abbé de l'Ordre de S. Benoît, avec quelques Gentilshommes de fa fuite, fans donner pourtant procuration ni aux uns ni aux autres. L'Acte dit qu'il y envoia Henri de Bruxelles Doien de Cambrai, & Jean Copelet Avocat. Ceux-ci demanderent un nouveau délai pour Robert d'Artois. On préfenta le même jour au Roi & aux Barons, une Demoifelle, qui avoit été longtems auprès de Robert d'Artois & de Jeanne fa femme fœur du Roi, & qui s'étoit enfuie avec lui dans le Brabant. On l'interrogea fur les accufations intentées contre Robert & fa femme. Elle avoua que la plûpart étoient véritables, & chargea plus la femme que le mari, fur tout à l'égard des fauffes lettres.

Lit de Juftice reprefenté en peinture.

Cette célebre féance, qu'on appelle Lit de Juftice, fe trouve reprefentée en peinture dans deux Manufcrits de la Chambre des Comptes, & dans un autre qui appartient à Mgr le Garde des Sceaux, je m'en vai en faire ici la defcription, où je me fers fouvent d'un mémoire que m'a fourni M. Lancelot, qui fe fignale tous les jours par des découvertes confiderables fur plufieurs points de l'Hiftoire de France.

PL. XLIV.

La planche que je donne ici eft tirée d'après la peinture qu'en a fait faire M. de Gagnieres fur celui des deux Manufcrits de la Chambre des Comptes, qui reprefentoit les chofes en meilleur ordre. Le Roi eft affis fur fon Trône, fous un grand dais. Il parle à l'affemblée en faifant des geftes des mains. A fon côté droit fur un banc particulier & féparé des autres, font affis le Roi de Boheme & le Roi de Navarre, que l'on reconnoît à leurs écuffons placez à côté de leurs têtes. Les armes de Navarre, écartelé d'Evreux fe diftinguent aifement. M. de Gagnieres a pris celles de Boheme pour les armes du Comte de Beaumont, *qui portoit fafcé d'argent & d'azur de fix pieces*, ou comme d'autres difent, *fafcé d'argent & de gueules de fix pieces, écartelé au 1. & 4. de gueules au lion d'or : au 2. & 3. comme deffus*. Mais le Comte de Beaumont n'auroit pas eu place au deffus des Pairs, dont plufieurs étoient Princes du Sang : & d'ailleurs le Roi de Boheme fe trouvoit alors à Paris, & s'intereffa même pour Robert d'Artois, comme nous dirons plus bas fur le témoignage du Moine de S. Denis continuateur de Nangis. Il n'y a point à douter que celui qui eft affis le plus près du Roi Philippe, ne foit le Roi de Boheme, & le fuivant le Roi de Navarre. Il eft pourtant vrai,

proceribus multis & aliis juridicialis ordinis, ut deliberaretur, fententiaque ferretur circa rem Artefii cui ter dies indictus fuerat, ut compareret. Qui iftuc fe conferre non aufus, Abbatem quemdam Ordinis Sancti Benedicti mifit cum aliquot nobilibus viris, fed fine ulla feu gerendi feu concludendi negotii facultate. In inftrumento fertur miffum ab illo fuiffe Henricum Bruxellenfem Cameracenfem Decanum & Joannem Copeletum caufidicum. Hi pro Roberto Artefio temporis fpatium prorogari poftularunt. Eodem ipfo die ad Regem & proceres Pediffequa adducitur, quæ diu penes Artefium ejus Joannam Regisfororem, verfata in Brabantiam cumillo aufugerat. Interrogatur illa de criminibus Artefio & uxori ejus oblatis, quæ fere omnia effe vera confitetur, & uxori, magis quam viro dicam impingit circa illa maxime, quæ fuppofititias literas fpectabant.

Celebris ille confeffus, quem *juftitia lectum* vocare folent, bis depictus vifitur in Computorum Camera, femelque in altero ad illuftriffimum D. regiorum figillorum Cuftodem pertinente. Hujufce juftitiæ lecti hic jam defcriptionem aggrediar, utarque fæpe diatriba quadam, cujus mihi copiam fecit D. Lancelotius, qui novis, egregiifque differtationibus hiftoriam Francicam in dies illuftrat.

Quæ hic profertur tabula excepta fuit ex depicta imagine, quam D. de Gaigneriis ex accuratiore Cameræ Computorum codice, in quo res ordine meliore proftant, concinnata fuit. Rex in folio fedet, regia tectus umbella. Orantis geftum manibus exprimit. Ad dexteram ejus in peculiari fcamno fedent Rex Bohemiæ & Rex Navarræ, qui a fcutorum fuorum infignibus nofcuntur. Navarræ infignia Ebroicenfibus adjuncta, facile perfpiciuntur : Bohemiæ autem infignia putavit Gaignerius effe Comitis de Bello-monte, qui fafcias argenteas cæruleis intermixtas fex geftabat ; vel, ut alii referunt, argenteis & rubris fafciis : in quadripartito fcuto, primam & quartam partem occupante leone aureo in campo rubro, fecundam & tertiam ea quæ fupra. Verum Comes de Bello-monte non ante Pares Franciæ locatus fuiffet, quorum quidam Principes Regii Sanguiniferant. Et alioqui Rex Bohemiæ tunc Lutetiæ erat, atque etiam pro Roberto Artefio Regem precatus eft, ut mox dicemus, narrante Monacho Sandionyfiano, Nangii Continuatore. Nihil ergo dubitandum eft, qui proxime Regem Philippum fedet, effe Regem Bohemiæ, & fequentem Regem Navarræ. Verum quidem eft in Bohemiæ infignibus

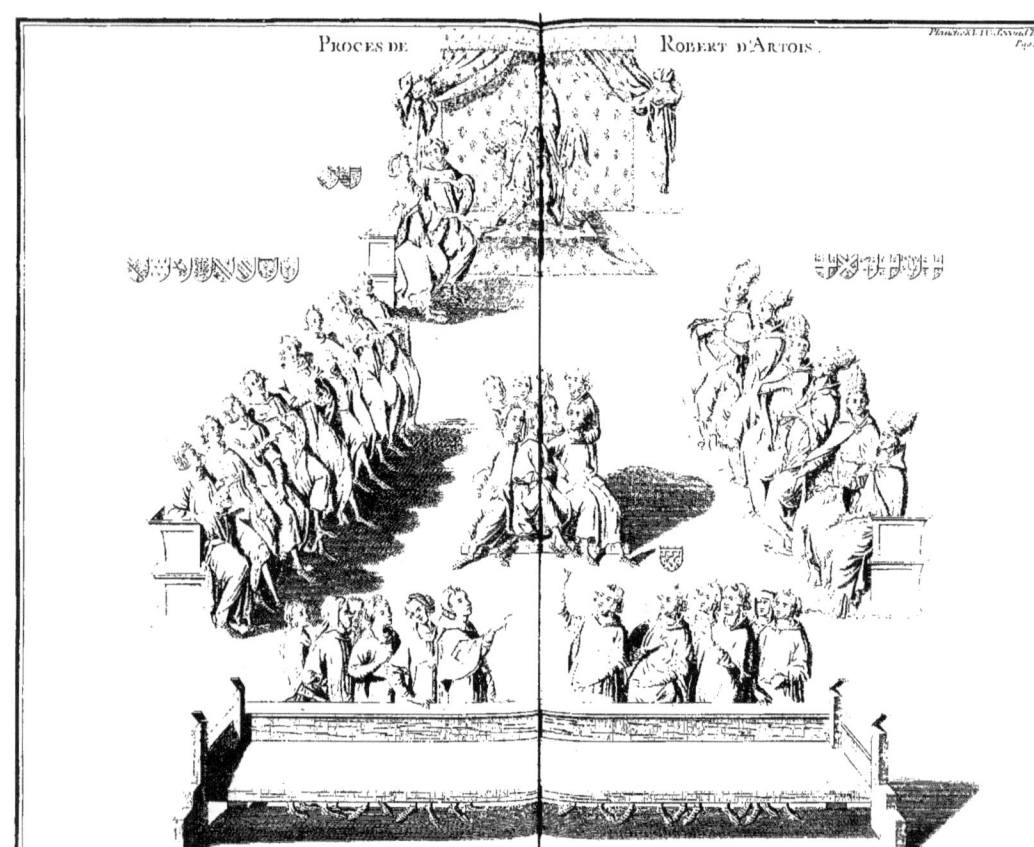

PHILIPPE VI. DE VALOIS.

qu'il y a quelque variété dans ces armes de Boheme, qu'elles ne sont pas tout à fait les mêmes dans deux peintures que j'ai vûës, & qu'elles ne s'accordent pas bien avec celles que les Auteurs de blason donnent aux Rois de Boheme; mais ces variations se trouvent si souvent dans les armoiries, comme nous avons observé plusieurs fois, que cela ne doit point arrêter.

Sur le banc suivant du même côté, sont assis les Pairs au nombre de huit, désignez par huit écussons, qu'on voit sur leur tête un peu à côté. Ces écussons ne sont point rangez dans l'ordre qu'ils devroient être. Le premier dessinateur & peintre a eu soin d'avertir de cela en ces termes : *Il ne sont pas pains si comme il doivent seoir ; mais l'ordre est ou feuillet precedent.* L'ordre des écussons qui se trouvent dans le tableau est tel. 1. Le Duc de Normandie, Jean fils du Roi Philippe de Valois ; de France à la bordure de gueules. 2. Le Comte d'Alençon ; de France à la bordure besantée d'argent. 3. Le Duc de Bourgogne ; bandé d'or & d'azur de six pieces à la bordure de gueules. 4. Le Duc de Bourbon ; de France au bâton de gueules. 5. Le Duc de Guienne Angleterre ; de gueules à trois Léopards d'or. 6. Le Comte de Flandre, d'or au lion de sable. 7. Le Duc de Bretagne, d'hermines. 8. Le Comte d'Etampes ; de France au bâton componé de gueules & d'hermines.

Vis-à-vis de ces Pairs à la gauche du Roi, sont les six Pairs Ecclesiastiques, avec leurs écussons. Les trois Pairs Ducs, sont 1. Rheims, d'azur semé de fleurs-de-lis d'or à la croix d'argent ; d'autres disent à la croix de gueules. 2. Langres, d'azur semé de fleurs-de-lis d'or au sautoir de gueules. 3. Laon, d'azur semé de fleurs-de-lis d'or à une crosse d'argent en pal. Les Pairs Comtes sont 1. Beauvais, d'or à la croix de gueules, cantonnée de quatre clefs de même posées en pal. 2. Noion, d'azur semé de fleurs-de-lis d'or à deux crosses addossées de même. 3. Châlon, d'azur à la croix d'argent, d'autres disent d'or, cantonnée de quatre fleurs-de-lis d'or.

Sur le devant entre les deux rangs des Pairs, on voit des gens au nombre de huit, assis à plate terre dans une des peintures ; & dans une autre, d'après laquelle a été dessinée la planche que nous donnons ici, ils sont assis sur une petite élévation de quatre ou cinq doits, qui paroit être une espece d'estrade de bois.

Au bas du tableau auprès d'un grand banc, du côté des Pairs laïcs, six per-

---

istis aliquid discriminis observari : illaque in duabus hujus historiæ depictis tabulis aliquid varietatis admittere, & cum iis insignibus, quæ Bohemiæ Regibus vulgo tribuuntur, non prorsus consentire. Verum illæ varietates in insignibus, ita frequenter occurrunt, ut jam sæpius observavimus, ut id nihil negotii facessere debeat.

In scamno sequenti eodemque latere sedent Pares octo numero, totidem scutis insignia ferentibus designati, quæ scuta eorum ferme capitibus imminent : nec cum debito ordine locati sunt, qua de re monet is qui unam ex depictis tabulis concinnavit, his verbis : *Non illo ordine quo deberent depicta sunt ; sed ordo verus est in precedenti folio.* Hic ordo observatur in tabula. 1. Dux Normanniæ Joannes Philippi Valesii Regis filius, insignia Franciæ gestat cum limbo rubro. 2. Dux Alenconius cum limbo rubro Byzantiis aureis onusto. 3. Dux Burgundiæ, transversæ tæniæ aureæ & cæruleæ sex cum limbo rubro. 4. Dux Borbonius insignia Franciæ cum baculo rubro. 5. Dux Aquitaniæ Anglus, in campo rubro tres leopardi aurei. 6. Comes Flandriæ in campo aureo leo niger. 7. Dux Britanniæ muris pontici pellis. 8. Comes Stampensis, insignia Franciæ cum baculo ex rubro colore & muris pontici pelle composito.

E regione Parium sæcularium ad alterum latus sunt Pares Ecclesiastici, sex cum scutis, insignibusque suis. Tres Pares Duces sunt. 1. Rhemensis Archiepiscopus, qui in cæruleo campo liliis consperso, crucem argenteam gestat; alii crucem rubram dicunt. 2. Lingonensis, in campo cæruleo liliis consperso decussis rubri coloris. 3. Laudunensis, in campo cæruleo liliis consperso Episcopalis baculus argenteus erectus. Pares Comites sunt. 1. Bellovacensis Episcopus, qui in campo aureo crucem habet rubram quatuor rubris clavibus erectis stipatam. 2. Noviomensis, in campo cæruleo liliis aureis consperso, duo Episcopales baculi aurei obversi. 3. Catalaunensis, in campo cæruleo crux argentea, alii auream dicunt, quatuor liliis aureis stipata.

Inter ambos Parium ordines octo viri visuntur vel humi, ut in alia pictura, vel in strato ligneo sedentes, ut in nostra exhibentur.

In tabulæ infima parte prope scamnum oblongum, ad latus illud in quo Pares Laici sedent, stant sex vi-

sonnes debout semblent être là pour parler contre Robert d'Artois. Des six il n'y en a qu'un qui ait le chapperon levé sur la tête, & qui tourné vers les députez de Robert d'Artois, gesticule & semble se porter pour accusateur. De l'autre côté ces députez au même nombre de six, sont désignez par l'écusson de Robert d'Artois. Un qui est encapuchonné pourroit bien être cet Abbé de l'Ordre de S. Benoît, qu'il envoia avec quelques Gentilshommes de sa suite. Mais ils ne furent point entendus, parce qu'ils n'avoient point de commission pour comparoître à l'ajournement.

Robert d'Artois exilé du Roiaume.

Les opinions alloient au bannissement hors du Roiaume & à la confiscation de tous ses biens; mais à la priere du Roi de Boheme, de Jean Duc de Normandie fils du Roi, & d'autres Barons; le Roi accorda encore un délai jusqu'au mois de Mai suivant, & Robert d'Artois ne comparoissant point, la Sentence fut publiée à son de trompe: il fut banni du Roiaume, ses biens furent saisis & unis au Domaine. Sa femme Jeanne, quoique sœur du Roi Philippe, fut arrêtée, & depuis releguée à Chinon, & ses enfans à Nemours. Robert se refugia enfin auprès du Roi d'Angleterre.

1333.

En ce même tems-ci se fit le mariage de Jean Duc de Normandie fils du Roi Philippe, avec Bonne de Luxembourg, fille de Jean Roi de Boheme. Et le jour de S. Michel, le nouvel époux fut fait Chevalier par son pere. La solennité fut grande: les Rois de Boheme & de Navarre s'y trouverent; les Ducs de Bourgogne, de Bretagne, de Lorraine, de Brabant, de Bourbon, & une infinité de Noblesse furent aussi de la partie. La fête se termina par le mariage de la Princesse Marie fille du Roi Philippe, avec le fils du Duc de Brabant.

Après la mort de Robert de Brus Roi d'Ecosse, qui avoit fait avec succés la guerre aux Anglois, David son fils lui succeda. Il eut guerre contre le jeune Roi Edouard, qui prit la ville de Warvic, & n'en seroit peut être pas demeuré là, si les vives sollicitations de Robert d'Artois, ne l'eussent enfin déterminé à porter la guerre en France; ce qu'il fit quelque tems après, comme nous le verrons plus bas.

En la même année le Roi déclara qu'il vouloit aller faire la guerre en la Terre Sainte, & laisser son fils Jean Regent du Roiaume: & l'année d'après le Pape Jean XXII. envoia l'Archidiacre de Rouen, exhorter tous les François de concourir à la délivrance des Lieux saints occupez par les Infideles. Le Roi prit

---

ri, qui contra Robertum Artesium agere videntur. Ex iis unus, qui caputio obtegitur, ad Roberti Artesii deputatos conversus, accusare illum, & gestibus suis criminari videtur. Ab altera vero parte sex Deputati, qui Artesium defendere videntur, scuto & insignibus Artesii designantur. Unus qui caputio obtegitur, est fortassis Abbas ille Ordinis Sancti Benedicti, quem cum quibusdam nobilibus viris sibi inhærentibus, misit. At illi auditi non fuere, quia nullam scriptam habebant vel gerendi, vel concludendi negotii facultatem.

Contin. Naugii.

Eo sententiæ omnes confluebant, ut Robertus Artesius extra regnum exsul mitteretur, bonaque ejus omnia fisco addicerentur. Verum rogatu Bohemiæ Regis, Joannis Normanniæ Ducis filii Regis, aliorumque procerum, prorogata res fuit ad usque Maium mensem sequentem. At non comparente Artesio, exilii sententia cum sono tubæ ubique proclamata est, bonaque illius dominio regio adjuncta sunt. Uxor ejus Joanna, etsi Philippi Regis soror, comprehensa, & postea Chinonium ablegata fuit: filii ejus Nemurtium missi sunt.

Hoc tempore connubium celebratur Joannis Normanniæ Ducis filii Regis Philippi & Bonæ Luxemburgensis filiæ Regis Bohemiæ, & die S. Michaelis, novus sponsus Eques a patre creatur. Ingens fuit solennitas, cui adfuere Bohemiæ & Navarræ Reges, Burgundiæ, Britanniæ, Lotharingiæ, Brabantiæ & Borbonii Duces cum infinita pene Nobilium turma. Celebritatem demum clausit connubium Mariæ filiæ Philippi Regis, cum filio Ducis Brabantiæ.

Defuncto Roberto Brusio Scotiæ Rege, qui felici exitu bellum Anglis intulerat, David filius successit. Hic bellum gessit cum Rege Eduardo juniore, qui Warvicum urbem cepit, & fortassis ulterius progressus fuisset, nisi eum Robertus Artesius vehementer commovisset, ut bellum contra Regem Francorum susciperet, eoque demum adductus est, ut infra videbimus.

Eodem anno edixit Rex velle se in Terram Sanctam expeditionem parare, & Joanni filio regimen regni sui relinquere. Anno autem sequenti Joannes XXII. Papa Archidiaconum Rotomagensem misit, qui Francos hortaretur, ut ad loca sacra de manibus Infidelium eripienda operam suam conferrent. Rex crucem acce-

alors

PHILIPPE VI. DE VALOIS.

alors la croix, un grand nombre d'autres suivirent son exemple, & la croisade fut prêchée par tout le Roiaume. Une autre affaire attira alors l'attention de toute la France. Le Pape prêchant à Avignon le premier Dimanche de l'Avent l'an 1331. avoit dit, que les ames des Bien-heureux ne verroient l'essence de Dieu & ne jouiroient d'une parfaite beatitude, qu'après la résurrection des corps. Cela ne fut pas d'abord relevé. Mais plus d'un an après un Dominicain prêcha contre cette erreur. Le Pape indigné le fit mettre en prison. Il envoia ensuite deux Nonces, le General des Freres Mineurs & un Docteur Dominicain, dans le dessein de faire recevoir cette doctrine dans l'Université de Paris. Ces Nonces firent d'abord semblant d'être envoiez pour faire la paix entre les Rois d'Angleterre & d'Ecosse ; mais arrivez à Paris, ils tâcherent de répandre cette doctrine. Le General des Cordeliers la soutint un jour devant plusieurs Ecoliers : ce qui causa un grand scandale. Cela vint à la connoissance du Roi, qui fit faire une assemblée de Docteurs, & leur proposa ce sentiment du Pape sur la vision beatifique : ils la reprouverent tous comme heretique. Il en fit une autre à Vincennes, où se trouverent quantité d'Evêques, d'Abbez & de Docteurs, qui d'un commun accord rejetterent cette proposition comme contraire à la foi. Le Roi exigea d'eux qu'ils donnassent des Lettres scellées de leurs seaux, où ils déclareroient leur sentiment sur la proposition avancée. Ils le firent ; & le Roi les envoia au Pape Jean XXII. qui tomba malade peu de tems après, abjura son erreur sur la vision beatifique, & mourut le 4. Décembre 1334. Le Platina dit que de tous les Papes qui avoient été auparavant, c'est celui qui laissa le plus d'or dans ses coffres. Peu de jours après fut élû le Cardinal de sainte Prisce sous le nom de Benoît XII.

Erreur de Jean XXII.

1334.

Un different survenu entre le Duc de Brabant & le Comte de Flandre touchant quelques droits sur la ville de Malines, pensa susciter une grosse guerre. Chacun des deux avoit attiré plusieurs Princes & Seigneurs à son parti. Le Roi de Boheme, l'Evêque de Liege, le Comte de Hainaut & plusieurs autres Seigneurs étoient pour le Comte de Flandre : le Roi de Navarre, les Comtes d'Alençon, d'Etampes, & bon nombre d'autres soutenoient le Duc de Brabant. Mais le Roi Philippe s'entremit pour faire la paix. Il accorda enfin les deux parties, & mit fin à une dissention, qui auroit pû avoir de fâcheuses suites.

1334.

---

pit : alii bene multi ejus exemplum sequuti sunt, perque totum regnum concionatores ad sacrum bellum cohortantur. Aliud superveniens negotium multorum animos per Galliam commovit. Cum Papa concionaretur Avenione anno 1331. Dominica prima Adventus, dixerat Beatorum animas nonnisi post resurrectionem corporum essentiam divinam visuras & plena beatitudine fruituras esse. Nemo tunc rem extulit ; sed post elapsum annum, Dominicanus quidam contra hujusmodi errorem concionatus est. Indignatus vero Pontifex illum in carcerem trudi jussit ; misitque postea Nuncios duos, Fratrum Minorum Generalem & Dominicanum Doctorem, illo animo ut doctrinam hujusmodi in Parisinam Universitatem inducerent. Hi Nuncii statim quasi aliud agentes, & missi ut pacem Reges inter Angliæ & Scotiæ conciliarent accessere ; sed doctrinam hujuscemodi spargere cœperunt. Fratrum Minorum Generalis ipsam aliquando scholaribus bene multis præsentibus propugnavit ; id quod plurimis offendiculo fuit. Res ad Philippum Regem defertur, qui Doctorum cœtum colligi curavit, ipsisque hanc de visione beatifica summi Pontificis doctrinam proposuit, qui illam ore & animo uno quasi hæreticam respuerunt. Celebriorem alium conventum Vincennis habuit, cui interfuere Episcopi multi, Abbates atque Doctores, qui concordissime omnes doctrinam illam quasi sanæ fidei adversantem rejecerunt. Expetiit Rex ab illis ut literis sigillo suo munitis sententiam confirmarent suam ; qua re peracta misit Rex literas illas Summo Pontifici Joanni XXII. qui haud diu postea in morbum incidit, erroremque suum circa visionem beatificam abjuravit, & mortuus est 4. Decembris anno 1334. Narrat Platina, neminem Pontificum qui antea fuerant plus auri in arcis reliquisse. Paucis post ejus obitum diebus electus Pontifex fuit Cardinalis de Sancta Prisca, nomine Benedicti XII.

Dissensione suborta Brabantiæ Ducem inter & Comitem Flandrensem circa Machliniensia jura quæpiam, ad bellum omnia parata erant. Pro Comite Flandrensi stabant Rex Bohemiæ, Episcopus Leodiensis, Comes Hanoniensis, aliique plurimi ; Ducis Brabantiæ partes sectabantur Rex Navarræ, Comites Alenconiensis, Stampensis & multi alii. Verum Rex Philippus intervenit, & inter ambos pacem conciliare satagit, reque tandem composita, belli quod portendebatur occasio sublata fuit.

Tome II.   I i

PHILIPPE VI. DE VALOIS.

1335. L'Année suivante Jean Duc de Normandie fils aîné du Roi, tomba si malade, que les Medecins desesperoient de sa guerison. On ordonna des prieres dans toutes les Eglises, on fit des processions, & le Prince revint en santé.

1336. Le Roi Philippe accompagné des Rois de Boheme & de Navarre, & d'un grand nombre de Ducs, Comtes & Barons, se rendit à Avignon où étoit le Pape Benoît XII. Le Roi d'Aragon y vint aussi. Le Pape aiant eu nouvelles que les affaires de la Terre Sainte alloient fort mal, prêcha lui-même le jour du Vendredi Saint, devant cette assemblée des plus augustes qu'on eût encore vû il y avoit longtems. Il exhorta tous ces Princes à prendre la croix pour aller délivrer les Chrétiens de ce païs & la sainte Cité, de l'oppression où ils étoient sous des Princes Infideles. Il les anima tellement que le Roi de France se croisa d'abord. Les autres Rois, Ducs, Comtes & Seigneurs suivirent son exemple. Philippe prit l'affaire si fort à cœur, qu'il fit des préparatifs plus grands que tous ceux qu'on avoit vûs ci-devant, en sorte que selon Froissart cette Croisade devoit surpasser celle de Godefroi de Bouillon, la plus grande, & la plus nombreuse, qu'on eût fait jusqu'alors. On avoit arrêté un grand nombre de vaisseaux & de galeres, aux ports de Marseille, d'Aiguemortes & de Narbonne; les provisions se faisoient en abondance pour un si grand voiage. Une partie des troupes devant aller par terre, il avoit engagé le Roi d'Hongrie à fournir à ses gens des vivres & des rafraichissemens lorsqu'il passeroit sur ses terres. Le Continuateur de Nangis n'est pas tout à fait d'accord avec Froissart sur quelques particularitez; mais ils conviennent pour le fonds.

Croisade projettée par Philippe VI.

1336. Tous ces grands préparatifs ne servirent de rien: une autre guerre qui tourna au grand malheur de la France, empêcha cette grande expedition d'outremer. Robert d'Artois, qui comme nous avons dit s'étoit refugié auprès du Roi d'Angleterre, animoit sans cesse ce jeune Prince fier de la victoire qu'il venoit de remporter sur les Ecossois, à revendiquer le Roiaume de France comme lui appartenant par sa mere, & à faire la guerre au Roi Philippe. Edouard en prit enfin la résolution, & employa son argent & ses soins à attirer le plus de Princes qu'il pût à son parti. Le Comte de Hainaut étoit à lui, aussi-bien que Louis de Baviere, qui se portoit pour Empereur, & qui lui donna le titre de Vicaire de l'Empire. Il gagna aussi beaucoup d'autres Princes d'Allemagne: il

---

Froissart.

Anno sequenti Joannes Normanniæ Dux Regis primogenitus in morbum incidit gravissimum; ita ut medici de recuperanda valetudine nihil ultra sperarent. Tunc in Ecclesiis omnibus preces publicæ fuere. Tum extra Ecclesias supplicantium incedentiumque cohortes videre erat, demumque Joannes secundum vota publica convaluit.

Rex Philippus cum Regibus Bohemiæ & Navarræ, magnaque Ducum Comitum Baronumque frequentia Avenionem venit, ubi erat Benedictus Papa XII. Illò se contulit etiam Rex Aragoniæ. Papa vero cum audisset rem Christianam in Terra-Sancta pejorem semper in statum dilabi, orationem habuit coram auditorum cœtu, quo vix unquam augustior visus fuerat, Principesque omnes præsentes hortatus est, ut crucem acciperent, quo Christianos Palæstinæ & sanctam civitatem à Principum infidelium oppressione liberarent. Usque adeo autem præsentibus animos fecit ut Rex Philippus statim crucem acciperet, cujus exemplum sequuti sunt alii omnes Reges, Duces, Principes & Optimates. Res autem ita Philippo Regi cordi erat ut apparatus omnium maximos faceret; ita ut hoc bellum sacrum, auctore Froissartio, Godefridi Bullio-nii expeditionem numero superaturum esset, quæ tamen omnium maxima & numerosissima fuerat. Ingens navium collectus numerus fuerat in portu Massiliæ, ad Aquas-mortuas & Narbonæ, commeatus undique asserebatur ad tam diuturnum iter, quia pars magna exercitus terrestrem viam emensura erat, cum Hungariæ Rege initum pactum fecerat, ut annonam transeuntibus copiis subministraret. Continuator Nangii cum Froissartio non omnino consentit. Sed quantum ad res præcipuas ambo conveniunt.

Omnes illi apparatus inutiles fuere: aliud enim bellum quod Francis infeliciter cessit, transmarinam illam expeditionem cohibuit. Robertus Artesius, qui ut jam diximus ad Regem Angliæ confugerat, Eduardo adhuc juveni auctor erat ut Franciæ regnum repeteret, quod materno jure ad se pertineret. Eduardus tandem ex victoria de Scotis reportata ferocior effectus, hoc amplecti consilium decrevit, ac pecunia, modisque omnibus ad suas partes quanto plures potuit Principes allexit. Comes Hanoniæ hærebat ipsi, Ludovicus Bavariæ, qui se Imperatorem ferebat, Imperii Vicarium illum constituit. Multos sibi attraxit Germaniæ Principes, Flandros etiam sibi adjunxit ope

Idem.

PHILIPPE VI. DE VALOIS. 251

mit dans son parti les Flamans, par le moien de Jâques ou Jaquemar d'Artevelle homme de bas lieu, & brasseur de biere; mais qui par son esprit, son adresse & son courage, s'étoit rendu maître si absolu en Flandre, qu'il disposoit de tout à sa volonté. Il levoit les tailles, impôts & tous les droits qui appartenoient au Comte de Flandre, & les dépensoit sans en rendre compte à personne. Il n'y avoit, dit Froissart, ni Duc ni Prince, qui pût avoir un pays si *à sa volonté* qu'il avoit la Flandre. Le Comte Louis n'y avoit plus aucune autorité, il n'osoit même entrer dans les villes ; hors l'Isle, Douai & Orchies, qui étoient au Roi de France. Il avoit en l'Isle de Cadsant ou Cagant quelques troupes de gens de guerre, qui incommodoient fort les Anglois sur leur passage. Le Roi d'Angleterre les envoia attaquer : le combat fut rude & longtems disputé ; mais enfin les Flamans furent défaits. Edouard prit la qualité de Roi de France, & envoia défier Philippe tant de sa part, qu'au nom de ses alliez.

Philippe de son côté avoit pour alliez le Roi de Boheme, le Roi d'Ecosse, l'Evêque de Liege, les Rois de Navarre, d'Aragon & de Castille, il faisoit de grands préparatifs pour la guerre. Il fit équipper une des plus puissantes flotes qu'on eût encore vû ; composée de François, de Gennois & d'Espagnols, qui alla courir les côtes d'Angleterre, & fit de grands ravages, prit & saccagea la ville d'Hanton, d'où elle remporta un grand butin, & se retira après sur les côtes de Normandie.

Edouard aiant renforcé son armée d'environ vingt mille Allemans des troupes de ses alliez, vint assieger Cambrai, & fit battre rudement la place. Tandis qu'il étoit occupé à ce siége, il se faisoit des détachemens de son armée, pour aller ravager les contrées voisines. Une action considerable fut celle de Jean de Hainaut, du Sire de Fauquemont, & du brave Jean Chandos, qui allerent bien accompagnez attaquer le Château d'Oisi en Cambresis. Ils firent bien des efforts pour se rendre maîtres d'une porte. Ceux de dedans, qui avoient reçu un renfort du Roi Philippe, se défendirent en braves ; Jean Chandos se rendit maître d'une barriere. Mais les François continuant toujours à les repousser vivement, ils se retirerent enfin, *bien lassez & bien battus*, dit Froissart. Cependant les assiegez de Cambrai se défendoient si bien, qu'Edouard voiant que l'affaire tiroit en longueur, leva le siége, & entra sur les terres de France où il fit bien des ravages. Jean de Hainaut s'avança vers Guise, dans le dessein de brûler la

Edouard fait la guerre au Roi Philippe.

1337.

1338.

1339. *Siege de Cambrai.*

---

ra Jacobi de Artevella, infimæ sortis hominis, qui Cervisiam parare solebat, sed ingenio, arte & animo Flandros ita sibi devinxerat, ut omnia ipse pro lubito moderaretur : vectigalia, tributa & onera omnia quæ ad Flandrenses Comites pertinebant, ipse percipiebat, neminique acceptæ pecuniæ rationem dare cogebatur. Neque Dux, neque Princeps quispiam erat, qui ita dicto audientes subditos haberet, ut Flandri Jacobo parebant. Ludovicus vero Comes nihil ibi autoritatis habebat, nec ausus quidem esset in Flandricas urbes intrare, exceptis Insulis, Duaco & Origiaco urbibus, quæ Regi Francorum parebant. Manus tamen armatorum Comitis Flandriæ in Cassanda insula erat, quæ Anglis transfretantibus multum incommodi pariebat. Misit autem Rex Angliæ copias quæ illos adorirentur. Strenue utrinque pugnatum est, sed profligati tandem Flandri fuere.

Pro Philippo autem Rege stabant Rex Bohemiæ, Rex Scotiæ, Leodiensis Episcopus, Reges Navarræ, Aragoniæ, Castellæ. Apparatus ille magnos fecerat. Classem vero paravit, qua major visa vix fuerat, Francorum, Genuensium, Hispanorum : quæ classis in Anglicis oris multa vastavit, prædas egit, Hantonium oppidum cepit ac diruit, & ad Normanniæ littora remeavit.

Eduardus cum viginti mille circiter Germanos exercitui suo adjunxisset, Cameracum obsessum venit, urbemque validissime oppugnavit. Dum urbem ille obsidebat, militum manus mittebantur, quæ vicinos agros depopularentur. Res autem insignis gesta est, cum Joannes Hannoniensis, Dominus de Falconismonte, strenuusque ille Joannes Chandosius Anglus cum manu valida, Osiacum castrum in Cameracensi tractu oppugnavere. Nihil non egerunt illi ut portam occuparent. Oppidani, accepto Philippi Regis jussu subsidio fortiter obstitere. Joannes Chandosius exterius munimentum oppugnavit : sed cum Franci strenuissime hostium impetum propulsarent, illi tandem fessi & cæsi discesserunt, inquit Froissartius. Interim Cameracensi præsidio strenuissime obsistente, cum videret Eduardus diuturnam fore obsidionem, movit inde, & Francorum agros depopulari cepit. Joannes Hannoniensis Guisam se contulit, oppidi succendendi animo.

Idem.

Tome II. I i ij

ville : sa fille la Comtesse de Blois, qui étoit dans le Château, envoia prier son pere d'épargner la terre & l'héritage du Comte son fils ; mais sans aucun égard à la prière de sa fille il fit brûler Guise, & abattre ses moulins.

Philippe de son côté s'avança aussi & assembla une grande armée, qu'on fait monter jusqu'à cent mille hommes. Les deux Princes se trouverent en presence & mirent leurs troupes en ordre de bataille à Vironfosse dans le Cambresis. Edouard envoia demander à Philippe la journée de bataille : Philippe accepta l'offre, & assigna le Vendredi suivant. Il y avoit, dit Froissart, dans son armée 1100. bannieres, quatre Rois, ceux d'Ecosse, de Boheme, de Navarre, & lui ; six Ducs & vingt-six Comtes. On délibera si l'on donneroit bataille ; les opinions étoient différentes dans le camp des François : les uns disoient qu'il falloit donner bataille, & profiter de la superiorité en nombre de troupes ; les autres étoient d'un sentiment contraire, disant que si le Roi venoit à la perdre, il risquoit son Roiaume ; au lieu qu'Edouard ne risquoit rien pour l'Angleterre, & qu'en ce point la partie n'étoit point égale. Le Roi reçût aussi une lettre de Robert Roi de Sicile son oncle, qui passoit pour Astrologue, & se mêloit de prédire l'avenir. Il lui disoit de se donner de garde d'en venir aux mains avec Edouard, & que s'il le faisoit, il perdroit la bataille. On disoit encore que le Roi Philippe craignoit d'être trahi. Quoiqu'il en soit, le Vendredi se passa sans qu'il presentât la bataille, & les deux armées se retirerent. Il arriva ce jour-là même une assez plaisante chose dans l'armée des François ; un lievre vint passer au travers de leurs escadrons, cela causa du tumulte, & ceux qui étoient derriere, croiant qu'on étoit aux mains avec les ennemis mirent *le bacinet en tête*, & se mirent en état de combattre. On fit ce jour-là même plusieurs Chevaliers, & le Comte de Hainaut en fit quatorze des siens, qu'on nomma toujours depuis les Chevaliers du lievre.

Après cette retraite, il se fit de grandes incursions de part & d'autre. Les François ravagerent les terres & les campagnes qui tenoient pour le Roi d'Angleterre, ceux-ci firent des courses sur celles de France, la fortune favorisa tantôt les uns, tantôt les autres. Le Roi Edouard sollicitoit les Flamans de se joindre à lui pour faire la guerre au Roi de France, leur promettant de les aider à reprendre l'Isle, Douai, & Bethune. Les Flamans lui répondirent, qu'ils étoient engagez par serment à ne point faire la guerre au Roi de France ; mais que s'il

---

Ejus vero filia Blesensis Comitissa, quæ in castello erat, patrem rogatum misit parceret terræ & hereditati Comitis filii sui. At ille posthabitis filiæ precibus oppidum flammis tradidit, & molendina sustulit.

Philippus vero numerosissimum & ipse collegit exercitum, centena millia pugnatorum fuisse narrant. Ambo autem Reges e vicino positi, ad pugnam acies instruxerunt in agro Cameracensi. A Philippo petiit Eduardus ut diem pugnæ assignaret. Philippus vero Veneris diem sequentem indixit. Erant, inquit Froissartius, in exercitu ejus 1100. vexilla, quatuor Reges, nempe Scotiæ, Bohemiæ, Navarræ cum Philippo, sex Duces, & viginti sex Comites. De committenda pugna deliberatum est. In castris vero Francorum sententiarum fuit diversitas. Alii Philippum utpote numerosiore instructum exercitu pugnam committere volebant. Alii contra a pugna abstinendum esse censebant, non parem esse utrinque dicentes rerum conditionem : nam si vincatur Philippus, ne regnum amittat periclitatur ; si vero Eduardus profligetur, nullum pro regno Angliæ periculum subit. Literas etiam accepit Philippus ab Roberto avunculo suo Rege Siciliæ missas, qui Astrologus habebatur, & futura prædicere solebat. Monebat autem illum ne cum Eduardo manus consereret, & si id tentaret, cladem prænunciabat. Narrant aliqui Philippum ne proderetur formidavisse : ut ut res est, feria sexta præteriit, nec pugna fuit, amboque exercitus receptui cecinere. Eodem die in exercitu Francorum ludicra res accidit : Lepus inter medias equestres turmas ingressus, tumultum excitavit. Posteriora autem agmina cum putarent priora cum hoste congredi, sese ad pugnam apparavere. Tunc multi Equites facti sunt, Comesque Hannoniensis quatuordecim ex suis Equites creavit, qui postea Leporei Equites sunt vocati.

Sub hæc autem utrinque incursiones factæ sunt. Franci hostium & cum Anglis fœderatorum agros devastarunt. Angli vero Francorum terras depopulati sunt, fortuna modo his, modo illis favit. Eduardus vero Rex Flandris auctor erat, uti secum armorum societatem contra Regem Francorum inirent, pollicitus se ipsis auxilio fore ut Insulas, Duacum & Bethuniam subigerent. Respondent Flandri se sacramento obstrictos esse, ut ne Regem Francorum bello impeterent.

vouloit prendre lui-même le titre de Roi de France & charger fon écuffon des armes de France ; ils pourroient le fervir fans fauffer leur ferment, & fans payer deux millions de florins, qu'ils s'étoient engagez de compter au Pape, en cas qu'ils vinffent à le violer. Edouard prit volontiers ce parti ; chargea fon écu des fleurs-de-lis, & fe déclara folennellement Roi de France, en prefence de fes alliez, avec lefquels il convint qu'ils fe rejoindroient l'année fuivante pour faire le fiége de Tournai. Après quoi il repaffa en Angleterre.

Edouard prend le titre de Roi de France.

Cependant la flote du Roi Philippe faifoit de grands ravages fur les côtes d'Angleterre, & du côté de Douvre. Elle étoit compofée de Gennois, de Normans, de Picards & de Bretons, qui tuoient inhumainement tous ceux qu'ils rencontroient : ils faifoient des courfes fur les villes maritimes, en forte que perfonne n'ofoit fortir des ports d'Angleterre. Ils prirent un grand navire du Roi d'Angleterre nommé Chriftophe richement chargé, s'enrichirent du pillage & maffacrerent tous les Anglois qui s'y trouverent. On faifoit auffi en France des incurfions dans les payis ennemis. Le Roi Philippe envoia une groffe troupe pour ravager les terres de Jean de Hainaut, qui étoit du parti du Roi d'Angleterre, tandis que fon neveu Guillaume Comte de Hainaut étoit allié du Roi de France & faifoit conjointement avec lui la guerre aux Anglois. Le corps détaché par le Roi Philippe faccagea les terres de Jean de Hainaut, & dans le même tems, des troupes de Cambrai entrerent dans le payis du Comte, & pillerent la ville d'Hafpre. Le Comte indigné de cette infulte & vivement follicité par fon oncle Jean de Hainaut, envoia déclarer la guerre au Roi Philippe, & fe mit à faire des incurfions fur les terres de France. Il fit un corps confiderable de fes gendarmes & de ceux de fon oncle, qui l'accompagna dans cette expedition. Ils entrerent dans la Tierafche & allerent attaquer Aubenton, ville fans murs & fans fortifications, mais défendue par le Vicomte de Châlon, & quelques autres Seigneurs qui firent une vigoureufe réfiftance ; mais la ville fut enfin prife, pillée & ruinée, le Vicomte de Châlons tué. Le Comte & fes gens firent d'autres ravages dans la Tierafche, & puis ils fe retirerent.

Le Comte de Hainaut fe tourne contre le Roi de France.

Le Roi Philippe aiant appris que les Flamans s'étoient tournez du côté du Roi Edouard, donna ordre à ceux de Tournai, de l'Ifle & de Douai, & d'autres lieux où il tenoit groffe garnifon, de courir fus aux Flamans. Ils le firent avec fuccès, ravagerent les campagnes auprès de Courtrai, & em-

---

Se fi ipfe Regis Francorum nomen & infignia Franciæ affumeret, fe deinceps fine metu violandi facramenti arma cum Eduardo junéturos effe ; exemptofque fe illo modo putare, ne vicies centena millia florenorum Summo Pontifici folverent, quæ fe numeraturos polliciti erant, fi facramentum illud violarent. Hoc fequutus confilium eft Eduardus : fcuto fuo infignia Franciæ adjecit, feque Francorum Regem publice declaravit, fœderatis præfentibus, quibufcum ftatuit jungendas fore anno proximo copias ut Tornacum obfideretur. Hinc in Angliam trajecit Eduardus.

Idem.

Interea claffis Philippi Regis oras Anglicanas infeftas habebat, & verfus Dubrin exfcenfus faciens, agros & vicos depopulabatur. In ea erant Genuenfes, Normanni, Picardi & Britones, qui circa maritimas urbes prædas agebant, & obvios quofquetrucidabant, ita ut ex Anglicanis portubus nemo egredi auderet. Navim illi magnam regiam ceperunt nomine Chriftophorum, preciofis onuftam mercibus ; quas diripuerunt, vectorefque omnes Anglos interfecere. In Franciaque incurfiones in vicinos hoftes videre erat. Rex Philippus denfum agmen mifit, quod in Joannis Hannonienfis agris prædas ageret : ille namque Anglicanas partes fectabatur ; dum fratris filius Guillelmus Comes Hannonienfis pro Rege Francorum ftabat, & junctis cum illo copiis contra Anglos bellum gerebat. Manus illa militum ab Rege miffa Joannis Hannonienfis agros devaftabat. Intereaque ex urbe Cameracenfi egreffi prædones, Hafpram oppidum quod ad Guillelmum Hannonienfem Comitem pertinebat, diripuerunt. Indignatus Comes, ftimulos addente Joanne patruo, bellum Regi Philippo indixit, junctifque ambo copiis, in Tieraciam ingreffi funt, Albentonemque oppidum funt aggreffi, eratque illud muris & munimentis deftitutum. Vicecomes Catalaunenfis cum aliis nobilibus viris, qui fortiter pugnarunt : fed oppidum captum tandem fuit, Vicecomefque occifus eft. Alias quoque in Tieraciam incurfiones fecit, & in Hannoniam poftea receptum habuit.

Idem.

Cum comperiffet Rex Philippus Flandros ad Regis Angliæ partes defciviffe, juffit copias fuas, quæ magno numero Tornaci, Infulis, Duaci & aliis in locis erant, in Flandros irrumpere. Juffis paruere præfidiorum Duces, nec infelici conatu ; abegere nam-

menerent une prodigieuse quantité de bestiaux, qui montoient dit Froissart à dix mille bêtes blanches, *& bien autant de bœufs, vaches & cochons*. Cela mit le trouble dans la Flandre. Jaquemar d'Artevelle assembla un grand corps de troupes pour aller ravager le païs autour de Tournai, il pria les Comtes de Salisberi & de Suffolk de se mettre à leur tête, ce qu'ils firent volontiers. Ils marcherent du côté de l'Isle, & tomberent dans une embuscade, où tout ce corps de troupes fut défait. Les Comtes de Salisberi, de Suffolk & plusieurs autres furent faits prisonniers, & amenez dans l'Isle.

Irruption du Duc de Normandie dans le Hainaut.

Philippe à qui le Comte de Hainaut venoit de déclarer la guerre, apprenant les actes d'hostilité qu'il venoit de faire dans la Tierasche, envoia son fils Jean Duc de Normandie avec un corps d'armée considerable, de six mille hommes d'armes & huit mille hommes de pied : avec lui marcherent le Connétable, deux Maréchaux de France & la fleur de la Noblesse Françoise. Il ravagea tout le Hainaut, pilla & brûla un grand nombre de villes, bourgs & vilages. Il pensa deux fois être pris par le peu de soin qu'il avoit de faire garder sa personne. Ce qui fit le plus de peine au Comte & à ceux du païs, c'est qu'il prit le Château d'Escandure, d'où les Hennuyers faisoient des courses dans le Cambresis. Ce Château fut rasé. Le Duc alla ensuite assieger le fort Château de Thin-l'Evêque. Mais le Comte de Hainaut appella à son secours les Flamans, qui lui amenerent soixante mille hommes ; & le Duc aiant eu nouvelle que le Roi Edouard arrivoit après avoir défait la flote Françoise, leva le siége. Les hostilitez continuerent toujours entre ceux de Hainaut & les sujets du Roi de France, avec differens succès.

1340.
Bataille navale où Edouard est vainqueur.

Le Roi Edouard qui avoit repassé en Angleterre, fit de nouvelles levées d'argent & de troupes. Il arma aussi une puissante flote, avec laquelle il se mit en mer pour se rendre à l'Ecluse. La flote de France l'attendoit-là. Il se donna une bataille des plus sanglantes & des plus disputées dont on ait jamais oüi parler. Les Anglois demeurerent enfin victorieux, avec perte de quatre mille des leurs. Les François y en perdirent vingt mille, & leur flote fut dissipée. Le Villani dit qu'il y périt dix mille Anglois & vingt mille François, & le Continuateur de Nangis ajoûte que les Anglois furent fort aidez des Flamans, qui amenerent bien des vaisseaux à leur secours. Bouchet un des Chefs de la flote des

---

que prædam pecudum decem millium, boumque vaccarum & suum pari numero, quæ res Flandris supra modum ingrata fuit. Jacobus autem de Artevella magnam armatorum manum collegit ; quæ circa Tornacum erumperet & par pari referret. Tum Comites Salisberiensem & Suffolkianum Anglos rogavit Duces agminis essent: haud ægre illi operam suscipiunt, & cum agmine versus Insulas movent. At illi in insidias deducti profligati sunt, ambo Comites capti cum aliis bene multis Insulas deducti sunt.

Ut Hannoniæ Comitem, qui bellum sibi indixerat, & hostilia in Tieracia perpetrarat ulcisceretur Philippus, Joannem filium Normanniæ Ducem misit cum exercitu sex millium armatorum equitum, peditumque octo millium. Cum illo profecti sunt Constabularius & duo Franciæ Marescalli cum selecta nobilium Francorum manu, Hannoniam ille totam devastavit, multaque oppida, castella, vicos depopulatus est, atque incendit. Quod vero corporis sui custodiam parum curaret, bis in manum hostium pene incidit. Quod vero ingratum valde Comiti Hannoniæ fuit ; Dux Nor-

manniæ Castellum Escanduram dictum cepit & solo æquavit, unde solebant Hannonienses in Cameracenses agros irrumpere. Sub hæc autem Thinum-Episcopi munitissimum castrum obsedit. At Comes Hannoniæ Flandros in opem evocavit, qui ad sexaginta millia venerunt. Cum comperisset autem Dux Normanniæ Eduardum Regem, devicta Francica classe, ad illas oras appulisse, obsidionem solvit. Hostilia tamen Hannonienses inter & Francos non cessavere, sed cum vario exitu alii alios impetebant.

Intereaque Eduardus in Angliam trajecerat, ubi pecunias, novásque armatorum copias collegit, ingentemque classem apparavit ut Slusam peteret. Francorum classe ipsum exspectante, acerrima commissa pugna fuit, cujus exitus diu dubius exstitit. Angli demum victores fuere, amissis suorum quatuor millibus. Ex Francis viginti millia perierunt. Classis eorum dissipata est. Ait Villanus decem millia Anglorum, & viginti millia Francorum in illa pugna periisse. Addit Nangii Continuator naves multas a Flandris in Anglorum opem adductas fuisse. Captus Buchetius ex Ducibus unus

PHILIPPE VI. DE VALOIS. 255

François fut pris & pendu, en vengeance des grands ravages & tueries que cette flote avoit fait sur les côtes d'Angleterre.

A cette nouvelle le Roi Philippe congedia une partie de ses gens, & envoia un grand renfort de troupes à Tournai, avec ordre de bien munir la place, qui alloit être assiegée par le Roi Edouard. Il l'assiegea en effet avec une armée formidable de plus de six-vingt mille hommes, Anglois, Allemans, Flamans. La garnison fit une belle défense, & le siége tira en longueur. Le Roi Philippe à qui il importoit beaucoup de conserver cette place, fit assembler tout ce qu'il put de troupes, appella à son secours les Princes ses alliez, & ses amis, d'Allemagne, de Savoie & d'ailleurs, & leva ainsi une prodigieuse armée. Le siége continuant toujours, plusieurs Princes de l'armée d'Edouard faisoient des courses sur les terres de France avec differens succés. La plus sanglante action fut celle qui se passa devant S. Omer. Les Flamans commandez par Robert d'Artois au nombre de quarante mille, dit Froissart, serroient la place, & venoient escarmoucher jusqu'aux fauxbourgs. Le Duc de Bourgogne qui étoit dedans sortit sur eux, & Philippe son fils étant venu le joindre avec le Comte d'Armagnac, il les mit en déroute; il y en eut quatre mille huit cens tuez & quatre cent prisonniers, le reste s'enfuit dans le camp. Sur le minuit la terreur se mit dans ce même camp, les Flamans prirent la fuite, malgré tous les efforts que Robert d'Artois & Henri de Flandre purent faire pour les arrêter, ils se retirerent en desordre. Les François pillerent leur camp & les tentes qu'ils avoient laissées, entre autres celle de Jâques d'Artevelle; & les deux Chefs furent obligez de se retirer en l'armée du Roi Edouard, qui assiegeoit Tournai.

Ce siege duroit toujours & la ville manquant de vivres, étoit sur le point de se rendre, lorsque par l'entremise de Jeanne Comtesse de Hainaut veuve, sœur du Roi Philippe & mere de la Reine d'Angleterre, & par la sollicitation du Pape, il se fit entre les deux Rois une tréve jusqu'à la S. Jean de l'année suivante. Le Roi Edouard, qui n'avoit fait cette grande expedition que pour prendre Tournai, & qui voioit la ville réduite à l'extremité, n'auroit eu garde d'accepter cette tréve, & de perdre ainsi le fruit de tant de travaux & de tant de dépenses. Mais il n'étoit pas tout à fait le maître. Sa grande armée étoit pour la plûpart composée des troupes de Princes indépendans de lui. Le Villani, dit que Philippe de Valois gagna par argent le Duc de Brabant, qui fut un des prin-

Edouard assiege Tournai.

Les Flamans vaincus devant S. Omer.

Siege de Tournai levé.

Idem.

suspensus fuit, in ultionem deprædationum ac cædium, quas in oris Anglicanis classis illa perpetraverat.

Hoc comperto Rex Philippus, partem exercitus dimisit, præsidiumque Tornacense numero auxit, jussitque diligentius muniri urbem, quam obsessurus Eduardus erat. Obsedit utique cum ingenti exercitu armatorum plus centum viginti millium Anglorum, Germanorum, Flandrensium. Oppugnantes strenue propulsavit Francorum præsidium, diuturnaque obsidio fuit. Philippus vero Rex cui magni intererat hanc servare urbem, quantas potuit copias collegit, ex Germania, Sabaudia, fœderatisque omnibus, armatorum agmina accivit, numerosissimumque paravit exercitum. Manente obsidione, Principes quidam ex fœderatis Eduardi agros Francorum incursionibus devastabant, eventu vario. Cruenta vero pugna fuit ante Sanctum Audomarum. Flandri namque Duce Roberto Artesio, quadraginta mille numero urbem cingebant, & ad usque suburbia cum præsidio manus conserebant. Dux porro Burgundiæ qui in urbe erat, egressus Flandros adortus est. Superveniente autem Philippo filio ejus cum Comite Arminiacensi, junctis copiis illi hostem profligarunt, cæsique sunt Flandri qua-

Froissart, Caxia, hangii, Villani.

ter mille octingenti, capti quadringenti, cæterique ad castra fugerunt. Circa mediam vero noctem terror castra invasit, fugamque fecere Flandri, frustra obnitentibus Roberto Artesio & Henrico Flandrensi. Castra vero a Francis direpta sunt, tentoriaque in eorum potestate mansere, quorum unum erat Jacobi de Artevella. Ambo autem Duces in exercitum Eduardi Tornacum obsidentis confugere coacti sunt.

Interim vero perseverabat obsidio, deficienteque annona proximum erat ut urbs obsidentibus sese dederet, cum interveniente Hannoniæ Comitissa vidua, Philippi Regis sorore, & Reginæ Angliæ matre, monituque etiam Summi Pontificis, inter ambos Reges induciæ conciliantur ad usque festum S. Joannis anni sequentis. Eduardus, qui Tornaci capiendi causa, tantam expeditionem susceperat, totque sumtus profuderat, quique urbem videbat ad extrema deductam, nunquam induciis hujusmodi manum dedisset. At non penes illum erat totum imperium. Ille tantus exercitus, copiis Principum auctus erat, qui ex arbitrio suo accedere discedereque poterant, nec nutui ipsius omnino parebat. Narrat Villanus, Philippum Regem pecunia Ducem Brabantiæ ad suas partes tra-

Idem.

PHILIPPE VI. DE VALOIS.

cipaux entremetteurs de la tréve. Nous voions aussi dans Froissart, que les Brabançons furent les premiers à se retirer de l'armée. La tréve se fit donc le 20. Septembre 1340. jusqu'à la S. Jean de l'année suivante. Les Ecossois, qui pendant qu'Edouard faisoit la guerre en France, avoient reconquis la meilleure partie de ce que les Anglois avoient pris sur eux, furent aussi compris dans cette tréve.

L'année n'étoit pas encore finie qu'un nouveau sujet de guerre empêcha que la France ne jouît tranquillement d'une tréve, qui lui étoit venuë si à propos. Jean II. Duc de Bretagne qui étoit avec ses troupes à l'armée du Roi Philippe, comme il s'en retournoit en Bretagne, tomba malade en chemin & mourut. Il ne laissa point d'enfant, & selon la disposition qu'il avoit faite pendant sa vie le Duché devoit tomber à Jeanne fille de son frere Gui défunt, de même lit que lui. Il avoit encore un frere d'un autre lit nommé Jean Comte de Montfort, & prévoiant que celui-ci ne manqueroit pas de disputer le Duché à sa niece, il la maria à Charles Comte de Blois neveu du Roi Philippe, pour engager par là ce Prince à soutenir les droits de Jeanne. Dès que le Comte de Montfort eut appris la mort de son frere, il se rendit à Nantes avec sa femme Marguerite de Flandre, qui avoit un courage d'Héroïne. Il tourna si bien la bourgeoisie, qu'il y fut déclaré Duc de Bretagne.

1341. Cause de la guerre de Bretagne.

PL. XLV.

Le plus ancien Manuscrit de Froissart de la Bibliotheque du Roi, représente en peinture la réception que lui firent les Bourgeois de Nantes. Ils viennent au devant de lui & de sa femme, ils lui tendent les mains & le reçoivent avec des acclamations, vêtus fort differemment les uns des autres. Ils ôtent tous leurs bonnets devant leur Prince, qui demeure la tête couverte. Les habits de la troupe sont ou rouges, ou bleus, ou verts, & d'assez differentes formes. Leurs souliers sont noirs & fort pointus. Jean de Montfort est sous un dais avec sa femme Marguerite de Flandre. Il porte un bonnet noir de forme singuliere, d'où descend une bande noire, qui remonte après sur l'épaule gauche, ce qui se voit encore ailleurs dans ce siecle-ci. Son habit court est gris-brun. L'habit de la Comtesse est bleu; l'ornement de tête en pointe, qui paroit avoir près de deux pieds de haut, est vert. A l'extrémité de la pointe est attaché un linge blanc, qui lui descend jusqu'au dessous de la ceinture. Cet ornement de tête a duré jusqu'à la fin du quinziéme siecle.

Froissart.

xisse, qui etiam inter præcipuos induciarum auctores fuit. Ideoque apud Froissartium legimus Brabantios priores ab exercitu discessisse. Pactæ sunt ergo induciæ vigesima Septembris anno 1340. ad usque festum S. Joannis anni sequentis. Scotos etiam, qui dum Eduardus in Francia bellum gereret, amissa pene omnia recuperaverant, induciæ illæ complectebantur.

Hoc anno nondum evoluto, coorta dissensio, ne tam opportunis induciis Franci tranquille fruerentur obstitit. Joannes II. Britanniæ Dux, qui cum copiis suis in exercitu Regis Philippi erat, dum in Britanniam rediret, in morbum incidit, obiitque. Prolem nullam ipse reliquit; ut autem ille statuerat Britanniæ Ducatui successura erat Joanna Guidonis fratris sui defuncti filia. Sed alterum fratrem non uterinum habebat, nomine Joannem Comitem de Monte-forti. Cum prævideret autem Joannem, exclusa, si posset fratris filia, Ducatum sibi vendicaturum esse, illam nuptui dedit Carolo Comiti Blesensi sororis Philippi Regis filio, ut hinc ad Joannam protegendam ipse Rex adstringeretur. Ubi primum Monte-fortius mortem fratris audivit, ad Namnetas properavit cum uxore Margarita Flandrensi, virilis animi femina. Namnetas autem ita ad partes suas allexit, ut Britanniæ Dux declararetur.

Omnium vetustissimus Froissartii codex in depicta tabula Montefortium exhibet a Namnetensibus civibus exceptum. Ipsi autem & uxori obviam veniunt: manus tendunt, accedentem cum uxore libenter & cum acclamationibus recipiunt. In vestibus ipsorum varietates multæ observantur. Sublatis pileis Namnetenses omnes capita detegunt ante Principem suum, qui tecto capite stat. Civium vestes aliæ rubræ, aliæ cæruleæ, vel virides sunt, forma vero sat diversa. Calcei nigri & acutissimi. Joannes Montefortius & Margarita Flandrensis uxor ejus stant sub umbella. Joannes pileum gestat singularis formæ, ex quo defluit fascia nigra, quæ ad humerum sinistrum reducitur, qui tegminis modus etiam alibi hoc sæculo observatur. Vestis ejus non longa, fusci coloris est. Comitissæ vestis cærulea est. Ornatus capitis ejus in conum desinens, duorum fere pedum sublimitatem habet, viridisque est, ex acumine tænia defluit, & infra zonam pertingit. Hoc muliebre ornamentum ad usque sæculi decimi-quinti finem in usu fuit.

Jean

JEAN DE MONTFORT ET SA FEMME REÇUS A NANTES.

PHILIPPE VI. DE VALOIS.

Jean de Montfort se rendit ensuite bien accompagné devant la ville & le Château de Brest, où commandoit Garnier de Clisson qui se mit en défense, & ne voulut point lui rendre la place. Il la fit attaquer vivement, la ville fut emportée de force, & Clisson blessé à mort se retira dans le Château. Il y mourut peu de jours après, & le Château se rendit. Montfort alla ensuite assieger Rennes, où commandoit un Chevalier nommé Henri de Penhoet, qui étoit résolu de se bien défendre. Il fit une sortie avec deux cens hommes, & comme il se retiroit avec précipitation, il fut pris par les gens du Comte de Montfort, qui sachant qu'il étoit fort aimé de la bourgeoisie, le fit amener devant une des portes de la ville, & fit dire aux habitans, qu'il alloit le faire pendre s'ils ne se rendoient. Il y eut d'abord quelque contestation entre eux; mais ils se rendirent enfin. Penhoet se tourna du parti du Comte, & ce fut par son moien, que la ville & le Château d'Hennebond, où commandoit le frere d'Henri de Penhoet, se rendirent à lui. Montfort prévoiant bien qu'il auroit une forte guerre à soutenir contre le Roi de France, passa en Angleterre: & pour engager le Roi Edouard à prendre ses interêts, il lui fit hommage du Duché de Bretagne. L'Anglois lui promit son assistance, & prit des mesures pour le secourir puissamment.

Charles de Blois voiant que son competiteur se rendoit ainsi maître de la Bretagne, vint demander justice au Roi son oncle, qui fit assembler les Pairs, & de leur avis il fit ajourner le Comte de Montfort pour venir défendre sa cause. Après les démarches qu'il avoit faites, il sembloit qu'il ne pouvoit se rendre à Paris sans peril pour sa personne. Il y vint pourtant & se presenta devant le Roi, qui lui fit entendre qu'il étoit informé de tout, & lui défendit de sortir de Paris de quinze jours. Montfort vit alors qu'il n'y faisoit pas sûr, il se déroba de sa compagnie, s'enfuit en Bretagne, & travailla à s'assûrer les Villes & Châteaux qui étoient en sa puissance. Le Roi aiant appris sa fuite, laissa passer la quinzaine pour prononcer sur cette affaire: après quoi le Duché fut adjugé à Charles de Blois. Il y envoia une bonne armée, commandée par le Duc de Normandie qui entra en Bretagne, prit Chastonceaux & une autre petite ville, & alla faire le siége de Nantes. Ceux de la ville aiant fait une sortie, ils perdirent beaucoup de gens & laisserent deux cens des leurs prisonniers. Cela allarma les bourgeois, qui craignant pour eux & apprehendant de perdre leurs biens & leurs

Guerre en Bretagne.

Idem. Inde Montefortius cum numerosa armatorum manu ad oppidum & castellum Brestense se contulit, cujus praesidio praeerat Garnerius Clissonius qui Montefortio obstitit. Urbem fortiter oppugnavit Montefortius, Clissonius saucius ad castellum aufugit, ubi paucis elapsis diebus ex vulneribus interiit. Castellum autem Montefortio se dedidit, qui postea Rhedones obsessum venit. Praesidii praefectus erat eques quidam nomine Henricus de Penhoetio, qui erat ad propulsandum hostem paratus. Cum ducentis porro suorum egressus erupit in hostem: sed cum praeceps in urbem se reciperet, a Montefortianis captus est. Gnarus autem Montefortius illum a Rhedonensibus multum amari, ante portam quamdam urbis adductum Montefortius se illum suspendio sublaturum esse minatus est, nisi ipsi sese cum urbe dederent. Statim contentio quaedam inter cives fuit; sed tandem omnes deditionem fecerunt. Penhoetius ad Montefortii partes transivit, ejusque opera urbs & castellum Henhebondi, ubi praeerat Penhoetii frater, Montefortio se dediderunt. Gnarus autem ille se gravissimo bello impetendum fore a Francorum Rege, in Angliam trajecit; atque ut Eduardum Regem sibi deviniret, pro Britannia ipsi sacramentum fidei praestitit. Opem ipsi pollicitus est Anglus, & apparatu magno auxilia destinavit.

Carolus Blesensis competitorem videns Britanniam *Froissart.* occupare, avunculi Regis aequitatem & opem imploravit, qui convocatis Paribus, eorum consilio diem dixit Montefortio, ut causam suam defensum veniret. Post gesta illa quae narravimus, videbatur Montefortius non posse sine periculo Lutetiam venire, tamenque venit & Regem adivit. Qui se omnium gnarum esse testificatus, vetuit ne per dies quindecim ab urbe Lutetia discederet. Tunc se in periculo versari putans Montefortius, sese subduxit, in Britanniamque fugit, & urbes castraque jam ab se occupata munivit. Rex ejus compertâ fugâ, quindecim dierum finem expectavit; posteaque Ducatus Carolo Blesensi adjudicatus est; misitque Rex illò exercitum duce filio suo Joanne. Is in Britanniam ingressus Castoncellum cepit, aliudque castrum; indeque Namnetum urbem obsessum ivit. Oppidani erumpentes in Francos, multos ex suis caesos reliquerunt, ducentique praeterea capti sunt; hinc perterriti cives, sibi bonisque suis timentes, clam

Tome II. Kk

vies, traiterent secretement avec le Duc de Normandie, & lui livrerent le Comte de Montfort avec la place. Ceci arriva vers la fête de la Toussaint. L'armée du Roi se retira alors, & le Duc de Normandie revint à Paris avec le Comte de Montfort, que le Roi fit enfermer dans une tour du Louvre.

La Comtesse aiant eu nouvelle de la prise de son mari en fut très-affligée ; mais sans perdre courage, elle alla visiter toutes ses places, renforça les garnisons, exhorta ceux de son parti à tenir ferme, leur promettant récompense : & pour être plus à portée de recevoir des secours de l'Angleterre, elle se rendit à Hennebond.

1342.

Quand la belle saison fut revenue, l'armée de France commandée par le Duc de Normandie se rendit en Bretagne pour mettre les autres places de cette Province sous la domination de Charles de Blois. Le premier exploit que fit cette armée, ce fut d'assieger Rennes, qui se défendit quelque tems, & se rendit enfin malgré le Gouverneur que la Comtesse de Montfort y avoit établi. Après quoi l'armée alla assieger Hennebond où étoit la Comtesse, qui

Exploits de la Comtesse de Montfort.

encouragea ses gens, & défendit la place aussi-bien que le plus brave & le plus experimenté Capitaine auroit pû faire. Elle fit aussi une action des plus hardies & des plus vigoureuses, qui lui réussit heureusement. Etant montée sur une haute tour, dans le tems que les ennemis donnoient un furieux assaut, elle s'apperçût que les Seigneurs & les autres François avoient abandonné leurs tentes, & s'étoient fort avancez pour voir le succès de l'attaque. Elle descend, monte sur son coursier armée, prend avec elle trois cens cavaliers, & passant par une porte éloignée de l'attaque se rend à ces tentes abandonnées, où il n'y avoit que des valets & des goujats, qui prirent la fuite. Elle fit mettre le feu aux tentes. Les Seigneurs François voiant tout en flammes dans leur camp, se mirent à crier à la trahison ; ceux qui donnerent l'assaut se retirerent. Ils vinrent tous ensemble vers leurs tentes. La Comtesse jugeant qu'elle ne pourroit entrer dans Hennebond qu'avec grand péril, prit avec ses gens le chemin de Brest. Louis d'Espagne la poursuivit accompagné d'un grand nombre de gens d'armes, atteignit la troupe de la Princesse, & tua quelques-uns de ses gens ; mais elle se sauva avec la plus grande partie dans le Château de Brest ; où aiant ramassé cinq ou six cens hommes de cheval, elle partit quelques jours après sur le minuit avec cette troupe, & se rendit au Château d'Hennebond. Cependant les attaques étant violentes, la ville étoit réduite à l'extrémité ; quelques-uns parlemen-

Idem.

cum Duce Normanniæ pacti, Montefortium cum urbe ipsi tradiderunt. Id accidit circa festum omnium Sanctorum. Exercitus vero regius receptum habuit ; Duxque Normanniæ Lutetiam rediit cum Montefortio, quem Rex jussit in Luparæa turri includi.

Montefortii Comitis uxor, ut captum conjugem audivit, dolore quidem affecta est ; at resumtis animis, oppida omnia & castra sua invisit, præsidia auxit, suosque hortata est ut fortiter starent, mercedem pollicita. Ut autem ex Anglia auxilium facile posset excipere, Hennebondum venit. Appetente vere exercitus Francorum eodem duce in Britanniam movit, ut reliquas provinciæ urbes in potestatem Caroli Blesensis reduceret. Primo autem exercitus Rhedonum urbem obsedit, quæ aliquot diebus hostem propulsavit, & sub hæc frustra repugnante Præfecto, quem ibi Comitissa statuerat, portas aperuit. Hinc Hennebondum oppugnatum ivit, ubi Comitissa erat, quæ animum indidit obsessis, urbemque defendit viri ac strenuissimi ducis instar. Rem etiam aggressa est arduam, & quæ virilem præ se ferebat audaciam, quæque ipsi feliciter cessit. Cum hostes acerrime muros impugnarent, ex turri præalta vidit illos omnes qui in castris relicti fuerant, pugnæ tempore relictis tentoriis propius accessisse, ut eventum conspicerent. Illa confestim egressa equum conscendit, trecentosque equites secum assumsit, ac per remotam a certamine portam ad deserta illa tentoria perrexit, ubi calones quidam erant, qui statim fugam fecerunt. Tunc illa ignem tentoriis subjici jubet. Ubi flammam videre Franci, se proditos esse existimarunt ; tum ad tentoria accurrerunt : illi quoque qui muros impugnabant abscesserunt opem laturi. Comitissa videns se non sine periculo ad urbem redire posse, Brestum cum suis concitato cursu se confert. Ludovicus porro de Hispania cum armatorum manu fugientium dorso insistit, extremum agmen attigit, & aliquos peremit. Verum Comitissa cum majori suorum parte ad Brestense castellum se recepit, paucisque elapsis diebus cum quingentis, sexcentive equitibus media nocte profecta, Hennebondum se contulit. Sed cum fortiter oppugnaretur, ad extrema deducta urbs erat, & quidam deditionem fa-

PHILIPPE VI. DE VALOIS

toient déja pour rendre la place, lorsque le secours qui venoit d'Angleterre parut, & qu'on vit la flote qui alloit aborder : ce fut un grand sujet de joie à la Comtesse & aux assiegez. Les Anglois commandez par Gautier de Manni entrerent dans la ville, & firent bien-tôt une sortie, où ils tuerent beaucoup de gens, mais avec une assez grande perte des leurs. Louis d'Espagne qui commandoit alors à ce siége pour Charles de Blois, jugea à propos d'abandonner l'entreprise ; il alla prendre Dinant & Guerrande, & fut ensuite battu dans une rencontre par Gautier de Manni, où il perdit un nombre considerable de Gennois & d'Espagnols, & eut assez de peine de monter sur mer pour se sauver.

Ces troupes envoiées d'Angleterre remirent un peu les affaires de la Comtesse de Montfort ; mais elles n'étoient pas suffisantes pour arrêter les progrez du Comte de Blois, qui prenoit tous les jours des places. Il revint même assieger une seconde fois Hennebond ; mais la place étoit trop bien munie, & l'hiver approchant, il leva le siége, & fit une tréve avec la Comtesse.

Elle passa ensuite en Angleterre, pour demander au Roi Edouard un puissant secours. Il envoia une flote considerable chargée de troupes sous le commandement de Robert d'Artois. Cette flote rencontra vers l'Isle de Grenesai celle de France commandée par Louis d'Espagne, & composée de Gennois & d'Espagnols. Il y eut un grand combat naval, bien disputé de part & d'autre, sans qu'on pût voir à qui demeureroit la victoire. Une grande tempête sépara alors les deux flotes, celle de France prit quatre navires Anglois chargez de provisions. *Bataille navale.*

Cette bataille est peinte dans l'ancien & beau Froissart de la Bibliotheque du Roi, telle qu'on la voit ici gravée. Les vaisseaux Espagnols se reconnoissent par les armes de Castille écartelé de Leon, qu'on voit dans quelques-uns ; le mot *Castille* écrit sur la hune, distingue les autres. Les vaisseaux Anglois portent les armes d'Angleterre écartelé de France, & sur la bandelete attachée à la pointe du mat on voit l'inscription *S. George* ; c'étoit le cri des Anglois. On se bat des deux côtez avec l'arbaleste, la pique & l'épée. Les hunes sont chargées de gens qui tirent des fléches & des dards. Tout le combat n'est qu'à coups de main. La tempête qui survint sépara les combatans. PL. XLVI.

En cette même année 1343. selon la maniere de compter d'aujourd'hui, le 19. de Janvier mourut à Naples le Roi Robert, qui se qualifioit Roi de Jerusalem, de Sicile & de Pouille, âgé de 80. ans, après en avoir régné trente-trois.

cere parabant, quando classis & auxilium ex Anglia missum advenit: hinc gaudium ingens Comitissæ & obsessis. Angli, duce Gualterio de Mannio in urbem ingressi sunt; sed quamprimum eruperunt in hostem, ubi multos occiderunt, sed cum non pauca suorum cæde. Ludovicus vero de Hispania, qui tunc pro Carolo Blesensi urbem oppugnabat, obsidionem solvendam esse putavit ; posteaque Dinantium cepit, & Guerrandiam, sed a Gualterio de Mannio fusus semel est, multosque Genuenses & Hispanos amisit, vixque naves conscendere potuit, ut saluti suæ consuleret.

Idem. Hæ Anglicæ copiæ Comitissæ rem utcumque restituerunt; sed non poterant omnino Comitem Blesensem arcere ab urbibus capiendis. Denuo etiam ille Henebondum obsedit. Sed cum munitissima urbs esset, instaretque hiems, obsidionem solvere coactus, inducias cum Comitissa fecit.

Illa vero deinde in Angliam trajecit ab Rege Eduardo opem majorem petitura. Misit ille classem armatis viris onustam, duce Roberto Artesio, quæ prope insulam Garneseiam in Franciæ classem incidit, Genuensibus & Hispanis onustam. Pugna fuit navalis, ubi strenue utrinque dimicatum est, ita ut cui cessura esset victoria vix æstimari posset. At ingens tempestas pugnam diremit. Francica vero Classis naves quatuor Anglicas cepit, annona & commeatu onustas.

Hæc classica pugna depingitur in veteri MS. Froissartii in Bibliotheca Regia, qualis hic in tabula exhibetur. Hispanæ naves dignoscuntur ex insignibus Castellæ, adjunctis Legionensibus. In quibusdam navibus *Castella* nomen legitur in carchesio. Anglicæ naves insignia Anglica præ se ferunt, adjunctis Francicis. In fascia illa quæ supremo navis malo hæret, legitur *S. Georgius*, quæ erat vox acclamationis Anglorum. Pugnatur utrinque cum arcu, lancea, gladio. Carchesia pugnantium plena sunt: nullæ hic machinæ comparent : suborta tempestas pugnam diremit.

Hoc anno 1343. secundum hodiernum computandi modum 19. Januarii, Neapoli obiit Rex Robertus, qui se Regem dicebat Jerosolymæ, Siciliæ & Apuliæ, natus annos 80. postquam regnaverat annis

Il fut univerſellement regreté, ſur tout à Naples & à Florence. Le Villani Auteur contemporain dit, que depuis cinq cens ans on n'avoit pas vû dans toute la Chrétienté un Prince ſi ſage, & ſi orné de toutes ſortes de vertus, ſi doux & ſi moderé. Il étoit, dit-il, encore bon Theologien & grand Philoſophe. C'eſt un des Princes qui ait fait le plus d'honneur au Sang Roial de France.

Robert d'Artois après la tempête alla aborder près de Vannes, il aſſiegea la ville, qui étant mal défenduë d'un côté où étoit Olivier de Cliſſon, fut priſe d'aſſaut. Cliſſon & Henri de Leon ſe ſauverent par la fuite. Cependant Louis d'Eſpagne, dont la flote étoit compoſée de bien plus gros vaiſſeaux que celle des Anglois, avoit pris le large au tems de la tempête, de peur que ſes grands navires ne vinſſent ſe briſer contre terre. Il en perdit deux avec tous les hommes qui étoient dedans, & fut pouſſé par les vents juſqu'aux côtes de l'Eſpagne. Après quoi il reprit la route de Bretagne, prit en paſſant quatre navires de Bayonne qui venoient de Flandre, & fit tuer tous les hommes qui les montoient. Il arriva aux côtes de Bretagne dans le tems que Robert d'Artois avoit déja formé le ſiége de Vannes. Après la priſe de cette place, le Comte de Saliſberi, & pluſieurs autres Seigneurs Anglois, avec la meilleure partie des troupes ſe mirent en marche pour aller aſſieger Rennes.; une autre partie des Seigneurs & Chevaliers qui étoient dans Vannes, partit avec la Comteſſe de Montfort pour ſe rendre à Hennebond; enſorte que peu de gens reſterent à Vannes avec Robert d'Artois. Alors Olivier de Cliſſon & Henri de Leon, qui avoient mal défendu Vannes, voulant rétablir leur honneur, ramaſſerent du monde de tous côtez juſqu'au nombre de douze mille hommes, & vinrent aſſieger Vannes. De peur que l'armée qui étoit devant Rennes ne vint leur faire lever le ſiége, ils donnerent d'abord un aſſaut ſi violent, que malgré la réſiſtance de Robert d'Artois, & des Anglois qui ſe défendoient vaillamment, ils prirent la ville. Robert d'Artois grievement bleſſé, trouva moien de ſe ſauver, & ſe retira à Hennebond: il monta ſur mer enſuite pour ſe rendre à Londres, où il eſperoit trouver de meilleurs Chirurgiens; il y arriva & mourut peu de jours après.

Mort de Robert d'Artois.

Le Roi Edouard regreta beaucoup Robert d'Artois, & pour vanger ſa mort, dit l'Auteur, il réſolut de paſſer en Bretagne. Il fit armer une puiſſante flote, & aſſembla une grande quantité de troupes. Ces préparatifs furent promts: au bout

Edouard fait la guerre en Bretagne.

33. magnumque ſui deſiderium reliquit, maxime apud Neapolitanos & Florentinos. Villanus coævus Scriptor dicit, ab annis plus quingentis nullum fuiſſe in toto orbe Chriſtiano Principem tam ſapientem, torque virtutibus ornatum, tam clementem & modeſtum: eratque inſuper, inquit, in Theologia peritus, eximiuſque Philoſophus. Pauci fuere Principes, qui regium Francicum ſanguinem adeo exornaverint.

Robertus Arteſius prope Venetias Armoricas appulit. Urbem ille obſedit, quæ cum in illa parte ubi Olivarius de Cliſſonio erat, non ita ſtrenue defenderetur, capta fuit. Cliſſonius autem & Henricus de Lehone fugerunt. Intereaque Ludovicus de Hiſpania, cujus claſſis majoribus conſtabat navibus, quam Anglica, ingruente tempeſtate in altum proceſſerat, ne graviores illæ naves contra terram impingerent & confringerentur. Duas tamen naves ille cum vectoribus omnibus amiſit, & a ventis ad oras uſque Hiſpanicas pulſus fuit. Poſtea vero Britanniam Armoricam verſus vela dedit, & quatuor Baionenſes naves, quæ ex Flandria veniebant, cepit, vectoreſque omnes occidit: ad oram autem Armoricam pervenit, cum jam Robertus Arteſius Venetias obſideret. Poſt captam urbem, Comes Saliſberienſis cum Anglis proceribus non paucis, aſſumta maxima copiarum parte, urbem Rhedonum obſeſſum venit. Altera vero parsOptimatum & Equitum cum Comitiſſa de Monteforti profecti ſunt Hennebondum; ita ut pauci cum Roberto Arteſio manerent. Tunc Olivarius de Cliſſone & Henricus de Lehone, qui tam ignave Venetias defenderant, pudore & farciendæ famæ cupidine moti, copias undique collegere ad uſque duodecim millia pugnantium, & Venetias obſeſſum venerunt: ac ne exercitus qui tunc Rhedonum urbem oppugnabat, obſidionem interturbaret, cum tanto impetu urbem oppugnarunt, ut fortiſſime licet obſiſterent Robertus Arteſius & Angli, urbem illi ceperint. Robertus Arteſius gravi,accepto vulnere, aufugit Hennebondum. Inde vero conſcenſa navi Londinum venit, ubi ſperabat ſe Chirurgos peritiores reperire. Verum paucis poſt diebus occubuit.

Luxit Arteſium Rex Eduardus; utque necem ejus ulciſceretur, inquit Froiſſartius, in Britanniam trajicere decrevit. Claſſem magnam apparari juſſit, & copias armatorum multas collegit, id quod celerrime fac-

Idem.

BATAILLE NAUALE DE GRENESAI

PHILIPPE VI. DE VALOIS.

d'un mois après la résolution prise, il monta sur mer, & vint aborder auprès de Vannes, il prit terre & assiegea la ville. Il fit donner un assaut violent qui dura la moitié d'une journée, & trouva une si grande résistance du côté des assiegez, qu'il vit bien que le siége tireroit en longueur. Il partit de là, laissant une partie de ses gens pour continuer le siége. Après son départ il y eut un grand combat entre ceux de la ville & les Anglois qui la tenoient investie, les assiegez étant sortis sur les assiegeans la mêlée fut rude, où du côté des Anglois fut pris le Baron de Stanfort, & du côté des Bretons Olivier de Clisson & Henri de Leon demeurerent prisonniers entre les mains des Anglois.

Cependant le Roi Edouard, étant venu à Rennes, dont ses gens avoient formé le siége, ne demeura que cinq jours devant la place & alla assieger Nantes, où étoit alors Charles de Blois. La place se trouva si bien munie, & si bien défenduë, qu'il vit bien qu'il y seroit longtems avant que de la prendre. Et voulant se signaler par quelque exploit de consequence, il laissa-là une partie de ses gens, & alla assieger Dinant. Quatre des principales villes de Bretagne se trouverent assiegées par les Anglois, Nantes, Rennes, Vannes, & enfin Dinant, qui fut pris après quatre ou cinq jours de siége. Ensuite Edouard revint à Vannes. Cependant Louis d'Espagne avec sa flote incommodoit extrêmement les Anglois; il arrêtoit les vivres & les raffraichissemens qu'on leur envoioit d'Angleterre, prenant sur le passage les vaisseaux qui les portoient. Peu s'en fallut une fois qu'il n'enlevât la flote du Roi Edouard, qui étoit à l'ancre dans un port auprès de Vannes. Ses gens tuerent la plûpart des Anglois. Les autres Anglois campez devant Vannes y accoururent & sauverent leur flote; mais ils ne purent empêcher que Louis d'Espagne n'emmenât quatre vaisseaux chargez de vivres, & qu'il n'en coulât à fonds trois autres.

Le Roi Philippe voiant le Comte de Blois attaqué si vivement, envoia contre Edouard le Duc de Normandie avec une puissante armée, où se trouvoient un grand nombre de Princes & des plus grands Seigneurs du Roiaume. Le Roi d'Angleterre, voiant que cette grande quantité de troupes venoit fondre sur lui, rappella ses gens qui étoient devant Nantes. Le Duc de Normandie se rendit en cette ville, où il s'arrêta quelques jours : & pendant ce tems les Anglois qui assiegeoient Rennes, donnerent un furieux assaut, qui dura un jour entier. Si

---

tum est, vix mense transacto, classem conscendit, & trajecto mari prope Venetias appulit. Exsensu facto, urbem obsedit, illamque per diei unius dimidium vehementissime oppugnavit. Sed ita strenue urbem propugnavere obsessi, ut diuturnam fore obsidionem Eduardus perspiceret : profectus est inde, exercitus parte ad obsidendum relicta. Post discessum illius ingens pugna fuit oppidanos inter & Anglos qui urbem cingebant, fortiter utrinque pugnatur : ex Anglorum parte capitur *Baro* de Stanfortio, ex Britonum vero parte Olivarius de Clissone, & Henricus de Leonio.

Interea Rex Eduardus qui ante Rhedonum urbem venerat a suis obsessam, quinta ab adventu suo transacta die, Namnetas obsessum venit, ubi tunc erat Carolus Blesensis : urbem adeo munitam, & tam numeroso præsidio instructam reperit, ut statim adverterit diuturnam fore obsidionem ; cumque vellet aliqua expeditione famam sibi parere, relicta ante urbem suorum parte, cum reliquo exercitu Dinantium obsessum venit. Quatuor ex præcipuis urbibus Armoricæ ab Eduardo uno tempore obsessæ fuerunt ; Namnetes, Rhedones, Venetiæ, & postremo Dinantium, quod oppidum post quinque obsidionis dies captum fuit.

Inde Eduardus ante Venetias rediit. Interea Ludovicus de Hispania cum classe sua damna innumera Anglicis rebus inferebat, commeatum omnem pene ex Anglia ad Regia castra missum intercipiebat, navesque in trajectu plurimas capiebat ; parumque abfuit quin una vice totam Eduardi classem, in portu quodam prope Venetias versantem abduceret. Ex classe ipsius in Anglos vectores impetu facto, omnes illi pene sunt occisi : cæteri vero Angli qui circa Venetias castrametabantur, accurrerunt, classemque suam ne prorsus abriperetur, custodierunt, nec impedire tamen potuerunt quominus Ludovicus de Hispania quatuor Anglicas naves commeatu & cibis onustas abduceret, tresque alias submergeret.

Comitem Blesensem fortiter oppugnatum cernens Philippus, contra Eduardum misit Normanniæ Ducem cum numeroso exercitu, in quo multi Principes & Optimates regni magno numero erant. Ut audivit Rex Angliæ tantum exercitum contra se mitti, copias quæ ante Namnetas erant evocavit. Dux vero Normanniæ in urbem illam venit, ubi per dies aliquot commoratur. Interea vero Angli, qui Rhedones obsidebant muros per diem integrum magno impetu sunt adorti.

K k iij

l'attaque fut vive, la défense fut des plus belles. Un grand nombre de Seigneurs & de braves gens, parmi lesquels étoit Bertrand du Guesclin, repousserent si bien les Anglois, que sans rien avancer, ils y perdirent un grand nombre de leurs gens: l'Evêque de la ville y donna aussi des preuves de son courage.

Le Duc de Normandie partit de Nantes, & marcha vers Vannes pour donner bataille au Roi d'Angleterre, qui retrancha son camp, rappella les troupes qui étoient devant Rennes, & fit cesser les attaques contre la ville de Vannes, pour épargner ses gens. Les deux armées demeurerent ainsi en présence l'une de l'autre. Il y eut plusieurs escarmouches & bien des gens tuez des deux côtez. Cependant l'armée Angloise se trouva fort à l'étroit, il ne venoit plus de vivres à leur camp. La flote de Louis d'Espagne, qui croisoit auprès de Vannes, empêchoit que rien ne pût aborder du côté d'Angleterre, ils ne pouvoient aller au fourage qu'avec un grand péril & avec perte de leurs gens. D'un autre côté les François étoient fort incommodez des pluies continuelles qui inonderent leur camp & les obligerent de changer de place: ils perdoient la plûpart de leurs chevaux, & ne pouvoient durer longtems en cette situation. Les Cardinaux députez par le Pape pour moienner une paix ou du moins une tréve entre les deux Rois, trouverent les dispositions favorables de part & d'autre. La tréve fut conclue pour trois ans, pendant lesquels tout acte d'hostilité devoit cesser. A la faveur de cette tréve Jean de Montfort sortit de prison, & s'en alla en Bretagne où il mourut peu de tems après.

Treve entre la France & l'Angleterre.

Selon Gaguin, Philippe établit sur le sel un impôt, qui fut fort à charge au peuple. Il augmenta aussi considérablement le prix des monnoyes, ce qui causa une grande cherté de denrées. Un scene qui se passa à Paris lui attira l'indignation d'un grand nombre de gens dedans & dehors le Roiaume. Sur un simple soupçon d'intelligence avec le Roi Edouard, il fit arrêter Olivier de Clisson ci-devant prisonnier en Angleterre, & dix ou douze autres Seigneurs Bretons, & leur fit couper la tête. A cette nouvelle Edouard en fureur, voulut d'abord faire le même traitement à Henri de Leon, qui se trouva alors prisonnier en Angleterre, mais ses gens l'en détournerent. Il envoia le Comte d'Erbi en Gascogne avec une bonne armée, qui alla descendre à Bayonne: ce Comte alla d'abord attaquer Bergerac. Le Comte de l'Isle Gouverneur pour le Roi Philippe en ce

1344. Cruauté du Roi Philippe.

Illos strenuissime exceperunt viri Nobiles multi, ex quorum numero erat Bertrandus Guisclinius, & tam fortiter hostem propulsaverunt, ut Angli multis suorum amissis, a cœpto desisterent. Inter pugnantes claruit urbis Episcopus.

Dux vero Normanniæ ex Namnetibus profectus, Venetias movit, cum Angliæ Rege pugnaturus. Eduardus vero castra sua vallo munivit, & manum illam pugnatorum, quæ ante Rhedonum urbem erat, accivit, jussitque intermitti Venetiarum oppugnationem, ne cædibus exercitus minueretur. Sic ambo exercitus diu coram mansere, frequentesque fuere velitationes & pugnæ, ubi multi ex utraque parte cæsi. Inter hæc vero Anglorum exercitus annona carebat; nullus accedebat commeatus. Classis Ludovico de Hispania duce impedimento erat quominus ad victum necessaria transportarentur ex Anglia, pabulatum autem nonnisi cum magno periculo ire poterant. Franci quoque perpetuis imbribus agros inundantibus, castra mutare coacti sunt; equorum maxima pars peribat, nec poterat diutius exercitus castrametari. Cardinales a Summo Pontifice missi ut vel pacem vel inducias inter ambos Reges conciliarent, opportunam nacti occasionem, inducias triennales induxerunt, quo temporis spatio hostilia omnia cessatura erant. Ob pactas inducias Montefortius, qui Lutetiæ in carcere degebat, liber dimissus, in Britaniam profectus est, ubi haud diu postea obiit.

Gaguinus

Auctore Gaguino in salem impositum vectigal Francis admodum oneri fuit. Monetarum etiam pretium Rex adauxit, id quod magnam invexit annonæ caritatem. Res tum Lutetiæ gesta in indignationem complures Francos & exteros contra Regem Philippum concitavit. Ex suspicione quadam quod Olivarius Clissonius, qui in Anglia pridem captivus fuerat, & decem duodecimve alii nobiles Britones rebus Eduardi Regis studerent, illos comprehendi & capite truncari jussit. Re comperta Eduardus furens, eamdem statim pœnam Henrico de Leone qui tunc in Anglia captivus erat infligere voluit, sed a suis mitigatus, a proposito abstinuit. Tunc Comitem Erbiensem in Vasconiam cum exercitu misit, qui Baionam appulit & exscensum fecit, statimque Bergeracum obsessum ivit. Comes Insulæ, qui pro Rege Philippo istis in partibus Præfecti

PHILIPPE VI. DE VALOIS.

payis-là, s'étoit rendu dans cette ville avec quantité de Seigneurs & de Chevaliers. Il fit d'abord une vigoureuse résistance. Le Comte d'Erbi jugeant qu'il auroit bien de la peine à prendre la place du côté de terre, où elle étoit bien fortifiée, & s'étant aperçû, que du côté de la riviere elle n'avoit qu'une simple palissade, résolut de l'attaquer de ce côté-là, & fit avancer des bateaux chargez de gens de guerre & d'archers. Le Comte de l'Isle voiant que la ville alloit être prise, se retira avec ses gens, & n'y laissa que la bourgeoisie, qui se rendit à la merci des Anglois. Le même Comte n'étant pas assez fort pour tenir la campagne contre l'armée Angloise, partagea ses troupes entre plusieurs Seigneurs, & les envoia en differens endroits pour les défendre. D'Erbi prit alors la route de l'Agenois & conquit aisément un grand nombre de Châteaux & de places. Il entra ensuite dans le Périgord, & vint devant le Château de Bourdeille ; il étoit si fort & si bien gardé, qu'il passa outre sans l'assieger de peur d'y perdre sa peine. La ville de Périgueux étoit aussi très-bien fortifiée, le Comte de Périgord y étoit avec grand nombre de Seigneurs & de Chevaliers, le siége auroit été long, & le succès de l'entreprise paroissoit douteux. Cela obligea le Comte de passer plus avant, & d'aller assieger un Château, que Froissart nomme Pelagruë, qui se défendit fort bien. Le Comte de Périgord envoia une nuit deux cens lances, qui vinrent fondre sur un quartier du Comte d'Erbi, tuerent plusieurs Anglois, prirent le Comte de Kenfort & trois autres de sa compagnie, & les emmenerent prisonniers à Périgueux. L'Anglois qui vouloit retirer ces prisonniers, fit un Traité avec le Comte de Périgord, par lequel ils faisoient un échange, & le Comte d'Erbi promettoit de ne faire aucun acte d'hostilité dans le Périgord durant l'espace de trois ans. De là le Comte d'Erbi marcha vers Auberoche, qui se rendit sans coup ferir. Il prit avec la même facilité Libourne, & se retira ensuite à Bordeaux pour s'y reposer & y rafraichir ses troupes.

Le Comte de l'Isle, qui s'étoit tenu à la Réole tandis que les Anglois prenoient des Villes & des Châteaux, voiant qu'ils s'étoient retirez à Bordeaux crut que l'occasion étoit favorable pour faire quelque entreprise. Il pria les Seigneurs de Gascogne & du voisinage de lui amener des troupes ; il ramassa dix ou douze mille hommes, & alla assieger Auberoche. Il fit venir quatre grandes machines de Toulouse, c'étoit apparemment des pierriers, qu'il fit jouer sans cesse ; le poids des pierres & d'autres choses que les machines jettoient, étoit

Guerre en Aquitaine.

---

vicem agebat, cum primoribus & equestris ordinis viris illò se contulit, statimque hostem strenue propulsavit. Comes autem Erbiensis, ut vidit nonnisi magno conatu posse oppidum ex parte agrorum expugnari, muris, munitionibusque instructum ; cum comperisset ex parte fluminis nonnisi defixis palis aditum custodiri, naviculas admovit onustas militibus & sagittariis. Tum Comes Insulæ cernens brevi captum iri oppidum, cum suis alio se contulit, solis oppidanis intra relictis, qui statim Anglis portas aperuerunt. Idem ipse Comes se viribus imparem conspiciens, copias suas divisit, & multis proceribus, qui castra & oppida tuerentur, distribuit. Erbiensis vero in Aginnenses agros movit, multaque castella & oppida cepit. Inde vero Petrogoricensem tractum invasit, & ad Burdellæ castrum se contulit, munitissimum & amplo præsidio instructum, nec obsidionem tentare ausus est. Petrocora etiam urbs munitionibus instructa, a Petrogoricensi Comite, cui aderant viri nobiles & equites bene multi custodiebatur ; quare se illam vix expugnare posse putans Erbiensis Comes, ulterius progressus castellum Pelagruam dictum obsedit. Fortiter obstitere præsidiarii, Comes vero Petrogoricensis ducentos lanceis instructos nocte immisit in Anglos, qui ex uno latere illos adorti sunt, multos occiderunt, Kenfortium Comitem cum tribus ejus sociis ceperunt, abduxeruntque Petrocoram. Erbiensis vero Comes ut captivis libertatem restitueret eum Petrogoricensi Comite paciscitur, illa conditione ut captivi utrinque redderentur, & Angli per tres annos ab incursionibus in Petrogoricensem tractum abstinerent. Sub hæc Erbiensis Albam-Rupem oppidum adortus est, quod accedenti portas aperuit, posteaque Liburnum pari facilitate cepit. Demum Burdegalam reversus est, ut post tot labores quieti sese daret.

Comes Insulæ, qui dum Angli oppida & castra expugnarent, in urbe Regula manserat ; ubi vidit illos Burdegalam se recepisse, occasionem se nactum putans, primores Vasconiæ, vicinarumque regionum rogavit se cum copiis convenirent, sicque ad decem duodecimve millia hominum una cogit, & Albam-Rupem obsedit. Tum quatuor obsidionales machinas Tolosa sibi transmitti curavit, queis petras & immania pondera continuo in oppidum immittebat, his

si grand qu'il abbatoit les combles des tours & des maisons, en sorte que les assiegez ne se pouvoient mettre à couvert, que sous terre ou sous des voutes. Se voiant si mal-menez, ils chargerent un valet de lettres pour le Comte d'Erbi, où ils lui apprenoient l'état où ils se trouvoient, & lui demandoient un prompt secours. Ce valet fut pris par les Gascons, on lût ces lettres par ordre du Comte, elles furent attachées au cou du porteur, & on l'attacha lui-même à une des machines, qui le jetta dans la place, où il tomba mort ; ce qui effraya encore davantage la garnison. Le Comte d'Erbi aiant appris d'ailleurs ce qui se passoit à Auberoche, ramassa vite ceux de ses gens qui se trouverent à Bourdeaux & aux environs, & marcha en grande diligence, n'aiant pas plus de mille hommes ; c'étoit bien peu contre dix ou douze mille : il fallut user de stratagême : étant arrivez à deux lieues d'Auberoche, à la faveur d'un bois, ils allerent à couvert jusqu'au camp des François ; c'étoit l'heure du souper, les Gascons se mettoient à table, & faisoient si mauvaise garde, que ce corps d'Anglois se trouva au milieu d'eux avant qu'ils en eussent la premiere nouvelle. Les Anglois les tuoient sans presqu'aucune résistance. Ceux qui voulurent gagner les champs voisins pour se mettre en état de combattre, y trouverent des archers Anglois, qui les écarterent bien vite, & en tuerent un grand nombre. Si la nuit n'étoit survenue, il y auroit eu une bien plus grande tuerie. Le Comte de l'Isle & grand nombre d'autres Seigneurs & Chevaliers furent faits prisonniers. Les Anglois les traiterent fort humainement, & donnerent la liberté à plusieurs de ces Seigneurs prisonniers d'aller chez eux, à condition qu'ils se rendroient à Bourdeaux ou à Bergerac dans un certain tems. Après cette victoire le Comte d'Erbi alla passer l'hiver à Bourdeaux, & se remit en campagne au printems suivant dans le dessein d'aller assieger la Réole, alors place très-forte. Il prit d'abord quelques Châteaux. Il trouva de la résistance à Montsegur, qui capitula enfin à cette condition, que si dans un mois il ne venoit point une armée de France qui pût tenir la campagne contre le Comte d'Erbi, la place se rendroit à lui. Il fut agréablement surpris lorsque le Châtelain d'Aiguillon, place qui passoit alors pour imprenable, vint au devant de lui pour la lui remettre, sans attendre qu'il en eut formé le siége. Ce traître étant allé depuis à Toulouse, fut saisi & envoié à la potence. Le Comte alla enfin assieger la Réole, qui se défendit longtems & soutint plusieurs assauts. Après plus de deux mois de siége, le Gou-

& turrium fastigia & domorum tecta decutiebantur ; ita ut obsessi nonnisi in subterraneis fornicibus tuto manere possent. In tali rerum conditione famulo cuipiam literas tradunt ad Erbiensem Comitem perferendas, queis quo in statu essent enunciabant, opemque illius implorabant. Ille porro famulus a Vasconibus captus fuit : literæ lectæ fuerunt, jussuque Comitis ad collum famuli alligatæ fuere, ipseque famulus super petrariam machinam conjectus, in oppidum immissus est, deciditque mortuus, qua re oppidani admodum perterriti sunt. Erbiensis porro Comes cum aliunde comperisset quo in statu Alba-rupes & præsidiarii ejus essent, quam celerrime potuit armatos Burdegalæ, & in vicinia collegit, mille circiter numero, pauci utique ut decem millia hominum adoriretur ; stratagemate uti opus fuit. Cum ad duo triave millia prope Albam-Rupem pervenisset, Angli favente silva, ad Vasconum castra pervenerunt. Hora tunc cœnæ erat, mensæ apparatæ, tantaque incuria erat circa castrorum custodiam, ut Anglorum manus illa in mediis Vasconum cuneis imparatis comparuerit, qui punctim cælum occidebantur, nullo pene obsistente. Si qui vero vicinos campos petere curabant, ut pugnandi spatium haberent, ii a sagittariis Anglis abigebantur, exiisque multi ceciderunt : nisi vero nox advenisset, longe plures perituri erant. Comes Insulæ, multique alii primores & equites capti sunt, qui ab Anglis perhumaniter excepti fuere, & licentiam impetrarunt ad suos redeundi, dum ad condictum diem Burdelagam vel Bergeracum se conferrent. Post talem victoriam Erbiensis Comes Burdegalam ad hiberna petiit. Atque verno sequenti tempore cum exercitu movit, ut Regulam munitissimum oppidum obsideret. Aliquot statim castella cepit ; Montem-securum adortus, & a præsidiariis strenue repulsus, cum illis demum pactus est, ut nisi intra mensis spatium exercitus Francorum adventaret, qui posset Erbienti Comiti obsistere, castrum ipsi dederetur. Grata res admodum fuit Erbiensi Comiti cum Castellanus Aculei sive Aguillonii, quod tunc oppidum inexpugnabile habebatur, nec rogatus, nec expectata obsidione, oppidum atque castellum ipsi tradidit. Qui proditor cum postea Tolosam venisset, captus suspendio vitam finivit. Erbiensis demum Regulam obsedit. Fortiter obstitere præsidiarii, & muros impetentium hostium conatus strenue propulsarunt. Post peractos duos obsidionis menses, cum videret

verneur

verneur voiant que les bourgeois vouloient se rendre, se retira avec ses gens dans le Château, où il soutint longtems le siége, & ne se rendit qu'à l'extrémité. Le Comte d'Erbi maître de la campagne, prit encore quelques places & Châteaux, & alla mettre le siége devant Angoulême, qui après quelque défense composa à cette condition, que s'il ne venoit point d'armée de France pour tenir la campagne contre les Anglois, la ville se rendroit au bout d'un mois; & l'armée n'étant point venue, elle ouvrit ses portes aux Anglois.

Le Roi Philippe qui s'étoit déja attiré la haine d'une bonne partie de la Noblesse de France par sa conduite dure & inéxorable, & sur tout par l'execution d'Olivier de Clisson, & de plusieurs autres Seigneurs Bretons, conçût, on ne sait pourquoi, une si grande haine contre Gefroi de Harcourt, un des plus grands Seigneurs de Normandie, que s'il l'avoit tenu, il lui auroit fait le même traitement qu'aux précedens. Il le bannit du Roiaume de France. Gefroi s'enfuit d'abord dans le Brabant. Le Roi fit saisir tous ses revenus: il demeura longtems auprès du Duc de Brabant son cousin, qui s'employa pour le remettre en grace avec le Roi, mais inutilement. Gefroi ne voiant aucun moien de réconciliation, se refugia auprès du Roi d'Angleterre, & causa depuis des maux infinis à la France.

Jâques d'Artevelle qui jusqu'à ce tems-ci, avoit gouverné la Flandre, & qui partie de gré, partie de force menoit les Flamans à sa volonté; aiant promis au Roi Edouard de lui remettre tout le païs, & de faire déclarer son fils aîné Duc de Flandre; car il vouloit ériger ce Comté en Duché; Edouard se rendit à l'Ecluse avec le Prince de Galles son fils aîné, & grande quantité de Seigneurs. Artevelle l'y vint trouver pour traiter avec lui, & executer sa promesse. La proposition qu'il en fit déplût extremement aux députez des Communes de Flandres. Ils remontrerent très-humblement au Roi qu'ils ne pouvoient conclure une affaire si importante sans le consentement general de tous les Flamans, à qui ils en alloient faire la proposition. Ils se retirerent ensuite, & animerent tellement leurs compatriotes contre Artevelle, qu'étant revenu à Gand, il fut massacré dans sa maison par la populace. A cette nouvelle le Roi Edouard en fureur se preparoit à vanger la mort de son ami. Mais les députez des autres villes, laissant-là ceux de Gand, allerent lui faire satisfaction, disant que ce n'étoit point de leur consentement qu'Artevelle avoit été tué par la populace de Gand; ils

Jâques d'Artevelle tué.

Idem.

præsidii Præfectus velle oppidanos deditionem facere, in castellum cum suis se recepit, ubi post diuturnam obsidionem, ad extrema redactus, castellum tandem ex pacto tradidit. Comes Erbiensis, nullo sese efferente exercitu, liberam nactus omnia tentandi viam, oppida alia & castella cepit; ac demum Engolismam obsedit, quæ non diu obsistit obsidentibus: & pactum iniit, ut nisi Francorum exercitus intra mensem in aperto campo contra Anglorum exercitum compareret, illa sese deditura esset. Cumque statuto tempore non advenisset exercitus, portas illa suas Anglis aperuit.

Philippus Rex, qui jam multorum Nobilium sibi odium conciliaverat præ duritie & immanitate; præcipueque ob cædem Clissonis, aliorumque nobilitate insignium Britonum, tantam concepit iram in Geoffredum de Harcurtio inter primores Normanniæ conspicuum; qua vero de causa nescitur; ut si eum comprehendere potuisset, eadem qua cæteros pœna mulctaturus fuisset; ex regno autem ipsum exsulare jussit. Rex ejus bona & prædia omnia occupavit. Geoffredus vero apud Brabantiæ Ducem cognatum suum diu versatus est, qui in Regis gratiam ipsum restituere frustra conatus est. Geoffredus nullam cernens reconciliationis viam, ad Regem Angliæ confugit, & multa deinceps damna rei Francicæ intulit.

Jacobus de Artevella qui hactenus in Flandria omnia moderabatur, quique partim amicitia, partim vi Flandros ad arbitrium regebat, cum Eduardo Regi promisisset se omnem ipsi regionem traditurum esse, atque id effecturum ut filius ejus Dux Flandriæ declararetur; Comitatum enim in Ducatum erigere volebat; Eduardum allexit, ut ea de causa Slusam se conferret cum Gallensi Principe & proceribus multis, ipsumque adiit Artevella promissis ut staret, & cum Eduardo pacisceretur. Aderant civitatum Flandrensium Legati, qui ignota simul & ingrata sibi audientes, Regi insinuarunt, non licere sibi rem tantam perficere citra Flandrorum omnium consensum, quos tunc ea de re conventuri erant. Deinde ad civitates suas reversi, populos in iram contra Jacobum de Artevella concitarunt. Ille vero Gandavum redux a furente plebe trucidatus est. His auditis Eduardus in furorem actus, amici sui mortem ulcisci parabat. At cæterarum civitatum Legati, Gandavensibus relictis, Eduardum adierunt, sibi non imputandam cædem, sed Gandavensi tantum plebi dicentes; addideruntque,

Tome II. L l

ajoûterent qu'ils ne pouvoient se résoudre à deshériter leur Comte, quoiqu'il eut pris le parti du Roi de France, mais qu'il y avoit un autre moien de faire tomber le Comté au Prince de Galles, en lui faisant épouser la fille de leur Comte ; à quoi ils consentirent volontiers. Edouard leur pardonna & accepta l'offre.

Guillaume Comte de Hainaut, qui avoit quelques droits sur la ville d'Utrecht, s'y rendit à main armée, & força les habitans de lui donner satisfaction. Il prétendoit aussi que la Frise lui appartenoit, & l'Auteur dit que sa prétention étoit bien fondée. Il n'étoit pas aisé de réduire ces peuples féroces, ce qui l'obligea de faire de grandes levées dans le Hainaut, dans le Brabant & la Flandre, la Hollande, Gueldres & Juilliers. Il monta une flote & y alla faire une descente. Il donna bataille aux Frisons, & il fut défait & tué : une grande partie de ses gens périt dans cette expedition. Le brave Jean de Hainaut oncle du Comte, qui ne se trouva pas à la bataille, vouloit à force aller combattre les Frisons ; mais ses gens jugeant que la partie n'étoit pas égale, l'obligerent de s'en revenir dans le Hainaut. Le Roi Philippe souhaitoit fort de l'attirer à son parti. Mais il étoit depuis longtems attaché au Roi d'Angleterre, qui lui avoit donné des revenus considerables dans son Roiaume. Le Roi lui en offroit autant & plus en France. Il résista quelque tems ; mais il se rendit enfin & se tourna pour la France contre l'Angleterre. Philippe lui tint sa parole, & lui fit plus d'avantage qu'il n'en avoit en Angleterre.

Le Comte d'Erbi continuoit ses conquêtes dans la Guienne sans presqu'aucun obstacle. Pour arrêter ses progrès le Roi Philippe envoia un mandement à tous les Princes & Seigneurs de de-çà la Loire de se rendre avec leurs troupes à Orleans & à Bourges ; ceux de de-là la Loire, se devoient rendre à Toulouse, où vinrent aussi ceux qui s'étoient assemblez à Orleans. Quelque grande que fut la ville de Toulouse, elle ne pût tenir dans son enceinte cette prodigieuse quantité de troupes, qui montoit à environ cent mille hommes. Une partie se campa aux environs. Le Chef de cette grande armée fut Jean Duc de Normandie ; il se mit en campagne après la fête de Noel de l'an 1345. & alla d'abord assieger le Château de Miramont, gardé par cent Anglois. Il y avoit dans l'armée de France un grand corps d'arbaletriers Gennois, qui furent emploiez à cette attaque. Le Château fut pris &

Froissart.

se nolle quidem Comitem suum ex hereditario jure extrudere, etsi ille ad Regis Francorum partes se contulisset ; sed aliam superesse viam, qua possent Principem Walliæ Eduardi filium sibi Comitem adsciscere, si nimirum ille filiam Comitis sui in uxorem duceret. Eduardus mitigatus conditionem accepit.

Guillelmus Comes Hannoniensis, qui jura aliquot in urbem Ultrajectinam habebat, cum armatorum manu illò se contulit ; atque Ultrajectinos ut sibi facerent satis adegit. Frisiam quoque ad se pertinere contendebat : aitque Froissattius id jure expetiisse Guillelmum : neque ita facile erat ferocem populum in ordinem redigere : ideoque Guillelmus magnum pugnatorum numerum collegit in Hannonia, Brabantia, Flandria, Hollandia, apud Gueldriam & Juliacum. Classem conscendit, & in Frisiam exscensum fecit. Commissa autem cum Frisonibus pugna, profligatus ipse & interfectus est, magnamque suorum partem amisit. Strenuus autem ille Joannes Hannoniensis Comitis patruus pugnæ non interfuerat, & in Frisones erumpere volebat. At qui illum comitabantur, imparem viribus cernentes, ut in Hannoniam rediret effecerunt. Illum Rex Philippus ad suas partes allicere peroptabat.

Verum Joannes a multo jam tempore Eduardo Regi addictus erat, qui illi in Anglia amplos proventus attribuerat. Paria & plura Philippus ipsi offerebat in Francia. Abnuit aliquandiu Joannes, tandemque ad Francorum partes & contra Anglos conversus est ; Rexque Philippus, ut pollicitus erat, plura illi concessit in Francia, quam in Anglia obtinuerat.

Comes Erbiensis nullo fere obice, urbes & castella quotidie expugnabat in Aquitania ; quem ut reprimeret Rex Philippus, jussit Principes & primores, qui cis Ligerim erant cum copiis suis Aurelianum & inde Bituricas se conferre, eos vero qui ultra Ligerim erant Tolosam petere. Illo postea omnes omnino confluxere. Etsi ampla urbs Tolosa esset, non poterat tantus ille armatorum numerus, qui ad centum mille pertingebat, intra mœnia ejus recipi. Pars autem magna in vicinis agris castrametata est. Tanto exercitui præerat Normanniæ Dux. Movit autem ille post Natalis Domini festum anni 1345. & Miramontis castellum obsedit, ubi erant centum Angli præsidiarii. In exercitu Francorum erant magno numero sagittarii Genuenses, qui ad oppugnandum castellum missi sunt. Castellum captum fuit, & omnes fere Angli cæsi sunt.

Idem.

presque toute la garnison taillée en pieces. Villefranche d'Agenois fut prise de même. On eut l'imprudence de laisser les murs de la ville & le Château sur pied sans y mettre garnison : ce qui fit que les Anglois s'en emparerent de nouveau dès que l'armée fut partie : ils la mirent en état de défense, & y laisserent plus grosse garnison qu'auparavant. L'armée alla ensuite assieger Angoulême : la ville étoit forte & bien défendue. On donna plusieurs assauts, où l'on perdoit beaucoup de monde sans avancer. Ce qui obligea le Duc de faire cesser les attaques, esperant d'avoir la place par la famine. Mais il étoit aussi à craindre que cette si grande armée ne fût plutôt affamée que la ville.

Le Sénéchal de Beaucaire homme sage & avisé, alla demander au Duc de Normandie un détachement de son armée pour aller dans la vallée voisine enlever des bestiaux, qui pourroient servir à la subsistance de l'armée. Le Duc le lui permit. Quantité de Princes & de Seigneurs voulurent être de la partie. Le Sénéchal avoit un espion qui connoissoit bien le païs, & qui le mena auprès d'une ville que Froissart appelle Athenis, qui avoit été prise par les Anglois, & dont la garnison montoit à six-vingt hommes d'armes Anglois ou Gascons, & à trois cens autres Anglois; l'espion fit remarquer au Sénéchal de Beaucaire, que les Anglois qui étoient dans la ville, envoioient de grand matin leurs bêtes à corne & leurs troupeaux pour paître dans les vallées. Le Sénéchal prit alors soixante lances, & pria les Princes & Seigneurs qui l'accompagnoient de se mettre à un certain poste pour donner sur les Anglois & les Gascons, supposé qu'ils sortissent de la ville pour empêcher qu'on n'enlevât leurs bestiaux. Ce qu'ils firent volontiers. Il descendit ensuite dans la vallée, & se mit à chasser les bêtes au devant de sa troupe pour les mener au camp des François. Quand la garnison vit qu'on enlevoit ses bestiaux, elle sortit toute entiere pour l'empêcher, & ne laissa dans la ville, que quelques pauvres habitans. Alors les Seigneurs & la troupe du Sénéchal donnerent sur eux, en taillerent en pieces la plus grande partie, & prirent les autres prisonniers. Ils prirent la ville dont les portes étoient ouvertes, & s'en retournerent ensuite au camp avec leur proie. Cette action fit beaucoup d'honneur au Sénéchal de Beaucaire.

Le siége d'Angoulême duroit toujours. Les François, quoiqu'ils eussent discontinué leurs attaques, n'étoient point dans l'inaction. Ils faisoient des courses perpetuelles sur les païs voisins occupez par les Anglois, ils enlevoient des bestiaux, emmenoient quantité de prisonniers. Les deux freres Princes de Bourbon, qui

Villa-Franca etiam in Aginnensi tractu capta fuit, sed oppidi & castelli muri illæsi sine præsidio imprudenter relicti sunt : quamobrem postquam exercitus recesserat, Angli Villam-Francam denuo occuparunt, & numerosius, quam ante, præsidium ibi reliquerunt. Exercitus postea Engolismam obsessum venit : urbs munitissima erat : sæpe oppugnati muri fuere ; sed incassum & cum magna pugnatorum pernicie, quapropter jussu Ducis ab oppugnando cessatum est. Sperabatur enim fame compellendam urbem esse ad deditionem : at metuendum etiam videbatur ne fames citius exercitum tantum, quam urbem invaderet.

Senescallus autem Belloquadræ, vir strenuus atque prudens, ab Duce Normanniæ petiit militum manum, cujus ope in valle vicina pecora caperet abduceretque in usum exercitus. Annuente Duce Principes proceresque multi cum illo profecti sunt. Senescallus exploratorem habebat locorum peritum, qui illum prope urbem quamdam duxit, nomine Athenis, inquit Froissartius, ab Anglis captam, cujus præsidium erat centum viginti equitum, ut illo ævo, Anglorum & Vasconum, & trecentorum peditum Anglorum. Explorator autem Senescallum monuit Anglos qui in urbe erant, horis matutinis pecora & armenta sua ad vicinas valles pastum mittere. Tunc Senescallus sexaginta viros lanceis armatos secum assumsit, ac Principes, proceresque rogavit quemdam locum occuparent, ut in Anglos & Vascones irrumperent, si ex urbe ad tuenda pecora sua egrederentur. Id quod illi polliciti sunt. In vallem descendit Senescallus, & armenta atque pecora ante turmam suam cœpit abigere versus castra Francorum. Præsidiarii vero ubi vident abripi sibi pecora, egrediuntur ad unum omnes, relictis solum in urbe plebeiis, ad pecora servanda properant. Tunc autem proceres illi & Senescalli turma in præsidiarios Anglos irruunt, qui omnes vel cæsi vel capti sunt : oppidum ipsum cujus apertæ portæ erant capiunt ; & cum præda sua ad castra revertuntur, felixque rei exitus Senescallo honorem attulit.

Engolismam semper obsidebant Franci, ac etsi muros impugnandi finem fecerant, non otio tamen torpebant; sed incursiones perpetuo faciebant in loca ab Anglis occupata, pecora, armenta, captivos ad castra ducentes, Duo Principes fratres Borbonii, qui inter obsiden-

Tome II. L l ij

PHILIPPE VI. DE VALOIS.

se trouverent à ce siége étoient perpetuellement à cheval, & se signalerent par dessus tous les autres. Cependant les vivres manquoient dans Angoulême, la ville ne pouvoit plus tenir. Jean Normech qui commandoit pour les Anglois dans la place, voiant la Bourgeoisie toute disposée à se rendre, & souhaitant de sortir avec sa garnison sans capituler, s'avisa d'un stratagême qui lui réussit. La veille de la Purification, il demanda au Duc de Normandie une tréve pour le lendemain, & cessation de tout acte d'hostilité en l'honneur de la sainte Vierge. Le Duc lui accorda sa demande. Normech sortit le jour de la fête avec toute sa garnison. Les François voulurent lui courir sus, & l'arrêter prisonnier avec ses gens : il s'écria que c'étoit un jour de tréve, & qu'il n'étoit pas permis de lui faire insulte. On s'addressa au Duc de Normandie, qui ordonna qu'on le laissât passer. Le lendemain la ville se rendit avec le Château. Le Prince y mit garnison, & se disposa à continuer ses conquêtes. Il fit attaquer le Château de Damasson, qui se défendit jusqu'à l'extremité. Il fut emporté au bout de quinze jours, & toute la garnison composée d'Anglois & de Gascons fut passée au fil de l'épée. De là il vint attaquer la ville de Tonneins sur la Garonne. La garnison composée d'Anglois & de Gascons se défendit assez longtems, & rendit enfin la place par capitulation. Le Port Sainte Marie, autre petite ville défendue par deux cens Anglois, fut emporté d'assaut, & la garnison demeura prisonniere.

Siege d'Aiguillon.

Après cet exploit le Duc de Normandie vint mettre le siége devant le Château d'Aiguillon, la plus forte place qu'eussent les Anglois en ce payis-là ; elle étoit parfaitement bien munie. La garnison composée de gens d'élite étoit fort grosse, commandée par le Comte de Pembrok & le brave Gautier de Manni. L'armée de France étoit d'environ cent mille hommes. Il fallut faire un pont pour passer la Garonne, qui est large & profonde en cet endroit. On y emploia trois cens ouvriers. Les assiegez qui avoient quelques bâteaux, vinrent lorsque le pont étoit à demi fait, & chasserent les ouvriers. Gautier de Manni y vint une autre fois, & détruisit tout ce qui avoit été fait. Mais les François ayant renforcé la garde, le pont fut achevé & l'armée passa. On donna d'abord de violens assauts à la place ; mais les assaillans furent toujours repoussez avec perte. Le Duc de Normandie donna ordre qu'on fît venir de Toulouse huit grandes machines à jetter des pierres. Elles arriverent, & l'on en fit faire qua-

tes erant, equos quotidie conscendebant ut incurrerent in hostem, atque inter strenuissimos censebantur. Interea annona in urbe omnino deficiebat. Joannes vero Normechus præsidiariorum Anglorum Præfectus, cum cerneret Engolismenses cives de deditione cogitare : atque in optatis haberet fine pacto cum hoste inito, præsidiarios suos incolumes abducere, arte usus singulari, elapsus cum suis est. In vigilia Purificationis B. Virginis, inducias a Normanniæ Duce postulavit, ut die sequenti in honorem Virginis Matris hostilia omnia cessarent. Annuit petenti Normanniæ Dux, in dieque festo Normechus cum præsidiariis omnibus ex urbe egreditur, & per castra hostium iter habere cœpit ut alio concederent. Franci Normechum & suos comprehendere & captivos detinere volebant. Clamat Normechus id non licere ob pactas inducias. Ad Normanniæ Ducem itur, qui liberum Normechum cum suis dimitti jubet : die sequenti urbs & castellum Duci deduntur. Qui præsidio in urbe relicto ad cætera capienda castra & oppida movit. Damassonem castellum adortus est. Fortiter pugnarunt Angli & Vascones, & post obsidionem dierum quindecim, capto castello, præsidiarii omnes cæsi sunt. Inde Tonnintium ad Garumnam obsessum venit. Præ-

sidiarii autem Angli & Vascones, oppidum quod per aliquot dies propugnarunt, ex pacta conditione reddiderunt. Portus S. Mariæ aliud oppidum impetu Francorum cum ducentis Anglis præsidiariis captum fuit.

Idem

His peractis Dux Normanniæ Aguillonem castrum petit, omnium quæ tunc Angli in ista regione tenebant munitissimum. Nihil ad diuturnam defensionem deerat : Præsidiarii inter strenuissimos selecti, Præfectis Comite Pembroci, & fortissimo illo viro Gualterio Mannio, Exercitus Francorum ad centum mille circiter armatos pertingebat. Primo pons ad exercitus transitum construendus erat : eo loci autem Garumna fluvius latus, profundusque est. Trecentæ operæ illi construendo manum admoverunt. Præsidiarii Angli cum naviculis accedentes, cum jam pontis pars dimidia constructa esset, fabros & operas amoverunt. Gualterius vero Mannius altera vice, quod jam confectum fuerat destruxit. Verum Franci, auctis custodibus, pontem tandem fecerunt ; exercitusque totus transiit. Grandi impetu oppugnari statim muri fuere ; sed Franci, multis suorum amissis, repulsi sunt. Jussit Dux Normanniæ octo grandes petrarias machinas Tolosa in castra advehi ; quibus adductis, quatuor etiam

PHILIPPE VI. DE VALOIS.

tre autres plus grandes. Tout cela joua à la fois. Mais les assiegez avoient d'autres machines qui démontoient celles-là, de sorte que la grande dépense qu'on avoit faire à les construire devint inutile. Les assiegez sortoient souvent pour aller en course ; une fois Gautier de Manni fut rencontré par Charles de Montmorenci bien mieux accompagné que lui, & qui amenoit quantité de bestiaux pour ravitailler l'armée, le combat fut rude, Gautier de Manni, malgré le petit nombre de ses gens se défendoit bien, il auroit été enfin accablé par le nombre ; mais le Comte de Pembrock sortit de la place bien accompagné pour le secourir. Tandis qu'on se battoit de part & d'autre, les bestiaux furent conduits au camp, & Montmorenci eut assez de peine de se sauver de la mêlée. Les assiegeans s'éfforcerent ensuite de gagner le petit pont de la porte du Château, ce ne fut qu'avec beaucoup de perte de leur côté, & tout cela ne servit de rien, les assiegez le reprirent la nuit, & le fortifierent mieux qu'auparavant. Le siege tirant en longueur, deux Ingenieurs offrirent au Duc de Normandie de faire quatre échaffaux plus hauts que les murs du Château, moiennant lesquels on pourroit combattre contre les assiegez avec avantage. Les échaffaux étant faits, ils furent rendus inutiles par des machines que les assiegez avoient, & qu'ils appelloient martinets. Après tous ces efforts le Duc de Normandie voiant qu'il ne pouvoit prendre le Château de force, sembloit balancer s'il se retireroit, il attendit sur cela l'ordre de son pere, qui lui manda de continuer le siége jusqu'à ce que la famine auroit forcé les assiegez de capituler.

Le Roi Edouard ayant appris qu'Aiguillon, place d'une grande conséquence, étoit puissamment attaqué, & craignant de perdre tout ce que le Comte d'Erbi avoit conquis dans la Guienne, assembla une armée considerable, & fit apprêter un grand nombre de vaisseaux, où il s'embarqua avec plusieurs grands Seigneurs, quatre mille hommes d'armes, dix mille archers, & un bien plus grand nombre d'Irlandois & de Gallois. Il vouloit aller aborder en Guienne, mais les vents contraires le repousserent sur là côte de Cornouaille, & continuant toujours de souffler du même côté, il ne pouvoit avancer. Gefroi de Harcourt prit de là occasion de lui conseiller d'aller descendre en Normandie, païs des plus gras du Roiaume, puisque les vents l'y poussoient, & qu'il pourroit faire là de plus grands exploits que dans la Guienne ; les Normans étant peu aguerris, & la

---

aliæ grandiores concinnatæ sunt, omnesque adhibitæ fuere, sed nullo fructu. Obsessi namque machinas alias penes se habebant, queis Francicæ labefactabantur : ita ut ingenti sumtu adhibita molimina inutilia fuerint. Præsidiarii sæpe egressi incursiones faciebant. Semel egressus Gualterius Mannius in Carolum Montemorencium incidit, numerosiore armatorum manu instructum, qui pecora multa ad castra ducebat. Acerrime pugnatum est. Gualterius etsi viribus impar strenue dimicabat ; sed cessisset tandem, nisi Comes Pembroci ex castro egressus cum armatorum manu in opem supervenisset ; dum ambæ partes manus consererent, pecora in castra deducta sunt. Montemorencius autem vix ex pugna evasit. Franci postea parvum pontem ante castelli portam diu concertantes occupavere, sed nullo fructu. Angli quippe noctu illum denuo expugnarunt, & accuratius muniere. Cum diuturnior obsidio esset, duo machinatores Ducem Normanniæ adierunt, & quatuor machinas se facturos polliciti sunt muris castri altiores, quarum ope ex superiori loco cum obsessis pugnaretur. Annuente Duce machinæ paratæ fuerunt. & ad oppugnationem adhibitæ. Verum per alias obsessorum machinas, quas Martinetos vocabant, hæ novæ machinæ inutiles evaserunt. His omnibus tentatis, Dux Normanniæ cum cerneret se non posse castrum vi capere, an receptui caneret dubitabat, patrisque ea de re jussa exspectavit, qui mandat ipsi ut pergat castrum obsidere donec Angli ad deditionem fame compellantur.

Eduardus ut vidit Aguillonem castrum munitissimum, quod servare permagni interesset, validissime oppugnari, ac periculum esse ne omnia quæ Comes Erbiensis acquisierat in Aquitania, brevi amitterentur, exercitum magnum collegit, & ingentem navium copiam, quas conscenderunt milites quatuor mille, sagittarii decies mille, multique alii pedites Hiberni & Gallenses majore numero ; ipseque Eduardus cum multis proceribus navem conscendit, ut Aquitaniam peteret. Verum adverso restante vento, ad Cornubiæ oram classis depellebatur, ac perseverante semper, non poterat destinatum iter persequi. Tunc Geoffredus Harcurtius, hinc arrepta occasione, auctor Regi fuit ut in Normanniam exscensum faceret, illo ventis impelli classem, esseque regionem fertilissimam, ac felicius posse bellum geri in ista provincia, quam in Aquitania ; esse populum ex diuturna pace imbellem, nul-

Idem.

PHILIPPE VI. DE VALOIS.

Descente du Roi Edouard en Normandie.

Province tout à fait dépourvûe de gens de guerre. Edouard suivit ce conseil, & alla descendre sans aucun empêchement à la Hogue S. Vaast dans le Coûtentin, la côte étant entierement dégarnie & dépourvûe de gens de guerre. En sortant du vaisseau il tomba & donna si rudement contre terre, que le nez lui en saigna. Quelques-uns voulurent tirer de là un mauvais augure, & lui conseillerent de remonter sur mer; mais il tourna cela en plaisanterie. Il divisa son armée en trois corps de troupes qui devoient tenir differentes routes, & qui prirent & pillerent plusieurs riches villes, Harfleur, Mondebourg, Valogne, Carentan, & s'enrichirent des dépouilles d'un payis, qui depuis fort longtems n'avoit vû de guerre. A cette nouvelle le Roi Philippe, qui ne s'attendoit pas de voir l'armée Angloise de ce côté-là, y envoia promtement le Connétable d'Eu, & le Comte de Tancarville avec les autres Chevaliers & Gendarmes qui se trouverent prêts. Il ramassa aussi des gens de tous côtez, & envoia prier ses alliez de venir à son secours avec le plus de troupes qu'ils pourroient en amener. Le Roi de Boheme y vint avec son fils Charles, le Duc de Lorraine, les Comtes de Flandre & de Namur, Jean de Hainaut & plusieurs autres, avec une grande quantité de gens de guerre.

Le Connétable, & le Comte de Tancarville se rendirent à Caen, où le Roi d'Angleterre venoit aussi à dessein de prendre & piller la ville. Le Connétable arma la Bourgeoisie & sortit pour aller combattre les Anglois, mais ces Bourgeois qui n'avoient jamais vû ni guerre ni combat, s'enfuirent dès qu'ils virent venir à eux les Anglois. Le Connétable & le Comte de Tancarville furent faits prisonniers, & la ville fut pillée. De là Edouard s'avança vers Rouën, qu'il laissa à sa droite, parce que la ville étoit trop bien munie, par la même raison il laissa à gauche Evreux, & vint prendre Louviers, qui fut pillé, & d'où les Anglois tirerent un grand butin. Ils allerent ensuite à Gisors & mirent le feu à la ville, ils brûlerent & pillerent Vernon, Mante, Meulan, saint Germain en Laye, & poussant plus avant, ils brûlerent saint Clou, Boulogne & Bourg la Reine.

Tandis que les Anglois brûloient les bourgs, villes & villages autour de Paris, le Roi de Boheme, le Duc de Lorraine, les Comtes de Flandre & de Blois, & un grand nombre de Barons & Seigneurs étoient à S. Denis avec leurs troupes. Le Roi sortit de Paris pour aller les voir. Les Parisiens effraiez de la venue des Anglois, crioient après le Roi, & le prioient de demeurer avec eux

---

Iamque ibi armatorum esse manum. Eduardus hoc sequutus consilium est, & ad Ogam S. Vedasti in Constantiensi tractu excensum fecit, nemine obsistente, nullæ quippe erant in ora tota Normannica armatorum copiæ. Ex navi exsiliens Eduardus, in terram pronus delapsus, ita ut ex naribus sanguis emitteretur. Hinc male aucupantes quidam consilium dabant, ut in navem denuo conscenderet. At ille rem in jocum convertit. Exercitum suum tres in partes divisit, quæ diverso itinere pergerent: quæque urbes multas opulentas diripuerunt, Harflevium, Montisburgum, Valloniam, Carentonium, prædamque multam egerunt in regione quæ a multo tempore bellum experta non erat. Re comperta Philippus Rex, inopinato bello prospiciens, Constabularium de Augio & Comitem de Tancarvilla misit cum equitibus & armatis viris, qui ad manum fuere. Milites etiam undique collegit. Fœderatos quoque rogavit, cum numerosioribus quam possent auxiliis accederent. Rex Bohemiæ statim cum Carolo filio venit, Dux Lotharingiæ, Comites Flandriæ & Namurci, Joannes Hannoniensis & multi alii, cum cohortibus & phalangibus bene multis.

Constabularius vero & Tancarvillæus Cadomum venerunt, quo venturus etiam Eduardus erat, urbem ut caperet, ac diriperet. Constabularius Cadomensem populum armis instruxit, & cum Anglis pugnaturus egressus est; verum populus ille Cadomensis imbellis, ubi primum vidit Anglos instructa acie venientes, fugam fecit. Constabularius vero & Tancarvillæus capti sunt, urbs direpta fuit. Eduardus Rotomagum movit, qua urbe utpote munitissima ad dextram relicta, & Ebroicis eadem de causa ad sinistram dimissis, Lupariam cepit, ibique prædam multam egerunt Angli. Inde Gisortium petentes, oppidum incenderunt, oppida similiter isthæc, Vernonium, Meduntam, Mellentum, Sanctum Germanum in Laia deprædati flammis tradidere: & prope Lutetiam accedentes, Sanctum Chlodoveum, Bononiam & Burgum Reginæ combusserunt. Dum Angli circum Lutetiam omnia flammis dabant, Rex Bohemiæ, Dux Lotharingiæ, Comites Flandrensis, Blesensis, multique alii Barones & proceres ad Sanctum Dionysium cum copiis suis venerant. Rex vero Philippus Lutetia egressus est, ut illos inviseret. Tum Parisini Anglorum invasione perterriti, Regem pre-

PHILIPPE VI. DE VALOIS.

pour les défendre. Mais il les rassura en leur disant qu'il ne sortoit que pour aller les combattre. Au même tems le Roi Edouard étoit à Poissi où il séjourna cinq jours, & y célebra la fête de l'Assomtion. Geffroi d'Harcourt avec sa troupe, rencontra un corps de Bourgeois d'Amiens, qui venoient à cheval joindre le Roi Philippe. Il les chargea, le combat fut rude & long, mais les Amiennois furent enfin défaits.

Le Roi Philippe voiant l'ennemi aux portes de Paris, fit diligence pour assembler ses troupes, & courir après les Anglois, qui en passant attaquerent Beauvais, & furent vigoureusement repoussez. Le Roi Edouard se mit en chemin pour gagner la Somme, qu'il vouloit passer pour se rendre à Calais. Il fit tenter plusieurs passages, mais inutilement, aiant toujours à ses trousses Philippe qui le talonnoit avec une puissante armée, en sorte qu'il fut une fois obligé de laisser un dîner tout prêt & une partie de son bagage, pour échapper au Roi de France, qui vouloit l'enfermer entre son armée & la Somme, pour le combattre à son avantage. Edouard trouva enfin un prisonnier nommé Gobin Agace, qui lui montra un gué au lieu nommé Blanchetaque au dessous d'Abbeville, où il se rendit : mais il fallut attendre que la marée fut descendue, & l'autre bord étoit défendu par Godemar du Fay Baron Normand, avec un corps de mille hommes d'armes, six mille pietons, & douze mille des milices d'Abbeville. Les Anglois passerent & eurent à combattre ce corps de troupes, qui fit d'abord une grande résistance, jusqu'à ce qu'une bonne partie de l'armée ennemie fut passée ; alors les François prirent la fuite, & Godemar se voiant abandonné, se retira à Abbeville. L'armée des Anglois n'étoit pas encore tout à fait passée, quand les coureurs de l'armée Françoise arriverent, tuerent plusieurs Anglois sur le rivage, & prirent quelques chevaux.

Edouard passe la Somme.

Le Roi Edouard alla se camper à Creci, où il divisa ses troupes en trois corps, & mit son armée en belle ordonnance de bataille. Le Roi Philippe qui arriva le même jour fut conseillé de laisser reposer son armée fatiguée de la marche, & de differer la bataille jusqu'au lendemain matin. Il vouloit suivre cet avis, & ordonna à ses Maréchaux d'arrêter ceux qui s'étoient trop avancez ; mais ils n'en furent pas les maîtres, ceux qui étoient derriere gagnoient le devant pour être en presence de l'ennemi ; après cela ils se retiroient en desordre : d'autres avan-

Bataille de Creci.

---

cantur ut maneat ad hostem propulsandum ab urbe. Tum Rex illis animos facit, dicendo se debellando hostis causa egredi. Eodem tempore Eduardus Pissiaci erat ; ubi per dies quinque moratus, festum Assumptionis celebravit. Geoffredus vero de Harcurtio copiis instructus Ambianensium civium agmen offendit, qui equites Regem Philippum junctum veniebant. Adortus illos est : strenue utrinque pugnatum est : sed tandem Ambianenses fusi sunt.

Idem.

Rex Philippus hostem videns ad Lutetiæ fere portas grassantem, celeriter copias collegit, ut Anglos insequeretur, qui Bellovacum adorti, strenue repulsi sunt. Eduardus vero Somonam petiit, ut illa trajecta, Caletum se conferret. Vada multa tentavit, sed frustra, infequente semper cum exercitu Philippi Rege ; ita ut semel paratum prandium & partem sarcinarum relinquere coactus sit, ut elaberetur, Philippo illum inter Somonam & exercitum suum includere moliente, ut opportunius illum adoriretur. Vadum tandem Eduardus reperit monstrante captivo quodam, qui Gobinus Agacius appellabatur ; in loco *Albatanca* dicto sub Abbatis-villa, quo se contulit cum exercitu Eduardus. At exspectandum fuit donec æstus maris minueretur : & ab opposita ripa trajicientes propulsabat Godemarus de Fayo Baro Normannus, cum equitibus mille, peditibus quatuor millibus, & duodecim millibus in Abbatis-villa ex promiscuo collectis. Trajecere tandem Angli, initioque Franci fortiter restitere ; at ubi Anglorum pars magna ripam alteram attigit, Franci fugam fecere, & Godemarus a suis desertus, coactus est in Abbatis-villam confugere. Cum nondum Anglorum exercitus totus trajecisset, prima Francorum acies advenit, qui Anglos non paucos extremi agminis occiderunt, & equos ceperunt.

Eduardus vero Creciaci castrametatus est : exercitum totum tres in partes divisit, rectissimeque acies ordinavit, Rex vero Philippus eadem die adveniens suorum consilio, ut fessis spatium quiescendi daret in diem sequentem pugnam differre voluit, *Marescallis* suis mandavit, ut illos cohiberent, qui nimium processerant ; sed non potuere. Nam qui retro positi erant, nemine jubente, & nullo servato ordine ad ulteriora pergebant, ut cum primis coram hoste consisterent ; posteaque receptum pro lubito habebant. Alii ad anteriora

Froissart.

çoient tandis que leurs voisins se tenoient en leurs places. Les Seigneurs qui y étoient en grand nombre, pour montrer leur puissance, faisoient des mouvemens que le caprice leur inspiroit, les uns alloient devant, les autres derriere. En un mot le desordre étoit si grand selon Froissart, qui dit l'avoir appris des Anglois mêmes, que personne ne pouvoit rien comprendre à leur ordonnance de bataille. Les archers Gennois commencerent le combat, mais une pluie qui survint accompagnée de tonnerre roidit les cordes de leurs arcs, en sorte que ne pouvant les tendre, ils demeuroient sans rien faire, & accablez par les flêches des archers Anglois, ils reculerent. Le Roi Philippe voiant cela commanda qu'on les taillât en pieces, & mit ainsi lui-même la déroute dans son armée. Les Anglois donnerent sur les uns & les autres, & tuoient tout sans donner quartier à personne. Là fut tué Jean Roi de Boheme, après avoir fait des prodiges de valeur & tué quatre hommes de sa main. Les Comtes d'Alençon & de Flandre pénétrerent jusqu'au corps de bataille du Prince de Galles, & combatirent vaillamment, mais ils furent accablez par le grand nombre. Il y en eut encore d'autres François, Allemans, Savoiards, qui firent preuve de leur courage. Mais que peut servir la valeur de quelques particuliers dans une armée aussi mal commandée que celle-là ? Le Roi Philippe tint ferme jusqu'à ce que la bataille fut perdue, après quoi Jean de Hainaut l'obligea de se retirer. Il alla d'abord au Château de la Broye : il étoit fort tard, & le Châtelain demanda *Qui vive ! Ouvrez, ouvrez*, dit le Roi ; *c'est la fortune de la France*. Le Châtelain reconnut la voix du Roi, & baissa le pont. Philippe entra dans le Château peu accompagné, beut un coup, & se retira à Amiens.

Nombre de morts. Cette déroute fut grande : il y périt plus de vingt mille hommes, Froissart dit trente mille, douze cent Chevaliers, & un grand nombre de Princes ou de gens de la premiere distinction demeurerent sur la place ; le Roi de Boheme, le Duc de Lorraine : les Comtes d'Alençon & de Flandre, le Comte d'Harcourt & plusieurs autres Comtes, une infinité de Seigneurs. Depuis la fondation de la Monarchie, il n'y avoit guere eu de perte pareille à celle-ci.

Le lendemain de la bataille le Roi Edouard détacha un corps de troupes pour aller à la découverte, & voir si les François ne se rallioient point en quelque endroit après leur fuite. Ces Anglois tomberent sur un corps de troupes des Communautez de Rouen & de Beauvais, qui ne savoient rien de la défaite, les mi-

---

procedebant, dum vicini suo loco consisterent. Primores autem exercitus, qui magno numero erant, ut potentiam suam ostentarent pro arbitrio suo loca mutabant, alii ante, alii retro incedentes. Tam confusa tota acies erat, inquit Froissartius, qui se illud ab Anglis edidicisse testificatur, ut capere nemo posset quem pugnandi ordinem servare Franci vellent. Pugnæ initium fecerunt Sagittarii Genuenses. Sed superveniens imber chordas arcuum induravit, ita ut tendere arcum non valerent, nihilque damni hosti inferre possent, ac sagittis Anglorum obruti retrocedere coacti sint. Hoc conspecto Philippus Genuenses concidi jussit, quo jussu ipse suum profligavit exercitum. Angli in Francos simul & Genuenses irruerunt, omnesque trucidabant, ne dedititiis quidem parcentes. Joannes Rex Bohemiæ strenuissime pugnans occisus est postquam Anglos quatuor manu propria peremerat ; Comites Alenconius & Flandrensis ad usque agmen principis Gallensis fortissime dimicarunt ; sed a multitudine obruti sunt. Alii quoque Franci, Germani, Sabaudi, ut viros fortes decebat concertavêre. At quid fortitudo possit, ubi nullus ordo, sed perturbata & confusa omnia sunt. Philippus Rex fortiter & ipse stetit donec fusus exercitus, donec illum Joannes de Hannonia ad discedendum coegit. Primo ad castellum de Broia se contulit. Jam nox erat, & Castellanus exclamavit, quis esset : *Aperi, aperi*, inquit Rex, *est fortuna Franciæ*. Vocem agnovit Castellanus, demissoque sublicio ponte, Regem admisit cum sequacibus, qui postquam potum petierat, Ambianum se contulit.

Magna strages fuit, ad 20000. pugnatores perierunt, 30000. dicit Froissartius, mille ducenti Equites, multique Principes, virique primarii, Rex Bohemiæ, Dux Lotharingiæ, Comites Alenconii, Flandriæ & Harcurtii, plurimi alii Comites, innumeri nobiles. A Monarchiæ fundatione, vix tanta clades unquam visa fuerat.

Postridie pugnam, Eduardus manum pugnatorum misit, qui dispicerent num disperfi Franci sese rursum in agmina colligerent. Hi vero in turmam inciderunt, ex armatis civibus Rotomagensibus & Bellovacensibus,

rent en déroute, & en tuerent sept mille. Ils rencontrerent ensuite un autre plus grand corps commandé par l'Archevêque de Roüen & le grand Prieur de France; ceux-ci se défendirent mieux, mais ils furent enfin défaits & taillez en pieces. J'ai peine à croire ce que met ici Froissart, qu'il y eut quatre fois plus de François tuez le Dimanche, que le Samedi jour de la bataille. Il y en eut le jour de la bataille plus de trente mille, selon son compte; le nombre des morts tuez ces deux jours monteroit donc à plus de cent cinquante mille, ce qui est incroiable. Peut-être a-t-il voulu comprendre dans les douze cens Chevaliers & les trente mille autres, tant ceux qui demeurerent sur le champ de bataille, que ceux qui furent tuez le lendemain. Mais s'il l'a entendu ainsi, il s'est mal expliqué. On a peine à comprendre aussi comment il a pû se faire que ces deux grands corps de troupes trouvez si près de Créci, ne sussent rien ni de la bataille, ni de la déroute des François, quoiqu'ils vinssent du côté par où un grand nombre des fuiards devoit se sauver.

Après cette grande victoire Edouard assiegea Calais. La ville étoit des mieux fortifiées & bien munie de gens de guerre, commandez par Jean de Vienne Bourguignon. L'Anglois jugeant bien que s'il vouloit prendre la ville de force, il y perdroit beaucoup de monde, en danger même de ne point venir à bout de son entreprise, fit fortifier son camp, & fit bâtir dans son enceinte des hôtels & des maisons pour se loger lui & ses gens. C'étoit une ville de bois, où il y avoit des ruës, des halles & des marchez, où l'on apportoit abondamment des vivres & toutes les choses nécessaires à la vie, que lui fournissoit l'Angleterre & la Flandre; sans compter ce que les Anglois de son camp amenoient tous les jours de leurs courses qu'ils faisoient dans le Comté de Guines, & jusqu'aux portes de Boulogne & de S. Omer. Jean de Vienne voiant que le Roi Edouard vouloit affamer la place, fit sortir de la ville toutes les bouches inutiles, hommes, femmes & petits enfans, qui vinrent passer au travers du camp des Anglois, au nombre de 1700. Le courtois vainqueur ordonna qu'on les laissât aller, leur fit donner à manger, fit present à chacun de deux livres sterlins, & leur donna liberté de se retirer où ils voudroient.

1347.

Tandis que tout ceci se passoit, le siége continuoit toujours devant Aiguillon. Philippe de Bourgogne Comte d'Artois & de Boulogne, proche parent du Duc de Normandie, étoit venu depuis à son secours. C'étoit un jeune Prin-

---

quam in fugam verterunt, ex illisque septem millia occiderunt. Aliud postea longe majus agmen offenderunt, Ducibus Archiepiscopo Rotomagense, & magno Franciæ Priore. Hi vero aliquantotempore pugnavere, ac fugati tandem & internecione pene deleti sunt. Vix tamen credam quod hic refert Froissartius, quatruplo plures fuisse Francos interfectos die Dominica, pugnæ diem sequente, quam sabbato pugnæ nempe die. In pugnæ vero die plusquamtriginta mille cecidisse narrat; itaque secundum eumdem scriptorem, diebus Sabbati & Dominicæ, plusquam centum quinquaginta millia Francorum periere, quæ res fidem omnem superat. Fortasse vero cum mille ducentos Equites, & triginta mille alios cæsos dixit, omnes connumerare voluerit, tam eos qui Sabbato, quam eos qui Dominica sequenti cæsi sunt; sed si sic intellexerit, male rem enunciavit. Vix intelligatur etiam quo pacto illa duo tanta, tam numerosa agmina, quæ postridie pugnam non procul Creciacum reperta sunt, cladem illam prorsus ignoraverint.

Post illam tantam victoriam Eduardus Caletum obsedit. Urbs munitissima erat, & fortissimo instructa præsidio, cui præfectus erat Joannes de Vienna Burgundus. Cernens Eduardus si vi urbem oppugnare vellet, magnam fore suorum stragem, nec sine periculo infausti exitus, castra sua muniri & vallo circumdari jussit; intra ambitum ædes & domos strui curavit, in queis ipse & sui habitarent. Erat urbs lignea, in qua & vicos & fora venalium videre erat, quo ad victum & usum necessaria omnia deferebantur tam ex Anglia, quam ex Flandria. Præterea vero Angli ex castris circumquaque discurrebant & prædas agebant ex agris Comitatus Guinensis, Bononiæ & S. Audomari. Joannes vero de Vienna cum adverteret Regi Eduardo in animo esse, ut urbem fame ad deditionem compelleret, infimam plebem, mulieres & parvulos ex urbe emisit, qui per castra Anglicana transeuntes ad mille septingentos a benignissimo rege perhumaniter excepti sunt. Jussit Eduardus mensam illis apparari, singulis dati libras duas *sterlinas*, cum libertate se conferendi quo magis placeret.

Dum hæc agerentur perseverabat Agullionensis obsidio. Philippus de Burgundia, Comes Artesiæ & Bononiæ, Ducis Normanniæ cognatus, nuper auxiliatum

Idem.

ce, brave, & qui cherchoit à se signaler en quelque occasion. Il s'en presenta une; les Anglois firent une furieuse sortie, une bonne partie de l'armée y accourut pour les repousser. Le jeune Comte monta à cheval pour s'y rendre promtement. Le cheval prit le mords aux dents, & en courant il précipita le Comte dans un fossé : on le retira tout froissé, & il mourut peu de tems après. Le Duc de Normandie reçût nouvelle de la malheureuse journée de Créci, & en même tems ordre de son Pere de lever promtement le siége, & de venir le joindre pour l'aider à défendre son Roiaume. Le Prince, quoique fort à contre-cœur, fut obligé d'abandonner son entreprise, & partit pour s'en retourner. Tous les François leverent le piquet, la garnison Angloise leur donna sur la queue, en tua quelques-uns, & fit plus de quarante prisonniers.

<small>Jean Duc de Normandie rappellé de l'Aquitaine.</small>

Le Roi Philippe qui après la journée de Créci s'étoit retiré à Amiens, fut sur le point avant que d'en partir pour Paris, de faire pendre Godemar du Fay, qui défendit avec un grand corps de troupes le passage de la Somme à Blanchetaque, & malgré lequel Edouard passa la riviere avec son armée. Plusieurs animoient le Prince contre lui & l'accusoient de trahison. Il y étoit de lui-même si porté, qu'il l'auroit fait executer; si Jean de Hainaut, ne lui eût representé, qu'il ne falloit pas s'en prendre à Godemar s'il n'avoit pû soutenir l'effort d'Edouard, puisque lui-même avec toutes les forces de la France n'avoit pû lui résister. Cela sauva la vie à ce malheureux.

Ce Prince vindicatif pensa faire une autre action qui lui auroit attiré le blâme de toute la Chrétienté. Le brave Gautier de Manni, qui avoit si bien défendu Aiguillon, voulant aller voir le Roi Edouard son maître, qui assiegeoit alors Calais, demanda un saufconduit au Duc de Normandie pour passer par la France, le Duc le lui accorda volontiers. Manni étant arrivé à Orleans, fut saisi par ordre du Roi, qui le regardant comme son ennemi, vouloit le faire mourir. Le Duc de Normandie alla trouver le Roi son pere, & lui dit d'un ton menaçant, que s'il ne rendoit pas la liberté à ce prisonnier, il ne s'armeroit jamais pour défendre son Roiaume, & qu'il détourneroit tous ceux qu'il pourroit de s'armer pour son service. Philippe persistoit toujours dans sa résolution. Le Duc de Normandie lui fit parler par d'autres Seigneurs. Il se rendit enfin, & pour réparer l'insulte, il fit venir Gautier de Manni, le fit manger à sa table,

---

ei venerat : juvenis erat princeps, strenuus, ardens cupidine gerendi belli : occasio sese paulopost obtulit : Angli ex castro erupere cum impetu. Major exercitus occurrit ad depellendum hostem. Comes Artesius in equum conscendit pugnandi cupidus : effrenis equus concitato cursu, habenis non parens, juvenem in fossam præcipitat : attritus ipse reportatur, & paucis post diebus interiit. Infaustam deinde Creciacam pugnam Dux Normanniæ edidicit, eodemque tempore jussus est obsidionem solvere, & ad patrem redire, ut secum propulset hostem. Invitus dux obsidione soluta profectus est. Angli præsidiarii in extrema Francorum recedentium agmina erumpunt, quosdam interficiunt & plus quadraginta captos abducunt.

<small>Idem.</small>

Rex Philippus, qui post Creciacam pugnam Ambianum se receperat, antequam inde Lutetiam proficisceretur, de ulciscendo Godemaro de Fayo cogitabat, qui a Somonæ transitu Eduardum arcere cum magna armatorum manu conatus fuerat, neque impedire potuerat quominus Angli fluvium trajicerent. Suggerebant Regi non pauci ipsum rem Francicam prodidisse, proximumque erat ut ad vindictam pronus princeps illum suspendio necari juberet. Verum Joan-

nes de Hannonia Regi dixit, non mirum videri si Godemarus Regem Angliæ coercere non potuisset, neque id ejus culpa evenisse, quando ne ipse quidem Philippus cum totis Francorum viribus potuerat ipsi obsistere, queis Godemarum Joannes ab imminenti periculo eripuit.

Parum autem abfuit quin idem Rex Philippus rem aliam designaret, quæ ipsi odium & vituperium Christianorum omnium attraxisset. Strenuus ille Anglus Gualterius de Mannio, qui Agullionem ita fortiter defenderat, cum ad Regem suum Eduardum, tunc Caletum obsidentem proficisci vellet, a Duce Normanniæ securitatis literas impetravit, ut per Franciam iter haberet posset. Cum autem Aurelianum advenisset, comprehensus est, jubente Rege, qui illi ut infesto sibi & inimico vitam adimere parabat. Advolat ardens Dux Normanniæ & patri comminando dicit, se nunquam pro defensione regni arma sumturum esse, nisi Mannio libertatem restitueret, & quotquot posset a societate armorum cum Rege Philippo aversurum esse. Perstat in proposito Philippus. Tum Joannes filius alios submittit qui Regem a tali consilio avertant. Cessit demum Philippus, & ut Gualterium injuria affectum mitigaret, ipsum ad mensam suam sessurum evocat; sum-

<small>Id.</small>

PHILIPPE VI. DE VALOIS.

lui fit rembourser les frais de son voiage, & le renvoia chargé de presens. Gautier lui dit qu'il n'acceptoit ces presens, qu'à condition que le Roi son maître agréeroit qu'il les gardât. Edouard voulut qu'il les renvoiât au Roi Philippe, qui les donna au porteur.

Après la retraite du Duc de Normandie & de son armée, le Comte d'Erbi qui s'étoit tenu à Bourdeaux pendant le siége d'Aiguillon, manda tous les Seigneurs de Gascogne, & forma un corps de troupes considerable. Il passa ensuite la Garonne & vint en Saintonge, où il prit un grand nombre de places. Il entra dans le Poitou, où il prit Mortagne & Taillebourg, dont la garnison fut passée au fil de l'épée. Les Anglois brûlerent la ville de Lusignan; mais ne pûrent prendre le Château, non plus que celui de S. Maixant. S. Jean d'Angeli se rendit au Comte, & prêta serment de fidelité au Roi d'Angleterre. Il fut attaquer Niort, & donna trois assauts à la ville; mais ceux de dedans se défendirent si bien, que n'esperant point de la prendre, il partit de là & prit de force le bourg de S. Maximien, où il fit tout passer au fil de l'épée. Il alla ensuite assieger Montreuil-bon-vin, où il y avoit, dit Froissart, plus de deux cent *Monnoyeurs qui forgeoient des monnoies pour le Roi de France*. Ils ne voulurent pas se rendre, mais ils furent pris d'assaut & tous taillez en pieces. Il fit après le siége de Poitiers; l'enceinte de la ville étant trop grande, il ne l'attaqua que d'un côté, & donna un assaut, où il fut repoussé, quoiqu'il n'y eut dedans que la Bougeoisie, & pas un seul Seigneur ou Chevalier pour commander. Le lendemain il divisa ses troupes en trois. La ville fut prise. La plûpart des habitans s'enfuirent par differentes portes. Les Anglois & les Gascons tuoient tous ceux qu'ils trouvoient sans distinction d'âge ni de sexe. Le butin fut si grand, qu'ils laissoient les étoffes & les autres choses de prix, & ne prenoient que l'or & l'argent. Ils ruinoient & brûloient les Eglises, jusqu'à ce que le Comte d'Erbi, défendit sous peine de la corde, qu'on y touchât. Il s'arrêta douze jours à Poitiers, & la ville étant d'une trop grande enceinte pour la garder, il l'abandonna, & s'en alla à S. Jean d'Angeli, d'où après quelque séjour, il se rendit à Bourdeaux.

Prise de Poitiers par les Anglois.

Dans ce malheureux tems la France étoit accablée de tailles, d'impôts, de la Gabelle, & de taxes extraordinaires sur toute sorte de marchandises. Mais ce qui ruinoit tout, c'étoit le trop fréquent changement des monnoies. On décrioit les vieilles, on les ciseloit, & l'on obligeoit les possesseurs de les donner

---

Iidem.

tus itineris ipsi numerari jubet, & muneribus onustum dimittit. Illa conditione Mannius munera accipit, ut si Eduardus consentiat, illa servet; sin minus, eadem restituat. Jussit Eduardus munera remitti; Philippus vero referenti dedit.

Postquam Dux Normanniæ cum exercitu recesserat, Comes Erbiensis, qui Aguillonensis obsidionis tempore Burdegalæ manserat, proceres omnes Vascones cum copiis suis evocavit, & collecto exercitu Gatumnam trajecit, & in Santonum regionem ingressus, oppida & castra multa cepit. Inde in Pictavos transiit, ibique Moritaniam cepit & Talleburgum, cujus præsidiarii ad unum omnes interfecti sunt. Angli Lusinianum oppidum incenderunt, sed castellum occupare frustra tentavere, itemque in Castello S. Maxentii repulsi sunt. S. Joannis Angeriacensis oppidum sese Comiti dedidit, & Angliæ Regi sacramentum fidei præstitit. Niortum postea impetiit, terque muros ejus oppugnavit, sed irrito conatu. Inde profectus S. Maximiani castrum cepit, & omnes oppidani gladio cæsi sunt. Postea Monasteriolum-bonum-vinum obsedit, ubi, inquit Froissartius, plusquam ducenti monetarii erant, qui monetas pro Rege Francorum cudebant. Hi noluerunt Anglis manus dare, sed oppidum vi captum fuit, omnesque monetarii cæsi sunt. Pictavorum postea urbem obsedit. Cum amplissimus esset urbis ambitus, ex uno tantum latere urbem oppugnavit, & a civibus repulsus est, etsi nulli ibi præsidiarii essent, nec quisquam ex primoribus vel nobilibus ducis partes ageret. Die sequenti exercitum suum tres in partes divisit; urbemque impetiit & cepit. Civium & plebis pars maxima per diversas portas aufugit. Angli & Vascones obvios quosque cujusvis sexus & ætatis trucidabant. Tanta præda fuit, ut missis pretiosis pannis aliisque rebus, aurum tantum & argentum caperent. Ecclesias vero diruebant incendebantque, donec Comes Erbiensis talia patrantibus suspendii pœnam indixit. Per dies autem duodecim Pictavis remansit. Et quia præsidio ingenti opus fuisset ad tam amplæ urbis custodiam, illa deserta, ad S. Joannem Angeriacensem se contulit; unde post paucos dies Burdegalam reversus est.

In tam infausta rerum conditione Francia, tributorum & vectigalium omnis generis, in salem, in merces quaslibet onere premebatur; quodque gravissimum erat, monetarum mutatio frequentior omnia pessumdabat. Veteres monetæ abrogabantur, & scindeban-

Contin. Nangii.

à grande perte. On levoit aussi les décimes avec la permission du Pape : avec tout cela le Roi étoit toujours pauvre; il est vrai que les malheurs fréquens y contribuoient beaucoup ; il n'y avoit presque que les Financiers qui étoient dans l'opulence, & qui s'attiroient la malediction du peuple.

La victoire suivoit par tout les armes du Roi Édouard. David Roi d'Ecosse aiant à la follicitation du Roi Philippe porté la guerre en Angleterre, il fit de grands ravages dans les Provinces frontieres. La Reine fit assembler un corps de troupes, qui marcherent vers Neuchâtel sur Thin : il y eut là une grande bataille, où les Ecossois furent défaits & perdirent quinze mille hommes. Le Roi David fut pris par un Chevalier Anglois nommé Coppellant. La Reine lui demanda son prisonnier : il répondit qu'il ne le remettroit jamais qu'au Roi son maître. Il passa à Calais, où le Roi Edouard le recompensa amplement, & l'obligea de mettre le Roi David entre les mains de la Reine d'Angleterre.

1347. Le siege de Calais continuoit toujours. Le Roi Philippe avoit fait mettre dans les places voisines de grosses garnisons, qui faisoient des courses, empêchoient les fourrageurs & venoient quelquefois combattre jusqu'aux portes de la ville. Tantôt les uns, tantôt les autres avoient du pire. Il y avoit de plus deux hommes de mer d'Abbeville, qui venoient furtivement apporter quelques vivres à Calais. Ils coururent souvent risque d'être pris par les Anglois, dont ils firent périr un bon nombre ; mais ils échapperent toujours, & continuoient d'en faire passer, mais en petite quantité. Ce siége qui fut long ennuioit fort le Roi Edouard. Il fit faire quelques machines pour serrer davantage ceux de la ville ; mais ils en faisoient d'autres qui rendoient les siennes inutiles.

Pendant ce long siége, le Roi Edouard traitoit d'une affaire qu'il avoit fort à cœur ; c'étoit de se maintenir en bonne amitié avec les Flamans. Il ne voioit pas de meilleur moien pour cela qu'en faisant épouser Isabelle sa fille, au Comte Louis fils de Louis Comte de Flandre, tué à la bataille de Créci. Il promettoit aux Flamans de les aider à conquerir l'Isle, Douai & les autres villes qui étoient entre les mains des François. Les Flamans y donnoient les mains ; mais leur jeune Comte, qui étoit en la Cour de France, & tout François d'inclination, disoit tout haut qu'il n'épouseroit jamais la fille de celui qui avoit tué son pere. D'un autre côté le Duc de Brabant vouloit aussi lui donner sa fille en mariage.

Froissart. tur, vilique precio recipiebantur. Decimæ etiam permittente summo Pontifice solvebantur. Et tamen semper Rex inopia laborabat : quod ex tam infaustis casibus oriebatur. Monetarum tantum præfecti divites erant, & a populo maledictis impetebantur.

Victoria ubique Eduardi Regis arma sequebatur. David Rex Scotiæ, instigante Francorum Rege, bellum in Angliam intulerat, vicinasque provincias depopulatus erat. Regina vero Angliæ maximam collegit armatorum manum, quæ versus Novum-castrum ad Thinum movit. Istic pugna commissa fuit, ubi Scoti profligati sunt ; & ad quindecim millia suorum amiserunt. Rex David captus fuit a Coppellantio Equite Anglo. Captum Regina postulat. Negat Coppellantius se cuipiam redditurum nisi uni Eduardo Regi. Caletum autem trajecit, ubi ab Rege Eduardo amplis muneribus donatus est, justusque fuit Regem Davidem Reginæ Angliæ tradere.

Caletana obsidio admodum diuturna fuit, Rex Philippus in oppidis & castris vicinis numerosa præsidia locaverat, quæ pabulatores Anglos coercerent. Præsidiarii autem illi ad portas usque Caleti incursiones faciebant modo felici, modo minus fausto exitu. Erant etiam in Abbatis-villa civitate viri duo qui annonam & commeatum aliquem intra Caletum furtim ducebant, ac sæpe cum periculo, ne ab Anglis caperentur ; elapsi tamen semper sunt, & multos Anglorum peremerunt. Rex Eduardus tam diuturnæ obsidionis tædio commotus machinas quasdam strui jussit, queis Præsidiarii arctius degerent. At illi machinas machinis opponebant, & Anglicanas inutiles reddebant.

Tam longæ obsidionis tempore Rex Eduardus rem tractabat, quæ sibi maxime cordi erat, ut Flandrorum nempe amicitiam sibi conciliaret : utque illos arctius devinciret, Isabellam filiam Ludovico filio Comitis Flandrensis, qui in Creciaca pugna ceciderat, nuptui dare cogitabat. Flandris pollicebatur, se opem ipsis laturum, ut Insulas, Duacum, cæterasque urbes, quæ in manibus Francorum erant, recuperarent. Annuebant Flandri : sed Ludovicus Comes qui in Regia Francorum versabatur, Francisque addictus erat, palam dicebat se nunquam filiam ducturum ejus, qui patrem suum interfecisset. Eodem tempore Dux Brabantiæ filiam suam eidem Comiti in sponsam dare per- *Idem.*

PHILIPPE VI. DE VALOIS.

Le Roi de France y confentoit, & le jeune Comte y donnoit auſſi les mains. Le Duc de Brabant gagna auſſi la plus grande partie des Flamans, de ſorte que le mariage fut conclu. Alors les Flamans envoierent prier leur Comte de venir chez eux, lui promettant de le bien recevoir & de rétablir ſes revenus ordinaires. Il y vint & y fut reçû avec tout l'honneur, & tout l'accueil imaginables. Le Roi d'Angleterre averti que le Duc de Brabant avoit gagné une bonne partie des Flamans, craignant que cette affaire qu'il ſouhaitoit tant n'échouât, envoia quelques Seigneurs Anglois en Flandre, qui tournerent ſi bien ces peuples, que le plus grand nombre prit ſon parti. Ils preſſerent leur Comte pour le porter à épouſer la fille du Roi Edouard. Il répondit que quand même il lui donneroit la moitié de l'Angleterre, il n'épouſeroit jamais la fille du meurtrier de ſon pere. Les Flamans voiant qu'ils ne gagneroient rien par prieres, ſaiſirent leur Comte qui n'avoit que quinze ans, & lui donnerent, dit Froiſſart, une *priſon courtoiſe* ; c'eſt-à-dire, qu'il étoit bien traité pour tout le reſte ; mais qu'il étoit gardé à vûë de peur qu'il ne s'enfuit. Le Comte voiant qu'il ne pouvoit leur échapper autrement, fit ſemblant d'y conſentir enfin. Il vit le Roi d'Angleterre, le mariage fut conclu, & ſe devoit célébrer un certain jour. Le Comte ſe contrefit ſi bien, que les Flamans crurent qu'il étoit tout à fait changé, & qu'il ſouhaitoit ce mariage. Il alloit ſouvent s'ébatre à faire voler des oiſeaux. Il alla un jour le long de la riviere, en lâcha deux & courut à cheval après eux. Les Flamans qui ne ſe doutoient plus de rien, le laiſſerent courir, & quand il ſe vit un peu éloigné d'eux, il piqua ſon cheval, s'en alla à bride abbatuë ſur les terres de France, & ſe rendit auprès du Roi Philippe.

En ce tems-ci après une tréve entre la Comteſſe de Montfort & Charles de Blois, pendant laquelle les deux parties demeurerent dans l'inaction, la guerre recommença en Bretagne. La Comteſſe avoit reçû du Roi d'Angleterre un renfort conſiderable, commandé par Thomas d'Agorne. Il y eut pluſieurs rencontres, où tantôt les uns, tantôt les autres avoient du pire. Thomas d'Agorne de beaucoup ſuperieur en nombre de troupes, alla aſſieger une ville, qui s'appelloit la Roche de Rien, où commandoit pour Charles de Blois, Taſſart de Guines. Les aſſiegez ſe défendirent ſi bien que les Anglois n'y pûrent rien avancer ; mais ils prirent dans une rencontre Taſſart de Guines, & le menacerent de

Guerre de Bretagne.

optabat, annuente etiam Rege Philippo ; quod connubium juniori etiam Comiti placebat. Dux Brabantiæ Flandrorum partem maximam ad partes ſuas allexit, omniumque conſenſu res concluditur. Tunc Flandri Comitem rogant ſe convenial, polliciti fidem ac benevolentiam, redituumque reſtitutionem. Venit Comes, ac cum honore & affectu magno excipitur. Eduardus Rex cum comperiſſet Ducem Brabantiæ majorem Flandrorum partem ſibi conciliaſſe, metuens ne ſecus quam optabat ipſa res cederet, miſit Anglos proceres quoſdam in Flandriam, qui rem tanta dexteritate egerunt, ut Flandrorum partem maximam ad Regis ſui partes deducerent. Hi apud Comitem inſtabant ut Regis Eduardi filiam duceret. Reponit ille, etſi dimidia pars Angliæ ſibi daretur, nunquam ducturum ſe filiam ejus, qui patrem ſuum occiderat. Tunc Flandri cernentes fruſtra ceſſuras eſſe preces, Comitem ſuum, qui tunc quindecim annorum erat, comprehenderunt, & in carcerem *urbanum*, inquit Froiſſartius, conjecerunt : id eſt, etſi ſub accurata cuſtodia degeret, ne fugam faceret ; urbane tamen & honorifice cum illo agebatur. Cernens Comes ſe alio evadere modo non poſſe, ſe aſſenſum præbere ſimulavit, Regemque Angliæ vidit : ſtatutum connubium fuit in aſſignato die celebrandum. Rem ita callide tractavit Comes, ut putarent Flandri ipſum animo prorſus mutatum eſſe, & nuptias hujuſmodi in optatis habere. Ille vero recreandi animi cauſa egreſſus, ſæpe rapaces aves emittebat. Quodam die in fluminis ora duas hujuſcemodi aves emiſit, & conſenſo equo poſt illas currebat. Flandri vero qui omnem miſerant ſuſpicionem, currentem cernentes nihil metuebant : at ille, ut ſe procul jam poſitum vidit, admotis calcaribus, & concitato curſu in Francorum terras venit, & Regem Philippum adivit.

Eodem tempore poſt diuturnas inducias inter Comitiſſam de Monteforti & Carolum Bleſenſem, bellum in Britannia Armorica reſumtum eſt. Comitiſſa a Rege Angliæ auxiliares copias acceperat, duce Thoma Agorno. Sub hæc pugnæ frequentes & velitationes fuerunt, in queis modo hi, modo alii ſuperabant. Thomas Agornus copias numero longe ſuperiores habens, oppidum obſedit nomine Rupem-Renii. Præſidiarii vero ita fortiter pugnabant, ut Angli nihil proficerent. In Rupe-Renii præerat pro Carolo Bleſenſi Taſſartius Guinæus, qui cum armatis aliquando egreſſus, ab hoſtibus captus eſt, qui mortem

Idem.

M m iij

le tuer s'il ne leur faisoit rendre la place. Dans cette extrémité Tassart pour sauver sa vie rendit la place, & se tourna avec les siens du côté de la Comtesse de Montfort. Charles de Blois, à qui il importoit beaucoup de recouvrer la Roche de Rien, ramassa dans la Bretagne & dans la Normandie un corps de troupes considerable de douze mille hommes de pied, de quatre cens hommes d'armes, & d'une nombreuse cavalerie, & alla assieger cette place. Les attaques furent vives, Charles de Blois employa un grand nombre de machines; qui jouoient sans cesse, & réduisirent la place à l'extrémité. La Comtesse de Montfort envoia pour la secourir Thomas d'Agorne & deux autres Chefs, avec un corps de mille chevaux, & huit mille hommes de pied. Dès qu'ils furent arrivez auprès de la Roche de Rien, ils resolurent d'attaquer dès le lendemain le camp des ennemis. Mais Thomas d'Agorne ne jugea point à propos d'attendre le tems & l'heure marquée; il prit pendant la nuit la moitié de son monde, & marcha tout bellement & sans bruit dans le dessein de surprendre le camp des assiegeans. Il y entra en effet, & donna sur les François qui ne s'attendoient à rien moins. Il en tua d'abord un assez grand nombre; mais les autres s'étant éveillez au bruit, vinrent sur Thomas d'Agorne & sa troupe, qui fut bien-tôt défaite. Agorne grievement blessé fut fait prisonnier; ceux qui pûrent échapper furent rejoindre leur troupe. Il fut résolu que le lendemain ce corps de troupes s'en retourneroit à Hennebond vers la Comtesse de Montfort.

Il sembloit que les François & Charles de Blois, qui avoient ainsi été surpris devoient faire meilleure garde, les ennemis étant si près d'eux, mais tout au contraire ce bon succès leur inspira tant de confiance, qu'ils furent plus négligens que jamais. Les Anglois & les Bretons étoient sur le point de partir pour s'en retourner à Hennebond; mais Garnier de Cadudal, qui arriva au même tems de la part de la Comtesse de Montfort avec un renfort de troupes, & qui étoit bien informé de la négligence extréme que les François apportoient à la garde de leur camp, leur persuada d'aller sur l'heure même les surprendre. Ils y allerent, & comme les François ne faisoient point de guet, ils se rendirent dans la tente de Charles de Blois, le prirent dans son lit, & se saisirent de même des autres Barons de Normandie & de Bretagne. L'armée fut toute dissipée; Charles de Blois fut amené à Hennebond à la Comtesse. La femme de Charles de Blois qui portoit le nom de Duchesse de Bretagne, & qui avoit beaucoup de courage, continua la guerre en gardant toujours les places de Bretagne, que son mari tenoit

Charles de Blois pris.

---

illi comminati sunt, nisi oppidum ad deditionem compelleret. Ad extrema deductus Tassartius oppidum reddidit, & ad partes Comitissæ se convertit. Carolus Blesensis, ut sibi rebusque suis opportunum oppidum recuperaret, in Armorica & Normannia duodecim mille pedites collegit, quadringentos equestris ordinis, ac præterea numerosum equitatum, ac Rupem-Renii obsedit. Acriter oppugnatum oppidum fuit, obsidionales machinæ adhibitæ sunt, & ad extrema redactum oppidum. In auxilium misit Comitissa de Monteforti Thomam Agornum cum aliis ducibus duobus, mille equitibus, peditibus octo millibus. Cum ante oppidum pervenissent, communi calculo decretum fuit, ut sequenti die castra hostium oppugnarentur. At Thomas Agornus assignatum tempus non exspectandum duxit; sed ea ipsa nocte cum dimidia exercitus parte, quiete & sine strepitu in castra hostium ingressus est, ut imparatos offenderet. In Francos autem irrupit, & multos statim occidit. Verum ex rumore & strepitu expergefacti alii, Agornum & suos adorti sunt, & profligarunt. Agornus graviter saucius captus est, qui evadere potuerunt ad suos reversi sunt; decretumque fuit, ut residui postridie ad Comitissam Hennebondum reverterentur.

Credere erat utique Francos & Carolum Blesensem, qui sic imparati hostes suos exceperant, & aditus & castra accuratius custodituros esse: verum contra accidit: nam ex felici exitu inflati nullam postea sui custodiendi curam habuere. Angli & Britones Hennebondum repetere cogitabant. Verum Gualterius de Cadudalo, qui illo tempore advenit a Comitissa missus cum armatorum manu, quique Francorum incuriam probe noverat, illis animos fecit, ut confestim castra Francorum invaderent. Profecti statim omnes sunt, & nulla specula vel custodia præpediti ad usque tentorium Caroli Blesensis perveniunt, decumbentem in lecto comprehendunt, cæterosque similiter *Barones* Normannos & Britones capiunt, exercitus vero totus dissipatus fuit. Carolus Blesensis Hennebondum ad Comitissam adductus est. Uxor autem ejus, quæ Britanniæ *Ducissa* vocabatur, quæque virili animo prædita erat, bellum gerere perrexit, & castra oppidaque viri sui illæsa servavit.

Calais étoit réduit à l'extrémité, la famine y étoit, & les assiegez ne pouvoient plus tenir. Le Roi Philippe assembla une grande armée à Amiens. Il tâcha de gagner les Flamans ; mais ils étoient trop attachez au Roi Edouard pour écouter les propositions avantageuses qu'il leur fit faire. L'Anglois pour s'assûrer davantage la conquête de cette ville, fit faire un grand château de bois près de la mer, dans lequel il mit quarante hommes d'armes & deux cens archers, pour empêcher que rien n'entrât dans la place. Il sollicita les Flamans de se mettre en campagne contre le Roi de France. Il les trouva aussi disposez à s'armer pour lui, qu'ils étoient éloignez de traiter avec le Roi Philippe. Ils s'assemblerent au nombre de cent mille hommes & allerent assieger Aire, saccageant & brûlant toutes les places des environs. Le Roi Philippe se rendit avec son armée à Arras, munit bien toutes les places des environs, & envoia à saint Omer Charles d'Espagne, qui faisoit alors l'office de Connétable ; le Comte d'Eu qui occupoit cette charge étant prisonnier en Angleterre. Les Flamans hors d'état de faire quelque entreprise, se retirerent chez eux. Le Roi Philippe s'approcha alors de Calais, & envoia reconnoître le camp des Anglois, pour voir s'il n'y auroit pas quelque endroit par où il pourroit l'attaquer, ou faire entrer des vivres dans la place. Mais Edouard avoit si bien pourvû à tout, qu'il n'y avoit point de poste par où on pût l'entamer. Philippe fit demander à Edouard un champ de bataille pour se battre contre lui, hors de ces retranchemens. Mais Edouard répondit, qu'il étoit-là pour prendre Calais : que la place seroit bientôt à lui, & qu'il n'avoit nul besoin de hazarder une bataille pour la prendre. Deux Cardinaux, qui vinrent au camp du Roi de France, s'entremirent pour faire la paix entre les deux Rois ; il y eut plusieurs conferences pour cela, mais sans aucun succès. Le Roi Philippe voiant qu'il n'y avoit plus rien à esperer se retira & congedia son armée.

Quand ceux de Calais virent que l'armée de France s'étoit retirée, n'esperant plus de secours, ils allerent prier le Commandant Jean de Vienne de rendre la ville, & de ne point les faire périr de faim. Il demanda à capituler. Edouard vouloit que tous se rendissent à discretion, & auroit fait un mauvais parti aux assiegez, tant il étoit indigné de la longueur du siége, mais ses Barons l'adoucirent un peu. Il exigea qu'on lui envoiroit six des plus notables Bourgeois la corde au cou, la tête & les pieds nuds pour lui apporter les clefs de la

1348.
Calais se rend.

Caletum invalescente fame ad extrema redactum erat ; nec poterant ultra præsidiarii urbem defendere. Rex Philippus grandem exercitum Ambiani collegit : Flandros sibi devincire tentavit, Verum illi Eduardo Regi addicti, ne audire quidem oblatas sibi conditiones voluerunt. Eduardus vero ut urbem citius ad deditionem compelleret, castellum magnum ligneum juxta mare apparari jussit, in quo quadraginta armatos nobiles, & ducentos sagittarios ad custodiam reliquit; ne quid in urbem ingrederetur. Flandros excitavit ut contra Regem Francorum arma sumerent, quos ita promptos invenit ad opem sibi ferendam, ut alieni erant ab omni cum Philippo Rege societate. Uno animo centum mille Flandri coacti Ædiam obsessum venerunt, igni ferroque circum loca omnia devastantes. Rex vero Philippus cum exercitu suo Atrebatum movit, omnia circum castra & oppida munivit, & ad Sanctum Audomarum Carolum de Hispania misit, qui tum Constabularii officium gerebat, dum Comes Augi Constabularius captivus in Anglia erat. Flandri autem se nihil posse perficere videntes, receptui cecinerunt. Tunc Rex Philippus prope Caletum accessit, exploratoresque misit, qui Anglorum castra observarent, & an possent aliqua ex parte impeti referrent, ut annona in urbem immitti posset. Verum Eduardus omnem aditum ita præcluserat, ut nihil tentari posset. Philippus ab Eduardo locum pugnæ petit, ut extra castra ambo exercitus confligerent. Respondit Eduardus, in proposito sibi esse ut Caletum caperet, quæ urbs propediem sua futura erat, nec opus sibi esse ad illam capiendam pugnæ fortunam tentare. Duo Cardinales qui ad castra Regis Francorum venere, inter ambos Reges pacem conciliare tentaverunt : illa de re sæpe conventum est. Philippus videns nihil ultra sperandum, abscessit & exercitum dimisit.

Ut videre Caletenses exercitum Francorum discessisse, nihil ultra sperandum rati, Joannem de Vienna rogarunt urbem redderet, nec se fame perire cogerent. Ille conditiones pro deditione offert. Volebat Eduardus omnes tum præsidiarios tum cives ad ejus voluntatem sese dedere, male excepturus illos, quod tam diuturnam obsidionem tulissent. At primores Angli mitigarunt illum. Exegit autem ut sex ex honorabilioribus civibus mitterentur fune ad collum ligato, nudis capitibus & pedibus, qui claves ipsi urbis afferent,

ville, & qu'il traiteroit ceux-là à sa volonté. Les Messieurs de ville s'assemblerent. La difficulté étoit de trouver des Bourgeois qui voulussent se charger d'un tel message. Alors le plus honorable Bourgeois de la ville, nommé Eustache de S. Pierre se leva & dit genereusement qu'il étoit prêt d'y aller, & de se sacrifier pour le peuple de Calais, à son exemple cinq autres s'offrirent pour cette dangereuse commission. Il y allerent en cet équipage, Edouard leur vouloit à force faire couper la tête, sans écouter plusieurs grands Seigneurs qui tâchoient de le détourner cet acte d'inhumanité ; il fallut que la Reine vint se mettre à genoux & demander grace pour eux. Edouard ne l'accorda qu'avec peine : puis s'adoucissant tout d'un coup, il ordonna qu'on leur servît à dîner, & donna à chacun d'eux six pieces d'or. Il fit sortir de la ville tous les anciens habitans, & mit des Anglois en leur place. Le Roi Philippe mit tous ces Bourgeois dans les bonnes villes de France, la plûpart se retirerent à saint Omer. Après la prise de Calais, le Cardinal de Boulogne Legat du Pape moienna entre les deux Rois une tréve pour deux ans.

Cette tréve n'empêcha point que les François & les Anglois ne continuassent la guerre dans la Gascogne, dans la Saintonge & dans le Poitou. Ils prenoient des châteaux, des villes & des bourgades. La fortune favorisoit tantôt les uns tantôt les autres. A l'occasion de ces petites guerres, plusieurs Brigans se mirent en campagne, & alloient piller les villes & châteaux. Un d'entre eux nommé Bacon, de Languedoc, se signala par dessus les autres, il prit un château avec le Seigneur, qu'il mit à une grosse rançon en gardant le château. La renommée de Bacon vola jusqu'à la Cour du Roi Philippe. Il le fit venir, le fit son Huissier d'armes, & lui acheta le château dont il s'étoit rendu maître, au prix de vingt mille écus. La guerre continuoit de même en Bretagne, où les Brigans faisoient aussi tous les jours des entreprises. Ils prenoient des villes, bourgs & châteaux, les revendoient ensuite aux habitans, & ramassoient ainsi bien de l'or & de l'argent. Un nommé Croquant se distingua plus que tous les autres, & ramassa une grosse somme d'argent. Mais moins heureux que Bacon, il monta un jour un beau coursier, qui lui avoit coûté trois cens écus ; le coursier prit le mords aux dents, & en sautant un fossé il jetta dedans son maître, qui se rompit le cou.

Le Roi d'Angleterre avoit mis Gouverneur de Calais Aimeri de Pavie Lom-

---

Idem. quos ipse pro arbitrio excepturus esset. Insigniores cives convenere. Difficile utique erat cives reperire qui tali munere fungi vellent. Tum omnium honorabilissimus civis Eustachius a S. Petro, surgens, se paratum esse dixit ad illud officium exsequendum pro salute Caletensis populi, ejusque exemplo quinque alii sese obtulere. Supra memorato illi cultu accesserunt. Eduardus illos capite truncari volebat, nec attendebat iis qui ipsum a tam inhumana re avertere satagebant; donec ipsa Regina genibus flexis rogavit illis vitam concederet. Ægre annuit Rex, deindeque mitigato repente animo, jussit illis prandium apponi, & cuilibet eorum sex aureos dedit. Omnibus porro civibus ex urbe ejectis, Anglos tantum ibi collocavit. Rex vero Philippus Caletenses cives omnes in optimis Franciæ civitatibus posuit : major vero pars apud Sanctum Audomarum se recepit. Post captum Caletum Cardinalis Bononiensis Legatus Apostolicus biennii inducias inter ambos Reges conciliavit.

Licet induciæ datæ fuissent & publicatæ, Franci tamen & Angli in Vasconia, itemque apud Santones & Pictavos, a mutuo bello non abstinebant, Oppida & castra expugnabant. Fortuna modo huic, modo alteri partium favebat. Occasione turbarum & belli, prædones multi discutrebant, & oppida diripiebant atque castra. Ex iis unus Baco nomine ex Septimania, alios longe superavit. Castellum cepit & Dominum ipsius : a Domino pro libertate summam grandem accepit, reservato sibi castello. Baconis fama ad usque Regiam Philippi volavit, qui ipsum accersivit, & sibi Ostiarium armorum elegit, castellumque emit precio viginti millium scutorum. In Britannia bellum gerebatur. Prædones isthic etiam expeditiones suscipiebant. Oppida & castra occupabant, quæ postea oppidanis vendebant & incolis, sicque magnam corradebant vim auri & argenti. Inter illos micabat quidam nomine Croquantius, qui ingentem pecuniæ summam collegit ; sed minus felix Bacone equum egregium aliquando conscendit, quod 300. scutorum precio emerat. Equus autem ferocior & habenis non obsequens Croquantium in fossam præcipitem dedit, qui ibidem attritus & exstinctus est.

Idem. Rex Angliæ Caleti Præfectum reliquerat Aimericum de Papia Langobardum, cujus ipse Rex, dum infans

bard,

PHILIPPE VI. DE VALOIS.

bard, qui l'avoit élevé dans son enfance. Geofroi de Charni, que le Roi Philippe avoit laissé Commandant sur les frontieres, sachant que les Lombards étoient aisez à corrompre par argent, lui fit proposer secretement de lui vendre la place pour une grosse somme. Le Lombard écouta volontiers cette proposition, & ils convinrent ensemble pour le prix de vingt mille écus. Le marché ne fut pas si secret que le Roi Edouard n'en fût averti, il envoia ordre à Aimeri de passer en Angleterre, & de venir le trouver à Westminster. Aimeri croiant que le Roi ne pouvoit rien savoir de sa trahison, s'y rendit. Le Roi lui dit qu'il est informé du Traité fait avec Charni. Le Lombard se jette à ses genoux & lui demande misericorde. Le Roi lui dit, qu'il veut bien lui pardonner pourvû qu'il execute ses nouveaux ordres, qu'il fasse semblant de continuer dans son dessein de vendre la place, qu'il prenne jour avec Charni pour l'execution, & qu'il l'avertisse du jour assigné pour cela. Aimeri bien aise d'en être quitte à si bon compte, lui promet tout cela. De retour à Calais, il prend jour avec Charni au dernier de Décembre de l'an 1348. & en avertit le Roi, qui ne manqua pas de s'y rendre avec trois cens hommes d'armes choisis, & six cens archers. Il entra dans Calais sur le tard avec son fils le Prince de Galles & sa troupe, personne dans la ville ne sût que le Roi y étoit, & il alla avec ses gens s'enfermer dans le Château. Il ordonna que Gautier de Manni commanderoit la troupe dans le combat qui devoit se donner, & que lui & son fils le Prince de Galles combattroient sous sa banniere comme hommes d'armes. Geofroi de Charni qui étoit parti d'Arras avec un bon nombre d'hommes d'armes & d'arbaletriers, envoia demander à Aimeri, s'il étoit tems qu'il envoiât des gens pour se saisir du Château. Il répondit qu'oui: & Charni envoia douze Chevaliers, dont un portoit les vingt mille écus, & cent hommes encuirassez & armez de fer. Aimeri prit l'argent, & amena tous ces François à la Tour où étoit le Roi d'Angleterre. Là vinrent sur eux deux cens hommes armez d'épée & de hache; eux se voiant trahis, se rendirent, & furent faits prisonniers.

Le Roi d'Angleterre sortit alors avec ses gens, il se mit avec son fils sous la banniere de Gautier de Manni. Il y avoit encore avec lui six bannieres & un grand nombre d'archers. Sachant que Charni avoit laissé la plûpart de ses gens à la garde d'un pont, il détacha ces six bannieres & trois cens archers pour aller

Aimeri de Pavie veut vendre Calais aux François.

Combat du Roi Edouard.

---

effet, alumnus fuerat. Geofridus autem de Carniaco, cui Rex Philippus copias suas in confiniis illis regendas commiserat, gnarus Langobardos facile posse pecunia corrumpi, offerri ipsi curavit grandem pecuniae summam, si vellet sibi urbem & castellum tradere. Aimericus libenter conditionem accepit, & viginti millium scutorum precio urbem se traditurum esse promisit. Etsi secreta pactio esset, ad aures tamen Eduardi Regis pervenit. Jussit autem Aimericum in Angliam trajicere & in Westmonasterium se convenire. Non putans Aimericus pactionem suam Regi notam esse posse, regem convenit, qui sibi notam esse pactionem significavit. Ad Regis pedes provolutus Langobardus veniam postulat, se veniam ipsi concessurum inquit Rex, dummodo nova jussa sua exsequatur, ac se simulet velle promissis stare, diem cum Geofrido statuat ad proditionem, sibique notam esse assignatum diem. Aimericus facilem Regis placandi viam nactus, omnia pollicetur. Caletum reversus diem cum Geoffrido statuit ultimum Decembris anni 1348. Regemque monuit, qui Caletum trajecit cum selectis 300. armatis Nobilibus & sexcentis Sagittariis. Caletum intrat noctu cum principe Gallensi filio & selecta manu. Nemini in urbe notum erat adesse Regem, qui cum suis in castellum ingressus est. Jussit Galterium Mannium turmae toti praeesse in pugna mox futura, seque & Principem Gallensem filium sub vexillo ejus pugnaturum esse statuit perinde atque caeteros. Geofridus vero de Carniaco Attrebato profectus erat cum armatis nobilibus & balistariis bene multis: misitque ad Aimericum petens an tempus esset, ut viros mitteret, qui castellum occuparent. Tempus esse respondet Aimericus: Geofridus vero duodecim equestris ordinis viros misit, quorum unus viginti millia scutorum ferebat, centumque alios lorica & ferro tectos pugnatores. Aimericus pecunia accepta, & Francos illos omnes in turrim adduxit ubi Rex Angliae erat. Hosce Francos tunc adorti sunt ducenti viri cum gladiis & securibus. Franci se proditos videntes, manus dederunt & capti sunt.

Eduardus vero cum filio egressus est sub vexillo Galterii Mannii. Cum illo etiam erant sex alia vexilla & grandis Sagittariorum numerus. Cum sciret autem Geofridum maximam suorum partem ad pontis custodiam reliquisse, sex illa misit vexilla cum trecentis Sagittariis, qui illos impugnarent. Praelium ibi

Idem.

les combattre. Ils allerent les attaquer, les François se défendirent vaillamment, mais comme les Anglois croissoient toujours en nombre, ils furent obligez de prendre la fuite, après avoir perdu six cens hommes ou tuez ou noiez. Les Anglois les poursuivirent longtems, & le grand jour étant venu ces François qui fuioient revinrent contre les Anglois, les chargerent, firent plusieurs prisonniers, & se retirerent *avec honneur & profit*, dit Froissart.

Edouard étoit dans l'autre troupe sous la banniere de Gautier de Manni pour combattre contre Charni : qui encouragea ses gens, & voiant que ses chevaux étoient si harrassez qu'ils pouvoient à peine se soutenir, il mit pied à terre pour combattre, & tous les autres firent de même. Edouard toujours sous la banniere de Manni, fit aussi mettre ses gens à pied ; Charni & les siens quoique fort inferieurs en nombre se défendirent en braves. Edouard se battit contre Eustache de Ribaumont, le plus vaillant Chevalier de la troupe, qui fit deux fois tomber le Roi sur ses genoux ; mais voiant que la plûpart des François étoient ou tuez ou pris, il se rendit au Roi, qu'il regardoit comme un simple Chevalier. Il fut le dernier de tous à se rendre. Ces prisonniers furent amenez au Château de Calais, où le Roi Edouard aussi courtois que brave, fit manger à sa table les Chevaliers François prisonniers, leur fit mille honnêtetez, & donna à Eustache de Ribaumont un collier de perles, lui disant qu'il le regardoit comme le plus vaillant Chevalier du monde, & il lui donna en même tems sa liberté.

Horrible peste. Le Moine de S. Denis Continuateur de Nangis, dit qu'au mois d'Août de cette année 1348. avant que le soleil se couchât, on vit à l'Occident de Paris une grande étoile fort luisante, qui ne paroissoit pas fort éloignée de terre : qu'elle demeura ainsi jusqu'à la nuit, & qu'alors elle envoia plusieurs raions du côté de l'Orient, après quoi elle disparut. Quelques-uns la regarderent comme un présage de la peste, qui fit de grands ravages cette année, non seulement en France, mais presque dans toutes les parties de notre hemisphere. La mortalité fut si grande à Paris & dans toute la France, qu'à peine pouvoit-on suffire à enterrer tant de corps. Le mal emportoit plutôt les jeunes que les vieux de l'un & de l'autre sexe. Ceux qui en étoient attaquez mouroient au second ou au troisiéme jour, & conservoient une pleine connoissance jusqu'au dernier soupir. Ce mal contagieux se déclaroit par des bosses sous les aisselles, ou dans l'aîne, & quand ces marques paroissoient il n'y avoit plus de remede. Le nom-

committitur, Franci fortiter pugnant; sed cum Angli semper numero crescerent, sexcentis suorum amissis, seu cæsis, seu in aqua submersis, in fugam versi sunt. Insequuntur Angli : sed postquam dies illuxerat, Franci illi qui fugiebant, converso vultu in Anglos irruunt, multos capiunt, & postea, inquit, Froissartius, cum honore & lucro ad sua reversi sunt.

Eduardus cum alia turma erat sub vexillo Galterii de Mannio, ut contra Geofridum de Carniaco pugnaret. Hic vero Francos ad pugnam hortatus est : at cum adeo defessi equi essent, ut vix incedere possent, desilientes Franci, pedites pugnare coacti sunt, atque etsi numero impares strenue decertarunt. Eduardus sub vexillo semper Galterii Mannii, missis equis pedes cum suis pugnavit: ac cum Eustachio de Ripa-montis, Francorum fortissimo, bis manus conseruit, qui bis Eduardum in genua ruere coegit. Sed cum videret Francorum plurimos aut cæsos aut captos esse, Eduardo, quem equestris ordinis virum putabat, sese dedidit, & Francorum postremus captus est. Franci vero capti in Caletense castellum adducti sunt, ubi Rex Eduardus, perinde comis atque strenuus, Francos illos equites omnes captivos ad mensam suam excepit & honorifice habuit. Eustachio de Ripa-montis, quem fortissimum omnium, qui tunc in vivis erant, equitum esse dicebat, collare ex unionibus concinnatum dono obtulit, ipsique libertatem dedit.

Contin. Nangii. Monachus Sandionysianus, Nangii continuator, ait Augusto mense anni hujusce 1348. antequam sol occideret apparuisse ad occidentem Lutetiæ stellam magnam lucidissimam quæ non procul a terra esse videbatur, & ad usque noctem eodem in loco mansit : deindeque multos emisisse radios versus orientem : neque ultra visa fuit. Quidam putarunt stellam illam portendisse luem illam & pestilentiam, quæ non modo in Francia, sed etiam in omnibus fere hemisphærii nostri partibus grassata est. Tanta fuit Lutetiæ & in Francia mortalitas, ut vix possent tot cadavera tumulari. Lues potius juvenes, quam senes utriusque sexus invadebat exstinguebatque. Qui morbo corripiebantur, secundo vel tertio die interibant, animi sensum & mentis usum ad extremum usque halitum servantes. Mali signa erant tumores sub axillis aut in inguine, quibus sese exhibentibus signis, nihil ultra remedii erat. Tan-

PHILIPPE VI. DE VALOIS.

bre des morts étoit si grand, qu'on n'avoit jamais rien vû de semblable. On emportoit tous les jours plus de cinq cens corps entassez sur des chariots de l'Hôtel-Dieu, au Cimetiere des Innocens. La contagion qui commença en 1348. dura encore jusques bien avant dans l'an 1349. Les campagnes se trouverent desertes, plusieurs maisons, qui n'étoient plus habitées, tomberent. Il y en eut même à Paris qui croulerent dénuées d'habitans. Ce mal passa aussi en Allemagne; mais il n'y fit pas tant de ravages qu'en France. On soupçonna les Juifs d'avoir empoisonné les eaux & d'avoir infecté l'air, & sur ce simple soupçon, on en brûla quantité en Allemagne. On dit qu'ils alloient au supplice avec beaucoup de constance, & que les femmes jettoient leurs enfans dans le feu de peur qu'on ne les baptisât.

1349.

La peste aiant cessé, il sembla que la nature voulût réparer ses pertes. Tout ce qui restoit à marier d'hommes & de femmes, se maria. On ne voioit point de femme sterile, la plûpart enfantoient des jumeaux, & plusieurs jusqu'à trois enfans. Ce qui est fort merveilleux, poursuit le même Auteur; c'est que les enfans nez après cette mortalité, quand ils étoient devenus grands & hommes faits n'avoient que vingt ou vingt-deux dents; au lieu qu'auparavant les hommes & les femmes en avoient ordinairement trente-deux.

En cette année 1349. mourut Jeanne Reine de Navarre, fille de Louis Hutin Roi de France & de Navarre, femme de Philippe d'Evreux, qui fut tué dans le Roiaume de Grenade, en combattant contre les Mores. Elle laissa trois fils, Charles, Philippe & Louis, & une fille appellée Blanche. En la même année mourut Bonne de Luxembourg, femme de Jean Duc de Normandie, de laquelle il avoit quatre fils, Charles, qui regna après lui, Louis, Jean & Philippe, & deux filles. Jeanne de Bourgogne Reine de France, suivit de près sa bru. Elle laissa deux fils, Jean Duc de Normandie, qui regna après son pere: Philippe Duc d'Orleans, & une fille nommée Marie. Peu après sa mort le Roi Philippe épousa en secondes nôces Blanche de Navarre, âgée d'environ dix-huit ans.

1349.

Humbert II. Dauphin de Viennois, ennuié de la guerre, qu'il ne pouvoit soutenir que difficilement contre le Comte de Savoie, & accablé de douleur de la perte de son fils aîné qui s'étoit noié dans l'Isere, conçut un si grand dégoût pour les choses de ce monde, qu'il résolut de se dépouiller de ses Etats. Voulant mettre

Dauphiné donné au Roi de France.

Idem.

tus erat defunctorum numerus, ut nihil unquam simile visum fuerit. In carris quotidie plus quam quingenta corpora deferebantur ab Hospitali-Dei, ad cœmeterium SS. Innocentium. Lues quæ cœpit anno 1348. ad annum etiam 1349. extracta est. Agri deserti relicti sunt. Multæ domus, nemine incolente lapsæ sunt, etiam complures Lutetiæ ruerunt. Lues in Germaniam quoque transivit, sed non tantum ibi grassata est. In suspicionem venerunt Judæi, quod aquas & acrem veneno inficissent, & hac arrepta occasione, multi flammis traditi sunt. Narratur autem illos cum animi firmitate magna hoc supplicium subiisse; mulieresque infantes suos in ignem conjecisse, ne postea baptizarentur.

Postquam pestilentia cessaverat, visa est natura damna sua sarcire voluisse. Quotquot supererant viri feminæque innupti, sese connubio junxere. Nulla sterilis mulier occurrebat: maxima prægnantium pars gemellos pariebant, ac pleræque ternos emittebant fœtus, quodque mirum videatur, inquit idem scriptor, qui post pestilentiam illam nati sunt, cum ad maturam devenerant ætatem, viginti tantum, aut viginti duos ad summum dentes emittebant, cum antea tam viri quam feminæ ut plurimum triginta duos haberent.

Hoc anno 1349. obiit Joanna Navarræ Regina filia Ludovici Hutini Regis Franciæ & Navarræ, uxor Philippi Ebroicensis, qui in Granatæ regno contra Arabes pugnans cæsus est. Tres autem filios reliquit, Carolum, Philippum & Ludovicum, & filiam Blancham nomine. Eodem anno obiit Bona Luxemburgensis uxor Joannis Normanniæ Ducis, ex qua quatuor filios susceperat: Carolum qui post illum regnavit, Ludovicum, Joannem & Philippum. Joanna Burgunda Regina Franciæ paulopost nurum suam defuncta est, duosque filios reliquit, Joannem Normanniæ Ducem, qui post Patrem regnavit, & Philippum Aurelianensem Ducem, filiamque nomine Mariam. Paulo post Joannæ mortem, Rex Philippus secundam uxorem duxit Blancham Navarræ, quæ octodecim circiter annorum erat.

Humbertus II. Delphinus Viennensis tædio affectus ob diuturnum bellum contra Sabaudiæ Comitem; a quo frequentissime impetebatur; atque etiam dolore obrutus ob amissum primogenitum filium, qui in Isaram delapsus, demersus fuerat, tantum suscepit rerum humanarum fastidium, ut statum ditionemque suam deponere decreverit. Ut sui loco principem sta-

Idem.

Idem.

PHILIPPE VI. DE VALOIS.

en fa place un Seigneur puiffant, & qui fût en état de reprimer le Comte de Savoie, il s'addreffa l'an 1343. au Roi Philippe, auquel il fit une donation du Dauphiné pour Philippe Duc d'Orleans fon fecond fils, ou pour celui qu'il voudroit des fils de Jean Duc de Normandie, à condition que le Prince qui feroit en poffeffion de cette Province, & fes fucceffeurs porteroient le nom & les armes de Dauphins de Viennois, écartelé de France. Le Traité en fut fait au mois d'Avril de l'an 1343. Il fut confirmé en l'an 1349. & il fut alors établi que le Dauphiné feroit réuni à la Couronne, & que les premiers nez du Roi de France feroient appellez Dauphins. Humbert fe fit Jacobin, & fut depuis honoré du titre de Patriarche d'Alexandrie.

Le Roi Philippe acheta de Jâques Roi de Majorque le Comté de Rouffillon & de Cerdagne, la Baronnie de Montpellier & le Château de Lares, pour prix & fomme de fix vingts mille écus d'or.

1350. L'an 1350. au commencement du mois d'Août, Raoul de Caours avec plufieurs Chevaliers & Ecuiers au nombre de fix vingts hommes d'armes, fe battit contre autant d'Anglois commandez par Thomas d'Agorne, devant le Château nommé Au-Lion : Thomas d'Agorne & cent des fiens demeurerent fur la place, & Raoul demeura victorieux.

Mort du Roi Philippe VI. En la même année le vingt-deuxiéme jour du mois d'Août le Roi Philippe mourut, & laiffa fa nouvelle époufe enceinte. Ce mariage avec une fi jeune Princeffe abregea apparemment fes jours. Le Jeudi fuivant fon corps fut enterré à S. Denis, & fes entrailles aux Dominicains de la rue S. Jâques. Son cœur fut apporté à la Chartreufe de Bourg-Fontaine.

Le jour de fa mort eft rapporté diverfement. L'Epitaphe de fon tombeau qui eft dans la Chapelle des Bourbons en l'Eglife des Dominicains de la rue faint Jâques, fous lequel tombeau font fes entrailles; cette Epitaphe, dis-je, le fait mourir le 28. d'Août. La voici.

Ci giffent les entrailles du Roi Philippe, le vray Catholique, qui regna XXII. ans, & trépaffa le XXVIII. d'Aouft MCCCL. priez Dieu qu'il en ait l'ame. A fait faire cette fepulture la Roine Blanche fon époufe.

Il femble d'abord que la date tirée de cette incription fépulcrale mife par ordre de la Reine fon époufe, doit être la véritable, cependant elle eft fauffe. Il

---

tueret potentem, qui Sabaudiæ Comitem audacem & regioni fuæ infeftum profligaret, anno 1343. Philippum Regem adiit, cui Delphinatum dono obtulit, conferendum aut Philippo Aurelianenfi Duci, fecundo Regis filio, aut alicui ex filiis Joannis Normanniæ Ducis. Illa pacta conditione, ut qui Princeps illam obtineret provinciam, necnon fucceffores ejus Delphini nomine appellarentur, & infignia Delphinorum Viennenfium affumerent cum Francicis conjuncta. Sic pacta res fuit menfe Aprili anno 1343. confirmataque eft anno 1349. tuncque res fic compofita fuit, ut Delphinatus Franciæ coronæ adjungeretur, & primogeniti Regum Francorum Delphini appellarentur. Humbertus vero Dominicanorum ftatum veftemque fufcepit; & Patriarchæ Alexandrini nomine infignitus eft.

A Jacobo item Majoricæ Rege, emit Philippus Comitatus Rufcinonenfem & Ceritanienfem, *Baroniam Montis-peffulani*, & caftellum Larefii precio aureorum fcutorum centum viginti millium.

Anno 1350. ineunte Augufto menfe, Radulphus de Caurfio, cum Equeftris ordinis viris & Scutariis numero centum viginti, cum totidem Anglis, duce Thoma Agorno, conflixit ante caftrum Leonis dictum. Thomas Agornus & centum ex fuis ceciderunt, & victoria penes Radulphum fuit.

Eodem anno, vigefimo fecundo die Augufti menfis, obiit Rex Philippus, & uxorem fuam prægnantem reliquit. Hoc cum Regia juniore puella connubium, mortem ipfi, ut videtur, maturavit. Die Jovis fequenti corpus ejus apud Sanctum Dionyfium tumulatum eft, vifcera ejus apud Dominicanos vici Jacobæi fepulta funt. Cor ejus allatum fuit ad Cartufianos Burgi-Fontis.

Dies mortis Philippi VI. Regis varie refertur. Infcriptio fepulcralis tumuli ejus in Capella Borboniorum Ecclefiæ Dominicanorum Jacobæi vici, ubi ejus vifcera pofita funt, fic habet :

Hic jacent vifcera Regis Philippi veri Catholici, qui XXII. regnavit annis, obiitque XXVIII. Augufti MCCCL. Precamini Deum, ut animam ejus recipiat. Hoc fepulcrum conftrui juffit Blancha Regina uxor ejus.

Primo confpectu credatur annotatum diem in epitaphio juffu Reginæ uxoris Philippi pofito, verum,

PHILIPPE VI. DE VALOIS.

faut s'en tenir au témoignage de Froissart, qui dit qu'il mourut à Nogent le Roi, le vingt-deux d'Août. Le Nécrologe de la Chartreuse de Bourg-Fontaine, dit que son cœur y fut enterré le vingt-sixiéme d'Août, auquel jour on célebre tous les ans son Obit dans cette Eglise. Ce qui favorise la date de Froissart, & détruit l'autre.

MONUMENS DU REGNE
DE PHILIPPE VI. dit DE VALOIS.

Les trois premieres figures du Tableau que nous donnons sont peintes à fresque au dessus de la grande porte de l'Eglise de la Chartreuse de Bourg-Fontaine auprès de Villiers Costerets. La premiere est de S. Louis Evêque de Toulouse, fils de Charles le Boiteux Roi de Naples. Il étoit petit neveu du Roi S. Louis, & avoit été Religieux de l'Ordre de S. François, & mourut en 1297. à l'âge de vingt-trois ans & demi. Il a sur sa main droite une Couronne à fleurs-de-lis, passée par le bâton de sa crosse. Il tient par la main Charles de France Comte de Valois fondateur de la Chartreuse, mort en 1325. C'est la seconde figure qui soutient d'un côté l'Eglise de cette Chartreuse, Philippe de Valois son fils Roi de France, la soutient aussi de son côté, son pere étant venu à mourir, il acheva de la faire bâtir. Ils sont tous deux à genoux. L'Evêque, qui est debout porte sous sa chappe l'habit de S. François, & à des galloches aux pieds. Charles de Valois a son habit chargé des couleurs & des armes de France avec la bordure de gueules, c'étoit son blason. Philippe qui porte la couronne aux fleurs-de-lis, a l'habit & les couleurs de France.

Pl. XLVII.

La premiere figure de la Planche suivante [1] montre le même Roi Philippe de Valois. Elle est tirée d'un Tableau sur bois, que je crois original. L'espece de bonnet qu'il porte étoit alors en usage. Ce portrait paroit d'assez bon goût, & a été fait de son tems.

Pl. XLVIII. 1.

L'image qui vient ensuite [2] se voit sur son tombeau de S. Denis, sa couronne y est ornée de fleurs-de-lis, son manteau est attaché sur l'épaule droite à la maniere des anciennes chlamydes.

2.

---

indubitatumque esse; & tamen dies ille falso exaratur: standumque iis quæ Froissartius dixit, qui illum mortuum narrat vigesima secunda Augusti, Necrologium Cartusiæ Burgi-Fontis dicit cor ejus ibi sepultum fuisse vigesima sexta Augusti, quo etiam die singulis annis exsequiæ illius celebrantur, id quod Froissartii dictum confirmat, alteram vero anni notam eliminat.

MONUMENTA AD REGNUM PHILIPPI VI. VALESII DICTI SPECTANTIA.

Priora tria schemata, quæ hic proferuntur, depicta sunt in muro supra majus ostium Ecclesiæ Cartusianorum Burgi-fontis prope Villarem-ad-collum-Retiæ. Primus hic comparet Sanctus Ludovicus Episcopus Tolosanus, Caroli fratris Sancti Ludovici Regis nepos: hic Franciscani Ordinis fuerat, & obiit anno 1297. annos emensus 23. & dimidium. Supra manum dexteram coronam gestat liliis ornatam, Episcopali baculo insertam, & sinistra tenet manum Caroli Valesii Comitis, Cartusiæ istius Fundatoris, qui defunctus est anno 1325. Carolus altera manu Ecclesiam quam fundaverat sustinet. Philippus vero Rex Franciæ coronatus, ambabus illam sustentat manibus. Patre namque mortuo Philippus ipsam perfecit. Ambo Principes flexis genibus sunt. Episcopus vero stans sub cappa sua vestem S. Francisci gestat. Pedes ejus nudi gallicis inserti sunt. Carolus Valesius vestem habet, insignia Franciæ referentem cum limbo rubro, qui Valesiorum erat. Philippus vero coronatus regia insignia præ se fert.

Protome illa, quæ ptima est in tabula sequenti, Philippum Valesium refert in lignea tabula depictum, & quidem ævo ipsius, ut arbitror. Cultus ille capitis quem gestat, illo tempore in usu erat, nec imperitæ manus pictura esse videtur.

Schema Philippi aliud ex sepulcro ejus Sandionysiano eductum fuit. Corona liliis ornatur, chlamyde induitur ad humerum dextrum annexa.

286 MONUMENS DE PHILIPPE VI. DE VALOIS.

Pl.
XLIX.
1. Le voici à cheval tel qu'il eft reprefenté dans l'Eglife Cathedrale de Paris, contre le pilier de la nef, qui eft devant la Chapelle de Nôtre-Dame. [1] Philippe fit ériger ce monument en mémoire d'un vœu qu'il avoit fait à la Sainte Vierge, s'étant trouvé en un très-grand danger à la célebre bataille de Mont-Caffel, qu'il gagna fur les Flamans le 22. Août 1328. Le cafque eft fort pointu par le haut : la mode des cafques plats, qui avoient été en ufage durant le fiécle de Saint Louis avoit paffé, & ne revint plus depuis. Cette forme de cafque étoit fort mal entendue, les coups de maffue & d'épée portoient avec toute leur force fur cette furface plate ; au lieu que fur ces cafques fi pointus, ils ne faifoient que gliffer. La maffue, comme nous avons dit ailleurs, étoit en ufage du tems de S. Louis. Il s'en fervoit lui-même dans les combats, comme nous avons vû à la bataille de la Maffoure, & parmi fes gardes il y en avoit qui portoient des maffues.

2. Après Philippe à cheval, nous mettons fon formidable adverfaire Edouard III. [2] à cheval tiré du beau Manufcrit de Froiffart de la Bibliotheque du Roi numero 8320. fol. XVIII. Chap. XVIII. Froiffart finit fon hiftoire en 1400. & les connoiffeurs conviennent que ce Manufcrit fut écrit peu de tems après. Edouard eft reprefenté ici fort jeune, faifant la guerre aux Ecoffois l'an 1327. fon cafque fe termine en pointe, & fur la pointe s'élevent quatre plumes. Ce cafque defcend fort bas en s'élargiffant, & lui couvre tout le front jufqu'aux yeux. Le gorgerin eft fi relevé qu'il va prefque jufqu'à la hauteur du nez, couvrant les levres & la bouche. Il laiffe une affez grand efpace pour la refpiration, en forte que fans vifiere prefque tout le vifage hors le nez & les yeux, eft à couvert des coups. Nous verrons plus bas fur Charles V. un cafque fait comme celui-ci. La cuiraffe d'Edouard eft dorée à fleurs rouges. Les reftes de l'armure font les braffards, les cuiffarts, les genouilleres & les greves ; la felle de fon cheval eft fort relevée devant & derriere, pour mettre les cuiffes à couvert. Les refnes de la bride font d'une forme particuliere. Edouard porte fur les épaules une piece d'étoffe quarrée, qui flote au gré du vent, marquée des armes de France, écartelé d'Angleterre, ce qui fe voit auffi fur la croupe du cheval. Edouard dans fa premiere guerre d'Ecoffe n'avoit pas encore pris la qualité de Roi de France : il reconnut l'an 1329. Philippe de Valois, & lui prêta ferment de fidelité pour l'Aquitaine. Ce ne fut qu'en 1336. qu'il fe déclara Roi de France,

---

En illum equitem, qualis in Ecclefia Cathedrali Parifienfi repræfentatur contra pilam navis ante Capellam B. Mariæ ; quod monumentum erigi ipfe curavit in memoriam voti B. Mariæ oblati, cum in præclara pugna Montis-caftelli antequam victoriam reportaret, magno in periculo fuit 22. Augufti anno 1328. Galea fuperne acuta eft : nam galearum fuperne planarum ufus transfierat, neque ultra refumtus eft. Galeæ enim iftiufmodi non opportunæ pugnanti erant : gladiorum quippe & clavarum ictus in fuperficie plana totum pondus ferientis manus excipiebant : in acuminatis vero galeis in declivi cito dilabebantur. Clava, ut alibi diximus, in ufu erat S. Ludovici ævo. Illa ipfe Sanctus Ludovicus utebatur in præliis, ut in pugna Maffurenfi : atque inter ftipatores corporis, armatos clava ipfe admittebat.

Poft Philippum equitem, formidandum ejus adverfarium locamus Eduardum III. equo vectum, exfumtum ex Froiffartii eleganti codice Bibliothecæ Regiæ, n°. 8320. fol. XVIII. cap. XVIII. Qui Froiffartius ufque ad annum 1400. hiftoriam fuam profequitur. Exiftimant vero periti hunc codicem paulo poftea exaratum fuiffe. Eduardus hic junior exhibetur, bellum Scotis inferens anno 1327. Galea ejus in acumen definit, & in acumine quatuor plumæ eriguntur. Galea frontem operit ad ufque oculos, omnia obtegens. Pars illa galeæ, quæ jugulum & maxillas tegit, ad ufque nares pene afcendit ; fed fpatio relicto pro refpirandi libertate ; ita ut fine alio tegmine totus fere vultus præter nares & oculos obtegatur. Galeam huic fimilem Caroli V. caput obtegentem infra videbimus. Eduardi lorica deaurata eft, floribufque rubris ornata. Reliqua Eduardi armatura, tegmina nempe brachiorum, femorum, genuum, tibiarum hic confpiciuntur. Ephippium ante & retro ita reducitur, ut femora obtegat : habenæ fingularis funt formæ. Pannum pone humeros fluitantem geftat Eduardus, ubi infignia Franciæ & Angliæ depicta funt, quæ etiam in equi ftrato pofteriori vifuntur. Eduardus quando primum contra Scotos bellum fufcepit, nondum fefe Regem Francorum dicebat. Anno autem 1329. Philippum Valefium Regem agnovit, ipfique pro Aquitania hominium præftitit : ac nonnifi anno 1336. fefe Regem Francorum

S.T LOUIS EVEQUE DE TOULOUSE, CHARLES DE VALOIS, ET
LE ROI PHILIPPE DE VALOIS.

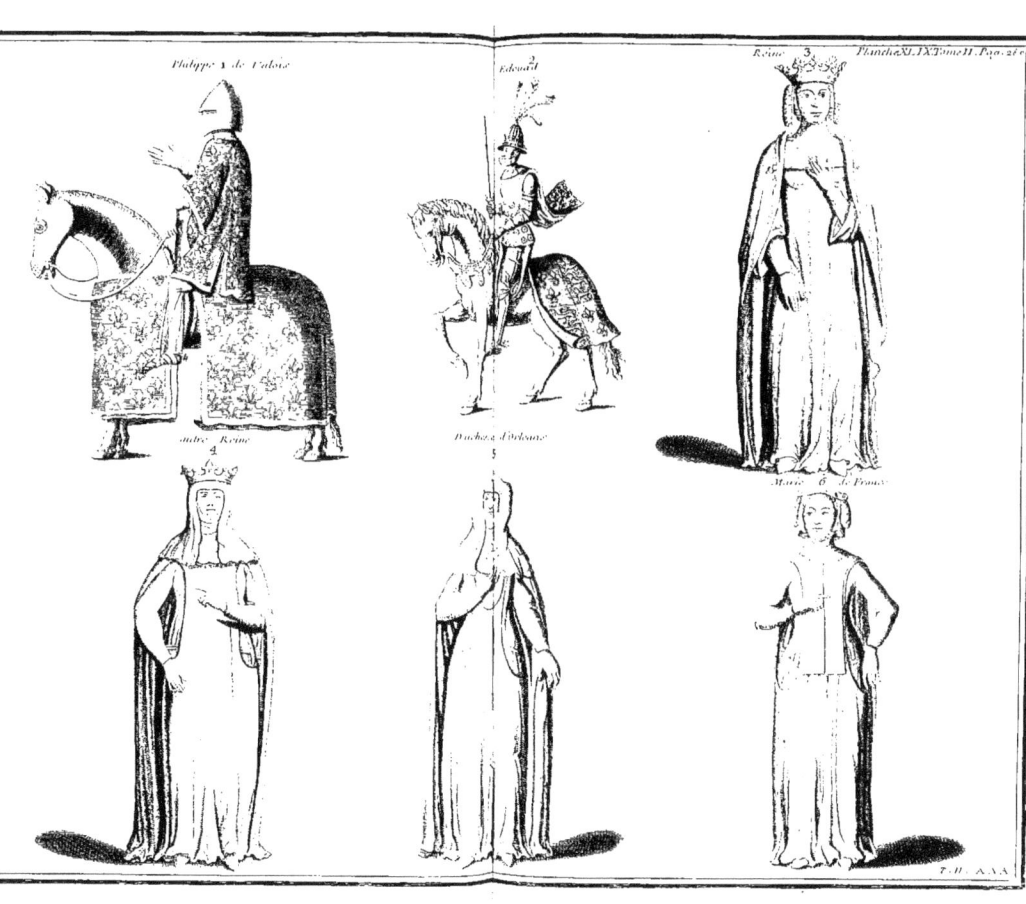

& commença à difputer le Roiaume à Philippe. Ce fera donc le Peintre, qui peu inftruit en la Chronologie, lui aura mis au tems de la premiere guerre d'Ecoffe ce blafon, qu'il ne prit que plufieurs années après.

Jeanne de Bourgogne [3] qui fuit, eft la premiere femme de Philippe de Valois, qu'il époufa l'an 1313. elle fut couronnée à Rheims avec fon mari le jour de la Trinité 1328. & mourut le 12. Septembre 1348. Elle eft repréfentée en relief de marbre blanc fur fon Tombeau de marbre noir près du grand Autel de S. Denis, comme on la voit ici. Elle a les cheveux treffez d'une maniere particuliere.   3.

Blanche de Navarre [4] feconde femme de Philippe de Valois Roi de France, mariée le 29. Janvier 1349. mourut le 5. Octobre l'an 1398. Elle fe voit en relief de marbre blanc fur un Tombeau de marbre noir, au milieu de la Chapelle de S. Hippolyte dans l'Eglife de S. Denis.   4.

Blanche de France [5] Comteffe de Beaumont, fille du Roi Charles le Bel & de Jeanne d'Evreux, naquit en 1328. fut mariée le 18. Janvier 1344. avec Philippe de France Duc d'Orleans, & mourut fans enfans le 7. Février 1392. ou felon notre maniere de compter 1393. Sa figure en marbre fe voit à faint Denis auprès de Marie fa fœur, telle que nous la donnons ici.   5.

Marie de France [6] fille de Charles IV. Roi de France & de Navarre, dit le Bel, & de Jeanne d'Evreux fa troifiéme femme mourut fans alliance le 6. Octobre 1341. Elle eft repréfentée en relief de marbre blanc fur fon Tombeau à S. Denis dans la Chapelle de Notre-Dame la Blanche.   6.

Philippe Comte d'Evreux fils de Louis de France fils puîné de Philippe le Hardi, époufa l'an 1316. Jeanne de France fille unique de Louis Hutin, laquelle devoit fuccéder à fon pere au Roiaume de Navarre. Mais comme ils étoient tous deux trop jeunes, Philippe le Long & Charles le Bel qui lui fucceda, furent Rois de Navarre. Après la mort de ce dernier, Philippe & Jeanne allerent fe faire couronner à Pampelune le 5. Mars 1328. Ce qui eft à remarquer, c'eft que le Continuateur de Nangis dit qu'il fut déclaré Roi, *pofitus fuper fcutum*, monté fur un bouclier, à la maniere ancienne. Ce fut avant ce couronnement, lorfqu'il n'étoit encore que Comte d'Evreux, qu'il fe fit peindre [1] dans la vitre de la Chapelle de fainte Anne de Notre-Dame d'Evreux avec l'infcription: *Dom. Philippus Comes Ebroicenfis*. Il eft à genoux les mains jointes, portant une   PLANCHE L.

  1.

---

declaravit, deque regno cum Philippo Valefio contendere cœpit. Pictor ergo rei chronologicæ non ita peritus, hæc infignia ipfi in primo Scotico bello adfcripferit, quæ nonnifi diu poftea ipfe ufurpavit.

Joanna Roberti II. Burgundiæ Ducis filia, prima uxor fuit Philippi Valefii, quam duxit ille anno 1313. Coronata cum ipfo fuit die Sanctæ Trinitatis Remis anno 1328. obiitque 12. Septembris anno 1348. Sic autem in marmore exhibetur prope aram majorem Ecclefiæ S. Dionyfii. Comam fingulari modo concinnatam habet.

Blancha, Philippi III. Navarræ Regis filia, fecunda uxor fuit Philippi Valefii Regis, cui nupfit illa 29. Januarii anno 1349. Obiit 5. Octobris anno 1398. Sepulta eft in Capella Sandionyfiana S. Hippolyti, ubi in marmore fculpta vifitur, qualis hic exhibetur.

Maria Caroli IV. cognomine Pulcri Francorum Regis filia, innupta obiit 6. Octobris anno 1341. In marmore fculpta exhibetur in fepulcro fuo in Capella Sanctæ Mariæ Albæ S. Dionyfii.

Blancha foror ejus Comitiffa Belli-montis filia Caroli Pulcri & Joannæ Ebroicenfis nata eft anno 1328. In uxorem ducta fuit a Philippo Philippi Valefii filio Duce Aurelianenfi, & fine liberis obiit 7. Februarii 1392. aut fecundum hodiernum computandi morem 1393. Marmorea ejus imago prope fororem vifitur in Ecclefia S. Dionyfii, qualis hic repræfentatur.

Philippus Comes Ebroicenfis filius Ludovici filii Philippi Audacis Francorum Regis, anno 1316. uxorem duxit Joannam filiam Ludovici Hutini, quæ patri in Navarræ regno fucceffura erat; fed quia ambo conjuges juniores erant, Philippus Longus & Carolus Pulcher fucceffor ejus, Reges Navarræ fuerunt. Poft Caroli Pulcri mortem, Philippus & Joanna Pompelonem fe contulerunt, ubi coronati funt 5. Martii anni 1328. Quod autem obfervatu dignum eft, narrat Nangii Continuator ipfum *pofitum fuper fcutum* Regem declaratum fuiffe, more antiquiffimorum Regum. Antequam vero coronaretur Rex, cum Comes tantum Ebroicenfis effet, depingi fe curavit in vitrea feneftra Capellæ Sanctæ Annæ Ecclefiæ Beatæ Mariæ Ebroicenfis cum infcriptione. *Dom. Philippus Comes Ebroicenfis*, genibus flexis, manibufque junctis,

288 MONUMENS DE PHILIPPE VI. DE VALOIS.

petite couronne ornée de tréfles. Il eſt maillé depuis la tête juſqu'aux pieds, & a ſon capuchon de mailles. Au deſſus la cotte de mailles il porte une tunique chargée du blaſon de France, au bâton componé d'argent & de gueules.

Ce Prince mourut à Xerés des bleſſures qu'il avoit reçûës au ſiége d'Algeſire au Roiaume de Grenade le 16. Septembre de l'an 1343. Son corps fut enterré dans l'Egliſe de ſainte Marie la Réale de Pampelune, & ſon cœur fut apporté à l'Egliſe des Jacobins de Paris, où il eſt enterré au milieu du chœur avec ſa figure en relief de marbre ² blanc ſur un Tombeau de marbre noir. Sa couronne reſſemble à un mortier de Préſident.

Jeanne ſa femme fille unique de Louis Hutin, apporta à Philippe ſon mari le Roiaume de Navarre, comme nous venons de voir. Elle mourut le 6. Octobre 1349. & eſt enterrée à S. Denis aux pieds du Roi ſon Pere. Sa figure y eſt telle que nous la ³ repreſentons ici. Sa couronne eſt ornée de fleurons, comme la plûpart de celles des Rois de France de ces tems-là. Le cœur de cette Princeſſe fut apporté aux Dominicains de la rüe S. Jâques, où l'on voit Jeanne ⁴ en relief de marbre blanc auprès de Philippe, comme nous la donnons ici. Elle n'a pour couronne qu'un cercle ou une eſpece de mortier comme ſon mari.

PL. LI.

Charles Comte d'Alençon, de Chartres, du Perche &c. Pair de France, ſecond fils de Charles de France Comte de Valois & de Marguerite de Sicile ſa premiere femme, mourut le 26. Août 1346. à la bataille de Créci, où il combatit vaillamment. Il eſt repreſenté ¹ en marbre blanc ſur ſon Tombeau, dans la Chapelle du Roſaire de l'Egliſe des Dominicains de la rüe S. Jâques, tel que nous le donnons ici. L'écu qu'il porte eſt ſémé de France, à la bordure de gueules, chargée de dix-huit beſans d'argent: on n'en met ordinairement que huit.

Marie d'Eſpagne ſa femme, veuve de Charles d'Evreux Comte d'Eſtampes, & fille de Ferdinand d'Eſpagne II. du nom, Seigneur de Lara, épouſa Charles d'Alençon l'an 1336. & mourut le 19. Novembre 1379. On la voit ² en marbre blanc auprès de ſon mari. Elle porte une couronne comme pluſieurs autres Princeſſes, Ducheſſes &c.

Louis premier du nom Duc de Bourbon, Comte de Clermont, de la Marche & de Caſtres, fils de Robert de Clermont ſixiéme fils de S. Louis mourut en Janvier 1341. ³ Sa figure eſt en relief de marbre blanc ſur ſon

---

parvam coronam geſtat trifoliis ornatam. Hamis opertus eſt a collo ad extremos uſque pedes; caputiumque habet pro more ſolito. Supra hamatam veſtem tunicam geſtat inſignibus Franciciis ornatam cum tænia tranſverſa ex argento & rubeo colore alternatim compoſita.

Obiit autem Xeræ ex vulneribus in obſidione Algeſiræ, ſive Calteiæ in Granatenſi regno, acceptis 16. Septembris anno 1343. Corpus ejus ſepultum fuit in Eccleſia B. Mariæ Regalis Pompelonenſis. Cor autem ejus allatum eſt in Eccleſiam Dominicanorum Jacobæorum Pariſienſium, ubi in medio choro ſepultum eſt, cum Philippi imagine in marmore candido ſculpta. Corona ejus Præſidis Mortarium, ut vocant, refert.

Joanna unica filia Ludovici Hutini Philippo viro ſuo regnum Navarræ attulit, ut diximus. Obiit autem 6. Octobris anno 1349. & ſepulta eſt apud S. Dionyſium ad pedes patris. Ipſius marmorea imago huic a nobis allatæ ſimilis eſt: Corona ipſius non liliis, ſed aliis floribus ornatur, ut maxima pars coronarum Regum iſtius ævi. Cor ejus ſepultum eſt apud Dominicanos Jacobæos, prope Philippum conjugem ſuum; ibique illa depingitur. Ejus corona conjugis ſui coronæ ſimilis eſt.

Carolus Comes Alenconienſis, Carnotenſis, Perticenſis &c. Par Franciæ, filius Caroli Valeſii frater Philippi Valeſii Regis Francorum, ſtrenue pugnando cæſus eſt in Creciaco certamine 26. Auguſti 1346. In marmoreo ſepulcro exhibetur armatus in Capella Roſarii Eccleſiæ Dominicanorum Jacobæorum. Scutum ejus liliis conſperſum eſt cum limbo rubro, octodecim byzantiis inſignito. Vulgo tamen nonniſi octo byzantii apponuntur.

Maria filia Ferdinandi Hiſpanici Principis Domini Laræ, uxor primo Caroli Ebroicenſis Comitis Stampenſis, ſecundo Caroli Alenconienſis, cui nupſit anno 1336. mortua eſt 19. Novembris anno 1379. In candido marmore exhibetur prope virum ſuum. Coronam geſtat, ut aliæ uxores Principum, Ducum, &c.

Ludovicus I. Dux Borbonii, Comes Claromontis, Marchiæ & Caſtri, filius Roberti Claromontenſis ſexti filii S. Ludovici, mortuus eſt menſe Januario anni 1341. In marmoreo ſepulcro repræſentatur in Capella

Tombeau

MONUMENS DE PHILIPPE VI. DE VALOIS. 289

Tombeau de marbre noir, dans la Chapelle de S. Thomas d'Aquin des Jacobins de Paris. Il est vêtu & couronné à l'ordinaire.

Le même tiré d'un Armorial d'Auvergne de M. de Gaigniere d'environ 300. ans, porte un manteau chargé de son blason, semé de France au bâton de gueules, fourré d'hermine: sa couronne est différente de la précedente. 4.

Du même Armorial est tirée sa femme Marie de Hainaut, fille de Jean II. Comte de Hainaut. Sa robe dont les manches pendent presque jusqu'à terre, est blasonnée de la ceinture en bas, de Bourbon, parti écartelé au premier d'or au lion rampant de gueules, qui est Hollande, au second d'or au lion rampant de sable, qui est Flandres. Ces deux Hollande & Flandres sont les armes de Hainaut. La couronne de Marie est des plus ornées. 5.

Charles de Châtillon dit de Blois & de Bretagne, dont il est si souvent parlé dans cette histoire, disputa long-tems le Duché de Bretagne à Jean de Montfort, à sa femme & à son fils Jean de Montfort. Cette guerre occupa les forces de la France & de l'Angleterre, & eut différens succès favorables tantôt à Charles, tantôt à son competiteur. Charles fut enfin tué à la bataille d'Avrai. Le voici tel qu'on me l'a communiqué. Il a de la barbe contre l'usage de ce tems-là. Il tient de la main droite son épée, & de la gauche un livre. C'étoit un Prince fort pieux & qui mourut en odeur de sainteté, on lui attribua même plusieurs miracles. Il a sur sa cuirasse des hermines comme Duc de Bretagne. L'habit militaire tel qu'il le porte avec des brassards, des cuissars, des greves & des genouilleres, pourroit avoir commencé du tems du Roi Jean & de Charles V. On en voit sous ce dernier plusieurs revêtus de même.
PL. LII. 1.

Gaucher de Châtillon Comte de Porcean fut fait Connétable de France par Philippe le Bel l'an 1302. & se maintint avec honneur dans cette charge sous cinq Rois. Il mourut sous Philippe de Valois l'an 1329. âgé de 80. ans. Il m'a été communiqué avec le précedent. On le voit armé à l'ancienne maniere, maillé depuis la tête jusqu'à la plante des pieds, avec un chaperon de mailles rabbatu sur les épaules; habit militaire, qui duroit depuis plus de deux cens ans. L'écusson de Gaucher & celui de Charles est ici de gueules aux trois pals de vair, au chef d'or, avec cette difference que Gaucher a le chef chargé à gauche d'un 2.

S. Thomæ Aquinatis Ecclesiæ Dominicanorum Jacobæorum: in veste & corona ejus nihil nisi soliti usus est.

Is ipse in codice insignium natalitiorum Arvernorum Dni de Gagneriis depingitur, Franciæ insignia in pallio gestans cum transversa tænia seu baculo rubro, Borboniæ familiæ tessera. Corona ejus non est præcedenti similis.

Ex eodem codice educta fuit uxor ejus Maria filia Joannis II. Comitis Hannoniæ. Vestis ejus cujus manicæ ad terram usque defluunt, a zona ad imam usque oram insignia Francica referunt, juncta insignibus primo Hollandiæ, quæ in campo aureo leonem rubrum erectum referunt; secundo Flandriæ, quæ in campo aureo leonem nigrum erectum exhibet. Hollandiæ & Flandriæ insignia simul juncta, Hannoniæ sunt insignia. Mariæ corona ornatissima est.

Carolus de Castellione, Blesensis & Britannicus dictus, qui frequentissime in hac historia commemoratur, pro Britanniæ Armoricæ Ducatu, cum Joanne de Montforti, cumque ejus uxore ac filio Joanne de Montforti, diu concertavit. Ad hoc bellum evocati sæpe fuerunt exercitus Francorum & Anglorum, cum vario præliorum eventu, fortunâ modo uni, modo alteri favente. Cecidit tandem Carolus in pugna Avracensi. En ejus schema quale mihi transmissum est, nec dubito ex veteri & ævi istius exemplari eductum fuisse. Barbatus tamen est contra usum istius sæculi. Dextera gladium, sinistra librum tenet. Piissimus erat Princeps, probis ornatus motibus; adeo ut ipsi miracula adscripta fuerint. Thorax ejus muris Pontici notis, quas *Herminas* vocant, ornatur: hæc vero sunt Britanniæ Ducum insignia. Militaris ejus vestis ferrea præ se fert tegmina brachiorum, femorum, tibiarum & genuum, quæ fortassis in usu frequenti esse cœperunt, regnantibus Joanne & Carolo V. filio: cujus postremi ævo multi sic armati visuntur.

Galterius de Castellione Comes Porceani, Constabularius Franciæ creatus est a Philippo Pulcro anno 1302. quod munus ille cum honore gessit sub Regibus quinque. Obiit autem sub Philippo Valesio anno 1329. octoginta annos natus. Mihi porro cum Carolo Blesensi oblatus fuit, qualis hic exhibetur; hamis opertus veteri more a capite ad calcem, cum caputio hamato, atque in humeros dejecto: quæ militaris vestis ab annis plus ducentis in usu erat. Galterii ut etiam Caroli scutum hæc præfert insignia; campus ruber est, cum tribus palis ex vario, ut vocant, ac fronte aurea; sed in Galterii scuto, in sinistra frontis

Tome II. O o

oiseau. Il est à remarquer que Gaucher qui a une épée dans son fourreau à la hanche droite sur le devant, tient une autre épée à la main droite aussi dans son fourreau ; celle-ci est l'épée du Connétable, & l'autre celle du Chevalier.

3. Jeanne de ³ Sancerre étoit fille de Jean II. Comte de Sancerre femme de Jean de Trie II. du nom, Comte de Dammartin ; duquel mariage vint Jaqueline de Trie, femme de Jean de Châtillon Comte de Porcean. Elle est ainsi representée à son Tombeau dans le chœur de l'Eglise de S. Pierre de Dammartin. Ses armes sont fascé d'argent & d'azur de six pieces à la bordure de gueules, parti de Champagne.

4. Marguerite de Beaujeu ⁴ femme de Charles de Montmorenci, mourut l'an 1336. le 5. Janvier, & fut enterrée à l'Abbayie du Val, où elle est gravée sur sa tombe, comme on la voit ici. Son habit est assez remarquable : son écusson, de Montmorenci parti de Beaujeu.

JEAN II. dit LE BON, ROI DE FRANCE.

JEAN Duc de Normandie fils aîné de Philippe de Valois, fut sacré & couronné à Rheims avec sa femme Jeanne de Bologne le 26. Septembre de l'an 1350. Il fit là Chevaliers Charles Dauphin de Viennois son fils aîné, Louis Duc d'Alençon son second fils, Philippe Duc d'Orleans son frere, le Comte d'Etampes, Jean d'Artois, le Duc de Bourgogne & un grand nombre d'autres Princes & Seigneurs. Le 16. de Novembre suivant, Raoul Comte d'Eu & de Guines, Connétable de France, nouvellement venu d'Angleterre, où il étoit prisonnier, fut saisi à l'Hôtel de Nesle, & gardé au même Hôtel jusqu'au Jeudi suivant, où le Roi lui fit couper la tête en presence du Duc de Bourbon, du Comte d'Armagnac & de plusieurs autres Seigneurs, *pour les grandes trahisons, qu'il avoit confessées presens le Duc d'Athenes & plusieurs autres*, dit Froissart, sans expliquer en quoi consistoient ces trahisons. La charge de Connétable fut donnée au mois de Janvier suivant à Charles d'Espagne Comte d'Angoulême, fils d'Al-

Le Connétable d'Eu a la tete coupée. 1351.

---

parte avis locatur. Observandum autem est Galterium, qui ad femur dextrum anterius gladium habet in vagina, alium in vagina gladium dextera tenere: qui postremus gladius est Constabularii, alter vero equitis.

Joanna de Sancerra, (sive ut alii dicunt, de Sacro-Cæsariano) filia erat Joannis II. Sancerræ Comitis, uxor Joannis de Tria, hujus nominis secundi, Comitis Domini-Martini, quorum filia fuit, Jacoba de Tria uxor Joannis de Castellione, Comitis Porceani. Joanna, inquam, de Sancerra, hac forma visitur in choro Ecclesiæ S. Petri de Domino-Martino. Ejus insignia sunt sex fasciæ alternatim argenteæ & cæruleæ, adjectis Campaniæ insigniis.

Margarita de Bellojoco uxor Caroli de Monte-Maurentiaco, obiit anno 1336. quinta Januarii. Sepulta fuit in Abbatia de Valle, ubi in lapide insculpta visitur, ut hic repræsentatur. Vestis ejus singularis est. Insignia Montis-Maurentiani, hic cum insignibus Bellijoci juncta visuntur.

JOANNES II. REX FRANCORUM,

BONUS DICTUS.

JOANNES Normanniæ Dux, Philippi Regis primogenitus, inunctus coronatusque fuit Rhemis cum uxore sua Joanna Bononiensi 26. Septembris anno 1350. Equites vero fecit Carolum Delphinum Viennensem & Ludovicum Alenconii Ducem secundum filium, Philippum fratrem Ducem Aurelianensem, Comitem Stampensem, Joannem Artesium, Ducem Burgundiæ, multosque alios Principes & Optimates. Die sexta-decima Novembris sequentis, Radulphus Comes Augi & Guinæ Comes Stabuli, ex Anglia nuper reversus, ubi in carcere fuerat, in ædibus Nigellæ comprehensus est ; ibidemque sub custodia mansit usque ad feriam quintam sequentem, qua die Rex illum capite truncari jussit, præsentibus Duce Borbonio, Comite Arminiacensi, multisque aliis primoribus, *cum sese in rebus gravissimis proditorem fuisse, præsentibus Athenarum Duce & aliis, confessus esset*, inquit Froissartius: neque explicat quod proditionis genus fuerit. Constabularii munus Carolo de Hispania datum fuit Comiti Encolismensi, filio Aldefonsi de Cerda,

Froissart.

LII Pl. Tome II.
P. 200

Charles de Blois
1

Gaucher de Chastillon Constable
2

Jeanne de Sancerre
3

Marguerite de Beaujeu
4

TII DDD

JEAN II. dit le Bon.

fonfe de la Cerde, & petit fils de Blanche de France fille de S. Louis. Il avoit déja été fait Connétable l'an 1347. durant le fiége de Calais, felon le même Froiffart ; mais ce ne fut apparemment que pour tenir la place du Comte d'Eu, pendant le tems de fa prifon. Le Comté d'Eu fut donné à Jean d'Artois fils de Robert d'Artois; & le Comté de Guines, à Jeanne fille unique du Connétable Raoul, femme de Louis Comte d'Eftampes, de la branche d'Evreux, tige des Comtes d'Eu, Princes du Sang.

1352.

Au mois d'Avril Gui de Nefle Maréchal de France, combattant contre les Anglois & les Gafcons en Saintonge fut défait, & demeura prifonnier avec plufieurs autres Seigneurs. En la même année les François reprirent S. Jean d'Angeli, que les Anglois avoient tenu pendant cinq ans. Le Roi inftitua ou renouvella l'Ordre de l'Etoile, qui fut depuis extrémement avili par la grande quantité de gens de toute condition qu'on y admit. Il y eut cette année une fi grande cherté de vivres, que le feftier de blé fe vendoit huit livres parifis; c'étoit un prix exhorbitant en ces tems-là. Les Anglois de Calais fe faifirent pendant la tréve de la ville de Guines.

Ordre de l'Etoile.

Mathieu Villani dit, que ce fut un Anglois prifonnier dans la Forterefſe de Guines, qui trouva moien de reconnoître la place, & remarqua les endroits par où on la pourroit furprendre, & qu'après avoir obtenu fa liberté en paiant rançon, il vint la nuit bien accompagné, appliqua des échelles, ajoute-t-il, & fe rendit le maître de la forterefſe & de la ville, qu'il remit au Roi Edouard. Il ajoute que le Roi de France fe plaignit au Pape de ce que le Roi d'Angleterre avoit violé la tréve en faififſant ainfi la forterefſe de Guines. Les Envoiez du Roi Edouard répondoient, qu'il n'avoit point violé la tréve : mais que le Comte d'Eu & de Guines Connétable de France, prifonnier de guerre en Angleterre, s'étoit engagé de donner pour fa rançon, ou quatre-vingt mille écus d'or, ou fon Comté de Guines, & que n'aiant pas de quoi paier cette fomme, le Comté de Guines appartenoit de droit au Roi Edouard. Que le Roi Jean avoit fait couper la tête au Connétable comme traître, pour priver le Roi Edouard de la rançon, ne voulant ni lui paier les 80000. écus d'or, ni lui céder le Comté de Guines, ce qui étoit contre la juftice. Ces raifons parurent foibles à la Cour de Rome ; car enfin un fujet du Roi de France pouvoit-il ainfi fans fon confentement céder à un ennemi de fon Etat des places de fa dépendance. L'Anglois

Treve violée par les Anglois.

& Blanchæ filiæ Sancti Ludovici. Hic, auctore Froiffartio, jam Conftabularii munus acceperat anno 1347. obfidionis Caletenfis tempore : verum, ut videtur, donec Comes Augenfis in prælio captus, libertatem recuperaret. Comitatus Augi datus fuit Joanni Artefio Roberti filio, Guinæ vero Comitatus Joannæ Radulphi Conftabularii unicæ filiæ, quæ uxor erat Ludovici Stamparum Comitis ex Ebroicenfi ftirpe, unde orti Comites Augi, Regii Sanguinis Principes.

Menfe Aprili Guido de Nigella Franciæ Marefcallus, dum contra Anglos & Vafcones in Santonibus pugnaret, victus captufque fuit cum aliis multis Optimatibus. Eodemque anno Franci S. Joannem Angeriacenfem recuperarunt : quod oppidum per annos quinque Angli tenuerant. Joannes vero Rex, Stellæ ordinem Equitum vel inftituit, vel renovavit, qui Ordo, quod infimæ fortis hominibus paffim conceffus fuerit, defpectui demum habitus eft. Hoc anno annonæ caritas magna fuit: frumentum enim octo Parifinis libris emebatur, quod precium tunc ingens erat. Angli Caletenfes induciarum tempore Guinam cepe runt.

Narrat Matthæus Villanus Anglum quemdam in Guinenfi arce captivum, opportuna clam invadentibus loca exploraviffe, & cum poftea foluto redemtionis precio libertatem nactus effet, noctu cum armata manu veniffe, admotifque fcalis arcem cepiffe & oppidum, Eduardoque Regi tradidiffe : adjicitque Regem Francorum apud Summum Pontificem conqueftum fuiffe, quod Eduardus, violatis induciis, Guinam occupaffet. Qui autem ab Eduardo miffi fuerant, inquit, contendebant illum nihil præter pacta & inducias feciffe ; fed Comitem Augi & Guinæ, qui in Anglia captivus erat, pro libertate adipifcenda pepigiffe daturum fe aut octoginta fcutorum aureorum millia, aut Guinæ Comitatum : & cum non poffet pecuniam numerare tantam, Comitatum Guinenfem ad Regem Eduardum de jure pertinere ; Regem vero Joannem, Conftabulario ut proditori caput amputari juffiffe, ut Regem Eduardum redemtionis precio privaret ; cum nollet nec fummam illam numerare, nec Guinam concedere, id quod contra jus fafque erat. Non magni habita Romæ fuit hæc Eduardi excufatio : etenim an poterat vir Francorum Regi fubditus, ipfo inconfulto, imo etiam invito, oppida fua hofti Regis tradere ? Cum videret ergo Rex Anglorum Summum

voiant que le Pape alloit prononcer contre lui, rendit pour un tems la forteresse de Guines à celui qui la lui avoit remise. Ce point d'histoire qui regarde l'execution du Connétable & la perte de Guines, n'est pas encore suffisamment éclairci.

Les Seigneurs François qui par la double trahison d'Aimeri de Pavie Lombard, avoient été faits prisonniers devant Calais, aiant recouvré leur liberté en paiant rançon, faisoient des courses sur les Anglois de Calais, où tantôt les uns tantôt les autres avoient du pire. Ils se rencontrerent un jour auprès d'Ardres : le combat fut rude & sanglant ; le Maréchal de Beaujeu, qui commandoit les François y fut tué ; mais les François remporterent la victoire & firent plusieurs prisonniers, entre lesquels se trouva Aimeri de Pavie, qu'ils firent écarteler en punition de sa perfidie.

1353.

Gui de Nesle Maréchal de France, qui avoit été pris par les Anglois dans la Saintonge, aiant obtenu sa liberté moiennant rançon, alla commander en Bretagne, où il fut tué dans un combat, avec lui périt quantité de noblesse, tant Françoise que Bretonne.

1354.
Charles d'Espagne Connétable assassiné par ordre du Roi de Navarre.

Charles Roi de Navarre, dit le Mauvais, soit par jalousie de ce que Charles d'Espagne avoit été fait Connétable & étoit en faveur auprès du Roi Jean, soit parce qu'il le croioit opposé à ses interêts, alla le faire assassiner dans la ville de l'Aigle en Normandie dans une hôtellerie, où il reposoit dans son lit. Il se porta hardiment pour l'Auteur du meurtre, publia par tout que c'étoit lui qui l'avoit fait tuer, envoia au Roi Jean faire ses excuses sur ce meurtre, & lui demander en même tems des dédommagemens pour certaines terres que le Roi tenoit, & qui avoient appartenu à ses aieux. La suite de cette histoire nous persuade que le Roi Jean extrêmement indigné de cet attentat, ou fit semblant d'admettre ses excuses, ou ne jugea pas à propos, prévoiant la guerre qu'il alloit avoir contre Edouard, de s'attirer encore cet ennemi. Le Roi de Navarre vint à Paris, & le Roi Jean se rendit en apparence aux prieres qu'on lui fit pour obtenir sa grace : il lui donna même des dédommagemens qu'il demandoit pour la Champagne & pour d'autres terres qu'il prétendoit lui appartenir ; mais il couvoit apparemment dans son ame quelque chose contre lui, qui éclata dans la suite.

Il remit aussi en sa grace le Comte d'Harcourt & quelques autres Seigneurs qui avoient concouru au meurtre du Connétable, & se reconcilia avec

---

Froissart.

Pontificem adversum se sententiam dicturum esse, Guinam Anglo, qui sibi tradiderat, ad tempus reddidit. Fatendum certe hæc quæ ad Constabularii supplicium & amissam Guinam pertinent, nondum satis illustrata fuisse.

Franci proceres illi, qui ex duplici proditione Aimerici de Papia Langobardi ante Caletum capti fuerant, postquam soluto redemtionis precio in libertatem restituti fuerant, incursiones in Caletenses Anglos faciebant, fortuna belli modo his, modo illis favente. Propter Ardeam autem aliquando manus conseruerunt, fortiter utrinque pugnatum est, cruentumque prælium fuit. Cecidit ibi Marescallus de Bellojoco Dux Francorum. Victoriam tamen Franci retulerunt, ex hostibusque multos ceperunt, inter quos fuit Aimerius de Papia, quem in perfidiæ pœnam, in partes discerpi curarunt.

Guido de Nigella Marescallus Franciæ, qui ab Anglis captus fuerat, cum precio libertatem obtinuisset, in Britannia copiarum Dux effectus, pugnans interfectus est, & cum illo nobiles multi Franci ac Britones periere.

Carolus Rex Navarræ, *Malus* cognominatus, seu invidia motus, quod Carolus de Hispania Comes-Stabuli creatus esset, & gratia apud Regem valeret, sive quod illum putaret sibi adversari, ipsum in Normanniæ urbe Aquila dicta decumbentem jugulari curavit : seque cædis auctorem audacter publicans, sese apud Regem, quod id perpetrasset excusavit, eodemque tempore petiit ab Rege compensationem sibi dari pro terris quibusdam tunc regiæ ditionis, quæ olim ad avos suos pertinuerant. Ex hujus historiæ serie argui videtur Joannem de tanto facinore indignatum ; aut excusationes ejus admittere se simulavisse ; aut cum bellum sibi imminere videret contra Eduardum Regem, noluisse alium sibi hostem concitare. Rex Navarræ Lutetiam venit. Joannes specie saltem ipsum in gratiam suam admisit : imo & ipsi pro Campania, quam ad se pertinere dicebat, alia ad compensationem dedit : verum, ut ex iis quæ sequuta sunt arguitur, Joannes aliquid sinistri animo meditabatur.

Harcurtii quoque Comitem, aliosque qui cum Navarræ Rege Constabularii cædem machinati fuerant, eodem modo in gratiam suam admisit, donec scilicet

Idem.

Idem.

JEAN II. dit le Bon.

eux comme avec le Roi de Navarre ; c'est-à-dire, jusqu'à ce qu'il auroit trouvé une occasion plus favorable de les punir. Il se rendit quelque tems après dans la Normandie, & se saisit de plusieurs places du Navarrois, & y mit garnison. Le Roi de Navarre qui s'étoit rendu secretement à Avignon, & avoit passé de là en Navarre, vint par mer à Cherbourg avec dix mille hommes, & au même tems les garnisons qu'il avoit à Evreux & à Pont-Audemer, pilloient & désoloient le païs des environs. Il y avoit cependant des pourparlers de paix entre les deux Rois. Le Roi de Navarre alla joindre le Dauphin Charles qui étoit alors à Verneuil, & ils allerent ensemble à Paris, où ils virent le Roi Jean. Il se fit-là une autre réconciliation aussi sincere que la premiere.

1355.

La tréve étant expirée, le Prince de Galles passa la Garonne, entra en Languedoc, se rendit à Carcassonne, & ne pouvant prendre la ville, il brûla le bourg. Il alla jusqu'à Narbonne, & emmena quantité de prisonniers sans trouver aucune opposition ; à la grande honte de ceux qui commandoient en ce païs-là, dont les principaux étoient, Jâques de Bourbon Connétable de France, le Comte d'Armagnac Lieutenant du Roi en Languedoc, le Comte de Foix, le Maréchal de Clermont, avec plusieurs Seigneurs, & beaucoup plus de monde que le Prince de Galles n'en avoit. Le Roi d'Angleterre descendit aussi à Calais, & alla faire quelque dégât du côté d'Hedin. A ces nouvelles le Roi Jean se rendit à Amiens, assembla ses gens & alla après Edouard, qui se retira à Calais. Le Roi Jean l'envoia défier, ou *corps à corps, ou pouvoir contre pouvoir* ; c'est-à-dire, de se battre contre lui, ou seul contre seul, ou chacun avec certain nombre de Chevaliers : Edouard ne voulut point en tâter, & s'en retourna en Angleterre.

La guerre recommence.

Les Anglois aiant surpris par escalade le château de Nantes, le Comte Gui de Rochefort qui commandoit dans la place, les attaqua si vivement, qu'il reprit le château la nuit même. Tous les Anglois qui se trouverent dedans furent ou tuez ou faits prisonniers.

Vers la fin de la même année, le Roi assembla à Paris les Etats du Roiaume, & demanda les subsides nécessaires pour soutenir les frais de la guerre. L'altération qu'on avoit ci-devant faite dans les monnoies étoit fort à charge à ses sujets : il s'offrit d'en faire battre de toute espece, *fortes & durables*, pourvû qu'on trouvât quelque autre moien de lui fournir l'argent nécessaire. Il fut réso-

---

opportunum illos ulciscendi tempus adesset. Exindeque Joannes Normanniam petiit, urbes atque castra quædam ad Regem Navarræ pertinentia occupavit, ac præsidiis munivit. Rex autem Navarræ, qui Avenionem petiit, indeque in Navarram se contulerat, conscensis navibus, Caroburgum in Normannia appulit cum armatis decem millibus, eodemque tempore præsidiarii ejus Ebroicenses & Pontis-Audomari agros circum depopulabantur. De pace tamen ambos inter Reges agebatur. Rex Navarræ Carolum Delphinum adiit, qui tum Vernolii erat, & ambo Lutetiam venerunt, Regem Joannem adierunt. Iterum reconciliata inter ambos gratia fuit, eadem, ut videtur, qua pridem animi sinceritate.

Induciis cessantibus, Princeps Gallensis trajecta Garumna, in Septimaniam intravit & Carcassonam venit, quam cum capere nequiret, suburbium incendit, Narbonam usque deinde agros devastavit, multosque captivos abduxit : pudorque ingens fuit eorum qui in illa regione pro Rege imperabant, quorum præcipui erant Jacobus Borbonius Franciæ Constabularius, Comes Armeniacensis, qui pro Rege Septimaniam gubernabat, Comes Fuxensis & Marescallus de Claromonte : aderant ex nobilioribus bene multi, & longe plures armati, quam Princeps Gallensis haberet. Rex quoque Angliæ Caleti exscensum fecit, ac versus Hesdinium incursiones egit. Quo comperto Joannes Rex Ambianum venit, copias collegit, & contra Eduardum movit, qui Caletum se recepit. Joannes provocatum illum ad pugnam misit ; ita ut vel ambo soli, vel singuli cum certo equitum numero pugnarent. Abnuit Eduardus & in Angliam trajecit.

Cum Angli admotis scalis arcem Namnetensem occupassent, Comes Guido de Rupe-forti urbis Præfectus, illos adeo strenue oppugnavit, ut eadem ipsa nocte arcem recuperaret, occisis vel captis Anglis omnibus qui intus erant.

Eodem ipso anno vertente, Rex, congregatis omnibus Regni Ordinibus, vectigalia ad bellum gerendum necessaria postulavit. Adulterata pridem moneta detrimentum subditis pariebat. Joannes vero Rex pollicitus est se monetas omnis generis *fortes & durabiles* cudi jussurum esse, dum alio ipsi modo necessaria pecunia suppeditaretur. Decretum ergo fuit ut octo dena-

Idem.

lu qu'on mettroit une imposition de huit deniers pour livre sur toutes les denrées, que la Gabelle du sel seroit remise par tout le Roiaume ; & ces levées n'étant pas suffisantes pour soutenir une si grande guerre, on imposa une taxe sur toute sorte de gens nobles & non nobles, sans en excepter même les Princes du Sang : taxe proportionnée aux facultez de chacun d'eux.

1356. *Le Roi de Navarre saisi & mis en prison.*

Le 5. Avril de l'année 1356. le Roi Jean se vengea du Roi de Navarre, & de ceux qui avoient concouru à l'assassinat du Connétable. L'histoire en est rapportée par Froissart. Nous la mettons ici tirée du beau manuscrit de Froissart de la Bibliotheque du Roi ; nous y ajoutons, l'image qui se voit dans le même manuscrit.

Premier vol. de Froissart mss. de la Bibliotheque du Roi n°. 8320. fol. IX^{xx} VII verso.

» *Comment le Roy de France prent le Roy de Navarre & fit décapiter le Comte*
» *de Harcourt & autres à Rouen.*

Le Mardi 5. Avril (1356) aprés la mikaresme, le Roy de France se partit
» le matin avant le jour de Meneville, tout armé, accompagné d'environ de
» cent lances, entre lesquelles estoient le Comte d'Anjou son fils, le Duc d'Or-
» leans son frere, Messire Jehan d'Artois Comte d'Eu, Messire Charles son frere
» cousins germains dudit Roy, le Comte de Tancarville, Messire Arnoul d'An-
» drehen Maréchal de France, & plusieurs autres jusques au nombre dessusdit. Et
» vint droit au chasteau de Rouen par l'huis de derriere sans entrer en la ville,
» & trouva en la salle dudit chasteau assis à disner Charles son aisné fils Duc de
» Normandie, Charles Roy de Navarre, Jean Comte de Harcourt, les Sei-
» gneurs de Preaulx, de Graville, & de Clere, & plusieurs autres. Et là fit le
» Roi de France prendre lesdits Roy de Navarre, le Comte de Harcourt, les
» sieurs de Preaux, de Graville, & de Clere, Messire Loys & Messire Guil-
» laume de Harcourt frere dudit Comte, Messire Forquet de Frequant, le
» sieur de Tournebeu, M. Maubue de Mainesmares, & les sieurs Colinet-Dou-
» blet, & Jehan de Bantabu & autres. Si les fit emprisonner en diverses cham-
» bres de ce château. Parce que depuis la réconciliation faite de la mort de Mes-
» sire Charles d'Espagne Connestable de France, le Roy de Navarre avoit machi-
» né & traité plusieurs choses ou dommage, deshonneur & mal du Roy de Fran-
» ce & de son Roiaume. Et le Comte de Harcourt avoit dit ou chasteau de

---

rii imponerentur iis quæ ad victum necessaria erant, ut *Gabella* salis restitueretur, & quia hæc ad tantum bellum non satis futura erant, summa cuivis pro facultate solvenda indicta fuit omnibus cujusvis generis & conditionis essent, non exceptis Principibus ex sanguine regio ortis.

Idem. Die 5. Aprilis anno 1356. Joannes Rex, Navarræ Regem ultus est aliosque qui trucidando Carolo Constabulario operam dederant. Historia a Froissartio sic narratur, cuinarratione adjungimus imaginem in MSS. Bibliothecæ Regiæ, Froissartii opera complectente, exhibitam.

» *Quomodo Rex Franciæ Rotomagi Regem Navarræ cepit,*
» *Comitique Harcurtii & aliis capita præcidi jussit.*

» Martis die, quæ Aprilis quinta erat (1356.) post
» mediam Quadragesimam, Rex Franciæ summo ma-
» ne, antequam dies illucesceret, Menevilla profectus
» est armatus, centum circiter lancea armatis comi-
» tantibus, inter quos erant Comes Andegavensis fi-
» lius suus, Dux Aurelianensis frater, Joannes Artesius
» Comes Augi, Carolus frater ejus, qui ambo conso-
» brini Regis erant, Comes Tancarvillæ, Arnulphus de
» Andrehenio, & alii plurimi ad usque centenum nu-
» merum ; venitque ad castellum Rotomagense per pos-
» terius ostium, neque intravit in urbem. In aula vero
» memorati castelli sedentes & prandentes reperit Ca-
» rolum primogenitum filium suum Normanniæ Du-
» cem, Carolum Navarræ Regem, Joannem Har-
» curtii Comitem ; nobiles viros de Pratellis, de Gra-
» villa, de Clara, Ludovicum & Guillelmum de Har-
» curtio Comitis fratres, Dominos Forquetum de Fre-
» quantio, de Turnebo, Maubuæum de Mainis-ma-
» ris, Colinetum-Dubletum, Bantabuum & alios, quos
» in cubiculis castelli variis includi præcepit. Quia
» cum Carolum de Hispania Franciæ Constabularium
» trucidassent, post reconciliatam gratiam, Rex Na-
» varræ plurima molitus machinatusque fuerat ad dede-
» cus atque perniciem Regis & Regni Francorum : Har-
» curtii vero Comes in cœtu ad Rodoliense castrum

JEAN II. dit le Bon.

»Rueil ou eſtoit faite aſſemblée pour faire aide au Roy de France pluſieurs in-
»jurieuſes paroles contre le Roy de France, & deſtourbant à ſon povoir icelle
»aide eſtre faite & accordée. Lors alla diſner le Roi de France, puis il monta à
»cheval & ceux de ſa route & allerent en un champ derriere le chaſteau apellé
»le champ du Pardon. Et la fit le Roy mener en deux charretes, leſdits Comte
»de Harcourt, les Sgrs de Graville, Mre Maubué & Colinet-Doublet. Et illec leur
»furent leurs teſtes coupées. Après furent traînez tous quatre juſques au gibet de
»Rouen, & la furent pendus, & leurs teſtes miſes au gibet. Aprés & lendemain
»délivra le Roy de France tous les autres hommes excepté quatre, ſçavoir le Roi
»de Navarre qui fut mené à Paris en priſon au Louvre, & depuis il fut mis en
»Chaſtellet. Et lui furent baillez aucuns du Conſeil du Roy de France pour le
»mieux garder. Leſdits Friquant & Bantabu furent auſſi empriſonnez en Chaſ-
»telet.

La peinture ſuivante nous montre cette priſe du Roi de Navarre. Il eſt à ta- PL.
ble & dîne avec le Dauphin & d'autres Seigneurs ci-devant nommez. Comme LIII.
la table, fort étroite, étoit extrémement longue, il n'en paroit ici qu'une partie. Le Roi Jean entre avec des gens armez, dont deux vont ſaiſir le Roi de Navarre, qui eſt le premier aſſis. Il eſt reconnoiſſable en ce qu'il occupe la premiere place, & en ce que ſon bonnet eſt orné de pointes qui font une couronne, ce qui ne ſe remarque qu'au bonnet du Roi Jean, qui eſt auſſi diſpoſé en couronne, & eſt encore orné d'une plume qui s'élève en haut. C'eſt
par l'ordre de ce Prince que le Roi de Navarre eſt ſaiſi. Il eſt debout tenant de
la main droite un poignard dans ſa gaine, & de la gauche un petit bâton de
commandement. Il eſt revêtu de cuiraſſe, de cuiſſards, de greves & de genouilleres. Il porte une eſpece de petite caſaque dont les manches ſont fendues, & il
a les bras paſſez par les fentes, ceux qui ſont aſſis en portent chacun une de
même. Des gens d'armes qui l'accompagnent, deux ſaiſiſſent le Roi de Navarre, & un autre ſon voiſin, qui eſt apparemment le Comte d'Harcourt. Le dernier de ce rang qui ſe voit aſſis eſt apparemment le Dauphin Charles, qui paroit bien plus jeune que les autres. Il tient la main droite ſur l'épaule de ſon
voiſin, qui ne paroit pas être du nombre de ceux qui devoient être ſaiſis au
corps ; & la main gauche ſur la tête d'un homme, qui ſervoit à table. Il eſt à

»congregato, ut Regi Francorum ſubſidia aſſigna-
»rentur, dicta contra Regem multa protulerat, ac ne
»ſubſidia concederentur, totis viribus niſus fuerat.
»Tum Rex ad prandium ſumendum ſe contulit,
»poſteaque ipſe & cœtus Procerum totus, conſcenſis
»equis, ad Campum pone caſtellum ſe contulerunt, quo
»in carris duobus adducti ſunt Comes Harcurtii, &
»Domini de Gravilla, Maubuæus & Colinetus-Du-
»bletus, qui capite truncati fuere. Quatuor autem
»virorum horumce corpora, ad patibulum publicum
»Rotomagenſe pertracta, raptaque ſunt, ibique ſuſ-
»penſa corpora & capita patibulo affixa ſunt. Die ſe-
»quenti Rex Francorum cæteros, qui capti fuerant,
»liberos dimiſit, quatuor exceptis ; nempe Rege Na-
»varræ, qui Lutetiam adductus, primo in Luparæis
»ædibus incluſus, deinde in Caſtelletum tranſlatus
»eſt, ubi quibuſdam qui Regi a conſiliis erant, tra-
»ditus eſt qui illum tutius cuſtodirent. Friquantius
»etiam & Bantabuæus in Caſtelleti carcere poſiti
»fuere.

Sequens tabula depicta captum Navarræ Regem
exhibet. Ad menſam ſedet cum Delphino aliiſque
Proceribus ſupra memoratis. Cum porro menſa admodum anguſta, longiſſima pro tanto accumbentium
numero eſſet, nonniſi pars ejus hic comparet. Joannes
Rex cum armatis viris intrat, quorum duo Regem
Navarræ primo loco ſedentem comprehendunt. Rex
Navarræ cognoſcitur eſſe tum quia primum occupat
locum, tum quia pileus ejus coronæ formam refert,
quibuſdam apicibus ornatus ; id quod in pileo tantum Regis Joannis obſervatur, qui coronæ formam
refert, imminente pluma. Ipſo jubente Rex Navarræ
comprehenditur. Stat Joannes pugionem in vagina poſitum dextera tenens ; ſiniſtra baculum brevem imperantis more. Thorace induitur : armaturaque ferrea,
femora, tibiæ genuaque conteguntur. Supra armatu-
ram quodam ceu ſago tegitur, cujus manicæ diffiſſæ
ſunt, ac per fiſſuras ipſe brachia effert. Qui ſedent
ſimili ſago ſinguli conteguntur. Ex armatis cum Rege Joanne viris, duo Regem Navarræ comprehendunt ;
alius vero vicinum ejus, qui videtur Comes Harcurtii eſſe. Ultimus qui eodem ſedet ordine, eſt, ut puto,
Delphinus, qui cæteris junior videtur : dexteram ſuam
vicini humero imponit, qui non videtur ex numero
eorum eſſe qui comprehendendi erant. Siniſtra vero
caput famuli tangit, qui famulus ad oppoſitum men-

l'autre côté de la table ; mais elle est si étroite, que le Dauphin pouvoit aisément tenir la main sur sa tête. Les convives ne paroissent ici que quatre, quoiqu'ils fussent plus d'une douzaine. Mais la table étoit si longue qu'il n'en a pû entrer qu'une partie dans l'image.

Philippe de Navarre, frere du Roi prisonnier, se saisit de ses places & de ses châteaux, & le Roi Jean voulant l'obliger de les rendre, il se joignit à Gefroi d'Harcourt & aux autres ennemis du Roi de France, qui se rendirent dans le Coutentin. Le Duc de Lancastre y vint aussi, & ils firent ensemble quelques courses dans la Normandie, pillant & ravageant le payis. Ils allerent aussi dans le Perche, où ils prirent, saccagerent & brûlerent la ville de Verneuil. Le Roi Jean assembla promtement des troupes, & marcha contre le Duc de Lancastre, & le talonna de si près qu'il fut obligé de se sauver dans des forêts où l'on ne pouvoit le suivre. Le Roi Jean reconquit toutes les places de la basse Normandie, où le Roi de Navarre tenoit garnison, & revint à Paris.

Le Roi Jean va contre Philippe Comte d'Evreux.

Dans ce malheureux tems le luxe devint plus grand parmi la noblesse de France, qu'il n'avoit jamais été. L'or & l'argent brilloit sur les habits des Seigneurs & des Nobles. Leurs bonnets & leurs ceintures étoient chargez de perles & de pierres précieuses, qui devinrent fort cheres par la grande quantité qu'ils en emploioient. Leurs bonnets étoient chargez de plumes. Leur vie répondoit à ce luxe, ils faisoient des dépenses extraordinaires. Pour y fournir ils tirannisoient le pauvre paysan, qu'ils appelloient par dérision *Jáque bon homme.* Cela tourna enfin au grand malheur de l'Etat, comme nous verrons.

Luxe des Seigneurs François.

Cependant le Prince de Galles avec deux mille hommes d'armes & six mille archers, pilloit & ravageoit le Poitou, l'Anjou, la Touraine, le Berri, gâtant ce qu'il ne pouvoit consumer ni emporter, pour ne rien laisser à l'ennemi. Il prit de force le château de Remorantin. Le Roi Jean averti de tous ses mouvemens se rendit à Chartres, & assembla promtement son armée pour aller contre lui. Il passa la Loire, & le Prince ne se sentant pas à beaucoup près assez fort pour tenir contre une si grande armée, pensa à faire retraite, & prit sa route vers Poitiers. Le Roi fit si grande diligence avec ses troupes, qu'il atteignit les Anglois à deux lieues en deçà de Poitiers. Le Prince de Galles emploia toute la nuit suivante à retrancher sa troupe entre des vignes, des haies & des buissons, lieux propres à placer ses archers, la principale force de sa petite armée, qui ne

---

Froissart.

sæ latus stat ; sed tam angusta mensa est, ut facile posset Delphinus capiti famuli ex opposito stantis manum imponere. Convivæ hic quatuor tantum comparent, etsi plusquam duodecim essent : verum tam longa mensa erat, ut diximus, ut nonnisi partem ejus pictor repræsentare potuerit.

Philippus Navarrensis, frater Regis in carcere degentis, oppida & castra fratris occupavit. Repetebat illa Rex Joannes : Philippus vero se cum copiis suis junxit Godefrido Harcurtio, cæterisque Regi Francorum inimicis : illos item adiit Lancastrensis Dux, simulque illi Normanniam incursionibus devastarunt. In Perticum etiam ingressi Vernolium oppidum ceperunt, expilarunt, & flammis tradiderunt. Joannes vero Rex collectis diligenter copiis, contra Lancastrium movit, atque ita insequutus est, ut in silvas se conjicere coactus sit. Rex vero Joannes oppida omnia & castra Normanniæ inferioris, ubi præsidia erant Regis Navarræ cepit & Lutetiam rediit.

Cont. Nangii.

Hoc infelicissimo licet tempore, luxus apud nobiles Francos tantus fuit, quantus nunquam visus vel auditus fuerat. Aurum & argentum in vestibus Procerum & Nobilium effulgebat. Pilei & zonæ seu baltheï, unionibus & gemmis onusti erant, qui lapilli ea de causa magno precio venibant. Pilei plumis decorabantur. Ipsum vivendi genus luxum referebat ; pecuniam profundebant ingentem, quam ut corraderent, rusticos villicosque asperrime agebant, singulosque vocabant, *Jacobus bonus homo.* Quæ res perniciem maximam publicæ rei intulit, ut videbimus.

Inter hæc Princeps Gallensis cum equitibus bis mille & sagittariis sex millibus, Pictavos, Turones Andegavensesque devastabat, quæ vero nec auferre, nec consumere poterat, labefactabat, ut nihil hosti relinqueret. Remorantini castrum vi cepit. Rex vero Joannes Carnutum venit, celeriterque exercitum collegit, ut contra illum moveret. Ligerim vero trajecit. Gallensis se imparem viribus cernens, receptui cecinit, & in Pictavorum urbem contendit. Rex vero tanta celeritate usus est, ut Anglos attingeret, cum duæ tantum leucæ superessent ipsis in urbem se conferrent. Princeps vero Gallensis tota nocte castra sua vallo, sepibus, vineisque munire curavit, ubi sagittarii sui, qui robur exercitus erant, opportune locati sunt ; qui exercitus,

Froissart.

montoit

JEAN II. dit le Bon.

montoit pas, dit Froissart, à plus de huit mille hommes. Le Roi disposa son armée en trois corps de bataille, dont le premier étoit commandé par le Duc d'Orleans, le second par le Duc de Normandie & ses deux freres Louis & Jean; le troisiéme par le Roi Jean: toute l'armée montoit à soixante mille hommes.

Tout étant disposé à une bataille, le Cardinal de Périgord Légat du Pape s'entremit auprès du Roi pour empêcher qu'on n'en vint aux mains. Il obtint de lui avec bien de la peine quelque répi pour aller traiter avec le Prince de Galles, qui offrit de rendre au Roi tout ce qu'il avoit conquis cette campagne, de lâcher tous les prisonniers, & de jurer que de sept ans entiers il n'armeroit contre la France. Le Roi guidé par sa mauvaise fortune rejetta des conditions si avantageuses & si honorables, & s'obstina à demander que le Prince & cent Chevaliers Anglois viendroient se remettre ses prisonniers. Ce que le Prince de Galles n'auroit jamais accordé.

Le combat commença donc le dix-neuf Septembre. Le corps de bataille du Duc d'Orleans vint attaquer les Anglois retranchez dans les vignes & dans les haies. Il y eut quelques Chevaliers François qui rompirent les haies & entrerent dedans, une grêle de fléches barbelées qui tomboient sur cette cavalerie, causa un grand desordre. Les chevaux blessez, ou trébuchoient, ou se demenoient & dérangeoient toute la troupe: les Anglois qui avoient mis pied à terre monterent à cheval pour donner sur les François de ce premier corps de bataille, où la confusion étoit fort grande; il plia & tomba sur l'autre où étoient le Duc de Normandie & deux de ses freres. Leurs Gouverneurs jugerent alors à propos de tirer les trois Princes hors du péril, & les emmenerent bien accompagnez, ce qui acheva de décourager tout ce corps de bataille, en sorte que peu résisterent à l'effort des ennemis. Ces deux corps de bataille étant mis en déroute, l'armée des Anglois vint fondre sur le Roi Jean, qui combattit vaillamment, & *fit de sa main merveilles d'armes, tenant une hache de guerre, dont bien se deffendoit & combattoit*, dit Froissart: & *si la quatriéme partie de ses gens lui eût ressemblé*, dit-il ailleurs, *la victoire eût été de leur côté*. On peut assurer que si la conduite de ce Prince avoit égalé sa valeur, il auroit défait quatre armées comme celle du Prince de Galles. Après que les Anglois eurent écarté, pris ou tué presque tous ceux qui combattoient avec le Roi Jean, il fut obligé de se rendre avec Philippe son fils & plusieurs autres Seigneurs.

Bataille de Poitiers où le Roi Jean fut pris.

Idem.

inquit Froissartius, non plus octo millium virorum erat. Rex vero exercitum suum in tres acies divisit, quarum primæ imperabat Dux Aurelianensis, secundæ Dux Normanniæ cum duobus fratribus Ludovico & Joanne, tertiæ ipse Rex Joannes. Exercitus vero totus erat sexaginta millium virorum.

Cum omnia ad pugnam expedita essent, Cardinalis Petragoricensis, ægre ab Rege impetravit ut a pugna supersederetur, utque ipse Principi Gallensi pacis conditiones offerret. Qui Princeps omnia quæ ceperat Regi restituere offerebat, captivos omnes dimittere, & sacramento polliceri paratus erat, se per totos septem annos contra Franciam non bellaturum esse. Rex duce malæ fortunæ suæ genio, conditiones tam honestas repulit, petiitque ut Princeps Gallensis & centum equites Angli sese captivi dederent: quam rem Gallensis Princeps nunquam admissurus erat.

Idem.

Cepit pugna decima-nona Novembris die: acies Aurelianensis Ducis Anglos in vineis & sepibus vallatos adorta est. Quidam equites Franci, dissectis sepibus, intravêre; tum sagittarum grando decidens,

ordinem Equitum prorsus disturbavit. Equi sagittis vulnerati vel ruebant in terram, vel sese moventes, agitantesque omnia confundebant. Tum Angli conscensis equis, in primam illam aciem jam omnino disturbatam irruperunt, quæ retrocedens in secundam cecidit, ubi erant Dux Normanniæ & duo fratres ejus. Gubernatores porro illorum, ut tres Principes periculo subducerent, a pugna semoverunt ipsos cum multis Comitibus, quæ res animos cæterorum fregit, ita ut pauci inimicis obsisterent. Binis profligatis aciebus, Anglorum exercitus Joannis Regis aciem adortus est, qui strenuissime pugnavit: mira fortitudine cum securi pugnabat, & truentes propulsabat, inquit Froissartius, & si quarta pars exercitus ejus pari modo concertavisset, victoria penes illum futura erat. Imo si parem prudentiam exhibuisset, quatuor poterat exercitus Gallensi pares numero, fundere & profligare. Postquam vero Angli eos qui cum Rege pugnabant occiderant, vel ceperant, vel fugarant, ipse Rex cum filio Philippo plurimisque primoribus sese dedere compulsus est.

Tome II.

JEAN II. dit le Bon.

PL.
LIV.

Cette bataille tirée du beau manuscrit de Froissart, qui est à la Bibliotheque du Roi, est representée dans la Planche suivante. La peinture montre ici l'action dans le tems où le Roi Jean n'aiant point encore combattu, est à la tête de son corps de bataille, qui ne branle pas encore, tandis que celui qui avoit donné auparavant sur les Anglois prend la fuite. On y voit des chevaux percez de flêches, qui se démenent & s'enfuient, emportant leurs cavaliers, d'autres qui tombent. Le Roi Jean est reconnoissable aux fleurs-de-lis dont sa cuirasse est chargée. Son casque a une visiere qui est baissée, en sorte qu'on ne voit rien de son visage. La plûpart des autres casques, tant des François que des Anglois n'ont point de visiere. Le casque couvre le front jusqu'aux sourcils, & le gorgerin s'éleve jusqu'au dessus de la bouche, & couvre même quelquefois le bout du nez, laissant autant d'espace qu'il faut pour la respiration : il y en a plusieurs du côté des Anglois qui ont le visage tout découvert. Les deux armées se distinguent par les drapeaux. Celui de France est de fleurs-de-lis à l'ordinaire, celui du Prince de Galles, est de France écartelé d'Angleterre, que le Roi Edouard prit quand il déclara la guerre à Philippe de Valois. Le Prince de Galles est apparemment celui qui porte un coup de lance, il n'a pas d'autre marque qui le distingue. Les Anglois portent la croix rouge & les François la croix blanche. Dans le lointain de la Planche on voit la ville de Poitiers.

La grande réputation des hommes d'armes François, qui avoit déja reçû un grand échec par la perte de la bataille de Créci, tomba presqu'entierement à la déroute de Poitiers. Elle avoit fort déchû depuis Charlemagne, & elle s'étoit relevée dans la troisiéme race sous Louis le Gros. Jusqu'à ce tems-là les Normans établis en France, avoient toujours conservé dans les armes la superiorité sur les François ; mais l'exercice où ce Prince tenoit continuellement ses troupes, fit qu'ils prirent enfin le dessus, & Suger dit, que les François étoient alors plus braves, & plus aguerris que les Normans. Cela se maintint assez bien sous Louis le Jeune : mais cette réputation augmenta de beaucoup du tems de Philippe Auguste. Il est pourtant vrai que vers le milieu de son regne, l'extraordinaire valeur de Richard Cœur de Lion Roi d'Angleterre la fit balancer quelque tems ; mais après sa mort elle monta en son plus haut dégré, sur tout à la bataille de Bouvines, ou avec la moitié moins de troupes Philippe défit une armée de cent cinquante mille hommes des plus braves, & qui firent tous une belle défense.

Hæc pugna ex eleganti codice Froissartii, qui in Bibliotheca Regia est, educta, in tabula sequenti exhibetur. In pictura autem res gesta in illo statu & tempore repræsentatur, quo Rex Joannes in acie sua, quæ nondum pugnaverat, primus consistit, dum prima acies, quæ Anglos sepibus & vallis munitos invaserat, fugam capessit. Hic conspiciuntur equi sagittis confixi, qui exagitantur & equites abducunt. Alii vero cadunt. Rex autem internoscitur a liliis loricam ornantibus. Pars illa galeæ quæ oculos & partem vultus obtegit, demissa est, ita ut nihil ex vultu compareat. Maxima vero pars galearum tam Anglorum, quam Francorum, illud circum oculos tegmen non habet, sed galea frontem obregit ad usque supercilium. Pars autem inferior, quæ guttur, mentum, os operit, ad usque nasum erigitur, & aliquando partem nasi infimam operit, relicto tamen ad respirandum spatio. Multi vero Angli derectam omnino faciem habent. Duo exercitus a vexillis dignoscuntur : Franscicum vexillum liliis ornatur ; Anglicum insignia Angliæ cum Francicis conjuncta præ se fert. Eduardus enim Rex quando bellum Philippo Valesio indixit, insignia Regia Francica suis adjecit. Princeps Gallensis videtur is esse qui lancea aliquem impetit, nullam aliam præ se fert distinctionis notam. Angli rubram, Franci albam crucem in vestibus gestant. In tabula Pictavorum urbs procul visitur.

Ingens illa Francorum equitum fama, quæ jam in Creciacensi pugna detrimenti multum acceperat, in Pictaviensi omnino fere cecidit. Jam olim delapsa post ævum Caroli Magni ; demum Ludovico VI. regnante, priscæ fortitudinis existimationem resumserat. Ad illud usque fere tempus Normanni ut plurimum prævaluerant : verum regnante ac perpetuo bellum gerente Ludovico VI. ex assidua armorum tractatione Franci caput erexere, ac teste Sugerio, tunc fortitudine ac bellandi peritia Normannos retro reliquere. Sub Ludovico autem VII. in hac strenuitatis & fortitudinis opinione perseverarunt : verum regnante Philippo Augusto Francorum fama ad summum apicem deducta est. In medio tamen regni suspensam rem tenuit fortissimus ille Rex Anglorum Ricardus, Cor leonis cognominatus : at illo defuncto Francorum nomen summe claruit, maximeque in pugna Bovinensi, ubi exercitum centum quinquaginta mille hominum fortissimorum strenueque pugnantium, Philippus cum

JEAN II. dit le Bon.

La renommée de la Chevalerie Françoise vola alors par toute l'Europe. Louis dit le Lion & S. Louis menerent si bien les Anglois, qu'ils eurent toujours le dessus dans leurs guerres contre cette nation, qui possedoit alors la meilleure partie de la Guienne. Je passe ici les expeditions du Levant, où les François battirent toujours les Sarrazins & les autres nations infideles, jusqu'à ce que, ou la disette, ou la maladie, ou le peu de conduite des Chefs ruinerent leurs affaires. Sous Philippe le Hardi, la valeur Françoise reçût un grand lustre au siége de Gironne. Pierre Roi d'Aragon voulant saisir un grand convoi, qui venoit de Rosés à l'armée de France, se mit en embuscade dans des lieux de difficile accès, avec cinq cent Cavaliers choisis & deux mille piétons. Le Connétable de France averti de cela, voulut profiter de l'occasion. Attaquer l'Aragonois dans les endroits de difficile accès où il se tenoit, cela ne convenoit pas; se presenter avec des forces égales, Pierre n'auroit pas voulu risquer. Il prit le parti d'envoier de ce côté-là une si petite troupe, que Pierre jugeant qu'il en auroit bon marché, ne manqueroit pas de descendre dans la plaine. Nangis dit qu'il n'y envoia que 156. Chevaliers; Jean Villani en met trois cens. Pierre ne manqua pas d'aller sur eux comme à une victoire certaine; mais il fut défait, sa troupe mise en déroute, & il reçut une blessure dont il mourut. Ce qui fit encore un plus grand honneur à la Chevalerie Françoise, ce fut le combat donné en 1289. entre le Rhin & la Meuse. Le Duc de Brabant & le Comte de Luxembourg étoient en dispute sur le Duché de Limbourg, chacun d'eux prétendant qu'il lui appartenoit. Ils convinrent ensemble que l'affaire seroit décidée par un combat de quinze cens Chevaliers d'un parti, & autant de l'autre, & que celui dont la troupe seroit victorieuse auroit le Duché. Le Comte de Luxembourg par l'entremise de l'Archevêque de Cologne, ramassa tout ce qu'il y avoit de plus braves Chevaliers sur le Rhin & en Allemagne; le Duc de Brabant leva tout ce qu'il en pût trouver dans son payis, dans la Flandre & dans le Hainaut; & à la sollicitation de son frere & de la Reine Marie de Brabant, veuve de Philippe le Hardi, un bon nombre de Chevaliers François marcherent pour être de la partie. Le combat fut rude & dura tout un jour; mais enfin le Duc de Brabant l'emporta, & il fut redevable de la victoire, dit Jean Villani, aux Chevaliers François, qui firent plier les Allemans.

Il y avoit encore de très-braves gens dans l'armée du Roi Jean : mais que peut

---

exercitu vix dimidium illum numerum attingente profligavit. Ludovicus VIII. Leo dictus, & S. Ludovicus Anglos semper profligarunt, qui cum maximam Aquitaniæ partem possidebant. Mitto autem transmarinas expeditiones, in queis semper Franci Saracenos aliosque infideles populos devicere, donec vel fames, vel morbi, vel ducum imprudentia rem omnem pessumdederunt. Regnante Philippo III. inclaruit fortitudo Francica tempore obsidionis Gerundensis, cum Petrus Aragoniæ Rex, ut commeatum magnum Rhoda in exercitum Francorum venientem interciperet, in asperrimis locis insidias locavit cum quingentis selectis equitibus, & bis mille peditibus. Re comperta, Constabularius Franciæ occasionem arripere decrevit, secumque deliberavit. In locis illis præruptis insidiantem aggredi: non consultum putabat; alioquin vero si cum pari pugnantium numero accederet, nollet utique Petrus prælii fortunam tentare: modicam ergo manum illo misit, quam Petrus spe certæ victoriæ aggrederetur. Nangius dicit 156. equites misisse, Villanus vero trecentos. Petrus ergo fidens tam parvam manum adortus est: verum ipse cum turma sua profligatus, saucius vix aufugit, atque ex vulnere interiit. Majorem adepti sunt gloriam Franci equites in pugna quæ Rhenum inter & Mosam anno 1289. commissa fuit. Dux Brabantiæ & Comes Luxemburgensis, pro Limburgensi *Ducatu* disceptabant, utroque ad se pertinere contendente. Statutumque tandem fuit, ut ex utraque parte mille quingenti equites proferrentur, qui pugnam committerent, ea lege ut quæ pars victoriam obtineret, ea Ducatu Limburgensi potiretur. Comes Luxemburgensis, curante Coloniensi Archiepiscopo, strenuissimos quosque Rheni atque Germaniæ equites collegit. Dux autem Brabantiæ, quotquot potuit in Brabantia, Flandria & Hannonia evocavit, atque curante fratre, ac Regina Maria Brabantiæ uxore defuncti Regis Philippi III. Equites Francos nec parvo numero adscivit, qui prælio interessent. Asperrima pugna fuit & ad noctem usque protracta est; sed vicit tandem Dux Brabantiæ, victoriamque debuit, inquit Villanus, Francis equitibus, qui Germanos demum profligarunt.

Erantque adhuc in exercitu Joannis Regis, viri fortes, & equites strenuissimi; sed quid fortitudo va- *Froissart.*

la valeur, où la conduite manque. Le Roi Jean *fait merveilles d'armes*, il se bat comme un Lion, mais n'a point l'œil à empêcher que le premier corps de bataille ébranlé & poussé par les Anglois, n'entraîne le second; d'où s'ensuit le même desordre qui arriveroit dans le corps humain, si la tête vouloit faire la fonction du bras. Dans une pareille confusion, les plus braves quittent la partie, & cherchent à se sauver. Cela arriva à la bataille de Poitiers, selon Froissart. Deux braves Gentilshommes François, Edouard de Rouci d'un côté, & Jean de Helenes de l'autre, voiant la déroute generale prirent la fuite. Deux Chevaliers Anglois les poursuivirent à dessein de les faire prisonniers de guerre, & d'en tirer grosse rançon à la maniere de ces tems-là. Ils coururent après eux plus d'une lieue en s'éloignant toujours des leurs. Quand les deux François virent qu'ils pouvoient se tourner contre eux pour les combattre, ils rebrousserent, les vainquirent, les emmenerent prisonniers & les mirent à rançon.

Courtoisie du Prince de Galles.

Il n'y eut jamais de plus courtois vainqueur que le Prince de Galles. Il servit le Roi à table le soir à son souper, & ne voulut jamais prendre séance avec lui, quelque instance qu'il pût faire. Il lui dit toujours les paroles les plus obligeantes & les plus capables de le consoler dans son infortune. Les Anglois traiterent aussi fort humainement les prisonniers François, qui étoient en deux fois plus grand nombre qu'eux.

Quand les nouvelles de cette grande déroute furent répandues dans le Roiaume, la désolation fut generale; on s'en prenoit à ceux qui étoient échappez de la bataille, qui eurent bien à souffrir des reproches qu'on leur faisoit. Les trois Princes revenus après la défaite, paroissoient encore trop jeunes pour prendre le gouvernement du Roiaume. Les trois Etats s'assemblerent donc, les Députez des Villes & des Provinces se trouverent à Paris. Charles fils aîné du Roi Jean, fut établi Regent. Il fut résolu que chacun des trois Etats éliroit douze personnes, & que ces trente-six ensemble prendroient l'administration des affaires sous les ordres du Regent. Ils voulurent d'abord rechercher les Financiers; mais ceux-ci quitterent le Roiaume, dès qu'ils entendirent parler de recherche.

Gefroi d'Harcourt se servant de l'occasion des troubles qui agitoient le Roiaume, ramassa un bon nombre d'Anglois & de Navarrois, se mit à faire des courses dans la Normandie, pillant & ravageant tout le païs sans trouver la moindre résistance. Le Duc de Normandie Dauphin, & les Etats assemblez à Paris

---

Idem.

let ubi prudentia deficit. Rex Joannes acerrime pugnat, & leonis instar in hostem irrumpit. At non advigilat exercitui: neque prospicit ut ne prima acies jam quassata & pulsa ab Anglis, secundam secum pertrahat; unde tanta confusio accidit, quanta in corpore humano foret, si caput brachii officio fungi vellet. In tali rerum perturbatione, vel fortissimi quique fuga sibi consulunt. Idipsumque accidit in Pictaviensi pugna, narrante Froissartio: duo nobiles Franci, ipsique strenui, Eduardus nempe de Ruciaco ex una exercitus parte, & Joannes de Helenis ex altera, ubi cladem omnimodam viderunt, in fugam versi sunt. Insequuntur illos duo equites Angli, ut captivos abducerent, & pro reddenda libertate multum auri exigerent, ut illo ævo solebant. Diu Angli post illos cucurrerunt; ita ut exercitum suum longe retro relinquerent. Ubi videre Franci duo illi se posse in illos arma convertere, gradum sistunt, & contra sequentes se vertuntur, Anglosque conserta pugna vincunt, & captivos abducunt.

Nullus unquam victor urbanior Principe Gallensi fuit. Regi ad mensam recumbenti ipse ministravit, neque unquam, instante licet Rege, ad mensam cum illo sedere voluit. Ut in adversam fortunam lapsum solaretur, nulla non verba officiosa adhibuit. Angli etiam Francos captivos perhumaniter exceperunt: qui duplo plures quam ipsi erant.

Idem.

Cum rumore nuncio illa tanta clades regnum pervasit, vix exprimatur quantus omnium mœror fuerit: tunc multa probra jacta sunt in eos qui aufugerant. Hi vero pudorem vix ponere valebant. Tres Principes post cladem reduces, adhuc juniores videbantur esse, quam ut possent regnum administrare. Carolus Joannis primogenitus, *Regentis* nomine donatus est. Ex tribus Regni Ordinibus singuli viros duodecim delegerunt, triginta sex numero sub Regentis auctoritate, regni negotia administrarent. Hi statim Thesaurariorum res excutere voluerunt: qui Thesaurarii ubi de examine & discussione actum est, statim ex regno aufugerunt.

Idem.

Goffredus de Harcurtio, arrepta occasione, cum turbata omnia vidit, collecta Anglorum & Navarræorum manu, Normanniam incursionibus devastare cœpit, nullo obsistente. Tunc Ordines Regni Lutetiæ

JEAN II dit le Bon.

y envoierent quatre Capitaines, accompagnez de bonnes troupes, dont plusieurs étoient armés d'arcs & de fléches, fort en usage en ces tems-là, sur tout chez les Anglois. Harcourt se croiant assez fort pour les combattre, les attendit dans le Coutentin & se défendit bien ; mais ses gens aiant été défaits, il se battit jusqu'au dernier soupir, sachant bien que s'il avoit été pris vivant, il auroit porté sa tête sur un échaffaut, & tomba enfin mort de ses blessures.

Défaite & mort de Geoffroi d'Harcourt.

Le Roi Jean fut gardé tout l'hiver à Bourdeaux, toujours traité fort honorablement. Au printems le Prince de Galles le voulut faire passer en Angleterre. Les Gascons s'y opposoient, disant que c'étoient eux qui l'avoient pris, & qu'ils le garderoient aussi sûrement, qu'il pourroit être gardé en Angleterre. Mais le Prince les appaisa en leur donnant une grosse somme d'argent, & mena le Roi Jean en Angleterre. Ils entrerent dans Londres, le Roi monté sur un beau coursier blanc, ce qui étoit en ces tems-là une marque de Souveraineté, comme nous verrons dans la suite, & le Prince de Galles sur une petite haquenée noire marque de sujetion. Je ne sai si l'histoire pourroit fournir un exemple de grandeur d'ame & de générosité pareille à celle-ci. Pendant tout le tems qu'il fut à Londres, il eut toute liberté d'aller à la chasse, & de se divertir où il vouloit avec son fils Philippe : les autres Seigneurs François prisonniers jouïssoient de la même franchise sur leur simple parole. Il fut là traité de la paix entre les deux Rois : mais comme ils ne purent convenir ensemble, ils firent une tréve jusqu'à la S. Jean Baptiste de l'an 1359. dans laquelle ne furent compris ni Philippe de Navarre Comte d'Evreux, ni la Comtesse de Montfort & la Bretagne.

Le Duc de Lancastre agissant pour la Comtesse de Montfort, alla mettre le siége devant Rennes. La ville étant bien munie & défendue par des braves gens, entre lesquels se trouvoit Bertrand du Guesclin, soutint longtems le siége, pendant lequel du Guesclin se battit en duel contre un Anglois nommé Nicolas d'Agorne. Les conditions du combat furent qu'ils se porteroient trois coups d'épée, trois coups de hache, & trois coups de dague ; *& ils se partirent de la bataille sans dommage*, dit Froissart. Vers le même tems un Chevalier de Normandie nommé Guillaume de Graville du parti du Roi de Navarre, surprit pour son maître, qui étoit encore prisonnier, la ville & le château d'Evreux. Les Navarrois rétablis dans cette place, firent depuis beaucoup de ravages dans les contrées voisines.

Duel de Bertrand du Guesclin.

---

coacti, quatuor Duces miserunt selectis copiis instructos, quorum plurimi sagittarii erant. Hoc autem militiæ genus tunc in usu erat, maxime apud Anglos. Harcurtius se viribus parem putans, in Constantiensi agro illos exspectavit, acerrimeque pugnavit ; sed cum agmen totum profligatum esset, ad extremum usque halitum ipse decertavit, gnarus se publice capite plectendum esse, si in manus Francorum vivus incideret.

Joannes Rex per totam hiemem Burdegalæ sub custodia mansit, honorifice semper habitus. Appetente vere Princeps Gallensis ipsum in Angliam transferre voluit : at repugnavêre Vascones, se illum cepisse dicentes, seque tuto custodire illum posse. At Gallensis Princeps, numerata ipsis pecuniæ summa grandi, ad propositum suum gentem illam deduxit, & cum Joanne Rege in Angliam transfretavit. Londinum autem intravêre. Joannes equo albo eleganti vehebatur, quod signum erat tunc temporis supremi dominii, ut in sequentibus videbitur. Princeps vero Gallensis asturconem nigrum conscendit, subjectionis signum. Nescio utrum tanta unquam generosi animi significatio fuerit. Quanto tempore Joannes Rex Londini fuit, libere venatui, aliisque pro lubito sese exercebat, aliique Nobiles Franci, data fide, pari fruebantur libertate. De pace inter ambos Reges actum fuit ; sed cum de conditionibus concordes esse non possent, inducias fecere usque ad S. Joannem Baptistam anni 1359. in quibus induciis comprehensi non fuere Philippus Navarræus Comes Ebroicensis, & Comitissa de Monteforti in Britannia agens.

Idem.

Dux Lancastrius pro Comitissa illa agens, Rhedonum urbem obsedit. Valido præsidio munita erat urbs, virisque strenuis, inter quos erat Bertrandus Guesclinius : diuturnam tulit obsidionem : quo tempore Guesclinius cum Nicolao Agorno Anglo decertavit singulari certamine, ea lege & conditione, ut sese mutuo ter gladio impeterent, ter securi, & ter pugione : amboque ex pugna illæsi redierunt, ait Froissartius. Eodemque circiter tempore Guillelmus de Gravilla Normannicus eques, qui pro Rege Navarræ in carcere degenti stabat, Ebroicas urbem & arcem ex inopinato cepit. Navarrenses autem in istam urbem reducti, vicinam regionem depopulati sunt.

JEAN II. dit le Bon.

Pilleries en France.

Le trouble qui étoit dans tout le Roiaume & à la Cour ne pouvoit manquer de causer bien du desordre. Les gens de guerre qui n'étoient point payez s'assembloient par bandes, pilloient & défoloient les campagnes, les bourgs & les villes. Un Chevalier nommé Arnoul Canole, ou Cernole, surnommé l'Archiprêtre, assembla une troupe de gendarmes, & se rendit en Provence, où il prit plusieurs villes & châteaux, & pilla tout le païs jusqu'à Avignon. Il mit la terreur dans la Cour du Pape Innocent VI. qui étoit en cette ville. Il parlementa avec les gens du Pape, & fut reçû sous condition dans la ville, où on le traita comme un Prince, & il dîna quelquefois avec le Pape. La conclusion fut que le Pape lui donna l'absolution de ses péchez & de plus quarante mille écus pour distribuer à ses compagnons, somme fort considerable en ces tems-là. La compagnie du nommé Ruffin Gallois fit aussi de grands ravages entre la Seine & la Loire. Il pilla & saccagea un grand nombre de bourgs & de villes, du nombre desquelles furent Etampes, Chartres & Montargis, & ramassa ainsi des sommes extraordinaires. Le fameux Robert Knolles se mit aussi à faire ce métier dans la Normandie, à la tête de plusieurs Anglois & Navarrois. Il accumula, disoit-on, jusqu'à cent mille écus. Un grand nombre d'autres brigans ruinoient les campagnes.

1357. Le Roi de Navarre sort de prison.

Le Roi de Navarre qui étoit en prison dans le château d'Arleux en Cambresis, fut enfin délivré au grand malheur de la France par l'adresse d'un Gentilhomme Picard nommé Jean de Péquigni, Gouverneur d'Artois. Sorti de prison, il se rendit à Amiens, où il fut reçû avec joie du peuple. Il vint ensuite à Paris & logea d'abord au Monastere de S. Germain des Prez. Ce fut près de là qu'il harangua le peuple, prenant pour texte ces verset des Pseaumes : *Le Seigneur est juste, & aime la justice & l'équité.* Il s'étendit sur les maux qu'on lui avoit fait souffrir, sur son innocence & son amour pour le Roiaume de France, & pour le peuple, dont il se concilia l'amitié. Le Prevôt des Marchands & les Magistrats s'interesserent pour lui auprès du Dauphin. Les deux Reines Jeanne d'Evreux sa tante, veuve de Charles le Bel, & Blanche sa sœur, veuve de Philippe de Valois, prierent aussi pour lui, & tous ensemble forcerent le Dauphin de le recevoir en sa grace, & de lui rendre les villes & châteaux, qu'il avoit autrefois dans la Normandie & ailleurs, & de faire déclarer innocens ces Seigneurs qui avoient été execu-

---

Idem.

Rerum perturbatio quæ tunc in Regia & in toto regno erat, damna multa pariebat. Milites & pugnatores stipendio nullo fruentes, una coacti agros, pagos & oppida desolabantur. Eques quidam nomine Arnulphus Canolus, vel Cernolus, cognomine Archipresbyter, pugnatorum agmen collegit, & in Provinciam se contulit, urbes & castra multa cepit, & prædas egit Avenionem usque. Hinc terror in Curia Innocentii VI. Papæ, qui tunc Avenione degebat. Cum Summi Pontificis clientibus colloquia habuit, & pacta conditione in urbem admissus fuit, & quasi Princeps habitus, cum Papa etiam ad mensam sedit. Tandem Papa post peccatorum absolutionem ipsi datam, plusquam quadraginta millia scutorum ipsi numeravit, quæ ille sociis suis distribuit, quæ summa ingens illo ævo erat. Turma etiam Ruffini Gallensis prædas multas egit inter Sequanam & Ligerim, castra multa & oppida expilavit, ex quorum numero fuere Stampæ, Carnotum, Mons-Argilius: ingentemque pecuniæ summam collegit. Ille quoque fama conspicuus Robertus Knollus, agros, villas, oppida depopulari cepit in Normannia cum multis Anglis & Navarræis, & ad usque centum millia scutorum,

ut narrabant, corrasit. Alii quoque multi agros devastabant.

Froiss. Ch. Nang.

Rex Navarræ qui in carcere detinebatur in Castro Arlensi in agro Cameracensi, per summam Francorum infelicitatem, tandem evasit opera Joannis Pequiniacensis nobilis viri, Artesiæ Rectoris, statimque ille Ambianum venit, ubi a populo cum lætitia exceptus est. Lutetiam postea se contulit, & ad Monasterium S. Germani a Pratis divertit. Prope Monasterium orationem ad populum habuit, orsus ab his Psalmi verbis: *Justus Dominus & justitiam dilexit, æquitatem vidit vultus ejus.* Multa verba profudit de sibi illatis malis, de innocentia sua, & de amore quo & Regnum Francorum & populum prosequebatur. Sic sibi plebis amicitiam conciliavit. Præpositus Mercatorum & Magistratus Delphinum pro illo precati sunt. Reginæ duæ Joanna Ebroicensis amita ejus, uxor olim Caroli Pulcri, & Blancha soror ejus, quæ Philippo Valesio nupta fuerat, conjunctim cum illis Delphinum eo adduxerunt, ut illum in gratiam suam reciperet, illique urbes & castra, quæ olim in Normannia & alibi possederat, restitueret, illosque nobiles viros, qui jussu Joannis Regis capite truncati fuerant, innoxios fuisse declara-

JEAN II. dit le Bon.

tez par ordre du Roi Jean. Le Roi de Navarre partit ensuite pour Rouen, où il fit célebrer leurs obseques, & voulut se saisir des places que le Dauphin lui devoit remettre par l'accord fait entre eux. Mais dès que le Roi de Navarre fut parti, il envoia défense aux Gouverneurs de lui rendre ces places. Ce Prince outré de ce refus arma contre le Dauphin, & avertit ceux de son parti de Paris, d'agir de leur côté pour le réduire.

1358.

Tandis que la France gémissoit sous le poids de tant de malheurs, le Dauphin Charles que les historiens appellent ordinairement le Duc de Normandie, étoit fort embarassé. Ne pouvant remedier aux desordres faute d'argent, il étoit obligé de demeurer dans l'inaction. La Noblesse étoit pour lui, & il se trouvoit souvent des gens de qualité dans son Palais. Le peuple murmuroit hautement contre le Dauphin & contre les Nobles, animé par Marcel Prevôt des Marchands, homme séditieux & entreprenant. Il ameuta un jour la populace & entra avec grand nombre de gens armez dans le Palais du Dauphin: la troupe instruite par Marcel, étoit distinguée par des chaperons bleus d'un côté & rouges de l'autre, pour se reconnoître. Le Regent fut fort étonné de voir venir à lui cette populace armée. Ne craignez rien pour votre personne, lui dit Marcel, & il commanda à ses gens d'executer ses ordres. Ils se jetterent d'abord sur les Seigneurs qui étoient sans armes près du Dauphin, & massacrerent Robert de Clermont Maréchal de France, & le Sire de Conflant Maréchal de Champagne. Les autres Seigneurs qui se trouverent-là prirent la fuite. Les meurtriers traînerent les deux corps par la ville, & tuerent encore un Avocat nommé Renaud d'Arsoye, que Froissart appelle Simon de Bucy.

Insolence du Prevôt des Marchands.

Après ces meurtres, le Prevôt Marcel contraignit le Dauphin d'autoriser le fait, de donner entrée à Paris au Roi de Navarre, & de promettre qu'il lui rendroit ses terres avec de grands dédommagemens. Le Roi de Navarre y revint & n'y fit pas longue demeure; mais après s'être bien assuré des Parisiens, à ce qu'il croioit, il s'absenta de nouveau. Le Dauphin voiant qu'il ne pouvoit se tenir en assurance parmi ce peuple si sujet à la révolte, & bien informé que le Prevôt des Marchands & une bonne partie des Parisiens favorisoient le Roi de Navarre, il sortit de Paris, & s'en alla à Compiegne, où il assembla un grand nombre de Seigneurs & de Chevaliers, bien résolu de faire porter aux Parisiens & à Marcel la peine de leur témerité & du meurtre qu'ils avoient fait en sa presence. Il étoit facile

Le Dauphin Regent sere- tire de Paris.

---

ret. Rex Navarræ postea Rotomagum petiit, ubi illorum exequias celebrari curavit, & oppida atque castra, quæ olim possederat, occupare voluit. Sed statim atque Rex Navarræ profectus fuerat, Delphinus Rectoribus urbium ne oppida illi restituerent, mandavit. Indignatus Rex Navarræ arma contra Delphinum sumsit, & quos sibi faventes Lutetiæ habebat, monuit ut sibi ferrent opem.

Dum Francia malorum pondere obruta ingemiscebat, Carolus Delphinus, quem Historici frequenter Ducem Normanniæ vocant, quid consilii caperet nesciebat. Pecunia omnino egens, remedia malis afferre non valebat. Nobiles pro illo stabant, multique ex insignioribus in ædibus ejus sæpe versabantur. Obmurmurabat autem publice populus contra Delphinum, Nobilesque, concitante Marcello, sive Stephano Marcelli, Præposito Mercatorum, seditioso homine atque turbulento. Is aliquando plebem convocavit, & cum armatis multis in ædes Delphini ingressus est. Turma autem a Marcello monita caputiis ab uno latere cæruleis; ab altero rubris distinguebatur, ut se mutuo internoscere possent. Delphinus hoc viso spectaculo

obstupuit: sed, Nihil tibi timeas, inquit Marcellus, jussitque turmam imperata facere. Illi statim in primores illos viros irrumpunt, qui juxta Delphinum erant, Robertum de Claromonte Marescallum Franciæ truncant; Dominumque de Confluente Marescallum Campaniæ interficiunt, itemque Advocatum nomine Rainaldum de Arsoia, quem Froissartius appellat Simonem de Buciaco.

Post cædes hujusmodi Præpositus Marcellus Delphinum coegit ut rem gestam probaret, ac Regem Navarræ Lutetiam introduceret, promitteretque se terras suas illi restituturum & damna reparaturum esse. Rex Navarræ Lutetiam rediit, nec diu istic versatus est; sed cum se in amicitia Parisinorum confirmasse, ut putabat, rursus abscessit. Deinde videns Delphinus se non posse tuto Lutetiæ versari, cum plebe adeo turbulenta & seditiosa; cum sciret alioquin magnam Parisinorum partem & Præpositum mercatorum Regi Navarræ studere, Lutetia egressus Compendium migravit: ibique ex Regni primoribus multos, & equites collegit, in animo habens, & Marcelli & Parisinorum temeritatem, cædemque juxta se perpetratam

Iidem.

de réduire Paris en l'affamant, & ce fut aussi le parti qu'il prit. Le Prevôt & sa troupe craignant pour eux engagerent les Chefs de l'Université d'aller prier le Regent de la part du Prevôt des Marchands & des Parisiens, de leur pardonner leur faute, promettant qu'ils feroient leur possible pour la réparer, & qu'ils lui seroient entierement soumis dans la suite. Le Regent reçut fort humainement ces Envoiez, & leur déclara qu'il pardonneroit volontiers aux Parisiens, pourvû qu'ils lui livrassent dix ou douze d'entre eux, dont il feroit justice à sa volonté. Quelque instance qu'on pût faire pour le porter à une Amnistie generale, il ne voulut jamais rien relâcher. Le Continuateur de Nangis dit, qu'il n'en demanda que cinq ou six, promettant même qu'il ne les feroit pas mourir; mais qu'ils n'oserent s'y fier.

Le Prevôt Marcel voiant que la vengeance que le Regent vouloit tirer du meurtre commis dans sa chambre & en sa presence, le regardoit en chef, persuada aux Parisiens de se mettre en état de défense. Et pour cet effet, ils réparerent les murs de la ville, en firent de nouveaux aux endroits où il manquoient & où ils étoient trop bas & trop foibles, & firent un fossé tout au tour de la ville. Trois cens ouvriers y travaillerent un an entier. Froissart remarque, que ces réparations vinrent fort à propos, & que sans cela la ville auroit été souvent Pillée & saccagée depuis.

Murs de Paris rétablis.

Le Continuateur de Nangis dit, que les Parisiens se saisirent alors du château du Louvre situé près des anciens murs de Paris, qu'ils en chasserent les gens que le Dauphin y avoit laissé pour la garde, qu'ils fermerent les portes qui regardoient la riviere, & ouvrirent celles qui étoient du côté de la ville, ce qui déplut extrêmement à ce Prince. Ils fermerent aussi plusieurs portes de la ville; la porte d'Enfer qui étoit près des Chartreux; la porte de saint Victor, où l'on détruisit tout le fauxbourg qui étoit en delà, la porte de S. Germain qui regardoit les Prez. Il ajoute qu'en travaillant aux fossez du côté des Dominicains, on découvrit les fondemens de quelques tours & d'un vieux château, d'une structure si solide qu'on ne pouvoit la rompre, que ce château s'appelloit Hautefeuille, & qu'il en restoit encore quelques vestiges.

En ce même tems le nombre des Brigans augmentoit tous les jours. Un nommé Fouques de Laval à la tête d'une troupe de Bretons ravageoit toute la Beauce, brûloit les bourgs & villages. Il saccagea Etampes qui avoit déja été ruiné

---

ulcisci. Facile erat Lutetiam ad extrema deducere, atque ad deditionem compellere, commeatus omnes intercipiendo, qua ille ratione infestam sibi plebem domare decrevit. Tum Præpositus & socii, sibi timentes, Universitatis principes adierunt, ab iisque impetrarunt, ut Delphinum rogatum irent, Marcello & Parisinis parceret, qui pollicebantur se & admissa mala reparaturos, ac deinceps Delphino obsequuturos esse. Legatos Delphinus perhumaniter excepit, declaravitque se libenter Parisinis parciturum esse, dum sibi decem duodecimve ex suis homines traderent; quibuscum secundum justitiæ rationem acturus erat: neque cessit instantibus ut omnibus omnino parceret. Continuator Nangii ipsum quinque sexve tantum petiisse, pollicitum se neci nullum esse traditurum; sed Parisinos dictis fidere non ausos esse.

Eodem.

Advertens Marcellus sibi maxime exitium parari, & patratæ cædis ultionem a capite suo repetendam esse, Parisinis auctor fuit, ut defensionem sibi pararent, murosque urbis restaurarent. Illos itaque reparavere: ubi vel decrant vel debiliores erant, novos construxere, fossamque magnam circum urbem duxere. Trecentæ operæ his perficiendis per annum insudarunt.

Notat vero Froissartius, hæc consulto facta fuisse. Nam si mœnia, inquit, pristino in statu mansissent, urbs sæpe direpta & expilata fuisset.

Continuator vero Nangii dicit, tunc Parisinos castellum Luparæum occupavisse prope veteres Lutetiæ muros situm, ac Delphini præsidiarios inde expulisse, portas ejus versus flumen sitas clausisse, eas vero, queis in urbem intrabatur aperuisse, id quod Delphino admodum displicuit. Plurimas etiam urbis portas clausere Parisini; portam Inferni prope Cartusianos, portam S. Victoris, ubi suburbium totum ultra positum solo æquatum fuit; portam item S. Germani, quæ prata respiciebat. Addit etiam, dum fossa pararetur prope Dominicanos, aliquot turrium fundamenta detecta fuisse, necnon veteris castelli, quorum structura ita solida erat, ut nihil inde perrumpi posset: castellique nomen Altum-folium fuisse, cujus aliquot tunc rudera superarant.

Item.

Eodem tempore prædonum numerus crescebat in dies. Quidam nomine Fulco de Lavallio cum Britonum turma Belsiam totam, oppida & vicos flammis tradebat. Stampas autem expilavit, quæ urbs jam ab aliis prædonibus direpta fuerat, Nemo audebat per pu-

par d'autres pillards. Personne n'osoit aller de Paris à Orleans par le grand chemin. On ne pouvoit aussi aller à Compiegne, sans péril de tomber entre leurs mains.

La faction du Prevôt des Marchands étoit la plus puissante dans Paris. Il y en avoit une autre qui tenoit pour le Regent, dont les principaux étoient Jean & Simon Maillard freres ; mais nul n'osoit se déclarer s'il ne se vouloit faire tuer sur le champ. Le Prevôt Marcel, n'esperant plus de pouvoir appaiser le Regent, persuada à sa faction de faire appeller le Roi de Navarre, qui y vint accompagné de quelques troupes Navarroises & Angloises, & demeura quelque tems dans la ville. Le Regent qui s'étoit tenu ci-devant, tantôt à Compiegne, tantôt à Meaux, & en d'autres villes, s'approcha de Paris avec une grande quantité de Seigneurs & de Nobles, qui ravageoient la campagne, & empêchoient que les Parisiens ne pussent sortir. Dans le dessein d'affamer la ville, ils firent un pont sur la Seine pour empêcher que le pain ne vint de Corbeil à Paris. Le Prevôt des Marchands craignant que si la ville étoit une fois affamée, tout le peuple ne se tournât contre lui ; comme l'auteur de tout le mal, sortit bien accompagné, se rendit maître du pont & le brûla.

Le Roi de Navarre rappellé à Paris.

Une autre fois le Roi de Navarre étant sorti bien accompagné pour donner sur cette Noblesse qui ravageoit les environs de Paris, il en rencontra une troupe près du pont de Charenton : il demanda à leur parler, & leur parla en effet longtems, après quoi il s'en retourna à Paris sans rien faire. Les Parisiens entrerent alors en défiance, croiant qu'il s'entendoit avec le Regent. Le Navarrois ne se croiant pas en sûreté, se retira à S. Denis avec ses troupes. Avant que de partir il parla aux Parisiens de la maniere la plus civile & la plus honnête, leur donnant à entendre que c'étoit pour les mieux défendre qu'il se retiroit. Ses troupes étoient payées par les Parisiens. Le Prevôt des Marchands son grand ami lui portoit régulierement l'argent nécessaire pour cela. Ce Prince demeura six semaines à S. Denis avec ses troupes, qui ravageoient la campagne d'un côté, tandis que ceux du parti du Regent faisoient le dégât de l'autre. Les Navarrois brûlerent la Chapelle, le Fauxbourg S. Laurent, S. Clou & d'autres lieux. Le dégât se faisoit en même tems par d'autres partis sur la Loire. Meun & Beaugenci furent brûlez, & les campagnes des environs ruinées, en sorte que les païsans, étoient obligez de se retirer dans les villes avec leurs familles. Cepen-

---

Idem.

blicam viam Lutetia Aurelianum ire, nec sine periculo etiam Compendium migrare quis poterat.

Præpositi Mercatorum factio in urbe prævalebat: alia tamen, cujus principes erant Joannes & Simon Maillardus fratres, Delphino hærebat, sed latenter, nec sine mortis periculo poterant se pro Delphino stantes efferre. Marcellus vero cum non speraret se ab Regente veniam impetrare posse, factioni suæ auctor fuit, ut Rex Navarræ in urbem induceretur. Venit ille Navarræis & Anglis comitantibus, & aliquanto tempore mansit in urbe. Delphinus vero Regens, qui antehac modo Compendii, modo Meldis, inque aliis urbibus sedes habuerat, cum Francis optimatibus, & nobilibus multis prope urbem accessit. Hi vero agros devastabant, & Parisinis ne foras prodirent impedimento erant. Ut famem in urbem inducerent, pontem in Sequana struxerunt, quo arcebantur Corboliensæ ne panem Lutetiam secundo flumine adveherent. Præpositus vero Mercatorum metuens, ne si fames urbem invaderet, in se ut mali auctorem plebs commota sæviret, cum manu forti egressus, pontem cepit & diruit.

Cum aliquando Rex Navarræ assumta pugnatorum manu, contra nobiles, qui agros depopulabantur, egressus esset, illorum quibusdam occurrit prope Carentonii pontem, ac cum illis colloquia miscuit, & Lutetiam re infecta reversus est. Hinc Parisinis suspicio fuit Navarræum cum Regente clam concorditer agere. Quare sibi timens Rex Navarræ, cum copiis suis ad sancti Dionysii oppidum se recepit. Antequam ab urbe proficisceretur Parisinos urbane alloquitur, se ab urbe discedere dicens, ut illos possit opportunius tueri. Stipendia copiis ejus Parisini solvebant. Marcellus enim amicus ipsius pecuniam illi afferre solebat. Navarræus vero Rex per mensem ac dimidium apud sanctum Dionysium versatus est, copiæ autem ejus agros circum devastabant, dum ex altera quoque parte Regentis copiæ prædas agerent. Navarræi locum Capellam dictum incenderunt, S. Laurentii suburbium, S. Chlodoaldum, & alia castra. Ad Ligerim etiam alii prædones Magdunum & Balgentiacum incenderunt, & agros circum depopulati sunt ; ita ut rustici in urbes receptum habere cogerentur. Inter hæc quidam Episcopi & pri-

JEAN II. dit le Bon.

dant quelques Prélats & Seigneurs s'entremettoient pour faire la paix entre le Regent & le Roi de Navarre. Cette paix se fit enfin & fut de courte durée comme nous verrons.

La Jacquerie, revolte des Payisans.

Tandis que ces choses se passoient à Paris & autour de Paris, il se fit une émeute des gens de la campagne, qui alloit à perdre le Roiaume, si elle avoit longtems duré. Les paysans pillez, ruinez, battus par les Nobles, réduits à une espece de desespoir, commencerent à s'attrouper dans le Beauvoisis, & prirent resolution de massacrer tous les Gentilshommes, Chevaliers, Ecuiers qu'ils pourroient attraper. Ils vinrent d'abord à la maison d'un Noble, y entrerent violemment, & le tuerent lui, sa femme & ses enfans, & puis mirent le feu à la maison, ils allerent ainsi brûlant & tuant tout ce qu'ils trouvoient de Gentilshommes, sans épargner leurs femmes & leurs enfans. La troupe augmentoit toujours en nombre, & ajoutant de nouvelles cruautez aux précedentes, ils violoient les femmes & les filles des Nobles en leur presence avant que de les tuer, mettoient à la broche des Chevaliers & les rotissoient à petit feu. Le mal s'étendit aussi dans la Brie, & jusque dans l'Artois. Les Seigneurs & Nobles de toute qualité & toutes les Dames s'enfuioient aux villes. Ces scelerats détruisirent plus de cent châteaux dans le Valois & dans les Evêchez de Laon, de Noyon & de Soissons. On les appelloit Jâques-bons-hommes, parceque, disoient-ils, les Gentilshommes leur donnoient ce nom-là quand ils les pilloient & ruinoient.

Les Gentilshommes de ces payis s'assemblerent, & envoierent demander secours à leurs voisins. Il en vint de tous côtez, & ils coururent aprés ces canailles, dont ils tuerent & pendirent un grand nombre. Le Roi de Navarre & ses gens en tuerent un jour plus de trois mille près de Clermont en Beauvoisis. Leur défaite à Meaux acheva de dissiper cette Jâquerie. La Régente, la Duchesse d'Orleans, & un grand nombre d'autres Dames, pour éviter de tomber entre leurs mains, s'étoient refugiées à Meaux. Les Jâques d'intelligence avec les Bourgeois de Meaux, & avec les Parisiens qui souhaitoient de se saisir de cette ville, prirent jour pour la venir surprendre. Les Jâques se presenterent devant la ville, les Bourgeois leur ouvrirent les portes, ils y entrerent & avancerent jusqu'au marché. Alors le Comte de Foix & le Captal de Buch tomberent sur eux avec leurs gens & les mirent en fuite. L'embarras qu'il y eut aux portes fit qu'il y en eut un grand nombre de tuez avant que ceux qui alloient devant fussent sortis. Les Gen-

Leur défaite.

Idem.

mores pacem inter Regem Navarræ & Delphinum conciliare studuerunt. Pax itaque facta est, nec diuturna fuit, ut videbitur.

Dum hæc Lutetiæ & circum urbem gererentur, in agris turbæ & seditiones concitantur, quæ regno perniciem illaturæ erant, si diuturniores fuissent. Rustici, quorum bona a Nobilibus diripiebantur, quique sæpius vapulabant, misereque vitam agebant, in desperationem acti, in Bellovacensi tractu primum in unum coire cœperunt, nobilesque omnes trucidare decreverunt, itemque equites rupturariosque ut vocabant. Primo autem nobilis cujusdam domum invasere, ipsumque cum uxore & filiis occiderunt, incensaque domo discessere, sicque nobiles occidendo cum uxoribus & liberis, huc illuc descurrebant. Adaucto Agrestium hominum numero, adaucta immanitas fuit; uxores enim filiasque nobilium, ipsis præsentibus violabant antequam trucidarent; equites autem veru transfixos lente torrebant. Ad Briam usque & Artesiam malum propagatum est; primores autem & nobiles cum uxoribus ad urbes confugiebant. Scelesti autem homines plusquam centum castella diruerunt in tractibus Valesio, Laudunensi, Noviomensi & Suessionensi. Vocabantur porro Jacobi-boni-homines, quia ut dicebant, hoc illos nomine compellabant nobiles, cum ipsorum bona diriperent.

Idu

Nobiles porro quique viri convenere, vicinosque ad opem evocarunt. Una vero confluxere multi, & in agrestem turbam irruere, multos occiderunt, aliosque innumeros suspendio necarunt. Una porro die Rex Navarræ cum copiis suis prope Clarum-montem in Bellovacensi tractu plusquam tria millia rusticorum peremit. Delphini vero uxor, Aurelianensis Ducissa multæque aliæ primariæ feminæ, ne in manus scelestorum inciderent, ad Meldas civitatem confugerant. Jacobi autem cum Meldensibus civibus conspirantes & cum Parisinis, qui illam urbem occupare peroptabant, diem assignavere qua urbem invaderent. Jacobi ante urbem comparuerunt; portas aperuere cives: illique intrantes, ad usque mercatum processere. Tum Comes Fluxensis, & Capitalis Boiorum, Jacobos cum agmine suo invadentes, profligarunt, dum ad portas illi egressuri comprimuntur, ingens cæditur numerus. Hinc egressi equites, in eos qui ex urbe elapsi erant irrup-

JEAN II dit le Bon.

darmes sortirent après eux & en massacrerent un si grand nombre, que de neuf mille il n'en resta que deux. Cet échec mit fin à la Jâquerie.

Après que la paix fut faite entre le Regent & le Roi de Navarre, & que les actes d'hostilité eurent cessé de part & d'autre, grand nombre d'Anglois & de Navarrois que les Parisiens tenoient à leur solde pour les défendre contre le Regent, se retirerent à S. Denis auprès du Roi de Navarre. Il en resta pourtant trois cent à Paris, qui y dépensoient leur argent à se divertir. Il y eut un jour un débat entre eux & les Parisiens, qui tuerent soixante Anglois. Le Prevôt des Marchands vint pour faire cesser le tumulte, saisit plus de cent cinquante Anglois qu'il mit en prison pour les tirer des mains de la populace, qu'il appaisa, en lui promettant d'en faire justice. Mais la nuit d'après, il les fit délivrer & ils se retirerent auprès du Roi de Navarre. Ces Anglois s'attrouperent, & coururent sus aux Parisiens qu'ils trouverent hors des murs de la ville; ils les massacroient pour venger leurs camarades. Alors les Bourgeois prierent le Prevôt des Marchands de sortir sur eux avec une bonne troupe de gens armez. Marcel qui s'entendoit apparemment avec les Anglois, sortit avec douze cens hommes, qu'il sépara en deux bandes. Il en retint l'une avec lui, & laissa aller l'autre chercher les Anglois, qui leur avoient dressé une embuscade auprès de S. Clou. Cependant Marcel se retira dans Paris avec sa troupe. L'autre bande qui cherchoit les Anglois tomba dans l'embuscade, fut défaite & taillée presque toute en pieces. La nouvelle en étant portée à la ville, les Parisiens crurent, & non peut-être sans fondement, qu'ils étoient trahis par Marcel.

Lui & ceux de son parti craignant de tomber entre les mains du Regent, conspirerent ensemble de livrer la ville au Roi de Navarre & aux Anglois. Le premier jour d'Août Marcel devoit sur le minuit ouvrir les portes de S. Honoré & de S. Antoine pour faire entrer les Anglois & les Navarrois dans la ville: ils devoient mettre des marques aux maisons de ceux qui n'étoient point de leur parti, & qui faisoient alors le plus grand nombre, & ceux-là auroient été massacrez sans misericorde. Leur dessein étoit de faire déclarer Roi de France le Roi de Navarre, à l'exclusion de Jean prisonnier, du Regent & de toute la branche des Valois; c'étoit à quoi le Roi de Navarre aspiroit depuis quelque tems; & si le dessein de Marcel avoit réussi, cela alloit faire un bouleversement dans le Roiaume. Mais Jean Maillard & sa troupe, qui étoient aux aguets, eurent le vent

Paix entre le Regent & le Roi de Navarre de courte durée.

Idem.

tione facta, tantam intulere cladem, ut ex novem millibus duo tantum superessent. Tanta illa strages Jacobariam turmam delevit.

Post factam pacem inter Regentem & Navarræ Regem, cum hostilia utrinque cessarent, Angli multi & Navarræi, queis stipendia solvebant Parisini ut Regentis conatus propulsarent, & ad S. Dionysium prope Regem Navarræ se receperunt. Angli tamen trecenti in urbe mansere, exque collectâ pecuniâ voluptati sese dedebant. Suborta autem contentione inter illos & plebem, ad arma ventum est, Angli sexaginta sunt occisi. Præpositus vero mercatorum venit, Anglosque plus centum quinquaginta è Parisinorum manibus eripuit, plebemque mitigavit, pollicitus se injurias ulturum, Anglosque in carcerem trusit: at nocte sequente dimisit, & illi ad Regem Navarræ se receperunt. Sub hæc autem Angli in unum coacti, obvios Parisinos trucidabant. Tunc Parisini cives præpositum mercatorum rogarunt, cum armatorum manu contra illos egrederetur. Marcellus vero, qui ut videtur, cum Anglis colludebat, cum mille ducentis egressus est,

quos in turmas duas divisit: harum alteram ipse sibi retinuit, alteram vero misit, quæ Anglos perquireret. Hi prope S. Chlodoaldum in insidiis locati erant. Marcellus vero cum turmâ suâ in urbem ingressus est. Altera turma insidiis intercepta, tota pene cæsa fuit. Parisini autem putarunt, nec forte sine causâ, se proditos à Marcello fuisse.

Ipse vero cum sociis metuens ne in Regentis manus incideret, Regi Navarræ & Anglis urbem tradere decrevit. Prima Augusti die Marcellus S. Honorati & S. Antonii portas aperturus erat, ut Angli simul & Navarræi intrarent. Signa apponenda erant ædibus eorum qui pro se non starent, quique longè plures numero erant, & absque misericordiâ trucidandi erant. Volebant porro Regem Navarræ Franciæ Regem constituere, excludereque Joannem, Delphinum totamque Valesiam stirpem; id jam pridem in animo habebat Rex Navarræ. Si vero Marcelli propositum ex voto ipsius cessisset, omnia in Regno eversâ disturbataque fuissent. Verum Joannes Maillardus & turma sua, qui Marcelli gesta speculabantur, in rei notitiam

Froissart.

de cette conspiration, se rendirent à la Bastille, y trouverent le Prevôt des Marchands, qui tenoit les clefs de la ville, & le massacrerent lui & tous ceux de sa suite. Ils éveillerent le peuple, se rendirent à la porte de S. Honoré, saisirent ceux qui la gardoient sous les ordres de Marcel, tuant tous ceux qui faisoient la moindre résistance.

Le lendemain Maillard fit assembler la Bourgeoisie, rendit raison de tout ce qu'il avoit fait le jour précédent, & conseilla aux Parisiens d'aller inviter le Regent de venir à Paris, où il étoit generalement souhaité, ses adversaires étant morts. Maillard fut applaudi de tout le peuple. On alla prier le Regent de venir à Paris & d'y établir sa demeure. Tous les obstacles étant levez, il s'y rendit, y fut reçû avec les acclamations de tout le peuple, & alla loger dans le Louvre.

Le Roi de Navarre fait la guerre au Regent.

Quand le Roi de Navarre eut appris la mort du Prevôt des Marchands & de ses autres amis, il entra en fureur, envoia défier le Regent & lui déclara la guerre & en même tems à tout le Roiaume de France. Il pilla S. Denis, l'abandonna & désola toutes les campagnes ; il se saisit de Melun ville & château, & en fit sa principale place d'armes. Sa sœur la Reine Blanche, femme du feu Roi Philippe, lui donna tout ce qu'elle avoit d'argent. De celui qu'il avoit reçû abondamment du feu Prevôt des Marchands, il prit à sa solde grand nombre d'Allemans, Brabançons, Hennuyers, Boemes & de toute sorte de nations. Philippe Comte d'Evreux son frere, se saisit de Mante & de Meulan. Etant ainsi maîtres de la Seine dessus & dessous, ils empêchoient que rien n'entrât dans Paris, qui se trouva ainsi réduit à une grande disette. Les gens du Roi de Navarre se saisirent aussi de quelques forteresses sur l'Oise, de Mauconseil, de Creil & autres, & empêchoient que rien ne passât pour Paris sur cette riviere, ou s'ils donnoient des saufconduits pour le passage, ils les faisoient payer extrêmement cher, en sorte que le Gouverneur de Creil ramassa par ce moien cent mille francs. Ceux de Mauconseil couroient tout le païs des environs de Noion, & obligeoient les villes non murées & les Abbayies de donner tant pour se garantir du pillage. Ceux qui tenoient le château d'Heriel, désoloient tout le païs autour d'Amiens, d'Arras, de Peronne & de Montdidier. Ces gens du Roi de Navarre prirent encore S. Valeri, désolerent tellement les campagnes, qu'en plusieurs endroits on ne labouroit plus les terres, ce qui causa une grande cherté de vivres.

Idem.

venere, & ad portæ S. Antonii castellum se contulere, ac Præposito Marcello occurrerunt claves urbis tenenti, ipsumque cum sociis obtruncarunt. Populum a somno excitavere, & ad S. Honorati portam progressi, eos qui jussu Marcelli ipsam custodiebant, apprehendentur, occisis iis qui obsisterent.

Postridie Maillardus, cives omnes collegit, ea quæ pridie fecerat exposuit, & Parisinis auctor fuit, ut Regentem adirent, rogatum in urbem ipse veniret, a populo toto cum plausu excipiendus, exstinctis iis qui ipsi adversabantur. Populo admodum placuere Maillardi dicta. Egressi cives Regentem precati sunt ut Lutetiam se conferret, atque in urbe sedem poneret, cum nihil jam obicis superesset. Delphinus Lutetiam ingressus; acclamante & fausta precante populo exceptus est, & in Regiam Luparæam habitatum se contulit.

Rex Navarræ Præpositi Marcelli comperta nece, in furorem actus, Regenti & Regno Francorum bellum indixit, S. Dionysii oppidum expilavit, & inde egressus agros omnes depopulatus est. Melodunum urbem & arcem occupavit, ibique arma collegit. Regina Blancha soror ipsius, quidquid pecuniæ habebat ipsi contulit. Ex pecunia item quam abunde a Mercatorum Præposito acceperat, Germanos milites multos stipendiarios adscripsit, Brabantios item Hannonios & Bohemos, ex aliisque nationibus plurimos. Philippus vero Ebroicensis Comes frater ejus Meduntam, Mellentumque cepit. Cum sic Sequanam fluvium occuparent, ne annona Lutetiam veniret, urbs multa cibi penuria laborabat. Navarræi etiam castella quædam ad Isaram ceperunt, Malum-Consilium, Crellium & alia, & ne per hunc etiam fluvium quædam Lutetiam adveherentur impediebant, ac nonnisi pecunia grandi frumentariis navibus transeundi licentiam concedebant; ita ut Crellii Rector centum mille libras hoc modo corraserit. Qui Malum-Consilium castrum occupabant, omnem circa Noviomum regionem desolabantur; urbes quoque muris non instructas & Abbatias ad tantum auri solvendum compellebant, ne expilarentur. Qui Heriellum occupabant, agros circa Ambianum, Atrebarum, Peronam, & Montem-Desiderium desolabantur. Navarræi Sanctum etiam Valaricum occuparunt, atque agros vicinos usque adeo populati sunt, ut multis in locis arari non posset, quæ res magnam annonæ caritatem induxit.

Froissar. Contin. Nangii.

JEAN II. dit le Bon.

Le Regent ramaſſoit auſſi des gens de ſon côté : à ſa priere grand nombre de Seigneurs & Chevaliers de la Picardie, du Vermandois & de Flandre s'aſſemblerent accompagnez de gendarmes à pied & à cheval, d'archers & d'arbaletriers, & allerent aſſieger le château de Mauconſeil. L'Evêque de Noion commandoit à ce ſiége, accompagné de pluſieurs Seigneurs & Chevaliers du payis. Mais les Navarrois des places voiſines s'étant aſſemblez la nuit vinrent les ſurprendre, en tuerent un grand nombre, & firent beaucoup de priſonniers, du nombre deſquels fut l'Evêque de Noion. Ces Navarrois faiſoient tous les jours des entrepriſes, & trouvoient peu de réſiſtance. Il n'y avoit qu'Enguerrand Sire de Couci, qui leur tint tête ; il les empêcha toujours de rien avancer ſur ſes terres, qui étoient d'une grande étendue ; aidé du Chanoine de Roberſart, homme brave & déterminé, qui tua quantité de Navarrois en differentes rencontres.

Le Sire Jean de Piquigni partiſan du Roi de Navarre, aiant des intelligences dans Amiens voulût s'en rendre maître. Il ramaſſa un grand nombre de Navarrois s'y rendit la nuit, ſes gens prirent le fauxbourg, & s'y étant amuſez trop longtems, l'allarme ſe mit dans la ville, les Bourgeois s'armerent ; d'un autre côté le Connétable de Fiennes arriva avec une groſſe troupe de gendarmes. Les Navarrois voiant qu'il n'y faiſoit pas bon pour eux, pillerent & brûlerent le fauxbourg & ſe retirerent à la faveur de la nuit chargez de butin. Après quoi on executa dans la ville ceux qui avoient conſpiré de les en rendre les maîtres. On fit le même traitement à Laon à d'autres qui vouloient introduire dans la ville les Navarrois. L'Evêque partiſan déclaré du Roi de Navarre, fut obligé pour ſauver ſa vie de ſe retirer à Melun.

Ces Navarrois faiſoient des maux infinis dans le Roiaume, ſur tout autour de Paris, dans la Normandie, la Picardie, la Champagne, & ſur la Loire, ils interrompoient toute ſorte de commerce. Cela cauſa une ſi grande cherté de vivres que le baril de harancs ſe vendoit juſqu'à trente écus d'or. Les pauvres gens mouroient de faim. Cette cherté dura plus de quatre ans. Preſque toute la reſſource qu'avoit le Dauphin Regent pour tirer quelque argent & paier les troupes, étoit le ſel que ſes gens vendoient fort cher : autre poids, qui accabloit les pauvres gens déja ruinez.

Le Connétable qui étoit venu ſi à propos pour ſauver Amiens, alla enſuite aſſieger S. Valeri, avec les troupes que lui fournirent les villes de Picardie, d'Artois, de

Entrepriſe des Navarrois ſur Amiens, manquée.

Delphinus quoque armatos viros magno numero colligebat : ipſo rogante, multi Primores & Equites Picardiæ, Veromanduenſis tractus & Flandriæ, collectis equitibus, peditibus, ſagittariis & baliſtariis Malum-Conſilium caſtrum obſederunt, duce Epiſcopo Noviomenſi, cui proceres & equites plurimi aderant. At Navarræi ex preſidiis vicinis, noctu illos nec opinantes invaſerunt, urbem capere tentavit, Navarræis coactis multis, illo noctu ſe contulit, ſuburbia Navarræi occuparunt, ſed cum moras traxiſſent, rem ſenſerunt oppidani, atque arma arripuere. Aliunde vero Conſtabularius de Fiennes, cum grandi armatorum manu ſupervenit. Navarræi vero ſibi timentes, favente nocte, expilato & incenſo ſuburbio, præda onuſti diſceſſerunt ; tuncque in urbe cæſi ſunt ii qui ipſam Navarræis tradere conſpiraverant. Eodem modo plexi ſunt alii qui Laudunum ipſis dedere voluerant. Epiſcopus, qui Regi Navarræ ſtudebat, Milodunum fugere compulſus eſt.

Mala innumera Navarræi in regno perpetrabant, præſertim circum Lutetiam, in Normannia, Picardia, Campania & ad Ligerim, unde tanta annonæ caritas ſuborta eſt, ut harengorum cadus triginta ſcutis aureis veniret : infima plebs fame enecabatur. Tam infelix rerum conditio ad annos quatuor extracta eſt. Delphinus autem ad armatorum ſtipendia ſolvenda, nonniſi ex ſale pecuniam corradere poterat, quod ideo multo precio vendebatur.

Conſtabularius, qui Ambiani ſervandi cauſa tam opportune venerat, Sanctum Valaricum obſedit, cum copiis a civitatibus Picardiæ, Arteſiæ & Flandriæ ſibi

Qq iij

Flandres, & de Hainaut. La garnison Navarroise, se défendit bien, ils avoient du canon, dit Froissart, & le siége tira en longueur. Pendant cette guerre arriva à Cherbourg le Captal de Buch cousin du Roi de Navarre, qui l'avoit prié de lui amener deux cens lances pour être à son service & à ses gages. Il se rendit avec sa troupe à Mante, où étoit Philippe Comte d'Evreux frere du Roi de Navarre. Il partit de là secretement pour aller surprendre Clermont en Beauvoisis. La ville n'étoit point fermée de murailles; mais il y avoit un fort château, & de difficile accès. Il s'en rendit pourtant le maître avec des échelles de corde, dont un de ses gens se servoit fort dextrement. Ce fut un surcroit de malheur pour le Vexin & le Beauvoisis ; payis déja ruinez par les courses des autres places que les Navarrois tenoient.

Les Navarrois désolent plusieurs Provinces.

Ils aqueroient toujours des forteresses, & portoient la derniere désolation dans les Provinces voisines. Ils avoient pris plusieurs forts châteaux dans le Valois, dans les Evêchez de Noion, de Senlis, de Soissons, & de Laon, commandez par plusieurs Chevaliers de leur parti ; du côté de Pont sur Seine, Provins, Troie, Auxerre & Tonerre, ils désoloient tellement les campagnes, que personne n'osoit sortir des villes. Entre Châlon & Troie, Pierre d'Andelée un de leurs plus renommez partisans, tenoit le château de Beaufort, d'où il faisoit le dégât dans les payis voisins ; d'un autre côté Eustache d'Auberticourt Hennuier, avec cinq cens combattans désoloit les campagnes des environs. Il y avoit encore en Champagne un nommé Albrest Aleman, partisan de Charles le Mauvais, qui portoit le fer & le feu par tout. Ces trois derniers Capitaines avoient en Champagne & sur la Marne plus de soixante châteaux, & pouvoient en s'assemblant faire plus de deux mille hommes, qui rançonnoient & pilloient tout impunément. Ils avoient pris & pillé la plupart des villes sur la Marne, jusqu'à Château-Thierri. En Bourgogne du côté du Bassigni se tenoient pour le Roi de Navarre, Thibaud & Jean Chaufour, qui avoient pris du côté de Langres le château de Mont-Sanson, & couroient jusqu'à Verdun. Un Capitaine Anglois nommé Rubigois de Duri, qui se tenoit entre Lân & Rheims dans un fort château, après avoir assemblé beaucoup d'argent en pillant & rançonnant, paioit exactement ceux qui venoient à son service, & ramassa ainsi jusqu'à six cens hommes. Il prit la petite ville & le château de Roussi, où il s'établit : il saisit le

---

subministratis. Navarræum præsidium hostem strenue propulsavit, & diuturna obsidio fuit. Interea ad Cæsaris-Burgum appulit Capitalis Boiorum qui Regis Navarræ cognati sui rogatu, ducentos lancearios ejusdem Navarræi stipendiarios adducebat. Inde Meduntam cum agmine suo venit, ubi erat Philippus Ebroicensis Comes, Regis Navarræ frater. Inde vero clam profectus est, ut Clarum-montem in Bellovacensi tractu clam invaderet. Non mutis clausum oppidum, sed castellum munitum erat & aditu difficili ; quod tum ex suis quispiam, adhibitis scalis & funibus concinnatis, solerter expugnavit. Hinc nova pernicies Veliocassibus & Bellovacensibus accessit, quorum jam agri a Navarræis castella occupantibus direpti fuerant.

Idem.

Alia in dies oppida & castella invadebant, extremamque desolationem inferebant in vicinis regionibus. Plurima munita castella tenebant in Valesio tractu, inque agris Noviomensibus, Silvanectensibus, Suessionensibus, Laudunensibus. Præsidiorum duces erant factionis suæ equites. Versus Pontem-ad-Sequanam, Trecas, Antisiodorum & Tornodurum, agros ita devastabant, ut auderet nemo ex urbibus egredi. Trecas inter & Catalaunum Petrus de Andelea, inter Navarræos conspicuus, castellum de Bello-forti dictum occupabat, vicinosque desolabatur agros. Ex altera vero parte Eustachius de Alberti-cutte Hanoniensis, cum quingentis armatis sociis, agros circum depopulabatur. In Campania quidam insuper Germanus erat Albrestus nomine, Navarræae factionis, qui omnia igni ferroque vastabat. Hi porro tres postremo memorati duces in Campania & ad Matronam fluvium castella plus sexaginta occupabant : poterantque simul bis mille armatos una cogere, qui omnia impune diriperent, & pecunias extorquerent. Hi omnes pene ad Matronam sitas urbes ceperant & expilaverant ad usque castrum-Theodorici. In Burgundia versus Bassiniacum agrum pro Rege Navarræ stabant Theobaldus & Petrus de Chaufour, qui Montem-Samsonem Castellum prope Lingonas ceperant, & ad Virdunum usque prædas agebant. Anglus quidam nomine Rubigosius de Duriaco, qui Laudunum inter & Remos in munitissimo Castro sedes habebat, postquam diripiendo & extorquendo multum pecuniæ corraferat, armatis, qui se convenirent, stipendia accurate solvebat ; sicque ad usque sexcentos socios collegit. Russiacum oppidum & castrum vi cepit, ibique sedem posuit. Comitem

JEAN II. dit le Bon.

Comte de Rouffi, fa femme & fa fille, dont il tira une rançon de douze mille florins d'or au mouton, & le Comte fut obligé de fe retirer à Lân. Tous ces pillars défoloient tellement les campagnes, que les payifans n'ofoient plus labourer les terres, ce qui caufa une extreme difette dans ces provinces. La France ne fe vit jamais en une plus trifte fituation.

Ces Navarrois qui étoient de la compagnie de l'Anglois dont nous venons de parler, reçurent en ce tems-ci un échec confiderable. Etant allez en courfe au nombre de trois cens, tous bien montez, ils rencontrerent le Sire de Pinon Gentilhomme François à la tête de foixante chevaux. Celui-ci voiant que la partie n'étoit pas égale, & que les Navarrois mieux montez que fes gens auroient bien-tôt atteint fa troupe, alla fe retrancher dans un lieu qui fe trouva là par fortune à fa bienféance, bordé d'un côté d'un foffé large & profond, & de l'autre de fortes haies, où il n'y avoit qu'une entrée étroite. Le Sire de Pinon envoia avertir le brave Chanoine de Roberfart du péril où il fe trouvoit, & lui demander fecours. Roberfart étoit à cinq lieues de là, & il falloit que Pinon foutint fort longtems les efforts des Navarrois pour l'attendre. Cela ne l'effraia point : il fe défendit dans ce pofte depuis le matin jufqu'au foir avec une valeur extraordinaire. Roberfart averti du péril où fe trouvoit Pinon, fonne la trompette, affemble fix-vingt cavaliers. Il ne voulut pas attendre les autres, parce que l'affaire étoit fort preffée. Il arrive à tems, donne fur ces Navarrois, en tue d'abord trois de fa hache, met la terreur parmi les autres qui ne tinrent pas longtems; il en demeura cent cinquante fur la place. Les autres prirent la fuite & rencontrerent fur leur chemin une troupe de gens armez fortis de Lân, qui les chargerent & les taillerent en pieces, en forte que de trois cens il ne s'en fauva que quinze.

Le fiége de S. Valeri, où commandoient le Connétable de Fienne & le Comte de S. Paul, dura depuis le commencement du mois d'Août jufqu'au Carême fuivant. Les affiegez bien munis d'artillerie fe défendirent fi bien que les affiegeans difcontinuerent leurs attaques, refolurent de prendre la place par famine, & firent foigneufement garder tous les paffages de peur que quelque convoi n'y entrât. Les affiegez fe rendirent enfin par compofition dans le tems que Philippe Comte d'Evreux arrivoit avec environ trois mille hommes, pour jetter quelque fecours dans la place. Le Connétable qui avoit mis garnifon dans Saint Valeri marcha avec fon armée contre le Comte d'Evreux, qui eut grand peine

---

quoque Ruffiaci cum uxore & filia cepit, a quo duodecim millia aureorum florenorum aeft libertatem recuperandam exegit. Comes vero poftea Laudunum fe recipere coactus eft. Illi tot tantique praedones agris tantam inferebant vaftitatem, ut rustici arare non ultra auderent, unde ingens annonae caritas neceffario fequebatur. Nulla major unquam fuerat in Gallis defolatio.

Iidem. Navarraei illi, qui cum Anglo fupra memorato praedas agebant, cladem accepere non modicam. Cum trecenti equites exiffent, incidente in virum nobilem, de Pinonio dictum, qui cum fexaginta equitibus viam carpebat. Hic cum fe viribus imparem & Navarraeos vegetioribus inftructos equis cerneret, neque elabi fe alio modo poffe exiftimaret, in locum quemdam, hinc foffa illinc fepibus munitum, forte fortuna oblatum, fe recepit, in quem per anguftum aditum intrabatur. Tunc famulum auxilii petendi caufa mifit ad Canonicum illum ftrenuum Roberfartium, qui Canonicus ex quinque leucarum fpatio evocandus erat : quapropter Navarraeorum impetus diu coercendus erat. Et probe ille fortiterque ab horis matutinis ad vefperam ufque propulfavit. Roberfartius cum comperiffet quo in periculo Pinonius effet, tuba canit, centum viginti equites evocat, caeteros non fine periculo exfpectari poffe credens, proficifcitur, & ad Navarraeos pergit, quorum tres in primo conflictu fecuri perculfos interimit; tunc illi terrore perculfi non diu ftetere pugnantes, fed amiffis fuorum centum quinquaginta, in fugam verfi funt, atque inciderunt in oppidanos Laudunenfes armatos, qui in fugientes irruperunt & internecina pene caede fuftulerunt; ita ut ex trecentis vix quindecim redierint.

S. Valarici obfidio ducibus Conftabulario & Comite de S. Paulo, ab initio Augufti ad Quadragefimam anni fequentis protracta eft. Praefidiarii machinis inftructi bellicis ita obfidentium oppugnationem propulfarunt, ut finem oppugnandi facerent, & fame illos ad deditionem compellere decernerent, fummaque adhibita cura ne annona ipfis adveheretur, eo deduxerunt, ut pactis conditionibus oppidum dederent, quo tempore Philippus Ebroicenfis Comes ad opem obfeffis ferendam cum armatis ter mille accedebat. Conftabularius vero cum exercitu infequutus eft

à se sauver avec sa troupe, & auroit infailliblement été défait, si ceux de S. Quentin n'avoient refusé au Connétable & à ses gens l'entrée dans leur ville, où il s'étoit rendu la nuit pour y passer la Somme.

En ce même tems Pierre d'Andelée, autre Chef des Navarrois, fit une tentative pour se rendre maître de Châlon en Champagne. Il marcha avec sa troupe, passa la Marne qui étoit fort basse, & se saisit d'une partie de la ville d'un côté de la riviere. Il tâchoit de passer à l'autre côté pour s'en rendre maître. Les Navarrois voulurent gagner le pont; mais ils trouverent de la résistance du côté des Bourgeois, qui avoient bien de la peine à soutenir leurs efforts. Sur ces entrefaites arriva le Sire de Granci avec quantité de Chevaliers & d'Ecuiers. Quand les Navarrois virent ce renfort, ils se battirent en retraite, & passerent la riviere pour s'en retourner. Il y eut beaucoup d'autres petits combats & des rencontres; une entre autres où le Comte de Roussi, qui avoit été pris, & après avoir perdu sa terre, avoit payé une grosse rançon, fut en la même année pris une seconde fois par les Navarrois, avec plusieurs autres Seigneurs & Chevaliers.

Melun incommodoit extrémement Paris, la garnison qui y étoit pour le Roi de Navarre empêchoit que rien ne passât : le bois qui venoit tout de ce côté-là ne descendant plus à l'ordinaire, il y étoit extrémement cher. Le Regent envoia le Connétable de Fienne accompagné de plusieurs autres Seigneurs, pour former le siége de cette ville, où se trouvoient alors trois Reines, Jeanne de Navarre femme de Charles le Bel, Blanche sœur du Roi de Navarre femme de Philippe de Valois, & Jeanne sœur du Regent, femme du Roi de Navarre. Ce siége tira en longueur, & pendant ce tems-là le Cardinal de Perigord & un autre son Associé, tâchoient de faire la paix entre les deux Princes. La chose paroissoit extrémement difficile, tant les deux partis étoient éloignez l'un de l'autre dans leurs prétentions. Mais on ne sait par quel mouvement, (un Auteur dit que ce fût par une inspiration du S. Esprit) le Roi de Navarre vint tout d'un coup rendre le Regent Dauphin maître des conditions de cette paix, jusqu'à lui dire qu'il consentoit que lui Regent gardât les villes qui lui devoient être rendues, jusqu'à ce que sa conduite lui auroit donné des preuves de sa bonne foi. La paix se fit donc sans aucune difficulté, & le Roi de Navarre contre son ordinaire parut s'y porter avec toute la sincerité possible. Philippe d'Evreux frere du Navarrois, esprit violent, fut si indigné de cette paix, qu'il quitta son frere

Paix faite entre le Roi de Navarre & le Regent.

Comitem, qui cum agmine suo vix salvus evasit, & sine dubio captus cæsusve fuisset, nisi S. Quintini cives Constabularium & suos ab ingressu in urbem suam cohibuissent, ubi Somonam pertransituri erant. Eodem tempore Petrus de Andelea cum Navarræis Catalaunum capere tentavit. Cum agmine autem suo partem urbis ad alteram fluminis ripam positam cepit. Cum porro Navarræi flumen trajicere conarentur ut alteram partem occuparent, & pontem trajicere vellent ab oppidanis repulsi sunt. Illo tempore advenit D. de Granciaco, cum equitibus & scutiferis multis, quod ubi viderunt Navatræi, receptui cecinerunt, & trajecto flumine recessere. Alia minora prælia fuere expeditionesque minores; in quarum una Comes Russiacensis, qui jam captus fuerat, & amissa terra sua, pecunia grandi libertatem suam redemerat, secundo captus est eodem anno cum multis Proceribus & Equitibus.

Idem.

Meloduni præsidium Lutetiæ multum incommodi pariebat; ne quid enim secundo flumine in urbem transveheretur impediebat. Ligna omnia inde comportabantur; quare cum nihil ligni ultra accederet, magno pretio emebatur. Misit porro Regens Constabularium cum multis aliis Nobilibus, qui Milodunum obsiderent, ubi tunc erant tres Reginæ, Joanna quæ uxor fuerat Caroli Pulcri, Blancha Regis Navarræ soror, conjux olim Philippi Valesii, & Joanna Delphini soror, uxor Regis Navarræ. Diuturna fuit obsidio, & interea Cardinalis Petragoricensis & alius ejus socius pacem ambos inter Principes conciliare satagebant. Admodum difficilis res erat, nulla enim concordiæ ratio excogitari posse videbatur. Verum quo movente ignoratur, alius Scriptor dicit, *quasi Spiritu Sancto inspiratus* Rex Navarræ subito Delphinum pacis conditionum arbitrum constituit, ita ut etiam diceret illi, per ipsum Regem Navarræ licere ut ipse Delphinus urbes sibi reddendas servaret, donec experimento & fidem & sinceritatem suam edidicisset. Pax sine ulla difficultate facta est. Rex Navarræ præter morem omnia sincero animo fecisse visus est. Philippus vero Ebroicensis, frater Navarræi Regis, aspero vir animo, de pace hujusmodi usque adeo indigna-

Cont. Nang. Froissart.

pour

JEAN II. dit le Bon.

pour se donner au Roi d'Angleterre. Melun fut rendu au Regent, & Paris se trouva dans une plus grande liberté de commerce.

Mais les payis voisins ne goûterent point les fruits de cette paix. Ceux qui tenoient les forteresses & qui pilloient les payis voisins, les retinrent toujours pour continuer leur brigandage. Et la tréve étant finie entre la France & l'Angleterre, les Anglois se mirent à désoler les payis voisins. Après la paix faite le Regent pria Broquart de Feneftrages Seigneur Lorrain d'aller se joindre aux troupes de Champagne & de Bourgogne pour donner la chasse aux Anglois, qui ravageoient la Champagne, lui promettant une bonne somme d'argent pour lui & pour ses gens, qui montoient à cinq cens hommes. Les troupes de ce payis-là qui s'assemblerent, étoient commandées par l'Evêque de Troye, Jean de Châlon, le Comte de Joui, & le Comte de Janville. Toute la troupe montoit à deux cens lances & quinze cens Brigans, c'étoit de l'infanterie bien armée. Il assiegea & prit le fort château de Hans, & tailla en pieces quatre-vingts Anglois qui le gardoient. Eustache d'Auberticourt qui commandoit pour le Roi d'Angleterre en Champagne, marcha contre eux avec quatre cens lances & deux cens archers. Et voiant les ennemis en beaucoup plus grand nombre qu'il ne croioit, il se retrancha sur une colline dans des vignes auprès de Nogent sur Seine : Eustache & ses gens se défendirent en braves. Ils repousserent les François à la premiere attaque, & se battirent toujours jusqu'à ce que les Brigans furent arrivez. Alors accablez par le grand nombre ils furent défaits & presque tous tuez ou pris, d'Auberticourt lui-même demeura prisonnier. Après quoi Feneftrages sous prétexte qu'il n'avoit pas touché les sommes promises par le Dauphin, fit beaucoup plus de ravage en Champagne que les Anglois n'en avoient fait. On s'accorda enfin avec lui & ses gens, qui reçurent bien au de là de ce qu'on leur avoit promis.

Après cette défaite les compagnies des Navarrois commencerent à se dissiper & à quitter leurs postes. Ceux qui suivoient Eustache d'Auberticourt, se retirerent dans des forts & des châteaux plus éloignez ; & vers le même tems Jean de Pequigny le plus zélé partisan du Roi de Navarre fut étranglé par son Chambellan, on ne sait pourquoi. Luc de Bekusi son Conseiller périt aussi d'un même genre de mort. Les Navarrois qui gardoient la forteresse de Mauconseil, la vendirent à ceux de Noion pour le prix d'environ douze mille moutons, sorte de

---

Froissart.

tus est, ut relicto fratre ad Regem Angliæ transiret. Melodunum Regenti restitutum fuit, & Lutetia commercii libertatem nacta est.

At vicinæ regiones pacis hujusmodi commoda non sensere. Qui castra tenebant & vicinos tractus devastabant, ipsa retinuere, ut prædas agere pergerent. Et cum induciarum tempus Anglos inter & Francos dilapsum esset, Angli vicinos agros depopulati sunt. Post factam pacem, Regens Brocardum de Feneftragiis nobilem Lotharingum rogavit copias Campaniæ & Burgundiæ jungeret, ut Anglos qui Campaniam devastabant reprimeret, summam pecuniæ pollicitus ipsi & suis, qui numero quingenti erant. Armatorum autem Campaniæ & Burgundiæ qui collecti sunt duces erant Episcopus Trecensis, Joannes Cabilonensis, Comes Joviaci, & Comes Janvillæ. Tota pugnatorum manus erat numero ducentarum lancearum, & mille quingentorum peditum velitumque. Ansium vero castrum munitissimum obsedit & cepit Brocardus, & 80 Anglos præsidiarios occidit. Eustachius vero de Alberticurte, Anglorum in Campania dux, cum quadringentis lanceis & ducentis sagittariis contra illum movit : ubi vidit autem hostem numerosiore, quam putabat, agmine instructum, in colle & intra vineas sese munivit prope Neomagum. Statim Angli fortiter pugnarunt & Francos repulerunt ; sed peditibus advenientibus, tandem Angli victi, ac ferme omnes cæsi vel capti sunt, captus item fuit Eustachius dux. Postea Brocardus questus quod pecuniæ summam a Delphino sibi promissam non accepisset, longe majores prædas in Campania egit, quam Angli egerant. Demumque cum illo & ipsius militibus conventum est, qui plus accepere quam promissum fuerat.

Post hujusmodi cladem, Navatræorum agmina abacta sunt, & pridem occupata loca deserere cœperunt ; qui Eustachium sequebantur ad remotiora castra se recepere. Eodem circiter tempore Joannes de Pequiniaco a *Cambellano* suo strangulatus est : qua de causa ignoratur. Lucas de Bekusiaco, qui ipsi a consiliis erat, eodem mortis genere periit. Navarræi qui Malum-Consilium castrum tenebant, ipsum duodecim millium aureorum precio Noviomensibus vendidere.

Idem.

monnoie. Les autres forterefles, qui tenoient pour le Roi de Navarre, dès qu'il eut fait fa paix avec le Dauphin, fe tournerent du côté des Anglois. Ceux de Noion, qui avoient acheté cherement le château de Mauconfeil, le raferent entierement dès qu'ils en eurent la poffeffion. Jean de Segure autre Chef des Navarrois dans la Champagne vendit à l'Evêque de Troie la fortereffe de Nogent fur Seine pour une groffe fomme de florins. L'Evêque qui n'avoit pas cet argent prêt lui donna une promeffe fcellée de fon feau, & il livra la fortereffe. Sur la parole de l'Evêque il vint en fon Palais, où il demeura quelques jours, tandis que l'Evêque ramaffoit l'argent dont ils étoient convenus. La Commune de Troie fçût que Jean de Segure étoit chez l'Evêque, elle fe mutina & s'attroupa jufqu'au nombre de fix mille hommes, à deffein de tuer Jean de Segure. Le Prélat eut beau leur reprefenter que ce feroit une grande *déloiauté* de faire périr ainfi un homme contre la foi donnée; ils entrerent, chercherent par tout Jean de Segure, & l'aiant trouvé, ils le maffacrerent. Les gens des Communes ne faifoient aucun quartier à ces pillards, quand ils pouvoient les attraper.

Environ la mi-Août de l'an 1359. Jean de Craon Archevêque de Rheims, ramaffa des troupes dans fa ville, dans le Comté de Rethel & dans le Lânois, & alla mettre le fiége devant le château de Rouffi. Les affiegez fe rendirent au bout de cinq femaines, la vie & les bagues fauves, avec des lettres de fûreté pour aller où ils voudroient. Les Communes coururent fur eux & en maffacrerent la plus grande partie malgré les remontrances des Seigneurs, qui ne purent qu'à peine fauver Hennequin Capitaine François.

Vers ce même tems Robert Knolle, un des grands pillards de ce fiécle, ramaffa trois mille hommes, marcha le long de la Loire, la paffa & entra dans le Berri, défolant & brûlant tous les lieux où il paffoit. On difoit qu'il avoit deffein de traverfer l'Auvergne, & de fe rendre à Avignon, pour y exiger du Pape quelque groffe fomme. Pour s'oppofer à fon paffage les Seigneurs & Gentilshommes de l'Auvergne, du Limofin & de Foreft s'affemblerent en grand nombre, dont les principaux étoient le Dauphin d'Auvergne & le Comte de Foreft. Ils marcherent contre ces brigans: ils monterent fur une montagne pour obferver leur ordre, leur nombre & leur marche. Les Anglois fe mirent auffi fur la montagne oppofée, dont l'accès étoit difficile de ce côté-là. Les Auver-

---

Idem.

Alia caftella & arces, quæ pro Rege Navarræ ftabant, poftquam ille pacem cum Delphino fecerat, ad Anglos defcivêre. Noviomenfes autem multo precio emtum Malum-Confilium caftrum folo æquarunt. Joannes de Segura, Dux alius Navarræe gentis in Campania, Novigenti ad Sequanam caftellum pro magna *florenorum* fumma Epifcopo Trecenfi vendidit. Epifcopus vero qui tantam fummam penes fe paratam non habebat, promiffum figillo fuo munitum dedit Joanni, qui caftrum ipfi tradidit; ac poftea fidem dante Præfule, ad Epifcopales ædes venit, ibique per aliquot dies verfatus eft, dum Epifcopus promiffam pecuniam corraderet. Cives autem Trecenfes ubi compererunt Joannem de Segura in Epifcopalibus ædibus degere, commoti, & ad fex mille homines in unum coacti, prædonum Ducem interficere decreverunt. Fruftra vero clamante, obteftante Epifcopo ac dicente, non licere contra datam fidem facinus tantum perpetrare, turba populi in ædes irrumpit, Joannem de Segura quærit, & repertum obtruncat. Cives enim urbium & oppidani quique, prædones hujufmodi, fi quando caperent, fine mora perimebant.

Circa dimidium Augufti anni 1359. Joannes de Cratamno Archiepifcopus Rhemenfis copias collegit in urbe fua, in Comitatu Retelienfi & in Laudunenfi tractu, & Rufciacenfe caftellum obfedit. Poft elapfas quinque hebdomadas præfidiarii caftellum dedidêre, illa conditione ut cum figillatis literis, quo vellent fe reciperent, At civium oppidanorumque turba illos infequuta, maximam partem occidit, fruftra reclamantibus proceribus, qui Hennequinium Francum illorum ducem vix eripere potuerunt.

Eodem ferme tempore Robertus Knollus inter prædones iftius ævi confpicuus, ter mille viros una coegit, & ad oram Ligeris iter agens, flumen demum trajecit, & in Biturigum regionem ingreffus, omnia igni ferroque devaftavit. Rumor erat illum per Avernos tranfiturum, Avenionemque venturum, ut a Summo Pontifice multum auri exigeret. Ut a tranfitu cohiberetur, Primores & Nobiles Arverniæ, Lemovicinæ regionis & Forefiæ una convenêre, quorum præcipui erant Delphinus Arverniæ & Comes Forefiæ. Hi adverfum prædones moverunt: in montem vero confcenderunt, ut obfervarent quo ordine & numero illi procederent, Angli quoque in montem afcenderunt, cujus aditus ex illo latere difficilis erat. Arverni vero,

Idem.

JEAN II. dit le Bon. 315

gnacs qui vouloient les attaquer & qui savoient mieux le payis, resolurent d'aller à eux en faisant un détour par un endroit où la montagne étoit bien plus accessible. Knolle fut averti de leur dessein par un Anglois qui s'échappa, & qui vint lui en porter la nouvelle. Il tint conseil, & l'on ne jugea pas à propos de tenter le sort d'un combat contre un corps de troupes beaucoup plus nombreux que le leur. Ils se retirerent en diligence, & quand les Auvergnacs vinrent, il n'y trouverent plus personne, & s'en retournerent chez eux.

La tréve entre la France & l'Angleterre étant finie, le Roi Edouard fit un traité de paix avec le Roi de France son prisonnier. Ce traité fut apporté en France. Le Regent fit assembler les Etats, là se trouva aussi le Roi de Navarre. Les conditions de la paix parurent si dures, que d'un commun accord elles furent rejettées. Quand le Roi Jean aprit tout ceci. *Ha, ha,* dit-il, *Charles beau fils, vous vous conseillez au Roy de Navarre, qui vous deçoit & en deçevroit quarante tels que vous estes!*

Edouard piqué de ce refus, leva la plus grande armée qui fut jamais sortie d'Angleterre, qui montoit à près de cent mille hommes, & l'embarqua sur un nombre presqu'infini de vaisseaux & de bâtimens. Il envoia au devant de lui le Duc de Lancastre, qui vint aborder à Calais avec un bon corps de troupes. Il y trouva un si grand nombre d'Etrangers Alemans, Brabançons, Flamans & autres, venus pour offrir leurs services au Roi Edouard, que la ville en étoit presque affamée. Il les mena dans l'Artois pillant & désolant le payis par où il passoit. Il attaqua la petite ville de Bray, qui fit une si vigoureuse résistance, que voiant bien qu'il y perdroit sa peine, il leva le piquet. Le Roi Edouard vint aussi descendre à Calais deux jours avant la Toussaint de l'an 1359. Peu après son arrivée, il marcha avec sa grande armée du côté de Rheims qu'il vouloit assieger, il passa par l'Artois & par le Cambresis, & vint enfin mettre le siége à Rheims. La ville étoit si bien munie de gens de guerre, qu'il eut perdu & son monde & sa peine, s'il eut tenté de la prendre de force : il demeura donc devant la place près de deux mois sans donner aucun assaut. Pendant ce siége, il y eut quelques combats, où tantôt les uns, tantôt les autres eurent le dessus; le plus considerable du côté des François fut la défaite du Sire de Commegines qui venoit joindre le Roi d'Angleterre avec trois cens hommes: il fut attaqué par le Sire de Roie ; il demeura sur la place & tous ses gens furent tuez

Le Roi de Navarre vient en France avec une grande armée.

1360.

Idem.

quibus notior regio erat, ut illos adorirentur, montem circuire decreverunt, ut illos per faciliorem locum oppugnarent. Rem comperit Knollus, nunciante Anglo quodam, qui ex Arvernis aufugerat, habitoque consilio visum fuit non expedire cum longe minore copiarum numero belli fortunam tentare. Receptui ergo confestim cecinere, & advenientes Atverni, nemine comparente, retro cessère.

Idem.

Elapso induciarum inter Angliam & Franciam tempore, Eduardus rex pacis conditiones cum Joanne Rege tunc captivo transegit. Quibus conditionibus in Franciam allatis, Delphinus Regni Ordines in unum coegit : adfuit etiam Navarræ Rex. Illæ vero conditiones adeo duræ & iniquæ visæ sunt, ut de communi omnium sententia rejectæ fuerint. Joannes vero Rex ubi primum rem didicit : Ah Carole fili, inquit, ad consilium adhibes Regem Navarræ qui te fallit, & quadraginta tibi similes falleret !

Eduardus repulsam non ferens, exercitum collegit quo numerosior nunquam ex Anglia eductus fuerat, ad centum enim millia pugnatorum fere pertingebat, qui exercitus innumeras pene conscendit naves. Prævium porro misit Lancastriæ Ducem, qui Caletum appulit cum valida pugnatorum manu. Ibi vero tot Germanos, Brabantios, Flandrenses & alios reperit, qui pro Eduardo pugnaturi veniebant, si luberet ; ut oppidum jam fames invaderet. Duxit autem illos in Artesiam, ubi agros diripuit & devastavit. Braium oppidulum oppugnavit : sed ita strenue a præsidiariis repulsus est, ut a cœptis desisteret. Rex item Eduardus Caletum appulit, trigesima Octobris anno 1359. Paucis post exscensum diebus, versus Rhemos cum exercitu movit, per Artesiam & Cameracensem tractum ante Rhemos venit urbemque obsedit. Cum videret autem urbem munitam & præsidio magno instructam esse, ita ut illam se capere non posse putaret etiam cum multo labore & magna suorum cæde, per duos fere menses ante urbem castra metatus est, nulla oppugnatione facta. Interea aliquot pugnæ fuere, ubi modo hi, modo alii prosperam fortunam experti sunt. Commeginius quidam Dux, qui cum trecentis viris ad Regem Eduardum properabat, D. de Roia adoriente cecidit, om-

Tome II. R r ij

ou pris. Les Anglois prirent la ville de Commerci, & le château, qui passoit pour imprenable. Edouard voiant enfin que son armée seroit plutôt affamée que la ville, & qu'il perdroit un grand nombre de chevaux faute de fourages, leva le siége. Plusieurs Auteurs disent qu'il étoit venu assieger Rheims dans le dessein de s'y faire sacrer & couronner Roi de France : ce qui étoit assez vraisemblable.

Après la levée du siége, Edouard prit son chemin par la Champagne & vint du côté de Troie. Ses gens attaquerent inutilement plusieurs petites places : ils prirent pourtant la ville de Tonnerre, où ils trouverent des vivres & du vin en abondance ; mais le château se défendit si bien, qu'après quelques assauts, ils le laisserent. Le Roi d'Angleterre & les Seigneurs de son armée menoient un grand train, les chariots de bagage montoient bien à six mille, sur lesquels il y avoit plusieurs petites barques de cuir bouilli, dont chacune pouvoit contenir trois hommes, & dont ils se servoient pour pêcher dans les étangs & les viviers qui se trouvoient sur leur route. Le Duc de Bourgogne voiant que l'armée du Roi d'Angleterre saccageoit & brûloit les bourgs & villages, traita avec lui, & moiennant deux cent mille francs il obtint d'Edouard que ses gens ne feroient plus dans ces terres ce dégât affreux qu'elles faisoient auparavant. Le Traité fut pour l'espace de trois ans.

L'armée Angloise aiant traversé la Bourgogne, Edouard la fit marcher droit à Paris : elle arriva au Bourg-la-Reine, & se mit à désoler les campagnes voisines. D'un autre côté le Roi de Navarre se tenoit dans la Normandie, & faisoit un grand dégât jusqu'aux environs de Paris. Ce Prince remuant s'étoit depuis peu brouillé de nouveau avec le Regent, & lui faisoit la guerre. Le Roi Edouard étant campé au Bourg-la-Reine, il envoia défier le Regent, qui ne répondit rien à ce défi. Quelques Seigneurs Anglois étant venus escarmoucher jusqu'aux barrieres de Paris, y furent bien reçûs par la Noblesse Françoise. Le combat dura quelque tems avec peu de perte de part & d'autre. Quand le Roi d'Angleterre partit du Bourg-la-Reine pour aller du côté de Mont-le-heri, des jeunes Seigneurs François étant sortis de Paris pour aller chercher quelque avanture, tomberent dans une embuscade, où il en fut tué & pris quelques-uns. Les autres voiant la partie trop forte se retirerent plus vîte que le pas.

Edouard mena son armée dans la Beausse, & tourna du côté de Chartres. Ce-

---

nesque qui cum illo erant vel cæsi vel capti sunt. Angli vero Commercium oppidum ceperunt, necnon castellum quod inexpugnabile esse putabatur. Prævidens Eduardus exercitum suum citius quam urbem fame conficiendum fore, & pabuli penuria equos perire multos cernens, obsidionem solvit. Scriptores multi dicunt ipsum venisse Rhemos obsessum, ut ibi Rex Franciæ coronaretur, quod verosimile est.

Post solutam obsidionem Eduardus trajecta Campania versus Trecas venit. Angli vero oppida multa & castra adorti sunt, sed irrito conatu : Tornodorum tamen oppidum ceperunt, ubi & annonæ & vini copia reperta est. Sed arcem oppugnare frustra tentavere. Rex Angliæ & primores Angli sarcinas ingentes secum ducebant, carri ad sex mille pertingebant, queis naviculæ plurimæ coriaceæ impositæ erant, quarum singulæ tres homines capere poterant : queis utebantur ad piscandum in stagnis & fluviis occurrentibus. Cum exercitus Angliæ Regis, castra & vicos devastaret, Dux Burgundiæ cum Eduardo Rege pactus est, & numeratis ducentis mille francis, ne prædæ in sua ditione agerentur, impetravit.

Anglicus exercitus cum Burgundiam trajecisset, Eduardo jubente, versus Luteriam movit, & ad Reginæ-Burgum venit, agrosque vicinos depopulatus est. Ex altera vero parte Rex Navarræ qui in Normannia erat, ad usque Parisinos limites omnia devastabat : cum enim nova semper moliretur, denuo contra Delphinum inimicitias exercebat. Rex Angliæ ad Reginæ-Burgum castrametatus, Regentem ad pugnam provocatum misit, qui provocanti nihil respondit. Quidam ex primoribus Anglis cum ad vallum usque Parisinum ad certamen provocatum venissent, a nobilibus Francis strenue sunt excepti, nec cruenta tamen pugna fuit. Quidam vero ex junioribus nobilibus egressi, & manus conserere optantes, in insidias incurrere, ubi pauci cæsi, & quidam capti sunt. Alii numerosiorem videntes Anglorum turmam, receptui cecinerunt.

. Eduardus in Belciam exercitum duxit, & Carnutum

Idem.

Idem.

JEAN II. dit le Bon.

pendant le Dauphin Regent, voiant cette grande armée qui désoloit & ruinoit tout, & craignant que la continuation de tant de malheurs ne perdît enfin l'Etat, assembla son Conseil, où il fut resolu qu'on envoiroit au Roi d'Angleterre des Ambassadeurs pour lui faire des propositions de paix. On nomma pour cela Guillaume de Montagu Evêque de Terouenne, accompagné de l'Abbé de S. Denis, & un Dominicain nommé Simon de Langres. Ceux-ci allerent trouver le Roi d'Angleterre pour lui demander la paix. Ce Prince fier de ses bons succès & de sa puissance, fit des propositions si déraisonnables, que loin d'y pouvoir consentir, on avoit même de la peine à les entendre : car il ne demandoit pas moins que le Roiaume de France. Les Ambassadeurs sans se rebuter revinrent à la charge ; mais ce Prince malgré les bons conseils du Duc de Lancastre, qui le portoit à faire des propositions recevables, ne démordoit point de ses prétentions. Ce conseil du Duc de Lancastre ne laissoit pas de faire quelque impression sur lui.

Mais il fallut un coup du ciel pour amolir cette ame dure & superbe. *Il avint à lui & à toute sa gent*, dit Froissart, *une chose, lui estant devant Chartres, qui moult humilia & brisa son courage : car, entandis que ces traiteurs François alloyent & preschoyent ledit Roy & son Conseil, & qu'encores nulle responce agreable n'en avoyent eue, une orage, une tempeste & une foudre si grand & si horrible descendit du ciel en l'ost du Roy d'Angleterre, qu'il sembloit proprement que le siecle deust finir. Car il cheoit si grosses pierres, qu'elles tuoyent hommes & chevaux : & en furent les plus hardis tous ébahis. Adoncques regarda le Roy d'Angleterre devers l'Eglise de Nostre-Dame de Chartres ; & se voua, & rendit devotement à Nostre-Dame : & promit & confessa, (si comme il dit depuis,) qu'il s'accorderoit à la paix.* On s'assembla donc de part & d'autre à Bretigni près de Chartres, & l'on fit un Traité de paix, dont les principaux articles étoient tels.

Prodige qui détermine Edouard à faire la paix.

Le Roi Jean cédoit au Roi d'Angleterre outre ce qu'il tenoit déja en Guienne & dans la Gascogne, le Poitou & les Seigneuries de Thouars & de Belleville, la Saintonge, la Rochelle & ses appartenances, l'Agenois, le Périgord, le Limosin, Cahors & le Querci, Tarbe & la Bigorre, l'Angoulmois & le Rouergue ; tous ces payis, dis-je, en toute souveraineté. De plus Calais, les Comtez d'Oye & de Guines, Montreuil & le Ponthieu, & de plus pour le rachat du Roi Jean *trente cens mille francs à payer en cinq ans.* Le Continuateur de Nangis dit : *Tres miliones Florenorum ad scutum boni auri & ponderis.*. Et que le Roi Edouard

Paix de Bretigny.

---

verſus movit. Interea vero Delphinus Regens, tam grandem exercitum videns omnia deſolari ac depopulari, metuenſque ne tot tantiſque malis Francorum regnum obrueretur, convocato conſilio ſuo, ex omnium ſententia Oratores ad Regem Angliæ miſit, qui de pace agerent, Guillelmum de Monte-acuto Epiſcopum Teruanenſem, cum Abbate S. Dionyſii, itemque Simonem de Lingonibus Dominicanum. Hi Regem Angliæ adierunt, pacem petentes. Eduardus & potentia & fauſto rerum exitu ferox, conditiones pacis obtulit, quæ nec ferri, nec audiri quidem poterant : Franciæ quippe regnum totum petebat. Legati vero repulſam paſſi, denuo pacem petiere : at Eduardus, ſuadente licet Lanclaſtrio Duce ut moderatiora proponeret, cadem ipſa petens inſiſtebat : tamenque Lancaſtrii dictis aliquantum mitigatus eſt.

Divinitus immiſſo ſigno opus fuit, quod ſuperbum animum emolliret. *Cum ante Carnutum eſſet cum exercitu ſuo*, inquit Froiſſartius, *res accidit, qua animus ejus fractus, mitigatuſque eſt. Dum enim Oratores Franci Regem & Conſilium ipſius alloquerentur, orta tempeſtas eſt cum fulmine conjuncta, exercitum Anglorum impetens, tanta tamque horrenda, ut ſæculorum finis inſtare videretur ; petræ paſſim cadebant, queis & homines & equi perimebantur, audaciorumque animi fracti ſunt. Tunc Rex Angliæ Eccleſiam B. Mariæ Carnotenſis reſpexit, ipſique promiſit, ut poſtea narravit, ſe pacem eſſe facturum.* Conventu itaque Bretiniaci habito, pax inter ambos Reges facta eſt, cujus hæc præcipua capita fuere.

Joannes Rex Angliæ Regi concedebat præter ea quæ in Aquitania & in Vaſconia tenebat, Pictavorum regionem, Thuartii & Bellæ-villæ dominatum, Sanctonum regionem, Rupellam & agros ejus, Aginnenſium, Petragoricorum, Lemovicinorum & Cadurcorum tractus omnes, Tarbam & Bigerros, Engoliſmos, Ruthenos, cum ſupremo toto dominatu ; itemque Caletum, Comitatus Aucenſem & Guinenſem, Monaſteriolum & Pontivum, ac pro Regis redemptione trigeſies centena millia Francorum. Continuator Nangii dicit : *Tres miliones Florenorum ad ſcutum boni auri & ponderis*, quæ intra quinque annorum ſpatium ſolvenda erant. Rex vero Eduardus, urbes, oppida &

Iidem.

rendroit toutes les places qu'il tenoit dans les autres Provinces, qui selon le Traité devoient appartenir au Roi de France.

Pour ce qui étoit des affaires de la Bretagne, on convint qu'elles n'entreroient point dans le Traité, mais qu'on y laisseroit continuer la guerre entre Charles de Blois & Jean de Montfort ; guerre très-difficile à terminer, chacun des deux prétendant également au Duché. Il fut aussi établi que jusqu'à l'execution entiere du Traité, le Roi de France donneroit en ôtage ses trois fils puisnez, quatre autres Princes, trente Comtes ou Barons, ou Chevaliers, deux Bourgeois de dix-neuf villes, dont les noms étoient marquez. Tous se rendirent à Calais, d'où ils passerent en Angleterre.

A l'ordre d'Edouard le Roi Jean vint à Calais, où il fut bien regalé par ce Prince, qui lui fit toutes les démonstrations possibles d'amitié. Il partit de Calais la veille de S. Simon & S. Jude, fit ses dévotions à Boulogne, s'arrêta quelque tems à Amiens, & se rendit à Paris vers la fin de l'année. Peu après qu'il y fut arrivé il commença à mettre le Traité en execution. Il trouva beaucoup de résistance de la part de plusieurs Comtes, qui ne vouloient pas passer sous la domination Angloise. Ils disoient qu'ils étoient hommes du Roi de France ; mais qu'il ne pouvoit pas céder ce droit à un Prince Etranger sans leur consentement. Le Roi Jean y envoia Jâques de Bourbon son cousin, qui les mania si bien qu'il obtint enfin leur consentement. On eut bien plus de peine à réduire la Saintonge, le Poitou, le payis d'Aunis & la Rochelle ; on fut plus d'un an à les solliciter. Ils écrivoient lettre sur lettre au Roi Jean, pour le prier de ne point les mettre ainsi en main étrangere. Les Rochelois faisoient encore plus d'instance, & disoient qu'ils aimeroient mieux être taxez tous les ans à donner la moitié de leurs revenus au Roi de France, que de passer sous la domination Angloise. Le Roi Jean en fut attendri ; mais il leur fit entendre, qu'il falloit tout sacrifier pour obtenir une paix si nécessaire à l'Etat. Ils se rendirent enfin en protestant qu'ils ne reconnoîtroient jamais le Roi d'Angleterre que des levres, & que le cœur n'y consentiroit jamais.

Le Roi Edouard trouva bien plus de difficulté à faire vuider les places qu'il devoit rendre au Roi de France. Ceux qui y commandoient n'étoient pas tous Anglois ; la plûpart étoient Alemans, Brabançons, Flamans, Hennuiers, Gas-

---

castra redditurus erat, quæ ex pacta conditione ad Regem Franciæ pertinebant.

Quod ad Britanniæ res spectabat, conventum utrinque est illas non debere in pactis conditionibus contineri ; sed bellum inter Carolum Blesensem, & Joannem de Monte-forti terminatu difficillimum, cum uterque Britanniam ad se pertinere contenderet, non debere pacem inter duo regna disturbare. Statutum quoque fuit ut donec pacis conditiones executioni mandatæ essent, Rex Franciæ tres filios suos minores obsides daret, itemque quatuor alios Principes, triginta Comites, Barones vel Equites, exque novemdecim urbibus nominatis, duos cives per singulas. Illi omnes Caletum petiere, unde in Angliam transfretarunt.

Joannes Rex qui jussu Eduardi Caletum translatus fuerat, in ista urbe ab Eduardo magnifice & amice exceptus fuit. Caleto profectus est in vigilia Sanctorum Simonis & Judæ, Bononiæ pia quædam exsequutus est, Ambiani aliquot diebus mansit, Lutetiamque venit, vertente anno 1360. Redux pacis conditiones exsequi cœpit. Non dicto audientes Comites multos reperit, qui nolebant sub Anglorum dominationem transire. Dicebant se *homines* esse Regis Francorum ; sed non posse illum sine consensu suo ad alium extraneum Principem tale jus conferre. Joannes Rex Jacobum Borbonium cognatum suum illo misit, qui rem tanta dexteritate tractavit, ut illorum tandem consensum obtineret. Cum longe majori difficultate eo redacti sunt Santones, Pictavi & Rupella urbs. Hi plusquam per annum unum obstitere, nec instantibus cedebant. Literas confertim ad Joannem Regem mittebant, queis rogabant ne se extraneorum dominatu subjiceret. Rupellenses longe magis obsistebant, dicebantque, malle se quotannis dimidium proventuum suorum Regi Francorum pendere, quam Anglorum dominationi subjici. Hæc non sine animi mœrore audivit Rex Joannes : verum ipsis suadebat ad tam necessariam pacem impetrandam nihil non concedendum esse. Cessere tandem illi contestando se Regi Anglorum labiis tantum obsequuturos, corde nunquam.

Eduardus vero Rex urbes & castra quæ Regi Francorum redditurus erat, evacuare vix potuit. Non Angli erant omnes præsidiorum Duces : maxima pars Germani erant, Brabantii, Flandri, Hannonii, Vas-

JEAN II. dit le Bon.

cons, ou des mauvais François; qui tenoient ces villes & forteresses pour picorer & rançonner dans les païs voisins; en un mot qui ne vivoient que de pillage. Quelques-uns des Anglois rendoient les places, quand ils étoient sommez de les rendre; les autres refusoient de les rendre, disant qu'ils étoient au service du Roi de Navarre. Les Capitaines étrangers faisoient grande difficulté de les remettre, & après qu'ils les avoient rendues, les gens de guerre qui en sortoient, qui ne savoient d'autre mêtier & ne pouvoient vivre que de pillage, se tenoient ensemble & continuoient à faire le dégât: ils se joignoient aussi à ceux qui sortoient des autres places, ils élisoient d'entre eux des Capitaines, quelquefois les plus scelerats de la troupe. Il s'en forma un grand corps dans la Champagne, qui surprit le fort de Ginville; où ils s'établirent pour quelque tems, & désolerent la Champagne, & les Evêchez de Verdun, Toul & Langres. Le butin monta à environ cent mille livres: après quoi ils vendirent le fort de Ginville aux habitans du païs. On les appella les *Tardvenus*: parce que ce corps de Brigans se forma à la fin de la guerre.

Ils entrerent dans la Bourgogne & ravagerent tout le païs autour de Besançon, de Dijon & de Beaune. Il y eut des Chevaliers & des Ecuiers qui se joignirent à eux, & leur troupe augmentant tous les jours, ils se trouverent enfin au nombre de seize mille combattans. Ils élurent alors des Capitaines pour les commander, & prirent résolution de marcher du côté d'Avignon pour aller visiter, disoient-ils, le Pape & les Cardinaux. Ils ravagerent tout le Mâconnois, & prirent ensuite le chemin du Comté de Forest & de Lion. Ils se rendirent maîtres en chemin faisant du château de Brignais, & de quelques autres forts.

Le Roi Jean averti de tout ceci, envoia ordre à Jâques de Bourbon envoié pour livrer les villes aux gens du Roi d'Angleterre, de ramasser autant de gens qu'il pourroit, & de les aller combattre. Il étoit alors à Montpellier, & fit grande diligence à rassembler autant de Seigneurs, de Chevaliers & de Gendarmes qu'il en pût trouver dans le voisinage. Il se rendit ensuite au païs de Forest, dont la Comtesse étoit sa sœur, & ramassa encore bien des gens pour cette expedition. Avec sa troupe il s'avança jusqu'à Lion. Les Tard-venus étoient aussi arrivez d'un autre côté, & quand ils apprirent que l'armée de Jâques de Bourbon venoit à eux, ils allerent se camper sur une montagne où il y avoit de grands monceaux de pierres. Jâques de Bourbon envoia des gens pour les reconnoître. Ceux-ci

Bataille de Brignais, victoire des Tards-venus.

---

cones, aut scelerati Franci, qui oppida & castella tenebant, ut vicinos agros depopularentur, pecunias extorquerent; ac quibus victus ex præda & manubiis subministrabatur. Ex Anglis vero quidam castra reddebant jussi; alii negabant, se Regi Navarræ deditos esse dictitantes. Extranei vero Duces ægre omnino castra reddebant armati autem illi homines qui ex castris exibant, neque aliam quam diripiendi artem callebant; simul juncti migrabant, ut pro more prædas agerent. Alios etiam ex castris egressos adibant, sibique sæpe Duces constituebant illos quos sceleratissimos noverant. Sic porro in Campania magno numero una coacti sunt; cumque castrum Ginvillam ex improviso cepissent, ibi ad tempus sedes posuerunt, Campaniam, Virdunenses, Tullenses & Laudunenses agros devastarunt, unde centum circiter millia librarum corrasere, posteaque indigenis Janvillam castrum vendidere. Hi *Tarde-venientes* dicti sunt, quia turma isthæc in fine belli coaluit.

In Burgundiam ingressi, regionem totam circum Vesontionem, Divionem & Belnam devastarunt. Equites etiam & scutiferi ipsis adjuncti sunt; ac crescente semper agmine, ad sedecim millia pugnatorum numerati sunt. Tunc Duces sibi delegerunt, ac versus Avenionem iter carpere cœperunt, invisuri, ut dicebant, & Papam & Cardinales. Matisconenses agros depopulati sunt,& in Foresiam, Lugdunumque versus moverunt. Iter agendo Brignasium castrum, & aliquot munitiones ceperunt.

Idem.

Re comperta Joannes Rex jussit Jacobum de Borbonio, quem miserat oppida & castra quædam Regi Angliæ redditurum, collectis quas posset copiis expilatores illos adoriri. Jacobus qui tunc in Monte-Pessulano erat, equites, armatosque omnes, quos circum colligere potuit, in unum coegit, in Foresiam quoque migravit, cujus *Comitissa* soror sua erat, ubi non paucos ad expeditionem illam sibi adscivit, ac versus Lugdunum movit. Tarde-venientes, qui ex altera parte accesserant, cum didicissent Jacobum Borbonium cum exercitu contra agmina sua pugnaturum venire, in montis cacumine castra posuere, ubi magni lapidum acervi erant. Jacobus vero Borbonius exploratores misit, qui cum Tarde-venientes observassent, ex loco

après les avoir obfervez d'un lieu d'où ils ne pouvoient pas voir tous ceux qui étoient fur la montagne, lui firent l'armée de ces Brigans de plus de la moitié plus petite qu'elle n'étoit. Sur ce faux rapport, il réfolut de les aller combattre : & aiant mis fes gens en bon ordre, il marcha à eux, contre le fentiment des plus fages Capitaines de fon armée, qui difoient qu'il falloit mieux reconnoître l'armée ennemie avant que de l'attaquer. Les Tard-venus fe difpoferent à les recevoir, ils mirent les plus mal armez de leur troupe fur le bord de la montagne, pour jetter des pierres fur ceux qui montoient à eux. Ils en firent pleuvoir une grêle qui les mit en defordre : d'autres qui vinrent pour les foutenir ne furent pas mieux traitez. Pendant ce tems la groffe bande qui étoit fur la montagne defcendit par un autre côté, & vint en bonne ordre attaquer la troupe de Jâques de Bourbon. Le combat fut rude & fanglant ; mais enfin les Tard-venus remporterent la victoire. Jâques de Bourbon & Pierre fon fils furent fort bleffez : on les porta à Lion, où ils moururent peu de jours après. Le Comte de Foreft fut tué avec plufieurs autres : il y eut grand nombre de prifonniers, dont ces Brigans tirerent une groffe rançon. Cette bataille fe donna auprès de Brignais l'an 1361. le Vendredi après Pâques.

Cette victoire des Tard-venus porta la terreur dans Lion & dans tous les payis voifins. Ils devinrent fi formidables qu'on n'ofoit fortir des villes & des lieux fortifiez. Ces Tard-venus déja enrichis des dépouilles des morts à la bataille, & de la rançon qu'ils tiroient tous les jours des prifonniers qu'ils tenoient en grand nombre, pillerent & faccagerent le Comté de Foreft, rien ne leur échappa, que ce qui étoit enfermé dans les foreteffes. Mais parce qu'un grand butin partagé entre tant de perfonnes fe réduifoit à peu pour chacun, ils fe feparerent en deux troupes. La plus petite qui montoit à trois mille hommes, étoit conduite par Seguin de Batefol Gafcon. Elle fe fortifia à Anfe, & de là faifoit des courfes fur les bords de la Sône, dans le Mâconnois, fur les terres de l'Archevêque de Lion, & d'un autre côté jufque dans le Nivernois.

Progrès des Tard-venus.
La grande troupe marcha vers Avignon dans le deffein de tirer de groffes fommes du Pape & des Cardinaux, & de fe tenir là quelque tems pour recevoir les rançons des prifonniers qu'ils tenoient encore, & pour voir fi la paix entre les Rois de France & d'Angleterre feroit de durée ; car leur interêt étoit que la

ubi non poterant eos qui in cacumine erant confpicere, plufquam duplo minorem exercitum prædonum effe retulerunt. His auditis ille, difpofitis ordinibus oppugnatum illos acceffit, reluctantibus tamen peritioribus, qui dicebant accuratius obfervatum oportuiffe prædonum exercitum, antequam pugna committeretur. Tarde-venientes autem hoc ordine fuos inftruxere, eos qui levioris armaturæ erant, ad extremam oram cacuminis locarunt, ut lapides jacerent in afcendentes hoftes. Hi lapidum grandines mifere, qui ordines difturbarunt. Alii, qui ut primis opem ferrent progreffi funt, non melius funt excepti. Interim vero major prædonum acies, quæ in monte erat, per aliud latus defcendit, & probe inftructis ordinibus, Jacobi Borbonii aciem adorta eft. Acriter pugnatum eft, multis utrinque cadentibus ; tandem vero Tarde-venientes victoriam retulere. Jacobus Borbonius & Petrus filius ejus graviter confoffi, Lugdunum tranflati funt, ubi paulo poft obierunt. Forenfis Comes occifus eft cum multis aliis. Multi capti funt, in quorum redemtionem prædones pecuniam grandem acceperunt. Commiffa pugna fuit prope Brignafium anno 1361. feria fexta poft Pafcha.

Hæc Tarde-venientium victoria Lugdunum & in omnes circum regiones terrorem immifit tantum, ut nemo ex urbibus & munitis locis egredi auderet. Tarde-venientes jam fpoliis ex Brignafienfi victoria exceptis, & ex captivorum redemtione ditati, totam Forefiam diripuere & prædam magnam egerunt ; nihil autem eorum manus effugere potuit, nifi id quod in munitis locis fervabatur. Quia vero præda quantacumque fuerit inter tot hominum millia diftributa, fingulis non multum pecuniæ afferebat, in duas illi fefe turmas feparavêre. Quæ minor erat ter millium circiter hominum, duce Seguino de Batefolio Vafcone, Anfæ fedes habuit, locumque munivit ; indeque incurfionibus devaftabat Araris oram, Matifconenfem tractum, Lugdunenfes agros, exque altera parte ad Nivernenfem ufque regionem difcurrebat.

Major vero prædonum turma verfus Avenionem movit, ut a Summo Pontifice & a Cardinalibus ingentia auri pondera exigeret. In locis autem iftis moras trahere decreverant, tum ut pro iis qui adhuc penes fe captivi erant, redemtionis precia exciperent, tum ut viderent, an pax illa Reges inter Angliæ & Franciæ facta firma maneret : admodum quippe intererat illis

guerre

guerre se rallumât. L'effroi étoit si grand dans le payis, que les villes & les châteaux qu'ils trouverent sur leur route ne firent aucune résistance: ils pilloient & saccageoient impunément par tout. Aiant appris que le Pont S. Esprit étoit comme le refuge & l'asyle de tout le voisinage, où l'on avoit porté des environs tout ce qu'on avoit de plus précieux comme à un lieu de sûreté; ils résolurent de tâcher de s'en rendre les maîtres. Ils détacherent une partie de leurs gens, qui marcherent toute la nuit, & se trouverent au point du jour aux portes de la ville. Ceux qui faisoient la garde épouvantez d'une visite si imprevuë, ne firent pas la moindre résistance. La ville fut prise, une partie des habitans taillée en pieces; les Dames & Demoiselles violées. Le butin fut inestimable, ils y trouverent des vivres pour un an. Résolus d'en faire leur place d'armes, ils faisoient de là des courses jusqu'aux portes d'Avignon, dans le Dauphiné, dans le Languedoc. Ils nommerent pour chef de leur troupe un de leurs Capitaines, à qui ils donnerent ce nom *Ami de Dieu, & Ennemi de tout le monde.*

Quand les compagnies des Pillards, répanduës dans le Roiaume, eurent appris les progrès qu'avoit fait cette grande troupe, leur victoire, le butin tiré du Pont S. Esprit & de tant d'autres lieux, leur dessein d'aller rançonner le Pape & les Cardinaux; une partie d'entre eux se détacha pour aller joindre cette armée de Brigans, dans l'esperance d'un gain prochain, en sorte que la troupe grossissoit tous les jours. Il n'est pas possible de décrire la fraieur & l'épouvante où se trouverent alors le Pape & les Cardinaux. Ils voioient à leurs portes cette formidable armée de Pillards, que tous les tresors du monde ne pourroient contenter, ils furent d'abord bien embarrassez sur le parti qu'ils avoient à prendre. Le Pape Innocent VI. se détermina enfin à publier une Croisade contre ces Brigans. Le Cardinal d'Arras fut député pour aller à Carpentras rassembler ceux qui voudroient prendre la Croix. Il y vint d'abord une assez grande quantité de gens; mais quand ils virent qu'on ne vouloit leur rien fournir, & qu'on vouloit qu'ils fissent la guerre à leur frais, les uns s'en retournerent chez eux; les autres allerent prendre parti en Lombardie, où se faisoit alors une grande guerre; une partie enfin alla joindre les Brigans, en sorte que cet expedient ne fit qu'augmenter le mal.

Croisade contre les Tard-venus.

On trouva enfin moien d'écarter cette troupe. Le Marquis de Montferrat étoit en guerre contre les Milanois, & cherchoit à renforcer ses troupes. Le

---

Idem.

ut bellum denuo excitaretur. Terror tantus in regionibus istis erat, ut nec oppida nec munita loca venientibus obsisterent, omnia vero impune diripiebant ac devastabant. Pontis S. Spiritus oppidum vicinorum omnium erat quasi perfugium, quo preciosa quæque deportaverant: quo comperto prædones oppidum aggredi & expugnare, si possent, decreverunt. Ex suis vero partem præviam miserunt, quæ locum aggrederetur: ii per totam noctem progressi, illucescente die ad portas oppidi pervenerunt. Custodes ex tam improviso adventu perterriti, ne minimum quidem irruentibus obstitere. Urbs capta est; civium maxima pars cæsi sunt; mulieres virginesque violatæ; præda inæstimabilis fuit. Annona ad annum integrum reperta est. Istic vero sedes ponere decreverunt. Inde vero ad portas usque Avenionis, in Delphinatu, & in Septimania prædas agebant. Ex suis porro Ducem delegerunt, cui hoc imposuere nomen, *Amicus Dei, inimicus totius generis humani.*

Ubi audiere cæteræ turmæ prædonum, per regnum Francorum dispersæ, prosperam Tarde-venientium rem, illorum victoriam, prædam ex capto Ponte S. Spiritus partam, exque aliorum locorum expilatione auctam, decretum exigendi a Papa & Cardinalibus auri summam inæstimabilem, ex iis multi profecti sunt, ut exercitum illum adirent; sic crescebat in dies Tarde-venientium numerus. Non potest autem verbis exprimi quanta tunc formido, quantus horror Summum Pontificem & Cardinales invaserit. Ad portas quippe suas videbant tremendum illum prædonum exercitum, quem ne quidem aurum orbis totius exsatiare posset. Statim quid consilii caperent non habebant: decrevit tandem Innocentius VI. Papa crucem ad debellandos prædones accipiendam publicare. Cardinalis Atrebatensis Carpentoratum missus est, ut ibi cruce-signatos colligeret. Primo confluxêre plurimi: sed ubi viderunt accedentibus & cruce signatis nihil ad victum suppeditari, alii domum recesserunt, alii ad Langobardicum bellum, quod tunc asperrime agebatur se contulere; pars tandem ad aggregatos prædones defecit; ita ut hac ratione in deteriorem statum res acta sit.

Emersit tandem rei componendæ modus, & prædones hoc pacto extra Gallias amandati sunt. Montisferrati Marchio contra Mediolanenses bellum gerebat, & undique armatos in opem perquirebat. Sum-

Idem.

Pape le fit venir à Avignon, & lui offrit une très-grosse somme, s'il pouvoit engager cette armée de Brigans à le suivre pour faire la guerre en Italie. Le Marquis fort habile homme traita avec les Capitaines, & les tourna si bien qu'ils consentirent de le suivre en Italie, moiennant soixante mille florins qu'il leur compta d'abord & qui furent distribuez à toute la troupe, & de bons appointemens qu'il leur assigna pour tout le tems de la guerre. Il emmena avec lui cette armée en Italie, & avec un renfort si considerable, il vint à bout de tous ses desseins & termina la guerre à son avantage.

Le départ de ces compagnies fit un grand plaisir au Roi Jean & à tout le Roiaume. Il y restoit encore bien des troupes de Pillards, mais beaucoup moins considerables. La plus nombreuse étoit celle de Batefol, dont nous avons parlé ci-devant & qui s'étoit établi à Anse. On traita avec lui pour lui faire discontinuer ses pilleries, on eut bien de la peine à l'y résoudre, & il n'y consentit qu'après avoir ravagé toute l'Auvergne. Il se retira alors chargé d'or & d'argent en son païs de Gascogne.

En ce tems-ci mourut sans enfans Philippe Duc & Comte de Bourgogne, Comte d'Artois & de Boulogne, Palatin de Brie & de Champagne, dit Froissart. Le Roi Jean retint par proximité le Duché de Bourgogne, & tous les droits que le défunt avoit sur la Champagne; ce qui déplût fort au Roi de Navarre. Le Roi partit ensuite de Paris vers la S. Jean Baptiste, & laissa Regent du Roiaume Charles Dauphin Duc de Normandie. Il alla par la Bourgogne accompagné de Jean d'Artois qu'il aimoit beaucoup, des Comtes de Tancarville & de Dampmartin, du Maréchal de Boucicaut, & de plusieurs autres Seigneurs. Il marcha à petites journées, & se rendit à Villeneuve-les-Avignon, où il arriva à la S. Michel. Il fut reçû du Pape & des Cardinaux avec une joie incroiable. Il y fit un long séjour se tenant toujours à Villeneuve. Environ trois mois après son arrivée mourut le Pape Innocent VI. Les Cardinaux après quelque débat élurent en sa place l'Abbé de S. Victor de Marseille, homme de sainte vie, sous le nom d'Urbain V.

1361.

Le Roi Jean après un long séjour à Villeneuve apprit que Pierre de Lusignan Roi de Chypre avoit passé la mer pour venir voir le Pape. Il arriva enfin & fut reçû du Pape & du Roi de France fort honorablement. Il venoit pour solliciter

1363.

Idem.

mus Pontifex Avenionem illum evocavit, & summam auri grandem obtulit, si posset prædonum exercitum illum attrahere, & ad bellum Italicum abducere. Marchio, qui ingenio & solertia multum valebat, duces prædonum ita pellexit, ut de transitu in Italiam paciscerentur, numeratis statim sexaginta mille *florenis*, qui per singulos distributi sunt, ampliísque assignatis stipendiis ad usque belli exitum. Exercitum ergo illum secum in Italiam duxit, & cum tanto illo copiarum augmento, quæ in optatis habebat perfecit, ac bello quem cupiebat terminum imposuit.

Idem.

Placuit admodum Joanni Regi hæc expilatorum in Italiam profectio. Supererant quidem in Regno prædonum turmæ, sed multo minores. Cæteris longe numero superior erat Batefolii manus, de quo jam diximus, Hic Ansæ sedes posuerat. Cum illo actum est, & conditiones propositæ sunt, ut expilandi finem faceret. Vix autem eo adductus, nonnisi direpta Arvernia tota pactus est. Tunc auro argentoque onustus, in Vasconiam patriam rediit.

Eodem tempore sine liberis obiit Philippus Dux & Comes Burgundiæ, Comes item Artesiæ & Bononiæ, Palatinus Briæ & Campaniæ, inquit Froissartius. Joannes Rex jure propinquitatis sibi retinuit Ducatum Burgundiæ, & jura omnia quæ in Campaniam Philippus defunctus habuerat, quod Regi Navarræ summe displicuit. Deinde Joannes Lutetia profectus est circa festum S. Joannis Baptistæ, & Regentem declaravit Carolum Delphinum, Normanniæ Ducem. Per Burgundiam vero transiit, comitantibus Joanne Artesio, quem plurimum amabat, Comitibusque Tancarvillæ, & Domni-martini, atque Bucicaltio Franciæ Marescallo, plurimisque aliis Proceribus. Lento gradu viam carpsit, & circa festum S. Michaelis Villam-novam prope Avenionem advenit. A Summo Pontifice & Cardinalibus cum gaudio summo exceptus fuit. In Villanova diuturnas moras traxit. Elapsis tribus ab adventu ejus mensibus, obiit Innocentius VI. Papa. Cardinales post aliquam inter se contentionem, in ejus locum delegerunt Abbatem Sancti Victoris Massiliensis, virum sanctitate conspicuum, qui Urbanus V. vocatus est.

Idem.

Joannes Rex postquam in Villa-nova diu moratus fuerat, audivit Petrum de Lusiniano Regem Cypri, trajecto mari, ad Summum Pontificem invisendi causa venturum esse. Advenit ille tandem, & a Papa atque a Rege honorifice exceptus fuit. Eo animo vene-

JEAN II dit le Bon.

le Pape de publier une Croisade contre les Infideles qui occupoient la Terre-Sainte. Le Pape qui y étoit tout porté, prêcha lui-même la Croisade le jour du Vendredi Saint. Le Roi Jean prit d'abord la Croix. Deux raisons l'y porterent; la premiere étoit, que son pere aiant fait un vœu pour entreprendre cette expedition, & n'aiant pû l'executer, il vouloit s'acquiter de ce devoir; la seconde, qui paroissoit plus plausible, étoit qu'il éloigneroit par là de son Roiaume ces compagnies de Gens-d'armes, qui pilloient & désoloient tout. Malgré ces raisons jamais Croisade ne fut acceptée plus à contre-tems. Son Roiaume étoit si ruiné qu'il n'y pouvoit trouver de quoi paier sa rançon, & comment lever les sommes extraordinaires qu'il falloit pour une telle expedition? L'entreprise ne fut ni approuvée ni executée. Le Roi de Chypre alla presque dans toutes les Cours de l'Europe, pour exciter les Princes à se croiser, & n'en trouva pas un qui voulût s'y engager, tant la mode en avoit passé.

Le Roi Edouard donna la liberté en cette année-ci au Duc d'Orleans, aux Ducs d'Anjou, de Berri, & de Bourbon, qui lui avoient été donnez en ôtage, d'aller à Calais, de se tenir en cette ville, avec permission de s'en absenter pour aller où ils voudroient, à condition qu'ils reviendroient le quatriéme jour avant le soleil couché. Sa pensée étoit qu'étant plus près de la Cour de France, ils solliciteroient vivement la rançon du Roi Jean, pour obtenir leur liberté; ce qu'ils ne manquerent pas de faire. Mais la guerre que faisoit le Roi de Navarre dans la Normandie, & les desordres que causoient encore dans le Roiaume les compagnies de Pillards, mettoient la Cour de France hors d'état de paier cette somme. Le Duc d'Anjou l'un des ôtages, moins patient, se retira de Calais & s'en vint en France contre la foi donnée.

Il prit alors une envie au Roi Jean de faire un autre voiage en Angleterre. Quelque effort que pût faire son Conseil pour l'en détourner, il ne pût y réussir. Quelques-uns ont dit qu'il passa la mer pour voir une Dame Angloise qu'il aimoit, en quoi il n'y a pas grande apparence. Il laissa Regent du Roiaume le Dauphin Duc de Normandie. Il disoit qu'il alloit voir son frere le Roi Edouard, & qu'il vouloit aussi réparer la faute de son fils le Duc d'Anjou, qui s'en étoit retourné en France. Avant son départ il promit à Philippe son fils qu'après son

Le Roi Jean se croise.

---

rat, ut Papam obnixè rogaret, crucem contra Infideles qui Terram-Sanctam occupabant, suscipiendam publicaret. Ad eam rem ex se propensus Summus Pontifex, sumendum elle crucem ipse publice concionatus est in die Sancto Parasceves. Crucem statim assumsit Rex Joannes; & quidem duabus de causis; primo, quia pater ipsius ad illam suscipiendam expeditionem voto se obstrinxerat, nec votum solvere potuerat, propositumque suum filio transmisisse putabatur. Secunda causa rationi magis consona videbatur esse; ut videlicet illas prædonum turmas, quæ regnum Francorum desolabantur, ad bellum sacrum secum abduceret. Verum tam importunam expeditionem nullæ poterant causæ probatam & acceptam reddere. Perpetuis deprædationibus & infortuniis ita exhaustum regnum erat, ut nulla arte posset Joannes pactam ad redemtionem suam pecuniæ summam corradere, & quomodo potuisset ingentem auri summam ad talem expeditionem necessariam a misero populo extorquere. Quamobrem nec laudatum propositum, nec suscepta expeditio fuit. Rex vero Cypri omnes fere Christianos Principes adiit, ut ad crucem assumendam cohortaretur; ac ne unum quidem ad eam rem paratum invenit; ita nempe obsoleverant hujusmodi expeditiones.

Eduardus Rex Ducibus Aurelianensi, Andegavensi, Bituricensi & Borbonio, quos obsides tenebat, facultatem concessit, ut Caletum se conferrent, ibique manerent, ut inde etiam pro arbitrio suo itinera circumquaque susciperent, dum quarto post discessum die Caletum ante solis occasum reverterentur. Ideo autem hanc concessit libertatem, quod speraret ipsos Regiæ Francorum viciniores, vehementius instituros esse ut pacta pro Joannis Regis libertate pecunia, maturius solveretur, & ipsi quoque libertatem assequerentur. Et quidem illi solicite instabant: at bellum in Normannia a Rege Navarræ motum, & vastitas a prædonum turmis in regnum inducta, hanc numerandi pecuniam modum omnem sustulerant. Dux autem Aurelianensis, morarum impatiens, contra datam fidem in Franciam rediit.

Rex Joannes, nescitur qua animi cupiditate motus, in Angliam secundo trajicere voluit, nec consilio suorum potuit a sententia dimoveri. Dixere quidam illum Anglam quampiam formosam nobilemque feminam ab se adamatam videndi causa Londinum venisse; quæ res non ita verisimilis putatur. Ille vero fratrem suum Eduardum Regem se visum ire dictitabat, culpam reparaturum Aurelianensis Ducis filii sui obsidis qui aufugerat. Antequam proficisceretur

Idem.

Froissart.

Tome II.

MONUMENS DE JEAN II. dit le Bon.

Mort du Roi Jean. 1364.

retour il l'établiroit Duc de Bourgogne. Il fut reçû en Angleterre avec beaucoup de magnificence : & après y avoir passé quelques mois, il tomba malade & mourut à Londres le huitiéme Avril 1364. Le Roi Edouard lui fit faire dans l'Eglise de S. Paul de Londres des obseques les plus somtueuses. Son corps fut apporté en France & enterré à S. Denis.

Ce Prince avoit de grands défauts ; la précipitation dans les conseils, le peu de conduite dans les affaires & dans la guerre ; défauts dont la France sentit les pernicieux effets ; mais il avoit aussi d'excellentes qualitez : c'étoit le plus brave Prince de son tems ; estimable par sa generosité & par sa bonne foi, il suivoit exactement cette maxime qu'il avoit souvent dans la bouche : QUAND LA BONNE FOI SE PERDROIT DANS LE MONDE, IL FAUDROIT QU'ELLE SE TROUVAST TOUJOURS DANS LA BOUCHE DES ROIS.

MONUMENS DU REGNE
DE JEAN II. dit LE BON.

PL. LV. 1.
LA premiere figure, qui represente le buste du Roi Jean, est tirée d'un Tableau de M. Gaignieres, peint dans le tems même. Il a peu de barbe, mais il n'en a point du tout dans les deux figures suivantes. Ses cheveux sont chatains & sa robe est bleuë ou d'azur.

2.
L'Image qui vient après celle-ci étoit peinte sur une cloison de bois derriere l'Autel de la Chapelle de S. Hippolyte dans l'Eglise de S. Denis. On l'a ôtée depuis, & l'on y a mis une grille de fer. Il étoit à genoux comme on le voit ici, aiant devant lui un livre ouvert sur un Oratoire. Derriere lui S. Denis avec sa mitre & sa crosse lui mettoit la main sur une épaule. Sa couronne est ornée de fleurons.

3.
On le voit assis dans la figure suivante, tirée d'un Tableau, qui est à la Sainte Chapelle de Paris. Le Roi regarde un homme qui presente à un Prélat assis un petit Tableau de Notre-Seigneur & de Notre-Dame. Les souliers du Roi sont noirs, très longs & fort pointus.

Contin. Nangii.

tur Philippo filio suo pollicitus est, se ipsi Burgundiæ Ducatum post reditum daturum esse. Magnifice autem ab Eduardo Rege exceptus fuit, ac post transactos menses aliquot in morbum incidit, ac Londini mortuus est octavo Aprilis die, anno 1364. Eduardus vero Rex in Ecclesia S. Pauli sumtuosas ipsi exsequias celebrari curavit. Corpus ejus in Franciam allatum, in Ecclesia S. Dionysii sepultum fuit.

Joannes Rex illam fortitus animi indolem erat, ut præceps in consiliis esset, in tractandis rebus belloque gerendo improvidus, perniciem regno Francorum intulit gravissimam. Alioquin vero virtutibus instructus erat eximiis ; intrepidus in acie & fortissimus Principum sui ævi erat. Generositate & sincera fide conspicuus, hanc sæpe sententiam in ore versabat : SI FIDES SINCERA IN ORBE PERIRET, IN REGIBUS TAMEN EAM SEMPER ESSE OPORTERET.

MONUMENTA REGNI JOANNIS,
cognomento BONI.

IN tabula sequenti primo Joannes Rex conspicitur, cujus protome in tabula quadam D. de Gagneriis ejusdem Joannis ævo depicta exhibetur. Modicam præ se fert barbam ; sed in sequentibus imaginibus nullam habet. Coma flavi coloris est : sed paulum obscurioris, vestis cærulea.

Imago sequens in tabula lignea depicta erat pone aram Capellæ S. Hippolyti in Ecclesia Sancti Dionysii. Amota deinde tabula fuit, ejusque loco posita est crates ferrea. Genuflexus erat, ut hic conspicitur, librum apertum coram habens, in oratorio positum. Pone illum S. Dionysius cum mitra & baculo pastorali, manum humero Regis imponebat. Corona ejus non liliis, sed aliis floribus ornatur.

In sequenti schemate sedens conspicitur, ex tabula depicta, quæ in Sancta Capella visitur desumtus. Rex hominem respicit, qui Episcopo sedenti tabulam depictam exhibet, ubi Christus & B. Maria Virgo repræsentantur. Calcei Regis nigri sunt, oblongi & in acumen desinentes.

MONUMENS DE JEAN II. dit le Bon.

L'autre image qui vient ensuite est tirée de son Tombeau de S. Denis, où il est en relief de marbre blanc près du grand Autel. Sa couronne est ornée de fleurs-de-lis.

Un Tableau qui se voit dans la nef de la Chapelle de S. Michel, située dans dans la cour du Palais à Paris, est exprimé dans cette Planche. Au milieu est un Crucifix. Trois Anges reçoivent dans des Calices le sang qui sort des plaies. La Sainte Vierge se tient au côté droit de Jesus-Christ, & S. Jean au gauche. Auprès de la Sainte Vierge est le Roi Jean à genoux sur un Oratoire, les mains jointes, & la couronne en tête, au dessus de la couronne est l'écu de France. Derriere le Roi Jean est le petit Dauphin Charles à genoux sur son Oratoire, tenant les mains jointes, la tête nue & revêtu de son blason, de France, écartelé d'or au Dauphin d'azur. S. Louis qui est derriere lui, reconnoissable par le nimbe qu'il a autour de sa tête couronnée, en habit & manteau Roial, tenant de la main gauche la Croix pour son Sceptre, tend la main droite vers la tête du Dauphin. De l'autre côté auprès de S. Jean, est Blanche de Navarre, fille de Philippe III. Roi de Navarre, & de Jeanne de France seconde femme du Roi Philippe de Valois, à genoux sur son Oratoire, portant la couronne Roiale. Au dessus de sa tête est l'écu de France, parti de Navarre coupé d'Evreux. Derriere elle est S. Denis vêtu pontificalement avec le Pallium, qui porte la main sur l'épaule de Blanche, & tient de l'autre main le haut de son crane, coupé seulement de la naissance des cheveux en haut, en sorte que tout son vénérable visage est en sa place. Ce n'est pas le seul Tableau, assure-t-on, où il se voit peint ainsi.

Jeanne de France fille de Louis Hutin, & femme de Philippe Comte d'Evreux, qui par ce mariage devint Roi de Navarre, étoit peinte à genoux comme nous la donnons ici sur une cloison de bois derriere l'Autel de la Chapelle de S. Hipolyte dans l'Eglise de l'Abbayie de S. Denis, vis-à-vis de la figure du Roi Jean à genoux, qui est la seconde de cette Planche. Elle porte sur sa coeffure une couronne ornée de tréfles. Derriere elle étoit peinte sa fille Blanche de Navarre, seconde femme de Philippe de Valois, & belle-mere du Roi Jean, qui se voit encore peinte vis-à-vis dans le grand Tableau. Elle est revêtue de son blason de France parti de Navarre, & coupé d'Evreux.

Pierre fils de Louis premier du nom, Duc de Bourbon, Comte de Cler-

Aliud schema prodit ex sepulcro ejus Sandionysiano, ubi prope aram majorem sculptus visitur in albo marmore. Corona ejus liliis ornatur.

Tabula depicta quæ habetur in area Palatii Parisiensis in Capella Sancti Michaelis hic exhibetur. In medio tabulæ crucifixus Christus visitur : tres autem Angeli sanguinem ex plagis exsilientem in calices excipiunt. B. V. Maria ad dexteram Christi stat, Joannes ad sinistram. Prope S. Virginem est Joannes Rex genuflexus in oratorio, junctis manibus, coronam capite gestans liliis ornatam ; supra coronam scutum Francicis insignibus instructum est. Pone Regem est Carolus Delphinus junior in oratorio suo genuflexus, insignibus suis Francicis indutus, additis Delphini insignibus, ubi in campo aureo Delphinus cæruleus est. S. Ludovicus, qui a nimbo circum caput suum coronatum exhibito dignoscitur, cum veste & pallio regio, manu sinistra crucem pro sceptro tenens, dexteram ad Delphini caput tendit. In alio latere prope S. Joannem est Blancha filia Philippi III. Navarræ Regis, & Joannæ, quæ in oratorio genuflexa coronam gestat regalem ; supra caput ejus est scutum Francicis insignibus instructum, quibus adjuncta sunt insignia Navarræ, hisque subjuncta insignia Ebroicensia. Pone illam est S. Dionysius cum pontificia veste & pallio, qui manum tendit ad humerum Blanchæ, & altera manu cranii sui supremam partem tenet excisam ; ita ut vultus venerabilis suo loco stet. Neque in hac sola tabula, ut narrant aliqui, idipsum conspicitur.

Joanna filia Ludovici Hutini, uxor Philippi Comitis Ebroicensis, qui ex conjugis jure Rex Navarræ fuit, genuflexa depicta erat, ut hic exhibetur, in tabula lignea pone aram capellæ S. Hippolyti in Ecclesia S. Dionysii, e regione schematis Joannis Regis genuflexi, quod est secundum in hac tabula. Supra capitis tegmen & cultum coronam gestat trifoliis ornatam. Pone illam depingitur filia ejus Blancha Navarræa, secunda uxor Regis Philippi Valesii & Joannis Regis noverca : ea adhuc depicta visitur e regione majoris depictæ tabulæ. Insignia in veste habet Franciæ, cui adjunguntur Navarræa, subjunguntur Ebroicensia.

Petrus Ludovici filius hujus nominis primus, Dux Borbonii, Comes Claromontis & Marchiæ, Pai &

326 MONUMENS DE JEAN II. dit le Bon.

PL. LVI.
1.

mont & de la Marche, Pair & grand Chambrier de France, Gouverneur de Languedoc & de Gascogne, fut tué à la bataille de Poitiers le 19. Septembre 1356. Il fut enterré aux Jacobins de Paris à côté du grand Autel, où l'on voit sa figure en relief de marbre blanc. Il est revêtu de son blason, semé de France au bâton de gueules, & sous cette veste il a une cotte de mailles, dont l'extrémité paroit à son cou ; le bas de l'armure sont des cuissarts , des genouilleres & des greves. C'est le premier que nous ayons vû portant l'épée sur le derriere.

2.

Le même se voit dans un Armorial d'Auvergne d'environ 300. ans, qui appartenoit jadis à M. de Gaignieres. Son manteau fourré d'hermines, est semé de France. Son ornement de tête paroit être un caprice du Peintre.

3.

Isabeau de Valois sa femme, fille de Charles de France Comte de Valois, & de Mahaut de Châtillon sa troisiéme femme, est ici représentée en son veuvage, elle survécut longtems à son mari, qui l'avoit épousée en 1336. Elle mourut l'an 1383. Elle porte un voile sur la tête, qui lui couvre les épaules. Sa robe est blasonnée de France ; on y voit la bordure de gueules des Valois, & le bâton de gueules de Bourbon.

4.

La figure suivante de la même est tirée de l'Armorial ci-devant nommé. Elle y est représentée fort jeune, sa couronne singuliere n'est apparemment qu'un caprice du Peintre. Sa robe est semée de France avec les brisures de Valois, ses manches fendues du haut en bas traînent jusqu'à terre : nous en verrons dans le quinziéme siécle, où fut fait ce manuscrit, plusieurs d'une pareille longueur.

---

magnus Cameratius Franciæ, Septimaniæ & Vasconiæ Præfectus, in Pictavensi pugna occisus fuit 19. Septembris anno 1356. sepultusque est apud Dominicanos Jacobæos ad latus aræ majoris, ubi ejusimago marmorea conspicitur. Indutus autem est insignibus suis, & sub veste loricam hamatam habet, cujus pars in collo conspicitur. Femora, genua, crura ferro tegi videntur. Hic primus conspicitur qui gladium a tergo gestet.

Idem ipse alio exhibetur modo in Codice manuscripto insignium Arvernorum D. de Gagneriis trecentorum circiter annorum. Pallium ejus, cui assuta sunt muris Pontici vellera, insignibus ipsius munitur. Ornatus vero capitis ex mero pictoris arbitrio factus videtur.

Elisabeta Valesia uxor ejus, filia Caroli Valesiæ Comitis & Mathildis tertiæ uxoris ipsius, hic exhibetur. Elisabeta diu post conjugis sui mortem vixit quæ ipsi nupserat anno 1336. & mortua est anno 1383. Velum capite gestat, quod humeros operit. Insignibus suis vestitur, ubi conspiciuntur & limbus ruber Valesiorum, & baculus ruber Borboniorum.

Ejusdem schema sequens ex libro insignium supra memorato eductum fuit. Ipsa vero admodum juvenis depingitur. Corona singularis, pictoris, ut arbitror, inventum est. Vestis ejus insignia Francica exhibet cum limbo rubro Valesiorum. Manicæ a summo ad imum fissæ ad terram usque diffluunt. Decimo quinto sæculo, quo exaratus videtur Codex, plurimas ejusdem longitudinis manicas videbimus.

PIERRE DE BOURBON I. DU NOM ET SA FEMME.

L'ORDRE DU SAINT ESPRIT
AU DROIT DESIR, OU DU NŒUD.

CEt Ordre militaire fut établi par Louis d'Anjou Roi de Jerusalem & de Sicile, fils de Philippe Prince de Tarente, & petit fils de Charles II. du nom, dit le Boiteux, Roi de Naples. Ce Louis fut complice de la mort d'André d'Hongrie premier mari de Jeanne Reine de Naples, fameuse chez la plûpart des Historiens Italiens, par la plus outrée galanterie. De concert avec Louis, qu'elle vouloit épouser, elle fit étrangler à Aversa son mari André, & se maria avec le même Louis, qu'elle fit déclarer Roi de Sicile & de Jerusalem. Mais Louis Roi d'Hongrie, indigné de l'horrible assassinat commis en la personne de son frere André, passa avec une puissante armée dans le Roiaume de Naples, & poussa si vivement Louis & Jeanne, qu'ils furent obligez de s'enfuir en Provence, qui appartenoit à Jeanne. Ils se rétablirent depuis dans le Roiaume de Naples, & Louis institua l'an 1352. l'Ordre du *S. Esprit au Droit desir*, ou *du Nœud*. L'Histoire de Jeanne Reine de Naples & de Louis son mari, se trouve au long dans les deux freres Villani, Jean & Mathieu, dans le Constanzo, le Summonte & plusieurs autres. Matthieu Villani, Auteur contemporain, dit qu'il institua cet Ordre au jour de la Pentecôte de l'an 1352. en mémoire de son couronnement fait en pareil jour. C'est ce que dit aussi le Roi Louis au commencement des Statuts de ce nouvel Ordre de Chevalerie. Le même Auteur ajoute qu'il institua soixante Chevaliers. Les Statuts en mettent trois cens ; ce qui pourroit peut-être se concilier en disant, qu'il n'y en eut que soixante le jour que les Statuts furent publiez, & que les autres devoient être reçûs, à mesure qu'ils se presenteroient, jusqu'au nombre de trois cens.

Ces Statuts sont écrits en François : j'en ai vû un manuscrit fait dans le tems même, comme on en peut juger par l'écriture. Les peintures y sont faites avec grand soin, & apparemment par l'ordre du Prince. C'est celui-là même que M. Gagnieres fit copier, en imitant les caracteres de ce tems-là : il en fit aussi tirer les peintures. Tout cela se trouve dans ses portefeuilles, qui sont presen-

---

ORDO SANCTI SPIRITUS, RECTI DESIDERII, SIVE NODI.

Hic Ordo militaris institutus fuit a Ludovico Andegavensi Rege Jerosolymæ & Siciliæ, filio Philippi-Principis Tarenti, & nepoti Caroli II. Regis Neapolis, qui Claudus cognominabatur. Hic vero Ludovicus conscius fuit necis Andreæ Hungari Principis, primi conjugis Joannæ Reginæ Neapolis, quæ a Scriptoribus Italis pene omnibus, qui hanc historiam scripserunt, ab effreni libidine celebratur. Andream illa Aversæ strangulari curavit, & Ludovico nupsit, quem Siciliæ & Jerosolymæ Regem promulgari jussit. Verum Ludovicus Hungariæ Rex immanem Andreæ fratris cædem ultatus, cum grandi exercitu in Neapolitanum regnum ingressus, Joannam & Ludovicum tam acriter aggressus est, ut in Gallo-provinciam, quæ tum ad Joannam pertinebat, aufugere coacti sint. In Neapolitanum vero Regnum postea restituti sunt, ac Ludovicus anno 1352. Ordinem instituit Sancti Spiritûs Recti Desiderii, vel Nodi. Historia Joannæ Neapolis Reginæ & conjugis ejus Ludovici, fuse describitur a Joanne & Matthæo Villanis fratribus, a Constantio, a Summonte &aliis. Matthæus Villanus illius temporis Scriptor, narrat Ludovicum hunc instituisse Ordinem in die Pentecostes anni 1352. in memoriam diei illius quo coronam acceperat. Idipsum ait Rex Ludovicus initio Statutorum Ordinis hujus equestris. Addit idem Scriptor Ludovicum sexaginta Equites instituisse. In statutis vero trecenti Equites numerantur : hæc possent fortasse conciliari dicendo, sexaginta tantum fuisse Equites quâ die statuta publicata sunt, aliosque recipiendos fuisse, si qui accederent, ad numerum usque trecentorum.

Hæc statuta Francico idiomate scripta sunt, Codicem M S. vidi autographum, ut ex scriptionis ratione æstimatur : res ibi omnes accurate depictæ fuere, & quidem jubente Principe, ut existimatur. Hunc ipsum Codicem D. de Gaigneriis summa cura & ad normam autographi depingi ac delineari curavit, servata characterum forma. Quod apographum jam in Biblio-

328 L'ORDRE DU SAINT ESPRIT,

tement à la Bibliotheque du Roi. Louis qui étoit de la race Roiale de France, fit écrire ces Statuts en François, comme il est aisé de juger par plusieurs mots Italiens qui ont la terminaison Françoise. Il ne faut point douter qu'il ne les ait aussi fait écrire en Italien, puisque l'Ordre fut principalement établi pour la nation Italienne. Tous les actes & les exercices de l'Ordre y sont amplement representez en peinture, tels qu'on les verra gravez ici. Nous réservons pour la fin ce que le Laboureur a dit dans ses *Mémoires de Castelnau*, touchant cet Ordre.

P L.
LVII.
Au commencement du manuscrit il y a un frontispice en peinture, où dans un champ semé de fleurs-de-lis est representé le Pere Eternel assis, tenant la Croix où est attaché Notre-Seigneur. Entre la tête du Pere & celle du Fils est le S. Esprit, raionnant sous la forme d'une colombe. Autour du Pere sont les chœurs des Anges environnez de lis, & plus bas deux Anges, qui paroissent à genoux & qui tiennent chacun une bande. Sur ces deux bandes est une inscription, qui est comme la devise de l'Ordre, SE DIEU PLEAIT ; c'est-à-dire, *s'il plaît à Dieu*. Au bas de la Croix est d'un côté le Roi Louis à genoux, tenant les mains jointes. Il porte la couronne ornée de fleurs-de-lis, & a une assez longue barbe. Sur son habit on voit au dessous de l'épaule droite un Saint Esprit. Il porte un chapperon à longue queue. Derriere le Roi est un homme à genoux, qui tient une espece de banniere : au haut de laquelle est un heaume, & sur le heaume un écusson chargé d'une croix fleuronnée. Ce sont les armes du Prince Louis avant qu'il fût Roi, & peut-être celles des Princes de Tarente, qui étoient de gueules à la croix d'or accompagnée de quatre besans d'argent, chargez chacun d'une croix de sinople : tout cela ne se trouve pas sur cet écusson ; mais il y a, comme nous avons déja vû souvent, une grande variation dans les armoiries. Sur cet écusson est une couronne semblable à celle que le Roi porte, sous laquelle pend une piece de drap frangé, & chargé d'un nœud, marque du nouvel Ordre. Sur la couronne s'élevent en forme de cimier deux ailes, qui se rejoignent, celle de la droite est chargée des armes d'Anjou Sicile, & celle de la gauche, de celles de Jerusalem. La Reine Jeanne est à genoux de l'autre côté, couronnée comme le Roi son mari, les mains jointes ; sa robe a de longues manches pendantes. Une suivante, qui est derriere la Reine, est vêtue comme elle.

---

theca Regia cum aliis ejusdem Codicibus visitur. Ludovicus ex Regia Francica stirpe Princeps, hæc Statuta Francico idiomate scribi jussit, ut ex multis verbis Italicæ infimæ dialecti, cum Francica terminatione positis, arguitur. Neque dubitandum est ipsum eadem statuta Italico vulgari idiomate scribi curavisse ; quandoquidem hic Ordo pro Italica præcipue gente creatus fuit. Acta omnia & exercitia Ordinis in isto Codice depicta visuntur, ut hic delineata cernere est. Ad calcem illa referentur quæ Scriptor Gallus *le Laboureur* circa Codicem & Ordinem istum dixit in libro, qui inscribitur, *les Mémoires de Castelnau*.

Initio Codicis quoddam ceu frontispicium est depictum, ubi in area floribus lilii Francicis conspersa exhibetur Pater Æternus sedens & crucem tenens in qua affixus visitur D. N. Jesus-Christus. Inter caput Patris & caput Filii est Spiritus Sanctus in specie columbæ radios emittens. Circa Patrem adsunt Angelici chori liliis circumdari ; & infra duo Angeli genua flectentes, qui fasciam singuli tenent. Duæ autem illæ fasciæ inscriptionem præ se ferunt, quæ est quasi Ordini addicta sententia , SE DIEU PLEAIT ; id est, *Si Deo placeat*. Ad imam crucis partem visitur ex uno latere Rex Ludovicus genibus flexis, manibusque junctis. Coronam habet liliis Francicis ornatam : barba ejus sat prolixa est. In veste paulo infra humerum visitur Spiritus Sanctus. Caputium gestat retrorsum in acumen desinens. Pone Regem vir genibus flexis vexillum tenet, in cujus summitate cassis & supra cassidem scutum in quo delineata visitur crux floribus terminata. Hæc sunt insignia Ludovici Principis antequam Rex esset ; vel fortasse Tarentinorum Principum, quæ hujusmodi erant : In campo rubro, crux aurea, quatuor byzantiis argenteis circumdata, quorum singula crucem viridem efferebant. Hæc quidem omnia hoc in scuto non observantur. At in gentilitiis insignibus, ut jam sæpe observavimus, frequentes occurrunt varietates. Supra scutum corona est similis illi, quam Rex gestat, sub qua pendet pannus fimbria ornatus, in quo nodus visitur, quod insigne hujusce novi Ordinis erat. Supra coronam apicis more surgunt alæ duæ, quæ superne junguntur : quæ ad dexteram est, insignia præ se fert Andegavensia Siciliæ ; quæ ad sinistram, insignia Jerosolymæ. Joanna ad aliud latus comparet genibus flexis, junctis manibus, ut ipse Rex coronata. Vestis longissimas manicas pendentes præ se fert. Famula, quæ pone Reginam visitur, eodem vestis genere tecta comparet.

L'inscription

AU DROIT DESIR, &c.

L'inscription au haut de l'Image en caractere du tems, est telle : LUDOVEUS DEI GRACIA REX JERUSALEM ET SICILIÆ. Une autre inscription au bas de la Planche sous le Roi & la Reine se lit ainsi : DOMINUS LUDOVICUS REX. DOMINA JOHANNA REGINA. Louis est appellé dans l'une *Ludoveus*, & dans l'autre *Ludovicus*.

STATUTS DE L'ORDRE DU SAINT ESPRIT,
AU DROIT DESIR OU DU NOEUD.

Etabli par Louis d'Anjou Roi de Jerusalem & de Sicile, en 1352.
1353. 1354.

» C'Es sunt les Chapitres faits & trovées pour le tres-excellent Prince Monseignour le Roy Loys pour la grace de Dieu Roy de Jerusalem & de Secille alle honneur du Saint Esperit, troveur & fondeur de la tres nobles compaignie du Saint Esperit, au droit désir. Encommencée le jour de la Pentecouste l'an de grace M CCC LII.

» Nous Loys pour la grace de Dieu Roys de Jerusalem & de Secille alloneur du Saint Esperit, lequel jour pour sa grace nous feumes couronés de nos Royaumes en essaucement de Chevalerie & accroissement d'onnour, avons ordené de faire une compaignie de Chevaliers, qui seront appellés les Chevaliers du Saint Esperit au droit desir. Et lesdits Chevaliers seront au nombre de ccc. desquiels nous comme trouveur & fondeur de cette compaignie serons princeps & aussi doyvent estre tous nous Successeurs Roys de Jerusalem & de Secille. Et a tous ceuls que nous avons esleu & eslierons a estre de ladicte compaignie, faissons assavoir que nous pensons a faire se Dieu plet la premiere feste au Chastel de l'Euf enchanté du merveilleux peril, le jour de la Pentecouste prechaine venant. Et pour ce tous les susdits compaignons, qui bonnement pourront, soient audit jour audit lieu en tel maniere comme ci-apres sera devisé. Et adonques sera plus a plain a tous les compaignons parlé de cette matere.

On voit d'abord dans la Planche suivante un Saint Esperit, qui répand ses raions sur la tête du Roi Louis. Ce Prince est assis sur son trône, tenant de la main droite un sceptre terminé en haut par une flur-de-lis, & de la gauche un

PL. LVIII.

Inscriptio in suprema imaginis parte, charactere illius ævi sic habet: LUDOVEUS DEI GRACIA REX JERUSALEM ET SICILIÆ. Altera inscriptio in ima tabula sub Rege & Regina posita sic legitur : DOMINUS LUDOVICUS REX. DOMINA JOHANNA REGINA. Rex in altera inscriptione *Ludoveus*, in altera *Ludovicus* appellatur.

STATUTA ORDINIS SANCTI SPIRITUS,

RECTI DESIDERII, SIVE NODI.

Qui Ordo institutus fuit a Ludovico Andegavensi, Rege Jerosolymæ & Siciliæ, annis 1352.
1353. 1354.

» HÆc sunt capitula edita & inventa ab excellentissimo Principe Domino Ludovico, Dei gratia Rege Jerosolymæ & Siciliæ in honorem Sancti Spiritus, qui excogitavit, fundavitque nobilissimum cœtum Sancti Spiritus recti desiderii, cœpit-

» que in die Pentecostes anni gratiæ MCCCLII.
» Nos Ludovicus, Dei gratia Rex Jerosolymæ & Siciliæ, in honorem Sancti Spiritus, in cujus die festo, ipso juvante, coronati sumus, ad equitum decus & augmentum honoris, Equitum turmam instituimus, qui Equites Sancti Spiritus Recti Desiderii appellabuntur. Hi trecenti numero erunt, quorum Nos, utpote inventores & fundatores, Principes erimus, atque etiam successores nostri Reges Jerosolymæ & Siciliæ. Omnibus, quos ad talem cœtum delegimus, vel delecturi sumus, significamus, Nos primum diem festum celebraturos esse, si Deo placuerit, in castello *Ovi incantati in mirabili periculo*, in Pentecoste proxima. Omnes igitur memorati socii, quotquot poterunt, adsint in assignato die & loco, illoque cultu, quo infra dicturi sumus, Nam hæc infra pluribus describemus.

In tabula sequenti statim visitur Spiritus Sanctus columbæ specie, qui radios immittit in caput Ludovici Regis. Sedet ille in solio manu dextera sceptrum tenens, quod lilio Francico superne terminatur, sinistra

globe surmonté d'une croix. Il est revêtu d'écarlate. Les Chevaliers de l'Ordre, qui l'environnent le font de differentes couleurs. Ces Chevaliers portent le nœud, marque de l'Ordre. Aux pieds du Roi est assis à plate terre un Scribe, qui écrit les Statuts de l'Ordre. L'assemblée prochaine est indiquée au *Château de l'Oeuf enchanté du merveilleux péril*; ainsi appellé à l'occasion de quelque opinion populaire & fabuleuse.

» II. Primierement euls sont tenus de jurer que a tout leur povoir & savoir » douront abandoneement loyal conceil & aide au Prince de tout cé qu'il leur » requerra, soit d'armes, soit d'autres choses, loyalement, & d'observer les en- » frescripts Chapitres.

Cette prestation du serment de fidelité, est representée sur la Planche. Le Roi est assis sur son trône, & tient le livre des Statuts ouvert. Chaque Chevalier vient, se met à genoux, & jure en tenant ses deux mains sur le livre. Tandis que le Roi fait la céremonie, un des Chevaliers tient son sceptre & son globe. Les Chevaliers portent tous un chaperon à longue pointe, qui descend par derriere jusqu'au gras des jambes.

» III. Item chascun Chevalier de la dicte compaignie est tenus de porter l'en- » neu en fait d'armes sur soy en lieu ou il soit bien apparaissant & bien cogneu » & en tous autres vestemens continuellement, tout ainsi comme aux dits Che- » valiers de ladicte compaignie leur plaira porter; & doyvent dessus ou dessous » porter lectres bien luisans que diront, SE DIEUX PLAIST. Et le Vendredi » en remenbrance de la Passyon de Nostre-Seigneur Jesu-Crist & de son Saint » Sepulcre chascun doit porter un chaperon noir a un neu de blance soie tout » simple sans or, perles ne argent, & doit chascun vestir ce jour une robe & » chauces de la plus honneste & simple coullour qu'il porront bonnement.

Le Nœud étoit une des principales marques de cet Ordre. Le Roi, que le Saint Esprit éclaire ici comme dans les images précedentes, porte le nœud sur son manteau. Il étoit permis de le porter où on vouloit, pourvû qu'il fut exposé à la vûë de tout le monde. A côté de cette peinture, le Roi & les Chevaliers sont representez avec le chaperon noir qu'ils devoient porter le Vendredi; en mémoire de la Passion de Notre-Seigneur. Le nœud devoit être de soie blanche, sans or, ni perles, ni argent. Ce n'étoit que pour ce jour-là; car pour l'or-

---

vero globum, cui imposita crux est. Ipse coccinea induitur veste. Equites autem Ordinis, qui adsunt, diversis vestiuntur coloribus. Hi Equites Nodum gestant, Ordinis notam. Ad pedes Regis sedet Scriba, qui Statuta Ordinis describit. Primus congregandus cœtus esse dicitur in castello *Ovi incantati in mirabili periculo*; sic dicto ex quadam populari & fabulosa opinione.

» II. Primo jurent oportet, se pro viribus, & con- » silio & opera Principem adjuturos esse, quotiescum- » que ille postulaverit, sive arma assumenda, sive aliud » præstandum fuerit; idque cum sincera fide, & statu- » ta Ordinis infra scripta servaturos esse.

Hæc sacramenti fidei exhibitio in tabula repræsentatur. Rex in solio sedens Statutorum librum apertum tenet. Equites singuli veniunt, & genuflexi jurant, ambas manus supra librum tenentes. Dum vero Rex illam cerimoniam peragit, ex equitibus unus sceptrum ejus globumque tenet. Equites omnes caputium gestant, cujus acumen ita longum est, ut ad usque media crura a tergo defluat.

» III. Item Equites singuli ejusdem societatis tenen- » tur gestare Nodum ad bellica gesta, in loco vestium » patenti, atque in omni vestimentorum, quo ipsi » utuntur, genere, ferre perpetuo debent, in quo ves- » tium loco mallent, dum pateat oculis omnium. » Atque supra vel infra Nodum, hanc claram & lu- » cidam ponent inscriptionem: SI DEO PLACEAT. » Feria autem sexta in memoriam Passionis Domini » Nostri Jesu-Christi, & sancti ipsius Sepulcri, unus- » quisque gestare debet caputium nigrum cum nodo » ex sericis filis facto, sine auro, vel argento, vel » margaritis; singulique tenentur illo die, vestem & » femoralia induere, honesta quidem, sed simplicis » coloris.

Nodus inter præcipuas istius Ordinis notas numerabatur. Rex, quem Spiritus Sanctus hic illustrat, ut in præcedentibus tabellis, Nodum in pallio gestat. Licebat Equitibus quocumque loco vellent gestare, dum pateret oculis omnium. Ad hujus depictæ tabellæ latus Rex & Equites cum nigro caputio repræsentantur, quod feria sexta assumere præcipiebantur in memoriam Passionis Domini nostri. Nodus ex sericis filis albis texi debebat, sine auro, vel argento, vel margaritis, hoc scilicet die tantum: nam cæteris die-

L'ORDRE DU S.T ESPRIT OU DU NŒUD.

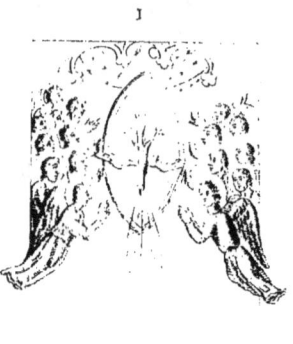

dinaire, *ce nœud étoit d'or, d'argent & de pierres précieuses, de grand' valeur & de grande apparence*, dit le Villani à l'endroit cité.

» Item se aucun desdits Chevaliers se trovast en besoigne ou faits d'armes, » si vrayment que la besoigne ne feust contre l'Eglise de Romme, & bactaille » ou encontrement y avenist, & baniere y feust levée ou d'une part ou d'autre: » & ledit Chevalier y feust encontré ou touché de cop de lance, de coutel, ou » despée, ou encontrast mesmes ses ennemis de cop d'espée, de lance, ou de » coutel, & la fin de la besoigne seeust honorable pour le Chevalier qui se aura » fait ; il devra porter dés ce jour en avant l'enneu de ladicte compagnie tout » deslié jusques a tant qu'il aura esté au Saint Sepulcre : & la donra ledit neu au- » dit Sepulcre, & le metra en lieu apparissant, ouquel neu sera le nom dudit » Chevalier escript. Et depuis il portera le neu tout lié comme devant, mais les » lettres diront, *il a pleeu a Dieu*. Et dessus l'enneu sera un ray ardent du Saint » Esperit & vrayment les Chevaliers qui porteront le neu reliés & ledit ray com- » me dessus est dit, ne le doyvent porter se * nom sus draps ou autres devises » pures & blanches.

A côté de ce Chapitre est écrit en grosses lettres d'or, *Cestui Chapitre pour gren- gnor honnor conquerre fut rasses & amendés en la maniere qui sansuit, à la feste. Fait l'an de grace* M CCC LIII.

» IV. Item chascun doit porter une espée & environ le pomel souescript par » belles lectres bien parans le nom & le sornom a celli a qui elle sera & ou mel- » lieu du pommel d'un costé soit le neu a lectres qui dient, *se Dieu plaist*, & de » l'autre costé soit le timbre mis de celli a qui ladicte espée sera.

Le Roi est représenté lui-même tenant cette épée par la poignée avec ses deux mains. La pointe va contre terre.

» V. Item doivent jeusner chascun Jeudi de l'an si veullent & ont le povoir; & » se n'ont le povoir ou la volonté, doivent donner à mengier à trois povres en » l'honneur du Pere, du Fils & du Saint Esperit, ou leur donner tant, qu'ils » puissent avoir leur sostenance pour le jour.

On ne peut guere exprimer en peinture des hommes qui jeûnent. Voilà pourquoi le Roi qui vouloit tout faire peindre, s'est contenté de faire mettre ici une des parties de l'alternative. Il étoit ordonné de jeûner, ou de faire l'aumône tous les Jeudis de l'année. On peint ici deux pauvres qui re-

---

bus Nodus erat *ex auro, argento & gemmis preciosissi- mis ac splendidissimis*, inquit Villanus, in loco supra notato.

» Si quis ex memoratis Equitibus in bello quopiam, » dum contra Romanam Ecclesiam non ducatur, in » pugna, vel hostium conflictu decertans, ubi vexil- » lum ex utravis parte ablatum fuerit, vel si eques » ille lancea, vel pugione, vel gladio percussus, & » saucius fuerit, vel si ipse gladio, vel lancea, vel pu- » gione alios percusserit, & si in Equitis honorem » pugna cesserit, ab illo die Nodum solutum gestabit, » donec ad sanctum Sepulcrum se contulerit. Ibi ve- » ro Nodum sancto Sepulcro offeret, & in patenti » loco deponet, nomine suo inscriptum. Nodum ve- » ro postea nexum ille gestabit ut ante ; sed inscrip- » tio talis erit : DEO PLACUIT. Supra Nodum au- » tem erit radius ardens Spiritus Sancti. Equites vero » qui Nodum ligatum gestabunt & radium, ut su- » pra dictum est, nonnisi in pannis & telis puris & » albis ipsum gestare debent.

Ad hujus Capituli marginem hæc nota literis au- reis & majoribus scripta est. *Hoc capitulum ad majorem adipiscendum honorem emendatum & in meliorem formam redactum fuit, quale hic conspicitur. Actum in die festo anno gratia MCCCLIII.*

» IV. Equites singuli gladium gestare debent, in » cujus pila capuli literis elegantibus & conspicuis » scriptum sit nomen & cognomen ejus, cujus est gla- » dius ; in medio autem pilæ Nodus sit cum hac ins- » criptione, SI DEO PLACUERIT. In opposito » autem latere sit cassis illius, cujus est gladius.

Rex ipse hic conspicitur gladii capulum ambabus tenens manibus, cujus gladii mucro versus terram tendit.

» V. Jejunent Equites qualibet feria quinta per an- » num, si tamen velint aut possint, sin non possint, » vel nolint, tribus pauperibus illo die victum suppe- » ditent, vel tantum erogent, quantum sit ad cibum » diurnum comparandum satis.

Vix potest jejunii figura delineati : quapropter Rex, qui omnia depingi volebat, satis habuit al- teram statuti partem hic proferre. Statutum erat ut quavis feria sexta vel jejunaretur, vel pauperibus stips erogaretur. Hic vero repræsentantur mendici duo, qui

çoivent l'aumône. Ils portent en bandouliere une gibbeciere ou une escarcelle noire.

PL. LIX.

» VI. Item chascun desdits Chevaliers est tenus de venir tous les ans le jour » de la Pentecouste oudit chastel lequel est assis en la mer entre Naples, la Cité » & Nostre-Dame du pié de l'oscure grocte des enchantemens Virgille & la ten- » ra le Roy sa pleinere court de son coronnement alloneur du Saint Esperit, & » portera le jour coronne. Et pour ce que les Bachellers & Chevaliers estranges » de dehors nostre Royaume par avanture seroient chargiés & traveilliés en que- » rant les ordenances dudit Ordre achever & pour desfaute de despens ne porroient » si comme leur volonté seroit venir à ladicte feste. Scachent chascun desdits » Bachelliers que a la Chapelle du Saint Esperit au droit desir sera donné de par » le Prince a chascun d'eux tant d'argent comme chascun par son sacrement dira » que en venant à ladicte feste & en revenant en son païs il aura despendu hon- » nestement.

Les Bachelliers étoient des jeunes Gentilshommes, qui commençoient à faire la guerre, & qui n'étoient point encore parvenus à la Chevalerie.

» Item, quant les Chevaliers veront chascun an a la general assemblée le jour » de la Pentecouste oudit chastel comme dessus est dit, il entreront en ladi- » cte Chapelle laquele le Prince a fait establir en l'onneur du Saint Esperit au » droit desir, en laquele chascun aura son siege estabsi, & ou chief du siege sera » escript son nom, son surnom, ses armes & son timbre pointrés. Et doivent estre » vestus tous de blanc, c'est a savoir cote seur cote, chaperon, chausses, & so- » lers tous blancs. Et ou devant du seurcot droitement sus le cuer soit un Roy en- » flambés en remenbrance & reverence du Saint Esperit. Et i doit chascun tenir » en sa main s'épée a tout le feurre droitement telle comme dessus devisée, & ilec » doyvent demourer oiant l'office de la Messe. Et quant le Prestre aura sacresfié » & levé le corps de Nostre-Seignour & retorné en son lieu, le Prince & tous les » Chevaliers de la dicte compaignie en suppliant le Saint Esperit qu'il veulle » raemplir & enluminer de sa grace ladicte compaignie si comme en celluy pro- » pre jour il enlumina tout le geron de la terre. Et bien oiant l'un l'autre a ge- » neulx diront ces paroles : *Veni creator Spiritus, mentes tuorum visita, imple superna* » *gratia, quæ tu creasti pectora.*

Toute la Planche suivante est pleine de gens qui vont à diverses bandes, pour

---

stipem accipiunt, & transversum marsupium gestant.
» VI. Singuli autem Equites tenentur quotannis in die » Pentecostes ad memoratum castellum venire, quod » in mari situm est inter Neapolim civitatem, & Bea- » tam Mariam *ad pedem obscuræ cryptæ præstigiarum Vir-* » *gilii.* Illic autem Rex in cœtu suo diem qua coro- » natus est celebrabit in honorem Sancti Spiritus, & » eadem die coronam gestabit. Quia vero *Baccellerii*, » & Equites extranei, qui extra regnum nostrum habi- » tant, ad Ordinis statuta implenda, vix poterunt » necessarios ad iter suscipiendum sumtus suppedi- » tare, notum facimus iisdem, a Principe in Capella » Sancti Spiritus Recti Desiderii dandum singulis esse, » quantum sibi necessarium ad eundum & redeundum » esse cum sacramento affirmaverint.

Baccellerii autem erant militiæ candidati, qui nondum Equites vocabantur.

» Quando singuli Equites venient ad generalem con- » ventum die Pentecostes in supradicto castello ce- » lebrandum, ut supra dictum est, in memoratam Ca- » pellam intrabunt, quam Princeps in honorem Sanc-
» ti Spiritus Recti Desiderii assignari curavit. In qua » singuli sibi sedem propriam habebunt : in sedis vero » summitate nomen ejus & cognomen scriptum, in- » signia & cassis ejus delineata erunt. Omnes albis is- » tic vestibus induantur, quæ vestes scilicet hæ sunt » tunicæ, caputium, femoralia, calcei, quæ omnia » alba sunto. Atque in anteriore superioris vestis parte » illa quæ cor respicit, delineetur radius ardens in me- » moriam & reverentiam Sancti Spiritus. Quisque gla- » dium manu teneat in vagina sua positum & erec- » tum, qualem supra descripsimus ; sicque stantes Mis- » sam audire debent. Postquam autem Presbyter sacri- » ficaverit, & corpus Domini nostri elevaverit, tunc » Princeps omnesque Equites ejusdem societatis Spiri- » tum S. precabuntur ; ut totum cœtum gratia sua im- » plere & illuminare dignetur, ut olim eodem ipso die » totum orbem illuminavit. Et singuli, genubus flexis, » clara voce dicent : *Veni Creator Spiritus, mentes tuo-* » *rum visita, imple superna gratia, quæ tu creasti pec-* » *tora.*

Tota sequens tabula plena viris est, qui turmatim

Le chateau de l'Oeuf.

AU DROIT DESIR, &c.

se rendre à Naples par differentes routes, au jour marqué. Il y en a aussi qui y vont par eau. Dans la peinture qui porte la marque VI. le Roi assis les reçoit a mesure qu'ils arrivent, tenant une espece de palete ronde dans sa main. Ils se mettent à genoux devant lui, & lui baisent le pied. Ils portent tous le Saint Esprit sur leur habit. Dans la peinture de dessous, des gardes donnent entrée aux Chevaliers dans la Chapelle. Au dessous de la Chapelle est peint le château de l'Oeuf, tel qu'il étoit en ce tems-là : on y a fait quelque changement depuis. *Il est assis*, dit le Roi, *en la mer, entre Naples la cité, & Notre-Dame du pié de l'oscure grosse des enchantemens Virgile*, c'est-à-dire, que ce château est entre la ville, & l'Eglise de Notre-Dame, qu'on appelle aujourd'hui *S. Maria di piedigrotta*, qui est auprès de la grote de Poussol, sur laquelle est le tombeau de Virgile, duquel nous avons donné la description dans l'Antiquité expliquée, Tom. 5. p. 132. Elle étoit appellée la grote des enchantemens, sur quelque opinion populaire.

» VII. Item, quant lesdits Chevaliers venront chascun an a ladicte feste, seront tenus de porter par escript les aventures que euls auront trovées, & leurs » avenemens, & les bailleront aux Clers de la dicte Chapelle qui a ce faire seront » ordenés, & lesdits Clers representeront les dictes escriptures devant le Prince & » son Conseil, & celles qui audit Prince & Conseil sembleront estre dingnes de » ramentevoir, lesdits clers le mectront en escript dedens un livre lequel s'ap-» pellera le livre des avenemens aux Chevaliers de la compaignie du Saint Es-» perit au droit desir, & demorra ledit livre toujours en la dicte Chapelle.

PL. LX.

Ceci est representé à la Planche suivante. On presente au Roi les écritures des Chevaliers : un se prosterne devant lui, & lui baise les pieds.

» VIII. Item, se la Sainte Eglise de Roume ou aucuns Princes des Crestiens en-» preist le voyage d'oultremer pour la Terre Sainte, la ou est le Sepulcre de No-» stre Seignour recourer & le getter hors des mains des mescreans, chascun » Chevalier de la dicte compaignie sera tenus d'y estre en propre personne si » porront bonnement. Et se chose feust que le Prince de la dicte compaignie, » de qui ledit heritage doit estre raisonnablement, empreist ledit voyage ou pas-» sage a l'arce de la sainte Eglise & des autres Princeps Crestiens ; ou ledit Prince » y alast personnesment en la compaignie d'autrui, chascun desdits Chevaliers » seront tenu de aler personnelment & di demorier continuelement tant com-

---

per diversas vias Neapolim petunt, ut eo ad constitutam diem perveniant. Quidam etiam navibus illo se conferunt in tabella depicta, quæ num. VI. inscribitur. Rex sedens advenientes illos excipit, quamdam ceu palulam rotundam manu tenens. Equites accedentes ante Regem genua flectunt, & pedem ipsius osculantur. Omnes Spiritum Sanctum in veste depictum gestant. In tabula subtus posita custodes in Capellam Equites inducunt. Sub Capella depingitur castellum Ovi, quale tunc temporis erat : aliquid enim in illo a tanto tempore mutatum fuit. *Situm est*, inquit Rex, *in mari inter Neapolim civitatem, & Beatam Mariam ad pedem obscuræ cryptæ præstigiarum Virgilii*; id est, castellum situm est inter urbem & Ecclesiam Beatæ Mariæ, quæ nunc appellatur Sancta Maria ad pedem cryptæ, quæ prope cryptam, qua Puteolos itur, sita est. Supra quam cryptam est sepulcrum Virgilii, cujus descriptionem dedimus in Antiquitate explanata, Tomo V. p. 132. Crypta autem præstigiarum appellabatur ex quadam populari & fabulosa opinione.

» VII. Quando memorati Equites ad festum hujus-» modi diem celebrandum venient, si quid sibi notatu

» dignum evenerit, id descriptum afferre tenebuntur, » & Clericis memoratæ Capellæ tradent ad eam rem a » Rege constitutis. Ipsi vero Clerici scripta Regi offe-» rent & Consilio ipsius. Si quid autem Principi & Con-» silio ipsius in hujusmodi scriptis memoria dignum vi-» deatur : ab iisdem Clericis describetur in libro cui no-» men erit, *Liber eventuum Equitum turmæ S. Spiritus rec-» ti Desiderii*, qui liber semper in Capella asservabitur.

Hoc exhibetur in sequenti tabula. Regi offeruntur Equitum scripta. Eques unus procumbit ante Regem & osculatur pedes ejus.

» VIII. Si sancta Ecclesia Romana, vel quidam » Principes Christiani transmarinum iter suscipiant ad » Terram-Sanctam, ubi est Sepulcrum Domini nostri, » recuperandam, & infideles nationes eliminandas, » Equites singuli ejusdem turmæ illo se conferre te-» nebuntur, si possint. Si vero acciderit ut Princeps » hujus turmæ, ad quem Terra-Sancta de jure pertinet, » illam expeditionem suscipiat ; juvantibus se sanc-» ta Ecclesia cæterisque Christianis Principibus ; vel » si idem Princeps cum aliis Principibus illo se profici-» catur, omnes & singuli Equites illo se conferre tene-» buntur, atque ibidem manere quamdiu Princeps

» me ledit Prince y demorra, salve se aucune expresse & apparant necessité ne le
» contredeist.

Ce voiage d'outremer n'est ici mis que sous condition : Si l'Eglise Romaine, dit-il, ou des Princes Chrétiens l'entreprennent ; cependant il le fait ici representer. Les Chevaliers marchent à cheval armez sous la banniere d'Anjou Sicile. Ils portent le nœud sur leurs cuirasses, & vont s'embarquer. Les vaisseaux sur lesquels ils vont monter, sont chargez de bannieres aux armes du Pape, de l'Empereur, de France, d'Angleterre, d'Anjou Sicile, de Tarente, de l'Ordre du Saint Esprit & du Nœud, & d'autres. On a dressé un pont, par lequel on va de terre jusqu'au bord du vaisseau, pour porter les provisions.

» IX. Item, se aucun desdits Chevaliers se trouvoient en aucuns faits d'armes
» & leur sembloit que a honneur peussent banniere lever, la banniere qu'ils le-
» veront doit estre d'argent ou toute blanche a un grant ray ardent ou millieu
» du Saint Esperit, & soit a leur volonté de la lever especialement contre les en-
» nemis de la foy & pour le droit & honneur de leur naturel Seignour maintenir
» en criant chacun son cri quant doit crier, & apres leur dit cri crieront *au droit*
» *desir*.

Tout ceci se voit dans l'image marquée IX. La troupe des Chevaliers marche à cheval sous l'enseigne du Roi, que nous avons vûe dans le frontispice, & deux autres enseignes chargées d'un Saint Esprit raionnant. Les Chevaliers portent le Nœud sur leur cuirasse.

» X. Item, se a aucun Chevalier avenoit chose qu'il se partist honteusement
» de bataille ou de chose ordenee, laquel chose le Saint Esperit ne veulle souf-
» frir, ledit Chevalier soit tenus en tout manieres sans nul contredit de venir
» le jour de la feste audit Chastel, & doit porter robe toute noire, si comme
» tous les autres Chevaliers la porteront toute blanche, & aussi comme les autres
» porterons le ray soubs le cuer, il portera lettres blances & bien apparissans
» grans & bien lisables, qui diront, *j'ay esperance ou Saint Esperit de ma grand hon-*
» *te amender*. Et le jour ne mengera pas avec les Chevaliers, mais mengera ou
» millieu de la ou le Prince & les autres Chevaliers de la dicte compagnie men-
» geront. Et chascun an sera ainsi jusques a tant che par son bon fait sera relevé
» de la vergougne ou que audit Prince & a son Conseil semblera de li restituer
» son mesfait.

» ibidem moras trahet, nisi quadam urgente necessi-
» tate, id illi non possent.

Hoc transmarinum iter nonnisi sub conditione ponitur ; si Ecclesia Romana, inquit, & Principes Christiani illud susceperint, & tamen Rex iter illud hic repræsentari curat. Equites proficiscuntur armati sub vexillo Andegavensi-Siciliensi. In loricis delineatum gestant Nodum, atque ad naves tendunt ; quæ naves vexillis multis insigniuntur, nempe Summi Pontificis, Imperatoris, Angliæ, Franciæ, Andegavi-Siciliæ, Ordinis Sancti Spiritus seu Nodi & aliorum. Pons paratus fuit ut commeatus a terra in navim transveheretur.

» IX. Si quis ex memoratis Equitibus alicui prælio
» interfuerit, si putet se posse cum honore vexillum
» erigere : quod eriget vexillum totum argenteum esse
» debet, vel saltem album, cum radio magno ardente
» ex medio Sancti Spiritus emisso : Poterunt si lubet
» vexillum erigere contra fidei inimicos, vel pro jure
» & honore Principis sui propugnando. Clamoreque
» proprio prius edito, postea clamabunt, RECTO
» DESIDERIO.

Hoc ipsum repræsentatur in imagine, quæ numero IX. annotatur. Equitum turma progreditur sub Regis vexillo, quod in frontispicio vidimus, duobusque aliis vexillis Spiritu Sancto radios emittente insignitis. Equites Nodum in lorica delineatum gestant.

» X. Si quando acciderit Equitem turpiter ex pugna se
» subducere, aut rem justam non exsequi ; id quod Spi-
» ritui Sancto displiceat ; omnino teneatur Eques ille
» in die festo ad castellum venire, nigra indutus veste,
» dum alii omnes Equites alba induuntur, utque
» alii radium e regione cordis habent ; sic ille eo-
» dem loco albis literis magnis, atque lectu facilibus
» paratam inscriptionem hanc gestabit : *Spero me Spi-*
» *ritus Sancti ope turpitudinem meam abluturum esse*.
» Nec comedet illo die cum Equitibus, sed in medio
» loci ubi Princeps cum Equitibus ejusdem turmæ co-
» medet, sicque faciet singulis annis, donec per ali-
» quod præclare gestum turpitudinem absterserit ; vel
» donec Princeps cum consilio suo illi veniam conce-
» dendam esse decreverit.

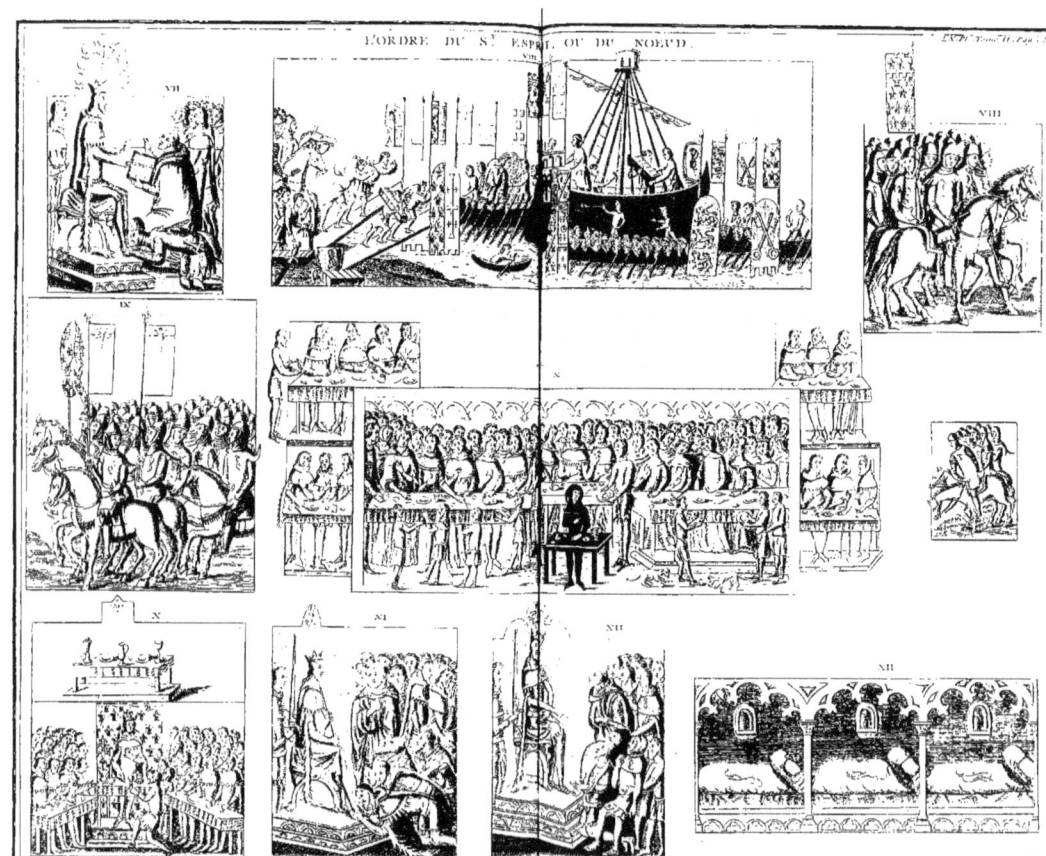

AU DROIT DESIR, &c.

Tout ceci est fort amplement dépeint dans l'image X. où l'on voit plusieurs tables, & les Chevaliers qui prennent leur repas. La premiere est celle du Roi qui a quelques Chevaliers à ses deux côtez ; mais à des tables séparées. Il y a aussi plusieurs autres petites tables, au milieu desquelles sont deux grandes tables qui ont un plus grand nombre de Chevaliers. Devant ces deux-là est celle du Chevalier qui s'est deshonoré dans le combat par quelque lâcheté. Il est vêtu de noir de la tête jusqu'aux pieds. Sa table est aussi toute noire. Il paroit sur son visage qu'il souffre beaucoup de se voir en une posture si humiliante.

» XI. Item est ordené que nul de ceuls de la dicte compaignie ne doit point
» entreprendre nul voyage lointaing sans le dire ou le faire a savoir au Prince :
» & se le Prince le donne congié, doit tantost mander par escript a la dicte Chap-
» pelle son nom e seurnom & le voyage que il voudra emprendre. Et toutes cel-
» les escriptures seront represantées devant le Prince & son Consel le jour de la
» feste a ce que on puisse enquerre & savoir nouvelles des compaignons qui ne
» seront a la dicte feste.

Plusieurs Chevaliers viennent se jetter aux pieds du Roi pour lui demander permission d'entreprendre quelque voiage. Ils lui baisent les pieds, & les autres Chevaliers se tiennent debout devant leur Roi & le Chef de leur Ordre.

» XII. Item se aucun Chevalier de la dicte compaignie en querant le droit
» desir achever, & les aventures cherchier, feust pour ce cheu en poureté, il le
» doit le jour de la feste signifier ou faire a savoir au Prince & a son Conseil. Et
» se pour le sacrement du Chevalier & pour le regart du Prince & de son Consel
» sera approuvé que ce soit verité, le Prince est tenus de li ordener & faire esta-
» blit sa chevance ad ce que comme Chevalier, se puist tous ses jours maintenir,
» & doit demourer une partie du temps audit Chastel en reverence du Saint Es-
» perit & honneur de la dicte compaignie si comme il voudra ou pourra bon-
» nement.

Des Chevaliers tombez en pauvreté, viennent trouver le Roi & lui demander secours. Il le leur accorde liberalement : & comme ils doivent passer une partie du tems dans le château, il leur a fait préparer des chambres & des lits. On voit ici trois chambres & trois lits fort simples, dont la couverture est chargée de la marque du nœud.

» XIII. Item audit Chastel aura une table appellée la Table désirée, en la- PL. LXI.

Hæc amplissime depinguntur in imagine numero X. annotata, ubi plurimæ mensæ visuntur, & Equites-cibum sumentes. Prima mensa Regis est, ad cujus latera Equites quidam sunt, sed ad separatas mensas sedentes. Aliæ quoque plurimæ sunt minores mensæ, in quarum medio sunt duæ grandiores circum quas plurimi Equites sedent. Ante duas illas est mensa Equitis illius, qui in pugna turpiter egit. Nigris vestibus a capite ad calcem induitur. Mensa quoque nigra est. In vultu ejus observatur, quam ægre ferat se ita dejectum & gradu depulsum videre.

» XI. Nullus hujus Ordinis Eques longinquum iter
» suscipiat, inconsulto Principe, & sine ejusdem li-
» centia, qua impetrata, mittat in supra dictam Ca-
» pellam nomen, cognomenque suum descriptum, ad-
» dita suscepti itineris mentione. Scripta autem hujus-
» modi Principi & consilio ipsius offerantur in die
» festo, ut ubinam sint Sodales absentes sciri possit.

Multi Equites accedunt, & ad pedes Regis procumbentes, itineris cujusdam suscipiendi facultatem postulant, ac pedes ejus osculantur. Alii vero Equites stant coram Rege & Ordinis Principe.

» XII. Si quis Ordinis istius Eques, dum Rectum
» Desiderium perficere expetit, & perficiendi occasio-
» nes quærit, in paupertatem inciderit, id in die festo
» Principi & consilio ipsius dicat, vel notum faciat. Si
» autem id sacramento affirmante Equite, & exploran-
» te Principe cum consilio suo, verum esse deprehen-
» sum fuerit, debet Princeps ejus opes & facultates
» restituere, ut Eques possit cum dignitate pristinum
» in statum reverti, in illoque perstare. Maneat in
» Castello Eques aliquanto tempore, in reverentiam
» Sancti Spiritus, & in honorem sodalitatis, si tamen
» velit, & commode possit.

Equites in paupertatem delapsi ad Regem accedunt, & opem postulant. Id ipse liberaliter concedit : & quia in Castello aliquantum temporis commoraturi sunt, Rex illis cubicula & lectos apparari curavit. Hic visuntur cubicula tria & totidem lecti simplices admodum, quorum stragula Nodi figuram præ se ferunt.

» XIII. In eodem Castello mensa quædam erit co-
» gnomine desiderata Mensa, ad quam sedebunt in die

Il y a ainsi

» quelle feront affis ledit jour de la Pentecouste tous les Chevaliers qui auront
» *defnce l'enneu, & tous ceuls qui plus auront fait d'armes feront affis à la plus
» honorable place de la table deffus dicte. Et fe aucun y venift qui portaft l'en-
» neu reliés au ray du Saint Efperit, comme deffus eft dit, on li mectra fus la
» tefte un chappel de lorrier par plus triumphal honnour, tout auffi comme les
» anciens Romains qui tout le monde conquirent, eftablirent à faire & firent à
» tous les bons Chevaliers qui fus tous les autres avoient de fervir & merite de
» recevoir grandifme honnour.

Cet article fembloit demander une plus grande explication, & une peinture plus ample, pour donner à entendre pourquoi ces Chevaliers, qui s'étoient fait honneur à la guerre, defnouoient leur nœud, fans avoir pourtant la gloire de porter une couronne de laurier: mais cela eft & expliqué aux articles XX. XXII. XXIII. On voit ici fous un dais une table couverte. A l'un des bouts eft un Chevalier, qui a le nœud relié & qui eft couronné de laurier; à l'autre bout eft celui qui a dénoué fon nœud, & qui n'a pas le même honneur que l'autre. Je ne fai ce que fignifient ici certains lozanges, entourez de quelques petits ornemens.

» XIV. Item, quant la dicte fefte fera faicte, fi comme deffus eft dit, avant
» ce que lefdits Chevaliers voifent en leur affaires, ledit Prince doit tenir un Par-
» lement, la ou il feront tous euls, & chafcun Chevalier foit tenu par fon fare-
» ment de recorder & mectre avant toutes les chofes que eux connoiftront eftre
» bonnes & honorables pour ledit Ordre accroiftre & amender. Et fe aucune
» chofe y eft mife avant, qui bonne & honorable puiffe eftre, approuvée ou dit
» Parlement, le Prince eft tenus de le faire ajoufter aufdis Chapitres & ordenan-
» ces dudit Ordre: & fera mis au deffus: *Ce Chapitres fut mis & eftabli au Parlement*
» *fait en tel an*. Et nulle chofe ne puiffe ajoindre ne touchier a treftous defdits
» Chapitres fe nom en plain Parlement fi comme deffus eft dit. Et fe aucune
» queftion feuft entres aucuns defdis Chevaliers de non avoir bien obferve les
» ordenances & Chapitres de l'Ordre ou il preift ladicte queftion en foy deffen-
» dant, fi foient lefdicts queftions determinées dedens ledit Parlement, fe la
» chofe n'eftoit fi clere, que le Prince ou fon Confeil l'euft devant deter-
» miné.

Les Chevaliers fe voient ici affemblez. Le Roi eft affis fur fon trône: de ceux qui l'environnent, les uns font debout, les autres affis. Ils déliberent enfemble

---

» Pentecoftes Equites omnes qui Nodum folverint.
» Qui autem in pugna claruerint, honorabiliorem in
» menfa locum occupabunt. Si quis vero accefferit,
» qui Nodum religatum geftet cum radio Sancti Spi-
» ritus, imponatur ipfi corona laurea ad triumphalem
» honorem: quemadmodum etiam fecere vèteres illi
» Romaii, qui totum fibi orbem acquifierunt, atque
» Equites optimos qui præ aliis in bello fortiter pugna-
» verant, honore maximo afficiebant.

Hic articulus explicationem majorem poftulare videbatur, & latius depictam imaginem, ut intelligeretur cur
Equites illi, qui in bello claruerant, Nodum fuum folverent, neque tamen coronæ laureæ gloriam obtine-
rent; verum illud explicatur in articulis XX. XXII.
& XXIII. Hic menfa vifitur, in cujus extrema
parte altera Eques confpicitur, qui Nodum religatum habet, quique lauro coronatur; in altera
vero extrema parte eft is, qui Nodum fuum folvit, nec tantum honorem quantum alter adeptus eft.
Ignoro quid fignificent thombi quidam, aliquot ornatibus cincti.

» XIV. Quando feftus ille dies eo, quo fupra dixi-
» mus, ritu celebratus fuerit, antequam memorati
» Equites ad negotia fua redeant, Princeps collo-
» quium habebit, cui finguli intererunt, Equitefque
» omnes facramento polliceantur fe omnia, quæ in
» augmentum & honorem hujus Ordinis conferre pof-
» fe putabunt, dicturos effe. Si qua vero res dicatur,
» quæ in bonum, commodum, feu honorem Ordinis
» cedere poffe videatur in confilio, tenebitur Princeps
» illa in Capitulis & Statutis Ordinis adjici curare, &
» fupra fcribetur: *Hoc Capitulum pofitum ftatutumque*
» *fuit in colloquio anni talis*. Nihil in memoratis capi-
» tulis adjici vel mutari poterit, nifi in colloquiis hu-
» jufmodi, ut jam dictum eft. Si qua vero contentio
» oriatur inter Equites, quod aliqui ftatuta & capitula
» Ordinis non recte fervarint, aliique contrarium
» tueantur; hujufmodi quæftiones in memorato capi-
» tulo terminabuntur, nifi ita clara & perfpicua res
» effet, ut jam a Principe & a confilio clare compo-
» fita fuiffet.

Hic Equites congregati vifuntur. Rex in folio fedet: ex iis qui circa ipfum funt, alii ftant, alii fedent, fi-mulque deliberant, analiquid addendum aut mutan-

pour

L'ORDRE DU S. ESPRIT OU DU NOEUD.

AU DROIT DES IK, &c.

pour voir s'il y a quelque chose à ajouter ou à changer ; outre cette troupe, il y en a d'autres qui consultent sur le même sujet.

» XV. Item se aucun Chevalier de la dicte compaignie eust devant entrepris
» aucune Ordre, soit tenus de faire son povoir de le entrelessier ; & se il ne
» puet bonnement, ceste Ordre doit toujours aller devant toutes les autres, &
» depuis ne puisse prendre aultre Ordre sans la licence du Prince & de son Con-
» seil, ne rien soit nul l'eccant de li en demander congié, salve se il ne portast
» le neu ainsi relié desus le ray comme dessus est dit.

Un Chevalier accompagné de plusieurs autres est à genoux devant le Roi, & lui demande apparemment cette permission. Il tient je ne sai quoi de noir sur sa poitrine.

» XVI. Item se il advenoit que le Prince reteinst de son ordre aucun Escuier
» de bien par son bon commencement, ledit Escuier soit tenus de soi faire Che-
» valier au pluftost qu'il porra dés le jour qu'il sera receu jusques au jour de la
» Pentecouste prochiene apres venant, a ce que ledit Escuier se puisse comparer
» Chevalier a ladite feste & ainsi comme les autres comme dessus est dit.

Un Ecuier du Roi vient accompagné de deux autres Ecuiers. Le Roi le fait Chevalier en lui mettant une grande épée, aidé d'un Chevalier de l'Ordre. Le nouveau Chevalier prête son serment de fidelité, en élevant au ciel ses deux mains jointes, en presence d'un grand nombre de Chevaliers de l'Ordre.

» XVII. Item quant aucun Chevalier de ladicte compaignie sera en peril de
» mort, il doit par tel maniere ordener devant sa mort, que quant il sera tres-
» passez, sa spée telle comme dessus est devisée, soit envoiée audit Prince en quel-
» que part que il soit. Et avec l'espée soit envoiée à la dicte Chappelle un neu
» le plus riche que il aura, pour en faire le pourfit de se ame en l'onneur de la-
» dicte Chappelle.

Un Chevalier malade en péril de mort est ici represendé debout en habit PL. noir, donnant à son Confesseur Religieux, d'une main son épée qu'il tient par LXII. la pointe, & de l'autre son Nœud. Le Confesseur doit remettre l'un & l'autre au Roi, qui tend la main pour le prendre. Cela se fait en presence d'un grand nombre de Chevaliers. Derriere le Roi est son Ecuier, qui tient l'épée Roiale la pointe en haut.

» XVIII. Item quant le Prince aura receut l'espée d'aucun trespassé de ladicte

---

dum sit. Præter hunc cœtum alii quoque eadem de re simul deliberant.

» XV. Si Eques ejusdem Ordinis, in aliam jam Or-
» dinem admissus fuerit, nihil non agat ut illum de-
» serat. Si non possit, hic Ordo semper anteponi de-
» bet ; nec quispiam possit in alium ingredi Ordinem,
» nisi impetrata facultate a Principe & a consilio suo,
» nec cuiquam liceat, non petita licentia, id facere,
» nisi is Nodum religatum supra radium gestet, uti
» jam dictum est.

Eques plurimis aliis comitantibus, genibus flexis coram Rege, facultatem supra memoratam ab illo postulat. Nescio quid nigri in pectore tenet.

» XVI. Si Princeps scutiferum aliquem probum si-
» bi adsciscat, tenebitur Scutifer ille in Equitem de-
» ligi postulare, ex qua die receptus fuerit ad usque
» diem Pentecostes sequentem, ut ipse in eodem die
» festo Eques comparere possit, quemadmodum alii
» Equites comparent, uti supra dictum est.

Scutifer Regis venit, duobus aliis scutiferis comitantibus. Rex Equitem illum constituit, gladio gran-

di ipsum accingens, adjuvante se alio Ordinis Equite. Novus Eques sacramentum fidei præstat, erectis versus cælum manibus junctis, præsentibus plurimis Ordinis Equitibus.

» XVII. Si quis Ordinis Eques in periculo mortis
» incidat, res ita suas componat oportet, ut post mor-
» tem suam gladius ipsius, illo quo supra diximus mo-
» do concinnatus, ad Principem quocumque in loco
» fuerit transmittatur. Cum gladio autem mittatur ad
» memoratam Capellam Nodus, quem preciosiorem
» habebit ille, in bonum animæ suæ & supradictæ
» Capellæ honorem.

Eques æger in periculo mortis positus hic exhibetur stans, nigro vestitu, Monacho, cui peccata confessus est, altera manu gladium quem ab apice tenet, tradens, altera vero Nodum. Monachus utrumque traditurus est Regi, qui manum extendit ut accipiat, idque præsentibus magno numero Equitibus. Pone Regem est Scutifer ipsius, qui Regium gladium tenet, apice sursum erecto.

» XVIII. Cum Princeps defuncti cujuspiam hujus Or-

Tome II. V u

» compaignie, il doit ordener se il se trueve pres d'ilec que dedans le VIII. apres
» se face solempnelment le service dudit trespassé en ladicte Chappelle : & y
» doit estre ledit Prince personelment se il puet bonnement;& tous les Chevaliers
» qui apres se trouvent a une journée dudit lieu'y doivent estre si il pueent en
» bonne maniere, & quant le service sera fait droitement a leure de l'Offerte, le
» plus prouchain parent ou ami dudit trespassé, ou celluy a qui le Prince le com-
» mandra, doit prendre ladicte espée par la pointe & la ouffrir sur l'Autel. Et le
» Prince & les Chevaliers de ladicte compaignie, qui audit service se trouveront,
» doivent accompaigner l'espée jusques a l'Autel & agenoiller euls tous devant
» l'Autel, & chascun devotement prier le Saint Esperit pour l'ame dudit trespassé.

La cérémonie se fait ici solemnellement. Un Evêque y est present, le parent du défunt, ou un autre tenant sa place, à genoux & en habit de deuil, met sur l'Autel l'épée du défunt & son Nœud. Le Roi est à genoux sur un carreau, & a les bas & les souliers noirs. Toute la troupe des Chevaliers à genoux paroit assister à la cérémonie avec beaucoup de devotion.

» XIX. Item quant le service dudit trespassé sera fait par le Prince, ou ceuls
» a qui il commandra ce faire, doyvent ordener que ladicte espée soit mise
» dedens ladicte Chappelle en lieu apparissant & permenable ; & a plus grant re-
» membrance dudit trespassé & honnour de ladicte compaignie, doit estre ou-
» vrée dedens trois mois apres le service une tumbe dedens ledit chastel en la
» place derriere le lieu de l'enchantement du merveilleux péril. En laquele tum-
» be seront escriptes lettres parmenables en pierre de marbre lesquelles diront :
» *Ce est la tumbe de la remembrance du tel chevalier, qui trespassa en tel part & en tel*
» *temps.*

On voit ici quatre épées pendues dans la Chapelle, & auprès de chaque épée un Nœud. Au dessus de l'Autel est representé un Saint Esprit en forme de colombe, qui darde ses raions vers l'Autel. Auprès de là on voit trois Chevaliers défunts, mis en relief sur leurs tombeaux ; c'est apparement la maniere dont on les enterroit. L'inscription sur les tombeaux a ce sens : *Ci git un tel l'an de Notre-Seigneur MCCCLIIII.*

» XX. Item se chose estoit que aucun desdits Chevaliers eust esté si bien eu-
» reux que avant que il fut trespassé eust tant fait que il portast le ray du Saint
» Esperit sur le neu, relié comme dessus est dit, lettres seront mises sur sa tom-

---

» dinis gladium acceperit, si tunc prope locum verse-
» tur, præcipiat oportet ut octavo sequenti die Missa
» & exsequiæ defuncti celebrentur in eadem ipsa Ca-
» pella, cui Princeps adesse debet, si quidem possit,
» necnon Equites omnes, qui non plus uno itineris
» die a loco distant, si quidem & ipsi possint. Officio
» autem persoluto, in ipsa offertorii hora, qui defuncti
» vel sanguine propinquior, vel amicus est, vel is
» quem Princeps jubebit, gladium defuncti per api-
» cem sumat, & supra aram offerat. Princeps autem &
» Equites qui Officio aderunt, gladium comitabuntur
» ad aram usque, ibique genua flectent, Spiritumque
» Sanctum pro defuncti anima precabuntur.

Officium hic solenniter celebratur. Episcopus adest. Defuncti cognatus, vel ejus loco alius, genuflexus & pullatus, gladium defuncti supra aram ponit. Rex genibus pulvino impositis, ac cum nigris tibialibus & calceis, adest. Totus Equitum cœtus genibus flexis, cum multo pioque affectu, Officio interesse videtur.

» XIX. Cum defuncti exsequiæ celebratæ fuerint,
» vel a Principe, vel ab iis quibus ea cura demandata
» fuerit, curabitur ut gladius ille in memorata Capel-
» la ponatur in loco patenti, ubi permaneat, & ut de-
» functi major commemoratio sit, in honoremque Or-
» dinis, post tres menses elapsos ab exsequiis, in Cas-
» tello & in platea pone *præstigias admirabilis periculi*
» sepulcrum ejus excitabitur, in quo sepulcro in mar-
» more sculpetur inscriptio his verbis concepta : *Hic*
» *est lapis sepulcralis talis Equitis, qui defunctus est tali*
» *loco, tali tempore.*

Hic visuntur quatuor gladii appensi in Capella, & prope singulos gladios sunt singuli Nodi. Supra aram exhibetur Spiritus Sanctus sub columbæ forma, qui radios versus aram emittit. Juxta locum hunc tres Equites defuncti conspiciuntur, qui supra tumulos suos insculpti videntur ; illo haud dubie modo Equites sepeliebantur. Inscriptio supra sepulcra posita talis est : *Hic jacet talis anno MCCCLIIII.*

» XX. Si quis Eques ante obitum rem tam strenue
» & tam feliciter gessisset, ut radium Sancti Spiritus
» supra Nodum gestaret religatum, ut supra dictum
» est ; inscriptio in sepulcro ejus adornabitur literis cla-

» biens luifans & apparifsans en pierre de marbre, & un ray bien voiant & du-
» rable, duquel doyvent iffir lefdictes lectres qui diront, *Il acheva fa partie du
» droit defir.*

L'article XIII. ci-deffus n'explique pas pour quelle action un Chevalier ac-
queroit le droit de porter *le rai du Saint Efprit fur le Nœud.* Mais les articles XX.
XXII. & XXIII. nous l'apprennent. Nous voions ici que les tombeaux de ceux,
qui parvenoient à ce dégré d'honneur, étoient bien plus magnifiques que les
autres. Chaque tombeau eft foutenu fur quatre colonnes appuyées fur autant de
lions. Deux Anges la foutiennent auffi : deux autres Anges font mis l'un à la tête
l'autre aux pieds du défunt, où eft un petit chien. Il y a au deffus du tombeau un
Saint Efprit raionnant, & plus bas fur le corps du défunt trois Nœuds. Entre le
Saint Efprit & les Nœuds, on lit cette infcription : *Il acheva fa partie du droit defir.*

» Item fe le Prince ne fe trouvoit au pays, luy ou ceuls a qui il auroit com-
» mis a faire a ces dictes chofes doyvent ordener par tele maniere que toutes ces
» chofes touchans audit trefpaffé foient parfaites dedens l'an de ce jour que la-
» dicte efpée fera prefentée audit Prince.

» XXI. Item chafcun Chevalier de ladicte compaignie foit tenus de faire
» chanter fept meffes pour fupplier pardon au Saint Efperit des VII. pechiés
» mortels pour l'anme du trefpaffé. Et foit tenus de le faire dedens le moys que
» il auront oy nouvelles de fa mort, s'il porront en bonne maniere.

L'image reprefente ici une Meffe baffe, où affiftent le Roi & les Chevaliers
à genoux.

» XXII. Item il eft defclaré par ce derrenier Chappitres ajoufté en la premiere
» fefte paffée de la Pentecoufte l'an de grace MCCCLIII. qui nul compaignon
» dudit Ordre n'en peuffe deflier le neu finon pour la maniere qui s'enfuit. C'eft
» affavoir que fe aucuns des compaignons de l'Ordre fe trouverra en aucun fait
» d'armes la ou le nombre de fes ennemis feront barbues ou outres. Et la part du
» Chevalier dellordre nen s'eftendit plus que le nombre deffes averfaires. Se le-
» dit Chevalier fe povoit pour fon honneur tant avancier qu'il peuft eftre le pre-
» miere afferir & envahir les ennemis, ou fe il povoit prendre ou abactre leur
» banniere jufques a la terre : ou fe il povoit prendre le Capitaine de fes enne-
» mis, & la fin de la bataille fera honnorable pour la part dudit Chevalier dell'or-
» dre, il puet deflier le neu.

» ris & confpicuis concinnata, in marmore fculpta,
» cum radio lucenti & folido, ex quo fequens infcriptio
» emitti debet : *Partem fuam Recti Defiderii, implevit.*

Articulus XIII. fupra non explicat pro qua re gefta
Eques quifpiam jus acquireret portandi *radium Sancti
Spiritus fupra Nodum.* Verum id docent Articuli XX.
XXII. & XXIII. Hic videmus fepulcra eorum, qui
tantum honoris gradum attingebant, longe magnifi-
centiora & ornatiora effe quam alia. Hoc fepulcrum
quatuor fulcitur columnis, quæ quatuor leonibus ni-
tuntur, Duo Angeli quoque illud fuftinent ; duo alii
Angeli ponuntur, alter ad caput defuncti, alter ad
pedes, ubi eft catellus. Supra fepulcrum eft Spiritus
Sanctus radios emittens, & infra fupra corpus defuncti tres Nodi. Inter Spiritum Sanctum & Nodos
hæc infcriptio legitur : *Partem fuam Recti Defiderii implevit.*

» Si Princeps non adeffet, illo abfente ii quibus hæc
» cura demandata eft, ifthæc omnia fupra memorata
» exfequi debent, quæ fingula complenda funt ante
» annum a tempore, quo gladius ille Principi

» oblatus fuit.

» XXI. Equites finguli Ordinis hujus feptem Mif-
» fas cani curabunt, ut venia petatur a Spiritu Sancto
» de feptem peccatis mortalibus pro anima defuncti,
» quæ Miffæ celebrentur intra menfem elapfum a tem-
» pore, quo obitum illius edidicerunt : fi tamen id fa-
» cere poffint.

Imago hic Miffam fine cantu exhibet, cui adfunt
Rex & Equites flexis genibus.

» XXII. In præterito S. Pentecoftes fefto anni
» MCCCLIII. hoc Capitulum additum fuit, quo
» hoc declaratur ; Nullus Eques hujus Ordinis po-
» terit folvere Nodum alio quam fequenti modo. Si
» quidam ex Equitibus Ordinis pugnæ interfuerint con-
» tra inimicos, five illi *barbuta* fint, five alii : & turma
» in qua funt Equites non fit numero major hoftili, Si
» Eques quifpiam id honoris obtineat, ut primus hof-
» tes aggrediatur ; vel fi vexillum capere, aut ad ter-
» ram decutere poffit, vel fi hoftium Ducem capere
» valeat ; fique pugnæ exitus in honorem Equitis ver-
» gat, tunc poterit Nodum folvere.

Voici un grand combat à cheval pour montrer comment on pouvoit parvenir à porter le rai du Saint Esprit sur le Nœud ; c'étoit ou en donnant le premier sur les hommes d'armes des ennemis ; ou en prenant l'enseigne ; ou en abbatant à terre celui qui la portoit, ou en prenant le Capitaine des ennemis. C'est ce que tâche de faire ici un Chevalier de l'Ordre du Saint Esprit, qui porte sur la tête les armes, le timbre & le cimier du Roi Louis. Il attaque celui qui est à la tête de la troupe, qui pourroit bien être le Capitaine, & lui porte un si grand coup de lance que le cheval s'abbat. Auprès du Capitaine est celui qui porte l'enseigne, qui n'est encore attaqué de personne. Les autres Chevaliers du Saint Esprit, abbatent d'autres ennemis. Il paroit qu'ils ont l'avantage sur eux dans ce combat, qui n'est que de pure imagination, pour inciter les Chevaliers de l'Ordre à attaquer leurs ennemis avec la même vigueur quand l'occasion s'en presenteroit. Les gens de guerre, qui sont appellez ici Barbues, prenoient ce nom d'une espece de casque, qu'on portoit en ce tems-là, qu'on appelloit barbues, peut être parce que la pointe de devant faisoit une espece de barbe. Ce mot étoit fort en usage en ce tems-là, sur tout chez les Italiens. Matthieu Villani l'emploie frequemment, *mille barbute*, dit-il, c'étoit mille lances, ou lanciers à cheval ; la cavalerie la plus estimée de ce tems-là.

» XXIII. Item se aucuns desdits compaignons dellordre se trovoient en aucun
» fait d'armes la ou le nombre de leurs ennemis feussent ccc. barbues ou plus, &
» la part des Chevaliers ou Chevalier dudit Ordre feussent les premiers fereours
» en la premiere bactaille ou eschiele des ennemis, & que la fin de la bactaille se-
» ra honnorable pour la part desdits compaignons dellordre, eus povent deslier le
» neu en la maniere susdite. Si voirement que chascun soit tenus moustrer au
» Prince & a son Conseil de son bien fait vraies enseignes.

Le dernier article donne une marque d'honneur aux Chevaliers de l'Ordre qui auront été les premiers à attaquer l'ennemi, pourvû que le combat ait eu une issue favorable. La peinture nous represente quelques Chevaliers de l'Ordre qui combattent vivement contre quelques cavaliers ennemis. Il ne paroit pas qu'aucun des partis commence à plier, ni ait quelque avantage sur l'autre. Tandis que ces premiers combattent, les autres de chaque côté se disposent à en venir aux mains.

Hic repræsentatur grandis pugna equestris, ut ostendatur quo pacto id Eques assequi valeat, ut radium Spiritus Sancti supra Nodum gestet. Illud consequebatur si primus hostes aggrederetur, si vexillum caperet, vel in terram decuteret vexilliferum, vel si hostium Ducem caperet. Illud hic assequi conatur Eques Ordinis Sancti Spiritus, qui gestat insignia, cassidem & apicem Ludovici Regis. Illum aggreditur, qui in turma hostium primus comparet, qui fortassis dux est, quem tam valide lancea sua impetit, ut equus in terram ruat. Prope ducem vexillifer est, quem nemo adhuc adoritur. Alii Equites Sancti Spiritus alios decutiunt ex hostibus. Videntur autem rem contra hostem bene gerere in hac pugna, quæ ex mero arbitrio facta est, ut incitarentur Equites Ordinis ad hostes eadem animi fortitudine invadendos, sicubi occasio offerretur. Qui hic *Barbutæ* appellantur milites, hoc nomen ex cassidequadam quam gestabant illo ævo, assequuti sunt, quæ cassides fortassis *barbutæ* appellabantur, quia illæ in anteriori parte acumen quodpiam præ se ferebant, quasi in modum barbæ concinnatum. Hæc vox in usu frequenti erat isto tempore, maxime apud Italos. Illam frequenter usurpat Matthæus Villanus : *mille barbutæ*, inquit, hoc est, mille lanceæ, seu Equites lancea instructi, quod Equitum genus tum cæteris præferebatur.

» XXIII. Si quidam hujus Ordinis Equites pugnæ
» interessent, in qua hostes *barbutis* trecentis aut plu-
» ribus instructi essent, & Equites hujus Ordinis
» aliqui essent in turma hostibus opposita, atque ipsi
» primi hostes impeterent ; si exitus pugnæ in ho-
» norem vergat turmæ illius in quo Equites Ordi-
» nis sunt, possunt illi Nodum solvere illo quo dic-
» tum est modo ; ita tamen ut quisque teneatur
» Principi & ejus Consilio rei fortiter gestæ testimonia
» proferre.

Postremus Articulus honoris munus profert Equitibus Ordinis, qui primi adorti fuerint hostilem turmam, dum pugna felicem exitum habuerit. Hic depicti monstrantur quidam Equites Ordinis, qui contra adversariorum equites fortiter pugnant. Nec videtur ex partibus aliqua ad cedendum prona : neque ulla alteri superior videtur. Dum isti pugnant, alii ex utraque parte manus non conserunt ; sed videntur sese ad pugnam apparare.

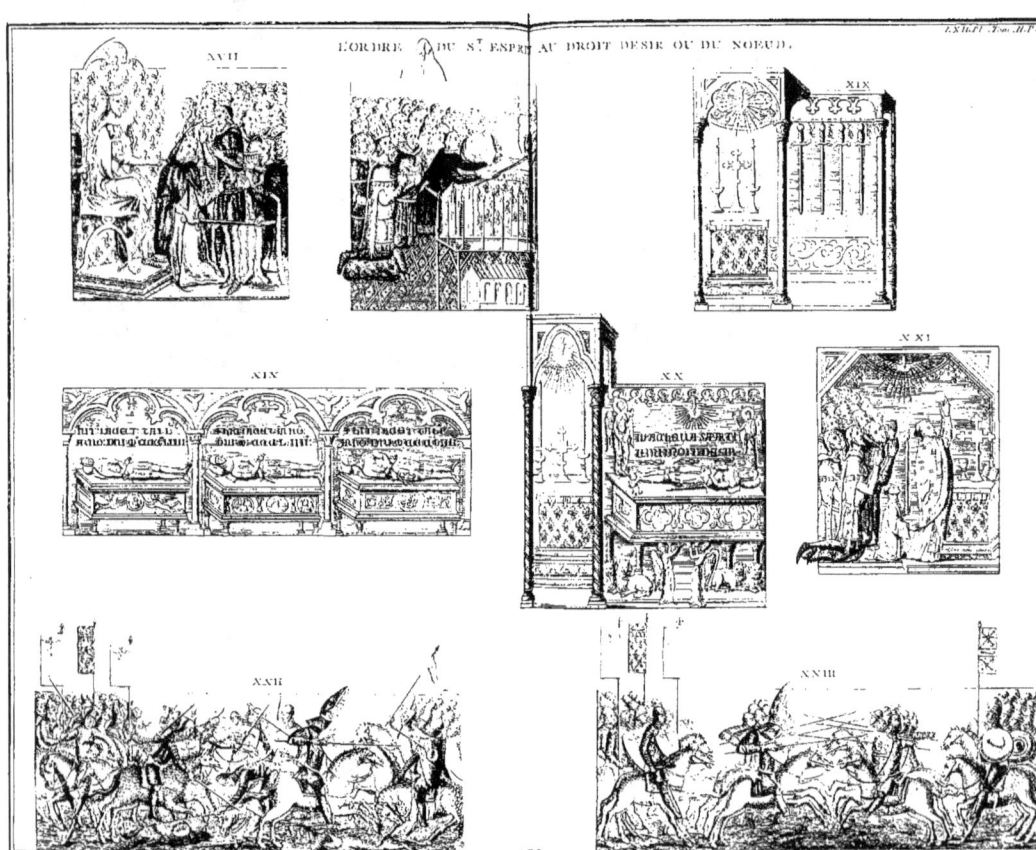

AU DROIT DESIR, &c.

Il m'a semblé à propos de mettre ici les differens habits des Chevaliers, qui se trouvent en divers endroits de ces peintures, où ils sont en petit & ne paroissent ordinairement qu'à demi. ¹ Le premier est en habit blanc avec son chaperon & une espece de bande feuillée, qui descend du bras jusqu'au bas des jambes. Le second ² porte un manteau d'un bleu foncé & a sur la poitrine le Nœud marque de l'Ordre. Le troisiéme ³ a le chaperon, les bas & les souliers noirs. Ils alloient ainsi vêtus les Vendredis en mémoire de la Passion de Nôtre-Seigneur. Le ⁴ quatriéme montre son chaperon, dont la pointe descend par derriere, jusqu'au gras des jambes. Il porte le Nœud sur la poitrine. Son habit est d'un bleu foncé, & ses bas rouges. Le dernier ⁵ est le Roi, qui est vêtu comme les autres Chevaliers, & n'est reconnoissable que par sa couronne.

PL. LXIII.
1.
2.
3.
4.
5.

Le Laboureur dans ses additions aux Mémoires de Castelnau p. 895. prétend que c'est à l'imitation de cet Ordre du Saint Esprit au Droit Desir, qu'Henri III. institua l'Ordre du Saint Esprit si célebre aujourd'hui. Ce qu'il en dit mérite d'être rapporté ici.

» Cet Ordre n'est qu'une imitation d'une pareille Milice du Saint Esprit, ins-
» tituée l'an 1352. par Louis d'Anjou dit de Tarente, Roy de Hierusalem &
» de Sicile, à cause de la Reine Jeanne sa femme & sa cousine ; de laquelle
» n'aiant point eu d'enfans, cet Ordre prit fin avec lui ; & se perdit si bien
» dans les desordres & les révolutions qui arriverent au Roiaume de Naples,
» qu'on l'auroit même ignoré ; sinon que l'original des Constitutions estant
» tombé au pouvoir de la Seigneurie de Venise, elle en fit present à Henry
» III. quand il y passa à son retour de Pologne. Il le trouva d'autant plus
» beau, qu'il lui convenoit parfaitement pour estre né le jour de la Pente-
» coste, & pour avoir été le mesme jour, couronné Roy en Pologne & (de-
» puis) en France, aussi bien que ce Roy Louis son instituteur, qui receut à
» mesme jour les deux couronnes de Sicile & de Hierusalem. C'est pourquoy il
» le prit en augure, & resolut de se l'approprier, comme s'il eut esté de son in-
» vention, & aprés l'avoir copié & commenté les Statuts, il donna ordre au Sieur
» de Chiverny de le brûler ; mais il fit conscience de faire perir un si rare monu-
» ment : lequel outre le merite de son sujet & de son antiquité, estoit encore
» fort estimable pour les miniatures en velin, où l'on void l'histoire de ce qui

---

E re fore putavi si vestes diversas Equitum hic in una Tabula proferrem. Nam in diversis tabellis depictis eæ exiguæ ut plurimum sunt, neque integræ comparent. Qui primus profertur, candida veste induitur cum caputio, & tænia quadam ceu foliis ornata, quæ a brachiis ad media crura defluit. Secundus pallium gestat cæruleum subobscurum, & ad pectus suum, Nodum, Ordinis Sancti Spiritus insigne. Tertius caputium, tibialia & calceos nigri coloris habet. Sic autem feria sexta vestiebantur in honorem Passionis Domini nostri. Quartus caputium habet, cujus acumen a posteriore parte ad usque mediam tibiam descendit, Nodumque gestat in pectore. Vestis ejus cærulea subobscura est, tibialia rubra. Postremus Rex est, qui cæteris simili veste induitur, & a corona tantum Regia distinguitur.

Arator (sive le Laboureur) in additamentis ad Memorias Castrinovanas ait ad exemplum istius Ordinis Sancti Spiritus Recti Desiderii, Henricum instituisse Ordinem S. Spiritus, tantopere celebratum. Hæc autem, memoratu sane digna, refert.

» Hic Ordo (nempe S. Spiritus hodiernus) ad imi-
» tationem militiæ similis S. Spiritus factus est ; quæ
» militia instituta fuit anno 1352. a Ludovico Ande-
» gavensi Tarentino Principe, qui ex jure uxoris & co-
» gnatæ suæ Joannæ Reginæ Rex Jerosolymæ & Sici-
» liæ fuit : sed cum nullam ex illa prolem suscepisset,
» hic Ordo cum Ludovico exstinctus, atque adeo de-
» letus est in motibus & tumultibus, qui postea Re-
» gnum Neapolitanum invaserunt, ut etiam in obli-
» vionem venturus fuisset, nisi autographum in ma-
» nus Senatorum Reipublicæ Venetæ delapsum, ab iis-
» dem Henrico III. dono oblatum fuisset, quando ip-
» se ex Polonia rediens Veneriis transiit. Cui eo magis
» placuit, quod ipse in die Pentecostes natus eadem
» quoque die in Polonia & postea in Francia corona-
» tus Rex fuisset, ut etiam Ludovicus Institutor Or-
» dinis, qui in die Pentecostes Rex Jerosolymæ & Si-
» ciliæ coronatus est. Quapropter id quasi ex auspicio
» sibi accidisse ducens, hunc Ordinem quasi sibi
» proprium ab se inventum constituere decrevit, &
» postquam statuta illa exscribi & explicari jusserat,
» D. de Chiverniaco præcepit ut librum flammis trade-
» ret. At ille non e re fore judicavit tam rarum & exi-
» mium Monumentum de medio tollere, quod præter
» rei vetustatisque meritum, ex picturis elegantibus,

» est contenu en chaque Canon ou Statut. A la premiere feuille est le Mystere
» de la Trinité, représentée dans un ciel tout semé de fleurs-de-lis au lieu d'es-
» toiles, & accompagné de plusieurs Anges, dont il y en a deux aux costez,
» qui portent chacun un rouleau, où est escript en lettres Gothiques, *Spiritu ple-*
» *na*. Devant cette Trinité sont representez prians le Roy Louis & la Reine
» Jeanne, avec cette souscription : *Dominus Ludovicus Rex, Domina Joanna Regina*,
» & à costé est la figure du Nœud de l'Ordre, qui est en forme d'un double lacs
» d'amour. Au dessus de cette image est escrit, *Ludovicus Dei gratia Rex Hieru-*
» *salem & Siciliæ*, entre deux escussons, l'un d'Anjou tout plein, l'autre parti
» d'Anjou & de Sicile. Ce livre escheut depuis à Philippe Hurault Evesque de
» Chartres fils du sieur de Chiverny, & appartient à present à Messire René de
» Longueil S. de Maisons President au Parlement. Le S. de Sainte Marthe Con-
» seiller en la Cour des Aydes m'en ayant communiqué la copie, je la donne-
» ray ici comme une piece digne de l'histoire, & qui fera voir quelles doivent
» estre les qualitez de ceux qui aspirent à l'honneur d'une si noble Chevalerie.

La copie que le Laboureur donne n'est point exacte. On y a changé plusieurs mots en d'autres plus en usage aujourd'hui en France. Ce que dit ci-dessus l'Auteur, que sur les rouleaux que tiennent les Anges sont écrits ces deux
mots, *Spiritu plena*, est une bevûë. Il y a, *se Dieus pleait*, c'est-à-dire, *s'il plait à*
Dieu. C'étoit la devise de l'Ordre du Saint Esprit au Droit Desir, comme il est
dit dans les Statuts. Il est vrai que l'espace manquant au rouleau d'un des Anges,
les deux dernieres lettres de *pleait*, n'y sont pas.

» quæ in membranis exercitia Ordinis exhibent, spec-
» tabile est. In primo folio est Mysterium sanctæ Tri-
» nitatis, in cælo liliis quasi stellis consperso repræ-
» sentatum, ubi multi Angeli comparent : ex quorum
» numero duo a lateribus rotulos gestant, in queis li-
» teris Gothicis scriptum est *Spiritu plena*. Ante Trini-
» tatem precantes exhibentur Rex Ludovicus & Regi-
» na Joanna cum hac inscriptione, *Dominus Ludovicus*
» *Rex, Domina Johanna Regina*, & a latere est Nodi
» ad Ordinem spectantis schema, qui Nodus est quasi
» duplex *laqueus amoris*. Supra imaginem scribitur, *Lu-*
» *dovicus Dei gratia Rex Hierusalem & Siciliæ*, inter
» scuta duo referentia, aliud insignia Andegavensia
» pura, aliud insignia Andegavensia cum Siciliensibus
» juncta. Hic liber postea fuit Philippi Huraltii Epis-
» copi Carnotensis filii Dni de Chiverniaco, jamque
» pertinet ad Dominum Renatum de Longolio, Do-
» minum de Mansionibus in Curia Supremi Senatus
» Præsidem. D. de Sta Martha in rei Tributariæ Curia
» Senator, ejus mihi apographum obtulit, quod hic
» apponam, ut rem singularem ad historiam perti-
» nentem, ubi quinam vere & jure merito Equites
» sint appellandi ediscetur.

Apographum ab Aratore datum accuratum non est,
multa verba in alia, quæ apud Francos hodierni sunt
usus, mutata sunt. Quod supra dixit ille, in rotulis
quos Angeli tenent hæc scripta esse, *Spiritu plena* ex
errore legentis prodeunt. Legitur enim *Se Dicu pleait*;
id est, *Si Deo placeat*; quod dictum Ordini Sancti
Spiritus quasi proprium adscriptum erat, ut in hisce
statutis non semel dicitur. Verumtamen cum spatium
in altero Angeli unius rotulo non sufficeret, duæ postremæ literæ vocis *pleait*, non scriptæ fuere.

FIN DU SECOND VOLUME.

L'ORDRE DU Sᵀ ESPRIT OU DU NOEUD.

TABLE DES MATIERES.

A

ABAILLARD, son histoire, *pages* 49, 50
Adam dit *Chambellan*, fils d'Adam de Villebeon, sa figure, 169
Adam de Villebeon, Chambellan de France, 169
Adele fille de Guillaume Duc de Normandie, promise en mariage à Harold, 8
Adolphe Empereur promet secours à Edouard Roi d'Angleterre, 193. & ne tient point sa parole, *là-même*. Défait & tué dans la bataille que lui donna le Duc d'Autriche, 195
Adrien V. Pape meurt par un accident extraordinaire, 176, 177
Ælfgyva, nom qui signifie une Dame, ou Demoiselle, 8, 9
Agnes fille de Louis le jeune, envoiée pour épouser Alexis Comnene, épouse le Tyran Andronic & depuis Theodore Branas, 68
Agnes de Meranie femme du Roi Philippe Auguste meurt, 89
Agnes de Baudement, Dame de Braine; sa figure, 71
Agorne (Thomas) Capitaine Anglois, prend la Roche-de-Rien, 177
Aiguillon place imprenable livrée au Comte d'Erbi, 264. assiegée par Jean Duc de Normandie, qui leve le siege, 274
Aimeri de Pavie Lombard veut vendre Calais aux François, est découvert & obtient sa grace en promettant de trahir les François, 281. pris par les François, est écartelé, 292
Albert Duc d'Autriche donne bataille à Adolphe, qui est défait & tué, 195. il est Empereur, & enfin est tué, 205
Albigeois, branche des Manichéens, 103. leur doctrine & leurs mœurs, 103, 104. ils prennent les armes & prennent beaucoup de places; sont enfin défaits, 104. *& les suivantes.*
Albrest Aleman du parti du Roi de Navarre, désole la Champagne, 310
Le Duc d'Alençon tué à la bataille de Creci, 272
Alexandre II. Pape prend le parti de Guillaume contre Harold, 16
Alexandre III. Pape se refugie en France; son différend avec l'Empereur Frederic Barberousse, 60
Alphonse couronné Roi d'Aragon après la mort de Pierre, 185
Alfonse Comte de Poitou pris au combat de la Massoure, & delivré par ses gens, 139. repris avec S. Louis, *là-même.*
Alfonse Roi d'Espagne, élû Empereur, 146
Alfonse Comte de Poitiers frere de S. Louis meurt, 172
Alfonse Comte de Toulouse va faire la guerre à la Terre-Sainte, où il est empoisonné, 55
Alienor fille du Duc d'Aquitaine épouse Louis le Jeune, 46. soupçonnée de galanterie, 55. repudiée par Louis le Jeune, se marie avec Henri Duc de Normandie, 58
Alienor Reine d'Angleterre: sa figure tirée de son sepulcre, 131
Alix mere de Philippe Auguste meurt, 94
Alix de Bretagne femme de Pierre Mauclerc Duc de Bretagne, representée deux fois, 165
Americ, de Narbonne laissé par Charles le Boiteux Commandant des Florentins, 187
Andelée (Pierre) désole la Champagne, 310. veut se rendre maître de Châlon en Champagne: il manque son coup, 312
Angleterre en trouble, 233
Les Anglois portoient la moustache du tems de Guillaume le Conquerant, 22. Anglois qui étoient en France, mis en prison sur un faux bruit, & délivrez ensuite, 234
Les Anglois prennent Commerci, 316
Ansolde fils de Chalo de S. Mars, 216
Arbres mis dans les anciens bas-reliefs & dans les peintures, après chaque action, 6
Archambaut de Bourbon, 119
L'Archiprêtre. *Voyez* Canole.
Ariens, ou plûtôt Manichéens à Toulouse, contraints d'abjurer, 67, 68
Artevelle (Jâques ou Jaquemar) gouverne la Flandre, se met du parti d'Edouard, 251. veut ériger la Flandre en Duché, & la donner au Prince de Galles, tué par les Gantois, 265
Artur neveu du Roi Jean secouru par le Roi Philippe est pris par son oncle qui le fait mourir, 90
Assassins, le Prince des Assassins. *Voyez* le Vieil de la Montagne.
Assassins du Vieil de la Montagne; leur histoire, 182
Auberticourt (Eustache d') ravage la Champagne, 310. défait & pris avec ses Anglois, 313

BACON brigant de Languedoc. Son histoire, 280
Barbe. On ne portoit point de barbe en France sous Philippe Auguste, 110
Barbette (Etienne) Préfet de la Monnoie. Sa maison est pillée, 203
Barres (Guillaume des) un des plus vaillans hommes de son siecle, 78, se signale à la bataille de Bouvines, 101, 102
Barriere (Jean) Avocat, plaide contre Enguerrand de Marigni, 220
Basoche (Jâques de) Evêque de Soissons sacre Saint Louis, 122
Bataille de Bouvines gagnée, 101, 102
Bataille de Cassel gagnée par Philippe de Valois, 241, 242. nombre des Flamans morts, 242
Bataille d'Hasting, entre Guillaume & Harold. Victoire de Guillaume, 17, *& les suivantes.*
Bâtards, sorte de Brigans Gascons, font des courses en France & sont reprimez, 236
Batefol Chef des Brigans, se retire en Gascogne, 322

TABLE DES MATIERES.

Baudouin Roi de Jérusalem, avec les Princes Croisez va assieger Damas, obligé par trahison de lever le siége, 55, 56, 57
Baudouin Comte de Flandres met le siege devant Arras, 36. lâche les éclufes, & oblige Philippe de faire la paix, 86. prend S. Omer, 86
Baudouin Comte de Flandre & plusieurs Seigneurs François joints aux Vénitiens prennent Constantinople. Baudouin est fait Empereur, 91. Un homme vient en Flandres qui se disoit être ce Baudouin. Il fut pendu par ordre de la Comtesse fille du vrai Baudouin, 117, 118
Baudouin autre Empereur de Constantinople, fait présent à S. Louis de la couronne d'Epines de Notre-Seigneur, 129
Beatrix de Bourgogne, Dame de Bourbon, femme de Robert Comte de Clermont fils de S. Louis. Sa figure, 162, 163
Beaucaire (le Sénéchal de) fait au siege d'Angoulême une action qui lui fait honneur, 267
Beaujeu (Humbert de) fait Gouverneur du Languedoc, 119
Beaujeu (Marguerite de) femme de Charles de Montmorenci. Sa figure, 290
Beaujeu (le Maréchal de) tué dans un combat, où les François furent victorieux, 292
Beaumarchais (Eustache de) envoié par Philippe le Hardi en Navarre, 175
Beaumont (Raoul de) armé singulierement, 113
Beduin nom de certains Arabes, 138
Benoît XII. élu en la place de Jean XXII. 249
Berengere femme de Richard Cœur de Lion, fille de Sanche Roi de Navarre & d'Aragon. Sa figure, 114
Berengere de Castille, mariée à Louis fils aîné de S. Louis, 145
S. Bernard prononce en faveur d'Innocent II. 45. Sa dispute contre Abaillard, 50. S. Bernard prêche la Croisade, 51
Bernard Ermite du Bois de Vincennes, consulté par Philippe Auguste, 73
Beziers pris sur les Albigeois, 105
Blanche de Castille mariée à Louis fils du Roi Philippe, 89. mere de S. Louis. Elle fait promtement sacrer son fils, 122. n'approuve point sa Croisade, 135. laissée Regente du Roiaume en l'absence de son fils, 138. meurt, 144. representée deux fois, 110
Blanche fille de S. Louis morte en enfance, 162
Blanche autre fille de S. Louis, mariée à Ferdinand Infant de Castille, revient en France, 174. Sa figure, 162
Blanche fille de Philippe le Bel, mariée avec Rodolphe fils de l'Empereur Albert, 195
Blanche fille du Comte de Bourgogne, femme de Charles le Bel, convaincue d'adultere est mise en prison, 210. repudiée, 229
Blanche de Bretagne femme de Philippe d'Artois, representée en relief, 213
Blanche de Navarre seconde femme de Philippe de Valois, 283. representée en peinture, 187. 325
Blâson mis sur l'habit des Seigneurs & Chevaliers: ce qui dura plusieurs siecles, 114
Blois (Charles Comte de) dispute le Duché de Bretagne à Jean Comte de Montfort, 156. Il assiege la Roche-de-Rien, défait les Anglois qui le voulurent surprendre; & une autre fois surpris, défait & emmené prisonnier, 278. Voyez Charles de Blois.
Bogomiles branche des Manicheens, 103
Bondocdar Chef des Sarrasins à la Massoure, 189
Boniface VIII. excommunie les Rois & les Princes qui feroient les levées sur les Ecclesiastiques, 191. érige Pamiers en Evêché, 192. défend par une Bulle aux Ecclesiastiques de rien contribuer ni païer aux Rois & aux Princes, 194. Il s'explique favorablement pour le Roi de France, 194. fait une autre Bulle, où il commande aux Rois de France & d'Angleterre de faire la paix aux conditions qu'il marquoit, 194. Boniface VIII. fait une Croisade dont il se déclare le Chef, 196. & une Bulle où il se déclare le maître du temporel & du spirituel des Rois, qui est brûlée en France, 196. Il excommunie Philippe le Bel & donne son Roiaume à l'Empereur Albert, 197. saisi par Nogaret à Anagni, il meurt de déplaisir, 197, 198
Bonne de Luxembourg, mariée à Jean Duc de Normandie, fils du Roi Philippe, 248. meurt, 283
Boulogne (Renaud Comte de) pris par les gens du Roi Philippe, est lâché par ses amis, 99. Voyez Renaud.
Boulogne (Philippe Comte de) oppose à la Regence de Blanche mere de S. Louis, 121. Philippe Comte de Boulogne étoit fils de Philippe Auguste & d'Agnés de Meranie. Ses deux images, 112
Bourdeaux pris par Raoul de Nesle Connétable, 189
Bourgogne. Le Duc de Bourgogne se croise pour la Terre-Sainte, 129
Le Duc de Bourgogne se tourne du côté du Roi Philippe le Long, 223. défend son Comté d'Artois contre Robert d'Artois, 245. défait les Flamans devant S. Omer, 255
Le Duc de Bourgogne traite avec le Roi Edouard pour garentir son païs du pillage, 316
Bourse commune de plusieurs Seigneurs qui alloient aux Croisades, 165, 166
Bouvines, lieu où se donna la bataille, 100, 101, 102
Brabançons, Brigans envoiez au supplice par Louis le Jeune, 61. Les Brabançons & les Cottereaux Brigans taillez en pieces, 74
Brabant. Le Duc de Brabant dispute au Comte de Luxembourg le Duché de Limbourg, décidé par un combat de quinze cent Chevaliers contre autant. Il gagne par la valeur des François, 187
Bretagne. Le Duc de Bretagne reçoit au sacre de Clement V. une blessure dont il mourut, 202
S. Brisson, qui pilloit & troubloit le commerce, châtié par Louis le Gros, 45
Brosse (Pierre de la) Chambellan de France, accusé de la Reine Marie d'avoir fait empoisonner le Prince Louis, 174. convaincu de trahison il est pendu, 177

C

CALAIS se rend par famine, 279
Callixte II. excommunie l'Empereur Henri V. 41
Canole ou Cernole (Arnoul) surnommé l'Archiprêtre fait de grands dégâts & rançonne le Pape, 302
Caours (Raoul de) fait un combat de 110. Chevaliers contre autant d'Anglois, dont le Chef étoit Thomas Agorne, qui fut tué & Raoul demeura victorieux, 284
Caoursins usuriers, 189
Capitation établie du tems du Roi Jean, 294
Captal de Buch prend Clermont en Beauvoisis, 310
Carcassone pris sur les Albigeois, 105
Casaubon (Gitard de) Seigneur de Hautpui en different avec le Comte d'Armagnac, 172
Casque de forme singuliere en usage au onziéme siecle, 12
Casques plats par le haut du tems de S. Louis, 155
Casques, leur forme du tems du Roi Jean, 298
Chalo de S. Mars: son histoire representée dans un Tableau, 216, 217. son privilege, 216, 217. Chalo de S. Mars, ses armoiries. Appellé Hue le Maire, 217
Chandos (Jean) brave Anglois, 251
Chapelet quand inventé, 48
Chaperon de mailles, 164

Charles

TABLE DES MATIERES.

Charles le Bel se fait sacrer à Rheims 229. répudie Blanche d'Attois, & épouse Marie de Luxembourg fille de l'Empereur Henri VII. 229. réforme les monnoies, 229. les affoiblit, 229, 230. Il va en Languedoc avec la Reine Marie sa femme enceinte, qui meurt en couches de la fatigue du voiage, 231, 232. épouse Jeanne d'Evreux, 232

Charles le Bel reçoit la Reine d'Angleterre sa sœur, 233. & l'oblige après de sortir de France, 234. fait mettre en prison tous les Anglois sur un faux bruit, & les délivre ensuite, 234. fait sommer le jeune Edouard de lui rendre hommage de l'Aquitaine, 237. meurt, 237. sa figure, 238

Charles Comte d'Anjou épouse Beatrix de Provence & devient Comte de Provence, 135. Charles frere de S. Louis établi Roi de Sicile par Urbain IV. 149. donne bataille à Mainfroi, qui est défait & tué, 150. défait Conradin, & le prend & le fait executer, 151. achete le Roiaume de Jérusalem, 177. veut se faire Empereur de Constantinople, 178

Charles d'Anjou Roi de Naples se laisse tromper par Pierre Roi d'Aragon, 179. Charles I. Roi de Naples prépare une flote à Marseille, 179. arrive à Naples & meurt, 180. son éloge, 180. représenté armé, 120, 121.

Charles le Boiteux Prince de Salerne battu sur mer & fait prisonnier, 180. délivré de prison, 186, 187. Charles le Boiteux Roi de Naples fait treve avec Jaques Roi de Sicile, 188. retire ses fils qui étoient en ôtage, 188. meurt. Son éloge, 206

Charles Martel, fils de Charles le Boiteux Roi de Naples, est fait Roi d'Hongrie, 106

Charles Comte de Valois fait avec succès la guerre en Gascogne, 191. fait la guerre en Flandres, prend plusieurs places. Le Comte Gui avec ses enfans se rend à lui. Il l'amene à Paris, 195. appellé par Boniface VIII. établi Vicaire de l'Eglise, 195, 196. Va à Florence & puis en Sicile pour la conquerir : il n'y fait pas de grands exploits, 196. poursuit vivement Enguerrand de Marigni, 219. qui est pendu à sa poursuite, 220. Il s'en repent, & en fait satisfaction publique, 220

Charles Comte de Valois marche contre les Anglois en Gascogne, & prend toutes les places hors trois, 232. meurt, 336

Charles Comte de Valois fondateur de la Chartreuse de Bourg-Fontaine représenté, 285

Charles Comte d'Alençon, fils de Charles Comte de Valois. Sa figure, 288

Charles fils aîné du Roi Jean établi Regent pendant la prison de son pere, 300. Charles Dauphin Regent quitte Paris & va à Compiegne, 303. s'approche de Paris avec ses troupes pour l'affamer, 305. fait avec le Roi de Navarre une paix de courte durée, 307. invité par les Parisiens revient à Paris, 308. assiege Melun, 312. fait sa paix avec le Roi de Navarre, 312. envoie des gens pour traiter de la paix avec le Roi d'Angleterre, 317. est d'abord rebuté, & fait enfin avec lui le Traité de Bretigni, 317, 318. représenté à genoux avec le Roi Jean son pere, 315

Charles, dit le Mauvais Roi de Navarre fait assassiner Charles d'Espagne Connétable,291. se déclare auteur de l'assassinat du Connétable,& demande des dédommagemens au Roi de France, 292, 293. vient à Rouen & est traité par Charles Duc de Normandie, 294. saisi par le Roi Jean, 294. pourquoi. là-même. mis en prison au Louvre, & depuis au Châtelet, 295. tiré de prison vient à Paris, 301. arme contre le Dauphin Regent, 303. revient à Paris rappellé par la faction de Marcel, 305. ne se croiant pas en sûreté à Paris, se retire, 305. Le Roi de Navarre & le Regent font ensemble une paix de courte durée, 307. Charles Roi de Navarre en fureur de la mort de Marcel, désole les campagnes, & veut affamer Paris, 308. Il leve des gens qui se répandent dans les Provinces, & les désolent, 308. s'adoucit, se met à la raison, & fait sa paix avec le Regent, 312

Charles le Bon Comte de Flandres massacré par le Prevôt de Bruges, 43. Son portrait original, 47, 48. sa taille extraordinaire, 48

Charles d'Espagne fait Connétable,290. assassiné par ordre de Charles le Mauvais Roi de Navarre, 292

Charni (Geoffroi de) traite pour s'emparer de Calais moiennant une somme, 280, 281. est trahi lui-même, 281

Château-Gaillard assiegé, sa description, 91, 92. pris de force, 93

Châtillon (Gaucher de) Comte de Porcean, Connétable de France armé, 189

Châtillon (Jaques de) maltraite les Flamans, en sorte qu'ils se révoltent, 198

Châtre (Pierre de la) nommé à l'Archevêché de Bourges persecuté par Louis le Jeune, 50

Chaufour (Thibaud & Jean) freres du parti des Navarrois, font le dégât autour de Langres, 310

Cherté de vivres à Paris, 202

Cherté de vivres en France, 221. 309

Clefs de la ville de Dinant remises au Duc Guillaume d'une maniere singuliere, 11

Clemence d'Hongrie, femme de Louis Hutin, sa figure, 238

Clemence d'Hongrie accouche du petit Roi Jean, qui meurt peu de jours après sa naissance, 223

Clement V. succede à Benoît XI. Le grand accident qui arriva après son Sacre, 202

Clement V. meurt. Les Auteurs parlent fort differemment de ses mœurs, 210

Clermont (Robert de) Maréchal de France massacré auprès du Regent par ordre du Prevôt Marcel, 303

Clisson (Olivier de) perd & reprend Vannes, 260

Coeffure de Dames en pain de sucre dure en France près de 200. ans, 233

Coeffure de femme en pain de sucre, 256

Ceesnon riviere, 9

Combat naval représenté dans une Planche, 259

Comete qui parut en Angleterre vers le tems de la mort du Roi Edouard, 15

Comete qui parut avant la mort de Philippe Auguste, prise pour pronostique, 109

Commegines qui venoit joindre le Roi Edouard défait & tué par le Sire de Roye, & tous ses gens tuez ou pris, 315

Conan Comte de Bretagne déclare la guerre à Guillaume Duc de Normandie, 9. prend la fuite à l'arrivée de Guillaume & se retire à Rennes, 10. rend les clefs de Dinant à Guillaume Duc de Normandie d'une maniere singuliere, & fait sa paix avec lui, 11

Concile de Montpelier, 116

Confesseur de Robert d'Artois mis en prison perpetuelle, 245

Conflant (le Sire de) Maréchal de Champagne, massacré auprès du Regent par ordre du Prevôt Marcel, 303

Conrad Empereur part pour la Terre-Sainte avec une grande armée, 51. par la trahison de Manuel Empereur d'Orient il perd presque toute son armée, 52

Conrad Empereur se rend par mer à la Terre-Sainte, 55. d'un coup de sabre coupe la tête & l'epaule d'un Turc, 56

Conradin executé publiquement ; ce qui déplût à toute la Chretienté, 151

Constance de Castille, seconde femme de Louis le Jeune, 59. sa statuë, 71

Cottes de Mailles en usage, 9

Les Cottereaux & les Brabançons brigands taillez en

Tome II. X x

TABLE DES MATIERES.

pieces, 74
Cottereaux, sorte de milice, 91
Couci (Thomas de Marle Sire de) continuë ses violences; blessé à mort par Raoul de Vermandois, meurt à Lân, 43, 44
Couci (Enguerrand de) opposé à la Regence de Blanche, mere de S. Louis, 122. Enguerrand de Couci: sa barbarie, 148
Couronne que S. Louis donna aux Dominicains de Liege, 159
Couronne d'une Duchesse de Bretagne, 165
Courtenai (Pierre de) representé deux fois, 167
Courtenai (Raoul de) representé, 167
Craon (Jean de) Archevêque de Rheims prend le Château de Roussi, 314
Creci (Gautier de) fait des courses dans le Barrois 192
Croisade contre les Albigeois, 104, 105
Les Croisez contre les Albigeois assiegent & prennent Beziers & Carcassone, 105
Croisade pour la Palestine, dont le Chef étoit Thibaud Roi de Navarre, 129
Croisade de Thibaud Roi de Navarre a un fort mauvais succès, 130
Croisez; leur vie desordonnée, 137
Croix. Les François portoient la croix blanche & les Anglois la croix rouge, 298
Croquant brigand de Bretagne; son histoire, 280

D

D**AIMBERT** Archevêque de Sens sacre le Roi Louis le Gros, 33
Damas assiegé par les Chrétiens, & le siege levé par trahison, 56, 57
Damiete pris par S. Louis, 137
David Roi d'Ecosse défait & pris par les Anglois, 276
Demoiselle qui avoit fait des fausses lettres pour Robert d'Artois & plusieurs maléfices, brûlée vive, 243
S. Denis avec le haut du crane coupé, 325
Dinant, ville representée, 10
Disette extrême dans les Provinces, 311
Dixme Saladine, 76
Dol, ville de Bretagne, 10
Duel & sa forme, 36
Duel entre le Comte d'Armagnac & le Comte de Foix, empêché par Philippe le Bel, 190
Duels défendus, 148, 149

E

E**CUYER** Valet du Roi Philippe le Bel, representé, 214
Edgard Adelin de la race d'Edouard Roi d'Angleterre, un des prétendans à la Couronne, 14. élû Roi d'Angleterre après la mort d'Harold, 30. abandoné, 31
S. Edouard Roi d'Angleterre déclare Guillaume Duc de Normandie son successeur, 3. lui envoye Harold, *Là-même.*
Edouard Roi d'Angleterre meurt, 14
Edouard fils du Roi d'Angleterre arrive à Tunis après que la paix fut faite, 171. Edouard I. vient à Paris, & fait hommage à Philippe le Bel pour l'Aquitaine, 185. envoye une flote en Guienne, qui fit descente & prit Blaye & Bayonne, 190. attire à son parti l'Empereur Adolphe de Nassau, & Gui Comte de Flandres, 190. vient en Flandres, 193. est assiegé dans Gand par Philippe le Bel; *là-même.* demande treve & l'obtient, 193, 194. fait avec Philippe le Bel une paix avantageuse, 200
Edouard I. Roi d'Angleterre meurt. Edouard II. lui succede, 203
Edouard II. Roi d'Angleterre vient à Paris & épouse Isabelle fille de Philippe le Bel, 205. revient à Paris, 208. se croise, 209. Edouard II. & les Spensers mettent l'Angleterre en trouble, 233. Edouard II. détrôné par sa femme, & mis en prison pour le reste de ses jours, 234
Edouard III. dispute la Regence à Philippe de Valois, est rejetté par les Barons, 239. vient rendre hommage à Philippe de Valois, 243. par la suggestion de sa mere & de Roger de Mortemer, il fait executer le Comte de Kent son oncle; détrompé depuis il envoie au supplice Mortemer, & enferme sa mere pour le reste de ses jours, 244
Edouard III. fait avec succès la guerre à David Roi d'Ecosse, & prend la ville de Warvik, 248. fait Vicaire de l'Empire par Louis de Baviere Empereur, 250. suscité par Robert d'Artois veut revendiquer le Royaume de France sur Philippe de Valois, & lui déclare la guerre, 250, 251. assiege Cambrai, 251. leve le siege, *là-même.* Edouard prend les armoiries & le titre de Roi de France, & gagne les Flamans, 253. va attaquer la flotte de France, qui est défaite après une longue résistance, & grande perte de part & d'autre, 254, 255. il assiege Tournai, 255. & leve le sige, *là-même.* vient faire la guerre en Bretagne, 260, 261. prend Vannes, 261. assiege ou fait assieger plusieurs villes, & ne prend que Dinant, 261. fait treve, 262
Edouard III. envoie le Comte d'Erbi faire la guerre en Gascogne, 262. part sur la flotte pour aller faire la guerre en Guienne, & par le conseil de Gefroi d'Harcourt fait descente en Normandie, 269, 270. prend & pille plusieurs villes, & fait prisonnier le Connétable d'Eu, 270. vient jusqu'au près de Paris, *là-même.* tâche de gagner la Somme, & la passe à Blanche-taque, malgré la résistance des François, 271. donne bataille a Creci, 272. est victorieux, 272. assiege Calais, & veut prendre la ville par famine, 273. veut faire épouser sa fille à Louis Comte de Flandre, 276, 277. après un long siege prend Calais, 279. 280. vient secretement à Calais avec le Prince de Galles son fils & une troupe de gens choisis, 281. combat contre les François, qui vouloient avoir Calais par trahison, ils se défendent bien, & sont enfin battus, 281, 282. generosité d'Edouard, 281
Edouard III. Roi d'Angleterre passe à Calais, 293. il vient en France avec une grande armée, va assieger Rheims, 315. leve le siege, traverse la Bourgogne, & vient auprès de Paris, 316. fait défier le Regent & va dans la Beausse auprès de Chartres, 316, 317. fait des propositions déraisonnables pour la paix, 317. un prodige le réduit enfin à faire le traité de Bretigni, 317, 318. difficultez qu'il eut à faire executer ce traité, 318, 319
Edouard III. Roi d'Angleterre representé à cheval, 286
Elisabet de la Marche, femme du Roi Jean sans Terre, 114
Empoisonnemens communs sous Philippe le Bel & les Rois suivans, 220, 221
Envouter, c'est-à-dire, ensorceler, 219
Epée de Charlemagne au sacre des Rois, 171
Erbi (le Comte d') fait la guerre en Gascogne, 262. prend plusieurs places, 263. Le Comte d'Erbi prend Angoulême, 265. prend plusieurs places & pille Poitiers, 275
Ermenonville (Pierre Outeble d') Ecuier representé, 214
Escarceles qu'on portoit anciennement à la ceinture, 71
Escarcele, ou gibeciere portée à la ceinture, 111
Etendart dans la Bataille de Bouvines, chargé de fleurs de lys, 102
Etienne Comte de Boulogne dispute la couronne d'Angleterre à Henri, & est couronné, 49

TABLE DES MATIERES.

Etoile luisante, qui est un phenomene, 282
Eu & de Guines (Raoul Comte d') Connétable de France a la tête coupée pour ses trahisons, 290
Eude Evêque de Bayeux, frere uterin de Guillaume, l'accompagne en son expedition d'Angletere, 21, 23. encourage ses troupes, 28
Eude Duc de Bourgogne & plusieurs autres Seigneurs & Evêques se croisent contre les Albigeois, 105
Evêques punis de ce qu'ils n'avoient pas mené des troupes à l'armée, 95, 96
Evêques croisez contre les Albigeois, 104, 105. Les Evêques se croisoient pour aller faire la guerre en la Terre-Sainte, 135
Eustache fils d'Etienne investi du Duché de Normandie par Louis le Jeune, 57
Eustache Comte de Bologne tué à la bataille d'Hasting, 19
Eustache de S. Pierre, Bourgeois de Calais, sa generosité, 280
Expeditions d'outremer pour la guerre-sainte, combien ruineuses, 154

F

Fenestrages (Broquard de) va contre les Anglois avec l'Evêque de Troie, 313. défait Eustache d'Auberticourt & les Anglois, & fait plus de ravages en Champagne qu'ils n'en avoient fait, 313
Ferdinand III. Roi de Castille representé armé, 163
Ferdinand Infant d'Espagne, mari de Blanche fille de S. Louis meurt, d'où s'ensuit la dissention entre Philippe le Hardi & le Roi de Castille, 173
Ferrant Comte de Flandres se met du parti d'Othon, 99. cité par le Roi Philippe, il refuse de comparoître, là-même, pris à la bataille de Bouvines, 102. délivré de prison, 122. meurt, 126
Fiennes (le Connétable de) poursuit Philippe de Navarre, 311, 312
Flamans battus par les François, 192, 193. Les Flamans de Bruges se revoltent & se mettent en campagne contre le Roi de France, 199. défont l'armée de France à Courtrai, & font un grand carnage, 199
Flamans battus en deux rencontres, 200
Les Flamans défaits à Mons en Puelles, 201. viennent demander une autre bataille, ou la paix qu'on leur accorde, 201
Les Flamans se revoltent de nouveau contre Philippe le Bel, 210, 211. la paix se fait, 211
Les Flamans violent souvent le traité fait avec Philippe le Bel, 221
Flamans du parti du Comte Louis attaquez par les Anglois en l'isle de Cagam & défaits, 251
Les Flamans défaits devant Saint Omer, 255
Les Flamans au nombre de cent mille hommes assiegent Aire & leventle siege, 179
Le Comte de Flandres fait la guerre à Philippe Auguste, 74, 75
Le Comte de Flandres vient à Paris, & est obligé par les Flamans mêmes de traiter avec le Roi Philippe le Long, 225, 226
Le Comte de Flandres vient au secours du Roi Philippe, 270
Le Comte de Flandres tué à la bataille de Creci, 272
Fleurs de lys, quand a-t-on commencé de n'en mettre que trois sur l'Ecu de France, 155
Foix (le Comte de) prend & démolit le Château de Hautpui, 171. pris & châtié par le Roi 173. puis il gagna ses bonnes graces, La-même.
Le Comte de Foix & le Captal de Buch taillent en pieces la Jâquerie à Meaux, 306, 307
Fonts baptismaux de S. Louis, 121
Fortune Chevalier, tâche de se faire Roi de Navarre. Chassé par Louis Hutin, 205
M. Foucault fit copier une partie du Monument de Guillaume le Conquerant, 1
France en trouble & en désordre après la prise du Roi Jean, 302
Les François ne portoient point de barbe du tems de Guillaume le Conquerant, 22
Les François plus aguerris que les Normans, 34. les battent, Là-même.
Les François après la mort de S. Louis défont trois fois ceux de Tunis & font la paix, 171
Les François massacrez en Sicile, 178
Les François par leur valeur font gagner au Duc de Brabant le Duché de Limbourg, 187
Les François pillent la ville d'Haspre, font des courses dans la Flandre, d'où ils emmenent une quantité prodigieuse de bestiaux, 253, 254. Les Flamans envoioent des troupes pour ravager de même; elles sont défaites, & les Comtes de Salisberi & de Suffolx pris, 254
Les François en grande reputation depuis Louis le Gros, déchoient par la bataille de Poitiers, 298, 299
Frederic Duc de Suaube neveu de l'Empereur Conrad, 53
Frederic Barberousse; son differend avec le Pape Alexandre III. 60
Frederic élû Empereur après qu'Othon eût été excommunié, 96. demande une entrevuë avec Saint Louis, qui y va bien accompagné, & Frederic ne l'attend pas, 128, 129. fait prendre les Evêques qui vont au Concile de Rome indiqué par Gregoire IX. 131
Frederic d'Autriche & Louis de Baviere, deux Empereurs en même tems, 236

G

Gabelle du sel établie du tems du Roi Jean, 294
Galderic Evêque de Lân tué par des brigands, 38
Galles (le Prince de) fait des hostilitez en Languedoc, 293. ravage plusieurs Provinces, 296. A la venuë du Roi Jean il se retranche dans des vignes & des haies, 296. où il est attaqué & met l'armée des François en déroute & fait le Roi Jean prisonnier, 297. le traite avec toute la courtoisie imaginable, 300
Garlande. Anseau de Garlande, 33. pris & délivré par le Roi Louis le Gros, Là-même.
Garlande (Etienne de) se revolte contre le Roi Louis VI. est réduit à son devoir, 44
Gefroi Plantegenest, Comte d'Anjou, dispute pour son fils Henri la couronne d'Angleterre à Etienne, 49
Geoffroi le Bel Comte du Maine: sa figure fort singuliere, 71, 72
Graville (Guillaume de) surprend Evreux pour le Roi de Navarre, 301
Gregoire IX. qui avoit excommunié l'Empereur Frederic, veut lui ôter l'Empire, & assemble un Concile, 130, 131. veut faire élire Empereur Robert Comte d'Artois frere de S. Louis, en détronant Frederic. S. Louis s'y oppose, 131
Gregoire X. tient un Concile general à Lion, 173
Grimaldi (Renier) Gennois Commandant de la flote de France, défait la flote des Flamans, 200, 201
Guesclin (Bertrand du) se bat en duel contre un Anglois, 301
Gui Comte de Ponthieu prend Harold, & le rend à Guillaume Duc de Normandie, 1, 6, 7
Gui le Rouge de Rochefort, grand ennemi de Louis le Gros, 30
Gui frere du Dauphin de Viennois Templier, executé, 205

TABLE DES MATIERES.

Gui Comte de Flandres vient à Paris, & est mis en prison, 196. perd la bataille de Furnes, 193. pris & amené à Paris est mis sous sûre garde, 195. meurt fort âgé, 200
Gui de Flandres mené prisonnier à Paris, 201
Guiard Fanatique, 207
Guillaume le Bâtard dit le Conquerant; son histoire, 1. *& les suivantes*. S. Edouard le déclare son successeur, 3. Guillaume promet sa fille Adele en mariage à Harold, 8. va faire la guerre à Conan Comte de Bretagne, 9. assiege Dinant, 10. fait la paix à son honneur, 11. fait Harold Chevalier, 12. leve une grande armée pour passer en Angleterre, 16. prodigieuse flote qu'il prépare, 17. il monte sur mer, arrive à Pevenese ou Pevincei où il prend terre, 18. donne un grand repas à son armée, 18, 19, 20. donne bataille à Harold, qui est long-tems disputée, 27, 28. il gagne enfin la victoire, 29. prend Douvre, 30. Guillaume après peu de résistance reçû à Londres & couronné Roi, 31
Guillaume bâtard de Flandres mis en déroute par Louis le Gros, 43
Guillaume fils de Robert établi Comte de Flandres par Louis le Gros, 43
Guillaume Duc d'Aquitaine leve une armée contre Louis le Gros, & puis vient s'humilier devant lui, *Là-même*.
Guillaume Roi d'Ecosse donne bataille aux troupes d'Henri Roi d'Angleterre; est défait & pris, 66
Guillaume de Juliers pris à la bataille de Furnes, 193. tué à la bataille de Mons en Puelles, 201
Guillaume Comte d'Auvergne cause une guerre entre Louis VII. & Henri II. Roi d'Angleterre, 63
Guillaume Comte de Hainaut bat les Flamans, 200. se tourne contre le Roi Philippe, prend & pille Aubenton, 253. est tué dans la guerre de Frise, 166
Guillaume Comte d'Hollande, Roi des Romains, tué, 146
Guillaume de Saint Amour: son livre est condamné à Rome, 147
Guines pris par les Anglois pendant la treve, 291
Gurd frere d'Harold tué à la bataille d'Hasting, 28

H

HAIMON Vaire-Vache domté par le Roi Louis le Gros, 38
Hainaut (Jean Comte de) ravage les terres du Roi; est obligé de réparer le dommage, 190
Jean de Hainaut accompagne avec des troupes la Reine Isabeau en Angleterre, 234. attaque le Château d'Oisi, repoussé par les François, 251. il brûle Guise, 252. gagné par Philippe de Valois, se tourne de son côté, 266
Harold Competiteur de Guillaume le Conquerant: son histoire, 1. *& les suivantes*. Envoié par le Roi Edouard à Guillaume Duc de Normandie, pris par Gui Comte de Ponthieu, 3. rendu à Guillaume, 4, 6, 7. va avec le Duc Guillaume à la guerre à Conan Comte de Bretagne, 9. sa force & sa taille, 10. fait Chevalier par le Duc Guillaume, 12. jure sur les saintes Reliques de l'Eglise de Bayeux, qu'il lui sera fidele, 12, 13. retourne en Angleterre, 13, 14. se fait couronner Roi d'Angleterre après la mort d'Edouard, 14, 15. met en bon ordre son armée pour la bataille d'Hasting; se défend fort bien, & est enfin défait & tué, 27 *& les suivantes*.
Harold Roi de Norvege fait descente en Angleterre, pour détrôner Harold qui s'en étoit fait couronner Roi, est défait & tué, 21
Harcourt (Gefroi d') banni du Roiaume par le Roi Philippe de Valois, 265. fait beaucoup de maux à la France, *là-même*. défait les Bourgeois d'Amiens, 271. fait le dégât dans la Normandie; est défait & tué, 300, 301
Harcourt (Jean Comte d') & plusieurs autres saisis par le Roi Jean, 294. pourquoi, *là-même*. Jean d'Harcourt & trois autres ont la tête coupée, 295
Hasting, lieu près de la côte d'Angleterre, saisi par les gens du Duc Guillaume, 19
Haute-feuille, Château de Paris ruiné, 304
Helenes (Jean de) poursuivi par un Chevalier Anglois après la déroute de Poitiers, se tourne, le vainc & le fait prisonnier, 300
Henri I. Roi d'Angleterre se saisit de Gisors, 33. Louis le Gros lui fait la guerre & ils s'accommodent ensemble, 34. mal-mené par Louis le Gros & ses confederez, 39. se remet & a quelque avantage sur eux. Il refuse la bataille, 40
Henri fils de Gefroi Comte d'Anjou se dispose à la guerre contre Louis le Jeune; mais la paix se fait, 57
Henri II. Roi d'Angleterre vient à Paris, 59. veut prendre Toulouse; mais le Roi Louis l'empêche, 59, 60. son différend avec Thomas Archevêque de Canterburi, 62. sa guerre contre Louis le Jeune, 63. Il achete le Comté de la Marche, 67. battu par Philippe-Auguste, 77. Henri II. mal-mené par Philippe-Auguste, fait sa paix avec lui, 78. Il donne sa malediction à ses enfans avant que de mourir, 79
Henri II. Roi d'Angleterre: sa figure tirée de son sépulcre, 113
Henri fils du Roi Henri II. fait Senechal de France, 64. meurt, 74
Henri fils aîné d'Henri II. & d'Alienor: sa figure tirée de son sepulcre, 113
Henri fils de Jean sans Terre fait Roi d'Angleterre, 108. Henri III. Roi d'Angleterre demande à Louis VIII. les terres que son pere & lui avoient conquises sur les Anglois, 115. passe en Bretagne avec une grande armée pour faire la guerre à S. Louis, 124. se retire en Angleterre sans avoir rien fait de considerable, 125. entre dans la ligue faite pour le Comte de la Marche contre S. Louis, 132. défait par S. Louis, prend la fuite, 133. obtient treve pour cinq ans, 134. vient à Paris, 144. donne le plus grand festin qu'on eût jamais vû, 145. prête serment de fidelité à S. Louis, 148
Henri V. Empereur fait élire Maurice Burdin Antipape, 41. excommunié par Calixte II. veut porter la guerre en France, & se retire voiant une trop puissante armée, 41, 42
Henri Comte de Luxembourg élû Empereur, 206
Henri VII. Empereur passe en Italie, 109. prend plusieurs villes, est couronné à Rome, 209. veut détrôner Robert Roi de Naples, & meurt non sans soupçon de poison, 109, 110
Henri le Gras Roi de Navarre meurt, 175
Henri Comte de Bar fait des courses sur les terres du Roi; est reprimé, 192
Henri Comte de Blamont pris à la bataille de Furnes, 193
Hugue Duc de Bourgogne commande les troupes Françoises dans la Terre-Sainte après le départ du Roi Philippe, 81. meurt en la Terre-Sainte, 81
Hugues Seigneur du Puiset, grand pillard, domté & pris par Louis le Gros, 35, 36. desherité par Louis le Gros tuë Anseau de Garlande, & meurt au voiage de Jerusalem, 36, 37
Hugue Comte de la Marche opposé à la Regence de Blanche mere de S. Louis, 122. fait une puissante ligue contre S. Louis, 132
Hugue de Creci grand pillard enchaîne son frere Eude Comte de Corbeil & le met en prison. Louis le Gros le délivre, 33
Hugue Vidame de Châlon en Champagne, repre-

senté

TABLE DES MATIERES.

senté armé & maillé, 185
Humbert II. Dauphin de Viennois donne le Dauphiné à Philippe Roi de France; à quelles conditions, 283, 284. se fit Jacobin & eut le titre de Patriarche, 284

I

JACOB Hongrois assemble les Pâtoureaux, qui ravagent les campagnes, 143. il est tué & sa troupe dissipée, 144
Jâquerie : Paysans nommez Jâques-bons-hommes, qui s'assemblent pour détruire la Noblesse ; les cruautez qu'ils commettoient, 306. on les poursuit & on en fait perir quantité, *là-même*. Ils veulent surprendre Meaux, sont taillez en pieces, & se dissipent, 306, 307
Jâques d'Aragon couronné Roi de Sicile, 185
Jâques Roi de Majorque se joint à Philippe le Hardi, contre son frere Pierre Roi d'Aragon, 181
Jâques de Bourbon défait par les Tard-venus, meurt de ses blessures, 320
Jean frere de Richard, Cœur de lion, se joint à Philippe Auguste contre son frere, 83. il trahit le Roi Philippe & massacre la garnison Françoise d'Evreux, 83
Jean Roi d'Angleterre fait des efforts pour secourir Chateau-Gaillard, & ne peut, 92. avec une puissante armée prend & ruine Angers, 94. persecute & chasse les Evêques, 98. excommunié par le Pape qui donne son Roiaume au Roi de France, 98. il s'humilie, est raccommodé avec Rome, 99. arme une grande flote, *là-même*, 99. brûle une partie des vaisseaux de Philippe, 99. descend à la Rochelle avec une grande armée, 100. prend Angers, *là-même*. A la venuë de Louis il prend la fuite, 100
Jean sans Terre, Roi d'Angleterre, odieux aux Anglois, qui le chassent & mettent Louis fils de Philippe en sa place, 107. il meurt, 108
Jean de France fils de Louis VIII. & de Blanche de Castille, mort en bas âge : sa figure, 120
Jean fils de S. Louis mort en bas âge : sa figure, 160, autre où il tient un oiseau, 161
Jean Tristan autre fils de S. Louis, né en 1250. Comte de Nevers: sa figure, 161
Jean XXII. élû Pape après une vacance de deux ans, & près de quatre mois, 222
Jean XXII. demande des subsides en France à cause sur les Ecclesiastiques, 235. prêche que les ames des Bienheureux ne jouiront d'une parfaite beatitude qu'après la resurrection des corps. Cette doctrine est improuvée par l'Université de Paris, & le Pape se retracte avant sa mort, 249
Jean I. du nom naît Roi de France, & meurt peu de jours après sa naissance, 223; representé en grand garçon, 238
Jean Duc de Normandie fils du Roi Philippe épouse Bonne de Luxembourg, 248. avec un grand corps de troupes va ravager tout le Hainaut, & prend beaucoup de places, 254. va en Bretagne à la tête d'une armée ; prend Châtonceaux & Nantes, 258. prend Rennes & assiege Hennebond, *là-même*. Vient avec une grande armée en Bretagne contre Edouard Roi d'Angleterre, 261, 262. va faire la guerre en Aquitaine à la tête de cent mille hommes ; assiege Angoulême, 266, 267. & le prend & d'autres places, 268. va faire le siege d'Aiguillon qui dure long-tems, 168, 169.
Jean Duc de Normandie leve le siege d'Aiguillon, 274
Jean II. couronné à Rheims avec sa femme Jeanne de Bologne, 290. fait couper la tête à Raoul Comte d'Eu, Connétable *pour les grandes trahisons confessées*, 290. institué ou renouvelle l'Ordre de l'Etoile, 291. se saisit de quelques places du Roi de Navarre en Normandie, 293. il marche vers Calais où étoit arrivé le Roi d'Angleterre, *& le défit corps à corps, ou pouvoir contre pouvoir, là-même*. Fait assembler les Etats du Roiaume pour le fait des finances & des monnoies, 293
Le Roi Jean saisit le Roi de Navarre, le Comte d'Harcourt & plusieurs autres Seigneurs qui dînoient avec le Duc de Normandie son fils, 294. fait mettre en prison le Roi de Navarre, & fait couper la tête au Comte d'Harcourt & à trois autres, 295. chasse le Duc de Lancastre, & prend les places que le Navarrois avoit en Normandie, 296. il assemble une armée ; va contre le Prince de Galles & arrive auprès de Poitiers, *là-même*. refuse les conditions proposées par le Prince de Galles ; donne la bataille où il est pris après avoir combattu vaillamment, & son armée mise en déroute, 297. representé en figure dans la Planche, 298. Il est traité avec toute la courtoisie imaginable par le Prince de Galles, 300. est mené à Londres où il fait une treve, 301
Jean II. prisonnier fait avec Edouard un traité de paix qui n'est pas reçû en France, 315. Il s'en fait un autre à Bretigni, après quoi il revient en France, 318. difficultez qu'il trouva dans l'execution du traité de paix, *là-même*. va à Avignon, 322. se croise pour la guerre sainte, 323. promet à Philippe son fils le Duché de Bourgogne : va en Angleterre & meurt à Londres, 324. Ses défauts & ses vertus, *là-même*. Ses portraits, 324
Jean Roi de Jerusalem assiste au sacre de Louis VIII. 115
Jean Roi de Boheme, present au lit de justice pour la cause de Robert d'Artois, 246. lui & son fils Charles viennent au secours du Roi Philippe, 270
Jean Roi de Boheme tué à la bataille de Creci, 272
Jean Duc de Bretagne, fils de Pierre Mauclerc, representé, 165
Jean II. Duc de Bretagne meurt, aiant disposé de son Duché en faveur de Jeanne fille de Gui son frere defunt, 256
Jean de Dreux de l'Ordre des Templiers de la branche de Dreux ; sa figure, 185
Jean d'Acre Bouteiller de France, fils de Jean de Brienne Roi de Jerusalem, 173
Jean l'*Archer*, Valet du Roi Philippe le Bel, 214, 215
Jean de Mehun Continuateur du Roman de la Rose, présente un livre au Roi Philippe le Bel, 215. Jean de Mehun étoit surnommé Clopinel ; son histoire ; 215, 216
Jeanne femme d'Alfonse frere de S. Louis, fille de Raimond Comte de Toulouse. Sa figure, 120
Jeanne de Navarre femme de Philippe le Bel, representée deux fois, 212. a fondé le College de Navarre, 213
Jeanne, Reine de Navarre, femme de Louis Hutin, meurt, 283
Jeanne fille du Comte de Bourgogne, femme de Philippe le Long, soupçonnée d'adultere, est mise en prison, reconnuë innocente, & mise en liberté un an après, 210
Jeanne veuve de Philippe le Long vient à Paris défendre son Comté d'Artois, & meurt empoisonnée, disoit-on, 245
Jeanne d'Evreux, troisième femme de Charles le Bel ; sa figure, 238
Jeanne de Bourgogne femme de Philippe de Valois meurt, 283
Jeanne de Bourgogne premiere femme de Philippe de Valois, sa figure, 287
Jeanne femme de Robert d'Artois, sœur du Roi Philippe, releguée à Chinon, 248
Jeanne de France, femme de Philippe d'Evreux, fille de Louis Hutin, representée deux fois, 288. & 325

TABLE DES MATIERES.

Jeanne de Bretagne, fille de Gui frere de Jean II. Duc de Bretagne, laissée heritiere du Duché par Jean II. Duc de Bretagne son oncle, 256
Jeanne Reine de Naples, femme de Louis de Tarente; sa figure, 328
Jeanne de Bologne; sa figure, 112, 113
Jeanne de Senlis, femme d'Adam Vicomte de Melun; sa figure, 214
Jerusalem pris par Saladin, 76
Ingeburge reprise par le Roi Philippe, 89. sa figure, 110, 111
Innocent II. élû Pape, confirmé & soutenu en France, 44, 45
Innocent III. excommunie Raimond Comte de Toulouse, & publie une croisade contre lui, 104
Innocent IV. fait Pape après un an & demi de vacance, 134. tient un Concile general à Lion, excommunie Frederic, & ordonne aux Electeurs d'élire un nouvel Empereur, 135
Innocent VI. publie contre les Tard-venus une croisade qui ne réussit pas, 221
Inscriptions de la tapisserie de Baieux, 4, 5, 6
Jourdain de l'Isle accusé & convaincu de plusieurs violences & de meurtres; par Sentence traîné à la queuë de chevaux & pendu, 230
Isabeau de Valois femme de Pierre Duc de Bourbon, representée, 326
Isabeau Reine d'Angleterre sœur de Charles le Bel, se refugie en France : pourquoi, 233. son entrée à Paris representée en peinture, 233, 234. obligée de se retirer de France, passe en Angleterre, & fait détrôner son mari, 235
Isabelle femme de Philippe Auguste, meurt, 79
Isabelle de Hainaut premiere femme de Philippe Auguste, 69
Isabelle fille de Louis VIII. & de Blanche de Castille, Fondatrice de l'Abbaye de Long-Champ; sa figure, 121
Isabelle fille de S. Louis, mariée avec le jeune Thibaud Roi de Navarre; sa figure, 162
Isabelle d'Aragon premiere femme de Philippe le Hardi, meurt en Calabre, 171. Sa figure, là-même.
Isemburge. Voyez Ingerburge.
Ives de Chartres, Prélat sage, 33
Jubilé universel établi par le Pape Boniface VIII. 195
Les Juifs chassez de tout le Roiaume par Philippe-Auguste, 72, 73. Les maux & les choses abominables qu'ils faisoient, 72, 73. Edit fait contre eux par S. Louis, 125
Les Juifs accusez d'avoir conjointement avec les Lepreux empoisonné les puits & les fontaines, sont brûlez vifs dans tout le Roiaume, 227, 228. Quarante d'entre eux s'entretuent pour éviter le feu, 227, 228. soupçonnez d'avoir causé la peste, brûlez impitoyablement en Allemagne, 283

K

KNOLLES (Robert) fameux pillard ramasse cent mille écus après la prise du Roi Jean, 301. veut aller à Avignon, est obligé de s'en retourner, 314

L

LANCASTRE (le Duc de) se joint avec Philippe de Navarre, ravage la Normandie, 296. Chassé par le Roi Jean, là-même. Il assiege Rennes, 301. attaque la petite ville de Brai, & ne peut la prendre, 315
M. Lancelot, 8. 12. se signale tous les jours par des découvertes considerables sur l'histoire de France, 246

Languedoc infecté de l'heresie des Albigeois, 104
Latilli (Pierre de) Evêque de Châlon sur Marne: Louis Hutin lui ôte la Charge de Chancelier, 218. accusé d'avoir empoisonné Philippe le Bel, & jugé dans un Concile, il est renvoié absous, 220
Laval (Fouque de) brigand, ravage toute la Beauce, 304
Launai, Philippe & Gautier freres, qui avoient eu commerce avec les belles-filles de Philippe le Bel, executez, 210
Lepreux accusez d'avoir empoisonné les fontaines & les puits sont pris & brulez par tout le Roiaume, 227
Levées extraordinaires du tems de Philippe le Bel, 191. sur les Marchands & sur les Ecclesiastiques, là-même.
Levvine frere d'Harold tué à la bataille d'Hasting, 18
Limoux fortifié par Simon Comte de Monfort, 105
Lionnois se revoltent, & sont remis sous l'obéïssance du Roi Philippe le Bel, 207
Lis. Fleurs de lys sur un étendard à la bataille de Bouvines, 102
Lis. Voyez Fleurs de lis.
L'Isle (le Comte de) assiege Auberoche, & est défait & pris par les Anglois, 263, 264
Lit de justice tenu pour la cause de Robert d'Artois, representé en peinture, 246
Livre de prestiges & de sortileges condamné, 231
Lombards usuriers, 189
Lorraine (le Duc de) fait la guerre à l'Evêque de Mets, qui est vaincu, 208
Lorraine (le Duc de) vient au secours du Roi Philippe, 270. tué à la bataille de Creci, 272
Lor (Jâque de) accusé de sorcellerie; mis en prison, se pend lui-même, 217
Loucard (Jaxemes) Chevalier representé, 214
Louis VI. dit le Gros, sacré à Orleans, 33. prend la Ferté-Baudouin, 33. fait la guerre avec succès à Henri Roi d'Angleterre; lui offre de se battre en duel contre lui, s'accommode avec lui, 34. envoie des troupes pour prendre la Rocheguion, 35. conte son frere Philippe fils de Bertrade, 35. se saisit de Châtres & de Montlheri, 35. Prend le Puiset : domte & fait prisonnier Hugue Seigneur du lieu, 35, 36. fait la guerre à Thibaud Comte de Chartres, 36. est repoussé près de Meaux, là-même. bat les troupes de Thibaud à Lagni, 36. son intrepidité, là-même. défait Thibaud & prend son Château, 37. domte Thomas de Mable Sire de Couci & d'autres petits Tyrans, 38. range Haimon Vaire-Vache à son devoir, là-même. fait la guerre à Henri I. Roi d'Angleterre, 39. repousse par lui il veut lui presenter bataille; à son refus il va pour brûler Chartres, 40. leve une grande armée contre l'Empereur Henri VI. 41, 42. domte Robert Comte d'Auvergne, 41, 43
Louis le Gros punit le meurtre commis en la personne de Charles le Bon Comte de Flandres, 43. défait Guillaume le Bâtard de Flandres, là-même. fait la guerre à Thomas de Marle, qui est blessé à mort, 44. fait déclarer Roi son fils aîné Philippe, réduit à son devoir Etienne de Garlande, là-même. Après la mort de Philippe fait couronner Roi son fils Louis dit le Jeune, 45. il fait détruire les Châteaux de Bonneval & Chatenai-Renard, là-même. châtie le Seigneur de S. Brisson, 45. tombe malade, ses sentimens de pieté, 45, 46. se demet de son Royaume entre les mains de son fils, 46. qu'il envoie pour épouser Alienor heritiere d'Aquitaine, là-même. Se fait mettre sur la cendre & meurt, 46. Sa statuë & ses sceaux, 47
Louis dit le Jeune, couronné Roi du vivant de son pere, 45. va épouser Alienor fille du Duc d'A-

TABLE DES MATIERES.

quitaine, 46. domte Gaucher de Mongeai, qui pilloit les païs voisins, 48. donne la Normandie à Henri fils du Comte d'Anjou, & la donne depuis à Etienne adversaire d'Henri, 49. persecute Pierre de la Châtre élû Archevêque de Bourges, 50. excommunié par le Pape, *là-même*. Il se tourne contre Thibaud Comte de Chartres & de Champagne, 50, 51. ruine Vitri, & l'Eglise est brûlée, 51. Il se croise pour la Terre-Sainte, *là-même*. Part avec une prodigieuse armée, 52. défait les Turcs, 53. une partie de son armée est défaite, *là-même*. Il se sauve avec peine, 54. s'embarque à Attalie pour Antioche, *là-même*. où il est d'abord bien reçu par Raimond Prince d'Antioche, 55. qui machine depuis contre lui, *là-même*. Il va avec l'Empereur & Baudouin assieger Damas, 56. après avoir levé le siege il s'en retourne en France, 57. marche avec une armée contre Henri fils de Gefroi Comte d'Anjou; mais la paix se fait, 57, 58

Louis le Jeune fait déclarer nul son mariage avec Alienor, 52. fait la guerre à Henri Duc de Normandie; prend Neuf-marché, *là-même*. Il fait sa paix avec Henri, 58, 59. épouse Constance de Castille, 59. va faire ses devotions au Mont Saint Michel, *là-même*. Après la mort de Constance il épouse Alix de Champagne, 60. reprime les violences du Comte de Clermont & d'autres, 61. punit le Comte de Châlon sur Sône, & fait pendre les Brabançons, 61. reprime le Comte de Nevers, & punit la Commune de Vezelai, 61, 62. fait la guerre à Henri II. 63, 64. suscite Henri son beau-fils pour faire la guerre à son pere Henri II. 65. assiege Verneuil, *là-même*. fait une treve & assiege Rouen, 66. fait sa paix avec Henri II. *là-même*. Conditions de la paix, 66, 67. va en Angleterre prier sur le tombeau de S. Thomas pour Philippe son fils malade, 68. Il fait couronner Roi Philippe son fils, 68, 69. tombe malade de paralysie & meurt, 69. Son éloge, 70. ses images & son sceau, 70, 71

Louis (dit le Lion) fils du Roi Philippe, épouse Blanche de Castille, 89. s'abouche avec l'Empereur Frederic à Vaucouleur, 97. met en fuite Jean Roi d'Angleterre, 100. & reprend toutes les places qu'il avoit prises, *là-même*. Louis fils du Roi Philippe se croise contre les Albigeois, vient en Languedoc, fait abattre les murs de Narbonne & de Toulouse, 106. établi Roi par les Anglois, 107, 108. excommunié par le Legat, 108. Ses troupes d'Angleterre défaites, il est obligé de se retirer en France, *là-même*. va secourir Amauri de Montfort, prend Marmande, assiege Toulouse & leve le siege, 109

Louis VIII. couronné à Rheims avec Blanche sa femme, 115. prend Niort, S. Jean d'Angeli & la Rochelle, 116. le Limosin & le Perigord se rendent à lui, *là-même*. Sa conference avec Henri Roi d'Allemagne, 117. Il exige l'hommage du Vicomte de Thouars, 118. Il prend la croix pour faire la guerre aux Albigeois; va assieger Avignon & prend après un long siege, *là-même*. Traverse le Languedoc, & en s'en retournant, meurt à Montpensier, 119. son sceau, *là-même*.

S. Louis né à Neuf-ville en Hez, 111, 112. baptisé à Poissi, signoit quelquefois *Louis de Poissi*, 121. sacré à Rheims, 122. leve une grande armée, *là-même*. cite les Princes mecontens, 122, 123. ils se soûmettent & lui tendent des embuches, 123. il marche contre eux & les fait retirer, *là-même*. va contre le Duc de Bretagne & prend Bellesme, 123. va avec une armée contre le Roi d'Angleterre & prend Oudon, 125. met le bon ordre dans son Roiaume, *là-même*. fait des Edits contre les Juifs, 125. Sa pieté, 126. sa fermeté, *là-même*. Il se marie avec Marguerite de Provence, 126, 127.

S. Louis reprime les Evêques, 127. domte Thibaud Comte de Champagne, 127, 128. il est garanti d'un assassinat sur l'avis du Vieil de la Montagne, qui l'avoit lui-même ordonné, 128. se met en chemin pour voir l'Empereur Frederic, qui ne l'attend pas, 129. reçoit la couronne d'épines de Notre-Seigneur, 129. reprime le Comte de Toulouse, 130. & Trincavel Vicomte de Beziers, *là-même*. rejette l'offre faite par le Pape de donner l'Empire à Robert Comte d'Artois son frere, 131. tient une grande & magnifique assemblée, *là-même*. appellée la Nompareille, 31. leve une grande armée, va contre le Comte de la Marche, & lui prend plusieurs places, 132. combat lui-même vivement au passage de la Charente, 132, 133. défait les Anglois deux fois, 132, 133

S. Louis fait avec le Roi d'Angleterre treve pour cinq ans, 134. tombe malade, 134, 135. reduit à l'extremité, 135. il revient enfin & se croise pour la Terre-Sainte, *là-même*. se dispose à partir avec ses freres & un grand nombre de Seigneurs & d'Evêques, malgré les remontrances de sa mere, 135. vient en Chypre où il demeure trop long-tems, 136. fait descente à Damiete & prend la ville, 136, 137. Il se met en marche & passe le Canal du Nil, 137, 138. combat fort vaillamment de l'épée & de la massuë, 139

S. Louis après deux combats contre les Sarrazins, est fait prisonnier, 140. sa constance dans sa prison où il redouble les exercices de pieté, 140, 141. traite de sa rançon avec le Soudan Moadan, qui est massacré, 141. S. Louis est proposé par les Sarrazins pour lui succeder; la Religion empêche qu'il ne soit élû, *là-même*. il va à S. Jean d'Acre, 142. ses freres s'en retournent en France, *là-même*. rachete les captifs & repare Saint Jean d'Acre, 142. rebâtit Jaffa, 143. il s'en retourne en France, 144. fait des Ordonnances contre la venalité des charges, *là-même*. visite son Roiaume pour faire exercer la justice, 145. marie son fils avec Berengere de Castille, 145.

S. Louis fait une Bibliotheque à la Sainte Chapelle, 145. se veut faire Religieux, 146. établit l'Hôtel-Dieu de Vernon, *là-même*. empêche les guerres entre les Seigneurs de son Royaume, 147. fait un traité avec le Roi d'Aragon, *là-même*. un autre traité avec le Roi d'Angleterre, qui ne plaît à aucune des deux nations, 147, 148. Punit Enguerrand de Couci, 148. fonde les Quinze-vingt, *là-même*. défend les jeux, 148. ses exercices de pieté & ses soins pour faire exercer la justice, *là-même*. & pour soulager ses sujets, 149, 150. les Anglois le prennent pour arbitre de leurs differends, 150. il entreprend un nouveau voiage d'outremer, 151. marie deux de ses filles, *là-même*. engage Edouard fils du Roi d'Angleterre à l'accompagner dans la guerre contre les Infideles, *là-même*.

S. Louis reçoit des Ambassadeurs de l'Empereur Michel Paleologue, 152. monte sur mer & va descendre près de Carthage. Il prend cette ville, 153. la peste se met dans son armée; il en est attaqué lui-même, 153. donne de bons avis à Philippe son fils & meurt, *là-même*. son éloge, 153, 154. son sacre representé, 154. ses portraits, 155. on le voit armé à cheval, maillé de la tête jusqu'aux pieds, 155. en habit Roial, 156. presentant une relique, *là-même*. autres images de S. Louis & de ses actions, 157, 158, 159. il se fait donner la discipline, 158. ses miracles après sa mort, 159. il est canonizé par Boniface VIII. 194

Louis Hutin se fait couronner Roi de Navarre dans Pampelune, 205

Louis X. pourquoi appellé Hutin, 218. il ôte la Charge de Chancelier à Pierre de Latilli Evêque

TABLE DES MATIERES.

de Châlon sur Marne, & la donne à Etienne de Mornai, *là-même*. épouse Clemence d'Hongrie, 218. presse les Cardinaux d'élire un Pape, *là-même*. se fait couronner à Rheims, 221. cite le Comte de Flandres, 221. marche avec une armée contre les Flamans & se retire sans rien faire, *là-même*. Meurt à Vincennes empoisonné, disoient quelques-uns ; sa figure, 237

Louis fils aîné de S. Louis meurt jeune: ses differens portraits, 160

Louis fils aîné de Philippe le Hardi, mort jeune, 170

Louis fils unique de Philippe le Long, meurt peu de jours après le couronnement de son pere, 223

Louis de France Comte d'Evreux represente deux fois, 213

Louis fils de Charles le Boiteux Roi de Naples, fut Religieux de S. François, depuis Evêque de Touloufe, & vécut si faintement qu'il fut canonisé, 206. representé, 385

Louis de Tarente Roi de Naples établit l'Ordre du S. Esprit, & fait des statuts donnez à la fin de ce Volume avec des figures, 328

Louis de Baviere & Frederic d'Autriche, deux Empereurs en même tems, 236

Louis de Baviere Empereur en Italie se fait sacrer à Rome, & fait élire un Antipape nommé Nicolas V. Ils sont chassez tous deux de Rome, 240

Louis Comte de Nevers fils du Comte de Flandres, cité par Philippe le Long refuse de comparoître, & perd les Comtez de Nevers & de Retel, 224. accusé d'avoir voulu empoisonner le Comte de Flandres son pere, est mis en prison, 226, 227. après la mort de son pere est reconnu Comte de Flandres, & rend hommage à Charles le Bel, 229. m. en prison par les Flamans, 235. delivré, 237. maltraite trop les Flamans après la bataille de Cassel, 243. n'a aucune autorité dans son païs, hors en quelque petit nombre de villes, 251

Louis Comte de Flandres fils du précedent, ne veut pas pour femme la fille du Roi d'Angleterre, pourquoi, 276, 277

Louis I. Duc de Bourbon representé, 288. autre image du même où il est differemment vêtu & couronné, 289

Louis d'Espagne avec sa flote donne bataille à Robert d'Artois: une tempête sépare les combatans, 259. Il incommode fort les Anglois en Bretagne, 261

Lozanges sur les habits, 161

Luxe des Nobles en France, qui maltraitent & pillent les païsans, 296

Luxembourg (le Comte de) dispute au Duc de Brabant le Duché de Limbourg, & cela est décidé par un combat de quinze cens contre quinze cens. Il perd par la valeur des François, 187

M

MAHAUT Comtesse de Bologne, sa figure, 112
M. Maillard Avocat, 121
Maillard (Jean) rue Marcel Prevôt des Marchands, 308
Mainfroi envahit Naples, 149
Malefices, combien en usage en France du tems de Charles le Bel, 230, 231. Histoire, *là-même*.
Malgeneste (Guillaume) Veneur du Roi. Sa figure, 215
Maltote établie, 189
Manichéens, Heretiques se sont fait connoître sous differens noms en differens siécles, 103
Manni (Gautier de) Anglois, 259. son combat contre Charles de Montmorenci au siége d'Aiguillon, 269
Marcel Prevôt des Marchands de Paris, fait massacret auprès de Charles Dauphin Regent quelques Seigneurs, 303. tâche en vain de se reconcilier avec le Regent, 304. fait réparer les murs de Paris, 304. fait rappeller à Paris le Roi de Navarre, 305. lui fournit de l'argent pour payer ses troupes, 305. veut introduire le Roi de Navarre avec les Anglois dans Paris, & le faire établir Roi de France en excluant les Valois, 307. Il est tué par Jean Maillard, 308

Marguerite de Provence femme de S. Louis. Ses differens portraits, 159, 160. meurt vingt-cinq ans après la mort de son mari, 191

Marguerite de Bourgogne femme de Louis Hutin, convaincue d'adultere est mise en prison, 210

Marguerite d'Artois femme de Louis Comte d'Evreux, 213

Marguerite de Flandres femme de Jean Comte de Montfort, Heroïne, 256. exploit qu'elle fit à Hennebond, 258

Marguerite femme de Jaxemes Loucart. Sa figure, 214

Marguerite Porrete fait un livre plein d'erreurs, & est brûlée, 207

Marie de Brabant Reine de France soupçonnée à faux d'avoir fait empoisonner le Prince Louis, 174

Marie de Luxembourg fille d'Henri VII. Empereur, épouse Charles le Bel, 229. couronnée, 230. fait un voiage avec son mari, & meurt en couches de la fatigue, 232

Marie de Clermont petite fille de S. Louis, Prieure de Poissy. Sa figure, 184

Marie fille du Roi Philippe, épouse le fils du Duc de Brabant, 148

Marie de Hainaut femme de Louis de Bourbon I. de ce nom. Sa figure, 189

Marie d'Espagne femme de Charles Comte d'Alençon, representée, 288

Marie fille d'Archambaut de Bourbon. Sa figure, 184

Marigni (Enguerrand de) administrateur des Finances, accusé de malversation, 219. répond hardiment à Charles Comte de Valois qui le poursuit vivement, 219. à sa poursuite il est pendu sans être entendu, 219, 220. Sa mémoire est rétablie plusieurs fois, 220

Marli (Bouchard de) de la maison de Montmorenci. Sa figure & ses deux seaux, 110

Massiers de la garde du Roi, 215

Massue en usage pour la guerre du tems de Guillaume le Conquerant & dans les siecles suivans, 25, 286

Masses ou massues de cuivre dont S. Louis arma ses gardes, 128

Mathilde vient défendre son Comté d'Artois & meurt de poison, disoit-on, 244, 245

Maurice Burdin, élu Antipape, 41

Melun (le Vicomte de) est attaqué le premier à la bataille de Bouvines, 101

Merlin. Ses prédictions en vogue, 109

Mez (Henri Seigneur de) Maréchal de France du tems de S. Louis, representé recevant l'Oriflamme de la main de S. Denis, 168. son seau, *là-même*.

Michel Paleologue envoie des Ambassadeurs à Saint Louis, & lui fait present d'un livre Grec des Evangiles, 152

Moadan Soudan traite avec S. Louis pour sa rançon, 141. est assassiné par ses gens, 141

Molai (Jâques de) Grand Maître des Templiers executé, 205

.... de Montfaucon accusateur des Templiers, 204

Montferrand assiegé, 43

Montfort (Simon de) élu Chef des Croisez, se rend maître de plusieurs villes, 105. Il fortifie Limoux, 105. assiege Toulouse & est obligé de lever le siege, 105. défait la grande armée des Albigeois

TABLE DES MATIERES.

bigeois devant Muret, 106. assiege Toulouse, est tué à ce siege, 107
Simon de Montfort representé, 168
Montfort (Amauri de) continue foiblement la guerre contre Raimond Comte de Toulouse, 109. remet ses places du Languedoc à Louis VIII. 116. se croise pour la Terre Sainte, 229. representé avec son seau, 168
Montfort (Jean Comte de) dispute le Duché de Bretagne à Charles Comte de Blois, 256. est reçû par les Bourgeois de Nantes : image qui represente son entrée, 256. prend Brest, Rennes & Hennebond, 257. passe en Angleterre, ajourné par le Roi Philippe, il vient à Paris & se retire, 257. livré par les Bourgeois de Nantes, il est mis en prison dans une Tour du Louvre, 258
Montgeai (Gaucher de) qui pilloit les païs voisins réprimé par le Roi Louis le Jeune, 48
Montigni (Pierre Remi de) principal Tresorier du Roi Charles, pendu pour avoir volé une prodigieuse somme, 239
Montmorenci (Mathieu de) dit le Grand Connétable de France, 169
Montmorenci (Thibaud de) representé, 169
Montpesat (le Seigneur de) cause d'une guerre contre les Anglois en Gascogne, 232
Mont S. Michel, 9
Monument de Guillaume le Conquerant à Baieux, 2
Mornai (Etienne de) Louis Hutin le fait Chancelier, 218

N

NAFFODEI Florentin accusateur des Templiers, 204
Nageurs emploiez au siege de Château-Gaillard, 92
Nantes son Château est pris par les Anglois & repris par les François la même nuit, 293
Navarrois desolent plusieurs Provinces, 309, 310
Nazer Chef des Sarasins, 143
Nesle (Raoul de) Connetable prend Bourdeaux, 189. & Baionne, 189
Nesle (Gui de) Maréchal de France, défait & pris par les Anglois & les Gascons, & depuis tué, 291, 292
Neufville en Hez lieu de la naissance de S. Louis, 121, 122
Nicolas V. Antipape, 240. est déclaré excommunié à Paris avec Louis de Baviere, 241
Nogaret (Guillaume) va se saisir du Pape Boniface VIII. 197. cité par Clement V. il continue d'accuser Boniface, 206. enfin absous, 208
Noradin formidable aux Chrétiens de la Terre Sainte, 51
Normech (Jean) Anglois. Sa supercherie, 268
Norvegien, qui défend un pont, tue quarante Anglois de sa hache, & est tué lui-même, 21
Noyers (Miles de) portoit l'Oriflamme à la bataille de Cassel, 241
Nugnez (Jean) Seigneur Castillan se refugie auprès de Philippe le Hardi, 174. envoié par Philippe le Hardi pour faire la guerre au Roi d'Aragon, 178

O

OISEAU porté sur la main marque de grande noblesse anciennement, 8. Jean de Sancerre tient sur une main un oiseau & de l'autre main le pied coupé d'un autre oiseau, 169
Olivier de Clisson pris, 261. le Roi Philippe lui fait couper la tête, 262
Oria, ou l'Oria, ou d'Oria bat la flote des François à Roses, 183. défait la flote preparée par Robert d'Artois, 186
Oriflamme banniere rouge, Sa forme, 168

Orme prodigieux, 177
Othon Duc de Saxe, couronné Empereur à Rome, 96. ne tient aucune promesse, 96. excommunié par le Pape, 96. vient contre Philippe avec une armée de cent cinquante mille hommes, 100, perd la bataille, 101

P

PAIRS de France presens au lit de Justice pour la cause de Robert d'Artois, 247
Palais des Thermes, 146
Parisiens. Leur sédition à cause du changement fait dans la Monnoie, 103
Parisiens se défient du Roi de Navarre, 305
Parisiens tuent plusieurs Anglois qui étoient à Paris, 307. sont tuez par les Anglois, & six cens d'entr'eux sont défaits dans une embuscade & taillez en pieces, 307
Parisiens par le conseil de Jean Maillard rappellent le Regent, 308
Paterins branche des Manichéens, 103
Pâtoureaux, troupe de canailles ramassée, exterminent les Juifs, sont suppliciez & dissipez en Languedoc, 116
S. Paul (le Comte de) tué au siege d'Avignon, 118
Pauvres de Lion ou Vaudois s'unissent aux Albigeois, 104
Penars (Raoul de) Avocat accusé d'empoisonnement, 220
Pequigni (Jean de) tire de prison le Roi de Navarre, 302. avec les Navarrois veut surprendre Amiens, & manque son coup, 309. étranglé par son Chambellan, 313
Perigord (le Comte de) se défend bien contre le Comte d'Erbi & les Anglois, 263
Persant (Jean de) grand maître de sortileges & de malefices, brûlé tout vif, 231
Peste & mortalité qui depeuple la France, repeuplée depuis par la fecondité des Femmes, 282, 283
Pevenese ou Pevincei lieu sur la côte d'Angleterre, 187
Philippe fils aîné de Louis le Gros déclaré Roi du vivant de son pere, 44. meurt par un accident terrible, 45
Philippe dit depuis Auguste. Sa naissance, 62. Philippe fils de Louis VII. tombe malade, 68. revient en santé, 68
Philippe Auguste couronné Roi du vivant de son pere, 68, 69. domte quelques Seigneurs qui tirannisoient les Eglises & pilloient les campagnes, 69. épouse Isabelle de Hainaut, 69. Appellé souvent Auguste par Rigord son Historien, 72. chasse les Juifs de son Roiaume, 72, 73. Il augmente & orne Paris, 73, 74. domte Etienne Comte de Châtillon sur Loire & rase son Château, 74. fait la guerre au Comte de Flandres, 74, 75. assiege Boves, 75. fait la guerre à Henri II. Roi d'Angleterre bien-tôt terminée, 76. Son fils aîné Louis naît, 76. Il se croise pour la guerre Sainte, 76. fait la guerre à Richard Cœur de Lion, 76, 77. prend plusieurs places, 77. défait Henri Roi d'Angleterre, 77. fait lever le siege de Mante, 78. Richard le vient joindre pour faire la guerre à son pere. Il prend le Mans & Tours, 78. Henri lui demande la paix & l'obtient, 78. Philippe part avec son armée pour la Terre-Sainte, 79. se brouille avec Richard Cœur de Lion, 79, 80
Philippe Auguste tombe malade au siege d'Acre, 81. s'en retourne en France, 81. Il prend Gisors & tout le Vexin Norman, 83. se joint avec Jean frere de Richard, 83. épouse Ingeburge sœur du Roi de Dannemarc, 83. la repudie sous prétexte de parenté, 83. Il est trahi par Jean frere de Richard, & la garnison Françoise d'Evreux massa-

TABLE DES MATIERES.

crée, 83. il brûle Evreux, & fait lever le siege d'Arques, 83. prend Dieppe, 84. reçoit un échec, 84. Richard enleve son bagage & les Chartres de sa Couronne, 84. avec une célérité extraordinaire Philippe fait lever le siege de Vaudreuil, 84. fait la paix avec Richard, paix qui est de peu de durée, 85. Prend Dangut & Aumale, & bat Richard qui étoit venu pour le secourir, 85. Va contre le Comte de Flandres, & est obligé de faire la paix avec lui, 86. Impose des taxes extraordinaires, 86. est battu & a peine de se sauver à Gisors, 87. fait treve avec Richard, 87

Philippe Auguste prend Evreux, 88. Le Concile de Dijon veut l'obliger de reprendre Ingeburge. Sur son refus l'interdit est jetté sur le Roiaume, 88. Il fait la paix avec le Roi d'Angleterre, 89. reprend Ingeburge, 89. fait la guerre à Jean Roi d'Angleterre & prend plusieurs places, 90. Prend & brûle Tours, 90. Les Bretons & les Poitevins se joignent à lui, 91. prend plusieurs autres places dans la Normandie, 91. Il assiege Château-Gaillard qui se défend longtems, 91, 92, 93. & est pris de force, 93. Philippe prend toute la Normandie, 93, 94. Angers réduit sous son obéïssance, 94

Philippe prend Poitiers & plusieurs autres villes, 94. il y revient avec une grande armée & prend d'autres places, 95. aggrandit Paris & y fait une file de nouveaux murs, 97. châtie Renaud Comte de Boulogne, 97. prend Mortagne, 97. se prépare pour porter la guerre en Angleterre & se saisir de ce Roiaume, que le Pape lui avoit donné, 98. reprend Ingeburge qu'il avoit répudiée une autre fois, 98. arme une grande flote, 98. celle de Jean en brûle une partie, & il brûle lui-même le reste, 99. défait les ennemis sur terre, 99. il prend Gand, 99. prend & reprend & brûle l'Ile, 99. attaqué puissamment de deux côtez, il envoie Louis son fils contre le Roi Jean, & il marche contre Othon, 100

Philippe Auguste donne bataille à l'Empereur Othon à Bouvines, 101, 102. il est saisi & délivré, 102. gagne la bataille & remporte une victoire entiere, 102. il tombe malade & meurt, 109. son éloge, 109. son sceau, 110

Philippe III. dit le Hardi, reçoit en Afrique les hommages des Princes & Seigneurs, 170. fixe la minorité à 14. ans, 171. s'en retourne en France, 171. fait porter en ceremonie le corps de son pere à S. Denis, 171, 172. est sacré & couronné à Rheims, 172. sa pieté, 172. il prend & châtie le Comte de Foix, 173. épouse Marie de Brabant, 173. sa dissension avec le Roi de Castille, 173. leve une grande armée contre le Roi de Castille, & ne fait rien, 174. envoie Eustache de Beaumarchais pour réduire la Navarre, 175. & Robert d'Artois avec une armée, 175. va conferer avec le Roi de Castille pour l'affaire de ses neveux, 177. & avec le Roi d'Aragon, 177, 178

Philippe le Hardi se croise pour faire la guerre au Roi d'Aragon, 179. prend Elne, 181, 182. assiege Gironne, 182. la prend après un long siege, 183. sa flotte est battue, 183. il meurt à Perpignan, 183. ses differens portraits, 183, 184

Philippe le Bel épouse Jeanne fille du Roi de Navarre, 181. prend Figuieres, 182. est sacré & couronné à Rheims avec Jeanne de Navarre sa femme, 185. s'accorde avec le Roi de Castille, 188. chasse du Roiaume les Banquiers Italiens, 189. fait la guerre aux Anglois en Guienne, 189. cite Edouard pour venir lui-même lui faire hommage pour la Guienne, 189. envoie une flote en Angleterre, qui fit quelques ravages, 190. defié par l'Empereur Adolphe de Nassau, 190. fait la guerre en Flandres, & assiege l'Isle, 192. empêche adroitement que l'Empereur Adolphe ne vienne au secours d'Edouard Roi d'Angleterre & du Comte de Flandres, 193. prend l'Isle, Courtrai & Bruges, & va assieger Edouard Roi d'Angleterre dans Gand, 193. fait treve avec lui, 194. Son entrevue avec l'Empereur Albert, 195. fait la guerre en Flandres, 195. son different avec Boniface VIII. il lui écrit en termes vifs, 196, 197. excommunié & dégradé, il appelle au Concile general, 197. il envoie Nogaret avec des troupes, qui saisit Boniface à Anagni, 197. Philippe va avec une grande armée contre les Flamans victorieux, & ne fait rien cette année, 199. va en Languedoc & gagne par ses manieres les gens du payis, 200. va en Flandres avec une grande armée, donne bataille aux Flamans à Mons en Puelles, & remporte la victoire, 201. fait la paix, 201. assiste au sacre de Clement V. 202

Philippe le Bel fait un changement notable dans la Monnoie, 203. va à Poitiers voir le Pape, & prend des mesures pour exterminer les Templiers, 203. les fait saisir au même jour dans tout le Roiaume, 203. les fait executer, 204, 205. veut faire élire Charles de Valois son frere Empereur, 206. va au Concile General de Vienne, 208. promet de se croiser pour la Terre Sainte, 208. fait une création extraordinaire de nouveaux Chevaliers, où assiste le Roi d'Angleterre, 209. se croise pour la guerre Sainte, 209. altere les monnoies, au grand dommage de ses sujets, 209. a des affaires fâcheuses à la fin de sa vie, 210. deshonoré par ses belles-filles il les fait enfermer & executer leurs amans, 210. Philippe le Bel se prépare à faire la guerre aux Flamans, 211. la paix se fait, 211

Philippe le Bel tombe malade & meurt, 211. ses grands défauts. là-même. Ses images, 212. une où il tient la Main de Justice, 212

Philippe le Long fait Regent de France & de Navarre, 221. se croise avec plusieurs Princes pour la guerre Sainte, 222. se met en campagne contre Robert d'Artois. 222. Après la mort du petit Roi Jean il se fait sacrer & couronner malgré les oppositions, 223. il cite Louis Comte de Nevers & de Retel, qui refuse de comparoître : les suites de cette affaire, 224. traite avec le Comte de Flandres, 225, 226. va en Poitou, 227. veut établir par tout le Roiaume les mêmes poids & mesures, & faire paier à chacun le cinquième de son bien : ce qui revolte tout le monde, 228. tombe malade & meurt, 228. sa figure, 238

Philippe de Valois va en Italie au secours du Roi Robert contre les Gibelins, & n'y fait rien, 225

Philippe de Valois déclaré Regent par le jugement des Barons, qui rejettent Edouard, 239. reconnu ensuite pour Roi fait frapper des monnoies selon leur ancien poids, 239, 240. rend la Navarre à Philippe Comte d'Evreux, 240. se fait sacrer avec sa femme à Rheims, 240. à la priere de Louis Comte de Flandres, il marche avec une armée, il donne bataille aux Flamans & les défait entierement, 241, 242. offre sa Statue equestre à Notre-Dame de Paris, 242. somme Edouard III. Roi d'Angleterre de venir lui rendre hommage de l'Aquitaine, 242. se rend à Amiens, où il reçoit cet hommage du Roi Edouard, 243. fait assembler ses Pairs pour l'affaire de Robert d'Artois, 245, 246. tient un Lit de Justice representé ici en peinture, 246. Philippe assis dans son Trône au Lit de Justice pour la cause de Robert d'Artois, 246. il se croise pour la guerre Sainte, 248, 249. fait un accord entre le Duc de Brabant & le Comte de Flandres, 249. se rend à Avignon à la Cour du Pape où se trouvent trois autres Rois, exhorté par le Pape il se croise de nouveau avec les autres Rois & Princes, & fait les plus grands préparatifs qu'on eut jamais vûs, 250. Edouard Roi d'Angleterre lui déclare la guerre, 250, 251. Philip-

TABLE DES MATIERES.

pe fait équipper une puissante flote qui fait de grands ravages sur les côtes d'Angleterre, 251. il assemble une grande armée où il y avoit 4. Rois, 6. Ducs & 16. Comtes, le jour est marqué pour la bataille, qui ne se donna point, 252. leve une autre puissante armée pour faire lever le siege de Tournai, 255. fait treve, 256

Philippe de Valois fait treve avec Edouard, 262. met un impôt sur le sel, fait couper la tête à Olivier de Clisson & à d'autres Seigneurs Bretons, 262. s'attire la haine de la Noblesse, bannit du Roiaume Geffroi d'Harcourt, 265. gagne Jean de Hainaut, & l'attire à son parti, 265. envoie Jean Duc de Normandie faire la guerre en Aquitaine avec une armée de cent mille hommes, 266. envoie contre Edouard III. le Connétable d'Eu qui est pris, 270. va avec son armée contre Edouard campé à Créci, 271. donne la bataille qui est perdue. La deroute est grande & le carnage extraordinaire, 272, 273. Il veut faire pendre Godemar du Fay & faire mourir Gautier de Manni : il en est détourné, 274. assemble une grande armée pour faire lever le siege de Calais, & presente la bataille à Edouard qui la refuse, 279

Philippe de Valois épouse en secondes nôces Blanche de Navarre, 283. Aquiert le Dauphiné, les Comtez de Roussillon & de Cerdagne, & la Seigneurie de Montpellier & de Lates, 283. meurt le 22. Août 1350. 284

Philippe de Valois representé, 285. son portrait au naturel. Autre figure du même, 285. sa Statue à cheval, 286

Philippe. Trois Rois de ce nom ont pensé être pris au milieu de leur armée & gagné la bataille. Philippe Auguste à Bouvines, Philippe le Bel à Mons en Puelles, & Philippe de Valois à Cassel, 241, 242

Philippe Duc & Comte de Bourgogne, Comte d'Artois, &c. meurt le dernier de sa race, 322

Philippe Evêque de Beauvais armé en guerre pris par Richard, 86

Philippe Comte de Boulogne fils de Philippe Auguste meurt, 126

Philippe de France fils de Louis VIII. & de Blanche de Castille, mort en bas âge. Sa figure : il tient un gand pour soutenir l'oiseau, marque d'une grande qualité, 120

Philippe Comte d'Evreux peint sur une vitre, 287. Il fut depuis Roi de Navarre inauguré à Pampelune sur un bouclier à la maniere antique, 287. autre figure du même, 288

Philippe d'Evreux Roi de Navarre empêche que le Roi Philippe ne soit pris à la bataille de Cassel, 241

Philippe de Navarre après la prise du Roi Charles son frere se saisit des places de la Normandie, & se joint au Duc de Lancastre, & pille le païs, 296 indigné de la paix faite par son frere, se jette du côté du Roi d'Angleterre, 312, 313

Philippe fils de Robert Comte d'Artois blessé à la bataille de Furnes, meurt, 193

Philippe de Bourgogne Comte d'Artois & de Boulogne meurt d'une chûte de cheval, 274

Pierre Roi d'Aragon se met à la tête des Albigeois, 106. défait & tué à la bataille de Muret, 106

Pierre Roi d'Aragon conspire pour faire massacrer les François en Sicile, 178. se fait couronner Roi de Sicile, 178. excommunié par le Pape Martin IV. 179. propose un combat à Bourdeaux contre Charles Roi de Naples, 179. sa supercherie, 179. Pierre Roi d'Aragon dresse une embuscade, 181. est battu & blessé dans le combat, 182. meurt, 183

Pierre de Lusignan Roi de Chypre vient à Avignon, 322, 323

Pierre Duc de Bretagne opposé à la Regence de

Blanche mere de S. Louis, 122. appelle à son secours le Roi d'Angleterre contre S. Louis, 123. Il ravage les terres du Roi, est obligé de demander la paix, 124. appelle à son secours le Roi d'Angleterre, qui passe en Bretagne avec une grande armée, 124. fait la guerre à S. Louis, passe en Angleterre pour demander secours, se soumet au Roi, 127. se croise pour la Terre Sainte, 129. entre dans la ligue faite par le Comte de la Marche contre S. Louis, 132. fort blessé au combat de la Masloure, 139

Pierre I. du nom Duc de Bourbon, representé deux fois, 326

Pierre de Dreux, dit Mauclerc, Duc de Bretagne, 164. representé trois fois, 164, 165

Pierre Comte d'Alençon fils de S. Louis. Ses deux figures, 161

Pierre de Corbeil nommé à l'Evêché de Cambrai pris par les François, & Philippe Auguste obligé de le rendre, 188

Pierre de Château-neuf Legat Apostolique tué par les Albigeois, 104

Pierre de Leon Antipape sous le nom d'Anaclet, 44, 45

Les Pillards qui tenoient des places, obligez de les rendre font un corps, qu'on appella des Tardvenus, 319

Place de Paris, qu'on appelloit les Cochons, 245

Prestiges & malefices combien en usage en France du tems des Rois fils de Philippe le Bel, 230

Prevôt (Jean) brûlé pour malefice, 231

Prevôt de Bruges fait tuer Charles le Bon Comte de Flandres. Supplicié par ordre de Louis le Gros, 43

Priscillianistes branche des Manichéens, 105

Q

QUEUE (Agnes de la) femme d'Erard de Trainel representée, 169. Elle est aussi dans son seau avec un oiseau sur le poing, 170

Quinze-vingts Hopital fondé par S. Louis, 148

R

RAIMOND Comte de Toulouse le principal soutien des Albigeois, 104. excommunié par le Pape Innocent III. qui publie une Croisade contre lui, 104. se soumet en apparence, fait la penitence imposée & va joindre les Croisez, 104, 105. prend les armes contre les Croisez, 105. assiege Simon de Montfort dans Castelnaudarri & leve le siege, 186. se joint à Pierre Roi d'Aragon, & à plusieurs Comtes. Ils assiegent Muret avec près de cent mille hommes, le Comte de Montfort leur donne bataille & ils la perdent, 106. Raimond va à Rome, ramasse des troupes, entre à Toulouse & défend la ville, 106, 107

Raimond Comte de Toulouse mal-mené par Humbert ou Imbert de Beaujeu traite avec S. Louis, 123, 124. fait penitence publique, 124. fait la guerre au Comte de Provence, reprimé par Saint Louis, 130. entre dans la ligue faite par le Comte de la Marche contre S. Louis, 132

Raoul Archevêque de Rheims met opposition au sacre de Louis le Gros, 35

Raoul de Vermandois blesse Thibaud Comte de Chartres, 37. blessé à mort Thomas de Marle, 44

Renaud de Dammartin Comte de Boulogne Seigneur entreprenant châtié par Philippe Auguste, 97. pris à la bataille de Bouvines, 102

Rennes ville representée, 10

La Reole se defend longtems contre le Comte d'Erbi, 264

Ribauds espece de milice, 78

TABLE DES MATIERES.

Ribaumont (Eustache de) brave Chevalier François se bat avec avantage contre le Roi Edouard inconnu, est pris enfin. Edouard lui fait un present, & lui donne sa liberté, 282

Richard, dit depuis Cœur de Lion, fait la guerre à son pere, & vient enfin se jetter à ses pieds, 66. fait la guerre à Raimond Comte de Toulouse, 76, 77. le Roi Philippe prend la cause de Raimond, 76, 77. se joint à Philippe pour faire la guerre à Henri II. pere du même Richard, 78. prend l'Isle de Cypre, 80. fait des prodiges de valeur dans la Terre Sainte, 81, 82. jette Saladin & son cheval à terre d'un coup de lance, 82, pris à son retour par Leopold Duc d'Autriche, & depuis par Henri Empereur, délivré au bout d'un an & demi, 82. a quelques avantages sur Philippe Auguste, 84. est battu, 85. prend S. Valeri, 85. bat le Roi Philippe à Gisors, 87. fait treve avec lui, 87. est blessé & meurt, 87, 88. ses deux figures, 114

Richard frere d'Henri Roi d'Angleterre fait la guerre en Guienne, est obligé de s'en retourner, 117. aide les croisez, 130. élu Empereur en même tems qu'Alfonse Roi de Castille, 146

Richard homme de sainte vie crucifié par les Juifs, 72, 73

Robersart Chanoine fait la guerre aux Navarrois & en tue quantité, 369. défait trois cent cavaliers Navarrois, 311

Robert de France Comte de Dreux, cinquième fils de Louis le Gros, 71

Robert Comte de Clermont fils de S. Louis, tige de la Maison Roiale de Bourbon, 161. representé trois fois, 161, 162

Robert frere de S. Louis épouse Mathilde de Brabant, est fait Comte d'Artois, 128

Robert Comte de Dreux Prince du Sang. Sa figure, 163

Robert fils du Comte de Dreux pris dans une embuscade, 100

Robert Comte de Mortain, frere uterin de Guillaume le Conquerant, 23

Robert Comte de Flandres vient au secours de Louis le Gros, 34

Robert de Brus défait une grande armée d'Anglois, 211

Robert fils de Charles le Boiteux Roi de Naples, après son pere, 206. Il appelle à son secours Philippe de Valois, qui va en Italie & n'y fait rien, 225

Robert Roi de Naples Astrologue, conseille au Roi Philippe de ne point donner bataille contre le Roi d'Angleterre, 252. il meurt, fort regreté. Son éloge, 260

Robert Comte d'Auvergne tyrannise les Eglises. Domté par Louis le Gros, 42, 43

Robert Archevêque de Canterburi envoié à Guillaume Duc de Normandie par le Roi Edouard, 3

Robert II. Comte de Dreux & de Braine, sa figure, 111

Robert Comte d'Artois se laisse emporter à sa fougue, entre dans le camp des ennemis & puis dans la Massoure où il est tué, 138, 139

Robert Comte d'Artois envoié par Philippe le Hardi en Navarre, prend Pampelune, 175, 176. Regent au Roiaume de Naples, 186. bat les Anglois, 192. & les Flamans à Furnes, 193

Robert Comte d'Artois tient l'épée de Charlemagne au sacre de Philippe le Hardi, 171. empêche les Napolitains de se révolter, 180. défait la cavalerie Catalane au Roiaume de Naples, 188. s'en retourne en France, 188. envoié avec une armée pour domter les Flamans, contre l'avis des plus sages les attaque à Courtrai, est défait avec grande perte & tué, 199

Robert d'Artois fait la guerre à Mahaut sa tante. Il est réduit à son devoir, & la décision de l'affaire est renvoyée à un autre tems, 222. épouse la fille de Charles de Valois, 223. son affaire est décidée en faveur de Mahaut. Il signe le jugement, 124. remet son affaire sur le tapis pour le Comté d'Artois, 244. & produit des lettres, 244. ces lettres sont trouvées fausses & il s'enfuit, 245. banni du Rciaume, se refugie auprès du Roi d'Angleterre, 248. excite Edouard III. à revendiquer le Roiaume de France, 250. commandant de la flote des Anglois donne bataille à Louis d'Espagne, une tempête sépare les combattans, 259. prend Vannes. La ville est reprise par Olivier de Clisson & Robert grievement blessé meurt à Londres, 260

Robert Comte de Flandres tué, 46

Robert fils du Comte de Flandres soupçonné d'avoir voulu perdre son frere aîné Louis, 227

Rodolphe fils de l'Empereur Albert épouse Blanche sœur de Philippe le Bel, 195

Rocheguion sur Seine forteresse prise & reprise, 34

Roie (Barthelemi de) Chambrier de France, sa figure, 111

Roie (Pierre de) representé maillé depuis la tête jusqu'à la pointe des pieds, 111, 112

Rois d'armes & leurs fonctions, 163

Rouen se mutine contre les maltotiers. Les mutins sont punis, 189, 190. Bourgeois de Rouen & de Beauvais défaits & taillez en pieces après la bataille de Créci, 272, 273

Roussi (Edouard de) poursuivi par un Chevalier Anglois après la bataille de Poitiers, se tourne, le vainc & le fait prisonnier, 300

Routiers sorte de milice, 91

Rual Seigneur de Dol en guerre contre Conan, 10

Rubigeois de Duri Anglois du parti du Roi de Navarre ravage le païs autour de Lân & de Rheims, 310

Rufin Gallois fait de grands ravages entre la Seine & la Loire, 302

S

SALADIN prend Jérusalem, 76. lui & son cheval jetté à terre d'un coup de lance par Richard Cœur de Lion, 82

Salisberi (le Comte de) vient joindre l'armée de S. Louis en Egypte, 137. est tué dans la Massoure avec le Comte d'Artois, 139

Sancerre (Etienne de) son blason, 115

Sancerre (Louis Comte de) sa figure, 115

Sancerre (Thibaud de) fils d'Etienne de Sancerre Bouteiller de France, noié dans la Seine. Sa figure, 169

Sancerre (Jean de) fils du Bouteiller de France noié dans la Seine, sa figure, 169

Sancerre (Jeanne de) representée avec ses armoiries, 290

Sanguin Soudan d'Assyrie formidable aux Chrétiens, 51

Les Sarrasins demandent secours aux Princes Chrétiens contre les Tartares, ce secours leur est refusé, 129

Segure (Jean de) Chef des Navarrois vend la forteresse de Nogent sur Seine à l'Evêque de Troie, & est massacré par le peuple, 314

La Seine déborde extraordinairement, 178. la Seine prodigieusement débordée, 192

Sorbon (Robert) fonde le College de Sorbonne, 146

Sorbonne fondée par Robert Sorbon, 146

Le Soudan d'Egypte offre Jérusalem à S. Louis s'il veut lui rendre Damiette & se retirer, 137

Les Spensers mettent l'Angleterre en trouble, 233

Stigant Archevêque de Canterburi, interdit par le Pape, couronne Harold, 15. après la mort d'Harold fait élire Roi d'Angleterre Edgar Adelin, 30.

TABLE DES MATIERES.

30. Il l'abandonne ensuite & se tourne du côté de Guillaume, 31
Suzane (Robert de) Roi d'armes du tems de saint Louis, 163

T

TAble du Duc Guillaume a la forme du sigma ou d'un croissant de lune, 20. usage de cette forme de table en plusieurs tems differens, là-même.
Tancrede Roi de Sicile se brouille avec Richard Cœur de Lion, 79
Les Tard-venus au nombre de seize mille ravagent tout jusqu'à Lion, 319. donnent bataille à Jâques de Bourbon & remportent la victoire, 319, 320. se séparent en deux bandes, 320. prennent & pillent le pont S. Esprit, 321. vont à la guerre de Milan, 322
Les Tartares font une irruption dans l'Asie, dans la Syrie & dans l'Europe, 129
Taxe nouvelle de Philippe le Bel, qui révolte toute la France, est ôtée, 211
Taxes extraordinaires en France sous Philippe de Valois, 276
Les Templiers accusez d'avoir excité une sédition, 203. saisis un même jour dans tout le Roiaume, 203. crimes abominables dont on les accusoit, 203, 204. condamnez & executez, 204, 205. regardez par plusieurs Auteurs comme innocens des crimes dont on les accusoit, 205
Thibaud Comte de Chartres fait la guerre à Louis le Gros, 35. Thibaud Comte de Chartres & de Champagne, Louis le Jeune fait le dégât dans ses terres, 50, 51. il meurt, 58
Thibaud Comte de Blois meurt au siege d'Acre, 81
Thibaud VI. Comte de Blois, sa figure & son seau, 114. representé à cheval, là-même.
Thibaud Comte de Troie & de Champagne meurt, 89
Thibaud Comte de Champagne se retire du siege d'Avignon ; soupçonné d'avoir donné du poison au Roi Louis VIII. 118. opposé à la Regence de Blanche, exclus du sacre de S. Louis, 122. se tourne du côté de la Reine Blanche & de S. Louis, 122. il est fait Roi de Navarre, 126. se croise pour la Terre Sainte, 129
Thibaud le Jeune Roi de Navarre meurt à Trapani, 171
Thomas Archevêque de Canterburi, son different avec le Roi Henri II. 62. massacré au pied des Autels, 64. canonizé, 64, 65
Tostic frere d'Harold & son ennemi mortel, 16. est tué en une bataille contre son frere, 21
Tours aux maisons des Principaux des villes, 116
Trainel (Dreux de) representé, 170
Trainel (Dreux de) Chevalier, sa figure, 214
Trainel (Anseau de) Connétable de Champagne, sa figure, 170
Trainel (Erard de) representé, 169
Trainel (Jean de) fils d'Erard representé l'oiseau sur le poing, 170
Trainel (Garnier de) Sire de Marigni, representé, 214
Traité de Commerce entre la France, l'Angleterre, l'Espagne, l'Aragon, la Sicile & Majorque, 237
Traité de paix de Bretigni, 318, 319
Treve donnée par S. Louis aux Anglois qui prenoient la fuite, 135
Trincavel Vicomte de Beziers veut s'emparer des villes du Languedoc, est reprimé par ordre de S. Louis, 130
Turold nain de la Cour de Guillaume Duc de Normandie, 9

V

S. VAleri pris par les Navarrois, assiegé par le Connétable, 309, 310. pris, 311
S. Valeri (Thomas de) se signale à la bataille de Bouvines, 102
Vaudois ou Pauvres de Lion s'unissent aux Albigeois, 104
Vêpres Siciliennes où les François sont massacrez, 178
S. Verain (Jeanne de) femme de Dreux de Trainel. Sa figure, 214
Vezelai. La Commune de ce lieu se revolte contre l'Abbé son Seigneur, reprimée par Louis le Jeune, 61, 62
Le Vieil de la Montagne veut faire assassiner saint Louis, 128. Il révoque l'ordre donné pour cela, 128
Vienne (Jean de) Evêque d'Evreux va mettre à bas les murs de plusieurs villes de Flandres, 242
Vienne (Jean de) Gouverneur de Calais pour le Roi de France, 273
Vital envoié à la découverte par Guillaume le Conquerant, 16
L'Université de Paris en dissension avec le Grand Prevôt de Paris, reçoit satisfaction, 202
Urbain V. élu Pape, 322. prêche la Croisade, 319
Wadard Officier de Guillaume Duc de Normandie, 5
Word ou Gurd frere d'Harold tient son parti, 22

YOland de Bretagne representée deux fois, 170
Yoland de Montaigu seconde femme d'Erard de Trainel, representée, 170
Yoland femme du Seigneur d'Aubigné, sa figure, 185

Tome II.   Aaa

INDEX.

A

ABAILARDUS. Ejus historia, *pag.* 50
Adam Cambellanus dictus, filius Adami de Villabeonis ; ejus schema, 169
Adela filia Guillelmi Normanniæ Ducis Haroldo nuptui danda promittitur, 8
Adelais mater Philippi Augusti moritur, 94
Adelais Britanniæ uxor Petri-Mali - Clerici Ducis Britanniæ bis exhibita, 165
Adolphus Imperator opem pollicetur Eduardo Angliæ Regi, nec stat promissis, 193
Adolphus Imperator victus & occisus in pugna quam cum Alberto Austriæ Duce commisit, 195
Adrianus V. Papa, stupendo casu moritur, 176, 177
Ælfgyva mulierem vel virginem nobilem significat, 8, 9
Agnes Meraniæ alia Philippi Augusti uxor moritur, 89
Agnes filia Ludovici Junioris, missa ut Alexio Comneno nuberet, ab Andronico Tyranno, & postea Theodoro Brana in uxorem ducta, 68
Agnetis de Baldemento Brennacensis Dominæ schema, 71
Agornus Thomas Anglus Rupem-Reni capit, 277
Agullonium inexpugnabile castrum Erbiensi Comiti proditum, 164
Aimericus de Papia Langobardus Caletum precio auri se Francis traditurum promittit ; at re detecta veniam impetrat, dummodo Francos prodat, 281. a Francis captus, in partes discerptus ob perfidiam, 291
Alberti-Curte (Eustachius de) Campaniam desolatur, 310. capitur & Angli profligantur, 313
Albertus pugnam committit cum Imperatore Adolpho, qui vincitur & occiditur, 195. Albertus quoque ipse Imperator ita electus occiditur, 205
Albigenses ex Manichæis orti, 103
Albigensium doctrina & mores, 103, 104
Albrestus Germanus prædo, ex Navarræ factione Campaniam devastat, 310
Aldefonsus Comes Tolosanus in Terram-Sanctam pugnaturus venit, & veneno de medio tollitur, 55
Aldefonsus Comes Pictaviensis, frater S. Ludovici, in pugna Massurensi captus, & a suis liberatus, 239
Aldefonsus Comes Pictaviensis, frater S. Ludovici, moritur, 172
Aldefonsus Rex Hispaniæ Imperator electus, 146
Aldefonsus Rex Aragoniæ coronatus post defunctum patrem, 185
Alenconiensis Dux in pugna Creciacensi cadit, 272
Alexander II. Papa stat pro Guillelmo Duce Normanniæ contra Haroldum, 16
Alexander III. Papa in Franciam confugit ; ab Imperatore Frederico Ænobarbo dissidet, 60
Alienora Ducis Aquitaniæ filia Ludovico Juniori nubit, 46. in suspicionem adulterii incidit, 55. repudiatur a Ludovico Juniore, nubit Henrico Normanniæ Duci, 58. Alienoræ Angliæ Reginæ schema, 115
Altum-folium castellum Lutetiæ dirutum, 304
Americus de Narbona a Carolo Claudo Neapolitano Rege Dux Florentinorum datus, 187

Andelea (Petrus de) Campaniam desolatur, 310. Caralaunum vult occupare : sed id frustra conatur, 312
Angli *mystacem* habebant Guillelmi Nothi tempore, 22
Anglia motibus, dissidiisque agitatur, 233
Angli qui in Francia erant, ex quodam falso rumore in carcerem conjecti, postea liberantur, 234
Angli Commercium oppidum capiunt, 316
Annonæ caritas Lutetiæ, 202
Annonæ caritas in Francia, 221, 309
Annonæ extrema penuria in provinciis Franciæ, 311
Ansoldus filius Chaloti de Sancto Martio, 216
Arbores post singula acta ad distinctionem positæ in veteribus anagliphys & picturis, 6
Archipresbyter. *Vide* Canolus.
Arcimbaldus de Borbonio, 119
Ariani, seu potius Manichæi, Tolosæ hæresin abjurare coacti, 67, 68
Artevella (Jacobus de) Flandriam moderatur : ad partes Eduardi III. se convertit, 251. Flandriam in Ducatum vult erigere, illamque Principi Gallensi dare : a Gandavensibus occiditur, 265
Artur Joannis Regis fratris filius, cui opem ferebat Rex Philippus, a Joanne capitur & occiditur, 90
Artus filius Petri Mali-Clerici Ducis Britanniæ bis exhibitus, 165
Assassini Senis Montis. Ipsorum historia, 128
Assassinorum Princeps. *Vide* Senex Montis.
Avis manu gestata signum olim maximæ nobilitatis, 8. insignis nobilitatis nota, Joannes de Sancerra altera manu avem gestat, altera pedem avis excisum tenet, 169
Auriflamma vexillum, ejus forma, 168

B

BACONIS ex Septimania Prædonis historia, 280
Balduinus Comes Flandriæ Atrebatum obsidet, 86. aquæductus aperit, & Philippum ad pacem faciendam cogit, 85. S. Audomarum capit, *ibidem.*
Balduinus Comes Flandriæ, multique alii Proceres Franci, cum Venetis juncti, Constantinopolin capiunt, ubi Balduinus Imperator constituitur, 91. homo quidam in Flandriam venit, qui se Balduinum dicebat, ad patibulum missus a Comitissa Flandriæ Balduini filia, 117, 118
Balduinus alius Imperator Constantinopolitanus coronam spineam Domini N. S. Ludovico dat, 129
Balduinus Rex Jerosolymæ cum aliis Principibus Damascum obsidet ; proditione solvere obsidionem cogitur, 55, 56, 57
Barba non gestabatur sub Philippo Augusto, 110
Barrerius Joannes Causidicus, orat contra Ingillannum de Marigniaco, 220
Bastardi sive Nothi prædones Vascones in agros Francorum prædas agunt, reprimuntur, 236
Batesolius Dux prædonum in Vasconiam se recipit, 322

INDEX.

Beatrix Burgundiæ Borbonii Domina, uxor Roberti Comitis Claromontani, filii S. Ludovici; ejus schema, 162, 163
Beduini nomen quorumdam Arabum, 138
Belloquadræ Senescallus in obsidione Engolismensi laudem consequitur, 267
Bellojoco (Humbertus de) Præfectus in Septimania relictus, 119
De Bellojoco Marescallus Franciæ in pugna cæsus in qua Franci victores fuerunt, 292
Bellojoco (Margarita de) uxor Caroli de Monte-Maurentiaco repræsentatur, 290
Bello-Marchesio (Eustachius de) a Philippo Audace in Navarram missus, 175
Bellum sacrum a Theobaldo Rege Navarræ susceptum, infaustum exitum habet, 130
Benedictus XII. Papa electus, defuncto Joanne XXII. 249
Berengaria, uxor Ricardi, Cor Leonis dicti, filia Sancii Regis Navarræ & Aragoniæ. Ejus schema, 114
Berengaria Castellæ nubit Ludovico Sancti Ludovici primogenito, 145
S. Bernardus pro Innocentio II. sententiam dicit, 45
S. Bernardi disputatio contra Abailardum, 50
S. Bernardus assumendam crucem prædicat, 51
Bernardus Eremita nemoris Vincennæ, a quo Philippus Augustus consilium expetit, 73
Biterræ captæ a Cruce-signatis, 105
Blancha Castellæ nubit Ludovico filio Philippi Regis, 89. Mater S. Ludovici filium suum cito inaugurari Regem curat, 122. bellum sacrum non probat, 135. Regnum administrat absente S. Ludovico, 136. moritur, 144
Blancha uxor Ludovici VIII. bis repræsentata, 119
Blancha filia S. Ludovici nupsit Ferdinando Castellæ Regis filio. Ejus schema, 162. in Franciam venit, 174
Blancha altera filia S. Ludovici, infans mortua, 162
Blancha filia Philippi Pulcri nubit Rodolpho filio Alberti Imperatoris, 195
Blancha Navarræ secunda uxor Philippi Valesii, 283
Blanchæ Navarrææ secundæ uxoris Philippi Valesii schema, 287. alibi depicta, 325
Blancha filia Comitis Burgundiæ uxor Caroli Pulcri, adultera deprehensa, in carcerem truditur, 310
Blancha Artesiæ filia Comitis Burgundiæ & Mathildis Artesiæ a Carolo Pulcro repudiatur, 229
Blancha Britanniæ uxor Philippi Artesii, 213
Bohemiæ Rex lecto justitiæ pro causa Roberti Artesii adest, 246
Bogomili ex Manichæis orti, 103
Bona Luxemburgensis a Joanne Duce Normanniæ, filio Philippi Regis in uxorem ducta, 248. moritur, 283
Bondocdarus Dux Saracenorum, 139
Bonifacius VIII. Papa Reges & Principes, qui vectigalia ab Ecclesiasticis exigerent a sacris removet, 191. Apamiam in Episcopatum erigit, 192. Bullam emittit, qua vetat Ecclesiasticos quidquam Regibus vel Principibus solvere, 194. Illam in gratiam Regis Francorum mitius explicat, ibid. Alia Bulla jubet Reges Angliæ & Franciæ pacem facere certis conditionibus, 194
Bonifacius VIII. Cruce-signatorum expeditionem publicat, cujus se ducem declarat, 196. & Bullam dat qua se bonorum Regum temporalium perinde atque spiritualium dominum declarat, quæ Bulla in Francia flammis datur, 196. Philippum Pulcrum a sacris removet, ejusque regnum dat Alberto Imperatori, 197. A Nogareto Anagniæ comprehensus, ex mœrore interit, 197, 198
Bovinensis pugna, ubi Franci victoriam reportant, 100, 101, 102
Brabantiæ Dux pro Limburgensi Ducatu cum Comite Luxemburgensi digladiatur. Lis dirimitur per pugnam mille quingentorum Equitum contra totidem: per Francorum fortitudinem ipse vincit, 187
Brabantiones, prædonum genus, suspendio pereunt jussu Ludovici VII. 61
Brabantiones & Cottrerelli prædones cæsi, 74
Bretiniacense pactum, 317, 318
Brissonius qui prædas agebat & commercia disturbabat, a Ludovico Grosso repressus, 45
Britanniæ Armoricæ Dux in consecratione Clementis V. vulnere affectus, moritur, 202
Brossia (Petrus de) Franciæ Cambellanus Mariam Reginam accusat quod Ludovicum Principem veneno sustulerit, 174. proditor comprobatus suspendio perit, 177
Burdegala a Radulpho de Nigella Constabulario capitur, 189
Burgundiæ Dux crucem accipit pro bello sacro, 129
Burgundiæ Dux ad partes Philippi Longi Regis se confert, 223
Burgundiæ Dux pro Comitatu Artesiæ cum Roberto Artesio litigat, 245
Burgundiæ Dux Flandros ante S. Audomarum devincit, 255
Burgundiæ Dux cum Eduardo Rege summa soluta paciscitur, ut ne regio ipsius expiletur, 316

C

Caletum fame ad deditionem compellitur, 279
Callixtus II. Henricum V. Imperatorem a Sacris interdicit, 41
Canolus aut Cernolus (Arnulphus) Archipresbyter magnam infert vastitatem, & a Summo Pontifice aurum exigit, 302
Capitalis Boiorum Clarum-montem in Bellovacensi tractu capit, 310
Capitis cultus muliebris in conum, 256. per annos pene ducentos adhibitus, 233
Caputium hamatum, 50
Carcassona capta a Cruce-signatis, 105
Carniacensis (Geoffridus) paciscitur, ut pro auri summa Caletum accipiat, 280, 281. Ipse proditur, 281
Carolus Pulcher Rhemis inungitur & coronatur, 229. Blancham Artesiam repudiat & Mariam Luxemburgensem Henrici VII. Imperatoris filiam ducit, ibid. Monetas reformat, ibid. pondere minuit, 229, 230. In Septimaniam se confert cum Regina prægnante, quæ præpropere parit, & moritur ex itineris molestia, 231, 232
Carolus Pulcher Joannam Ebroicensem ducit uxorem, 232. Reginam Angliæ sororem suam recipit, 233. & postea ex Francia egredi cogit, 234. Anglos omnes qui in Francia erant in carcerem trudi & postea liberari jussit, ibid. Eduardum III. Angliæ Regem ad hominium sibi pro Aquitania præstandum evocat, 237. moritur, ibidem. Ejus schema, 238
Caroli Magni gladius in Regum inaugurationibus defertur, 172
Carolus I. Rex Neapolis, Siciliæ, &c. frater S. Ludovici armatus exhibetur, 120, 121
Carolus Comes Andegavensis Beatricem ducit, & Comes Provinciæ efficitur, 135. Carolus S. Ludovici frater Rex Siciliæ constitutus ab Urbano IV. 149. pugnam committit cum Manfredo qui vincitur & occiditur, 150. Conradinum vincit, capit, & ad supplicium duci jubet, 151. Regnum Jerosolymitanum emit, 177. Constantinopolitanum Imperium affectat, 178. a Petro Aragoniæ Rege deceptus, 179
Carolus I. Rex Neapolis classem Massiliæ parat,

INDEX.

179. Neapolim venit & moritur, 180. Ejus encomium, *ibid.*

Carolus Claudus Princeps Salernitanus classica pugna victus & captus, 180. In Aragoniam translatus, 181. ex carcere eductus, 186, 187. inducias cum Jacobo Siciliæ Rege paciscitur, 188. filios suos obsides liberat, *ibid.* moritur, magnumque subditis sui desiderium reliquit. Ejus laudes, 206

Carolus Martellus filius Caroli Claudi Rex Hungariæ, 206

Carolus Valesiæ Comes bellum in Aquitania prospere gerit, 191. Bellum in Flandria gerit, urbes aliquot capit, Comitem Flandriæ pacem petentem Lutetiam ducit, 195. Carolus Valesius a Bonifacio VIII. evocatus Vicarius Ecclesiæ constituitur, 195, 196. Florentiam venit & postea in Siciliam, ut illam expugnaret, nec magnum quid præstirit, 196

Carolus Comes Valesiæ Ingilramno de Marigniaco acriter adversatur, 219. qui ipso Valesio curante suspendio perit, 220. Valesium postea facti pœnitet, ut & ipse publice testificatur, *ibid.* movet contra Anglos in Vasconia, atque omnia castra & oppida tribus exceptis capit, 232. moritur, 236

Carolus Comes Valesius fundator Cartusiæ Burgisfontis, 282

Carolus primogenitus Joannis Regis filius, Regens stabilitur dum pater captivus est, 300

Carolus Delphinus Regens Lutetia migrat, 303. proxime Lutetiam venit, ut annonam cohibeat, 305. pacem cum Rege Navarræ facit non diuturnam, 307. a Parisinis rogatus Lutetiam venit, 308. Melodunum obsidet, 312. pacem cum Rege Navarræ facit, *ibid.* Oratores mittit pro concilianda pace cum Angliæ Rege, 317. statim vero depellitur; sed tandem Bretiniacense pactum cum illo edit, 317, 318

Carolus Delphinus genuflexus cum patre Joanne Rege, 325

Carolus cognomine Malus Rex Navarræ Carolum de Hispania Constabularium interfici curat, 292. se auctorem cædis Constabularii exhibet, & quædam debita ab Joanne Rege sibi dari postulat, 292, 293. Rotomagum venit & a Carolo Normanniæ Duce convivio excipitur, 294. ab Rege Joanne captus, quare, 294. In Lupara deinde in Castelleto includitur, 295. ex carcere eductus Lutetiam venit, 302. contra Delphinum Regentem arma movet, 303. a Marcelli factione revocatus Lutetiam redit, 305. Parisinis non fidens emigrat, *ibid.* cum Regente pacem facit non diuturnam, 307. furens ob Marcelli cædem agros devastat, & annonam ne Lutetiam veniat cohibere curat, 308. Armatos cogit, qui per provincias sparsi ubique prædas agunt, 308

Carolus Bonus Comes Flandriæ curante Præposito Brugensi occisus, 43

Caroli Boni Comitis Flandrensis imago nativa, 47, 48. Ejus statura quam procera, 48

Carolus Blesensis Comes pro Britanniæ Ducatu contendit cum Joanne de Monte-forti, 256. Rupem-Renii obsidet, Anglos ex improviso irrumpentes profligat, & ab ipsis iterum clam supervenientibus vincitur & capitur, 278

Carolus Castellionensis Comes Blesensis, qui diu cum Joanne de Monte-forti pro Britannia pugnavit, armatus repræsentatur, 289

Caroli Comitis Alenconiensis filii Caroli Valesii schema, 228

Carolus Hispaniensis Constabularius Franciæ creatur, 290. jussu Caroli Mali Regis Navarræ occisus, 292

Casaubono (Girardus de) Altipodii toparcha cum Armeniacensi Comite concertat, 172

Cassis. *Vide* Galea.

Castellensis pugna ubi Flandri cæsi sunt a Philippo Valesio, 241. 242. numerus cæsorum. 242

Cauda (Agnes de) uxor Erardi de Trainello exhibita, 169. & in sigillo suo avem pugno gestans, 170

Castrum Gaillardum obsidetur. Ejus descriptio, 91, 92. vi captum, 93

Castronovo (Petrus de) Legatus Apostolicus ab Albigensibus interfectus, 104

De Caursio (Radulphus) cum Equitibus 120. pugnat cum totidem Anglis, Duce Thoma Agorno qui cecidit, & victoria penes Radulphum fuit, 284

Caursini usurarii, 189

Chalotus de Sancto Martio. Ejus historia in tabula depicta repræsentatur, 216, 217. Ejus privilegium, *ibid.*

Chalotus de Sancto Martio ejus insignia: vocabatur Hugo Major, 117

Chandosius Joannes Anglus strenuus, 251

Chauffour Theobaldus & Joannes fratres ex parte Navarræi Regis Lingonenses agros devastant, 310

Claromonte (Robertus de) prope Regentem jubente Marcello Præposito obtruncatus, 303

Clava in bellis usurpata tempore Guillelmi Nothi, & sequentibus sæculis, 25, 286

Claves Dinantii urbis modo singulari Guillelmo Normanniæ Duci traditæ, 11

Clemens V. Benedicto XI. succedit. Quantus casus cum sacratus fuit evenerit, 202

Clemens V. moritur. De moribus illius diversa & contraria referunt Scriptores, 210

Clementia Hungariæ filium parit Joannem Regem, qui post dies paucos obiit, 223

Clementiæ Hungariæ Ludovici Hutini Regis uxoris schema, 238

Clissonius (Olivarius) Venetias amittit & recuperat, 260. captus, 261. Philippo Rege jubente, capite truncatur, *ibid.*

Cometes in Anglia visus tempore mortis Eduardi Regis, 15

Cometes ante Philippi Augusti mortem visus, pro omine habitus, 109

Commeginius qui ad Eduardum jungendum pergebat victus & cæsus est a Domino de Roia, & milites ejus omnes vel interfecti vel capti sunt, 315

Conanus Comes Britanniæ minoris Guillelmo Duci Normanniæ bellum indicit, 9. fugam capessit adveniente Guillelmo Normanniæ Duce, 10. singulari modo Dinantii claves Guillelmo Normanniæ Duci tradit, 11. & pacem cum illo facit, *ibid.*

Concilium Montis Pessulani, 116

Confessarius Roberti Artesii in carcerem perpetuo trusus, 245

Confluentius Marescallus Campaniæ prope Regentem, jubente Marcello Præposito obtruncatur, 303

Conradinus publice supplicio affectus, id quod omnibus displicuit, 151

Conradus Imperator cum grandi exercitu ad Terram-Sanctam iter capessit, 51. proditione Manuelis Imperatoris omnem fere exercitum amittit, 52. navibus in Terram-Sanctam pervenit, 55. ictu gladii uno caput & humerum Turci abscindit, 56

Constantia Castellæ secunda uxor Ludovici VII. 50. moritur, 60

Constantiæ uxoris Ludovici VII. Statua, 71

Corona Ducissæ Britanniæ, 165

Cosno fluvius, 9

Cotterelli & Brabantiones prædones cæsi, 74

Cotterelli; genus militiæ, 91

Cratamnuus Joannes Archiepiscopus Rhemensis

Rusciacense

INDEX.

Rusciacense castellum capit, 314
Creciacensis (Hugo) prædo, Odonem fratrem vinculis onustum in carcerem tradit. Odo a Ludovico Grosso liberatur, 33
Croquantii Britanni prædonis historia, 280
Cruces albas Franci, rubras Angli gestabant, 298
Cruce-signati contra Albigenses movent, obsident & expugnant Biterras & Carcassonam, 105
Cruce-signati luxuriose vivunt, 137
Crux assumitur contra Albigenses, 104, 105
Crux accipitur a multis Principibus pro bello sacro, duce Theobaldo Rege Navarræ, 139
Cuciacensis (Thomas de Marla) violenter agere pergit, & a Rodulpho Viromanduensi lethali vulnere confoditur, obiitque Lauduni, 43, 44
Cuciacensis (Ingilramnus) Blanchæ Regenti S. Ludovici matri infensus, 122
Cuciacensis Ingilramni immanitas, 147
Curtenacensis schema: 167
Custodes Regis clava instructi, 215

D

DUIMBERTUS Archiep. Senonensis Ludovicum Grossum inunxit, 33
Damascus obsidetur a Christianis, & ex proditione obsidio solvitur, 56, 57
Damieta a S. Ludovico capta, 137
David Rex Scotiæ victus & captus ab Anglis, 276
Decima Saladina, 76
Dinantium urbs Britanniæ Minoris, 10
S. Dionysius cum suprema calvariæ parte excisa, 325
Dola urbs Britanniæ minoris, 10
Drogo de Trainello eques, ejus schema, 214
Duelli forma quædam singularis, 36
Duellum inter Comites Armeniacensem & Fluxensem indictum, a Philippo Pulcro coercetur, 190
Duella prohibita, 148, 149

E

EDGARUS Ædinus ex S. Eduardi stirpe coronam Angliæ ambit, 14. Rex Angliæ electus post Haroldi mortem, 30. deseritur, 31
S. Eduardus Rex Angliæ Guillelmum Normanniæ Ducem successorem sibi declarat, 3. Haroldum ad ipsum mittit, ibid.
S. Eduardus Rex Angliæ moritur, 14
Eduardus I. Rex Angliæ Lutetiam venit & pro Aquitania hominium præstat Philippo Pulcro, 185. classem mittit in Aquitaniam, quæ Blaiam & Baionam capit, 190. Ad partes suas trahit Adolphum Imperatorem & Guidonem Flandriæ Comitem, 190. in Flandriam venit, 191. intra Gandavum obsidetur a Philippo Pulcro, 193. inducias petit & impetrat, 193, 194. Eduardus I. Rex Angliæ pacem cum Philippo Rege facit honestis conditionibus, 200
Eduardus I. Rex Angliæ moritur. Eduardus II. ipsi succedit, 203
Eduardus II. Rex Angliæ Lutetiam venit, & Elisabetam Philippi Pulcri filiam uxorem ducit, 205. Lutetiam iterum venit, 208. crucem pro sacro bello accipit, 209
Eduardus II. & Spenseri omnia perturbant in Anglia 233. Eduardus II. ex solio regio dejectus ab uxore, & in carcerem pro reliqua vita trusus, 234
Eduardus III. Rex Angliæ pro regimine Franciæ cum Philippo Valesio contendit, & a proceribus excluditur, 239
Eduardus III. Rex Angliæ hominium præstitum venit Philippo Valesio, 243. suggerente matre & Rogerio de Mortuo-mari, Kantium Comitem patruum necari jubet. Sub hæc fraude cognita Rogerium de Mortuo-mari, supplicio tradit, matremque perpetuæ custodiæ mandat, 244. contra Davidem Scotiæ regem bellum feliciter gerit, & Warvicum capit, 248
Eduardus III. Rex Angliæ a Roberto Artesio concitatus, regnum Franciæ sibi vindicare studet & Philippo Valesio bellum indicit, 250, 251. Vicarius Imperii declaratur a Ludovico Bavaro Imperatore, 250. Cameracum obsidet, 251. obsidionem solvit, 251. insignia Franciæ & nomen Regis Francorum assumit, & Flandros sibi devincit, 253. Eduardus classem Francorum aggreditur, & post diuturnam pugnam devincit cum magna utrinque cæde, 254. Tornacum obsidet, & obsidionem solvit, 255
Eduardus III. in Britanniam Armoricam bellaturus trajicit, 260, 261. per suos multas obsidet urbes, & solum Dinantium capit, 261. Inducias facit, 262. Comitem Erbiensem in Vasconiam ad gerendum bellum mittit, 262. classem conscendit ut ad Aquitanicum bellum se conferat, & suadente Geoffrido Harcurtio in Normanniam exscensum facit, 269, 270. oppida multa capit & diripit, & Constabularium de Augio comprehendit, 270
Eduardus III. prope Lutetiam venit, 270. Somonam properat, quam ad Albam-racam trajicit, frustra obsistentibus Francis, 271. pugnam committit Creciaci, & victor evadit, 272. Caletum obsidet & fame ad deditionem compellere vult, 273. filiam suam Comiti Flandriæ Ludovico nuptui dare vult, 276, 277. post longam obsidionem Caletum capit, 279, 280
Eduardus III. Caletum secreto venit cum Principe Gallensi filio, & manu selectorum nobilium, 281. pugnat contra Francos, per proditionem Caletum occupare volentes, qui strenue decertant, & vincuntur, 281, 282. ejus generosus animus, 282. Caletum venit, 293
Eduardus in Franciam trajicit cum magno exercitu, Rhemos obsidet, 315. obsidionem solvit, Burgundiam trajicit, & prope Lutetiam venit, 316. Regentem ad certamen provocat, & in Belsiam prope Carnotum venit, 316, 317. pacis conditiones offert intolerandas, 317. & prodigio quodam territus, Bretiniacense pactum edit, 317, 318. quam difficilis ipsi fuerit ejus exsecutio, 318, 319. Eduardus eques repræsentatur, 386
Elisabetha Hannoniensis prima uxor Philippi Augusti, 69. moritur, 69
Elisabetha Marchiæ uxor Joannis sine terra, 114
Elisabetha filia Ludovici VIII. & Blanchæ Castellensis, Longi-campi Abbatiam fundat. Ejus schema, 121
Elisabetha filia S. Ludovici uxor Theobaldi Navarræ Regis, ejus schema, 162
Elisabetha uxor Philippi Audacis in Calabria moritur, 171
Elisabethæ Aragoniæ primæ uxoris Philippi Audacis schema, 184
Elisabetha Philippi Pulcri filia Eduardo secundo Angliæ Regi nubit, 205
Elisabetha Regina Angliæ soror Caroli Pulcri Regis in Franciam confugit; quare, 233. ejus ingressus Lutetiam depictus, 233, 234. ex Francia excedere coacta, 234. In Angliam trajicit, & conjugem suum ex solio dejici curat, 235
Elisabetha Valesia uxor Petri I. Ducis Borbonii, ejus schemata duo, 326
Episcopi puniuntur quod armatos in exercitum non duxissent, 95, 96
Episcopi cruce signantur contra Albigenses, 105
Episcopi crucem accipiunt pro bello sacro, 135
Erbiensis Comes bellum in Vasconia gerit, 262. castra & oppida multa capit, 263. Engolismam capit, 265. Erbiensis Comes castra multa capit & Pictavorum urbem expilat, 275

Tome II.   Bbb

INDEX.

Ermenonvilla (Petrus Osteblus de) scutifer exhibitus, 214
Eustachius Comes Bononiæ in pugna Hastingensi cæsus, 29
Eustachius Stephani filius Dux Normanniæ declaratur a Ludovico VII. 52
Eustachii de Sancto Petro civis Caletensis generosus animus, 280
Expeditiones transmarinæ pro bello sacro, quam noxiæ, 154

F

FENESTRAGIVS Broquardus contra Anglos movet cum Episcopo Trecensi, Eustachium de Alberti-curte & Anglos profligat, magisque Campaniam devastat, quam Angli fecerant, 313
Ferdinandus seu Ferrandus Comes Flandrensis ad Othonis partes se confert, 98. a Philippo evocatus, abnuit, 99
Ferdinandus seu Ferrandus in pugna Bovinensi captus, 102. ex carcere eductus, 122. moritur, 126
Ferdinandus III. Rex Castellæ armatus repræsentatur, 163
Ferdinandus Regis Hispaniæ primogenitus moritur ante Patrem, unde nascitur Regem inter Franciæ & Regem Castellæ dissensio, 173
Fiennis (Constabularius de) Philippum Navarræum insequitur, 311, 312
Flandrensis Comes bello impetit Philippum, 74, 75
Flandriæ Comes a Flandris ipsis cum Philippo Longo pacisci cogitur, 225, 226
Flandrensis Comes auxilium præstat Regi Philippo, 270. in pugna Creciacensi cadit, 272
Flandri a Francis vincuntur, 192, 193
Flandri Brugenses rebelles arma movent contra Franciæ Regem, 199. Cuttraci exercitum Francorum profligant, 199
Flandrenses profligati apud Montem in pabulis, 201. aut aliam pugnam petunt aut pacem, quæ ipsis conceditur, 201
Flandri denuo contra Philippum Pulcrum arma movent, 210, 211. pax sequitur, 212
Flandri pacta cum Philippo Pulcro inita sæpe frangunt & lædunt, 221
Flandri qui Ludovico Comiti suo addicti erant in Cassanda Insula victi, 251
Flandri ante S. Audomarum cæsi, 255
Flandri centum mille numero Æriam obsident & obsidionem solvunt, 273
Fluxensis Comes Altipodii castrum capit & diruit, 172. capitur & plectitur a Rege, 173. postea ejus gratiam sibi conciliat, 173
Fluxensis Comes & Capitalis Boioum Jacobariam Meldis internecione pene delent, 306, 307
Fontes baptismales S. Ludovici, 121
Fortunius eques regnum Navarræ affectat, pulsus a Ludovico Hutino, 205
D. Foucaut partem Monumenti Guillelmi Nothi depingi curavit, p. 1
Francia quam turbata & devastata post captum Regem Joannem, 302
Franci barbam non ferebant Guillelmi Nothi tempore, 22
Franci magis in bello exercitati, quam Normanni ipsos terga dare compellunt, 34
Franci post mortem S. Ludovici Tunisios ter vincunt & pacem faciunt, 171
Franci in Sicilia trucidati, 178
Francorum fortitudine adjutus Dux Brabantiæ Limburgensis Ducatum obtinet, 183
Franci Haspram oppidum diripiunt, in Flandriam incurrunt, & ingentem armentorum pecorumque copiam abducunt, 253, 254. Flandrosque qui par pari referre volebant concidunt, & Comites Sariberiensem & Suffolxensem capiunt, 254

Franci in magna bellicæ fortitudinis fama a Ludovico VI. ex clade Pictaviensi ab ea decidunt, 298, 299
Fredericus Dux Suaviæ Conradi Imperatoris fratris filius, 53
Fredericus Ænobarbus cum Alexandro Papa III. dissidet, 60
Fredericus electus Imperator postquam Otho a sacris interdictus fuerat, 76. cum Ludovico colloqui postulat, Ludovicus cum magna manu accedit & Fredericus emigrat, 129. Episcopos qui ad Concilium Romanum a Gregorio IX. indictum migrabant, intercipi curat, 132
Fredericus Austriacus & Ludovicus Bavarus duo simul Imperatores, 236
Fulco de Lavallio Belsiam totam devastat, 304

G

GABELLA salis regnante Joanne II. stabilita, 294
Galdericus Episcopus Laudunensis a prædonibus occisus, 38
Galea singularis formæ in usu sæculo undecimo, 12
Galeæ superne planæ tempore S. Ludovici, 155
Galearum forma tempore Joannis Regis, 298
Gallensis Princeps in Septimania hostilia patrat, 293. Gallensis Princeps provincias multas devastat, 296. veniente Joanne Rege in vineis & sepibus castra munit, 296. oppugnatur, exercitum Francorum in fugam vertit, & Joannem Regem capit, 297. quem urbane omnino & honorificentissime excipit, 300
Galterius de Castellione Comes Porceani Constabularius Franciæ armatus exhibetur, 289
Galterius de Creciaco in Barrensem tractum incursiones facit, 192
Garland (Ansellus de) captus, & a Ludovico Grosso liberatus, 33
Geofridus Comes Andegavensis circa Angliæ coronam pro Henrico filio contendit cum Stephano, 49
Goffridus Pulcher dictus Cenomanensis Comes ejus schema singularissimum, 71, 72
Gravilla (Guillelmus de) Ebroïcas capit pro Rege Navarræ, 301
Gregorius IX. Papa qui Fridericum a sacris removerat, Imperium ab illo auferre cogitat, & Synodum congregat, 130, 131. Robertum Artesiæ Comitem, Imperatorem vult deligi rejecto Frederico: id impedit S. Ludovicus, 131
Gregorius X. Concilium generale Lugduni celebrat, 175
Grimaldus Rainerius Genuensis Dux Franciæ classis, Flandrorum classem profligat, 200, 201
Guesclinus (Bertrandus) pugnat cum Anglo, 301
Guiardus Fanaticus, 207
Guido Pontivi Comes Haroldum capit, ipsumque Guillelmo Normanniæ Duci restituit, 3, 6, 7
Guido Rubeus de Ruperforti Ludovico Grosso infestus, 33
Guido Comes Flandriæ Lutetiam venit & in carcerem truditur, 190. Furnis cum exercitu suo profligatur, 193. captus & Lutetiam adductus sub custodia ponitur, 195. senex moritur, 200
Guido Flandrensis captus & Lutetiam ductus, 201
Guido frater Delphini Viennensis Templarius, ignis supplicio affectus, 205
Guillelmus Nothus Dux Normanniæ qui Angliam domuit, ejus historia, 1. & seqq. Eduardus Rex ipsum successorem suum declarat & nunciatum mittit Haroldum, 3. Guillelmus Haroldum captivum eruit, 3, 6, 7. filiam suam Adelam Haroldo promittit, 8. movet ad bellum Conano Britanniæ minoris Comiti inferendum, 9. Dinantium obsidet, 10. cum Conano pacem

INDEX.

facit sibi honorabilem, 11. grandem colligit exercitum in Angliam transiturus, 16. Ingentem classem parat, 17. navibus Pevenesam trajicit & exscensum facit, 18. Ad lautam mensam excipit exercitum suum, 18, 19, 20. pugnam committit cum Haroldo, diuque decertatur, 27, 28. Guillelmus tandem vincit, 29. Dubrim capit, 30. post aliquid certaminis Londinum ingressus Rex coronatur, 31

Guillelmus Dux Aquitaniæ exercitum colligit contra Ludovicum Grossum, & postea illum supplex adit, 43

Guillelmus Roberti filius Flandriæ Comes constitutus a Ludovico Grosso, 43

Guillelmus Nothus Flandrensis a Ludovico Grosso profligatus, 43

Guillelmus Arverniæ Comes causa belli inter Ludovicum VII. & Henricum II. Angliæ Regem, 63

Guillelmus Rex Scotiæ pugnam committit cum Henrici Regis Angliæ copiis, vincitur & capitur, 66

Guillelmus Comes Hollandiæ Rex Romanorum trucidatus, 146

Guillelmus Juliacensis in pugna Furnensi captus, 193

Guillelmus Juliacensis occisus in pugna apud Montem-in-pabulis, 201

Guillelmus Hannoniæ Comes contra Philippum regem arma sumit. Albentonem capit & devastat, 253. in Frisia bellum gerens occiditur, 266

Guillelmus de Barris inter fortissimos ævi sui, 78. strenuissime in pugna Bovinensi decertat, 101, 102

Guillelmus de S. Amore cum libro suo Romæ damnatus, 147

Guina ab Anglis capta induciarum tempore, 291

Gurdus vel Wordus Haroldi frater, 22

Gurdus frater Haroldi in pugna Hastingensi cæsus, 28

H

HAIMUNDUS Varia-Vacca a Ludovico Grosso domitus, 38

Hamata lorica in usu, 9

Harcurtius (Geoffridus) ex regno exsulare cogitur a Philippo Valesio, 265. multa Franciæ damna parit, 265. cives Ambianenses vincit, 271. in Normannia prædas agens vincitur & occiditur, 300, 301

Harcurtii Comes (Joannes) & multi alii ab Rege Joanne comprehensi sunt, quare, 294. Harcurtius & tres alii capite truncantur, 295

Haroldus Guillelmi Nothi competitor, 1. & seqq. missus ab Eduardo ad Guillelmum Normanniæ Ducem, a Guidone Pontivi Comite capitur, 3. Guillelmo redditur, 6, 7. cum Guillelmo Duce ad bellum contra Conanum Britanniæ Minoris Comitem proficiscitur, 9. ejus fortitudo & procera statura, 10. eques efficitur a Guillelmo Duce, 11. supra reliquias Bajocis jurat se illi fidelem fore, 12, 13. Haroldus in Angliam redit, 13, 14. sibi coronam imponi curat post mortem Eduardi Regis, 14, 15

Haroldus Rex Norvegiæ in Angliam cum exercitu transfretat, ut Haroldum cognominem ex solio Regio decutiat, vincitur & occiditur, 21

Haroldus aciem sapienter instruit ad pugnam contra Guillelmum Nothum, acerrime decertat, tandemque vincitur & occiditur, 27, & seqq.

Hastinga prope littus Angliæ a gente Guillelmi Ducis occupatur, 19. Hastingensis pugna, 20, & seqq.

Helenis (Joannes de) insequentem se post Pictaviensem cladem Anglum equitem vincit & capit, 300

Henricus V. Imperator Mauritium Burdinum Papam deligi curat, 41. a Callisto II. Papa a sacris inter-

dictus. Bellum in Franciam inferre parat, receptui canit ingentem videns exercitum Francorum, 41, 42

Henricus Comes Luxemburgensis Imperator eligitur, 206. Henricus VII. Imperator in Italiam venit, 209. Urbes plurimas capit, Romæ coronatur, 209. Robertum Neapolis Regem ex regno suo vult ejicere, & moritur non sine oblati veneni suspicione, 109, 110

Henricus I. Rex Angliæ Gisortium occupat, 33. Ludovicus Grossus ipsum bello impetit. Ambo paciscuntur, 34. Henricus I. male actus a Ludovico Grosso & sociis, 39. restauratis rebus ipsum depellit, 40. pugnam detrectat, ibid.

Henricus filius Geoffridi Comitis Andegavensis bellum parat contra Ludovicum VII. verum pax conciliatur, 57. Henricus II. Rex Angliæ factus Lutetiam venit, 59. vult Tolosam capere; sed a Ludovico VII. cohibetur, 59, 60. cum Thoma Cantuariensi Arch. dissidet, 62. bellum gerit contra Ludovicum VII. 63. Marchiæ Comitatum precio emit, 67. a Philippo Augusto victus, 77. a Philippo Augusto acriter impetitus ab illo pacem impetrat, 78. ante mortem filiis suis maledicit, 79

Henrici II. Regis Angliæ schema ex ejus sepulcro, 113

Henricus primogenitus Henrici II. Seneschallus Franciæ factus, 64. moritur, 74. ejus schema, 113

Henricus filius Joannis sine terra Rex Angliæ declaratur, 108. Henricus III. Rex Angliæ a Ludovico VIII. terras illas postulat quas pater ejus & ipse Anglis abstulerant, 115. in Britannia Armoricam cum exercitu magno transit ut S. Ludovicum bello impetat, 124. sed cum nullo operæ precio in Angliam revertitur, 125. in societatem belli cum Comite Marchiæ contra S. Ludovicum venit, 132. a S. Ludovico profligatus, quinque annorum inducias impetrat, 134. Lutetiam venit, 144. & convivium apparat quantum nunquam visum fuerat, 145. Lutetiam secundo venit, & Ludovico hominium præstat, 148

Henricus Crassus Rex Navarræ moritur, 175

Henricus Comes Barrensis agros Regios devastat & reprimitur, 192

Henricus Comes Albi-montis in pugna Furnensi captus, 193

Hugo Dux Burgundiæ Francorum copiis præest in Terra Sancta post discessum Philippi Regis, 81, moritur in Palæstina, 82

Hugo Comes Marchiæ Blanchæ regenti matri S. Ludovici infensus, 122. magnam belli societatem contra S. Ludovicum parat, 132

Hugo Comes Marchiæ occisus, 136

Hugo Vicedominus Catalaunensis armatus & hamatus exhibetur, 185

Humbertus secundus Delphinus Viennensis, Delphinatum dat Philippo Regi quibus conditionibus, 283, 284. Dominicanus postea fuit, & subinde Patriarcha Alexandrinus, ibid.

I

JACOB Hungarus Opiliones seu Pastorellos congregat, qui agros devastant. Occiditur & turba tota dissipatur, 144

Jacobaria, rustici Jacobi-boni-homines dicti, una congregantur ut Nobiles omnes de medio tollant, immania perpetrant, 306. cæduntur magno numero. Meldas invadere conantur: internecione pene delentur ac dissipantur, 306, 307

Jacobus Rex Majoricæ contra fratrem suum Petrum Aragoniæ Regem Philippo Audaci jungitur, 181.

Jacobus Aragonius, Rex Siciliæ coronatus, 185

Jacobus de Basociis Episcopus Suessionensis S. Ludovicum inungit, 122

INDEX.

Jacobus Borbonius a Tarde-venientibus victus, ex acceptis vulneribus moritur, 320
Jacobus de Castellione Flandros aspere agit, & ad rebellionem impellit, 198
Jerosolyma a Saladino capta, 76
Induciæ a S. Ludovico Anglis fugientibus datæ, 133
Ingeburgis repudiata, resumitur a Philippo Augusto, 89. Ejus schema, 110, 111
Innocentius II. Papa electus, a Francis confirmatus, defenditur, 44, 45
Innocentius III. Raimundum Comitem Tolosanum a sacris removet, crucem contra illum assumendam publicat, 104
Innocentius IV. cum sedes vacasset per annum & dimidium electus Papa, 134. Concilium generale celebrat Lugduni, Fredericum a Sacris removet, & jubet Electores Imperatorem alium eligere, 35
Innocentius VI. crucem contra Tarde-venientes edicit sine fructu, 321. tandem quo procul amoveat modum repetit, 321, 322
Inscriptiones aulæi Baiocensis, 4, 5, 6
Insignia gentilitia in vestibus Nobilium & Equitum per aliquot sæcula posita sunt, 114
Insulæ Comes Albam-Rupem obsidet: ab Anglis victus, captusque est, 263, 264
Involutare, id est, præstigiis involvere, sortilegio inficere, 219
Joanna Navarræ uxor Philippi Pulcri, bis exhibita, Collegium Navarræ fundavit, 313
Joanna Regina Navarræ uxor Ludovici Hutini moritur, 283
Joanna uxor Philippi Ebroicensis Comitis, filia Ludovici Hutini. Ejus schema, 288
Joanna filia Ludovici Hutini Regis depicta, 325
Joanna filia Comitis Burgundiæ, uxor Philippi Longi in suspicionem adulterii veniens, in carcerem truditur, atque innoxia deprehensa, post annum libera emittitur, 210
Joanna quondam uxor Philippi Longi pro Artesiæ Comitatu causam dictura Lutetiam venit, ac veneno, ut putabatur, tollitur de medio, 245
Joannæ Ebroicensis tertiæ uxoris Caroli Pulcri schema, 238
Joanna de Burgundia uxor Philippi Valesii moritur, 203. Ejus schema, 287
Joanna Guidonis, qui Joannis Britanniæ Ducis frater erat, filia, hæres Britanniæ Ducatus relinquitur a Joanne Britanniæ Duce, 256
Joanna uxor Roberti Artesii, soror Philippi Regis Chinonium exul mittitur, 148
Joanna uxor Aldefonsi fratris S. Ludovici, filia Raimundi Comitis Tolosani. Ejus schema, 120
Joannæ Reginæ Neapolis, uxoris Ludovici Andegavensis, schema, 328
Joanna Silvanectensis uxor Adami Vicecomitis Melodunensis ejus schema, 214
Joannæ Bononiæ schema, 112, 113
Joanna de S. Veranio uxor Drogonis de Trainello, ejus schema, 214
Joannes XXII. Papa electus postquam sedes vacaverat per annos duos & quatuor fere menses, 221
Joannes XXII. subsidia a Rege Franciæ petit ex Ecclesiasticis excipienda, 235
Joannes XXII. Papa prædicat animas defunctorum nonnisi post resurrectionem corporum perfecta beatitudine fruituras esse: quæ doctrina ab Universitate Parisiensi respuitur: & Joannes ante obitum errorem esse fatetur, 149
Joannes frater Ricardi contra fratrem cum Philippo Augusto jungitur, 83. Philippum prodit & præsidium Ebroicense Francicum concidit, 83
Joannes idem Rex Angliæ Castro Gaillardo opem ferre satagit & nihil efficit, 91. cum grandi exercitu Andegavum capit & diruit, 94. Episcopos divexat & ex sedibus pellit: sacris remotus a Papa, qui regnum ejus dat Philippo Augusto, 98.

supplex Romanum Pontificem placat, 99. classem magnam parat, quæ Philippi navium partem incendit, 99. cum grandi exercitu Rupellam venit, 100. Andegavum capit, 100. a Ludovico Leone fugatus, 100
Joannes sine terra Rex Angliæ Anglis perosus ab ipsis regno pellitur, & in ejus locum Ludovicus Leo constituitur, 107. Joannes moritur, 108
Joannes I. Rex Franciæ nascitur, & post dies paucos obit, 221
Joannes I. Rex Franciæ & Navarræ, paucis post natales diebus mortuus, ut adolescens exhibitus, 238
Joannes Dux Normanniæ filius Philippi Regis Bonam Luxemburgensem ducit uxorem, 248. cum, magna militum manu Hannoniam devastat oppidaque multa capit, 254. in Britanniam exercitum ducit, Castoncellum & Namnetum urbem capit, 258. Rhedones capit & Hennebondum obsidet, 258. cum exercitu magno contra Regem Angliæ in Britanniam venit, 261, 262
Joannes Dux Normanniæ cum exercitu centum millium hominum in Aquitania bellum gerit. Engolismum obsidet, 266, 267. & capit, aliaque oppida & castra, 268. Agullionem obsidet, ac diuturna est obsidio, 268, 269. obsidionem solvit, 274
Joannes II. pridem Dux Normanniæ, patri succedit, Rhemis cum uxore Joanna Bononiensi coronatus, 290. capite truncari jubet Radulphum Augensem Comitem Constabularium, proditionem confessum, 290. stellæ ordinem instituit aut renovat, 291. aliquot castra & urbes ab Rege Navarræ in Normannia occupatas capit, 293. Caletum movet quo pervenerat Rex Angliæ, & provocat illum ad pugnam vel solius cum solo vel cum pari utrinque pugnatorum numero, 293. Regni ordines in unum congregari jubet, ut de re æraria & de monetis agatur, 293
Joannes II. Rex Regem Navarræ, Harcurtium Comitem & plurimos alios comprehendit, cum Duce Normanniæ filio suo prandentes, 294. In carcerem conjici jubet Navarræ Regem. Harcurtium vero & tres alios capite truncari præcipit, 295. Lancastriæ Ducem pellit & oppida quæ Navarræus in Normannia tenebat capit, 296. exercitum congregat, contra Gallensem principem movet, ac prope Pictavos pervenit, 296. conditiones a Principe Gallensi propositas respuit. Pugnam committit, ubi postquam strenue decertaverat captus est, & exercitus ejus profligatus, 197. in schemate tabulæ repræsentatur, 298. Urbane omnino & honorifice excipitur a Principe Gallensi, 300. Londinum ducitur, ubi inducias facit, 300
Joannes II. captivus pacem facit cum Eduardo, certis conditionibus, quæ in Francia admissæ non sunt, 315. Pax demum Bretiniaci concluditur, & ipse postea in Franciam venit, 318. quam difficile ipsi fuerit pacis conditiones implere, 318
Joannes II. Rex ad Villam-novam prope Avenionem se confert, 322. crucem accipit pro bello sacro, 323. Philippo filio pollicetur daturum se ipsi Burgundiæ Ducatum: in Angliam se confert & Londini moritur, 324. ejus vitia & virtutes, ibid. imagines variæ, ibid.
Joannis filii S. Ludovici, qui infans obiit, schema, 160
Joannes Tristanus filius alius S. Ludovici natus anno 1250. ejus schema, 160. aliud in quo avem tenet, 161
Joannes Rex Bohemiæ & filius ejus Carolus ad auxilium Philippo Regi præstandum veniunt, 270. in pugna Creciacensi fortissime pugnat & cadit, 271
Joannes Dux Britanniæ filius Petri Mali-clerici, ejus

INDEX.

ejus schema, 166, 167
Joannes II. Dux Britanniæ moritur, cum prius Britanniam concessisset Joannæ Guidonis fratris sui filiæ, 256
Joannes Rex Jerosolymæ Ludovici VIII. inaugurationi interfuit, 115
Joannes Drocensis ordinis Templariorum ex stirpe Drocensi : ejus schema, 185
Joannes Hannoniensis cum Elisabetha regina in Angliam trajicit, 234. Osiacum castrum impetit, a Francis repellitur, 251. Guisam incendit, ibid. ad partes Regis Philippi Valesii transit, 266
Joannes Comes Hannoniensis Regis agros devastat, & damna sarcire cogitur, 190
Joannes Acconensis Buticularius Franciæ filius Joannis Briennii Regis Jerosolymæ, 173
Joannes de Magduno Continuator fabulæ de Rosa, librum Regi offert, 215. Clopinellus seu Claudus cognominabatur, ejus historia, 215, 216
Jordanus de Insula accusatus & multa scelera homicidiaque perpetrasse comprobatus, ex judicum sententia ad caudas equorum tractus suspenditur, 230
Joannes l'Archer famulus Regis exhibitus, 214, 215
Jubilæum universale a Bonifacio VIII. stabilitum, 195
Judæi ex regno toto pulsi a Philippo Augusto, 72, 73. mala & gesta abominanda ab ipsis patrata, 72, 73
Judæi jussu S. Ludovici repressi, 125
Judæi accusati, quod conjunctim cum leprosis puteos & fontes veneno infecerint, vivi comburuntur per regnum, eorum quadraginta sese mutuo occidunt, ut ignis supplicium effugiant, 227, 228
Judæi cum in suspicionem venissent immissæ pestilentiæ, in Germania flammis traditi sunt, 283
Ivo Carnotensis prudens Antistes, 33

K

Knolus Robertus prædo famosus, centum millia scutorum post captum Joannem Regem corradit, 302. Knolus Robertus Avenionem vult petere, sed retrocedere compellitur, 314

L

Lancastrius (Thomas Comes) in Anglia ad supplicium actus, quasi sanctus habitus, 233
Lancastrius Dux cum Philippo Navarræo junctus Normanniam devastat, expellitur ab Rege Joanne, 196. Lancastrius Dux Rhedonum urbem obsidet, Braium oppidum oppugnat, nec capit, 315
Lancelotius, 8. Lancelotius quotidie nova & singularia ad Francicam historiam utilissima profert, 246
Langobardi usurarii, 189
Latilliacensis (Petrus) Episcopus Catalaunensis Cancellarii munere privatur a Ludovico Hutino, 218
Latilliacensis (Petrus) oblati Philippo Pulcro veneni accusatus in Concilio, purgatur & absolvitur, 220
De Launaio (Philippus & Galterius fratres) qui cum uxoribus filiorum Philippi Pulcri adulterium admiserant, supplicio traditi, 110
Lectus justitiæ pro causa Roberti Artesii in tabula repræsentatus, 344
Leprosi accusantur quod fontes & puteos veneno inficere voluerint, capti per universum regnum, & flammis traditi sunt, 227
Levvinus frater Haroldi in pugna Hastingensi cæsus, 20
Liber præstigiarum & sortium damnatus, 231
Lilia quandonam tria numero in scutis Regiis posita fuere, 155

Limosium munitum a Simone de Monteforti, 105
Lorio (Jacobus de) ut præstigiator in carcerem trusus sese laqueo suspendit, 219
Lotharingiæ Dux bello impetit Episcopum Metensem, qui vincitur, 208
Lotharingiæ Dux ad bellum pro Rege Philippo advenit, 270. in pugna Creciacensi cadit, 272
Lucardus Jacobus eques, repræsentatus, 214
Ludovicus VI. Grossus dictus Aureliani inunctus, 33. Firmitatem-Balduini capit, 33. Bellum strenue gerit contra Henricum Angliæ Regem, Duellum ipsi offert, postea cum illo paciscitur, 34. ad rupem Widonis capiendam copias mittit, 35. fratrem suum Philippum Bertradæ filium in ordinem redigit, 35. Castra & Montem-leherium occupat, 35. Puteolum capit & Hugonem loci dominum captivum abducit, 35, 36. bellum gerit contra Theobaldum Carnotensem Comitem, 36. ab eo repellitur prope Meldas, ibid. ejus copias fundit Latiniaci, ibid. ejus intrepidus animus, ibid. Theobaldum vincit & ejus castellum capit, 37. Thomam de Marla Cuciacensem aliosque Tyrannos domat, 38. Haimundum Varia-Vacca in ordinem redigit, 38. bellum gerit contra Henricum Angliæ Regem, 38. repulsus, redit pugnaturus. Abnuente Henrico Carnotum flammis daturus properat, 40. exercitum magnum colligit contra Henricum V. Imperatorem, 41, 42. qui receptui canit, ibid. Robertum Arverniæ Comitem domat, 42, 43
Ludovicus Grossus Caroli Boni Comitis Flandriæ necem ulciscitur, 43. Carolum Nothum Flandrensem profligat, 43. Bello impetit, Thomam de Marla, qui lethali vulnere confoditur, 44. primogenitum suum Philippum regem declarat, 44. Stephanum de Garlanda in ordinem redigit, 44. Philippo mortuo Ludovicum filium coronari curat, 45. Brissoniam reprimit, 45. In morbum incidit : pietatis summæ indicia profert, 45, 46. Regnum deponit in manus filii, 46. quem mittit ducturum Alienoram, Aquitaniæ heredem, 46. In cinereum stratum se deponi jubet & moritur, 47. ejus statua, ipsiusque sigilla, 47
Ludovicus Junior dictus, vivente patre Rex coronatus, 45. Alienoram Aquitaniæ Ducis filiam ducturus proficiscitur, 46
Ludovicus VII. Junior dictus, Galterium de Monte-Gaio in ordinem redigit, 48. Normanniam dat Eustachio filio Stephani Bononiensis ; ipsamque postea dat Henrico Stephani hosti, 49. invehitur in Petrum de Castro electum Archiep. Bituricensem, 50. a sacris interdicitur per summum Pontificem, 50. Theobaldum impugnat Comitem Carnotensem & Campaniensem, 50, 51. Vitriacum desolatur & Ecclesiam incendit, 51. cum ingenti exercitu proficiscitur, 52. Turcos devincit, 53. magna pars exercitus ejus cæditur, 53. vixque salvus evadit, 54. Ataliæ naves conscendit ut Antiochiam petat, 54. ubi statim honorifice excipitur a Raimundo Antiochiæ principe, ibid.
Ludovicus Junior, Raimundus contra illum machinatur, 55. cum Imperatore Conrado & Balduino Rege Damascum obsidet, 56. obsidione soluta in Galliam redit, 57. cum exercitu movet contra Henricum filium Geofridi Comitis Andegavensis : verum pax conciliatur, 57, 58. Ludovicus VII. suum cum Alienora matrimonium nullum declarari curat, 58. bellum movet contra Henricum Normanniæ Ducem, & Novum-Mercatum capit, 58. pacem facit cum eodem, 58, 59. Constantiam Castellæ ducit, 59. Religionis causa Montem S. Michaelis petit, 59. Post Constantiæ mortem Adelam Campaniæ ducit, 60. Comitis Claromontensis & aliorum violentiam repri-

Tome II.   Ccc

INDEX.

mit, 61. Comitem Cabilonenfem plectit, & Brabantios prædones fufpendio necari jubet, 61. Comitem Nivernenfem in ordinem redigit, & Vezeliacenfes oppidanos plectit, 61, 62. movet contra Henricum II. Angliæ Regem, 63, 64. Henricum generum ad bellum patri inferendum concitat, 65. Vernolium obfidet, 65. Inducias facit & Rotomagum obfidet, 66
Ludovicus VII. pacem facit cum Henrico II. quibus conditionibus, 66, 67. In Angliam fe confert precaturus ad fepulcrum S. Thomæ pro incolumitate filii, 68, 69. ipfum Regem coronari jubet, 68, 69. Paralyfi corripitur & moritur, 69. encomium ejus, 70. imagines & figillum, 70, 71
Ludovicus filius Philippi Augufti Regis Blancham Caftellæ ducit uxorem, 89. Fredericum Imp. convenit ad Vallem-coloris, 97. Joannem Angliæ regem fugat, 100. & quæ ceperat ille oppida recuperat, 100. in Septimaniam contra Albigenfes venit, Narbonæ & Tolofæ muros dirui curat, 106.
Ludovicus Philippi filius Rex Angliæ ab Anglis conftitutus, 107, 108. a facris per Legatum remotus, 108. ejus exercitus funditur, & ipfe in Franciam redit, 109. opem fert Amalrico de Monteforti, Miromandam capit, Tolofam obfidet & obfidionem folvit, 109
Ludovicus VIII. Rhemis coronatus cum Blancha uxore 115. Ludovicus VIII. Niordum capit, S. Joannem Angeriacenfem & Rupellam, 116. Lemovices item & Petragoricenfes manus ipfi dant, 116. cum Henrico Alamanniæ rege colloquitur, 117. *hominium* exigit a Vice-Comite Toarcenfi, 118. Crucem accipit ad bellum contra Albigenfes, Avenionem obfidet & poft longam obfidionem capit, 118. Septimaniam trajicit, & revertens in Monte-penferio moritur, 119
Ludovici VIII. Leonis dicti figillum, 119
S. Ludovicus Novæ-villæ in Hetio natus, 121, 122. Piffiaci baptizatus fic aliquando literis fubfcribebat, Ludovicus Piffiacenfis, 121
S. Ludovicus Rhemis inauguratus, 122. exercitum grandem colligit, 122. Rebelles principes evocat, 122, 123. qui fupplices veniunt, & infidias ipfi ftruunt, 123. movet contra illos & fugat ipfos, 123. movet poftea contra Ducem Britanniæ & Bellefmum capit, 123. contra Regem Angliæ cum exercitu movet & Audonem caftrum capit, 125. contra Judæos decreta promulgat, 127. ejus pietas & firmitas, 126. Margaritam Comitis Provinciæ filiam ducit uxorem, 126, 127
S. Ludovicus Epifcopos reprimit, 127. Theobaldum Campaniæ Comitem domat, 127, 128. a cæde ereptus de Senem Montis, qui cædem ipfe imperaverat, 128. ad colloquium migrat cum Friderico Imp. habendum, qui ipfum non exfpectat, 129. coronam fpineam Domini noftri recipit, 129. Comitem Tolofanum reprimit, 130. & Trincavellum Vice-Comitem Bitterrenfem, 130. oblatum a fummo Pontifice fratri fuo Roberto imperium rejicit, 131. Grandem Nobilium cœtum congregat cum celebritate, quæ incomparabilis dicta fuit, 131. collecto grandi exercitu contra Comitem Marchiæ movet, ejufque oppida & caftra non pauca capit, 131, 132. ftrenuiffime pugnat in Charantæ trajecta, 132, 133. bis Anglos profligat, 132, 133
S. Ludovicus cum Rege Angliæ inducias quinque annorum pacifcitur, 134. in morbum incidit, 134, 135. ad extrema deducitur, 135. ut melius habuit crucem accipit pro bello facro, 135. fe ad iter comparat cum fratribus, & cum proceribus magno numero & Epifcopis, contradicente matre, 135. In Cyprum venit, ubi nimium moratur, 136. exfcenfum Damietæ facit, & urbem capit, 136, 137. movet & Nili canalem trajicit, 137, 138. ftrenuiffime pugnat cum gladio & clava, 139
S. Ludovicus, poft duas contra Saracenos pugnas capitur, 140. ejus animi firmitas in carcere, 140, 141. de precio redemtionis pacifcitur cum Moadano Sultano, qui trucidatur, 141. ad illi fuccedendum Ludovicus a Saracenis proponitur, obfuit fola religio ne eligeretur, 141. ad S. Joannem Acconenfem venit, 142. fratres ejus in Franciam remigrant, 142. captivos redimit & urbem Acconenfem reftaurat, 143. Jaffam feu Joppen etiam reficit, in Franciam revertitur, 144. edicta profert contra venalitatem officiorum, 144. Regnum invifit ut juftitiam exerceri curet, 145. Ludovicum filium primogenitum cum Berengaria Caftellæ connubio jungit, 145
S. Ludovicus in facra Capella Bibliothecam adornat, 145. Monachus effe optat. Hofpitale Dei Vernonii conftituit, 146. bella inter proceres regni fuborta fedat, 147. cum Rege Aragoniæ pacifcitur, 147. & cum Rege Angliæ: quod poftremum pactum omnibus difplicet, 147, 148. Ingilramnum de Cuciaco plectit, 148. Quindecim-Vigefimorum Nofocomium conftituit, 148. duella prohibet, 148, 149. exercitia pia frequentat, & juftitiam exerceri jubet, 149. fubditos non vexari curat, 149, 150. Angli illum diffidiorum fuorum arbitrum conftituunt, 150. edictum contra blafphemos profert, 150. Novum iter tranfmatinum fufcipit, 151. ex filiabus fuis duas connubio dat, 151. Id agit ut Eduardus Regis Angliæ filius hanc fecum expeditionem fufcipiat, 151
S. Ludovicus Michaelis Palæologi oratores excipit, 152. naves cum exercitu confcendit & prope Carthaginem exfcenfum facit; iftamque urbem capit, 153. lues exercitum ipfumque Ludovicum invadit, 153. Monita falubria Philippo filio dat & moritur, 153. ejus laudes, 153, 154. ejus inauguratio repræfentatur, 154. ejusdem fchemata, 155. armatus eques confpicitur, a capite ad calcem hamatus, 155, 156. in veftibus regiis, 156. reliquias offerens, 156. aliæ S. Ludovici & geftorum ejus imagines, 157. flagello fponte cæditur, 158. Miracula ejus poft obitum, 159. coronam quam Dominicanis Leodienfibus dedit, 159
Ludovicus IX. Rex Franciæ a Bonifacio VIII. in Sanctorum numerum relatus, 194
Ludovicus Hutinus Pompelonæ Rex Navarræ coronatur, 205
Ludovicus X. cur Hutinus dictus, 218. Cancellarii munus aufert a Petro Latilliacenfi, datque illud Stephano Mornacenfi, 218. uxorem ducit Clementiam Hungariæ, 218. Apud Cardinales agit ut Papam deligant, 218
Ludovicus X. Rhemis fe Rhemis coronari curat, 221. Flandrenfem Comitem evocat, 221. cum exercitu contra Flandros movet, & re infecta revertitur, 221. Vincennæ moritur ex oblato veneno, ut quidam dicebant, 221
Ludovici Hutini fchema, 237
Ludovicus S. Ludovici primogenitus moritur: 143; in tribus fchematibus exhibitus, 160
Ludovicus primogenitus Philippi Audacis juvenis moritur, 170
Ludovicus filius unicus Philippi Longi moritur diebus paucis poftquam pater ipfius Rex coronatus fuerat, 223
Ludovicus Rex Jerofolymæ & Siciliæ Ordinem inftituit Sancti Spiritus Recti defiderii feu Nodi, & ftatuta edit ac defcribi curat cum figuris; quæ omnia in fine tomi hujufce locantur. Regis Ludovici fchema, 328
Ludovicus Comes Ebroicenfis bis exhibitus, 213
Ludovicus I. Dux Borbonii repræfentatur, 288
Ludovicus filius Caroli Claudi, Francifcanus, ac

INDEX.

deinde Episcopus Tolosanus, ob sanctimoniam Sanctorum numero adscriptus, 206. ejus schema, 285

Ludovicus de Hispania cum classe sua Robertum Artesium adoritur, tempestas classes dirimit, 259

Ludovicus de Hispania multum incommodi Anglis parit in Britannia Armorica, 261

Ludovicus Bavarus & Fredericus Austriacus, duo simul Imperatores, 236

Ludovicus Bavarus Imperator, in Italiam venit, Romæ se coronari curat, & Anti-Papam eligi Nicolaum V. Ambo Roma pelluntur, 240

Ludovicus Comes Nivernensis Comitis Flandriæ filius a Philippo Longo evocatus, non comparet, atque Nivernensem & Retellensem Comitatus amittit, 224

Ludovicus Comes Nivernensis accusatus quod Flandrensem Comitem patrem veneno tollere voluisset, in carcerem trusus, 226, 227

Ludovicus Comes Nivernensis mortuo patre, Comes Flandriæ constituitur & *hominium* Carolo Pulcro præstat, 229. a Flandris ipsis in carcerem conjectus, 235. a Flandris ex carcere eductus, 237

Ludovicus Comes Flandrensis post Castellensem pugnam Flandros nimis aspere agit, 242

Ludovicus Comes Flandriæ in paucis Flandriæ urbibus auctoritate valet, 251. in Creciacensi pugna cæsus, 272

Ludovicus ejus filius Comes Flandriæ Regis Angliæ filiam in uxorem ducere abnuit, 277

Lugdunenses rebelles in ordinem rediguntur Philippo Pulcro regnante, 207

Luxemburgensis Comes pro Limburgensi Ducatu contra Ducem Brabantiæ digladiatur, lis dirimitur per pugnam mille quingentorum equitum contra totidem: per Francorum fortitudinem causa cadit, 187

Luxus Nobilium, qui rusticos aspere agunt & diripiunt, 296

M

D. MAILLARDUS causidicus, 121

Maillardus (Joannes) Marcellum Mercatorum Præpositum occidit, 308

Mala-tolta stabilitur, 189

Maleficia quam in usu essent Caroli Pulcri tempore, 230, 231. Historia, ibid.

Malevicinus (Petrus) Othonem capit in pugna Bovinensi, 102

Malgenesta (Guillelmus) Venator Regius ejus schema, 215

Manfredus Regnum Neapolitanum invadit, 149

Manichæi hæretici variis temporibus & diversis nominibus pullularunt, 103

Mannius (Galterius) Anglus Dux, 259

Mannii (Galterii) Angli pugna cum Carolo Monte-Mauriacensi in obsidione Agullionis, 269

Marcellus Mercatorum Præpositus, aliquot primores prope Regentem obtruncari curat, 303. a Regente veniam consequi frustra tentat, 304. muros Parisienses restaurat, 304. Regem Navarræ Lutetiam revocari curat, 305. Regi Navarræ pecuniam ad militum stipendia subministrat, 305

Marcellus Regem Navarræ & Anglos vult Lutetiam intromittere & illum Regem Franciæ constituere, exclusis Valesiis, 307. a Joanne Maillardo occiditur, 307

Margarita ex Comitibus Provinciæ uxor S. Ludovici pluries repræsentatur, 159, 160

Margarita uxor S. Ludovici viginti quinque annis post conjugem moritur, 191

Margarita Burgundiæ uxor Ludovici Hutini, adultera deprehensa, in carcerem truditur, 210

Margarita Artesia uxor Ludovici Comitis Ebroicensis: ejus schema, 213

Margarita Flandrensis uxor Joannis de Monte-forti animi heroïci femina, 256

Margarita Flandrensis Comitissa de Monteforti fortiter agit Hennebondi, 258

Margaritæ uxoris Jacobi Lucardi schema, 214

Margarita Porreta librum edit erroribus plenum: ipsa flammis traditur, 207

Maria Brabantia falso in suspicionem venit quod Ludovicum Philippi primogenitum veneno sustulerit, 174

Maria Luxemburgensis filia Henrici VII. Imperatoris a Carolo Pulcro Rege ducitur, 229. coronatur, 230. prægnans iter cum conjuge suscipit & ex molestia itineris præpopere parit & moritur, 232

Maria de Claromonte S. Ludovici neptis Monasterium Pissiacense regit. Ejus schema, 184

Maria Philippi Valesii filia, filio Ducis Brabantiæ nubit, 248

Mariæ Hannoniensis uxoris Ludovici I. Borbonii schema, 289

Mariæ filiæ Arcimbaldi Borbonii schema, 184

Maria Hispaniensis conjux Caroli Comitis Alenconiensis. Ejus schema, 288

Marigniacensis (Ingilramnus) rei ærariæ administer, repetundarum accusatus, 219. Audacter respondet Carolo Comiti Valesiæ, qui illi acerrime adversatur, 219. Valesio curante suspendio perit, nec causam suam dicere permissus est, 219, 220. Memoria ejus sæpe restituta fuit, 220

Marliaco (Bucardus de) ex stirpe Monte-Maurenciacensi. Ejus schema & duo sigilla, 120

Marsupia olim ad zonam gestabantur, 71, 111

Marsupium multorum simul procerum, qui ad bellum sacrum iter suscipiebant, 165, 166

Mathildis Comitissa Bononiæ ejus schema, 111

Mathildis causam pro Artesiæ Comitatu dictura venit, & veneno tollitur de medio, ut putabatur, 245

Massæ seu clavæ æreæ, queis Ludovicus custodes suos armat, 128

Mauricius Burdinus Anti-Papa electus, 41

Melodani Vicecomes primus in pugna Bovinensi ab hoste impetitur, 101

Mensa Guillelmi Ducis sigma vel crescentem lunam refert, 20. quibus temporibus in usu fuerit hæc mensæ forma, ibid.

Merlini prædictiones in usu, 109

Mezo (Henricus de) Marescallus Franciæ tempore S. Ludovici, Auriflammam de manu S. Dionysii accipit, 168. sigillum ejus, ibid.

Michael Palæologus oratores mittit ad S. Ludovicum, & Evangeliorum librum Græcum ipsi dono offert, 152

Milo de Nucheriis Auriflammam gestat in pugna Castellensi, 241

Moadanus Sultanus cum S. Ludovico pro redemtione paciscitur, 141. a suis trucidatur, 141

Molaio (Jacobus de) Magnus Templariorum Magister supplicio afficitur, 205

Mons-Ferrandus obsessus, 43

.... de Monte-falconis accusator Templariorum, 204

Monte-forti (Simon de) electus dux cruce signatorum, 105. Limosium munit, 105. Tolosam obsidet, & obsidionem solvere cogitur, 105. exercitum magnum ante Murellum profligat, 106. Tolosam obsidet & occiditur, 107

Monte-forti (Simonis de) schema, 168

Monte-forti (Amalricus de) bellum non ita feliciter gerit contra Raimundum Tolosanum Comitem, 109. Septimaniæ castra & oppida quæ tenebat Ludovico VIII. tradit, 116. crucem accipit pro bello sacro, 119. statua & sigillum ejus, 168

Monte-forti (Joannes Comes de) pro Britanniæ Ducatu contendit cum Carolo Comite Blesensi, 256. a Namnetensibus civibus recipitur: ejus in urbem ingressus depingitur, 256. Brestense oppi-

INDEX.

dum capit, Rhedones, & Hennebondum, 257.
In Angliam trajicit. A Philippo Rege evocatus
Lutetiam venit, & inde aufugit, 257. a Namnetensibus traditus, in Luparæa turri includitur, 258
Monte-Gaio (Galterius de) qui vicinis agris prædas agebat a Ludovico Juniore repressus, 48
Monte-Maurenciaco (Mathæus de) Magnus dictus, Constabularius Franciæ, 169
Mons S. Michaelis, 9
Montiniacus (Petrus Remigius) primus ærarii Thesaurarius Caroli Pulcri, pro subducta ingenti pecunia suspendio perit, 239
Montis-pesati dominus belli auctor contra Anglos in Vasconia suscepti, 232
Monumentum Guillelmi Nothi Baiocis, 2
Mornacensis (Stephanus) Cancellarii munere donatus a Ludovico Hutino, 218
Muliercula quæ falsas literas pro Roberto Artesio conscripserat & alia maleficia admiserat, viva comburitur, 245

N

NAFFODEUS Florentinus accusator Templariorum, 204
Namnetense castellum ab Anglis ex improviso captum & eadem nocte a Francis recuperatum, 293
Natatores in obsidione Castri-Gaillardi adhibiti, 92
Navalis pugna in tabula exhibita, 259
Navarræi Provincias multas expilant, 309, 310
Nazerus dux Saracenorum, 143
Nicolaus V. Anti-Papa, 240. Lutetiæ Parisiorum a sacris remotus declaratur, ut & Ludovicus Bavarus Imperator, 241
Nigella (Guido de) Marescallus Franciæ, victus & captus ab Anglis & Vasconibus, posteaque cæsus, 291, 292
Nigella (Radulphus de) Constabularius, Burdegalum & Baionam capit, 189
Nogaretus (Guillelmus) Bonifacium VIII. Papam apprehendit, 197. a Clemente V. evocatus Bonifacium accusare pergit, 206. tandem absolvitur, 208
Noradinus formidolosus Christianis in Terra Sancta, 51
Normechi (Joannis) Angli astutia, 268
Norvegus unus pontem defendens Anglos quadraginta securi interficit, & ipse demum occiditur, 21
Nova-Villa in Hetio ubi S. Ludovicus natus est, 121, 122
Nunnius (Joannes) Castellanus ad Regem Philippum Audacem confugit, 174. a Philippo Audace missus ad bellum Aragoniæ Regi inferendum, 179

O

ODo Episcopus Baiocensis frater uterinus Guillelmi, cum illo in Angliam transfretat, 21. militibus animos facit, 28
Odo Dux Burgundiæ & plurimi alii primores atque Episcopi cruce signantur contra Albigenses, 105
Oria sive Loria classem Francicam Rhodæ profligat, 183. Oria classem a Roberto Artesio paratam profligat, 186
Otho Dux Saxoniæ Imperator Romæ coronatur, 96. Nullum promissorum implet, 96. a Papa sacris interdicitur, 96
Otho contra Philippum movet cum exercitu centum quinquagita millium hominum, 100, 101. vincitur profligatur & aufugit, ibid.

P

PACTA ad commercia inter Franciam, Angliam, Hispaniam, Aragoniam, Siciliam & Majoricam, 237
Palatium Thermarum, 146
Pares Franciæ lecto justitiæ pro causa Roberti Artesii adsunt, 247
Parisini seditionem concitant ob monetarum mutationem, 203
Parisini Regi Navarræ non fidunt, 305
Parisini multos Anglos occidunt, qui Lutetiæ erant. Ab Anglis ipsi cæduntur, & sexcenti eorum insidiis ab Anglis intercipiuntur & occiduntur, 307
Parisini suadente Joanne Maillardo Regentem revocant, 308
Pastorelli infimæ plebis agmen, Judæos exterminant, in Occitania,multis eorum supplicio affectis,dissipantur, 226
Paterini ex Manichæis orti, 103
S. Pauli Comes occisus in obsidione Avenionensi, 118
Pauperes Lugdunenses seu Valdenses cum Albigensibus junguntur, 104
Pequiniaco (Joannes de) Regem Navarræ ex carcere educit, 302. cum Navarræis Ambianum ex improviso capere conatur, nec valet, 309
Pequiniacensis Joannes a Cambellano suo strangulatus, 313
Persantio (Joannes de) in præstigiis & maleficiis magister, vivus combustus, 231
Pestilentia depopulatur Franciam, quæ postea ex mulierum fecunditate numero populi aucta est, 282, 283
Petragoricensis Comes Comitem Etbiensem & Anglos propulsat, 263
Petrus Rex Aragoniæ Albigensium Dux in pugna Murellensi vincitur & occiditur, 106
Petrus Rex Aragoniæ alius, Francorum qui in Sicilia erant necem machinatur, 178. Se Regem Siciliæ coronari curat, ibid. Martini IV. sententia a Sacris remotus, 179. Pugnam contra Carolum Neapolis Regem Burdigalæ committendam proponit, ibid. Ejus doli, ibid. Petrus Rex Aragoniæ insidias parat, 182. vincitur & saucius fugit, ibid. moritur, 183
Petrus de Lusiniano Rex Cypri Avenionem venit, & Christianos Principes omnes adit, 322, 323
Petri I. Ducis Borbonii schemata duo, 326
Petrus Leonis Antipapa Anacletus vocatus, 44, 45
Petrus Dux Britanniæ Blanchæ Regenti matri S. Ludovici infensus, 122. Regis Angliæ opem contra S. Ludovicum implorat, 123. Petrus Dux Britanniæ regios agros devastat, pacem petere cogitur, 124. Regem Angliæ in opem evocat, qui in Britanniam cum exercitu magno transit, ibid.
Petrus Dux Britanniæ contra S. Ludovicum movet; in Angliam transit opem rogaturus, cum S. Ludovico pacificitur, 127. cum Comite Marchiæ in societatem belli contra S. Ludovicum venit, 132
Petrus Britanniæ Dux crucem accipit pro bello facto, 129. graviter saucius in pugna Massurensi, 139. Petrus Drocensis Malus-Clericus dictus Dux Britanniæ, 164. ter repræsentatus, 164, 165
Petrus Comes Alenconii filius S. Ludovici. Duo illius schemata, 161
Petrus de Castro electus Archiepiscopus Bituricensis à Ludovico Juniore Rege impetitur, 50
Petri de Curtenaco schemata duo, 167
Petrus de Corbolio in Episcopum Cameracensem electus, a Francis captus, 88. Philippus Augustus libertatem ipsi dare cogitur, ibid.
Pevenesa ad oram Angliæ, 18
Philippus, postea Augustus cognominatus, nascitur, 62. Philippus Augustus filius Ludovici VII. in morbum incidit, 68. convalescit, ibid.

Philippus

INDEX.

Philippus Augustus Rex vivente Patre coronatus, 68, 69. aliquot proceres Ecclesias & agros devastantes domat, 69. Elisabetam Hannoniensem ducit uxorem, 69. sæpe Augustus dictus a Rigordo sui temporis Scriptore, 71. Judæos ex regno suo eliminat, 72, 73, Lutetiam auget & ornat, 73, 74. Stephanum Comitem Castellionis ad Ligerim domat & castellum ejus diruit, 74. contra Comitem Flandrensem bellum gerit, 74.75. Bobas castellum obsidet, 75. movet contra Henricum Angliæ Regem, & pacem facit, 76. nascitur ipsi filius primogenitus Ludovicus, *ibid.* crucem accipit pro bello sacro, 76. bellum movet contra Ricardum, 76, 77. plurima expugnat oppida & castra, 77. profligat Henricum Angliæ Regem, 77. ipsumque Meduntæ obsidionem solvere cogit, 78. desciscens a patre Ricardus ipsum adit. Cenomanum & Turonum urbem Philippus capit, *ibid.* Henrico postulanti pacem concedit, 78. cum exercitu in Terram sanctam proficiscitur, 79
Philippus Augustus & Ricardus, Cor Leonis dictus, inter se dissident, 79, 80
Philippus Augustus Acconem advenit, urbem machinis impetit, quæ deditionem facit, 80, 81
Philippus Augustus in obsidione Acconis in morbum incidit, 81. in Franciam redit, *ibid.* Gisortium & Vilcassinum Normannicum capit, 83. cum Joanne Ricardi fratre jungitur, *ibidem.* Ingeburgem, sororem Daniæ Regis, ducit uxorem, 83. ipsam cognationis ratione repudiat, *ibid.* a Joanne Ricardi fratre proditur, & præsidium Francicum Ebrohense trucidatur, 83. Ebroicas incendit & Arcarum obsidionem solvere cogit, 83. Dieppam capit, & ejus copiæ cæduntur, 84. Ricardus sarcinas ejus & chartas regias abripit, *ibid.* cum celeritate ingenti Vallis-Rodolii obsidionem solvere cogit, 84. cum Ricardo pacem facit, quæ cito violatur, 85. Dangutum & Albunarlam capit, ac in Ricardum fundit, *ibid.* contra Comitem Flandriæ movet, & pacem cum illo facere cogitur, 86. vectigalia ingentia exigit, *ibid.* fugatus vix Gisortium petere valet, & inducias cum Ricardo facit, 87
Philippus Augustus Ebroicas capit, 88. Concilium Divionense instat, ut Ingeburgem resumat: negante illo, regnum a sacris interdicitur, *ibid.* pacem facit Philippus cum Angliæ Rege, 89. Ingeburgem resumit, *ibid.* bellum infert Joanni Angliæ Regi, multaque oppida & castra occupat; 90. Turonas capit & incendit, *ibid.* Britones & Pictavi cum illo junguntur, 91. plurima alia oppida in Normannia occupat, *ibid.* Castrum-Gaillardum obsidet, diuturnaque est obsidio, 91, 92, 93. Castrum vi tandem capitur, 93. Philippus Normanniam totam occupat, 93, 94. Andegavum capit, 94
Philippus Augustus Pictavorum urbem & alias multas capit, 94. cum grandi exercitu plurimas alias sibi subjicit urbes, Lutetiam auget, ac novis muris instruit, 97. Reginaldum Comitem Bononiæ plectit, 97. Moritaniam capit, *ibid.* expeditionem parat in Angliam, ut regnum illud sibi a Summo Pontifice datum acquirat, 98. Ingeburgem quam denuo rejecerat, resumit, *ibid.* classem magnam parat, 98. Joannis classis partem navium ejus incendit, ipseque Philippus cæteras flammis tradit, 99. hostem terrestri pugna profligat, *ibid.* Insulas bis capit & incendit, 99. utrinque invadentibus hostibus Ludovicum filium contra Joannem Regem mittit, ipseque contra Othonem movet, 100
Philippus in Bovinensi campo contra Othonem pugnat, 101, 102. captus & erutus est, 102. gloriosam victoriam reportat, *ibid.* in morbum incidit & moritur, 109. Ejus elogium, *ibid.* sigillum, 110

Philippus III. Audax dictus in Africa *hominium* Principum & Procerum accipit, 170. *Minoritatem* post annos quatuordecim cessare statuit, 171
Philippus Audax in Franciam redit, 171. Corpus S. Ludovici patris ad Ecclesiam S. Dionysii magnifice deferri curat, *ibid.* Rhemis inungitur & coronatur, 172. ejus pietas, *ibid.* Comitem Fluxensem capit & punit, 173. Mariam Brabantiam uxorem ducit, 173. Ejus cum Rege Castellæ dissentio, 173. grandem exercitum contra illum colligit, & nihil perficit, 174. Eustachium de Bello-Marchesio in Navarram mittit, ut illam in ordinem redigat, 175. & Robertum Artesium cum exercitu movere jubet, *ibid.* cum Rege Castellæ colloquitur pro causa filiorum nepotis, 177. & cum Rege Aragoniæ, 177, 178
Philippus Audax crucem accipit ad bellum Aragoniæ Regi inferendum, 179. Elnam capit, 181, 182. Gerundam obsidet, 182. & post longam obsidionem capit, 183. Classis ejus profligatur, 183. Perpiniani moritur, *ibid.* ejus variæ imagines, 183, 184
Philippus Pulcher Joannam Regis Navarræ filiam uxorem ducit, 181. Figueriam capit, 182
Philippus Pulcher Rhemis inungitur & coronatur cum Joanna Navarræa uxore, 185. cum Castellæ Rege paciscitur, 188. Nummularios Italos ex regno eliminat, 189. bellum gerit contra Anglos in Aquitania, *ibid.* Eduardum evocat ut sibi pro Vasconia *hominium* præstet, 189. classem in Angliam mittit, quæ prædas agit, 190. ab Adolpho Imperatore ad bellum provocatur, *ibid.* In Flandriam move, & Insulas obsidet, 192. caute impedit ne Adolphus opem ferat Regi Angliæ & Comiti Flandriæ, 193. Insulas capit, & Eduardum Angliæ Regem Gandavi degentem obsidet, *ibid.*
Philippus Pulcher multas Flandriæ urbes capit, 193. Intra Gandavum Eduardum Angliæ regem obsidet, 193. inducias cum illo facit, 194. Imperatorem Albertum adit, 195. Flandriam bello impetit, 195. Ejus cum Bonifacio VIII. contentio, ipsi acerbitate plenis literis scribit, 196, 197. a sacris remotus & dejectus ab illo ad generale concilium provocat, *ibid.* Nogaretum cum copiis mittit, qui Bonifacium Anagniæ comprehendit, 197. contra Flandros victores cum magno exercitu movet, & hoc anno nihil perficit, 199. in Septimaniam se confert, & populos sibi benignitate devincit, 200
Philippus Pulcher monetas immutat, 203. in Pictavorum urbem se confert Papam invisurus: & de Templariis de medio tollendis cum illo agit, *ibid.* Templarios omnes eodem die per totum regnum comprehendi jubet, 203. supplicio affici curat, 204, 205
Philippus Pulcher, fratrem suum Carolum Valesium Imperatorem eligi vult, 206. ad Concilium generale Viennense se confert, 208. Se pro bello sacro crucem accepturum pollicetur, *ibid.* Equites multos creat, præsente Angliæ Rege, 209. crucem accipit pro bello sacro, 209. Monetas vitiat in damnum maximum subditorum ipsius, *ibid.* gravibus negotiis ante vitæ terminum implicatus, 210. ab uxoribus filiorum circa finem vitæ dehonestatus, ipsas in carcerem trudi, & mœchos amaro supplicio affici jubet, 210
Philippus Pulcher bellum parat denuo adversus Flandros, 211. pax conciliatur, *ibid.*
Philippus Pulcher in morbum incidit & moritur, 211. ejus vitia, 212. Ejus schemata, 212. schema quoddam ubi manum justitiæ tenet, *ibid.*
Philippus V. Longus dictus Regentis munere in Francia & Navarra donatus, 221. cum Principibus plurimis crucem pro bello sacro accipit, 221.

INDEX.

contra Robertum Artesium cum exercitu movet, *ibid.* mortuo infante Rege Joanne sese Regem inungi & coronari curat, invitis quibusdam, 223. Ludovicum Nivernensem & Retellensem Comitem evocat, quo non comparente alia consequuntur, 224. pactum cum Comite Flandriæ init, 225, 226

Philippus Longus ad Pictavos se confert, 227. per regnum totum eadem pondera, easdem mensuras vult constituere, & quemque sibi quintam bonorum partem exsolvere, quod omnium animos exasperat, 228. ægrotat & moritur, *ibid.*

Philippi, Longi dicti, schema, 238

Philippus Valesius, prægnante Regina Caroli Pulcri uxore, Baronum judicio regimen Franciæ accipit, & Eduardus excluditur, 239. postea Rex constitutus, monetas secundum antiquum pondus cudi jubet, 239. 240. Navarram reddit Philippo Ebroicensi Comiti, 240. cum uxore Rhemis inungitur & coronatur, *ibid.* rogante Comite Flandrensi cum Flandris pugnat, & eorum exercitum ad internecionem pene delet, 241, 242. statuam suam equestrem B. Mariæ Parisiensi offert, 242. Eduardo Regi indicit, ut *hominium* pro Aquitania sibi præstitum veniat, *ibid.*

Philippus Valesius Ambianum venit, ubi Eduardi *hominium* accipit, 243. Pares Franciæ colligit pro causa Comitatus Artesiæ, 245, 246. lectum justitiæ, ut vocant, tenet, qui in tabula exhibetur, 243

Philippus VI. Valesius in solio regio sedens in lecto justitiæ pro causa Roberti Artesii, 246. crucem accipit pro bello sacro, 248, 249. Inter Ducem Brabantiæ & Comitem Flandriæ pacem conciliat, 249. Avenionem venit ad Papam, & hortante illo cum aliis Regibus & Principibus crucem denuo accipit, apparatumque omnium maxium ad hoc bellum facit, 250. Eduardus Rex Angliæ ipsi bellum indicit, 250, 251. Philippus classem maximam parat, quæ oras Angliæ devastat, 251. Exercitum cogit ubi erant Reges quatuor, Duces 6. Comites 16. pro pugna dies indicitur, nec pugna committitur, 252. grandem alium exercitum cogit ut Tornacum ab obsidione liberet, 255. inducias facit, 256

Philippus Valesius inducias statuit cum Eduardo Rege, 262. vectigal in salem constituit, Olivarium Cliffonium, aliosque nobiles Britones capite truncari jubet, *ibid.* Nobilium odium sibi parit. Geoffridum Harcurtium ex regno exulare cogit, 265. Joannem Hannoniensem sibi conciliat, 266. Ducem Normanniæ ad bellum contra Anglos gerendum in Aquitaniam mittit cum exercitu centum millium hominum, *ibid.* contra Eduardum III. mittit Constabularium de Augio, qui captus est, 270. contra eumdem qui Creciaci castra posuerat movet, 271. exercitus ejus incompositus pugnat, & profligatur cum strage magna, 272. 273. Godemarum de Faio suspendio necare, & Galterium de Mannio occidere vult; sed a sententia dimovetur, 274. grandem exercitum cogit ut Caletum ab obsidione liberet, & Eduardo pugnam offert, qui abnuit, 279

Philippus Valesius secundam uxorem ducit Blancham Navarræ, 303. acquirit Delphinatum, Comitatus Ruscinonensem & Ceritaniensem, Baroniam Montis-pessulani, Castellum Laresii, 284. moritur 22. Augusti anno 1350. 284

Philippi Valesii schema, item ejus nativa imago, & alia quoque, 285. Philippus Eques, 286

Philippus: Tres hujus nominis in medio exercitu suo capti ferme fuerunt, & tamen victoriam sunt consequuti; Philippus Augustus in pugna Bovinensi, Philippus Pulcher in pugna Montis-in-paoulis, & Philippus Valesius in pugna Castellensi, 241, 242.

Philippus Ebroicensis Rex Navarræ impedit, quominus Rex Philippus capiatur in pugna Castellensi, 241. lecto justitiæ pro causa Roberti Artesii adest, 146

Philippus Ludovici *Grossi* filius Rex vivente patre constitutus, 44

Philippus Rex, vivente Ludovico Grosso patre declaratus, terribili casu moritur, 45

Philippus filius Ludovici VIII. & Blanchæ Castellensis, infans mortuus, chirothecam tenet, clarissimi generis insigne, 120

Philippus Comes Bononiæ, filius Philippi Augusti moritur, 126

Philippi Comitis Bononiæ filii Philippi Augusti & Agnetis de Merania schemata duo, 112

Philippus Comes Ebroicensis in vitrea fenestra, 287. deinde Rex Navarræ fuit supra scutum Pompelonæ inauguratus, *ibidem.* aliud schema ejusdem, 288

Philippus ejus filius Navarræus, capto Rege Carolo fratre, castra & oppida Normanniæ occupat; cum Lancastrio Duce jungitur, & regionem devastat, 296

Philippus Navarræus indignatus quod frater suus pacem fecerit, ad Regem Angliæ se confert, 312, 313

Philippus de Burgundia Comes Artesiæ ab equo delapsus & læsus moritur, 274

Philippus Dux & Comes Burgundiæ, Comes Artesiæ, &c. stirpis suæ ultimus moritur, 322

Philippus Comes Bononiæ Blanchæ Regenti matri S. Ludovici infestus, 122

Philippus filius Roberti Artesii ex vulnere in pugna Furnensi inflicto obiit, 193. ejus schema, 213

Philippus Episcopus Bellovacensis armatus capitur a Ricardo Rege, 86

Platea Parisiensis Porcorum dicta, 245

Prædones qui munitiones & castra tenebant, ad illa reddenda coacti una coeunt, & Tarde-venientes appellantur, 310

Præpositus Brugensis occidi curat Carolum Bonum Comitem Flandrensem: supplicium luit ubente Ludovico Grosso, 43

Præpositus Joannes maleficiorum causa flammis traditus, 231

Præstigiæ & maleficia quam usitata Philippi Pulcri & filiorum regum tempore, 230

Priscillianistæ ex Manichæis orti, 103

Pugna Hastingæ inter Guillelmum & Haroldum, & victoria Guillelmi, 27 & seqq.

Puteolanus Hugo prædo captus a Ludovico Grosso, 35, 36. ab eodem Rege exhæredatus Ansellum de Garlanda occidit, & in Jerosolymitano itinere moritur, 36, 37

Q.

QUINDECIM-VIGESIMORUM Nosocomium a S. Ludovico fundatum, 148

R

RADULPHUS Viromanduensis Theobaldum Comitem Carnotensem vulnere afficit, 37

Radulphus Comes Viromanduensis Thomam de Marla lethali vulnere confodit, 44

Radulphus Archiepiscopus Rhemensis unctionem Ludovici *Grossi* interpellat, 33

Radulphus Comes Augensis & Guinensis Constabularius Franciæ, proditor, capite truncatur, 290

Radulphus de Bello-monte singulari modo armatus, 113

Radulphus de Penars Causidicus oblati venoni accusatur, 220

Raimundus Comes Tolosanus, præcipuus Albigensium Dux, 104. a sacris remotus per Innocen-

INDEX.

tium III. Papam, qui crucem contra illum affumendam publicat, *ibid*. Ipfe vero pœnitentiam ementitur, pœnam fubit, & cruce-fignatis jungitur, 104, 105

Raimundus contra cruce-fignatos arma affumit, 105. Simonem de Monte-forti in Caftro-novo obfidet, & obfidionem folvit, 106. Petro Aragoniæ Regi & Comitibus multis jungitur, qui Murellum cum 100000. pugnantium obfident. Illos aggreditur Montefortius, & profligat, 106. Raimundus Romam petit, armatos colligit, Tolofam intrat & urbem propugnat, 106, 107

Raimundus Comes Tolofanus in Concilio Montepeffulanenfi abfolvitur, 116. ab Humberto de Bello-joco laceffitus, cum S. Ludovico pacifcitur, 123, 124

Raimundus Comes Tolofanus publicæ pœnitentiæ adftrictus, 124. bellum infert Comiti Provinciæ: a S. Ludovico reprimitur, 130. in focietatem belli cum Comite Marchiæ contra S. Ludovicum venit, 132

Reges armorum, illorumque officium, 163

Reginaldus de Domno-Martino Comes Bononiæ, turbarum auctor plectitur a Philippo-Augufto, 97

Reginaldus Comes Bononiæ a Philippi gente captus, ab amicis eruitur, 99. captus in pugna Bovinenfi, 102

Regula oppidum obfidentem Erbienfem Comitem diu detinet, 264

Rhedonum urbs depicta in aulæo Baiocenfi, 10

Rhombi in veftibus, 161

Ribaldi militiæ fpecies, 78

Ricardus poftea Cor Leonis dictus, bellum movet contra patrem, & ad ejus poftea pedes provolvitur, 66. Raimundum Tolofanum Comitem bello impetit. Philippus-Auguftus pro Raimundo movet, 76, 77. Ricardus Cor Leonis dictus contra Guillelmum de Barris duello concertat, 78. cum Philippo copias jungit ut Henricum II. patrem fuum bello impetat, 78

Ricardus Cor Leonis Cyprum infulam capit, 80. fortiffime pugnat in Terra-Sancta, 81, 82. Saladinum & equum ipfius ictu lanceæ in terram decutit, 82

Ricardus dum rediret, a Leopoldo Duce Auftriæ captus, pofteaque ab Imperatore poft annum & dimidium dimittitur, 82. contra Philippum rem profpere gerit, 84. fugatur, 85. S. Valaricum capit, *ibid*. Philippum Gifortii fugat, 87. Inducias cum illo facit, *ibid*. vulnere confoffus moritur; 87, 88. Ejus fchemata duo, 114

Ricardus frater Henrici III. Regis Angliæ bellum gerit in Aquitania & receptui dare cogitur, 117

Ricardus frater Regis Angliæ cruce-fignatos juvat, 130

Ricardus frater Regis Angliæ electus Imperator eodem quo Aldefonfus tempore, 146

Ricardus vir fanctus a Judæis crucifixus, 72, 73

Ripa-montis (Euftachius de) eques ftrenuus Francus contra Eduardum Regem ignotum fibi fortiffime dimicat. Tandem capitur, & Eduardus illum cum muneribus liberum dimittit, 282

Roberfartius Canonicus Navarræis infenfus multos occidit, 309. trecentos equites Navarræos profligat & cædit, 311

Robertus Comes Claromontenfis filius S. Ludovici, primus regiæ Borboniæ familiæ, 161. ter repræfentatus, 161, 162

Robertus frater S. Ludovici, Mathildem Brabantiæ ducit uxorem, Comes Artefiæ efficitur, 128. ex animi impetu in caftra inimicorum ruit, & poftea Maffuram, ubi occiditur, 138, 139

Robertus Comes Artefiæ Roberti primi filius, gladium Caroli Magni tenet in Philippi inauguratione, 172. a Philippo Audace in Navarram miffus Pompelonem expugnat, 175, 176. Neapolitanos a rebellione coercet, 180. regnum Neapolitanum regit, 187. In regno Neapolitano Equites Catalaunos profligat, 188. in Franciam redit, *ibid*. Anglos in Vafconia vincit, 192. Flandrorum exercitum Furnis profligat, 193. cum exercitu miffus ad Flandros in ordinem redigendos, contra prudentiorum fententiam illos Curtraci adoritur, & cum exercitu cæditur, 199

Robertus Artefius præcedentis nepos Mathildem patris fui fororem bello impetit, in ordinem redigitur, & negotii folutio aliud in tempus differtur 222. Caroli Valefii filiam ducit uxorem, 223

Roberti Artefii caufa in Mathildis gratiam judicio procerum folvitur, cui judicio ipfe Robertus fubfcribit, 224

Robertus Artefius rem jam judicio firmatam revocat in medium pro Artefiæ Comitatu, 244. Literas profert, *ibid*. quæ literæ falfæ deprehenfæ funt, & ipfe aufugit, 245. Robertus Artefius e regno exfulare jubetur, & ad Regem Angliæ confugit, 248

Robertus Artefius Eduardo III. auctor eft ut Franciæ regnum fibi vindicet, 250. Robertus Artefius Anglicæ Dux claffis cum Ludovico de Hifpania pugnat: tempeftas pugnantes dirimit, 259. Robertus Artefius Venetias capit, quæ urbs ab Olivario Cliffonio recuperatur, & Robertus graviter faucius Londini moritur, 260

Robertus de Brus grandem Anglorum exercitum profligat, 211

Robertus filius Caroli Claudi poft patrem Rex Neapolis fuit, 206

Robertus Rex Neapolis in opem evocat Philippum Valefium, qui nihil proficit, 225

Robertus Rex Neapolis Aftronomus Philippum Valefium monet ne cum Angliæ Rege confligat, 252

Robertus Rex Neapolis moritur, & magnum fui defiderium relinquit. Ejus laudes, 260

Robertus Comes Drocenfis, quintus filius Ludovici Groffi, 81

Roberti Comitis Drocenfis & Brennacenfis fchema, 111

Robertus filius Comitis Drocenfis in infidiis captus, 100

Robertus Comes Drocenfis ex regio fanguine. Ejus fchema, 163

Robertus Comes Flandrenfis opem fert Ludovico Groffo, 34. Robertus Comes Flandrenfis occifus, 36

Robertus alius Comitis Flandrenfis filius in fufpicionem venit, quod majorem fratrem Ludovicum perdere voluerit, 227

Robertus Comes Moritaniæ frater uterinus Guillelmi Nothi, 4

Robertus Comes Arverniæ Ecclefias opprimit; a Ludovico Groffo caftigatur, 42, 43

Robertus Archiepifcopus Cantuarienfis ab Eduardo Rege ad Guillelmum Normanniæ Ducem miffus, 3

Rodolphus filius Alberti Imperatoris ducit Blancham filiam Philippi Pulcri, 195

Roia (Bartholomæus de) Camerarius Franciæ. Ejus fchema, 111

Rofarium quandonam inventum, 48

Rotomagenfes contra *Malatoltarios* impetu feruntur; rebelles plectuntur, 189, 190

Rotomagenfes & Bellovacenfes cives victi & cæfi poft Creciacam pugnam, 272, 273

Ruallus Dolæ toparcha Conano infenfus, 10

Rubigofius de Durio Anglus ex parte Navarræ Regis agros circa Laudunum & Rhemos depopulatur, 310

INDEX.

Ruciaco (Joannes de) insequente se post Pictaviensem cladem Equite Anglo, conversus vicit
illum & capit, 300
Rufinus Gallensis inter Sequanam & Ligerim magnas
agit prædas, 302
Rupes Widonis ad Sequanam capta recuperatur,
34
Ruptarii genus militiæ, 91

S

SALADINUS Jerolymam capit, 76
Saladinus & equus ipsius ictu lanceæ in terram
decussi a Ricardo Rege, 82
Sarisberiensis Comes ad exercitum Ludovici Regis
venit in Ægyptum, 137
Sarisberiensis Comes Massuræ occisus cum Comite
Artesio, 139
Sancerræ Comes (Ludovicus) ejus schema, 115
Sancerra (Joannes de) Buticularii Franciæ filius in
Sequana submersus : ejus schema, 169
Sancerra (Joanna de) cum insignibus suis repræ-
sentata, 290
Sanguinus Sultanus Assyriæ, Christianis formidolo-
sus, 51
Saraceni opem Principum Christianorum implorant
contra Tartaros, & non impetrant, 129
Scutifer famulus Philippi Pulcri Regis repræsenta-
tus, 114
Seguræus Joannes Navarræorum Dux Novigentum
ad Sequanam Episcopo Trecensi vendit, & a ple-
be trucidatur, 316
Senex Montis S. Ludovicum concidi jubet, 128.
jussum revocat, 128
Septimania Albigensium hæresi plena, 104
Sequana insolito modo exundat, 192
Sequana incredibiliter exundat, 192
Sorbonius (Robertus Sorbonam collegium instituit,
146
Sorbona a Roberto Sorbonio fundata, 146
Spenseri omnia turbant in Anglia, 253
Stella lucida pro phænomeno habita, 282
Stephanus Comes Bononiensis circa Angliæ Regnum
contendit cum Henrico Comitis Andegavensis fi-
lio : Rex coronatur, 49
Stephanus de Garlanda in Regem arma sumit & in
ordinem redigitur, 44
Stephanus Sancerræ ejus insignia, 115
Stephani Barbetæ Monetæ præfecti ædes expilantur,
103
Stigantius Archiep. Canterburiensis a sacris per Pa-
pam remotus Haroldum coronat, 15. post Ha-
roldi mortem Edgarum Adelinum in Regem An-
gliæ deligi curat, 30. illo deserto ad Guillelmum
convertitur, 31
Sultanus Ægypti Jerosolymam offert S. Ludovico ut
Damietam reddat & ex Ægypto exeat, 137
Suzana (Robertus de) Rex armorum tempore S. Ludovici, 163

T

TANCREDUS Rex Siciliæ & Ricardus Cor-leonis inter se dissident, 79
Tarde-venientes sexdecim mille numero, Lugdunum usque omnia depopulantur, 319. cum Jacobo Borboniæ pugnant & victoriam reportant,
319, 320
Tarde-venientes sese duas in turmas separant, 320
Tarde-venientes pontem S. Spiritus capiunt & diripiunt, 321
Tarde-venientes ad bellum Mediolanense missi,
322
Tartari irrumpunt in Asiam, in Syriam & in Europam, 129

Templarii concitatæ seditionis accusantur, 203. eadem die comprehensi in regno Francorum, 203.
de execrandis gestis accusantur, 203, 204. Templarii damnati & ignis supplicio affecti, 204, 205
Templarii a plurimis scriptoribus innoxii habiti fuerunt, 205
Theobaldus Comes Carnotensis bellum movet contra Ludovicum Grossum, 35, 36
Theobaldus idem Comes Carnotensis & Campaniensis a Ludovico Juniore Rege impugnatur,
qui ejus terras devastat, 50, 51. moritur, 58
Theobaldus Comes Trecensis & Campaniensis moritur, 89
Theobaldus Comes Campaniæ ab Aventonis obsidione recedit, in suspicionemque venit dati
Ludovico VIII. veneni, 118. Blanchæ Regenti
infestus, ex inauguratione S. Ludovici exclusus,
122. ad partes Blanchæ & sancti Ludovici deflec-
tit, 122. Theobaldus Comes Campaniæ Rex Navarræ efficitur, 126. Theobaldus Rex Navarræ
crucem accipit pro bello sacro, 129
Theobaldus Rex Navarræ alius Drepani moritur,
171
Theobaldus Comes Blesensis in obsidione Accone-
si moritur, 81
Theobaldus Vicecomes Blesensis & ejus sigillum.
Eques repræsentatus, 114
Theobaldi de Monte-Maurentiaco schema, 169
Theobaldus de Sancerra Buticularii Franciæ filius
in Sequana submersus. Ejus schema, 169
Thomas Archiep. Cantuariensis Henrico II. Regi in-
visus, 12. ad aras occisus, 64. in Sanctorum nu-
merum relatus, 64, 65
Tosticus frater Haroldi & ejus acerrimus hostis, 16
Tosticus Haroldo fratri inimicos suscitat, 16
Tosticus contra fratrem pugnans occiditur, 21
Trainello (Erardi de) schema, 169
Trainello (Ansellus de) Constabularius : ejus sche-
ma, 170
Trainello (Drogo de) repræsentatur, 170
Trainello (Garnerius de) Dom. Marigniaci repræ-
sentatus, 214
Trincavellus Vicecomes Biterrensis urbes Septima-
niæ occupare nititur, S. Ludovico jubente repri-
mitur, 130
Turoldus pumilio in aula Guillelmi Normanniæ Du-
cis, 7
Turres in domibus præcipuorum civium, 118

V

S. VALARICUS oppidum a Navarræis captum, a
Constabulario obsidetur, 309, 310. post
diuturnam obsidionem recuperatur, 311
Valarico (Thomas de sancto) strenue decertat in
pugna Bovinensi, 102
Valdenses seu Pauperes Lugdunenses cum Albigen-
sibus junguntur, 104
Vectigalia ingentia tempore Philippi Pulcri in mer-
catores & in Ecclesiasticos, 191
Vectigal novum a Philippo Pulcro impositum, quod
Franciam totam ad rebellionem concitat : abro-
gatur, 211
Vectigalia ingentia in Francia Philippo Valesio re-
gnante, 276
Vectigal a singulis capitibus solvendum regnante
Joanne II. stabilitum, 294
Venenata pocula in usu frequenti, Philippi Pulcri
& sequentium Regum ævo, 220, 221
Vesperæ Siculæ ubi Franci trucidantur, 178
Vienna (Joannes de) Episc. Ebroicensis, it solo æ-
quatum muros aliquot urbium Flandrensium,
242
Vienna (Joannes de) Caleti pro Rege Philippo præ-
fectus, 273

Vitalis

INDEX.

Vitalis ad hostes explorandos missus a Guillelmo Notho, 26
Vexillum in pugna Bovinensi Liliis insignitum, 102
Vezeliacenses oppidani contra Abbatem arma moventes a Ludovico VII. repressi, 61, 62
Ulmus prodigii similis, 77
Universitas Parisiensis a Præposito Magno injuriam passa, satisfactionem accipit, 201
Urbanus V. Papa eligitur, 322. crucem accipiendam prædicat, 323
Wadardus minister Guillelmi Normanniæ Ducis, 19
Wido. *Vide* Guido.
Willelmus. *Vide* Guillelmus.
Wordus sive Gurdus frater Haroldi pro illo stat, 22

Y

YOLANDÆ Britannicæ schemata duo, 167
Yolanda de Monte-acuto secunda uxor Erardi de Trainello : ejus schema, 170
Yolanda uxor domini Albiniacensis apud Andegavos : ejus schema, 185

FIN DES TABLES.

APPROBATION.

J'AY lû par ordre de Monseigneur le Garde des Sceaux un Manuscrit intitulé *les Monumens de la Monarchie Françoise*, composé par le R. P. Dom BERNARD DE MONTFAUCON, Religieux Benedictin de la Congregation de Saint Maur, dont on peut permettre l'impression. A Paris le 26. Janvier 1727.

CHERIER.

PRIVILEGE DU ROI.

LOUIS, PAR LA GRACE DE DIEU, ROY DE FRANCE ET DE NAVARRE, à nos amez & feaux Conseillers les Gens tenans nos Cours de Parlemens, Maîtres des Requêtes ordinaires de nôtre Hotel, grand Conseil, Prevost de Paris, Baillifs, Sénechaux, leurs Lieutenans Civils, & autres nos Justiciers qu'il appartiendra : SALUT. Nôtre bien amé le Pere Dom Bernard de Montfaucon, Religieux Benedictin de la Congrégation de S. Maur, Nous ayant fait remontrer qu'il desireroit faire imprimer & donner au Public un Ouvrage de sa composition, intitulé *Les Monumens de la Monarchie Françoise*, s'il Nous plaisoit lui accorder nos Lettres de Privilege sur ce nécessaires ; offrant pour cet effet de les faire imprimer en bon papier & beaux caracteres, suivant la feuille imprimée & attachée pour modele sous le contre-scel des Presentes : A CES CAUSES, voulant traiter favorablement ledit Exposant, & reconnoître son zele, son application & son travail à procurer des Ouvrages utiles au Public depuis plusieurs années : Nous lui avons permis & permettons par ces Presentes de faire imprimer ledit Livre ci-dessus specifié, en un ou plusieurs volumes, conjointement ou séparement, & autant de fois que bon lui semblera, sur papier & en caracteres conformes à ladite feüille imprimée, & attachée sous nôtredit contre-scel ; & de le faire vendre & debiter par tout nôtre Royaume pendant le temps de quinze années consecutives, à compter du jour de la date desdites Présentes : Faisons défenses à toutes sortes de personnes, de quelque qualité & condition qu'elles soient, d'en introduire d'impression étrangere dans aucun lieu de nôtre obéïssance ; comme aussi à tous Libraires, Imprimeurs & autres, d'imprimer, faire imprimer, vendre, faire vendre, debiter, ni contrefaire ledit Livre cy-dessus exposé, en tout ni en partie, ni d'en faire aucuns extraits, sous quelque pretexte que ce soit, d'augmentation, correction, changement de titre ou autrement, sans la permission expresse & par écrit dudit Exposant ou de ceux qui auront droit de lui ; à peine de confiscation des exemplaires contrefaits, de trois mille livres d'amende contre chacun des contrevenans, dont un tiers à Nous, un tiers à l'Hôtel-Dieu de Paris, l'autre tiers audit Exposant, & de tous dépens, dommages & interêts. A la charge que ces Présentes seront enregistrées tout au long sur le Registre de la Communauté des Libraires & Imprimeurs de Paris, dans trois mois de la datte d'icelles ; que l'impression de ce Livre sera faite dans nôtre Royaume & non ailleurs, & que l'Impetrant se conformera en tout aux Reglemens de la Librairie, & notamment à celui du dix Avril 1725. & qu'avant que de l'exposer en vente, le Manuscrit ou Imprimé qui aura servi de copie à l'impression dudit Livre, sera remis dans le même état où l'Approbation y aura été donnée, és mains de nôtre très-cher & feal Chevalier Garde des Sceaux de France le sieur FLEURIAU D'ARMENONVILLE, Commandeur de nos Ordres ; & qu'il en sera ensuite remis deux exemplaires dans nôtre Bibliotheque publique, un dans celle de nôtre Château du Louvre, & un dans celle de nôtre très-cher & feal Chevalier Garde des

Sceaux de France le sieur FLEURIAU D'ARMENONVILLE, Commandeur de nos Ordres ; le tout à peine de nullité des Présentes. Du contenu desquelles Vous mandons & enjoignons de faire joüir l'Exposant ou ses Ayans-cause, pleinement & paisiblement, sans souffrir qu'il leur soit fait aucun trouble ou empêchement. Voulons que la Copie desdites Présentes qui sera imprimée tout au long au commencement ou à la fin dudit Livre, soit tenuë pour dûëment signifiée ; & qu'aux copies collationnées par l'un de nos amez & feaux Conseillers & Secretaires foy soit ajoûtée comme à l'Original. Commandons au premier notre Huissier ou Sergent de faire pour l'execution d'icelles tous actes requis & necessaires, sans demander autre permission & nonobstant clameur de Haro, Charte Normande, & Lettres à ce contraires. Car tel est notre plaisir. DONNÉ à Paris le treiziéme jour du mois de Février l'an de grace mil sept cent vingt-sept, & de notre Regne le douziéme. Par le Roi en son Conseil,

DE SAINT-HILAIRE.

Registré sur le Registre VI. de la Chambre Royale des Libraires & Imprimeurs de Paris No. 559. fol. 454. conformément aux anciens Reglemens, confirmez par celui du 28. Février 1723. A Paris le quatorze Février mil sept cent vingt-sept.

BRUNET, Syndic.

J'ai cedé le present Privilege aux sieurs Pierre-François GIFFART & Julien Michel GANDOUIN Libraires. ce 11. Avril 1729.

Fr. BERNARD DE MONTFAUCON.

Registré sur le Registre VII. de la Communauté des Libraires & Imprimeurs de Paris, page 297. conformément aux Reglemens, & notamment à l'Arrêt du Conseil du 13. Août 1703. A Paris le vingt-six Avril 1729.

COIGNARD, Syndic.

De l'Imprimerie de CLAUDE SIMON.

www.ingramcontent.com/pod-product-compliance
Lightning Source LLC
Chambersburg PA
CBHW071109230426
43666CB00009B/1882